W0204824

UTB

Eine Arbeitsgemeinschaft der Verlage

Böhlau Verlag · Wien · Köln · Weimar
Verlag Barbara Budrich · Opladen · Farmington Hills
facultas.wuv · Wien
Wilhelm Fink · München
A. Francke Verlag · Tübingen und Basel
Haupt Verlag · Bern · Stuttgart · Wien
Julius Klinkhardt Verlagsbuchhandlung · Bad Heilbrunn
Mohr Siebeck · Tübingen
Nomos Verlagsgesellschaft · Baden-Baden
Orell Füssli Verlag · Zürich
Ernst Reinhardt Verlag · München · Basel
Ferdinand Schöningh · Paderborn · München · Wien · Zürich
Eugen Ulmer Verlag · Stuttgart
UVK Verlagsgesellschaft · Konstanz, mit UVK/Lucius · München
Vandenhoeck & Ruprecht · Göttingen
vdf Hochschulverlag AG an der ETH Zürich

Handbuch der Erziehungswissenschaft

im Auftrag der Görres-Gesellschaft zur Pflege der Wissenschaft

herausgegeben von

Gerhard Mertens, Ursula Frost, Winfried Böhm,
Volker Ladenthin

Die Studienausgabe umfasst folgende Bände:

1: Allgemeine Erziehungswissenschaft I
2: Allgemeine Erziehungswissenschaft II
3: Schule
4: Erwachsenenbildung – Weiterbildung
5: Familie
6: Erziehungswissenschaft und Gesellschaft

Wissenschaftliche Redaktion:

Prof. Dr. Dr. Gerhard Mertens (Leitung),
Dr. Michael Obermaier, Dr. Wolfgang Krone

Hildegard Macha/Monika Witzke (Hg.)

Familie

Handbuch der Erziehungswissenschaft 5

Studienausgabe

Ferdinand Schöningh
Paderborn · München · Wien · Zürich

Online-Angebote oder elektronische Ausgaben sind erhältlich unter **www.utb-shop.de**

Bibliografische Information Der Deutschen Nationalbibliothek

Die Deutsche Nationalbibliothek verzeichnet diese Publikation in der Deutschen Nationalbibliografie; detaillierte bibliografische Daten sind im Internet über http: //dnb.d-nb.de abrufbar.

Internet: www.schoeningh.de

Printed in Germany.
Herstellung: Ferdinand Schöningh, Paderborn
Einbandgestaltung: Atelier Reichert, Stuttgart

UTB-Band-Nr: 8466
ISBN 978-3-8252-8466-4

Inhaltsübersicht

TEIL III: BEDINGUNGSKONTEXTE VON FAMILIE

TEIL IV: ZIELE UND REGELN VON FAMILIENERZIEHUNG UND FAMILIENBILDUNG

TEIL V: SOZIALPÄDAGOGISCHE DIMENSION VON FAMILIE

Vorwort zu Band 5

Der öffentliche Diskurs über Familie wird schon seit Jahren kontrovers geführt. So rufen die einen als Folge der Pluralisierung von Lebensformen und der zunehmenden Individualisierung von Lebensläufen die Krise von Ehe und Familie aus oder konstatieren gar den Zerfall der traditionellen Familie. Die andere Seite hält am Bild der Familie als derjenigen Lebensform fest, die die Mehrheit der Gesellschaft sich wünscht und sieht sie als primäre wertvermittelnde Lebens- und Erziehungsgemeinschaft, die durch andere gesellschaftliche Institutionen nicht ersetzbar sei. Die Forschung über Familie, die gerade durch die Familiensoziologie und die Familienpsychologie in den letzten Jahren Auftrieb erhalten hat, zeigt aber, dass man in der jüngeren Geschichte von einem grundlegenden Wandel von Familie ausgehen muss, der sich vor allem in pluralen und sich verändernden Familien- und Beziehungsformen und in einem neuartigen Verhältnis von öffentlicher und privater Verantwortung abbildet. Der Wandel der gesellschaftlichen und sozialen Voraussetzungen, zu denen auch die Sensibilisierung für die Geschlechterperspektive gehört, hat nicht nur Familie, sondern auch die Bedingungen des Aufwachsens für Kinder und Jugendliche verändert. Den Lebensweisen von Kindern und Jugendlichen korrespondiert auch eine veränderte Sicht auf die Lebensphasen von Kindheit und Jugend in den Sozialwissenschaften und der Pädagogik.

Die Konzeption des Teilbandes trägt diesen Voraussetzungen Rechnung. Familie soll als Fokus für eine Thematisierung von Kindheit, Jugend und der Genderperspektive dienen. Dabei handelt es sich um wechselseitig miteinander verwobene zentrale Konstrukte, die im Folgenden ausgehend von Familie als Nahtstelle konzeptualisiert werden sollen. Aspekte der zuletzt genannten drei Konstrukte lassen sich von einer umfassenden interdisziplinären Analyse der Familie her entwickeln und in ihrer Verflochtenheit mit Familie beleuchten. Um sich diesem Ziel anzunähern, wird hier ausgehend von einer Skizze von Konturen einer erziehungswissenschaftlichen Theorie von Familie im **Teil I des Bandes** der aktuelle **Forschungsstand** zu Themen, Methoden und Feldern von Familien-, Kindheits-, Jugend- und Genderforschung grundgelegt. Dabei werden auch aktuelle familiale Lebenslagen im Kontext von Familienpolitik beschrieben. Auf dieser Basis folgt im **Teil II** eine Auffächerung diverser **Bausteine einer erziehungswissenschaftlichen Theorie von Familie**. Dadurch soll nicht nur die Vielschichtigkeit von Familie und ihren Wechselbeziehungen mit Kindheit, Jugend und Gender herausgestellt werden, sondern auch in Verknüpfung mit bio-psycho-sozialen **Bedingungskontexten von Familie (Teil III)** ein Fundament für einen Entwurf von **Zielen und Regeln von Familienerziehung und Familienbildung (Teil IV)** geschaffen werden. Abschließend wird im **Teil V** die **sozialpädagogische Dimension von Familie** mit besonderem Blick auf Kindheit, Jugend und Geschlecht zum Thema. Es wird erörtert, wie im Bereich Familie mit Problemlagen sowohl präventiv als auch intervenierend umgegangen werden kann, um trotz Risiken, Krisen und Konflikten zuvor beschriebene Ziele zu erfüllen.

Die Konzeption wirft so einige grundlegende Fragestellungen neu auf, die bislang noch nicht ausreichend in der Familienforschung verankert sind, nämlich der genuin erziehungswissenschaftliche Fokus, die leiblich-biologische und soziale Fundierung von Familienerziehung und -Bildung im Lebenslauf, die Orientierungsaufgabe der Familie, die sich in Zielen und Regeln äußert sowie die Phasen der Familienbiographie in Kindheit und Jugend, die je nach einer anderen Gestaltung der Erziehungshaltung verlangen. Der Anspruch ist, die interdisziplinäre Forschung zu dokumentieren, die veränderten Erziehungsbedingungen und auch die Krisen zu benennen, aber auch die unzerstörbaren Elemente der Institution Familie herauszuarbeiten, die zu einer Diskussion über den veränderten Platz der Familie in der Mitte der Gesellschaft geführt haben. Familie bedarf heute angesichts der Pluralisierung der Lebensformen und der Komplexität der Erziehungs- und bildungsaufgabe mehr denn je der Unterstützung durch staatliche Institutionen. Insofern scheint in diesem Band ein neues Verständnis von Familie auf, das Leser sowohl aus den Kreisen der Wissenschaftler, wie auch der Praktiker und Studierenden faszinieren kann: Die Familie wird nicht mehr als Keimzelle der Gesellschaft verstanden, sondern in Balance und in Partizipation mit den umgebenden Institutionen.

Dieser Teilband ist das Ergebnis zahlreicher Kooperationsbündnisse. Wir danken an dieser Stelle herzlich allen Mitwirkenden, insbesondere den Autoren und Autorinnen, für die gute Zusammenarbeit. Besonderer Dank gilt auch den Mitarbeiterinnen und Mitarbeitern des Lehrstuhls Prof. Macha für anregende Diskussionen und hier speziell Frau Dr. Schaufler, die in der Anfangsphase bezüglich der Konzeption und Organisation dieses Teilbandes beteiligt war. Frau Gruber und Herr Dr. Obermaier haben für die redaktionelle Unterstützung herzliche Anerkennung verdient. Nicht zuletzt möchten wir auch Prof. Gerhard Mertens für die Unterstützung als Gesamtherausgeber danken.

Hildegard Macha und Monika Witzke Im Juli 2008

Teil I

Forschungsstand

Hildegard Macha/Monika Witzke

Einführung

Im ersten Teil wird als Basis für die weiteren Diskussionen in den folgenden Kapiteln der aktuelle interdisziplinäre Forschungsstand der Einzelaspekte des Teilbandes, nämlich Familie, Kindheit, Jugend und Gender beschrieben und Themen, Felder und forschungsmethodische Zusammenhänge geschildert. Dabei werden auch aktuelle familiale Lebenslagen im Kontext von Familienpolitik deutlich. Dieser erste Teil ist konzipiert als theoretische Grundlegung des Bandes. Die Diskurse der einzelnen Teilaspekte werden deutlich herausgearbeitet, so dass schon hier die Verwobenheit der Themen und Methoden erkennbar wird. Als gemeinsamer Problemhorizont wird ein beständiger demographischer und gesellschaftlicher Wandel erkennbar, der zu veränderten Bedingungen von Familie, Kindheit, Jugend und Gender führt: Die einzelnen Wissenschaftsbereiche bilden unterschiedliche Aspekte dieses Wandels in ihren Themen ab. Umso mehr wird im Focus auf Familie die Veränderungsmetapher tragend, die den ganzen Band durchzieht: Wie können heute Familien ihrer Erziehungs- und Bildungsaufgabe gerecht werden? Welche Brüche konstatiert die Forschung aus den Themenfeldern? Welche Fragen stellen sich aus dem jeweiligen Forschungsbereich in Bezug auf Familie? Wie kann eine Annäherung an diese und weitere Fragen der Familien-, aber auch der Kindheits-, Jugend- und Genderforschung geschehen?

Vor dem Hintergrund dieses Problemaufrisses werden zunächst „Konturen einer erziehungswissenschaftlichen Theorie von Familie" herausgearbeitet, um einen Fokus auf die Erziehungs- und Bildungsaufgaben zu legen (*Hildegard Macha*). Aus einer systemisch-ökologischen Perspektive werden die Ebenen der Erziehung und die Einbettung in Umweltsysteme dargestellt. Zentrale Elemente sind dabei die dynamischen Beziehungen der Familienmitglieder und die gemeinsame Ko-Konstruktion einer Familienbiographie über Geschichten und Metaphern. Die empirische Forschung im Umfeld des Familienberichts der Bundesregierung repräsentiert der zweite Artikel von *Hans Bertram* „Familienforschung und Familienpolitik: Themen, Felder und familiale Lebenslagen". Bertram skizziert neueste Forschungsergebnisse als Basis für familienpolitische Entscheidungen aus einem historischen Kontext heraus und thematisiert den notwendigen Wandel der Familienleitbilder und politischen Unterstützungsmaßnahmen für Familien in der Wissensgesellschaft. Am Beispiel der Kinderlosigkeit, der Erwerbstätigkeit der Mütter und der Veränderungen im Familien-Lebenslauf werden diese Thesen gestützt. Die „Kindheitsforschung" im dritten Artikel von *Andreas Lange und Christian Alt* wird aus interdisziplinärer Sicht erarbeitet. Die neue Forschungsperspektive auf Kindheit und die entsprechende Ausrichtung der Themen der Kindheitsforschung, die Kinder als kompetente Individuen mit einer eigenen Biographie betrachten, werden anhand von einzelnen empirischen Studien lebendig gemacht. In die „Jugendforschung" führt *Klaus Hurrelmann* im vierten Beitrag ein, und zwar sowohl in die Forschungsthemen wie auch in die Methoden. Nach einer Abgrenzung der Lebensphase Jugend werden der Übergang zum Erwachsenenalter sowie Strukturmerkmale des Jugendalters beleuchtet. Abschließend kommen forschungsmethodische Fragen in den Blick. Die Genderforschung mit Bezug auf die Familie resümiert *Barbara Rendtorff* im fünften Beitrag. Nach einer historischen Einordnung der Frauenforschung und der Frauenbewegung kommen Grundlinien und Denkfiguren der Genderforschung zur Sprache, die Einfluss auf die Familienforschung haben.

Hildegard Macha

Kapitel 1: Konturen einer erziehungswissenschaftlichen Theorie der Familie

I. Einleitung

Die erziehungswissenschaftliche Familienforschung formuliert bislang noch keine Theorie der Familienerziehung und -Bildung (Ecarius 2007, S. 13), lediglich unterschiedliche Themenbereiche mit empirischen, theoretischen und methodischen Befunden werden erforscht. Ecarius legt eine knappe theoretische Konzeption vor, die Lebensformen und Erziehungsstile von Familien in historischen Zeiträumen zu analysieren versucht (ebd. S. 144–153).

Die Leitidee in meinem Beitrag ist, eine erziehungswissenschaftliche Theorie der Familie mit Schwerpunkt auf den Erziehungs- und Bildungsaufgabe und den Ko-Konstruktionen der Familienmitglieder in der „Familienbiographie" zu entwickeln. Damit wird ein neues Konstrukt entworfen mit Akzent auf der gemeinsamen dynamischen Entwicklung der Familienmitglieder. Auf der Basis des Forschungsstandes der neueren empirischen Familienforschung fließen unterschiedliche Annahmen in diese Theorie ein, nämlich subjekttheoretische, biographietheoretische, ökologisch-systemische, interaktionistische, und generationentheoretische Ansätze. Dabei sind auch die sich verändernden Aufgaben der Familie im Verlauf der Familienbiographie zu thematisieren.

Eine Abgrenzung der erziehungswissenschaftlichen von der soziologischen und psychologischen Familienforschung ist nicht erforderlich, da eine Nähe der Themen und Forschungsmethoden besteht. Aber es gibt spezifische traditionelle Forschungsschwerpunkte und Forschungsperspektiven der erziehungs-wissenschaftlichen Familienforschung, das sind unter anderem die ethisch-normative Orientierung von Erziehung und Bildung und die Erziehungsziele, die innere Dynamik der Familienbeziehungen und die Beziehungen zur Umwelt (Macha 1997; 2004a), Gender und Familie sowie die Aufgaben der Familienerziehung in den Lebensphasen der Kinder. Diesen gilt die besondere Aufmerksamkeit. Im zweiten Teil des Beitrags werden die interdisziplinäre und die erziehungswissenschaftliche Familienforschung in ihren unterschiedlichen Schwerpunkten dargestellt. Auch an die erziehungswissenschaftliche Familienforschung sollte der Anspruch gestellt werden, als sozialwissenschaftliche Disziplin theoriegeleitet, datengestützt und nutzeninspiriert zu arbeiten.

II. Bausteine einer empiriegeleiteten Theorie der Familie

II.1. Bildung und Erziehung in der Familie: Familienbiographien

Familie ist die primäre gesellschaftliche Institution zur Erziehung und Bildung von Kindern und Jugendlichen, die mindestens zwei Generationen umfasst und bei der die ältere Generation mit staatlicher Sanktionierung die dauerhafte Aufgabe der Erziehung, Bildung und Sozialisation bis hin zum Erwachsenenalter der Kinder wahrnimmt und hierfür die Verantwortung trägt (vgl. Macha 1997). Es finden sich heute vielfältige Familienformen, die Ehe ist dabei nicht mehr immer die Basis des Familienverbundes (vgl. BMFSFJ 2006). In diesem Zusammenhang sind vor allem die Begriffe Interdependenz und Interferenz wichtig, die sich auf die Ausgestaltung der innerfamilialen Bindungen und der Interaktion beziehen. Interferenz bezeichnet die gegenseitige Verbundenheit und Abhängigkeit aller Familienmitglieder voneinander, Interferenz die Wechselwirkungen, die alle Mitglieder aufeinander ausüben, wobei die Interferenzen den Mehrwert an Erfahrungen ausmachen, die ein Individuum in der Familie erwerben kann. Die Qualität der Familienbeziehungen (vgl. Walper 2001; Gerris/Grundmann 2002) ist abhängig vom Erziehungsstil der Eltern. Die Reziprozität der Kommunikation und ein autoritativer Erziehungsstil sind maßgeblich für eine erfolgreiche Erziehung (vgl. Schneewind 2000).

In den Interferenzen der Interaktion werden die biographischen Identitäten der einzelnen Familienmitglieder geformt und sie bilden auch in der Bezugnahme aufeinander eine „Familienbiographie“. Sie wird hier definiert als Ko-Konstruktion, also als gemeinsamer Entwicklungsprozess der Familienmitglieder, über den sie sich wechselseitig narrativ austauschen und den sie auf diese Weise gemeinsam entwickeln, in steter Interaktion, aber auch in Abgrenzung voneinander und von der Familie (vgl. Valsiner 1988; Winek 1998; Fiese/Samaroff 1999; Fiese/Spagnola 2005; Krappmann/Leu 1999; Fthenakis 2003; Macha/Witzke 2008a, b) Auf diese Ko-Konstruktion der Familie nimmt jedes Familienmitglied in gleicher Bedeutung Einfluss.

Familienerziehung als Ko-Konstruktion zu definieren bezieht sich auf unterschiedliche Forschungsrichtungen: Auf die amerikanische konstruktivistische Tradition der „social Co-construction and Coherence“ (Valsiner 1988; Winek 1998), die Narrationsforschung zur Familie (Fiese 1999, 2006; Fiese/Spagnola 2005), den Begriff der Ko-Konstruktion in der Sozialisationsforschung und in der Frühpädagogik (Fthenakis 2003) und den Begriff der Ko-Evolution (Willi 2002). Diesen Konzeptionen ist die Annahme einer prinzipiellen sozialen Ko-Konstruktion und Kohärenz lebender Systeme gemeinsam.

Wenn „das Selbst (…) eine in der ersten Person erzählte Geschichte“ ist (Powers 2006), dann ist Familie ein narratives Patchwork des Erlebens und Erinnerns aus je unterschiedlichen Blickwinkeln der Familienmitglieder, die zu einer gemeinsamen narrativen Ko-Konstruktion zusammengefügt werden kann, so instabil und wechselhaft sie auch sein mag (Macha/Witzke 2008a; Fiese/Spagnola 2005). Interaktion (Gerris/Grundmann 2002), Interferenzen (Huschke-Rhein 2003) und Ko-Konstruktionen gelten dabei als die zentralen Annahmen zur Entstehung der Familiendynamik. Das, was Familien angesichts des Strukturwandels der Gesellschaft heute noch im Innersten zusammenhält, sind die innere Dynamik und die Kokonstruktion. Es sind 1. die gemeinsamen Erinnerungen oder so genannten kognitiven Landkarten des Gehirns der Einzelnen, die sich aufeinander beziehen und gemeinsam Lebenssinn herstellen, 2. die interferierenden Konstruktionen der Selbste der Familienmitglieder und die Ko-Konstruktionen der Familienbiographie durch narrative Verständigung und Identifikation mit bestimmten Erzählungen. Diese gemeinsamen Erfahrungen stellen biographisch überdauernde Bindungen dar, die zwar von individuell unterschiedlich erlebter Qualität sein können, die aber lebenslang die Modelle für Verhalten beeinflussen.

Bildung in Familien wird definiert als der Prozess der Entwicklung von Sach-, Selbst- und Sozialkompetenz, als Potenzialentwicklung der Einzelnen und der Familie als Ganzem. Auch abwesende, kranke oder junge Mitglieder der Familie üben starke Wirkungen auf alle aus, zum Beispiel auch geschiedene und abwesende Väter (Wiater 2001; Macha 2004a). Sie besetzen die Vaterrolle und stellen auch in der Abwesenheit ein Modell für Väter und die männliche Geschlechtsrolle für die Kinder dar. Die Problematik der Väter ohne Sorgerecht sei in diesem Zusammenhang auch angesprochen. In der soziologischen Tradition Bourdieus wird Bildung als Transmission von kulturellem, sozialem und symbolischem Kapital verstanden. Für Büchner und seine Forschungsgruppe ist dies der zentrale Aspekt der Familienerziehung und –Bildung (Büchner 2005; Büchner/Brake 2006). Konkret werden dafür die Ziele und die Modi der Vermittlung von Kapitalsorten, nämlich Regeln, Handlungsstrategien und Beziehungsmuster der Familien untersucht, die ihr Alltagshandeln bestimmen. Diese bleiben oft unbewusst und wirken subtil auf die Kinder ein.

Familienerziehung und Bildung sind intentional und wert- und zielorientiert, das heißt, sie geschehen unbewusst oder bewusst auf Grund formulierter Ziele, ein System von Regeln und Handlungsstrategien, denen wiederum gesellschaftlich vermittelte Normen zugrunde liegen (vgl. Preißer 2003). Das unterscheidet sie von Sozialisation. Bildung bezeichnet dabei eher die Seite der Vermittlung von Sachwissen, Erziehung mehr die Seite der Liebe und Akzeptanz der Kinder, der emotionalen Unterstützung, der Pflege und des Schutzes in der Geborgenheit. Emotionale Zuwendung, Anerkennung und Bestätigung sind wichtige Ressourcen von Transmissionsleistungen (vgl. Preißer 2003; Schneewind 2004).

Diese Definition von Familie ist idealtypisch, sie wird keineswegs in allen Familien praktiziert. Abweichungen von dieser Norm bestehen in vielfältiger Hinsicht, damit begründet sich auch die sozialpädagogische Dimension der Familie. Im Rahmen der Psychoanalyse und der Systemischen Familientherapie sind einige dieser Zusammenhänge bearbeitet worden (vgl. Huschke-Rhein 1998; Jaeggi 2002; Willi 2002). Gleichwohl kommt eine erziehungswissenschaftliche Definition von Familie nicht ohne idealtypische Begriffe und den Bezug auf Werte und Ziele aus. Familienerziehung hat ihre bedeutsamste Aufgabe in der Orientierungsaufgabe. Kinder brauchen Werte, Regeln und Normen, um zu lernen, kritisch und reflektiert zu urteilen und zu handeln. Diesbezügliche Transmissionsleistungen können aber auch misslingen, denn über die Akzeptanz oder Übernahme von Zielen und Inhalten der Bildung durch die Kinder wird im Kontext der Familie entschieden. Ko-Konstruktionen von Lebenssinn werden erst von den Eltern vorgegeben und dann gemeinsam entwickelt. Sie bilden die Basis für alle weiteren Entwicklungs- und Lernvorgänge.

Daraus folgt, dass Familienerziehung und –Bildung nicht ohne Bezug auf Transzendenz denkbar sind. Sinnfragen, Religion, normative Begründungen und philosophische Reflexion in Bildung einzubeziehen, gehört zu den Aufgaben der Eltern und Großeltern. Präsentation und Repräsentation von Kultur im Sinne Mollenhauers (1985) verlangen die Reflexion von philosophischen und religiösen Begründungssystemen und Theorien. Auch die Werte und Regeln des Familienalltags sind zu begründen unter Rückgriff auf transzendente Bezüge (vgl. Matthes 2005).

II.2. Familie als gesellschaftliches System

In biographietheoretischer Perspektive entwickelt Familie also eine „Familienbiographie" über die Zeit hinweg und gewährleistet in einem gemeinsamen Prozess der Entwicklung ihrer Mitglieder biographische Kontinuität. Familie kann aus der ökologisch-systemischen Theorie (oder in dem „Bioecological Model" Bronfenbrenners von 1981) als Mikrosystem der Gesellschaft bezeichnet werden, „ein Muster von Tätigkeiten und Aktivitäten, Rollen und zwischenmenschlichen Beziehungen, die die in Entwicklung begriffene Person in einem gegebenen Lebensbereich mit den eigentümlichen physischen und materiellen Merkmalen erlebt" (Bronfenbrenner 1981, S. 38). Mit Bezug auf Arbeiten von Lewin (1963) wird hier Bezug genommen auf die dynamischen Prozesse in der Familie (von Schlippe 1984, S. 28; Huschke-Rhein 1983, 1998, 2003; Bronfenbrenner 1990; Hofer u.a. 2002, S. 12 ff.; Gerris/Grundmann 2002; Macha 1997, 2004). Das „Process-Person-Context-Time-Model, PPCT" (Bronfenbrenner/Morris 1998) sagt aus, dass sowohl das Individuum, die Umwelt als auch die Zeit nachhaltig auf die Gestaltung von Familie Einfluss nehmen. Die Perzeption der Interaktion ist dabei ausschlaggebend, also die Wahrnehmung und Deutung des Einzelnen von der Interaktion in der Familie, die durch „form, power, content, and the direction of the proximal process" zu kennzeichnen ist (Bronfenbrenner/Morris 1998, S. 996), weshalb auch jeder in der gleichen Familie in Abwandlung eines Zitats von Tietgens „mit einem anderen Projekt von Familie befasst ist" (Tietgens 1981).

Die Theorie der Familie bezieht sich demnach auf vier Systemebenen, die theoretisch miteinander verknüpft sind und deren Argumentationsmuster einander ergänzen (Bronfenbrenner 1981, Bronfenbrenner/Morris 1998):

II.2.a. Subjektebene

Bei Bronfenbrenner ist zwar in die Mikroebene auch das Subjekt in seiner Entwicklung integriert, aber die erziehungswissenschaftliche Bedeutung der Identität soll hier im Rahmen der Familie besonders betont werden, weshalb ein eigener Punkt dazu aufgeführt wird. Auf der subjekttheoretischen Ebene wird das Subjekt als Konstrukteur seiner Wirklichkeit verstanden (Keupp et al. 2002; Gergen 2002; Macha 2004a). Das bedeutet, dass es aus der Fülle von angesonnenen Normen, Rollen und Handlungsoptionen auswählt und seine Identität entwirft, um sich dann im Spiegel der anderen zu reflektieren und zu korrigieren. Subjekttheoretische und familientheoretische Forschungsperspektiven durchdringen und verändern sich daher wechselseitig. Das Subjekt ist die kleinste Einheit des Mikrosystems Familie. Die

Person wird als „wachsende dynamische Einheit, die das Milieu, in dem sie lebt, fortschreitend in Besitz nimmt und umformt“ in einem Prozess der Aneignung verstanden (Bronfenbrenner 1990, S. 76). Aneignung ist der Begriff aus der Sozialisationstheorie, der besagt, dass die Welt dem Subjekt nicht passiv aufgezwungen, sondern von ihm aktiv ausgewählt wird (Hurrelnmann/Ulich 1991). Konstruktion bezeichnet dabei die subjektive und Aneignung die objektive Seite desselben Vorgangs.

Die Identität der Subjekte wird heute als symbolische Struktur definiert, die in einem narrativen Prozess bewusst gemacht wird, der bei aller biographischen Kontinuität niemals abgeschlossen ist und dennoch Kohärenz als Gefühl der Einheit der Person voraussetzt (Rosenthal 1995; Gergen 2002; Keupp et. al. 2002; Lucius-Höhne/Deppermann 2002). Damit wird eine Identitätskonzeption mit einer narrativen Struktur entworfen, die das Flüchtige und Unzusammenhängende unterschiedlicher Rollen, Geschichten und Metaphern des Ich betont. Lebenssinn wird in dem biographischen Entwurf und im Handeln hergestellt, wenn ein Gefühl der Stimmigkeit zwischen dem Handeln und den Fähigkeiten des Ich eintritt. Die Identität ist weitgehend sprachlich definiert und ebenso mehrdeutig und vergänglich wie die Sprache. Die sprachliche Vermitteltheit der Subjektkonstruktion wird in dieser Konzeption durch den Begriff der Performanz betont (Gergen 2002, S. 166). Er stellt dar, dass die Identität nur durch momentane Geschichten reflektiert und bewusst gemacht wird, die durch Erinnerungen und Interpretationen entstehen. Die „relationale Sichtweise der Person“, das „Selbst als Beziehung“ gibt zudem die Illusion des Selbst als einer geschlossenen Einheit nach innen und außen auf und meint, dass nur im Bezug auf und in Auseinandersetzung mit dem Anderen Identität entwickelt werden kann (Macha 1989, S. 307; Gergen 2002, S. 167).

Das bedeutet, dass auch im Zusammenhalt einer Familie die individuellen Biographien eine bestimmte Ausrichtung durch die gemeinsam produzierten Geschichten und Regeln erhalten, die in jeder Familie unterschiedlich sind und aus der sich kein Familienmitglied lösen kann. Sie stellen einen inneren Zusammenhalt her, der in der narrativen Familienforschung mit Coherence oder Kohärenz bezeichnet wird (Fiese/Spagnola 2005). Es ist ein Set an gemeinsamen Anschauungen, Überzeugungen und Regeln. Selbst eine Abgrenzung von der Familie erfolgt immer im Bezug auf die Familienkonstruktionen. Umgekehrt schreibt jedes Individuum an der gemeinsamen Familiennarration mit.

II.2.b. Mikrosystem

Auf der Ebene des Familiensystems kann man auch Familien als in einem gemeinsamen Narrations- und Identifikationsprozess befangen ansehen. Damit wird die narrative Ko-Konstruktion einer Familienbiographie als gemeinsam konstruiertes Set von Erfahrungen, Werten, Normen und Beziehungsregeln betrachtet, die in Metaphern und Geschichten erzählt wird und worüber man sich narrativ immer wieder neu verständigt und sich dabei mit einer Narration identifiziert (Macha/Witzke 2008a). Die Annahmen der Ko-Konstruktion und Kohärenz stehen in gewissem Sinne im Widerspruch zu der Flüchtigkeit der narrativen Strukturen. Aber sowohl für die Subjekttheorie als auch für die Familientheorie ist es sinnvoll, von Kohärenz zu sprechen, wenn man bedenkt, dass dieses Gefühl ebenso flüchtig ist wie die individuelle Identität und ebenso stets neu verhandelt und bestätigt werden muss. Die Interaktion zwischen Person und Umwelt ist durch Reziprozität gekennzeichnet, Einflüsse geschehen in beide Richtungen. „Die Umwelt umfasst mehrere Lebensbereiche und die Verbindungen zwischen ihnen“ (Bronfenbrenner 1990, S. 76)

Die wichtigste Aufgabe der Familienerziehung liegt in der Orientierungsaufgabe der Eltern anhand von Werten, Normen und Regeln, die auf die Bildung von religiösen oder Sinnsystemen bei Kindern hinwirken und damit Kohäsion bewirken (Giddens 1997; Macha 2004a, 2007). Kohäsion drückt ein gemeinsames Wertgefühl und einen Lebenssinn aus. Auch hier bezieht sich Familie auf Wertsysteme und Strukturen von Gesellschaft. Aus erziehungswissenschaftlicher Sicht grundlegende Aspekte von Familie sind außerdem (1.) der Generationenunterschied und die Verantwortung der älteren für die jüngere Generation in Bezug auf Erziehung und Bildung (Ecarius 2007, S. 146) sowie (2.) der Geschlechterunterschied, und (3.) der staatliche Schutz der Kinder und der Familie (BMFSFJ 2006).

Interaktion ist das Kernstück der Familienbiographie, das „Doing Family“ oder die Ko-Konstruktion der Familie (vgl. Lange in diesem Band). Die familiale Interaktion ist stets durch zwei einander oft widersprechende Seiten gekennzeichnet, nämlich die Verbundenheit mit der Familie und die Bewältigung von Konflikten in Familien. Die normativ fundierten alltäglichen Aushandlungsprozesse sind das zentrale Element von Familie und entscheiden über den Stil der Familienbiographie. Ziel ist zum einen die Balance zwischen den Interessen der Familienmitglieder, die in einem typischen Stil der Interaktion ausgehandelt werden, zum anderen das psychische Wachstum aller Familienmitglieder gemäß ihren Begabungen (Huschke-Rhein 1983). Durch die Wiederholung bekannter Rituale, Spiele und Erziehungspraktiken wird eine erwartbare Stabilität vermittelt und es entsteht Geborgenheit. Die Familie ist eine einmalige Institution, die ein ganzes Leben lang durch die frühen Erfahrungen die Handlungsmuster ihrer Mitglieder beeinflusst. Dabei ist sie sehr flexibel in der Akzeptanz der personalen Eigenarten ihrer Mitglieder und kann durch ein ausgewogenes Verhältnis von Nähe und Distanz Unterschiede gut auffangen. „Die emotionale Stabilisierung wird als eine der Hauptleistungen von Familien angesehen und geschätzt“ (Lange 2007, S. 246). Familie wird gar als das „wichtigste Fundament eines glücklichen Lebens“ verstanden. Das durchschnittliche Wohlbefinden der Kinder in Familien ist gemäß neueren Untersuchungen gut (Lange ebd.). Familiäre Wärme, keine starke Kontrolle und hohe Kommunikationsqualität sind dabei die wesentlichen Bausteine, die aus Sicht der Kinder das Wohlbefinden ausmachen.

Aber wie funktioniert Interaktion in Familien und wie wird die Balance der Interessen hergestellt? In der „Innensicht“ von Familie stellen sich die konkreten Aushandlungsprozesse nicht immer einfach dar. Es geht um Macht und Autorität der Eltern und um ihre Orientierungsleistung, um das Anmelden von Interessen und deren Ausgleich, aber auch um die Förderung der Kinder entsprechend ihren inhärenten Begabungen. Alle Interaktionen beziehen die Familienmitglieder auf sich selbst, weil es selbstreferentielle Prozesse von höchster individueller Relevanz sind. Die Temperamente und Fähigkeiten der Einzelnen passen mehr oder weniger gut zu denen der anderen. Romane und Autobiographien sind voll von Geschichten über Dissens und Konsens in Familien aufgrund von disparaten Erfahrungen und dadurch entstehenden Konflikten. Auch wenn die typische Erziehungskonstellation des „Verhandlungshaushalts" (Du Bois-Reymond/Büchner u.a. 1994) über relativ gute Strategien der Einigung verfügt, bleiben doch genug Anlässe, um sich zu streiten oder einander misszuverstehen und zu verletzen. Die unterschiedlichen Interessen der Elterngeneration und der heranwachsenden Kinder- und Jugendlichengeneration mit ihren rasch wechselnden Ansprüchen und Wünschen nach Selbständigkeit bedürfen ständig neuer Anpassungsleistungen von beiden Seiten. Interessante Beispiele aus der Innenperspektive der Familie bieten hier Wulf und seine Forschungsgruppe (2001). Die Eltern lavieren zwischen der Partizipation der Kinder bei Entscheidungen des Alltags und ihrer Orientierungsleistung. Nähe und Zusammengehörigkeit werden anhand der alltäglichen Themen ausgehandelt. Im Nahraum der Familie trägt die Liebe die Interaktion, sie kann aber auch in Hass umschlagen.

Familiäre Szenen des Aushandelns geschehen unter anderem in Ritualen des Essens, des Strafens und Zu-Bett-Bringens (Macha/Witzke 2008a, 2008b). Dabei setzen typischerweise die Eltern die Regeln fest und die Kinder orientieren sich daran, melden aber auch eigene Wünsche an. Die Interaktion legt täglich die Rollen neu fest und entscheidet über das Wohlbefinden aller durch die Art der Bewältigung der anfallenden Konflikte. Dauerhafte Konflikte sind dabei stete Unruheherde, die von den Betroffenen bedauert werden. In einer Familie ist die Mutter zum Beispiel die Außenseiterin, die gegen den Willen des Vaters und der Kinder starke Kontrollfunktionen ausübt und damit die Balance zwischen den Interessen bedroht. Alle bedauern im Interview diesen schwelenden Konflikt und grenzen sich davon ab, aber die Trauer darüber bleibt bestehen, da es im Moment keine Lösung gibt. Der Sohn ist verwundert, dass er seine Mutter aus der Ferne besser lieben kann als aus der Nähe (Macha/Witzke 2008a).

So bildet Familie nach innen und außen eine Einheit und tritt aus der Einheit heraus auch in Kontakt mit der Umwelt. Andererseits grenzt sie sich auch von den Umwelten ab, zum Beispiel von Nachbarn, Verwandten, Freunden und Berufskollegen. Kohärenz oder Dissens und Interferenzen nach innen sowie Kontakt und Abgrenzung nach außen kennzeichnen das flexible System Familie. Man kann eine „Binnen- und eine Außenstruktur" von Familie unterscheiden. In der Binnenstruktur kann Familie als Interaktionssystem verstanden werden, als „vibrierende Einheit" (Claessens 1972), die in dauernder Veränderung begriffen ist. Die Interaktionsstile habitualisieren sich zu einer intergenerationalen Struktur der Interaktion, die den alltäglichen Umgang miteinander regelt (Ecarius 2002; Macha 2004a).

II.2.c. Meso-, Exo- und Makrosystem

Ein Mesosystem umfasst die Wechselbeziehungen zwischen Lebensbereichen, an denen die sich entwickelnde Person aktiv beteiligt ist, zum Beispiel Elternhaus und Schule (Bronfenbrenner 1990, S. 76 f.). Unter Exosystem versteht man Lebensbereiche, an denen die sich entwickelnde Person nicht selbst beteiligt ist, die sie aber indirekt beeinflussen, zum Beispiel der Arbeitsplatz der Eltern (Bronfenbrenner 1990, S. 77). Das Makrosystem bezieht sich auf formale Ähnlichkeiten in diesen Systemen niedrigerer Ordnung, die in der Kultur bestehen (ebd.). Auf der gesellschaftlichen Ebene sind Familien in einem Netzwerk verbunden mit den sie umgebenden Systemen und Institutionen wie Verwandtschaft, Nachbarschaft, Kinderkrippe und Kindergarten, Schule und Ausbildungssystem bis hin zum Beschäftigungssystem, das die Familie trägt und ergänzt (Bronfenbrenner 1981, 1990; Mertens 2006). Dies hat weitreichende und bislang wenig diskutierte Folgen für die Definition von Familie: Familie ist nicht länger als eine isolierte Einheit und „Keimzelle der Gesellschaft“ zu betrachten, in der Erziehung und Bildung als Privatsache betrieben werden, sondern Erziehung und Bildung der Kinder geschehen in Interaktion mit den oben genannten umgebenden Systemen und Bildungsinstitutionen und werden auch von daher weitgehend in ihrer Struktur definiert (Vgl. BMFSFJ 2006; Walper 2001).

Eine neue Vision von Familie als Ko-Konstruktion gibt die Abgeschlossenheit der Kernfamilie auf zugunsten einer Integration von Familie in die gesellschaftlichen Netzwerke und ergänzt die Privatheit der Familienaufgaben durch Netzwerke mit Dienstleistungen, die sich jedoch der Erziehungs- und Bildungsaufgabe der Eltern unterordnen und nach Wahl hinzugezogen werden können. Sie rekonstruiert die Ziele der Familie, indem Familie betrachtet wird als Institution, die für ein gemeinsames psychisches Wachstum Räume eröffnet und Strukturen schafft, in der individuelle Entwicklung ebenso möglich wird wie gemeinsame Ko-Konstruktion. Die Grenzen zwischen Innen und Außen werden durchlässig und Vereinbarkeit von Familie und Beruf wird die gemeinsame Aufgabe von Familie und Gesellschaft (Macha 2006).

In der Außenstruktur von Familie werden Kontextualität und Kohärenz zum Thema. Kontextualität bezeichnet mit Giddens (1997) die Bezogenheit auf Umwelten, die auch im systemisch-ökologischen Verständnis als Familie-Umwelt-Verschränkung gesehen wird (Bronfenbrenner 1991; Mertens 2006). Giddens betont jedoch anders als Bourdieu die doppelte Bedeutung von Gesellschaft und Struktur auf der makrosozialen Ebene (Bourdieu 1983b). Während bei Bourdieu Habitualisierung und Inkorporierung eher passiv-rezeptiv gedacht sind, betont Giddens, dass Struktur zugleich Medium und auch Resultat von Handlungspraktiken ist (Giddens 1997). Daraus folgt, so Preißer (2003, S. 23), dass „die Strukturmomente sozialer Systeme nicht außerhalb des Handelns (existieren), sondern fortwährend in dessen Produktion und Reproduktion einbezogen sind“. Dies verdeutlichen auch die Ergebnisse der Forschungsgruppe zu Ritualen in Familien (Wulf u.a. 2001), die die konkreten performativen Praxen als Aushandlungsprozesse von familialen Regeln betrachten.

Die systemtheoretisch fundierte erziehungswissenschaftliche Sicht auf Familie definiert die Erziehungs- und Bildungsaufgabe von Familie als partizipative Leistung. Unabhängig vom Erziehungsstil der Eltern wirken alle Mitglieder an einer Familienbiographie mit und nehmen Einfluss auf die Gestaltung des interaktiven Lebens. Durch die Dauer und die Bindung der Familienmitglieder untereinander wird ein „proximaler Prozess“ der Interaktion zwischen den Familienmitgliedern und den „Environmental Contexts“, der Umwelt in der Zeit hergestellt, der für die Kinder Verlässlichkeit und Vertrauen bewirken kann (Bronfenbrenner/Morris 1998, S. 994). Mit Kohärenz wird, wie oben gesagt, das familiale Wir-Gefühl bezeichnet, das zu einer Übereinstimmung in wesentlichen Normen, Werten und Regeln führt, die jedoch stetig neu verhandelt werden müssen.

II.2.d. Chronosystem

Auf der zeitlichen Ebene ist im Verlauf der Familienbiographie ein Wechsel der erzieherischen Aufgaben (und Methoden) erforderlich, der sich an der alterspezifisch wachsenden Selbstorganisation der Kinder orientiert (Böhnisch 2004; Bronfenbrenner/Morris 1998). Die Autonomie der Kinder und Jugendlichen muss tendenziell zunehmen, die Steuerung dagegen abnehmen. Verbindlich bleiben Werte, Regeln und Rituale, erfahren jedoch mit zunehmendem Alter eine Mitgestaltung durch die Kinder/Jugendlichen. Die Ablösung der Jugendlichen und jungen Erwachsenen erfolgt ebenfalls in Interaktion und neue Formen der Verbundenheit zwischen erwachsenen Kindern und Eltern werden möglich, die lebenslang die Familienmitglieder begleiten und zur Familienbiographie hinzu gerechnet werden. Familie ist somit die einzige gesellschaftliche Institution, der jeder Mensch ein Leben lang angehört, ob nun im Konsens oder im Dissens.

Dieser als Chronosystem bezeichnete Kontext (Bronfenbrenner 1990) bezieht sich auch auf zeitliche Veränderungen der Personen und des Umweltsystems in Lebensübergängen oder Transitionen. Rollen wandeln sich, wie zum Beispiel bei der Geburt eines Kindes oder beim Berufseinstieg. Es gibt auch „Ketten" von Übergängen über eine längere Zeit hinweg, von Bronfenbrenner als „Life Course" bezeichnet. Das sind Anpassungsprozesse, die einander bedingen und aufeinander folgen, so etwa der Rollenwechsel, der durch Heirat, Geburt und Erziehung von Kindern sowie Umzug in eine größere Wohnung bei Vater und Mutter erforderlich wird.

II.3. Regeln und Normen in der Familie

Familien lassen sich wesentlich durch die Orientierungsaufgabe kennzeichnen. Werte, Normen und Regeln geben bei der Erziehung und Bildung von Kindern die Richtung an und vermitteln einen Lebenssinn. In der Transmission von kulturellem Kapital werden auch diese Normen weitergegeben und sie erfolgt über alle drei Generationen hinweg kontinuierlich (Bourdieu 1983a, b; Büchner/Brake 2006). Bildung wird über konkrete Ressourcen dargestellt, die in der Familie verfügbar sind und die jeweils sehr unterschiedlich sein können, etwa durch eine Orientierung an Musik und Kunst, oder eine Betonung von Technik und Wissenschaft oder an Ökologie (Macha/Witzke 2008a, S. 251–257).

Thema der Forschung sind im familialen Erziehungs- und Bildungsprozess die wertbezogenen Ziele von Eltern, die in Normen, Regeln und Handlungsstrategien transformiert werden sowie die Akzeptanz der Übernahmen von Bildungsaspirationen bei Kindern. Diefenbach (2000), Ecarius (2002), Preißer (2003), Büchner (2005) und Büchner/Brake (2006), weisen auf die Bedeutung dieser Dimensionen hin, ohne jedoch die Durchsetzung von Werten und Regeln im Vollzug konkret zu untersuchen. Familiennarrationen, Rituale und räumlich-szenische Arrangements der Familienwohnung stellen die Untersuchungsbereiche dar, die diese Dimensionen methodisch erfassbar machen. Hier wird ein ganz neues Forschungsfeld eröffnet, das in Zukunft noch erweitert werden muss (vgl. auch 2.3).

II.4. Familienpolitik

Auch für die Familienpolitik der Bundesregierung ist Familie weiterhin „die wichtigste Erziehungsinstanz und Eltern die wichtigste Ressource für die kindliche Entwicklung“ (BMFSFJ 2006, XXVII), allerdings wird Familie nicht mehr als „natürliche“ Ressource, die als gegeben unterstellt werden kann, betrachtet. Familie bedarf heute der Unterstützung bei der Erziehungs- und Bildungsaufgabe, denn in spätmodernen Gesellschaften besteht ein erhebliches Defizit an Fürsorge/Care (Hochschild 2003b). Fürsorge wurde einseitig den Frauen aufgebürdet und dafür erlitten sie eine Desintegration aus der Öffentlichkeit. Auch beide Partner können heute die Aufgaben der Fürsorge für Kinder und die ältere Generation nicht mehr allein leisten, dabei sind Fürsorge und Solidarität von entscheidender Bedeutung für Gesellschaften. Die Bedeutung der Eltern soll gestärkt werden, denn „Eltern spielen eine entscheidende Rolle bei der Vermittlung von gesellschaftlichen Werten und Normen. Kinder können sich dann am besten entwickeln, wenn sie in einer Familie aufwachsen, in der Eltern ihnen die Möglichkeiten geben, enge und vertrauensvolle Bindungen aufzubauen“ (ebd.). „Neben der Aneignung von Kenntnissen und Fähigkeiten kommt der Vermittlung von Werten eine besondere Bedeutung zu, um Handlungsorientierung in einer Welt zunehmender Unübersichtlichkeit und Dynamik zu erhalten“ (ebd. XXVIII). Als neues Ziel wird die Balance zwischen Bildungs- und Berufsverläufen auf der einen Seite und der Entwicklung von Familienbeziehungen im Lebenslauf auf der anderen Seite, die die Bundesregierung durch geeignete Maßnahmen unterstützen möchte, gesehen (BMFSFJ 2006, S. 7 f.). Hier wird das neue Erziehungsziel der Partizipation aller Familienmitglieder, das sich schon in empirischen Studien nachweisen lässt (vgl. Jurczyk u.a. in diesem Band; Macha/Witzke 2008b), auch politisch wahrgenommen. Mit Partizipation ist zum einen gemeint, dass Eltern ihre Kinder stärker an Entscheidungen der Familie beteiligen, zum anderen ist gemeint, dass Familien stärker in die Nachbarschaft und die Gemeinden mit ihren Angeboten integriert werden sollen und dass der Arbeitsmarkt familienfreundlicher wird. Die Vereinbarkeit soll viel stärker als früher durch eine Balance von familiären und öffentlichen und/oder staatlichen Betreuungseinrichtungen gekennzeichnet sein. Die Vernetzung der Familien mit professionellen und institutionellen, staatlichen und marktwirtschaftlichen Dienstleistungen wird gesucht.

Religiöse und wertebezogene Erziehung wird als wichtige Aufgabe von Familien erkannt. Es wird aber auch verstärkt auf die ergänzende Kooperation mit Fachkräften in Kindertageseinrichtungen und Schulen hingewiesen, und eine Stärkung der Erziehungskompetenz durch differenzierte Einrichtungen wie Mehrgenerationenhäuser geplant. Die innerfamiliale Dynamik ist heute durch die Auflösung der traditionellen Rollenmodelle der Geschlechter-Zuständigkeiten aus der Balance geraten, diese hatten keine angemessenen Strategien der Lebensbewältigung mehr dargestellt. Transmission von kulturellem Kapital erfolgt in der Generationenabfolge von den Großeltern auf die Eltern und die Kinder (Ecarius 2002). Unterschiedliche Erziehungsaufgaben und –Praktiken sind dabei entsprechend dem Alter und Reifegrad der Kinder anzuwenden.

III. Forschungsstand zur Familienforschung

III.1. Wandel von Familien: Die Realität der demographischen und soziologischen Bedingungen

Der Strukturwandel der westlichen Industrienationen zur Spätmoderne ist mittlerweile vollzogen, die Herausforderungen in Bezug auf Familien werden an vielen Orten intensiv diskutiert (Peuckert 2004; Nave-Herz 2007; BMFSFJ 2006). Die traditionelle Sicht der Kernfamilie, die autonom und als „natürliche Ressource" die Leistungen von Erziehung und Bildung erbringt, kann nicht mehr aufrecht erhalten werden, denn während z.B. der Erhalt der Umweltressourcen als gesellschaftliche Aufgabe definiert wird, sind Familien für die Erziehungsaufgabe, die Konstruktion der Balance zwischen Erwerbs- und Familienaufgaben und die soziale Fürsorge allein verantwortlich. Trotz staatlicher Unterstützung stimmen die Parameter der Förderung für Deutschland nicht mehr, weil sie rechtlich und steuerlich auf das Ernährermodell von Familie abgestellt sind. Ein Paradigmenwechsel ist notwendig von der Kern- zur Beziehungsfamilie als Netzwerk nach außen und innen, die ihre Aufgaben mit Unterstützung durch öffentliche Dienstleistungen wahrnimmt und deren Aufgaben in ihrer Bedeutung dem Arbeitsystem gleichrangig betrachtet werden (BMJFS 2006, S. 9). Eine „neue Integration zwischen Familien, Gemeinden, Arbeitsorten und Nachbarschaft" ist vonnöten (ebd.).

Familie ist zahlenmäßig in den Großstädten zu einem „Gegenmodell" geworden und bildet nicht mehr das „Normalmodell" der Lebensformen gegenüber dem mobilen Single (Münch 1993; Sennett 2000; BMFSFJ 2006, S. 9) als Prototyp spätmoderner Gesellschaften. Zwischenmenschliche Beziehungen drohen in diesem Modell funktionalisiert und materialisiert zu werden, Mobilität und Ungebundenheit werden als scheinbare Erfolgsfaktoren propagiert. Kinderlosigkeit wird von daher diskutiert als Folge der Bedingungen der Arbeitswelt, ist aber in erster Linie Ausdruck der biologischen oder psychischen Schwierigkeit, Kinder zu zeugen oder die Balance zwischen Beruf und Familie als Paar oder Alleinerziehende/r herzustellen.

Dagegen ist das „Modell Familie" neu als Netzwerk mit engen Beziehungen nach innen und außen zu definieren und die handelnden Subjekte als Familienmitglieder in wechselseitiger Interdependenz zu betrachten

Neben Bourdieu haben weitere soziologische Theorien die Familienforschung nachhaltig beeinflusst:

- Anthony Giddens hat in der Strukturationstheorie einen anderen Akzent gesetzt, indem er noch stärker als Bourdieu auf die durch Regeln des Handelns vermittelten gesellschaftlichen Strukturen eingeht. System und Struktur stellen demnach je spezifische Formen der gesellschaftlichen Rahmenbedingungen für Individuen dar (Giddens 1997). Preißer greift Bourdieu und Giddens auf und definiert die Ebene der Handlung auf der Mikroebene der Familie und des Individuums (Preißer 2003).
- Ulrich Beck und Christoph Lau und die Theorie der „Reflexiven Moderne" kann in Erweiterung der Theorie von Bourdieu herangezogen werden (Beck/

Lau 2004), die sich auf eine Fülle von Untersuchungen stützen, unter anderem auch zur Identität von jungen Erwachsenen (Keupp u.a. 2006).

- Manuel Castells beschreibt die gegenwärtige Krise des Patriarchats und die Folgen für Familien. Die Geschlechtsrollen wandeln sich derzeit in extremem Maße und die Geschlechterverhältnisse müssen sich entsprechend ändern und Frauen und Männer eine neue Aufgabenverteilung aushandeln (Castells 2002).

Diese Theorien sind Gesellschaftstheorien von hohem Abstraktionsgrad und großer Reichweite. Die Operationalisierung in konkreten Untersuchungsdesigns hat das Problem zu lösen, die Thematik der Vermittlung von gesellschaftlichen Normen in das Handeln von Individuen auf empirisch erfassbare Zusammenhänge zuzuschneiden. Dabei stellt sich das Problem der Transformation. Die Gesellschaftstheorie von Bourdieu wurde in mehreren empirischen Projekten erfolgreich auf die Erziehungspraxis von Familien bezogen s.u.).

III.3. Erziehungswissenschaftliche Familienforschung

Ein Überblick über die erziehungswissenschaftliche Familienforschung zeigt längere Zeit einen erstaunlichen Mangel an historischen und empirischen Untersuchungen. Der genuin erziehungswissenschaftliche Forschungsbereich der Bildung und Erziehung durch Familien wird selten thematisiert. In der Geschichte der Pädagogik war die Familie jedoch eine wichtige und gewürdigte Institution (vgl. Matthes in diesem Band). Aber in der empirischen Familienforschung wird sie erst wieder durch die Sozialgeschichte der Familie nach 1975 zum Thema (Aries 1975, de Mause 1977).

Aus erziehungswissenschaftlicher Sicht ist Familie durch ihre Erziehungs- und Bildungsintention sowie die Wert- und Zielorientierung zu bestimmen. Damit grenzt sie sich ab von der Ressourcenorientierung soziologischer Theorien. Durch die Soziologisierung der Forschung in der Folge der Tradition von Bourdieu und von Teilen des 7. Familienberichts der Bundesregierung (2006) wird Familie reduziert auf die Vermittlung von Kapitalsorten. Eine dynamische Beziehungsstruktur in wechselseitiger Abhängigkeit der Familienmitglieder wird dabei vernachlässigt. Nur durch sie wird Nähe, dauerhaftes Vertrauen und Bindung aufgebaut und erhalten. Ressourcen sind hingegen abhängig von Kapitalsorten und Gütern, die dem Austausch und dem gesellschaftlichen Marktwert dienen. Eine Materialisierung von Bildung und Erziehung verfehlt den sensiblen Charakter der Familie als dynamisches System auf der Mikroebene des Familiensystems und der subjekttheoretischen Ebene der Individuen.

Im Moment sind jedoch makrosoziologische Theorien wie die von Bourdieu, Giddens und Beck/Lau in der erziehungswissenschaftlichen Forschung zur Familie zentral, die sich mit dem Verhältnis von Gesellschaft und Individuum und speziell mit der Vermittlung gesellschaftlicher Normen und Werte in das Handeln der einzelnen Mitglieder von Gesellschaften unter den Bedingungen von Individualisierung und Biographisierung in der Reflexiven Moderne befassen (vgl. Bourdieu 1983a; Giddens 1997; Beck/Lau 2004; Gohlke 2005; Büchner 2005; Macha 2004a). In der Soziologie werden die Analysekategorien für die gesellschaftlichen Entwicklungen und für die Bedingungen der Individuen reflektiert, die auch die Erziehungswissenschaft für ihre Theorien verwendet. Dabei wird jedoch die Perspektive der konkreten Aushandlungsprozesse verfehlt, die für die Entstehung von Familienbiographie, von Konsens und Kohärenz so charakteristisch ist. Deshalb erscheint es sinnvoll, auch die „Innensicht" von Familie empirisch zu erforschen.

Man kann aktuell folgende Hauptrichtungen der Forschung unterscheiden (vgl. auch Macha/Witzke 2008a):

III.3.a. Transmissionsforschung und Generationenforschung zur Familie in der Tradition Bourdieus

Bourdieu und in der Folge auch andere Autoren befassen sich mit der Tradierung von Kapitalsorten zwischen den Generationen (Bourdieu 1983b; Ecarius 2002, 2007b; Brake/Büchner 2003; Büchner/Brake 2006; Diewald/Schupp 2006; Macha/Witzke 2008a, b) und mit der Vermittlung von Zielen, Werten, Normen und Regeln im Prozess der Bildung. Die Forschung beruht auf der Theorie von Bourdieu zu der intergenerationalen Vermittlung von kulturellen, sozialen, symbolischen und ökonomischen Kapitalsorten (Bourdieu 1983, 1986). Peter Büchner und Anna Brake haben diese Theorie erweitert zur Transmission von kulturellem und sozialem Kapital (Büchner/Brake 2006), die davon ausgeht, dass Eltern über Ressourcen ihr erworbenes Kapital an Kinder weiterzugeben versuchen. Das Thema ist somit die soziale Ordnung und Normierung im Generationenverhältnis. Es hängt jedoch jeweils von der Beschaffenheit des Sozialisationskontextes ab, ob dies gelingt. Macht in der Relationalität des Sozialgefüges Familie bildet Kräfteverhältnisse, die über die Bildungsleistung der Familie mit entscheiden. Dabei gibt es unterschiedliche Grade der Ungleichheit, der Diskriminierung und der Inklusion bzw. Exklusion in das soziale System. Kinder können auch mit dem jedem Menschen eigenen Freiheitsgrad der Entscheidung die Übernahme von Ressourcen verweigern. Die Kapitalsorten werden zum Teil rational angeeignet, zum Teil jedoch durch unbewusste Inkorporation in szenischen Arrangements körperlich inkarniert. Inkorporation und Inkarnierung bezeichnen die individuelle körperliche Adaptation von gesellschaftlichen Konstruktionen und ihre Habitualisierung. Bildungsstrategien sind somit in den Alltagspraktiken zu finden. Die subjektive Seite der Aneignung von Kapitalsorten wird jedoch von Bourdieu nicht weiter vertieft, da sein Schwerpunkt auf der gesellschaftlichen Vermittlung von Kapitalsorten innerhalb der Generationen und Milieus liegt.

Auch Ecarius (2002, 2007b) hat Familie und Generation unter diesem Aspekt differenziert erforscht. In der Generationenabfolge werden Erziehungshandlungen in Familien und die Vermittlung von Ressourcen untersucht. Die Operationalisierung der theoretischen Annahmen Bourdieus in einer empirischen Untersuchung zu den Erziehungspraxen der Menschen ist jedoch schwer zu leisten. Die Übertragung der Theorie in Untersuchungsdesigns führt dazu, dass nicht alle Zwischenschritte stringent abgeleitet und empirisch überprüft werden können. Die innerfamiliale Dynamik ist nur schwer mit der Theorie der Kapitalsorten erfassbar, sie kann nur an wenigen, dem Erziehungsprozess im Grunde äußerlichen Faktoren wie Regeln, Überzeugungen in der Generationenfolge und konkreten Materialien wie Musikinstrumenten und der Tatsache des Erlernens eines Instruments über eine bestimmte Zeit gemessen werden.

Der Vorteil des Ansatzes von Bourdieu liegt wiederum in dem operationalisierbaren Bildungsbegriff, der eine empirische Überprüfung überhaupt erlaubt. Der Nachteil liegt in dem primär erziehungs- und bildungsfernen soziologischen Begründung, der Ungleichheiten wie die Geschlechterhierarchie, die soziale Hierarchie, die Altershierarchie und die Körperlichkeit thematisiert, aber den genuinen Erziehungsprozess in seiner dialektischen Verschränkung und wechselseitigen Einflussnahme von Eltern auf Kinder und umgekehrt (und jedes einzelnen Familienmitglieds auf alle anderen) nicht gerecht wird. Denn die Theorie von der Struktur der Hierarchien in der Familie verschließt sich der Einsicht von der Macht der Unterlegenen, zum Beispiel der Kinder und leugnet theoretisch partiell deren Wirken im Prozess der Familienbiographie. Deshalb hat Büchner (in diesem Band) eine erziehungswissenschaftliche Reformulierung der soziologisch orientierten Forschung geleistet.

In einer eigenen empirischen Studie zu Regeln und Normen wurden die Familienforschung in der Erziehungswissenschaft und die psychologische Narrationsforschung in einen neuen Zusammenhang gestellt (vgl. Kraus 2000; Keupp u.a. 2006; Lucius-Höhne/Deppermann 2002; Macha/Witzke 2008a, b). Ziel dieser qualitativen Untersuchung ist es, die Anschlussfähigkeit zum aktuellen Forschungsstand herzustellen und diesen um eine zentrale erziehungswissenschaftliche Fragestellung zu den wertbezogenen Zielen von Eltern zu erweitern.

Der Forschungsansatz der Studie erschließt damit ein neues Forschungsfeld, nämlich die Normativität von Familien und ihre Wirkungen im gemeinsamen Handeln. Anders als in soziologischen und psychologischen Theorien ist das Kerngeschäft von Erziehung und Bildung intentionales und auch durch Ziele und einen Lebenssinn transzendental begründetes Handeln. Die Annahme einer aktiv gestaltenden Kraft des Individuums sollte daher auch in der Operationalisierung für Empirie beibehalten werden. Kinder sind aktiv tätig bei der Konstruktion von Identität und bei der Kokonstruktion der Familienbiographie und wählen auch selbst aus den Angeboten der Eltern bei der Transmission von Kapitalsorten aus, was sie annehmen. Diefenbach (2000), Ecarius (2002), Preißer (2003), Büchner (2005), Büchner/Brake (2006) weisen auf die Bedeutung dieser Dimension hin, ohne jedoch Werte und Regeln im Vollzug konkret zu untersuchen. Familiennarrationen, Rituale und räumlich-szenische Arrangements der Familienwohnung stellen im Folgenden die Untersuchungsbereiche dar, die diese Dimensionen methodisch erfassbar machen (Macha/Witzke 2008a, b).

Die Ergebnisse der Studie zeigen, dass Regeln und Normen in Familien von Eltern definiert und den Kindern mit wachsendem Alter argumentativ vermittelt werden. Es herrscht eine weitgehende Partizipation in der Gestaltung des Alltags zwischen Eltern und Kindern. Es scheint, dass der „Verhandlungshaushalt" jetzt in eine große Bereitschaft mündet, Kinder zu beteiligen. Kinder bestimmen nicht nur mit bei Entscheidungen zur Freizeitgestaltung, sondern auch bei der Gestaltung der Wohnung. Sie werden jedoch – und das ist die Kehrseite der Partizipation – auch in Konflikte der Eltern einbezogen und erfahren früh viel von der Welt der Erwachsenen und ihren Problemlagen. Bei Scheidung oder Konflikten tragen sie die Last der Eltern mit und fühlen sich in hohem Maße auch verantwortlich. Das beschneidet möglicherweise die Kindheit mit ihrem Eigenwert an – unbeschwerten – Erfahrungen (Macha/Witzke 2008a, b).

III.3.b. Rituale in Familien

Die Forschungsgruppe um Wulf geht auf die Bedeutung sozialer Rituale in Familien und anderen Institutionen von Erziehung und Bildung ein und beleuchtet damit die performativen gemeinschaftsbildenden Akte im Innenraum der Familie und anderer Institutionen in der Tradition Turners und Etzionis (Wulf u.a. 2001, 2007; Friebertshäuser 2004; Audehm 2007; Nentwig-Gesemann 2007). Rituale werden als Prozesse performativer Gemeinschaftsbildung definiert und erzeugen auf diese Weise (Familien-)Gemeinschaft. Rituale des Essens, des Urlaubs und andere werden empirisch erforscht und dadurch wird der rituelle performative Stil der Familie rekonstruiert. Muster und Regelmäßigkeiten der Interaktion und die Dynamik von Handlungen in Bezug auf familiäre Regelungen und Beziehungen werden deutlich. Die Konstituierung der Generationendifferenz wird markiert.

Auch im Falle des performativen Ansatzes gilt ein Einwand: Erziehung und Bildung können nur in kleinsten beobachteten szenischen Arrangements verifiziert werden, dieser Eindruck drängt sich bei der Analyse der Ritualforschung auf. Die familiären Zusammenhänge von Bildung und Erziehung können nicht erfasst werden. Ziel muss sein, von einer Theorie mittlerer Reichweite zur Praxis der Erziehung und Bildung in Familien vorab Annahmen abzuleiten, die für empirische Forschung operationalisiert werden und anschließend aufgrund der Ergebnisse die Theorie zu reformulieren.

III.3.c. Erziehungsstile im Verhandlungshaushalt zwischen den Generationen

Die Erziehungsstilforschung hat sich mit optimalen elterlichen Erziehungsstilen befasst, die alle bekannten förderlichen Tatsachen zur Erziehung einbeziehen (Schneewind 1999; Hofer u.a. 2002; Ecarius 2002, 2007a; Bertram/Wahle/Alt u.a. 2007; Walper 2007; BMFSFJ 2006). Aufbauend auf der älteren Erziehungsstilforschung (Lewin 1963; Tausch/Tausch 1970) werden hier empirische Befunde erhoben. Der Wandel vom Befehls- zum Verhandlungshaushalt (Du Bois-Reymond/Büchner u.a. 1994) wird unterstrichen durch einen optimal wirksamen autoritativen Erziehungsstil mit optimaler Lenkung bei klaren Anordnungen und einem argumentativen Stil der Eltern.

III.3.d. Interaktionsforschung

Wie oben schon ausgeführt, vertreten Hofer u.a. (2002) Gerris/Grundmann (2002) und Schneewind (1999, 2008) einen interaktionistischen Ansatz der psychologischen Familienforschung, der Familie als intimes Beziehungssystem definiert, das sich beständig entwickelt. Dabei sind die Reziprozität und die Dynamik der Familienbeziehungen ausschlaggebend für deren Qualität. Familie wird als gemeinsame Entwicklungsaufgabe und „Karriere“ betrachtet, an der alle Familienmitglieder mitwirken und von der sie nachhaltig beeinflusst werden (Hofer u.a. 2002, S.19). Die Interaktionsebene der Familie ist zentral für die Erziehungswissenschaft.

III.3.e. Gender und Familie

Die Erforschung der Genderaspekte in Familien (Krüger/Born/Lorenz-Meyer 1996; Dausien 1996, 2001; Micus-Loos/Schütze 2004; Bilden/Dausien 2006; Rendtorff 2006) ist sehr umfangreich. Hier sind unter anderem folgende Themen zu erwähnen:

- Konstanz und Wandel der Geschlechtsrollen in Familien
  Das deutsche Bildungssystem ist durch Widersprüche gekennzeichnet: Mädchen sind zwar die Gewinner des Bildungssystems, Jungen die Verlierer, denn Mädchen haben heute im Durchschnitt die besseren Schulnoten und die höheren Abschlüsse. Frauen werden jedoch nicht entsprechend ihrer guten Ausbildung in Spitzenpositionen eingestellt und verdienen im Durchschnitt 22 % weniger als Männer (BMFSFJ 2006, S. 28). Die Arbeitsverteilung im Haushalt und in der Kinderarbeit ist zuungunsten der Frauen durch Doppelbelastung gelöst (ebda. S. 189). Das Ernährermodell überwiegt in deutschen Familien und führt, vor allem nach der Geburt von Kindern, zum Verlust weiblicher Karrierewünsche (ebda. S. 182) und zur Marginalisierung der Frauen in Führungspositionen. Darüber hinaus sind jedoch die Geschlechterrollen einem steten Wandel unterzogen (Shell 2006) und immer mehr Väter möchten sich an der Erziehung beteiligen und wünschen sich eine egalitäre Partnerbeziehung (BMFSFJ 2006, S. 189).

- Work-Life-Balance in der Familie und der Aspekt der Fürsorge/Care (Hochschild 2003a, b; BMFSFJ 2006; Macha 2006)
  Die Kinderlosigkeit der deutschen Gesellschaft brachte das Thema Work-Life Balance in den Focus. Nur noch 1.29 Kind pro Paar wurde geboren (2006). Durch familienfreundliche Maßnahmen wie die flexible Erziehungszeit, mehr Kinderbetreuungseinrichtungen und mehr Beteiligung von Vätern wurde hier schon 2008 innerhalb eines Jahres die Generativität auf 1.49 Kind pro Paar gesteigert. Zum Thema Work-Life-Balance gehört auch die Thematik der ungleichen Chancen der Geschlechter und der ungleichen Arbeitsverteilung in den Familien. In Zeitbudget-Studien wird sie immer noch bestätigt (Hildebrandt 2007; BMFSFJ 2006). Der Care-Aspekt der Verantwortung für Kinder und die ältere Generation sowie die Vereinbarkeit von Familie und Beruf werden ebenfalls thematisiert. In der Marktgesellschaft ist Care als Fürsorge materialisiert worden und die Verantwortung für Kinder, die ältere Generation und die Vereinbarkeit ausschließlich den Frauen aufgebürdet worden (Hochschildt 2003b). Wir müssen zu einer Zivilgesellschaft zurückkehren, die diese Verantwortlichkeit gerecht aufteilt, nämlich auf beide Partner und auch auf die Gesellschaft und ihre Institutionen und marktgerechte Angebote.
  Die geteilte Verantwortlichkeit für die Vereinbarkeit in Familien ist ebenfalls Gegenstand von Untersuchungen. Hier zeigt sich, dass wegen der Glückserwartungen an die Ehe oft konkrete Planungen zum Lebenslauf der Familie unterbleiben und die Paare sich deshalb entgegen ihren Erwartungen nach der Geburt ei-

nes Kindes in einer traditionellen Familienform wieder finden, die sie beide nicht gewollt haben (Fthenakis 2003; Macha/Witzke 2008c). Die tendenzielle Vaterlosigkeit der Familien wird ebenfalls als Problem gesehen, weil hier Rollenvorbilder für Jungen und Mädchen fehlen.

IV. Fazit

In diesem Beitrag sind die Konturen einer pädagogischen Theorie von Familie sichtbar gemacht worden. Sie liegen im Schnittpunkt der Generationen- und Geschlechterstrukturen der Familie mit der alltäglichen situativen Dynamik der Interaktion. In der kontinuierlich gemeinsam entwickelten Familienbiographie, die als Ko-Konstruktion entsteht, werden die Geschichten gesammelt, die das jeweilige Bild der Familie für alle Mitglieder wiedergeben. Familie ist in der ökologisch-systemischen Sicht eingebunden in die umgebenden Umwelten sowie in die Gesellschaft und wird verstanden als partizipative Institution, deren Aufgaben durch staatliche Einrichtungen politischer Unterstützung bedürfen. Die Systeme, in die Familie eingebettet ist, wurden mit Bronfenbrenner beschrieben und aus erziehungswissenschaftlicher Sicht neu definiert. Dabei lag der Schwerpunkt auf der inneren Dynamik. Die Orientierungsaufgabe der Familie äußert sich in Normen, Werten und Regeln, die unter anderem in Ritualen des Alltags sichtbar werden. Familie gewinnt neue Perspektiven für die Bewältigung der Aufgaben von Erziehung und Bildung unter den veränderten gesellschaftlichen Strukturen. Die Darstellung des Forschungsstandes, in der sich auch eine neue Verankerung des Themas in der erziehungswissenschaftlichen Forschung zeigt, weist auf eine erneute Anerkennung der Bedeutung von Familie für die Gesellschaft hin. Es werden neue Räume des Diskurses geöffnet: Familie ist weiterhin die primäre Institution für Erziehung und Bildung von Kindern, aber sie begibt sich stärker in die Mitte der Gesellschaft hinein und wird von dieser gestützt. Sie bedarf der Hilfe bei der Vereinbarkeit und in schwierigen sozialen Lagen wie Armut, Scheidung und Konflikten. Über angemessene institutionelle Hilfen wird vielfältig nachgedacht, wie die Beiträge im Band zeigen. Insofern steht der Diskurs, der in diesem Handbuch abgebildet wird, nicht mehr in einer Tradition von Privatheit und Öffentlichkeit. Er zeigt ein neues systemisches Verständnis von Familie in der Balance mit staatlichen Erziehungs- und Bildungsinstitutionen.

Literatur

Aries, Ph. (1975): Geschichte der Kindheit. München, Wien.

Audehm, K./Zirfas, J. (2001): Familie als ritueller Lebensraum. In: Wulf, C./Althans, B./ Audehm, K./Bausch, C./Göhlich, M./Sting, S./Tervooren, A./Wagner-Willi, M./Zirfas, J. (Hrsg.): Das Soziale als Ritual. Zur performativen Bildung von Gemeinschaften. Opladen, S. 37–116.

Beck, U./Lau, Ch. (Hrsg.) (2004): Entgrenzung und Entscheidung. Frankfurt a.M.

Bertaux, D./Bertaux-Wiame, I. (1991): „Was du ererbt von deinen Vätern...“. Transmission und soziale Mobilität über fünf Generationen. Opladen.

Bertram, H./Krüger, H./Spieß, K. (Hrsg.) (2006): Wem gehört die Familie der Zukunft? Expertisen zum 7. Familienbericht der Bundesregierung. Opladen.
Bilden, H./Dausien, B. (Hrsg.) (2006): Sozialisation und Geschlecht. Theoretische und methodologische Aspekte. Opladen.
Böhnisch, L. (2004): Männliche Sozialisation. Weinheim, München.
Bourdieu, P. (1983[2]): Die feinen Unterschiede. Kritik der gesellschaftlichen Urteilskraft. Frankfurt a.M.
Bourdieu, P. (1983): Ökonomisches Kapital, kulturelles Kapital, soziales Kapital. In: Kreckel, R. (Hrsg.): Soziale Ungleichheiten. Göttingen, S. 183–220.
Bourdieu, P. (1986[3]): Zur Soziologie der symbolischen Formen. Frankfurt a.M.
Brake, A./Büchner, P. (2003): Bildungsort Familie: Die Transmission von kulturellem und sozialem Kapital im Mehrgenerationenzusammenhang. Überlegungen zur Bedeutsamkeit der Familie. In: Zeitschrift für Erziehungswissenschaft, 6. Jg., H. 4, S. 618–638.
Bronfenbrenner, U. (1981): Die Ökologie der menschlichen Entwicklung. Natürliche und geplante Experimente. Stuttgart.
Bronfenbrenner, U. (1990): Ökologische Sozialisationsforschung. In: Kruse-Graumann, L. (Hrsg.): Ökologische Psychologie. Ein Handbuch in Schlüsselbegriffen. München, S. 76–80.
Bronfenbrenner, U./Morris, P. A. (1998): The Ecology of Developmental Processes. In: Damon, W. (Ed.): Handbook of Child Psychology. New York, pp. 993–1028.
Büchner, P. (2005): Individuelle Bildung als kollektive Investitionsleistung. Konzeptionelle Überlegungen zum Stellenwert des kulturellen und sozialen Familienerbes und zu den Möglichkeiten, der Bildungsbedeutsamkeit der Familie empirisch auf die Spur zu kommen. In: Ecarius, J./Friebertshäuser, B. (Hrsg.): Literalität, Bildung und Biographie. Perspektiven erziehungswissenschaftlicher Biographieforschung. Opladen, S. 176–201.
Büchner, P./Brake, A. (2006): Bildungsort Familie. Transmission von Bildung und Kultur im Alltag von Mehrgenerationsfamilien. Wiesbaden.
Bundesministerium für Familie, Senioren, Frauen und Jugend (BMFSFJ) (Hrsg.) (2006): Siebter Familienbericht - Familie zwischen Flexibilität und Verlässlichkeit. Berlin.
Castells, M. (2002): Das Informationszeitalter. Die Macht der Identität. Bd. 2. Opladen.
Dausien, B. (1996): Biographie und Geschlecht. Zur biographischen Konstruktion sozialer Wirklichkeit in Frauenlebensgeschichten. Bremen .
Dausien, B. (2001): Rekonstruktive Geschlechterforschung. Feministische Studien. Bd. 19, H. 2, Weinheim.
Diefenbach, H. (2000): Intergenerationale Scheidungstransmission in Deutschland. Die Suche nach dem „missing link“ zwischen Ehescheidung in der Elterngeneration und Ehescheidung in der Kindgeneration. Würzburg.
De Mause, LL. (1977): Hört ihr die Kinder weinen. Frankfurt a.M.
Diewald, M./Schupp, J. (2006): Kulturelles und soziales Kapital von Jugendlichen. Die Bedeutung von sozialer Herkunft und der Qualität der Eltern-Kind-Beziehung. In: Rehberg, K.-S. (Hrsg.): Soziale Ungleichheit - Kulturelle Unterschiede. Verhandlungen des 32. Kongresses der Deutschen Gesellschaft für Soziologie in München 2004. Frankfurt a.M.
Du Bois-Reymond u.a. 1994 = Du Bois-Reymond, M./Büchner, P./Krüger, H.-H./Ecarius, J./Fuhs, B. (Hrsg.) (1994): Kinderleben. Modernisierung von Kindheit im interkulturellen Vergleich. Opladen .
Ecarius, J. (2002): Familienerziehung im historischen Wandel – Eine qualitative Studie über Erziehung und Erziehungserfahrung von drei Generationen. Opladen .
Ecarius, J. (Hrsg.) (2007a): Handbuch Familie. Wiesbaden.
Ecarius, J. (2007b): Familienerziehung. In: Ecarius, J. (Hrsg.) (2007): Handbuch Familie. Wiesbaden, S. 137–156.
Fiese, B. H. (2006): Family routines and rituals. New Haven .

Fiese, B. H./Sameroff, A. J. (1999): The family narrative consortium: A multidimensional approach to narratives. In: Fiese, B. H./Sameroff, A. J./Grotevant, H. D./Wamboldt, F. S./Dickstein, S./Fravel, D. L. (Eds.): The stories that families tell: Narrative coherence, narrative interaction, and relationship beliefs. Monographs of the Society for Research in Child Development, vol. 64, no. 2, pp. 1–36.

Fiese, B. H./Spagnola, M. (2005): Narratives In and About Families. An Examination of Coding Schemes and a Guide for Family Researchers. In: Journal of Family Psychology, vol.19, no. 1, pp. 51–61.

Fthenakis, W. (2003): Moderne Zeiten - traditionelle Rollenmuster. Die Ergebnisse der LBS-Familien-Studie. In: Habisch, A./Schmidt, H.-L./Bayer, M. (Hrsg.): Familienforschung interdisziplinär. Grafschaft, S. 169–184.

Friebertshäuser, B. (2004): Ritualforschung in der Erziehungswissenschaft. Konzeptionelle und forschungsstrategische Überlegungen. In: Wulf, C./Zirfas, J. (Hrsg): Innovation und Ritual. Zeitschrift für Erziehungswissenschaft, Beiheft 2, S. 29–45.

Gergen, K. J. (2002): Konstruierte Wirklichkeiten. Eine Hinführung zum sozialen Konstruktivismus. London.

Gerris, J. R. M./Grundmann, M. (2002): Reziprozität, Qualität von Familienbeziehungen und die intergenerationale Transmission von Beziehungskompetenz. In: Zeitschrift für Soziologie der Erziehung und Sozialisation, Bd. 22., H. 1, S. 3–24.

Giddens, A. (1997): Die Konstitution der Gesellschaft. Grundzüge einer Theorie der Strukturierung. Frankfurt a.M., New York.

Gohlke, H. (2005): Familie Battmann und Familie Berger. Transmission und Transformation der Beziehungs- und Erziehungsformen im familialen Mehrgenerationenkontext. Familienmonographien. Bd. 1. Marburg.

Hildebrandt, E. (Hrsg.) (2007): Lebenslaufpolitik im Betrieb. Optionen zur Gestaltung der Lebensarbeitszeit durch Langzeitkonten. Berlin.

Hochschild, A. R. (2003a): The Commercialization of Intimate Life: Notes from Home and Work. Berkeley.

Hochschild, A. R. (2003b): The Managed Heart: Commerzialization of Human Feeling. Twentieth Anniversary Edition. Berkeley.

Hofer u.a. 2002 = Hofer, M./Wild, E./Noack, P. (Hrsg.) (2002²): Familienbeziehungen. Eltern und Kinder in der Entwicklung. Göttingen.

Hurrelmann, K./Ulich, D. (2002⁶): Gegenstands- und Methodenfragen der Sozialisationsforschung. In: Hurrelmann, K./Ulich, D. (Hrsg.): Handbuch der Sozialisationsforschung. Weinheim-Basel, S. 3–20.

Hurrelmann, K./Albert, M. (2006): Jugend 2006 - eine pragmatische Generation unter Druck. 15. Shell-Jugendstudie. Frankfurt a.M.

Huschke-Rhein, R. (1993³): Systemisch-ökologische Pädagogik. Wissenschaftslehre als Bildungslehre im Atomzeitalter. Bd. 1, Köln.

Huschke-Rhein, R. (1998): Systemische Erziehungswissenschaft. Pädagogik als Beratungswissenschaft. Weinheim.

Huschke-Rhein, R. (2003²): Einführung in die systemische und konstruktivistische Pädagogik. Beratung – Systemanalyse – Selbstorganisation. Weinheim.

Jaeggi, E. (2002): Liebe lieber ungewöhnlich. Düsseldorf, Zürich.

Keupp u.a. 2006 = Keupp, H/Ahbe, T./Gmür, W./Höfer, R./Kraus, W./Mitzscherlich, B./ Straus, F. (2006³): Identitätskonstruktionen. Das Patchwork der Identitäten in der Spätmoderne. Reinbek.

Leu, H. R./Krappmann, L. (1999): Zwischen Autonomie und Verbundenheit – Bedingungen und Formen der Behauptung von Subjektivität. Frankfurt a.M.

Kraus, W. (2000): Das erzählte Selbst. Die narrativen Konstruktionen der Identität in der Spätmoderne. Herbolzheim.

Krüger, H./Born, C./Lorenz-Meyer, D. (1996): Der unentdeckte Wandel. Annäherung an das Verhältnis von Struktur und Norm im weiblichen Lebenslauf. Berlin.

Lange, A. (2007): Kindheit und Familie. In: Ecarius, J. (Hrsg.): Handbuch Familie. Wiesbaden, S. 239–259.

Lewin, Kurt (1963): Feldtheorie in den Sozialwissenschaften. Bern.

Lucius-Höhne, G./Deppermann, A. (2002): Rekonstruktionen narrativer Identität – ein Arbeitsbuch zur Analyse narrativer Interviews. Opladen.

Macha, H. (1989): Pädagogisch-anthropologische Theorie des Ich. Bad Heilbrunn/Obb.

Macha, H. (1997): Familienerziehung - Wandel und Perspektiven. In: Macha, H./Mauermann, L. (Hrsg.): Brennpunkte der Familienerziehung. Weinheim, S. 14–33.

Macha, H. (2004a): Auf dem Weg zu einer Theorie der Familienerziehung – empirische und systematische Aspekte. In: Vierteljahresschrift für wissenschaftliche Pädagogik, 80. Jg., H. 1, S. 41–65.

Macha, H. (2006): Work-Life-Balance. In: Schlüter, A. (Hrsg.): Bildungs- und Karrierewege von Frauen. Opladen.

Macha, H./Witzke, M. (i.V.f. 2008a): Familienbiographien: Ko-Konstruktionsprozesse im Kontext von Werten, Normen und Regeln. In: Dörr, M./Felden, H. von/Klein, R./Macha, H./Marotzki, W. (Hrsg.): Erinnerung – Reflexion – Geschichte. Erinnerung aus psychoanalytischer und biographietheoretischer Perspektive. Wiesbaden, S. 243–261.

Macha, H./Witzke, M. (i.V.f. 2008b): Auswertungsschritte methodenkombinierter Familienforschung. In: Friebertshäuser, B./Prengel, A. (Hrsg.): Handbuch Qualitative Forschungsmethoden in der Erziehungswissenschaft. Weinheim.

Macha, H./Witzke, M. (2008c): Familie und Gender. Rollenmuster und segmentierte gesellschaftliche Chancen. In: Zeitschrift für Pädagogik, 54. Jg., H. 2, S. 261–278.

Matthes, E. (2005): Die Familie als Lerngegenstand in den Hessischen Rahmenrichtlinien Gesellschaftslehre 1972 und 1973, in den zugelassenen Lehrmitteln und in der Unterrichtspraxis. In: Matthes, E./Heinze, C. (Hrsg.) Das Schulbuch zwischen Lehrplan und Unterrichtspraxis. Bad Heilbrunn/Obb., S. 179–190.

Mertens, G. (2006): Umwelten - eine humanökologische Pädagogik. Paderborn.

Micus-Loos, C./Schütze, Y. (2004): Gender in der Familienerziehung. Forschungsergebnisse und Handlungsstrategien. In: Glaser, E./Klika, D./Prengel, A. (Hrsg.): Handbuch Gender und Erziehungswissenschaft. Bad Heilbrunn, S. 349–361.

Mollenhauer, K. (19852): Vergessene Zusammenhänge - über Kultur und Erziehung. Weinheim .

Münch, R. (1993): Die Kultur der Moderne, Bd.2: Ihre Entwicklung in Frankreich und Deutschland. Frankfurt a.M.

Nave-Herz, R. (20073): Familie heute - Wandel der Familienstrukturen und Folgen für die Erziehung. Darmstadt.

Nentwig-Gesemann, I. (2007): Der Familienurlaub – Rituelle Praxis, Differenzbearbeitung und Lernprozesse In: Wulf, C./Althans, B./Blaschke, G./Ferrin, N./Göhlich, M./Jörissen, B./Mattig, R./Nentwig-Gesemann, I./Schinkel, S./Tervooren, A.: Lernkulturen im Umbruch. Rituelle Praktiken in Schule, Medien, Familie und Jugend. Wiesbaden, S. 220-252.

Peukert, R. (20045): Familienformen im sozialen Wandel. Wiesbaden .

Powers, R. (2006a): Das Echo der Erinnerung. (Interview) In: Mobil, Zeitschrift der Deutschen Bundesbahn.

Powers, R. (2006b): Das Echo der Erinnerung. Frankfurt a.M.

Preißer, R. (2003): Muster der intergenerationalen Statusreproduktion in der Oberschicht. Der Beitrag von emotionalen Ressourcen bei der Transformation des Familienkapitals. In: Hradil, S./Imbusch, P. (Hrsg.): Oberschichten - Eliten - Herrschende Klassen. Opladen, S. 209–235.

Rendtorff, B. (2006): Erziehung und Geschlecht. Eine Einführung. Stuttgart.

Rosenthal, G. (1995): Erlebte und erzählte Lebensgeschichte - Gestalt und Struktur biographischer Selbstbeschreibungen. Frankfurt a.M.

Sennett, Richard (2000²): Der flexible Mensch - die Kultur des neuen Kapitalismus. München.

Schneewind, K. A. (1999²): Familienpsychologie. Stuttgart.

Schneewind, K. A. (2000): Kinder und elterliche Erziehung. In: Lange, A./Lauterbach, W. (Hrsg.): Kinder in Familie und Gesellschaft zu Beginn des 21sten Jahrhunderts. Stuttgart, S. 187–208.

Schneewind, K. A. (2004): Sechs Thesen zur Sozialisationstheorie aus der Sicht der Persönlichkeitspsychologie oder frei nach Heinrich von Kleist Über die allmähliche Verfertigung der Persönlichkeit beim Leben. In: Geulen, D./Veith, H. (Hrsg.): Sozialisationstheorie interdisziplinär. Aktuelle Perspektiven. Stuttgart, S. 117–130.

Schneewind, K. A. (2008): „Eltern lassen ihren Kindern zu viel durchgehen". Ein Gespräch mit dem Familienpsychologen Klaus A. Schneewind. In: Psychologie heute. H. 7, S. 65–67.

Tausch, R./Tausch, A. (1970⁵): Erziehungspsychologie - psychologische Prozesse in Erziehung und Unterrichtung. Göttingen .

Tietgens, H. (1981): Die Erwachsenenbildung. München.

Valsiner, J. (1988): Child Development Within Culturally Structured Environments. Social Co-Construction and Environmental Guidance in Development. Vol. 2. Norwood .

Von Schlippe, A. (1984): Familientherapie im Überblick. Paderborn .

Walper, S. (2001): Familie und Entwicklung - aktuelle Perspektiven der Familienpsychologie. Göttingen.

Walper, S. (2004): Der Wandel der Familien als Sozialisationsinstanz. In: Geulen, D./Veith, H. (Hrsg.): Sozialisationstheorie interdisziplinär – Aktuelle Perspektiven. Stuttgart.

Wendt, E.-V./Walper, S. (2007): Entwicklungsverläufe von Kindern in Ein-Eltern- und Stieffamilien. In: Alt, C. (Hrsg.): Kinderleben - Start in die Grundschule. Wiesbaden, S. 211–242.

Wiater, W. (2001): Herausforderungen an die Schule von morgen. In: Wiater, W. (Hrsg.): Kompetenzerwerb in der Schule von morgen. Fachdidaktische und erziehungswissenschaftliche Aspekte eines nachhaltigen Lernens. Donauwörth, S. 7–21.

Willi, J. (2002): Psychologie der Liebe. Persönliche Entwicklung durch Partnerbeziehungen. Stuttgart.

Winek, J. L. (1998): A qualitative study of the co-construction of therapeutic reality: a process and outcome model. Mellen studies in sociology. no.20. Lewiston.

Wulf u.a. 2001 = Wulf, C./Althans, B./Audehm, K./Bausch, C./Göhlich, M./Sting, S./Tervooren, A./Wagner-Willi, M./Zirfas, J. (Hrsg.) (2001): Das Soziale als Ritual. Zur performativen Bildung von Gemeinschaften. Opladen.

Wulf, C. (2004): Die innovative Kraft von Ritualen in der Erziehung. Mimesis und Performativität, Gemeinschaft und Reform. In: Wulf, C./Zirfas, J. (Hrsg.): Innovation und Ritual. Jugend, Geschlecht und Schule. Zeitschrift für Erziehungswissenschaft, Beiheft 2, S. 9–16.

Hans Bertram

Kapitel 2: Familienforschung und Familienpolitik: Themen, Felder und familiale Lebenslagen[1]

I. Einleitung

Eine nachhaltige Familienpolitik ist nicht Teil der Sozialpolitik zur Sicherung des Wohlfahrtsstaates, sondern ist genauso wie die Bildungspolitik, die Forschungspolitik und Teile der Wirtschaftspolitik, soweit diese nicht nur zur Besitzstandssicherung eingesetzt wird, eine Politik der Zukunftsgestaltung unserer Gesellschaft. Familienpolitik, Bildungspolitik und Forschungspolitik sind jene Politikbereiche, die die Fundamente der Zukunft einer Gesellschaft legen (Bertram u.a. 2005).

Eine nachhaltige Familienpolitik, die Rahmenbedingungen schafft, die es Eltern ermöglichen ihre Kinder zu entwickeln und zu erziehen, so dass diese den Herausforderungen einer modernen Wissensgesellschaft gewachsen sind. Jungen Erwachsenen hingegen soll die Möglichkeit gegeben werden in ihrer Lebensplanung Kinder und die Erziehung von Kindern und die Fürsorge für andere als Teil der eigenen Lebensperspektive zu entwickeln. Dies unterstützt die Bildung des Humanvermögens moderner Gesellschaften (Bundesregierung 1994; Kaufmann 1995). Ohne Humanvermögen kann keine noch so gute Bildungspolitik zur Entwicklung des Humankapitals der modernen Gesellschaft beitragen. Ohne Humanvermögen und Humankapital sind aber die Investitionen in Forschung und Entwicklung relativ überflüssig, weil Forschungsergebnisse und technische Entwicklungen, die nicht von einer nachwachsenden Generation weiterentwickelt werden können, wenig zur Zukunft der Gesellschaft beitragen können. Eine Gesellschaft ohne Kinder (Weizsäcker 2005) beschränkt die eigene Zukunftsperspektive auf eine Generation. Insofern gilt für eine Wissensgesellschaft, dass einer nachhaltigen Familienpolitik eine zentrale Stellung zukommt, weil mit ihrer Hilfe die Trias „Humanvermögen - Humankapital - Forschung und Entwicklung“ gesichert wird.

II. Die Trias „Humanvermögen, Humankapital und Forschung und Entwicklung“

Im Jahr 1997 wurden in Deutschland 812.000 Kinder geboren, 2006 waren es hingegen noch etwa 672.000 Kinder, die in Deutschland das Licht der Welt erblickten. Damit wurden in der gesamten Bundesrepublik so viele Kinder geboren wie 1989 allein in Westdeutschland. Dabei haben sich die Geburtenraten in den neuen Bundesländern fast denen in den alten Bundesländern angenähert (Dobritz 2005). Dieser Geburtenrückgang ist allenfalls für den Finanzminister ein kurzfristiger Gewinn, der dadurch jährlich 260 Millionen Euro Kindergeld erspart. Da dies kein einmaliger Vorgang ist, sondern sich seit 1997 bereits 8mal wiederholt hat, ersparte dieser Geburtenrückgang in 2006 insgesamt fast 2 Milliarden Euro Kindergeld. Angesichts diese Summe wird deutlich, dass neue familienpolitische Leistungen, etwa das Elterngeld, das zum 1.1.2007 eingeführt wurde oder der Zuschuss zum Betreuungsaufwand von Eltern von etwa 450 Millionen Euro, allein schon dadurch finanziert werden, dass heute so viel weniger Kinder in Deutschland geboren werden als noch vor 8 Jahren.

Diese Zahlen werden in der Öffentlichkeit intensiv diskutiert; dabei steht fast ausschließlich die Frage im Vordergrund, wie in Zukunft angesichts dieser demografischen Entwicklung die sozialen Sicherungssysteme finanziert werden sollen. So wichtig aus der Sicht des Wohlfahrtsstaats und seiner Vertreter die Finanzierung der sozialen Sicherungssysteme auch ist, ist doch zu fragen, ob aus der individuellen Sicht der Eltern und potenziellen Eltern die Sicherung der Renten- und Gesundheitssysteme eine Motivation für die Entscheidung für Kinder sein können und sind. Viel seltener wird thematisiert, welche Bedeutung Kinder für die Zukunftsvorstellungen und Lebensoptionen von jungen Erwachsenen haben und inwieweit diese Zukunftsvorstellungen die Basis für die Zukunft einer Gesellschaft sein können. Denn nur dann, wenn die Entscheidung für Kinder und die Fürsorge für Kinder Teil der eigenen Lebensplanung und der eigenen individuellen Lebensperspektive sind und sein können, werden sich junge Menschen für Kinder entscheiden. Eine Familienpolitik, die für sich in Anspruch nimmt, die Rahmenbedingungen familiären Lebens mit zu gestalten, kann in einer demokratischen Gesellschaft nur dadurch legitimiert werden, dass die zukünftigen Generationen einschließlich der jetzt jungen Erwachsenen die gleiche Chance zur Gestaltung eigener Lebensvorstellungen haben wie die jetzt politisch aktive Generation. Eine nachhaltige Familienpolitik hat primär nicht die Aufgabe, zur Erhöhung der Kinderzahlen beizutragen, um die Alterssicherungssysteme zu finanzieren, sondern wesentlich die Aufgabe, Lebensläufe und Lebensoptionen von jungen Erwachsenen, so weit sie politisch gestaltet sind, so zu organisieren, dass Kinder und die Fürsorge für andere Teile dieser Lebensgestaltung werden können.

In den letzten Jahren hat sich einen deutliche und positive Veränderung in der Einschätzung der Bedeutung von Familienpolitik für die gesellschaftliche Entwicklung vollzogen. Im Folgenden soll nun skizziert werden, in welcher Weise eine nachhaltig orientierte Familienpolitik auf die strukturellen Veränderungen der Lebensverläufe junger Erwachsener in einer Wissensgesellschaft reagiert hat oder auch reagieren kann.

Die These ist, dass sich die Bundesrepublik Deutschland zwar in der Ökonomie den weltweiten Herausforderungen gestellt hat und im globalen Wettbewerb gut positioniert ist. Die dort vollzogenen Veränderungen sind dabei lediglich in einem Kontext privater Lebensführung umgesetzt worden, der der Industriegesellschaft entspricht. Das gilt sowohl für die Bildungssysteme wie für die Organisation privater familiärer Lebensformen. Gelingt es der Bundesrepublik Deutschland nicht, zwischen diesen beiden Bereichen eine angemessene Relation herzustellen, so wird auf Dauer die hier skizzierte Trias der Bildung von „Humanvermögen, Humankapital und Forschung und Entwicklung“ nicht weiter zu entwickeln sein. Dabei wird bei der Gliederung des Aufsatzes zunächst auf der Basis einer kurzen demografischen Skizze der europäischen Entwicklung gezeigt, dass Deutschland sich in manchen Punkten in den letzten Jahren bei der demografischen Entwicklung von anderen europäischen Ländern abgekoppelt hat, weil sie diese Form der Modernisierung privater Lebensformen und des Bildungssystems nicht in Angriff genommen hat.

Aufbauend auf dieser Skizze wird dann gezeigt, dass eine solche Modernisierung privater Lebensformen nur durch eine Kombination von Zeit, Infrastruktur und finanzieller Transferpolitik gelingen kann, die es im Sinne einer nachhaltigen Familienpolitik jungen Erwachsenen ermöglicht, ihre individuellen Lebensentscheidungen und Lebensvorstellungen auch mit einer Entscheidung für Kinder und für die Fürsorge für andere zu verbinden.

III. Das Verschwinden der Kinder

Geringe Geburtenzahlen oder deutliche Rückgänge bei der Zahl der Kinder, die eine Frau zur Welt bringt[2], sind weder ein Problem der Bundesrepublik Deutschland allein noch handelt sich um Phänomene, die historisch neu sind. So lag die Zahl der Geburten pro Frau im Frankreich des 19. Jahrhunderts bei etwa 1,8 Kindern (Chesnais 2005), während zur gleichen Zeit in England oder Deutschland noch zwischen 4 und 5 Kindern pro Frau geboren wurden. Die historische Demografie (Livi-Bacci 1999) hat für alle europäischen Regionen gezeigt, dass spätestens um die Wende vom 19. zum 20. Jahrhundert auch in anderen europäischen Ländern die Geburtenraten deutlich zurückgingen. Diese sehr langfristigen Prozesse, die dann in einzelnen Ländern durch die Weltkriege, die Weltwirtschaftskrise und andere Faktoren verstärkt wurden, haben im Nachkriegsdeutschland weder im Osten noch im Westen eine besondere Aufmerksamkeit gefunden. Auch das ist historisch nachvollziehbar, weil nach dem Zweiten Weltkrieg in vielen europäischen Ländern wie in den USA ein deutlicher Anstieg der Geburtenzahlen zu beobachten war und selbst das Statistische Bundesamt noch 1968 davon ausging, dass diese sehr positive Entwicklung der Geburten sich auch in Zukunft fortsetzen werde (Bundesregierung 1968).

Fertilitätsraten in 21 OECD Ländern, 1960, 1980, 1998 und Änderung im Verlauf der Zeit

	TFR 1960	TFR 1980	TFR 1998	Veränderung der TFR von 1960 bis 1980	Veränderung der TFR von 1980 bis 1998
Australien	3,48	1,89	1,76	-1,59	-0,13
Kanada	3,90	1,73	1,62	-2,17	-0,11
Irland	3,73	3,24	1,93	-0,49	-1,31
Neuseeland	4,24	2,01	1,92	-2,23	-0,09
Vereinigtes Königreich	2,69	1,90	1,71	-0,79	-0,09
USA	3,65	1,85	2,07	-1,80	0,22
Familiärer Durchschnitt	**3,61**	**2,10**	**1,83**	**-1,51**	**-0,28**
Dänemark*	2,54	1,55	1,72	-0,99	0,17
Finnland*	2,71	1,63	1,70	-1,08	0,07
Norwegen	2,90	1,72	1,81	-1,18	0,09
Schweden*	2,13	1,68	1,50	-0,45	-0,18
Familiärer Durchschnitt	**2,57**	**1,65**	**1,69**	**-0,92**	**0,04**
Österreich	2,69	1,65	1,34	-1,04	-0,31
Belgien	2,58	1,68	1,59	-0,90	-0,09
Frankreich	2,73	1,95	1,76	-0,78	-0,19
Deutschland	2,36	1,56	1,36	-0,80	-0,20
Italien	2,41	1,64	1,20	-0,77	-0,44
Niederlande	3,12	1,60	1,63	-1,52	0,03
Familiärer Durchschnitt	**2,65**	**1,68**	**1,48**	**-0,97**	**-0,20**
Griechenland	2,28	2,22	1,29	-0,06	-0,93
Portugal	3,01	2,25	1,46	-0,76	-0,79
Spanien*	2,86	2,20	1,16	-0,66	-1,04
Familiärer Durchschnitt	**2,72**	**2,22**	**1,30**	**-0,50**	**-0,92**
Schweiz	2,44	1,55	1,47	-0,89	-0,08
Japan	2,00	1,75	1,38	-0,25	-0,37
Gesamtdurchschnitt	**2,88**	**1,87**	**1,59**	**-1,01**	**-0,28**

Quelle: Francis G., Castles: Three Facts about Fertility. In: Australian Institute of Family Studies, Family Matters, No. 63, Spring/Summer 2002, S. 24

Abb. 1: Fertilitätsraten in 21 OECD-Ländern

Auch der drastische Rückgang der Geburten pro Frau zwischen 1970 und 1980 verlief in den meisten europäischen Ländern nach einem ganz ähnlichen Muster. Vergleicht man die Fertilitätsraten in den 21 OECD-Ländern für 1960, 1980 und 1998 (Castles 2002), dann sieht man, dass in allen OECD-Staaten die Fertilitätsraten 1960 oberhalb der notwendigen Bestandserhaltung von 2,1 Kindern pro Frau lagen. Die Fertilitätsraten gingen in allen OECD-Staaten bis 1980 deutlich zurück. Die größten Verluste hatten die Länder mit dem höchsten Ausgangsniveau. Die USA beispielsweise mit 1960 noch 3,6 Kindern pro Frau lagen 1980 nur noch bei 1,85 Kindern pro Frau. Ähnlich dramatische Veränderungen zeigten sich in Australien, Kanada oder Neuseeland. Aber auch die Geburtenrückgänge in den nordeuropäischen Staaten wie Dänemark, Finnland, Norwegen und Schweden waren recht deutlich, reduzierten sich die Kinderzahlen in diesen Ländern von durchschnittlich 2,6 Kindern pro Frau doch auf etwa 1,7 Kinder pro Frau. Aber auch Länder wie

Deutschland und Frankreich wiesen deutliche Rückgänge der Geburtenzahlen auf, nämlich um durchschnittlich 0,8 Kinder pro Frau. In den südeuropäischen Ländern war der Geburtenrückgang in dieser Zeit nicht so groß wie in den anderen Ländern, er setzte allerdings später ein. Wenn also viele Demographen diesen hier kurz beschriebenen Prozess als die zweite demografische Transformation bezeichnen (Lesthaeghe/Willems 1999; Lesthaeghe/Moors 2000), und diesen Prozess auch als gleichförmig in hoch entwickelten Gesellschaften beschreiben, kann man dieser Darstellung nur folgen.

Die meisten Ländern haben in dieser Zeit erheblich in die Bildung und Ausbildung der nachwachsenden Generation investiert; gleichzeitig wurden auch fast überall besondere Anstrengungen unternommen, um die männlich dominierten Bildungssysteme für junge Frauen zu öffnen. Die zunehmend qualifizierte Bildung als Voraussetzung für die Bewältigung der ökonomischen und kulturellen Anforderungen der Wissensgesellschaft eröffnet jungen Erwachsenen in der Regel mehr Lebensoptionen als eine geringe Bildung. Das galt vor allem für Frauen, die bis dahin zumeist eher weniger Bildung in Anspruch nahmen, weil ihre Berufstätigkeit in der Regel nur als eine Phase vor der Entscheidung für Familie und Kinder und der Familiengründung interpretiert wurde. Noch 1965 hielt die Mehrheit der Eltern Bildung für Jungen wichtiger als für Mädchen (Friedeburg 1968).

Parallel zu diesem Prozess entwickelten sich die meisten Länder der OECD zu Dienstleistungsgesellschaften, in denen die traditionellen ökonomischen Aktivitäten in Landwirtschaft und Industrie zu Gunsten neuer Tätigkeiten im Bereich von Telekommunikation, Handel, Bildung, um nur einige zu nennen, deutlich an Boden verloren. Arbeiteten 1970 noch fast 50 Prozent der Beschäftigten in der Industrie, sind es 2003 nur noch 30 Prozent. Während es von 1880 bis 1960 dauerte, bis die Mehrzahl der Erwerbstätigen in der Industrie beschäftigt waren, dauerte es nur knapp 30 Jahre, um unter das Niveau von 1880 zu sinken (Bertram 1997). Das gleiche gilt für die Landwirtschaft, in der um 1950 noch fast 25 Prozent der Erwerbstätigen beschäftigt waren; 1970 waren es noch 10 Prozent und 2003 noch etwa 3 Prozent.

Dieser Strukturwandel der ökonomischen Basis unserer Gesellschaft, der sich innerhalb von 30 bis 40 Jahren abgespielt hat, vollzog sich in dieser Form nicht nur in Deutschland, sondern weltweit. Er konnte überhaupt nur gelingen, weil für die neu entstehenden beruflichen Bereiche junge qualifizierte Frauen zur Verfügung standen, die das Fundament der Beschäftigten in vielen dieser Bereiche darstellen. Dies gilt nicht nur für Dienstleistungen, die personenbezogen oder staatlich organisiert sind, sondern auch für Finanzdienstleistungen, Dienstleistungen im Bereich der Medien und Kommunikation, um nur einige wichtige Bereiche zu nennen. Der amerikanische Demograf Hernandez hat auf der Basis des amerikanischen Zensus, der seit 1790 durchgeführt wird, diesen Transformationsprozess dokumentiert, wie er in den Vereinigten Staaten abgelaufen ist, bezogen auf die Lebenssituation von Kindern in Familien (Hernandez/Myers 1993).

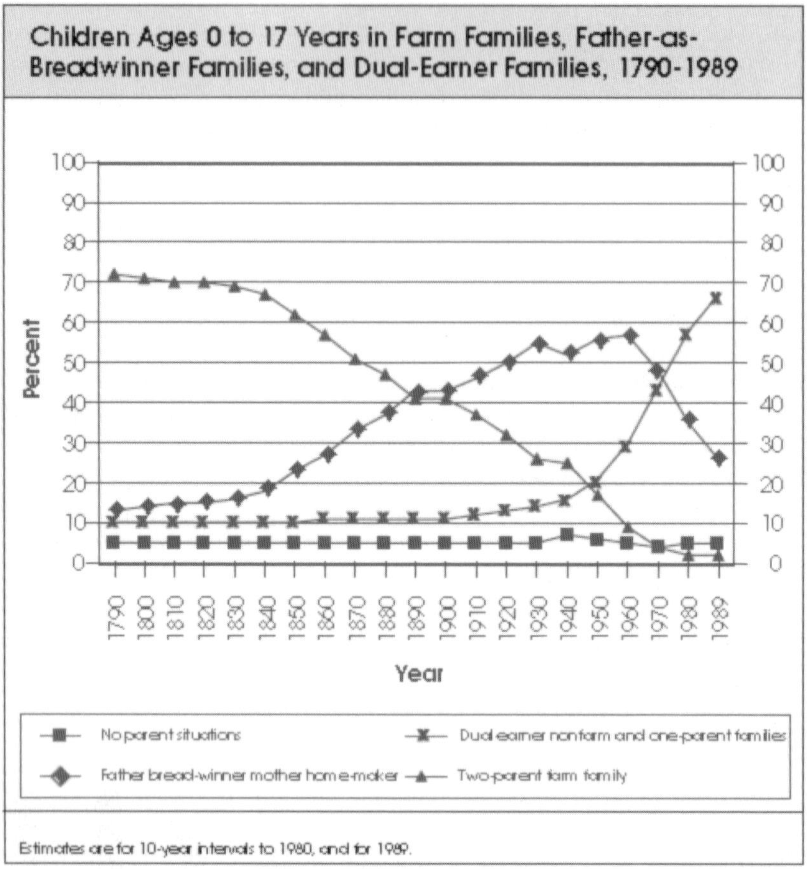

Source: Hernandez, D.J. *America's Children: Resources from family, government, and the economy*. New York: Russell Sage Foundation, 1993, p. 103. Reprinted by permission of the Russell Sage Foundation.

Donald J. Hernandez Changing Demographics: Past and Future Demands for Early Childhood Programs IN: THE FUTURE OF CHILDREN – WINTER 1995 This research was also reported in Hernandez, D.J. Children's changing access to resources: A historical perspective. *Social Policy Report* (1993) 8,1:1-23.

Abb. 2: Veränderung von Familienstrukturen

Der Vergleich dieser Grafik mit der Veränderung der Wirtschaftsbereiche in Deutschland ergibt überraschende Parallelen. Um 1880 waren in den USA ungefähr in genauso vielen Familien beide Eltern in der Landwirtschaft beschäftigt wie Familien mit dem Vater als Hauptenährer, der sein Geld außerhalb der Landwirtschaft verdiente, und der Mutter als zuständig für den Haushalt. Um 1950 wuchsen in den USA noch etwa 15 Prozent der Kinder bis zu 17 Jahren in solchen Farmerfamilien auf, während 50 bis 60 Prozent der Kinder nun in Familien groß wurden, in denen der Vater als Hauptenährer arbeitete und die Mutter als Hausfrau tätig war. Ähnlich deutlich wie in Deutschland die Zahl der Industriebeschäftigten zurückging, nahm auch in den USA in einem parallelen Prozess die Zahl der Familien mit dem

Vater als Haupternährer ab. Zwischen 1970 und 1990 sanken diese Zahlen von 50 auf 20 Prozent. Demgegenüber entsteht die Familie der Dienstleistungsgesellschaft, nämlich die Doppelverdiener, die beide außerhalb der Landwirtschaft arbeiten, oder die Einelternfamilien. Dieser Prozess hat sich in den Vereinigten Staaten zwischen 1960 und 1990 vollzogen

Auf der Basis von Zensusdaten lassen sich solche Entwicklungen für Deutschland nicht nachzeichnen, jedoch zeigt der Familiensurvey von 1988, 1995 und 2000 vergleichbare Informationen. In der ältesten Befragtengruppe, 1913 geboren, berichten rund 50 Prozent, bis zum 15. Lebensjahr die Berufstätigkeit ihrer Mutter erlebt zu haben. Diese Daten übersteigen die in der amtlichen Statistik üblicherweise genannten 30 Prozent erwerbstätiger Mütter in den Zwanziger Jahren, weil Mütter bis Anfang der Siebziger Jahre typischerweise nicht kontinuierlich erwerbstätig waren und die amtliche Statistik nur die jeweils aktuell erwerbstätigen Mütter zählt; hingegen berichten die Befragten jede Erwerbstätigkeit ihrer Mutter (Bertram 1995). Diese 50 Prozent bleiben bis etwa Anfang der Siebziger Jahre relativ stabil, das heißt die zwischen 1950 und 1960 Geborenen geben ähnliche Prozentsätze an wie die eigene Elterngeneration. Danach wandelt sich das Bild aber deutlich, weil nun in den jüngsten Befragtengruppen 80 Prozent angeben, bis zum 15. Lebensjahr die Erwerbstätigkeit der eigenen Mutter erlebt zu haben.

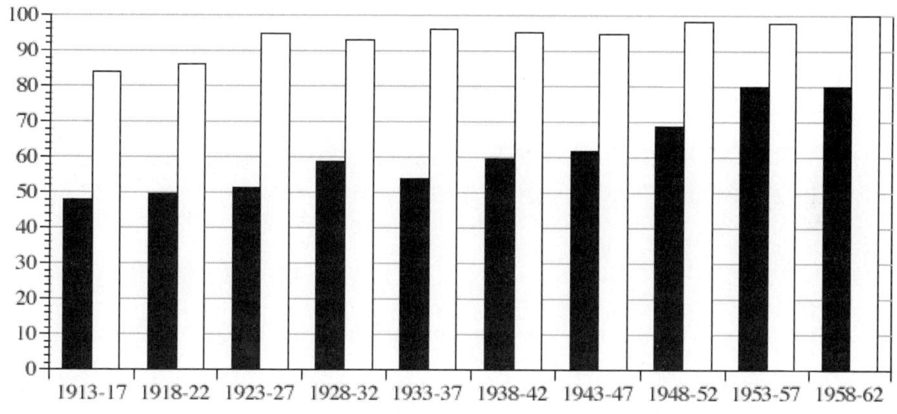

Abb. 3: Kinder, die die Erwerbstätigkeit ihrer Mutter erlebt haben

Aus diesen Daten wie aus den Daten der Veränderung der Erwerbsbeteiligung von Müttern mit Kindern ist abzuleiten, dass sich im Zeitverlauf in Deutschland ähnliche Prozesse vollzogen haben, wie sie Hernandez für die USA nachweist. Der Umbruch der ökonomischen Struktur und der Übergang von der Industriegesellschaft sowie das Verschwinden der landwirtschaftlich orientierten Familien haben dazu geführt, dass heute in einer Wissens- und Dienstleistungsgesellschaft aus der Sicht der Kinder die Familie mit zwei verdienenden Elternteilen oder die alleinerziehende

Familie zur Regel geworden sind. Diese Veränderungsprozesse haben sich auch in Deutschland nach 1970 vollzogen und erfolgten parallel zur zunehmenden Integration qualifizierter Frauen in das Erwerbsleben.

Auch wenn man die Erwerbstätigkeit der Mütter nach dem Lebensalter der Kinder differenziert, unterscheidet sich die Erwerbsbeteiligung von Müttern mit Kindern in Deutschland heute nur unwesentlich von den anderen europäischen Ländern (Bundesregierung 2006).

	Deutschland gesamt	Deutschland alte Bundesländer	Deutschland neue Bundesländer	Finnland	Frankreich	Niederlande
Kinderlose Frauen	81	82	75	81	78	82
	Frauen mit Kindern im Alter von 0-14 Jahren					
1 Kind	70	70	73	74	75	73
2 Kinder	64	64	70	71	67	69
3 und mehr Kinder	48	48	52	60	41	59
	Frauen mit Kindern im Alter von 0-14 Jahren, von denen das Jüngste jünger als 2 Jahre alt ist					
1 Kind	63	63	67	56	73	79
2 Kinder	51	49	60	39	52	68
3 und mehr Kinder	33	32	43	49	29	49
	Frauen mit Kindern im Alter von 0-14 Jahren, von denen das Jüngste zwischen 3 und 5 Jahre alt ist					
1 Kind	68	66	77	84	75	70
2 Kinder	57	57	63	81	71	67
3 und mehr Kinder	44	43	52	63	46	56
	Frauen mit Kindern im Alter von 0-14 Jahren, von denen alle älter als 5 Jahre sind					
1 Kind	75	75	74	80	75	71
2 Kinder	72	71	76	86	75	71
3 und mehr Kinder	58	58	57	79	54	72

Quelle: Daten für Frankreich, Finnland und die Niederlande aus dem Jahr 2003 aus: Renz/Eggen: Frauen in Europa: Job? Kinder? Oder beides? in: Statistisches Monatsheft Baden-Württemberg 2004, 4, S. 11
Daten für Deutschland von 2004 aus MZ 2004 (SUF), eigene Berechnungen

Abb. 4: Erwerbsquoten von Müttern mit Kindern im europäischen Vergleich

In Deutschland sind 68 Prozent der Mütter mit einem Kind, das jünger als 2 Jahre ist, erwerbstätig gegenüber 73 Prozent in Frankreich und 79 Prozent in den Niederlanden. Bei 2 Kindern sind es 54 Prozent in Deutschland und 52 Prozent in Frankreich. Auch unterscheiden sich die Mütter in ihrem Erwerbsverhalten nicht, wenn das Alter des Kindes berücksichtigt wird, weil sich bei Kindern über 5 Jahren die Erwerbsquoten in Deutschland weitgehend sowohl in den Familien mit 1 Kind, mit 2 und mit 3 Kindern im Durchschnitt des europäischen Niveaus bewegen.

Wenn sich in Deutschland die ökonomische Entwicklung und die zunehmende Integration der Frauen und Mütter in das Erwerbsleben ähnlich wie in anderen europäischen Ländern und in den USA in den letzten 30 Jahren vollzogen hat, stellt sich die Frage, warum in Deutschland die Geburtenraten im europäischen Vergleich heute so viel niedriger sind als in anderen europäischen Ländern, etwa Frankreich oder den nordeuropäischen Ländern. Unter einer demografischen Betrachtungsweise gibt es dafür einfache Gründe.

Der Babyboom war in Deutschland nicht so deutlich ausgeprägt wie in anderen europäischen Ländern. Während in Frankreich die Generation der 1935 geborenen Mütter 2,6 Kinder zur Welt brachte, waren das in Deutschland nur 2,16 Kinder. Bei einem gleichen Rückgang der Geburten von den 1935 geborenen Frauen auf die 1950 Geborenen stand Frankreich besser da als Deutschland. Zudem hat Deutschland bei den jüngeren Jahrgängen, die nach 1950 geboren sind, im Verhältnis zu Frankreich, aber auch zu den nordeuropäischen Staaten noch zusätzlich einen deutlichen Geburtenrückgang erlebt.

Folgt man den Daten, die Hullen für den Siebten Familienbericht zusammengestellt hat, so ist in Deutschland eine kontinuierliche Abnahme der Fertilität zu beobachten, die bei der Altersgruppe der 1976 geborenen Frauen nur 1,46 Kinder pro Frau beträgt (Hullen 2005). Es gibt keinen Grund anzunehmen, dass diese Entwicklung in Deutschland auf dem gegenwärtigen Niveau verharrt. Denn im Unterschied zu Frankreich, wo die Fertilität der einzelnen Altersjahrgänge relativ stabil ist, gilt das für Deutschland nicht. Einzelne europäische Länder wie etwa Schweden können sogar ähnlich wie die USA in den letzten Jahren wiederum einen leichten Anstieg ihrer Kohortenfertilität feststellen. Auch in Deutschland stieg die Zahl der geborenen Kinder im Jahr 2007 wieder leicht an. Ob sich daraus ein Trend in Richtung einer höheren Kohortenfertilität ergibt, wird sich allerdings erst in den nächsten Jahren zeigen.

Sinkende Fertilitätsraten in den Altersgruppen, die ihre Fertilität im Wesentlichen abgeschlossen haben, deuten aber auch auf eine weiter sinkende Gesamtfertilität hin. Nach den jüngsten Ergebnissen der regionalen Fertilitätsraten in Deutschland gehören ausgerechnet jene Regionen mit hohen Geburtenraten, wie Teile des Emslands oder des Allgäus, nun gerade zu jenen Gebieten mit einem besonders deutlichen Rückgang der Geburten.

Der Geburtenrückgang ist auch darauf zurückzuführen, dass in Deutschland die Zahl der Familien mit 3 und mehr Kindern geringer ist als in den nordeuropäischen Ländern oder in Frankreich und Großbritannien. Diese geringe Zahl von Mehrkinderfamilien, etwa 20 Prozent bei den 1963 geborenen Frauen, kann die hohe Kinderlosigkeit in Deutschland, die in den jüngsten Altersgruppen deutlich angestiegen ist, nicht mehr ausgleichen. So gibt es heute auch in Finnland mit 19 Prozent eine große Gruppe von kinderlosen Frauen, da aber gleichzeitig 30 Prozent der Frauen 3 und mehr Kinder haben und 25 Prozent 2 Kinder, ist die durchschnittliche Geburtenrate in Finnland entsprechend höher als in Deutschland, wo nur 20 Prozent der Frauen 3 und mehr Kinder haben.

Auf der Basis der Prognosedaten zur Entwicklung der Kinderzahlen in Deutschland wird die Zahl der Kinder unter 18 Jahren in Westdeutschland von 13 Millionen im Jahr 2000 auf 11 Millionen im Jahre 2030 zurückgehen, so dass hier dann ungefähr halb so viele Kinder leben werden wie vor der zweiten Transformation in den Siebziger Jahren. In Ostdeutschland wird die Zahl der Kinder im gleichen Zeitraum von 3,45 Millionen auf 2,5 Millionen zurückgehen. Dieser Rückgang bedeutet nicht, dass es in Deutschland nur Einzelkinder geben wird oder mehr Kinder bei Alleinerziehenden aufwachsen werden, vielmehr wird sich die Zahl der Familien mit

Kindern insgesamt entsprechend vermindern, während sich die Lebensform für die Kinder nicht grundsätzlich von den heutigen unterscheiden wird.

Auch wenn diese Überlegungen nur den Stellenwert von Prognosen haben, die mit Vorsicht zu interpretieren sind, lassen die Zahlen keinen anderen Schluss zu als die Aussage, dass gegenwärtig in Deutschland der für eine Wissensgesellschaft überlebensnotwendige Zusammenhang zwischen Bildung des Humanvermögens, Entwicklung des Humankapitals und Forschung und Entwicklung brüchig wird. Denn in Zukunft werden schlicht die jungen Erwachsenen fehlen, die neue Forschungen und neue Entwicklungen vorantreiben können. Während der Übergang von der Industriegesellschaft in die Dienstleistungsgesellschaft noch durch den Rückgriff auf die Humanressourcen der jungen Frauen geleistet werden konnte, sind diese Quellen erschöpft. Für die nachwachsende Generation stellt sich zudem die Frage, ob eine Gesellschaft wirklich erwarten kann, dass alle Kinder und Jugendlichen sich den beruflichen und ökonomischen Anforderungen einer Wissensgesellschaft unterwerfen wollen oder auch unterwerfen sollen.

Der Vergleich der deutschen Entwicklung mit anderen europäischen Ländern und die Suche nach Erklärungen für diese Unterschiede führt zur These des französischen Demografen Chesnais, dass Frankreich auf den hier skizzierten Wandel von der Industrie- zur Wissensgesellschaft mit seiner Familienpolitik besser vorbereitet war als Deutschland. Zudem vertritt der schwedische Demograf Hoem (Hoem 1990) die These, dass die Länder, die frühzeitig für den hier skizzierten Wandel einen Politikmix entwickelt haben, die Übergangsprobleme besser bewältigen konnten als jene Länder, die auf die hier skizzierten Veränderungsprozess überhaupt nicht oder unzureichend reagiert haben.

Beide Thesen überzeugen, weil Frankreich im Rahmen seiner Familienpolitik, und zwar sowohl unter der konservativen wie der sozialistischen politischen Führung, die Bewältigung des Wandels nicht individuell den Familien überlassen hat, sondern mit dem Ausbau des Betreuungssystems die Vereinbarkeit von Familie und Beruf schon zu einem Zeitpunkt ermöglichte, als in Deutschland noch darüber gestritten wurde, ob die Berufstätigkeit der Mutter dem Kind möglicherweise schade. In Frankreich ist die Förderung von familiären Lebensformen stärker als in Deutschland an die Zahl der Kinder gebunden; Frankreich kennt kein Ehegattensplitting, sondern ein Familiensplitting nach der Zahl der zu versorgenden Köpfe, so dass bei größeren Familien auch mehr ökonomische Ressourcen zur Verfügung stehen. Rückblickend ist daher festzuhalten, dass diese Entwicklung in Frankreich, die nach dem Zweiten Weltkrieg einsetzte, Strukturen ermöglichte, die den hier beschriebenen Wandel in den Siebziger Jahren besser auffingen als in Deutschland.

Auch die Argumente von Hoem zur Situation in den nordeuropäischen Ländern lassen sich nachvollziehen, weil hier bei allen Differenzen zwischen den einzelnen Ländern kein Gegensatz zwischen der Rolle als Mutter und der Rolle als Frau im Berufsleben gesehen wurde, sondern die Integration beider Elemente als Bestandteil der Frauenrolle betrachtet wurde und wird. Folgerichtig hat die nordeuropäische Politik in den einzelnen Ländern schon früh den hier noch zu beschreibenden Dreiklang von Zeitpolitik, Infrastrukturpolitik und Transferpolitik versucht und offenkundig auch erfolgreicher als Deutschland durchgehalten (Pfau-Effinger 1995 und 1996).

Nun könnte man meinen, dass eine solche Außenbetrachtung den tatsächlichen Verhältnissen in Deutschland nicht gerecht wird. Dass aber die Autoren ganz offenkundig einen zentralen Schwachpunkt der deutschen Politik beschreiben, lässt sich an Abbildung 5 verdeutlichen. Hier sind für die häufigsten weiblichen Berufe in Deutschland die durchschnittlichen Geburtenraten pro Frau bezogen auf den jeweiligen Beruf wiedergegeben. Viele traditionale Berufe weisen höhere Geburtenraten auf als die neuen Berufe, die erst im Übergang von der Industrie- zur Wissensgesellschaft an Bedeutung gewonnen haben. So haben Bankfachfrauen, Unternehmerinnen, Filial- oder Geschäftsbereichsleiterinnen und Direktionsassistentinnen im Durchschnitt eine Geburtenrate unter 1, während die traditionalen Frauenberufe, wie Kinderpflegerin, Posthalterin, Gärtnerin und auch Erzieherin, eine Geburtenrate von mehr als 1,3 bis 1,4 Kinder aufweisen. Völlig abweichend verhalten sich die Landwirtinnen, die noch heute mit einer Rate von 2,3 offenbar Kindern in ihrem Lebensentwurf einen deutlich höheren Stellenwert beimessen, trotz sicherlich höherer Arbeitszeiten als in vielen anderen Berufen. Bei den hoch qualifizierten Berufen, etwa Ärztinnen oder Gymnasiallehrerinnen, liegt die Quote mit 1,2 Kindern pro Frau noch niedriger. Daher dürfte bei einem sich weiter in die Moderne vollziehenden Wandel der Berufsstrukturen die Hoffnung auf eine stabile Geburtenrate in Deutschland ohne weitere infrastrukturelle oder transferpolitische Maßnahmen trügerisch sein. In den letzten Jahren wurden von politischer Seite einige zentrale Elemente hier neu gestaltet, die einen Übergang markieren und eine Veränderung der Ausrichtung deutscher Politik. Mit dem Tagesbetreuungsausbaugesetz (TAG) von 2005 konnte ein deutlicher Ausbau frühkindlicher Bildungs- und Betreuungsangebote erreicht werden. Die Einführung des Elterngeldes, das die Eltern während des ersten Lebensjahres des Kindes in Anspruch nehmen können, schafft einen zusätzlichen, finanzielle Einbuße durch Kinder verringernden, Anreiz. Zudem setzt das Elterngeld durch die sogenannten „Partnermonate“ auf eine stärkere Einbeziehung der Väter in die Erziehungsarbeit, und damit zumindest auf ein Aufweichen des engen, eher weiblichen Dilemmas zwischen der beruflichen und familiären Lebensplanung.

Deutschland ist also einerseits Teil einer international zu beobachtenden Entwicklung, hat aber andererseits aufgrund der mangelnden Anpassung der familiären Lebensformen an die neue Wissensökonomie besonders deutlich mit den Folgen dieses Wandels zu kämpfen. Die Zukunft dieser Gesellschaft ist nicht allein von der Innovationsfähigkeit der Wirtschaft und nicht vom Erfindungsgeist der jetzt lebenden Wissenschaftler abhängig, sondern vermutlich in gleichem Maße davon, wie es gelingt, den Rückstand gegenüber anderen Ländern bei der Balance von familiären und beruflichen Bedarfen auszugleichen. Dabei kann es nicht um eine simple Kopie der Lösungen anderer Länder gehen, vielmehr müssen die Lösungswege auf der Basis der kulturellen Gegebenheiten Deutschlands gefunden werden, weil wir sonst Gefahr laufen, dass die Trias von Humanvermögen, Humankapital und Forschung und Entwicklung endgültig zerbricht.

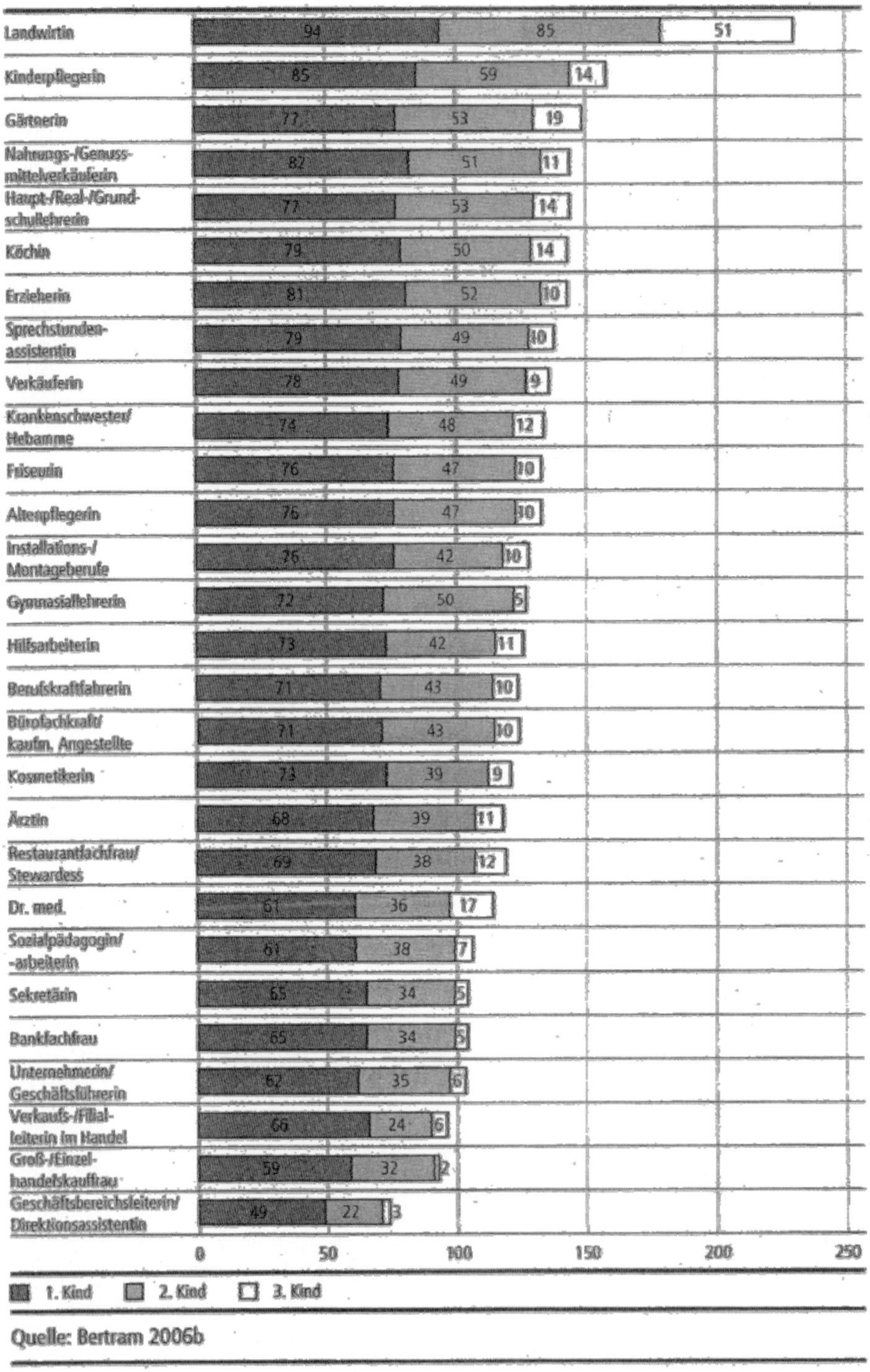

Abb. 5: Geburtenraten und Berufe von Frauen der Jahrgänge 1955 und 1965

IV. Die gewonnenen Jahre und neue Lebensverläufe

1979 publizierte der italienische Demograf Livi-Bacci (Livi-Bacci 1979) einen Vergleich der Lebensverläufe von Frauen und Müttern im 19. und dem ausgehenden 20. Jahrhundert. Die wichtigsten Veränderungen bei dem Lebensverlaufsmodell war die deutliche Verkürzung der Reproduktionszeit, das heißt der Zeit von der Geburt des ersten Kindes bis zur Pubertät des letztgeborenen Kindes. Bei durchschnittlich 4 bis 5 Kindern war dieser Zeitraum zwischen 25 und 30 Jahren lang. Denn selbst wenn die Geburten schnell aufeinander folgten, war durch die hohe Säuglingssterblichkeit die Zahl der Geburten im Mittel mit 7 bis 8 viel höher als die Zahl der Kinder, die von den Müttern bis zur Pubertät erzogen wurden. Erst durch die Fortschritte der Medizin im 20. Jahrhundert stieg die Überlebenswahrscheinlichkeit der Säuglinge. Da gleichzeitig seit Beginn des 20. Jahrhunderts die Geburtenzahlen in ganz Europa kontinuierlich sanken und heute bei 1 bis 2 Geburten pro Frau liegen, ist die Reproduktionszeit bei 2 Kindern auf rund 17 Jahre abgesunken. Gleichzeitig steigt seit Mitte der Sechziger Jahre die Lebenserwartung mit der Konsequenz, dass heute im Leben einer Frau 20 bis 22 gewonnene Lebensjahre durch die höhere Lebenserwartung gegenüber den Frauen im 19. Jahrhundert bestehen und gleichzeitig durch die Verkürzung des Reproduktionszyklus weitere 10 Jahre hinzugekommen sind, die nicht mehr wie im 19. Jahrhundert durch die Mutterrolle ausgefüllt werden.

Der deutsche Demograf Imhof hat diesen Lebenszyklus auch für Deutschland untersucht mit ganz ähnlichen Ergebnissen wie Livi-Bacci und hat daher ganz zu Recht den Begriff der „gewonnenen Jahre“ geprägt, die als Konsequenz die über Jahrhunderte als naturgegeben betrachtete Verknüpfung zwischen Mutterrolle und Frauenrolle aufgebrochen haben. Im historischen Lebenszyklus war das Leben der Frauen, sobald sie geheiratet hatten, im wesentlichen durch ihre Kinder oder, so sie das Glück hatten, länger zu leben, durch die nachfolgende Enkelgeneration geprägt (Imhof 1981).

Im Kontrast zu der heute in der Öffentlichkeit immer wieder vertretenen Meinung, in früheren Jahrhunderten sei viel früher geheiratet worden als heute, zeigen die historischen Demografen, dass auch früher in Europa sehr spät geheiratet wurde, weil eine wesentliche Voraussetzung für die Heirat die ökonomische Selbstständigkeit des Paares war (Mitterauer 2003). Genau das ist aber auch heute noch aus der Sicht der meisten Eltern wie der meisten jungen Erwachsenen eine wesentliche Voraussetzung, um sich für Kinder zu entscheiden. Das geringere Heiratsalter und das frühe Erstgeburtsalter in den Fünfziger und Sechziger Jahren zu Zeiten des Babybooms waren unter einer historischen Perspektive in der europäischen Familienentwicklung die Ausnahme und nicht die Regel. Das oben dargestellte Familienmodell der Industriegesellschaft knüpfte die ökonomische Selbstständigkeit nur an die Berufstätigkeit des Mannes, die in der Regel nach Abschluss der Lehre und einer Festanstellung in einem Betrieb erreicht war. In den expandierenden Arbeitsmärkten sowohl Ost- wie Westdeutschlands war es in den Fünfziger und frühen Sechziger Jahren kein Problem, als Arbeiter oder Facharbeiter früh eine angemessene Berufsposition in einem Betrieb zu bekommen. Dieses Muster der frühen ökonomischen

Selbstständigkeit der Fünfziger und Sechziger Jahre ist aber für Deutschland historisch die Ausnahme gewesen.

Während sich der weibliche Lebensverlauf aber nicht nur durch die Verkürzung der Reproduktionszeiten und die Verlängerung der Lebenszeit geändert hat, sondern auch durch die zunehmende Integration qualifizierter junger Frauen in qualifizierte Berufspositionen, sind die Änderungen des Lebensverlaufs von Männern noch heute weniger deutlich ausgeprägt. Zwar ist die Lebenserwartung gestiegen, aber das typische Muster, bei den Eltern zu leben, bis die eigene Ausbildung abgeschlossen ist, man ökonomisch auf eigenen Füßen steht und dann einen eigenen Haushalt gründet, war schon im 19. Jahrhundert in gleicher Form zu beobachten (Iacovou 2001a; Iacovou/Berthoud 2001b). Daher ist es gut nachvollziehbar, dass aus Sicht vieler Männer und eben auch aus Sicht vieler männlicher Politiker die Einsicht in die Notwendigkeit einer Änderung der Lebensverläufe sich allenfalls darauf bezieht, nach 40 oder 45 Berufsjahren in die Rente zu gehen. Hingegen wird eine sonstige Neuorganisation des Lebensverlaufs zur Integration unterschiedlicher Aufgaben in den Lebensverlauf, wie der Fürsorge für Kinder und Alte, erst langsam als Thema erkannt. Denn im klassischen Familienmodell der Industriegesellschaft war dieser Bereich als Aufgabe der Frau und Mutter, die zuhause blieb, aus dem Berufsbereich weitgehend ausgelagert, so dass sich der männliche Brotverdiener darum nicht kümmern musste. Für junge Frauen, die entsprechend ihrer Qualifikationen berufstätig sein wollen, sich aber gleichzeitig auch für Kinder und Partnerschaft entscheiden wollen, entsteht jedoch daraus ein Dilemma, das individuell kaum lösbar ist. Denn letztlich sind die männlichen Lebensverläufe das Modell und die Grundlage erfolgreichen beruflichen Handelns in unserer Gesellschaft. Um beruflich erfolgreich zu sein, muss man sich als junger Erwachsener, möglichst noch mit internationaler Erfahrung, über kurzfristige Praktika, zeitlich befristete Stellen unter dem Einsatz aller persönlichen Kompetenzen und des gesamten Engagements eine unbefristete Stelle erarbeiten. Zeit für Partnerschaft und Zeit für Familiengründung und Kinder verbleiben dabei nicht.

Weil die deutsche Gesellschaft beim Übergang von der Industrie- zur Dienstleistungsgesellschaft versäumt hat, neue Modelle zu entwickeln, die es zulassen, beruflich erfolgreiches Handeln mit Familiengründung, Partnerschaft und Kindererziehung zu verknüpfen, verwundert es nicht, dass in Deutschland die Kinderlosigkeit insbesondere bei den hoch qualifizierten Frauen besonders ausgeprägt ist. Denn in Deutschland ist es nur in Ausnahmefällen möglich, als Frau beruflich erfolgreich zu handeln und gleichzeitig die Fürsorge für Kinder, die Pflege von Partnerschaft und die Organisation des Familienalltags mit dem Beruf zu verbinden. Das ist kein neues Phänomen. Die Kinderlosigkeit von Akademikerinnen war 1972 sogar noch höher als heute, denn schon damals galt es für eine Frau, die beruflich erfolgreich sein wollte, sich dem männlichen Modell des Berufsverlaufs anzupassen. Das traditionelle industriegesellschaftliche Modell von Karrieren sah in den männlichen Karrieremustern überhaupt keine Kinder vor, weil diese Aufgabe an die nicht berufstätigen Frauen delegiert war. Wie man es auch dreht und wendet: Solange das männliche Modell beruflicher Karriere in Deutschland Bestand hat, wird dieser Widerspruch zwischen Karriere und Berufserwartung auf der einen Seite und der Entscheidung für Kinder und Familie auf der andern Seite bestehen bleiben. Dabei sollte nicht übersehen werden, dass inzwischen auch die jungen männlichen Akademiker zunehmend auf Kinder verzichten und ihre Karriere allein machen. Als Konsequenz ist heute die Kinderlosigkeit der 40- bis 44-jährigen Akademiker nach den Daten des Mikrozensus höher als die Kinderlosigkeit der gleichaltrigen Akademikerinnen. Gleichzeitig haben die Heiratsquoten von Männern im Alter zwischen 40 und 44 Jahren mit 60 Prozent einen historischen Tiefstand erreicht, der seit Beginn der amtlichen Statistik zu keinem Zeitpunkt unterschritten wurde. Offensichtlich lässt der berufliche Einstieg heute auch für junge Männer keine Zeit für Partnerschaft und Kinder. Überspitzt formuliert sind wir in Deutschland offenbar bereit, für die beruflichen Höchstleistungen der jungen Erwachsenen und ihre berufliche Integration in das Erwerbsleben in der Dienstleistungsgesellschaft, Familie und Kinder zu opfern.

V. Die Vielfalt der Alltagszeit

Der Zeittakt der Industriegesellschaft war an den Bedürfnissen der industriellen Güterproduktion orientiert. Der Drei-Schichtenbetrieb des modernen Industriebetriebs gab nicht nur die Fahrzeiten der öffentlichen Verkehrsmittel vor, sondern auch die Zeitstrukturen der meisten anderen Einrichtungen, wie die Öffnungszeiten der Schulen, die Dienstzeiten der öffentlichen Verwaltung; sogar die Öffnungszeiten der Kaufhäuser waren in diesen Rhythmus eingefügt. Auch die ursprüngliche 48-Stunden-Woche an sechs Tagen der Woche schloss sich diesem Rhythmus an. Die Industriegesellschaft brauchte bei der Produktion industrieller Güter keine Rücksicht auf die Entwicklung des Humanvermögens der Gesellschaft, auf die Fürsorge und auf die Zeit für soziale Beziehungen in Familie und Nachbarschaft zu nehmen und konnte das ausblenden, weil die sich Arbeitsteilung zwischen den Geschlechtern, insbesondere in der Familie, die Entwicklung des Humanvermögens, der Fürsorge für andere und der sozialen Beziehungen in Familie und Nachbarschaft unabhängig und außerhalb der Zeitlogik der industriellen Güterproduktion organisieren ließ. Im Grunde entsprach die arbeitsteilig organisierte Familie der Industriegesellschaft der Logik der Güterproduktion, wie sie Henry Ford ersonnen hatte: Arbeitsteilung und Spezialisierung bildeten die Grundlage für die effiziente Reproduktion des Humanvermögens, der Sicherung der Fürsorge für andere und der Sicherung sozialer Beziehungen innerhalb von Familie und Nachbarschaft.

Arlie Hochschild bezeichnet dieses industriegesellschaftliche Modell als „traditionell warmes“ Modell der Familie (Hochschild 1998). Denn durch die Freisetzung eines großen Teils der (weiblichen) Bevölkerung von der industriellen Güterproduktion ermöglichte dieses Modell viel Zeit für die Entwicklung des Humanvermögens. Entsprechend wurden in der Zeit, in der dieses Modell weltweit in den meisten Industriegesellschaften gelebt wurde, viele Kinder geboren (Babyboom). Gleichzeitig konnte die damals begonnene Bildungsreform in allen Ländern, die eine solche Reform in Gang gesetzt haben, gesellschaftlich erfolgreich realisiert werden, weil die Unterstützung für die neuen Anforderungen an Kinder und Jugendliche durch die Familien, das heißt die Mütter, erbracht werden konnte.

Die Basis für die Entwicklung von Humanvermögen, Fürsorge für andere und soziale Beziehungen war die Ausdifferenzierung zweier getrennter Sphären, der familiär-weiblichen Sphäre und der beruflich-männlichen Sphäre (Skolnick/Skolnick 2001; Skolnick 2003). Diese Form der Arbeitsteilung ist durch die Bildungsreform und die damit verbundene zunehmende Qualifikation von Frauen einerseits und durch den Übergang von der Industriegesellschaft in die Wissensgesellschaft andererseits zerbrochen. Vermutlich glaubt heute niemand in Politik, Wirtschaft oder Verwaltung an der Spitze großer Einrichtungen, dass diese Transformation der Industriegesellschaft in die postindustrielle Wissensgesellschaft rückgängig gemacht werden kann. Es herrscht ein großer gesellschaftlicher Konsens vor, dass sich die Herausforderungen der Globalisierung nur dadurch bewältigen lassen, dass die Bildungssysteme, die beruflichen Qualifikationen, die Produktionsstrukturen in den verbleibenden Industriebetrieben ebenso wie die Strukturen in den neu entstandenen Bereichen der Telekommunikation, der Finanzdienstleistungen oder auch der Dienstleistungen in den Freizeitbereich, den globalen Herausforderungen angepasst werden müssen (Mückenberger 2004).

Jedoch wird die Frage, ob denn das Modell der zwei Sphären mit der klaren geschlechtsspezifischen Arbeitsteilung zwischen Mann und Frau in einer solchen Gesellschaft mit völlig veränderten Zeitstrukturen, die nicht mehr der Logik der industriellen Güterproduktion folgen, sondern sich entsprechend der ganz unterschiedlichen Anforderungen im weltweiten Wettbewerb extrem ausdifferenziert haben, kaum gestellt. Es gibt in Deutschland weder bei den politischen noch wirtschaftlichen Eliten und möglicherweise auch bei den intellektuellen Eliten in der Universität überhaupt keinen Widerstand mehr dagegen, dass qualifizierte Frauen die gleichen Möglichkeiten im beruflichen Wettbewerb haben sollen wie qualifizierte Männer. Diese gleiche Möglichkeit wird ihnen allerdings nur dann zugestanden, wenn sie sich den Zeitforderungen einer globalisierten Wissensgesellschaft anpassen. Das bedeutet aber letztlich, dass der berufliche Erfolg von Frauen immer dann akzeptiert wird, wenn sie sich den Regeln der männlichen Sphäre unterwerfen.

Nach Arlie Hochschilds Analysen muss diese Strategie dazu führen, dass die Sicherung des Humanvermögens moderner Gesellschaften ebenso wie die Fürsorge für andere oder die Pflege sozialer Beziehungen in Familie und Nachbarschaft verschwindet oder aber institutionell wesentlich über den Markt und durch den Staat geregelt wird. Sie nennt dieses Modell „kalt-modern", denn die Fürsorge für andere, die Erziehung von Kindern, das Aufrechterhalten von Beziehungen in Familie, Verwandtschaft und Nachbarschaft, alles Elemente, die für die Generationssolidarität von entscheidender Bedeutung sind, werden aus der weiblichen Sphäre in die männliche Sphäre des Marktes überführt und nach ökonomischen Kriterien geregelt.

Hochschild (1998) stellt allerdings auch die grundsätzliche Frage, ob ein solches Modell tatsächlich den Lebensentwürfen, Wünschen und Zielen der Mehrheit der Bevölkerung entspricht. Nach vorliegenden empirischen Umfragen, ob in den USA, in Schweden, Deutschland oder Frankreich durchgeführt (Fahey/Speder 2004), ist das in entwickelten Dienstleistungsgesellschaften nun nicht die Meinung der meisten Menschen (Krappmann/Lepenies 1997). Vielmehr besteht in den meisten Gesellschaften die Vorstellung, dass sowohl die Fürsorge für Kinder wie aber auch die

Unterstützung der älteren Generation und die Beziehungen zu anderen Menschen in Nachbarschaft und Gemeinde nicht allein dem Markt oder dem Staat überlassen werden sollten, sondern doch in die private Lebensgestaltung von Individuen und Familien gehören. Dass eine solche Orientierung im konkreten Einzelfall auch mit hohen Ambivalenzen oder auch Überforderungen verbunden sein kann, wurde inzwischen von Autoren wie Lüscher und Pillmer (Lüscher/Pillmer 1996) deutlich gemacht. Trotz dieser vorhandenen Ambivalenzen sind die oben beschriebenen Muster verhältnismäßig stabil.

VI. Plurale Zeiten - plurale Lebensstile

Die Herausforderung für diesen Problemzusammenhang besteht darin, ein neues Modell der Arbeitsteilung zwischen der privaten Welt der Familie und den sozialen Beziehungen auf der einen Seite und den ökonomischen Anforderungen einer globalisierten Wirtschaft auf der anderen Seite zu entwerfen.

Die englische Sozialwissenschaftlerin Catherine Hakim (Hakim 2000) schlägt vor, solche Modelle vor allem an den Wünschen und Lebensvorstellungen der Frauen selbst auszurichten, weil von ihnen die größten Änderungen in ihren Lebensentwürfen erwartet werden. Auf der Basis einer Reihe von empirischen Untersuchungen in Europa arbeitet sie drei unterschiedliche Konzepte heraus, mit denen auf die neuen Herausforderungen einer pluralisierten Zeitstruktur einer Wissensgesellschaft reagiert werden kann. Sie unterscheidet zwischen berufs-, adaptiv- und haushaltsorientierten Personen (Hakim 2003). Berufsorientierte Menschen messen ihre persönliche Vorstellung von Glück an der Entfaltung ihrer Kompetenzen im Berufsbereich und strukturieren daher auch ihre Lebensführung so, dass sie in diesem Bereich besonders erfolgreich sein können. Es sind jene Berufsmenschen, deren Motivation und Leistungsorientierung schon Max Weber in der protestantischen Ethik beschrieben hat. Doch ist dieses Berufsmenschentum eben nicht die einzige Vorstellung, nach der Individuen in modernen pluralen Gesellschaften ihr Leben organisieren wollen.

Als Gegensatz zu diesen Berufsmenschen skizziert Hakim haushaltsorientierte Personen, die weniger an beruflichem Erfolg und dem Leistungswettbewerb im Beruf interessiert sind, aber dafür mehr an der Entwicklung einer Lebensumwelt in Familie und Haushalt, wo nicht der Leistungswettbewerb das Maß der Dinge ist, sondern die Freude an der Gestaltung privater Beziehungen und persönlicher Lebensumwelten. Dieser Lebensentwurf kann genauso herausfordernd sein wie ein berufliches Lebensmodell, entzieht sich jedoch den in der Berufswelt vorherrschenden zweckrationalen Bewertungskriterien personaler Leistungen. Solche zweckrationalen Kriterien der Berufswelt führen dazu, dass oft nicht die Person als Ganzes, sondern nur einige wenige Aspekte der Person wahrgenommen werden, während in dem anderen Lebensentwurf die Personalität und Individualität der Personen und Interaktionspartner eine viel größere Bedeutung haben. Hakim betont ausdrücklich, dass eine solche Lebensorientierung auch bei Personen bestehen kann, die keine Kinder haben. Es ist eben eine andere Vorstellung von Lebensgestaltung als diejenige, die sich den zweckrationalen Kriterien der Berufswelt unterwirft.

Als dritten Typus entwirft Hakim ein Lebensmodell, das eine Verknüpfung beider unterschiedlichen Lebensentwürfe versucht. Auf der einen Seite steht die Bereitschaft, sich den im beruflichen Bereich vorherrschenden Effizienzkriterien zu unterwerfen und sie als Herausforderung zu erleben, auf der andern Seite steht demgegenüber parallel der Wunsch, die personalen Kompetenzen und die Vielfalt der personalen Beziehungen und die Gestaltung der privaten Lebensumwelt auch unabhängig vom beruflichen Bereich gestalten zu können. Diesen Typ von Lebensvorstellungen nennt Hakim adaptiv, weil je nach Situation und je nach Herausforderung einmal die Berufsorientierung und dann aber auch die personenbezogene Orientierung im privaten Bereich im Vordergrund stehen kann. Damit skizziert Hakim zumindest im Ansatz ein Modell, das eine Antwort auf die von Hochschild aufgeworfene Fragestellung darstellt, wie in einer postindustriellen Gesellschaft, die die beiden Sphären des männlich-beruflichen Bereichs und des weiblich-familiären Bereichs so getrennt nicht mehr aufrechterhalten kann, eine Konzeption entwickelt werden kann, die eine berufliche Lebensgestaltung und eine Lebensführung mit Fürsorge für andere und den Einsatz für die Entwicklung des Humanvermögens verbindet.

Der Versuch, die Verteilung dieser drei Typen empirisch in unterschiedlichen Ländern nachzuzeichnen, führt zu dem eigentlich nicht überraschenden Ergebnis, dass in den von Hakim untersuchten Nationen Spanien und Großbritannien, wie auch in Deutschland (Bertram u.a. 2005), die Mehrheit der Frauen einem adaptiven Modell folgt und die Mehrheit der Männer eher dem berufsorientierten Modell, aber in allen Ländern sowohl Männer wie Frauen auch in dem eher haushaltsorientierten Typus zu finden sind. Hervorzuheben ist für Deutschland, dass fast 25 Prozent der Männer sich ein adaptives Lebensmodell vorstellen können. Dies schlägt sich wohl auch in der starken Inanspruchnahme der sogenannten „Vätermonate" beim Elterngeld nieder. 2008 beantragten bereits ein Fünftel aller Väter die Partnermonate des Elterngeldes. Dieser hohe Anteil von Vätern, die sich Zeit nehmen für Familienaufgaben, zeigt die hohe Relevanz dieses familienpolitischen Themas.

VII. Fairness als Basis nachhaltiger Familienpolitik

Wenn in Deutschland über Gerechtigkeit für Familien diskutiert wird, stehen meist ökonomische Mittel im Vordergrund. So wichtig ökonomische Aspekte für Kinder und Familien sind, so sind doch in der hier gewählten Lebensverlaufsperspektive, wenn Familie und die Entscheidung für Kinder als Ergebnis der gemeinsamen Konstruktion von Lebenssinn eines Paares verstanden wird, ökonomische Aspekte allenfalls ein Teil dieses gemeinsamen Entscheidungsprozesses. Die nationale Forschung zeigt ebenso wie die internationale Forschung (Coontz 2006; Institut für Demoskopie 2004; Bachu 1997; Bertram 2005; Klein 1989a; 1989b) sehr deutlich, dass die Entscheidung für Kinder zunächst zentral davon abhängt, ob es einen Partner oder eine Partnerin gibt, ob beide Kinder als gemeinsames und individuelles Lebensprojekt betrachten und beide davon ausgehen, dass die gemeinsame Entscheidung für ein Kind mit ihren gegenwärtigen und zukünftigen Lebensoptionen zusammenpasst. Wenn die ökonomische Basis einer modernen Familie in der Regel nicht mehr die eines Alleinverdieners sein kann, dann bedeutet die Entscheidung für ein Kind in einem männlich strukturierten Berufssystem nur dann keine Benachteiligung für die Familie, wenn diese Entscheidung erst bei Erreichen einer Berufsposition getroffen wird, die den eigenen Vorstellungen und Erwartungen entspricht.

Wer sich in Deutschland vorher für ein Kind entscheidet, wird in der Regel vom Berufssystem und der Wirtschaft diskriminiert. Dieser harte Vorwurf lässt sich mit einer internationalen Vergleichsstudie ILO (Foroohar 2006) ebenso bestätigen wie mit den Analysen des Instituts für Arbeitsmarkt- und Berufsforschung (Hinz/Gartner 2005) zur Einkommens- und Gehaltsentwicklung von Männern und Frauen in Deutschland (2005). In den USA sind etwa 47 Prozent aller erwerbsfähigen Frauen auch erwerbstätig, und nach Angaben der ILO sind in den USA in 45 Prozent der Positionen mit Entscheidungsbefugnis Frauen tätig. In Deutschland sind rund 44 Prozent aller erwerbsfähigen Frauen berufstätig, jedoch befinden sich hier lediglich 27 Prozent in Positionen mit Entscheidungsbefugnis. Zudem hat sich nach den empirischen Befunden in den USA die Einkommensdifferenz zwischen Männern und Frauen mit vergleichbarer Qualifikation und in vergleichbaren Positionen deutlich angeglichen. Das ist in Deutschland aber nach dem Ergebnis des IAB gerade nicht der Fall, ebenso wenig in anderen europäischen Ländern. Nach diesem Vergleich mit den USA ist in Deutschland wie auch in anderen europäischen Ländern die Entscheidung für Kinder immer mit dem Risiko verbunden, dauerhaft auf die Optionen einer befriedigenden beruflichen Gestaltung des eigenen Lebens zu verzichten. Nun sind auch in den USA die beruflich erfolgreichen Frauen in Spitzenpositionen sehr häufig, in manchen Bereichen bis zu 50 Prozent, unverheiratet und kinderlos, was genau dem Typus der Berufsorientierung von Hakim entspricht.

Entscheidender scheint aber zu sein, dass sich die USA in ihrer Politik zur Geschlechtergleichheit, vermutlich Resultat ihrer historischen Erfahrung der Integration unterschiedlicher Gruppen in die amerikanische Gesellschaft, seit langem am Konzept von „Diversity“ oder Vielfalt orientieren, während Deutschland sich schon schwer tut, die Antidiskriminierungsrichtlinien der EU umzusetzen. Diversity als politisches Konzept geht davon aus, dass unterschiedliche individuelle Lebensentscheidungen und Entscheidungen für bestimmte Lebensoptionen nicht zur Benachteiligung führen dürfen. Das heißt beispielsweise, dass bei Einstellungsgesprächen Fragen zur eigenen Lebensplanung für Kinder oder für einen Partner ebenso untersagt sind wie die Berücksichtigung einer solchen individuellen Lebensplanung bei der Stellendisposition eines Unternehmens. Solange das männliche Berufslebensverlaufsmodell als Grundlage erfolgreichen wirtschaftlichen Handelns dient, bedeutet die Entscheidung für Kinder automatisch eine Diskriminierung insbesondere für denjenigen bzw. diejenige, der oder die sich für die Kinder verantwortlich fühlt, und das sind in der Regel die Frauen.

Diese Diskriminierung ist das Ergebnis einer sehr starren Berufsstruktur, die es nicht zulässt, später einzusteigen oder sie zeitweise zu verlassen. In Deutschland werden solche Verhaltensweisen so interpretiert, dass der/die Bewerber/in an einer beruflichen Qualifikation und einer beruflichen Karriere nicht wirklich interessiert ist. Fairness als Basis einer nachhaltigen Familienpolitik im Sinne von Diversity heißt hier, dass Entscheidungen für Kinder im Berufssystem keine Nachteile für den- oder diejenigen mit sich bringen darf, der/die bereit ist, Sorge für Kinder zu übernehmen. Gerade der Staat als Arbeitgeber wie auch als Gesetzgeber beteiligt sich intensiv daran, solche Benachteiligungen fortzuschreiben. Die meisten Karriereämter im öffentlichen Dienst sind keine Wahlämter, sondern Positionen, die als zentrale Voraussetzung eine bestimmte Dienstzeit und eine bestimmte Zugehörigkeitsdauer definieren. Aber auch die sozialen Sicherungssysteme sind eindeutig nur auf den voll Erwerbstätigen und kontinuierlich Beschäftigten ausgelegt. Jede Teilzeittätigkeit führt wie jede Unterbrechung zu einer Abwertung von Ansprüchen gegenüber diesem System.

Hier stellt sich aber die Frage, ob es sich eine moderne Gesellschaft, die auf Kinder und die Fürsorge für andere angewiesen ist, auf Dauer leisten kann, die Entscheidung für Kinder mit der Bereitschaft, eine bestimmte Zeit in Teilzeit zu arbeiten, in dieser Weise zu diskriminieren. Denn alle, die sich nicht für die Fürsorge für andere entscheiden und entsprechend kontinuierlich voll erwerbstätig sein können, ziehen hier einen erheblichen Gewinn aus der Bereitschaft der anderen, die für Kinder zu sorgen oder auch in anderer Weise Fürsorge für andere zu übernehmen bereit sind. Solange die Gesellschaft in zwei klar getrennte Sphären eingeteilt war, in der Fürsorge weiblich und außerhalb des Berufssystems organisiert war, spielte diese Diskriminierung keine Rolle. Hingegen treten in einem System, das darauf angewiesen ist, dass diejenigen, die traditioneller Weise für Kinder sorgen, nun auch in das Berufssystem integriert sind, plötzlich klare, politisch sicher nicht gewollte, jedoch eindeutig zu identifizierende Diskriminierungen bei denjenigen auf, die für Kinder sorgen.

Andere europäische Länder wie die Niederlande (Biedenkopf 2005), haben begonnen, ihre sozialen Sicherungssysteme so zu konstruieren, dass Leistungen wie Fürsorge für Kinder als äquivalent mit beruflichen Leistungen bewertet werden. Auch das 2007 eingeführte einkommensabhängige Elterngeld stellt den Versuch dar, die erkennbaren Diskriminierungswirkungen des männlich konstruierten Berufssystems zumindest abzumildern, indem davon ausgegangen wird, dass die Fürsorge für Kinder im ersten Lebensjahr im Verhältnis zu den sozialen Sicherungsstrukturen genau so gewichtet wird wie Weiterbildung im Beruf oder auch Arbeitslosigkeit, und der- oder diejenige, der/die sich für eine bestimmte Zeit für Kinderbetreuung entscheidet, wird in diesem Punkte nicht anders behandelt als andere, die aus anderen Gründen nicht unmittelbar in ihrem Beruf tätig sind.

Gerade die Fairness-Perspektive machte es erforderlich, dass das Erziehungsgeld nicht nur für die Mütter zur Verfügung steht, sondern rechtlich verbindlich auch für Väter. Denn nur dann, wenn ein junger Vater einen Rechtsanspruch auf Erziehungszeit hat und diese auch wahrnehmen muss, weil sie sonst verfällt, wird er diese Ansprüche im Betrieb auch durchsetzen können.

Diese Perspektiven lassen sich gut in ein Diversity-Konzept integrieren, weil der Grundgedanke, dass unterschiedliche individuelle Lebensentscheidungen zu Gunsten von Kindern in einem System, das auf die Berufstätigkeit von Männern wie von Frauen angewiesen ist, zu keiner Benachteiligung im Berufsystem führen dürfen, vermutlich eine zentrale Voraussetzung dafür ist, dass junge Paare, die ihre berufliche Entwicklung noch vor sich haben, eine Entscheidung für Kinder nicht mehr als eine mögliche Benachteiligung in ihrer eigenen Lebensperspektive antizipieren müssen.

Diversity stellt damit ein zentrales und in Deutschland noch längst nicht verwirklichtes Konzept einer nachhaltigen Familienpolitik dar. Hier kann nicht im einzelnen diskutiert werden, inwieweit ein solches Konzept durch gesetzliche Vorgaben oder gesellschaftliche Initiativen oder durch eine Kombination von beidem zu realisieren ist. Die Entwicklung der „Allianzen für Familien“ oder auch die positive Akzeptanz des Familienaudits der Hertie-Stiftung lassen klar erkennen, dass inzwischen in der deutschen Wirtschaft die Einsicht gewachsen ist, dass unterschiedliche Formen des beruflichen Engagements der Mitarbeiter ein wesentliches Element erfolgreicher Unternehmensführung darstellen (Becker 2005; Berger 2005). Allerdings sind hinsichtlich der sozialen Sicherungssysteme noch eine Fülle von Schritten erforderlich, um die vorhandenen hochwirksamen Diskriminierungsstrategien aufzubrechen. Als Folge der fehlenden oder inkonsistenten Reaktionen des Berufssystems, des Arbeitsmarkts und der sozialen Sicherungssysteme auf diese Veränderungen bleiben Männer wie Frauen heute zu etwa 30 Prozent kinderlos, denn unter rein ökonomischen Gesichtspunkten ist es wenig sinnvoll, sich für Kinder zu entscheiden.

VIII. Nachhaltige Familienpolitik

Gegenwärtig wird in der Öffentlichkeit aber auch in der Wissenschaft eine Fülle von Rezepten vorgeschlagen, die alle für sich in Anspruch nehmen, die gegenwärtige demografische Entwicklung beeinflussen zu können. Deswegen sei noch einmal an das Argument des französischen Demografen Chesnais zur Entwicklung in Frankreich erinnert. Frankreich hat wie viele andere Länder familienpolitische Maßnahmen, wie das Familiensplitting, den Ausbau der Kinderbetreuung und der Ganztagsschule, zu einem Zeitpunkt eingeführt, als die Geburtenentwicklung in Frankreich positiv verlief. Das Gleiche gilt auch für die nordeuropäischen Ländern, deren wesentlich auf eine Gleichheitspolitik der Geschlechter aufbauende Familienpolitik teilweise in die Vierziger Jahre des 20. Jahrhunderts zurückreicht.

Auch die amerikanischen Bildungssysteme mit ihrer größeren Flexibilität und den viel offeneren Berufsverläufen und die Politik der Diversity haben ihre Anfänge zu einem Zeitpunkt, als noch niemand die zweite demografische Transformation vorhersehen konnte. Diese Länder haben teilweise größere Abstürze in der demografischen Entwicklung erlebt, konnten aber die Entwicklung stabilisieren. So gehen international orientierte Demografen zunächst auch nur davon aus, dass viele der Einzelmaßnahmen, die wir heute in Deutschland diskutieren, im internationalen Vergleich zunächst zu einer Stabilisierung der demografischen Entwicklung beigetragen haben (McDonald 2000; McDonald/Evans 2003).

Die Herausforderung für Deutschland ist viel größer. Hier geht es nicht nur um eine Stabilisierung, sondern um den Versuch, wieder einen Anschluss an Europa zu finden und zumindest ähnlich wie Frankreich oder die nordeuropäischen Ländern auf ein ähnliches Niveau der Geburtenraten zu kommen. Das wird aber mit Sicherheit nicht gelingen, wenn weiterhin die Lebensvorstellungen der heute 50-, 60- oder 70-Jährigen die Grundlage der Familienpolitik bestimmen, sondern nur dann, wenn diese Gesellschaft bereit ist zu akzeptieren, dass die Lebensvorstellungen der 20-

bis 30-Jährigen und der 30- bis 40-Jährigen Grundlage einer solchen Familienpolitik sein müssen. Eine nachhaltige Familienpolitik wird nur dann erfolgreich sein, wenn es ihr gelingt, die Rahmenbedingungen für die Lebensvorstellungen und Lebensperspektiven der jungen Erwachsenen so zu gestalten, dass diese Generation sicher sein kann, Kinder als Teil des eigenen Lebensentwurfs begreifen zu können. Daher muss eine nachhaltige Familienpolitik grundsätzlich immer eine lebensverlaufsorientierte Perspektive entwickeln. Denn Lebensvorstellungen sind im Lebensverlauf nicht stabil und dauerhaft, sondern variabel, wie auch Kinderwünsche und die Vorstellung, gemeinsam mit Kindern zu leben, keine biologischen Konstanten sind, sondern Teil einer Kultur, in der Kinder eine positive Bedeutung oder möglicherweise gar keine Bedeutung haben.

Eine lebensverlaufsorientierte Perspektive bedeutet daher, der nachwachsenden Generation die Möglichkeit zu geben, ihre viel höhere Lebenserwartung nicht mehr im Modell der Dreiteilung des Lebens zu organisieren wie die heute 50-, 60- und 70-Jährigen, sondern vielfältige Lebensentwürfe in unterschiedlichen Sequenzen zuzulassen. Das Modell der EU-Kommission, das den Erwerbslebenszyklus als Basis solcher neuen Lebensentwürfe vorschlägt, unterscheidet sich radikal von der Dreiteilung in Jugend als Ausbildungsphase, Erwachsenenalter als Berufs- und höheres Alter als Rentenphase, denn es geht davon aus, dass sich im Lebensverlauf Sequenzen unterschiedlicher Aktivitäten ablösen. In einem solchen Erwerbslebenszyklus kann Elternschaft eine Sequenz unter vielen anderen Sequenzen seien.

Eine politische Maßnahme, die einem solchen sequenziellen Modell entspricht, ist das einkommensabhängige Elterngeld. Entscheidet sich ein junges Paar mit rund 30 Jahren für ein Kind, dann bedeutete das gegenüber Paaren ohne Kinder einen erheblichen ökonomischen Einschnitt, den der schwedische Demograf Hoem als Achterbahn bezeichnet, weil sich dieser Einschnitt dann bei jedem Kind wiederholt. Ein einkommensabhängiges Elterngeld für ein Jahr mit 67 Prozent des Einkommens derjenigen oder desjenigen, die bzw. der sich für die Kindererziehung entscheidet, mildert diesen Achterbahneffekt und setzt gleichzeitig einen Anreiz, nach dieser Kinderphase ins Erwerbsleben zurückzukehren. Die zwei Partnermonate stellen zudem einen Anreiz für den jeweiligen Partner/die jeweilige Partnerin, sich Zeit zu nehmen für familiäre Verpflichtungen. Sie zielen vorrangig ab auf die Ermutigung neuer Väter zu einer familiären Auszeit, damit aber auch – langfristig – zu einer Veränderung der deutschen Unternehmenskultur. Das Modell des Elterngeldes kann aber nur ein Einstieg in die Finanzierung solcher Sequenzen sein. Nach den Modellen aus den Niederlanden würde es solche Sequenzen auch für Bildung und Weiterbildung und für die Fürsorge für die ältere Generation geben. Die sozialen Sicherungssysteme in Deutschland ermöglichen schon heute mit einer Fülle von Maßnahmen solche Sequenzen, etwa die Finanzierung der Pflege von Angehörigen oder die Finanzierungen im Bereich der Aus- und Fortbildung, die sich gegenwärtig wie das BAföG allerdings auf die Jugendphase konzentrieren. Ein Dilemma ist darin zu sehen, dass diese Maßnahmen historisch in unterschiedlichen Bereichen gewachsen sind und ohne Gesamtkonzeption für separate Zwecke genutzt werden. Als zentrale Zukunftsaufgabe ist zu überlegen, wie diese Maßnahmen vernetzt und flexibel gebündelt werden können, um solche Sequenzen zu ermöglichen. Solche sequenziellen Modelle haben den weiteren Vorzug, dass Menschen nicht 30 oder 45 Jahre dieselbe berufliche Tätigkeit ausüben, wie heute etwa Erzieher/innen oder Grundschullehrer/innen, sondern ein lebendiges Modell anbieten, das Leben in unterschiedlicher Zyklen einzuteilen und damit immer wieder neue Chancen zu eröffnen.

Vermutlich senken solche Modelle die Lohnnebenkosten schneller und nachhaltiger als alle bisher versuchten sozialpolitischen Maßnahmen, indem sich die Frage der Berufsunfähigkeit oder des Burn-Out-Syndroms seltener stellt, weil die Menschen wissen, dass ihnen die Gesellschaft nicht nur eine, sondern mehrere Chancen für berufliche und andere Tätigkeiten einräumt. Ein solches sequenzielles Modell des Erwerbslebenszyklus macht in Kombination mit dem Elterngeld die Entscheidung für Kinder sogar dann möglich, wenn man beruflich schon etabliert ist, weil aus einer solchen Entscheidung in einem solchen offenen System dann kein beruflicher Nachteil mehr erwächst. Der Siebte Familienbericht hat gezeigt, dass ebenso wie in Deutschland gerade in den nordeuropäischen Ländern wie Finnland das Erstgeburtsalter deutlich angestiegen ist, jedoch in Finnland die Frauen auch noch im höheren Lebensalter jenseits von 35 Jahren Kinder bekommen im Gegensatz zu früher. So lassen sich eine qualifizierte Ausbildung und berufliche Etablierung abschließen und Kinderwünsche auch noch im höheren Lebensalter realisieren, ohne Benachteiligung im Erwerbsleben. Die aktuelle deutsche Praxis für die jungen Erwachsenen, über Praktika und befristete Verträge auf eine Lebensposition hinzuarbeiten, ohne solche flexiblen Sequenzen, hat jedenfalls hinsichtlich der demografischen Entwicklung viel schlechtere Resultate als Finnland.

Eine nachhaltige Familienpolitik, die sich gleichzeitig nicht auch als Politik begreift, die Geschlechtergleichheit sowohl beruflich wie familiär zu ihrem zentralen Element macht, ist zum Scheitern verurteilt, weil sie die zwei Sphären des männlichen Berufsbereichs und der weiblichen Fürsorge festschreibt und folglich Mütter mit Kindern im Berufssystem schon deswegen diskriminiert werden, weil sie diskontinuierlich erwerbstätig sind. Damit eine solche Diskontinuität in gleicher Weise für Männer wie für Frauen gelten kann und folglich nicht mehr diskriminierend wirkt, ist es so wichtig, dass ein Teil des Elterngelds und die damit verbundene Elternzeit auch von den Vätern genommen wird (sogenannte „Partnermonate"). Das Modell der amerikanischen Diversity-Politik zeigt, dass Gleichheitspolitik nicht bedeutet, dass alle dasselbe tun, sondern dass die unterschiedlichen Lebensentwürfe und Lebensvorstellungen im Lebensverlauf und im Berufsverlauf nicht zu individuellen Diskriminierungen führen. In einer solchen Diversity-Konzeption lässt es sich akzeptieren, dass Frauen mehrheitlich die Vereinbarkeit von Beruf und Familie als ein adaptives Modell präferieren, während die Männer stärker berufsorientiert sind. Denn in einer solchen Vorstellung von Diversity wird Familienpolitik eben nicht nur ein Modell unterstützen, sondern offen sein gegenüber unterschiedlichen Modellen. Eine solche Offenheit ist aber nur möglich, wenn jedes Paar individuell entscheiden kann, welches Modell sie zu welcher Zeit realisieren wollen. Die deutsche Familienpolitik hat bisher im wesentlichen das Hausfrauen-orientierte Modell gefördert, weil die fehlende Infrastruktur für die Kinderbetreuung in Deutschland ein adaptives Modell schwer zu realisieren machte und weil zudem die finanziellen Leistungen des Staates durch das Ehegattensplitting anders als in Frankreich einen Partner auch dann steuerlich berücksichtigen, wenn keine Kinder zu versorgen sind. Ohne Zweifel wird damit das Haupternährermodell besonders gefördert. Eine Konzeption, die vor allem die Kinder im Steuerrecht berücksichtigt, ist viel neutraler gegenüber den Lebensentscheidungen der Ehepartner hinsichtlich ihres Familienmodells. Auch hier ergeben sich durch den politisch gewollten und finanziell geförderten Ausbau der Tagesbetreuungsstrukturen im Rahmen des TAG Veränderungen der gesellschaftlichen Kultur, deren Effekte allerdings aktuell noch nicht endgültig absehbar sind.

Allerdings wird auch eine stärkere Berücksichtigung der Kinder im Steuerrecht die extremen Unterschiede im Pro-Kopf-Einkommen von Familien mit Kindern und den Kinderlosen kaum geringer werden lassen. Denn so lange Familien mit Kindern die gleichen Aufwendungen für die sozialen Sicherungssysteme erbringen müssen wie die Kinderlosen, wird diese ökonomische Schieflage nicht auszugleichen sein. Obwohl das Verfassungsgericht durch eine Reihe von Urteilen deutlich gemacht hat, dass hier Differenzierungen möglich sind, tun sich die politischen Parteien bisher sehr schwer, nach den Regeln von Gerechtigkeit und Fairness zu verfahren. In dem Maße aber, in dem die private Altersvorsorge immer wichtiger wird, wird sich diese Schere der Benachteiligung von Familien in unserem System weiter öffnen. Eine junge Familie wird bei ihrem geringen Pro-Kopf-Einkommen kaum in der Lage sein, in gleicher Weise für das eigene Alter vorzusorgen wie ein Paar ohne Kinder. So lange aber kinderlose Paare und kinderlose Personen im Alter über die Solidarität und den Konsumverzicht der Familien mit Kindern finanziert werden, so lange wird sich die Frage nach der Sicherstellung einer gerechten Lösung stellen. Aus der Perspektive junger Erwachsener ist die Sicherung im Alter zunächst nicht vordringlich, jedoch erleichtern die faktisch großen Einkommensdifferenzen zwischen diesen Lebensformen die Entscheidung für Kinder mit Sicherheit nicht.

Bei einem Ausgleich im Rahmen der sozialen Sicherungssysteme müsste auf jene französische Einsicht zurückgegriffen werden, dass die Finanzierung von Kindern und die Unterstützung dieser Finanzierung durch den Staat einen Vorgriff auf deren späteren Leistungen für den Staat und für die sozialen Sicherungssysteme darstellt. Ein solches Gerechtigkeitsproblem lässt sich im Rahmen des Erwerbslebenszyklusmodells dann lösen, wenn für die Sequenzen, die ein Mann oder eine Frau im Lebensverlauf in einem bestimmten Umfang für Kinderbetreuung oder für die Fürsorge für Angehörige in Anspruch nimmt, sozialversicherungsrechtlich genauso berücksichtigt würden wie heute schon Weiterbildung, Krankheit oder andere Gründe, die die Arbeit für eine bestimmte Zeit unterbrechen. Eine nachhaltige Familienpolitik wird nur dann Erfolg haben, wenn sie dieses Gerechtigkeitsproblem nicht nur benennt, sondern auch mildert. Dazu gibt es eine Reihe von Vorschlägen, die hier nicht im einzelnen erörtert werden können. Dieses Problem, dass es gegenwärtig ökonomisch besser ist, nicht in Kinder zu investieren, weil andere das tun, muss aber gelöst werden, weil sonst die Kinder einfach immer weniger werden.

Eine ebenso große Herausforderung ist aber darin zu sehen, dass die gegenwärtige Organisation der Alltagszeiten sich wesentlich nach der Berufswelt richtet und die private Fürsorge für Kinder und Angehörige als nachrangig betrachtet wird mit der Konsequenz, dass auch diese Aufgaben und Tätigkeiten auf Dauer aus der Gesellschaft verschwinden. Auf der einen Seite sind in diesem Bereich die Kommunen, das Länder und der Bund gefordert, durch eine entsprechende Entwicklung der Infrastruktur, des Ausbaus der Kinderbetreuung, der Einführung der Ganztagsschule und gesetzlicher Teilzeitregelungen sicherzustellen, dass Kinderbetreuung, Kindererziehung und die kindliche Entwicklung aus Sicht der Eltern auch im Einklang mit ihren beruflichen Verantwortlichkeiten möglich sind. Denn wenn auch ein Erwerbs-Lebenszyklus-Modell die Möglichkeit von Sequenzen im Lebensverlauf sichert, so gibt es neben einem sequenziellen Konzept der Vereinbarkeit von Fürsorge für andere und Entscheidung für Kinder und Berufstätigkeit auch lange Lebensphasen, in denen diese Prozesse parallel laufen. Die Parallelität der Fürsorge für Kinder und Berufstätigkeit ist aber nur dann möglich, wenn die Bildungs- und Ausbildungssysteme wie die Berufssysteme akzeptieren, dass Eltern nicht zu jeder beliebigen Zeit jemand zur Verfügung haben, der die Kinder betreuen kann, sondern dass die Eltern auch die Sicherheit haben müssen, dass sie bei beruflichen Verpflichtungen auch eine entsprechende Infrastruktur zur Förderung der kindlichen Entwicklung zur Verfügung haben. Dazu gehört auch die Sicherheit, im Rahmen ihrer beruflichen Tätigkeiten die Möglichkeit zu haben, Kinderbetreuung und berufliche Aktivitäten so zu kombinieren, dass die Arbeitszeiten an diese Funktionen angepasst werden können.

Eine nachhaltige Familienpolitik kann hoffen erfolgreich zu sein,

- die die Lebensorientierung junger Erwachsener zum Ausgangspunkt ihrer Politik nimmt und versucht, ein Erwerbs-Lebenszyklus-Modell mit dem Bildungs- und Ausbildungsbereich zu verknüpfen, das unterschiedliche Sequenzen hinsichtlich Familie und Beruf ermöglicht,
- die dazu beiträgt, dass im Rahmen eines Diversity-Ansatzes Geschlechtergleichheit und unterschiedliche Lebensentwürfe von Frauen und Männern nicht zu einer beruflichen Diskriminierung führen,
- die die sich verschärfende Diskrepanz zwischen den ökonomischen Ressourcen kinderloser Paare und Familien mit Kindern möglicherweise durch eine neue Konstruktion des Familiensplitting und eine andere Konstruktion der Alterssicherungssysteme zumindest mildert
- und die gleichzeitig sicherstellt, dass durch eine gute Infrastruktur die Parallelität von Familienarbeit und Berufsarbeit möglich ist und Arbeitszeitmodelle unterstützt, die eine solche Parallelität auch ermöglichen.

Eine Familienpolitik, die sich nur auf die Infrastruktur konzentriert und alle anderen Strukturbedingungen gleich belässt, wird schon deswegen scheitern, weil sie nicht begriffen hat, dass das klassische Familienmodell der Industriegesellschaft in der postindustriellen Wissensgesellschaft weder eine ökonomische Basis hat noch kulturell durch eine Vorstellung von zwei Sphären, nämlich der männlichen Berufssphäre und der weiblichen Fürsorgesphäre, gestützt wird. Andere Länder haben diese ökonomische und kulturelle Transformation von der Industrie- zur postindustriellen Wissensgesellschaft früher begriffen und daher auch viel früher reagiert. Auf der einen Seite ist das ein Nachteil, weil die demografischen und familiären Konsequenzen für Deutschland gravierend sind, doch kann das auch ein Vorteil sein, weil Deutschland so die Chance hat, aus den Erfahrungen und Entwicklungen anderer Ländern zu lernen. Das kann nicht heißen, die französische Familienpolitik und die schwedische Gleichheitspolitik der Geschlechter einfach zu kopieren, vielmehr ist die Aufgabe, zu prüfen, welche Möglichkeiten andere Länder genutzt haben, um mit den Herausforderungen der neuen Gesellschaftsstruktur umzugehen, und dann einige Instrumente, die in unser System passen, zu integrieren. Historisch haben Europa und seine Länder immer voneinander gelernt, allerdings müssen dazu auch die Ansätze, die in Deutschland in den letzten Jahren entwickelt wurden, in Zukunft fortgesetzt werden.

Anmerkungen

1 Der Artikel ist in seiner Urfassung in Politik für Familien 2006, S. 123–183, erschienen, und wird hier stark überarbeitet und aktualisiert abgedruckt.

2 Erst in der Zusammenschau beider Elemente, der absoluten Geburtenzahlen und der Zahl der Kinder, die eine Frau zur Welt bringt werden Aussagen über Entwicklungen und Trends möglich. So kann ein (kurzfristig) höheres Niveau der Geburtenzahlen z.B. auch auf eine stärkere Müttergeneration – bei gleichbleibender Fertilität – zurückzuführen sein.

Literatur

Bachu, A. (1997): Fertility of American Women: 1995. Current Population Reports, pp. 20-499.

Becker, S. J. (2005): Best-practice-Modelle familiengerechter Arbeitszeiten. Paper presented at the Conference Familie und Arbeitszeit. Gießen.

Berger, R. (Verf.)/Robert Bosch Stiftung GmbH (Hrsg.) (2005): Unternehmen Familie. Im Auftrag der Robert Bosch Stiftung. Stuttgart. Pdf download: http://www.bosch-stiftung.de/content/language1/html/4248.asp .

Bertram, H. (1995): Das Individuum und seine Familie. DJI Familien-Survey 4. Opladen.

Bertram, H. (1997): Familien leben. Gütersloh.

Bertram u.a. 2005 = Bertram, H./Rösler, W./Ehlert, N. (2005): Nachhaltige Familienpolitik im europäischen Vergleich. Gutachten für das BMFSFJ. Berlin.

Biedenkopf, K./Bertram, H./Käßmann, M./Kirchhof, P./Niejahr, E./Sinn, H.-W./Willekens, F./Robert Bosch Stiftung GmbH (Hrsg.) (2005): Starke Familie. Bericht der Kommission Familie und Demographischer Wandel. Im Auftrag der Robert Bosch Stiftung. Stuttgart. Pdf download: http://www.bosch-stiftung.de/content/language1/html/4246.asp.

Bundesregierung (1968): Erster Familienbericht. Bericht der Bundesregierung über die Lage der Familien in der Bundesrepublik Deutschland. Bonn.

Bundesregierung (1994): Fünfter Familienbericht. Familien und Familienpolitik im geeinten Deutschland - Zukunft des Humanvermögens. Bonn. Pdf download: http://www.bmfsfj.de/bmfsfj/generator/Kategorien/Publikationen/Publikationen,did=3112.html.

Bundesregierung (2006): Siebter Familienbericht. Zwischen Flexibilisierung und Verlässlichkeit. Berlin. Pdf download: http://www.bmfsfj.de/bmfsfj/generator/Kategorien/ Service/themen-lotse,did=88462.html.

Castles, F. (2002): Three facts about fertility: cross-national lessons for the current debate. Family Matters, 63, pp. 22–27.

Chesnais, J.-C. (2005). Why French Fertility is preserved from a Collapse? Paper presented at the Annual Meeting, Potsdam.

Coontz, S. (2005): Marriage, a History: from Obedience to Intimacy or how love conquered marriage. New York.

Dobritz, J. (2005): Vergleich der Bevölkerungs- und Familienentwicklung Frankreichs, Grossbritanniens, der Benelux-Länder und der Schweiz mit Deutschlands. Expertise zum 7. Familienbericht.

Fahey, T./Speder, Z. (2004): Fertility and family issues in an enlarged Europe. Summary. Quality of life in Europe, 8. Luxembourg.

Foroohar, R. (2006): Myth and Reality. Newsweek, pp. 38–42.

Friedeburg, L.v. (Hrsg.). (1968): Jugend in der modernen Gesellschaft. Köln.

Hakim, C. (2000): Work-Lifestyle Choices in the 21st Century: Preference Theory. Oxford.

Hakim, C. (2003): Models of the Family in Modern Societies: Ideals and Realities. Ashgate.

Hernandez, D. J./Myers, D. E. (1993): America's children: resources from family, government, and the economy. The Population of the United States in the 1980s. New York.

Hinz, T./Gartner, H. (2005): Lohnunterschiede zwischen Frauen und Männern in Branchen, Berufen und Betrieben. IAB Discussion Paper, No 4/2005. Nürnberg. Pdf download: http://doku.iab.de/discussionpapers/2005/dp0405.pdf.

Hochschild, A. R. (1998): Ideals of Care: Traditional, Postmodern, Cold-Modern, Warm-Modern. In: Hansen, K. V./Garey A. I. (Eds.): Families in the U.S. Kinshipp and Domestic Politics. Philadelphia. pp. 527–537.

Hoem, J. M. (1990): Social policy and recent fertility change in Sweden. Population and development review, 16, 4, pp.735–748.

Hullen, (2005): Lebensformen der Kinder. Makrosimulationen bis zum Jahr 2030. Expertise zum 7. Familienbericht.

Iacovou, M. (2001a): Leaving Home in the European Union. Colchester. ISER Working Papers, 2001–18, 47.

Iacovou, M./Berthoud, R. (2001b) : Young People's Lives: a map of Europe. Colchester: University of Essex, Institute for Social and Economic Research, 73.

Imhof, A. E. (1981): Die gewonnenen Jahre. Von der Zunahme unserer Lebensspanne seit dreihundert Jahren oder von der Notwendigkeit einer neuen Einstellung zu Leben und Sterben. München.

Institut für Demoskopie (2004): Einflussfaktoren auf die Geburtenrate Ergebnisse einer Repräsentativbefragung der 18- bis 44jährigen Bevölkerung. Allensbach.

Kaufmann, F. X. (1995): Zukunft der Familie im vereinten Deutschland. Gesellschaftliche und politische Bedingungen. München.

Klein, T. (1989a): Bildungsexpansion und Geburtenrückgang. In: Kölner Zeitschrift für Soziologie und Sozialpsychologie 41, Heft 3, S.483–503.

Klein, T. (1989b): Divergierende Familiengrößen und „Neue Kinderlosigkeit“. Zeitschrift für Familienforschung, Heft 3.

Krappmann, L./Lepenies, A. (Hrsg.) (1997): Alt und Jung - Spannung und Solidarität zwischen den Generationen. Frankfurt a.M.

Lesthaeghe, R./Moors, G. (2000): Recent trends in Fertility and Household Formation in the Industrialized World. Review of Population and Social Policy, No. 9, 121–70.

Lesthaeghe, R./Willems, P. (1999): Is Low Fertility a Temporary Phenomenon in the European Union? Population and Development Review, 25(2), 211–28.

Livi-Bacci, M. (1979): Die demografische Veränderung und der Lebenszyklus der Frauen. In: Sullerot, E./Thibault, O. (Eds.): Die Wirklichkeit der Frau. Paris. S. 577–593.

Livi-Bacci, M. (1999): Europa und seine Menschen. München.

Lüscher, K./Pillemer, K. (1996): Die Ambivalenz familialer Generationenbeziehungen. Konstanz.

McDonald, P. (2000): The „Toolbox“ of Public Policies to Impact on Fertility – a Global View. Paper presented at the seminar „Low fertility, families and public policies“, organised by the European Observatory on Family Matters in Sevilla, September 15–16, 2000. Pdf download: http://www.oif.ac.at/sdf/sdf_ mcdonald.pdf.

McDonald, P./Evans, A. (2003): Negotiating the Life Course: Changes in individual and family transitions. Melbourne.
Mitterauer, M. (2003): Warum Europa? München.
Mückenberger, U. (2004): Metronome des Alltags. Betriebliche Zeitpolitiken, lokale Effekte, soziale Regulierung. Berlin.
Neyer, G./Andersson, G. (2004): Contemporary Research on European Fertility: Introduction. Demographic Research, Special Collection 3/6, 16.
Olson, D. H. (2004)4: Logik kollektiven Handelns. Tübingen.
Pfau-Effinger, B. (1995): Teilzeitarbeit und Modernisierung des Geschlechtskontrakts im europäischen Vergleich. Frankfurt a.M.
Pfau-Effinger, B. (1996): Theoretische Konzeptualisierung von Differenzen in der geschlechtsspezifischen Arbeitsteilung in West-Europa. In: B. Geissler, B./Maier, F./Pfau-Effinger, B. (Hrsg.): Der Beitrag der Frauenforschung zur sozioökonomischen Theorieentwicklung. Berlin.
Skolnick, A. S. (2003): A Time of Transition Work, Family and Community in the Information Age.
Skolnick, A. S./Skolnick, J. H. (2001): Family in transition. Boston.
Weizsäcker, C. v. (2005): Zukunft der Gesellschaft. Süddeutsche Zeitung.

Kapitel 2: Familienforschung und Familienpolitik

ANDREAS LANGE/CHRISTIAN ALT

A: Kindheitsforschung

I. Einleitung: Plädoyer für Interdisziplinarität

Die sozial- und humanwissenschaftliche Auseinandersetzung mit Kindern hat sich in den letzten 15 Jahren sehr dynamisch entwickelt. Eine einseitig auf Sozialisation und Erziehung bezogene Zugangsweise ist um eine Vielfalt von Dimensionen des Kindseins erweitert worden (vgl. Andresen/Hurrelmann 2007; Grunert/Krüger 2006; Wyness 2006). Zudem zeichnen sich, so unsere orientierende These, Konturen einer interdisziplinären Kindheitswissenschaft (vgl. Lange 2006; Prout 2005; Reyer 2004) ab. Legt man einen sozialökologischen Rahmen zugrunde, deckt diese noch zu entwickelnde interdisziplinäre Kindheitsforschung das gesamte Spektrum von Makro-, Meso – und Mikroeinflüssen auf das Leben und die Entwicklung von Kindern ab (vgl. Lauterbach/Lange 2000) - und sie berücksichtigt, dass Kinder aktive und verletzliche Gesellschaftsmitglieder zugleich sind (vgl. Schweizer 2007).

Wesentliche Fundamente für eine interdisziplinäre Kindheitswissenschaft liefern neben der Soziologie der Kindheit (vgl. Hengst/Zeiher 2005) und der Entwicklungspsychologie (vgl. Hasselhorn/Schneider 2007) einzelne Bindestrich-Pädagogiken sowie weitere materiale Felder der Sozialwissenschaften wie Sport-, Gesundheits- sowie Medien- und Musikwissenschaften. Sie steuern wichtige Befunde zu zentralen Feldern und Inhalten kindlicher Lebensführung bei, profitieren auf der anderen Seite von den theoretisch-methodologischen Diskursen um die gemeinsamen und differentiellen Wege der Erforschung von Kindern im Vergleich mit anderen Populationen in der Soziologie und der Entwicklungspsychologie. Zudem hat sich die empirische Forschung in Form von großen, repräsentativen Kindersurveys, aber auch in Form von einer Vielzahl qualitativer Spezialstudien intensiv entwickelt (vgl. Alt 2004–2008). Dazu kommt als unerlässliches Standbein eine Theoretisierung der Lebensphase Kindheit (vgl. Honig/Lange/Leu 1999; James/Jencks/Prout 1998) und ein dezidiertes Interesse für die übergreifenden sozialen Veränderungsprozesse von Kindheit im Übergang von der entwickelten zur späten Moderne (vgl. Kränzl-Nagl/Mierendorff 2007).

In vorliegenden Beitrag geht es vor dieser Folie um einen einführenden Überblick zu Zielrichtung, Ansätzen, Vorgehensweisen und ausgewählten Befunden der aktuellen sozialwissenschaftlichen Kindheitsforschung. Dazu rekonstruieren wir in einem ersten Abschnitt die etablierte sowie die neue Sicht auf Kinder und ihre Kindheit, die vor allem in der Soziologie der Kindheit und den international sich verbreitenden „new social studies of childhood“ artikuliert wurde. Wesentlich hierfür sind methodologische Debatten um einen angemessenen Zugang zur kindlichen Perspektive, die wir darauf folgend darstellen. Schließlich systematisieren wir die einzelnen Ansätze der neuen Soziologie der Kindheit und entwerfen eine Landkarte der aktuellen Schwerpunkte der empirischen Kindheitsforschung. Eine Fokussierung empirischer Befunde erfolgt dann über das Thema ungleicher Kindheiten, bevor der Beitrag mit einer Skizze der Sozialberichterstattung über Kinder und ihre Kindheit als Teil einer angewandten Kindheitswissenschaft schließt.

II. Neuausrichtungen der sozialwissenschaftlichen Kindheitsforschung oder das Anliegen, Kindern eine Stimme zu geben

II.1. Eine neue Sicht auf Kinder und ihre Kindheit: Von der Entwicklung zum Sein

Die Erforschung von Kindern hat eine lange Geschichte. Schon zu Beginn des 20. Jahrhunderts bezeichnete sich ein Kreis von Pädagogen, Medizinern, Heilpädagogen und Psychologen als Kinderforscher (vgl. Liegle 2002). Ihr Interesse lag eindeutig auf dem werdenden Kind. Beobachtet wurde der normale, vor allem aber der abweichende Entwicklungsverlauf. Die neue soziologische Kindheits- und Jugendforschung sieht nun Kinder in betonter Absetzbewegung von der konventionellen Entwicklungspsychologie nicht als defizitäre Wesen, deren Perspektiven und Handlungen es möglichst an den Erwachsenen auszurichten gilt, sondern versteht sie als teil-kompetente und teil-autonome Akteure ihrer selbst und in ihren Sozialwelten (vgl. Morrow 2003). Sie räumt damit der Erkundung der Kompetenzen und Handlungsbefähigungen (Agency), sowie ihrer eigenen Interpretation der sozialen Welt einen immer größeren Raum ein. Beredter Ausdruck dieser neuen Sichtweise ist, dass Kindern zugestanden und abverlangt wird, über eine eigene erzählenswerte Biographie zu verfügen: modernes Kinderleben zeichnet sich dadurch aus, dass schon Kinder Lebensperspektiven zu entwickeln haben und dass die zunehmende Brüchigkeit sowie Mobilität familialer und anderen Lebenswelten vielfältige Anlässe bietet, dass Kinder sich von früh an als einzigartige Personen verstehen (vgl. Behnken/Zinnecker 2001).

Diese Perspektive generierte über das 20. Jahrhundert hinweg einen enormen Erkenntniszuwachs, was die einzelnen Entwicklungsdomänen in ihrem spezifischen Gehalt sowie ihrer jeweiligen differentiellen Abhängigkeit von Umwelt – versus Personeigenschaften angeht (vgl. Asendorpf 2004). Dabei ist der Familie immer ein besonderer Entwicklungswert zugeschrieben worden; im negativen wie im positiven Sinne. Das Spektrum der betrachteten Entwicklungsfelder reicht dabei von der Intelligenz (vgl. Schneider 2007), über die akademischen Leistungen (vgl. Helmke/Schrader 2007), die Moral (vgl. Nunner-Winkler 2007) das Bindungsverhalten (vgl. Zimmermann 2007) bis hin zu den Emotionen und ihrer Kontrolle (vgl. Janke 2007). Unterstellt wird dabei immer eine sich bis zumindest in das frühe Erwachsenenalter verbessernde - wenn auch in Populationen sich sehr unterschiedlich manifestierende - Verlaufskurve.

Die neuere ausdrücklich soziologische, und nicht primär an Sozialisationsprozessen orientierte Kinder- und Kindheitsforschung, erwuchs aus einer Kritik an dieser erwachsenenzentrierten Sichtweise auf Kindheit. Man erforschte zunehmend das Kind im hier und jetzt, und maß vermehrt den Lebensäußerungen von Kindern, ihren Handlungsregeln und Bedeutungszuschreibungen (vgl. Breidenstein/Kelle 1998), einen Eigenwert jenseits ihrer Nützlichkeit für das Aufwachsen und der damit verbundenen Funktionalität für die Gesellschaft zu. Einen großen Anteil an dieser neuen Sichtweise hatten historische und sozial-konstruktivistische Debatten, welche die Plastizität der Ausgestaltung von Kindheit und der sie fundierenden sowie legitimierenden Konzeptionen belegten (vgl. Cunningham 2006). In einer solchen Perspektive betrachtet erscheint die Konzentration auf Entwicklung und Sozialisation ebenso wie das gesellschaftliche Bemühen, Kinder vor allem im Bereich der Kognition und der Vernunft zu fördern, als eine Schwerpunktsetzung unter vielen anderen möglichen.

Die moderne Soziologie der Kindheit will den Kindern eine Stimme geben. Sie sollen nicht mehr vorwiegend gemessen, klassifiziert, naturwissenschaftlich objektiv beobachtet werden – vielmehr will man ihnen dazu verhelfen, ihre Sicht auf die Welt zu artikulieren. Mit dem veränderten Blickwinkel auf Kinder treten deren schon vorhandene Kompetenzen und Handlungsfähigkeit (agency), insbesondere in solchen Feldern, die einem rasanten sozialen Wandel unterworfen sind, in den Vordergrund wissenschaftlicher Fragestellungen.

II.2. Strömungen der neueren soziologischen Kindheitsforschung

Hengst/Zeiher (2005) haben die Entstehung der neuen Kindheitssoziologie detailliert rekonstruiert. Aufgesprengt werden solle das nicht nur in den „Kinderwissenschaften" kodifizierte moderne Modell von Kindheit, sondern auch die damit verknüpfte gesellschaftliche Praxis des Umgangs mit Kindern. Nach Ansicht der Autoren haben sich die Grenzen der von ihnen als „funktionalistisch" qualifizierten Kinderwissenschaften deutlich im Bewusstsein manifestiert: Kinder können nicht mehr als in Schonräumen befindliche Wesen verstanden werden, denn der expandierende Medien- und Konsummarkt habe sie genauso erreicht wie der Widerspruch zwischen strukturellen Formen der Kontrolle und die Forderung nach Autonomie der Kinder in Institutionen der Bildung und Betreuung sowie die veränderten Familien- wie Arbeitsformen.

Ausgehend von dieser Selbstverortung der soziologischen Kindheitsforschung gegenüber den „Kinderwissenschaften" liefern die Autoren einen Überblick zu den wichtigsten Strömungen des neuen soziologischen Zugriffs auf Kinder und ihre Kindheiten. Als Ansatzpunkt hierfür greifen die Autoren die Dichotomie von Handeln und Struktur auf. Man sei sich heute einig, dass das Handeln der Kinder ebenso ein konstitutives Element von Kindheit darstellt wie der institutionelle Rahmen und die kulturellen Muster, in denen sie handeln.

II.2.a. Soziologie der Kinder: mikrosoziologisch-ethnographische Ansätze

Schwerpunkt ist hier das Interesse an dem eigenständigen und kompetenten Handeln von Kindern. Ethnographische Kindheitsforscher sehen sich die Aktivitäten der Kinder in ihren natürlichen Umgebungen bevorzugt mit qualitativen Methoden an und arbeiten die Kategorien der Welt aus Kindersicht heraus.

II.2.b. Dekonstruktive Soziologie der Kindheit

Unter dieses Begriffsdach subsumieren die Autoren (Sozial-)Konstruktivismus, Diskursanalyse und Dekonstruktivismus. Alle drei teilen den sozialkonstruktivistischen Ausgangspunkt, dass es keine objektiven Wahrheiten gibt, sondern Wahrheit immer situiert und sozial konstruiert ist. Dazu kommt, dass sich Bedeutungen immer in Machtverhältnissen konstituieren, in denen es um die Festlegung ansonsten mehrdeutiger Auffassungen, technisch gesprochen um die Deutungsdominanz sozialer Sachverhalte, geht. Dieser Grundgedanke wird auf die unterschiedlichen Repräsentationen und Diskurse um Kindheit angewandt, nicht zuletzt, um die rhetorischen Strategien und blinden Flecken des Argumentierens über Kindsein heute in den unterschiedlichen Foren und Arenen öffentlicher Debatten aufzudecken.

II.2.c. Sozialstrukturelle Soziologie der Kindheit

Diese Forschungsrichtung versteht Kindheit als Element der Sozialstruktur der Gesellschaft. Ziel ist, in doppelter Weise zur Emanzipation der gesellschaftlichen Position der Kinder beizutragen: innerhalb der Soziologie, indem die Aufmerksamkeit sich direkt auf Kinder und Kindheit richtet und nicht bei der Analyse von Familie und Bildungsinstitutionen stehen bleibt, und in der Gesellschaft, indem Marginalisierungen der Kinder aufgedeckt werden. In den Mittelpunkt gestellt wird die ökonomische, soziale, politische, rechtliche, kulturelle und ideologische Position der Kinder. Als Messlatte dienen die Verteilungen von Macht, Arbeit, ökonomischen, räumlichen und zeitlichen Ressourcen. Fernziel solcher sozialstrukturellen Untersuchungen der Kindheit ist es, über die Bereitstellung von Informationen die Partizipations- und Ressourcengerechtigkeit zwischen den Generationen zu verbessern, also eine Kinderwohlfahrtspolitik auf den Weg zu bringen.

Richtigerweise verstehen die Autoren die genannten Ansätze auch nicht als sich gegenseitig ausschließend. Vielmehr sei es nutzbringend, sie als komplementär zu betrachten. Den eigentlichen Schlüssel zu einer solchen Integration sehen sie in einem Aufgreifen des Generationenkonzepts.

II.3. Die methodisch-methodologische Herausforderung: Kinder und ihre Kindheiten „kindgerecht" erforschen

Methodologisch und methodisch steht die neue Kindheitsforschung vor der Herausforderung, dass sie nicht als Forschung über Kinder, sondern als eine Forschung „aus der Perspektive" von Kindern zu verstehen ist (vgl. Honig/Lange/Leu 1999). Die Potentiale erprobter Erhebungsmethoden (Fragebogen, Interview, Gruppendiskussion, Beobachtung etc.) sind vor diesem Hintergrund hinsichtlich ihrer Anwendung im Kontext der Kindheitsforschung zu spezifizieren, die Möglichkeiten und Grenzen herauszustellen (vgl. Heinzel 2000; Keddi/Klinkhammer/Sandmeir 2008). Mittlerweile ist eine Vielzahl von methodischen Verfahren der allgemeinen empirischen Sozial- und Kulturforschung auf die Population der Kinder übertragen worden. Das Spektrum angewandter qualitativer Verfahren reicht vom Einzelinterview über die Gruppendiskussion bis hin zu den Varianten der teilnehmenden Beobachtung und der Videoprotokollierung (vgl. Bausch 2006; Feil/Decker/Gieger 2005; Kölbl 2005; Nentwig-Gesemann 2007; Tervooren 2006; Wagner-Willi 2007) und hat wichtige Einblicke in das alltägliche Handeln, die Wünsche und Perspektiven von Kindern erbracht. Verfahren der Diskursanalyse, also der Analyse von Argumenten und öffentlichen Rhetoriken über Kinder und Kindsein (vgl. Bühler-Niederberger 2005) zeigen dies ergänzend, wie Kinder und ihre Bezugspersonen durch Rekurs auf Teile der öffentlichen Argumentationen definieren, was eine gute Kindheit bedeutet. Kombiniert mit Interviewmethoden tragen sie noch weitergehend dazu bei aufzuzeigen, wie Kinder sich selbst unter Rückgriff auf solche Diskurse in der Generationsordnung positionieren (vgl. Hagen 2007).

Neben eher qualitativ ausgerichteten Verfahren werden zunehmend häufiger Fragebogenuntersuchungen mit großen Stichproben eingesetzt. Dazu müssen standardisierte Verfahren entwickelt werden, deren Fragen möglichst konkret und kindgerecht formuliert werden. Dieser eigentlich selbstverständliche Anspruch an die Konstruktion von Fragebögen sollte durch eine ansprechende typographische und graphische Gestaltung des Fragebogens unterstützt werden. Zum anderen sollten die abgefragten Themenbereiche möglichst konkrete Belange berühren (vgl. Kränzl-Nagl/Wilk 2000; van Deth u.a. 2007)

Insbesondere die immer wieder vorgebrachte Forderung nach einer begründeten und aufeinander bezogenen Methodenwahl ist hervorhebenswert. So lässt sich z.B. an der längsschnittliche angelegten Untersuchung von Krappmann/Oswald (1995) zum „Alltag der Schulkinder“ zeigen, dass hier sowohl Beobachtungsinstrumente wie auch Interviews zum Einsatz kamen. Mittlerweile werden immer häufiger Methodenkombinationen als angemessene Vorgehensweise im Kontext der Kindheitsforschung verwendet.

Nach dem Vorbild groß angelegter Studien im Kontext der Jugendforschung (z.B. Shell-Jugendstudien, die seit Mitte der 1950er Jahre kontinuierlich durchgeführt werden), werden aber in jüngerer Zeit Surveys zunehmend auch in der Kindheitsforschung eingesetzt, um die Sicht der Kinder, ihre Wünsche, ihre Lebenskontexte und Lebensverhältnisse repräsentativ zu ermitteln. Die Befunde sind eine tragende Säule der neu etablierten Sozialberichterstattung über Kinder und ihre Kindheiten (s. Abschnitt 5 unseres Überblicks). Dies kann als Hinweis dafür gewertet werden, dass vermehrt Anstrengungen unternommen werden, Kinder wie andere gesellschaftliche Gruppen auch als eigenständige Akteure mit eigener Meinung ernst zu nehmen.

Meinungen, Bewertungen und Perspektiven von Kindern in repräsentativer Weise zu erheben, um deren Chancen und Risiken im Alltag und beim Aufwachsen bestimmen und ihre Einstellungen und Wünsche bezogen auf ein weites Themenspektrum ermitteln zu können, ist z.B. das Anliegen der Studie „Kindheit 2001“ (vgl. LBS-Initiative Junge Familie 2001), das DJI-Kinderpanel (vgl. Alt 2000–2008) oder die World Vision Studie Kinder in Deutschland (vgl. Hurrelmann/Andresen 2007). An diesen Studien nahmen pro Erhebung jeweils zwischen 1600 und 2200 Kinder im Alter von fünf bis 14 Jahren teil. Die erste repräsentative Studie zum Thema „Kindheit in Deutschland“ mit bundesweit 700 Kindern im Alter von zehn bis 13 Jahren lief von 1993 bis 1996 (vgl. Zinnecker/Silbereisen 1998).

Bilanzierend gesehen liegt als ein wesentlicher Ertrag der Absicht, Kinder aus ihrer Perspektive zu Wort kommen zu lassen, ein ganzer Kranz von Daten und damit Befunden zu den Sichten von Kindern vor. Das Spektrum der dabei erfassten Sachverhalte reicht von lebensweltnahen Urteilen und Wahrnehmungen ihrer Familie (vgl. Brake 2005), der Schule und Zeugnisse (vgl. Beutel 2005) bis hin zu ihren Auffassungen von Arbeit (vgl. Hungerland u.a. 2005) und Politik (vgl. van Deth u.a. 2007) sowie Kriminalität (vgl. Bott 2007).

II.4. Zwischenbilanz: Das psychologische und das soziologische Kind Hand in Hand?

Die Kindheitsforschung hat, wie gezeigt wurde, eine erhebliche Entwicklung in kurzer Zeit hinter sich gebracht. So wurden innerhalb von wenigen Jahren die Annahmen eines Defizitansatzes – das Kind ist unfertig und muss daher von den Erwachsenen unterwiesen werden, will es den gesellschaftlichen Anforderungen gerecht werden –, der explizit von einer gesellschaftlich gesetzten und den Erziehungspersonen durchzusetzenden Norm für das korrekte Aufwachsen von Kindern ausging, zunächst ersetzt durch die Vorstellung davon, dass der Alltag des Aufwachsens gemeinsam konstruiert werden muss durch das Zusammenwirken von Eltern und Kindern. Allerdings blieb die Forschung noch der Maßgabe verhaftet, dass der Entwurf von Normalität primär die Angelegenheit der Erwachsenen ist. Informationen über Kindheit wurden daher auch stets aus der Perspektive der Eltern (der Mütter) gewonnen. Durch den Bedeutungszugewinn der interdisziplinären Sozialisationsforschung und der damit einhergehenden Berücksichtigung gesellschaftlichen Einflüsse auf die Persönlichkeitsentwicklung eines Individuums fokussierte sich die Forschung zunehmend mehr auf das Individuum „Kind“. Man interessierte sich mehr und mehr dafür, wie es einem Kind in seiner Entwicklung gelingt, diejenigen sozialen und kulturellen Kompetenzen zu erwerben, um in dieser Welt autonom handlungsfähig zu sein. Diese Diskussion wurde stets im Kontext der Entwicklung einer eigenen Identität geführt. Im Vordergrund dieser Betrachtungsweisen standen immer die sozialen Kompetenzen. Dabei spielten die Beziehungen der Kinder zu den Eltern eine herausragende Rolle, aber - mit zunehmendem Alter der Kinder - auch die Peerkontakte und die Integration in die Gleichaltrigenstruktur. Hier gilt das Interesse der Frage, inwieweit die Kinder in der Lage sind die erworbenen Fähigkeiten und Fertigkeiten – ihr persönliches Kapital – nutzbringend einzusetzen. In diesem Kontext müssen die Kinder ihre Affekte, Kognitionen und Verhaltensdispositionen so koordinieren, dass mittel- und langfristig ein Gewinn aus den bestehenden Beziehungen gezogen werden kann.

Die wissenschaftliche Erklärung dieses Phänomens ist eine aus der Entwicklungspsychologie schon lange bekannte Zielsetzung. Harter (1999) fügt in diesem Kontext den kognitiven, sozialen und physischen Kompetenzen die Bedeutung des allgemeinen Selbstwertgefühl hinzu und verweist so auf ein weitere Ressource der Entwicklung und Sozialisation eines Kindes. Herlth/Strohmeier (1982) weisen andererseits zu Recht darauf hin, dass es die Eltern der Kinder sind, die deren aktive

Lebensgestaltung beeinflussen und organisieren. So wird die Umwelt, die Wohnung, deren Ausstattung, die Spiel und Lernmittel aber auch die sozialen Kontakte und die Schulform von ihnen ausgewählt und organisiert.

Mit diesen beiden Dimensionen wird jener Raum aufgespannt, in dem sich Persönlichkeit und Bewältigungsstrategien herausbilden. Dabei sind die Entwicklung der individuellen Fähigkeiten und Fertigkeiten jene Ressourcen, die als persönliches Kapital oder individuelle Ressourcen (psychologisches Kind) angesehen werden können. Die sinnvolle Anwendung und vor allem die Nutzbarmachung dieses Potentials lässt sich als persönliche oder soziale Kompetenz beschreiben und ist ein noch untererforschtes Feld (vgl. Allmendinger/Ebner/Nicolai 2007). Pointiert formuliert gehen zusehends das „soziologische" und das „psychologische" Kind Hand in Hand (vgl. Kuczynski/Harach 1999) und nehmen ihre FreundInnen aus den Sport-, Gesundheits-, und Medienwissenschaften mit auf die mittlerweile höchst spannende Tour der Kindheitsforschung.

III. Empirische Kinder- und Kindheitsforschung – eine Landkarte zur Orientierung

Mittlerweile hat sich eine facettenreiche, für den Außenstehenden oftmals kaum durchschaubare Forschungslandschaft etabliert. Diese lässt sich mit Hilfe einer Kategorisierung der empirischen Arbeiten in qualitative und quantitative Ansätze, ihrer regionalen Erstreckung sowie ihrer thematischen Breite wie folgt ansatzweise kartographieren:

III.1. Allgemeine, repräsentative Mehrthemenuntersuchungen zu Kindern und ihrer Kindheit

Zu diesen Untersuchungen, in denen Kinder und teilweise ihre Eltern entweder mit Hilfe eines Fragebogens oder zunehmend auch telefonisch befragt werden, gehören

- Das DJI-Kinderpanel (vgl. Alt 2004–2008 i.V.)
- Die World Vision Studie, die große Resonanz in den Medien fand (vgl. Hurrelmann/Andresen 2007)
- Die LBS-Kinderbarometer (vgl. LBS-Initiative Junge Familie 2001–2007)
- Der Siegen/Jena-Kindersurvey (vgl. Zinnecker/Silbereisen 1998)

Diese Arbeiten erlauben nicht nur prozentuale Aussagen über das Vorliegen bestimmter Phänomene. Vielmehr können aufgrund der relativ großen Stichproben differentielle Profile des Kindseins entlang von Merkmalen der Sozialschicht, der Region, der familialen und der persönlichen Ressourcen der Kinder abgebildet werden. In neuerer Zeit gewinnen hierbei auch Überlegungen zur Verknüpfung der soziologischen und entwicklungspsychologischen Sichtweisen an Bedeutung, indem beispielsweise Ausprägungen von Persönlichkeitsmerkmalen sowie ihre Veränderungen im Zeitverlauf in Abhängigkeit von Kontextmerkmalen wie der sozialen Schicht betrachtet werden (vgl. Baquero/Alt/Lange 2008, i.V.).

III.2. Repräsentative bereichsspezifische Untersuchungen zu Kindern und ihrer Kindheit

Hierzu gehört beispielsweise die vom Robert Koch durchgeführte Studie zur Kindergesundheit, kurz KiGGS (Bundesgesundheitsblatt 2007) genannt, oder die KIM-Medienstudie des Medienpädagogischen Verbunds Südwest (2007). Solche Studien sind nicht nur zum Aufdecken bereichsspezifischer Entwicklungen des Kindseins in ausgewählten gesellschaftlichen Teilsystemen von großer Bedeutung. Sie liefern vielmehr den Überlegungen zur Theorie der Kindheit wichtige Einsichten, ohne welche die konzeptuelle Arbeit sich in einseitigen Abstraktionen erschöpfen würde.

III.3. Regionalstudien mit Mehrthemencharakter

Im Rahmen von Qualifikationsarbeiten entstehen auch zusehends Studien zu Kindheiten in bestimmten Regionen, so z.B. in Nürnberg (vgl. Roppelt 2003) oder im Umfeld von München/Berlin (vgl. Oswald 2006). Sie stellen wichtiges Material zur Spezifizierung übergreifender zeitgeschichtlicher Kindheitstrends dar und sind ein wichtiger Beitrag zur regionalen Sozialberichterstattung (s. dazu Punkt 5. dieses Aufsatzes) über Kindheit.

III.4. Regionalstudien mit bereichsspezifischen Schwerpunkten

Ebenfalls in Nürnberg angesiedelt ist eine Längsschnittuntersuchung zu den Aufwachsbedingungen von Kindern in Armut (vgl. Wenzig 2005). Auch auf einer regionalen Stichprobe aufsetzend, aber sicher von großem Interesse für Lehrer und Kommunalpolitiker ist die kürzlich erschienene Mannheimer Studie „Demokratie leben lernen“, die sehr innovative Wege in der Erhebung politischen Denkens bei Kindern beschritten hat (vgl. van Deth u.a. 2007).

III.5. Qualitative Einzel- und Mehrthemenuntersuchungen

Neben den auf große Zahlen setzenden Untersuchungen gibt es eine Fülle von Arbeiten, die auf der Basis einer kleinen Stichprobe sehr intensive, inhaltlich dichte Einblicke in das Kinderleben bieten. Wir erfahren hier Details über den Kinderalltag in der Großstand Berlin und der Landgemeinde Bermatingen (vgl. Zeiher/Zeiher 1994; Lange 1996), wir sehen, wie sich Mädchen und Jungen in einem stetigen Prozess des Grenzenziehens und Grenzenüberschreitens ihre Geschlechtsrolle erarbeiten (vgl. Tervooren 2006) und wie Kinder in einer Schweizer Kleinstadt ihre Zeit gegenüber den Ansprüchen der Erwachsenen und vor allem der Schule eigensinnig zu verwenden versuchen (vgl. Wehr 2008 i.V.) und wie sie ihr Schuldasein als Job verstehen und mit der Langeweile kämpfen (vgl. Breidenstein 2006).

III.6. Berücksichtigung der Kinderperspektive in anderen sozialwissenschaftlichen Forschungen

Bei dieser Variante wird die Perspektive des Kindes systematisch in klassischen pädagogischen, sportwissenschaftlichen und medienwissenschaftlichen Designs einbezogen, wie beispielsweise in der aktuellen Untersuchung zur Entwicklung von Ganztagsschulen (Beher u.a. 2007).

IV. Kindheitsforschung konkret: Aspekte ungleicher Kindheiten heute

Neben der breiten thematischen Ausleuchtung kindlicher Perspektivik, der subtilen Analyse kindlicher Handlungsfähigkeiten in Kontexten und der Abbildung von Modernisierungstendenzen im Kinderalltag ist als ein markanter Schwerpunkt der Kindheitsforschung die Auseinandersetzung mit „ungleichen Kindheiten" (vgl. Betz 2006, 2008) näher darzustellen. Es interessieren insbesondere soziale Benachteiligungen im Alltag wie im Lebensverlauf von Kindern, die durch ihre Zugehörigkeit zu einem Sozialmilieu generiert werden. Da das Verfügen über Bildungskapital immer noch einer der wesentlichsten Türöffner für persönlichen Erfolg und eine Vielzahl von positiven Begleiteffekten wie Gesundheit und politischer Partizipation darstellt (vgl. Fend 2007), ist insbesondere die Frage nach Ungleichheiten in der Bildungskarriere von Kindern ein thematisches und vor allem auch praxis- wie politikrelevantes Kernstück der sozialwissenschaftlichen Kindheitsforschung. Zu erwähnen ist an erster Stelle die kindbezogene Armutsforschung, welche die differentielle Betroffenheit von Kindern von ökonomischer Deprivation herausarbeitet, aber gleichzeitig nachweist, dass Kinder nicht alleine in einer Opferrolle verharren, sondern versuchen, die durch Einkommensverluste ihrer Eltern eingeschränkten Handlungsspielräume aktiv wieder selbst auszuweiten (vgl. Butterwegge/Holm/Zander 2003).

Die qualitativen und quantitativen Forschungen ergänzen sich besonders eindrücklich im Falle der Erklärung von Bildungsungleichheiten und ihrer Konsequenzen: So liefern detailreiche ethnographische Studien zum Kinderalltag in der Familie und Institutionen des Kinderlebens wichtige Einblicke in die Entstehung und Festigung unterschiedlicher Kindheitsmuster. Quantitative Arbeiten unterstreichen, dass die gefundenen Muster sich mehrheitlich in Form von konkret messbaren Bildungsbenachteiligungen niederschlagen (vgl. Betz 2007).

So hat in einer aufschlussreichen Feldstudie das Forscherteam um Annette Lareau von 1990 bis 1995 Erziehungs- und Bildungsprozesse von amerikanischen Familien untersucht (vgl. Lareau 2003). Das Forscherteam erhob klassenspezifische Bildungsmuster jenseits von reinen Einstellungen und analysierte kontrastiv Familien aus der ‚Mittel-' und der ‚Arbeiterklasse'. Zusätzlich zu zahlreichen Interviews mit Eltern, Lehrern und Erziehern beobachtete das Team zwölf Familien in verschiedensten familialen Situationen: beim morgendlichen Aufstehen und den Prozeduren der Vorbereitung auf die Schule, bei der Erledigung der Hausaufgaben, nahm die Abendrituale unter die Lupe, sah sich die Freizeitaktivitäten an, begleitete die Kinder auf Verwandtenbesuche, ging zu Elternabenden in der Schule und sogar beim Arztbesuch wurde hospitiert. Die Vielfalt der beobachteten Episoden spiegelt das Theoriekonzept und das Bildungsverständnis wieder: Lareau versteht den Bildungserwerb von Kindern in der Familie als ein nicht-separierbares, permanent sich vollziehendes Geschehen, das nicht auf einzelne Aspekte wie etwa Hausaufgabenbetreuung oder Vorlesen reduziert werden kann. Es handelt sich vielmehr um einen komplexen Zusammenhang von Alltagshandlungen, die sich ununterbrochen in der Familie abspielen. Lareau weist eindrücklich einen starken Zusammenhang zwischen Klassenzugehörigkeit sowie Bildungs- und Erziehungspraktiken nach: „Inequality permeates the fabric of the culture“ (Lareau 2003, S. 3). Zwei fundamental unterschiedliche Erziehungs- und Bildungspraktiken können aufgefunden werden, deren konstitutiven Merkmale in der folgenden Übersicht zusammengestellt worden sind.

Lareau erklärt den größeren schulischen Erfolg der Mittelschichtkinder durch frühe und exzessive Förderung seitens der Eltern. Dadurch erwerben die Kinder nicht nur konkrete benennbare Fähigkeiten wie Sport, Musik oder Fremdsprachen, sondern auch abstrakte Kompetenzen sowie spezifische Persönlichkeitsmerkmale, wie etwa ein stärker ausgeprägtes Selbstwertgefühl, das Gefühl des *‚Empowerment‘* sowie soziale und kommunikative Fähigkeiten im Umgang mit Autoritäten und Institutionen. Lareau warnt jedoch davor, diese Erziehungspraxis automatisch als die ‚bessere‘ zu verstehen und arbeitet bei beiden Varianten sowohl die Vor- als auch die Nachteile heraus. Den größeren ‚Erfolg‘ der Strategie der Kultivierung erklärt sie nicht mit der ‚besseren‘ Erziehung, sondern mit dem Passungsverhältnis zwischen Umwelt (Schule) und Familie: Die Schule erwartet diese Form der elterlichen Unterstützung und wertet andere Muster der Erziehung ab. Der Bourdieuschen Theorietradition folgend sieht Lareau im größeren schulischen und im später wahrscheinlich auch größeren Erfolg der Mittelklasse auf dem Arbeitsmarkt das Prinzip des Tausch- oder Marktwertes von kulturellem oder sozialen Kapital.

Hintergrund der größeren Anschlussfähigkeit der im Mittelschichtkontext gewonnenen Fertigkeiten, Kompetenzen und Kapitalien ist, dass dieses Wissen höchst umsetzbar ist für die schulische Leistungskultur. Ausgegrenzt und abgewehrt werden hingegen Fertigkeiten und Kapitalien, die aus anderen Milieus stammen; so beispielsweise die popularkulturellen Fähigkeiten und ein anderer Bildungskanon, wie er beispielsweise in Migrantenfamilien zu finden ist.

Bachmair (2007) zeigt am Beispiel der von Lehrern oftmals ignorierten vielfältigen Spielarten von Literalität, die in Milieus jenseits der Mittelschicht stark verbreitet sind, dass diese jenseits der klassischen informierenden Bildungslektüre keine Akzeptanz solcher Formen aufbringen können. Daraus resultiert eine kumulative Verkettung von Bildungsbenachteiligungen für Kinder aus den nicht-bürgerlichen Milieus: Weder finden sie genügend Anschluss an die formal hoch bewertete Schulkultur, noch finden sie Akzeptanz und Resonanz für ihre milieuspezifischen Handlungsbefähigungen.

Komplettiert und ergänzt wird Bild der Bildungsbenachteiligung im Kindesalter durch Studien, die vor der Schulphase bei der Erforschung der kindlichen Bildungskarriere ansetzen. So haben Vincent/Ball (2007) nachgewiesen, mit welchen umfassenden Strategien und Aktivitäten englische Mittelschichteltern ihre Vor-

Tabelle 1: Klassenspezifische Erziehungsstile und -praktiken

	Concerted Cultivation (Mittelklasse)	*Accomplishment of Natural Growth (Arbeiterklasse)*
Erziehungsideal	Bewusste und gezielte Förderung durch eine Vielzahl von Aktivitäten	Gewährung von Freiräumen Möglichst Nicht-Einmischen in kindliche Lebenswelten
Alltagsorganisation (≈ Alltägliche Lebensführung)	Durchgeplanter und strukturierter Alltag Vielfältiges Freizeitprogramm Nachteil: ‚gehetzte Kinder'	Spontaner Tagesablauf Kaum organisierte Aktivitäten, viel ‚Rumhängen' Vorteil: entspannte Zeitstrukturen, größere kindliche Entscheidungsfreiräume
Sprachgebrauch	Verhandlungshaushalt Elaborierter Sprachgebrauch	Befehlshaushalt Restringierter Sprachcode
Verhältnis zu Institutionen	Gleichberechtigung Kritik und Intervention	Unterordnung Machtlosigkeit
Konsequenzen	Selbstbewusste, jedoch ‚gestresste' Kinder endlose Verhandlungen zwischen Eltern/Kindern	weniger Selbstbewusstsein besseres Verhältnis zu Geschwistern und Verwandten weniger ‚freche' Kinder

Quelle: Eigene Darstellung in Anlehnung an Lareau 2003, S. 31

schulkinder mit Blick auf die Schul- und Berufskarriere fördern. Zwar nennen die Eltern eine Vielfalt von Motiven; deutlich wird aber, dass eine zentrale Antriebsquelle die Versorgung der Kinder mit zusätzlichen kultureller Kapitalien und Persönlichkeitsmerkmalen ist, um ihnen den angemessenen Platz und genügend Abstand zu den nachrückenden Sozialschichten sichern zu können. Weitere Studien runden das Bild ab, indem sie zeigen, dass Kinder aus unterschiedlichen Sozialmilieus auch in unterschiedlichen Betreuungs- und Bildungssettings ganz im Sinne einer Kumulation von Vor- oder Nachteilen behandelt werden und dementsprechende Vorbahnungen erfahren, was ihre weiteren Schritte im Bildungssystem angeht (vgl. Nelson/Schutz 2007; Vincent/Braun/Ball 2008).

V. Kindheitsforschung angewandt: Die Sozialberichterstattung

Sozialberichterstattung über Kinder meint eine regelmäßige, rechtzeitige, systematische und autonome Bereitstellung von Informationen über die Lebensbedingungen der Bevölkerungsgruppe „Kinder" (vgl. Nauck 1995). In diesen Forschungsansätzen werden seit Ende der 1980er Jahre Kinder nicht mehr nur als Bedingungsfaktoren der Lebensbedingungen von Erwachsenen oder als Objekte sozialpolitischer Sorge betrachtet (vgl. Nauck 1995). Die Perspektive hat sich im Kontext dieser neuen Forschungsvorhaben dahingehend verändert, dass Eltern und Familie, aber auch die Gesamtheit der sozial-ökologischen Bestimmungsfaktoren als Bezugspunkte einer am Kind orientierten Sozialberichterstattung angesehen werden. Ihnen gemeinsam ist neben dem Alter der Befragungspopulation (die Kinder waren zwischen acht und 13 Jahre alt) auch das Erkenntnisinteresse an den Bestimmungsfaktoren und Ursachen kindlicher Zufriedenheit bzw. kindlichen Wohlbefindens als neue Zielvariable (vgl. Fattore/Mason/Watson 2007) sowie der Herausarbeitung der Unterschiede der kindlichen Wahrnehmung gegenüber derjenigen der Eltern.

Die Sozialberichterstattung über Kinder und ihre Kindheit liefert eine soziale Definition von Kindheit heute (vgl. Lüscher 2002). Dabei verfolgt sie stets zwei Stoßrichtungen (vgl. Baethge/Bartelheimer 2005): zum ersten die reflexive Aufklärung der gesellschaftlichen Öffentlichkeit im weitesten Sinne über Kindsein heute. Dies ist in einer von der Aufmerksamkeitsökonomie der Medien geprägten Zeit eine wichtige Aufgabe. Allzu oft kursieren nämlich einseitige und skandalisierende Bilder und dominieren den Diskurs um die soziale Situation von Kindern heute. Zum zweiten liefert Sozialberichterstattung Materialien, Daten und Leitsätze/-empfehlungen für die politisch Verantwortlichen zur Gestaltung der Lebensbedingungen von Kindern im Rahmen der Familien-, Sozial und Kinderpolitik.

Eine derart intendierte Sozialberichterstattung richtet den Fokus auf die Lebenslagen von Kindern, um deren Lebensbedingungen im Kontext von Schule, Kindertageseinrichtungen, Hort, Familie oder Peers differenziert beschreiben zu können (vgl. Joos 2001; Leu 2002). Die Deskriptionen der Lebenslagen schließen auch größere Gebietseinheiten wie die Differenzierung in Ost- und Westdeutschland, Unterschiede auf Bundesländerebene, Stadt-Land-Unterschiede oder auch Differenzierungen innerhalb von Städten und Gemeinden z.B. nach Vierteln ein, so dass sich auf dieser Ebene sozialstrukturell-geographisch unterschiedliche Bedingungen des Kindseins herausarbeiten lassen (vgl. Alt 2004–2008).

Daneben richtet sich der Blick auch auf die Persönlichkeitsentwicklung der Kinder. Leitfragen dieser vorwiegend (entwicklungs-) psychologischen, aber auch sozialisationstheoretischen Perspektive sind: Unter welchen Rahmenbedingungen entwickeln Kinder Fähigkeiten, um soziale Beziehungen aufbauen und aufrecht erhalten zu können, sich in Gruppen zu positionieren, gemeinsam mit anderen Probleme zu lösen und Konflikte zu bewältigen, soziale Unterstützung zu geben oder zu nutzen? Welche Konstellationen bergen die Gefahr, dass die Kinder in ihrer persönlichen und sozialen Entwicklung (z.B. im Schulerfolg, in ihrer persönlichen Interessenentfaltung) eingeschränkt werden oder aber Problemverhalten entwickeln (z.B. Aggressivität, Krankheiten, abweichendes Verhalten)? Lassen sich spezifische Resilienzfaktoren für bestimmte Kinder(gruppen) bestimmen (vgl. Wustmann 2005)?

Wie oben schon angedeutet geht es verstärkt auch um die soziale Verortung von Kindern (soziologisch-(sozial)pädagogische Perspektive). Die Leitfragen dieser Analyserichtung lesen sich exemplarisch wie folgt: Eine herausragende Frage in diesem Kontext ist: Gibt es herkunftstypische Verschränkungen formaler und informeller Bildungsprozesse? Sind herkunftsspezifische Differenzen im Schulerfolg, im Übertrittsverhalten der Kinder auszumachen? Gibt es Hinweise darauf, dass ungleiche Sozialisationsbedingungen, aktuelle wie zukünftige, Inklusions- oder Exklusionserfahrungen (in den Peergruppen, im Bildungssystem, etc.) wahrscheinlicher machen (vgl. Helsper/Hummrich 2005)? Weitere Analysen beziehen sich auf die ungleichen Machtstrukturen zwischen Erwachsenen und Kindern, die u.a. mit dem Stichwort „generationale Ungleichheit" bereits an anderen Stellen diskutiert wird (Engelbert/Herlth 2002) und in verschiedenen Lesarten des Agency-Konzeptes der neueren Kindheitsforschung Eingang gefunden hat.

Übergreifend bearbeitet eine so verstandene Sozialberichterstattung im weiteren Sinne die Frage, wie die Lebenslagen die Persönlichkeitsentwicklung beeinflussen (vgl. Betz/Lange/Alt 2007). Dies ist keinesfalls gleichbedeutend damit, dass die beschriebenen „Einflüsse“ nur in eine Richtung wirksam wären. Das Bild vom Kind, das dieser Sozialberichterstattung zugrunde liegt, geht vielmehr von komplexen wechselseitigen Verschränkungen von Individuum und Umwelt aus. Individuen sind nicht nur passive Opfer der Verhältnisse, sondern immer auch Akteure dieser Umwelten (vgl. Lerner 2005). Es gilt an den unterschiedlichsten Stellen aufzuzeigen, inwiefern die Kinder und ihre Umwelt aufeinander relational bezogen sind und wie die Kinder selbst ihre ‚Umwelt’ mit hervorbringen.

Literatur

Allmendinger, J./Ebner, C./Nikolai, R. (2007): Soziale Beziehungen und Bildungserwerb. In: Franzen, A./Freitag, M. (Hrsg.): Sozialkapital. Grundlagen und Anwendungen. Wiesbaden, S. 487–513.

Alt, C. (Hrsg.) (2004–2008): Kinderleben. Bd. 1–6. Wiesbaden.

Andresen, S./Hurrelmann, K. (2007): Was bedeutet es, heute ein Kind zu sein? Die World Vision Kinderstudie als Beitrag zur Kinder- und Kindheitsforschung. In: Hurrelmann, K./Andresen, S. (Hrsg.): Kinder in Deutschland 2007. 1. World Vision Kinderstudie. Frankfurt am Main, S. 35–64.

Asendorpf, J. B. (2004): Psychologie der Persönlichkeit. Berlin.

Bachmair, B. (2007): Migrantenkinder, ihr Leserisiko und ihre Medienumgebung. Aus Politik und Zeitgeschichte, Heft 28, S. 32–38.

Baethge, M./Bartelheimer, P. (2005): Deutschland im Umbruch. In: Baethge, M./Bartelheimer, P./Fuchs, T./Kratzer, N. (Hrsg.): Berichterstattung zur sozioökonomischen Entwicklung in Deutschland. Arbeit und Lebensweisen. Erster Bericht. Wiesbaden, S. 11–36.

Barquero, B./Alt, C./Lange, A. (2008, i.Dr.): Persönlichkeitsentwicklung in der späten Kindheit. Explorative Analysen. In: Alt, C. (Hrsg.): Kinderleben. Band 6. Wiesbaden.

Bausch, C. (2006): ’Verkörperte Medien’. Die soziale Macht televisueller Inszenierungen‘. Bielefeld.

Beher, K./Haenisch, H./Hermens, C./Nordt, G./Prein, G./Schulz, U. (2007): Die offene Ganztagsschule in der Entwicklung. Empirische Befunde zum Primarbereich in Nordrhein-Westfalen. Weinheim.

Behnken, I./Zinnecker, J. (Hrsg.) (2001): Kinder, Kindheit, Lebensgeschichte. Ein Handbuch. Velber.

Betz, T. (2008): Ungleiche Kindheiten. Theoretische und empirische Analysen zur Sozialberichterstattung über Kinder. Weinheim.

Betz, T. (2007): Formale Bildung als „Weiter-Bildung“ oder Dekulturation familialer Bildung? In: Alt, C. (Hrsg.): Kinderleben – Start in die Grundschule. Wiesbaden, S. 163–187.

Betz, T. (2006): Ungleiche Kindheit – Ein (erziehungswissenschaftlicher) Blick auf die Verschränkung von Herkunft und Bildung. Zeitschrift für Soziologie der Erziehung und Sozialisation, 26, 1, S. 52–68.

Betz, T./Lange, A./Alt, C. (2007): Das Kinderpanel als Beitrag zur Sozialberichterstattung über Kinder. Theoretisch-konzeptionelle Rahmung sowie methodologische und methodische Implikationen. In: Alt, C. (Hrsg.) Kinderleben - Start in die Grundschule. Band 3: Ergebnisse aus der zweiten Welle. Wiesbaden, S. 19–59.

Beutel, S.-I. (2005): Zeugnisse aus Kindersicht. Kommunikationskultur an der Schule und Professionalisierung der Leistungsbeurteilung. Weinheim.

Bott, K. (2007): Kriminalitätsvorstellungen in der Kindheit. Eine explorative, kriminalsoziologische Studie. Wiesbaden.
Brake, A. (2005): Wohlfühlen in der Familie? Wie Mütter und 8- bis 9jährige Kinder ihr Zusammenleben bewerten. In: Alt, C. (Hrsg.): Kinderleben – Aufwachsen zwischen Familie, Freunden und Institutionen. Band 1. Wiesbaden, S. 45–62.
Breidenstein, G./Kelle, H. (1998): Geschlechteralltag in der Schulklasse. Ethnographische Studien zur Gleichaltrigenkultur. Weinheim.
Breidenstein, G. (2006): Teilnahme am Unterricht. Ethnographische Studien zum Schülerjob. Weinheim.
Bühler-Niederberger, D. (2005): Die Ordnung der Verhältnisse. Weinheim.
Bundesgesundheitsblatt (2007): Ergebnisse des Kinder und Jugendgesundheitssurveys. Heidelberg.
Butterwegge, C./Holm, K./Zander, M. (2003): Armut und Kindheit. Ein regionaler, nationaler und internationaler Vergleich. Opladen.
Corsaro, W. A. (2005): Collective Action and Agency in Young Children's Peer Cultures In: Qvortrup, J. (Ed.): Studies in Modern Childhood. Houndsmills, S. 231–247.
Cunningham, H. (2006): Die Geschichte des Kindes in der Neuzeit. Düsseldorf.
Engelbert, A./Herlth, A. (2002): Sozialökologische Ansätze. In: Krüger, H. H./Grunert, C. (Hrsg.): Handbuch Kindheits- und Jugendforschung. Opladen, S. 99–116.
Fattore, T./Mason, J./Watson, E. (2007): Children's Conceptualizations of Their Well-Being. Social Indicators Research, 80, 1, S. 5–29.
Feil, C./Decker, R./Gieger, C. (2005): Wie entdecken Kinder das Internet? Beobachtungen bei 5–12jährigen Kindern. Wiesbaden.
Fend, H. (2007): Bildung als Ressource der Lebensbewältigung. In: Lemmermöhle, D./Hasselhorn, M. (Hrsg.): Bildung – Lernen. Humanistische Ideale, gesellschaftliche Notwendigkeiten, wissenschaftliche Erkenntnisse. Göttingen, S. 183–212.
Grunert, C./Krüger, H.H. (2006): Kindheit und Kindheitsforschung in Deutschland. Forschungszugänge und Lebenslagen. Opladen.
Hagen, I. (2007): „'We can't just sit the whole day watching TV' Negotiations concerning media use among youngsters and their parents." Young, 15, 4, S. 369–393.
Harter, S. (1999): The construction of the self. A developmental perspective. New York.
Hasselhorn, M./Schneider, W. (2007) (Hrsg.): Handbuch der Entwicklungspsychologie. Göttingen.
Heinzel, F. (2000) (Hrsg.): Methoden der Kindheitsforschung. Weinheim.
Helmke, A./Schrader, F.-W. (2007): Entwicklung von akademischen Leistungen. In: Hasselhorn, M./Schneider, W. (2007) (Hrsg.): Handbuch der Entwicklungspsychologie. Göttingen, S. 289–298.
Helsper, W./Hummrich, M. (Hrsg.) (2005): Erfolg und Scheitern in der Schulkarriere: Ausmaß, Erklärungen, biografische Auswirkungen und Reformvorschläge. In: Sachverständigenkommission Zwölfter Kinder- und Jugendbericht (Hrsg.): Kompetenzerwerb von Kindern und Jugendlichen im Schulalter. München, S. 97–173.
Hengst, H. (2000): Von der pädagogischen zur kommerziellen Verwertung kindlicher Autonomie. In: Lingelbach, K. C./Zimmer, H. (Hrsg.): Jahrbuch für Pädagogik 1999. Das Jahrhundert des Kindes? New York, S. 83–101.
Hengst, H./Zeiher, H. (2005): Von Kinderwissenschaften zu generationalen Analysen. Einleitung. In: Hengst, H./Zeiher, H. (Hrsg.): Kindheit soziologisch. Wiesbaden, S. 9–23.
Herlth, A./Strohmeier, K.-P. (1982): Sozialpolitik und der Alltag von Kindern. In: Vaskovics, L. (Hrsg.): Umweltbedingungen familialer Sozialisation. Stuttgart, S. 307–329.
Honig, M.-S. (1999): Entwurf einer Theorie der Kindheit. Frankfurt a.M.
Honig, M.-S./Lange, A./Leu, H.-R. (1999) (Hrsg.): Aus der Perspektive von Kindern. Weinheim.

Hungerland, B./Liebel, M./Liesecke, A./Wihstutz, A. (2005): Bedeutungen der Arbeit von Kindern in Deutschland. Wege zu partizipativer Autonomie? Arbeit, 14, 2, S. 77–93.
Hurrelmann, K./Andresen, S. (Hrsg.) (2007): Kinder in Deutschland 2007. 1. World Vision Kinderstudie. Frankfurt am Main.
Janke, B. (2007): Entwicklung von Emotionen. In: Hasselhorn, M./Schneider, W. (Hrsg.): Handbuch der Entwicklungspsychologie. Göttingen, S. 347–358.
James, A./Jenks, C./Prout, A. (1998): Theorizing Childhood. Oxford.
Jensen, A.-M./Qvortrup, J. (2004): Summary – A Childhood Mosaic: What Did We Learn. In: Jensen, A.-M./Ben-Arieh, A. u. a. (Hrsg.): Children's Welfare in Ageing Europe. Trondheim.
Joos, M. (2001): Die soziale Lage der Kinder. Sozialberichterstattung über die Lebensverhältnisse von Kindern in Deutschland. Weinheim.
Keddi, B./Klinkhammer, N./Sandmeir, G. (2008): Mit den Augen der Kinder – Methodische und methodologische Überlegungen. DJI-Bulletin, 82, 2, S. 5–7.
Kelle, H. (2007): Ganz normal: Die Repräsentation von Kinderkörpernormen in Somatagrammen. Eine praxisanalytische Exploration kinderärztlicher Vorsorgeinstrumente. Zeitschrift für Soziologie, 36, (3), S. 197–216.
Kölbl, C./Billmann-Mahecha, E. (2005): Die Gruppendiskussion. Schattendasein einer Methode und Plädoyer für ihre Entdeckung in der Entwicklungspsychologie, in: Mey, G. (Hrsg.): Handbuch Qualitative Entwicklungspsychologie. Köln, S. 321–350.
Kränzl-Nagl, R./Wilk, L. (2000): Möglichkeiten und Grenzen standardisierter Verfahren unter besonderer Berücksichtigung der Faktoren sozialer Erwünschtheit. In: Heinzel, F. (Hrsg.): Methoden der Kindheitsforschung. Weinheim, S. 59–76.
Kränzl-Nagl, R./Mierendorff, J. (2007): Kindheit im Wandel – Annäherung an ein komplexes Phänomen. SWS-Runschau, 47, 1, S. 5–28.
Krappmann, L./Oswald, H. (1995): Alltag der Schulkinder. Weinheim.
Kuczysnki, L. J./Harach, L. D. (1999): Psychology's Child meets Sociology's Child: Agency, Influence and Power in Parent-Child Relationships, in: Shehan, C. (Eds.): Contemporary Perspectives on Family Research. Vol. 1 Through the Eyes of the Child. Re-Visioning Children as Active Agents of Family Life. Stanford: JAI-Press, S. 21–52.
Lange, A. (1996): Kindsein heute. Konstanz.
Lange, A. (2004): Kindheitsforschung und Generationenkonzept. Eine medien- und kulturwissenschaftliche Skizze. Zeitschrift für Soziologie der Erziehung und Sozialisation, 24, 3, S. 303–318.
Lange, A. (2006): Generationssoziologische Einkapselung oder interdisziplinärer „meeting point"? Entwicklungspfade der sozialwissenschaftlichen Kindheitsforschung. Sozialwissenschaftliche Literatur Rundschau, 29,2, S. 79–93.
LBS-Initiative Junge Familie (2001–2007): Kinderbarometer.
Lareau, A. (2003): Unequal Childhoods. Class, Race, and Family Life. Berkeley, Los Angeles, London.
Lauterbach, W./Lange, A. (2000): Kinder, Kindheit, und Kinderleben: Ein interdisziplinärer Orientierungsrahmen. In: Lange, A./Lauterbach, W. (Hrsg.): Kinder in Familie und Gesellschaft zu Beginn des 21. Jahrhunderts. Stuttgart, S. 5–25.
Leu, H.-R. (2002): Sozialberichterstattung über die Lage von Kindern - ein weites Feld. In: Leu, H.-R. (Hrsg.) Sozialberichterstattung zu Lebenslagen von Kindern. Opladen, S. 9–33.
Lerner, R. M./Theokas, C./Jelicic, H. (2005): Youth as Active Agents in Their Own Positive Development: A Developmental Systems Perspective. In: Greve, W./Rothermund, K./ Wentura, D. (Hrsg.): The Adaptive Self. Personal Continuity and Intentional Self-Development. Göttingen, S. 31–47.
Liegle, L. (2002): Anfänge der pädagogischen Kindheitsforschung. In: Oswald, H. (Hrsg): Wege zum Selbst. Soziale Herausforderungen für Kinder und Jugendliche. Stuttgart, S. 53–73.

Lüscher, K. (2002): Kinderpolitik: Mit Ambivalenzen verantwortungsbewusst umgehen. In: Oswald, H. (Hrsg.) Wege zum Selbst. Soziale Herausforderungen für Kinder und Jugendliche (Festschrift Krappmann): Stuttgart, S. 321–343.
Medienpädagogischre Forschungsverbund Südwest (2007): KIM-Studie 2007 Kinder + Medien, Computer + Internet. Stuttgart.
Morrow, V. (2003): Perspectives on Children's Agency Within Families In: Kuczynski, L. (Ed.): Handbook of Dynamics in Parent-Child Relations. Thousand Oaks, S. 109–129.
Nelson, M./Schutz, R. (2007): Day Care Differences and the Reproduction of Social Class. Journal of Contemporary Ethnography, 36, 3, S. 281–317.
Nauck, B. (1993): Die Lebensqualität von Kindern. In: Elschenbroich, D. (Hrsg.): Was für Kinder. Aufwachsen in Deutschland. Ein Handbuch. München, S. 222–228.
Nauck, B. (1995): Kinder als Gegenstand der Sozialberichterstattung. Konzepte, Methoden und Befunde im Überblick. In: Nauck, B./Bertram, H. (Hrsg.): Kinder in Deutschland. Lebensverhältnisse von Kindern im Regionalvergleich. Opladen, S. 11–87.
Nentwig-Gesemann, I. (2007): Sprach- und Körperdiskurse von Kindern - Verstehen und Verständigung zwischen Textförmigkeit und Ikonizität. In: Friebertshäuser, B./von Felden, H./Schäffer, B. (Hrsg.): Bild und Text. Methoden und Methodologien visueller Sozialforschung in der Erziehungswissenschaft. Opladen, S. 104–120.
Nunner-Winkler, G. (2007): Moralentwicklung. In: Hasselhorn, M./Schneider, W. (Hrsg.): Handbuch der Entwicklungspsychologie. Göttignen, S. 315–325.
Oswald, S. (2006): Veränderte Kindheit in regional vergleichender Perspektive. Bad Heilbrunn.
Prosoz Herten ProKids-Institut (2007): LBS-Kinderbarometer Deutschland 2007. Stimmungen, Meinungen, Trends von Kindern in sieben Bundesländern. Ergebnisse des Erhebungsjahres 2006/2007.
Prout, A. (2005): The Future of Childhood. London.
Reyer, J. (2004): Integrative Perspektiven zwischen sozialwissenschaftlicher, entwicklungspsychologischer und biowissenschaftlicher Kindheitsforschung? Versuch einer Zwischenbilanz. Zeitschrift für Soziologie der Erziehung und Sozialisation, 24, 4, S. 339–361.
Roppelt, U. (2003): Kinder – Experten ihres Alltags? Eine empirische Studie zum außerschulischen Alltag von 8–11-jährigen Kindern aus dem Bleiweißviertel. Frankfurt am Main.
Schneider, W. (2007): Entwicklung der Intelligenz im Kindesalter. In: Hasselhorn, M./ Schneider, W. (Hrsg.) (2007): Handbuch der Entwicklungspsychologie. Göttingen, S. 277–288.
Schweizer, H. (2007): Soziologie der Kindheit. Verletzlicher Eigen-Sinn. Wiesbaden.
Tervooren, A. (2006): Im Spielraum von Geschlecht und Begehren. Ethnographie der ausgehenden Kindheit. Weinheim and München.
van Deth, J./Abendschön, S./Rathke, J./Vollmar, M. (Hrsg.) (2007): Kinder und Politik. Politische Einstellungen von jungen Kindern im ersten Grundschuljahr. Wiesbaden.
Vincent, C./Ball, S. J. (2007): Making Up' the Middle-Class Child: Families, Activities and Class Dispositions. Sociology, 41, 4, S. 1061–1077.
Vincent, C./Braun, A./Ball, S. J. (2008): Childcare, choice and social class: Caring for young children in the UK. Critical Social Policy, 28, 1, S. 5–26.
Wagner-Willi, M. (2007): Videoanalysen des Schulalltags. Die dokumentarische Interpretation schulischer Übergangsrituale in: Bohnsack, R. (Hrsg.): Die dokumentarische Methode und ihre Forschungspraxis. Grundlagen qualitativer Forschungspraxis. Wiesbaden, S. 125–145.
Wehr, L. (2008, i.V.): Zeitliche Alltagspraxis von Kindern im intergenerationellen Kontext, unveröff. diss. (Seminar für Kulturwissenschaft und europäische Ethnologie der Universität Basel), München 2008.
Wenzig, C. (2005): Armut, Gesundheit und sozialer Kontext von Kindern. Hamburg.

Wustmann, C. (2005): Die Blickrichtung der neuen Resilienzforschung. Zeitschrift für Pädagogik, 51, 2, S. 192–206.

Wyness, M. (2006): Childhood and Society. An Introduction to the Sociology of Childhood. Houndsmills.

Zeiher, H./Zeiher, H. (1994): Orte und Zeiten der Kindheit. Weinheim.

Zimmermann, P. (2007): Bindungsentwicklung im Lebenslauf. In: Hasselhorn, M./Schneider, W. (Hrsg.): Handbuch der Entwicklungspsychologie. Göttingen, S. 326–335.

Zinnecker, J./Silbereisen, R. K. (1998): Kindheit in Deutschland. Aktueller Survey über Kinder und ihre Eltern. Weinheim.

Kapitel 2: Familienforschung und Familienpolitik

Klaus Hurrelmann

B: Jugendforschung

Die Jugendforschung befasst sich mit dem Abschnitt des menschlichen Lebenslaufs, der zwischen der Kindheitsphase und der Erwachsenenphase liegt.

I. Psychologische Abgrenzung der Lebensphase Jugend

In entwicklungs- und persönlichkeitspsychologischer Sicht beginnt das Jugendalter mit dem Eintreten der Geschlechtsreife, der so genannten Pubertät. Sie markiert einen tief greifenden Einschnitt in der Persönlichkeitsentwicklung eines Menschen, weil eine völlig neue, qualitativ gegenüber der Kindheit andersartig gestalteten Form der Verarbeitung von körperlichen, psychischen und Umweltanforderungen eintritt. Nach dem verhältnismäßig kontinuierlichen Wachstum der Körperfunktionen in der Kindheit kommt es durch die Geschlechtsreife zu einem abrupten Ungleichgewicht in der körperlichen Entwicklung und psychischen Dynamik der Persönlichkeit. Der gesamte Körper ist in anatomische, physiologische und hormonale Veränderungen einbezogen, was umfassende Auswirkungen auch auf der seelischen und sozialen Ebene hat (vgl. Fend 1990).

Wegen der qualitativ andersartigen Entwicklungsherausforderungen ist es in dieser Sicht berechtigt, von einem neuen und eigenständigen Lebensabschnitt in der Lebensspanne zu sprechen. Nach der Pubertät kommt es zum ersten Mal im Lebenslauf zu einer bewussten oder zumindest bewusstseinsfähigen Entwicklung eines Bildes vom eigenen Selbst und einer Ich-Empfindung. Die Jugendphase ist damit ein Lebensabschnitt, der gegenüber der Kindheitsphase einen deutlichen qualitativen Sprung in der Dynamik der Persönlichkeitsentwicklung aufweist.

Das Ende der Lebensphase Jugend und die Abgrenzung von der anschließenden Lebensphase Erwachsenenalter ist aus der entwicklungs- und persönlichkeitspsychologischen Sicht weniger eindeutig zu bestimmen. Am ehesten eignet sich das Konzept der „Entwicklungsaufgaben“ von Havighurst (1982) dazu, eine solche Abgrenzung vorzunehmen. Unter einer Entwicklungsaufgabe werden die psychisch und sozial vorgegebenen Erwartungen und Anforderungen verstanden, die an Personen in einem bestimmten Lebensabschnitt gestellt werden. Der Übergang vom Jugendalter in das Erwachsenenalter kann demnach dann festgestellt werden, wenn die vier zentralen Entwicklungsaufgaben des Jugendalters bewältigt und damit die Selbstbestimmungsfähigkeit des Individuums erreicht ist:

- Die Entwicklung der intellektuellen und sozialen Kompetenzen ist abgeschlossen und die Übernahme von selbst verantwortlichen und Existenz sichernden beruflichen Leistungstätigkeiten ist erfolgt.

- Der feste Aufbau einer Partnerbeziehung zum anderen oder im selteneren Fall zum gleichen Geschlecht ist vollzogen und die Möglichkeit einer Familiengründung ist gegeben.
- Im Konsum- und Freizeitsektor ist ein hoher Grad an Selbständigkeit der eigenen Verhaltenssteuerung eingetreten.
- Das Wert- und Normensystem ist entfaltet und hat eine vorläufige Stabilität erreicht, sodass verantwortliches und gemeinnütziges Handeln möglich ist.

Ist die Persönlichkeitsentwicklung also durch einen hohen Grad an Selbständigkeit und Selbstbestimmung im Umgang mit den inneren und den äußeren Anforderungen gekennzeichnet und zeigt sich zugleich Verantwortlichkeit gegenüber den Belangen und Interessen anderer Menschen, dann kann vom Ende der Lebensphase Jugend und vom Eintritt in das Erwachsenenalter gesprochen werden. Das Erwachsenenalter beginnt in diesem Verständnis, wenn ein Mensch aus der bewegten und unruhigen, sehr dynamischen und teilweise unkontrollierten Jugendphase der Persönlichkeitsfindung ausgetreten ist, also eine Art „Sturm- und Drangperiode" hinter sich und einen Reifungsprozess abgeschlossen hat. Ein wichtiges und markantes Kennzeichen für das Erreichen eines zumindest vorläufigen Stadiums der persönlichen Stabilität ist in der Regel die psychische und soziale Ablösung von den eigenen Eltern.

In entwicklungspsychologischer Perspektive ist das Jugendalter also eine formative Phase der Persönlichkeitsfindung, in der kritische und selbstkritische Reflexionen der eigenen Existenz und der gesellschaftlichen Rahmenbedingungen charakteristisch sind (vgl. Flammer/Alsaker 2000; Seiffge-Krenke 1995).

II. Soziologische Abgrenzung der Lebensphase Jugend

Die soziologische Perspektive knüpft an die psychologischen Ansätze und auch an das Konzept der Entwicklungsaufgaben an. Im Vordergrund der sozialwissenschaftlichen Sichtweise steht die Frage, zu welchem Grad und in welchen Bereichen der Prozess der Übernahme von verantwortlichen gesellschaftlichen Mitgliedsrollen erfolgt. Die Jugendphase kann in dieser Perspektive als der Abschnitt des Lebens definiert werden, in dessen Verlauf schrittweise der Übergang von der unselbständigen Kindheit in die selbständige Erwachsenenrolle vollzogen wird. Die soziologische Jugendforschung konzentriert sich entsprechend auf die Frage, ob Veränderungen der sozialen Verhaltensanforderungen ein solches Ausmaß erreichen, dass vom Übergang von einer sozialen Position in eine andere gesprochen werden kann. Ist dieser Sachverhalt erfüllt, dann lässt sich von einem Positionsübergang („Statuspassage") sprechen.

Der Übergang vom Kind zum Jugendlichen ist eine solche Statuspassage. Sie kann dann erfolgen, wenn klare gesellschaftliche Regeln existieren, wie sich Positionsinhaber angemessen verhalten und wissen, welche Rechte und Pflichten sie besitzen. Typisch für die heutigen westlichen Gesellschaften ist allerdings, dass die Statusübergänge nicht eindeutig definiert und zeitlich fixiert sind. Es ist heute in der Regel keine klare Angabe möglich, wann der Übergang vom Status Kind in den Status Jugendlicher erfolgt. So fehlt es zum Beispiel an symbolischen Unterstreichungen dieses Übergangs durch zeremonielle Riten. Nur wenige davon gibt es, etwa den im Familienkreis gefeierten Wechsel in eine weiterführende Schule im Anschluss an die Grundschule, die Einrichtung eines eigenen Bankkontos oder die Neuausstattung des eigenen Zimmers. Ansonsten aber spielt sich der Eintritt in das Jugendalter ohne öffentliche soziale Markierungen ab. Auffällig ist die demonstrative Hinwendung zur Gleichaltrigengruppe und die schrittweise Distanzierung der Kinder vom Einfluss ihrer Eltern, die mit der Pubertät einhergeht (vgl. Hurrelmann 2005).

Insgesamt also vollzieht sich der Übergang vom Kind zum Jugendlichen in soziologischer Perspektive nicht in Gestalt eines sichtbaren sozialen Aktes, sondern gewissermaßen fließend und „schleichend". Er kann sich individuell verschiedenartig ausprägen und jeweils unterschiedliche biografische Formen erhalten. Eine präzise altersgebundene Festlegung des Übergangs vom Kind zum Jugendlichen ist für die hoch entwickelten Gesellschaften deshalb nicht charakteristisch (vgl. Fend 1990).

Um den Statuswechsel nach qualitativen Kriterien beurteilen zu können, ist zu prüfen, ob es zu einer Erweiterung der Handlungsspielräume und einer Vergrößerung der Rollenvielfalt gekommen ist. Mit dem Übergang in das Jugendalter erfolgt die Integration des jungen Gesellschaftsmitgliedes in ein zunehmend komplexer werdendes Netz von sozialen Erwartungen und Verpflichtungen, die mit der Herausbildung entsprechender Kompetenzen zur Teilnahme an den sozialen Interaktionsprozessen einhergeht. Im Verlaufe dieser Entwicklung werden schrittweise die Möglichkeiten der Selbstbestimmung und die Anforderungen an die Selbstverantwortung des eigenen Handelns größer (vgl. Fuchs-Heinritz 2002; Schäfers 2002).

Für die soziologische Beurteilung dieser Sachverhalte kann auf die aus der Entwicklungspsychologie stammenden Konzepte der Entwicklungsaufgaben zurückgegriffen werden. Danach ist das Jugendalter im Unterschied zum Kindheitsalter durch die folgenden vier soziologischen Kriterien abgrenzbar:

- Im Leistungsbereich ist die Erfüllung der gesellschaftlichen Erwartungen dann möglich, wenn die Schülerrolle übernommen wird und Lernleistungen unabhängig von den Eltern erbracht werden. Der Übergang vom Kindesalter in das Jugendalter ist dadurch charakterisiert, dass diese Lernleistungen schrittweise auf einem immer komplexeren und anspruchsvolleren Niveau ablaufen.
- Die anwachsende Bedeutung der sozialen Kontakte zu Gleichaltrigen bringt es mit sich, dass sich ein Jugendlicher aus dem System der sozialen Bindungen der Familie herauslöst und neue Anforderungen und Ansprüche bewältigt. Die psychologische Entwicklungsaufgabe der Ablösung von den Eltern hat ihre soziologische Entsprechung also in der Verselbständigung der sozialen Kompetenzen und Kontakte und der Anreicherung des sozialen Rollengefüges.
- Im Konsum- und Medienbereich ist eine Erweiterung von Handlungsspielräumen und eine Vergrößerung der Rollenkompetenz dann zu verzeichnen, wenn den vielfältigen Anforderungen und den finanziellen Herausforderungen des Freizeitsektors kompetent begegnet werden kann.
- Schließlich erfolgt im Unterschied zum Kindesalter im Jugendalter der Schritt zur Selbständigkeit der ethischen, religiösen, Wert gesteuerten, moralischen und politischen Orientierung und Mitgestaltung in wichtigen öffentlichen Räu-

men. Die Einflussmöglichkeiten der Eltern reduzieren sich, damit ist eine Selbstdefinition des sozialen und politischen Bürgerstatus ohne direkten Einfluss der Eltern möglich und notwendig.

In soziologischer Perspektive ist damit der Statusübergang vom Kind zum Jugendlichen mit einer Vergrößerung der Selbständigkeit der Lebensführung und des Spektrums der sozialen Rollenanforderungen definiert. War in der psychologischen Perspektive die zentrale Aufgabe des Eintritts in das Jugendalter die Sicherung von Individualität, so ist es aus soziologischer Sicht die Sicherung der gesellschaftlichen Integration.

III. Der Übergang in das Erwachsenenalter

Ebenso so schwierig wie in psychologischer ist es aber auch in soziologischer Perspektive, den Übergang vom Jugendalter in das Erwachsenenalter zu bestimmen. Nach traditionellen Vorstellungen ist der Übergang dann vollzogen, wenn in den zentralen gesellschaftlichen Positionen die volle Selbständigkeit als Gesellschaftsmitglied erreicht ist (vgl. Schäfers 2002). Das heißt, die Berufsrolle als ökonomisch selbständig Handelnder, die Partner- und Familienrolle als verantwortliche Familiengründer, die Konsumentenrolle einschließlich der Nutzung des Mediensektors und die Rolle als politischer Bürger mit eigener Wertorientierung müssen eingenommen sein. Ist der Übergang in diese Teilrollen des Erwachsenenstatus vollzogen, dann ist der Austritt aus dem Jugendalter erfolgt. Dieser Prozess dauert so lange an, bis in allen vier Bereichen ein dem Erwachsenenstatus entsprechender Grad von Autonomie und Handlungssteuerung erreicht wird.

In heutigen komplexen und differenzierten Gesellschaften ist der Übergang vom Jugend- zum Erwachsenenstatus uneinheitlich. In der Regel wird der Schritt in Richtung Erwachsenenstatus im beruflichen Bereich im Vergleich zu früher heute sehr spät vollzogen, weil die schulischen und anschließenden beruflichen Ausbildungsverhältnisse lange andauern und sich der Übergang in den Erwerbssektor verzögert. Auch im Familienbereich verzögert sich im Unterschied zu früheren Generationen die Ablösung von den Eltern und der Auszug aus dem Elternhaus, die Gründung einer festen Partnerschaft und die Einrichtung einer eigenen Familie mit Kind immer weiter. Sozialstrukturell kommt es deswegen zu einer kollektiven Aufschiebung des Übergangs vom Jugendalter in das Erwachsenenalter, wobei allerdings typischerweise der Übergang in die Konsumentenrolle schon sehr früh im Lebenslauf geschieht, der Übergang in die politische Bürgerrolle meist mit dem Abschluss der ersten Phase der Schul- und Berufsausbildung erfolgt ist, während der Übergang in die Familienrolle und der Übergang in die Berufsrolle sich erheblich aufschieben können (vgl. Côté 2000).

Die Verschiebung der Zeitpunkte des Übergangs in den einzelnen Teilpassagen ist auf ökonomische, kulturelle und andere gesellschaftliche Bedingungen zurückzuführen. Die Aufschiebung und teilweise Aufhebung des Übergangs in den Sektor der beruflichen Erwerbstätigkeit ist zum Beispiel nicht alleine durch die langen Ausbildungszeiten, sondern auch durch den Mangel an Ausbildungs- und Erwerbsplätzen und die Arbeitslosigkeit charakterisiert. Durch die Ausprägung von unterschiedlichen Anforderungen in den einzelnen sozialen Positionen und Statuspassagebereichen kommt es zu einer „Statusinkonsistenz“. Damit ist das Innehaben von sozialen Positionen mit verschiedenartiger kultureller und prestigemäßiger Bewertung und Deutung gemeint. Jugendliche haben heute typischerweise Positionen mit sehr unterschiedlichem Status inne und müssen sich den hieraus entstehenden Spannungen stellen (vgl. Hurrelmann 2005).

IV. Strukturmerkmale der Lebensphase Jugend

Sowohl die psychologischen als auch die soziologischen Analysen der Jugendforschung kommen zu dem Ergebnis, den Lebensabschnitt „Jugend“ als eine Lebensphase eigener Qualität zu verstehen, die sich in ihrer inneren Gestalt von den vorangehenden und nachfolgenden Lebensabschnitten unterscheidet. Es handelt sich bei der Jugendphase um einen Lebensabschnitt mit einem charakteristischen Stellenwert im menschlichen Lebenslauf, der sich aus der biologischen und psychologischen Entwicklung und zugleich den vielfältigen Vorgaben gesellschaftlicher Art ergibt. Weder ist die Jugendphase als eine bloße Verlängerung der Kindheitsphase zu verstehen noch als eine reine Durchgangsphase zum Zielstatus als Erwachsener.

Die Lebensphase Jugend ist heute zu einem Abschnitt im Lebenslauf geworden, der schon durch seine potentielle Ausdehnung von 15 Jahren (etwa vom 12. bis zum 27. Lebensjahr) einen eigenen Stellenwert hat. In einer offenen und emanzipierten, demokratischen Gesellschaft erhalten alle Jugendlichen theoretisch die Chance, ihre Interessen und Bedürfnisse ohne soziale Vorgaben und Einschränkungen zu entwickeln. Sie müssen dazu eine Persönlichkeitsstruktur aufbauen, die auf schnell wechselnde soziale, kulturelle, ökonomische und ökologische Bedingungen eingeht.

Es gehört zu den charakteristischen Merkmalen der Lebensphase Jugend, mit Widersprüchlichkeiten der Erwartungen der sozialen Umwelt umzugehen und die eigene Selbstdefinition auf diesen Sachverhalt auszurichten. Die Ungleichheit von Selbständigkeitszuschreibungen in verschiedenen Übergangsbereichen und der unterschiedliche Wert der erreichten Positionen (die erwähnte Statusinkonsistenz) müssen ausgehalten und abgearbeitet werden. In einigen Teilbereichen wird schon weitreichende soziokulturelle Autonomie erreicht, in anderen noch nicht.

Die Art und Weise, wie Jugendliche ihre Alltagsanforderungen meistern, ist in vielerlei Hinsicht zu einem Muster für Menschen auch in anderen Lebensphasen geworden. Die Jugendphase kann nicht mehr nur als eine Übergangsphase zum vollwertigen Reifestadium des Erwachsenen verstanden werden, sondern vielmehr werden die jugendtypischen Lebensmuster zu einem Paradigma der Lebensführung in modernen westlichen Gesellschaften, weil die für das Jugendalter typische Konstellation der Statusinkonsistenz zunehmend auch für das Erwachsenenalter gilt (vgl. Reinders 2003; Zinnecker 2000).

V. Schwerpunkte der empirischen Jugendforschung

Die empirische Jugendforschung konzentriert sich schwerpunktmäßig auf die Entwicklungsaufgaben und Statusübergänge, die für die Definition der Lebensphase Jugend genannt wurden. Typisch ist dabei die Suche nach einer jeweils charakteristischen „Gestalt“ der Bewältigung der jeweiligen Lebenskonstellation durch eine ganze „Generation“ von Jugendlichen. Hierzu wurden verschiedene Typologien gebildet, um die in einer historischen Phase jeweils vorherrschende Form des Lebensentwurfs von Jugendlichen plakativ zu benennen. Immer wieder sind Versuche gemacht worden, die jeweils dominierende Antwort der jungen Generation auf gesellschafts- und kulturpolitische Ereignisse herauszuarbeiten und die Einstellung der jungen Generation zur mittleren und älteren Generation hierzu in Beziehung zu bringen.

Bekannt geworden ist in Deutschland zum Beispiel der Begriff der „skeptischen Generation“ von Schelsky (1957), der die Distanz von Jugendlichen in den 1950er Jahren zur Erwachsenenwelt ausdrücken sollte. Später gab es das Konzept der „68er-Generation“, der die Studentenbewegung mit ihrer Ablehnung von Erwachsenenperspektiven charakterisieren sollte. Die Leistungsfähigkeit solcher generellen typologischen Bezeichnungen für „Jugendgenerationen“ ist aber in wissenschaftlicher Perspektive nicht hoch. Die Bestimmung einer Mentalitätsgestalt einer ganzen Alterskohorte kann sich immer nur auf einen (möglichst maßgeblichen) Teil der Alterspopulation beziehen, wird aber der Vielfalt der Ausprägungen von Bewältigungs- und Übergangsprozessen zwischen dem Kindheits- und dem Erwachsenenalter in der Regel nicht gerecht.

Das Interesse an solchen „Generationen-Typisierungen“ ist durch die Beobachtung zu erklären, dass die Angehörigen der Lebensphase Jugend in soziologischer Perspektive zwangsläufig Vorreiter einer Lebensführung sind und sein müssen, die auf die jeweils neuesten kulturellen, ökonomischen und sozialen Veränderungen der Gesellschaft reagiert. Die traditionellen, nicht hinterfragbaren Bahnen der Lebensgestaltung der älteren Generation werden intuitiv von den Jugendlichen nur zögernd oder nicht übernommen. Heute machen offene und in sich widersprüchliche Lebensanforderungen eine reflexive Handlungssteuerung mit einem starken Selbstbezug notwendig, die für die Elterngeneration dysfunktional gewesen wäre. Jede Alterskohorte muss versuchen, einen Lebensentwurf der Individuation und der Integration zu entwickeln, der unter den gegebenen Umständen eine aktive Lebensführung ermöglicht. Im historischen Vergleich ist dabei das Ausmaß von Spielräumen für die Selbstdefinition gestiegen, was zugleich aber auch eine Steigerung der Anforderungen an das Selbstmanagement und die Selbstverantwortung für die eigene Entwicklung mit sich bringt (vgl. Hurrelmann 2002).

VI. Methodische Arbeitsweisen der Jugendforschung

Die Jugendforschung lehnt sich methodisch an die Verfahren an, die in den jeweiligen Herkunftsdisziplinen üblich sind. Sie hat keine spezifischen, nur für ihren Gegenstandsbereich gültigen Methoden und Verfahren. Ziel des methodischen Arbeitens ist es, theoretische Aussagen so weit wie möglich einem *„Realitätstest"* zu unterziehen, indem sie Schritt für Schritt mit systematischen Verfahren der Beobachtung und des Experiments, der Befragung und der Auswertung von Dokumenten überprüft werden. Es besteht heute Einverständnis, dass eine Kombination von verschiedenen Verfahren besonders günstig für diesen Realitätstest ist, etwa die Verbindung von breit angelegten Fallstudien mit „qualitativer" Einschätzung von Zusammenhängen mit quantifizierbaren Daten repräsentativ angelegter Erhebungen.

Es lassen sich die folgenden Schwerpunkte der methodischen Forschung identifizieren (vgl. Zinnecker 1993):

- *Persönlichkeitsentwicklung und Lebenslaufgestaltung:* Hier geht es um Forschungsprojekte, die Persönlichkeit und Biografie von einzelnen Jugendlichen betreffen. Im Vordergrund steht die Analyse der körperlichen und psychischen Entwicklung und eine Einschätzung ihrer Veränderung. Hierauf baut die Forschung zur Verbreitung von körperlich, psychosomatisch und physisch verankerten Dynamiken und Störungen der Persönlichkeits- und Gesundheitsentwicklung und der Veränderung des Krankheitsspektrums auf. Die Beeinflussung dieser Veränderungen durch kulturellen, ökonomischen und sozialen Wandel nimmt in den letzten Jahren einen großen Stellenwert ein. Ähnliches gilt für Geschlechts- und Schichtunterschiede, den Einfluss des Migrationsstatus sowie die ethnische und religiöse Herkunft. Weiter fallen in diesen Schwerpunkt die Untersuchungen von Prozessen der Bewältigung schwieriger Lebenssituationen und Alltagsanforderungen, der Zeitstruktur und der Steuerung von Entwicklungsverläufen und ihre Beziehung zu den soziokulturellen Veränderungen. In der eher soziologischen Tradition geht es um Analysen des jugendlichen Lebenslaufes und der Ausdifferenzierung von Abschnitten des Lebenslaufes sowie ihre Bedeutung für die Gestaltung der persönlichen Biografie. In eher psychologischen und verhaltenswissenschaftlichen Zugängen stehen die Mechanismen der Entstehung und Bewältigung von Entwicklungsaufgaben und Formen des Problemverhaltens im Vordergrund.
- *Sozialstrukturelle Einbettung und Institutionalisierung der Lebensphase Jugend:* Hier stehen die Fragen im Vordergrund, wie sich die soziodemografischen, kulturellen, ökonomischen und ökologischen Eckdaten der Lebensphase Jugend verändert haben und welche innerkulturellen und interkulturellen Variationen auftreten. Auch die Auswirkungen sozialer Ungleichheit in der Gesellschaft auf die Gestaltung der Lebensphase Jugend werden thematisiert. Weiterhin gehören in diesen Forschungskomplex die Veränderungen der wichtigsten Sozialisationsinstitutionen Familie, Bildungssystem, Ausbildungssystem, Arbeitsbereich, kommerzieller Sektor, Freizeit, Vereinswesen, Medien, kirchliche, staatliche oder andere Einrichtungen der Jugendhilfe und der informellen Gesellungsformen (Gleichaltrigengruppen). Es geht darum, zu erforschen, wie sich solche Konfigurationen von sozialer Institutionalisierung für Jugendliche verändern und welchen kultur- und regionsspezifischen Mustern sie folgen. Neben ökonomischen Krisen wie Arbeitslosigkeit und Kriegsereignissen werden soziale Protestbewegungen und soziale und ökonomisch-technische Neuerungen in ihren Auswirkungen auf die soziale Gestalt der Lebensphase Jugend untersucht.

In beiden Forschungsschwerpunkten herrscht heute eine *methodenpluralistische Vorgehensweise* vor. Die Forschungsteams aus allen Fächern haben die Vorteile erkannt, die sich aus dem Zusammenspiel von unterschiedlichen methodischen Vorgehensweisen für die Erkenntnissicherung ergeben. In den meisten Disziplinen herrschen in der Regel einzelne methodische Verfahren vor. In der Soziologie ist es die empirische Sozialforschung, in der Psychologie die experimentelle Beobachtung, in der Geschichtswissenschaft die Mentalitätsforschung, in der Erziehungswissenschaft die Interventionsforschung und in der Gesundheitswissenschaft die epidemiologische Erhebung und Analyse von Gesundheitsstörungen und Krankheiten. Durch die interdisziplinäre Kooperation werden diese Verfahren immer häufiger kombiniert.

Bei der Verbindung zwischen den beiden Forschungsschwerpunkten sind noch erhebliche Defizite zu verzeichnen. Nur wenigen Forschungsteams gelingt es, die Individual- mit der Sozialstrukturebene systematisch zu verknüpfen.

Die *methodische Vorgehensweise* der qualitativen Jugendforschung lässt sich so bilanzieren:

- Die meisten Studien sind durch teilstandardisierte oder *„offene" Interviews* und *Gruppeninterviews* charakterisiert. Insgesamt wird damit nur ein schmales Spektrum von verschiedenen Ausprägungen der qualitativen Methodik in der Jugendforschung verwandt. Relativ wenig genutzt werden die Möglichkeiten der teilnehmenden Beobachtung, der Interpretation von Bildmaterial und anderen ästhetischen Produkten sowie der Selbstzeugnisse von Jugendlichen, wie etwa Tagebücher, Aufsätze und Briefe. Interessante und ergiebige Ansatzpunkte hierfür liegen in den Shell-Jugendstudien (1992, 2000) vor.
- Wenig eingesetzt werden *wiederholte Befragungen derselben Gruppe*, obwohl allgemein anerkannt wird, dass hierin eine der entscheidenden Erweiterungen der Leistungsfähigkeit des qualitativen Vorgehens gesehen werden muss. Ein Beispiel hierfür sind die 40 Fallstudien der Arbeitsgruppe Schulforschung, die über einen Zeitraum von insgesamt fast 8 Jahren die Selbst- und Wirklichkeitsinterpretation von Jugendlichen beim Übergang in weiterführende Ausbildungsgänge und Berufslaufbahnen erfassten, die zu Beginn 14 und zum Ende der Untersuchungssequenz 21 Jahre alt waren (vgl. Hurrelmann/Wolf 1986).
- Die *Auswertungsprobleme* der qualitativen Jugendforschung wurden lange übersehen. Viele Forschergruppen gingen von der Illusion aus, der Forschungsprozess könne durchgeführt werden, ohne dass an irgendeiner Stelle eine Strukturierung des Materials und eine damit einhergehende Auslese von Informationen und Äußerungen verbunden sei. In der Praxis der Forschung zeigte sich dann sehr bald, dass der scheinbar unvoreingenommen erhobenen Fülle des Materials keine angemessene Auswertungstechnik entsprach. Nicht alle Forschungsgruppen sind mit der Menge des erhobenen Materials wirklich fertig geworden. Die Gruppen, die den Schritt geschafft haben, machten durchgehend die Erfahrung, dass sie in einer späteren Phase, in der Phase der Datenaufbereitung, mit erheblichen Strukturierungs- und Selektionsleistungen von Seiten des Forscherteams an das Material heranzutreten gezwungen waren. Die meisten Forschergruppen, die in den letzten Jahren erfolgreich mit Interviewmethoden arbeite-

ten, haben sich darauf konzentriert, *„Alltagstheorien“* oder *„Deutungsmuster“* von Jugendlichen zu analysieren.

Im Unterschied zur qualitativen Jugendforschung mit dem Schwerpunkt auf Fallstudien geht es in dieser Methodentradition um *repräsentativ erhobene Daten* auf der Basis von *gezielten Stichproben* mit einer *standardisierten Datenerhebung* und zumeist geschlossenen Antwortvorgaben. Die Ergebnisse werden in einer messbaren (quantifizierbaren) Form ausgewertet, die sich an den Regeln der statistischen Analyse orientieren.

- Als wichtigste Verfahren der Datenerhebung haben sich seit den 1950er Jahren mündliche oder schriftliche Befragungen, systematische Beobachtungen, Dokumentenanalysen, standardisierte Tests (z.B. Intelligenz- und Schulleistungstests) und physiologische Messungen (z.B. der körperlichen Entwicklung von Jugendlichen) durchgesetzt. Die meisten dieser Studien arbeiten mit *Selbstauskünften* der betreffenden Jugendlichen, die durch *Fremdauskünfte* der Eltern, der Lehrerinnen und Lehrer und anderer Bezugspersonen ergänzt werden. Durch Selbstauskünfte können subjektive Einstellungen, Werthaltungen, Ziele und Orientierungen von Jugendlichen erfasst werden, die Außenstehenden nur begrenzt zugänglich sind. Über bestimmte Aspekte ihrer Umweltbedingungen, wie etwa die finanzielle Situation der Familie oder die Struktur einer Bildungseinrichtung sind die Jugendlichen aber oft nicht ausreichend informiert, sodass Fremdauskünfte hinzugezogen werden müssen (vgl. Walper/Tippelt 2002, S. 192).
- In den letzten drei Jahrzehnten hat sich die *repräsentative Umfrageforschung* besonders stark durchgesetzt. Sie ermöglicht eine gute Erfassung der Lebenslagen, Lebensperspektiven und Orientierungen von Jugendlichen aus ihrer eigenen Perspektive. Durch den Vergleich von Teilgruppen nach Geschlecht, Bildungsgrad, Region, Ethnie und sozialer Herkunft und durch den Vergleich von aufeinanderfolgenden Untersuchungen im Zeitverlauf lassen sich Aussagen über die Veränderung von Lebensperspektiven und Orientierungen und deren Abhängigkeit vom sozialen Wandel treffen.
- Die meisten Studien dieser Art sind „*Querschnittstudien*“, wobei auf der Basis einer altersspezifischen Stichprobe nur zu einem einzigen Messzeitpunkt Jugendliche befragt werden. Diese Studien vermitteln ein in sich relativ geschlossenes Bild von der Situation der Jugendlichen zu einem bestimmten Zeitpunkt. Seit den 1950er Jahren sind vom „Jugendwerk der Deutschen Shell“ Studien dieser Art wiederholt durchgeführt worden, sodass auch zeitliche Veränderungen erfasst werden konnten (vgl. Shell-Jugendstudie 2002). Ähnlich arbeiten auch die Jugendsurveys des Deutsche Jugendinstituts. Sie sind ein Instrument zur Dauerbeobachtung der Lebensverhältnisse sowie gesellschaftlicher und politischer Orientierungen Jugendlicher. (vgl. Hoffmann-Lange 1995; Gille 2000; Gille u.a. 2006).
- Die Aussagekraft von Querschnittsstudien darf nicht überschätzt werden. Wegen der großen Breite der angesprochenen Themen und der einseitigen Konzentration auf die Erfassung von Einstellungen zu Politik, Bildung, Familie, Religion, Konsum und Medien ist eine vertiefende und systematische Analyse nur begrenzt möglich. Eine Generalisierung der Ergebnisse ist ebenso gefähr-

lich wie eine Überbewertung einzelner Zahlen. Besser geeignet für Verallgemeinerungen sind Replikationsstudien, bei denen eine frühere Studie mit der gleichen Wahrscheinlichkeitsstichprobe und dem gleichen Erhebungsinstrument durchgeführt werden. In Deutschland haben Allerbeck und Hoag (1985) eine solche Studie durchgeführt, die eine spürbare Zunahme der Mitgliedschaft von Jugendlichen in informellen Gruppen zwischen 1962 und 1983 dokumentierte.

- Noch besser als Replikationsstudien können *Längsschnittstudien* Entwicklungsprozesse im Zeitverlauf erfassen (vgl. Butz/Gaedicke 2001). Sie gehen von einer bestimmten Auswahl von Befragten zum ersten Zeitpunkt aus und untersuchen die identische Population mit dem identischen Frageninventar zu verschiedenen weiteren Zeitpunkten. Auf diese Weise können Aussagen über zeitabhängige und altersbezogene Veränderungen von Individuen und Gruppen vorgenommen werden. Die Beziehungen zwischen den individuellen Einstellungen und Verhaltensweisen von Jugendlichen und ihren Umweltbedingungen in Familie und Schule können auf diese Weise dynamisch und prozesshaft untersucht werden. Beispiele sind die Studien von Engel/Hurrelmann (1992) und Silbereisen/Kracke (1999). Auch Fend mit seiner Konstanzer Langzeitstudie kann hierzu gezählt werden (vgl. Fend 1990, 1991, 1994, 1997, 1998).
- *Amtlichen Statistiken* kommt ein großer Stellenwert für die Jugendforschung zu. Sie liefern Informationen auf der Basis großer Gesamterhebungen oder Repräsentativstatistiken und gestatten Zeitreihen. Die meisten Daten werden vom Statistischen Bundesamt zusammengestellt. Für die Beantwortung der Frage, ob sich in den heutigen Gesellschaften die Jugendphase tatsächlich weiter verlängert, lassen sich zum Beispiel aus der amtlichen Statistik mehrere Argumente entnehmen. So konnte für Deutschland nachgewiesen werden, dass seit 1960 die Erwerbstätigkeitsquote der 15–20jährigen Frauen und Männer erheblich sinkt, weil sich die Ausbildungszeiten verlängern und der Erwerbseintritt immer später erfolgt. Auch können auf der Basis dieser Statistiken Belege für den Anstieg des Heiratsalters seit den 1970er Jahren gewonnen werden (vgl. Walper/Tippelt 2002, S. 203). Statistiken dieser Art liegen den seit 20 Jahren im Auftrage der Bundesregierung vorgelegten *Jugendberichten* zugrunde, wobei die Daten jeweils von einem unabhängigen Team von Wissenschaftlern und Praktikern interpretiert und von Repräsentanten des zuständigen Bundesministeriums kommentiert werden.

Studien der quantitativen Tradition der Jugendforschung können vor allem für abgesicherte prognostische Aussagen herangezogen werden und frühzeitig auf problematische Entwicklungen in der Lebenssituation Jugendlicher hinweisen. Das gilt zum Beispiel für die sich in den letzten 20 Jahren schrittweise verschlechternde ökonomische und finanzielle Lebenssituation von vielen Jugendlichen, die zuerst durch amtliche Statistiken und dann durch repräsentative wissenschaftliche Untersuchungen aufgedeckt wurde. Die Auswirkungen einer wachsenden sozialen Ungleichheit und eines relativen Armutsrisikos bei Kindern und Jugendlichen auf ihre Einstellungen und Wertorientierungen (bis hin zum rechtsextremistischen politischen Denken) und ihr entwicklungstypisches Risikoverhalten (bis hin zum selbstzerstörerischen Gesundheitsverhalten) weisen auf die sozialpolitische und bildungspolitische Bedeutung dieser Entwicklung hin (vgl. Klocke/Hurrelmann 2001). Diese Aussagen werden dann noch tragfähiger, wenn quantitative Verfahren der Datensammlung und Datenanalyse mit qualitativen Verfahren und ihren Erkenntnissen verknüpft werden (vgl. Büchner 1990). Die qualitativen Verfahren sind, wie die Beispiele zeigen, zur Exploration und Vorbereitung einer großen Survey-Studie geeignet. Umgekehrt sind die quantitativen Ansätze ideale Ergänzungen und Erweiterungen von fallstudienmäßig vorbereiteten Ansätzen. Insgesamt lassen sich durch die Kombination dieser beiden Verfahren die Anforderungen der interdisziplinären Jugendforschung besonders gut erfüllen.

Literatur

Allerbeck, K./Hoag, W. (1985): Jugend ohne Zukunft? München.

Büchner, P. (Hrsg.) (1990): Kindheit und Jugend im interkulturellen Vergleich. Opladen.

Butz, P./Gaedicke, J. (2001): Längsschnittstudien in der Jugendforschung. In: Merkens, H./Zinnecker, J. (Hrsg.): Jahrbuch Jugendforschung. Opladen, S. 399–420.

Côté, J. E. (2000): Arrested adulthood. The changing nature of maturity and identity. New York.

Engel, U./Hurrelmann, K. (1992): Delinquency as a symptom of adolescents' orientation toward status and success. In: Journal of Youth and Adolescence, H. 21, S. 119–138.

Fend, H. (1990): Vom Kind zum Jugendlichen. Der Übergang und seine Risiken. Bern.

Fend, H. (1991): Identitätsentwicklung in der Adoleszenz. Lebensentwürfe, Selbstfindung und Weltaneignung in beruflichen, familiären und politisch-weltanschaulichen Bereichen. Bern.

Fend, H. (1994): Die Entdeckung des Selbst und die Verarbeitung der Pubertät. Bern.

Fend, H. (1997): Der Umgang mit Schule in der Adoleszenz. Aufbau und Verlust von Lernmotivation, Selbstachtung und Empathie. Bern.

Fend, H. (1998): Eltern und Freunde - soziale Entwicklung im Jugendalter. Bern.

Flammer, A./Alsaker, F. D. (2002): Entwicklungspsychologie der Adoleszenz. Die Erschließung innerer und äußerer Welten im Jugendalter. Bern.

Fuchs-Heinritz, W. (2002): Zur Bedeutung des Altersnormen-Konzepts für die Jugendforschung. In: Merkens, H./Zinnecker, J. (Hrsg.): Jahrbuch Jugendforschung, (02) 2002. Opladen, S. 39–60.

Gille, Martina (Hrsg.) (2000): Unzufriedene Demokraten: politische Orientierungen der 16- bis 29jährigen im vereinigten Deutschland. Schriften des Deutschen Jugendinstituts: Jugendsurvey 2. Opladen.

Gille u.a. 2006 = Gille, Martina/Sardei-Biermann, Sabine/Gaiser, Wolfgang/Rijke, Johann de (2006): Jugendliche und junge Erwachsene in Deutschland. Lebensverhältnisse, Werte und gesellschaftliche Beteiligung 12- bis 29-Jähriger. Schriften des Deutschen Jugendinstituts: Jugendsurvey 3. Wiesbaden.

Havighurst, R. J. (1982): Developmental tasks and education. New York.

Hoffmann-Lange, U. (Hrsg.) (1995): Jugend und Demokratie in Deutschland. Schriften des Deutschen Jugendinstituts: Jugendsurvey 1. Opladen.

Hurrelmann, K. (2002): Einführung in die Sozialisationstheorie. 8., vollständig überarbeitete Aufl. Weinheim.

Hurrelmann, K (2005): Lebensphase Jugend. Weinheim.

Hurrelmann, K./Wolf, H.K. (1986): Schulversagen im Jugendalter. Weinheim.

Klocke, A./Hurrelmann, K. (Hrsg.) (2001): Kinder und Jugendliche in Armut. Umfang, Auswirkungen und Konsequenzen. 2. Aufl. Opladen.

Reinders, H. (2003): Jugendtypen. Ansätze zu einer differenziellen Theorie der Adoleszenz. Opladen.
Schäfers, B. (2002): Soziologie des Jugendalters. 7. Aufl. Opladen.
Schelsky, K.-J. (1957): Die skeptische Generation. Eine Soziologie der deutschen Jugend. Düsseldorf.
Seiffge-Krenke, I. (1995): Stress, coping, and relationships in adolescence. Mahwah.
Shell Jugendstudie (1992): Jugend 1992. Opladen.
Shell Jugendstudie (2002): Jugend 2002. Frankfurt.
Silbereisen, R. K./Kracke, B. (1999): Self-reported maturational timing and adaption in adolescence. In: Schulenberg, J./Maggs, J. L./Hurrelmann, K. (Hrsg.): Health risks and developmental transitions during adolescence. Cambridge, S. 110-138.
Walper, S./Tippelt, R. (2002): Methoden und Ergebnisse der quantitativen Kindheits- und Jugendforschung. In: Krüger, H. H./Grunert,C. (Hrsg.): Handbuch Kindheits- und Jugendforschung. Opladen, S. 188–224.
Zinnecker, J. (1993): Jugendforschung in Deutschland. Eine Zwischenbilanz. In: Erziehungswissenschaft, H. 4, S. 96–108.
Zinnecker, J. (2000): Selbstsozialisation- Essay über ein aktuelles Konzept. In: Zeitschrift für Soziologie der Erziehung und Sozialisation, H. 20, S. 272–290.

Kapitel 2: Familienforschung und Familienpolitik

Barbara Rendtorff

C: Geschlechterforschung

In diesem einführenden Beitrag werden zunächst die Begriffe Frauenforschung, Geschlechterforschung und Gender-Studies erläutert, voneinander abgegrenzt und eingeordnet (1). Die erste Etappe von Frauenforschung im Zuge der Ersten Frauenbewegung wird in Abschnitt 2 skizziert, dann folgt eine Erörterung wichtiger Grundlinien der Geschlechterproblematik (3). Abschnitt 4 befasst sich mit der Frauenforschung im Kontext der ‚neuen Frauenbewegung' der 1970er Jahre. Anschließend wird die Problematik des Begriffs „gender" noch einmal separat diskutiert (5), in Abschnitt (6) wird ein kurzer Überblick über Geschlechterforschungen zu Familie gegeben und Desiderata und Ausblick (7) beschließen den Text.

I. Begriffsklärung und historische Einordnung

Der Forschungszweig, der heute mit dem Begriff „Geschlechterforschung" oder „Genderforschung"/"Gender-Studies" umschrieben wird, hat eine kurze, aber turbulente Geschichte. Das Besondere an diesem Forschungszweig ist seine enge Verbindung zu einer politischen Bewegung, der Frauenbewegung – genauer gesagt: den beiden Frauenbewegungen des späten 19. Jh. und der 1970er Jahre. Diese bilden Ausgangspunkt und Anstoß der Forschungstätigkeit, die ihren Prämissen und ihren Anliegen folgt und auch ihren Begrenzungen unterliegt. Ein Charakteristikum sozialer und politischer Bewegungen ist es, dass sie einerseits Kritik an den jeweils bestehenden gesellschaftlichen Verhältnissen vorbringen, sich ihr Ansinnen zugleich aber in aller Regel darauf richtet, von eben dieser kritisierten Gesellschaft anerkannt zu werden, eben dort einen besseren Platz zu erobern. Ganz analog zu dieser Ambivalenz hat auch die Frauenforschung stets und unausweichlich mit dem Problem zu kämpfen, dass sie ihre Kritik nur in denselben Denkstrukturen formulieren kann, die auch Ziel ihres Protests sind. Das Verhältnis der Geschlechterforschung zur Familie ist entsprechend ambivalent: Einerseits hat die sorgende Verantwortung der Frauen und ihre enge Ausrichtung auf die Familie immer als Hinweis auf die Begrenzung ihrer Entwicklungsmöglichkeiten gegolten, während ein anderer Teil der feministischen Literatur auf die Aufwertung oder sogar die Bezahlung dieser Familienarbeit und der Frauen, die sie verrichten, zielte. Soviel vorweg.

Noch bevor also „Geschlechterforschung" (bzw., in ihren Anfängen: „Frauenforschung") als ein eigener wissenschaftlicher, akademischer Forschungszweig in der Geschichte auftritt, besteht sie in unverbundenen theoretischen und empirischen Forschungsarbeiten einzelner Frauen, die, meistens ohne akademischen Hintergrund, die Faktoren zu analysieren versuchten, die zu den Ungerechtigkeiten im gesellschaftlichen Geschlechterverhältnis geführt hatten und zu deren Beseitigung nötig waren. Die wichtigsten Themen der ersten Frauenbewegung in der zweiten Hälfte des 19. Jh. sind um den Gedanken der Gerechtigkeit organisiert. Die Aktivistinnen kritisieren die politische und rechtliche Situation von Frauen (und klagen das Wahlrecht ein), ihre mangelnden Bildungschancen (und fordern u.a. eine höhere Bildung für Mädchen), die Beschränkung der Frauen auf den familiären Raum und den Mangel an eigenen beruflichen Möglichkeiten bürgerlicher Frauen (und fordern Arbeitsmöglichkeiten z.B. als Lehrerinnen im höheren Bildungswesen, in akademischen und sozialen Berufen) und die Arbeits- und Lebensumstände proletarischer Frauen (hier ging es z.B. um Arbeitszeiten, Arbeitsschutz u.ä.). Die „Frauenfrage" gehört im Kaiserreich zu den großen sozialpolitischen Themen.

Aufgrund der allgemeinen politischen Entwicklung, der Not zweier Weltkriege und weil ja durchaus einige ihrer Forderungen erfüllt worden waren, verlor die erste Frauenbewegung dann an gesellschaftlicher Bedeutung, doch im Ergebnis lässt sich festhalten, dass die erreichten Verbesserungen doch durch die starke Persistenz der gesellschaftlichen Geschlechterordnung mit ihren weiblichen und männlichen Zuschreibungen und der geschlechtlichen Arbeitsteilung in ihrer verändernden Kraft abgebremst wurden. So blieb auch die wissenschaftliche Forschungstätigkeit in den Kinderschuhen stecken.

Der Ausdruck „*Frauenforschung*" als ein seriöses Forschungsfeld wird dann erst mit der „zweiten", der „neuen" Frauenbewegung in Westdeutschland in den 1970er Jahren populär. Auch hier ist zunächst die (Un-)Gerechtigkeit der zentrale Anknüpfungspunkt sowohl für die politischen wie für die Forschungs-Aktivitäten, und auch hier war die enge Verschränkung zwischen Frauenbewegung und Frauenforschung charakteristisch. So entstanden einerseits Frauenzentren als politische Orte, und zugleich Frauenbuchläden, Kongresse, Frauen-Sommerwochen oder die legendären „Frauen-Sommeruniversitäten" in Berlin, deren Anliegen es war, die politischen Debatten mit den neuen, schnell wachsenden Erkenntnissen von Frauenforschungsprojekten und wissenschaftlichen Arbeiten zu verbinden.

Diese hoch politisierten (und emotionalisierten) Jahre lebten dabei von einem riesigen unbezahlten Überschuss an Arbeit vieler Frauen, die als Mitarbeiterinnen in Frauenzentren und Buchläden oder als Herausgeberinnen von (vor der Erfindung des Internet sehr nützlichen) Bibliographien und Sammelbänden für die Verbreitung des neuen Wissens sorgten (vgl. z.B. die Dokumentationen der Sommeruniversitäten; Schultz 1989). Der (bestenfalls) desinteressierten oder (oftmals) aggressiv ablehnenden und herabsetzend auftretenden Wissenschaftlergemeinde gegenüber waren die „Frauenforscherinnen" dadurch immer von vorneherein in einer schwachen Position mit hohem Legitimationsdruck.

In seltenen Fällen mag das ‚Frauen-Ticket' eine Eintrittskarte für besondere wissenschaftliche Orte und Projekte gewesen sein (insbesondere später, als in Reaktion auf die politischen Forderungen der Frauenbewegung Frauenförderpläne und spezielle Fördermittel für Forschung und Lehre den Zugang von Frauen in den Forschungsbetrieb erleichtern sollten) – insgesamt kann dieser Effekt aber wohl vernachlässigt werden. Als ein Grund dafür, den Ausdruck „Frauenforschung" aufzugeben oder zu verbreitern, wird denn auch häufig – teils zustimmend und teils als harsche Kritik – der Wunsch der Wissenschaftlerinnen genannt, jenen Legitimationsdruck zu mildern, die Nähe zur politischen Frauenbewegung zu lockern und dadurch den Zugang zum Wissenschaftsbetrieb zu erleichtern. Doch der Erfolg scheint zweifelhaft. So zeigt die Analyse der aktuellen Situation im Wissenschaftsbetrieb nach wie vor die typische Pyramidenform, wobei trotz eines ausgeglichenen Geschlechterverhältnisses bei den Studierenden der Anteil von Frauen auf jeder Qualifikationsstufe abnimmt. So ist etwa die Zahl der Promotionen deutlich gestiegen (1980: 19%; 2000: 34%), der Habilitationen schon weniger (1980: 5%, 2000: 18%) und der Anteil von Frauen an Bewerbungen auf C4-Professuren ist in den letzten Jahren zwar gestiegen, nicht aber ihr Anteil an Berufungen – wobei die Entwicklung in Deutschland hinter vielen Vergleichsländern deutlich zurückbleibt (vgl. Allmendinger 2005, S. 60).

Doch ist die Benachteiligung im Wissenschaftsbetrieb nicht der einzige Grund dafür, warum in den 1990er Jahren der Begriff „*Geschlechterforschung*" die alte Frauenforschung verdrängt hat. Denn die inhaltliche und theoretische Entwicklung hatte mittlerweile einen Paradigmenwechsel erbracht, der die Kontextbezogenheit allen Wissens, die Relationalität von Geschlechtstypiken und ihre Verbindung zu anderen Ebenen gesellschaftlicher und Wissenschafts-Analysen sehr viel stärker ins Zentrum der Überlegungen rückte. Der Ausdruck „Geschlechterforschung" sollte also auch der Einsicht Rechnung tragen, dass Geschlechterverhältnisse, auch wenn sie als Machtverhältnisse diagnostiziert werden, doch stets das gesellschaftliche Ganze tangieren, und dass auch Männer und Jungen je speziellen, gesellschaftlich geformten geschlechtstypischen Zwängen und Zuschreibungen ausgesetzt sind (so entwickelt sich nun auch eine eigene Männerforschung, vgl. BauSteineMänner 1996). In den 1990er Jahren lässt sich deshalb beobachten, wie allenthalben Sektionen und Kommissionen, Studienschwerpunkte oder Forschungsvorhaben zu der neuen Bezeichnung „Geschlechterforschung" übergehen. Teilweise wurde diese Verschiebung sehr kontrovers diskutiert, da viele Frauenforscherinnen fürchteten, die Namensänderung würde zugleich ein Aufgeben der (immer auch politischen) Blick- und Analyserichtung der Frauenforschung mit ihrem Fokus auf der strukturellen Benachteiligung von Frauen und Beeinflussung von Mädchen im Sozialisationsprozess mit sich bringen. Manche traditionsreichen wissenschaftlichen Einrichtungen (wie z.B. die entsprechenden Sektionen der Deutschen Gesellschaft für Erziehungswissenschaft (DGfE) und der Deutschen Gesellschaft für Soziologie (DGS)) entschlossen sich deshalb zu einer Doppelbezeichnung „Frauen- und Geschlechterforschung".

Der Begriff „*Gender-Studies*" wiederum zeigt an, dass diese Verschiebung auch im englischen Sprachraum stattgefunden hat. Auch die Bezeichnung der schon früh in den 1970er Jahren als „*women's studies*" gegründeten Studiengänge und Forschungsverbünde ging nach und nach zu „*gender studies*" über – zur Problematik des Begriffs „*gender*" vgl. Abschnitt 5.

Die häufig auftauchende Zusatzbezeichnung „*feministisch*" enthält im Übrigen selbst keine eindeutige inhaltliche Positionsbestimmung. Der Ausdruck wird von ganz unterschiedlichen und widersprüchlichen theoretischen und politischen Positionen reklamiert und drückt im allgemeinen nur aus, dass die jeweiligen Forscherinnen davon ausgehen, dass das gesellschaftliche Geschlechterverhältnis eine Reihe von Ungleichheiten, Ungerechtigkeiten und Stereotypisierungen enthält, die es zu verstehen und zu verändern gilt.

Weder die traditionelle Frauenforschung noch die sich als moderner verstehende Geschlechterforschung haben dabei die Familie zu einem Schwerpunkt ihrer Forschung gemacht – weil sie, wie beschrieben, zwar als Inbegriff gesellschaftlicher Beschränkungen von Frauen galt, dabei aber nicht als selbst verursachend – die geschlechtliche Arbeitsteilung zwischen der männlichen Berufs- und weiblichen Familienorientierung wurde statt dessen historisch und soziologisch auf ihre Ursprünge hin untersucht.

II. Anfänge und Erste Frauenbewegung

Aus der engen Verbindung von Frauenforschung und Frauenbewegung(en) ergibt sich logischerweise auch eine Fokussierung ihrer Fragestellungen auf die Themen der jeweiligen politischen Agenda. Der Rückblick auf die Literatur und Debatten um die Jahrhundertwende zeigt deutlich (vgl. als Überblick: Frederiksen 1981), dass zwei Hauptlinien die Diskussion bestimmen: die wesentlich auf Gleichheit und Gleichberechtigung der Geschlechter zielende, „proletarische" Zielrichtung und eine bürgerliche, in deren Debatten Entwürfe einer besonderen weiblichen Eigenart (oft mit dem Konzept der „Geistigen Mütterlichkeit" verbunden) eine nicht unerhebliche Rolle spielen und die folglich eine besondere Stellung bzw. Charakterisierung weiblicher Besonderheit nicht scheuen, sondern teilweise ausdrücklich reklamieren. Im Kontext der ersten Frauenbewegung finden wir deshalb vornehmlich Forschungen zu Frauenbildung, Frauenarbeit oder zur Armutsproblematik, aber auch allgemeinere, grundlegende Erörterungen wie die „Neubegründung der Psychologie von Mann und Weib" von Mathilde Vaerting, worin sie frühzeitig und scharfsichtig das beschreibt, was heute mit dem Begriff „*gender*" angesprochen ist: dass Geschlechtstypiken das Produkt sozialer Umstände seien (vgl. Kraul 2004). Diese Forschungsarbeiten sind heute weitgehend in Vergessenheit geraten, sie haben „in die wissenschaftlichen Diskurse ihrer Zeit nur teilweise Eingang gefunden und werden auch in der Wissenschaftshistoriographie aufgrund ihres autodidaktischen Ursprungs mehrheitlich für nicht erwähnenswert gehalten" (Hering 2004, S. 287).

Das Auseinanderfallen der ersten Frauenbewegung in zwei unterschiedliche, im Kern sogar gegensätzlich Linien ist dabei nicht nur ein zufälliges Produkt der zeitpolitischen Lage. Beide Lager waren in sich widersprüchlich und z.T. tief gespalten (vgl. Gerhard 1990, S. 195 ff.), weil „die Fronten der Radikalität in Frauenfragen grundsätzlich anders, ja oft quer zu Grundsatzfragen in anderen Politikfeldern verlaufen" (ebd., S. 199) – doch ist diese Unklarheit ein Strukturproblem der Geschlechterthematik. Während die eine Linie letztlich von dem Grundgedanken einer für alle Menschen gleichermaßen geltenden universellen Geschlechtsneutralität ausgeht, infolgedessen alle differenzierenden Unterscheidungen (in Bezug auf Herkunft und Geschlecht) gleichermaßen bekämpfen muss und der Frauenfrage auch keinen politischen Vorrang einräumen will, postuliert der andere Ansatz eine geschlechtliche Unterschiedlichkeit, die entweder biologisch (über die Fortpflanzungsfunktion) oder auch wesensmäßig oder über ein besonderes Arbeitsvermögen begründet wird (wie im Konzept der Geistigen Mütterlichkeit), wobei die beiden

Geschlechter aber als grundsätzlich gleichwertig und zusammengehörig erachtet werden. Dieser Ansatz muss sich folglich darauf konzentrieren, die unterschiedliche Wertschätzung und Entlohnung zu bekämpfen, aber auch ungleiche Rechte immer da zu verankern, wo die Geschlechter unterschiedlich betroffen sind – weil „Gleichberechtigung nicht Gleichheit bedeutet“ (vgl. Irigaray 1990). Die Spaltung dieser beiden Linien lässt sich bis heute erkennen und auch nicht aufheben, weil die Konkurrenz, der Widerspruch zwischen den beiden ihr zugrunde liegenden unterschiedlichen Grundkonzeptionen nicht logisch aufgelöst werden kann, sondern im ideologischen Feld verbleibt. Sie stellt daher die Geschlechterforschung vor eine grundsätzliche Schwierigkeit und hat nicht zuletzt zu der aktuellen „Flaute“ (Klinger 2005, S. 357) in der feministischen Theoriebildung beigetragen.

III. Grundlinien und Grundfiguren

Jede Frauen-, Geschlechter- oder Genderforschung muss sich darüber im Klaren sein, dass das Denken über Geschlecht(er) immer zu den zentralen strukturierenden Merkmalen des Denkens einer Gesellschaft gehört hat – als Denken der Unterscheidung, der gesellschaftlichen Ordnung, der Arbeitsteilung und Verantwortung für die nächste Generation und als Denken über Leben und Tod. Deshalb ist es auch in das Selbstverständnis jeder Gesellschaft als strukturierendes Moment eingezeichnet und hat in politische Konzepte, in ästhetische Ideale oder biologisch-medizinische Modelle Eingang gefunden – ja, hat diese sogar maßgeblich mit organisiert (wobei sich je nach Zeit und Kultur deutliche Unterschiede ergeben können). Dadurch entstehende Gewichtungen und Denk-Begrenzungen sind auch in die wissenschaftlichen Begriffsbildungen eingegangen und prägen Konzepte und Modelle in wissenschaftlichen Feldern – sind also zugleich Ziel und Mittel feministischer Wissenschaftskritik. Ein dabei immer wieder auftauchendes Problem liegt darin, dass die erkenntnisleitenden Fragen wissenschaftskritischer Forscherinnen auf die Argumentationsfiguren hin ausgelegt sein müssen, die in ihrem jeweiligen Kontext die ungleiche Wahrnehmung und Behandlung von Frauen und Männern legitimieren, und es dadurch schwierig wird, diese Denkfiguren selbst gewissermaßen aus der Distanz in ihrer Struktur zu analysieren oder ganz andere Ansätze zum Verständnis des Geschlechterverhältnisses zu entwickeln (vgl. v.Braun/Stephan 2005, S. 31).

In der Analyse von Geschlechterstereotypen und stereotypischen Begründungsfiguren haben sich einige Grundfiguren als ganz besonders prägend und über die Zeit beständig gezeigt. Eine außerordentlich wirksame Figur ist die aus der Antike stammende dualistische Entgegensetzung von Stoff und Form, die das Männliche als formende aktive Wirkursache mit Aktivität, Denk- und Entscheidungsvermögen verbindet, das Weibliche als formbare materielle Ursache aber mit passivem Geformtwerden. Deshalb verhalte sich, so Aristoteles, „Männliches und Weibliches von Natur so zueinander, dass das eine das Bessere, das andere das Schlechtere und das eine das Herrschende und das andere das Dienende ist“ (Aristoteles 1981, I.5, S. 10).

In Verbindung mit anderen antiken dualistischen Denkfiguren zum Verhältnis von Körper und Seele, Vernunft und Begierde, rein und unrein usw. hat sich hier ein ausdifferenziertes Konzept von symbolischen Analogiebildungen entwickelt, die auch den Vorrang des Vaters vor der Mutter legitimieren (vgl. Klinger 2005, S. 347). Aristoteles kommt denn auch zu dem Schluss, dass es dem Vater und Gatten zustehe, „über das Weib wie über die Kinder zu herrschen", denn das Männliche sei „von Natur mehr zu Leitung und Führung geeignet als das Weibliche", wie „das Ältere und Vollendete mehr als das Jüngere und Unvollendete" (Aristoteles 1981, I.12, S. 26). Aus dieser Figur speisen sich viele bekannte hierarchisierende Zuordnungen von weiblich und männlich ab, wie öffentlich vs. privat, Berufsarbeit vs. Hausarbeit, Lehrer vs. Kindergärtnerinnen, Bildung vs. Erziehung.

Besonders wichtig ist in diesem Zusammenhang auch die Trennung von Geist und Seele, und in deren Folge zwischen dem Kopf als dem Sitz des unsterblichen Geistes und dem Körper als dem Ort, der den sterblichen Teil der Seele beherbergt (vgl. Klinger 2005, S. 341). Von hier aus leiten sich viele frühe Körper-Konzepte ab – etwa über die Wirkungsweise von Wärme oder von Blut und anderen im Körper fließenden Flüssigkeiten bei der Ausgestaltung der Genitalien (vgl. die Forschungen zur Körpergeschichte, z.B. von Laqueur, Duden, Schiebinger, Fischer-Homberger). Die enge Verknüpfung des Weiblichen mit Kreatürlichkeit (und oftmals mit Schwäche) führt dann zu den bekannten und heute noch hoch wirksamen symbolischen Zuschreibungen, angefangen von der Alltagsvorstellung, dass Frauen insgesamt stärker durch ihren Körper bestimmt seien und weniger zu Rationalität Zugang hätten – will heißen: mehr auf den unteren Teil des Körpers fixiert seien –, bis zu (unbewiesenen) Vorstellungen über geschlechtstypische Gehirnaktivitäten oder eine weibliche Eignung zur Sorge, d.h. dem kreatürlichen Teil von Beziehungen. Die Geschichte der Darstellung der anatomischen Unterschiede, schreibt Thomas Laqueur, sei „weitgehend unabhängig von den tatsächlichen Strukturen [der] Organe oder von dem, was man über sie wusste. Die Ideologie, nicht die Genauigkeit der Beobachtung, entschied darüber, wie man sie sah und auf welche Unterschiede es ankam" (Laqueur 1992, S. 106).

Es lässt sich also hier sehr gut erkennen, warum frauenpolitische Interventionen zu allen Zeiten auf unüberwindliche, wenn auch nicht auf den ersten Blick erkennbare Grenzen stoßen (was an den Ausdruck „glass ceiling" erinnert: die unsichtbare, aber wirksame Barriere, die Frauen beim Aufstieg auf der Karriereleiter bremst): die politische, praktische Handlungsebene kann nicht aus sich selbst heraus diese basalen Grundfiguren erschüttern oder verschieben.

Natürlich will ich hier nicht behaupten, dass das Denken über Geschlechter sich seit der Antike nicht verändert habe – das wäre Unsinn. Manche Veränderungen sind sehr schnell erfolgt – wie in den letzten beiden Jahrzehnten die Akzeptanz gegenüber Frauen in Berufsbereichen, die ihnen noch kurz zuvor verschlossen waren, oder der gesellschaftliche Umgang mit ‚ledigen Müttern', der im 19. Jahrhundert gesellschaftliche Ächtung und noch in den 1960er Jahren ein echtes Stigma bedeutete. Andere verliefen sehr langsam über Jahrhunderte – wie die Einsicht, dass es keine angeborenen geschlechtsspezifischen kognitiven Unterschiede gibt (was manche/r heute noch nicht ganz glauben will). Doch die Grundlinien geschlechtstypischer Vorurteile, Zuschreibungen und Erwartungen zeigen eine Persistenz jener damals beschriebenen Grundfigur – auch wenn die herangezogenen Begründungen sich im Laufe der Zeit verschoben haben. Die Philosophin Herta Nagl-Docekal macht aber darauf aufmerksam, dass man sich hier vor einer Verwechslung hüten müsse: Entgegen der auch von Seiten der Philosophie (etwa durch Derrida) unterstützen Auffassung, dass das binäre Denken, das Denken in Oppositionen selbst gewissermaßen Urheber der Ungleichheit in der Wahrnehmung von Frau und Mann sei, weil die Tendenz zur Hierarchisierung darin selbst angelegt sei, müsse zwischen einer logischen Struktur bzw. „Figur" und der moralischen Aussage, für die sie verwendet wird, strikt unterschieden werden (vgl. Nagl-Docekal 1999, S. 40). Die zentrale, zur Bearbeitung durch feministische Wissenschaftskritik anstehende Ebene ist also immer diejenige, auf der, auf verschiedenen Wegen, Bedeutungen erzeugt und Dinge bzw. Personen mit Bedeutungen versehen werden – aber dazu gehört auch, herauszufinden, in wessen Interesse oder aufgrund welcher Denkgewohnheiten diese Zuschreibungen geschehen und wie sie tradiert werden.

Zwar kann auch Frauen- und Geschlechterforschung allein die Grundfiguren des Denkens über weiblich und männlich nicht erschüttern, doch können ihre Impulse „den Blick für die geschlechtliche Codierung des Wissens und der Wissensordnung insgesamt" schärfen (v.Braun/Stephan 2005, S. 39) und so zum Verständnis und zu einer Differenzierung der begrifflichen Grundlagen beitragen.

IV. Zweite Frauenbewegung – neue Frauenforschung

Auch bei Entstehung der Frauenforschung im Kontext der ‚zweiten' oder ‚neuen' Frauenbewegung stand das Problem der gesellschaftlichen Ungleichheit und Ungerechtigkeit in Bezug auf die Behandlung und Wertschätzung von Frauen und Männern (als „Patriarchatskritik") zunächst im Mittelpunkt – und da machten Arbeit und Hausarbeit einen zentralen Fokus der Studien aus, sowohl in historischer Perspektive als auch auf die aktuelle gesellschaftliche Situation bezogen. Beide Ansätze sollten dazu beitragen, sexistische Strukturen in der Wissenschaft zu untersuchen und „das Wissen von Frauen über sich selbst zu erweitern" (Bock 1983, S. 22) und insgesamt die Realität ‚wahrer' darzustellen. Auch hier lässt sich sehr deutlich die vorne angesprochene doppelte Aufgabe der Geschlechterforschung erkennen, mitsamt den dadurch aufgeworfenen Problemen, dass erstens der Blick der Forscherinnen durch ihre eigene Denkgeschichte begrenzt ist, und dass die zugrunde gelegten Prämissen selbst permanent überprüft werden müssen – weil unter Umständen „informelle Macht von Frauen bedeutender sein kann als formelle von Männern" (ebd., S. 37).

Die soziologischen Studien orientierten sich – der Zeit gemäß – stark an marxistischer Theorie und den Begriffen und Argumentationsfiguren der Arbeiterbewegung (Ausbeutung, Unterdrückung, Unterwerfung, Entfremdung). Sie bezogen sich zunächst auf einzelne Felder von Ungerechtigkeiten wie z.B. schlecht bezahlte sogenannte „Leichtlohngruppen" für Frauen, die geringe Bildungsbeteiligung oder die alleinige Verantwortung der Frauen für die Haus- und Erziehungsarbeit (vgl. z.B. Kontos/Walser 1979; Eckart/Jaerisch/Kramer 1979). Doch zeigte sich recht schnell, dass es sich hier um strukturelle Phänomene handelte, die einen anderen analytischen Zugriff notwendig machten. In der Folge kam es zu einer Reihe von Spaltungen und der Auseinanderentwicklung von Forschungslinien, die teilweise an die schon in der ersten Frauenbewegung wirksamen politischen Bruchstellen erinnern, teilweise auch weiter ausdifferenziert waren: so etwa entlang der Kontroverse darüber, ob „die Geschlechterunterschiede die Arbeitsteilung erklären", also etwa Frauen über ein spezifisches weibliches Arbeitsvermögen verfügen würden, das sie für einige Berufsfelder mehr, für andere weniger geeignet erscheinen lässt, oder ob umgekehrt die Arbeitsteilung die Geschlechterunterschiede erzeugt, indem askriptive Merkmale die Vorstellungen von geschlechtstypischer Eignung hervorrufen, sich prägend auf die Individuen auswirken und dann wiederum die Einzelnen motivieren, die angeblich für sie „passenden" Berufsfelder aufzusuchen (vgl. z.B. Schwinn 2004, S. 59).

Eine weitere frühe Spaltung ergab sich anhand der Frage, wie die Frauenforschung dem oben angesprochenen Dilemma entkommen könne, dass jede Forscherin selbst in ihrem Denken Produkt der Denkgeschichte ihrer Kultur und der jeweiligen Machtverhältnisse ist. Eine einflussreiche (wenn auch kontrovers diskutierte) Position wurde hier von Maria Mies vorgetragen, die die Parteilichkeit der Forscherinnen mit den Objekten ihrer Forschung zur unabdingbaren Voraussetzung erklärte, während andere (so z.B. Christina Thürmer-Rohr) die Mitverantwortung von Frauen für die gesellschaftliche Situation, ihre „Mittäterschaft" (Thürmer-Rohr 1989) fokussierten und darauf bestanden, dass Betroffenheit nicht als gemeinsame Basis von Wissenschaftlerinnen tauge (vgl. Müller 2004). In jüngerer Zeit hat sich als ein kontroverser Punkt die Frage ergeben, ob Geschlecht einen omnirelevanten Status habe, mithin ständig und überall als strukturierendes Element wirksam sei, oder ob sein Einfluss begrenzt sei und seine Wirksamkeit je nach Thema und Ort variiere – und deshalb die „Dethematisierung" von Geschlecht (vgl. Pasero 1995) auch als Schritt zur „Entdramatisierung" tauge und die Wirkung von Geschlechtereinflüssen insgesamt mildern würde.

Vereinfacht gesagt lassen sich derzeit etwa vier verschiedene Ansätze unterscheiden. Eine Forschungsrichtung geht von der Annahme aus, dass die biologische Zweigeschlechtlichkeit selbst keine Wirkung und Bedeutung hat, dass die Verschiedenheit überbetont wird, während doch die Ähnlichkeit der Menschen überwiege (vgl. Androgynie-Konzepte). Diese Forschungsrichtung wird sich folglich darauf konzentrieren, die Verschiedenheit betonenden gesellschaftlichen und kulturellen Faktoren und Verhaltensweisen herauszufinden und zu entkräften. Ein anderer Ansatz geht davon aus, dass die Geschlechter unterschiedlich sind, durch Anlage oder auch im Sozialisationsprozess stattfindende Bestärkung unterschiedlicher Fähigkeiten, und zielt auf die ‚angemessene' Berücksichtigung und gesellschaftliche Wertschätzung dieser Unterschiedlichkeiten. Dieser Forschungsansatz wird sich logischerweise auf die Beschreibung der Unterschiede zwischen Jungen und Mädchen, Frauen und Männern konzentrieren, und darauf, deren Wirkungen zu beschreiben und deren Konsequenzen zu erörtern. Eine dritte Perspektive sieht zwar eine Verschiedenheit der Geschlechter als gegeben an, findet diese aber in einer speziellen, zu kritisierenden Weise ausgelegt und ‚falsch' bewertet. Hier beschäftigen sich die Forscherinnen z.B. mit Fragen der Gleichberechtigung und untersuchen die Prozesse, wie durch Setzungen, gesellschaftliche Schließungsmechanismen und Arbeitsteilungen nicht nur Männlichkeit und Weiblichkeit selbst konstituiert werden, sondern auch umgekehrt die von ihnen jeweils ausgeübten Tätigkeiten oder zugeschriebenen Eigenarten unterschiedlich bewertet werden – bis dahin, dass bekanntlich Berufe, wenn sie zunehmend von Frauen übernommen werden, in Wertschätzung und Lohnniveau absinken. Ein vierter Ansatz sieht dagegen in der Gegenüberstellung von weiblich und männlich selbst das Problem und geht davon aus, dass binäre Oppositionen immer Denkbegrenzungen erzeugen. Von hier aus wird deshalb propagiert, das Denken der Differenz zu lernen, um Verschiedenheiten nicht als Oppositionen zu vereindeutigen und dadurch in ihrer dynamischen Wechselwirkung stillzustellen.

Insgesamt hat sich das Feld der Frauen- und Geschlechterforschung in den vergangenen zwanzig Jahren sehr stark verbreitert und ausdifferenziert. Auch lässt sich ein deutlicherer Disziplinbezug erkennen: nachdem sich Frauen- und Geschlechterforschung zunächst jahrelang einhellig als explizit „quer" zu den Disziplinen liegendes Forschungsfeld verstanden hatte, wird dieses Selbstverständnis mittlerweile kritisch reflektiert (vgl. Kahlert 2005). So liegen derzeit von der Literaturwissenschaft bis zur Erziehungs- oder Politikwissenschaft viele Einführungen vor, die die Geschlechterdimensionen in dem jeweiligen disziplinären Feld diskutieren und die bisher erbrachten Ergebnisse der Forschungsarbeiten aus Geschlechterperspektive resümieren (vgl. z.B. Opitz 2005, Nagl-Docekal 1999, Lindhoff 2003, Rendtorff/Moser 1999, Glaser/Klika/Prengel 2000, Osinski 1998), darüber hinaus auch disziplinär vergleichende Handbücher (vgl. z.B. Heintz/Merz/Schumacher 2004). Die durch die Hinzunahme des Ausdrucks „Geschlechterforschung" angezeigte Verbreiterung der Perspektive führte zu einer stärkeren Beachtung von Kontexten, sie ließ auch Jungen und Männer verstärkt in den Blick kommen und zwang wohl auch die Forscherinnen, so manche vorschnelle oder überkommene Vereinfachung in Bezug auf das Geschlechterverhältnis zu überdenken – nicht zuletzt wurden kollektivierende (auf ‚die' oder ‚alle' Frauen bezogene) Betrachtungsweisen von Seiten z.B. der schwarzen Frauen oder der „queer-studies" differenziert. Auffällig ist momentan die Bevorzugung von Mikrostudien und -analysen, während der Mangel an theoriebildenden Arbeiten zunehmend „zum Problem wird" (Knapp 2004, S. 184). Auf diesem Hintergrund muss man wohl auch die Tatsache verstehen, dass in jüngster Zeit über die disziplinbezogenen Einführungen hinaus eine ganze Reihe von Handbüchern und allgemeinen Einführungen in die Geschlechterforschung vorgelegt wurde, als wollten die Herausgeberinnen den aktuellen status quo gewissermaßen absichernd festhalten – hoffentlich, um dann erneut Luft zu holen zum nächsten Qualitätssprung. Etliche dieser neueren Handbücher haben ebenfalls eine disziplinbezogene Struktur (wie etwa v.Braun/Stephan 2000; Bußmann/Hof 2005) andere sind disziplinübergreifend nach Themenfeldern und Fragestellungen geordnet (so etwa Becker/Kortendieck 2004, v.Braun/Stephan 2005).

V. „sex" und „gender"

„Gender" ist ursprünglich ein Begriff, der das grammatische Geschlecht (Genus) eines Wortes bezeichnet. In den 1960er Jahren wurde er in der Psychologie verwendet, um die mögliche Diskrepanz zwischen Körpergeschlecht und ‚gefühltem' Geschlecht (z.B. bei Transvestiten) oder der Geschlechtsdarstellung (‚gender role') zu beschreiben. Von dort aus hat er seinen Weg in die Geschlechterforschung gefunden und wird heute verwendet, um unabhängig von dem biologischen Geschlecht („sex“) einer Person die qua Geschlechtszugehörigkeit kulturell zugeschriebenen Eigenschaften und konventionell erwarteten Handlungen zu beschreiben. Diese Erwartungen und Zuschreibungen sind folglich nicht unabhängig, aber *Interpretationen* der körperlichen Gegebenheiten und als solche historisch und kulturell geprägt und wandelbar, sie erstrecken sich auf das kulturelle Symbolsystem, auf normative Konzepte (bis hin zu Religion und Wissenschaft), die gesellschaftliche Ordnung mit ihren Machtstrukturen, und sie prägen auch die subjektive Identität der Individuen (vgl. Scott (1986) 1994; Honegger/Arni 2001). Gender ist also eigentlich eine sehr komplexe und unscharfe Kategorie, wird jedoch in den letzten Jahren oft in einer vereinfachenden und vereindeutigenden Weise verwendet. Dadurch werden gesellschaftliche Machtverhältnisse und Strukturaspekte des Geschlechterverhältnisses zunehmend verundeutlicht und das Verhältnis zwischen Kultur und Natur tendenziell vereinfacht. Der Einfluss sozialkonstruktivistischer Ansätze in der Sozialforschung hat teilweise der verkürzenden Auffassung Vorschub geleistet, die Ausgestaltung des „sozialen Geschlechts“ sei weitgehend ins Belieben der Einzelnen gestellt und durch einfache Verhaltensänderungen (in „undoing-gender“-Prozessen) voluntaristisch veränderbar. Damit wird allerdings die strukturelle Wirkung der Geschlechterordnung auf den Einzelnen und das gesellschaftliche Gefüge massiv unterschätzt. Joan Scott, die den Begriff selbst in die Debatte gebracht hatte, spricht sich deshalb mittlerweile dafür aus, die Kategorie „gender“ nicht mehr zu verwenden, sondern stattdessen präziser auf die jeweilige Fragestellung bezogene Formulierungen zu bevorzugen. (Scott 2001, S. 59).

VI. Geschlechterforschungen zu Familie

Die frühen akademisch-pädagogischen Arbeiten, etwa von Herman Nohl, unterscheiden deutlich zwischen dem Vater, der die Forderungen der gesellschaftlichen Außenwelt gegenüber der Familie vertritt und für ihre materielle Sicherheit bürgt, und der Mutter mit ihren innerfamilialen Erziehungsaufgaben und der menschlichen Sorge (vgl. Rendtorff 2000). Diese auf der alten Körper/Seele-Trennung aufruhende Zweiteilung vereindeutigt die Geschlechterpositionen und lässt die familialen Aufgaben vereinfacht und verkürzt erscheinen. Wenn wir beispielsweise die Aufgaben der Familie nicht nach 'mütterlichen' und 'väterlichen' trennen würden, so ergäbe sich ein anderes Tableau – etwa die Unterscheidung zwischen einem *materiellen* und einem *edukativen* Aufgabenfeld, dem Bereich der *Sorge* und der Verantwortung für die *psychische* Entwicklung der Kinder (vgl. Rendtorff 2007). Hier ließe sich nicht so leicht vereindeutigend zwischen mütterlichen und väterlichen Aufgaben trennen. Gleichwohl zeigt die Realität, dass etwa die konventionelle Arbeitsteilung innerhalb der Familien äußerst stabil dem Modell der bürgerlichen Familie folgt und auch die Mithilfe von Mädchen im Haushalt wird offenbar nach wie vor eher und selbstverständlicher von Töchtern erwartet als von Söhnen (vgl. Neuhäuser 1993, S. 228). Zwar hat sich der Umfang der Hausarbeit insgesamt deutlich verringert (Künzler 1999, S. 256) und steigt der Anteil der (teilzeit-)erwerbstätigen unter den Müttern kleiner Kinder weiter an, doch wird der „Preis der Mutterschaft" in Form von Veränderungen von Berufs- und Lebensentwürfen auch heute noch weitgehend den Frauen abverlangt (vgl. Cyprian 1996, S. 83; Herzog/Böni/Guldimann 1997), die auch die wechselnden Erfordernisse familialen Engagements ausbalancieren, während der Beitrag der Männer zur Hausarbeit etwa konstant bleibt (Keddi 2003, S. 194). „Nur in Haushalten mit Kindergartenkindern steigt das relative Risiko, dass der Mann mehr als nur symbolisch zur Hausarbeit beiträgt" (Künzler 1999, S. 257). Dabei wird der Bildungsaspekt der Familienlebens, des gemeinsamen Essens und Plauderns, der Sing- und Fingerspiele und des Vorlesens offenbar gegenüber dem von organisierten Kinderkulturangeboten nach wie vor unterschätzt. Auch die frühen feministischen Forschungen zur Hausarbeit hatten, weil sie auf den Aspekt der Gerechtigkeit konzentriert waren, den kulturschöpfenden Aspekt von Hausarbeit und Familie gegenüber dem Aspekt der Arbeit unterschätzt.

VII. Desiderata und Ausblick

Geschlechterforschung hat, wie gesehen, immer mit dem gesellschaftlichen Ganzen zu tun, sie muss den globalen Blick auf Ökonomie und Politik mit dem differenzierten Blick auf Individuen und soziale Beziehungen verbinden (das macht auch das Strukturproblem spezieller „Gender-Studies"-Studiengänge aus). Die Wirkungsweise der Geschlechterverhältnisse muss also auf mehreren Ebenen untersucht werden: auf einer soziologisch-politischen Ebene wird gefragt, wie Geschlecht die Gesellschaft strukturiert und umgekehrt, wie die gesellschaftlichen Gegebenheiten die Wahrnehmung von weiblich und männlich und deren Verhältnis beeinflusst. Auf einer eher philosophischen (oder auch psychologischen) Ebene muss gefragt werden: was ‚ist' eigentlich Geschlecht und was bedeutet es für den Menschen? Und auf einer dritten, wissenschaftskritischen Ebene wird gefragt, was die Geschlechterforschung bewirken kann: was kann sie zum Wissen über Gesellschaft und Politik, über soziale Beziehungen und individuelle Befindlichkeiten beitragen? Und (wie) kann sie damit die Strukturen dieses Wissens verändern?

Konkret bedeutet das, dass sich Geschlechterforschung auch künftig mit mindestens drei zentralen Fragen zugleich befassen muss, die nach wie vor nicht durchgearbeitet sind. Ein erster Bereich von Fragen muss sich stets auf die Analyse der Begründungen konzentrieren, die jeweils für die geschlechtstypischen Zuschreibungen, Verantwortlichkeiten und vermuteten Eignungen von Mädchen und Jungen herangezogen werden, sowie die jeweiligen Mittel und Wege untersuchen, wie die unterschiedlichen Positionierungen von weiblich und männlich durchgesetzt werden. Der Geltungsbereich dieser Frage reicht von der Untersuchung von Sozialisationsprozessen über gesellschaftliche Machtverteilungen bis zur Wissenschaftskritik.

Ein zweiter, theoriebildender Fragekomplex zielt darauf, zu verstehen, woher die Geschlechterdynamik ihre Brisanz und dauerhafte Wirkung bezieht – und warum sie sich in so vielen Bereichen nach wie vor als Ungleichgewicht manifestiert: Ist dies ein Effekt gesellschaftlicher Machtverhältnisse (wie der ungleichen Verfügung über Definitionsmacht, Geld und andere Ressourcen)? oder ist es Ausdruck eines Schließungs- und Ausgrenzungsmechanismus, der sich gegen bestimmte, erst nachträglich mit Weiblichkeit verknüpfte Aspekte richtet (vgl. Irigaray 1979)? oder führt die Andersheit der biologischen geschlechtlichen Körper unausweichlich zu gesellschaftlichen (und symbolischen) Ordnungen, die die Positionen von Frauen und Männern ungleich gestalten? und wie könnte dann eine solche Ungleichheit unhierarchisch geordnet werden?

Als dritte Aufgabe muss jede/r Geschlechterforscher/in sich Rechenschaft über die eigene Forschungsperspektive ablegen. Wer etwa Parteilichkeit als eigene Ausgangsposition bestimmt, wird zu anderen Forschungsfragen, -designs und Theorieansätzen finden als jemand, der sich für die Wirksamkeit von Strategien der Dethematisierung interessiert. Und ein/e Forscher/in, die von der Annahme der Neutralität von Wissenschaft ausgeht, muss sich mit den Einsichten in deren Kontextabhängigkeit und partielle Blindheit konfrontieren. So kann Geschlechterforschung auch hier wichtige wissenschaftskritische Beiträge erbringen. Es ist nicht zu erwarten und auch nicht notwendig, dass die Geschlechterforschung zu einer einheitlichen Linie findet, aber gerade deshalb ist es hier besonders wichtig, Begriffe, Theorieansätze und eigene Vorannahmen sorgfältig zu prüfen und offenzulegen. Das Verbindende aller unterschiedlichen Ansätze aber sollte der Anspruch sein, die Wirkungsweise der Geschlechterverhältnisse besser zu verstehen, um letztlich dazu beizutragen, deren beeinträchtigenden Wirkungen auf Frauen und Männer, Jungen und Mädchen zu mildern.

In Bezug auf Familie ergibt sich die spannende Herausforderung an die Geschlechterforschung aus der aktuellen Tendenz, dass sich Partnerschaftskonzept, Hausarbeit und Erziehungsbereich offenbar tendenziell von einander entkoppeln. Partnerschaftskonzepte werden liberaler (in enger Abhängigkeit vom Bildungsstand), im Erziehungsbereich steigt die Beteiligung der Väter an, doch im Bereich der Hausarbeit regiert persistent und scheinbar unbeirrbar die Arbeitsteilung der bürgerlichen Familie. Da hier eine Schieflage entsteht, die Spannungen und (neue) Ungerechtigkeiten bringen wird (Herzog/Böni/Guldimann. 1997, S. 70), ist es unabdingbar, die dahinter wirksamen Mechanismen endlich besser zu verstehen.

Literatur

Allmendinger, J. (2005): Fördern und fordern: Was bringen Gleichstellungsmaßnahmen in Forschungseinrichtungen? In: Spelerberg, A. (Hrsg.): Die Hälfte des Hörsaals. Frauen in Hochschule, Wissenschaft und Technik. Berlin, S. 51–73.

Aristoteles (1981): Politik (um 340 v.Chr.). Hamburg.

BauSteineMänner (Hrsg.) (1996): Kritische Männerforschung. Neue Ansätze in der Geschlechtertheorie, Berlin.

Becker, R./Kortendieck, B. (Hrsg.) (2004): Handbuch Frauen- und Geschlechterforschung. Wiesbaden.

Bock, G. (1983): Historische Frauenforschung: Fragestellungen und Perspektiven. In: Hausen, K. (Hrsg.): Frauen suchen ihre Geschichte. München, S. 22–60.

Braun, C. v./Stephan, I. (2005): Gender@Wissen. In: Dies. (Hrsg.): Gender@Wissen. Ein Handbuch der Gender-Theorien. Köln, S. 7–45.

Braun, C. v./Stephan, I. (Hrsg.) (2000): Gender-Studien. Eine Einführung. Stuttgart.

Bußmann, H./Hof, R. (Hrsg.) (2005): Genus. Geschlechterforschung/Gender Studies in den Kultur- und Sozialwissenschaften. Stuttgart.
Cyprian, G. (1996): Veränderung der Rollenbilder von Mann und Frau im Kontext von Partnerschaft, Ehe und Familie. In: Vaskovics, L./Lipinski, H. (Hrsg.): Familiale Lebenswelten und Bildungsarbeit. Opladen.
Duden, B. (1987): Der Frauenleib als öffentlicher Ort. Stuttgart.
Eckart, C./Jaerisch, U./Kramer, H. (1979): Frauenarbeit in Familie und Fabrik. Frankfurt a.M.
Fischer-Homberger, E. (1984): Krankheit Frau. Darmstadt.
Frauen als bezahlte und unbezahlte Arbeitskräfte (1978): Dokumentation der Sommeruniversität für Frauen 1977. Berlin.
Frederiksen, E. (Hrsg.) (1981): Die Frauenfrage in Deutschland 1865–1915. Texte und Dokumente. Stuttgart.
Garhammer, M. (1996): Auf dem Weg zu egalitären Geschlechterrollen? Familiale Arbeitsteilung im Wandel. In: Buba, H. P./Schneider, N. (Hg.): Familie. Opladen.
Gerhard, U. (1990): Unerhört. die Geschichte der deutschen Frauenbewegung. Reinbek.
Glaser, E./Klika, D./Prengel, A. (Hrsg.) (2004): Handbuch Gender und Erziehungswissenschaft. Bad Heilbrunn.
Heintz, B./Merz, M./Schumacher, C. (Hrsg.) (2004): Wissenschaft, die Grenzen schafft. Geschlechterkonstellationen im disziplinären Vergleich. Bielefeld.
Hering, S. (2004): „Frühe“ Frauenforschung: Die Anfänge der Untersuchungen von Frauen über Frauen. In: Becker, R./Kortendieck, B. (Hrsg.): Handbuch Frauen- und Geschlechterforschung. Wiesbaden, S. 285–294.
Herzog, W./Böni, E./Guldimann, J. (1997): Partnerschaft und Elternschaft. Die Modernisierung der Familie. Bern.
Honegger, C./Arni, C. (Hrsg.) (2001): Gender – die Tücken einer Kategorie. Zürich.
Irigaray, L. (1979): Das Geschlecht, das nicht eins ist. Berlin.
Irigaray, L. (1990): Über die Notwendigkeit geschlechtsdifferenzierter Rechte. In: Gerhard, U./Jansen, M./Maihofer, A./Schmid, P./Schutz, I. (Hrsg.): Differenz und Gleichheit. Menschenrechte haben (k)ein Geschlecht. Frankfurt a.M., S. 338–351.
Kahlert, H. (2005): Wissenschaftsentwicklung durch Inter- und Transdisziplinarität: Positionen der Frauen- und Geschlechterforschung. In: Kahlert, H./Thiessen, B./Weller, I. (Hrsg.): Quer denken – Strukturen verändern. Gender Studies zwischen Disziplinen. Wiesbaden, S. 23–60.
Kaufmann, C. (1999): Mit Leib und Seele. Theorie der Haushaltstätigkeit. Konstanz.
Klinger, C. (2005): Feministische Theorie zwischen Lektüre und Kritik des philosophischen Kanons. In: Bußmann, H./Hof, R. (Hrsg.): Genus. Geschlechterforschung/Gender Studies in den Kultur- und Sozialwissenschaften. Stuttgart, S. 328–364.
Knapp, G.-A. (2004): Kritische Theorie: Ein selbstreflexives Denken in Vermittlung. In: Becker, R./Kortendieck, B. (Hrsg.): Handbuch Frauen- und Geschlechterforschung. Wiesbaden, S. 177–187.
Keddi, B. (2003): Projekt Liebe. Lebensthemen und biographisches Handeln junger Frauen in Paarbeziehungen. Opladen.
Kontos, S./Walser, K. (1979): Weil nur zählt, was Geld einbringt. Probleme der Hausfrauenarbeit. Gelnhausen.
Kraul, M. (2004): Klassikerinnen. In: Glaser, E./Klika, D./Prengel, A. (Hrsg.): Handbuch Gender und Erziehungswissenschaft. Bad Heilbrunn, S. 337–347.
Krause, E. (2003): Einführung in die politikwissenschaftliche Geschlechterforschung. Opladen.
Künzler, J. (1999): Arbeitsteilung in Ehe und Nichtehelichen Lebensgemeinschaft, In: Thomas Klein/Wolfgang Lauterbach (Hrsg.): Nichteheliche Lebensgemeinschaften. Opladen.

Laqueur, T. (1992): Auf den Leib geschrieben. Die Inszenierung der Geschlechter von der Antike bis Freud. Frankfurt a.M.
Lindhoff, L. (2003): Einführung in die feministische Literaturtheorie. 2. Aufl., Stuttgart.
Müller, C. (2004): Parteilichkeit und Betroffenheit. Frauenforschung als politische Praxis. In: Becker, R./Kortendieck, B. (Hrsg.): Handbuch Frauen- und Geschlechterforschung. Wiesbaden, S. 294–297.
Nagl-Docekal, H. (1999): Feministische Philosophie. Frankfurt a.M.
Noddings, N. (1993): Warum sollen wir uns ums Sorgen sorgen? In: Nagl-Docekal, H./Pauer-Studer, H. (Hg.): Jenseits der Geschlechtermoral, Beiträge zur feministischen Ethik. Frankfurt a.M.
Opitz, C. (2005): Um-Ordnungen der Geschlechter. Eine Einführung in die Geschlechtergeschichte. Tübingen.
Osinski, J. (1998): Einführung in die feministische Literaturwissenschaft. Berlin.
Pasero, U. (1995): Dethematisierung von Geschlecht. In: Dies. (Hrsg.): Konstruktion von Geschlecht. Pfaffenweiler, S. 50-66.
Rendtorff, B. (2007): Geschlechteraspekte im Kontext von Familie. In: Ecarius, J. (Hg.): Handbuch Familie. Wiesbaden.
Rendtorff, B. (2000): Pädagogischer Bezug und Geschlechterverhältnis. In: Pädagogische Rundschau 6/2000.
Rendtorff, B./Moser, V. (Hrsg.) (1999): Geschlecht und Geschlechterverhältnisse in der Erziehungswissenschaft. Opladen.
Schiebinger, L. (1995): Am Busen der Natur. Erkenntnis und Geschlecht in den Anfängen der Wissenschaft. Stuttgart.
Schultz, B. (1989): Frauen im pädagogischen Diskurs: eine interdisziplinäre Bibliographie. Frankfurt a.M.
Schwinn, T. (2004): Institutionelle Differenzierung und soziale Ungleichheit. In: Ders. (Hrsg.): Differenzierung und soziale Ungleichheit. Frankfurt a.M., S. 9–64.
Scott, J. W. (1986) (1994): Gender: Eine nützliche Kategorie der historischen Analyse. In: Kaiser, N. (1994): Selbst bewusst. Frauen in den USA. Leipzig, S. 27–75.
Scott, J. W. (2001): Die Zukunft von gender. Phantasien zur Jahrtausendwende. In: Honegger, C./Arni, C. (Hrsg.): Gender – die Tücken einer Kategorie. Zürich, S. 39–63.
Thürmer-Rohr, C. (1989): Mittäterschaft und Entdeckungslust. Berlin.

Teil II

Bausteine einer erziehungswissenschaftlichen Theorie von Familie

Hildegard Macha/Monika Witzke

Einführung

Bislang liegt noch keine erziehungswissenschaftliche Theorie von Familie vor. Lediglich wichtige Themen und Elemente von Familie können in der Forschung identifiziert werden. Der für den Teilband 1 zentrale Teil II „Bausteine einer erziehungswissenschaftlichen Theorie der Familie" ist so konzipiert, dass er einerseits den Forschungsstand der Einzelthemen abbildet, andererseits aber auch in der Auswahl der Themen konzeptionell wichtige Schwerpunkte einer Theorie setzt, die sich als grundlegend für die Forschung zu Familien herausstellen. Diese Bausteine sollen im Folgenden kurz angedeutet werden:

Es sind dies die historische Dimension, die sozialen Dimensionen der Pluralität der Lebensformen, die Forschung zur Transmission von kulturellem Kapital in der Generationenfolge, die Forschung zur Interaktion in Familien und die Forschung zu Geschlechterrollen sowie abschließend die pädagogische Generationenthematik. Die pädagogische Ökologie setzt dann einen spezifischen Schwerpunkt innerhalb der Familienforschung, der zu der Thematisierung von familialen Umwelten wie der Schule, der spezifischen Problematik der Welt der Kinder und Jugendlichen heute bis hin zur Work-Life-Balance, nämlich der Verbindung von Arbeitsmarkt und Familienpolitik, hinführt. Als letztes wird das Thema der Kinderlosigkeit der Gesellschaft aufgegriffen, weil Familie davon nachhaltig in ihrer gesellschaftlichen Bedeutung bedroht ist.

Eva Matthes gibt im ersten Beitrag des Teil II „Die historische Dimension der Familie: Geschichte der Familie als Erziehungsinstitution" einen Einblick in die geschichtliche Entwicklung von Erziehung in Familien und ihrem Bedeutungswandel im gesellschaftlichen Kontext. Die Autorin blickt dabei kritisch auf die These einer Fortschrittsgeschichte. Sie stellt Ergebnisse der historischen Familienforschung zu den familialen Erziehungszielen und –praktiken der verschiedenen Schichten durch die Jahrhunderte hindurch vor. Insbesondere wird so die historische Entstehung unserer heutigen Familienformen und -Leitbilder verständlich, die sich letztlich noch aus dem bürgerlichen Familiemodell ableiten, ohne die vorhergehenden Pluralitäten zu reflektieren, die Familie seit je gekennzeichnet haben.

Im zweiten Aufsatz informiert *Werner Schneider* über „Familie heute – Pluralität der Lebensformen". Ausgehend von begrifflich-konzeptionellen Überlegungen werden empirische Befunde zum Strukturwandel von Familie mit einem Blick auf die symbolische Ordnung und die gelebte Beziehungspraxis von Familien vorgestellt. Abschließend werden die Befunde theoretisch reflektiert. „Familie als Bildungsinstanz" beschreibt *Peter Büchner* in seinem Beitrag. Er resümiert den Forschungsstand zur Transmission von kulturellem Kapital in Familien und reformuliert die Ergebnisse hinsichtlich eines familialen Bildungskonzepts in der Tradition der Aufklärung. Bildung wird als relationales Konstrukt definiert, das auf Anerkennung zielt. Andererseits ist Bildung auch ein „multilokales Prozessgeschehen", das am Bildungsort Familie informell abläuft und Unterschiede zwischen Schichten hervorbringt. Der Zusammenhang von Generation mit Lernen und Bildung wird im

Anschluss von *Heidrun Herzberg* unter dem Titel „Ein Blick auf Generationen: Lern- und Bildungsprozesse in Familien“ anhand einer Studie im Werftarbeitermilieu entfaltet und empirisch überprüft. Es wird ein theoretisches Konzept von Bildungsbiographien vorgestellt. *Matthias Grundmann und Dieter Hoffmeister* betrachten „Familie als Interaktionssystem“ aus einer Innensicht heraus. Sie skizzieren intergenerationale und innerfamiliäre Wechselwirkungen. Funktionierende Familienbeziehungen werden als Grundlage einer Gesellschaft bezeichnet. In familiären Interaktionen soll ein angemessener Umgang mit Widersprüchlichkeiten und gegenseitiger Rücksichtnahme und Solidarität im Rahmen multiperspektivischer Erfahrungen möglich werden. Ein Aspekt innerfamiliärer Interaktionen sind auch die Geschlechterrollen. Diese betrachtet *Bärbel Schön* in ihrem Aufsatz „Geschlechterrollen: Mutter – Vater, Sohn – Tochter“, indem sie zunächst an die Debatte über geschlechtsspezifische Arbeitsteilung und Geschlechterhierarchie erinnert, um dann die Theorien zur Entstehung von geschlechtstypischer Identität mit Bezug auf Elternschaft und die Care-Thematik der Generationen auszuführen. *Rolf Huschke-Rhein und Hildegard Macha* stellen in dem Beitrag „Familie und ihre Umwelt – eine systemisch-konstruktivistische Betrachtung“ die Relevanz der systemisch-konstruktivistischen Theorie für die Familienpädagogik dar. Begriffe und Thesen des ökologischen Ansatzes werden für die Familie fruchtbar gemacht. Die internen Systembeziehungen der Familie werden dabei ebenso wie ihre privaten, bildungsbezogenen und beruflichen Umwelten auf neue Weise definiert. Die Wechselwirkungen in dem internen System Familie einerseits und andererseits zwischen der Familie und den externen Umwelten sowie die Erhöhung des Grades der Selbstorganisation und Steuerung werden als Elemente des Ansatzes diskutiert. Zur pädagogischen Umwelt von Familie gehört unter anderem auch die Institution Schule. *Claudia Solzbacher* thematisiert die „Zusammenarbeit von Elternhaus und Schule“, indem die Möglichkeiten von Kooperationen begrifflich und strukturell als Notwendigkeit und Desiderat dargestellt werden, die Eltern Partizipation einräumen. Historische und rechtliche Hintergründe des Verhältnisses von Familie und Schule und konkrete Formen in den Übergansphasen der Schulformen ebenso wie Spannungsfelder werden erörtert. Einen Perspektivwechsel auf die Jugendphase nimmt der Beitrag von *Imbke Behnken, Sabine Maschke, Ludwig Stecher und Jürgen Zinnecker* „´Pragmatische Ordnungssucher und effiziente Gelegenheitsjäger` - die erste Jugend-Generation des 21. Jahrhunderts“ vor. Die Autoren berichten über zwei empirische Studien im Übergang von Kindheit zu Jugend mit Blick auf ihre aktuelle und zukünftige Ökologie. Der Bedeutungswandel von familialen und politischen Orientierungen in der Beziehung zu den Eltern als Vorbildern werden dabei ebenso deutlich wie eine veränderte Sicht der Kinder und Jugendlichen auf Bildung: Es bestehen hohe Bildungsambitionen, aber es fehlt eine Lernkultur und die Bereitschaft zu Investitionen ins Lernen. *Wolfgang Walter und Jan Künzler* arbeiten in ihrem Artikel „Familie und Arbeitsmarkt, Familienpolitik und Work-Life-Balance“ heraus, dass die Familie in all diesen ökologischen Feldern in Wechselwirkung mit der Gesellschaft steht. Das Ernährermodell ist zwar noch leitend für die Gesellschaft, aber es ist nicht mehr adäquat für die sich stellenden Probleme der Vereinbarkeit, wie zum Beispiel die Frauenerwerbstätigkeit und die Erosion des „Normalarbeitsverhältnisses“. Familienpolitik muss deshalb neue Wege gehen. Das ungelöste gesellschaftliche Problem der Work-Life-Balance kann sich in einem Verzicht auf Kinder ausdrückten. Der Beitrag von *Cornelia Helfferich* zur „Kinderlosigkeit“ greift das Thema auf, weil Familie davon nachhaltig in ihrer gesellschaftlichen Bedeutung bedroht ist. Daten und Zahlen stützen die Aussagen zu den Gründen für Kinderlosigkeit bei Frauen und Männern. Auch die Folgen für Kinder und kinderlose Eltern allgemein werden bedacht.

Dieses Kapitel thematisiert die Fülle der aktuellen Diskurse über den anhaltenden Wandlungsprozess der Familien und die politischen Maßnahmen zur Unterstützung der Familien bei der Bildungsaufgabe. Familien erscheinen als „in die Mitte der Gesellschaft“ gerückte zentrale Institution, die nunmehr noch stärker auf die Erziehungsleistung von Institutionen zählt und sich dadurch einerseits erweitert, sich andererseits besser auf ihre genuinen Aufgaben der Erziehung, Bildung und die Orientierung für Kinder konzentrieren kann.

Eva Matthes

Kapitel 1: Die historische Dimension der Familie: Geschichte der Familie als Erziehungsinstitution[1]

I. Klärung der Begriffe Familie und Erziehungsinstitution

Der Begriff „Familie“ geht auf das seit der römischen Besetzung in Zentral- und Westeuropa verbreitete lateinische Wort *familia* zurück. Damit war die auf patriarchalischer Ordnung beruhende Lebensgemeinschaft bezeichnet, die neben Eltern, Kindern und Verwandten auch die sonstigen Hausgenossen umfasste. Im Deutschen hat sich das Wort Familie erst um die Wende vom 17. zum 18. Jahrhundert eingebürgert. Zunächst waren damit aber keineswegs neue Bedeutungsinhalte verbunden. „Familie“ trat als einfaches Synonym neben den älteren Begriff des „Hauses“. Beides – „Familie“ wie „Haus“ – meinte die Gesamtheit der unter dem Regiment des Hausvaters stehenden Personen. Beides konnte im 18. Jahrhundert mehrere Sachverhalte bezeichnen: Eltern und Kinder, Stiefeltern und Stiefkinder, die weitere Verwandtschaft, das Gesinde und sonstige Angehörige der Hausgemeinschaft, je nachdem, auf welche ständische Lebensform sich die Begriffe bezogen. Sie konnten „den adligen Grundbesitz meinen, zu dem im Extremfall die Gesamtzahl der abhängigen Bauern gehörte“; sie konnten „die bäuerliche Familie meinen, vielleicht mit einem verwitweten Hofbesitzer, der zum zweiten Mal verheiratet war und aus beiden Ehen Kinder hatte: eine ‚Fortsetzungsfamilie’ gewissermaßen, zu der aber auch das Altenteil gehören konnte, sowie Geschwister des Hofbesitzers und weitere Personen, die als Knechte und Mägde auf dem Hof beschäftigt waren. Gelegentlich meinte der Begriff auch schon die Kernfamilie, bestehend aus Eltern und Kindern“ (Wirsching 2003, S. 47). Wurde in der ersten Auflage von *Meyers Conversations-Lexicon* von 1847 noch festgehalten, dass sich „Familie“ entweder auf die gesamte Hausgenossenschaft oder nur auf die verwandtschaftlichen Verhältnisse beziehen könne (vgl. Das große Conversations-Lexicon, Bd. 9, S. 806), so wird in *Meyers Enzyklopädischem Lexikon* aus dem Jahre 1980 betont, dass sich der moderne Familienbegriff auf die verwandtschaftlich verbundenen Menschen beschränke. „Er meint heute eine soziale Gruppe, die mindestens aus Mann und Frau mit ihren unverheirateten und unmündigen Kindern besteht *(Kern-F.),* den Lebensunterhalt miteinander teilt und getrennt von der übrigen Verwandtschaft zusammenwohnt“ (Bd. 8, S. 493).

Der Begriff der „unmündigen Kinder“ weist auf die Familie als „Erziehungsinstitution“ hin. Die Familie soll im folgenden Text also als eine gesellschaftliche Einrichtung verstanden und betrachtet werden, in der absichtsvoll von der älteren an die jüngere Generation Kenntnisse, Fertigkeiten und – nicht zuletzt – Orientierungen, Einstellungen und Haltungen weitergegeben werden, mit dem Ziel, den Familienmitgliedern der nachwachsenden Generation zur kulturellen und gesellschaftlichen Mündigkeit zu verhelfen. Dass in unserer hochkomplexen Gesellschaft für die erfolgreiche Bewältigung dieser Aufgabe der Familie die Schule als Erziehungsinstitution zur Seite treten muss, soll hier nur kurz erwähnt werden. Der Familie kommt jedoch in der Erziehung eine Schlüsselstellung zu.

Um der Pluralität familialer Lebensformen gerecht zu werden und ihren Erziehungsauftrag zu unterstreichen, schlägt Hildegard Macha folgende weite Definition von Familie vor: „Wann immer sich Erwachsene Kindern annehmen und sie dauerhaft erziehen und diese Verantwortung staatlich anerkannt ist, bilden sie eine Familie“ (Macha 1997, S. 19; im Orig. kursiv).

Erziehung stand allerdings nicht immer im Mittelpunkt des Interesses der Familie; diese Fokussierung ergab sich im Kontext von Aufklärung und der Intimisierung von familialen Beziehungen im Zuge eines gesellschaftlichen Funktionswandels von Familie.

II. Aufwachsen im „ganzen Haus“

Bis in das 19. Jahrhundert hinein war das „ganze Haus“ die vorherrschende Lebensform. Das „ganze Haus“ war Wirtschafts- und Sozialeinheit, exemplarisch verkörpert im Bauernhof, Gutshof und Hof des städtischen Handwerkers. Im „ganzen Haus“ waren Arbeit und Wohnen unter einem Dach vereint. Der „Hausvater“ übte die rechtliche, wirtschaftliche und erzieherische Gewalt über den gesamten Hausstand aus und trug die Verantwortung für dessen Mitglieder.

Die überwiegende Mehrheit der Bevölkerung Deutschlands lebte bis zur Mitte des 19. Jahrhunderts auf dem Lande; die meisten Kinder wuchsen also auf Bauernhöfen auf. Ihre Eltern hatten wenig Zeit und Muße, sich ausdrücklich ihren Kindern zuzuwenden; sie waren mit der Sicherung der Existenz der Familie vollständig ausgefüllt. Das Aufziehen der Kinder erfolgte nebenbei. So früh wie möglich wurden die Kinder mit zur Arbeit herangezogen; es gab für sie im „ganzen Haus“ keine pädagogischen Schonräume; sie erlebten die Welt der Erwachsenen ungeschützt und ungefiltert. Die von den Kindern für die Teilnahme am Produktionsprozess benötigten Fertigkeiten, Einstellungen und Verhaltensweisen wurden durch Nachahmen und Mittun angeeignet. Die vorherrschenden geschlechterspezifischen Arbeitsteilungen wurden übernommen. Von einer auf bewussten Grundsätzen beruhenden Erziehung konnte in der Regel keine Rede sein. Kindern wurde die Rolle von kleinen Erwachsenen zugeschrieben (vgl. v.a. Schlumbohm 1983, S. 62 ff.).

Letzteres galt auch für die Kinder der adligen Grund- und Gutsbesitzer. Früh verlieh man diesen Kindern in Kleidung und Frisur die äußeren Attribute des Erwachsenen-Status. Sie sollten sich früh ihrer herrschaftlichen Position bewusst werden und sich „standesgemäß“ zu benehmen lernen. Das Verhältnis zu den Eltern war von Distanz geprägt; diese wurden gesiezt. Die Kinder wurden durch den strikten Gehorsam gegenüber dem Vater als dem Herrn des adligen Hauses angeleitet, sich in die Ordnung der Familie und des Standes einzufügen und den Platz auszufüllen, der ihnen in diesem Rahmen zugewiesen war. Die überpersönliche und überzeitliche Dauer und Geltung der Familie wurde schon dem Kind durch Erzählungen von den Taten der Vorfahren zu Ohren gebracht und durch die Galerie der Ahnenbilder veranschaulicht. Vieles wurde auch bei den Kindern des Adels durch bloßes Miterleben und Mitmachen gelernt. Allerdings spielte Erziehung – als intentionales, planmäßiges Handeln – zumindest in den einflussreichen, wohlhabenderen Adelsfamilien eine deutlich größere Rolle als in den Bauernfamilien. Die Söhne erhielten eine akademische und eine „Kavaliers"erziehung (Reiten; Tanzen; Fechten; Stimmbildung, Körperbeherrschung); hierfür wurden „Hofmeister" als zusätzliche Familienmitglieder auf Zeit eingestellt. Die adligen Töchter wurden von „Gouvernanten" zu damenhaften Verhalten erzogen; die Anforderungen an ihren akademischen Unterricht traten dagegen sehr zurück. Der historisch-politische Teil des Bildungskanons wurde für sie weitgehend beschnitten, der schöngeistige und der religiös-moralische dagegen erheblich ausgebaut. Für beide Geschlechter war Erziehung nicht auf die Entfaltung von Individualität, sondern auf die Einführung in die adlige herrschaftliche Lebensweise ausgerichtet (vgl. Schlumbohm 1983, S. 160 ff.; Gestrich 2003, S. 585 ff.).

Bis in das 19. Jahrhundert hinein stellten die Handwerker in den meisten Städten der Zahl nach die stärkste soziale Gruppe. Die Mehrzahl der Handwerker hatte – angrenzend an die Wohnung – eine Werkstatt. Sie arbeiteten entweder allein oder hatten ein bis zwei Gesellen oder Lehrlinge, und ihr Verdienst reichte nur, um den Lebensunterhalt der Familie zu decken. Nicht anders als bei den Bauernfamilien war auch die Mehrheit der Handwerksfamilien so weitgehend von der Arbeit für den täglichen Lebensunterhalt absorbiert, dass die Eltern wenig Zeit und Ruhe hatten, sich den Kindern besonders zuzuwenden. Das Aufwachsen der Kinder erfolgte auch hier „nebenbei". Der Vater war der Herr des Haushalts, dem strenger Gehorsam geschuldet war. Er vertrat die Prinzipien seiner Zunft. Die Kinder waren zwar von dem Bereich der eigentlichen handwerklichen Aufgaben ausgeschlossen, mussten jedoch andere Dienste zum Familienerhalt leisten, zum Beispiel Handlangerdienste, Botengänge oder die Betreuung jüngerer Geschwister. Die Kinder und jungen Menschen wuchsen in einem häuslichen Milieu auf, das gleichsam zur Straße hin offen und weder privat noch intim war. Die Eltern schickten schon die ganz Kleinen hinaus, denn so konnten sie ungestört arbeiten. Das höhere Bürgertum achtete auf eine strenge Absonderung ihrer Kinder von den unkontrollierten „Straßenkindern"; der Begriff wurde gegen Ende des 18. Jahrhunderts zum Schimpfwort (vgl. v. a. Schlumbohm 1983, S. 213 ff.).

Im höheren Bürgertum (Kaufleute und höhere Beamte) nahm die Fokussierung der Familie als *Erziehungs*institution ihren Ausgang. Wichtige sozialgeschichtliche Hintergründe hierfür waren, dass in diesen Familien das Haus zunehmend nicht mehr der Ort der wirtschaftlichen Aktivität war, der Mann für den – das Familieneinkommen sichernden – außerhäuslichen Erwerb zuständig war und Frau und Kinder somit von der Erwerbsarbeit freigestellt waren. Die Bestimmung der Frau wurde in der Führung des – nunmehr auf Konsum reduzierten – Haushalts und vor allem in der Erziehung der Kinder gesehen. Die Erziehungsvorstellungen korrespondierten mit einem bestimmten Verständnis von Bürgerlichkeit, das sich wiederum in Wechselwirkung mit dem Denken der Aufklärung befand. Die polaren Hauptpfeiler dieser Vorstellungen hießen Individualität und Leistung.

III. Die Bedeutung der Aufklärung für die Konstituierung der Familie als Erziehungsinstitution

Das Menschenbild der Aufklärung, jener europäischen Geistesbewegung, die in der zweiten Hälfte des 17. Jahrhunderts einsetzte und im 18. Jahrhundert ihren Höhepunkt erreichte, zeigt den Menschen als vernunftbegabtes Wesen, das durch zunächst Fremd-, dann Selbsterziehung seine Individualität entfalten und einen seinen Kräften sowie seiner Anstrengungsbereitschaft entsprechenden Platz in der Gesellschaft einnehmen könne. Dem korrespondiert – ein in Abgrenzung zum Adel entwickeltes – Verständnis von Bürgerlichkeit: nicht der Stand, nicht die Herkunft dürfe die individuelle und die gesellschaftliche Position bestimmen, sondern die eigene Leistung. Hierdurch entstand das Ideal einer neuen Gesellschaft: „Diese sollte als ‚bürgerliche Öffentlichkeit' in ihren Verkehrs- und Lebensformen gegründet sein, auf individuelle Leistung und patriotische Mitverantwortung für das Gemeinwesen sowie auf Bildung und Kompetenz als neuer Legitimation von gesellschaftlichem Einfluß" (Herrmann 2005, S. 99). Der Erziehung wurde in diesem Kontext eine Schlüsselstellung zugesprochen. Jene konnte nach Auffassung der Aufklärungspädagogen allerdings nur dann gelingen, wenn – wie es Rousseau formuliert hatte – akzeptiert würde, dass Kinder ihre „eigene Art zu sehen, zu denken, zu empfinden" haben (vgl. 1978, S. 590). Daraus resultierte die Tendenz zur Trennung der Kinder- von der Erwachsenenwelt, zur Schaffung von pädagogischen Schonräumen, die allerdings mittelfristig durchaus das Ziel haben sollten, Kinder zu Menschen *und* zu brauchbaren, tüchtigen Bürgern zu erziehen. Erziehung wurde in den bürgerlichen Familien zum Programm. Abhandlungen über Kinder und ihre Erziehung fanden seit der Mitte des 18. Jahrhunderts in diesen Kreisen viele Leser. Die „Moralischen Wochenschriften" – selbst ein Ausdruck für die Institutionalisierung der bürgerlichen Öffentlichkeit – leisteten dabei einen wichtigen Beitrag in der Diskussion über Säuglings- und Kinderpflege, über Erziehungsziele und Erziehungspraktiken sowie über die Neubestimmung der Rolle von Eltern und Lehrern.

Die neue Auffassung der Kindheit als Lebensphase mit eigenem Wert, die die Grundlage für eine positive, „vernunftgemäße" Entwicklung der Individuen legen sollte, führte zur Entstehung einer spezifischen, vom aufklärerischen Impetus geprägten Kinderliteratur, einer Kindermode sowie zur Einrichtung von – mit Spielzeug versehenen – Kinderzimmern in den wohlhabenden bürgerlichen Familien. Jene zeigen sehr deutlich die Ambivalenz der Aufklärung: auf der einen Seite bekommen Kinder ihr eigenes Reich, damit auch Möglichkeiten, sich zurückzuziehen und eigenen Interessen nachzugehen, auf der anderen Seite sind die Kinderzimmer doch von Erwachsenen gestaltete und kontrollierte Räume; es findet eine „Verhäuslichung" von Kindheit statt; die bürgerliche Kindheit wird scharf von der „Straßenkindheit" abgegrenzt. Der Kontrollcharakter wird besonders deutlich an den Ende des 18. Jahrhunderts in den bürgerlichen Haushalten weit verbreiteten, vor sittlicher Verrohung der Kinder warnenden „Antimasturbationsschriften", die dazu führten, dass die Eltern durch Kontrollgänge, Strafandrohung und Angsterzeugung die sexuellen Bedürfnisse ihrer Kinder zu unterdrücken suchten.

Philippe Ariès interpretiert vor diesem Hintergrund Kindheitsgeschichte als Verfallsgeschichte, infolge der durch die Konstruktion von Kindheit erfolgten Hierarchisierung des Verhältnisses zwischen Erwachsenen und Kindern. Er sieht Repression von Kindern und kritisiert die soziale Ausgliederung von Kindern aus dem Erwachsenenleben (vgl. 1975).

Lloyd de Mause deutet hingegen die Entdeckung der Kindlichkeit des Kindes in der Aufklärung als Beginn einer Fortschrittsgeschichte, in der die Kinder die notwendige Unterstützung durch Erwachsene bekommen (vgl. 1977).

IV. Die Kanonisierung des bürgerlichen Familienmodells im 19. Jahrhundert

Die Trennung der Lebensbereiche „Familie" und „Arbeit" war zunächst charakteristisch für die zunehmende Beamtenschaft seit dem Zeitalter des Absolutismus, für die akademischen Berufe (Gymnasiallehrer, Juristen, Ärzte), insbesondere für die Intellektuellen und die „bürgerliche Intelligenz". In all den Fällen, wo an die Stelle der adligen Gutsherrschaft des „ganzen Hauses" die städtische adlige Beamtenfamilie tritt, glich sich diese der intimisierten „Privat-Familie" an. „Diese neue Familienform wurde zwar durchweg – ihrer geschichtlichen Herkunft aus dem Beamtenstand und Bürgertum des 18. Jahrhunderts zufolge – als ‚bürgerliche Familie" bezeichnet, galt aber offensichtlich auch für andere soziale Gruppen und Schichten neben dem Bürgertum im eigentlichen Sinne" (Herrmann 1987, S. 58), zumindest wurde sie zu ihrem Ideal, zu ihrem Leitbild.

Das auf der Ehe basierende bürgerliche Familienmodell ist durch drei zentrale Elemente definiert: Die „Entlastung von wirtschaftlichen Funktionen" im Zuge der Industrialisierung, die „Emotionalisierung des Privaten" in der Gegenüberstellung zum öffentlichen Raum und die „Polarisierung der Geschlechter" (Wirsching 2003, S. 49). Das Wirken der Frau wird auf den privaten Raum beschränkt; sie hat darin eine dreifache Aufgabe: zum einen soll sie die Familie als Refugium für ihren Ehemann gestalten, in dem dieser Kraft schöpfen kann, um seiner Erwerbstätigkeit im öffentlichen Raum nachzukommen, zum zweiten soll sie den Haushalt führen, zum dritten soll sie sich aufopfernd um die Pflege und Erziehung ihrer Kinder kümmern. Welcher Stellenwert der Mutterschaft zugeschrieben wurde, wird an dem Artikel des *Damen-Conversations-Lexikons*, das in den Jahren 1834 bis 1838 in Leipzig erschien, plastisch: „Die junge Gattin ist Mutter geworden, sie hat ein Anrecht auf die künftige Generation erlangt, sie hat sich durch ein mächtiges Band an sie gekettet. Ein neues Dasein öffnet sich ihr mit neuen Pflichten, neuen Freuden, Schmerzen und Entbehrungen. Aber das gerechte Schicksal flicht in die Leiden der liebenden Mutter duftige Blüten der *Mutterfreude*, die schlaflosen Nächte belohnen sie durch ein einziges Lächeln des Säuglings; in jeder Aufopferung liegt ein Lohn, in jeder Entbehrung eine Seligkeit [...] Sie hat mit einem Male ihren Beruf erfüllt, den Gipfel ihrer erhabenen Bestimmung erreicht [...] Jedes Weib, das ein Kind geboren, wird edler, erhabener, vollkommener und klarer in seiner Seele. Es ist erst als ‚Mutter' *vollendetes* Weib" (S. 162 f.).

Das Modell der bürgerlichen Familie erfuhr im 19. Jahrhundert eine mythische Überhöhung, was sich etwa an folgender Ausführung im *Pädagogischen Handbuch für Schule und Haus* ablesen lässt: Die Familie sei ein „Heiligthum, in welchem alles dazu angethan ist, das Beste, was das Menschenherz in sich trägt, ans Licht zu bringen und zu pflegen; sie ist der rechte, von Gott erbaute Herd, auf dem die Flamme der Liebe brennt; sie ist darum auch die Stätte, wo der sittliche Mensch seine tiefste Befriedigung, sein höchstes Glück findet" (Bd. 1, 1883, S. 434). Die Familie wurde als „Keimzelle" des Staates verstanden. „Wer die Familie zerstört und den häuslichen Herd entweiht, rottet die Regierung aus und reißt die Gesellschaft aus ihrem Fundament, und zwar so, daß keine Hoffnung bleibt, sie wieder aufzurichten" (Duffey 1905, S. 75).

Dem bürgerlichen Familienmodell korrespondierten Rituale und Inszenierungen. Hinzuweisen ist hier vor allem auf das Weihnachtsfest als bürgerliches Familienritual mit einer sehr hohen Ausstrahlungskraft auf die anderen Sozialschichten. Es entwickelte sich zu einem „Kinderbescherfest" unter dem lichtergeschmückten Tannenbaum. Der Heiligabend der bürgerlichen Familie unter dem Weihnachtsbaum wurde zu „einem unvergleichlichen Höhepunkt des Jahres, einer Art von Institution mit geheiligten, kultivierten und tabuierten Verhaltensnormen im freundlichen Dienste der Stabilisierung eines patriarchalischen Familienideals" (Weber-Kellermann 1976, S. 301).

Ende des 19. Jahrhunderts, im Wilhelminischen Kaiserreich, erfolgte eine soziale Umstrukturierung im Bürgertum. Nicht mehr Beamte, Gelehrte und Literaten waren tonangebend, sondern das Wirtschaftsbürgertum, also die Unternehmer, Großkaufleute und Bankiers. Hierdurch veränderte sich die Kultur des bürgerlichen Alltagslebens. „Bürgerlich" stand nicht mehr für „biedermeierlich bescheiden" und „auf innere Werte konzentriert" [...], sondern für den ambitionierten Versuch, aristokratisch-großunternehmerischen Repräsentationsluxus nachzuahmen" (Berg 1991, S. 100 f.). Besitz überlagerte Bildung und ließ sie vielfach zum bloßen Privileg des Besitzbürgertums verkümmern; die richtigen Beziehungen wurden wichtiger als die eigene Leistung. „Vom bürgerlichen Lebensideal der Klassik, der Romantik und des Biedermeier blieb unangefochten nur die Zentrierung des Familienlebens auf das Kind" (Berg 1991, S. 101). Die Geschlechterpolarisierung blieb zwar bestehen, aber sie wurde zunehmend von der bürgerlichen Frauenbewegung in ihrer strikten Begrenzung der Frau auf den privaten Raum problematisiert.

V. Die Erziehungsziele und Erziehungsweisen der bürgerlichen Familien

Als wichtigste Literaturgrundlage für dieses Kapitel dient mir die Untersuchung von Gunilla-Friederike Budde „Auf dem Weg ins Bürgerleben: Kindheit und Erziehung in deutschen und englischen Bürgerfamilien 1840 bis 1914" (1994). Budde hat rund 400 gedruckte und ungedruckte Selbstzeugnisse von Männern und Frauen aus beiden Ländern, also Autobiographien, Tagebücher, Briefe, Familien- und Hauschroniken, auf die darin beschriebenen Erziehungserfahrungen ausgewertet.

Das Kriterium der Auswahl war der bürgerliche Beruf des männlichen Familienoberhauptes. Da Angehörige des Bildungsbürgertums deutlich häufiger zur Feder griffen, sind diese gegenüber dem Wirtschaftsbürgertum überproportional repräsentiert.

Die Analyse ergibt Leistung und Bildung als Kernwerte (vgl. S.112 ff.). Fleiß, Arbeitsamkeit und Gehorsam gegenüber den Pflichten, die Entfaltung individueller Anlagen zur gesellschaftlichen Tüchtigkeit sowie Glaube an die Kraft und den Erfolg individueller Anstrengung waren erklärte Erziehungsziele. Die Leistung des Vaters wurde in der Hochstilisierung des väterlichen Berufs zum Vorbild erklärt. Regelmäßigkeit und Pflichterfüllung wurden zum Richtmaß auch der kindlichen Lebensführung. Der Tagesablauf der Bürgerkinder unterstand bereits in jungen Jahren einer rationalen Planung und methodischen Zeiteinteilung – allerdings in einem Schonraum gegenüber der Verantwortlichkeit der Erwachsenengeneration. Frühes Aufstehen hatte einen hohen Stellenwert,f Müßiggang war verpönt. Kleinen Kindern wurde vorgelesen. Die älteren Kinder wurden über ihre Schulaufgaben hinaus mit kleinen Pflichten versehen. Die Jungen mussten z.B. für den Vater Botengänge tätigen oder „Fleißaufgaben" erledigen, zum Beispiel Gedichte auswendig lernen. Die Töchter mussten teilweise bereits früh Pflichten im Haushalt übernehmen, sich um jüngere Geschwister kümmern und/oder Handarbeiten verfertigen. Selbst in den Ferien wich man kaum von der Tagesplanung für die Kinder ab; nicht nur Reiseberichte und Pflichtbriefe schmälerten ihre Freiheit, auch Schulbücher mussten durchgearbeitet werden.

Erwartungsdruck in Bezug auf Schulerfolge waren allerdings lange primär die männlichen Mitglieder der Bürgerfamilie ausgesetzt. Die bestmögliche Ausbildung der Söhne stand im Zentrum des bürgerlichen Erziehungskonzepts, dem sich sämtliche Familienmitglieder zu beugen hatten. Von den Söhnen erwartete man im Gegenzug, dass sie die in sie gesetzten Hoffnungen nicht enttäuschten. Mit dem Ende der Schule endete in der Regel keineswegs die familiale Überwachung ihres weiteren Werdegangs. Nicht selten entschieden die Väter über Studiengang und -ort und erwarteten Fortschrittsberichte ihrer Söhne.

Der Ehrgeiz der Eltern für die Töchter hatte im 19. Jahrhundert eine andere Qualität als der für die Söhne. Die Schulleistungen der Mädchen interessierten nicht oder zumindest deutlich weniger. Gefordert waren die Töchter erst dann, wenn es darum ging, „gute Partien" zu machen. Standen bei den Söhnen Ausbildung und Berufswahl im Vordergrund, ging es bei den Töchtern darum, Beschlagenheit auf hauswirtschaftlichem Gebiet und Sicherheit auf dem gesellschaftlichen Parkett zu erlangen. Erste Veränderungen zeichneten sich hier Ende des 19. Jahrhunderts ab, nicht zuletzt deshalb, da die Zahl der unverheiratet bleibenden Töchter zunahm und für diese eine neue Existenzsicherung gefunden werden musste.

Die Geschlechterpolarisierung zeigte sich bei den Kindern wie bei den Vätern und Müttern der bürgerlichen Familien. Der Bürgervater verstand sich als „respektgebietende, entscheidungsmächtige und schutzgewährende Autorität" (Budde 1994, S. 153), der auf Distanz setzte und nur in Ausnahmefällen in Kinderzimmer trat. Ein mit seinen Kindern spielender oder Zärtlichkeiten austauschender Vater widersprach dem vorherrschenden Bild von männlicher Autorität. Im Zentrum des Männerlebens stand der Beruf. Im Familienalltag hatten die Väter somit eine periphere

Position. Das alltägliche Erziehungsgeschäft erledigte die Frau; sie war hierfür allerdings ihrem Mann Rechenschaft schuldig. Diesem war nämlich von Rechts wegen das Erziehungsrecht zugesprochen; im 1794 erlassenen Allgemeinen Landrecht für die Preußischen Staaten finden sich Paragraphen über die „Pflegeaufsicht der Mutter" und die „Erziehungsgewalt des Vaters". Veränderungen im Rechtsverhältnis zwischen Eltern und Kindern erfolgten im Bürgerlichen Gesetzbuch (BGB) (vgl. hierzu Berg 1991, S. 92 ff.); allerdings fielen die Entscheidungsrechte des Vaters nach wie vor größer aus als die der Mutter (§§ 1631, 1634).

VI. Die Erziehungssituation in Arbeiterfamilien

In den früh- und hochindustriellen Arbeiterfamilien des 19. und frühen 20. Jahrhunderts sah die Situation ganz anders aus als in den soeben beschriebenen Familien, wenngleich das Leitbild der bürgerlichen Familie durchaus präsent war und die eigene Lebensform häufig als defizitär erscheinen ließ. Die Familien lebten in beengten Wohnverhältnissen; für die Existenzsicherung der Familie war es unerlässlich, dass die Frau und nicht selten auch die Kinder in der Heimarbeit (z.B. die Weber), den Manufakturen und Fabriken mitarbeiteten. Die Arbeitszeiten waren sehr lang, die Arbeitsbedingungen waren schlecht und die Löhne niedrig. Wie beim Aufwachsen im „ganzen Haus" (das vor allem im – zahlenmäßig nun stark dezimierten – Bauerntum noch vorherrschte) stand die Mitarbeit der Kinder an der Existenzsicherung der Familie im Zentrum, nicht das intendierte Lernen, die reflektierte Erziehung. Kindheit war kein Schonraum; sehr früh wurden die Kinder vielmehr mit den Härten des Lebens konfrontiert. Wenn sie nicht arbeiten mussten, hielten sich die Kinder vor allem mit anderen Kindern auf der Straße auf – dies waren die „Gassenkinder", vor denen die Kinder der bürgerlichen Familien gewarnt und abgeschottet wurden. Innerhalb der Familien gab es keine Trennung der Kinderwelt von der Erwachsenenwelt; Kinder waren von daher von früh an mit der Sexualität konfrontiert, frühe Mutterschaften gab es häufig.

Besonders harte Bedingungen des Aufwachsens erfuhren die Kinder des Industrieproletariats in den Großstädten Ende des 19. Jahrhunderts. Sie lebten häufig in feuchten, kalten und überbelegten Mietskasernen mit sehr schlechten sanitären Bedingungen. Kinder und Eltern oder zumindest Geschwister schliefen in einem Bett, die – meist vielen – Geschwister mussten wechselseitig die armselige Kleidung abtragen und sich das wenige Essen teilen. An Spielzeug für die Kinder war nicht zu denken. Elterliche Unzufriedenheit und elterliches Ausgelaugtsein führten häufig auch zu körperlicher Züchtigung der Kinder. „Proletarische Kinder erfuhren wenig gefühlsbetonte Zuwendung, Zärtlichkeit, [positiven; E. M.] Körperkontakt oder Verbalisierung der Beziehung. Doch im rauhen Umgangston verbarg sich oft ein ausgeprägtes Gefühl von Verantwortung und Solidarität. Im Mittelpunkt des Familienlebens standen die Kinder freilich nicht. Sie stolperten im Lebenslauf der geplagten Eltern nur mit. Ein reflektiertes Erziehen nach Grundsätzen oder Regeln gab es nicht" (Berg 1991, S. 107 f.).

Trotz aller Versuche vorrangig sozialdemokratischer Kreise, eine eigene Familienkultur und -erziehung in Arbeiterfamilien zu begründen (vgl. Lesanovsky 1996), lief die Realentwicklung auf eine „Verbürgerlichung“ der Arbeiterfamilien hinaus. Die öffentliche Präsenz und die Sogkraft der Leitidee des bürgerlichen Familienmodells war entsprechend stark. Durch die Erhöhung der Löhne, erste sozialstaatliche Absicherungen, die Verbesserung der Wohnbedingungen, die Einschränkung der Frauen- und das Verbot der Kinderarbeit (im Jahr 1900) sowie die Durchsetzung der allgemeinen Schulpflicht (1918) und der obligatorischen vierjährigen Grundschule für alle Kinder (1920) nahm die Verbürgerlichung ihren Lauf.; allerdings gab es durch die ökonomischen Krisen der Weimarer Republik auch Unterbrechungen oder – wenn man so will – Rückschläge in diesem Prozess.

VII. Die (intendierten) Auswirkungen der „Pädagogik vom Kinde aus“ und der Jugendbewegung auf die Familie als Erziehungsinstitution

1902 erscheint in deutscher Übersetzung das Buch der Schwedin Ellen Key „Das Jahrhundert des Kindes“; es wird sehr schnell zu einem Bestseller. Gewidmet ist es „Allen Eltern, die hoffen, im neuen Jahrhundert den neuen Menschen zu bilden“. Für unsere Fragestellung ist vor allem darauf hinzuweisen, dass Key betont, die Bedürfnisse des Kindes stärker als bisher in den Mittelpunkt der Erziehung zu stellen, indirekter Erziehung gegenüber direkter den Vorzug zu geben, die Selbsttätigkeit der Kinder zu befördern. Bestimmte bürgerliche Erziehungsvorstellungen werden von ihr in Frage gestellt: „Die jetzige ängstliche Besorgnis, dass sie [die Kinder; E. M.] auf den Glockenschlag essen, gewisse Speisen zu gewissen Mahlzeiten bekommen, nach der Anzahl der Grade gekleidet werden, sich nach dem Glockenschlag niederlegen, vor jedem Tropfen ungekochten Wassers und jedem Extra-Bonbon behütet werden – das entwickelt sie zu nervösen, reizbaren Gewohnheitstyrannen, während die vernünftige Abhärtung gegen die Ungleichheiten, Unannehmlichkeiten und Abenteuerlichkeiten des Lebens eine der wichtigsten Grundbedingungen für Lebensfreude und Gemütsstärke schafft“ (2000, S. 114). Wie groß die Resonanz in den bürgerlichen Familien auf die Gedanken Keys (und anderer Reformpädagogen) war, bleibt offen – die Kritik an bürgerlichen Erziehungsvorstellungen war damit allerdings pointiert in der Welt.

Entschieden setzt sich Key auch für die Kinder aus den Arbeiterfamilien ein und prangert in diesem Kontext Kinderarbeit scharf an (vgl. 2000, S. 225 ff.). „Erst wenn die Kinder von der Schule, der Straße, der Fabrik wieder für das Haus erobert werden, und die Mütter von der Außenarbeit oder dem Gesellschaftsleben den Kindern wiedergegeben werden, wird eine natürliche Erziehung in Rousseaus und Spencers Geist zur Wirklichkeit werden können, eine Erziehung durch das Heimleben [also das Familienleben; E. M.] für das Leben“ (2000, S. 110).

Als einer weiteren prominenten Vertreterin einer „Pädagogik vom Kinde aus“ soll hier noch auf Maria Montessori rekurriert werden. Im Zentrum ihres Nachdenkens über die Familienerziehung steht die Umwandlung der direkten in die indirekte Erziehung. In diesem Kontext warnt sie vor der Überforderung des Vorbildcharakters der Erwachsenen. Als Grundsätze einer „neuen Erziehung“ in der Familie nennt sie: „Man muß alle Formen der vernünftigen Betätigung des Kindes achten und sie zu verstehen suchen" (1954, S. 30; im Orig. kursiv). „Wir müssen den Tätigkeitsdrang des Kindes so weit wie möglich unterstützen, wir dürfen es nicht bedienen, sondern wir müssen es zur Selbständigkeit erziehen" (S. 36; im Orig. kursiv). „Das Kind ist äußerlichen Einwirkungen gegenüber viel empfänglicher, als wir glauben; wir müssen in unseren Beziehungen zu ihm sehr behutsam sein" (S. 39; im Orig. kursiv).

Erziehung war um die Wende vom 19. zum 20. Jahrhundert – wie in der Zeit der Aufklärung – wieder zum Thema öffentlicher Diskurse geworden und mit einer hohen Erwartungshaltung versehen worden.

Kurzfristig wirkmächtiger für Veränderungen/neue Akzentsetzungen im Generationenverhältnis der bürgerlichen Familie war wohl die Jugendbewegung; ein Zusammenschluss bürgerlicher Jugendlicher zu gemeinsamen Wanderfahrten und Feiern, auf denen – in Abgrenzung zur Welt der Eltern, ihrer bürgerlichen Konventionen und jenseits ihrer Kontrolle – jugendgemäße Lebensformen erprobt wurden und ein neues jugendliches Selbstbewusstsein entwickelt wurde. Seinen wohl bekanntesten Ausdruck fand dieses in der auf dem Hohen Meißner bei Kassel 1913 von der „Freideutschen Jugend" formulierten „Meißner-Formel": „Die Freideutsche Jugend will aus eigener Bestimmung, vor eigener Verantwortung, mit innerer Wahrhaftigkeit ihr Leben gestalten. Für diese innere Freiheit tritt sie unter allen Umständen geschlossen ein [...]" (hier zit. n. Flitner/Kudritzky 1984, S. 279).

Die „eigene Bestimmung" sehr vieler dieser Jugendlicher endete allerdings auf den Schlachtfeldern des Ersten Weltkriegs, zu dem sie sich – aus einer militärisch aufgeladenen, kriegsbegeisterten Stimmung heraus – freiwillig gemeldet hatten.

VIII. Familienerziehung im Ersten Weltkrieg und in der Weimarer Republik unter politischen und ökonomischen Bedrohungen und gegenüber theoretischen Infragestellungen

Viele Familien gerieten während des Ersten Weltkriegs in starke Bedrängnis. Jugendliche und Frauen mussten in den Fabriken und in der Landwirtschaft Männerarbeit übernehmen. Pädagogischer Schonraum für Kinder und Jugendliche war nur noch selten vorzufinden. Viele Kinder und Jugendliche litten körperliche und seelische Not. Die Verwahrlosung nahm zu. Allerdings galt die Familie nicht wenigen auch als der letzte verlässliche Bezugspunkt (vgl. Berg 1991, S. 137; Heinemann 2004, S. 21 ff.).

Nach dem Krieg „suchte die Mehrzahl der Menschen im ‚geordneten Heim' Zuflucht und Orientierung" (Sieder 1987, S. 213). Als Normaltyp der Familie bildete sich die Kleinfamilie mit zwei Geburten heraus. Auch in den Arbeiterfamilien wurde die Hausfrauentätigkeit der Frau angestrebt. Sie sollte sich der Kindererziehung widmen und diese professionell betreiben. Kinderarbeit war in den Städten weitestgehend eingedämmt; nur auf dem Land war diese noch in größerem Umfang anzutreffen. Auf der Basis der Weimarer Reichsverfassung, die in den Artikeln 119–121 als erste deutsche Verfassung Ehe und Familie als grundrechtlich geschützte Bereiche anerkannte, wurde dem Kind ein Recht auf Gesundheit, einen eigenen Lebensraum und eine eigenständige intellektuelle und psycho-soziale Entwicklung zugesprochen. Die Eltern wurden in die Pflicht genommen, und ihr Erziehungshandeln wurde staatlicher Kontrolle unterworfen: „Die Erziehung des Nachwuchses zur leiblichen, seelischen und gesellschaftlichen Tüchtigkeit ist oberste Pflicht und natürliches Recht der Eltern, über deren Betätigung die staatliche Gemeinschaft wacht“ (Art. 120). Die verstärkten Anforderungen an die und die entsprechenden Erwartungen gegenüber den familialen Erziehungsleistungen riefen Kritik vor allem an den proletarischen Familienverhältnissen hervor. Hier fehlten häufig die wirtschaftlichen und sozialen Ressourcen, um den pädagogischen Anforderungen zu entsprechen. Höchst problematisch waren vor allem die Wohnverhältnisse. Nach der Reichswohnungszählung von 1927 gab es in den Städten ab 5000 Einwohner 791000 Familien ohne eigene Wohnung; in den Großstädten hatte das Zusammenwohnen von Familien gegenüber 1910 stark zugenommen (vgl. Gräfin zu Castell Rüdenhausen 1989, S. 80). An einen pädagogischen Schonraum für Kinder war in diesen Lebensverhältnissen nicht zu denken. In pädagogischen Diskursen machte sich vor diesem Hintergrund eine heftige Großstadtkritik breit, zu der es allerdings auch Gegenstimmen gab (vgl. Matthes 2005b).

Von sozialistischen Autoren wurden die nach wie vor bestehende Dominanz und repressive Autorität des Vaters in der Familie und die Einübung ungleichwertiger Geschlechterrollen bereits im frühen Kindesalter angeprangert (vgl. Gräfin zu Castell Rüdenhausen 1989, S. 81). 1925 schrieb Kanitz in seiner Abhandlung „Das proletarische Kind in der bürgerlichen Gesellschaft“: „Die Jungen können eher spielen, auf der Straße herumlaufen, sich ihrer Freiheit freuen. Das proletarische Mädchen ist sehr zeitlich Arbeitstier. [...] Dabei wird es viel mehr beschimpft und benörgelt als die Jungen. [...] Heute aber beginnt schon in der proletarischen Kindheit die spätere Doppelausbeutung der Frau in Erwerb und Haushalt“ (Kanitz 1974, S. 63 f.).

1936 wurden vom Institut für Sozialforschung, Frankfurt, aus der Emigration Studien über „Autorität und Familie“ vorgelegt, in denen die Bedeutung der patriarchalischen bürgerlichen Familie für die Ausbildung einer autoritären Persönlichkeit in einer autoritär strukturierten Gesellschaft hervorgehoben wird; erstes Datenmaterial hierzu war in der Endphase der Weimarer Republik erhoben worden (vgl. Horkheimer/Fromm/Marcuse 1936). Wie die Generationenverhältnisse in der Weimarer Republik, zum Beispiel in den bürgerlichen Familien, mehrheitlich beschaffen waren, ist allerdings noch nicht hinreichend empirisch erforscht. Hierfür müssten eine Vielzahl von Quellen einer Vielzahl von Familien ausgewertet werden, z.B. Autobiographien, Briefe, Familienchroniken, aber auch Bildquellen. Meine These ist, dass vor allem die Jugendbewegung Spuren hinterlassen hat und neben Generationenkonflikten in manchen bürgerlichen Familien auch zu offeneren, aufgeschlosseneren, gesprächsbereiteren Formen elterlicher bzw. spezifisch väterlicher Autorität geführt hat, die zudem nach dem Krieg erst zurückgewonnen werden musste. Allerdings blieben die uns bereits bekannten bürgerlichen Erziehungsziele in Kraft: Pflichtbewusstsein, Disziplin, Gehorsam, Ehrlichkeit, Anstrengungsbereitschaft, Höflichkeit, Sauberkeit und Ordnung (vgl. Ecarius 2002, v. a. S. 107 ff.). Erziehungsziele wie Zivilcourage, Achtung der Demokratie, Toleranz blieben die Ausnahme und waren in kleinbürgerlichen, vom sozialen Abstieg bedrohten Milieus völlig obsolet. Die Sexualerziehung zielte weiterhin auf Triebunterdrückung und – vor allem bei Mädchen – Schamhaftigkeit. Die Erziehung der Mädchen war in den meisten (bürgerlichen) Familien nach wie vor in erster Linie auf die Ehevorbereitung ausgerichtet. „Zwar schloß das eine erlernte Berufstätigkeit nicht aus, aber diese hatte sich möglichst im Rahmen von Tätigkeiten zu bewegen, die dem ‚Pflichtenkreis der Ehe irgendwie verwandt' waren, also haus- und landwirtschaftliche, pflegende, erziehende und soziale Berufe; zweitens sollte der Beruf höchstens solange echte Versorgungsfunktion haben, bis der ‚Mann fürs Leben' gefunden war" (Gräfin zu Castell Rüdenhausen 1989, S. 83 f.).

Ende der Weimarer Republik wurde durch die Massenarbeitslosigkeit die ökonomische Situation auch vieler bürgerlicher oder sich im Verbürgerlichungsprozess befindender Familien prekär; die wirtschaftlich-politische Situation überlagerte somit die pädagogischen Fragen. Viele (männliche) Jugendliche hatten sich in der Weimarer Republik – teilweise in Übereinstimmung mit, teilweise gegen den Willen ihrer Eltern – politisiert (z.B. in der „bündischen Jugend") und zunehmend radikalisiert; die republiktreuen Jugendlichen bildeten eine Minderheit.

IX. Die Möglichkeiten und Grenzen der Familie als Erziehungsinstitution in der NS-Zeit

Nach der Machtübernahme wurde von den Nationalsozialisten eine „Drei-Säulen-Theorie" konstruiert, wonach Elternhaus, Schule und Hitlerjugend als Erziehungsinstitutionen gleichberechtigt nebeneinander stünden. Diese drei Institutionen sollten die Kinder und Jugendlichen gemeinsam zu überzeugten Nationalsozialisten erziehen. Der Züchtungsgedanke war jedoch dem Erziehungsgedanken noch vorgeordnet: Die zentrale Aufgabe wurde in der „Mitgabe einer anständigen Erbmasse" als „Voraussetzung für den Erfolg aller Erziehungsarbeit" wie auch als Mittel zur Verbesserung „völkischer Rassensubstanz" gesehen (Möller-Crivitz 1940, S. 32).

Die Berufung der Frau zur Mutterschaft wurde in der nationalsozialistischen Ideologie besonders hervorgehoben: Hitler hat es in „Mein Kampf" formuliert: „Das Ziel der weiblichen Erziehung hat unverrückbar die kommende Mutter zu sein" ([417–418]1939, S. 460; im Orig. kursiv). Es wurde u. a. ein „Hilfswerk Mutter und Kind" eingerichtet und Mütter, die besonders viele Kinder bekamen, wurden mit dem „Mutterkreuz" ausgezeichnet. Die bekannten Rollenzuweisungen im bürgerlichen Familienmodell wurden weiter tradiert: Der Vater „*führt*", die Mutter „*beseelt*"; sie „umsorgt das Kind vom Morgen bis zum Abend", während der Vater „für das Kind zumeist unsichtbar" bleibt. Er ist der „Lenker der Familiengeschicke [...] Er schafft durch seine Arbeit die äußeren Voraussetzungen für das Familienleben" (Möller-Crivitz 1940, S. 38).

Trotz allen Bekenntnissen zur Familie trat die Hitler-Jugend zur Familie in Konkurrenz, da sie sich als Garant für die nationalsozialistische Erziehung gegenüber den Familien als „unsicheren Kantonisten" sah und somit die Wahrnehmung von HJ-Prioritäten gegenüber den Elternhäusern (wie auch gegenüber den Schulen) beanspruchte. Vor diesem Hintergrund kam es durchaus zu Spannungen zwischen HJ und Familien, die sich ihre Erziehungshoheit nicht aus der Hand nehmen lassen wollten und auf den überkommenen Autoritätsverhältnissen beharrten (vgl. Kater 1985, S. 81 ff.). Der Anspruch der „Selbstführung" der Jugendlichen war vielen Eltern suspekt – im besonderen Maße im Blick auf die Mädchen, die sich bis in die NS-Zeit (und dann auch wieder nach 1945!) vorrangig im familialen Binnenraum aufhielten. Deshalb schickten manche Eltern ihre Kinder ganz bewusst nicht in die HJ, die erst im März 1939 verpflichtend wurde; auch dann gab es noch – wenige – Eltern, die sich weigerten, ihre Kinder der HJ anzuvertrauen (vgl. Kater 1985, S. 84 ff.). Ein weiterer Eingriff in die Familienerziehung wurde zu Kriegszeiten von der HJ durch die Kinderlandverschickung versucht. Generell hatten die Familien während der Kriegszeit durch äußere Umstände – z.B. Väter an der Front und Mütter jenseits aller Ideologie im Fabrikeinsatz – und den Kampf ums Überleben eine geringere erzieherische Kraft; als Solidargemeinschaften gewannen sie für Kinder und Jugendliche wohl nur nochmals an Bedeutung.

Festgehalten werden kann, dass – bei allen nationalsozialistischen Indoktrinationsversuchen, die in Einzelfällen auch Kinder und Jugendliche dazu brachten, ihre nicht systemkonformen Eltern zu denunzieren – die Familie „aufgrund ihrer Intimsphäre vor totalitären Verfügungsansprüchen von außen noch am ehesten geschützt" war (Keim 1997, S. 31). Dass dies – in viel zu wenigen Fällen! – auch zu einer Familienerziehung *im und zum* oppositionellen Geist gegenüber der NS-Diktatur führen konnte, zeigt eindrucksvoll die Beschreibung vor allem der väterlichen (!) Erziehung in Joachim Fests Autobiographie „Ich nicht" (2006).

X. Die Herausforderung der Familie als Erziehungsinstitution nach dem Zweiten Weltkrieg

Die Nachkriegszeit war zunächst weiterhin von dem Kampf um das Überleben geprägt. Mangel an Ernährung, Kleidung, Wohnungen, völlig zerstörte Städte, viele Kranke und Verwundete, Vertriebenen- und Flüchtlingsströme bestimmten den Alltag und prägten das Bild. Ende der 40er Jahre bestanden nur 0,6 Wohnungen pro Haushalt. Bis 1950 mussten 12 Millionen Flüchtlinge aufgenommen werden. Ende der 40er Jahre gab es sieben Millionen mehr Frauen als Männer, die „Trümmerfrauen", die sich selbst und oft auch ihre Kinder durchbringen mussten. 1950 lebten nur 60 Prozent der Bevölkerung in Mutter- *und* Vater-Familien. Den Müttern kam somit eine große Last und schwere Verantwortung zu. Gemeinsame Überlebenssicherung stand (bei allen Familien) im Vordergrund, nicht die Erziehung der Kinder. Im öffentlichen Diskurs jener Zeit wurden die „unvollständigen Familien" häufig als defizitär angesehen und Schäden für die Kinder wegen mangelnder Erziehung und fehlender Kontrolle befürchtet. Eine Restituierung des bürgerlichen Familienmodells mit der „bewährten" Arbeitsteilung der Geschlechter war erwünscht (vgl. Rogge 1998, S. 145; Tornieporth 1998, S. 181). Zurückkehrende Väter mussten ihre Rolle in der Familie gegenüber ihrer Frau und ihren Kindern erst neu finden. Ehepartner hatten sich auseinander gelebt; die Scheidungszahlen stiegen an.

In diesem Kontext ist noch darauf hinzuweisen, dass es in den amerikanischen und deutschen Sozialwissenschaften der Nachkriegszeit konträre Standpunkte und Auseinandersetzungen über den Grad der Autorität des Vaters in den Familien gab (vgl. Schütze 2000, S. 24 ff.). In empirischen Untersuchungen in Deutschland fand dieses Thema Berücksichtigung. Die Soziologen Helmut Schelsky (vgl. 1961) und Gerhard Wurzbacher haben Studierende angeleitet, von Mitte 1949 bis Mitte 1950 auf der Basis einer Vielzahl von Methoden Monographien von ca. 150 Flüchtlingsfamilien zu erstellen. Das Team um Wurzbacher untersuchte vor allem die binnenfamilialen Strukturen. Eine zentrale Fragestellung war hierbei diejenige nach den familialen Autoritätsbeziehungen. Als Ergebnis wurden „Strukturtypen der Eltern-Kind-Beziehung und die in ihnen wirksamen sozialen Leitbilder" herausgearbeitet (Wurzbacher 1954, S. 161 ff.). Diese ergaben folgendes Bild: Eine Minderheit der Familien zeigte weiterhin eine dominant ausgeübte elterliche Verfügungsgewalt, unter Ausblendung der kindlichen Interessen im elterlichen Interesse angewandt. Die Mehrheit jedoch versuchte der Eigenständigkeit der Kinder gerecht zu werden und auf ihre Bedürfnisse einzugehen; offene Aussprachen waren Bestandteil des Familienlebens. Allerdings waren viele Kinder hohen Aufstiegs- bzw. Wiederaufstiegserwartungen ausgesetzt.

Auch die Untersuchung von Baumert/Hünniger (1954) zeigte einen innerfamilialen Wandel. Untersucht wurden 470 Familien in Darmstadt und 518 Familien im Hinterland. Im Zentrum stand eine Fragebogenerhebung. Ergänzt wurde diese durch Familienmonographien. Für unsere Fragestellung ist das Ergebnis von Interesse, dass – nicht zuletzt vor dem Hintergrund der Kriegs- und Nachkriegsgeschehnisse – in nicht wenigen Familien die Autorität des Vaters deutlich zurückgegangen oder in Frage gestellt zu sein schien. Baumert und Hünniger unterscheiden zwischen „Familien mit Merkmalen autoritärer Struktur" und „Familien mit Merkmalen einer Tendenz zur Gleichrangigkeit" (S. 122 ff.). In beiden Familientypen würden unterschiedliche Erziehungsstile sichtbar: In ersterem schreibe der Vater „Ausbildung und Beruf vor und die Neigungen des Kindes haben hinter seinen Plänen zurückzutreten" (S. 158). Im zweiten werde die Stellung des Kindes „zwar bestimmt durch die Hoffnungen, die die Eltern auf seinen weiteren Lebensweg übertragen; aber diese Hoffnungen führen nicht zum Zwang, sondern bewegen sich im Rahmen der individuellen Eigenart des Kindes, seiner Neigungen und Fähigkeiten" (ebd.).

Theodor W. Adorno, der eine Einführung in die Monographie schrieb, sah in diesen Ergebnissen bereits den Untergang des bürgerlichen Familienmodells begründet: „Die Analyse der inneren Familienstruktur [...] weist die Schwächung der Vormachtposition des Vaters in allen Schichten nach. Familien, deren Merkmale auf gleichen Rang der Mitglieder hindeuten, lassen sich gewiss von solchen mit autoritärer Struktur unterscheiden. Selbst dort jedoch, wo die männliche Autorität unbefragt anerkannt oder wenigstens unter Zwang angenommen wird, ähnelt sie nur noch selten der, die der Vater in der bürgerlich-patriarchalen Gesellschaft innehatte." Die Auflösung der Autorität „trägt entscheidend zu der der Familie bei" (Baumert/Hünniger 1954, S. VII).

Adornos Prognose hielt jedoch der Realentwicklung nicht stand. Vielmehr erreichte das bürgerliche Familienmodell in den nächsten 15 Jahren den Zenit seiner Durchsetzungskraft.

XI. Die Restauration bzw. endgültige Durchsetzung des bürgerlichen Familienmodells in den 50er/60er Jahren

Wie die Weimarer Verfassung räumt auch das 1949 beschlossene Grundgesetz der Bundesrepublik Deutschland Ehe und Familie Verfassungsrang ein und stellt sie unter den „besonderen Schutz" des Staates (Art. 6, Abs. 1). Die Erziehung der Kinder wird im Art. 6 GG, Abs. 2 zum „natürlichen Recht" der Eltern und der „zuvörderst ihnen obliegenden Pflicht" erklärt. Analog zur Weimarer Reichsverfassung wird hinzugefügt: „Über ihre Betätigung wacht die staatliche Gemeinschaft".

Ehe und Familie wurden nicht nur im Grundgesetz, sondern auch von den Menschen der Bundesrepublik als stabilisierende Faktoren hoch geschätzt. Die Sehnsucht nach alten Werten, die von CDU-Regierung und – den in der Nachkriegszeit als wichtiger Orientierungspunkt angesehenen – Kirchen bestärkt und forciert wurde, der Rückzug ins Private gegenüber einer suspekt gewordenen politischen Welt, der Anspruch der aus Krieg und Kriegsgefangenschaft heimgekehrten Männer auf Wiedererringung ihrer beruflichen Positionen, die körperliche und seelische Erschöpfung vieler Frauen, das „Wirtschaftswunder", das – bei ausschließlicher Erwerbstätigkeit des Mannes – Wohlstand für alle versprach, führte zu einer Restauration des bürgerlichen Familienmodells. Auch auf die Differenz zwischen den Generationen, auf Autorität und Gehorsam wurde erneut starker Wert gelegt, was allerdings nicht bedeutete, dass es in den Familien nicht unterschiedliche Interpretationen und Verständnisse dieser Begriffe gab und Autorität und autoritäres Verhalten zwingend in eins fielen.

Allerdings war körperliche Züchtigung für viele noch ein selbstverständliches Erziehungsmittel, und die geschlechterstereotypen Erziehungsvorstellungen dauerten an (vgl. Ecarius 2002, S. 117 ff.).

In den (End-)50er und 60er Jahren des 20. Jahrhunderts hatte die (leibliche) Vater-Mutter-zwei Kinder-Familie die höchste gesellschaftliche Verbreitung; die Zahl der Eheschließungen war sehr hoch, die der Scheidungen sehr gering (also gegenüber der unmittelbaren Nachkriegszeit wieder deutlich rückläufig) und es gab – aus ideologischen und sozialen Gründen („nivellierte Mittelstandsgesellschaft"; Schelsky 1961, S. 218) – eine geringe Erwerbsbeteiligung verheirateter Frauen. Die im Grundgesetz Art. 3, Abs. 2 eingeforderte Gleichberechtigung von Mann und Frau war in den 50er Jahren selbst rechtlich noch nicht umgesetzt. Zwar war im Art. 117, Abs. 1 des Grundgesetzes festgelegt, dass die rechtlichen Regelungen im BGB, die der Gleichberechtigung der Frau entgegenstanden, bis spätestens zum 31.3.1953 keine Geltung mehr haben sollten. Aber unter Missachtung dieser Bestimmung wurde erst 1957 das Gesetz über die Gleichberechtigung von Mann und Frau verabschiedet. Noch in diesem wurde allerdings ein als „Stichentscheid" gekennzeichneter Entscheidungsvorrang des Vaters im Bereich der „elterlichen Gewalt" definiert. Dieser ist schließlich durch das Bundesverfassungsgericht 1959 für nichtig erklärt worden.

In öffentlichen Diskursen der 50er und frühen 60er Jahre – und nicht zuletzt auch in den Schulbüchern! (vgl. Matthes 2006) – wurden die Familien zum – gottgegebenen – Ort der Stabilität und der Harmonie stilisiert, das Zusammenleben der Generationen als „heile Welt“ propagiert und die auf Autorität und Gehorsam basierende Erziehung als fraglose Selbstverständlichkeit aufgefasst.

Das bürgerliche Familienmodell erfuhr also kurz vor seiner grundsätzlichen Infragestellung seinen Zenit, seine Hoch-Zeit.

XII. Die Kritik an der bürgerlichen Familie und ihrer Erziehung – die antiautoritäre Erziehung als Gegenmodell

Angestoßen durch die Studentenbewegung der endsechziger Jahre erlebte die Bundesrepublik Deutschland eine geistig-gesellschaftliche Umbruchsituation (vgl. Matthes 1992, S. 51 ff.). In vielfacher Hinsicht wurde von Studierenden und sich parallel formierenden gesellschaftskritischen Sozialwissenschaftlern an dem bürgerlichen Familienmodell Kritik geübt: Unter Rückgriff auf die und erstmals in breiter Rezeption der – bereits unter VIII. angeführten – Studien über Autorität und Familie des Frankfurter Instituts für Sozialforschung wurde das bürgerliche Familienmodell für mitschuldig erklärt an sadistischen Tendenzen, Mitläufertum und fehlender Zivilcourage in der NS-Zeit. Für die Gegenwart (Endsechziger Jahre) wurde die Perpetuierung gesellschaftlicher Ungleichheitsverhältnisse und das Demokratiedefizit innerhalb des bürgerlichen Familienmodells angeprangert. Vorrangig von der – im Kontext der sich aus der Studentenbewegung heraus bildenden – zweiten Frauenbewegung wurde die Benachteiligung der Frauen im bürgerlichen Familienmodell scharf kritisiert. Unter genuin erzieherischer Perspektive wurden Autorität und Gehorsam als pädagogische Leitideen radikal in Frage gestellt. Von manchen Sozialwissenschaftlern wurde die Familie sogar als „Brutstätte repressiver und pathogener Beziehungsmuster“ beschrieben (Schütze 2000, S. 28). Wie sehr die Kritik an der Familie(nerziehung) auch in die Schulen Einzug hielt, belegen Untersuchungen von Lehrplänen (prominentestes Beispiel: Die „Hessischen Rahmenrichtlinien“; vgl. Matthes 2005a) und Schulbüchern (vgl. Matthes 2006). Selbst der „Große Brockhaus“ zeigte sich vom Zeitgeist angesteckt, denn in seiner Ausgabe von 1978 taucht erstmals und letztmals die Frage auf, „ob die vorherrschende Kern-F. eine optimale Integration der Heranwachsenden in die Gesellschaft geradezu fördert oder ob sie die entscheidende ‚Reproduktionsagentur‘ bestehender Klassen- und Schichtunterschiede und übernommener Autoritätsstrukturen“ sei (S. 634).

Vor allem studentische Eltern erprobten in dieser Zeit neue Formen des Zusammenlebens und der Erziehung. Sie entwickelten vor dem Hintergrund psychoanalytischer und sozialwissenschaftlicher Theorien und unter Bezugnahme auf das Erziehungsmodell Summerhill von Alexander S. Neill Konzepte „antiautoritärer Erziehung“. Sie wollten eine Erziehung, die von den Bedürfnissen der Kinder ausgeht und diese selbstreguliert und repressionsfrei aufwachsen lässt; Höflichkeit, Fleiß, Disziplin, Ordnung, Sauberkeit wurden als zu vernachlässigende „Sekundärtugenden“ diskreditiert.

Diese neuen Erziehungsformen wurden in Wohngemeinschaften, den „Kommunen“ und – besonders bekannt und umstritten – in „Kinderläden“ ausprobiert. Die

Fixierung der Kindererziehung auf die leiblichen Eltern und vor allem die Mütter sollte relativiert werden.

Weder Kommunen noch Kinderläden noch andere antiautoritäre Erziehungskonzepte verbreiteten sich in der Bundesrepublik Deutschland flächendeckend. Auch das bürgerliche Familienmodell verschwand – trotz seiner „Verfallsforderer" (Nave-Herz 1998, S. 28) – nicht von der Bildfläche, wenngleich ihm wieder – aus der Geschichte vertraut – verstärkt andere, teilweise auch neue familiale Lebensformen zur Seite traten und treten. Jenes Modell wurde allerdings in den nächsten Jahrzehnten bis zur Gegenwart einem immensen, noch nicht abgeschlossenen Formwandel im Blick auf die – sich in einer gesellschaftlichen Transformation befindenden – Geschlechterverhältnisse unterworfen, der unter anderem auch zu einer neuen „Väterlichkeit" mit expressiver zärtlicher Zuwendung zu und vermehrter Zeitaufwendung für die Kinder geführt hat – auch diese Entwicklung ist längst noch nicht abgeschlossen (vgl. Nave-Herz 2002, S. 55 ff.).

Auch die Erziehungskritik um 1970 blieb nicht wirkungslos, sondern hinterließ tiefe Spuren. Bei den elterlichen Erziehungszielen ist in den letzten 40 Jahren ein immenser Wandel erfolgt. Gehorsam, Pflichterfüllung, Disziplin, Höflichkeit, Ordnung und Sauberkeit verloren ihre hervorragende Bedeutung, an die Spitze der Erziehungsziele rückten Selbständigkeit, Kritikfähigkeit und Durchsetzungsvermögen; körperliche Züchtigung wird inzwischen von den meisten Eltern abgelehnt (vgl. Tornieporth 1998, S. 176 f.; Nave-Herz 2002, S. 68 ff.; Bundesministerium 2001, S. 90 ff.). Auch sind sehr viele Eltern „heute in kaum zu überbietender Weise um ein ‚kindgerechtes' und ein ‚kindzentriertes' Verhalten bemüht" (Schütze 1988, S. 111) – wenngleich Verwahrlosungstendenzen, ein Sich-Nicht-Kümmern bzw. gewalttätiges Agieren in bestimmten Familien nicht zu übersehen sind; die Folgen von Langzeitarbeitslosigkeit sollten in diesem Kontext nicht unterschätzt werden.

Bereits 1982 hat de Swaan die Entwicklung in den bundesdeutschen Familien mit den – inzwischen in vielen Publikationen aufgegriffenen – Worten vom „*Befehlshaushalt*" zum „*Verhandlungshaushalt*" beschrieben (S. 51). Dem trug auch eine große familienrechtliche Reform des BGB im Jahr 1980 Rechnung, in der der Begriff der „elterlichen Gewalt" von der der „elterlichen Sorge" abgelöst wurde und die Eltern aufgefordert werden, bei der Pflege und Erziehung die wachsende Fähigkeit und das Bedürfnis der Kinder zu selbständigem Handeln zu berücksichtigen (vgl. Limbach 1988, S. 24).

Dass die Familie gerade für den Erwerb von ethischen Orientierungen und Grundeinstellungen zur Welt und zur bestehenden Gesellschaft nach wie vor eine große Rolle spielt – und nicht durch Peers ersetzt werden kann –, zeigen eindrucksvoll die Shell-Jugendstudien (seit 1992 unter Einbezug der Jugendlichen der neuen Bundesländer).

XIII. Familienerziehung in der DDR

Zumindest ein kurzer Blick muss noch auf die Familienerziehung in der DDR geworfen werden.

Auch in den DDR-Verfassungen von 1949 und von 1968 stehen Ehe und Familie unter dem Schutz des Staates, und es werden elterliches Erziehungsrecht und elterliche Erziehungspflicht kodifiziert. Die Erziehung soll der Herausbildung „sozialistischer Persönlichkeiten“ dienen. Bei dem DDR-Familientheoretiker Eberhard Mannschatz heißt es, dass die „Mikrogruppe [Familie; E. M.] als Abbild der gesellschaftlichen Beziehungen“ zu sehen sei und dass es darauf ankomme, „die sozialistische Gerichtetheit der kleinen Gruppe zu erreichen, das Sozialgefüge bewußt als Abbild der Prinzipien des sozialistischen Zusammenlebens zu gestalten und die Tätigkeit als praktische Norm auf sozialistische Wertnormen einzustellen“ (1964, S. 43). Die Familie sollte sich also als sozialistische Erziehungsinstitution verstehen, bei der es keine Interessensgegensätze zu den politisch-gesellschaftlichen Entwicklungen geben dürfte. Es wurde also der Primat der Gesellschaft propagiert, und die Vorstellung von der Familie als einem relativ abgeschlossenen Privatraum abgelehnt (vgl. Busch 1998, S. 101 ff.).

Bereits in den 60er Jahren wurde in der DDR eine hohe Erwerbstätigkeit der Frauen erreicht – diese war das erklärte politische Ziel. Die flächendeckende Einrichtung von Kinderkrippen und Kindergärten sollte den Frauen die Vereinbarkeit von Beruf und Familie ermöglichen und dem Staat einen sehr frühen Zugriff auf die ideologische Beeinflussung der Kinder schaffen. Von manchen Forschern wird die These vertreten, dass Familien in der DDR, ähnlich wie in vormodernen Gesellschaften, so sehr mit der Daseinsvorsorge beschäftigt gewesen seien, dass die Existenzsicherung und nicht die emotionalen Beziehungen in den Familien im Vordergrund gestanden hätten. Andere betonen, dass die Familien für viele der einzige Ort waren, an dem sie offen sprechen konnten und sich so die Familien als emotionale Beziehungsgemeinschaften verstanden (vgl. Schütze 2000, S. 30) – letzteres galt sicher für die meisten oppositionell denkenden Familien.

Hinzuweisen ist schließlich noch darauf, dass es in der DDR keine mit der bundesrepublikanischen vergleichbare 68er-Bewegung gab und die traditionellen Erziehungsziele deshalb noch in den 80er Jahren überwogen.

XIV. Ausblick auf aktuelle Herausforderungen der Familie als Erziehungsinstitution

Der – oben beschriebene – Wandel vom Befehls- zum Verhandlungshaushalt, der inzwischen wohl auch die Familienerziehung in den neuen Bundesländern prägt, liest sich wie eine Fortschrittsgeschichte. Aber: Fragezeichen sind erlaubt! Jutta Ecarius kommt am Ende ihrer qualitativen Studie über „Familienerziehung im historischen Wandel“ am Beispiel von drei Generationen des 20. Jahrhunderts zu folgendem Ergebnis: „Jedes Erziehungskonzept enthält Muster der sozialen und emotionalen Unterstützung, der Disziplinierung und Kontrolle und in jedem Typus finden sich Muster der biographischen Selbstfindung oder der emotionalen Vernachlässigung [...] In seiner negativen Form kann die Erziehung zur Selbständigkeit als eine der elterlichen Entlastung verstanden werden“ (2002, S. 270), die nicht selten mit einer Überforderung von Kindern und Jugendlichen einhergeht. Dieser Gedanke wird aufgegriffen und plastisch an Beispielen expliziert in dem Buch von Bernd Ahrbeck „Kinder brauchen Erziehung. Die vergessene pädagogische Verantwortung“ (2004).

Im Blick auf die Erziehungsziele soll nicht mehr hinter Selbständigkeit und Durchsetzungsvermögen zurückgegangen werden, aber: „Es kann nicht länger ein Überbetonen der Individualität und ihrer Rechte in der Erziehung herrschen, es muß vielmehr ein Ausgleich in gemeinschaftsbezogenen Werten geschaffen werden, die an die Verantwortung für Mitmenschen, Gesellschaft und Natur appellieren“ (Macha 1997, S. 31).

Im Blick auf die Methoden darf es kein Zurück zu einem autoritären Erziehungsstil geben, der die Würde von Kindern und Jugendlichen missachtet. Dies fordern auch nicht scharfe Kritiker unserer aktuellen Erziehung wie etwa – von erziehungswissenschaftlicher Seite – Ahrbeck (2004) oder – aus der Sicht des Schulleiters, Lehrers und Vaters – Bueb (2006).

Aber ein „autoritativer“ Erziehungsstil, der auch Grenzen setzt, das Kompetenzgefälle und die Generationendifferenz zwischen Eltern und Kindern nicht verschleiert und pädagogische Verantwortlichkeit der Erwachsenen anerkennt, ist zum Wohle unserer Kinder und unserer Gesellschaft unverzichtbar!

Anmerkungen

[1] Für ihre Unterstützung bei der Literatursichtung zur Geschichte der Familienerziehung danke ich meiner wissenschaftlichen Mitarbeiterin, Frau Dipl.-Päd. Michaela Schmid, sehr herzlich.

Literatur

Ahrbeck, B. (2004): Kinder brauchen Erziehung. Die vergessene pädagogische Verantwortung. Stuttgart.

Ariès, Ph. (1975): Geschichte der Kindheit. München.

Baumert, G./Hünniger, E. (1954): Deutsche Familien nach dem Kriege. Darmstadt.

Berg, Ch. (1991): Familie, Kindheit, Jugend. In: Berg, Ch. (Hrsg.): Handbuch der deutschen Bildungsgeschichte, Bd. IV, 1870-1918. München, S. 91–145.

Budde, G.-F. (1994): Auf dem Weg ins Bürgerleben: Kindheit und Erziehung in deutschen und englischen Bürgerfamilien 1840–1914. Göttingen.

Bueb, B. (2006): Lob der Disziplin. Berlin.

Busch, F. W. (1998): Familie und Kindheit. In: Führ, Ch./Furck, C.-L. (Hrsg.): Handbuch der deutschen Bildungsgeschichte, Bd. VI, 1945 bis zur Gegenwart. München, S. 101–116.

Bundesministerium für Familie, Senioren, Frauen und Jugend (Hrsg.) (2001): Familie und Erziehung in Deutschland. Kritische Bestandsaufnahme der sozialwissenschaftlichen Forschung, Berlin.

De Mause, L. (Hrsg.) (1977): Hört ihr die Kinder weinen. Eine psychogenetische Geschichte der Kindheit, Frankfurt/M.

Duffey, E. B. (1905): Was die Frauen wissen sollten. Göttingen.

Ecarius, J. (2002): Familienerziehung im historischen Wandel: Eine qualitative Studie über Erziehung und Erziehungserfahrungen von drei Generationen. Opladen.
Familie. In: Meyers Conversationslexikon. Bd. 9. Hildburghausen u.a. 1847, S. 806–807.
Familie. In: Meyers Enzyklopädisches Lexikon. Bd. 8. Mannheim/Wien/Zürich 1980, S. 493–494.
Familie, Familiengeist, Familiensinn. In: Schmid, K. A.: Pädagogisches Handbuch für Schule und Haus. Bd.1. Leipzig 1883 (2. unver. Auflage), S. 434–438.
Fest, J. (2006): Ich nicht. Erinnerungen an eine Kindheit und Jugend. Reinbek b. Hamburg.
Flitner, W./Kudritzki, G. (Hrsg.) (1984): Die deutsche Reformpädagogik. Bd. 1. Die Pioniere der pädagogischen Bewegung. 4. Aufl. Stuttgart.
Gestrich, A./Krause, J.-U./Mitterauer, M.(2003): Geschichte der Familie. Stuttgart.
Gräfin zu Castell-Rüdenhausen, A. (1989): Familie und Kindheit. In: Langewiesche, D./ Tenorth, H.-E. (Hrsg.): Handbuch der deutschen Bildungsgeschichte, Bd. V, 1918–1945. München 1989, S. 65–85.
Heinemann, R. (2004): Familie zwischen Tradition und Emanzipation. Katholische und sozialdemokratische Familienkonzeptionen in der Weimarer Republik. München.
Herrmann, U. (1987): Familie, Kindheit, Jugend. In: Jeismann, K.-E./Lundgreen, P. (Hrsg.): Handbuch der deutschen Bildungsgeschichte, Bd. III, 1800-1870. München, S. 53–70.
Herrmann, U. (2005): Familie, Kindheit, Jugend. In: Hammerstein, N./Herrmann, U. (Hrsg.): Handbuch der deutschen Bildungsgeschichte, Bd. II, 18. Jahrhundert. München, S. 69–96.
Horkheimer, M./Fromm, E./Marcuse, H. (1936): Studien über Autorität und Familie. Paris.
Kanitz, O. F. (1974): Das proletarische Kind in der bürgerlichen Gesellschaft. Hrsg. von L. v. Werder. Frankfurt a. Main.
Kater, M. H. (1985): Die deutsche Elternschaft im nationalsozialistischen Erziehungssystem. In: Herrmann, U. (Hrsg.): „Die Formung des Volksgenossen“. Weinheim/Basel, S. 79–101.
Keim, W. (1997): Erziehung unter der Nazi-Diktatur, Bd. II: Kriegsvorbereitung, Krieg und Holocaust. Darmstadt.
Key, E. (2000): Das Jahrhundert des Kindes. Neu hrsg. mit einem Nachw. von U. Herrmann. Weinheim.
Lesanovsky, W. (1996): Ohne Familienerziehung gibt’s überhaupt keine Erziehung. Weinheim.
Limbach, J. (1988): Die Entwicklung des Familienrechts seit 1949. In: Nave-Herz, R. (Hrsg.): Wandel und Kontinuität in der Familie in der Bundesrepublik Deutschland. Stuttgart, S. 11–35.
Mannschatz, E. (1964): Zur pädagogischen Fragestellung bei der Ehescheidung und Sorgerechtsregelung. In: Neue Justiz, 18, S. 43–45.
Macha, H. (1997): Familienerziehung – Wandel und Perspektiven. In: Macha, H./Mauermann, L. (Hrsg.): Brennpunkte der Familienerziehung. Weinheim, S. 14–33.
Matthes, E. (1992): Von der geisteswissenschaftlichen zur kritisch-konstruktiven Pädagogik und Didaktik. Der Beitrag Wolfgang Klafkis zur Entwicklung der Pädagogik als Wissenschaft. Bad Heilbrunn.
Matthes, E. (2005a): Die Familie als Lerngegenstand in den Hessischen Rahmenrichtlinien Gesellschaftslehre 1972 und 1973, in den zugelassenen Lehrmitteln und in der Unterrichtspraxis. In: Matthes, E./Heinze, C. (Hrsg.): Das Schulbuch zwischen Lehrplan und Unterrichtspraxis. Bad Heilbrunn., S. 179–190.
Matthes, E. (2005b): Kind und Großstadt im reformpädagogischen Diskurs. In: Mühleisen, H.-O./Stammen, Th./Ungethüm, M. in Verbindung mit A. Enders u. A. Richter (Hrsg.): Anthropologie und kulturelle Identität. Friedemann Maurer zum 65. Geburtstag. Lindenberg/Beuron, S. 335–346.

Matthes, E. (2006): Familie in bundesdeutschen Sozialkundeschulbüchern der 50er, der 70er Jahre und der Gegenwart. In: Matthes, E./Heinze, C. (Hrsg.): Die Familie im Schulbuch. Bad Heilbrunn, S. 111–131.

Miller-Kipp, G. (2006): Geschlechtsrollen und „erziehlicher Zweck“ in Fibeln des „Dritten Reiches“. In: Teistler, G. (Hrsg.): Lesen lernen in Diktaturen der 1930er und 1940er Jahre. Fibeln in Deutschland, Italien und Spanien. Hannover, S. 131–154.

Mutter. In: Herloßsohn, C. (Hrsg.): Damen-Conversationslexikon. Bd. 7. Leipzig 1836, S. 330–332.

Möller-Crivitz, W. (1940): Das Elternhaus (Vorschulzeit). In: Benze, R./Gräfer, G. (Hrsg.): Erziehungsmächte und Erziehungshoheit im Großdeutschen Reich als gestaltende Kräfte im Leben des Deutschen. Leipzig, S. 27–44.

Montessori, M. (1954): Das Kind in der Familie und andere Vorträge. Stuttgart, S. 17–44.

Nave-Herz, R. (1998): Die These über den „Zerfall der Familie“. In: Kölner Zeitschrift für Soziologie und Sozialpsychologie. Sonderheft 38, S. 286–315.

Nave-Herz, R. (2002): Familie heute. Wandel der Familienstrukturen und Folgen für die Erziehung. 2. Aufl. Darmstadt.

Reyer, J. (2004): Familie, in: Benner, D./Oelkers, J. (Hrsg.): Historisches Wörterbuch der Pädagogik. Weinheim u. Basel, S. 383–392.

Rogge, J.-U. (1998): Lebenswelten und Alltagswissen. In: Führ, Ch./Furck, C.-L. (Hrsg.): Handbuch der deutschen Bildungsgeschichte, Bd. VI, 1945 bis zur Gegenwart. München, S. 129–157.

Rousseau, J.-J. (1978): Julie oder Die Neue Héloise. Briefe zweier Liebenden aus einer kleinen Stadt am Fuße der Alpen (1761). München.

Schelsky, H. (1961): Wandlungen der deutschen Familie in der Gegenwart. 4. Aufl. Stuttgart.

Schlumbohm, J. (1983): Kinderstuben. Wie Kinder zu Bauern, Bürgern und Aristokraten wurden. München.

Schütze, Y. (1988): Zur Veränderung im Eltern-Kind-Verhältnis seit der Nachkriegszeit. In: Nave-Herz, R. (Hrsg.): Wandel und Kontinuität der Familie in der Bundesrepublik Deutschland. Stuttgart, S. 95–114.

Schütze, Y. (2000): Konstanz und Wandel. Zur Geschichte der Familie im 20. Jahrhundert. In: Benner, D./Tenorth, H.-E. (Hrsg.): Bildungsprozesse und Erziehungsverhältnisse im 20. Jahrhundert. Weinheim/Basel, S. 16–35.

Sieder, R. (1987): Sozialgeschichte der Familie. Frankfurt a. M.

Swaan, A. de (1982): Vom Ausgehverbot zur Angst vor der Straße. In: päd extra, 2, S. 48–55.

Tornieporth, G. (1998): Familie und Kindheit. In: Führ, Ch./Furck, C.-L. (Hrsg.): Handbuch der deutschen Bildungsgeschichte, Bd. VI, 1945 bis zur Gegenwart. München, S. 159–191.

Weber-Kellermann, I. (1976): Die Familie. Geschichte, Geschichten und Bilder. Frankfurt a. M.

Wirsching, A. (2003): Die Familie in der Moderne. Eine Krisengeschichte? In: Weber, W./Herzog, M. (Hrsg.): „Ein Herz und eine Seele“? Familie heute. Stuttgart, S. 45–56.

Wurzbacher, G. (1954): Leitbilder gegenwärtigen deutschen Familienlebens. Stuttgart.

Werner Schneider

Kapitel 2: Familie heute – Pluralität der Lebensformen

I. Das gesellschaftliche Wissen um Familie

Wer sich aus soziologischer Perspektive mit dem Thema Familie, den Kennzeichen, Kontinuitäten und Veränderungen des familialen Alltags beschäftigt, begibt sich auf schwieriges Terrain. Einerseits kennt nahezu jeder ‚Familie' mindestens in Erinnerung der eigenen Kindheit oder gar aufgrund seiner gegenwärtigen Lebenssituation. Andererseits macht es die mögliche Vielfalt individuellen Erlebens und Erinnerns schwierig, die überindividuellen Merkmale von Familie zu erkennen. Mehr noch ist es aber die historisch-gesellschaftliche Bestimmtheit unseres Wissens und Denkens über Familie, sind es die zu einer gegebenen Zeit je vorherrschenden Normen, Werte, Deutungen, die unsere (alltagsweltlichen wie wissenschaftlichen) Sichtweisen und Wahrnehmungen von Familie orientieren und formen.

Das folgende Zitat stammt aus einer noch nicht so weit zurückliegenden Zeit, die dem heutigen Denken über Familie jedoch weitgehend unvertraut geworden ist.

> „Die Macht der Familie liegt in ihrer sozialen Mittlerfunktion. Sie untermauert die effektive Macht der herrschenden Klasse in der Ausbeutungsgesellschaft, indem sie für jede gesellschaftliche Institution eine äußerst kontrollierbare paradigmatische Form liefert" (Cooper 1972, S. 7).

Entnommen aus einem in den 1970er Jahren mehrfach aufgelegten Buch des britischen Antipsychiaters David Cooper, in dem er den „Tod der Familie" beschwor, um die Entfremdung in der kapitalistischen Gesellschaft zu überwinden, fällt an diesem Zitat mindestens zweierlei auf. Klar zu sein scheint, was Familie ist bzw. was *die* Familie kennzeichnet, und in welchem grundlegenden Zusammenhang sie sowohl zur Gesellschaft als auch zum Individuum steht. Deshalb kann Cooper – ohne langwierige begrifflich-theoretische Vorklärungen gemäß seiner antifamilialen, kapitalismuskritischen Sichtweise – seinen Angriff auf die sogenannte *bürgerliche Kleinfamilie* entfalten, die zu Zeiten der frühen Bundesrepublik weitgehend uneingeschränkt als ‚Normalfamilie' galt. Die auf der monogamen Ehe basierende, lohnabhängige, mit dem männlichen Familienernährer und der Hausfrau/Mutter in einem Haushalt arbeitsteilig organisierte intime Vater-Mutter-Kind-Gemeinschaft hielte die Menschen – so sein Credo – aufgrund ihrer affektualen Zwangsstruktur von ihrem ‚wahren und echten Sein' fern. Als Sozialisationskontext bringe sie jene deformierten Persönlichkeiten hervor, die über ihren Lebensverlauf hinweg in den Zurichtungs-, Ausbeutungs- und Entfremdungsgefügen von Schule, Betrieb, Freizeit etc. überall die krank machenden, emotionalen Erpressungs- und Abhängigkeitsbeziehungen, die ‚Familie' vermittelt, wiederholen und so die bestehenden gesellschaftlichen Macht- und Herrschaftsverhältnisse aufrecht erhalten würden.

Solche normativen Sichtweisen darauf, was Familie ist und welche Bedeutung ihr für den Einzelnen wie für die Gesellschaft zukommt, sind mit den neueren Debatten um den Wandel von Familie seit den 1980er Jahren keineswegs verschwunden. Nicht weniger normativ als Coopers Familienkritik beschwört z.B. der heute vorherrschende politisch-öffentliche Diskurs Familie in ihrer gesellschaftsstabilisierenden Funktion, wenn z.B. Horst Köhler als Bundespräsident in einer Rede über die „Freiheit, Kinder zu haben" ‚Familie' in die überkommene Metapher von der ‚Keimzelle' kleidet (vgl. Maihofer/Böhnisch/Wolf 2001):

> „Familie ist und bleibt für mich die Keimzelle der Gesellschaft. In lebendigen Familien wird geübt, was für den Zusammenhalt der Gesellschaft insgesamt wichtig ist: Fürsorge, Zuwendung, Verantwortung für andere, die Fähigkeit, verlässlich zu sein, Bindungen einzugehen und zu pflegen. Hier wird Kindern mit auf den Weg gegeben, was sie für das Leben brauchen: Wissen und Fähigkeiten. Hier wird gelebt, was in einer alternden Gesellschaft immer wichtiger, aber vielleicht auch immer schwieriger wird: die Solidarität zwischen den Generationen. Hier finden Menschen, was in der globalisierten und individualisierten Welt immer kostbarer wird: Verwurzelung und Gemeinschaft" (Köhler 2006, S. 2).

Demzufolge soll ein eindeutiger und unhinterfragbarer Wertekanon die vorgenommenen Zuschreibungen, was Familie heute für den Einzelnen wie für die Gesellschaft leistet bzw. leisten soll, begründen und legitimieren. Gleichzeitig verdeckt die Keimzellen-Metaphorik einer quasi-naturwüchsigen ‚lebendigen' Familie den fehlenden Ausweis, wie eine solche Familie heutzutage konkret zu bestimmen wäre, welche Strukturmerkmale und Beziehungsmuster ihren Alltag kennzeichnen müssten, damit sie diese Leistungen erfüllen kann.

Beide gegensätzlichen Positionen zeigen, wie der Blick auf Familie (und allgemeiner auf Lebensformen) zum einen *immer* das *Verhältnis von Individuum und Gesellschaft* – also die grundlegende Frage nach der Vergesellschaftung des Menschen – adressiert, und zum anderen dabei Deutungen und Bewertungen einfließen, die sowohl vom unterlegten *Familienbegriff* als auch vom jeweils gegebenen *historisch-gesellschaftlichen Kontext* abhängen (vgl. z.B. Klein 2006, Schmidt 2002). Auf diesen beiden Grundannahmen aufbauend wird der folgende Beitrag den Wandel von Familie insbesondere in der zweiten Hälfte des 20. Jahrhunderts zusammenfassend hinsichtlich seiner empirischen Fundamente und theoretischen Erklärungsmuster skizzieren und dabei die Frage nach der Bedeutung von Familie für Individuum und Gesellschaft verfolgen.

II. Familie(n)/Lebensformen: begrifflich-konzeptionelle Klärungen

Der empirischen Familienforschung zufolge ist die derzeitige private Beziehungslandschaft nicht nur von einer einzigen Familienform bevölkert, sondern weist unterschiedliche (familiale und nicht-familiale) Beziehungs- und Lebensformen auf (vgl. z.B. Peuckert 2005, S. 19; Meyer 2002). Deren gemeinsamer Nenner liegt offenbar darin, dass die vorfindbaren Alltagswirklichkeiten nicht mehr angemessen mit einem einheitlichen Familienbegriff fassbar sind. Ein solcher Familienbericht wirkt auch immer selbst normierend, weil er eine bestimmte Lebensform als ‚richtige Familie' normalisiert und andere familiale oder nicht-familiale Lebensformen als abweichend und defizitär deklariert. So galten vor dem Hintergrund der bürgerlichen Kleinfamilie *als* ‚Normalfamilie' z.B. das nicht-eheliche Zusammenleben als

‚wilde Ehe' oder Ein-Eltern-Familien als unvollständige Familien (Peuckert 2005, S. 74 ff. und 201 ff.). Und Familie z.B. einfach als eine auf Dauer angelegte Verbindung von Mann und Frau mit gemeinsamer Haushaltsführung und mindestens einem eigenen (oder adoptierten) Kind zu definieren (Hill/Kopp 2006, S. 13), führt unweigerlich zu Fragen wie: Ist ein gemeinsamer Haushalt – im Gegensatz zu getrennten – für Familien tatsächlich unabdingbar? Muss die auf Dauer angelegte Verbindung zwischen den Erwachsenen immer eine gegengeschlechtliche sein?

Kurzum: Wer von Familie, allgemeiner von Lebensformen redet, muss offen legen, wovon er spricht. Denn ‚Familie' als (eine) Lebensform (neben anderen) ist – *erstens – kein natürliches Phänomen,* welches sich über Elternschaft und Verwandtschaft gleichsam biologisch von selbst einstellt und in einer bestimmten Gestalt manifestiert. Vielmehr ist Familie als ein *soziales Konzept* zu begreifen, das sich über *kulturell mit eigenen Bedeutungen* versehene, je spezifische *soziale Beziehungen* im Alltag verwirklicht (vgl. Lüscher 2003, 2001; auch z.B. Gubrium/Holstein 1990) – dem obigen Beispiel-Zitat von Köhler folgend etwa durch besondere Fürsorge und die Bereitschaft, Verantwortung für den anderen zu übernehmen. D.h.: Nicht ‚die Familie' als solche garantiert diese Beziehungsqualitäten, weil sie essentiell für Familie wären, sondern umgekehrt: Soziale Beziehungen – z.B. mit einem besonderen Grad an Fürsorge und einer bestimmten Form der Verantwortungsübernahme für einen anderen – bedeuten ‚Familie', gelten also in einer gegebenen Gesellschaft als kennzeichnend für Familie (in Abgrenzung zu anderen sozialen Beziehungen). Weil für die Frage nach Familie also die je eigene Bedeutung und Qualität der sozialen Beziehungen entscheidend ist, hilft auch der Hinweis, Familie sei immer dort, wo Kinder sind (vgl. z.B. Bergmann 2002 als damalige Bundesfamilienministerin), nicht wirklich weiter, zumal wenn es darum geht, Familie als soziales Gebilde analytisch zu fassen und empirisch zu erforschen. Denn Familie(n) bzw. generell menschliche Lebensformen unterliegen als soziale Konzepte bzw. gesellschaftliche Erscheinungen prinzipiell der historischen Veränderung und sind kulturell variabel (Nave-Herz 2004, S. 23).

Aufgrund ihrer kulturellen Variabilität statt biologischen Fixiertheit erscheint es – *zweitens* – sinnvoll, das begriffliche Feld rund um Familie zunächst offen zu strukturieren, um dann entlang je spezifischer Lebens- und Familienformen Kontinuitäten und Veränderungen zu bestimmen (vgl. auch Bertram 1991). Mit einem solchen Vorgehen kann die Frage danach, was sich im menschlichen Zusammenleben – zumal in dynamischen modernen Gesellschaften – beständig wandelt und dem, was die Grundlagen sozialen Wandels bildet, empirisch verfolgt und theoretisch bearbeitet werden.

Beginnt man hierfür bei dem Begriff der *Lebensform* einer Person, so ist damit „die Art und Weise der Institutionalisierung vor allem der signifikanten privaten sozialen Beziehungen im Rahmen der privaten Lebensführung" (Schneider/Rosenkranz/Limmer 1998, S. 14) gemeint. Auch wenn bei dieser Begriffsbestimmung der Fokus auf signifikante private Beziehungen im Rahmen der vom Individuum auf Dauer zu leistenden Alltagsbewältigung und alltäglichen Lebensgestaltung liegt, muss nicht jede Lebensform von vornherein immer schon das Merkmal des Privaten aufweisen. Das Private (in seinem Gegensatz zum Öffentlichen) ist die Kennzeichnung eines dem Individuum selbst zugerechneten, seiner eigenen Ausgestaltung und

Kontrolle überantworteten (deswegen aber keineswegs normfreien) Beziehungsraums (ähnlich auch Rössler 2001, S.18 ff.), der mit dem bürgerlichen Familienideal institutionalisiert wurde. Somit kann zunächst – in entsprechender Abänderung von Rosemarie Nave-Herz' Systematisierung von Lebensformen (Nave-Herz 2004, S. 29; siehe auch Abb. 1) – zwischen *privaten* und *nicht-privaten Lebensformen* unterschieden werden.

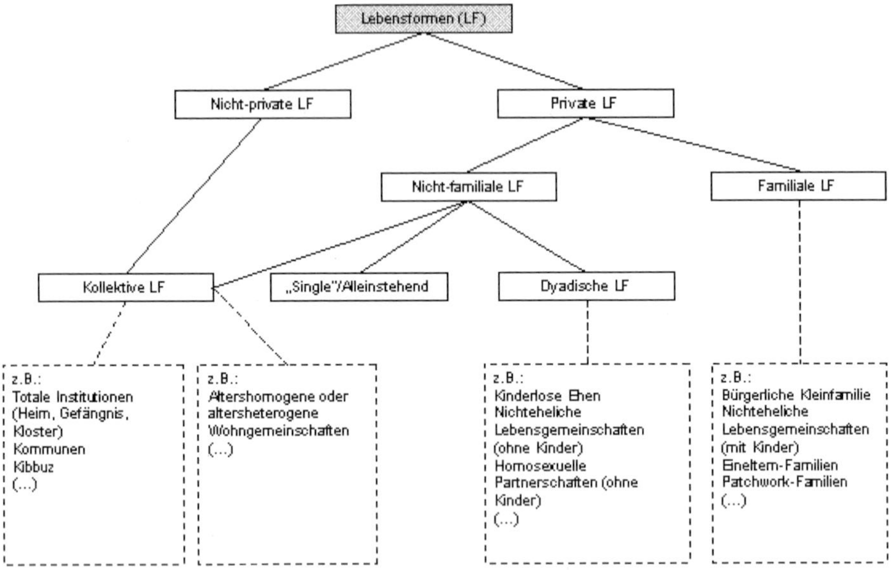

Abb. 1: Systematisierung von Lebensformen

Nicht-private Lebensformen sind insbesondere solche institutionellen Arrangements, in denen durch eine entsprechend reglementierte, umfassend kollektivierte Alltagsorganisation Privatheit weitestgehend vermieden oder gar gezielt verhindert wird, in der Regel z.B. in ‚Anstalten' wie Gefängnissen, Heimen oder Klöstern. Eine solche bewusste Abkehr vom Privaten als dem zentralen Konstituens der bürgerlichen Kleinfamilie kennzeichnete auch jene ‚alternativen' Lebensformen wie z.B. die Kommunen der 1960er und 1970er Jahre, die sich in ihrer politischen Programmatik als Gegenentwurf zur bürgerlichen Kleinfamilie verstanden haben (Peuckert 2005, S. 105).

Private Lebensformen können wiederum in *familiale und nicht-familiale* differenziert werden. Familiale Lebensformen gründen im Gegensatz zu nicht-familialen in der Regel auf einer verwandtschaftlichen, also in einer gemeinsamen Abstammung begründeten Beziehung zwischen den als zur ‚Familie' zugehörig Betrachteten bzw. werden im engeren Sinn durch eine Generationendifferenzierung als Eltern-Kind-Verhältnis konstituiert. Unter die Rubrik der nicht-familialen Lebensformen hingegen fallen neben verschiedenen Ausprägungen des Alleinlebens diverse kollektive Lebensformen von Erwachsenen (z.B. Wohngemeinschaften von jungen Erwachsenen oder von Alten) ebenso wie dyadische in der Gestalt von Paarbeziehungen. Mit Ehe bezeichnet man allgemein „eine durch Sitte und/oder Gesetz anerkannte, auf Dauer angelegte Form gegengeschlechtlicher sexueller Partnerschaft“ (Nave-Herz 2004, S. 24), deren wesentliches Strukturmerkmal darin liegt, über das Paarverhältnis hinaus auf Familie – auf gemeinsame Elternschaft der Lebenspartner, aber auch auf eine Verbindung der beiden Herkunftsfamilien – zu verweisen. Allerdings: In vielen Kulturen mag ‚Familie' durch Eheschließung begründet oder ergänzt werden, Familie konnte aber schon immer auch ohne Ehe gelebt werden (ebd., S. 26 u. 31). Somit verweist die Ehe häufig auf Familie, aber Familie keineswegs zwingend auf Ehe (Nave-Herz 2003). Heute so zentrale Aspekte wie Emotionalität, Intimität, wechselseitige Höchstrelevanz der Partner (Tyrell 1987) oder die relative Unabhängigkeit der Paarbeziehung von den Herkunftsfamilien der Ehepartner – Aspekte, die auch für die nicht als Ehe institutionalisierte intime Zweierbeziehung gelten – sind hingegen spezifische Merkmale des modernen westlichen Ehe- und Paarverständnisses (Nave-Herz 2004, S. 24 ff.; Lenz 2003, S. 25 ff.).

Drittens: Um den Begriff *Familie* so zu fassen, dass darunter verschiedene familiale Lebensformen Platz finden und begrifflich-konzeptionell nicht eine bestimmte Familienform normativ favorisiert wird, schlägt Nave-Herz folgende ‚Komponenten-Definition' vor (Nave-Herz 2004, S. 30 ff.; vgl. auch Nave-Herz 1994, S. 5 f.). Familie ist gekennzeichnet:

1) durch ihre biologisch-soziale Doppelnatur aufgrund der Übernahme zumindest der Reproduktions- und Sozialisationsfunktion neben anderen Funktionen, die kulturell variabel sind (z.B. emotionale Stabilisierungs- und Fürsorgefunktion, Haushaltsfunktion als Produktions- und/oder Konsumtionseinheit, Schutz-, Kult-, Gerichtsfunktion).
2) Für die Familie ist eine Generationendifferenzierung konstitutiv, keineswegs zwingend jedoch eine Geschlechterdifferenzierung. Sofern die Generationendifferenzierung aus der Vater- und/oder Mutter-Kind-Beziehung besteht, wird der Begriff Kernfamilie verwendet, erstreckt sich die Generationendifferenzierung weiter (Großeltern, Urgroßeltern), handelt es sich um Drei- oder Mehrgenerationenfamilien.
3) Zwischen den Familienmitgliedern besteht ein besonderes Kooperations- und Solidaritätsverhältnis, aus dem heraus die Rollendefinitionen festgelegt sind. Das Kooperations- und Solidaritätsprinzip kann unterschiedlich legitimiert sein (z.B. durch Tradition, durch schriftliche Verträge, durch gegenseitige emotionale Zuneigung). Die für die Familie je spezifischen Rollendefinitionen gehen entsprechend der jeweils kulturabhängig der ‚Familie' zugeschriebenen Funktionen mit ganz eigenen Rollenerwartungen an die Familienmitglieder einher, welche die Familienbeziehungen zu anderen sozialen Nahbeziehungen (zur Verwandtschaft, zu Freunden etc.) normativ abgrenzen (für weitere begriffliche Differenzierungen vgl. Nave-Herz 2004, S. 33 ff.).

Während diese formal-abstrakte Definition den gemeinsamen Nenner von Familie jenseits ihrer kulturellen und historischen Variabilität fassen will, kann – *viertens* – als ein Beispiel für Familiendefinitionen ‚mittlerer Reichweite', die Familie in einer historisch-kulturell konkreten Form zu bestimmen suchen, jene eingangs erwähnte *bürgerliche Kleinfamilie* angeführt werden, die sich mit der Moderne herausgebildet und etabliert hat (Peuckert 2005, S. 22; Meyer 1992):

1) Wohnung und Arbeitsstätte sind getrennt; mit der Auslagerung von Produktionsfunktionen aus der Familie geht eine Privatisierung des familialen Innenraums einher.
2) Familienfremde (nicht zur Kernfamilie gehörende) Personen wie Dienstpersonal, Gesinde, auch weitere Verwandte werden räumlich ausgegliedert.
3) Der privatisierte, auf emotional-intime Funktionen spezialisierte Innenraum der bürgerlichen Familie basiert auf der Ehebeziehung, die als Intimgemeinschaft von Mann und Frau durch das romantische Liebesideal legitimiert wird und damit die einzigartige Individualität und Persönlichkeit der Lebenspartner für beide wechselseitig ins Zentrum rückt.
4) Damit verbunden erfolgt eine Polarisierung der komplementär angelegten Geschlechtsrollen auf der Grundlage von als ‚natürlich' gesetzten gegensätzlichen Geschlechtscharakteren: Der Mann als Familienernährer ist für die gesellschaftlichen Außenbeziehungen zuständig, die Frau wird als Hausfrau und Mutter dem familialen Binnenraum zugeordnet.
5) Die eigenen (leiblichen) Kinder gelten als Ausdruck der Liebesbeziehung der Ehepartner, Kindheit wird zur aktiv und verantwortlich zu gestaltenden Lebensphase mit Eigenwert, die umfassender Aufmerksamkeit und Zuwendung seitens der Eltern – insbesondere der Mutter – bedarf.

Fasst man – *fünftens* – die bisherigen begrifflich-konzeptionellen Überlegungen zusammen, so ist festzuhalten: Mit dem Begriff ‚Familie' verbindet sich ein Deutungs- und Handlungszusammenhang, in dem sich seine materiale Basis als konkret beobachtbare Lebenspraxis (z.B. als zählbare Haushaltsformen und beschreibbare Beziehungskonstellationen) mit alltäglichen Einstellungen und Erfahrungen von Männern, Frauen und Kindern vermengen und verdichten. Diese wiederum stehen in enger Wechselwirkung zu den gesellschaftlich herrschenden Leitbildern, Normen, Wertvorstellungen zu Familie (und Paarbeziehungen sowie anderen Lebensformen). Systematisiert man diese Gemengelage entlang einer *soziologischen Mehrebenenperspektive auf Familie* (siehe Abb. 2), lässt sich ‚Familie' zum einen – makrosoziologisch – als historisch-kulturell gewachsenes institutionelles Gefüge mit legitimierenden und formierenden Werten, Normen, Rollenleitbildern und -vorgaben fassen. Zum anderen ist ‚Familie' – mikrosoziologisch gesehen – als spezifischer Interaktionszusammenhang zur Alltagsbewältigung von Individuen zu verstehen. Darin stellen die Familienmitglieder als interagierende Subjekte in ihrer konkreten Rollenausgestaltung und den damit korrespondierenden Selbst-/Fremdwahrnehmungen als Lebenspartner, Eltern, Söhne, Töchter, Geschwister etc. eine gemeinsam geteilte, als ‚Familie' gedeutete Wirklichkeit her und auf Dauer (vgl. auch Nave-Herz 2004, S. 30; grundlegend z.B. König 1976, S. 27 ff.).

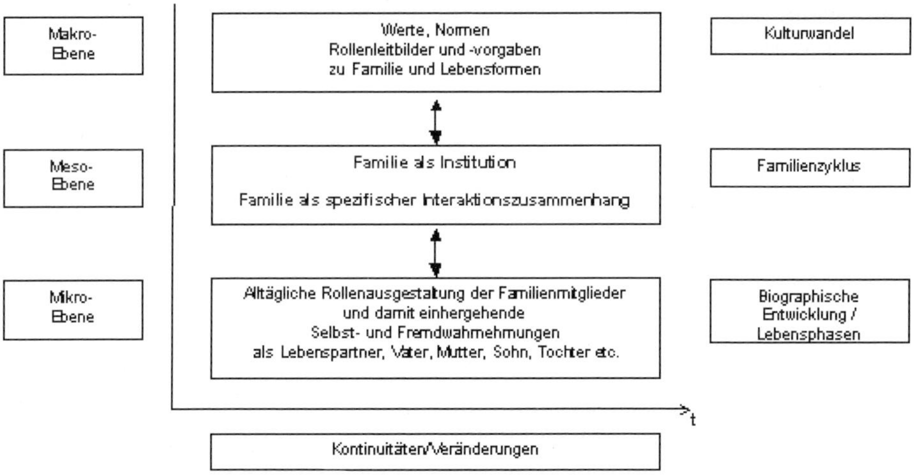

Abb. 2: Familie ein mehrebenenanalytisches Modell

Eine solche Ebenendifferenzierung führt zu folgenden Leitfragen, die im Weiteren bearbeitet werden sollen:

1) Wer wirtschaftet mit wem aufgrund welcher sozialen Beziehungen zusammen in einem Haushalt? Der gemeinsame oder getrennte Haushalt als solches ist dabei kein Kriterium für oder gegen Familie, sondern gilt lediglich als ein weiteres Differenzierungskriterium für unterschiedliche Lebens- und Familienformen (Kap. III.1 dieses Beitrages).
2) Wer wird aufgrund welcher Kriterien (z.B. Verwandtschaft) gemäß den kulturell vorherrschenden Normen und Werten von ‚Familie' mit wem als zusammengehörig definiert und so – z.B. in entsprechender Anwendung gesetzlicher Vorgaben – unter dem Begriff ‚Familie' subsumiert? Und: Wer definiert sich selbst in seinen lebensweltlichen Bezügen mit wem aufgrund welcher gemeinsam geteilter Vorstellungen und Kriterien als Familie und konstituiert so in der gemeinsamen Alltagspraxis welche alltäglichen Familienwirklichkeiten (Kap. III.2 dieses Beitrages)?
3) Was kennzeichnet die jeweils kulturell und historisch spezifische Verknüpfung von Familie mit Individuum und Gesellschaft (gemäß den entsprechenden Deutungsangeboten aktueller soziologischer Erklärungsansätze) (Kap. IV dieses Beitrages)?

III. Empirische Befunde und Trends zum Wandel von Familie und privaten Lebensformen

Die folgenden Abschnitte skizzieren ausgewählte empirische Entwicklungstrends im Feld von Familie und privaten Lebensformen für die Bundesrepublik Deutschland, die in der Familiensoziologie insbesondere für die zweite Hälfte des 20. Jahrhunderts als wesentliche Indikatoren für Veränderungen und/oder Kontinuitäten diskutiert werden (zusammenfassend z.B. Alt 2005; Bertram 1991, 1995; Bien 2006; Hill/Kopp 2006; Meyer 1992, 2002; Nave-Herz 2004; Peuckert 2005). Verwendet man zu deren Deutung als historische Referenzfolie die 1950er/60er Jahre – das sogenannte ‚goldene Zeitalter' von Ehe und Familie, in dem ein Großteil aller erwachsenen Menschen die Möglichkeit zu Eheschließung und Familiengründung in Form der bürgerlichen Kleinfamilie verwirklichten (Sieder 1987, S. 243 ff.; Peuckert 2005, S. 24 ff.), ergibt sich bis heute ein deutlicher Wandel in Richtung einer Pluralisierung privater Lebensformen. Allerdings: „Nimmt man die Befunde der historischen Familienforschung sowie die bis ins 19. Jahrhundert zurückreichenden Daten der offiziellen Statistik hinzu, dann kann man feststellen, dass die Familie schon immer ein sehr flexibles soziales Gebilde war, welches in vielerlei Formen auftrat" (Hill/Kopp 2006, S. 48 f.).

Die Antwort auf die Frage nach Veränderung oder Kontinuität hängt folglich nicht nur von den begrifflich-konzeptionellen Fixierungen zu Lebensformen und Familie ab, sondern ebenso vom angelegten historischen Horizont. Was sich in kurzen Zeiträumen ändert, kann vor dem Hintergrund langfristiger Strukturprozesse womöglich als vernachlässigbares Oberflächenphänomen bewertet werden. Umgekehrt kann aber genauso der historisch gesättigte Blick auf vergangene Zeiten eine Deutung provozieren, welche neue Qualitäten im aktuellen Geschlechter- und Generationenverhältnis als vermeintlich bereits Dagewesenes übersieht. So ist einerseits aufgrund von Befunden der historischen Familienforschung z.B. mittlerweile unstrittig, dass sich auch für die vormoderne, ständisch strukturierte Gesellschaft – je nach Stand, je nach Besitz und sozialer Position – regional unterschiedlich eine Pluralität von Lebensformen nachweisen lässt. Neben dem oft zitierten ‚Ganzen Haus' als vorherrschender Familienform finden sich ebenso Kleinfamilien, aufgrund von rigiden Ehebeschränkungen nicht-eheliche Lebensgemeinschaften oder infolge von Verwitwung auf Wiederverheiratung basierende ‚patchwork-Familien' (Gestrich/Krause/Mitterauer 2003, S. 364 ff.; grundlegend Mitterauer/Sieder 1984). Andererseits zeigt der historische Blick insofern einen grundlegenden Wandel der Lebensformen im Zuge der Ablösung der traditionellen Gesellschaft, als das bürgerliche Familienideal im 17./18. Jahrhundert erst entsteht (Ehmer 1993) und sich schließlich in der Moderne bis in die Mitte des 20. Jahrhunderts über alle Klassen und Schichten hinweg auch als gelebte Alltagswirklichkeit durchsetzt.

III.1. Zum Strukturwandel von Haushalten und Familien

Da die amtliche Statistik weder Längsschnittdaten, in denen die gleichen Personen über den Zeitverlauf hinweg immer wieder befragt werden, zur Verfügung stellt noch auf Lebensformen als soziale Beziehungsphänomene zielt, sondern auf Haushaltskonstellationen, kommt ihr für die Frage nach dem Wandel von Familie und Lebensformen nur wenig Aussagekraft zu (Bertram 1991). Dennoch lassen sich – nicht nur, aber insbesondere für die zweite Hälfte des 20. Jahrhunderts – folgende grundlegende Trends in den Strukturmerkmalen privater Lebensformen festhalten (für die folgenden Angaben siehe auch Statistisches Bundesamt 2006a, 2006b).

Erstens: Die *Haushaltsgröße von Privathaushalten* hat sich im 20. Jahrhundert deutlich verringert. Auffallend ist dabei einerseits der rapide Anstieg der Einpersonen-Haushalte: von 7,1% um 1900 auf 37,5% im Jahr 2005, andererseits der massive Rückgang der Haushalte, in denen fünf und mehr Personen leben: von 44,4% auf 3,9% im gleichen Zeitraum. Die durchschnittliche Anzahl der Personen je Haushalt sank von 4,63 im Jahr 1871 auf 2,11 im Jahr 2005. Dieser quantitative Rückgang der Personenzahl in Haushalten setzt sich zusammen insbesondere aus dem durch das bürgerliche Familienideal initiierten Auszug nicht verwandter, also familienfremder Personen aus dem Haushalt (Dienstboten, Schlafgänger etc.), dem generellen Trend zur Gründung eines eigenen Haushalts im Sinne eines Auszugs aus der Herkunftsfamilie für beide Geschlechter sowie aus der Verringerung der Kinderzahl bei familialen Lebensformen.

Hinsichtlich der *Zusammensetzung und Struktur der Privathaushalte* ergibt sich – *zweitens* – folgendes Bild: In 2003 lebten ca. 52% der Bevölkerung mit Kindern in einem Haushalt, ca. 48% lebt zum Erhebungszeitpunkt nicht mit Kindern zusammen. Im März 2004 gab es rund 15,4 Mio. Alleinstehende, also Personen, die ohne Ehe- oder Lebenspartner und ohne ledige Kinder lebten. Zu diesem Zeitpunkt war damit jede fünfte Person (19%) in Deutschland allein stehend. Die meisten Alleinstehenden – rund neun von zehn (91% der angegebenen 15,4 Mio.) – führten 2004 einen Einpersonenhaushalt (galten somit als Alleinlebende), der größte Teil davon (rund 5,9 Mio. Alleinstehende – also fast zwei Fünftel) war 65 Jahre und älter. Die Familienformen teilten sich 2004 folgendermaßen auf: 73% aller Familien waren Ehepaare mit Kindern, mehr als 20% aller Familien entfielen auf Alleinerziehende und mehr als 6% der Familien in Deutschland bestanden aus nichtehelichen oder gleichgeschlechtlichen Lebensgemeinschaften mit Kindern. Damit betrug der Anteil ‚alternativer' (familialer) Lebensformen an allen Familien in Deutschland im März 2004 ca. 26%. Als Familie gelten sowohl Ehepaare als auch nichteheliche Lebensgemeinschaften und gleichgeschlechtliche Lebensgemeinschaften, sofern Kinder mit im Haushalt wohnen. Somit lebt die Mehrheit der minderjährigen Kinder mit beiden leiblichen Eltern zusammen (Nave-Herz 2004, S. 68 f.). Eine Aufsplitterung der Familien nach Kinderzahl ergibt: Im Jahr 2004 gab es rund 51% Familien mit einem Kind, 37% mit zwei Kindern und rund 12% mit drei und mehr Kindern. Im Mai 2003 wuchsen knapp 2,2 Millionen Kinder unter 18 Jahren bei einer alleinerziehenden Mutter oder einem alleinerziehenden Vater auf, also fast jedes siebte (15%) der rund 14,9 Mio. minderjährigen Kinder in Deutschland (Statistisches Bundesamt 2004). „Insgesamt gab es in Deutschland im März 2004 rund 2,5 Mio. allein erziehende Elternteile, darunter deutlich über vier Fünftel (85%) allein erziehende Mütter“ (Statistisches Bundesamt 2006a, S. 26). Die Zahl der Paare ohne Kinder – sowohl Ehepaare als auch nichteheliche und gleichgeschlechtliche Lebensgemeinschaften – betrug im März 2004 rund 11,5 Mio. Paare.

Drittens: Während die *Eheschließungen* in (West-)Deutschland seit den 1960er Jahren kontinuierlich abgenommen haben, hat sich seit Mitte der 1950er Jahre die Zahl der *Ehescheidungen,* abgesehen von der Unterbrechung durch die Neuregelung des Familienrechts im Jahr 1977, bis zum Jahr 1984 ständig erhöht. So lag das Maximum der Eheschließungen im Jahr 1950 mit knapp 11 Ehen je 1.000 Einwohner – im Vergleich zum derzeitigen Minimum im Jahr 2006 mit 4,5 Eheschließungen je 1.000 Einwohner. Im Jahr 1984 war für die damalige Bundesrepublik mit insgesamt 130.744 geschiedenen Ehen bei 364.140 Eheschließungen die höchste Zahl von Scheidungsfällen seit 1950 registriert worden (ca. 36% oder 2,1 Ehescheidungen je 1.000 Einwohner – im Vergleich zum Minimum des ‚golden age of marriage' mit 46.101 Scheidungen bzw. 1,0 Ehescheidungen je 1.000 Einwohner in 1956). Seit den 1990ern ist bis in jüngste Zeit wieder ein kontinuierlicher Anstieg zu verzeichnen. 2004 lag die Zahl der Scheidungen bei 213.691 (2,6 Ehescheidungen je 1.000 Einwohner), 2005 bei 201.693 (ca. 54% der Ehen bzw. rund 2,5 Ehescheidungen je 1.000 Einwohner).

Schließlich ist – *viertens* – für die Bundesrepublik Deutschland ein deutlicher Rückgang des *Geburtenniveaus* mit der Verschiebung der Maxima der altersspezifischen Geburtenhäufigkeiten zu verzeichnen: Immer weniger Frauen bekommen immer später Kinder. Z.B. lag für 1964 das Maximum bei den 25-jährigen Frauen (176 Kinder je 1.000 Frauen gleichen Alters), 1989 hingegen lag es bei den 28-jährigen Frauen mit einem deutlichen Rückgang der Geburtenzahlen (112 Kinder je 1.000 Frauen gleichen Alters) und für 2005 schließlich bei den 30-jährigen Frauen (mit 94 Kindern je 1.000 Frauen gleichen Alters). Für die alten Bundesländer werden die meisten Geburten sogar noch später, in der Altersgruppe der 30- bis 34-jährigen Frauen verzeichnet. Mit einer Geburtenzahl von 685.795 im Jahr 2005 wird die derzeitige Müttergeneration nur noch ca. zu zwei Dritteln ersetzt (die sogenannte Nettoreproduktionsziffer – die durchschnittliche Anzahl der geborenen Mädchen je Frau – liegt bei 0,65). Die Abnahme der Geburtenzahlen resultiert insbesondere aus dem Rückgang von Mehrkindfamilien und aus dem Anstieg von Kinderlosigkeit als Verhaltensänderung im Sinne einer Reduktion des Kinderwunsches (als gewählte Kinderlosigkeit oder als Entscheidung gegen ein drittes oder weiteres Kind) bzw. einem biographischen Aufschieben des Kinderwunsches, der dann – aus welchen Gründen auch immer – nicht mehr verwirklicht wird bzw. werden kann.

Vor diesem Hintergrund ist festzuhalten: „Insgesamt betrachtet nimmt der Typus der neuzeitlichen westlichen Normalfamilie im Sinne eines kernfamilialen Haushalts von zwei Erwachsenen mit ihren unmündigen Kindern seit 1965 zahlenmäßig und anteilsmäßig ab und wird zunehmend ergänzt durch eine Vielzahl anderer familialer und insbesondere nichtfamilialer Lebensformen" (Peuckert 2005, S. 41; zu weiteren Differenzierungen im Wandel von Haushalts- und Familienformen im Überblick vgl. S. 29 ff.). In Anlehnung an Peuckert (ebd., S. 34) und Meyer (2002, S. 430 f.) kann in der Zusammenschau die Diagnose von der ‚Pluralisierung *privater Lebensformen'* an folgenden *Entwicklungstrends* festgemacht werden (vgl. auch Nave-Herz 2004, S. 65 ff.):

1) das Aufkommen neuer Haushaltstypen, damit verbunden vor allem auch neuer Lebensstile und Beziehungsformen mit und ohne Kinder, die sich – wenngleich nicht in allen sozialen Milieus gleichermaßen – als akzeptierte und tolerierte Alternativen zur modernen Ehe und Familie etablieren;
2) damit eng verbunden eine zunehmende Diversifizierung von Haushaltstypen und Lebensformen im Sinne einer Verschiebung ihrer quantitativen Gewichte;

3) eine fortschreitende Verweiblichung der Haushaltsvorstände (insbesondere durch Ein-Eltern-Familien von Frauen und weibliche Einpersonenhaushalte infolge der höheren Lebenserwartung von Frauen);
4) ein häufigerer Wechsel zwischen verschiedenen Haushaltstypen und Lebensformen im Verlauf der Gesamtbiographie eines Individuums, so dass im Durchschnitt betrachtet die Anteile an Lebenszeit, die in einer bestimmten Lebensform verbracht werden, zunehmend kleiner und insgesamt gesehen heterogener werden.

Doch wie sind die beobachtbaren Phänomene zu bewerten? Handelt es sich hierbei um strukturelle Anpassungen, bei denen letztlich die Grundmuster des bürgerlichen Ehe- und Familienideals gleich bleiben, oder kennzeichnen sie einen Wandel der für die moderne Gesellschaft fundamentalen Ordnung des privaten Zusammenlebens der Geschlechter und Generationen? Hierzu ist ein genauerer Blick auf die Leitbilder, Normen und Werte sowie die konkrete Ausgestaltung der sozialen Beziehungen, den aus der Sicht der Akteure damit verbundenen Erwartungen und Bedeutungen notwendig, der im nächsten Abschnitt geleistet werden soll.

III.2. Paarbeziehung und Eltern-Kind-Beziehung: symbolische Ordnung und alltägliche Beziehungspraxis

Der empirische Blick auf die für den Lebensalltag von Paaren und Familien charakteristischen Beziehungsmuster sowie die damit verbundenen normativen Orientierungen, Einstellungen und Deutungen weist sowohl eine Reihe von grundlegenden Veränderungen als auch wichtigen Kontinuitäten aus.

Für die *Partnerbeziehung* sind zunächst die veränderten Leitbilder zu Geschlechtsrollen allgemein, zur Ehe-/Partnerbeziehung als solcher, zur Liebe als deren ‚Kitt' sowie die mehr oder weniger ausgeprägte, aber mittlerweile für alle Bevölkerungskreise als kulturelle Vorgabe präsente Norm zur ‚Selbst-Verwirklichung' zu nennen. Damit ist keineswegs ein häufig in kulturkritischer Absicht beklagter Hang zum Egoismus, zur Ent-Solidarisierung oder dergleichen gemeint, sondern die – im Rahmen eines die Moderne kennzeichnenden Individualismus (Beck/Bonß/Lau 2001, 2004) – immer deutlicher sich konturierende Aufgabe für Individuen, nicht nur, aber auch und vor allem im Privaten an ihrer Identität, an ihrem Selbst zu arbeiten. Konkret bedeutet dies die Vorgabe, die privaten Beziehungen hinsichtlich ihrer Relevanz für sich selbst, für das eigene Selbst zu gestalten, was keinesfalls mit Egoismus zu verwechseln ist. Vielmehr zielt diese ‚Identitätsarbeit' auf die Signifikanz enger personaler Beziehungen, die nicht mehr in ihrer unhinterfragbaren Gegebenheit liegt, sondern in ihrer – auf die Erfüllung expressiver, emotional-affektiver Erwartungen zur ‚Selbst-Entwicklung' gerichteten – Herstell- und Formbarkeit durch die beteiligten Akteure als wechselseitig signifikante Andere (Berger/Kellner 1965; Keupp u.a. 2006, S. 129 ff.). Dies führt vor dem Hintergrund des Zerbrechens der beiden, für die Moderne zentralen Grundlagen der Geschlechterbeziehung im Privaten – dem ‚traditionellen (meint: bürgerlich-modernen) Geschlechterverhältnis' und dem ‚romantischen Liebesideal' – zu diversifizierten Beziehungswirklichkeiten aus der Perspektive der Beteiligten in ihrem alltäglichen ‚doing couple' oder

‚doing family', auch dort, wo sich Haushaltsstrukturen und Lebensformen scheinbar ähneln (Beck/Beck-Gernsheim 2003).

Zur Erläuterung: Infolge eines für beide Geschlechter widersprüchlich und asynchron verlaufenden Wandels der Geschlechtsrollen, in dem vor allem für Frauen seit den 60er Jahren ein ‚nachholender' Individualisierungsschub zu verzeichnen ist, steigen die kommunikativen und interaktiven Divergenzen in den Lebensperspektiven zwischen Männern und Frauen. Die damit als ‚prometheischer Zwang' (Berger/Kellner 1965) immer notwendiger werdenden Aushandlungsprozesse in den privaten Lebenswelten gestalten sich gleichzeitig immer schwieriger und bleiben weitgehend in einem Widerspruch zwischen formulierbaren Erwartungen und deren konkret erfahrener Einlösung gefangen. So bricht zwar in heutigen Rollenvorstellungen die ehemals eindeutige geschlechtsspezifische Zuordnung von Berufstätigkeit, Hausarbeit und Kinderbetreuung zunehmend auf, für die konkrete Handlungsebene, die familiale Alltagspraxis, jedoch gilt dies – zumal bei berufstätigen Lebenspartnern – nach wie vor keineswegs (Beck-Gernsheim 1994, 1998; Krüger 2006; Peuckert 2005, S. 259 ff.; Rerrich 1994; Wagner 2004, S. 161 ff.).

Ergänzend dazu und eng verbunden mit dem demnach bislang eher auf der Einstellungs- als der Handlungs- und Strukturebene zu verortenden Geschlechtsrollenwandel sind auch die ambivalenten Verschiebungen in den Machtkonstellationen und Autoritätsmustern in der Partnerbeziehung zu sehen. Sie unterliegen ebenfalls der gleichen Widersprüchlichkeit zwischen Ansprüchen und ‚erlebter Realität'. Das Ideal einer gleichverteilten Entscheidungsmacht in der Partnerbeziehung existiert oftmals neben der männlichen Vorstellung einer nach wie vor ‚legitimen Autorität des Mannes' oder dem Wunsch von Frauen nach ‚entscheidungsfreudigen und -fähigen Partnern' (Eckert/Hahn/Wolf 1989; Hopf/Hartwig 2001; Opielka 1990; Stalb 2000).

Dem zur Seite steht schließlich die Transformation des nur nach außen hin kohärenten ‚romantischen Liebesideals' als Fundament moderner intimer Paarbeziehungen in eine widersprüchliche ‚Liebessemantik' (Luhmann 1982): Darin gerinnt die Liebe, deren Erfüllung umso intensiver ersehnt wird, je mehr Enttäuschungen erlebt werden, zur schwierigen ‚Arbeit' an der Beziehung (Beck/Beck-Gernsheim 1990, S. 65 ff.). Gelingen soll dabei nicht mehr und nicht weniger als eine widersprüchliche Balance zwischen Bindung und Individuation. Über die skizzierte Rollenproblematik hinweg transformiert und dynamisiert sich dergestalt auf gesellschaftlicher Ebene das alte Ideal der ‚romantischen Liebe' mit seiner außeralltäglichen Entgrenzungsverheißung zur permanenten ‚veralltäglichten' Glücksarbeit als Lebensaufgabe (Beck/Beck-Gernsheim 1990, S. 222 ff.; Hahn/Burkart 2000; Koppetsch/Burkart 1999).

Zusammengefasst hat sich damit offenbar ein genereller Wandel der Bedingungen, der Möglichkeiten vollzogen, dauerhafte Partnerbeziehungen im Privaten zu leben. Der Wandel kann insbesondere durch Veränderung der individuellen Bedürfnis- und Erwartungsstruktur als auch durch im weitesten Sinne ‚fehlende Stabilitätsstützen' infolge nicht mehr allgemein gültiger Leitbilder und als selbstverständlich erachteter Rollenvorgaben gekennzeichnet werden (Nave-Herz 2004, S. 150 ff.).

Schaut man vor dem Hintergrund der skizzierten Trends in der Geschlechter- bzw. in der Paarbeziehung – die ebenso entsprechend die Vater-Mutter-Beziehung als Elternpaar tangieren – auf die *Eltern-Kind-Beziehung* in ihrer alltagspraktischen Ausgestaltung, so ergibt sich ein zum Teil ähnliches, zum Teil aber auch entscheidende Differenzen aufweisendes Bild. Oberflächlich betrachtet scheint der Erziehungsalltag im Leben mit Kindern in einer insgesamt kinder- und familienfeindlichen Umwelt, deren Raum-, Zeit- und Interaktionsstrukturen nicht nach Bedürfnissen von Kindern ausgerichtet sind, sondern rationalen Systemlogiken folgen, nach wie vor schwierig zu sein. Zu nennen sind z.B. erhöhte Organisations- und Betreuungsprobleme – meistens für Mütter – durch starre Arbeitszeitvorgaben der Eltern, ungünstige Schulpläne der Kinder oder infolge der zunehmenden ‚Verinselung' kindlicher Lebensräume, die je nach Familienzusammensetzung, je nach verfügbaren sozialen oder ökonomischen Ressourcen unterschiedlich bewältigt werden können (vgl. zusammenfassend z.B. Alt 2005; Herlth u.a. 2000; auch Lange 2006).

Unterhalb dieser Oberfläche findet sich ein kontinuierlicher Bedeutungszuwachs einer – mittlerweile für weite Bevölkerungsteile als verbindlich erachteten – normativen Ordnung der Eltern-Kind-Beziehung, die auf ‚verantworteter Elternschaft' (Kaufmann 1995; vgl. auch Nave-Herz 2004, S. 85) und dem Gebot der ‚optimalen Förderung des Kindes' beruht (Beck/Beck-Gernsheim 1990, S. 168 ff.; Beck-Gernsheim 1998, S. 110 ff.). Diese Normierung enthält die Aufgabe an die Eltern, das Kind adäquat auf die gesellschaftlichen Anforderungen und Ansprüche, wie sie im Rahmen der gängigen Individuierungsvorgaben formuliert werden können, vorzubereiten: Entwicklung einer eigenständigen Persönlichkeit, qualifizierte Bildung, Leistungsbereitschaft und -fähigkeit, Kompetenz zur eigenverantwortlichen Lebensführung. Für Kinder bedeutet dies immer früher immer mehr Möglichkeiten und Verpflichtungen zu einer ‚eigenen' Lebensgestaltung, für Eltern intensivierte Betreuungs- und vor allem ‚Beziehungsarbeit' mit dem Kind, steigende Erziehungsverantwortung bei zunehmend abstrakter und widersprüchlicher werdenden Erziehungszielen und -stilen mit den dazu gehörenden, als ‚Sozialisationswissen' medial verbreiteten und zum Teil gegensätzlichen (populär-)wissenschaftlichen Handlungsanleitungen. Das hierdurch sich um jenes Gebot als Zentrum konstituierende Sozialisationsklima führt neben all den damit verbundenen Verunsicherungen und Problemen tendenziell sogar zu einem paradoxen Erziehungsrückzug der Eltern: Einerseits werden sehr wohl konkrete Erwartungen an die Kinder herangetragen, andererseits sollen jene aber geradezu von selbst so werden, wie Vater oder Mutter es sich wünschen (Nave-Herz 1994, S. 57 ff., 2004, S. 195 ff.).

Ein solchermaßen ambivalenter und widersprüchlicher Erziehungsprozess erfolgt noch dazu vor dem Hintergrund einer Freisetzung der Eltern-Kind-Beziehung von traditionellen Rollenvorgaben und -zwängen: Wie Mutter- und Vaterrolle auszugestalten sind, was Tochter- oder Sohn-Sein im familialen Alltag tatsächlich umfassen soll, wird zunehmend ungewiss, verliert seine alltagspraktische Unhinterfragbarkeit. Das bedeutet für alle Beteiligten – also sowohl für Eltern wie auch für Kinder entsprechend ihrer altersmäßigen Entwicklung, dass sie ihre Rollen im familialen Alltag erst aushandeln müssen, ohne sich dabei noch auf allgemein anerkannte und verbindliche Leitbilder von Vater, Mutter, Tochter oder Sohn berufen zu können (Schneider/Matthias-Bleck 2002; Hess-Diebäcker/Stein-Hilbers 1991).

Auf der Rückseite dieser Transformationen der Eltern-Kind-Beziehung mit all den Schwierigkeiten und Problemen für die Familien findet sich schließlich eine im historischen Verlauf sich verändernde Bedeutung des Kindes, die als wachsende ‚Kindzentriertheit' charakterisiert werden kann. ‚Das Kind' verwandelt sich dabei von einem ehedem als selbstverständlich geltenden zentralen Bestandteil der ‚normalen Familienbiographie' von Männern und Frauen zum erhofften elementaren Glücksbringer und Sinnstifter für die Individualbiographie. Damit symbolisiert es mit seiner bedingungslosen Liebe in der ‚kalten' Moderne gleichsam die ‚warme', die ‚natürliche', ‚authentische' Seite des Menschseins - und dies noch dazu verlässlicher als es z.B. die unsichere Liebe zum Partner zu versprechen vermag. Dies impliziert letztlich aber eine spezifische Form der ‚Liebe zum Kind', die unter der Schale eines zuvorderst auf die optimale Entwicklung des Kindes fokussierten Blicks die durchaus ‚eigennützigen' emotional-affektiven Ansprüche der Eltern in den Vordergrund rückt (Beck/Beck-Gernsheim 1990, S. 138 ff.; Nave-Herz 2004, S. 194; Schütze 1988, S. 109 ff.).

Die Konsequenzen aus diesen kulturellen Verschiebungen im Eltern-Kind-Verhältnis liegen nicht nur in zunehmenden Unsicherheiten, wachsenden Problemen und Konflikten auf der Interaktionsebene, sondern sie deuten sowohl einerseits in Richtung einer ‚Entkindlichung des Kindes' im Sinne seiner ‚Emanzipation' aus der elterlichen Verfügungsgewalt wie auch andererseits in Richtung einer Umdefinition der Eltern-Kind-Beziehung. Denn das traditionelle Machtgefälle zwischen Eltern und Kindern wird letztendlich aufgehoben, ja sogar tendenziell umgekehrt, indem das Kind emotional-affektive, sinnstiftende Funktionen übernimmt, die vormals dem erwachsenen Partner zugeschrieben wurden. Nicht zuletzt diese Umkehrung führt – statt zu einer häufig beklagten, empirisch aber nicht haltbaren Ent-Solidarisierung zwischen den (Familien-)Generationen (Bertram 2002; Kohli/Szydlik 2000; Nave-Herz 2004, S. 212 ff.) – zu einer Entzerrung des Generationenverhältnisses, zum Verschwinden von Generationenkonflikten innerhalb der Familie (Schneider 1994, S. 156 ff.).

Zusammengefasst lautet das Fazit zur Eltern-Kind-Beziehung: Gerade weil insbesondere in normativ-symbolischer Hinsicht eine vereinheitlichende Orientierung der Eltern-Kind-Beziehung erkennbar ist, wird ‚Vielfalt', Pluralität von Familie – hier als unterschiedliches Aus- und Erfüllen dieser Norm je nach sozialen, ökonomischen, kulturellen Möglichkeiten im Sinne einer Diversifikation der Eltern-Kind-Beziehungswelten – erst wahrnehmbar (vgl. z.B. Vorheyer 2005).

IV. Theoretische Erklärungsmuster und Deutungen

Wie sind die skizzierten Befunde und Trends erklärbar, wie sind sie zu deuten bzw. – im Sinne Max Webers gefragt – welche Kulturbedeutung kommt ihnen zu? In der Familiensoziologie herrscht mittlerweile zwar Konsens darüber, dass Ehe und Familie in den vergangenen Dekaden einen tiefgreifenden Wandel erfahren haben, von einer umfassenden Auflösung privater Primärbeziehungen oder von einem ‚Ende von Familie' schlechthin kann hingegen keine Rede sein. Dem entsprechend kontrovers wird diskutiert, wie die konstatierten Veränderungen und Kontinuitäten theoretisch zu fassen und zu bewerten sind (vgl. z.B. Beck-Gernsheim 1998; Nave-Herz 2004; Hettlage 2000; Hoffmeister 2001; Lüscher/Schultheis/Wehrspaun 1988; Peuckert 2005; Tyrell 1988; Vaskovics 1997).

Gegen Krisendiagnosen und Zerfallsdeutungen argumentiert Nave-Herz mit ihrer These eines grundlegenden *Bedeutungswandels von Ehe und Familie.* Beide haben nicht per se an Bedeutung verloren, sondern ihre jeweilige Bedeutung hat sich gewandelt. Die häufig als Krisen- und Zerfallsindikatoren genannten Trends wie sinkende Kinderzahlen, steigende Scheidungsziffern usw. gelten ihr als Beleg für die anhaltend hohe Bedeutung von Ehe und Familie bzw. für die sogar steigenden Erwartungen, die Menschen heute mit ihrem gemeinschaftlichen Privatleben verbinden. ‚Bedeutung' meint dabei, wie verheiratete Lebenspartner ihre eigene Ehe und Familie bewerten bzw. welche persönliche Wichtigkeit sie ihnen in ihrem Leben zumessen, und welchen subjektiven Sinn sie mit ihrer eigenen sowie überhaupt mit der Ehe und Familie verbinden (Nave-Herz 1994). Der ihrer Meinung nach nur scheinbare Widerspruch zwischen der hohen Wertpräferenz von Ehe und Familie und steigenden Scheidungszahlen stützt nach Nave-Herz die These,

> „daß die Instabilität der Ehe gerade wegen ihrer hohen subjektiven Bedeutung für den Einzelnen zugenommen und dadurch die Belastbarkeit für unharmonische Partnerbeziehungen abgenommen hat. (...) Die hohen Scheidungsraten können also auch als Folge einer Erhöhung der Leistungsanforderungen – zuweilen sogar zu einer überhöhten – und zwar im Hinblick auf die ‚psychischen Nutzenerwartungen' an die Ehe gewertet werden. (...) Die Akzeptanz von Ehe und Familie ist in der Bundesrepublik weiterhin hoch. Die psychische Bedeutung von Ehe und Familie ist sogar zeitgeschichtlich gestiegen, und die Kind- und Familienzentrierung hat zugenommen. Damit ist auch die Chance gestiegen, daß die nunmehr erhöhten Leistungsanforderungen an die Ehe und Familie zu Leistungsüberforderungen werden. Neben anderen Faktoren können diese mitverursachend für die gesunkene Attraktivität von weiteren Kindern und für die gestiegene Instabilität der Ehe sein" (Nave-Herz 1989, S. 218; ähnlich 2004, S. 170 ff.).

Konfliktreiche, als nicht mehr erträglich wahrgenommene Ehen werden, gerade weil die intime Partnerbeziehung für den Einzelnen so wichtig ist, entgegen früherer konventioneller Vorgaben heute eher aufgelöst. Auch erfolgt eine Eheschließung nicht nur dann, wenn und weil man sich liebt – die Ehe verspricht also keineswegs mehr gleichsam ‚automatisch' einen ‚institutionellen Eigen- und Mehrwert' für Liebesbeziehungen. Sondern Paare heiraten im Sinne einer ‚kindorientierten Ehegründung' heute häufig dann, wenn sie – gemäß der Vorgabe zur ‚verantwortlichen Elternschaft' – Kinder haben wollen bzw. solche bereits vorhanden sind (Nave-Herz 2004, S. 84 ff. und 107; vgl. auch Peuckert 2005, S. 136 f.).

Ähnlich lässt sich differenzierungstheoretisch argumentieren: Die Durchsetzung der Moderne ging im Bereich der privaten Lebensformen einher mit der *Institutionalisierung der bürgerlichen Kleinfamilie* im Sinne ihrer spezifischen funktionalen Spezialisierung als ‚familialer Normaltypus der Moderne' (Meyer 1992, S. 19 ff.). Persönlichkeitsstabilisierung in der Partnerbeziehung und Sozialisationsfunktion, kurzum Emotionalität, Affektivität und ‚Arbeit am Selbst' im Rahmen signifikanter Beziehungen stehen in ihrem Zentrum. Damit wird die Familie schließlich zum letzten verbliebenen Erfüllungsort für die in einer zunehmend durchrationalisierten Gesellschaft wachsenden emotionalen Bedürfnisse nach umfassender personaler

‚Selbstentwicklung und -bestätigung' ihrer Mitglieder. Aus dieser theoretischen Perspektive können die aktuellen Veränderungen der bürgerlichen Ehe und Familie gedeutet werden als Zusammenspiel von einerseits steigenden Ansprüchen an und steigender Bedeutung von Privatheit und Intimität, und andererseits einer nun erfolgenden *Ausdifferenzierung verschiedener Privatheitstypen bei gleichzeitiger Deinstitutionalisierung der bürgerlichen Ehe und Kleinfamilie* (ebd.; Tyrell 1988, S. 148 ff.).

Die These von der Deinstitutionalisierung von Ehe und Familie behauptet (Tyrell 1988), dass nicht mehr Liebe, Heirat, Zusammenleben und Elternschaft in dieser vorgegebenen Abfolge gleichsam als unhinterfragt wahrgenommenes, gesellschaftlich festgelegtes und kontrolliertes Programm zu absolvieren sind, sondern dass sowohl der Grad der sozialen Erwünschtheit wie auch der Grad der Verpflichtung der Menschen auf dieses Muster abgenommen haben. Hinzu kommen noch der Rückgang der formellen und insbesondere informellen sozialen Kontrolle normkonformen Handelns sowie die Auflösung und Entkoppelung des Sinn- und Verweisungszusammenhanges von Liebe, Ehe, Zusammenleben, Sexualität und Familienbildung, der die Einheit der Institutionen Ehe und Familie abgesichert hat. In der Konsequenz, insbesondere auch wegen des Verlusts des Sexualitätsmonopols der Ehe (ebd., S. 153 f.), büßen Ehe und Familie ihre Monopolstellung als kollektiv verbindlich erachtete und allseits erstrebte Lebensform ein. Deinstitutionalisierung meint also nicht das Verschwinden, die Auflösung von Ehe und Familie als solche, sondern die Reduktion ihrer institutionellen Qualität.

> „Der Monopolverlust der Familie stellt sich in dieser Perspektive als Ausdifferenzierung in einen familien- und kindzentrierten (‚Normalfamilien', Einelternfamilien, NELG mit Kindern), einen partnerschaftszentrierten (kinderlose Ehen und NELG) und individualistischen Privatheitstypus (‚Singles', living apart together) dar" (Meyer 2002, S. 427).

Mehr als nur im Sinne einer kulturellen Liberalisierung steht hinter diesen institutionellen Veränderungen – mit Franz-Xaver Kaufmann (1995) gesprochen – eine *wachsende ‚Kultur der Kontingenz' des Privaten,* welche die wie auch immer ausgestalteten privaten Beziehungswelten der Akteure rahmt und so ehemalige kulturelle Unhinterfragbarkeiten, Selbstverständlichkeiten der individuellen Reflexion, Wahl und Entscheidung zugänglich macht (Maihofer/Böhnisch/Wolf 2001, S. 17). Die institutionellen Entkoppelungsprozesse im Sinne einer Trennung von Sexualität und Partnerbeziehung, von Liebe und Ehe, von Ehe und Elternschaft, von biologischer und sozialer Elternschaft schaffen jene neue Plausibilitäten und Optionsmuster, in denen sich Männer wie Frauen im Privaten zunehmend als die Gestalter ihres eigenen Lebens wahrnehmen (müssen), wenngleich die Konsequenzen daraus für das Individuum durchaus ambivalent formuliert werden können:

> „Eindeutige normative Regieanweisungen für das Handeln, wie sie ehedem galten, sind entfallen. Dies läßt sich als Freiheitsgewinn reklamieren und auch so erleben. Andererseits entfallen institutionsgestützte Verhaltenssicherheiten und damit nehmen im privaten Bereich Entscheidungslasten und Qualen der Wahl in kaum je gekanntem Maße zu" (Tyrell 1988, S. 156).

Im Tenor ähnlich, aber nicht differenzierungstheoretisch, sondern entlang des Individualisierungsbegriffs argumentieren Ulrich Beck und Elisabeth Beck-Gernsheim die Pluralisierung von Lebensformen im Kontext der Theorie reflexiver Modernisierung (Beck/Bonß/Lau 2001, 2004). Die Grundannahme hierzu lautet: Mit dem Wandel des Privaten zerbricht eine gesellschaftliche Struktur; – d.h.: Was in der Familie, in der schwierigen und konfliktreichen Herstellung von Familienalltag zwischen Männern, Frauen und Kindern als „Beziehungskonflikt erscheint, hat eine allgemeine, gesellschaftstheoretische Seite" (Beck 1986, S. 174).

Die moderne Industriegesellschaft als Gesellschaftsform der sogenannten ‚einfachen' bzw. ‚ersten Moderne' basierte auf der halbierten Vermarktung menschlichen Arbeitsvermögens und war „insofern auf die ungleiche Lage von Männern und Frauen angewiesen", denn „ohne Trennung von Frauen- und Männerrolle keine traditionelle [bürgerlich-moderne; Anm. W.S.] Kleinfamilie. Ohne Kleinfamilie keine Industriegesellschaft in ihrer Schematik von Arbeit und Leben" (ebd.). Indem nun die ‚Basisprinzipien' der Moderne – im Sinne von grundlegenden Handlungsvorgaben und -erwartungen wie bspw. Individualität bzw. individuelle Autonomie, Eigenverantwortlichkeit – als fortschreitende Modernisierung der modernen Gesellschaft auf ihre eigenen institutionellen Grundlagen treffen, also konsequent und gleichsam radikalisiert auf die die Moderne konstituierenden ‚Basisinstitutionen' Anwendung finden und somit ‚reflexiv' werden, gerät der ‚ständische' Charakter der Industriegesellschaft aus den Fugen.

Die umfassenden, über Geschlechter- und Generationengrenzen hinweg greifenden Individualisierungsprozesse in der zweiten Hälfte des 20. Jahrhunderts führen dabei nicht nur zur Freisetzung der Frau aus ihrem ‚Ständeschicksal', sondern zu einem Wandel, zu einem grundlegenden Umbau der (einfach) modernen Basisinstitutionen. An die Stelle der vorherrschenden bürgerlichen Kleinfamilie der modernen Industriegesellschaft mit ihren Rollenarrangements zum Paar- und Eltern-Kind-Verhältnis treten nun vielfältige Formen von geschlechter- und generationsbezogenen Beziehungskonstellationen, Aushandlungs- und ‚Wahl'familien. Die mit der bürgerlichen Kleinfamilie verbundenen Lebenslaufvorgaben von Männern und Frauen im Sinne männlicher und weiblicher ‚Normalbiographien' als lebenslange Erwerbsarbeit des männlichen Familienernährers bzw. als Familienarbeit der Hausfrau und Mutter werden zunehmend zu ‚Wahlbiographien' mit wachsenden Wahlmöglichkeiten und Wahlzwängen des ‚eigenen Lebens' (ebd., S. 176 ff.; Beck-Gernsheim 1994, 1998; Beck/Beck-Gernsheim 1990, S. 36 ff., 2003).

Dieser Wandel bedeutet jedoch keineswegs ein generelles Auflösen von Paar- und Familienbeziehungen als solchen, geht er doch einher mit der intensivierten Suche nach Zweisamkeit, Intimität und Partner- bzw. Familienglück. „Das Bedürfnis nach geteilter Innerlichkeit, wie es im Ideal der Ehe und Zweisamkeit ausgesprochen wird, ist kein Urbedürfnis. Es wächst mit den Verlusten, die die Individualisierung als Kehrseite ihrer Möglichkeiten beschert" (Beck 1986, S. 175). Doch statt Erfüllung dieses Bedürfnisses führt gerade in der (bürgerlichen) Ehe und Familie aufgrund der fortschreitenden Freisetzungsprozesse ins private Gegeneinander, was in der modernen Gesellschaft an strukturellen Widersprüchen (z.B. zwischen Familie und Arbeitsbereich) enthalten ist, mit der Folge der zunehmenden Ausbildung weiterer Lebensformen und Beziehungskonstellationen.

In diesem Sinne ist auch der für diese Argumentation zentrale, vieldeutige, missverständliche und oft missverstandene Begriff ‚Individualisierung' zu verstehen. Er bezeichnet als spezifische Form von Vergesellschaftung einen universalistisch ausgerichteten und anhaltenden Prozess im Zuge der Entstehung, Durchsetzung und Fortschreibung der Moderne, der die „Herausbildung von Fähigkeit, Freiheit und Notwendigkeit zur eigenen Entscheidung für alle Individuen" (Burkart/Kohli 1989, S. 407) beinhaltet (vgl. auch Friedrichs 1998; Wagner 2004; Nollmann/Strasser 2004). Individualisierung meint dabei nicht das völlige Loslösen des Individuums von jeglichen sozialen Verhältnissen und gesellschaftlichen Bezügen, sondern muss vielmehr als komplexe Neuformung des Verhältnisses von ‚Individuum' und ‚Gesellschaft' gedacht werden, in der neben einer Freisetzungs- auch eine Entzauberungs- sowie eine soziale Kontroll- bzw. Reintegrationsdimension enthalten ist (Beck 1986, S. 206 ff.). Damit verweist der Begriff auf der einen Seite auf die Lösung von traditionellen Bindungen und Beschränkungen mit der Zunahme von als frei wählbar zugeschriebenen Handlungsoptionen (Freisetzungsdimension). Auf der anderen Seite geht jener Prozess – mit seinem Zwang zur selbstverantwortlichen Lebensführung in direkter, unvermittelter Abhängigkeit von gesellschaftlichen Institutionenkomplexen wie Bildung, Arbeitsmarkt etc. (Kontroll-/Reintegrationsdimension) – auch einher mit Handlungsunsicherheit. Die Relativierung von bislang, entlang vorgegebener ‚Normalbiographien', als verbindlich erachteten Lebensentwürfen geht einher mit Sinnverlusten (Entzauberungsdimension) durch die allumfassende Hinterfragbarkeit und scheinbare Beliebigkeit der vorhandenen Optionen, die der individualisierte Sinnbastler (Hitzeler 1994) für seine eigene Bastel-Existenz einschließlich der Identitätsprobleme infolge biographischer Diskontinuitäten und Brüche zu bewältigen hat (Beck/Beck-Gernsheim 1990, S. 105 ff.). So präsentieren mediale Diskurse das Private heute häufig entlang der Begriffe Liebe, Partnerschaft, Elternschaft als vielgestaltiges Feld von Wahlmöglichkeiten und Entscheidungsoptionen, mit denen der Einzelne seine ‚life style-Experimente' in, mit oder ohne Familie frei gestalten könne. In den Hintergrund treten dabei in der Regel die (politisch, rechtlich, wirtschaftlich vorgegebenen) institutionellen Rahmenbedingungen des Privaten, durch die (vermeintliche) Wahlfreiheiten zu Wahlzwängen werden und zu deren biographischen Folgen durch einmal getroffene Entscheidungen für die Individuen dann mitunter kaum noch Wahlmöglichkeiten bestehen.

Mit diesem Individualisierungskonzept dreht sich für die Theorie reflexiver Modernisierung die Frage nach Veränderungen und Kontinuitäten von Familie letztlich um das Problem einer Neu-Ordnung des Privaten (Schneider 1994, 2002; vgl. auch Rössler 2001). Für die moderne Kleinfamilie war noch ein institutionell eindeutig abgegrenzter Privatraum charakteristisch, in dem die Vergesellschaftung von Frauen und Kindern ‚abgeleitet und vermittelt' über den Mann erfolgte, der als Familienernährer die Verbindung zum öffentlichen Bereich gewährleistete. Diese moderne Ordnung des Privaten wird in der reflexiven Moderne zunehmend ersetzt durch einen dynamischen Raum von Öffentlichkeit/Privatheit, in dem die Grenzen zwischen öffentlich/privat sich verflüssigen, uneindeutig werden und in dem vor allem Männer wie Frauen und Kinder eigenständig ‚als Individuen' eingestellt sind, also eine ‚individualisierte Vergesellschaftung' erfahren.

V. Zusammenschau: Zukunft von Familie

Familie ist grundlegend als ein soziales Konzept und kulturelles Konstrukt zu betrachten, welches in seiner alltäglichen Erfahrbarkeit und praktischen Ausgestaltung in Wechselwirkung mit dem steht, was wir – die Gesellschaft – darüber wissen, welche Bedeutung wir diesem Wissen beimessen und wie wir das Gewusste bewerten. Da Geschichte selbstredend kein Faktensammeln ist, sondern historische Rekonstruktionsarbeit und damit immer auch Konstruktion des Gestern im Hier und Jetzt, kann auch die Antwort auf die Frage nach dem Wandel von Familie nicht durch das einfache Sammeln von ‚Fakten zu gestern und heute' gegeben werden. Daten sind keine Fakten, die für sich selbst sprechen, sondern immer ‚Hergestelltes', entstanden aus den jeweils eingenommenen Blickwinkeln, von denen aus gesellschaftliche Wirklichkeit betrachtet wird. Und sie konstituieren selbst Wirklichkeit, indem mit ihnen Wissen über das Zusammenleben von Menschen produziert wird, welches auf dieses Zusammenleben wiederum rückwirkt.

Das Fazit der hier vorgelegten Rekonstruktion lautet: Die moderne bürgerliche Kleinfamilie gehört zwar keinesfalls der Vergangenheit an und wird voraussichtlich in naher Zukunft neben all der Vielfalt auch nicht zur exotischen Randerscheinung, jedoch ist sie „heute nur noch eine – wenn auch die häufigste – unter zahlreichen Lebensformen" (Peuckert 2005, S. 10). Mit der beobachtbaren „Ausdifferenzierung der Formen der privaten Lebensführung" (Rerrich 1988, S. 17) befindet sich die moderne Kleinfamilie jedoch insofern in einer historisch neuen Situation, als ihr Familienumfeld nicht mehr zum größten Teil ebenfalls aus Familien besteht, denn inzwischen ist nicht mal mehr jeder zweite Haushalt überhaupt durch das Zusammenleben von Erwachsenen und Kindern gekennzeichnet. Auch wenn dies keineswegs heißt, dass Menschen in nicht-familialen Haushalten nicht mehr in familialen Bezügen leben (vgl. multilokale Mehrgenerationenfamilien, Bertram 2002), so ist neu daran: Die neben der herkömmlichen Familie existierenden Variationen werden nicht mehr generell als Abweichungen wahrgenommen und entsprechend sanktioniert. Vielmehr werden sie teilweise sozial toleriert oder gelten – je nach soziokulturellem Milieu und je nach Lebensalter/-phase (Kindheit, Jugend, Erwachsenenalter, Alter) und Lebenssituation (z.B. Schmidt u.a. 2006) – gar als positiv, als sozial erwünscht (z.B. als ‚probeweises' Zusammenleben eines jungen Paares vor Ehe/Elternschaft). Hinsichtlich des Geschlechterverhältnisses gilt: Da Paarbeziehung, Ehe und Elternschaft in ihrer normalfamilialen Kombinatorik insgesamt an institutionellem Verpflichtungscharakter eingebüßt haben und die Ausgestaltung der einzelnen Lebensphasen insbesondere hinsichtlich der Lebensformen zunehmend als individuell gewählt wahrgenommen wird, gelten diese Trends sowohl für Männer wie für Frauen gleichermaßen, wenngleich keineswegs bei gleichen Voraussetzungen und mit gleichen Folgen für beide Geschlechter (Born 2001). So ist bspw. der Schritt von der Normalfamilie hin zur Eineltern-Familie aufgrund von Scheidung für Mütter mit deutlicheren Einkommenseinbußen verbunden als für Väter – mithin auch das Armutsrisiko von Ehescheidung für geschiedene Eltern geschlechtsspezifisch ungleich verteilt. Auf der anderen Seite beeinträchtigt die Ehescheidung für Väter deutlicher die Quantität und Qualität der Kontakte zu ihren Kindern (Heß-Meining/Tölke 2005, S. 267 ff.).

Insgesamt gesehen wird ‚Familie' nicht von der gesellschaftlichen Bildfläche verschwinden. Aber auch keine andere private Lebensform wird in absehbarer Zukunft wohl eine solche gesellschaftliche Dominanz erlangen, wie sie die moderne bürgerliche Kleinfamilie für einen historisch relativ kurzen Zeitraum im 19. und vor allem in der Mitte des 20. Jahrhunderts gewinnen konnte. Vor diesem Hintergrund ist die Annahme einer Institutionalisierung verschiedener familialer und nicht-familialer Lebensformen entlang teilkultureller Differenzierungen plausibel, die dann – je nach biographischer Phase und Lebenssituation – für den Einzelnen unterschiedlich bedeutsam werden. D.h.: Mit dem Abschied von der Fiktion einer einheitlichen Gesamtkultur moderner Industriegesellschaften geht der Abschied von einer einzigen, verbindlich für alle geltenden und auch für alle gleichermaßen erstrebenswert erscheinenden Lebensform einher. Auch wenn für einen erheblichen Teil der Bevölkerung Ehe und Familie im herkömmlichen Sinn von hoher Bedeutung sind, so gilt auch hier: Der Rückbezug auf das Traditionale, auf das (vermeintlich) Althergebrachte (was selbst ‚Erfindung der Moderne' war) kann nicht mehr in seiner typischen unhinterfragbaren Selbstverständlichkeit vorgenommen werden. Vielmehr ist dieser Rückbezug selbst wiederum nur als Resultat individuell zugerechneter Entscheidungsprozesse denkbar, deren Folgen als konkret erfahrbare Beziehungswirklichkeiten im Alltag von Paaren und Familien ihre vormals als Resultat aus einer Selbstverständlichkeit von Ehe und Familie gegebene Schicksalshaftigkeit verlieren. Deshalb wird Ehe und Familie auch für solche Menschen zum wagnisreichen Projekt, die nach außen hin im Spiegel der amtlichen Haushaltsstatistik als ‚traditionaler Teil' erscheinen.

Die voranstehenden Ausführungen haben – *erstens* – gezeigt, dass ‚Familie' nicht nur Unterschiedliches meinen kann, sondern die jeweiligen begrifflich-theoretischen Fundamente unterschiedliche Erklärungen und Deutungen für die konstatierten empirischen Befunde und damit auch für das Verhältnis von Familie, Gesellschaft und Individuum liefern. *Zweitens* ist zu beachten, dass es hinsichtlich der Frage des Wandels kein einseitiges Ursache-Wirkungs-Verhältnis zwischen Gesellschaft und Familie gibt im Sinne von: Die Gesellschaft wandelt sich, und die Familie passt sich dem an. Vielmehr ist von einem Wechselwirkungsverhältnis gleichsam zwangsläufig auszugehen (Nave-Herz 2004, S. 54): Gesellschaftliche Strukturen bedingen zweifellos den Familienalltag – aber Familie, indem sie jene Individuen, aus denen Gesellschaft besteht, beständig hervorbringt (nicht nur durch Sozialisation von Kindern, sondern ebenso durch die Beziehungen unter ihren erwachsenen Mitgliedern), produziert Gesellschaft und damit auch gesellschaftlichen Wandel.

Der eingangs zitierte David Cooper stellte der bourgeoisen Zwangsgemeinschaft – genannt ‚die Familie' – ‚eine Art Anti-Familie' entgegen, die sich aus seiner Sicht idealerweise in der psychoanalytischen Situation ergeben könne, wenn der Analytiker Achtung zeige „vor der Zeit des anderen oder vor der Zeit, die der andere braucht, um eine Beziehung zu assimilieren" (Cooper 1972, S. 15). Ein solches Beziehungssetting wäre dann „eine Familie, der man sich anschließen kann, wenn man will, und aus der man ausscheiden kann, wenn man das in ihr getan hat, was man tun wollte" (ebd.). Damit kommt er dem erstaunlich nahe, was – nach Elisabeth Beck-Gernsheim – heute als Vergemeinschaftungsprinzip den vielfältigen Beziehungswelten sogenannter ‚postfamilialer Familien' mit ihren ‚Wahlverwandtschaften' zugrunde liegt (Beck-Gernsheim 1994). Doch auch und gerade dann besteht die Macht von ‚Familie(n)' in ihrer sozialen Mittlerfunktion, indem sie Individuen hervorbringen, die als Kinder zunächst keineswegs ihre Lebensform ‚wählen' können und die – später als Erwachsene – Bestehendes bewahren oder gesellschaftlichen Wandel weiter vorantreiben.

Literatur

Alt, C. (Hrsg.) (2005): Kinderleben – Aufwachsen zwischen Familie, Freunden und Institutionen (Band.1: Aufwachsen in Familien). Wiesbaden.

Beck, U. (1986): Risikogesellschaft. Auf dem Weg in eine andere Moderne. Frankfurt a.M.

Beck, U./Beck-Gernsheim, E. (1990): Das ganz normale Chaos der Liebe. Frankfurt a.M.

Beck, U./Beck-Gernsheim, E. (2003): Families in a Runaway World. In: Scott, J./Treas, J./Richards, M. (eds.): The Blackwell Companion to Sociology of the Family. Cambridge, S. 499–514.

Beck, U./Bonß, W./Lau, C. (2001): Theorie reflexiver Modernisierung – Fragestellungen, Hypothesen, Forschungsprogramme. In: Beck, U./Bonß, W. (Hrsg.): Die Modernisierung der Moderne. Frankfurt a.M., S. 11–59.

Beck, U./Bonß, W./Lau, C. (2004): Entgrenzung erzwingt Entscheidung: Was ist neu an der Theorie reflexiver Modernisierung. In: Beck, U./Lau, C. (Hrsg.): Entgrenzung und Entscheidung. Was ist neu an der Theorie reflexiver Modernisierung? Frankfurt a.M., S. 13–62.

Beck-Gernsheim, E. (1994): Auf dem Weg in die postfamiliale Familie – Von der Notgemeinschaft zur Wahlverwandtschaft. In: Beck, U./Beck-Gernsheim, E. (Hrsg.): Riskante Freiheiten. Individualisierung in modernen Gesellschaften. Frankfurt/Main, S. 115–138.

Beck-Gernsheim, E. (1998): Was kommt nach der Familie? Einblicke in eine neue Lebensform. München.

Berger, P.L./Kellner, H. (1965): Die Ehe und die Konstruktion der Wirklichkeit. Eine Abhandlung zur Mikrosoziologie des Wissens. In: Soziale Welt, 16, S. 220-235.

Bergmann, C. (2002): Pressemitteilung des Bundesministeriums für Familie, Senioren, Frauen und Jugend vom 2.7.2002.
http://www.bmfsfj.de/bmfsfj/generator/Kategorien/Presse/pressemitteilungen.html

Bertram, H. (2002): Die multilokale Mehrgenerationenfamilie. In: Berliner Journal für Soziologie. 4, S. 517–529.

Bertram, H. (Hrsg.) (1991): Die Familie in Westdeutschland. Stabilität und Wandel familialer Lebensformen. Opladen.

Bertram, H. (Hrsg.) (1995): Das Individuum und seine Familie. Lebensformen, Familienbeziehungen und Lebensereignisse im Erwachsenenalter. Opladen.

Bien, W. (2006): Familie zwischen Wunsch und Wirklichkeit, zwischen Ideologie und Realität. In: Bertram, H./Krüger, H./Spieß, C.K. (Hrsg.): Wem gehört die Familie der Zukunft? (Expertisen zum 7. Familienbericht der Bundesregierung). Opladen, S. 259–277.

Born, C. (2001): Modernisierungsgap und Wandel. Angleichung geschlechtsspezifischer Lebensführungen. In: Dies./Krüger, H. (Hrsg.): Individualisierung und Verflechtung. Geschlecht und Generation im deutschen Lebenslaufregime. Weinheim, S. 29–53.

Burkart, G./Kohli, M. (1989): Ehe und Elternschaft im Individualisierungsprozeß: Bedeutungswandel und Milieudifferenzierung. In: Zeitschrift für Bevölkerungswissenschaft, 15, 4, S. 405–426.

Cooper, D. (1972): Der Tod der Familie. Reinbek.

Eckert, R./Hahn, A./Wolf, M. (1989): Die ersten Jahre junger Ehen. Verständigung durch Illusionen? Frankfurt a.M.

Ehmer, J. (1993): Die Geschichte der Familie: Wandel der Ideale – Vielfalt der Wirklichkeit. In: Vavra, E. (Hrsg.): Familie – Ideal und Realität. Horn, S. 5–21.

Friedrichs, J. (Hrsg.) (1998): Die Individualisierungs-These. Opladen.

Gestrich, A./Krause, J.-U./Mitterauer, M. (2003): Geschichte der Familie. Stuttgart.

Gubrium, J.F./Holstein, J.A. (1990): What is Family? Mountain View.

Hahn, K./Burkart, G. (Hrsg.) (2000): Grenzen und Grenzüberschreitungen der Liebe (Studien zur Soziologie intimer Beziehungen II). Opladen.

Herlth, A./Engelbert, A./Mansel, J./Palentien, C. (Hrsg.) (2000): Spannungsfeld Familienkindheit. Neue Anforderungen, Risiken und Chancen, Opladen.

Hess-Diebäcker, D./Stein-Hilbers, M. (1991): Geteilte Elternschaft: Modell für die Gleichverteilung von Haus- und Erwerbsarbeit berufstätiger Eltern. In: Teichert, V. (Hrsg.): Junge Familien in der Bundesrepublik. Familienalltag - Familienumwelt – Familienpolitik. Opladen, S. 119–136.

Heß-Meining, U./Tölke, A. (2005): Familien und Lebensformen von Männern und Frauen. In: Bundesministerium für Familie, Senioren, Frauen und Jugend (Hrsg.): Gender Datenreport. S. 224–277. http://www.bmfsfj.de/bmfsfj/generator/Publikationen/genderreport/4-familien-und-lebensformen-von-frauen-und-maennern.html

Hettlage, R. (2000): Individualisierung, Pluralisierung, Postfamilialisierung. Dramatische oder dramatisierte Umbrüche im Modernisierungsprozess der Familie? In: Zeitschrift für Familienforschung. 12, 1, S. 72–97.

Hill, P.B./Kopp, J. (2006): Familiensoziologie. Grundlagen und theoretische Perspektiven. 4., überarb. Aufl. Wiesbaden.

Hitzeler, R. (1994): Sinnbastler. Zur subjektiven Aneignung von Lebensstilen. In: Mörth, J./ Fröhlich, G. (Hrsg.): Kultur und soziale Ungleichheit. Frankfurt a.M.

Hoffmeister, D. (2001): Mythos Familie. Zur soziologischen Theorie familialen Wandels. Opladen.

Hopf, C./Hartwig, M. (Hrsg.) (2001): Liebe und Abhängigkeit. Partnerschaftsbeziehungen junger Frauen. Weinheim.

Kaufmann, F.-X. (1995): Zukunft der Familie im vereinten Deutschland. Gesellschaftliche und politische Bedingungen. München.

Keupp, H./Ahbe, T./Gmür, W./Höfer, R./Mitzscherlich, B./Kraus, W./Straus, F. (2006): Identitätskonstruktionen. Das Patchwork der Identitäten in der Spätmoderne. Reinbek.

Klein, M. (Hrsg.) (2006): Themen und Konzepte in der Familiensoziologie der Nachkriegszeit. Würzburg.

Köhler, H. (2006): Kinder selbstverständlich! Von der Freiheit, Kinder zu haben. Rede von Bundespräsident Horst Köhler beim Jahresempfang der Evangelischen Akademie Tutzing am 18. Januar 2006. http://www.bundespraesident.de/-,11057/Reden-und-Interviews.htm

Kohli, M./Szydlik, M. (2000): Generationen in Familie und Gesellschaft. Opladen.

König, R. (1976): Soziologie der Familie. In: ders./Rosenmayr, L.: Handbuch zur empirischen Sozialforschung. Band 7: Familie – Alter. 2., völlig neubearb. Aufl., Stuttgart, S. 1–217.

Koppetsch, C./Burkart, G. (1999): Die Illusion der Emanzipation. Zur Wirksamkeit latenter Geschlechtsnormen im Milieuvergleich. Konstanz.

Krüger H. (2006): Geschlechterrollen im Wandel – Modernisierung der Familienpolitik. In: Bertram, H./Krüger, H./Spieß, C.K. (Hrsg.): Wem gehört die Familie der Zukunft? (Expertisen zum 7. Familienbericht der Bundesregierung). Opladen, S. 191–206.

Lange, A. (2006): Arbeits- und Familienzeiten aus Kinderperspektive. In: Bertram, H./Krüger, H./Spieß, C.K. (Hrsg.): Wem gehört die Familie der Zukunft? (Expertisen zum 7. Familienbericht der Bundesregierung). Opladen, S. 125–143.

Lenz, K. (2003): Soziologie der Zweierbeziehung. Eine Einführung. 2., akt. und erw. Aufl., Opladen.
Luhmann, N. (1982): Liebe als Passion. Zur Codierung von Intimität. Frankfurt a.M.
Lüscher, K. (2001): Soziologische Annäherung an die Familie. Konstanz.
Lüscher, K. (2003): Familie pragmatisch definieren. In: Erwägen – Wissen – Ethik (Diskussionsforum Familie – Abschied von einem Begriff?), 14/3.
Lüscher, K./Schultheis, F./Wehrspaun, M. (Hrsg.) (1988): Die „postmoderne" Familie. Familiale Strategien und Familienpolitik in einer Übergangszeit. Konstanz.
Maihofer, A./Böhnisch, T./Wolf, A. (2001): Wandel der Familie (Arbeitspapier 48 der Hans Böckler Stiftung, Reihe: Zukunft der Gesellschaft). Düsseldorf.
Meyer, T. (1992): Modernisierung der Privatheit. Differenzierungs- und Individualisierungsprozesse des privaten Zusammenlebens. Opladen.
Meyer, T. (2002): Private Lebensformen im Wandel. In: Geißler, R.: Die Sozialstruktur Deutschlands. Die gesellschaftliche Entwicklung vor und nach der Vereinigung. 3., grundl. überarb. Aufl. Wiesbaden, S. 401–433.
Mitterauer, M./Sieder, R. (1984): Vom Patriarchat zur Partnerschaft. Zum Strukturwandel der Familie. 3. Aufl. München.
Nave-Herz, R. (1989): Zeitgeschichtlicher Bedeutungswandel von Ehe und Familie in der Bundesrepublik Deutschland. In: Dies./Markefka, M. (Hrsg.): Handbuch der Familien- und Jugendforschung (Bd.I: Familienforschung), Neuwied, S. 211–222.
Nave-Herz, R. (1994): Familie heute. Wandel der Familienstrukturen und Folgen für die Erziehung. Darmstadt.
Nave-Herz, R. (2003): Die Ehe verweist auf Familie, aber die Familie verweist nicht unbedingt auf Ehe, in: Erwägen – Wissen – Ethik (Diskussionsforum Familie – Abschied von einem Begriff?), 14/3.
Nave-Herz, R. (2004): Ehe- und Familiensoziologie. Eine Einführung in Geschichte, theoretische Ansätze und empirische Befunde. Weinheim.
Nollmann, G./Strasser, H. (Hrsg.) (2004): Das individualisierte Ich in der modernen Gesellschaft. Frankfurt a.M.
Opielka, M. (1990): Der Wandel im Verhältnis der Geschlechter. In: Bundeszentrale für Politische Bildung (Hrsg.): Umbrüche in der Industriegesellschaft. Herausforderungen für die politische Bildung. Bonn, S. 101–136.
Peuckert, R. (2005): Familienformen im sozialen Wandel. 6. Aufl. Wiesbaden.
Rerrich, M.S. (1988): Balanceakt Familie. Zwischen alten Leitbildern und neuen Lebensformen, Freiburg.
Rerrich, M.S. (1994): Zusammenfügen, was auseinanderstrebt: Zur familialen Lebensführung von Berufstätigen. In: Beck, U./Beck-Gernsheim, E. (Hrsg.): Riskante Freiheiten. Individualisierung in modernen Gesellschaften. Frankfurt a.M., S. 201–218.
Rössler, B. (2001): Der Wert des Privaten. Frankfurt a.M.
Schmidt u.a. 2006 = Schmidt, G./Matthiesen, S./Dekker, A./Starke, K. (2006): Spätmoderne Beziehungswelten. Opladen.
Schmidt, U. (2002): Deutsche Familiensoziologie. Entwicklung nach dem Zweiten Weltkrieg. Opladen.
Schneider, N.F./Matthias-Bleck, H. (Hrsg.) (2002): Elternschaft heute. Gesellschaftliche Rahmenbedingungen und individuelle Gestaltungsaufgaben (Sonderheft 2 der Zeitschrift für Familienforschung). Opladen.
Schneider, N.F./Rosenkranz, D./Limmer, R. (1998): Nichtkonventionelle Lebensformen. Entstehung, Entwicklung, Konsequenzen. Opladen.
Schneider, W. (1994): Streitende Liebe. Zur Soziologie familialer Konflikte. Opladen.
Schneider, W. (2002): Von der familiensoziologischen Ordnung der Familie zu einer Soziologie des Privaten? In: Soziale Welt, 53, 4, S. 375–395.

Schütze, Y. (1988): Zur Veränderung im Eltern-Kind-Verhältnis seit der Nachkriegszeit. In: Nave-Herz, R. (Hrsg.): Wandel und Kontinuität der Familie in der Bundesrepublik Deutschland. Stuttgart, S. 95–114.

Sieder, R. (1987): Sozialgeschichte der Familie. Frankfurt a.M.

Stalb, H. (2000): Eheliche Machtverhältnisse. Ein Theorienvergleich. Herbolzheim.

Statistisches Bundesamt (2004): Pressemitteilung Nr. 216 vom 12.05.2004.

Statistisches Bundesamt (2006a): Leben und Arbeiten in Deutschland. Sonderheft 1: Familien und Lebensformen. Ergebnisse des Mikrozensus 1996–2004. Wiesbaden.

Statistisches Bundesamt (2006b): Statistisches Jahrbuch für die Bundesrepublik Deutschland 2006. Wiesbaden.

Tyrell, H. (1987): Romantische Liebe – Überlegungen zu ihrer „quantitativen Bestimmtheit“. In: Baecker, D. et al. (Hrsg.): Theorie als Passion. Niklas Luhmann zum 60. Geburtstag. Frankfurt a.M., S. 570-599.

Tyrell, H. (1988): Institutionalisierung und Deinstitutionalisierung von Ehe und Familie. In: Lüscher, K./Schultheis, F./Wehrspaun, M. (Hrsg.): Die „postmoderne“ Familie. Familiale Strategien und Familienpolitik in einer Übergangszeit. Konstanz, S. 145–156.

Vaskovics, L.A. (Hrsg.) (1997): Familienleitbilder und Familienrealitäten. Opladen.

Vorheyer, C. (2005): Wer gehört zur Familie? Strukturelle Charakteristika der familialen Netzwerke von Kindern. In: Alt, C. (Hrsg.): Kinderleben – Aufwachsen zwischen Familie, Freunden und Institutionen (Band 1: Aufwachsen in Familien). Wiesbaden, S. 23–44.

Wagner, G. (2004): Anerkennung und Individualisierung. Konstanz.

Peter Büchner

Kapitel 3: Familie als Bildungsinstanz

I. Fragestellung

Wer sich für die grundlegende Bildungsbedeutsamkeit der Familie interessiert, wird feststellen, dass es erstaunlich wenige Forschungsergebnisse über die Familie als Bildungsort gibt. Ganz besonders fehlen uns empirische Forschungsergebnisse über die konkreten individuellen und kollektiven Bildungsleistungen, die im Rahmen der kulturellen Alltagspraxis in Familien erbracht werden. Trotz einer derart schlechten Ausgangslage wollen wir aber im Folgenden der Frage nachgehen, wie in heutigen Familien die Aufgabe gemeistert wird, Bildung und Kultur über Austauschbeziehungen zwischen den Generationen so weiter zu geben und sich anzueignen, dass allen Familienmitgliedern eine anschlussfähige soziale und kulturelle Teilhabe in Familie und Gesellschaft ermöglicht wird.

Wir stützen uns bei den folgenden Überlegungen vor allem auf eigene Forschungsergebnisse (vgl. Büchner/Brake 2006a) und gehen bewusst von einem weiten Bildungsverständnis aus, indem wir Bildung *und* Kultur in Anlehnung an Bourdieu (1983) als kulturelles Kapital begreifen (vgl. dazu Brake/Büchner 2003, S. 629). Damit soll verdeutlicht werden, dass das gelebte Familienleben und die damit verbundenen kulturellen Lebensäußerungen (z.B. Spielen, Essen, Wohnen, Urlaub, Körperpflege oder Wochenendgestaltung als Felder des kulturellen Erlebens und Gestaltens) für alle Familienmitglieder große Bedeutung für vielfältige Prozesse des Bildungserwerbs (als kultureller Kapitalerwerb) haben. Das bezieht sich z.B. bei der Stilisierung des Alltagslebens auch auf die Fähigkeit der (Selbst-) Verortung der eigenen kulturellen Praxis im sozialen und kulturellen Raum sowie den Umgang mit (biographischer) Ambivalenz, also mit Uneindeutigkeit und Unvereinbarkeit von unterschiedlichen kulturellen Handlungsanforderungen (vgl. Pillemer/Lüscher 2003).

Wie also – so lautet unsere Ausgangsfrage – nehmen Familien ihre „Gatekeeper-Funktion" für den Zugang zur Welt wahr (vgl. Chassé/Zander/Rasch 2003)? Welche Bildungsmöglichkeiten ergeben sich im alltäglichen Familienleben, welche Bildungsanlässe werden im Begegnungs- und Kommunikationsraum Familie geschaffen und welche Bildungsrelevanz hat die Familie als Netzwerk von gelebten Beziehungen (vgl. Bien 1994)? Und: Welchen Stellenwert hat die Familie als Ort für wechselseitige Austauschbeziehungen von Bildung und Kultur zwischen den Generationen, welche bildungsbezogenen Anregungs-, Ingangsetzungs- und Unterstützungspotenziale finden sich am Bildungsort Familie und insbesondere in unterschiedlichen familialen Herkunftsmilieus?

Ausgangspunkt der folgenden Überlegungen (vgl. dazu auch Büchner 2006, S. 21 ff.) ist die Beobachtung, dass Bildungsprozesse in der Familie zu den (bildungs)biographischen Grunderfahrungen eines Menschen gehören, selbst wenn das Bildungsgeschehen in der Perspektive des weiteren Lebenslaufs zunehmend auch in anderen sozialen und kulturellen Kontexten und damit auch an anderen Bildungsorten stattfindet. Wir wollen darüber nachdenken, wie in Familien (bildungs)biographische Ziele entwickelt werden, wie sie im familialen Alltag entstehen und wie es Individuen (und Familien) schaffen, Lebensläufe zu gestalten, entsprechende Präferenzen zu entwickeln und die in einer Familie vorhandenen bildungsrelevanten Ressourcen und Gelegenheitsstrukturen im „gelebten" Familienalltag aktiv zu nutzen. Dabei müssen wir uns klar machen, dass „der Mensch von Grund auf durch entsprechende andere" existiert (Adorno 1956, S. 42). Individuen entwickeln ihre Subjektivität in Auseinandersetzung mit den Erwartungen bedeutsamer Anderer. Sie sind also – anthropologisch gesehen – auf die Teilnahme an sozialen Beziehungen und auf den kommunikativen Austausch mit anderen angewiesen. Das trifft in besonderem Maße auch auf die Weitergabe und Aneignung von Bildung und Kultur im Rahmen von familialen Austausch- und Aushandlungsbeziehungen zu. Eine selbstbestimmte und individuelle menschliche Bildung ist somit nur im Rahmen von sozialen Beziehungen vorstellbar, deren Regeln jeweils eine eigene Geschichte haben, die es zu rekonstruieren gilt. Diese Rekonstruktionsarbeit schließt ein, sich mit dem „Mythos vom autonom lernenden Subjekt" (Bremer 2004, 2005) auseinander zu setzen und den Nachweis zu führen, dass die Vorstellung von der freien Selbstentfaltung durch Bildung (z.B. in der Form eines „freien Bildungsunternehmertums") als Ausdruck eines Privilegs gesehen werden muss, sobald man sich genauere Einblicke in die verschiedenen Bildungswelten und die dabei erkennbare Heterogenität der Bildungspraxis und der Bildungsstrategien verschafft hat.

Im Folgenden soll dies am Beispiel der sich im familialen Mehrgenerationenzusammenhang vollziehenden Weitergabe und Aneignung des familialen Bildungserbes bzw. des kulturellen Familienerbes geschehen, wobei die Herkunftsfamilie für alle Beteiligten als eine Art (bildungs)biographisches Referenzsystem verstanden wird (vgl. dazu auch Ziegler 2000). Erst wenn die Dynamik der bildungs- und kulturbezogenen Austauschprozesse zwischen den Generationen einer Familie und die Reziprozität der entsprechenden Generationenbeziehungen entschlüsselt werden, öffnet sich der Blick für Zusammenhänge, die Erkenntnisse über familiale Bildungsleistungen, über bildungsbezogene Handlungs- und Entscheidungsmuster und damit über Bildungsstrategien im Familienkontext erwarten lassen (vgl. dazu auch Gerris/Grundmann 2002). Es gilt herauszufinden, wie die sozialen Gebrauchsweisen der jeweils unterschiedlich vorhandenen bildungs- und kulturbezogenen Gelegenheitsstrukturen und Handlungschancen bei der Gestaltung des individuellen und familialen Bildungsgeschehens aussehen. Trotz der im erziehungswissenschaftlichen Diskurs favorisierten Annahme eines grundsätzlich autonomen und entwicklungsoffenen bildungsbezogenen Subjektentwurfs ist allerdings gleichzeitig zu beachten, dass das individuelle Bildungsgeschehen und die Gestaltung einer individuellen Bildungsbiographie in der Regel in konkreten Lebenssituationen im Rahmen der Zugehörigkeit zu einer Familie stattfindet, so dass es darauf ankommt, die jeweilige Ressourcenlage zu berücksichtigen und die (insbesondere intergenerationalen) sozialen Beziehungsmuster bei der familialen Weitergabe und Aneignung von Bildung und Kultur zu beachten.

Die damit verbundenen Sinn- und Regelsysteme sind allerdings nicht immer primär und konkret auf bestimmte Bildungsbemühungen fixiert, denn viele (vielleicht sogar die Mehrzahl der) kulturellen Praktiken im Familienrahmen dienen (zumindest vordergründig) oft ganz anderen Zwecken („Freizeit", „Spaß haben", alltägliche Gewohnheiten und Rituale), wobei den beteiligten Personen die (mehr oder weniger große) Bildungsrelevanz ihres Handelns oft gar nicht bewusst wird. Oder mit den Worten von Bertaux/Bertaux-Wiame (1991, S.14): Die Weitergabe und Aneignung von Bildung und Kultur „sind mehr oder weniger bewusst, mehr oder weniger gewollt; einige können vollkommen unbeabsichtigt sein, ja den bewusst angestrebten Zielen zuwiderlaufen." Intergenerationale Transmissionsprozesse beziehen sich dabei auf die Verhaltens- und Einstellungsmuster, Werte und Tabus sowie auf „Ressourcen, die vom Sprach-, Wahrnehmungs- und Erkenntnisvermögen, von der Ausbildung, von den kommunikativen und affektiven Fähigkeiten und schließlich von den ökonomischen Ressourcen und dem Familienbesitz abhängen" (ebd.). Auch für das bildungsbezogene alltagspraktische Handeln in der Familie gilt, dass es in Teilen einem latenten Sinn folgt, der als kollektive „tacit knowledge" einer Familie wirksam wird. Insofern hat das bildungsbezogene Tun der Familienmitglieder „mehr Sinn, als sie selber wissen" (Bourdieu 1987, S. 127). Bildungsstrategien können daher nur aus den aktuellen und vergangenen Bildungsprozessen der Beteiligten, deren Bewertung sowie den ihnen zugrunde liegenden Entscheidungen rekonstruiert werden. Dabei gilt es, an den Austausch- und Aushandlungsprozessen zwischen den Generationen einer Familie anzusetzen und die bildungsbezogenen Gelegenheitsstrukturen herauszuarbeiten, die dazu beitragen, die Teilhabechancen der einzelnen Familienmitglieder am kulturellen und sozialen Leben in der Gesellschaft zu sichern.

Nach diesen einleitenden Überlegungen zur Fragestellung dieses Beitrages werden nun zunächst einige Theoriebezüge vorgestellt, die bei der Betrachtung der Familie als Bildungsort relevant sind. In Anlehnung an die Arbeiten von Bourdieu (1982; 1987) und insbesondere dessen „Theorie der Praxis" (1976) werden Elemente eines Konzepts familialer Bildungsforschung als Habitusforschung formuliert. Bildung wird dabei als ein multilokales, weit über die Institution Schule hinausreichendes Prozessgeschehen sowie als individuelle und kollektive Investitionsleistung verstanden, die anerkennungstheoretisch begründet ist und sich in der Familie vor allem über intergenerationale Austausch- und Aushandlungsprozesse von Bildung und Kultur realisiert. Insofern wird eine Analyserahmen entwickelt, der es erlaubt, habitualisierten Bildungsstrategien in Mehrgenerationenfamilien auf die Spur zu kommen, die – wie sich zeigen wird – nur selten echten strategischen Intentionen folgen, sondern einer eher impliziten sozialen Logik des Handelns verpflichtet sind, die sich aus dem jeweiligen Familienhabitus ergibt.

II. Bildung als individuelle und kollektive Investitionsleistung

Wenn es um den Bildungsort Familie geht, muss unter Bildung mehr verstanden werden als lediglich formale Bildung, wie sie in Bildungsinstitutionen, also z.B. in der Schule vermittelt wird (vgl. dazu auch Büchner 2003, S. 7 ff.). Im traditionellen Sinne gilt Bildung als die erarbeitende und aneignende Auseinandersetzung mit der Welt schlechthin und als Inbegriff der Selbstverwirklichung des Menschlichen im Menschen. Ein solches Begriffsverständnis weist zuweilen weit über den Rahmen eines wissenschaftlichen Terminus hinaus und ist mit einer gewissen metaphysischen Tiefe, ja einer nahezu religiösen oder pseudoreligiösen Akzentsetzung verbunden, die nicht in andere Sprachen übersetzbar erscheint (vgl. Schwenk 1989, S. 208 f.). Erst seit der im 18. Jahrhundert einsetzenden Säkularisierung eines solchen Bildungsdenkens, das ursprünglich an antike Vorstellungen einer *cultura animi* oder der christlichen *imago-dei*-Lehre angeknüpft hatte, finden wir eine naturalistische Ausdeutung des Bildungsbegriffs. Im Rahmen der von der Schöpfung vorgegebenen Möglichkeiten wird der Mensch dabei als befähigt angesehen, seine Bildung – als Vorgang und Ergebnis – selbst zu betreiben. In kritischer Distanz zu politischen *Erziehungs*programmen der Aufklärungspädagogik, die mit der Forderung nach gesellschaftlicher Brauchbarkeit des Menschen verbunden waren, entstand im 18. und 19. Jahrhundert das *Bildungs*verständnis vom Werden von Mensch und Menschheit als reiner Menschenbildung.

Bei aller Unterschiedlichkeit in der Ausdeutung dieses Ziels wurde Bildung schließlich im weiteren Verlauf der geschichtlichen Entwicklung zum Inbegriff menschlicher Selbstentfaltung und Selbstvollendung im emphatischen Sinne. Allerdings wird dieses Bildungsverständnis, das mit dem Entstehen des Standesbewusstseins der Gebildeten einhergeht und zur Legitimation sozialer Privilegien und ständischer Interessen benutzt wird (vgl. Schwenk 1989; Herrlitz/Hopf/Titze 1993), gleichzeitig zunehmend zum Bestandteil des bürgerlichen Emanzipationsstrebens im ausgehenden 18. und beginnenden 19. Jahrhundert. Bildung gewinnt damit einen aristokratisch-elitären Zug, der neben dem naturrechtlich-anthropologischen Begründungszusammenhang bis heute dazu beiträgt, dass Bildung bereits im Rahmen ihrer Begriffsgeschichte als ambivalentes Geschehen (zwischen individuellem Förderversprechen und systemimmanenten Auslesevorgängen) zu betrachten ist, das sich einem definitorischen Bemühen um Eindeutigkeit immer wieder entzieht. Gleichwohl verfestigte sich ein Sprachgebrauch, der Bildung – insbesondere gymnasiale Bildung – als „zweckfreie Lebensleistung des Menschen“ eher dem „Edelmanne“ zutraute, während Bildung im Sinne von beruflicher Ausbildung den Nimbus des Geringerwertigen bekam und primär auf die notwendige Ausstattung des Individuums für den sozialen und wirtschaftlichen Prozess bezogen blieb (vgl. Schwenk 1989, S. 216).

Im 19. Jahrhundert entwickelt sich vor diesem Hintergrund dann zunehmend ein quasi operationales Verständnis von Bildung, dessen Ursprünge vor allem in den neuhumanistischen Entwürfen für (schulische) Bildungsprogramme zu suchen sind. Indem dort Bildung zum Gegenstand von pädagogischer Anstrengung im Rahmen von Unterricht gemacht wird, entsteht eine bildungspolitische Programmatik, die darauf ausgerichtet ist, allen heranwachsenden Mitgliedern der Gesellschaft, auch den ärmsten, eine allgemeine Menschenbildung zu vermitteln. Solche im Rahmen der liberalen Freisetzungspolitik der preußischen Reformphase formulierten egalitären Bildungsansprüche bleiben jedoch abstraktes Programm und lediglich als solches bis heute wirkungsmächtig. Im Interesse der Aufrechterhaltung der gesellschaftlichen Machtverhältnisse sind die vorgelegten Programme nicht realisiert worden. Im Gegenteil: Das sich zusammen mit dem entstehenden Unterrichtswesen immer weiter ausdifferenzierende Berechtigungswesen (im Kontext von Bildung als „Veranstaltung des Staates“) kompensiert in gewisser Weise die Folgen, die sich aus dem Abbau der geburtsständischen Privilegien ergeben, indem es die freigesetzte Gesellschaft erneut hierarchisch zu klassifizieren beginnt (vgl. Herrlitz/Hopf/Titze 1993, S. 43).

Das entstehende höhere und niedere Schulwesen, heute würden wir vom gegliederten Schulwesen sprechen, ist Ausdruck einer Interessenpolitik, die der Idee der allgemeinen Menschenbildung ein Konzept der natürlichen Verschiedenheit der Menschen und der bedarfsangemessenen Begrenzung höherer Bildung entgegensetzt. Die damit verbundene Absage an eine soziale Bildungsbeteiligung von unten – zumindest soweit sie berechtigungswirksam ist – und die damit verbundene Verteidigung des privilegierten Zugangs zu höheren beruflichen Positionen über gestufte Bildungsabschlüsse sind im Zuge der weiteren Entwicklung des Unterrichtswesens zu den zentralen Themen bei der Gestaltung von organisierter Bildung in dafür vorgesehenen Bildungsinstitutionen geworden. In modernen Gesellschaften bekommt Bildung dann nicht nur als berechtigungswirksame Größe im individuellen Lebensverlauf einen immer größeren Stellenwert. Noch bis weit in das 19. Jahrhundert hinein war es für die meisten Menschen vergleichsweise unwichtig, welchen Bildungsabschluss sie erwarben. Formale Bildungsnachweise sind erst in der zweiten Hälfte des 20. Jahrhunderts von einer vormals nicht absolut notwendigen, aber hilfreichen zur absolut notwendigen, aber dennoch nicht immer zureichenden Voraussetzung geworden, um einträgliche und ansehnliche gesellschaftliche Stellungen zu erreichen (vgl. Hradil 1999, S. 148).

Grundsätzlich muss inzwischen zu Beginn des 21. Jahrhunderts davon ausgegangen werden, dass Bildung (vor allem im Sinne von elementarer Schulbildung) zunächst grundsätzlich als nahezu distinktionsloser (Minimal-)Standard gilt, der Teilhabechancen am kulturellen und sozialen Leben eröffnen soll. Bildung wird damit als Grundvoraussetzung für den Zugang zur sozialen und kulturellen Welt verstanden, die sich allerdings keineswegs nur in Bildungsinstitutionen vollzieht. Vielmehr finden so verstandene Bildungsprozesse auch in der Familie statt und werden über die Reziprozität der familialen Generationenbeziehungen und die Wechselseitigkeit des Gebens und Nehmens im Familienalltag realisiert. In diesem Sinne hat Bildung (zunächst!) weniger mit Laufbahndenken und Karrieren zu tun, sondern bezieht sich auf allgemeine Lebensführungskompetenzen, die unter dem Gleichheitsanspruch jenseits von Klasse und Schicht für alle Menschen gleichermaßen von Bedeutung, aber in vielerlei Hinsicht nicht für alle verfügbar sind (vgl. dazu auch Fünfter Familienbericht 1994). Um dem Menschen biographische Gestaltungschancen sowie selbstbestimmte Partizipationschancen am gesellschaftlichen Leben zu eröffnen, müssen individuell Bildungsleistungen erbracht und gesellschaftliche Rahmenbedingungen geschaffen werden, um dies zu ermöglichen. Bildung in diesem Sinne ist im Rahmen der menschlichen Lebensbewältigung somit ein Erfordernis, das auf die individuelle und gesellschaftliche Entwicklung von menschlichem Humanvermögen mit dem Ziel gerichtet ist, unter den gegebenen und sich ständig wandelnden biographischen und gesellschaftlichen Bedingungen ein den menschlichen Entfaltungsmöglichkeiten angemessenes und gemeinsam mit anderen Menschen verantwortbares Leben zu führen (Wissenschaftlicher Beirat für Familienfragen 2002, S. 14).

Dass Bildung (gemessen am erreichten „funktionalen" Bildungsniveau) und Berechtigung (im Sinne von Zugangsberechtigung zu beruflichen Karrieren) trotzdem auch weiterhin untrennbar miteinander verbunden bleiben, kann als Ausdruck des fortbestehenden sozialen Prestigewerts vor allem von höherer Bildung im Kontext von bestehenden gesellschaftlichen Machtkonstellationen gelten. Indem Bildung in differenzierter Form kulturelle Teilhabe und soziale Anschlussfähigkeit ermöglicht, erhält sie vor allem über die Berechtigungsseite von Bildung einen zentralen biographischen Stellenwert nicht nur für die berufliche Laufbahn, sondern auch für die (entsprechende!) Erschließung und Nutzung von gesellschaftlichen Ressourcen und biographischen Optionen im Rahmen der (Selbst-)Gestaltung des Lebenslaufs. In dieser Hinsicht bekommt Bildung (für das Individuum ebenso wie für die Gesellschaft) Investitionscharakter, indem z.B. biographische Wissensbestände und damit zugleich auch persönliche Handlungsressourcen in unterschiedlichem Umfang und unterschiedlicher Qualität akkumuliert werden, die für den weiteren Lebensverlauf zur Verfügung stehen und entsprechend genutzt werden können. Allerdings ist auch hier von einer unterschiedlichen Verfügbarkeit und Nutzungspraxis ebenso wie von einer unterschiedlichen „Marktgängigkeit" von Bildungsinhalten und darauf bezogenen kulturellen Praxisformen auszugehen, die das Bildungsgeschehen in diesem Zusammenhang keineswegs zu einem distinktionslosen Vorgang machen. Bildung ist vielmehr bis hinein in alltägliche Lebenszusammenhänge eng mit sozialen Anerkennungsprozessen verbunden. Deshalb ist von einem unterschiedlichen Kurswert von unterschiedlichen Bildungsprofilen auszugehen, die weit über die Berechtigungsseite von Bildung hinausweisen (vgl. dazu Büchner 2002b).

Will man sich vom sozial ausdifferenzierten Bildungsgeschehen in diesem Sinne empirisch einen Eindruck verschaffen, dann muss *Bildung* vor diesem Hintergrund sowohl *als individuelle wie auch als kollektive Investitionsleistung* an unterschiedlichen Bildungsorten und insbesondere auch am Bildungsort Familie verstanden werden, die sich aus der Untersuchung der Weitergabe und Aneignung von Bildung und Kultur in der Mehrgenerationenperspektive erschließen lässt, weil die Konstitutionsbedingungen für Bildungsbiographien in ihrer sozialen Logik erst in einer generationenübergreifenden Betrachtung voll nachvollzogen werden können. Mehrgenerationenfamilien und deren Bildungsleistungen sind für uns deshalb in ihrer ganzen Komplexität als zentrale Untersuchungseinheiten anzusehen. Dort lassen sich individuelle, aber auch familiale Bildungsprojekte und damit verbundene Bildungsstrategien in unterschiedlichen biographischen Etappen im Kontext von spezifischen Familiengeschichten und Familientraditionen untersuchen. Individuelle Bildungsprojekte sind dann (in unterschiedlichem Ausmaß) immer auch als Teil von Familienprojekten zu verstehen, die eingebunden sind in die jeweilige Familiengeschichte und Familienkultur, über die Familientraditionen fortgesetzt (Tradierung des kulturellen und sozialen Familienerbes) oder aber neue Familientraditionen begründet werden (Transformation des kulturellen und sozialen Familienerbes). Da sich ein derartiges bildungsbezogenes Familienerbe bei den Erben in hohem Maße als subjektives Gut [im Sinne von inkorporiertem kulturellem Kapital (Bourdieu (1983)] wiederfindet, das im Rahmen von Bildungsprozessen weitergegeben und angeeignet worden ist, kann man sich von der Rekonstruktion der damit verknüpften individuellen und kollektiven Bildungsleistungen am Bildungsort Familie einen hohen Erkenntniswert erwarten, der weit über das hinausgeht, was Schulzeugnisse und die damit bezeichnete, in der Schule verabreichte Bildung mitzuteilen imstande sind.

III. Familiale Bildungsforschung als Habitusforschung

Ein wichtiger Ausgangspunkt solcher im Feld der ungleichheitsorientierten Bildungs-, Familien- und Generationenforschung angesiedelten Überlegungen ist die in der sozialen Realität beobachtete Verschiedenheit von familialen Lebensstilen und die damit verbundene Pluralität sozialer und kultureller Ausdrucksformen, die Art und Volumen des jeweiligen sozialen und kulturellen Familienerbes widerspiegeln. Dabei ist zu beachten, dass die kulturelle Differenz, die in den Lebensweisen und kulturellen Praktiken der Menschen sowie im familialen Bildungsgeschehen in unterschiedlichen Familien deutlich wird, in eine Kultur der Distinktion einerseits bzw. in eine Kultur der Bildungsbeflissenheit oder eine sich am Notwendigkeitsgeschmack orientierende Kultur andererseits (vgl. Bourdieu 1983) eingebettet ist, deren je eigene soziale Funktionslogik es jeweils für sich genommen, aber auch in ihrer Wechselbeziehung zueinander zu entschlüsseln gilt, zumal wir, über diese Grobtypologie hinaus, einen deutlich größeren familienkulturellen Variantenreichtum zu erwarten haben. In Anknüpfung an Max Weber (1972, S. 21 f.) soll dabei davon ausgegangen werden, dass die sozialen Beziehungen in modernen Gesellschaften marktförmig organisiert sind.

Vor diesem Hintergrund ist zu erwarten, dass das Bildungsgeschehen und die damit verbundenen Austauschbeziehungen zwischen den Generationen bei der Weitergabe und Aneignung von Bildung und Kultur nicht nur auf gesamtgesellschaftlicher Ebene, sondern bis hinein in das Mikromilieu der Familie durch Konkurrenz und Rivalitäten z.B. um die Wertigkeit von kulturellem Kapital geprägt sind. Dies widerspricht allerdings unseren Denkgewohnheiten, in denen die Familie keineswegs ein sozialer Zusammenhang zu sein scheint, in dem die einzelnen Familienmitglieder in einem Wettstreit miteinander stehen. Zu sehr sind wir auf ein (Wunsch-)Bild von Familie eingestellt, das emotionale Nähe und vertrauensvolle Beziehungen ins Zentrum unserer Vorstellungen von Familie stellt. Ist es nicht gerade Aufgabe der Familie, den emotionalen Ausgleich gegen die Konkurrenz, die Härte, Durchsetzungsnotwendigkeit und die Kälte der Gesellschaft zu schaffen? Die Einsicht, dass auch in der Familie Rivalitäten und Konkurrenzbeziehungen zu beobachten sind, verdanken wir Bourdieu (1998), der auf die Relationalität dieses Sozialgefüges und der darin stattfindenden sozialen Beziehungen verweist. Diese Relationalität gilt es ernst zu nehmen und dabei in Rechnung zu stellen, dass das, was ein Familienmitglied „ist", was aus ihm wird, nur im Verhältnis zu den anderen Familienmitgliedern angemessen beschrieben werden kann. Familie erscheint dann als ein von Kräfteverhältnissen geprägter sozialer Raum, in dem (selbstverständlich nicht völlig neu, sondern auf der Basis geltender Generationenordnungen) Macht ausgehandelt werden muss.

Außerdem gehen wir davon aus, dass die Formen und Inhalte der Weitergabe und Aneignung von Bildung und Kultur am Bildungsort Familie, die sich im Rahmen der Vielfalt der unterschiedlichen kulturellen Alltagspraktiken in den verschiedenen Familien vollziehen, im gesellschaftlichen Zusammenleben nicht nur in unterschiedlicher, sondern auch in sehr ungleicher Form anerkannt werden. Denn sobald soziale und kulturelle Differenzen mit Erfahrungen der sozialen und kulturellen Diskriminierung oder Privilegierung aufgrund von unterschiedlichen bildungs- und/oder kulturabhängigen Weltsichten, Lebensstilen oder Geschmacksmustern einher gehen und mit gesellschaftlichen Inklusions- oder Exklusionseffekten verbunden sind, werden aus sozialen und kulturellen *Unterschieden* soziale und kulturelle *Ungleichheiten*. Insofern stellte sich für uns die Aufgabe, die vermeintliche „Normalität" kultureller Differenz auch daraufhin zu überprüfen, ob und inwieweit dieses Strukturmerkmal moderner Gesellschaften – offen oder verdeckt, bewusst oder unbewusst – dazu beiträgt, vorhandene soziale Disparitäten zu perpetuieren, indem kulturelle Differenz in soziale und kulturelle Ungleichheit umgewandelt wird. Wer sich also mit der Weitergabe und Aneignung von Bildung und Kultur in Mehrgenerationenfamilien beschäftigen und empirische Bildungsforschung als ungleichheitsbezogene Habitusforschung betreiben will, findet im Denken von Pierre Bourdieu eine Vielzahl an inspirierenden konzeptionellen Anknüpfungspunkten (vgl. dazu Brake/Büchner 2006b).

Wenn wir solche Überlegungen schließlich mit dem Habituskonzept verbinden und den Habitus als das in den Körper eingegangene Soziale und die mit dem Habitus verbundene Logik all jener individuellen und kollektiven Handlungen verstehen, „die vernünftig sind, ohne deswegen das Produkt eines durchdachten Plans oder gar einer rationalen Berechnung zu sein" (Bourdieu 1987, S. 95), gerät damit auch ein Problemzusammenhang ins Visier unserer Aufmerksamkeit, der von der traditionellen Sozialisationsforschung als zirkulärer Verlauf des Sozialisationsprozesses verstanden wird und als zentraler Bezugspunkt bildungssoziologischen Denkens und Forschens in der Erziehungswissenschaft anzusehen ist. Bereits Hurrelmann (2002) hat unter Bezugnahme auf H.-G. Rolff (1980) argumentiert, dass in Anbetracht des viel zitierten „zirkelförmigen Verlaufs" des Sozialisationsprozesses die Vermutung naheliegend sei, dass z.B. Bildungsarmut in der familialen Generationenfolge sozial vererbt werde. Auch in den Daten des kumulierten ALLBUS (Allgemeine Bevölkerungsumfrage) findet man deutliche Hinweise auf eine „Vererbung" von Bildungsarmut. *Wie* allerdings die Mechanismen der Vermittlung und Aneignung von Bildung und Kultur aussehen (die u.a. auch zu Bildungsarmut führen können), ist empirisch noch weitgehend ungeklärt (vgl. dazu auch Büchner 2008b, S. 140 ff.).

Das hier entwickelte Habitusverständnis geht davon aus, dass der Habitus des Menschen nicht angeboren, sondern erworben ist und sich von der frühen Kindheit an in der Auseinandersetzung mit der Welt in den sozialen Beziehungen mit anderen herausbildet. Ein Denkansatz, der Sozialisation als Ausbildung des Habitus versteht, unterstellt, dass der Mensch nicht erst Mitglied der Gesellschaft zu werden braucht, weil er es bereits von Geburt an ist (vgl. dazu auch Krais/Gebauer 2002). Die Entwicklung eines heranwachsenden Menschen als Individuum findet somit nicht im luftleeren Raum statt. Die Familie ist in diesem Rahmen als zentrales Referenzsystem für die individuelle Habitusentwicklung anzusehen, wobei die eigene Herkunftsfamilie immer auch in Relation zu den vielen Herkunftsfamilien der Anderen gesehen werden muss. Der in Familien kollektiv entwickelte Habitus lässt sich somit als Möglichkeitsraum mit normativer Gestaltungskraft für individuelle Bildungsbiographieverläufe verstehen, die im Kontext der kollektiv gelebten Alltagspraxis und den damit verbundenen habitualisierten Formen des Denkens, Fühlens und Handelns der Beteiligten realisiert werden.

Mit seinem Eintritt in den Möglichkeitsraum „Familie" beginnt der Mensch, seinen Habitus auszubilden. Gleichwohl muss der zu entwickelnde Habitus von Anfang an praktisch kompatibel sein mit dem sozialen Feld bzw. dem sozialen Raum, in dem er oder sie sich bewegt. Nur wenn der sich entwickelnde Habitus eine genügende Nähe zu den Habitusformen aufweist, die in einer Familie und für die dort handelnden Menschen üblich bzw. „normal" sind, wenn er in gewisser Weise kongruent und lernfähig zugleich ist, wenn er anpassungsfähig und gleichzeitig offen für möglicherweise sich ergebende Veränderungsnotwendigkeiten ist, können die Ressourcen im Möglichkeitsraum „Familie" angemessen genutzt werden. Die Untersuchung des Habituserwerbs muss ihr Augenmerk auf die im alltagspraktischen Miteinander von Mehrgenerationenfamilien unmerklich eingeübten, in Fleisch und Blut übergegangenen Annahmen über die erfahrene Welt und ihre wahrgenommene soziale Logik richten.

Mit Bourdieu (1987) muss dabei auf einer Veralltäglichung des Bildungsverständnisses bestanden werden, das wenig Raum lässt für normativ aufgeladene, idealistische Überfrachtungen des Bildungsbegriffs. Stattdessen gilt es z.B. in den Blick zu rücken, dass es ausgesprochen bildungsrelevant sein kann, wie in der Familie über räumliche Mobilität gedacht und gesprochen wird (vgl. Krah/Kunze 2003), welcher Umgang mit Informationen („information literacy") im ganz alltäglichen Miteinander der Familie eingeübt wird (vgl. Büchner/Wahl 2005) oder wie sich die Transmissionsmuster von Bildung und Kultur in der familialen Mehrgenerationenfolge verändern (vgl. Brake/Kunze 2004). Dabei ist es wichtig, für *alle* Familienmitglieder gleichermaßen zu unterstellen, dass im Rahmen des alltäglichen familialen Zusammenlebens Prozesse der Habitusentwicklung stattfinden. Es wäre also unangebracht, lediglich vom sog. binären Code, dem dualen „pädagogischen Verhältnis" zwischen Erzieher und Zögling auszugehen (vgl. dazu Zinnecker 1997). Demgegenüber muss die Wechselseitigkeit des sozialen und kulturellen Transmissionsgeschehens zwischen den Generationen einer Familie betont werden. Bildung als Aneignung der Grundvoraussetzungen für den Zugang zur sozialen und kulturellen Welt vollzieht sich in der Familie also über die Reziprozität der familialen Generationenbeziehungen und die Wechselseitigkeit des Gebens und Nehmens im Familienalltag. Diesem sich so vollziehenden Subjektcharakter der Familie und den damit verbundenen Bildungsstrategien lässt sich besonders dann auf die Spur kommen, wenn Bildung nicht nur als *input* (Vermittlung, Weitergabe), sondern zugleich auch als *intake* (Aneignung, Übernahme) gesehen wird, die in die soziale Praxis der Familie eingebunden ist.

Dabei nehmen wir Bezug auf die von Bourdieu (1983, S. 186) formulierte These, dass die sozial wirksamste und zugleich am besten verborgene Bildungsinvestition die Transmission (also das Geben und Nehmen) kulturellen Kapitals in der Familie sei. Vor allem das inkorporierte kulturelle Kapital ist dabei von ihm als eine Ressource identifiziert worden, die als Grundlage sozialer Schließungsprozesse maßgeblich an der Reproduktion gesellschaftlicher Hierarchien beteiligt ist, die im familialen Miteinander schon „von Kindesbeinen an" im Denken aller Beteiligten präsent sind und sich auch von der nachwachsenden Generation zu eigen gemacht werden. In der Familie – so Bourdieus zentrale Grundannahme – wird im alltäglichen Miteinander eine soziale und kulturelle Praxis kollektiv erzeugt und aufrechterhalten, die dazu beiträgt, der Familie und ihren Mitgliedern ihren Platz in der sozialen Hierarchie zuzuweisen. Neben der Aufgabe des „Bewahrens" einer Familientradition stellt sich für alle Familienmitglieder also immer zugleich auch die Aufgabe der Adaption und Transformation des Bildungs- und Kulturerbes einer Familie, um als Individuum ebenso wie als Familie kulturell teilhabefähig und sozial anschlussfähig bleiben zu können (vgl. dazu Bertaux/Bertaux-Wiame 1991; Ziegler 2000).

IV. Bildung und soziale Anerkennung

Die Frage, was denn unter „richtiger Bildung" zu verstehen sei und was als Voraussetzung gegeben sein müsse, um als gebildeter Mensch zu gelten, lässt sich zunächst mit dem Hinweis beantworten: Bildung allein genügt nicht. Man muss auch jemand finden, der sie anerkennt. Das gilt zwar in erster Linie für die Schulbildung, die differenziert nach höherer, mittlerer oder niedriger Bildung über entsprechende Bewertungsstandards öffentlich anerkannt wird. Aber bereits hier scheiden sich die Geister, was denn „richtige" Bildung wirklich ausmacht: Eine mit sehr guten Leistungen entlassene Abiturientin kann als bildungsbeflissenes „fleißiges Lieschen" gelten, eine andere mit gleichen Leistungen als eine Persönlichkeit bewertet werden, die nach erfolgreicher Reifeprüfung als „wirklich gebildet" anerkannt und mit großen Zukunftsaussichten ins Leben verabschiedet wird. Noch schwieriger ist es, wenn es um die Anerkennung von „richtiger" Bildung geht, die nicht durch schulische Zertifikate bescheinigt wird. Wer beispielsweise „jenseits von Titel und Stelle", also ohne Rückgriff auf entsprechende Bildungszertifikate, als „wirklich gebildeter Mensch" gelten und anerkannt werden will, dem kann es passieren, dass er von den einen als „wirklich gebildeter Mensch", von anderen lediglich als intelligenter Fachidiot mit entsprechender Buchgelehrsamkeit und von wieder anderen als dünkelhafter Angeber wahrgenommen wird. Und ob ihm oder ihr dafür vorbehaltlos Anerkennung zuteil wird, steht dann noch einmal auf einem ganz anderen Blatt. Denn die Frage, ob eine Person als gebildet anerkannt wird oder nicht, hängt davon ab, wer wen in welcher Situation und unter welchen Begleitumständen anerkennt oder von wem diese Person in welchem Lebenszusammenhang anerkannt werden soll.

Bildung erweist sich in diesem Sinne also als relative Größe, die mit einem unterschiedlichen Bildungsverständnis einhergeht, je nachdem, wo sich jemand selbst auf der Landkarte der unterschiedlichsten Bildungsprofile einordnet und wo er oder sie von anderen dort eingeordnet wird. Außerdem scheint es *die* (wirkliche) Bildung mit universeller Gültigkeit allenfalls als standortabhängige idealistische Vorstellung zu geben, nicht jedoch in der gesellschaftlichen Realität, in der die Wahrnehmung von Bildung grundsätzlich verbunden ist mit dem sozialen Ort bzw. dem eigenen Standpunkt, von dem aus jemand über Bildungsfragen urteilt und von dem aus über

Bildung befunden wird. Bremer (2004) hat z.B. im Rahmen der Adressatenforschung in der Erwachsenenbildung anhand von milieubezogenen Bildungstypen gezeigt, dass Bildungsvorstellungen in Abhängigkeit von milieuspezifischen Lebensvorstellungen und Lebenserfahrungen Milieucharakter haben und nur unter Berücksichtigung der Landkarte der (vielen) Bildungsvorstellungen im gesellschaftlichen Raum der sozialen Beziehungen verstehbar sind. Es macht also wenig Sinn, von einem absoluten Bildungsverständnis auszugehen, sondern besser von Bildungsverständnissen (im Plural) in Abhängigkeit von der jeweiligen sozialen bzw. kulturellen Standortgebundenheit der beteiligten Akteure. Bildung erweist sich somit als relationales Konstrukt, das auf Konstruktionsprinzipien beruht, die ihrerseits gesellschaftlichen Charakter haben und einem „sozialen Sinn“ (Bourdieu 1987) folgen.

Dass der Bildungsort Schule allein nicht geeignet ist, gebildete Menschen hervorzubringen, scheint unbestritten zu sein, auch wenn der hohe Stellenwert schulischer Bildungszertifikate damit nicht in Abrede gestellt werden soll. So wird beispielsweise von einem gebildeten Menschen, der lange die Schule besucht hat, dort einen großen Wissensschatz angesammelt hat und sein Denken und Handeln rational begründen kann, in der Regel mehr erwartet als „nur“ Schulbuchweisheit. Um als wirklich gebildet zu gelten – wie hoch auch immer seine oder ihre „höhere Bildung“ (gewesen) sein mag – bedarf es weiterer Attribute, die einen Menschen zu einem „höher“ gebildeten werden lassen. Ob „richtige“ Bildung dann immer auch „höhere“ Bildung ist, soll an dieser Stelle zunächst offen bleiben. Aus der Sicht der Bildungseliten, die ihrerseits im Kampf um soziale Anerkennung ihre Distinktionsansprüche geltend machen, erscheint das zumindest unbestreitbar. Aber auch bei Nicht-Akademikern scheint höhere Bildung in Form von akademischer Bildung ein hohes Maß an Anerkennung zu genießen. Was aber macht dann höhere Bildung aus, wenn es nicht nur höhere Schulbildung ist, die diese hervorbringt? Wo und wie kommt der Mensch zu seiner höheren Bildung, wenn die in Schule (und Hochschule) erworbene höhere Schulbuchweisheit noch nicht alles ist, um als gebildeter Mensch auch wirklich anerkannt zu werden?

Dass sich dieser Beitrag gerade nicht auf die Schule, sondern auf den Bildungsort Familie konzentriert, ist nicht zuletzt in der – für manche vielleicht überraschenden – Forderung begründet, die beachtlichen *Bildungs*leistungen der Familie (als originäre Investitionsleistungen in das Humanvermögen und damit in die Bildung eines Menschen) nicht gering zu achten und die Familie als grundlegende Bildungsinstitution anzuerkennen (vgl. Wissenschaftlicher Beirat für Familienfragen 2002). Insofern geht es also nicht nur um die im Familienrahmen realisierten Vorbereitungs-, Begleit- und Unterstützungsleistungen für das Bildungsgeschehen in Bildungsinstitutionen außerhalb der Familie, sondern mehr noch die eigenständigen, über Zulieferfunktionen hinausgehenden familialen Bildungsleistungen und die Rahmenbedingungen, unter denen solche Bildungsleistungen im Familienalltag erbracht werden (können), aber auch be- oder verhindert werden.

Soziale Anerkennung für ein bestimmtes Bildungsprofil kommt in alltäglichen Handlungssituationen als performative Reaktion auf die Lebensäußerungen anderer Personen und als Bestätigung von deren als positiv erlebten Eigenschaften zum Tragen. Wechselseitig anerkennendes Verhalten als reziprokes und interaktives Verhältnis kann sich in diesem Sinne in gegenseitiger Bewunderung, Ehrerbietung oder Nachahmung(sbereitschaft) äußern, durch entsprechendes Handeln (öffentlich) zum Ausdruck gebracht werden. Allerdings erhält man Anerkennung nicht nur für Gleichheit und Normalität, sondern auch für Differenz und Besonderheit im Hinblick auf bestimmte Eigenschaften. Das Gegenstück zur Anerkennung ist also die gezielte Missachtung von Personen und deren Eigenschaften, wobei die „selektive Blindheit“ gegenüber bestimmten Bildungsprofilen und/oder kulturellen Praxisformen und Geschmacksvarianten keineswegs immer als gezielte Abwertung zu verstehen ist, selbst wenn sie in diesem Sinne wirkt.

Insofern ist *Anerkennung als eine ambivalente soziale Beziehungspraxis* zu verstehen, die für die menschliche Lebenspraxis normativ von Bedeutung ist und sowohl soziale Integration (und kulturelle Identität) als auch soziale Konflikte (und kulturelle Segregation) befördern kann. Dabei kann auf die unterschiedlichen Muster der intersubjektiven Anerkennung, die auf den Arbeiten von Honneth (2003) beruhen, hier nicht näher eingegangen werden. Hier geht es vor allem um die sich zeitgeschichtlich verändernden Formen der Anerkennung im Kontext von sich verändernden gesellschaftlichen Anerkennungsnormen, die in Beziehungen der wechselseitigen Anerkennung strukturell angelegt sind, wobei Honneth (ebd., S. 8) insofern gefolgt wird, dass den verschiedenen Formen der Anerkennung auch Typen der Missachtung entsprechen, deren Erfahrung als Handlungsmotiv in die Entstehung sozialer Konflikte einfließen kann. Uns interessieren vor allem die bildungsbezogenen sozialen Beziehungen des gegenseitigen Kennens und Anerkennens und die Formen des anerkennungsfähigen Investitionsverhaltens in Bildung und Kultur im Rahmen der familialen Weitergabe und Aneignung von Bildung und Kultur. Denn gerade die soziale Anerkennung (hier: als umfassend gebildeter Mensch) und das damit verbundene Ansehen gehören zu den seltenen Gütern, verstanden als symbolisches Kapital, das die soziale Welt zu vergeben hat, um dem Leben Sinn zu verleihen (vgl. Bourdieu 2001, S. 309 f.).

In der aktuellen Debatte wird besonders nach dem Stellenwert eines *reputationsorientierten Denkens, Wahrnehmens und Handelns* (vgl. dazu Voswinkel 2001) gefragt, das sich unter verschärften gesellschaftlichen Konkurrenzbedingungen als wesentliche Strategie für eine erfolgreiche Behauptung des hohen Prestigewerts eines bestimmten Bildungsprofils in einer Pluralität von Anerkennungsarenen erweist. Reputation gilt dabei als spezifische Anerkennungsform der Moderne, als reflexive und veräußerlichte Form von Anerkennung, in die investiert werden muss, um ein persönliches Bild zu erzeugen, das andere von dieser Person haben; „Anerkennung wird strategisch inszeniert und kommuniziert, sie nimmt die Form der Reputation an“ (ebd., S. 119).

So gestaltet sich z.B. der Zugehörigkeitsnachweis zur kulturellen Elite in der gegenwärtigen Gesellschaft erheblich schwieriger als noch zu den Zeiten, in denen das Abitur bereits hinreichende Zugangsvoraussetzung zu den gesellschaftlich angesehenen und einträglichen Positionen war. Heute sind sowohl Abitur als auch Hochschulstudium zu einem eher distinktionsarmen Standard geworden. Als Eintrittsbillet für bestimmte soziale Positionen sind diese formalen Bildungsnachweise zwar unverzichtbar, aber sie gelten keinesfalls mehr als ausreichend. Was also lange Zeit durch funktionierende Zugangsbarrieren zu den höheren Bildungsinstitutionen auf Dauer gestellt war – die Sicherung der sozialen Exklusivität, um als Bildungselite „unter sich“ bleiben zu können – muss heute zusätzlich über individuelle Strategien der sozialen Grenzabfertigung geleistet werden. Mit anderen Worten: Wir haben es in gewisser Weise mit einem Übergang von kollektivistischen zu individualistischen Ausschließungsformen (vgl. Parkin 1983) zu tun, wobei dieser Wandel der Reproduktionsmechanismen keinesfalls bedeutet, dass jedes Individuum „jenseits von Stand und Klasse“ (Beck 1983) individuell seine eigenen sozialen Abgrenzungsstrategien „bastelte“. Im Gegenteil: auch für diese gilt, dass sie in hohem Maße sozialräumlich eingebettet sind (vgl. dazu auch Büchner/Brake 2006b).

Ähnliches gilt für die prestigeträchtigen kulturellen Praxisformen und Geselligkeitstechniken der Bildungseliten, die als Stilisierungsmittel dienen, um das Wir-Gefühl nach innen zu stärken und für statuserzeugendes Ansehen nach innen und außen zu sorgen. Um die eigene kulturelle Überlegenheit ebenso wie die Distanz zu den weniger distinktiven Lebensweisen anderer sozialer Statusgruppen demonstrativ unter Beweis stellen zu können, muss – weil die Grundlagen für Anerkennung unsicherer geworden sind – Reputation erzeugt werden, die zu einer Art persönlichem Kapital wird; in diesem Sinne ist *Reputation als reflexive Anerkennungsform der Moderne* zu verstehen, die sich auf die Wertung einer Person bezieht (vgl. Voswinkel 2001, S. 119). Anerkannt und belohnt wird z.B. ein Investitionsverhalten nicht nur in formale Bildung, die sich weitgehend an den in akademischen Abschlüssen normierten Bildungsstandards orientiert, sondern gleichermaßen in nonformale und informelle Bildung mit entsprechenden Implikationen für die jeweiligen Lebensstile und kulturellen Praxisformen. „Reputation wird in dem Maße Anerkennung aus dritter Hand, indem sie nicht durch unmittelbare Beobachtung und Vertrautheit entsteht, sondern kommuniziert werden muss“ (ebd.).

Spezifische kulturelle Praxisformen können somit unter sich immer weiter ausdifferenzierenden Lebensbedingungen und Lebensmustern nicht mehr eins zu eins in Distinktionsgewinne umgemünzt werden, denn wir finden – zumindest prima facie – eine Lockerung des Zusammenhangs zwischen spezifischen kulturellen Praxisformen und sozialer Herkunft. Symbolisches Kapital in Form von Reputation muss vielmehr als Ergebnis individueller (inszenierter) Performance in gesellschaftlichen Arenen als kommunikatives Produkt erworben werden (ebd.). Im Rahmen des gesellschaftlichen „Kampfes um Anerkennung“ (Honneth 2003) wird Reputation allerdings zu einer Währung mit durchaus inflationären und deflationären Gefährdungen, deren Wertigkeit es ständig neu auszuhandeln gilt. Im Rahmen der Loyalitätsbeschaffung ist das Streben nach Reputation durchaus auch Gegenstand rationaler Investitionen; Reputation muss erworben werden und gilt als Medium, als einzusetzende Währung, die Bindungen und Verbindlichkeiten stiftet, um Anerkennungserwartungen durchzusetzen, aber auch um Reputationsverluste zu vermeiden (vgl. Voswinkel 2001).

Jeder Akteur, der für sich Anerkennung als Gebildeter in Anspruch nimmt, stellt mit diesem Anliegen eine Verbindung her zu anderen Gebildeten. Zwar kann dieser Anspruch erhoben werden, aber die Gruppe der Gebildeten akzeptiert diesen Anspruch oder weist ihn zurück. In der Akzeptanz liegt das begründet, was den „wirklich“ Gebildeten ausmacht. Bildungseliten (ebenso wie Bildungsarme auf der anderen Seite der Meßlatte) begegnen uns also nie losgelöst von Akteuren, und zwar jenen, die sie repräsentieren auf der einen Seite und jenen, die anderen eine Zugehörigkeit zu ihr zuschreiben oder abschreiben. Bildung muss also auch gelebt und im Lebensalltag für andere sichtbar (gemacht) werden. Wer als gebildeter Mensch gelten will, muss nachweislich in Bildung investieren, um seine oder ihre Bildung auch lebenspraktisch sichtbar werden zu lassen und dafür Anerkennung zu finden. Wer Wert darauf legt, als gebildet anerkannt zu werden, präsentiert sich in entsprechender Form, indem er oder sie zunächst seine oder ihre (formalen) Bildungsnachweise vorlegt. Wer aber zusätzlich signalisieren kann, dass er oder sie „aus gutem Hause" stammt und „eine gute Kinderstube" hatte, kann dadurch Beachtung und Aufmerksamkeit erzeugen und zusätzliche Reputationsgewinne verbuchen. Dies umso mehr, als es heute nicht mehr üblich ist, in persönlichen Lebensläufen Bezüge zu den Eltern (und deren Berufen) herzustellen, um Rückschlüsse auf das familiale Herkunftsmilieu und den familialen Bildungshintergrund zu ermöglichen. Gehört es doch heute eher zur *political correctne*ss, diesen in vergangenen Zeiten unverzichtbaren „Ahnennachweis" offiziell unerwähnt zu lassen. Gleichwohl sind aber solche Informationen auch weiterhin in vielen Lebenssituationen und für die denkbar unterschiedlichsten Adressaten unter Reputationsgesichtspunkten keinesfalls uninteressant geworden. Sie müssen aber in der Regel eher am Rande und mehr oder weniger beiläufig und geschickt ins Spiel gebracht und über symbolische Ausdrucksformen verschlüsselt angeboten werden. Allerdings setzt das voraus, dass diese vom jeweiligen Gegenüber auch entschlüsselt werden können.

Bildungsnachweise „der anderen Art" können also maßgeblich dazu beitragen, sich „ein Bild" von einem Menschen zu machen. Dabei spielt das Wissen um die Tatsache eine Rolle, dass der Bildungsort Familie dazu beiträgt, einen Menschen zu dem zu machen, was er oder sie letztlich ist. Entsprechend stehen (vom Ergebnis her betrachtet) auch die Bildungsleistungen einer Herkunftsfamilie auf dem Prüfstand, wenn wir uns ein Bild von einem Menschen machen wollen. Wie es allerdings zu diesem Ergebnis gekommen ist und welche Mechanismen dazu beitragen, dass Familien im Ergebnis offensichtlich so unterschiedliche Bildungsleistungen erbringen, bleibt häufig erstaunlich unreflektiert und wissenschaftlich auch nur wenig aufgeklärt.

V. Bildung als multilokales Prozessgeschehen

Verfolgt man den aktuellen Bildungsdiskurs mit seiner nahezu ausschließlichen Fokussierung auf die *Ergebnisse* von institutionalisierten Bildungsprozessen, dann zeigt sich spätestens bei genauerem Hinsehen, dass der Preis für diese erziehungswissenschaftlich vorangetriebene, aber vor allem auch bildungspolitisch forcierte „Output-"Orientierung des Bildungsdenkens hoch ist, weil damit der Prozesscharakter des Bildungsgeschehens in zumeist unzulässiger Weise ignoriert wird. Daran ändern auch die kritischen Hinweise nur wenig, dass in den bildungspolitischen Debatten früherer Jahre die Ergebnisüberprüfung von Bildungsprozessen zu kurz gekommen und eine datengestützte Evaluation vieler mehr oder weniger gut begründeter Bildungsreformvorhaben unterblieben sei. Denn je mehr sich die Idee einer einseitigen Ergebnisorientierung mit dem zentralen Anspruch einer regelmäßigen standardisierten Ergebnismessung als Königsweg zur Verbesserung der Qualität von Bildung durchsetzt, desto größer wird die Gefahr eines *entpersonalisierten* Bildungsdenkens, bei dem ein gutes Abschneiden im internationalen Ranking hohe Priorität hat. Selbst das Zurechtkommen auf dem Arbeitsmarkt wird dann der individuellen Verantwortung zugeschrieben, ohne den (nicht zuletzt auch sozialen) Prozess der Herstellung von individuellen Bildungsleistungen unter lebenslangen Wettbewerbsbedingungen, besser: Konkurrenzbedingungen angemessen zu berücksichtigen. Nicht nur aus bildungs- und kultursoziologischer Perspektive betrachtet, sondern auch aus erziehungswissenschaftlicher Sicht ist eine derart *„strukturvergessene" Betrachtung des Bildungsgeschehens* nur wenig geeignet, Reformansprüche zu begründen, die das Paradox der Bildungsexpansion seit den 1960er Jahren überwinden helfen könnten, dass es seitdem zwar mehr Bildungschancen, aber nur wenig Chancengleichheit gibt (vgl. Geißler 2005; Büchner 2008b).

Sind – so wäre kritisch zu fragen – die *Ergebnisse* von formalen Bildungsprozessen insgesamt wirklich so aussagekräftig, um die Qualität des Bildungsgeschehens in seiner Gesamtheit hinreichend erkennen, evaluieren und in angemessener Weise verbessern zu können? Ist die Schwerpunktsetzung der bildungspolitischen Debatte über die Konsequenzen aus PISA 2000, die auf die allgemeine Steigerung der erbrachten Bildungsleistungen setzt, ohne das *Wie* des Bildungserwerbs und die Voraussetzungen der individuellen Leistungserbringung genauer in den Blick zu nehmen, tatsächlich geeignet, Reformvorschlägen eine entsprechende Richtung zur Verbesserung der Bildungschancen zu geben, wie uns die meritokratische Rhetorik der aktuellen Reformdebatte glauben machen will? Immerhin sind Zweifel angebracht, sobald es um die Frage des Abbaus der fortbestehenden und in Deutschland besonders gravierenden, sozial ungleichen Bildungschancen geht. Bereits die Reformdebatte nach Ausrufung der (ersten) deutschen Bildungskatastrophe (1964) und die in den Folgejahren einsetzende – selektive – Bildungsexpansion (vgl. Vester 2005) hat gezeigt, dass – ergebnisbezogen – mehr Bildungschancen nicht automatisch zu mehr Chancengleichheit geführt haben. Es kommt deshalb mehr denn je darauf an, die einseitige Ergebnisfixierung der Bildungsdebatte zu überwinden und zu öffnen für Fragen des biographischen Prozesses des individuellen Bildungserwerbs unter gegebenen (sozial)strukturellen Rahmenbedingungen und damit verbundenen Mechanismen der sozialen (nach ständischen Prinzipien funktionierenden) Segregation im Verlauf von Bildungsprozessen.

Da der in westlichen Gesellschaften weit verbreitete Glaube an einen herkunftsunabhängigen Zugang zu (höherer) Bildung ungebrochen zu sein scheint, kann sich auch der Mythos eines fairen Bildungswettbewerbs, wie er in der meritokratischen Rhetorik seinen Niederschlag findet, halten und dazu beitragen, das faktische Fortbestehen ungleicher Bildungschancen gesellschaftlich zu legitimieren (vgl. Solga 2005). Gilt doch Bildung in einer meritokratischen Leistungsgesellschaft (vgl. Young 1958) als individuelles Optimierungsproblem, das in eigener Verantwortung zu meistern ist, wobei (quasi-natürliche) bildungsbasierte Ungleichheiten unterstellt werden. Da außerdem in einer arbeitsteilig organisierten Gesellschaft die Gleichheit in den Bildungsergebnissen als dysfunktional gilt und daher die Beibehaltung von Ergebnisungleichheiten und differenzierter Bildungsbeteiligung nahe zu liegen scheinen, lassen sich auch entsprechende Belohnungsdifferenzen rechtfertigen. Dass es dabei allerdings um formale Bildung geht, die im Rahmen von institutionalisierten Bildungsprozessen erworben und zertifiziert wird, und nicht um Bildung im umfassenden Sinn, bleibt dabei eher im Hintergrund der Überlegungen.

Besonders im Kindes- und Jugendalter gilt die Schule aufgrund langer, bildungsbürgerlich geprägter Tradition als zentrale, vor allem Wissen vermittelnde Bildungsinstitution, die wesentlich dazu beiträgt, gebildete Menschen hervorzubringen. Insofern wird dem Bildungsort Schule eine besonders umfassende und nachhaltige Bildungsbedeutsamkeit im Leben eines Menschen zugeschrieben. Folgt man dieser Logik, dann stimmt es allerdings bedenklich, wenn in der PISA-Studie (vgl. Baumert u.a. 2001) einer dort ausgemachten Risikogruppe von 10% bildungsarmen jungen Jugendlichen unter den deutschen 15-Jährigen bescheinigt wird, dass sie nur mangelhaft über wichtige Basiskompetenzen verfügt, deren Aneignung am Bildungsort Schule vorgesehen ist. Angesichts solcher Befunde stellt sich die Frage, ob es sich eine „Wissensgesellschaft" auf Dauer leisten kann, derartige Kompetenzlücken (und damit einen „funktionalen Analphabetismus") in öffentlicher Verantwortung zu „produzieren" und so dazu beizutragen, dass die sich im Lebensverlauf weiter verfestigende Bildungsarmut dazu führt, dass für einen Teil der nachwachsenden Generation wichtige Grundvoraussetzungen für eine verständige kulturelle Teilhabe- und soziale Anschlussfähigkeit im gesellschaftlichen Zusammenleben fehlen. Bedeutet doch Bildungsarmut aus individueller Lebensverlaufsperspektive biographische Verwundbarkeit und sich potenzierende Beeinträchtigung von Lebenschancen und aus sozialstruktureller Perspektive, dass Erreichbarkeiten und Zugänge zu sozialen und kulturellen Gütern und/oder zu sozialen Positionen verwehrt werden (vgl. Böhnisch/Schröer 2004).

Wie aber sieht es (nicht nur bei dieser Risikogruppe) mit der Beherrschung von sozialen und kulturellen Basiskompetenzen aus, die nicht in öffentlicher Verantwortung in der Schule, sondern in privater Verantwortung auch an anderen Bildungsorten vermittelt und angeeignet werden können und vielleicht sogar müssen? Wie sieht es insbesondere mit Basiskompetenzen aus, die weniger Gegenstand von formalen, sondern eher von informellen Bildungsprozessen sind? Eine solche Fragerichtung lenkt den Blick auf andere Bildungsorte und auf Bildungsanliegen, die über die im schulischen Curriculum vorgesehenen formalen Bildungsinhalte hinausweisen.

VI. Informelle Bildung am Bildungsort Familie

Dass in der aktuellen Bildungsdebatte der *Bildungsort Familie* oft sträflich vernachlässigt wird, hängt nicht zuletzt mit einem eher engen Bildungsverständnis zusammen, das sich – vor allem bezogen auf das Kindes- und Jugendalter – weitgehend am formalen Bildungsgeschehen in institutionalisierten Lehr- und Lernzusammenhängen orientiert (Brake 2003). Erst im Rahmen der jüngsten „Bildungsberichterstattung" ist inzwischen auch von *Bildungs*prozessen die Rede, die „vor und neben der Schule" stattfinden (Rauschenbach u.a. 2004) und die als non-formale und informelle Bildungsprozesse bezeichnet werden. Non-formale Bildung gilt dabei als jede Form organisierter Bildung und Erziehung, „die generell freiwilliger Natur ist und Angebotscharakter hat" (vgl. dazu Münchmeier u.a. 2002, S. 23). Der Ort der informellen Bildung ist primär der Alltag von Kindern, Jugendlichen aber auch Erwachsenen in der Familie, in der Nachbarschaft, in der Arbeit und in der Freizeit, wobei dem Freundeskreis und dem Gleichaltrigenkontext eine große Bedeutung zugemessen wird (vgl. Rauschenbach u.a. 2004, S. 29). Gleichwohl wird aber der Bildungsort Familie mit einer gewissen Skepsis betrachtet, weil vor allem die Interventionschancen in Bildungsprozesse in bildungsfernen Familien als recht gering eingeschätzt werden, obwohl die Bildungs- und Kulturleistungen der Familie (unter positiven, ebenso wie unter negativen Vorzeichen) als Schlüsselvariable für den Bildungserwerb, den Bildungsbiographieverlauf und den Bildungserfolg angesehen werden muss (vgl. Büchner 2003; Büchner/Wahl 2005; Büchner 2008a).

Einerseits wird der scheinbar flüchtige, fragile und vermeintlich weniger nachhaltige, weil sich im Biographieverlauf deutlich verändernde Charakter der familialen Bildungseffekte jenseits der formalen (institutionalisierten) Bildungszusammenhänge in seiner Bildungsrelevanz deutlich unterschätzt. Das liegt u.a. auch daran, dass Einsichten in das familiale Bildungsgeschehen schwierig zu erlangen sind und nur ein rudimentäres Wissen über den Bildungsort Familie und dessen tatsächliche Bildungsbedeutsamkeit vorliegt. Andererseits wird die Bildungsrelevanz der Herkunftsfamilie z.B. aus der Systemperspektive oft überschätzt, wenn von sozialen Vererbungsprozessen die Rede ist, denen die handelnden Subjekte mehr oder weniger hilflos ausgeliefert seien. Ob „richtige“ Bildung immer auch „höhere“ Bildung ist, soll an dieser Stelle zunächst offen bleiben. Aus der Sicht der Bildungseliten, die ihrerseits im Kampf um soziale Anerkennung ihre Distinktionsansprüche geltend machen, erscheint das zumindest unbestreitbar. Aber auch bei Nicht-Akademikern scheint höhere Bildung in Form von akademischer Bildung ein hohes Maß an Anerkennung zu genießen. Zumindest von einem Teil der Herkunftsfamilien sei in Sachen Bildung nichts zu erwarten, und möglichen pädagogischen Interventionsmaßnahmen werden nur geringe Erfolgsaussichten zugeschrieben. Beide Sichtweisen sind verkürzt und werden der Realität von tatsächlichen Bildungsabläufen nicht gerecht. Vielmehr kommt es darauf an, die komplexe Wechselwirkung der verschiedenen Bildungsorte mit ihrem jeweils relativen Stellenwert beim Bildungsgeschehen und vor allem im Kontext von Bildungsbiographieverläufen genauer zu erfassen, um die jeweiligen Möglichkeiten und Grenzen der Bildungsbedeutsamkeit der jeweiligen Bildungseinflüsse (und die daraus sich ergebenden Interventionsmöglichkeiten) genauer begründen zu können.

Lebensgeschichtlich gesehen kommt der Familie als Ort, an dem im Leben eines Menschen wichtige Bildungsprozesse stattfinden, eine Schlüsselrolle zu. Um sich als bildendes Subjekt solche grundlegenden Voraussetzungen für die Konstruktion eines eigenen Lebenslaufs aneignen zu können und um als sozialer Akteur kulturell teilhabefähig und sozial anschlussfähig zu werden, sind lange vor der Einschulung, also bereits im frühen Kindesalter, elementare Formen der Aneignung von Bildung und Kultur („Grundbildung“) erforderlich, die Bildungsleistungen voraussetzen, die – von Ausnahmen abgesehen – vor allem im Familienzusammenhang erbracht werden (vgl. Tenorth 2004). Besonders am Anfang des menschlichen Lebenslaufs muss die praktische Beherrschung von elementaren sozialen Regeln erlernt und ein Minimum an kultureller Literalität erworben werden, wenn biographisches Scheitern vermieden und eine befriedigende persönliche Lebensführung sowie aktive Teilnahme am gesellschaftlichen Leben sicher gestellt werden soll. Dabei fungiert die Familie als wichtiges biographisches Referenzsystem, je nachdem, welche Ressourcen in welcher Weise genutzt werden und welche Unterstützungspotenziale mobilisiert werden können.

Dass die in der Familie verfügbaren Ressourcen ganz unterschiedlich genutzt werden können, verweist auf den Investitionscharakter von Bildungsvorgängen. Kulturelles Kapital (Bourdieu 1983) muss vom sich bildenden Subjekt einverleibt (inkorporiert) werden, bevor es verfügbar und auch für andere erkennbar werden kann. Dafür ist (Lebens-) Zeit erforderlich, die sehr unterschiedlich verausgabt und für Bildungszwecke genutzt werden kann oder auch nicht. Insofern stehen Weitergabe einerseits und Übernahme von Bildung und Kultur andererseits zueinander in einem Spannungsverhältnis zwischen sozialer Verbundenheit mit der Familie und dem Anspruch auf Autonomie, zwischen Geben und (An-) Nehmen: Im Rahmen des *Generationenlernens* (Lüscher/Liegle 2003, S. 187 ff.), das sich in der Familie immer wieder neu als kulturelle Aufgabe stellt und trotz anzutreffender kultureller Vielfalt auf Prinzipien wie Verlässlichkeit, Dauerhaftigkeit und Reziprozität der Generationenbeziehungen beruht, muss in Bildung „von Anfang an“ jeweils persönlich investiert werden. Ein angedientes familiales Bildungserbe lässt sich also nicht einfach voraussetzungslos übernehmen, vielmehr muss es durch entsprechende Investitionsanstrengungen erworben werden, um es tatsächlich selbst zu besitzen (vgl. Bertaux/Bertaux-Wiame 1991), d.h., es muss sich – durchaus mit Hilfe geeigneter familialer Unterstützungsleistungen im Rahmen von intergenerationalen Austauschprozessen – auch persönlich angeeignet werden.

Auch nach der Einschulung und damit der Öffnung des Bildungszugangs über die Familie hinaus behält die Familie schulbegleitend und schulergänzend ihre Bildungsbedeutsamkeit. Dem Bildungsort Familie kommt deshalb im Leben eines Menschen insgesamt ein großer, wenn nicht gar ausschlaggebender Stellenwert zu. Das wissen wir aus empirischen Untersuchungen (vgl. Helsper u.a. 1991; Schlüter 1999; Büchner/Koch 2001; Schmeiser 2003), die bestätigen, dass nicht nur die schulische Lernausgangslage von Kindern und jungen Jugendlichen entscheidend von der Herkunftsfamilie geprägt wird, sondern dass schulische Bildungsbiographien umso erfolgreicher verlaufen, je mehr familiale Unterstützungspotenziale mobilisiert werden können, die dazu beitragen, den je individuellen Bildungsprozess innerhalb und außerhalb der Schule voranzubringen.

Gleichzeitig zeigt aber der Blick in die einschlägige – auch empirische – Literatur zur Bildungsforschung ebenso wie zur Familienforschung, dass die Familie als *Bildungs*ort im wissenschaftlichen Diskurs erstaunlich wenig Beachtung findet. Stattdessen konzentriert sich das Forschungsinteresse eher auf den Bildungsort Schule. Das viel zitierte Bild von der Schule als primärer und entscheidender Dirigierungsstelle für Lebenschancen (vgl. Schelsky 1957) unterstreicht diese Sichtweise. Was aber erfahren wir zusätzlich über den Bildungsstand einer Person, wenn wir etwas über den Bildungsbeitrag der Herkunftsfamilie in Erfahrung bringen und wissen, ob jemand in zufriedenstellender Weise kulturell teilhabefähig und sozial anschlussfähig ist, also über Bildung (im umfassenden Sinn) jenseits seiner nachgewiesenen Schulweisheit verfügt? Hartmut von Hentig (1996) erinnert uns immer wieder daran, dass Bildung ein Thema für den gesamten Lebenslauf darstellt: „Das Leben bildet“. Dabei ist die Schule nur ein Bildungsort neben anderen, selbst wenn das Bildungsprofil eines Menschen in der Regel dennoch (vordergründig) an dessen schulischen Bildungsnachweisen festgemacht wird.

Wichtig sind jedoch auch die Investitionsleistungen in Bildung, die sich nicht nur auf formale (primär schulische) Bildungsanstrengungen beziehen und die über das schulische Lernen hinausweisen und nicht zuletzt auch in der Privatheit des Familienlebens stattfinden. Wenn jemand beispielsweise über souveränes Auftreten und persönliche Ausstrahlung, ansprechende Umgangsformen und situationsangemessenes Outfit, erkennbar gute Allgemeinbildung und zukunftsweisende Lebenseinstellungen, kurz über passende inkorporierte bzw. habitualisierte und zugleich exklusive Formen der Lebensführung und der kulturellen Praxis verfügt, ist das als Bildungsnachweis „der anderen Art“ zu verstehen, der auf Bildungsprozessen beruht, die sich nicht allein aus absolvierten Schullaufbahnen und der dort angeeigneten Schulweisheit erschließen lassen und die auch nicht in eigens dafür vorgesehenen Lehrgängen erlernt werden können.

Bourdieu (1983, S. 127 f.) geht in diesem Zusammenhang davon aus, dass die Herkunftsfamilie sehr wesentlich zur frühzeitigen „Schulung von Kulturtechniken wie Tischmanieren und Kunst der Unterhaltung, musikalischer Bildung und Gespür fürs jeweils Schickliche, Tennisspielen und richtiger Aussprache“ beiträgt und als Beispiel einer in familialen Lebensstilmustern realisierten Kultur und Bildung anzusehen ist. Das gilt besonders dann, wenn es um Kenntnisse und Fähigkeiten geht, die nicht in Bildungsinstitutionen vermittelt werden, wie „in den alltäglichen Entscheidungen etwa für ein bestimmtes Mobiliar, eine bestimmte Kleidung oder Essenszubereitung“ (ebd., S. 138), oder wenn Selbstsicherheit und Fingerspitzengefühl gefragt sind – nicht zuletzt, um schulische Bildungslücken zu kaschieren. Dann erweist es sich als vorteilhaft, auf mehr oder weniger erfolgreiche Bildungsleistungen in der Herkunftsfamilie zurückgreifen zu können, die zu „Statur, Haltung, angenehmes Äußeres, Auftreten, Diktion und Aussprache, Umgangsform und Lebensart“ verholfen haben, „ohne die alles Schulwissen (…) wenig oder gar nichts gilt“ (ebd., S. 159). Geht man in diesem Sinne also von einem umfassenden Bildungsverständnis sowie einer (in den Beispielen angedeuteten) Veralltäglichung des Bildungsanspruchs und des damit verbundenen Weltverstehens aus, scheinen also formale Bildungsnachweise tatsächlich nur einen Teil dessen abbilden zu können, was einen gebildeten und darüber hinaus kultivierten und zivilisierten Menschen ausmacht.

VII. Familiale Bildungsstrategien

Individuen versuchen ebenso wie Familien, ihre Ressourcenausstattung zu erhalten und möglichst zu vermehren, um ihre Position im sozialen Raum zu erhalten und möglichst zu verbessern. Dabei spielt die intergenerationale Reproduktion und Transmission der verschiedenen Kapitalsorten (Bourdieu 1983) eine wichtige Rolle (vgl. dazu auch Brake/Büchner 2003). Im Sinne von Bourdieu wäre es allerdings ein Missverständnis anzunehmen, dass Bildungsstrategien ausschließlich Gegenstand bewusster rationaler Aushandlungsprozesse seien. Vielmehr sind sie als Strategien des Habitus zu verstehen. Das trifft für Individuen ebenso zu wie für bestimmte Gruppen von Menschen, wie sie z.B. über Familientraditionen, also über eingelebte Gewohnheiten im menschlichen Denken und Handeln zum Ausdruck kommen. In diesem Sinne ist der Habitus eines Menschen geronnene Lebenserfahrung und gleichzeitig Erzeugungs- und Ordnungsgrundlage (generative Grammatik) für seine Alltagspraktiken und Vorstellungen.

Der Strategiebegriff im Bourdieuschen Sinn kennzeichnet den gekonnten Umgang mit der immanenten Logik eines Spiels, die praktische Beherrschung der Logik der Sache. Der berühmte tödliche Steilpass im Fußball auf den über außen kommenden Stürmer, der im nachfolgenden Doppelpass-Spiel mit seinem Nebenmann den Torerfolg sucht und nahezu blind auch findet, ist eine Metapher, die geeignet ist zu verdeutlichen, dass es zwar allgemeine Regeln der kulturellen Reproduktion gibt. Die Logik des Spiels setzt aber darüber hinaus so etwas wie ein blindes Verständnis zwischen den Mitspielern und eine eingefleischte Spieltaktik gegenüber dem Gegner voraus. Es ist der praktische Sinn als „spielerisches Gespür“, der durch Spielerfahrung erworben wird und teilweise jenseits des unmittelbaren Bewusstseins und des diskursiven Denkens funktioniert. „Strategie ist das Produkt des praktischen Sinns als eines „Spiel-Sinns“..., (der) in frühester Kindheit durch Teilnahme an sozialen Aktivitäten, nicht zuletzt (...) an Kinderspielen [d.h. in der vom Spiel-Sinn geleiteten Praxis] erworben wird“ (Bourdieu 1992, S. 83). Den handelnden Menschen ist also ein „Spiel-Sinn“ zu unterstellen, der sie leitet. Um ihre Praktiken zu verstehen, muss man das rekonstruieren, was ihr Handeln beim Hervorbringen ihrer Praktiken leitet (wenn sie z.B. ihre Zeit einteilen, wenn sie das tun, was sich aus ihrer Sicht gehört, oder wenn sie auf Lebenspartnersuche sind und heiraten oder sich für eine Schule entscheiden).

Die Aneignung entsprechender Bildungsstrategien vollzieht sich in der Regel über praktisches, körperlich-sinnliches, mimetisches Tun in Interaktion mit anderen im Rahmen der kulturellen Alltagspraxis. Mit seiner Teilnahme an der kulturellen Alltagspraxis lässt sich der Mensch auf das Spiel der Habitusentwicklung ein. Er lässt sich ein auf die gegebenen Voraussetzungen, er lässt sich ein auf bestimmte Spielregeln, den zu erbringenden Einsatz und die zu erwartenden Ergebnisse des Spiels. Das Spielfeld liefert den Rahmen und die Rahmung des Tuns, Lernen findet statt durch Mitmachen, Abgucken, Ausprobieren und Einüben, aber auch über gezieltes Vermitteln und Aneignen, wobei Ehrgeiz und Anstrengung, aber auch Anerkennung oder Ablehnung seitens der Mitspieler (innerhalb und außerhalb der Familie) ins Spiel kommen. Habitusentwicklung wird so zur Aneignung des Sozialen, das die handelnden Subjekte auf Grund ihrer bisherigen Tätigkeiten in der Welt zu einem komplexen Erfahrungswissen und einem Netz von Dispositionen bündeln und ständig wieder modifizieren und transformieren. Dabei spielen der bisherige Verlauf des Habituserwerbs und damit auch die bisherige Bildungsgeschichte eine wichtige Rolle, denn der Habitus kann nur Dinge aufnehmen und einbauen, für die er bereits eine Art „Ankoppelungsstelle“ hat oder zumindest schaffen kann.

Literatur

Adorno, T. W. (1956): Individuum. In: Soziologische Exkurse. Nach Vorträgen und Diskussionen. Institut für Sozialforschung. Frankfurt a.M., S. 40-54.

Baumert, u.a. 2001 = Baumert, J./Klieme, E./Neubrand, M./Prenzel, M./Schiefele, U./ Schneider, W./Stanat, P./Tillmann, K.-J./Weiß, M. (Hrsg.) (2001): PISA 2000. Basiskompetenzen von Schülerinnen und Schülern im Vergleich. Opladen.

Beck, U. (1983): Jenseits von Stand und Klasse? In: Soziale Welt Sonderband 2, S. 35–74.

Bernstein, B. (1971): Der Unfug mit der „kompensatorischen" Erziehung. In: betrifft: erziehung-Redaktion (Hrsg.): Familienerziehung, Sozialschicht und Schulerfolg. Weinheim und Basel, S. 21–36.

Bertaux, D./Bertaux-Wiame, I. (1991): „Was du ererbt von deinen Vätern...". Transmission und soziale Mobilität über fünf Generationen. In: BIOS Jg. 4, Heft 1, S. 13–40.

Bien, W. (Hrsg.) (1994): Eigeninteresse oder Solidarität. Beziehungen in modernen Mehrgenerationenfamilien. Opladen.

Böhnisch, L./Schröer, W. (2004): Stichwort: Soziale Benachteiligung und Bewältigung. In: Zeitschrift für Erziehungswissenschaft Jg. 7, Heft 4, S. 467–478.

Bourdieu, P. (1976): Entwurf einer Theorie der Praxis. Frankfurt a.M.

Bourdieu, P. (1982): Die feinen Unterschiede. Kritik an der gesellschaftlichen Urteilskraft. Frankfurt a.M.

Bourdieu, P. (1983): Ökonomisches Kapital, kulturelles Kapital, soziales Kapital. In: Soziale Welt Sonderband 2, S. 183–198.

Bourdieu, P. (1987): Sozialer Sinn. Kritik der theoretischen Vernunft. Frankfurt a.M.

Bourdieu, P. (1992): Rede und Antwort. Frankfurt a.M.

Bourdieu, P. (1998): Praktische Vernunft. Frankfurt a.M.

Bourdieu, P. (2001): Meditationen. Zur Kritik der scholastischen Vernunft. Frankfurt a.M.

Bourdieu, P./Boltanski, L./Saint Martin, M. de u.a. (1981): Titel und Stelle. Über die Reproduktion sozialer Macht. Frankfurt a.M.

Brake, A. (2003): Worüber sprechen wir, wenn von PISA die Rede ist? In: Zeitschrift für Soziologie der Erziehung und Sozialisation. Jg. 23, H. 1, S. 24–39.

Brake, A./Büchner, P. (2003): Bildungsort Familie: Die Transmission von kulturellem und sozialem Kapital im Mehrgenerationenzusammenhang. Überlegung zur Bildungsbedeutsamkeit der Familie. In: Zeitschrift für Erziehungswissenschaft Jg. 6, Heft 4, S. 618–638.

Brake, A./Büchner, P. (2006b): Dem familialen Habitus auf der Spur. In: Friebertshäuser, B./ Rieger-Ladich, M./Wigger, L. (Hrsg.): Reflexive Erziehungswissenschaft. Forschungspersepktiven im Anschluss an P. Bourdieu. Wiesbaden, S. 59–80.

Brake, A./Kunze, J. (2004): Der Transfer kulturellen Kapitals in der Mehrgenerationenfolge. Kontinuität und Wandel zwischen den Generationen. In: Engler, S./Krais, B. (Hrsg.): Das kulturelle Kapital und die Macht der Klassenstrukturen. Weinheim/München, S. 71–95.

Bremer, H. (2004): Der Mythos vom autonom lernenden Subjekt. Zur sozialen Verortung aktueller Konzepte des Selbstlernens und zur Bildungspraxis unterschiedlicher sozialer Milieus. In: Engler, S./Krais, B. (Hrsg.): Das kulturelle Kapital und die Macht der Klassenstrukturen. Weinheim/München, S. 189–213.

Bremer, H. (2005): Soziale Milieus, Habitus und Lernen. Zur Analyse von sozialer Selektivität und Chancengleichheit in pädagogischen Handlungsfeldern am Beispiel der Erwachsenbildung. Hamburg: Habilitationsschrift.

Büchner, P. (2002a): Kindheit und Familie. In: Krüger, H.-H./Grunert, C. (Hrsg.): S. 475–496.

Büchner, P. (2002b): Biographische Strategien des Erwachsenwerdens. In: Krüsselberg, H.-G./Reichmann, H. (Hrsg.): Zukunftsperspektive Familie und Wirtschaft. Grafschaft, S. 263–326.

Büchner, P. (2003): Stichwort: Bildung und soziale Ungleichheit. In: Zeitschrift für Erziehungswissenschaft Jg. 6, Heft 1, S. 5–24.
Büchner, P. (2006): Der Bildungsort Familie. Grundlagen und Theoriebezüge. In: Büchner, P./Brake, A. (Hrsg.): S. 21–47.
Büchner, P. (2008a): Der Zugang zu hochwertiger Bildung unter den Bedingungen sozialer, kultureller und individueler Heterogenität. In: Thole, W./ Rossbach, H.-G./ Fölling-Albers, M./ Tippelt,, R. (Hrsg.): Bildung und Kindheit. Opladen/ Farmington Hills, S. 183-194.
Büchner, P. (2008b): Soziale Herkunft und Bildung. In: Liebau, E./ Zirfas, J. (Hrsg.): Ungerechtigkeit der Bildung – Bildung der Ungerechtigkeit. Opladen/ Farmington Hills, S. 133-151.
Büchner, P./Brake, A. (Hrsg.) (2006a): Bildungsort Familie. Transmission von Bildung und Kultur im Alltag von Mehrgenerationenfamilien. Wiesbaden.
Büchner, P./Brake, A. (2006b): Bildung und soziale Anerkennung. Überlegungen zum Wandel sozialer Anerkennungsverhältnisse im Kontext der Produktion und Reproduktion des Akademikerstatus. In: Ecarius, J./Wigger, L. (Hrsg.): Elitebildung – Bildungselite. Opladen, S. 118–140.
Büchner, P./Koch, K. (2001): Von der Grundschule in die Sekundarstufe. Band 1: Der Übergang aus Kinder- und Elternsicht. Opladen.
Büchner, P./Wahl, K. (2005): Die Familie als informeller Bildungsort. Über die Bedeutung familialer Bildungsleistungen im Kontext der Entstehung und Vermeidung von Bildungsarmut. In: Zeitschrift für Erziehungswissenschaft Jg. 8, Heft 3, S. 356–373.
Chassé, K. A./Zander, M./Rasch, K. (2003): „Meine Familie ist arm". Opladen.
Fünfter Familienbericht (1994): Familien und Familienpolitik im geeinten Deutschland. Bonn.
Geißler, R. (2005): Die Metamorphose der Arbeitertochter zum Migrantensohn. In: Berger, P. A./Kahlert, H. (Hrsg.): Institutionalisierte Ungleichheiten. Weinheim/München, S. 71–100.
Gerris, J.R.M./Grundmann M. (2002): Reziprozität, Qualität von Familienbeziehungen und die intergenerationale Transmission von Beziehungskompetenz. In: Zeitschrift für Soziologie der Erziehung und Sozialisation Jg. 22, Heft 2, S. 3–24.
Helsper, W./Müller, H.J./Nölke, E. (Hrsg.) (1991): Jugendliche Außenseiter. Opladen.
Hentig, H. von (1996): Bildung. Ein Essay. München und Wien.
Herrlitz, H.-G./Hopf, W./Titze, H. (Hrsg.) (1993): Deutsche Schulgeschichte von 1800 bis zur Gegenwart. Eine Einführung. Weinheim und München.
Honneth, A. (2003): Kampf um Anerkennung. Zur moralischen Grammatik sozialer Konflikte. Frankfurt a.M. (erweiterte Ausgabe).
Hradil, S. (1999⁷): Soziale Ungleichheit in Deutschland. Opladen.
Hurrelmann, K. (2002⁸): Einführung in die Sozialisationstheorie. Weinheim u.a.
Krah, K./Kunze, J. (2003): Muster der Raumaneignung in familienbiographischer Perspektive. Über die Transmission von Mustern der Raumaneignung und Raumnutzung im Mehrgenerationenzusammenhang am Beispiel zweier Familien. In: BIOS Jg. 16, Heft 2, S. 236–255.
Krais, B./Gebauer, G. (2002): Habitus. Bielefeld.
Lüscher, K./Liegle, L. (2003): Generationenbeziehungen in Familie und Gesellschaft. Konstanz.
Münchmeier u.a. 2002 = Münchmeier, R./Otto, H.-U./Rabe-Kleberg, U. (Hrsg) (2002): Bildung und Lebenskompetenz. Opladen.
Parkin, F. (1983): Strategien sozialer Schließung und Klassenbildung. In: Soziale Welt Sonderband 2, S. 121–135.
Pillemer, K./Lüscher, K. (2003): Intergenerational ambivalences. New perspectives on parent-child-relations in later life. Oxford.

Rauschenbach u.a. 2004 = Rauschenbach, T./Mack, W./Leu, H. R./Lingenauber, S./ Schilling, M./Schneider, K./Züchner, I. (2004): Non-formale und informelle Bildung im Kindes- und Jugendalter. Konzeptionelle Grundlagen für einen Nationalen Bildungsbericht. Berlin.
Rolff, H.-G. (1980[9]): Sozialisation und Auslese durch die Schule. Heidelberg.
Schelsky, H. (1957): Schule und Erziehung in der industriellen Gesellschaft. Würzburg.
Schlüter, A. (1999): Bildungserfolge. Eine Analyse der Wahrnehmungs- und Deutungsmuster und der Mechanismen für Mobilität in Bildungsbiographien. Opladen.
Schmeiser, M. (2003): „Missratene“ Söhne und Töchter. Konstanz.
Schwenk, B. (1989): Bildung. In: Lenzen, D. (Hrsg.): Pädagogische Grundbegriffe. Reinbek, S. 208–221.
Solga, H. (2005): Meritokratie – die moderne Legitimation ungleicher Bildungschancen. In: Berger, P. A./Kahlert, H. (Hrsg.): Institutionalisierte Ungleichheiten. Weinheim/München, S. 19–38.
Tenorth, H.-E. (2004): Stichwort „Grundbildung” und „Basiskompetenzen“. In: Zeitschrift für Erziehungswissenschaft Jg. 7, Heft 2, S. 169–182.
Vester, M. (2005): Die selektive Bildungsexpansion. Die ständische Regulierung der Bildungschancen in Deutschland. In: Berger, P. A./Kahlert, H. (Hrsg.) Institutionalisierte Ungleichheiten. Weinheim/München, S. 39–70.
Voswinkel, S. (2001): Anerkennung und Reputation. Konstanz.
Weber, M. (1972[5]): Wirtschaft und Gesellschaft. Tübingen.
Wissenschaftlicher Beirat für Familienfragen (2002): Die bildungspolitische Bedeutung der Familie – Folgerungen aus der PISA-Studie. Stuttgart u.a.
Young, M. (1958): The Rise of Meritocracy 1870-2033. Harmondsworth.
Ziegler, M. (2000): Das soziale Erbe. Eine soziologische Fallstudie über drei Generationen einer Familie. Wien.
Zinnecker, J. (1997): Sorgende Beziehungen zwischen Generationen im Lebensverlauf. Vorschläge zur Novellierung des pädagogischen Codes. In: Lenzen, D./Luhmann, N. (Hrsg.): Bildung und Weiterbildung im Erziehungssystem. Frankfurt a.M., S. 199–227.

Heidrun Herzberg

Kapitel 4: Ein Blick auf Generationen: Lern- und Bildungsprozesse in Familien

Dass „der Apfel nicht weit vom Stamm fällt", wird im Alltagsleben immer dann konstatiert, wenn zwischen Eltern und Kindern eine frappierende Ähnlichkeit in der Art und Weise des Handelns festgestellt wird. In der Wissenschaft – und so auch im folgenden Aufsatz – wird empirisch und theoretisch fundiert darüber nachgedacht, wie und unter welchen Rahmenbedingungen es zu Kontinuität, aber auch zum Wandel über die Generationenschwelle hinweg kommt. Hierbei belegen die Ergebnisse der Zwei-Generationen-Studie „Biographie und Lernhabitus" (Herzberg 2004), die nachfolgend vorgestellt werden soll, dass neben einer Kenntnis des Milieus, in dem die intergenerationalen Tradierungsprozesse stattfinden, ein weiter, mehrere Dimensionen umspannender Generationenbegriff als theoretisches, sensibilisierendes Konzept bei der empirischen Analyse erforderlich ist, da sehr unterschiedliche Einflussfaktoren auf den intergenerationalen Tradierungsprozess einwirken. Ist es in einem Fall das Milieu, das eine besondere Bedeutung erhält, kann es in einem anderen Fall eine bestimmte soziale Familientradition sein. In einer dritten Fallkonfiguration können es wiederum die historisch-gesellschaftlichen Rahmenbedingungen sein, die nachhaltig prägend wirken.

Zur Erforschung von Kontinuität und Wandel über die Generationenschwelle bedarf es zudem eines bildungsbiographietheoretischen Konzepts, das die Untersuchung von Veränderungen und Bewahrung intergenerational tradierter Erfahrungen und Wissensbestände durch Lern- und Bildungsprozesse ermöglicht.

Der folgende Aufsatz beginnt mit der Darstellung zentraler, für die empirische Analyse grundlegender Generationenkonzepte (I). Anschließend werden der bildungsbiographietheoretische Rahmen der Studie „Biographie und Lernhabitus" und die spezifische Dynamik des Rostocker Werftarbeitermilieus, in dem die untersuchten Tradierungsprozesse stattfanden, vorgestellt (II). In einem nächsten Schritt wird ein Einblick in eine intergenerationale Fallkonfiguration und die darin stattfindenden Lern- und Bildungsprozesse gegeben. Ein knapper Vergleich mit einem maximalen Vergleichsfall rundet die Darstellung der empirischen Befunde ab (III). Es folgt ein Fazit (IV).

I. Theoretische Generationenkonzepte und Perspektiven

Der sozialwissenschaftliche Diskurs über das Thema Generationen(beziehungen und -verhältnisse) ist sehr weit gefächert (vgl. zum Überblick Thon 2006, S. 63 ff.). Er erfährt in den 1990er Jahre vor dem Hintergrund bestimmter gesellschaftlicher Problemlagen, wie dem Ineinandergreifen demographischer Verschiebungen und den Veränderungen von Familienformen sowie wohlfahrtsstaatlicher Maßnahmen (vgl. hierzu auch Mansel/Rosenthal/Tölke 1997, S. 7 ff.) einen Bedeutungsaufschwung und wird weiter ausdifferenziert.

Gleichwohl findet in den folgenden Ausführungen eine Konzentration auf das klassische Generationenkonzept des Soziologen Karl Mannheim aus dem Jahre 1928 und die Ausdifferenzierungen Gabriele Rosenthals (1997) statt. Begründen lässt sich die Auswahl des Mannheimschen Generationenkonzepts unter Bezugnahme auf eine Argumentation Christine Thons damit, dass dieses trotz Fokussierung auf den gesellschaftlichen Wandel, der in unterschiedlicher Art und Weise mit dem „Problem der Generationen" verwoben ist, die Basis dafür bietet, verschiedene „Aspekte des Generationenbegriffs auf sinnvolle und vor allem empirisch bearbeitbare Weise zu verknüpfen" (Thon 2006, S. 67). Der intergenerationale Tradierungsprozess lässt sich so im Kontext gesellschaftlich-historischer Rahmenbedingungen betrachten. Die Ausdifferenzierungen Gabriele Rosenthals ermöglichen es zudem, den Blick auf konkrete Familiengenerationen zu lenken. Familien stellen für Rosenthal nicht nur eine wichtige Sozialisationsinstanz dar, sondern sie sind auch ein Beziehungs- und Interaktionsraum, in dem sich Impulse zur Ausbildung von Generationen ergeben (vgl. Rosenthal 1997).

Gegenüber den prominenten Überlegungen Friedrich Schleiermachers zur Generationenthematik aus dem Jahre 1826 (vgl. ebd. 1957) und den daran anschließenden Diskussionen in der Pädagogik (vgl. Thon 2006, S. 65 ff.) sind das Generationenkonzept Karl Mannheims und die Weiterentwicklungen Rosenthals aussagekräftiger in Bezug auf das komplexe Wechselverhältnis zwischen den am Tradierungsprozess beteiligten Subjekten und den gesellschaftlichen Strukturen. Sie erscheinen deshalb anschlussfähiger für das Forschungsinteresse der Studie „Biographie und Lernhabitus".

Die bildungsbiographietheoretischen Überlegungen zum intergenerationalen Tradierungsprozess knüpfen insofern an das klassische Generationenkonzept Karl Mannheims und die Ausdifferenzierungen Gabriele Rosenthals an, dass auch in ihnen konzeptionell eine Verbindung zwischen individuellen/intergenerationalen Erfahrungen und den gesellschaftlich-historischen Rahmenbedingungen hergestellt wird. Allerdings wird hierin nicht die mögliche Ausbildung von Generationen fokussiert, sondern die Untersuchung von Kontinuität und Wandel über die Generationenschwelle durch Lern- und Bildungsprozesse, die ihrerseits zum sozialen Wandel beitragen. Bevor hierauf eingegangen wird, müssen erst einmal die benannten Generationenkonzepte vorgestellt werden.

Für Karl Mannheim, der den Generationenbegriff in seinem bahnbrechenden Aufsatz „Das Problem der Generationen" (1964 [1928]) zur soziologischen Kategorie erhoben und den Gedanken der „Generationslagerung" in Anlehnung an Max Webers These von der „Klassenlage" eingeführt hat, stellt sich der soziale Wandel einer Gesellschaft als eine Generationenfolge dar. Den intergenerationalen Tradierungs- und Transformationsprozess, der „durch das stete Neueinsetzen neuer Kulturträger" und „durch den Abgang der früheren Kulturträger" notwendig wird, versteht Mannheim als Kulturübertragung (vgl. ebd., S. 530). Hiermit meint er sowohl die bewusste als auch die unbewusste Weitervermittlung sozialer Erinnerungen. Besondere Bedeutung misst Mannheim den unbewussten Tradierungen bei, sie stellen für ihn den Fonds des Lebens dar und drücken sich in „Einstellungen", „Gefühlsgehalte(n)" sowie „Lebenshaltungen" aus. Er schreibt: „Alle jene Gehalte und Einstellungen, die in der neuen Lebenssituation unproblematisch weiterfunktionieren, die den Fonds des Lebens ausmachen, werden unbewußt, ungewollt vererbt, übertragen; sie sickern ein, ohne daß Erzieher und Zögling davon etwas wüßten" (ebd., S. 538). Mannheim geht in seinen Überlegungen davon aus, dass dieser Fonds weitgehend persistent bleibt. Transformationen werden erst möglich, wenn sich die Heranwachsenden reflexiv mit dem unbewusst Tradierten auseinandersetzen können (vgl. ebd., S. 538 f.).

Das Hineinwachsen der nachfolgenden Generation in die bestehenden Kulturgüter, also der „neue Zugang" einer Generation, ist nach Mannheim durch die Generationslagerung geprägt. Für die Konstitution der gemeinsamen „Lagerung im sozialen Raume" bildet die in demselben Zeitraum erfolgte Geburt und das zur selben Zeit Erwachsen- oder Altsein von Individuen das Fundament. Auf dieser Basis entsteht die „Möglichkeit an denselben Ereignissen, Lebensgehalten usw. zu partizipieren und noch mehr, von derselben Art der Bewußtseinsschichtung aus dies zu tun" (ebd., S. 536). In Abgrenzung zur Generationslagerung basiert die Zugehörigkeit zu einem Generationszusammenhang nicht nur darauf, „im selben historisch-sozialen Raume – in derselben historischen Lebensgemeinschaft – zur selben Zeit geboren worden zu sein" und die Option zu haben, an denselben Ereignissen teilzunehmen, sondern es muss noch eine Verbindung hinzukommen, die Mannheim als *„Partizipation* an den *gemeinsamen Schicksalen* dieser historisch-sozialen Einheit" kennzeichnet (ebd., S. 542). Aus solchen Schicksalsgemeinschaften können sich *„Generationseinheiten"* (ebd., S. 547) bilden, die sich dadurch auszeichnen, „daß sie nicht nur eine lose Partizipation verschiedener Individuen am gemeinsam erlebten, aber verschieden sich gebenden Ereigniszusammenhang bedeuten, sondern daß sie ein einheitliches Reagieren, ein im verwandten Sinne geformtes Mitschwingen und Gestalten der gerade insofern verbundenen Individuen einer bestimmten Generationslagerung bedeuten" (ebd., S. 547).

Gabriele Rosenthal schließt in ihren Ausführungen (1997) an das Generationenkonzept Karl Mannheims an und differenziert es in Richtung einer „interaktionellen Konstitution von Generationen" aus. Hiermit betont sie unter Bezugnahme auf Matthes' Auseinandersetzung mit dem Mannheimschen Generationenkonzept die Bedeutung des „generationellen Verhältnisses" (vgl. Matthes 1985, S. 369). Eine historische Generation begründet sich nach ihrer Ansicht nicht nur durch gemeinsam in derselben biographischen Phase gemachte Erfahrungen in einem je spezifisch historisch-gesellschaftlichen Kontext sowie die Partizipation an bestimmten Orientierungen und Vorstellungen, sondern auch im Austausch mit anderen Generationen (vgl. Rosenthal 1997, S. 58). Hierbei erscheint es Rosenthal besonders bedeutsam, „dass wir Eltern und Großeltern nicht aufgrund ihrer biologischen Funktion als Angehörige einer Generation begreifen, sondern sie wiederum als Generation aufgrund ihres geteilten Erfahrungshintergrundes bestimmen" (ebd., S. 58). Beim Dialog zwischen den Generationen werden Werthaltungen der Vorgeneration nicht passiv durch die nachwachsende Generation übernommen. Stattdessen geht Rosenthal davon aus, dass diese Haltungen interaktiv mit ihr ausagiert und erlebt werden und hierbei fortwirken oder einem Wandel unterliegen (vgl. ebd., S. 59 ff.). In diesem Prozess scheinen sowohl die Elterngeneration als auch vorangegangene Generationen (die nicht direkt an der Interaktion beteiligt sind) eine bedeutsame Rolle zu spielen: „Die latent wirksamen Delegationsaufträge vorangegangener Generationen werden dabei nicht einfach von den Eltern an die Kinder tradiert. Sie werden vielmehr in den konkreten Interaktionen – meist jenseits eines bewußten Zugriffs – handelnd erlebt und werden so, auch wenn sie nicht unbedingt bewußt wahrnehmbar sind, für die Nachgeborenen zu unmittelbaren Erfahrungen“ (ebd., S. 59).

Anders als Mannheim hebt Rosenthal in ihren Darstellungen explizit auf die handelnden Akteure im Tradierungsprozess ab. Dem Mannheimschen Generationenkonzept entsprechend schenkt sie den unbewussten Tradierungen von Wissensbeständen besondere Aufmerksamkeit.

In der Interaktionssituation der Älteren mit den Jüngeren kann sich bei der älteren Generation die Sichtweise auf Vergangenes verändern. Zudem kann die Interaktion *„konstituierend für die ältere Generation sein“* (ebd., S. 60). In diesem Zusammenhang hält Rosenthal fest, dass nachträgliche Reinterpretationsprozesse von bedeutsamen Erfahrungen und Ereignissen in einer bestimmten Lebensphase generationsbildend wirken können (Rosenthal 2000, S. 165). Gleichwohl betont sie, dass nicht jede historische Phase generationsbildend sein muss. Stattdessen zeigt sie auf, dass z.B. die Klassen- oder Geschlechterzugehörigkeit (die ihrerseits in Relation zur Generationenzugehörigkeit stehen) in bestimmten historischen Abschnitten für die Ausbildung eines Generationszusammenhangs ausschlaggebender sein können. Rosenthal konstatiert darüber hinaus, dass nicht eine bestimmte Lebensphase, z.B. die Jugendphase, konstitutiv für eine Generation sein muss, so wie es immer wieder in der Rezeption des Mannheimschen Ansatzes, in dem diese Engführung auch angelegt ist, angenommen wurde. Hingegen können Erfahrungen in ganz anderen Lebensphasen bedeutsam für eine Generationsbildung sein (Rosenthal 1997, S. 61 f.). „Die Bestimmung einer Generation kann deshalb nur auf empirischer Basis erfolgen, und zwar im rekonstruktiven und nicht im subsumptionslogischen Verfahren. Die empirische Analyse bedarf dabei einer biographieanalytischen Dimension...“ (ebd., S. 62). Hierbei fordert Rosenthal anstelle einer Konzentration auf bestimmte Lebensphasen oder Lebensstränge eine „Rekonstruktion der prozessualen Aufschichtung von biographischen Erfahrungen sowie des reflexiven Zugriffs in der Gegenwart“ (ebd., S. 62). Dass dieses methodische Vorgehen keineswegs die Regel ist, lässt sich an den medienwirksamen, aber keineswegs empirisch gesättigten Thesen über die Generation Golf, die Generation Praktikum etc. ablesen. Hierzu äußert sich Rosenthal folgendermaßen: „Indem bei den einzelnen Jahrgängen überprüft wird, welche bedeutsamen historischen Großereignisse sie während der Jugendphase erlebt haben, können Generationen am Schreibtisch entworfen werden“ (Rosenthal 2000, S. 163 f.).

Gabriele Rosenthal konzentriert sich in ihren empirischen Studien auf die biographieanalytische Untersuchung von Generationenfolgen in Familien, in denen sich Impulse zur Ausbildung von historischen Generationen ergeben können, aber nicht entwickeln müssen, zumal außerfamiliale Erfahrungen gleichermaßen generationsbildend sein können (vgl. ebd., S. 177).

In ihren Untersuchungen stellt sie somit eine Verbindung zwischen familialen und historischen Generationen her. Genau in dieser Verschränkung sieht auch Martin Kohli „die eigentliche Produktivität des Generationenkonzepts für die Analyse gesellschaftlicher Reproduktion und Dynamik“ (1994, S. 114).

In der Studie „Biographie und Lernhabitus“, die in einem nächsten Schritt vorgestellt werden soll, wurde ebenfalls die Verknüpfung von familialen Generationen und der historisch-sozialen Lage untersucht, wenngleich hier nicht die mögliche Generationenbildung im Vordergrund des Interesses stand, sondern die Frage nach den Lern- und Bildungsprozessen über die Generationenschwelle. Als Forschungszugang wurde in dieser Untersuchung das Konzept der Biographie gewählt, auf das auch Gabriele Rosenthal in ihrer empirischen Studie und in ihren theoretischen Überlegungen zu einem interaktionellen Generationenkonzept rekurriert. Dieses eignet sich besonders zur Untersuchung von intergenerationalen Tradierungsprozessen unter dem Einfluss gesellschaftlich-historischer Rahmenbedingungen, zumal es – ebenso wie die beiden vorgestellten Generationenkonzepte – die Subjekt- und Strukturperspektive integriert. Biographien spiegeln das komplexe Spannungsfeld von Individuum und Gesellschaft genau wider (vgl. Alheit 1993; Fischer/Kohli 1987). Über den Analysefokus der Biographie – also die erzählte Lebensgeschichte einer Person – lassen sich die Erfahrungen und Lernprozesse einer Person in Auseinandersetzung mit Botschaften der vorangegangenen Generation, in Konfrontation mit institutionellen Rahmenbedingungen und kulturellen Deutungskontexten etc. untersuchen. Hierbei wird auch die Eigenlogik der biographischen Erfahrungsaufschichtung der Person – also die eigensinnige Verarbeitung von Erfahrungen – deutlich. Zugleich lassen sich aber auch die unbewusst über die Generationenschwelle tradierten und gesellschaftlich geprägten Einstellungen und Werthaltungen sowie Umgehensweisen mit der sozialen Welt erfassen (vgl. Alheit/Dausien 2002). Bettina Dausien hält in diesem Kontext fest, dass sich das (intergenerational tradierte) „biographische Wissen“ (Alheit/Hoerning 1989), das die „komplexe Gesamtheit kognitiver, emotionaler, habitueller und körperlicher Wissensformen“ (Dausien 1997, S. 234) umfasst, mit den von Mannheim in seinen Überlegungen zum intergenerationalen Tradierungsprozess ausgeführten Wissensformen – dem bewusst Gelehrten und den unbewussten Tradierungen – in Zusammenhang bringen lässt.

Vor diesem Hintergrund erscheint es nicht weiter erklärungsbedürftig, dass der Forschungszugang über die Biographie bereits in einigen Mehrgenerationenstudien genutzt wird (vgl. Alheit/Bast-Haider/Drauschke 2004; Inowlocki 1995; Lutz 2000; Rosenthal 1995; Völter 2003; Thon 2006). Einige Studien widmen sich hierbei, ebenso wie die Studie „Biographie und Lernhabitus“, auch ausdrücklich pädagogischen Fragestellungen (vgl. Bock 2000; Ecarius 2002).

II. Der bildungsbiographietheoretische Rahmen der Studie „Biographie und Lernhabitus“ und die spezifische Dynamik des Rostocker Werftarbeiter-Milieus

In der Studie „Biographie und Lernhabitus“ (Herzberg 2004) wurden Bildungsbiographien Rostocker Werftarbeiter der Geburtsjahrgänge 1922 bis 1936 und ihrer Kinder, die in den Jahren zwischen 1954 und 1964 geboren wurden, erhoben und analysiert. Ein Werftarbeitersohn gehört dem Jahrgang 1946 an. Für die intensive Fallbearbeitung wurden drei intergenerationale Fallkonfigurationen einer genaueren Analyse unterzogen. Als Interviewmethode wurde das biographisch-narrative Interview gewählt (vgl. Schütze 1978; Alheit 1984). Bei der Auswertung des empirischen Materials wurden die kognitiven Figuren des autobiographischen Stegreiferzählens von Fritz Schütze (1984) als Kodierparadigma zugrunde gelegt.

Mit der Forschungsfrage nach den Lern- und Bildungsprozessen an der Nahtstelle der Generationen trat hier neben die Untersuchungsdimensionen Generation und Biographie noch die Dimension der Bildung. Deshalb wurden bildungsbiographietheoretische Überlegungen zum intergenerationalen Tradierungsprozess angestellt, die an die Generationenkonzepte Karl Mannheims und Gabriele Rosenthals anschlussfähig sind. Zudem wurde in der Studie an das Habitus-Konzept Bourdieus angeknüpft, das den von Karl Mannheim so bezeichneten Fonds des Lebens weiter ausdifferenziert. Nach einem kurzen Exkurs zum Habitus-Konzept von Bourdieu sollen die bildungsbiographietheoretischen Überlegungen zum intergenerationalen Tradierungsprozess vorgestellt werden.

Unter dem Habitus eines Menschen versteht Bourdieu bestimmte Klassifikationsschemata sozialer Wahrnehmung, die „jenseits von Bewußtsein und diskursivem Denken arbeiten“ (Bourdieu 1994, S. 730). Der Habitus stellt ein Produkt inkorporierter sozialer Strukturen dar, zugleich aber auch das Erzeugungsprinzip sozialer Handlungspraxis (vgl. ebd., S. 730 f.). Mit der zentralen Grundannahme, dass sich Menschen innerhalb bestimmter sozialer Gruppen und Klassen durch die zum Erkennen der sozialen Wirklichkeit eingesetzten Klassifikationsschemata des Habitus identifizieren und voneinander abgrenzen (vgl. ebd., S. 278) spezifiziert das Habituskonzept von Bourdieu den von Mannheim so bezeichneten Fonds des Lebens. Es lässt sich jedoch festhalten, dass das Habituskonzept von Bourdieu nur etwas über die Vergesellschaftung eines Menschen aussagt, nichts aber über dessen Individuierungsprozess, z.B. über Lernen und Bildung. Soll das Konzept des Habitus dennoch als Grundlage für die Analyse von Kontinuität und Wandel über die Generationenschwelle genutzt werden, was sinnvoll erscheint, zumal auch die Lern- und Bildungsprozesse eines Menschen durch den so genannten Habitus hervorgebracht werden, bedarf es einer bildungsbiographietheoretischen Reformulierung.

In der biographietheoretischen Erklärung des intergenerationalen Tradierungsprozesses wird mit Bezugnahme auf die genannten theoretischen Konzepte den unbewussten Tradierungen sozialer Wissensbestände besondere Aufmerksamkeit geschenkt, zumal diese einen nachhaltigen Einfluss auf die nächste Generation ausüben. Zugleich wird von einer Langlebigkeit und Zähigkeit der unbewusst tradierten kulturellen und sozialen Wissensbestände ausgegangen. Gleichwohl wird wie bei Mannheim angenommen, dass diese kulturellen Selbstverständlichkeiten – gerade in Zeiten rapiden sozialen Wandels – durch reflexive Prozesse in Frage gestellt und dann allerdings nur langsam verändert werden können.

Mit Bezugnahme auf das interaktionelle Generationenkonzept Gabriele Rosenthals wird in den bildungsbiographietheoretischen Überlegungen zum intergenerationalen Tradierungsprozess darüber hinaus davon ausgegangen, dass die am Tradierungsprozess beteiligten Akteure – trotz weitgehend unbewusster Weitergabe sozialer Erfahrungen und Wissensbestände – handelnde Akteure sind. Diese Sicht entspricht dem zugrunde gelegten handlungstheoretisch fundierten Biographiekonzept. Erfahrungen und Werthaltungen werden also nicht passiv übernommen, sondern interaktiv ausagiert. Zudem sensibilisiert Rosenthals interaktionelles Generationenkonzept dahingehend, dass die Generationszugehörigkeit immer in Relation zur Klassen- und Geschlechterzugehörigkeit steht. An diese Überlegungen kann in den eigenen biographietheoretischen Überlegungen zum intergenerationalen Tradierungsprozess ebenfalls angeschlossen werden.

Die bildungsbiographietheoretischen Überlegungen zum intergenerationalen Tradierungsprozess ergänzen das klassische Generationenkonzept von Mannheim und die anschließenden Ausdifferenzierungen von Rosenthal, indem sie eine Antwort auf die Frage bieten, wie die intergenerational tradierten und gesellschaftlich geprägten Erfahrungen und Wissensbestände angeeignet und durch biographische Lern- und Bildungsprozesse verändert werden können. Hierbei liegt ihnen ein weiter Bildungsbegriff zugrunde, der „neben institutionalisierten Lern- und Qualifikationsprozessen alle Formen informellen Lernens sowie die Bildung biographischer Erfahrungsstrukturen als übergeordnetes Gestaltungsprinzip" (Dausien 2001, 102) umfasst.

Auf der Grundlage biographietheoretischer Überlegungen (vgl. Alheit 1993; Alheit/Dausien 2000; Ricker 2000) lassen sich der intergenerationale Tradierungsprozess sowie Kontinuität und Wandel über die Generationenschwelle folgendermaßen erklären: Zunächst einmal wird die biographische Grundlage des Kindes durch die „soziale Welt in Reichweite" (Schütz/Luckmann 1979) – zu Beginn in aller Regel die Herkunftsfamilie – geprägt, die ihrerseits die gesellschaftlichen Strukturen (z.B. Klassen- und Milieuverhältnisse) vermittelt. In Auseinandersetzung mit den Praxisformen der Eltern entwickelt das Kind unbewusst bestimmte biographische Dispositionen sowie Bewertungs- und Klassifikationsschemata, die sich im Habitus ausdrücken. Diese verinnerlichten sozialen Strukturen, die – biographietheoretisch gesprochen – nach dem Prinzip der nach außen offenen Selbstreferentialität (vgl. hierzu ausführlich Alheit/Dausien 2000; Ricker 2000) erworben worden sind, prägen nachfolgend sowohl die Verarbeitung gesellschaftlicher Einflüsse als auch die inneren Verarbeitungsprozesse sowie die individuelle Erfahrungsaufschichtung. Die so entstehende biographische Eigenlogik erzeugt die biographische Konstruktion der Wirklichkeit. Sie unterliegt hierbei Veränderungen in der Zeit (vgl. Ricker 2000, S. 314 ff.; Alheit/Dausien 2000, S. 274).

Eine Veränderung des in der Regel persistent bleibenden Habitus lässt sich biographietheoretisch folgendermaßen erklären: Neue soziale Erfahrungen, die ein Mensch macht, werden zuerst durch die Strukturlogik der individuellen Erfahrungsbildung verarbeitet (vgl. Dausien 2001, S. 102). Hierdurch wird dem Menschen selbst in Zeiten radikaler gesellschaftlicher Umbrüche biographische Kontinuität garantiert (vgl. Ricker 2000, S. 326). Durch die reflexive Bezugnahme auf die eigenen biographischen Sinnressourcen und das damit verbundene Potential an „ungelebtem Leben" (von Weizsäcker) können transitorische Bildungsprozesse (vgl. Alheit 1993) in Gang gesetzt werden, die eine Veränderung der Strukturlogik bewirken können und sich in einer neuen Strebung einer Person, z.B. einem handlungsaktiveren Umgang mit den eigenen Lern- und Bildungsprozessen ausdrücken. Der zugrunde liegende Habitus kann auf diesem Weg eine Veränderung erfahren.

Zur Untersuchung von Kontinuität und Wandel über die Generationenschwelle eignet sich das Konzept des biographischen Lernhabitus, das in der Studie „Biographie und Lernhabitus" im Anschluss an die bildungsbiographietheoretischen Überlegungen und in Auseinandersetzung mit dem Bourdieuschen Habituskonzept entwickelt wurde. Mit Hilfe des Konzepts des biographischen Lernhabitus lässt sich der Habitus eines Menschen zwischen den Polen Subjekt und Struktur erfassen.

Die Definition des biographischen Lernhabitus lautet: Er ist Produkt inkorporierter sozialer Strukturen, zugleich aber auch das Erzeugungsprinzip biographischer Lern- und Bildungsprozesse (ebd., S. 49 f.). Mit folgenden Analysekategorien, die im abduktiven Forschungsprozess zwischen Theorie und Empirie entwickelt wurden, lässt sich der biographische Lernhabitus rekonstruieren:

- Bildungsaspirationen
- Biographische Lern- und Verarbeitungsstrategien
- Deutungshoheit
- Wertorientierungen
- Biographische Reflexivität

Unter *Bildungsaspirationen* werden im Konzept des biographischen Lernhabitus weitreichende Bildungsbestrebungen einer Person verstanden. Mit *biographischen Lern- und Verarbeitungsstrategien* sind bestimmte Formen des Umgangs mit der sozialen Welt gemeint. Eine Person kann sich z.B. an die Anforderungen, die von außen an sie herantreten, anpassen oder sich ihnen widersetzen. Biographische Lern- und Verarbeitungsstrategien müssen über die Lebensspanne hinweg keineswegs stabil bleiben, sie können sich wandeln. Mit dem Begriff der *Deutungshoheit* wird der Bezugshorizont der Deutungen gefasst, den ein Mensch hat (z.B. das Arbeitsmilieu). Auch der Bezugshorizont der eigenen Deutungen kann sich z.B. im Falle eines Aufstiegsprozesses und dem damit verbundenen Milieuwechsel ändern. *Wertorientierungen* werden in einer lebensgeschichtlichen Erzählung nicht unbedingt explizit thematisiert. Sie drücken sich in den Geschichten aus, die Menschen über ihr Leben erzählen. Sie müssen sorgsam als Hintergrundkompetenzen (vgl. zu den Rekonstruktionsebenen narrativer Erfahrungsaufschichtung Alheit 2003) rekonstruiert werden. *Biographische Reflexivität* ist die Fähigkeit, sich der eigenen biographischen Sinnressourcen und dem Potential an bisher ungelebtem Leben bewusst zu werden. Biographische Reflexivität ist die Grundlage transitorischer Bildungsprozesse (vgl. Alheit 1993).

Die intergenerationale Tradierung von Lernhabitusmustern in Familien sowie Kontinuität und Wandel derselben war Gegenstand der Studie „Biographie und Lernhabitus". Das Hauptaugenmerk wurde in dieser Studie auf die Frage gerichtet, wie die nachfolgende Generation den so genannten Lernhabitus von ihren Eltern erwirbt und im Laufe des eigenen Lebens unter dem Einfluss des Milieus sowie der gesellschaftlich-historischen Rahmenbedingungen gegebenenfalls transformiert. Die biographischen Vorerfahrungen der Eltern wurden hierbei ebenfalls untersucht und mitreflektiert. Die Lern- und Bildungsprozesse der Eltern in Konfrontation mit ihren Kindern (die zweifellos auch stattfanden) wurden allerdings nicht genauer analysiert.

Zum Verständnis der Entdeckungen im empirischen Material muss die Dynamik des Rostocker Werftarbeitermilieus an dieser Stelle kurz skizziert werden. Diesbezüglich war in einer vorangegangenen Studie (vgl. Alheit u.a. 1999), die sich mit dem Vergleich zweier deutscher Werftarbeitermilieus in den 1950er Jahren beschäftigt hat – dem AG „Weser"-Milieu in Bremen und dem Rostocker Werftarbeitermilieu – folgendes Phänomen beobachtet worden:

Während die Arbeiter im Rostocker Werftarbeitermilieu der 1950er Jahre politisch-ideologisch und aufgrund ihrer Aushandlungsstrategien privilegiert wurden, fand eine Entwertung von Berufssparten mit höherer Qualifikation statt. So verdiente beispielsweise ein Ingenieur auf der Werft keineswegs mehr als ein Facharbeiter. Zudem musste er seine exponierte Stellung aufgrund der egalitären gesamtgesellschaftlichen Stimmung dementieren, wenn er im Milieu anerkannt sein wollte. Die Bildungsaufsteiger gerieten in ihrer Leitungsposition nicht selten in eine Pufferfunktion zwischen der staatlichen Planungslogik und der Arbeiterschaft. Dies bedeutete einen Autonomieverlust, denn das Milieu stellte keineswegs eine staatstragende soziale Einheit dar, sondern eine Art „autonomes Gegenmilieu" (ebd., 1999). Diese Autonomie der Arbeiter lässt sich keineswegs als politische Autonomie verstehen, sondern vielmehr als Lohnautonomie. Die Arbeitskolonnen und insbesondere ihre Vorarbeiter, die so genannten Brigadiere, haben im Zuge von Arbeitsnormaushandlungen in den 1950er Jahren eine Autonomie gegenüber staatlichen Vorgaben erlangt, die für sie zu einer zufrieden stellenden Lohnentwicklung geführt hat. Dieser Prozess hat jedoch die Produktivität gehemmt und bereits Ende der 1950er Jahre zu einer Gefährdung der ökonomischen Reproduktion der Gesamtgesellschaft beigetragen (vgl. ebd., 1999).

Vor diesem Hintergrund lautete die Vorannahme der Studie „Biographie und Lernhabitus", dass die Dynamik im Rostocker Werftarbeitermilieu nicht nur zu einer Entwertung des Bildungskapitals beigetragen hat, sondern auch negative Konsequenzen für die Entwicklung von Bildungsmotivationen bei der nachfolgenden Generation hatte.

Diese Vorannahme konnte in der Studie „Biographie und Lernhabitus" weitgehend bestätigt werden. Allerdings gab es auch Ausnahmen. So ließ sich beispielsweise in einer Familie beobachten, dass die familiäre Bildungstradition einen größeren Einfluss auf die Entwicklung der Bildungsmotivation bei der nachfolgenden Generation genommen hat als das Milieu.

In dieser Familie wurde ein so genanntes entwicklungsorientiertes Lernhabitusmuster über die Generationenschwelle tradiert, das durch ein hohes Maß an Bildungsaspiration, Lernen als zentrale biographische Verarbeitungsstrategie, Bildung als Wertorientierung und ein hohes Maß an biographischer Reflexivität gekennzeichnet ist.

Die Milieudynamik hatte allerdings in den Familien einschneidende Konsequenzen, in denen es keine familiäre Bildungstradition gab. Auch der Bildungsaufstieg in der ersten Generation hat hier aufgrund der einschränkenden Rahmenbedingungen nicht zu weitreichenden Veränderungen des so genannten bewahrenden Lernhabitusmusters (das durch einen Mangel an Bildungsaspirationen und biographische Reflexivität sowie einem Widerstand gegenüber theoretischem Wissen und einer besonderen Wertschätzung praktischer Arbeit gekennzeichnet ist) beigetragen. In diesen Familien wurde oftmals das bewahrende Lernhabitusmuster über die Generationenschwelle hinweg tradiert. So haben nicht nur die Kinder der Arbeiter im Milieu, sondern auch die Kinder der Aufgestiegenen im Milieu oftmals auf einen Bildungsaufstieg verzichtet. Sie sind wieder Arbeiter geworden oder haben Bildungs- und Berufswege gewählt, auf denen sie ihre bewahrenden Lernhabitusmuster nicht maßgeblich verändert haben.

Der gesellschaftliche Transformationsprozess nach 1989 hat bei ihnen deutliche Individualisierungsprozesse ausgelöst. Im Folgenden wird eine intergenerationale Fallkonfiguration ausführlich präsentiert. Anschließend wird ein kurzer Einblick in einen Kontrastfall gegeben.

III. Empirische Befunde

Der Fall Franz Richter und sein Sohn Andreas (die Personennamen wurden anonymisiert): Vom gebrochenen Bildungsaufstieg zum Widerstand gegen aufstiegsorientierte (Weiter-)Bildung

In diesem Fall bestätigt sich die Vorannahme, dass die Entwertung des Bildungskapitals nicht nur eine Auswirkung auf die nachfolgende Generation der Arbeiter im Produktionsbereich, sondern auch auf die Kinder der Bildungs- und Qualifikationsaufsteiger im Milieu hat.

Franz Richter, der 1930 geboren wird und der zur Gruppe der Bildungs- und Qualifikationsaufsteiger im Milieu gehört, gibt vor dem Hintergrund seiner eigenen Bildungsaufstiegserfahrungen im Milieu an seinen Sohn die Botschaft weiter, dass er auf einen höheren Bildungsweg verzichten und wieder Arbeiter werden soll. Er tradiert ein bewahrendes Lernhabitusmuster, das keine Bildungsaspirationen vorsieht, von Wertschätzung praktischer Arbeit und Skepsis gegenüber theoretischem Wissen geprägt ist und keine (lern)biographische Reflexivität umfasst. Hierbei muss erwähnt werden, dass Vater Richter seinen Bildungsaufstieg zum Industrieökonom keineswegs intentional geplant hatte, sondern von außen dazu aufgefordert wurde. Für den aus dem Sudetenland vertriebenen Franz Richter wurde durch die Anpassung an die Anforderung von außen gewährleistet, dass er im Milieu verbleiben konnte, während viele Zugewanderte entlassen wurden. Dass Franz Richter seinen eigenen, im Herkunftsmilieu erworbenen bewahrenden Lernhabitus trotz des Bildungsaufstiegs nicht maßgeblich in die Richtung größerer Handlungsautonomie und biographischer Reflexivität verändern konnte, wird insbesondere an den Stellen seines Interviews deutlich, in denen er über die Situation bei der Arbeit spricht. Es wird erkennbar, dass er in seiner beruflichen Leitungsposition als Gruppenleiter im Elektroeinkauf keine Möglichkeit zur Entwicklung von Autonomie und Selbstverantwortlichkeit hatte. Die Persistenz seines Lernhabitus lässt sich auch anhand seiner Werteskala bezüglich praktischer Berufserfahrung und theoretischem Wissen ablesen. Franz Richter schätzt praktische Arbeit trotz seines eigenen Bildungsaufstiegs mindestens ebenso, wenn nicht höher ein als theoretisches Wissen. Zudem fehlen Franz Richter zur Ausfüllung der Leitungsposition die biographischen Ressourcen (u.a. die reflexive Distanz), so dass er zum Spielball zwischen den Fraktionen, der staatlichen Planungslogik und der Arbeiterschaft wird. Mit dem Rückgriff auf habituelle Basismuster bzw. auf damit verbundene Tugenden wie Fleiß und ein hohes Arbeitsethos schafft er sich eine berufliche Überforderungssituation. Er übernimmt die liegenbleibenden Arbeiten seiner Brigade selbst, für deren Delegation er eigentlich zuständig wäre. Nüchtern resümiert er: „*Na und halt so somit hab ich eben nicht viel Freizeit gehabt*“. Wenngleich er also formal einen Bildungsaufstieg vollzog, so hat er sein bewahrendes Lernhabitusmuster nicht grundlegend verändert. Die Botschaft an seinen Sohn lässt sich vor diesem Hintergrund keineswegs als Bruch, sondern als Ausdruck von Kontinuität deuten, denn der Vater hat sich zwar funktional, aber nicht habituell aus dem Milieu gelöst.

Andreas Richter, der 1960 geboren wird, ratifiziert den Bildungsauftrag seines Vaters und übernimmt das bewahrende Lernhabitusmuster. Anders als sein Vater verzichtet er jedoch auf einen Bildungsaufstiegsprozess. Bereits die Schule ist für ihn entsprechend der Botschaft seiner Eltern nur instrumentell als Vorbereitung auf das Arbeitsleben wichtig. Andreas Richter wird wieder Arbeiter. Er profitiert hierbei von den sozialen Beziehungen seines Vaters auf der Werft. Er wird Dreher auf der Neptunwerft. Die Möglichkeit, seinen Meister zu machen, lehnt er ab.

Aus heutiger Sicht – unter kapitalistischen Bedingungen lebend – begründet er sein Handeln damit, dass er als Meister im Gegensatz zum Verdienst des Facharbeiters eine erhebliche finanzielle Einbuße erfahren hätte. Darüber hinaus dürften aber auch die widersprüchlichen Leitungserfahrungen seines Vaters sowie das Bindungsvermögen der Arbeitsbrigade wesentliche Gründe für seinen Bildungsverzicht dargestellt haben. Zudem bezweifelt Andreas Richter die Nützlichkeit theoretischen Wissens für die Position des Meisters. Ebenso wie sein Vater ist er theoretischem Wissen gegenüber skeptisch eingestellt. Andreas Richter konstruiert sich in seiner lebensgeschichtlichen Erzählung als stolzen Werftfacharbeiter, der über ein hohes Maß an sozialen Beziehungen verfügt. Er spricht ausführlich über die ausgesprochen guten Beziehungen in seiner Arbeitsbrigade. Mit dem gesellschaftlichen Transformationsprozess werden seine biographischen Ressourcen dramatisch entwertet. Andreas Richter ist einem deutlichen Individualisierungsprozess ausgesetzt. Die Werft baut rapide Stellen ab, sein Arbeitskollektiv zerfällt, und er steht selbst vor der Frage, ob er seinen Arbeitsplatz behalten oder lieber eine Umschulung machen soll. In dieser Situation beharrt Andreas Richter nicht auf seinem Widerstand gegen Weiterbildung, sondern zieht den Besuch einer derartigen Maßnahme in Betracht. Dennoch behält er seine Arbeitsorientierung eindeutig bei und entscheidet sich gegen eine Umschulung. In dieser Entscheidungssituation, in der Andreas Richter einen Experten der Betriebsakademie zu Rate zieht, wird sein biographisches Handlungspotential erkennbar. Er reflektiert die ihm beruflich offenstehende, bisher aber nicht verwirklichte Option einer Umschulung. Dieses Handeln verweist auf sein intuitives Wissen über sein Potential an nicht gelebtem Leben. Er ist in der Lage, seine berufliche Perspektive mit Unterstützung des Experten einzuschätzen. Auf der Basis und mit Vertrauen auf sein Facharbeiterkönnen trägt er in dieser prekären Situation das Risiko und behält – anders als viele seiner Kollegen – seinen Arbeitsplatz auch auf die Gefahr hin, dass er arbeitslos werden könnte. In diesem Zusammenhang lässt sich von einem transitorischen Bildungsprozess (vgl. Alheit 1993) sprechen, den Andreas Richter vollzieht. Mit seiner Fähigkeit, alte Wissensbestände an neue Sinnressourcen anzuschließen, verfügt er über die Fähigkeit der Biographizität (vgl. ebd., 1993). Trotz zunehmender und von außen aufgenötigter Reflexivität scheint der Lernhabitus Andreas Richters dennoch weitgehend persistent zu bleiben. So entwickelt er auch nach der Wende keine Aspirationen bezüglich Bildung und Qualifikation. Er bleibt beruflich bei seinem Leisten und zieht keinen beruflichen Mobilitätsprozess in Betracht. Andreas Richter sucht sich ein neues Milieu der sozialen Integration am Ort. Er ersetzt das zerfallende Arbeitskollektiv durch den Beitritt in einen Schützenverein und sagt: *„ja, da habe ich meine Kumpels jetzt"*. Theoretischem Wissen misst er nach wie vor keine große Bedeutung bei.

Aber nicht in jedem Fall hat die spezifische Dynamik des Milieus derart einschneidende Folgen für bzw. gegen die Entwicklung von Bildungsaspirationen wie im Falle Franz Richters und Sohn Andreas. So konnte eben in einem maximalen Vergleichsfall herausgefunden werden, dass das familiale Milieu und die in ihm weitergegebenen Bildungsaspirationen einen wesentlich bedeutsameren Einfluss auf die intergenerationalen Bildungsbiographien genommen haben als das Milieu. In diesem Fall, der hier nur kurz angedeutet werden soll, gehört der Vater ebenso wie in der ersten Fallkonfiguration zur Gruppe der Bildungs- und Qualifikationsaufsteiger im Milieu. Georg Schwarz, der 1936 geboren wird, hat im Anschluss an seine Maschinenschlosserlehre auf Anregung von außen noch ein Fachschulstudium zum Ingenieur absolviert. Anders als in der ersten Fallkonfiguration entwickelt der Vater in dieser Fallkonstellation in Konfrontation mit der praktischen Ingenieursarbeit auf der Werft jedoch ausgesprochene Bildungsaspirationen. Hat er sich zuvor in seinem Leben durch die institutionell vorgegebenen Bildungspfade hindurchlaviert, entwickelt er nun einen biographischen Plan in Bezug auf Bildung und Qualifikation. Georg Schwarz flankiert seine Lern- und Bildungsprozesse bei der Arbeit mit institutionalisierten, aber auch mit non-formalen Lernprozessen. Besonders interessant ist in diesem Fall nun, dass sich Herr Schwarz mit seinen Bildungsambitionen keineswegs auf das Milieu bezieht, sondern eine proletarische Bildungstradition rekonstruiert, in der Bildung bereits einen hohen Stellenwert hatte. In diesem Anregungsmilieu hat Georg Schwarz schon frühzeitig Bildungsaspirationen und biographische Reflexivität entwickeln können. Bildung galt als Wertorientierung. Mit seinem verzögerten Bildungsaufstieg hat er das familiär erworbene entwicklungsorientierte Lernhabitusmuster um die Dimension der lernbiographischen Reflexivität verändern können. Mit seiner Bildungsaufstiegsgeschichte als Spätentwickler exponiert sich Georg Schwarz keineswegs. Zum einen führt er sie auf die familiäre Bildungstradition zurück, zum anderen lässt er seine besonderen Leistungen durch die Worte Anderer aufscheinen. Hiermit wird er den Erwartungen im Milieu gerecht. An seine Tochter gibt Georg Schwarz trotz der Erfahrungen im Milieu ein entwicklungsorientiertes Lernhabitusmuster weiter, das diese ratifiziert.

Vor dem Hintergrund dieser Entdeckungen im empirischen Material lässt sich auch im Hinblick auf die Gesamtergebnisse der Studie „Biographie und Lernhabitus" festhalten, dass – anders als zunächst erwartet – das jeweilige familiale Milieu neben dem Arbeitsmilieu einen wichtigen Orientierungsrahmen für die Ausbildung von Bildungsorientierungen darstellt.

IV. Fazit

Mit den Ergebnissen der Studie „Biographie und Lernhabitus" lässt sich empirisch fundiert aufzeigen, dass neben Milieukenntnissen ein komplexer und weitreichender Generationenbegriff (Karl Mannheim) als theoretisches Rahmenkonzept bei der Untersuchung von intergenerationalen Tradierungsprozessen benötigt wird, damit die Komplexität der Einflussfaktoren hierauf angemessen und differenziert erforscht werden kann.

Die Fokussierung auf Familiengenerationen (die in Relation zu den gesellschaftlich-historischen Rahmenbedingungen betrachtet wurden) sowie der Forschungszugang über die Biographie (vgl. hierzu noch einmal die Vorschläge zu einem interaktionellen Generationenkonzept von Gabriele Rosenthal) ermöglichten es hierbei, die Interaktion zwischen den Familienmitgliedern genauer in den Blick zu nehmen. Mit Hilfe der bildungsbiographietheoretischen Überlegungen zum intergenerationalen Tradierungsprozess sowie des Konzepts des biographischen Lernhabitus ließen sich Kontinuität und Wandel über die Generationenschwelle durch Lern- und Bildungsprozesse erfassen. Hier erschien insbesondere die Persistenz der beiden im empirischen Material entdeckten Lernhabitusmuster auffällig.

Diese Beobachtung wurde unter Bezugnahme auf die Forschungsergebnisse einer größeren Mehrgenerationenstudie, in der Mentalitätsentwicklungen in einer ostdeutschen Grenzregion untersucht wurden (vgl. Alheit/Bast-Haider/Drauschke 2004), in Zusammenhang mit der historischen und sozialen Situation in der ehemaligen DDR gebracht, die intergenerationale Modernisierungsprozesse über Bildung und Qualifikation offensichtlich nicht nur im Rostocker Werftarbeitermilieu, sondern milieuübergreifend behindert hat (vgl. ebd., 2004).

Trotz der frappierenden Persistenz der Lernhabitusmuster in den untersuchten Fallkonfigurationen ließen sich mit Hilfe des für die Untersuchung entwickelten Lernhabituskonzepts zumindest partiell Veränderungen der familiär tradierten Muster durch Lern- und Bildungsprozesse erfassen. Das empirisch fundierte Wissen darüber, wann und unter welchen Rahmenbedingungen es zur Entwicklung, aber auch zur Behinderung von Lernhabitus-Veränderungen kommt, liefert nicht nur Anstöße zum Nachdenken über Lernprozesse befördernde oder behindernde gesellschaftlich-historische Rahmenbedingungen, sondern bietet auch Anregungen für die Ausgestaltung pädagogischer Prozesse. Hier müssen Möglichkeitsräume zur Reflexion biographischer Lernhabitusmuster zur Verfügung gestellt werden, damit Veränderungen dieser grundlegenden Muster durch Lern- und Bildungsprozesse angeregt werden können.

Literatur

Alheit, P. (1984): Das narrative Interview. Einige Instruktionen für »Anfänger«. Heft 8 der Arbeitspapiere des Forschungsprojekts Arbeiterbiographien. Bremen.

Alheit, P. (1993): Transitorische Bildungsprozesse: Das „biographische Paradigma" in der Weiterbildung. In: Mader, W. (Hrsg.): Weiterbildung und Gesellschaft. Grundlagen wissenschaftlicher und beruflicher Praxis in der Bundesrepublik Deutschland. Bremen, S. 343–417.

Alheit, P. (2003): Mentalität und Intergenerationalität als Rahmenbedingungen „Lebenslangen Lernens“. Konzeptionelle Konsequenzen aus Ergebnissen einer biografieanalytischen Mehrgenerationenstudie in Ostdeutschland. In: Zeitschrift für Pädagogik 49, H. 3, S. 362–382.

Alheit, P./Dausien, B. (2000): Die biographische Konstruktion der Wirklichkeit. Überlegungen zur Biographizität des Sozialen. In: Hoerning, E. M. (Hrsg.): Biographische Sozialisation. Stuttgart, S. 257–283.

Alheit, P./Dausien, B. (2002): Bildungsprozesse über die Lebensspanne und lebenslanges Lernen. In: Tippelt, R. (Hrsg.): Handbuch Bildungsforschung. Opladen, S. 569 - 589.

Alheit, P./Hoerning, E. M. (Hrsg.) (1989): Biographisches Wissen. Beiträge zu einer Theorie lebensgeschichtlicher Erfahrung. Frankfurt a. M.

Alheit u.a. 1999 = Alheit, P./Haack, H./Hofschen, H.-G./Meyer-Braun, R. (1999): Gebrochene Modernisierung – Der langsame Wandel proletarischer Milieus. Eine empirische Vergleichsstudie ost- und westdeutscher Arbeitermilieus in den 1950er Jahren. 2 Bände. Bremen.

Alheit, P./Bast-Haider, K./Drauschke, P. (2004): Die zögernde Ankunft im Westen. Biographien und Mentalitäten in Ostdeutschland. Frankfurt a. M.

Bock, K. (2000): Politische Sozialisation in der Drei-Generationen-Familie. Eine qualitative Studie aus Ostdeutschland. Opladen.

Bourdieu, P. (1994): Die feinen Unterschiede. Kritik der gesellschaftlichen Urteilskraft. Frankfurt a. M.

Dausien, B. (1997): ‚Weibliche Lebensmuster’ zwischen Erfahrung, Deutung und Tradition. In: Mansel, J./Rosenthal, G./Tölke, A. (Hrsg.): Generationen-Beziehungen, Austausch und Tradierung. Opladen, S. 231 - 243.

Dausien, B. (2001): Bildungsprozesse in Lebensläufen von Frauen. Ein biographietheoretisches Bildungskonzept. In: Gieseke, W. (Hrsg.): Handbuch zur Frauenbildung. Opladen, S. 101 - 114.

Ecarius, J. (2002): Familienerziehung im historischen Wandel. Eine qualitative Studie über Erziehung und Erziehungserfahrungen von drei Generationen. Opladen.

Fischer, W./Kohli, M. (1987): ‚Biographieforschung’. In: Voges, W. (Hrsg.): Methoden der Biographie- und Lebenslaufforschung. Opladen, S. 25 - 49.

Herzberg, H. (2004): Biographie und Lernhabitus. Eine Studie im Rostocker Werftarbeitermilieu. Frankfurt/Main.

Inowlocki, L. (1995): Traditionsbildung und intergenerationale Kommunikation zwischen Müttern und Töchtern in jüdischen Familien. In: Fischer-Rosenthal, W./Alheit, P. (Hrsg.): Biographien in Deutschland. Soziologische Rekonstruktion gelebter Gesellschaftsgeschichte. Opladen, S. 418–431.

Kohli, M. (1994): Generationenbeziehungen und soziale Netzwerke. In: Soziologische Revue Sonderheft 3, S. 113–118.

Lutz, H. (2000): Migration als soziales Erbe. Biographische Verläufe bei Migrantinnen der ersten und zweiten Generation in den Niederlanden. In: Calloni, M./Dausien, B./Friese, M. (Hrsg.): Migrationsgeschichten von Frauen. Beiträge und Perspektiven aus der Biographieforschung. Bremen, S. 38–61.

Mannheim, K: (1964): Das Problem der Generationen. In: Ders.: Wissenssoziologie. Auswahl aus dem Werk. Wolff, K. H. (Hrsg.). Berlin, S. 509–565.

Mansel, J./Rosenthal, G./Tölke, A. (Hrsg.) (1997): Generationen-Beziehungen, Austausch und Tradierung. Opladen: Westdeutscher Verlag.

Matthes, Joachim (1985): Karl Mannheims „Das Problem der Generationen“, neu gelesen. Generationen- „Gruppen“ oder „gesellschaftliche Regelung von Zeitlichkeit“? In: Zeitschrift für Soziologie 5, S. 363–372.

Ricker, K. (2000): Migration, Sprache und Identität. Eine biographieanalytische Studie zu Migrationsprozessen von Französinnen in Deutschland. Bremen.

Rosenthal, G. (1995): Familienbiographien: Nationalsozialismus und Antisemitismus im intergenerationellen Dialog. In: Attia, I./Basqué, M./Kornfeld, U./Magiriba Lwanga, G./Rommelspacher, B./Teimoori, P./Vogelmann, S./Wachendorfer, U. (Hrsg.): Multikulturelle Gesellschaft – monokulturelle Psychologie? Antisemitismus und Rassismus in der psychosozialen Arbeit. Tübingen, S. 30-51.

Rosenthal, G. (1997): Zur interaktionellen Konstitution von Generationen. Generationenabfolgen in Familien von 1890 bis 1970 in Deutschland. In: Mansel, J./Rosenthal, G./Tölke, A. (Hrsg.): Generationen-Beziehungen, Austausch und Tradierung. Opladen, S. 57–73.

Rosenthal, G. (2000): Historische und familiale Generationenabfolgen. In: Kohli, M./Szydlik, M. (Hrsg.): Generationen in Familie und Gesellschaft. Opladen, S. 162–178.

Schleiermacher, F. (1957): Pädagogische Schriften. Bd 1: Die Vorlesungen aus dem Jahr 1826. Unt. Mitwirk. v. T. Schulze hrsg. von E. Weniger. Düsseldorf.

Schütz, A./Luckmann, T. (1979): Strukturen der Lebenswelt. Bd. 1. Frankfurt a.M.

Schütze, F. (1978): Die Technik des narrativen Interviews in Interaktionsfeldstudien. Dargestellt an einem Projekt zur Erforschung von kommunalen Machtstrukturen. Bielefeld. Arbeitsberichte und Forschungsmaterialien. 2. Aufl.

Schütze, F. (1984): Kognitive Figuren des autobiographischen Stegreiferzählens. In: Kohli, M./Robert, G. (Hrsg.): Biographie und soziale Wirklichkeit. Neue Beiträge und Forschungsperspektiven. Stuttgart, S. 78–117.

Thon, C. (2006): Frauenbewegung und intergenerationaler Wandel. Eine qualitativ-empirische Studie über Frauenbiographien aus drei Generationen. Bielefeld.

Völter, B. (2003): Judentum und Kommunismus. Deutsche Familiengeschichten in drei Generationen. Opladen.

Weizsäcker, V. von (1956): Pathosophie. Göttingen.

Matthias Grundmann/Dieter Hoffmeister

Kapitel 5: Familie als Interaktions- und Beziehungsgeflecht. Zum Wandel der Familie als Erziehungsinstanz

Familienformen präsentieren sich uns seit einigen Dekaden bereits als zunehmend amorpher werdende soziale Gebilde, die auch in familienbiographischer Perspektive häufig mehrmals ihre Struktur verändern oder sich gar auflösen – etwa als Folge von Trennungen und Scheidungen oder wenn Menschen keine eigenen Nachkommen zeugen und damit die Generationenfolge abbricht. Scheidungs-, Fortsetzungs- oder Patchworkfamilien sind als »neue« familiale Lebensformen im Schnittpunkt von Rekompositionslogiken der Postmoderne inzwischen weitgehend zur Normalität geworden (vgl. Hoffmeister 2001; Le Gall/Martin 1998). Die Tatsache, dass Familie einem laufenden Transformationsprozess ausgesetzt ist, ihre Struktur also permanent verändert und immer häufiger sogar eine Veränderung der Veränderung erfährt, erschwert ihre wissenschaftliche Analyse als kohärentes soziales System und stabiles Interaktions- und Beziehungsgeflecht. Gerade das Erfassen der sehr komplexen und vielfältigen familialen Interaktions- und Beziehungsmuster stößt vor diesem Hintergrund deutlich an seine Grenzen. Für eine pädagogische Theorie der Familie ergeben sich daraus vielfältige Fragen und Probleme: Wie etwa lassen sich plurale und zunehmend komplexer werdende Lebensformen, die nicht mehr umstandslos einem tradierten Familienbegriff entsprechen, angemessen erfassen und beschreiben?[1] Kann die Familie ihre primäre Sozialisationsfunktion, mithin auch ihre Aufgabe als Erziehungs- und Bildungsinstanz, angesichts sich auflösender und immer wieder neu konstituierender Familienstrukturen überhaupt noch angemessen wahrnehmen? Welche Konsequenzen ergeben sich aus der immer häufiger beobachtbaren mehrmaligen Metamorphose der ehemals fest gefügten leiblichen Kernfamilie für eine »Pädagogik der Familie«? Welche aus den galoppierenden gesellschaftlichen Individualisierungsprozessen, die solche Metamorphosen rahmen und die mehr oder weniger unabgefedert auf Familie durchschlagen? Wie kann die Familie bei alldem noch als pädagogisches Praxisfeld gestärkt, wie auf laufende Interaktionsprozesse und Beziehungsqualitäten in Familie Einfluss genommen werden? Und schließlich: Wie lässt sich die Notwendigkeit eines pädagogischen Bemühens der, in und durch die Familie überhaupt noch begründen, wie also lässt sich Familie in eine pädagogisch-erregungsfreie Zone zurückführen?

Der vorliegende Beitrag versucht Antworten auf all diese Fragen zu geben, ohne dabei gleichwohl den Anspruch auf Vollständigkeit erheben zu wollen. Zunächst wird die Familie hierbei aus einer gesellschaftstheoretischen Perspektive als funktionales gesellschaftliches Teilsystem betrachtet. Aus dieser Sicht leiten sich vor allem die ihr zugeschriebene Erziehungsfunktion ab, die sich zuallererst aus bürgerlichen Erziehungsidealen speisen, die im erziehungswissenschaftlichen Diskurs gleichzeitig kondensiert und strukturiert werden[2]. In einem nächsten Schritt dann wird aus einer mikrosoziologischen Perspektive heraus beschrieben, wie sich Familien im Alltag als Interaktions- und Beziehungsgeflechte konstituieren. Familien werden dabei, quasi von unten, als sozialer Mikrokosmos und persönlicher Nahraum betrachtet. Dies wiederum eröffnet einen Zugang zur Analyse von Familie als Praxis des sozialen Miteinanders. Vor diesem Hintergrund lässt sie sich systematisch als ein Bezugssystem personaler und sozialer Handlungsorientierungen beschreiben, als ein Kräftefeld also, das – trotz mehrmaliger struktureller Veränderungen – durch die laufende wechselseitige Bezugnahme der Familienmitglieder geprägt ist: durch Erfahrungen von Partner- und Elternschaft etwa oder, im Verlaufe des Heranwachsens der Kinder, auch durch deren in die Familie eingespeisten Wünsche, Hoffnungen und Bedürfnisse. Hieraus resultierende Kompetenzen und Persönlichkeitseigenschaften kennzeichnen letztlich die Rahmenbedingungen des gesamten Familienlebens (vgl. Grundmann 2006, S. 46 f.).

Begreift man Familie entsprechend als sich laufend veränderndes Geflecht sozialer Beziehungen, dann muss man auch in Rechnung stellen, dass sich Anzahl, Struktur und Qualität dyadischer und triadischer Beziehungsmuster im Verlaufe des Familienlebens ebenfalls mehrmals wandeln können. Vor diesem Hintergrund wird argumentiert, dass eine *diachrone Analyse* der Genese von Familienstrukturen – ausgehend von der Intimpartnerschaft der Eltern, über die Geburt der Kinder bis hin zur späten Familienphase des »empty-nests« - für ein angemessenes Verständnis von Familie und ihren möglichen erzieherischen Leistungen unabdingbar ist. Erst aus dieser Sicht nämlich lässt sich Familie als ein multiperspektivischer *Erfahrungsraum* darstellen, in dem laufend die divergierenden Interessen von Familienmitgliedern sowie die stets vorhandenen Generationenambivalenzen kommunikativ zu meistern sind. Kurzum: Familie ist vor allem lebendige Sozialisationspraxis, in der vielfältigste personale und soziale Handlungsorientierungen (die sich in den unterschiedlichen Familienphasen zudem wandeln) berücksichtigt und zur Deckung gebracht werden müssen. Vor allem im Rahmen dieser stets mitlaufenden Prozesse kommunikativer Aushandlung (vgl. Hoffmeister 2001, Luhmann 1990) konstituiert sich eine immer wieder aufs Neue zu gestaltende soziale Praxis des Zusammenlebens, aus der erst bestimmte Anforderungen an eine Pädagogik der Familie hervorgehen: etwa jene Beziehungskompetenzen zu vermitteln, die sowohl den sozialen Zusammenhalt der Familie als auch die Anpassungsfähigkeit der Familienmitglieder an sich wandelnde Lebensbedingungen fördert.

I. Die Familie als soziales Interaktionssystem

Wird die Familie aus der Perspektive der *Gesellschaft* betrachtet, erscheint sie als Institution, in der Erziehung und Bildung stattfinden (bzw. stattfinden sollten). Es werden genau jene Funktionen bedeutsam, die sie für die Reproduktion von Gesellschaft – etwa im Rahmen von biologischer Reproduktion und kultureller Transmission, der Weitergabe von kulturellem Kapital usw. – übernimmt. Aus dieser makrosozialen Perspektive ist Familie als Teil eines gesamtgesellschaftlichen Handlungszusammenhangs zu betrachten, der etwa ihre Bedeutung für die Bevölkerungsentwicklung oder ihre Aufgaben als Generationseinheit fokussiert. Wird sie darüber hinaus jedoch auch als *soziales Bezugssystem* definiert, in dem unter anderem auch *Intimbeziehungen* stattfinden, dann werden genau jene spezifischen Aufgaben der

Familie sichtbar, die mit den sozialen Rollen ihrer Mitglieder verknüpft sind (mit Rollen wie etwa Elternteil/Erzieher oder Heranwachsender/zu Erziehender). Diese eher strukturfunktionale Sicht wird insbesondere in den Überlegungen Parsons' (1964, 1968) deutlich und stand lange Zeit über Pate bei der Analyse familialer Interaktions- und Beziehungsstrukturen. Parsons und Bales (1956) Studien über familiale Sozialisations- und Interaktionsprozesse verdeutlichen, wie durch das funktionale Zusammenwirken von Familienmitgliedern Handlungsstrukturen entstehen, die zur Aufrechterhaltung der Familie beitragen. Aus dieser Sicht wird die Familie als Interaktionssystem maßgeblich durch die Wert- und Handlungsorientierungen der Eltern geprägt, die sich aus der gesellschaftlich funktionalen Arbeitsteilung der Geschlechter herleiten. Die Übernahme von Geschlechtsrollen also, die Orientierung an Ehe und Partnerschaft oder an der Förderung der Nachkommen etc. sind demnach zentrale Merkmale einer »funktionierenden« Familie[3]. Diese wiederum zeichnet sich im Umkehrschluss durch ein bestimmtes, nämlich ein den kulturellen und ökonomischen Bedingungen entsprechendes, Verständnis von Elternschaft und Generationenbeziehungen[4] aus, dass sich in spezifischen Erziehungsvorstellungen, Bildungsplänen und Vorstellungen über eine »gelungene Sozialisation« niederschlägt. Dieses Bild von Familie prägt maßgeblich das pädagogische Familienmodell. Selbstverständlich wird aus einer solchen Perspektive die Familie immer auch als ein Generationenzusammenhang betrachtet, der sich durch die Familiengenealogie, die Abfolge von Herkunfts- und Zeugungsfamilie also, ebenso beschreiben lässt, wie durch eine Analyse der Familie in diachroner oder demographischer Sicht (vgl. Parsons 1968).

Zunächst jedoch sind Eltern für ihre Kinder – und diese für ihre Eltern – Interaktionspartner. Dabei entstehen spezifische Beziehungskulturen, die sich entlang der familialen Kommunikationsmuster, der Weitergabe spezifischer Wertvorstellungen oder spezifischer Formen der Konfliktbewältigung beschreiben lassen. Diese Beziehungskulturen generieren ihrerseits bestimmte Handlungsorientierungen. Für eine genuin *pädagogische* Theorie der Familie sind hier vor allem die spezifischen Praxen der Alltagsbewältigung und Konfliktlösung relevant. Sie informieren darüber, wie Familienbeziehungen funktionieren, auf welche Weise Familienmitglieder in die Familie eingebunden sind und mit welchen *Erziehungsvorstellungen* in Familien operiert wird. Diese eher ganzheitliche Sicht auf Familie korrespondiert mit einer Betrachtung der familialen Interaktion als Austausch zwischen Erziehern und Erzogenen, Erwachsenen und ihren Kindern also, die sich vor allem durch ein spezifisches Kompetenzgefälle auszeichnet (vgl. Gudjons 2001). Dieses Kompetenzgefälle wird zwar mit Hilfe unterschiedlicher Erziehungsziele auf unterschiedliche Weise »behandelt«; per saldo allerdings soll es stets dazu dienen, die kindliche Entwicklung auf eine Weise zu fördern, die aus Heranwachsenden »funktionierende« Erwachsene werden lässt[5]. Erziehung ist demnach intentional – und zwar einseitig von den Eltern auf die Kinder gerichtet. Dabei ist sie maßgeblich von den elterlichen Wert- und Handlungsvorstellungen abhängig. So weit, so gut.

Nun existieren aber auch in den Gefilden des Familiären, und seien diese noch so bunt, keine »Kasper-Hauser-Existenzen«. Stets also sind die jeweiligen Lebensweisen an gesellschaftlich-historische Rahmenbedingungen gebunden; an Rahmenbedingungen, die die konkreten Lebensumstände prägen, sich mit ihnen verknüpfen und dabei ein zwar lebbares, historisch und auch realgesellschaftlich allerdings variables Amalgam an Vorstellungen über eben diese Lebensweisen hervorbringen – zum Beispiel über einen jeweils angemessenen Erziehungsstil. Voraussetzung aller (post)modernen, auf Selbständigkeit und Teilhabe abzielenden, das Kindeswohl also berücksichtigenden Erziehungsstile etwa sind Verlässlichkeit, Dauerhaftigkeit und Solidarität zwischen den Familienmitgliedern. So jedenfalls der in Pädagogik und Sozialwissenschaften gängige Konsens (vgl. Ecarius 2002).

Dass sich nicht nur die erzieherischen Praxen, sondern auch die diesen zugrunde liegenden Vorstellungen historisch laufend wandeln, ist vielfach belegt worden (vgl. z.B. Nave-Herz 2004, S. 197 f.). Damit hat sich aber auch die grundlegende erzieherische Funktion der Familie im Verlaufe der Zeit selbst verändert und dabei jeweils unterschiedliche Legitimationen erfahren. Im Lichte dieser mehrmaligen Paradigmenwechsel betrachtet, reicht das Spektrum der »erzieherischen Großversuche« von autoritären bis hin zu antiautoritär-liberalen Erziehungsstilen, von der Überbehütung bis hin zur Autonomisierung (vgl. Schülein 1990). Die unterschiedlichen und zum Teil sehr differenzierten Strömungen im Rahmen reformpädagogischer Überlegungen und ihre Auswirkungen auf Familie sind dabei noch gar nicht berücksichtigt.

Nahezu allen diesen Theorien, Theoremen und Praxen der Erziehung ist eigen, dass sie immer auch Familie als wichtige Institution für die Bildung und Erziehung von Kindern und Jugendlichen definieren und einbeziehen. Als deren Aufgabe wird die Schaffung möglichst guter Bedingungen für das gesellschaftliche Gelingen von Erziehungsprozessen betrachtet – und sei es nur in dem Sinne, dass dadurch eine weitergehende Erziehung durch Bildungsinstitutionen ermöglicht wird[6]. Es galt also stets, gleichermaßen familien-, kind- und gesellschaftsadäquate Erziehungsideale aufzuspüren, zur Anwendung zu bringen und zu sichern[7].

Vor allem in bürgerlich-kapitalistischen Gesellschaften hat sich dabei in jüngerer Zeit eine erzieherische Perspektive durchgesetzt, die darauf abzielt, die individuellen Potentiale und Kompetenzen von Kindern auch in den Refugien des Privaten im Sinne einer *handlungsorientierten*, d.h. weitgehend selbst gesteuerten, Aneignung zu fördern[8]. Dabei richtet sich das Augenmerk vornehmlich auf individuelle Leistungsfähigkeit beim Erwerb von Bildungstiteln, die ihrerseits für eine erfolgreiche berufliche Integration, und damit für den lebenslangen Erwerbsprozess insgesamt, bedeutsam sind. Unterstellt wird, dass eine solche Förderung dann besonders gut gelingt (dass sie also autonome, handlungs- und damit zukunftsfähige Subjekte hervorbringt), wenn entsprechende Ressourcen zur Verfügung stehen, die Ausstattung der Familie mit ökonomischem, sozialem und kulturellem Kapitel (Bourdieu 1983, 2001) also besonders ausgeprägt ist[9]. Die Bildung Heranwachsender in gebildeten Familien mit zudem hoher Bildungsaspiration etwa wird dadurch leichter möglich als in bildungsfernen Familien aus sozial schwachen Milieus – ja, sie erfolgt hier quasi en passant, während sie dort mühsam und unter Aufbietung aller Kräfte, auch gegen eigene biographische Erfahrungen und Sinnmuster, angeeignet werden muss. Dementsprechend werden avantgardistisch-moderne Erziehungs-Exposés - wie etwa Erziehung zur Eigenständigkeit, Identifikation mit den kindlichen Lebenswelten, Anerkennung kindlicher Autonomie, Entwicklung kindlicher Reflexivität usw. (vgl. Schülein 1990) und damit einhergehend so genannte „Verhandlungshaushalte“

(vgl. du Bois-Reymond/Büchner/Krüger 1994) – als protektive Faktoren für eine »gelingende Erziehung« betrachtet, die, wie gesagt, vor allem in jenen privilegierten sozialen Milieus vorherrschen, in denen die Ausstattung mit kulturellem Kapital besonders ausgeprägt ist. Übersehen wird dabei jedoch bisweilen nicht nur die sehr offensichtliche Abhängigkeit solcher Vorstellungen über Erziehung vom jeweils herrschenden »Zeitgeist« (und den damit einhergehenden kulturellen Vorstellungen und sozioökonomischen Voraussetzungen) sondern auch das Paradoxon, dass bestimmte Kompetenzen wie Kommunikabilität, Flexibilität, Autonomie oder Reflexionsfähigkeit, kurz: ein Mehr an Mündigkeit, eben genau jenen familialen Zusammenhalt möglicherweise gefährden, der sie hervorgebracht hat. All dies befördert nämlich eine eher individualistische Lebensführung, die jene Brüchigkeit der sozialen Bindungen hervorbringt, die die postmoderne Familie kennzeichnet.

Die Vorstellung von Familie als Erziehungs- und Bildungsinstitution führt damit geradewegs zu der zentralen Frage, welche Funktionen sie *überhaupt* – und dies zudem gleichsam (selbst)gefährdungsfrei – übernehmen kann und sollte. Und welcher Wert ihr darüber hinaus in einer individualisierten und nach ökonomischen Kriterien geordneten Welt zukommt, in der sogar Heiratsverhalten und Elternschaft zunehmend rationalem Kalkül folgen. Würde sie nicht so oder anders, gewollt oder nicht, die Reproduktion sozialer Ungleichheit unter dem Deckmantel pädagogischen Bemühens betreiben? Und inwieweit könnte sie überhaupt unter den Bedingungen von Pluralisierung und Diversifizierung der Lebensformen pädagogisch wirken?

In der Tat legen zurückgehende Heiratsziffern und zunehmende Scheidungszahlen, sinkende Geburtenraten und die Expansion experimenteller privater Lebensformen die Vermutung nahe, dass die »Institution Familie« in ihrer überkommenen Form ihre gesellschaftliche Relevanz, zumindest für die jüngeren Generationen, weitgehend eingebüsst hat und neue Lebensformen und damit ein neues Familienverständnis zunehmend normal geworden sind – auch im Horizont der jüngeren familiensoziologischen Forschung (vgl. Tyrell 1988; Hoffmeister 2003). Dieser Sachverhalt wird mit Blick auf den Zusammenhang zwischen der ab den 70er Jahren beobachtbaren Bildungsexpansion und den sich alsbald in ihrem Gefolge auflösenden traditionellen Familienmustern besonders deutlich (vgl. Peukert 1991; Hoffmeister 2001). Derzeit scheint es fasst so, als ob individuelles Partner- und Familienverhalten utilitaristischen Wertorientierungen folgt, die ihrerseits vor allem Eigennutz als Imperativ in den Mittelpunkt des familialen Miteinanders stellen und damit jene sozialen Handlungsorientierungen untergraben, auf die Familie als Interaktionszusammenhang und Beziehungsgefüge eigentlich basiert. Anders formuliert: Die »liberalen« Erziehungsvorstellungen scheinen den Zusammenhalt von Familienbeziehungen genau deshalb zu gefährden, weil sie nicht nur zur Freisetzung von Kindern und Jugendlichen durch einen Zuwachs an Autonomie qua Selbstsozialisation beitragen, sondern auf der Strukturebene auch zur »Emanzipation« von eben jenen strukturfunktionalen Bindungen, die die Familie als Interaktionssystem bisher stabilisiert haben.

II. Die Familie als Interaktions- und Beziehungsgeflecht

Betrachtet man Familie als feinmaschiges Beziehungsgeflecht und dessen Veränderungen über einen längeren Zeitraum hinweg, dann erscheinen solche Auflösungs- und Rekompositionsprozesse allerdings nicht nur als temporäre Übergangsphasen, sondern auch als ins Gesellschaftssystem »eingebaute« Entwicklungslogiken, die historisch mehr oder weniger normal sind (vgl. von Trotha 1990).

Ungeachtet dessen allerdings ist Familie primär immer auch ein Generationszusammenhang, der sich durch die Konstitution intimer Paarbeziehungen und die Geburt von Kindern ergibt (vgl. Grundmann 2006). Familie ist aus der Sicht der Eltern zunächst das Resultat eines Zeugungsvorgangs, der die Aufzucht von Kindern (und damit Erziehung) zur Folge hat. Für die Kinder wiederum definiert sich Familie zunächst aus der Zugehörigkeit (und damit Bindung) zu einer intimen Bezugsgruppe: dem Elternpaar nämlich bzw. den bereits existierenden Geschwistern. Aus einer interaktionstheoretischen Perspektive nun erscheint Familie von daher als spezifische Lebensform einer mindestens zwei Generationen umfassenden und in der Regel (nicht aber zwingend) genealogisch verbundenen, sozialen Bezugsgruppe. Im (immer noch existierenden) »Normalfall« entsteht Familie dabei aus der Intimbeziehung zwischen zwei Erwachsenen, die durch Zeugung eines Kindes in eine leibliche Kern-, Klein oder auch Groß- bzw. Mehrgenerationenfamilie transformiert wird. Diese ist eingebunden in ein generatives Netz, in einen übergeordneten Generationenzusammenhang, der wesentliche Rahmenbedingungen des Familienlebens bereits in der Herkunftsfamilie festschreibt (vermittelt über die Kindheitserfahrungen der Eltern, damit über bestimmte Werthaltungen, ein spezifisches Wissensreservoir bzw. spezifische Vorstellungen darüber, was Elternschaft bedeutet, welche Konsequenzen sich daraus ergeben usw.). Von Bedeutung in interaktionstheoretischer Perspektive ist also vor allem, wie sich Familie als generativ bestimmter Interaktionszusammenhang formiert, wie sie als ein solcher funktioniert, welche spezifischen Dynamiken familiale Generationenbeziehungen aufweisen (vgl. Lüscher/ Liegle 2003) und wie sich vor diesem Hintergrund innerhalb der Familie eine eigene Beziehungspraxis etabliert.

Diese Sicht auf Familie wird allerdings in der Pädagogik weitgehend vernachlässigt, weil diese den Blick vornehmlich auf die Erziehung von Kindern und Jugendlichen konzentriert, mithin eine auf die Erwachsenen- bzw. Gesellschaftsperspektive zentrierte Sicht einnimmt. Dabei zeigt doch vor allem die aktuelle Sozialisations- und Kindheitsforschung, dass Familien als ein hochdynamisches Beziehungsgeflecht zu betrachten sind und dass auch Heranwachsende sich aktiv an der Gestaltung des Familienlebens, an der Beziehung zu Eltern und Geschwistern sowie den familialen Problem- und Konfliktlösungsbemühungen beteiligen. Dieser Prozess der wechselseitigen Interpenetration von Eltern und Kindern reicht mitunter soweit, dass von einer „Erziehung der Eltern durch die Heranwachsenden" gesprochen werden kann. Eine solche Beobachtung mag auf den ersten Blick verwundern und etwas überpointiert erscheinen. Bei näherem Hinsehen jedoch wird schnell klar, dass mit der Bedeutungssteigerung der Handlungsautonomie in familiären Erziehungsprozessen sowie mit dem Einzug von »Symmetrie« in die Beziehungsverhältnisse zwischen Heranwachsenden und Eltern – der im Übrigen mit der sukzessiven

Entwicklung vom »Befehls- zum Verhandlungshaushalt« nachdrücklich dokumentiert ist – die Beziehungsdynamiken sich im Vergleich mit historischen Formen der Erziehung nicht nur dynamisiert (vgl. Rosenbaum 1990), sondern auch in bisweilen geradezu reziproker Proportion zu tradierten Erziehungsstilen entwickelt haben .

Besonders aufschlussreich für eine pädagogische Theorie der Familie, die eine solche Beziehungsdynamik berücksichtigt, ist das von Ludwig Liegle entwickelte Konzept des Generationenlernens (vgl. Liegle/Lüscher 2004). Generationenlernen bedeutet nämlich gemeinsames Lernen Jüngerer von den Älteren und vice versa. Nicht nur Kinder lernen also von ihren Eltern, sondern diese auch von jenen, etwa mit Blick auf die Angemessenheit des Verhaltens Erwachsener ihnen gegenüber – und damit im Horizont ihrer eigenen Erziehungsansprüche. Oder die Tatsache, dass sich Beziehungshierarchien im Laufe des Familienlebens mehrmals verändern können, dass eine ursprünglich asymmetrische Beziehung zwischen Kindern und ihren Eltern sich also zu einer symmetrischen in genau dem Moment zu wandeln vermag, in dem die Kinder erwachsen werden – was nicht selten eine Verkehrung der ursprünglichen Rollenverteilung zur Folge hat (vgl. Lüscher/Liegle 2003). Generationenlernen verweist also zunehmend auf den Umstand, dass nicht nur von Gleichaltrigen oder Älteren gelernt wird und das Familienhierarchien nicht ein Leben lang stabil bleiben müssen. Damit wird ein Blick auf Familie frei, der diese aus »lerntheoretischer Perspektive« als komplexes Beziehungsgeflecht erscheinen lässt, bei dem Erziehung, je nach Anlass, als wechselseitiger (Lern)Prozess der Erkundung, Nachahmung, Abgrenzung oder des Motivierens, aber auch des Belehrens und Belehrtwerdens erscheint. Dass Familie im Rahmen solch »lerntheoretischer« Überlegungen, die vor allem aus der Beobachtung ihrer sozialisatorischen Praxis zu gewinnen sind, eine nach wie vor besondere Bedeutung zukommt, das liegt vor allem darin begründet, dass Generationenbeziehungen einerseits in besonderem Maße Reziprozität, Dauerhaftigkeit und Verlässlichkeit aufweisen. Auf der anderen Seite aber sind diese aber auch Veränderungen unterworfen, die im Rahmen eher systemfunktionaler familienpädagogischer Überlegungen nur bedingt in den Blick geraten.

Die Genese und Dynamik familialer Beziehungen und ihre Bedeutung für die Erziehungspraxis sowie für die persönliche Entwicklung von Familienmitgliedern ist auch in der entwicklungs- und sozialpsychologischen Forschung vergleichsweise genau untersucht worden. Apropos sozialpsychologische Forschung: Gerade die sozialpsychologische Sicht auf Familie ist ja, wie weiter oben bereits angemerkt, durch die Analyse von Beziehungsdyaden und -triaden, sowie der Transaktionen zwischen den Familienmitgliedern im Verlaufe des Familienlebens gekennzeichnet (vgl. Gerris/Grundmann 2002; Hofer/Wild/Noack 2002). Ausgangspunkt in fast allen diesen Untersuchungen ist dabei stets die Paarbeziehung sowie die im Verlaufe der Erweiterung der Familienbeziehungen hieraus resultierende Mutter-Kind- bzw. Vater-Kind-Beziehung (vgl. Schneewind 1999). Damit dominiert in diesem Forschungszweig die spezifische Bindungsqualität der jeweiligen familialen Subsysteme, die sich, entlang der Lebensumstände, deutlich voneinander unterscheiden kann[10]. So zeigte sich, dass Eltern keineswegs zu allen Kindern qualitativ gleichwertige Beziehungen aufbauen und sich auch die jeweiligen Erziehungsstile in Hinblick auf einzelne Familienmitglieder - sowohl in synchroner, als auch in diachroner Hinsicht – sehr voneinander unterscheiden können. Zu berücksichtigen ist also stets die *interne Beziehungsdynamik*, die durch das Zusammenleben, durch Erfahrung, raumzeitliche und kommunikative Grenzen, durch Intimität, Nähe, Distanzregulation usw. zu bestimmen ist. Daraus ergeben sich für die einzelnen Familienmitglieder mitunter sehr unterschiedliche Erfahrungsräume, was sich im weiteren Lebenslauf in höchst unterschiedlichen »Familienerinnerungen und -mentalitäten« niederschlagen kann. Hieraus resultieren in der Summe erst jene »Beziehungslogiken«, die bei der Betrachtung einer Familie als Interaktionssystem in Rechnung gestellt werden müssen, wobei sich einzelne Familienmitglieder ähnlicher oder näher sein können, während andere wiederum völlig differente Sozialcharaktere darstellen und auch nur einen geringen Grad an Verbundenheit aufweisen. Auch hierbei spielt die Reziprozität der Beziehungen, die Art der Kommunikation sowie das Aushandeln von Gemeinsamkeiten und Differenzen eine entscheidende Rolle. Immer jedoch sind die spezifischen Rahmenbedingungen der Familienbeziehungen (z.B. Altersabstand, Geschlecht, soziale Lage) sowie die individuellen Erfahrungsfonds maßgeblich mitbestimmend hinsichtlich der jeweiligen Gestaltungsoptionen. Diese Rahmenbedingungen sind wiederholt als ein in sich geschachteltes und aufeinander bezogenes sozialökologisches Beziehungssystem beschrieben worden (vgl. Gerris/ Grundmann 2002)[11], an dem entlang sich die unterschiedlichen Beziehungsmuster, familialen Subkulturen, Handlungsstränge usw. entwickeln, die dann als Ganzes eine sich im Familienverlauf herauskristallisierende Familienkultur bestimmen. Auch aus dieser Perspektive lässt sich Familie nicht sinnvoll als Bildungs- und/oder Erziehungsinstitution beschreiben, die einen bestimmten »pädagogischen Auftrag« zu erfüllen habe und dabei »pädagogische Imperative« zu beachten in der Lage wäre. Würde sie dies vehement versuchen, so wäre eher noch als bislang eine Situation zu erwarten, bei der ihre Lage der Mephistos in Goethes Faust ähnelte. Ihr erzieherisches Bemühen erwiese sich möglicherweise dann verstärkt noch als jene Kraft, die stets das Gute will - und dennoch Differenzen schafft (vgl. Grundmann 1992).

Gleichwohl lassen sich auch im Rahmen der jüngeren Familienerziehung gesellschaftlich-funktionale pädagogisierende Einflüsse auf die kindliche Entwicklung nachweisen. Diese vermitteln sich jedoch durchgängig eher durch eine bestimmte »Qualität« von Beziehungen, als entlang gesellschaftlich vorgegebener, kognitiv-lerntheoretischer Konstruktionen - wobei allerdings noch einmal zwischen einzelnen Kompetenzen wie etwa Bindungsfähigkeit, Empathiefähigkeit oder Konfliktfähigkeit unterschieden werden muss (vgl. Fuhrer 2005, S. 127 ff.). Als zentrale Einflussgröße hierfür konnte in der Familienforschung entsprechend eine funktionierende »Elternallianz« identifiziert werden (vgl. Schneewind 1999), die sich offenbar auf alle weiteren Familienbeziehungen und damit auch auf die Lernerfahrungen der Heranwachsenden entweder entwicklungsfördernd oder entwicklungshemmend auswirkt.

Allerdings kommen auch hier wieder erneut die bereits angesprochenen Individualisierungsprozesse ins argumentative Spiel[12]. Vor allem für die Destabilisierung familialer Beziehungen sind sie bedeutsam. In der Konsequenz differenzieren sie die beschriebenen Interaktionsstrukturen und Beziehungsgeflechte weiter aus oder prekarisieren diese gar (vgl. Fuhrer 2005, S. 144 ff.). Ein Grund hierfür sind die Bildungsexpansion und damit einhergehende Muster des Zusammenlebens. So finden sich etwa deutliche Zusammenhänge zwischen dem Bildungsniveau und der

Bereitschaft, in nichtehelichen Lebensgemeinschaften mit Kindern zu leben, eine Scheidung anzustreben oder in einer Familienkonstellation zu leben, in der individuelle Handlungsspielräume besonders ausgeprägt sind (vgl. Peuckert 1991; Hoffmeister 2001; Nave-Herz 2002). Gerade das Auseinanderbrechen von Familienbeziehungen, sowie die vielfältigen Beziehungsoptionen in den ihrerseits unterschiedlichen Fortsetzungsfamilien oder schlicht ganz neue Formen des Zusammenlebens stellen hohe Anforderungen an die beteiligten Familienmitglieder, erzwingen also geradezu eine »anforderungsorientierte« Perspektive und erhöhen damit häufig die Risiken für die hier lebenden Heranwachsenden (vgl. Walper 1990; Walper/Wild 2002). Hinzu treten zunehmend hohe Ansprüche an die individuelle Lebensführung, die zum einen zwar zu einer nicht unbeträchtlichen Doppel- und Mehrfachbelastung der Eltern führen, zugleich aber auch das Unterstützungspotential für die Belange der Kinder ansteigen lässt[13]. Somit kann auch keine einfache Kausallogik im Sinne einer Wenn-Dann-Relation unterstellt werden, da vor allem die *Gestaltungs*optionen für eben diese pluralen Familienbeziehungen groß sind (vgl. Walper/Schwarz 2002). Und so mischen sich in Familien, in denen die Eltern von der Bildungsexpansion der 70er und 80er Jahre profitieren konnten, autoritär-restriktive Erziehungspraxen (die die Eltern aus ihren Herkunftsfamilien übernommen haben) mit verbal-unterstützenden (die ihrer eigenen Bildungsbiographie entsprechen) (vgl. Grundmann 1998; Grundmann/Dravenau/Bittlingsmayer 2006a). Daraus entstanden in den vergangenen drei bis vier Dekaden neue »Erziehungsmuster im Übergang«, Mischformen, die sich einerseits als »double bind« beschreiben lassen – und die damit jenem von Schneewind (1999) herausgearbeiteten Risikofaktor elterlicher Disharmonie ähneln –, die andererseits aber auch Chancen durch eine größere Bandbreite elterlicher Interventionsmöglichkeiten bieten. Kurzum: Durch Individualisierungsprozesse lösen sich zwar tradierte Handlungsorientierungen (z.B. Erziehungsvorstellungen) auf, zugleich ergeben sich aber auch neuartige Gestaltungsoptionen, da nun den Akteuren »freigestellt« wird, wie sie ihre Beziehungen gestalten. Zugleich bedeutet dies aber auch, dass sich Familienbeziehungen stets neu bewähren müssen und die Forderung nach Orientierung an »normalen Familienverhältnissen« kritisch zu hinterfragen ist.

Per saldo führen die meisten der beschriebenen Prozesse dazu, dass die Familie ihre von Politik, Wirtschaft und Gesellschaft (und zunehmend auch vom Bildungssystem selbst) zugeschriebenen Aufgaben als Erziehungs- und Bildungsinstitution kaum angemessen wahrnehmen kann, selbst wenn sie darum bemüht wäre. Die Ursachen dafür sind ebenso vielfältig wie schwer überwindbar. Von daher verwundert es auch nicht, dass Erziehung zunehmend in außerfamilialen Institutionen organisiert, die auch auf elterliche Erziehungsvorstellungen und -kompetenzen Einfluss zu nehmen versuchen. Deren primäres Ziel ist es, die Heranwachsenden zu qualifizieren, zu integrieren, zu sozialisieren und sie bei alldem auf eine Welt vorzubereiten, die Mündigkeit und Selbstbestimmung als vorrangige Zielfigur für die Teilhabe an ihr selbst betrachtet[14] (vgl. Zeiher 1988). Dabei bleibt die Familie, wie gesagt, nicht völlig außen vor. Ihr kommt im Rahmen solcher Bemühungen verstärkt die Aufgabe zu, Kinder und Jugendliche mit den hierfür notwendigen psychosozialen Profilen (mit Eigenschaften im weitesten Sinne also) und Kulturtechniken (von der Kommunikationsfähigkeit bis hin zur Erhaltung der Gesundheit/Körperkohärenz) auszustatten, mit jenen kommunikativen, emotionalen und sozialen Kompetenzen also, die es ihnen ermöglichen, in einer Welt individualisierter sozialer Beziehungen zu (über)leben. So betrachtet ist die Familie jedoch nicht als Erziehungs- und Bildungsinstitution, sondern zuallererst als Sozialisationsinstanz codiert und gefordert[15].

III. Die Familie als Sozialisationspraxis

Die bisherigen Ausführungen verdeutlichen, dass man Familie als eine höchst dynamische Praxis des sozialen Zusammenlebens zu betrachten hat, wenn die Bedeutung ihrer Besonderheit für Lernprozesse - ein komplexes Beziehungs- und Interaktionsgeflecht zu sein nämlich – entschlüsselt werden soll. Unabhängig von der dabei eingenommenen Perspektive lässt sich die Familie dabei stets als Generationen übergreifende Bezugsgruppe bestimmen, die sich gegenüber anderen Bezugsgruppen, z.B. den Peers oder der Kollegenschaft, abgrenzen lässt. Zugleich ist aber auch immer die ihr eigentümliche Interaktions- und –Beziehungsdynamik in Rechnung zu stellen. Damit eröffnet sich eine genuin sozialisationstheoretisch-pädagogische Sicht auf Familie, bei der sie allerdings, systemtheoretisch formuliert, nicht einfach nur als abgespaltener Teil einer im 18. Jahrhundert einsetzenden Ausdifferenzierung in den Blick gerät, deren erzieherische Operationen keinen »Erfolg« im Rahmen einer institutionalisierten Autopoiesis ermöglichen (vgl. Luhmann 2002). Vielmehr ist sie selber zentraler Teil dieses Erziehungssystems als Ganzheit. Familie zeichnet sich dabei dadurch aus, dass in ihr die Gestaltungsmöglichkeiten von Sozialbeziehungen ebenso erfahrbar werden, wie der Umstand, dass sich alle Familienmitglieder als Personen in Familienbeziehungen einbringen und hier sozial positionieren müssen. Kurzum: Familie ist, anders als etwa die Schule als Kontext für zielgerichtete Operationen des Erziehungssystems, ein Erfahrungs- und Gestaltungsraum, der sich höchst flexibel an veränderte Umweltbedingungen anzupassen vermag, die gewöhnlich durch Familienzuwachs, durch Auszug von Familienmitgliedern, räumliche Mobilität oder ökonomischen Krisen hervorgerufen werden (vgl. dazu Olson u. a. 1983). In Familienbeziehungen zeigt sich, wie mit kritischen Lebensereignissen und -situationen umgegangen werden kann, wie man sich veränderten Umwelten in »solidarischem Schulterschluss« entgegen zu stemmen bzw. anzupassen vermag (vgl. Grundmann 1999) und wie sozialer Zusammenhalt die Persönlichkeitsentfaltung aller Familienmitglieder bestimmt[16].

Dieser Blick auf Familie bedeutet, sie zuallererst unter dem Gesichtspunkt der in ihr entstehenden *Familienkultur* zu betrachten, unter dem Gesichtspunkt also, wie sich die Familienmitglieder aufeinander beziehen, wie sie sich selbst als Teil der Familie sehen und erleben und wie sie sich in Familienbeziehungen einbringen. Für die an ihr Beteiligten geht es also darum, wie persönliche Handlungsinteressen und -orientierungen auf gemeinsame Handlungsperspektiven und –anforderungen bezogen werden können. Das ist soziales Lernen sui generis. Modellhaft lässt sich diese Praxis der Beziehungsgestaltung aus dem für alle Sozialbeziehungen konstitutiven Wechselspiel zwischen Personalität (etwa: Körperlichkeit, Subjekthaftigkeit, Erfahrung) und sozialer Verbundenheit (etwa: soziale Nähe und wechselseitige Bezugnahme durch Subsidiarität und/oder moralische Reziprozität) herleiten (vgl. Grundmann 2006, S. 47).

Im Zentrum einer solchen sozialisationstheoretischen Modellierung stehen die bereits angesprochenen dyadischen Interaktionen zwischen Familienmitgliedern (zunächst dem Elternpaar, schließlich aber auch die vielfältigen Beziehungen zwischen Eltern und ihren Nachkommen). Sie sind die Basis für die Entstehung komplexer Familienbeziehungen. Eine auf diese Weise konzipierte »primäre Sozialisationspraxis« entfaltet ihre Wirkung somit in zwei Richtungen:

- In Richtung auf eine *Persönlichkeitsgenese* der betroffenen Akteure, die sich primär darin zeigt, wie diese ihre eigenen Handlungserfahrungen koordinieren. Der Fokus der Beobachtung liegt hier auf ihrer Haltung und dem daraus resultierenden Handeln gegenüber Bezugspersonen. Damit verbunden ist also die Ausbildung einer personalen – bzw. individuellen – Handlungs*orientierung*. Diese spannt sich auf zwischen den Polen eines extremen Selbstbezugs einerseits sowie einer extremen Orientierung an Bezugspersonen bzw. generalisierten Anderen auf der anderen Seite. Empirisch lassen sich diese Pole auch zwischen intrinsischen und extrinsischen Mustern der Handlungsorientierungen verorten.
- In Richtung auf die *Gestaltung sozialer Beziehungen*, die sich darin äußert, wie Bezugspersonen untereinander ihre Handlungen koordinieren. Damit verbunden ist eine spezifische soziale Praxis des Zusammenlebens, die sich ebenfalls als ein Spannungsbogen beschreiben lässt. Der eine Pol lässt sich hier als eher »lockere« Beziehung, der andere als eher »symbiotische« Beziehungsform definieren. Empirisch sind diese Pole durch Lebensformen als Singles bzw. in Paarbeziehungen/nichtehelichen Lebensgemeinschaften (hier zumeist mit »eingebautem« Wunsch nach Familiengründung) markiert.

Bereits diese beiden Modelle der individuellen Lebensführung bedingen unterschiedliche Dimensionen der Handlungskoordination, der diesen zugrunde liegenden Wertorientierungen usw. in Familienbeziehungen. Solches lässt sich vergleichsweise umstandslos entlang der spezifischen Gestaltungsoptionen von Familienbeziehungen (insbesondere in Hinblick auf den Faktor Verbindlichkeit), dem Maß an Reziprozität und Solidarität der Familienmitglieder oder der wechselseitigen Bezugnahme nachzeichnen. Dies lässt sich auch anschaulich am Verhältnis von intrinsischer und extrinsischer Handlungsorientierung im familialen Kontext verdeutlichen: Intrinsische Handlungsorientierungen liegen immer dann vor, wenn Eigeninteressen und Selbstverwirklichung die Gestaltung der Familienbeziehung bestimmen, extrinsische hingegen immer dann, wenn die gemeinsame Lebensführung sowie die Sicherung des gemeinsamen Lebensunterhalts die Grundmotive für die Gestaltung des Familienlebens darstellen. In Hinblick auf die Gestaltung von Paarbeziehungen zeigt sich dementsprechend, dass intrinsisch orientierte Partner eher kinderlos bleiben als extrinsisch orientierte (vgl. BMSF 1996) und das Erstere bei der Verwirklichung von Kinderwünschen auch die persönlichen Motive eher hervorheben: Kinder werden hier zuallererst als persönliche Bereicherung empfunden. Damit verbunden sind zudem Vorstellungen darüber, wie das gemeinsame Familienleben gestaltet werden soll - was ebenfalls »Verzichtsbereitschaft« einschließt, d.h. die Fähigkeit, eigene Interessen, wie etwa die Verwirklichung im Beruf, hintanzustellen. Auch der Grad an Autonomie und Konformität in Familienbeziehungen ist von dieser Binarität extrinsich versus intrinsisch abhängig, etwa entlang der Frage, ob Eltern sich in Bezug auf ihren Partner und ihre Kinder als relativ autonome Personen definieren oder nicht (vgl. Kreppner 1999). Schließlich lässt sich auch für den Erziehungsstil nachweisen, dass dieser entweder mit einer eher intrinsischen oder einer eher extrinsischen Handlungsorientierung korrespondiert. Vor allem verbal-kommunikative Erziehungsstile basieren demzufolge auf der Akzeptanz personaler Autonomie aller Familienmitglieder, mithin auch auf der Anerkennung von Kindern als autonomen Persönlichkeiten[17]. Diese intrinsisch begründete Erziehungspraxis findet sich vor allem in bildungsnahen Familien, während extrinsische Erziehungsziele, die geneigt sind, eher der »Macht des Faktischen« zu folgen, häufig einen autoritären Erziehungsstil präferieren und in eher bildungsärmeren Milieus anzutreffen sind (vgl. Grundmann/Dravenau/Bittlingsmayer 2006a).

Das Verhältnis von intrinsischen und extrinsischen Handlungsorientierungen gibt demnach Aufschluss darüber, welche »Beziehungskulturen« insgesamt in Familien vorherrschen. Dabei lassen sich idealtypische Formen der wechselseitigen Bezugnahme in Familienbeziehungen modellieren, die durch die Koordination von personalen und sozialen Handlungsorientierungen in der Familie entstehen: individuelle Handlungsorientierungen lassen sich hierbei empirisch im Spannungsfeld zwischen Vertrautheit/Annäherung vs. Fremdheit/Distanz gegenüber den Bezugspersonen abbilden, wobei sich eher soziale Handlungsorientierungen immer dann äußern, wenn Familienmitglieder darum bemüht sind, eine bestehende Beziehung aufrechterhalten oder im Sinne ihrer Aufrechterhaltung konstruktiv verändern wollen. Bezogen auf das angedeutete Sozialisationsmodell lassen sich daraus vier idealtypische Beziehungskulturen herleiten (vgl. Grundmann 2006, S. 219):

- *solidarische Beziehungen*, die sich durch Verlässlichkeit bzw. wechselseitige Leistungserbringung auszeichnen (in denen sich die Familienmitglieder an den Regeln und Normen des Familienlebens orientieren, dennoch aber eigenen Interessen nachgehen und sich selbst verwirklichen)
- *emanzipatorische Beziehungen*, die durch emotionale Verbundenheit der Akteure bei gleichzeitiger Offenheit gegenüber Veränderungen der gemeinsamen Lebensführung gekennzeichnet sind (wobei sich die Familienmitglieder zwar als Teil der Familie betrachten, nicht aber an den Regeln des Familienlebens, sondern vornehmlich an Eigeninteressen orientieren)
- *atomisierte Beziehungen*, in denen die Bezugspersonen nur wenig Gemeinsamkeiten aufweisen (und die Familie nur noch als loser, sich stets wandelnder Handlungskontext definiert wird, in dem die Familienmitglieder vor allem eigenen Interessen folgen) sowie
- *vereinnahmende Beziehungen*, in denen die Bezugspersonen von »Autoritäten« vereinnahmt werden (die Familienbande aber mit aller Macht aufrechterhalten werden und von den Familienmitgliedern zudem erwartet wird, dass sie sich den Familientraditionen und Regeln unterwerfen).

Definiert man Familie aus einer solch sozialisationstheoretischen Perspektive der Gestaltung von Beziehungspraxen heraus (vgl. Grundmann 2006), dann lässt sich die soziale »Bindungsqualität« von Familienbeziehungen an der Art und Weise ermessen, in der sich Familienmitglieder aufeinander beziehen, mithin an der Frage, ob sie sich eher einseitig auf soziale oder personale Handlungsorientierungen beziehen oder ob sie versuchen, ihre partikularen Interessen mit den gemeinsamen Interessen der »Familie als Gemeinschaft« abzugleichen und zur Deckung zu bringen. Auf diese Weise wird es möglich, jene »Verwerfungen« zu identifizieren, die das Wohlbefinden der Familienmitglieder und ihre Persönlichkeitsentwicklung maßgeblich beeinflussen (vgl. Grundmann 2006). In summa: An einem solchen sozialisationstheoretisch fundierten Modell der Gestaltung von Familienbeziehungen lässt sich die gesellschaftliche Verfassung der Familie (der Grad der Individualisierung und Autonomisierung ihrer Mitglieder etwa) ebenso ablesen, wie die sozialen Bindekräfte, die sie in unterschiedlichen Entwicklungsphasen zu mobilisieren weiß. An ihm lässt sich schließlich auch erkunden, wie in Familien mit unterschiedlichen, ja möglicherweise sogar grundlegend ambivalenten, Beziehungserfahrungen umgegangen wird und welche Gestaltungspotentiale Familien bei der Bewältigung von Krisenerfahrungen zur Verfügung stehen (vgl. Lüscher/Pajung-Bilger 1998; Lüscher 2005)[18]. Vor allem ein solches Wissen sagt Entscheidendes aus über die Rolle der Familie als Erziehungsinstanz im Kontext zeitgenössischer Generationenbeziehungen.

IV. Individualisierung, Pluralisierung der Lebensformen und familiale Handlungsorientierungen: Konsequenzen für die pädagogische Praxis

Wählt man unterschiedliche Formen des familialen Zusammenlebens als Bezugspunkt, so kommt gerade in ihnen zum Ausdruck, wie sich Sozialbeziehungen auszudifferenzieren vermögen – vor allem, wenn die Beteiligten tradierte Werte, Rollenmodelle und kollektive Identitäten in Frage stellen oder gar abstreifen und stattdessen ihre individuellen Beziehungsvorstellungen und Lebensentwürfe einbringen. Ganz offensichtlich erodieren in eben diesem Maße, indem sie diese neuen Lebensentwürfe leben, tradierte Geltungsmuster sozialer Handlungsorientierung, erschaffen sich im Gefolge von Selbsterfahrung und Selbstdeutung Denk- und Handlungsmuster gleichsam konstruktivistisch stets aufs Neue und werden letztlich – je nach Rahmenbedingung – lebenspraktisch auch immer wieder neu codiert. Wenn man all dies nun auf die Variable »personale Handlungsorientierung« bezieht, dann zeigt sich, dass die galoppierende Individualisierung von Lebensformen durchaus widersprüchliche Effekte zeitigt:

- *Emanzipation und Öffnung von Beziehungen* erfolgen vor allem durch Infragestellung traditioneller Rollenvorstellungen, durch Formulierung von Gleichheitsgrundsätzen in Partnerschaften (Gleichberechtigung), durch ständiges Aushandeln der Modi familialer Lebensführung zwischen den Partnern aber auch durch verbal-kommunikative Erziehungspraxen – allesamt Aspekte also, die ein Höchstmaß an Autonomie, Handlungsfreiheit und damit Öffnung von Beziehungen erfordern. Diese Individualisierungsfolen und -formen korrespondieren vor allem mit sich pluralisierenden familialen Lebensmustern (Scheidungs-, Fortsetzungs- oder Ein-Eltern-Familien) sowie mit Tendenzen zu Lebensweisen als Single.

- *Lebensformen entlang traditioneller Familienleitbilder* erfolgen zuallererst durch Betonung von Familie als geschützte Privatsphäre sowie durch eine Orientierung an traditionellen, arbeitsteiligen Rollenvorstellungen. Auch dabei handelt es sich in gewissem Sinne zwar um Formen der Individualisierung. Diese äußern sich hier jedoch vor allem als Modi von Solidarität und »Vereinahmung« (gehen also mit einer personalen Orientierung an Gruppennormen einher). Auch in diesen Fällen stimmen die Beteiligten ihre personalen Vorstellungen mit den sozialen Handlungsorientierungen ab.

Zu beachten ist, dass sich auch die Individualisierung bestehender Lebensformen zunächst ja in sozialen Nahraumbeziehungen und konkreten Sozialisationspraxen vollzieht. Dabei werden einerseits mitunter enorme Bindungskräfte freigesetzt – auf der anderen Seite entstehen genau dadurch aber auch enorm brüchige Beziehungsmuster. Die jeweilige Entwicklungsrichtung hängt, wie gesagt, stets davon ab, ob und inwieweit die Betroffenen personale und soziale Handlungsorientierungen (also Nähe/Vertrautheit vs. Distanz/Fremdheit) miteinander zu verknüpfen in der Lage sind – eine Fähigkeit, die ihrerseits unmittelbar mit der Qualität der familialen Interaktionspraxen, der familialen Sozialisation also, korrespondiert. Betrachtet man Individualisierung darüber hinaus auch aus einer *generationenübergreifenden* Perspektive, dann resultieren aus ihr die beschriebenen und für die Identitätsentwicklung der Heranwachsenden bedeutsamen »Haltungen«. Auch hier verweisen diese Haltungen darauf, dass Individualisierung nicht zwangsläufig zur Auflösung sozialer Bindungen oder zu einer Pathologisierung von Sozialbeziehungen führen muss, sondern mitunter auch Formen des Zusammenlebens hervorzubringen vermag, die den aktuellen gesellschaftlichen Verhältnissen mehr oder weniger angemessen sind. Je nach Art der Beziehungsgestaltung bergen Individualisierungsprozesse in sich also sehr unterschiedliche Konsequenzen für den gelebten Alltag:

- Sie können zum einen mit genau jener Kompetenzerfahrung (und damit mit genau jenem Kompetenz*zuwachs*) einhergehen, die eine aktive Teilhabe an gesellschaftlichen Prozessen und damit auch die verantwortliche Gestaltung des eigenen Lebens ermöglichen (in schulischen Zusammenhängen ist hier häufig die Rede vom mündigen und aufgeklärten „Aktivbürger“, der als Zielfigur u. a. in den Richtlinien für die politische Bildung und die Gestaltung des sozialwissenschaftlichen Unterrichts aufscheint).
- Im Gegensatz dazu können sie zum anderen aber auch dazu führen, dass die konkreten Lebensumstände (z.B. in einer Fortsetzungs- oder Alleinerziehenden-Familie) die Selbstverortung so stark erschweren, dass die Beteiligten (etwa durch Armut und Ausgrenzung) unter die Kuratel jener sozialen Rahmenbedingungen geraten, die aktive Selbstverortung und gesellschaftliche Teilhabe verhindern.

Wir müssen davon ausgehen, dass diese für den sozialen Nahraum formulierten Konsequenzen auch für das Selbstverständnis in anderen Lebensbereichen gelten, ja, dass sie verstärkt immer dann auftreten, wenn sich die sozialen Handlungsanforderungen und Handlungsorientierungen ausdifferenzieren, miteinander verweben, widersprechen oder einander ausschließen, so dass eine eineindeutige biographische

Orientierung nicht mehr möglich ist. Robert Hettlage (2003, S. 29) formuliert diese Prozesse als Kontingenzvorbehalt in einer überkomplexen Welt, als Verdacht also, dass alles Handeln und Erleben mehr oder weniger zufällig ist und immer (oder quasi: eben so gut) auch anders sein könnte. Dies vor allem deshalb, weil die plurale Welt der Institutionen sowie die Vielfalt individueller Lebensentwürfe eindeutige Handlungsorientierungen, die eine auch nur einigermaßen prognostizierbare Zukunft hervorbringen können, nicht mehr zulassen. Auch ein allseits autonomes Subjekt kann ja in dieser Perspektive nicht einfach nur zur Autonomie »erzogen« werden; vielmehr muss es auf niemals endende Selbstentwicklung seiner Persönlichkeit hin verpflichtet werden, um in einer Art Dauerreflexion und damit verknüpfter Dauerflexibilität ständig eigene Vorstellungen darüber entwickeln zu können, wie das Leben im Horizont der jeweiligen gesellschaftlichen und privaten Verhältnisse einzurichten und zu führen ist (Abels 2006, S. 45). Dass damit nicht zugleich auch schon das Ende der Familie verbunden ist, zeigt sich beim Blick auf jene personalen und sozialen Handlungsorientierungen, denen wir heute begegnen und die ja, wie bereits gesagt, die Gestaltung des Familienlebens nach wie vor entscheidend bestimmen. Genau diese sozialen und personalen Handlungsorientierungen sind sozusagen stets übergreifend: sie überformen derzeit gleichermaßen Prozesse von Individualisierung und Vergesellschaftung und verdichten diese zu gleichsam neuen Formen individueller Vergesellschaftung, an deren Ende neue Muster gesellschaftlicher Individualität zu erwarten sind. Auch dies markiert beachtenswerte Resultate von Lernprozessen in und durch Familienbeziehungen.

Familienerziehung bedeutet vor diesem Hintergrund vor allem eines: Erlernen der Befähigung zum Umgang mit Ambivalenzen, mit Pluralität, mit Ungewissheit. Und all dies unter Beibehalt einer solidarischen, auf Gegenseitigkeit ausgerichteten Lebensweise, die die Beteiligten aufeinander bezieht, ihnen aber auch wechselseitige Rücksichtnahme und Empathie abverlangt. Und was könnte unter Individualisierungsbedingungen besser dazu befähigen als funktionierende (nicht aber funktionale) Familienbeziehungen? Für das konkrete Lernen in Familienbeziehungen gilt also vor allem eines: die Förderung der Fähigkeit zur wechselseitigen Berücksichtigung personaler und sozialer Handlungsorientierungen sowie die Anerkennung von notwendiger Multiperspektivität auf Seiten aller Beteiligten. Das gilt sowohl in gesellschaftlicher wie in biographischer Perspektive. Familie, und darauf ist stets hinzuwirken, ist vor allem »Ermöglichungsraum«, gleichermaßen Labor und Experimentierfeld für soziale Beziehungsgestaltung, in dem eingeübt und lebbar wird, was in Institutionen (wie etwa der Schule) versagt bleibt, vielleicht versagt bleiben muss – und genau darum hier auch bisweilen zur bedingungslosen Exklusion führt: Tiefe Zerwürfnisse, Verweigerungen, Devianz und Nicht-Anpassung. Dass Erziehung wegen ihrer immer mitlaufenden selektiven Intentionalität stets gezielter ist als die auf den ersten Blick eher unspezifische Praxis der Sozialisation, darauf hat bereits Niklas Luhmann hingewiesen (vgl. Luhmann 2002). Dass familiale Sozialisation einen vor diesem Hintergrund unverzichtbaren Teil von Bildung und Erziehung darstellt, wird durch ihre eigene Funktionsweise begründet: ohne die Welt notwendig reduzieren zu müssen, sind Lernprozesse in ihr – und damit auch die »erzieherischen« Möglichkeiten durch sie – nahezu unbegrenzt. Anders als aus dem Erziehungssystem kann man aus Familie weder austreten, noch ist mit Relegation durch sie zu rechnen. Bei aller Unberechenbarkeit der Welt ist sie als Möglichkeitsraum also zugleich stets berechenbarer und unberechenbarer als das Bildungssystem: die Inklusion der Person erfolgt durch sie per se und unwiderrufbar, gleichzeitig sind aber auch die sozialen und personalen Lernmöglichkeiten in ihr nahezu kontingent.

Anmerkungen

1 Zu unterschiedlichen Familiensemantiken – von Universalitätsannahmen über biologistische Konzepte bis hin zur Gleichsetzung von Familie und Haushalt – und den daraus resultierenden Schwierigkeiten für eine am tradierten Familienbegriff orientierte Familienforschung vgl. Lenz 2003.

2 Bezeichnend ist, dass in historischer Perspektive nur in der bürgerlichen Familie eine bewusste Erziehung oder Vermittlung von Bildung existierte. In anderen Familienformen wurden die Kinder größtenteils sich selbst überlassen und wuchsen mehr oder weniger »naturwüchsig« auf. Erst mit der zunehmenden Verbürgerlichung der proletarischen Familie (vgl. Tyrell 1988) wurden Erziehung und Bildung bewusst wahr und auch ernst genommen – wobei vor allem die berufliche Qualifizierung der männlichen Nachkommen im Mittelpunkt stand (vgl. Rosenbaum 1990).

3 Luhmann verknüpft die hier ins Relief tretenden Faktoren von Gesellschaftlichkeit und Privatheit miteinander, indem er Liebe als Code für Intimbeziehungen annimmt und damit als Code für erfolgreiches Kommunizieren. Liebe als symbolisch generalisiertes Medium der Kommunikation bringt somit auch Veränderungen in der Sozialstruktur hervor: ein Konstrukt (die Liebe) verändert gesellschaftliche Strukturen und Semantiken, die ihrerseits auf die Intimität, Emotionalität und auf das Rollenverhalten usw. zurückwirken. Familie als soziales System hat im Rahmen dieses Prozesses ihren spezifischen Ort (vgl. Luhmann 1982).

4 Diese Kultur vergleichende Betrachtung ist deswegen zu betonen, weil sich die Vorstellungen von Elternschaft und der Wert von Kindern in und zwischen Kulturkreisen mitunter stark unterscheiden. (vgl. dazu vor allem Nauck/Schönpflug 1997; Nauck/Kohlmann 1999).

5 Diese Sicht findet sich auch in den Schriften Durkheims (1984), der darauf hinweist, dass Sozialisation (er meint Erziehung) dazu dient, den Menschen so zu formen, wie die Gesellschaft ihn braucht. Dieser Definition schließen sich auch Parsons und Bales (1956) an, wenn sie Sozialisation als den Prozess definieren, über den Heranwachsende jene Dispositionen erwerben, die es ihnen ermöglicht, sich in die Gesellschaft (vor allem durch die Übernahme sozialer Rollen) zu integrieren.

6 In der Frühphase des Bildungswesens, im absolutistischen Staat also, geschah dies etwa durch Beschränkung der Schulpflicht auf die Wintermonate. Da Kinder und Jugendliche als helfende Familienangehörige im Frühjahr, Sommer und Herbst für Feldarbeiten dringend benötigt wurden, scheint es so, als sei das Bildungswesen diesem Bedürfnis entsprechend »entgegen gekommen«. Bei näherer Betrachtung jedoch wird schnell deutlich, dass Einführung und Aufrechterhaltung der Schulpflicht auch in den Sommer- oder Herbstmonaten gegen den Widerstand der Familie in primär agraisch geprägten Gesellschaften gar nicht möglich gewesen wäre.

7 Die zunehmend wichtiger werdende Orientierung von Bildung und Erziehung an so genannten „Schlüsselqualifikationen“ (vgl. Mertens 1974; Reetz 1989) zählt heute ebenso hierzu, wie eine angemessene „Kompetenzvermittlung“ oder „Werteerziehung“ (vgl. Bolz 2006; Porsche 2003).

8 Die didaktisch-curricurale Konzeption der Handlungsorientierung entspringe und entspricht dabei einerseits den hier diskutierten veränderten gesellschaftlich-familiären Rahmenbedingungen selbst, andererseits ist sie aber auch Resultat eines lerntheoretischen Paradigmenwechsels, der vom Behaviourismus (Skinner) über den Kognitivismus (Piaget) geradewegs zu konstruktivistischen Lehr- und Lernmethoden (Piaget/Aebli) führt (vgl. Breit/Schiele 1998; Reich 2004).

9 Diese Betrachtung von Familie als Ressourcenpool entspricht ganz und gar einer ökonomischen Theorie der Familie, die nach kapitalistischen Prinzipien, quasi als ökonomisch-rationale „Zweckform“ (vgl. Hoffmeister 2001), funktioniert. Insofern fügt sie sich hervorragend ein in eine strukturfunktionale, wenn nicht gar systemtheoretische Sicht, die weniger das »Wohlbefinden« ihrer Familienmitglieder als vielmehr ihre eigene Stabilität und Funktionalität als Sozialsystem im Auge hat, sich also gegenüber anderen Sozialsystemen abgrenzt und entsprechend eigene »Funktionen« im Rahmen der gesellschaftlichen Reproduktion übernimmt.

10 Die Unterscheidung in Paar- und Eltern-Kind-Systeme etwa ist insofern von Bedeutung, als dass sie ein entsprechendes Verständnis des Eigenwerts von Subsystemen für das Gelingen von Familie unterstellt. Dass dieses durch Subsystembildung, durch die Differenz von Partnerschaft und Elternschaft, die in die Charakterisierung der Familie als System eingeht, irritiert werden kann, wird eindrücklich von Herlth u. a. (1994) geschildert.

11 Der Systembegriff wird in diesem Zusammenhang nicht in systemtheoretischer Perspektive verwandt, sondern, um die spezifischen Beziehungsformen auf unterschiedlichen gesellschaftlichen Handlungsebenen, also als Teil eines Mikro-, Meso- Exo- oder Makrosystems, zu beschreiben (vgl. dazu Grundmann/Fuss/Suckow 2000).

12 Dabei ist auf den bereits von Simmel herausgearbeiteten Zusammenhang zu verweisen, dass mit zunehmender Allgemeinheit der Beziehungen (die durch Institutionalisierung entsteht), auch die »Distanz der sozialen Kreise« zunimmt. Dies geschieht unter anderem durch den »funktionellen Fortschritt des Geldes« (man könnte auch formulieren: der Ökonomie), was seinerseits Entwicklungen hervor treibt, die zwar nicht im engeren Sinne etwas mit der Geldwirtschaft zu tun haben, gleichwohl aber Individualisierungsprozesse befördern. Simmel redet in diesem Zusammenhag von „abstrakter Vergesellschaftung“ (Simmel 2006, S. 209), was auch meint: Der Einzelne wird zwar unabhängiger von konkreten Gruppen und Personen, immer abhängiger hingegen von einer durch ökonomisierten Gesellschaft als Ganzer und der Logik der Wirtschaftsprozesse in ihr.

13 Diese Situation wird durch mangelnde sozialpolitische Maßnahmen noch verstärkt (vgl. Grundmann 1999, S. 146)

14 Die Explosion von Projekten zum Thema „Familienbildung“ gibt ebenso beredt Auskunft darüber (http://www.familienbildung.info/index_wissen.htm), wie Elterntrainingsprogramme (etwa „STEP“ oder „Triple P“), Forderungen nach frühkindlicher Lernförderung durch Eltern und Familie (vgl. Preißer/Schrader 2003) oder die Bemühungen der Schule um Nachmittagsunterricht im Rahmen »gebundener« oder »offener« Ganztagsschulekonzepte.

[15] Zur Differenz der Begriffe Sozialisation, Erziehung und Bildung siehe Grundmann/ Hoffmeister 2007.

[16] Wie Familien mit sozialen Krisensituationen z.B. etwa im Falle einer ökonomischen Deprivation umgehen, hat Elder (1974) anschaulich beschrieben. (vgl. dazu auch den Überblicksartikel von Elder/Caspi 1990).

[17] Damit verbunden ist die »pädagogische Idee« der Individualisierung bzw. der Vorbereitung auf sie. Diese äußert sich vor allem darin, dass Akteure eigene Vorstellungen von sich selbst und den gesellschaftlichen Verhältnissen entwickeln, um in diesem Spannungsfeld ihre eigenen Vorstellungen entwickeln und »leben« zu können (vgl. Abels 2006, S. 45).

[18] Beispiele dafür finden sich in der systemischen Familienforschung und -beratung (vgl. Stierlin 2001; Wilbertz 1996) ebenso, wie in sozialpsychologischen Studien über den Zusammenhalt und die Anpassungsfähigkeit von Familienbeziehungen im Lebensverlauf (Olson u. a. 1983) bzw. in Scheidungs- und Fortsetzungsfamilien (vgl. Walper 1990).

Literatur

Abels, H. (2006): Identität. Wiesbaden.

Beck, U./Giddens, A./Lash, S. (1997): Reflexive Modernisierung. Eine Kontroverse. Frankfurt a. M.

Bittlingmayer, U. H. (2005): „Wissensgesellschaft" als Wille und Vorstellung. Konstanz.

BMSFJ (Bundesministerium für Familie, Senioren, Frauen und Jugend) (Hrsg.) (1996): Optionen der Lebensgestaltung junger Ehen und Kinderwunsch: Verbundstudie. Stuttgart.

Bolz, N. (2006): Die Helden der Familie. München.

Bourdieu, P. (1983): Ökonomisches Kapital, kulturelles Kapital, soziales Kapital. In: Kreckel, R. (Hrsg.): Soziale Ungleichheiten. Göttingen, S. 183–198.

Bourdieu, P. (2001): Wie die Kultur zum Bauern kommt. Über Bildung, Schule und Politik. Hamburg.

Breit, G./Schiele, S. (Hrsg.) (1998): Handlungsorientierung im Politikunterricht. Schwalbach.

Butterwegge, C. (2006): Krise und Zukunft des Soziastaates. Wiesbaden.

Du Bois-Reymond, M./Büchner, P./Krüger, H.-H. (1994): Modernisierungstendenzen im heutigen Kinderleben. In: Du Bois-Reymond, M./Büchner, P./Krüger, H.-H. (Hrsg.): Kinderleben. Opladen. S. 273–382.

Durkheim, E. (1984): Erziehung, Moral und Gesellschaft: Vorlesung an der Sorbonne 1902/1903. Frankfurt a. M.

Ecarius, J. (2002): Familienerziehung im historischen Wandel. Eine qualitative Studie über Erziehung und Erziehungsfragen von drei Generationen. Opladen.

Elder, G. H. (1974): Children of the Great Depression. Chicago.

Elder, G. H./Caspi, A. (1990): Persönliche Entwicklung und sozialer Wandel. Die Entstehung der Lebensverlaufsforschung. In: Mayer, K. U. (Hrsg.): Lebensverläufe und sozialer Wandel. Kölner Zeitschrift für Soziologie und Sozialpsychologie, Sonderheft 31, Opladen, S. 22–57.

Fuhrer, U. (2005): Lehrbuch Erziehungspsychologie. Bern.

Gerris, J. R. M./Grundmann, M. (2002): Reziprozität, Qualität von Familienbeziehungen und Beziehungskompetenz. In: Zeitschrift für Soziologie der Erziehung und Sozialisation, 22, S. 3–24.

Grundmann, M. (1992): Familienstruktur und Lebensverlauf. Historische und gesellschaftliche Bedingungen individueller Entwicklung. Frankfurt a. M.

Grundmann, M. (1998): Norm und Konstruktion: Zur Dialektik von Bildungsvererbung und Bildungsaneignung. Opladen.

Grundmann, M. (1999): Familiale Lebensführung und die soziale Integration Heranwachsender. In: Busch, F. W./Nauck, B./Nave-Herz, R. (Hrsg.): Aktuelle Forschungsfelder der Familienwissenschaft. Würzburg, S. 139–160.

Grundmann, M. (2006): Sozialisation. Skizze einer allgemeinen Theorie. Konstanz.

Grundmann, M./Fuss, D./Suckow, J. (2000): Sozialökologische Sozialisationsforschung. Entwicklung, Gegenstand und Anwendungsbereiche. In: Grundmann, M./Lüscher, K. (Hrsg.): Sozialökologische Sozialisationsforschung. Konstanz, S. 17–76.

Grundmann, M./Dravenau, D./Bittlingsmayer, U. (Hrsg.) (2006a): Handlungsbefähigung und Milieu. Zur Analyse milieuspezifischer Alltagspraktiken und ihrer Ungleichheitsrelevanz. Münster.

Grundmann, M./Hoffmeister, D. (2007): Die Verwobenheit von Sozialisation und Selektion. Eine kritische Bestimmung des Verhältnisses von Sozialisation, Bildung und Erziehung. In: Zeitschrift für Soziologie der Erziehung und Sozialisation, 27, (2): [im Druck].

Gudjons, H. (2001): Pädagogisches Grundwissen. Bad Heilbrunn/Obb.

Herlth, A./Brunner, E. J./Tyrell, H./Kriz, J. (Hrsg.) (1994): Abschied von der Normalfamilie? Partnerschaft contra Elternschaft. Berlin.

Hettlage, R. (2003): Verleugnen, vertuschen, verdrehen. Leben in der Lügengesellschaft. Konstanz.

Hofer, M./Wild, E./Noack, P. (Hrsg.) (2002): Lehrbuch Familienbeziehungen. Göttingen u.a.

Hoffmeister, D. (2001): Mythos Familie. Zur soziologischen Theorie familialen Wandels. Opladen.

Hoffmeister, D. (2003): Der Verweisungszusammenhang bröckelt. In: Erwägen Wissen Ethik (vormals Ethik und Sozialwissenschaften (EuS) Streitform für Erwägenskultur), 14, 3, S. 521–524.

Holodynski, M. (1993): Individualisierung im Vorschulalter. Vom autoritären zum konsensuellen Modus der Motivkoordinierung. In: Zentrum für Kindheits- & Jugendforschung (Hrsg.): Wandlungen der Kindheit. Theoretische Überlegungen zum Strukturwandel der Kindheit heute. Opladen, S. 49–76.

Kreppner, K. (1999): Beziehung und Entwicklung in der Familie: Kontinuität und Diskontinuität bei der Konstruktion von Erfahrungswelten. In: Grundmann, M. (Hrsg.): Konstruktivistische Sozialisationsforschung. Frankfurt a. M., S. 180-207.

Le Gall, D./Martin, C. (1998): Familienbiographische Passagen, Rekompositionslogiken und Formen ehelicher Regulierung. In: Meulders-Klein, M.-Th./Théry, I. (Hrsg.): Fortsetzungsfamilien. Neue familiale Lebensformen in pluridisziplinärer Betrachtung. Konstanz. S. 131–163.

Leibfried, S./Tennstedt, F. (Hrsg.) (1985): Politik der Armut und die Spaltung des Sozialstaats. Frankfurt a. M.

Lenz, K. (2003): Familie - Abschied von einem Begriff? In: Erwägen Wissen Ethik, 14, (3), S. 485–498.

Liegle, L./Lüscher, K. (2004): Das Konzept des „Generationenlernens". In: Zeitschrift für Pädagogik, 50, S. 38–55.

Luhmann, N. (1982): Liebe als Passion. Zur Codierung von Intimität. Frankfurt a. M.

Luhmann, N. (1990): Sozialsystem Familie. In: Luhmann, N., Soziologische Aufklärung 5. Konstruktivistische Perspektiven. Opladen, S. 196–218.

Luhmann, N. (2000): Vertrauen. Ein Mechanismus der Reduktion sozialer Komplexität. Stuttgart.

Luhmann, N. (2002): Das Erziehungssystem der Gesellschaft. Herausgeben von Dieter Lenzen. Frankfurt a. M.

Lüscher, K. (2005): Ambivalenz - Eine Annäherung an das Problem der Generationen. In: Jureit, U./Wildt, M. (Hrsg.): Generationen. Zur Relevanz eines wissenschaftlichen Grundbegriffs. Hamburg, S. 53 - 78.
Lüscher, K./Liegle, L. (2003): Generationenbeziehungen in Familie und Gesellschaft. Konstanz.
Lüscher, K./Pajung-Bilger, B. (1998): Forcierte Ambivalenzen. Ehescheidung als Herausforderung an die Generationenbeziehungen unter Erwachsenen. Konstanz.
Mertens, D. (1974): Schlüsselqualifikationen. In: Mitteilungen der Arbeitsmarkt- und Berufsforschung, 7, S. 36–73.
Nauck, B./Kohlmann, A. (1999): Values of Children. Ein Forschungsprogramm zur Erklärung von generativem Verhalten und intergenerativen Beziehungen. In: Busch, F. W./Nauck, B./Nave-Herz, R. (Hrsg.): Aktuelle Forschungsfelder der Familienwissenschaften. Würzburg, S. 53–73.
Nauck, B./Schönpflug, U. (Hrsg.) (1997): Familien in verschiedenen Kulturen. Stuttgart.
Nave-Herz, R. (2004): Ehe- und Familiensoziologie. Eine Einführung in Geschichte, theoretische Ansätze und empirische Befunde. Weinheim, München.
Nave-Herz, R. (2002): Familie heute. Wandel der Familienstrukturen und Folgen für die Erziehung. Darmstadt.
Olson, D. H./McCubbin, H./Barnes, H./Larsen, A./Muxem, A./Wilson, M. (1983): Families - what makes them work. Beverly Hills.
Parsons, T. (1964): Beiträge zur soziologischen Theorie. Herausgegeben und eingeleitet von Dietrich Rüschemeyer. Neuwied.
Parsons, T./Bales (1956): Family Socialisation and Interaction Process. London.
Parsons, T. (1968): Sozialstruktur und Persönlichkeit. Frankfurt a. M.
Peuckert, R. (1991): Familienformen im sozialen Wandel. Opladen.
Porsche, S. (2003): Kinder wollen Werte. Ein Leitfaden für Eltern - für eine neue Ethik in der Erziehung. München.
Preißer, R./Schrader, J. (2003): Elternbildung nach „PISA" – neue Aufgaben der Erwachsenen- und Familienbildung. In: DIE – Zeitschrift für Erwachsenenbildung, 10, 3, S. 35–37.
Reetz, L. (1989): Zum Konzept der Schlüsselqualifikationen in der Berufsbildung (Teil1 und Teil 2): In: Berufsbildung in Wissenschaft und Praxis, 5, S. 3–30 und 6, S. 24–30.
Reich, K. (2004): Konstruktivistische Didaktik, Lehren und Lernen aus interaktionistischer Sicht. Neuwied.
Rosenbaum, H. (1990): Formen der Familie. Untersuchungen zum Zusammenhang von Familienverhältnissen, Sozialstruktur und sozialem Wandel in der deutschen Gesellschaft des 19. Jahrhunderts. Frankfurt a. M.
Schneewind, K. A. (1999): Familienpsychologie. Stuttgart u.a.
Schülein, J. A. (1990): Die Geburt der Eltern. Über die Entstehung der modernen Elternposition und den Prozeß ihrer Aneignung und Vermittlung. Opladen.
Schulze, G. (1992): Die Erlebnisgesellschaft. Frankfurt a. M.
Simmel, G. (2006): Philosophie des Geldes. Simmel - Gesamtausgabe Bd. 6. Frankfurt a. M.
Stierlin, H. (2001): Psychoanalyse - Familientherapie - systemische Therapie. Entwicklungslinien, Schnittstellen, Unterschiede. Stuttgart.
Trotha, T. v. (1990): Zum Wandel der Familie. In: Kölner Zeitschrift für Soziologie und Sozialpsychologie, 42, 3, S. 452–473.
Tyrell, H. (1988): Ehe und Familie - Institutionalisierung und Deinstituionalisierung. In: Lüscher, K., Schultheis, F./Wehrspaun, M. (Hrsg.), Die „postmoderne" Familie. Familiale Strategien und Familienpolitik in einer Übergangszeit. Konstanz, S. 145–156.
Walper, S. (1993): Stiefkinder. In: Markefka, M./Nauck, B. (Hrsg.), Handbuch der Kindheitsforschung. Neuwied, S. 429–438.

Walper, S. (1990): Trennung der Eltern und neue Partnerschaft: Auswirkungen auf das Selbstkonzept und die Sozialentwicklung Jugendlicher. In: Schweizerische Zeitschrift für Psychologie, 50. S. 34–47.

Walper, S./Schwarz, B. (Hrsg.) (2002): Was wird aus den Kindern? Chancen und Risiken für die Entwicklung von Kindern aus Trennungs- und Stieffamilien. Weinheim u.a.

Walper, S./Wild, E. (2002): Wiederheirat und Stiefelternschaft. In: Hofer, M., Wild, E./ Noack, P. (Hrsg.), Lehrbuch Familienbeziehungen. Göttingen u.a., S. 336–361.

Wilbertz, N. (1996): Man kennt sich, man trennt sich. Von den Ursachen der Partnerschaftskrisen und den Chancen einer Lösung. In: Busch, F. W./Nave-Herz, R. (Hrsg.) Ehe und Familie in Krisensituationen. Oldenburg, S. 197–211.

Zeiher, H. (1990): Organisation des Lebensraums bei Großstadtkindern- Einheitlichkeit oder Verinselung. In: Bertels, L./Herlyn, U. (Hrsg.): Lebenslauf und Raumerfahrung. Opladen, S. 35–58.

Zeiher, H. (1988): Verselbstständigte Zeit - selbständigere Kinder? In: Neue Sammlung, 28. S. 75–92.

Bärbel Schön

Kapitel 6: Geschlechterrollen: Mutter - Vater - Sohn - Tochter

Die Erziehungswissenschaft hat seit der Aufklärung die „private", unbezahlte Arbeit der Mutter als „natürliche" Aufgabe der Frau und als Naturnotwendigkeit für das Kind deklariert und damit wesentliche Fundamente für die Ideologie der Geschlechterrollen geliefert. Gleichzeitig wurden mit der Ausblendung der Geschlechterhierarchie, der geschlechtspezifischen Arbeitsteilung und des geschlechtsspezifischen Erwerbsarbeitsmarktes wesentliche Strukturen des Geschlechter- und Generationenverhältnisses systematisch negiert. Erst seit den achtziger Jahren des 20. Jahrhunderts wurde das Geschlechterverhältnis in der pädagogischen Frauenforschung und einer feministisch orientierten Schulforschung analysiert und kritisiert (vgl. Nyssen/Schön 1992).

In meinem Beitrag beschreibe ich das Geschlechter- und Generationenverhältnis und lote die damit verbundenen Spannungen und Widersprüche aus. Starre normative Vorgaben, wie sie mit dem Begriff der „Geschlechterrolle" verbunden sind, sind Stereotype. Eine hypothetisch postulierte Gleichheit der Geschlechter und der Generationen ist jedoch auch irreführend. Sie entspricht weder der Leiblichkeit der Geschlechter noch wünschenswerten Perspektiven eines gesellschaftlichen Zusammenlebens, in denen auch die Fragen von Ungleichheit, Abhängigkeit von anderen und das Bedürfnis nach Zugehörigkeit anerkannt und angemessen zu beantworten sind.

I. Geschlechterrollen, geschlechtsspezifische Arbeitsteilung und Geschlechterhierarchie

Im Unterschied zu modernen demokratischen Gesellschaften sind Rechte und Pflichten in traditionellen hierarchischen Gesellschaften häufig ungleich verteilt, richten sich nach Stand und Geschlecht. Normen sind hier vorgegeben, sie sind nicht verhandelbar oder reflektierbar. Der Begriff der Geschlechterrolle impliziert typischerweise eine solche eindeutige Zuordnung zwischen Geschlecht und Rolle, d.h. Funktionen und Aufgaben, die von Frauen oder Männern zu erfüllen sind.

Mit der Familie ist die klassische Institution benannt, in der die beiden Geschlechterrollen miteinander verknüpft waren und in der zugleich die Kinder für ihre jeweilige Geschlechterrolle sozialisiert wurden. Zur männlichen Geschlechterrolle gehörte seit Beginn der Industrialisierung die kontinuierliche Erwerbsarbeitsbiographie. Die weibliche Geschlechterrolle beinhaltete neben Hausarbeit „Kinderaufzucht", Kranken- und Altenpflege.

Die materielle Existenzsicherung von Frauen und Kindern war von der männlichen Normalbiographie abhängig. Das Modell beinhaltete zugleich die lebenslange Dauer der Ehe. Diese Verschränkung der Geschlechterrollen von Mann und Frau wurde seit dem Siegeszug der bürgerlichen Familie nicht nur als normal deklariert, sondern auch zur gewünschten gesellschaftlichen Norm stilisiert. Durch das Steuer- und Scheidungsrecht, Öffnungszeiten von Kindergärten oder stillschweigende Zuschreibung der Pflege der älteren Generation war ein entsprechendes Verhalten vielfältig gestützt. Frauen, die von diesem Modell abwichen, waren vielfältigen Benachteiligungen und Diskriminierungen ausgesetzt. Dies galt vor allem für die, die keinen passenden Ehepartner fanden oder die mit den Geschlechterrollen implizierten Erwartungen und Forderungen nicht akzeptierten. Auch ledige Mütter und unehelich geborene Kinder waren vielfältigen Benachteiligungen ausgesetzt. Menschen, die sich nicht eindeutig einem der beiden Geschlechter zuordnen ließen oder keine hetero-sexuellen Beziehungen pflegten, z.B. Homo-Sexuelle, wurden ausgegrenzt und teilweise auch strafrechtlich verfolgt.

Obwohl diese geschlechtsspezifische Arbeitsteilung eine gegenseitige Abhängigkeit beinhaltet, ist der Mann als Familienernährer in der hierarchisch höheren Position. Haus- und Familienarbeit erscheinen nicht selten als Natur („Meine Frau arbeitet nicht!“). Sogar Simone des Beauvoir, die gemeinhin der Frauenbewegung zugerechnet wird, trägt zu dieser Diskriminierung der weiblichen Tätigkeiten bei: „Auf alle Fälle sind Gebären und Stillen keine Aktivitäten, sondern natürliche Funktionen; kein Entwurf ist dabei im Spiel (...) passiv unterzieht sie (die Frau, B.S.) sich ihrem biologischen Geschick. Die häuslichen Tätigkeiten, denen sie sich widmet, da nur diese sich mit den Lasten der Mutterschaft vereinigen lassen, beschränken sich auf Wiederholung und Immanenz; Tag für Tag kehren sie in gleicher Form wieder, die fast unverändert die Jahrhunderte überdauert, es geht nichts Neues aus ihnen hervor“ (Beauvoir 1951, S. 71, zur Analyse siehe auch Wolf-Graaf 1981). Selbst wenn die aus der weiblichen Geschlechterrolle resultierenden Tätigkeiten als *Arbeit* anerkannt wurden, erschien Haus- und Familienarbeit als unbezahlte und weitgehend unsichtbare Arbeit als minderwertig und zweitrangig (vgl. dazu Schön 1989).

Mit der 1968 beginnenden Studentenbewegung und der Frauenbewegung, die mit dem Bekenntnis „Ich habe abgetrieben“ 1971 ihren Ausgangspunkt nahm, wurde das Verhältnis zwischen den Generationen und zwischen den Geschlechtern grundlegend kritisiert: Familie wurde als patriarchal und hierarchisch gebrandmarkt. Frauen bekannten öffentlich, dass Sie gegen das Abtreibungsverbot verstoßen hatten. Sie empörten sich, weiterhin ihrem „Körper als Schicksal“ (Shorter 1987) ausgeliefert zu sein. Sie kritisierten fehlendes Wissen, mangelnde Verfügbarkeit von Verhütungsmitteln, die fehlende Verantwortung der Männer und das Verbot der Abtreibung. Mutterschaft erschien in dieser Bewegung häufig nur als Ausdruck gesellschaftlicher wie persönlicher Unterdrückung der Frau.

Mit der expliziten Formulierung dieser Diskriminierungen und Benachteiligungen haben Frauen überfällige Reformen eingefordert und durchgesetzt. Dazu gehörte die Reform des Abtreibungsrechtes, des Ehe- und Familienrechtes, der Rechtsanspruch auf Elternzeit (früher Erziehungs-“urlaub!“), einen Kindergartenplatz und Möglichkeiten zur Rückkehr an den Erwerbsarbeitsplatz.

Mit diesen Regelungen wurden Veränderungen der Geschlechterrollen möglich. Eltern haben mehr Möglichkeiten als früher, Familie und Beruf miteinander zu verbinden. Mütter und Väter können und sollen sich Haus- und Familienarbeit teilen und miteinander aushandeln, wer zu welchen Konditionen was macht. In der Realität allerdings sind es nach wie vor meist Frauen, die „muttern“ und die damit auch einen Lebenszusammenhang herstellen und aufrechterhalten, in dem all das aufgehoben ist, was im öffentlichen Leben und in der Erwerbsarbeit keinen Platz findet.

Manches von dem, was früher als spezifisch weiblicher Lebenszusammenhang galt, wird inzwischen auch von Vätern geleistet. Väter gehen zu den Geburtsvorbereitungskursen mit, sie sind bei der Geburt der Kinder dabei, sie spielen mit ihren Kindern. Sie beteiligen sich allerdings kaum an Hausarbeit und Frauen sind nach wie vor die Hauptverantwortlichen für den familiären Alltag (vgl. dazu Methfessel/Schlegel-Matthies 2003).

Mütterliche Praxis antwortet - unter gegebenen gesellschaftlichen Bedingungen geschlechtsspezifischer Arbeitsteilung und männlicher Dominanz - auf die jeweilige historische Realität eines biologischen Kindes in einem spezifischen sozialen Umfeld. Mitte der achtziger Jahre hat die Frauenforschung begonnen, sich explizit mit diesem Thema auseinanderzusetzen. Durch das „Müttermanifest” der Grünen (abgedruckt in Pass-Weingartz/Erler 1989) wurden - vor allem unter Frauen - heftige Kontroversen ausgelöst. Sie haben sich auch in der soziologischen und pädagogischen Frauenforschung in einer Reihe von Veröffentlichungen niedergeschlagen haben (vgl. Beck-Gernsheim 1989; Frohnhaus 1994, Interdisziplinäre Forschungsgruppe 1989; Mamalogie 1988; Müller 1988; Pass-Weingartz/Erler 1989; Ruddick 1989 und 1993; Schön 1989; Schütze 1986).

Betrachtet man die Entwicklung der letzten Jahrzehnte genauer, zeigen sich Spannungen und Widersprüche. Es ist offensichtlich, dass viele der traditionell von Müttern vorgenommenen Arbeiten durchaus von Vätern vorgenommen werden könnten. Die Familienministerin Ursula von der Leyen brachte dies vor kurzem in einem Interview auf den Punkt: „Wenn richtige Kerle alles können, können sie auch Windeln wechseln“ (Stern 2007, Heft 7, S. 106). Die traditionellen Geschlechterrollen entsprechen damit nicht mehr der in der Familie möglichen oder wünschenswerten Arbeitsteilung.

Die geschlechtsspezifische Arbeitsteilung in der Gesellschaft ist schwächer geworden. Aber Frauen wird immer noch der größte Teil der alltäglichen Haus- und Erziehungsarbeit zugewiesen, und zwar unabhängig davon, ob sie „zusätzlich“ Erwerbsarbeit leisten. Ihre Erwerbsarbeit wird immer noch schlechter bezahlt. Die männliche Normalbiographie dagegen beinhaltet auch für Väter nach wie vor eine Konzentration oder Reduktion auf bezahlte Erwerbsarbeit. Mutterschaft ist insofern eine Falle in der weiblichen Normalbiographie.

Im Gegensatz zu Vätern, die - selbst als Erwerbslose - immer noch vorrangig über Erwerbsarbeit definiert werden und sich auch selber so definieren, vollzieht sich das Leben von Frauen in beiden Bereichen. Die mangelnde Bereitschaft der Väter, sich an der Haus- und Familienarbeit zu beteiligen (vgl. Metz-Göckel/Müller 1986) schürt Streitigkeiten und Konflikte. Ist das Kind erst einmal geboren, wird die Zuständigkeit der Mutter für das Kind normativ geboten und faktisch auch häufig erpresst „einmal Mutter, immer Mutter - ganz Mutter, dann auch richtige Mutter“ (Müller 1989, S. 59).

Geschlechterrollen sind damit ein empirischer Sachverhalt, der nur theoretisch überwunden ist. Die Arbeitsteilung zwischen Mutter und Vater wird vor allem durch die Bedingungen des Erwerbsarbeitsmarktes und fehlende öffentliche Kinderbetreuungseinrichtungen immer wieder hergestellt und eingefordert.

Gleichzeitig wird die von Müttern geleistete Haus- und Familienarbeit ignoriert oder entwertet: „Der Begriff 'Frauenarbeitsplatz' ist ein Synonym für schlechte Bezahlung, instabile Beschäftigungssituation, hohe psychische Belastung, fehlende Karrieremuster und geringes soziales Ansehen. Die gesellschaftlichen Vorstellungen über die Erwerbsbiographie der Frau sind die eines Trümmerhaufens und die Unterstellung einer 'weiblichen Normalbiographie' ist geeignet, diesen 'Trümmerhaufen' ideologisch zu rechtfertigen“ (Hoerning/Krais 1987, S. 209). Die Trümmerhaufen oder „Patchworkdecken“ weiblicher Berufstätigkeit sind aber nur die andere Seite der Zuständigkeit des weiblichen Geschlechts für Haus- und Familienarbeit. Die damit verbundenen Lernprozesse und Erfahrungen könnten in einer weniger patriarchalisch orientierten Gesellschaft auch als zusätzliche Qualifikationen für viele Berufe („Ich leite ein erfolgreiches kleines Familienunternehmen“) anerkannt werden (vgl. Händle 1989).

Die Beschreibung der geschlechtsspezifischen Arbeitsteilung trägt aber zur Mystifizierung bei, wenn die Mutter zur einzigen Bezugsperson des Kindes stilisiert wird, indem jede andere Form der Arbeitsteilung als schädlich für das Kind deklariert wird. Viele Probleme in der kindlichen Sozialisation entstehen durch die Alleinverantwortung der Mutter für das Kind, die damit häufig zugleich über- und unterfordert ist. Die einseitige Verantwortung für die Entwicklung des Kindes führt auch zur Schuldzuschreibung an die Mutter. So wird erfolgreich von der Verantwortung des Vaters wie von anderen Einflüssen und Ereignissen abgelenkt (vgl. Rohde-Dachser 1991; Schön 2005).

Mütterliche Praxis wird nicht hinreichend begriffen, wenn sie nicht auch als Ausdruck von Ohnmacht in einer durch Macht bestimmten Welt begriffen wird. „Durch die gesamte Geschichte hindurch haben die meisten Frauen ihr Muttersein unter den Bedingungen militärischer und sozialer Gewalt ausgeübt - und oft unter den Bedingungen extremer Ohnmacht. Sie sind von Männern regiert worden und zunehmend von Managern und Experten beider Geschlechter, deren Politik Mütter weder beeinflussen noch kontrollieren können“ (Ruddick 1989, S. 43 f.). Familie muss heute unter den Bedingungen struktureller Rücksichtslosigkeit gegenüber Kindern gelebt werden. Die Gesellschaft ist auch durch Entwöhnung von Kindern gekennzeichnet, Kinder sind außerhalb der für sie explizit geschaffenen Institutionen und Räume wenig präsent.

Die „Dekonstruktion“ von Alters- und Geschlechterrollen kann, solange sie als theoretische Fiktion begriffen wird, die Entwicklung alternativer Gestaltungsmöglichkeiten stimulieren. Wenn eine solche Fiktion der Auflösung der Geschlechterunterschiede aber mit der Realität verwechselt wird, schafft das neue Probleme, weil sie die gegebene Arbeitsbelastung der Mütter verschleiert.

Geschlechterdifferenzen zwischen Mädchen und Jungen sind ebenfalls immer wieder Gegenstand heftiger Kontroversen gewesen. Mal wurden Unterschiede als pure Ideologie hingestellt, die empirisch nicht haltbar seien (vgl. Hagemann-White 1984), dann als Ergebnis eines „falschen“ Sozialisationsprozesses gebrandmarkt („Wir werden nicht als Mädchen geboren“, Scheu 1977). Neuerdings werden Unterschiede zwischen Töchtern und Söhnen wieder aufmerksamer registriert. Horstkemper und Zimmermann (1998) sehen eine Entwicklung zwischen Dramatisierung und Individualisierung. In den letzten Jahren werden auch die Probleme der Jungen deutlicher wahrgenommen (vgl. z.B. Böhnisch 2004; Möller 1997; Rohrmann 1994; Schnack/Neutzling 1990 und 1993).

Bischoff-Köhler hat in einer zusammenfassenden Kommentierung folgende Geschlechtsunterschiede festgestellt:

> „Bereits von den ersten Lebenstagen an lassen Mädchen sich leichter vom Anblick eines Gesichts gefangen nehmen und drehen häufiger den Kopf in Richtung der menschlichen Stimme. Sie suchen öfter als Jungen den Blickkontakt und halten diesen länger aufrecht, eine Eigenart, die über alle Altersklassen bis ins Erwachsenenalter konstant bleibt. Jungen dagegen wenden den Blick häufiger ab. Hierzu findet sich eine Parallele im Ausdruck von Emotionen. An sich unterscheiden sich die Geschlechter in dieser Hinsicht in den ersten Lebensmonaten nicht. Beide äußern gleichermaßen die gesamte Palette von Gefühlen. Die einzige Ausnahme bildet wiederum ein für die soziale Interaktion zentrales Signal, der Ausdruck des Interesses. Es ist häufiger bei Mädchen zu beobachten. Es zeigt sich also deutlich, das Mädchen bereits vom ersten Lebenstag an höhere Kontaktbereitschaft und größere Nähe signalisieren. Sie erwecken somit den Eindruck, in diesem Bereich besonders kompetent zu sein."(Bischoff-Köhler 2004, S. 99)

Bischoff-Köhler führt diese Unterschiede vor allem auf die – später noch genauer darzustellenden – qualitativen Fortpflanzungsstrategien zurück, die bei innerer Befruchtung zum Tragen kommen. Da Frauen, die hier besonders kompetent sind, größere Erfolge beim Aufwachsen ihres Nachwuchses haben, könnten sich diese Kompetenzen im Verlaufe der Evolution herausgebildet haben.

Döbert hat Untersuchungen über Unterschiede zwischen Mädchen und Jungen aus einer etwas anderen Perspektive fokussiert und wie folgt zusammengefasst:

> „Bis zum Ende des zweiten Lebensjahres sind die Geschlechtsunterschiede vernachlässigbar. Dann kommt es aber zunehmend zur Ausbildung von gleichgeschlechtlichen Gruppen, wobei die Gruppen der Jungen größer sind und sich stärker von der Erwachsenenwelt abschotten. Innerhalb ihrer Spielgruppen neigen die Jungen stärker zu Wutausbrüchen, Prügeleien und wildem Herumtoben, wobei sie ihre Aggressivität und ‚Stärke' zum Aufbau von Dominanzhierarchien benutzen. In den kleineren Mädchengruppen kommen Prügeleien demgegenüber nur selten vor, und klare Dominanzhierarchien werden nicht aufgebaut. Die Beziehungen der Mädchen zur Erwachsenwelt sind unproblematisch: Sie unterhalten engere Beziehungen, kommen den Wünschen der Erwachsenen eher nach, wissen aber auch, wie man die Erwachsenen den eigenen Zwecken dienstbar machen kann. Sie benutzen die Erwachsenen, wenn man will, rational als Hilfsinstrumente bei der Bewältigung von Aufgaben. Demgegenüber ist die Beziehung der Jungen zu den Erwachsenen konfliktreicher: Sie sind aufsässiger, holen den Rat der Erwachsenen selbst dann nicht ein, wenn sie ihn bräuchten, und versuchen, die Erwachsenen zu dominieren" (Döbert 1991, S. 137; vgl. dazu auch Bilden 1991).

Die von Bischoff-Köhler bzw. Döbert festgestellten Unterschiede zwischen Mädchen und Jungen passen insofern zusammen, als die Erziehung und Sozialisation von Jungen in Familie und Schule wesentlich mehr Probleme bereitet. Vor allem die Unterschiede im Hinblick auf Aggressionen werden immer wieder kontrovers diskutiert (vgl. Micus 2002).

Chodorow hat auf dem Hintergrund psychoanalytischer Theorien differenziert herausgearbeitet, welche Bedeutung es hat, dass die zentrale Bezugsperson in den ersten drei Lebensjahren für Töchter und Söhne in aller Regel eine Frau ist. Es sind Frauen, die „muttern“ (Chodorow 1985). Auch wenn die Mutter nicht permanent zur Verfügung steht, ist sie dennoch die zentrale Bezugsperson und es sind fast immer weibliche Personen, die sie unterstützen. Dadurch unterscheidet sich die grundlegende Sozialisation und Erziehung der Kinder je nach Geschlecht.

Mütter empfinden ihre Töchter auf der Basis der Geschlechtsgleichheit als gleich/ähnlich, während sie ihre Söhne eher als ungleich/gegenpolig empfinden. Die frühe weibliche Identitätsbildung findet deshalb im Kontext der „Bindung“ statt, die männliche im Kontext der Individuierung, der Trennung. Eine Mutter hat das gleiche Geschlecht wie ihre Tochter, aber das entgegengesetzte Geschlecht wie ihr Sohn. Sie erlebt und behandelt daher Tochter und Sohn unterschiedlich. Weil Mütter das gleiche Geschlecht wie ihre Töchter haben und selbst einmal Mädchen waren, neigen Mütter dazu, ihre Töchter nicht in gleicher Weise als verschieden von sich selbst zu betrachten wie ihre Söhne (vgl. Chodorow 1985, S. 125 f.).

Dabei könnte es sich einerseits um Reaktionen auf das frühe Verhalten der Kinder handeln, andererseits auch um vielfältige verinnerlichte Stereotype und Erfahrungen mit Männern in Familie, Schule, Beruf und Ehe.

Hinzu kommt, dass für Jungen etwa um das dritte Lebensjahr herum mit dem Erkennen der Geschlechtsunterschiede und der Geschlechterhierarchie die schwierige Aufgabe ansteht, sich von ihrer primären Bezugsperson, einer Frau, ein Stück weit zu distanzieren, um ein „Mann“ zu werden. Was ein Mann ist, bestimmt sich vor allem durch Negation des Weiblichen: nicht mütterlich, nicht fürsorglich, nicht rücksichtsvoll zu sein. Da Männer in der häuslichen Sphäre und im Kindergarten in aller Regel wenig präsent sind, muss sich der Junge quasi „mit Gewalt“ von seinen weiblichen Bezugspersonen abwenden. Was männlich ist, erfährt er nicht leibhaftig an einer männlichen Bezugsperson, sondern aus vielfältig präsenten Medien (Bilderbüchern, Reklamepostern, Fernsehen, Computerspielen). Die dort präsenten Helden zeichnen sich vorrangig durch Stärke und gewalttätiges Agieren aus. „Superman“ unterscheidet sich diesbezüglich nur graduell vom „Kasper“, der den bösen Räuber vertreibt. Der Junge erfährt mit der bewussten Wahrnehmung seines männlichen Geschlechts einen Verlust an Geborgenheit in seiner primären Beziehung mit der Mutter.

> „Da Männlichkeit durch Ablösung definiert wird, Weiblichkeit hingegen durch Bindung, wird die männliche Geschlechtsidentität durch Intimität bedroht, die weibliche Geschlechtsidentität durch Trennung. Männer haben deshalb Probleme mit Beziehungen, während Frauen Probleme mit ihrer Individuation haben“ (Gilligan 1984, S. 17).

Allerdings sollte bei all diesen Überlegungen nicht vergessen werden, dass es innerhalb der Geschlechter eine große Bandbreite unterschiedlicher Persönlichkeiten mit unterschiedlichen Kompetenzen und Verhaltensdispositionen gibt. Aus statistischen Differenzen, die selten genug wirklich empirisch valide und aussagefähig sind, werden leicht statische Konstruktionen, bei denen dann jeder einzelne in ein Klischee gepresst wird. Es ist Aufgabe der Erziehung, sich nicht an vermeintlichen natürlichen Differenzen zu orientieren, sondern die Potenziale des einzelnen vielfältig zu fördern und durch gezielte soziale Lernprozesse ein demokratisches und gleichberechtigtes Miteinander der Geschlechter zu fördern.

Bei allen Unterschieden zwischen den Geschlechtern handelt es sich stets um Natur und Kultur, um Veranlagung und Lernprozesse. Die Pädagogik kann eine reflexive Auseinandersetzung mit solchen Dispositionen fördern, wenn dies gesamtgesellschaftlich und institutionell ermöglicht wird. Dafür ist entscheidende Voraussetzung, die Andersartigkeit des Anderen – der andere Mensch, das andere Geschlecht, das andere in meinem Geschlecht – nicht als Bedrohung, sondern als konstitutives Moment von Kommunikation und Selbstwerdung zu erfahren (vgl. Micus 2002, S. 251 f.).

In diesem Zusammenhang ist die Frage nach der Bedeutung des Geschlechts noch einmal aus einem anderen Blickwinkel zu betrachten. Denn Leiblichkeit der Geschlechter bedeutet immer auch die unauflösliche Realität eines geborenen, älter werdenden und sterblichen Leibes. Leiblichkeit ist mehr als „Körper" im biologischen Sinne. Alle Erfahrungen vollziehen sich als leibliche Erfahrungen. In unserer Biographie erleben wir als Frauen und Männer, Töchter und Söhne und nicht zuletzt in unseren familiären Beziehungen die prägende Kraft der leiblichen Erfahrungen.

II. Geschlecht als Konstruktion oder als Differenz?

Geschlecht ist unausweichlich verknüpft mit Leiblichkeit. Als leibliche Wesen sind wir nicht nur Geist, nicht nur denkende, reflektierende Lebewesen, sondern auch Leib – geprägt durch Geschlecht und Alter. Unsere Biographie vollzieht sich als leibliche Biographie: die Entfaltung des Lebens vollzieht sich in der Erfahrung von Wachstum und Entwicklung. Das umfasst zunehmende Potenzen im Umgang mit der „Welt", aber auch anderen Menschen. Es beinhaltet die Entfaltung von Sexualität und Beziehungen und die zunehmende Fähigkeit, auch uns selbst als entscheidungs- und reflektionsfähige Lebewesen wahrzunehmen. Geschlecht verweist mit der Pubertät auch auf unser Potenzial, einem anderen Menschen zum Leben zu verhelfen – und dies als Chance oder Bedrohung oder – wie heute üblich - als mögliche Option für später anzusehen. Aber unser leibliches Leben ist auch störanfällig und bedroht: wir sind verletzlich, können erkranken und werden sterben.

Menschen unterliegen wie alles Lebendige dem Gesetz der Sterblichkeit. Nur eine kontinuierliche Abfolge von Generationen kann das Aussterben der Menschheit verhindern. In dem Maße jedoch, wie historisch-gesellschaftlich die Beherrschung der Natur und die Säkularisierung voranschritten, wurden auch die Bedeutung des Gebärens und Sterbens aus dem gesellschaftlichen Bewusstsein verdrängt.

Mit der Metapher der Krankheit wurde der Tod (vgl. dazu Richter 1986, S. 230 ff.) wie auch die Bedeutung der Kreation neuen Lebens und damit die Funktion der Mutterschaft - traditionell als „Reproduktion" oder „Reproduktionsarbeit" bezeichnet (vgl. zur Kritik des Begriffs Ortmann 1990) in seiner Bedeutung für das gesellschaftliche (Über)Leben bis zur Unkenntlichkeit heruntergespielt. Nur aufgrund sinkender Geburtenraten und dadurch bedingte gesellschaftliche Probleme wächst allmählich wieder ein Bewusstsein dafür, dass nicht das Wohl des Individuums und der kurzfristige Profit das Maß aller Dinge sind, sondern Kinder für die Gesellschaft insgesamt bedeutsam sind.

Geschlechtlichkeit hat eine existenzielle Bedeutung: Leiblichkeit und Sexualität verweisen auf die Begrenztheit und Einmaligkeit jedes einzelnen Lebens, zugleich aber auch auf die Fähigkeit, Leben zu zeugen und in der Sorge für dieses neue Leben einen Lebens- und Arbeitszusammenhang zu entwickeln, in dem Menschen mit „Leib und Seele" präsent sein dürfen.

Idealtypisch repräsentiert die Familie mit Vater und Mutter, Kind(ern) die konstitutiven Bestandteile gesellschaftlichen Zusammenlebens: persönliche Beziehungen und personale Verantwortung zwischen den Geschlechtern und zwischen den Generationen. Ohne Begegnung, sexuelle Begierde, heterosexuelle Kontakte kommt es nicht zur Empfängnis/Zeugung (noch die neuesten medizinisch-technologischen Varianten benötigen weibliche Eizellen, männliche Samen und einen weiblichen Körper zur „Beherbergung"). Ohne Unterstützung (Versorgung und sorgende Anteilnahme) durch mindestens eine erwachsene Person ist der Säugling nicht überlebensfähig.

Barbara Rendtorff (2004, S. 108 ff.) schlägt vor, Geschlecht als ein Singular, als Geschlechtlichkeit zu begreifen. Diese Geschlechtlichkeit ist prädestiniert dazu, als Repräsentant von Differenz zu fungieren. „Aus differenztheoretischer Perspektive repräsentiert Geschlecht als Differenz die Aufforderung, sich mit der Unabgeschlossenheit, Nicht-Vollständigkeit, der Gespaltenheit des Subjekts zu konfrontieren, und zugleich liegt darin das Versprechen, dass Differenz zwar nicht aufgehoben und zum Verschwinden gebracht werden kann, aber fruchtbar gemacht werden kann für unterschiedlichste Weisen der Befriedigung. Aus ‚Geschlecht *ist* Differenz' folgt dann auch, dass sowohl Konzepte, die auf normative Festlegungen von Männlichkeit und Weiblichkeit zielen, das Problem verfehlen wie auch Konzepte, die auf ein bloß pluralisierendes ‚Jeder, wie er mag' hinauslaufen" (Rendtorff 2004, S. 110).

Geschlecht, so argumentiert Rendtorff weiter, repräsentiert Differenz in seiner Verbindung mit Sexualität, Geburt und Tod. Als Geschlechtlichsein ist es der Hinweis auf die eigene Nicht-Vollständigkeit und die Andersheit des Anderen. Und gerade darin sind die Menschen einander gleich – vielleicht ist das der eigentliche Begriff der Geschlechterdifferenz. Geschlecht ist selbst Differenz, unterscheidet und trennt radikal voneinander, aber verbindet die Menschen auch gerade durch diesen Schnitt.

> „Das genealogische Generationenverhältnis ist allen anderen Generationenverhältnissen vorgelagert. Es ist unlösbar verknüpft mit der körperlichen Zweigeschlechtlichkeit des Menschen. Geschlechterdifferenz ist Voraussetzung für Generativität und Generationen" (Brumlik 2006, S. 31 f.)

Die Diskussion um eine Gleichheit der Geschlechter greift zu kurz. Der mit Mutterschaft gegebene Verweis auf das weibliche Geschlecht wie auf die Natur ist für moderne Gesellschaften ein doppeltes Ärgernis. In Gesellschaften, die sich die Naturbeherrschung, die Kontrolle, Effektivierung, Rationalisierung aller natürlichen Prozesse zum Ziel gesetzt haben, verweist Mutterschaft auf die Begrenztheit der Naturbeherrschung. In Gesellschaften, in denen patriarchale Strukturen herrschen und zugleich eine - scheinbare - Gleichheit der Geschlechter betont wird, verweist Mutterschaft auf die Bedeutung des Weiblichen. Der weibliche Körper beinhaltet die biologische Potenz, neues menschliches Leben heranwachsen zu lassen. Männer sind auf Frauen verwiesen, wenn sie Väter werden wollen. Die Zeugung findet stets außerhalb des männlichen Körpers statt. Frauen gebären in aller Regel ihr eigenes Kind (Das Phänomen der Leihmutterschaft klammere ich hier aus). Vaterschaft ist nicht so einfach zuzuordnen. Der Versuch, Frauen patriarchalisch zu domestizieren und zu unterdrücken, mag auch hier eine Ursache haben. Es gibt durchaus auch einen Gebärneid (vgl. Bettelheim 1982).

Die Frau, die Mutter wird, ist in ganz anderem Sinn Körper als der Mann, der Vater wird. Schwangerschaft, Geburt und die anschließende Periode des Stillens sind an den weiblichen Körper gebunden, als Potenz wie als Ärgernis. Die Frau erfährt auch eine ungewollte Schwangerschaft am eigenen Leibe. Ein Schwangerschaftsabbruch ist ein heftiger Eingriff, der erst seit den achtziger Jahren des 20. Jahrhunderts straffrei und ohne stärkere gesundheitliche Folgen für die Frau ausgeführt werden kann. Die vielfach vorher durchgeführten Schwangerschaftsabbrüche zeugen vom Elend und der Not ungewollter Schwangerschaften. Männer können sich diesem Geschehen – biologisch – leichter entziehen. Es ist aber eine Frage gesellschaftlicher Normen, welche Verantwortung wem in diesem Zusammenhang zugeschrieben wird. Die Palette reicht vom umgehenden Heiratsgebot, um den vorehelichen Geschlechtsverkehr zu kaschieren, über die sofortige Entlassung des Dienstmädchens, das vom Hausherrn vergewaltigt wurde, bis hin zur Ermordung der Frau, die durch eine außereheliche Schwangerschaft die Ehre der Familie beleidigt hat.

Geschlechterdifferenzen im Hinblick auf Schwangerschaft und Geburt sind unübersehbar. Dennoch handelt es sich dabei gleichermaßen um elementare biologische Phänomene wie soziale und gesellschaftliche Prozesse. Zu dieser Natur wie zu den Differenzen zwischen den Generationen müssen sich die Menschen verhalten. „Menschen sind, ob sie es wollen oder nicht, Wesen, die diese Prozesse sinnhaft zu vollziehen und diesen Sinn in Form gesellschaftlicher Normen zu regulieren haben" (Brumlik 2006, S. 52). Gegebene Differenzen können akzeptiert oder verleugnet werden. Aus ihnen kann man Geschlechterhierarchien ableiten, aber auch egalitäre Lebenschancen einfordern. Bezüglich des individuellen und des gesamtgesellschaftlichen Umgangs mit Geschlechterdifferenzen sehe ich widersprüchliche Tendenzen: Angleichungen im Hinblick auf individualisierte Berufsbiographien, Unterschiede im Hinblick auf Hausarbeit und familiäres Engagement, neuerdings auch wieder Beschwörung einer vermeintlich heilen Welt, in der die Geschlechterrollen noch in Ordnung waren.

In den letzten Jahren wurden Unterschiede zwischen den Geschlechtern vor allem von den Sozio-Biologen betont. Unter Berufung auf die vermeintlich eindeutigen Gesetze der Evolution und der gezielten Auswahl der Tierarten, die diese Argumentation stützen, wurden die traditionellen Geschlechterrollen rehabilitiert. Die Sozio-Biologen ordnen die menschliche Generativität unter Biparentalität ein. Organismen, die sich uniparental vermehren, produzieren nur erbgleiche Nachkommen, die sich genetisch nicht an wechselnde Umweltbedingungen anpassen können. Biparentalität ist - in der Sprache der Sozio-Biologen - einerseits ein ausgesprochen umständliches und störungsanfälliges Verhalten, weil ein passender Partner des anderen Geschlechtes gefunden werden muss, andererseits aber eine Garantie dafür, dass die Variabilität des Erbguts erhöht wird (vgl. Bischof-Köhler 2004, S. 109 f.).

Die Evolutionsbiologen unterscheiden in diesem Kontext darüber hinaus zwischen einer qualitativen und einer quantitativen Fortpflanzungsstrategie. Bei innerer Befruchtung ist dem weiblichen Geschlecht die quantitative Strategie verwehrt, das weibliche Geschlecht entwickelt qualitative Strategien. „Die Disposition, fürsorglich zu sein, also die Nachkommen zu füttern, zu wärmen, zu transportieren und zu schützen, ist hier mit einer erheblichen Selektionsprämie versehen. Beim männlichen Geschlecht ist eine quantitative Strategie mit entsprechend niedriger parentaler Investition weit verbreitet. Allerdings finden wir auch Fälle, wo das männliche Geschlecht seine parentalen Investitionen erhöht. Das ist insbesondere dort der Fall, wo die Weibchen allein mit der Brutpflege überfordert sind (vgl. Bischof-Köhler 2004, S. 113 f.).

Männliche Untreue erscheint in diesem argumentativen Kontext als „natürlicher" Ausdruck einer quantitativen Strategie, möglichst viel eigenes genetisches Material zu verbreiten. Allerdings sind die gleichen Männer in aller Regel wenig gewillt, für das Überleben des von ihnen gezeugten „genetischen Materials" Sorge zu tragen. Forderungen nach Abtreibung, Verleugnung der Vaterschaft, Verweigerung von Unterhalt sind durchaus gängige Verhaltensweisen von Männern, wenn sie mit zufällig oder beiläufig gezeugten Schwangerschaften konfrontiert werden. Es muss in diesem Zusammenhang also daran erinnert werden, dass Menschen über vielfältige Verhaltensdispositionen verfügen und sich in hohem Maße reflexiv zu entsprechenden Dispositionen verhalten können. Betrachtet man die Evolution genauer, zeigt sich ein mächtiger Trieb zur Sexualität, der mit der Fortpflanzung so eng verknüpft war, dass Kinder in der Folge sexueller Aktivitäten quasi schicksalhaft geboren wurden, ohne dass es dazu spezieller Strategien bedurft hätte. Menschliche Strategien richteten sich häufig eher darauf, solche Folgen nach Möglichkeit zu verhindern, was allerdings häufig scheiterte.

Erst in der zweiten Hälfte des 20. Jahrhunderts gelang es dem menschlichen Erfindungsgeist – übrigens auch ein Ergebnis der Evolution, das von den Sozio-Biologen allerdings eher vergessen wird – sichere Verhütungsmittel zu konstruieren und Abtreibungsmethoden zu perfektionieren, um sexuellen Genuss und „parentale Investitionen" (man beachte die Sprache der Börse!) voneinander zu trennen.

Nachdem in der modernen Gesellschaft auch normativ Sexualität von Ehe und Ehe von Familie getrennt wurde, rätseln manche darüber, ob damit für die menschliche Rasse die Gesetze der Evolution außer Kraft gesetzt wurden. In den meisten modernen Gesellschaften bleibt jedenfalls die individuelle Bereitschaft, Kinder zu bekommen, weit hinter dem zurück, was aus gesamtgesellschaftlicher Perspektive des Erhalts der Bevölkerung wünschenswert wäre. Besonders in Deutschland ist es in den letzten Jahrzehnten zu dramatisch sinkenden Geburtenziffern gekommen.

Die individuelle Verfügbarkeit von Verhütungsmitteln und die relative Liberalisierung der Abtreibung haben die Naturwüchsigkeit und Schicksalhaftigkeit des Kinderkriegens ansatzweise aufgehoben. Sie haben Entscheidungsmöglichkeiten darüber eröffnet, ob, wie viele und in welchem zeitlichen Abstand Kinder geboren werden. Mit der gesellschaftlichen Vorgabe, dass ein Kind unter allen Umständen

(!) geplant werden muss, geraten die potentiellen Eltern leicht in eine Falle. Ein Kind passt eigentlich nie. Dass Kinder geplant werden und als Wunschkinder auf die Welt kommen, ist einerseits wünschenswert, kann auch aber neue Zwänge bewirken, vor allem dann, wenn rationalistische Verkürzungen von Biographien auf berufliche Karriere und Planung aller Lebensprozesse zu neuen Normen gerinnen.

Ehe und Familie sind störanfälliger geworden. Kinder in die Welt zu setzen und für sie sorgen zu müssen, ist ein individuelles Risiko, das mit anderen Risiken in Beziehung zu setzen ist. Was für die Gesellschaft insgesamt (über)-lebensnotwendig ist, um ihren Fortbestand zu sichern, ist für die jeweilige Frau bzw. das Paar individueller und affektiver Luxus und „privates" Risiko. Ein Kind passt nur als Sahnehäubchen in die individualisierte Normalbiographie der Erwachsenen hinein. Nur ein kinderloses Leben garantiert Verfügbarkeit für den Erwerbsarbeitsmarkt, Unabhängigkeit, Mobilität und Freiheit. Erstgebärende Frauen in Deutschland sind heute im Durchschnitt dreißig Jahre alt. Damit vergehen nach der Pubertät ca. 16 bis 18 Lebensjahre, in denen „elterliche Investitionen" unterbleiben (sollen). Welche Schwierigkeiten mit Elternschaft in der Adoleszenz in modernen Gesellschaften verbunden sind, zeigen exemplarisch die Studien von Schön/Frankenberger/Tewes-Karimi 1994 und Bier-Fleiter und Grossmann 1989.

Mittlerweile verzichten etwa zwanzig bis dreißig Prozent erwachsener Männer und Frauen darauf, „parentale Investitionen" vorzunehmen. Sie verzichten also gleichermaßen auf qualitative wie quantitative Fortpflanzungsstrategien und investieren lieber in ihr eigenes Kapital als in die Bildung von „Humankapital". Ökonomisch sind sie damit denen, die in Kinder investieren, weit überlegen. Wenn Kinder als parentale Investitionen verstanden werden, darf man sich nicht wundern, wenn Menschen zu dem Ergebnis kommen, dass sich diese Investition nicht rechnet!

Das Verhältnis zwischen Natur, Individuum und Gesellschaft ist vielfältig gebrochen und widersprüchlich. Im Geschlechterverhältnis wie im Generationenverhältnis spiegeln sich Natur und Gesellschaft, Gleichheit und Ungleichheit. Biologische Möglichkeiten und Zwänge, gesellschaftliche Forderungen und individuell gestaltete Biographien sind vielfältig miteinander verwoben.

Elternschaft ist eine Form *menschlicher Praxis und Arbeitserfahrung*. Menschliches Leben beinhaltet Sinnfragen, Entscheidungen, Reflexionen, Interpretationen, Deutungen durch die jeweils Betroffenen, aber auch durch die soziale Umgebung und gesellschaftliche Institutionen. Auch die Suche nach der Natur in der kindlichen Entwicklung oder die „natürliche" Geburt sind soziale und kulturelle Leistungen. Ob Kinder gezeugt und geboren werden, welcher Elternteil für ihr Aufwachsen zuständig ist, welche Belohnungen oder Sanktionen damit gesellschaftlich verbunden sind, welche Hoffnungen, Sehnsüchte oder Enttäuschungen die einzelnen damit verbinden, wird von Menschen im Rahmen kultureller Sinnstiftung bestimmt, nicht von der Biologie.

III. Geschlechter- und Generationenverhältnis im Spannungsfeld von Gerechtigkeit und Fürsorge

Ich habe bereits darauf hingewiesen, dass traditionelle Geschlechterrollen durch Ungleichheit und Geschlechterhierarchie gekennzeichnet waren. Moderne Familien ringen darum, solche Geschlechterstereotype aufzulösen, ohne die Unterschiede zwischen den Familienmitgliedern, die nicht zuletzt durch Geschlecht und Generation bestimmt sind, zu verwischen. In diesem Zusammenhang muss betont werden, dass das Geschlechterverhältnis und das Generationenverhältnis durch Spannungen zwischen Gleichheit und Ungleichheit bestimmt sind. Im Zweifelsfall aber ist die Familie eher eine heterogene als eine homogene Gruppe und genau darin liegt ihre besondere Qualität.

Die Kernfamilie umfasst idealtypisch Mann und Frau, die unterschiedlichen Geschlechtern, aber den gleichen Generation angehören und mindestens ein Kind, das einer anderen Generation angehört. Sofern es in der Familie mehrere Kinder gibt, gehören diese wiederum der gleichen Generation an. Wenn es Töchter und Söhne gibt, gehören Vater und Sohn, Mutter und Tochter jeweils dem gleichen Geschlecht, aber unterschiedlichen Generationen an. Vater und Tochter, Mutter und Sohn gehören jeweils unterschiedlichen Geschlechtern und Generationen an.

Gleichheit und Ungleichheit sind also keine invarianten Eigenschaften von Personen oder spezifischen Gruppen, sondern drücken Beziehungen aus. Je nachdem, auf welche Merkmale fokussiert wird, lassen sich Gleichheit oder Ungleichheit konstatieren. Wenn es in der Familie „Gleichheit" gibt, kann sich das nur auf Menschenwürde, Anerkennung, langfristigen Ausgleich zwischen Rechten und Pflichten beziehen, nicht aber darauf, dass die Geschlechter und die Generationen in jeder Lebensphase gleiche Aufgaben und Funktionen wahrnehmen könnten. In diesem Zusammenhang gilt auch die Norm, die Familie als Wirtschaftsgemeinschaft zu führen, in der alle vom Familieneinkommen profitieren, auch wenn einzelne Familienmitglieder wenig oder gar kein eigenes Einkommen haben.

Das Zusammenleben in der Familie beinhaltet eine gemeinsame Ökonomie und Verantwortung für die materiellen, leiblichen und affektiven Bedürfnisse. Tisch und Bett symbolisieren mehr als Nahrung und Sexualität. Es geht auch um Leidenschaft und Ordnung, um Austausch und Anerkennung, um Liebe und Genuss (vgl. Kaufmann 2006). Aber diese vielfältigen Bedürfnisse und Anforderungen müssen auch immer wieder ausbalanciert werden. Es muss entschieden werden, wer für wen, was, wann und wie macht. Dabei lassen sich unterschiedliche moralische Orientierungsschemata, nämlich Gerechtigkeit und Fürsorge, miteinander in Beziehung setzen.

Das moralische Prinzip der Gerechtigkeit basiert auf der Anerkennung des anderen als *Gleicher*. Dem anderen stehen die gleichen Rechte wie mir selbst zu, Menschenwürde ist unteilbar. Das moralische Prinzip der Fürsorge basiert auf der Anerkennung des Anderen als *Ungleicher*. Wenn der andere schwach ist oder krank, zu jung oder zu alt, um sich eigenständig zu versorgen, so resultieren daraus in der Regel Verpflichtungen. Prototyp hierfür kann die Mutter-Kind-Beziehung sein. Die Bereitschaft, das Kind entsprechend seiner Abhängigkeit und Hilflosigkeit zu unterstützen, mag aus Liebe und Empathie erwachsen. Aber es gilt, die entsprechenden Leistungen auch dann zu erbringen, wenn dies den gegenwärtigen Zielen und Wünschen des Erwachsenen zuwiderläuft. Für „Arbeitnehmer“ ist es nur gerecht, wenn sie ihre wohlverdiente Nachtruhe erhalten. Für Eltern entspricht es dem Gebot der Fürsorge, das weinende Kleinkind zu beruhigen, auch wenn dabei die Nachtruhe drauf geht.

Es geht also um zwei unterschiedliche moralische Gebote, anderen gegenüber nicht unfair zu handeln und jemanden, der in Not ist, nicht im Stich zu lassen. Familie heißt in diesem Zusammenhang, die Situation und Position aller Familienmitglieder wahrzunehmen und die Handlungsstrategien daran auszurichten. Gerechtigkeit und Fürsorge sind die zwei Prinzipien, die in der Familie miteinander in Beziehung gesetzt werden müssen. Gerechtigkeit erwächst aus Respekt gegenüber der Autonomie des anderen, Fürsorge aus der Empathie für die Bedürfnisse des anderen, die dieser nicht aus eigener Kraft befriedigen kann.

Gerechtigkeitsprinzipien lassen sich eher abstrakt definieren, indem von allen Besonderheiten der Personen abgesehen wird, Fürsorgeprinzipien beziehen sich auf konkrete Personen in konkreten Situationen. Fürsorge wird vor allem in alltäglichen, eher diffusen, ganzheitlichen Lebenszusammenhängen wie in der Familie realisiert, Gerechtigkeitsprinzipien sind in der Verfassung verankert. Entsprechend der Struktur der Geschlechterhierarchie ist das Gerechtigkeitsprinzip allgemein anerkannt.

Das Fürsorgeprinzip scheint eher der Familie, der privaten Sphäre zuzugehören. Damit unterliegt es der Geringschätzung des Alltagslebens wie der traditionellen Frauenarbeit. Wenn die beiden Perspektiven Gerechtigkeit und Fürsorge auch auf den ersten Blick eher einer männlichen oder einer weiblichen Geschlechterrolle entsprechen, so handelt es sich doch weder um biologisch angeborene Prinzipien, noch um Pole, die sich gegenseitig ausschließen oder in einer hierarchischen Beziehung stünden.

In der Diskussion um moralische Entwicklung wurde von Kohlberg vor allem die Perspektive der Gerechtigkeit thematisiert. Erst seine Schülerin Gilligan hat mit dem Buch „Die andere Stimme“ das Fürsorgeprinzip als eher weibliches Prinzip in die Diskussion eingeführt und damit intensive Diskussionen und heftige Kontroversen ausgelöst (vgl. Nunner-Winkler 1991). „Analog zum Umkippen zwischen Figur und Hintergrund bei der Wahrnehmung mehrdeutiger Figuren, sind Gerechtigkeit und Fürsorge, als moralische Perspektiven, keine Gegensätze oder wechselseitigen Spiegelbilder der Art, dass Gerechtigkeit unfürsorglich und Fürsorge ungerecht wäre. Vielmehr bezeichnen beide Perspektiven verschiedene Möglichkeiten, die Grundelemente moralischen Urteilens zu organisieren: das Selbst, die Anderen und die Beziehungen zwischen ihnen“ (Gilligan 1991, S. 83 f.).

In einer Gerechtigkeitsperspektive hebt sich das Selbst, als moralische Instanz, als Gestalt gegen einen Hintergrund sozialer Beziehungen ab. Es beurteilt die konkurrierenden Ansprüche des Selbst und der Anderen nach einem Standard der Gleichheit und der gleichwertigen Beachtung aller Beteiligten, etwa mit Hilfe des Kategorischen Imperativs oder der Goldenen Regel.

In einer Fürsorgeperspektive wird die Beziehung zur Gestalt, die das Selbst und die Anderen definiert. Im Kontext einer Beziehung ist das Selbst als moralische Instanz darauf eingestellt, Bedürfnisse wahrzunehmen und auf sie zu reagieren. Die Aufmerksamkeit wechselt von Fragen der Einigung (Rechte und Achtung) zu solchen des Verstehens (Zuhören und Sprechen, Hören und Gehört werden). Aber auch in der Familie ist das Prinzip der Gerechtigkeit nicht außer acht zu lassen: etwa wenn es um die Rechte und/oder Verpflichtungen der Kinder oder der Erwachsenen im Hinblick auf häusliche Arbeit geht oder um die Verteilung des Familieneinkommens.

Beide moralischen Prinzipien sind nicht als starr oder statisch zu verstehen. Am Prototyp der Mutter-Kind-Beziehung lässt sich zeigen, dass diese im Verlaufe der Entwicklung zu einer Beziehung zwischen „Gleichen" werden kann und soll. Das starre Festhalten an einem zu einem bestimmten Zeitpunkt richtigen und notwendigen Verhalten kann zu einem anderen Zeitpunkt durchaus absurd oder lächerlich wirken. Loriot hat dies in seinen Filmen wie z.B. „Ödipussy" in unnachahmlicher Weise karikiert.

Wir wissen aus psychoanalytisch orientierten Studien, dass eine vermeintliche Position der Ohnmacht, wie sie z.B. ein Pflegebedürftiger hat, sehr wohl zur bösartigen Machtausübung gegenüber der gesunden Pflegeperson genutzt werden kann und dass die Position des Helfers sehr wohl eine hilflose sein kann (vgl. Schmidbauer 1997). Unter dem Deckmantel von Gerechtigkeit, gleichen Rechten und Pflichten, kann Ignoranz, Desinteresse oder gar Vernachlässigung verborgen sein. Unter vermeintlicher Fürsorge kann sich Erniedrigung des anderen, Zwang und Herrschaftsausübung verstecken.

Gerechtigkeit und Fürsorge können also durchaus richtig *und* falsch sein. Ihre richtige Anwendung hängt vom Kontext und von stimmigen Positionsbestimmungen ab: „Das Fehlerrisiko bei Gerechtigkeitsurteilen besteht in deren latentem Egozentrismus, in der Neigung, die eigene Perspektive mit einem objektiven Standpunkt oder der Wahrheit zu verwechseln (...) Das Fehlerrisiko bei Fürsorge-Urteilen besteht in der Neigung, zu vergessen, dass man eigene Kriterien hat, und sich so weit auf die Perspektive des anderen einzulassen, dass man sich selbst als ‚selbstlos' begreift und sich nach den Kriterien anderer definiert" (Gilligan 1991, S. 97).

Die Logik der Anteilnahme, Fürsorge, Verantwortlichkeit muss insbesondere dort zum Tragen kommen, wo es um ungleiche Beziehungen geht. Wenn der andere bedürftig, hungrig, hilflos ist, soll der Stärkere dem Rechnung tragen und aus seiner Position der Stärke heraus den anderen unterstützen. Dementsprechend richtet sich das Gebot der Anteilnahme darauf, eine Verantwortung für die Nöte dieser Welt wahrzunehmen und zu lindern. Die Logik der Gerechtigkeit geht dagegen von Gleichen aus. Aus dieser Perspektive erscheint der moralische Imperativ eher als ein Gebot, die Rechte anderer zu respektieren und dadurch das Recht auf Leben und Selbstverwirklichung vor Beeinträchtigungen zu schützen.

Das Zusammenleben in der Familie ist idealiter geprägt durch Intimität und Exklusivität, durch Gerechtigkeit und Fürsorge, durch eine Verschränkung der Bedürfnisse beider Geschlechter und beider Generationen. Die jeweiligen Personen sollen ganzheitlich gewürdigt werden, als individuelle Personen, die ihre Position als Vater oder Mutter, Tochter oder Sohn haben und dennoch eher als Individuum denn als Angehöriger einer jeweiligen Gruppe wahrgenommen und angenommen werden. Dabei soll das Leistungs- und Konkurrenzprinzip zu Gunsten der Würdigung des Einzelnen und seiner Besonderheiten außer Kraft gesetzt sein.

Der gesellschaftlichen vorherrschenden Orientierung an der Ökonomie, also an Kosten und Nutzen für den einzelnen, ist eine Orientierung an Ökologie, also dem Wohle des Ganzen entgegengesetzt. Idealiter entspricht das Ehe- und Familienleben einem dynamischen Fließgleichgewicht. Es geht nicht nur um ein gutes individuelles Leben, sondern auch Phasen der Ungleichheit, Wachstum und Altern, Krankheit, Gebrechlichkeit und Tod sollen in einem guten Sinne aufgehoben sein. Eheversprechen („in guten wie in schlechten Tagen" oder „bis der Tod Euch scheidet") symbolisieren Solidarität auch in Phasen der Schwäche.

Mit diesem Anspruch befindet sich die Familie in Widersprüchen. Einerseits muss sie als Wirtschaftsgemeinschaft profitabel wirtschaften und die eigenen Ressourcen zum Nutzen der Familie einsetzen. Dabei ist sie zwangsläufig eingebunden in die gesellschaftlich vorherrschende ökonomische Orientierung des Erwerbsarbeitsmarktes und seine Gesetze und Zwänge. Im Erwerbsarbeitsleben ist die Fiktion der Gleichheit, etwa in der Formel „gleicher Lohn für gleiche „Leistung", ein wichtiges gesellschaftliches Regulativ. Es funktioniert allerdings nur so lange, wie von allen individuellen Besonderheiten abgesehen wird. Rücksicht auf die Öffnungszeiten von Kindergärten, Krankheit von Kindern oder haushälterische Verpflichtungen ist dem Erwerbsarbeitsleben fremd. Wer einer Erwerbsarbeit nachgeht, muss möglichst „gleich" sein, anderenfalls ist er nicht konkurrenzfähig. Das war unter dem Diktat traditioneller Geschlechtsrollen kaum ein Problem, denn alle in der Familie mussten sich dem Primat der männlichen Erwerbsbiographie unterordnen. Da mit dem Wandel des Geschlechterverhältnisses Vater und Mutter erwerbstätig sind (oder sein wollen/sollen) und auch die Sozialisation der Kinder in eine erfolgreiche Ausbildungs- und Erwerbsarbeitsbiographie münden soll, müssen konkurrierende Ansprüche und unvereinbare Widersprüche immer wieder miteinander ausgehandelt werden. Zieht die ganze Familie um, wenn er einen besseren Job bekommt, obwohl sie dann ihren Job aufgeben muss? Wer nimmt Elternzeit und riskiert damit berufliche Diskriminierung? Werden die Kinder von der Hausarbeit freigestellt, damit sie mehr Zeit haben, um für den Schulabschluss zu pauken? Gleichzeitig soll die Familie *die* Institution verkörpern, die die jeweiligen Personen als Ganze würdigt, auf Probleme und Schwächen Rücksicht nimmt, Zeit, Zuwendung und Zärtlichkeit für die einzelnen Familienmitglieder bereitstellt und das Familienleben *nicht* an den Prinzipien des Marktes, an Effektivität und Profit misst.

So richten sich immer wieder vielfältige Hoffnungen und Erwartungen auf das Zusammenleben, die zwangsläufig in Konkurrenz mit den Anforderungen des Erwerbsarbeitslebens geraten und nicht (immer) über längere Zeiträume erfüllt werden können. Im „Privatleben" soll und muss ausgehandelt werden, wie die unvereinbaren Widersprüche zu bewältigen sind, die gesellschaftlich ungelöst sind. Die hohen Scheidungsraten und die geringen Kinderzahlen sind sicherlich auch Indikatoren für diese ungelösten gesellschaftlichen Widersprüche.

In der gegenwärtigen Diskussion zeichnet sich ein Trend ab, als ob Gleichheit das Maß aller Dinge wäre. Ungleichheiten zwischen den Geschlechtern und den Generationen werden tendenziell verleugnet. Durch De-Konstruktion soll jede Konstruktion als mehr oder weniger beliebig erscheinen, unabhängig von dem, wie und was der andere ist. Es ist sicherlich kein Zufall, dass Butler (1991) die Debatte um die Konstruktion der Geschlechter vor allem an Homo-Sexuellen festmachte, die in der Tat, da sie jeweils dem gleichen Geschlecht angehören, eher experimentell und quasi zufällig mit Attributen des anderen Geschlechtes (Frauen- und Männermode, Haarfrisuren, Gesten) „spielen“ können.

Auch Kindheit erscheint nur noch als eine gesellschaftliche Konstruktion, die scheinbar beliebig gesellschaftlich konstruiert oder de-konstruiert werden kann (vgl. dazu Zeiher/Büchner/Zinnecker 1996). Dass Kinder vor allem in den ersten Lebensjahren unübersehbar hilflos und von Erwachsenen abhängig sind, passt nicht in ein Schema, in dem alle Lebensäußerungen dem Diktat des Marktes unterworfen werden und Kinder schnell selbständig werden müssen, damit sie die Erwachsenenbiographien nicht belasten oder belästigen. Dass die Öffnungszeiten von Kindertagesstätten und Schulen sich künftig nur noch an den Anforderungen des Erwerbsarbeitsmarktes orientieren sollen und nicht mehr daran, was den Kindern gut tut, entspricht dieser Logik der Gleichheit. Damit wird aber nur kaschiert, dass künftig alle – ohne Ansehen von Geschlecht und Generation – der Logik der profitablen Nutzung der Arbeitskraft unterworfen werden.

Nur wer gleich ist, kann gesellschaftliche Ansprüche stellen. Ungleichheit führt zu Ausgrenzung und Abwertung. Es erscheint logisch, dass diese Gleichheit in multipler Elternschaft mündet.

IV. Von der Geschlechterrolle zur multiplen Elternschaft

> „Kinder auf das Leben vorzubereiten, partnerschaftliche Lebensentwürfe zu verwirklichen, das kann in ganz unterschiedlichen Strukturen gelingen: in der Ehe, in nichtehelichen und auch gleichgeschlechtlichen Familien, in Patchwork- oder Einelternfamilien. Leitbild ist für mich nach wie vor die Ehe mit Kindern - bestimmt auch deshalb, weil ich selbst dieses Glück mit meiner Frau und unseren Kindern erfahren habe“ (Köhler 2006).

Das hier vorangestellte Zitat markiert einen Wandel in der Auffassung von Familie, wie sie schärfer kaum denkbar ist. Besonders bemerkenswert ist, dass es nicht etwa von einem dem Konstruktivismus oder dem Individualisierungstheorem anhängenden Wissenschaftler formuliert wurde, sondern von Horst Köhler, dem höchsten Repräsentanten der Bundesrepublik Deutschland, der durchaus nicht verdächtigt wird, tradierte Werte leichtfertig über Bord zu werfen.

Familie kann also im 21. Jahrhundert in vielen verschiedenen Varianten gelebt werden:

a) Als Ehe zwischen Mann und Frau und aus dieser ehelichen Verbindung resultierenden leiblichen Kindern.
b) Als nicht eheliche Lebensgemeinschaft zwischen Mann und Frau und aus dieser Verbindung resultierenden leiblichen Kindern (wobei diese durch eine spätere Verheiratung in die Variante a übergehen kann).
c) In der aus der Trennung der leiblichen Eltern (a oder b) resultierenden Variante, bei der ein Elternteil die Familie verlässt und der andere Elternteil mit den Kindern weiterhin zusammen lebt. Hierbei ist das gemeinsame Sorge-

recht juristisch als Normalfall vorgesehen: d.h. auch der Elternteil, der nicht mehr mit den Kindern gemeinsam lebt, behält mit den Kindern regelmäßig Kontakt (etwa an Wochenenden oder in Ferien), sorgt materiell für diese Kinder (Verpflichtung zum Kindesunterhalt). Ob es sich dabei dann um „Alleinerziehende" handelt, hängt - neben der Definition - davon ab, wie viel Sorge der nicht mehr bei den Kindern lebende Elternteil investiert.

d) In neu zusammen gesetzten Familienkonstellationen, bei denen der eine Elternteil leiblich ist, der andere durch neue Beziehung mit dem leiblichen Elternteil zum – formellen oder informellen – Stiefelternteil wird. Da auch dieser Stiefelternteil eigene leibliche Kinder haben kann, die ganz oder teilweise in dieser Familie leben, handelt es sich um moderne Großfamilien, die zwar nicht aus drei Generationen bestehen, aber mehrfache Eltern- und Geschwisterbeziehungen aufweisen; im Falle des gemeinsamen Sorgerechts der jeweiligen leiblichen Eltern bleiben auch diese nicht in dieser Familie lebenden Elternteile für ihre jeweiligen Kinder Eltern.

e) In einer neu zusammen gesetzten Familienkonstellationen kann es sich bei dem neuen Partner auch um einen des gleichen Geschlechts handeln (also zwei männliche Elternteile oder zwei weibliche).

f) Um zwei miteinander ehelich oder nicht ehelich miteinander lebende Erwachsene (heterosexuelle oder homosexuelle), die Kinder adoptieren oder dauerhaft in Pflege nehmen.

g) Eine Mutter, die nach leiblicher Schwangerschaft (durch einen Beziehungspartner oder künstliche Befruchtung) oder nach Adoption auf längere Zeit mit ihrem Kind alleine lebt und hierfür alleiniges Sorgerecht hat.

Familie kann also im 21. Jahrhundert in vielen Facetten gelebt werden (vgl. dazu auch Vascovics 1997). Was Familie ist und wer – warum – dazu gehört, ist nicht immer leicht zu erkennen. Es kann sein, dass das Kind seinen leiblichen Vater durchaus zu seiner Familie zählt, während die Mutter sich von ihm als „Ex" deutlich distanziert oder dass ein Kind Papa sagen soll zu dem Mann, der aus seiner Sicht doch nur Lover seiner Mutter ist!

Leibliche Elternschaft seitens Mutter und Vater ist zwar nach wie vor der Normalfall, etwa achtzig Prozent aller Kinder wachsen in dieser Familienkonstellation auf, aber die übrigen zwanzig Prozent der Kinder wachsen in Familienkonstellationen auf, in denen ein leiblicher Elternteil nicht (mehr) mit dem Kind in der gleichen Wohnung lebt, aber nicht selten nach einigen Jahren ein sozialer Elternteil neu in die Familie aufgenommen wird. Auch wenn es in der Vergangenheit durch höhere Sterblichkeit und oft schwierige Heiratsregeln durchaus auch eine größere Bandbreite von unterschiedlichen Familienkonstellationen gegeben hat, unterscheiden sich die modernen Familienkonstellationen vor allem durch die mit den Trennungen und Neugründungen verbundenen Affekte deutlich davon. Für alle Beteiligten sind die Zugehörigkeiten und Loyalitäten, die Normen und Regeln, die erlaubten und verbotenen Affekte (Schuldfragen, Parteilichkeit, Eifersucht) nicht leicht zu handhaben.

Wer „Vater" oder „Mutter" in solchen Konstellationen ist, lässt sich so einfach nicht ausmachen: es ist jedenfalls keine „Geschlechterrolle" in dem Sinne, dass je einem Geschlecht je eine spezifische Rolle zukommt: Mann = Vater, Frau = Mutter.

Vielmehr können die als Familie zusammenlebenden Eltern – unabhängig von ihrem Geschlecht und unabhängig von ihrer leiblichen Elternschaft – die Vater- oder Mutterrolle oder beides in individuellen Anteilen („Ma-Pa“) erfüllen oder vielleicht ein alleinlebender Elternteil beides sein.

Bei solchen multiplen Elternrollen ist die Zuordnung von Geschlecht und Funktionen wenig eindeutig. Aber auch in der „klassischen“ Familie sind Aufgaben und Funktionen im 21.Jahrhundert deutlich stärker individualisiert und für biographische Gestaltungen offener. Die Verantwortlichkeiten können an jeweilige Prioritäten von Mutter oder Vater angepasst werden auch in Kombination mit unterschiedlichen Erwerbsarbeitsphasen wechseln. Mit den 2007 neuen gesetzlichen Regelungen zur Elternzeit sollen auch Väter ermutigt werden, wenigstens eine Zeit lang vorrangig Familie zu leben.

Lassen sich unter diesen Bedingungen noch geschlechtsspezifische Erziehungsziele formulieren? Die klassischen Erziehungsziele: Erwerbsarbeitsbiographie für den Mann, Haushalt- und Familienfürsorge für die Frau sind offensichtlich überholt.

Formulieren lässt sich vielleicht als Ziel eine positive Einstellung zum eigenen und zum anderen Geschlecht und der damit verbundenen Leiblichkeit. Das umfasst die biographische Gestaltung und den Genuss von Wachstum und Sexualität, eine positive Einstellung zur Elternschaft und Familienorientierung – auch wenn es sich nicht um die eigenen, leiblichen Kinder handelt - aber auch die Akzeptanz von Alter und Tod. Dies beinhaltet auch eine Bereitschaft zwischen beruflichen Orientierungen/Anforderungen und „privaten“ zu balancieren (Work Life Balance) in dem Bewusstsein, dass es sich lohnt, mit Kindern zu leben. Das Lachen, Spielen, Toben mit Kindern ermöglicht eine einzigartige Lebensqualität, in keinem anderen Lebenszusammenhang kann so unmittelbar erfahren werden, was es heißt, Differenz (Generation und/oder Geschlecht) und Heterogenität verantwortungs- und genussvoll zu leben. Damit dieses Erziehungsziel eine Chance auf Erfolg hat, scheint es mir das Wichtigste zu sein, dass Kinder eine solche positive Einstellung am eigenen Leib und in vielfältigen Variationen erfahren. „Es ist gut, dass es dich gibt!“ Ein Kind sollte „die eigene Anwesenheit als positiven Beitrag erlebt haben“, formuliert Elschenbroich (2001, S. 28) als zentralen Bestandteil des Weltwissens der Siebenjährigen. Es sollte die Erfahrung machen, dass es akzeptiert und angenommen ist, sollte Fürsorge, durch Mutter *und* Vater, andere Kinder – möglichst Geschwister – und andere Erwachsene erleben.

Ein Kind, das spiegelbildlich durch eine Person, die zugleich Modell für sie ist, am eigenen Leib erfahren hat, dass seiner Schwäche und Hilflosigkeit mit Empathie und Fürsorge begegnet wurde, hat die wichtigsten Voraussetzungen dafür erworben, Familie leben zu können, d.h. Geschlecht und Generation zu akzeptieren. Umgekehrt heißt dies, dass ein Kind, das in seiner frühen Entwicklung Vernachlässigung und/oder Gewalt erfahren hat, an einem Modell gelernt hat, dass andere Menschen wie es selbst wenig wert sind und dass man sich über die Bedürfnisse der anderen hinwegsetzen darf. Auch hier gilt - wie allgemein für Erziehungsprozesse: Vorbild gilt mehr als Belehrung. Töchter und Söhne werden solche Erziehungsziele vor allem dann für sich als positiv bewerten, wenn sie am eigenen Leibe erleben, dass sie in ihrer Familie als zentrale Quelle elterlichen Lebens wertgeschätzt werden. Die

Verankerung dieser ersten Basiserfahrungen in der Gefühlswelt kann nicht bedeutsam genug veranschlagt werden.

V. Frauen als begrenzte Ressource im Generationen- und Geschlechterverhältnis

Obwohl die Aufgabenverteilung in den Familien flexibler geworden ist, ist das grundlegende Problem der Anerkennung und Bewertung dessen, was traditionell die weibliche Geschlechtsrolle ausmachte, nicht gelöst. Im Gegenteil, seit auch Frauen und insbesondere Mütter erwerbstätig sind, stellt sich die Frage, wer zu welchen Bedingungen die ehemals unsichtbare und unbezahlte Hausarbeit, die Erziehung der Kinder und die Versorgung der Alten übernimmt, mit neuer Dringlichkeit. Wer betreut zu welchen Konditionen die – wenigen – Kinder und die – vielen – Alten? Was früher selbstverständliche familiäre Verpflichtung war und von Frauen zum Nulltarif erledigt wurde, muss jetzt zumindest teilweise in bezahlte berufliche Tätigkeiten umgewandelt werden. Und wer soll *das* bezahlen (vgl. Beck-Gernsheim 2000)?

Der „Dienstleistungssektor" wächst. Es gibt Putzfrauen und Haushaltshilfen – die im Privathaushalt meist „Schwarzarbeit" leisten und nicht selten als Illegale ein Schattendasein führen (vgl. Rerrich 2006) – es gibt Erzieherinnen, Altenpflegerinnen. Ein Blick auf die Gehälter zeigt aber schnell, das sind keine „Familienernährer"-Tätigkeiten. Diese beruflichen Tätigkeiten haben eine Nähe zur unbezahlten Arbeit behalten, indem sie unterbezahlt werden und sie rangieren in der gesellschaftlichen Anerkennung weiterhin unten.

In der traditionellen typischen Vermischung von Versorgung und „sorgender Anteilnahme" setzte die Ressource Frau der herrschenden Tauschwertorientierung eine Gebrauchswertorientierung entgegen. Sie verzichtete dabei nicht nur auf Lohn sondern auch auf ein Stück eigenes Leben. Heute zeigt sich: Kinderaufzucht, aber auch Kranken- oder Altenpflege lassen sich nicht beliebig effektivieren oder rationalisieren. Dies spricht nicht dafür, dass Frauen oder gar ausschließlich Mütter rund um die Uhr für diese Aufgaben zuständig sein müssen, aber dafür, dass jedes Modell angemessener Betreuung anstrengungs-, zeit- und kostenintensiv ist. Welche Qualität bekommt diese Arbeit und die Beziehung zwischen Betreuern und Betreuten, wenn diese professionalisiert wird? Der These der Gleichgültigkeit des Lohnarbeiters gegenüber seinem „Arbeitsgegenstand" steht die These der Qualitätssteigerung durch Ausbildung, Institutionalisierung und Evaluation gegenüber. Sicher ist, personennahe Dienstleistungen erfordern mehr und anderes als minutiöse Abrechnung von Waschen, Füttern, Anziehen. Eine bessere Bezahlung und mehr Anerkennung des knappen (weiblichen) Arbeitsvermögens muss zwangsläufig erfolgen, wenn insbesondere alte Menschen nicht mehr in der Familie gepflegt werden können. Welchen Umfang solche Dienstleistungen haben müssen, welchen Wert dieser Leistungen haben und wer diese Kosten letztendlich trägt, ist noch offen.

Die geringe gesellschaftliche Wertschätzung haushalterischer, familialer und pflegerischer Tätigkeiten ist noch immer fast ungebrochen. Aber auch unter den Bedingung der fortgeschrittenen industriellen Warenproduktion ist der Markt und der Profit nur *ein* Modell zur Regulierung menschlichen Zusammenlebens. Es muss bezweifelt werden, ob dieses Modell wirklich für Bildungsinstitutionen, Umgang mit menschlicher Abhängigkeit, Verantwortung und Fürsorge für andere taugt.

In der Familie wird - meist implizit - ein Menschenbild und eine Lebensorientierung gelebt, die auch in hoch modernisierten Gesellschaften unverzichtbar ist. Hier bewahrt sich die Behauptung der Nicht-Austauschbarkeit von Menschen und die Unverzichtbarkeit menschlicher Bindungen. In der Familie ist diese existenzielle Verbindung mit ganzheitlichen Lebensprozessen noch erhalten. Die Anteilnahme an Prozessen des Lebendigen, an Wachstum und Vergänglichkeit des Leiblichen ist vielleicht das, was Eltern leben und was diese Gesellschaft braucht, wenn sie die Menschenwürde nicht auf dem Altar der Ökonomie des Marktes opfern soll.

Glücklicherweise ist das Altern ein Prozess, der unabhängig vom Geschlecht alle Menschen betrifft, so dass ich die Hoffnung habe, dass zunehmend mehr Menschen die Bedeutung dieser Werte erkennen, erfahren und positiv bewerten – und das wäre dann auch ein wichtiges Erziehungsziel für Töchter und Söhne.

Literatur

Beauvoir, S. (1951): Das andere Geschlecht. Sitte und Sexus der Frau. Hamburg.

Beck-Gernsheim, E. (1989): Mutterwerden - der Sprung in ein anderes Leben. Frankfurt M.

Beck-Gernsheim, E. (2000): Was kommt nach der Familie? Einblicke in neue Lebensformen. 2. durchgesehene Auflage. München.

Bettelheim, B. (1982): Die symbolischen Wunden. Pubertätsriten und der Neid des Mannes. Frankfurt M.

Bier-Fleiter, C./Grossmann, W. (1989): Mutterschaft in der Adoleszenz. Biographien jugendlicher Mütter. Frankfurt M.

Bilden, H. (1991): Geschlechtsspezifische Sozialisation. In: Hurrelmann, K./Ulich, D. (Hrsg.): Handbuch der Sozialisationsforschung. Weinheim und Basel, S. 279–301.

Bischof-Köhler, D. (2004): Von Natur aus anders. Die Psychologie der Geschlechtsunterschiede. Stuttgart.

Böhnisch, L. (2004): Männliche Sozialisation. Eine Einführung. Weinheim und München.

Brumlik, M. (2006): Siegmund Freud. Der Denker des 20. Jahrhunderts. 2. Auflage. Weinheim.

Butler, J. (1991): Das Unbehagen der Geschlechter. Aus dem Amerikanischen von Kathrina Menke. Frankfurt M.

Chodorow, N. (1985): Das Erbe der Mütter. Psychoanalyse und Soziologie der Geschlechter. München.

Döbert, R. (1991): Männliche Moral – weibliche Moral. In: Nunner-Winkler, G. (Hrsg.): Weibliche Moral – Die Kontroverse um eine geschlechtsspezifische Ethik. Frankfurt M., S. 121–146.

Elschenbroich, D. (2001): Weltwissen der Siebenjährigen. Wie Kinder die Welt entdecken können. München.

Frohnhaus, G. (1994): Feminismus und Mutterschaft. Weinheim.

Gilligan, C. (1984): Die andere Stimme. Lebenskonflikte und Moral der Frau. München.

Händle, C. (1989): Lebenspraxis als Mutter und Vater – Doppelbelastung oder Qualifizierung für den Lehrerberuf. In: Schön, B. (Hrsg.): Emanzipation und Mutterschaft, Weinheim und München, S. 203–223.

Hagemann-White, C. (1984): Sozialisation: weiblich – männlich. Opladen.

Hoerning, E. M./Krais, B. (1987): Der Ausbruch aus der Normalbiographie. Milieuuntypische Lebensläufe von Arbeitertöchtern, in: Bolder, A./Rodax, K. (Hrsg.): Das Prinzip der aufge(sc)hobenen Belohnung. Die Sozialisation von Arbeiterkindern für den Beruf, Bonn, S. 189–213.

Horstkemper, M./Zimmermann, P. (Hrsg.) (1998): Zwischen Dramatisierung und Individualisierung. Geschlechtstypische Sozialisation im Kindesalter. Opladen.

Interdisziplinäre Forschungsgruppe Frauenforschung (IFF) (Hrsg.) (1989): La Mamma! Beiträge zur sozialen Institution Mutterschaft. Bielefeld.

Kaufmann, J.-C. (2006): Kochende Leidenschaft. Soziologie vom Kochen und Essen. Konstanz.

Köhler, H. (2006): Rede beim Jahresempfang der Evangelischen Akademie Tutzing 18.01.2006 (www.bundespraesidialamt.de/Zitate, Download 17.5.2006).

Mamalogie (1998): Beiträge zur feministischen Theorie und Praxis 21/22, herausgegeben vom Verein sozialwissenschaftliche Forschung und Praxis für Frauen e.V.. Köln.

Methfessel, B./Schlegel-Matthies, K. (Hrsg.) (2003): Fokus Haushalt. Beiträge zur Sozioökonomie des Haushalts. Hohengehren.

Metz-Göckel, S./Müller, U. (1986): Der Mann. Weinheim/Basel.

Micus, C. (2002): Friedfertige Frauen und wütende Männer? Theorien und Ergebnisse zum Umgang der Geschlechter mit Aggression. Weinheim und München.

Möller, K. (Hrsg.) (1997): Nur Macher und Macho? Geschlechtsreflektierende Jungen- und Männerarbeit. Weinheim und München.

Müller, U. (1988): Das Geschlechterverhältnis im Berufs- und „Privatleben". Empirische Ergebnisse und konzeptionelle Vorschläge zur Analyse. Habilitationsschrift Universität Bremen.

Müller, U. (1989): Warum gibt es keine emanzipatorische Utopie des Mutterseins? In: Schön, B. (Hrsg.): Emanzipation und Mutterschaft, Weinheim und München, S. 55–79.

Nunner-Winkler, G. (1991) (Hrsg.): Weibliche Moral – Die Kontroverse um eine geschlechtsspezifische Ethik. Frankfurt.

Nyssen, E./Schön, B. (1992): Traditionen, Ergebnisse und Perspektiven feministischer Schulforschung. In: Zeitschrift für Pädagogik, 38, S. 855–871.

Ortmann, H. (1990): Bildung geht von Frauen aus. Überlegungen zu einem anderen Bildungsbegriff. Frankfurt.

Pass-Weingartz, D./Erler, G. (1989) (Hrsg.): Mütter an die Macht. Neue Frauenbewegung. Reinbek.

Rendtorff, Barbara (2004): Theorie der Differenz – Anregungen aus Philosophie und Psychoanalyse. In: Glaser, E./Klika, D./Prengel, A. (Hrsg.): Handbuch Gender und Erziehungswissenschaft. Bad Heilbrunn, S. 102–111.

Rerrich, M. S. (2006): Die ganze Welt zu Hause. Cosmobile Putzfrauen in privaten Haushalten. Hamburg.

Richter, H.-E. (1986): Die Chance des Gewissens. Erinnerungen und Assoziationen, Hamburg.

Rohde-Dachser, C. (1991a): Expeditionen in den dunklen Kontinent. Weiblichkeit im Diskurs der Psychoanalyse. Heidelberg, Berlin, New York.

Rohrmann, T. (1994): Junge, Junge – Mann, o Mann. Die Entwicklung zur Männlichkeit. Reinbek.

Ruddick, S. (1989): Mütterliches Denken. In: Schön, B. (Hrsg.) Emanzipation und Mutterschaft, Weinheim und München, S. 33–53.

Ruddick, S. (1993): Mütterliches Denken. Für eine Politik der Gewaltlosigkeit. Frankfurt, New York.

Scheu, Ursula (1977): Wir werden nicht als Mädchen geboren, wir werden dazu gemacht. Frankfurt M.

Schmidbauer, Wolfgang (1997): Hilflose Helfer. Über die seelische Problematik der helfenden Berufe. Reinbek bei Hamburg.
Schnack, D./Neutzling, R. (1990): Kleine Helden in Not. Jungen auf der Suche nach Männlichkeit, Reinbek.
Schnack, D./Neutzling, R. (1993): Die Prinzenrolle. Über die männliche Sexualität, Reinbek.
Schön, B. (Hrsg.) (1989): Emanzipation und Mutterschaft. Weinheim und München.
Schön, B./Frankenberger, T./Tewes-Karimi, M. (1994): Gratwanderungen. Eine Studie über Studentinnen mit Kindern. 2. erw. Aufl., Weinheim.
Schön, B. (2005): Therapie statt Erziehung? Chancen und Probleme der Therapeutisierung pädagogischer Arbeit. Frankfurt M.
Schütze, Y. (1986): Die gute Mutter. Zur Geschichte des normativen Musters „Mutterliebe". Bielefeld.
Shorter, E. (1987): Der weibliche Körper als Schicksal. Zur Sozialgeschichte der Frau. München.
Vaskowics, L. A. (1997) (Hrsg.): Familienleitbilder und Familienrealitäten. Opladen.
Wolf-Graaf, A. (1981): Frauenarbeit im Abseits, Frauenbewegung und weibliches Arbeitsvermögen. München.
Zeiher, H./Büchner,P./Zinnecker,J. (Hrsg.) (1996): Kinder als Außenseiter? Umbrüche in der gesellschaftlichen Wahrnehmung von Kindern und Kindheit. Weinheim/München.

Rolf Huschke-Rhein/Hildegard Macha

Kapitel 7: Familie und ihre Umwelt – eine systemisch-konstruktivistische Betrachtung

Die systemisch-konstruktivistische Pädagogik (oder früher systemisch-ökologische Pädagogik) wurde in den 80er Jahren des 20. Jahrhunderts begründet (Huschke-Rhein Bd. I, 1993a; Bd. II, 1993b; Bd. III, 1992a; Bd. IV, 1994.; Bd. V, 1992b; 2003; von Saldern 1998; Reich 1996). Sie bezieht sich auf unterschiedliche wissenschaftliche Wurzeln, so unter anderem auf Ergebnisse der ökologischen Entwicklungspsychologie von Urie Bronfenbrenner (1976, 1981, 1990, vgl. dazu auch Macha in diesem Band), auf Ansätze der systemischen Familientherapie (Bateson 1983, 1984; Selvini-Palazzoli 1977, 1982; Minuchin 1987), auf unterschiedliche Autoren der soziologischen Systemtheorie, u.a. Niklas Luhmann (1991, 1984) und auf Ergebnisse des Konstruktivismus (von Glasersfeld 1996). Eine erste Systematik wurde 1983 für die Pädagogik entworfen (Huschke-Rhein 1993a, Reich 1996). Hierbei wurde von Anfang an auch auf die Familienpädagogik Bezug genommen. Auch andere Autoren arbeiteten in dieser Zeit an einer theoretischen Nutzung der Systemtheorie und des Konstruktivismus für die Pädagogik und haben hier auch stets die Familie als System im Blick (Luhmann/Schorr 1979, Olbrich 2005).

Durch die Interdisziplinarität dieses wissenschaftlichen Entwurfs wurden für die Pädagogik und die Familienforschung wichtige Weichen gestellt. Nachdem die Kritische Erziehungswissenschaft den gesellschaftlichen Bezug und die Abhängigkeit der Erziehung und Bildung von gesellschaftlichen Prozessen betont hatte (König/Zedler 2002, S. 127), wird nun versucht, komplexe Prozesse auf der Basis neuer Begriffssysteme zur Beschreibung sozialer Situationen zur Verfügung zu stellen, Ziel ist es, den Blick auf die einzelnen Systeme im Kontext der Familie zu erweitern und neue Steuerungsmöglichkeiten bei maximaler Selbststeuerung der betroffenen Individuen zu gewinnen (Huschke-Rhein 1992a, S. 35). Selbststeuerung ist hier im Sinne von Selbstorganisation so zu verstehen, dass das System die Maßstäbe für das, was von außen auf es wirkt bzw. was es verarbeitet, selbst setzt. Hier wird im weitesten Sinne an das Erziehungsziel der Mündigkeit angeknüpft, das in der Pädagogik der Aufklärung schon von Kant gefordert wurde. Bei der Annäherung an dieses Ziel wird auch auf Techniken der Familientherapie rekurriert (Huschke-Rhein 2003; Mertens 1998). Systemtheorien gestatten, Familien in ihrer komplexen Umwelt und in ihren Wechselbeziehungen innerhalb der Familie und außerhalb mit den Umweltsystemen zu verorten (Mertens 1998). Das Begriffssystem eröffnet das Verständnis für die inneren Abläufe in Systemen und für die Systemgrenzen (König/Zedler 2002, S. 175, 180). Der Zustand der Familie ergibt sich nicht aufgrund einer spezifischen Ursache, sondern hängt von zahlreichen intervenierenden Faktoren ab wie dem Erziehungsstil von Vater und Mutter, der Reziprozität der Familienkommunikation und der Bereitschaft der Kinder, auf die Bildungsangebote der Eltern einzugehen. Außerdem steht die Familie in Wechselbeziehung zu den umgebenden Systemen wie zum Beispiel der Nachbarschaft, der Verwandtschaft, dem beruflichen Umfeld der Eltern, dem Kindergarten und den Schulen und anderem mehr. Auch diese Systeme wirken von außen auf die Familie ein und können stabilisierend ebenso wie beunruhigend wirken.

Die Selbstreferenz sozialer Systeme und die Autopoiesis der Familienmitglieder bedeuten, dass die Familienmitglieder alle Interaktionen in ihrer Familien auf sich und ihre Deutungsmuster und Erfahrungen beziehen, es somit keine „objektive“ Basis für Verständigung gibt, sondern in Ko-Konstruktionsprozessen Kohärenz ausgehandelt werden muss (König/Zedler 2002, S. 195).

Familie stellt sich dar als dynamisches System mit Elementen und Subsystemen, die untereinander in Relation stehen. „Nicht die Einzelperson mit ihren spezifischen `Persönlichkeitseigenschaften` steht im Mittelpunkt des Interesses, sondern vielmehr ihre Beziehungen zu anderen und ihre mit anderen eingespielten Interaktionen“ (Huschke-Rhein 2003, S. 86). Dabei gilt, dass kein Familienmitglied vollständig durch das System determiniert oder definiert werden kann. Die Macht oder Autorität der Eltern ist zur Steuerung der Balance zwischen den Bedürfnissen und Ansprüchen der einzelnen Familienmitglieder und den Generationen- und Geschlechter-Subsystemen sinnvoll, sie übernehmen die Verantwortung für das psychische und physische Wohlbefinden und Wachstum der Kinder. Die Dynamik der Familie „hat, wie bei allen offenen Systemen, immer zwei Aspekte: den homöostatischen, also die `Ausgewogenheit` der Relationen, und den transformativen, also die Veränderung der Beziehungen“ (Huschke-Rhein 2003, S. 91).

Ein systemisch-konstruktivistisches Konzept der Familienpädagogik kann von zwei Basisannahmen ausgehen:

1. Ziel aller Bildungs- und Entwicklungsprozesse – auch im familiären Kontext – ist die Förderung der Selbstorganisation von Individuen, v.a. von Kindern.
2. Die Förderung von Selbstorganisationspotentialen ist - auch im familiären Kontext - nur möglich durch die Bereitstellung von förderlichen Kontextsystemen, wodurch der familiäre Kontext wiederum ein besonderes Gewicht erhält.

Die sich in diesen Thesen abzeichnende Zirkularität ist ausdrücklich theoriegewollt – und aufgrund der theoretischen Prämissen einer systemisch-konstruktivistischen Position unvermeidbar.

Während die erste These eine Hypothese darstellt, die hier in angemessener Kürze erläutert werden wird – weil sie bloß theorieimmanent ist und aus systemisch-konstruktivistischen Prämissen folgt - , soll die zweite These etwas weiter begründet und erläutert werden, weil sie erhebliche praxisrelevante Konsequenzen hat.

Für die erste These werden kurz einige Grundbegriffe der systemisch-konstruktivistischen Pädagogik vorgestellt, soweit sie auch für eine Familienpädagogik Bedeutung haben.

Zur Begründung und Entfaltung der zweiten These zeige ich einige mögliche Folgerungen für die pädagogische Praxis auf.

I. Grundlagen

Jeder Erziehungs-, Entwicklungs- und Bildungsprozess kann verstanden werden als eine Form der Konstruktion von psychischen und sozialen Systemen. Genauer kann der Erziehungs- und Bildungsprozess als eine Form der Ko-Konstruktion oder der Ko-Evolution biologischer (körperlicher), psychischer und sozialer Systeme angesehen werden (Willi 1985, 2002). Grundlage des Systemansatzes ist die Selbstorganisationstheorie ('Autopoiesis-Theorie'), die Lernen und Bildung als anthropologische Selbstkonstruktion versteht. Dabei beachtet die ökologische Version des Systemansatzes, dass es bei jeder Selbstkonstruktion nicht nur um die Konstruktion subjektiver Welten geht, sondern jeweils zugleich um die Konstruktion von Systembeziehungen zur Umwelt des Subjekts – hier: vor allem zu den nächsten familiär bedeutsamen Personen und dann zu den bedeutsamen Personen in den umgebenden Systemen wie Lehrern, Mitschülern, Kollegen und Vorgesetzten im Beruf usw. Die Selbstorganisation der menschlichen Lern- und Bildungsprozesse konstruiert darum grundsätzlich ko-evolutiv drei Systeme: die psychischen Systeme (traditionell gesprochen: die Subjekte der Bildungsprozesse), die sozialen Systeme (die sozialen Kontexte der Subjekte, besonders die Familie und ihre Interaktionen), und die naturalen Systeme (die biologisch-leiblichen Systeme).

Während die Bezogenheit der Systeme auf ihre soziale Umwelt von der traditionellen Systemtheorie (v.a. Luhmann 1984, Luhmann/Schorr 1982) betont oder vorausgesetzt wurde, kommt ihre Bezogenheit auf die biologisch-ökologische Umwelt erst allmählich zum Bewusstsein (v.a. durch Bronfenbrenners Forschungen). Die vorgeschlagene 'systemisch-ökologische' Version der Systemtheorie (Huschke-Rhein 2003) relativiert den Anspruch des sog. 'Radikalen Konstruktivismus' (von Glasersfeld 1996), der ja in der Ablehnung einer objektiv beweisbaren Realität v.a. erkenntnistheoretisch motiviert war, in Richtung eines 'relativen Konstruktivismus', der die neuzeitliche Naturvergessenheit der westlichen Industriegesellschaften zu überwinden sucht und die Bedeutung von biologischen Systemumwelten und -mitwelten auch für die Pädagogik theoretisch und praktisch rekonstruiert. Erst dadurch können Forschungen zur Bedeutung frühkindlicher Familienbindungen wieder stärkere Beachtung finden, und zwar so, dass einerseits Bindungen als interaktive Konstruktion innerhalb des familialen Kontextes verstanden werden, dass aber andererseits gerade so deren biologisch-naturale Basis eine angemessene Bewertung erhalten kann (vgl. Huschke-Rhein 1997).

Aus systemischer Sicht ist das Ziel der Bildungsprozesse die interne Fähigkeit eines Menschen oder einer Gruppe zur Selbstorganisation in den drei Basissystemen. Aufgabe der Erziehung ist demnach die Organisation der Förderung von Selbstorganisation, erstens durch andere Menschen und zweitens durch die pädagogischen Systeme wie Kindergarten, Schule, Universität und andere. Obwohl die systemische Pädagogik als Bildungsziel die Selbststeuerung in den Mittelpunkt stellt, erkennt sie die Legitimität einer vorläufigen und zeitweisen Fremdsteuerung von Menschen an, wenn diese mit dem Ziel der Förderung der Selbstorganisation begründet ist, so wie es eine entsprechende Familienerziehung voraussetzt.

II. Einige erziehungspraktische Folgerungen für die Familienpädagogik

Schon Bronfenbrenner hatte darauf hingewiesen, dass sich die Entwicklung des Kindes in Stufensystemen zunehmender Komplexität vollzieht, angefangen von der ersten ‚Dyade' aus zwei Personen – Mutter-Kind oder Vater-Kind oder eine andere Person-Kind (vgl. die genauere Darstellung dieses Prozesses in Huschke-Rhein 2003, S. 102 ff.). Die Erweiterung der Komplexität des Ausgangssystems geschieht, wie Bronfenbrenner betont, dann zunächst im Kontext dieser Primärdyade. Hierzu müssen die Erzieherinnen und Erzieher vor allem zwei Anforderungen erfüllen: Sie sorgen (1) für eine emotionale Stabilität und (2) für eine Kontinuität der Bezugspersonen. Die zunehmende Komplexität sollte also nur auf der Basis emotionaler Stabilität arrangiert werden. Dies erscheint heute besonders wichtig für die frühe Erziehung der Kinder, wo ja bekanntermaßen Unmengen von Eindrücken durch die Medien, aber auch in den heute üblichen Freizeitkontexten auf die Kinder einstürzen.

Ein anderes System kann aus dem Entwicklungsmodell von Bischof abgeleitet werden (vgl. Huschke-Rhein 1997). Dieses operiert auf der Basis zweier Grundsysteme, die sich folgendermaßen charakterisieren lassen:

- System 1: Sicherheit/Vertrautheit/Nähe;
- System 2: Erregung/Fremdheit/Neugier.

Das Sicherheitssystem (System 1) ist zeitlich früher ausgebildet; es wird aber schon bald durch ein zweites System erweitert, das dem ersten teilweise entgegengesetzt operiert. Während das Sicherheitssystem ausgerichtet ist auf die Stabilität von Bindung, Vertrautheit und Nähe, kommen nun die gegensätzlichen Verhaltensweisen ins Spiel: Loslösung, Fremdheit, Wagnis, Neugier, Unsicherheiten und Entfernung vom Vertrauten.

Am Beispiel: Ein Kind, das krabbeln gelernt hat, verfügt über mehr selbst bestimmte Handlungsmöglichkeiten als der Säugling, der nur nach der Mutter (oder dem Vater) schreien kann; es kann jetzt nämlich selber die Nähe oder die Distanz zum 'Objekt' Mutter/Vater bestimmen, es kann durch Hinkrabbeln selber Nähe herstellen oder durch Wegkrabbeln Distanz erzeugen.

Systemisch möchte ich von zunehmender Komplexität sprechen, und diese muss, wie stets, vom sich entwickelnden System verarbeitet werden, sie muss, so der Terminus, anschlussfähig sein. Das System erreicht dadurch einen höheren Grad der Selbststeuerung, es erhält mehr Optionen für seine Operationen. Es zeigt sich dabei aber auch die grundlegende Ambivalenz des explorativen Verhaltens auf dem Weg zu mehr Autonomie und Selbstbestimmung: Das Risiko der Neugier sind die Fremdheit und die Furcht vor dem Fremden, weil damit die Sicherheit des primär Vertrauten in Frage gestellt wird; der Preis und die Belohnung liegen in der Erweiterung der Selbststeuerungspotentiale. Kurz: Das Risiko der Fremdheit und der Unsicherheiten ist unvermeidbar für ein Lebewesen, das nicht in der uterinen Geborgenheit verharren kann und auch nicht in der Vertrautheit des primären Sicherheitssystems (vgl. Huschke-Rhein 2003, S. 13 ff. und S.100 ff.).

Schon hier, im ersten Lebensjahr, zeigt sich die immanente Systemdynamik des Bindungsbegriffs: Er wird gleichsam systemisch auf seine 'Reißfestigkeit' geprüft. Die zunehmende Komplexität des sich erweiternden Systems prüft, ob die sicherheitsspendenden Bänder dehnbar sind und halten. Die dosiert erweiterte Komplexität sorgt selber für eine erhöhte Reißfestigkeit der primären Systembeziehungen (Huschke-Rhein 1997, S. 122 ff.).

Die Bedeutung von Bindungserfahrungen in der frühen Kindheit bzw. in der Familie liegt also weniger in der – traditionell muttermythologisch verstandenen – Stabilität verlässlicher Interaktionen der Interaktionspartner als solcher, vielmehr wird solche Bindungsqualität auf dem Niveau systemisch-konstruktivistischer Theorie erst zureichend verstanden als Fähigkeit zur Reduktion von Komplexität angesichts einer gegenwärtig überkomplexen Erziehungsumwelt. Erziehungspraktisch heißt dies: Eine der wichtigsten Aufgaben der heutigen Familienpädagogik bestünde darin, die Komplexitätsentwicklung des Kindes zu stützen, zu fördern und pädagogisch zu begleiten. Das bedeutet: Die Entwicklung eines Kindes ist zu fördern im Sinne seiner zunehmenden Fähigkeit, Komplexität selbstorganisiert zu verarbeiten, und zwar sowohl die zunehmende Eigenkomplexität als auch die zunehmende Umweltkomplexität. Gerade die Fähigkeit zur Selbstorganisation des Kindes kann beeinträchtigt werden, wenn zu viele Eindrücke und Informationen von außen kommen, die nicht 'kompatibel', also verträglich angeschlossen werden können. Es ist also eine Aufgabe sowohl des Mikrosystems Familie, als auch von den sie umgebenden Systemen, gemeinsam Kindern Orientierungshilfen zu geben, um ihnen den Weg zur Selbstorganisation zu erleichtern.

Praktisch stehen beide Grundsysteme – ‚Vertrautheit' vs. ‚Fremdheit' – in einem rekursiven, rückgekoppelten Verhältnis. Das eine ist nicht ohne das andere möglich; wobei am Anfang allerdings – entwicklungslogischerweise – das Sicherheitssystem den 'ersten Zug' tun muss; danach herrscht Reziprozität. Beides soll in einer wohlausgewogenen Spannung stehen. Systemtheoretisch gesprochen: Das System muss einerseits eine gewisse Homöostase (Stabilität) zeigen, andererseits aber auch Momente der dosierten Instabilität, ja auch zeitweiliger nonlinearer, fluktuierender Phasen, wie sie die Chaosforschung als Bedingung der Möglichkeit kreativer Veränderungen zu neuen Strukturen erforscht hat. Das System balanciert dabei zwischen zwei Zuständen: zwischen dem homöostatischen, stabilen Systemzustand – der jedoch keine weitergehende Entwicklung ermöglichen würde; und dem instabilen, dynamischen, fluktuierenden ('chaotischen') Systemzustand, der immer eine Voraussetzung für neue Entwicklungen (Trans-formationen) des Systems darstellt. Die Aufgabe der Erzieherinnen und Erzieher, der Eltern, der Lehrerinnen und Lehrer sowie die Kunst der Erziehung überhaupt ist es, die Balance beider Grundsysteme beim sich entwickelnden Kind zu unterstützen, zu begleiten, zu fördern.

Zur Entwicklung beider Grundsysteme kann die Früh- und Vorschulerziehung beitragen. Sie muss feste Grundlagen legen; sie muss aber auch neue Erfahrungen ermöglichen, sie muss Programme bereitstellen, auf Grund deren die Kinder neue Erfahrungen in ihrer Umwelt machen können und später immer wieder machen werden.

Die Familien- oder Frühpädagogik steht in der Postmoderne zweifellos vor besonderen Herausforderungen. Hier könnte eine solche Konzeption, wie vorgetragen, einen Lösungsbeitrag bieten. Wenn die traditionell stützenden Kontexte - langfristig stützende gesellschaftliche Normen, Konventionen, Institutionen und Traditionen – deutlich an normierendem Einfluss auf das Leben der Menschen (in Europa) verlieren, dann ist für die Erziehung eine neue Situation entstanden: Die Individuen können ihr Potential zur Selbstorganisation besser ausschöpfen - und sie müssen dies auch tatsächlich tun, weil ihnen die gesellschaftlichen Normen dies nicht mehr abnehmen. Sie benötigen also eine größere Flexibilität, um sich auf nicht vorhersehbare, nicht vertraute Situationen jeweils neu einstellen zu können. Die Zukunft wird für sie offener, unvorhersehbarer, unsicherer werden als für frühere Generationen. Gleichzeitig müssen wir in der Erziehung und speziell in der Familienerziehung sorgfältiger als früher darauf achten, dass die Kinder in dieser offenen, komplexen Situation nicht überfordert werden. Sie benötigen weiterhin - und dringender als früher - ein Grundsystem der Sicherheiten, das emotionale Stabilität und die Kontinuität der Bezugspersonen umfasst, um mit derart hochkomplexen Situationen angemessen umzugehen.

Die gesellschaftlichen Tendenzen zur Individualisierung und Biographisierung, die auch die Gestaltung des Lebenslaufs durch den Einzelnen fordern, setzen die Fähigkeit zur Entscheidung über die richtige Wahl aus der Fülle der Möglichkeiten voraus. Dies gilt für die Wahl der Ausbildung, für den Eintritt in den Beruf und für Entscheidungen im privaten Bereich der Familiengründung. Die Familienerziehung kann und muss hier stützend eingreifen, um Orientierung zu bieten und Folgen von Entscheidungen abzuschätzen. Selbstorganisation heißt ja nicht, als Heranwachsender alles allein zu klären, sondern im Kontext der Familie zu bedenken, ohne dass die Eltern in das Leben des Kindes und Jugendlichen und in seine Entscheidungen unzulässig eingreifen.

Mit der Erweiterung der Erziehungsperspektive kommen auch die Umwelten der Familie wie die Schule, die Welt der Kinder und Jugendlichen außerhalb der Familie, der Arbeitsmarkt, die Work-Life-Balance und die Familienpolitik bis hin zum Thema der Kinderlosigkeit in ihrer Relevanz verstärkt in den Blick. Auch hier ist es die Aufgabe der Familien, eine Balance zwischen dem System Familie und ihren Mitgliedern sowie den Umweltsystemen herzustellen, zum Beispiel zwischen dem Kind und der Schule oder zwischen Beruf und Familie. In diesem Zusammenhang gewinnt die Work-Life-Balance oder Work-Family-Balance eine neue Bedeutung: Die Formen der Vereinbarkeit von Beruf und Familie betreffen nicht nur Mutter und Vater und die gemeinsame Verteilung der Haushalts-, Kinderbetreuungs-, Erziehungs- und Berufsaufgaben, sondern wirken unmittelbar und mittelbar auf die Kinder zurück. Jede Transformation, wie sie der Übergang zwischen Schulformen eines Kindes oder ein Wechsel der Arbeitsstelle der Eltern darstellen, bedeutet einen zeitweiligen Verlust der Homöostase und bedarf einer neuen Anpassungsleistung der ganzen Familie. Die Möglichkeiten der Steuerung zu vergrößern bedeutet hier, die Familie instand zu setzen, die Transition bewusst zu erleben und gemeinsam hinsichtlich der emotionalen Ängste und Unsicherheiten sowie auch der komplexen objektiven Tatbestände und notwendigen organisationalen Systemveränderungen der Familie zu reflektieren. Familienbildung kann diesen Prozess unterstützen. Die Aufgabe der Familienforschung besteht darin, die systemisch-konstruktivistische Sicht von Familie theoretisch zu reflektieren und empirisch zu überprüfen (Macha/Witzke 2008).

Literatur

Bateson, G. (1983[3]): Ökologie des Geistes. Frankfurt a.M.
Bateson, G. (1984[4]): Geist und Natur. Eine notwendige Einheit. Frankfurt a.M.
Bertalanffy, L. von (1968): General Sytems Theory. New York.
Bronfenbrenner, U. (1976): Ökologische Sozialisationsforschung. Stuttgart.
Bronfenbrenner, U. (1981): Die Ökologie der menschlichen Entwicklung. Natürliche und geplante Experimente. Stuttgart.
Bronfenbrenner, U. (1990): Ökologische Sozialisationsforschung. In: Kruse-Graumann, L. (Hrsg.): Ökologische Psychologie. Ein Handbuch in Schlüsselbegriffen. München, S. 76–80.
Glasersfeld, E. von (1996): Radikaler Konstruktivismus. Frankfurt a.M.
Huschke-Rhein, R. (1993[3]a): Systemisch-ökologische Pädagogik. Band I: Systemisch-ökologische Wissenschaftslehre als Bildungslehre im Atomzeitalter. Köln.
Huschke-Rhein, R. (1993[3]b): Systemisch-ökologische Pädagogik. Band II: Qualitative Forschungsmethoden, Hermeneutik, Handlungsforschung. Köln.
Huschke-Rhein, R. (1992[2]a): Systemisch-ökologische Pädagogik. Bd. III: Systemtheorien für die Pädagogik. Umrisse einer neuen Pädagogik. Köln.
Huschke-Rhein, R. (Hrsg.) (1994[2]): Systemisch-ökologische Pädagogik. Band IV (Hrsg.): Zur Praxisrelevanz der Systemtheorien. Köln.
Huschke-Rhein, R. (Hrsg.) (1992b): Systemisch-ökologische Pädagogik. Band V. Systemisch-ökologische Praxis. Köln.
Huschke-Rhein, R. (1997): Die Bindungsdynamik im Familienkontext. In: Macha, H./Mauermann, L. (Hrsg.): Brennpunkte der Familienerziehung. Weinheim, S. 122–155.
Huschke-Rhein, R. (2003[2]): Einführung in die systemische und konstruktivistische Pädagogik: Beratung – Systemanalyse – Selbstorganisation. Weinheim, Basel.
König, E./Zedler, P. (2002[2]): Theorien der Erziehungswissenschaft. Weinheim, Basel.
Luhmann, N. (1991[6]): Funktionale Methode und Systemtheorie. In: Luhmann, N. Soziologische Aufklärung. Opladen.
Luhmann, N. 1984: Soziale Systeme. Frankfurt a.M.
Luhmann, N./Schorr, K.-E. (1979): Reflexionsprobleme im Erziehungssystem. Stuttgart.
Macha, H./Witzke, M. (2008): Familie und Gender. Rollenmuster und segmentierte gesellschaftliche Chancen. In: Zeitschrift für Pädagogik, 54, H. 2, S.261–278.
Mertens, G. (1998): Umwelten: Eine humanökologische Pädagogik. Paderborn, München.
Minuchin, S. (1987[7]): Familie und Familientherapie. Theorie und Praxis struktureller Familientherapie. Freiburg.
Olbrich, J. (2005): Systemtheorie und Erwachsenenbildung. In: Tippelt, R. (Hrsg.): Handbuch Erwachsenenbildung/Weiterbildung. Wiesbaden, S. 157–183.
Reich, K. (1996): Systemisch-konstruktivistische Pädagogik. Einführung in Grundlagen einer interaktionistischkonstruktivistischen Pädagogik. Neuwied.
Saldern, M. von (1991): Erziehungswissenschaft und neue Systemtheorie. Berlin.
Selvini-Palazzoli, M. (Hrsg.) (1977): Paradoxon und Gegenparadoxon. Stuttgart.
Selvini-Plazzoli, M. (1982): Magersucht. Von der Behandlung einzelner zur Familientherapie. Stuttgart.
Willi, J. (1985): Koevolution. Die Kunst gemeinsamen Wachsens. Reinbek bei Hamburg.
Willi, J. (2002): Psychologie der Liebe. Stuttgart.

Kapitel 7: Familie und ihre Umwelt

Claudia Solzbacher

A: Zusammenarbeit von Elternhaus und Schule

I. Einleitung

Mit der der Durchsetzung der Schulpflicht und der Etablierung eines staatlich organisierten, finanzierten und kontrollierten Schulsystems im Verlauf des 19. Jahrhunderts wurde ein immer größerer Teil der Ausbildungs- und Erziehungsfunktionen aus der Familie in die staatliche Institution Schule ausgelagert. Diese Teilung macht bis in die heutige Zeit die Abstimmung und Kooperation zwischen Schule und Elternhaus notwendig.

Familie und Schule sind die wesentlichen Lebenswelten junger Menschen, dort als Kind, hier als Schüler und Schülerin. In beiden Institutionen finden Sozialisation, Erziehung und Lernen statt. In der primären familialen Sozialisation erlangt das Kind in einem privaten Umfeld bestimmte Fähigkeiten und Voraussetzungen, mit denen es in Deutschland im Alter von etwa sechs Jahren auf die Institution Schule trifft. Das Umfeld, mit dem die Kinder in der Schule konfrontiert werden, weicht erheblich von dem ab, was sie in der Familie gewöhnt sind. Die Schule nimmt z.B. im Gegensatz zur Familie äußerst stark „individuell zu erbringende Leistungen und deren universalistische Bewertung“ (Busse/Helsper 2004, S. 439) in den Blick. Die Schullaufbahnentscheidung der Schule bzw. der Lehrkräfte kann zudem stark von dem abweichen, was Eltern sich für den Bildungsweg ihrer Kinder vorgestellt haben (vgl. Ditton 1989, S. 228). Bedingt durch solcherlei Abweichungen und Gegensätze sind Spannungen zwischen Elternhaus und Schule fast schon selbstverständlich.

Dennoch – oder gerade deshalb – wird immer wieder eine Kooperation zwischen Elternhaus und Schule angemahnt. Grundlagen und Möglichkeiten der Kooperation stehen im Mittelpunkt der folgenden Ausführungen. Dabei spielt eine zentrale Rolle, welche gegenseitigen Erwartungen beide Institutionen haben. Diese Kooperation ist vor dem Hintergrund der bildungspolitischen Rahmenbedingungen, vor allem aber aus historischer und rechtlicher Sicht zu sehen. Insbesondere ist die Frage zu stellen, welche Möglichkeiten der Partizipation Eltern im deutschen Schulwesen eingeräumt werden. Wesentliche Schnittstellen zwischen Schule und Familie mit erhöhtem Abstimmungsbedarf sind der Schuleintritt und die Übergänge im Bildungswesen, die Leistungsbewertung sowie die Hilfen durch das Elternhaus, z.B. Hausaufgaben und Nachhilfe. Zu fragen ist weiterhin, wie Elternpartizipation und Kooperation sich unter den Rahmenbedingungen einer immer eigenverantwortlicher agierenden Schule verändern.

II. Familie und Schule: Begriffsklärung

Um die Rahmenbedingungen, die rechtlichen und schulgeschichtlichen Grundlagen der Kooperation zwischen Familie und Schule zu erschließen, ist es notwendig, die beiden Begriffe zu klären.

II.1. Familie

Die Familie wird als eine Gruppe besonderer Art angesehen. Dem Konzept „Familie“ liegt das Vorhandensein der auf Verwandtschaft beruhenden sozialen Bindungen zugrunde (vgl. Böhnisch 2002, S. 283). Das zentrale Kennzeichen einer Familie – so könnte man den aktuellen Stand der Familienforschung skizzieren – ist die Zusammengehörigkeit von zwei oder mehreren aufeinander bezogenen Generationen, die zueinander in einer Eltern-Kind-Beziehung stehen. Als kleinste Größe umfasst eine Familie demnach ein Kind und einen Elternteil. Eine solche Familie wird als Ein-Eltern-Familie bezeichnet; häufig setzt sie sich aus einer Mutter mit einem Kind zusammen. Eine Familie mit einem Elternpaar und einem Kind oder mehreren Kindern wird als Kernfamilie bezeichnet. Diese Familienform liegt dem modernen oder bürgerlichen Familienmodell zugrunde und hat im 20. Jahrhundert eine kulturelle Dominanz eingenommen. Aus diesem Grunde gilt die Kernfamilie auch heute noch als „Normalfamilie“.

Kaum eine gesellschaftliche Institution ist so beständig, wie die Familie, aber von kaum einer Institution hieß es so häufig, dass ihr Zerfall unmittelbar bevorstünde (vgl. Schütze 2004, S. 171). Familie ist ein wertgeladener Begriff. Vielfach werden damit eigene Auffassungen und Hoffnungen, wie „richtige Familie“ sein sollte, in Verbindung gebracht (vgl. Lenz 2002, S. 147). Aus diesem Grunde sind familiale Lebensformen und die Vorstellung davon immer einem sozialen und kulturellen Wandel unterworfen. In der Gegenwart kann, im Zusammenhang mit gravierenden ökonomischen und gesellschaftlichen Veränderungen, ein deutlicher Bruch mit dem so genannten bürgerlichen Familienmodell festgestellt werden. Vieles, was das bürgerliche Familienmodell verbindlich vorschrieb, ist heute zu einer biographischen Option geworden. Die Partner müssen sich für oder gegen bestimmte Möglichkeiten entscheiden, z.B. ob eine Beziehung vertieft oder beendet werden soll, ob die Partner heiraten und/oder Kinder haben wollen oder nicht. Auch ist zu entscheiden, ob ein Partner, und wenn ja welcher, mit Rücksicht auf die Familie aus dem Beruf aussteigt und wie lange und in welchem Umfang er dies tut usw. Neben der „Normalfamilie“ (Vater, Mutter, Kind) existieren viele weitere Formen, wie z.B. Stiefeltern- bzw. Patchwork- oder Einelternfamilien. Die Biographien der Menschen haben sich aus traditionellen Vorgaben, Sicherheiten und Fremdkontrollen gelöst. Sie sind offener und von individuellen Entscheidungen abhängig, sie erfordern ein aktives Handeln jedes Einzelnen. Dies alles ist zusammenzufassen unter dem Phänomen der Pluralisierung der Lebens- und Familienformen. Unterschiedliche Beziehungs- und Lebensformen bestehen nebeneinander. Die Entscheidung für oder gegen Kinder geschieht vielfach sehr bewusst (vgl. Lenz 2002, S. 170).

II.2. Schule

Die Schule stellt neben der Familie den zentralen Lebensort für Kinder und Jugendliche dar. Sie sind zum Besuch der Schule verpflichtet, haben auf der anderen Seite aber auch ein verbürgtes Recht auf Bildung. Mehr als zehn Millionen Kinder in Deutschland besuchen die allgemeinbildende Schule; die Schule ist eine der größten sozialen Institutionen unserer Gesellschaft (vgl. Thimm 2000, S. 177 f.). In einer älteren Untersuchung wurde die „Verweildauer“ dort mit „15000 Hours“ im Leben des Individuums eingeschätzt (vgl. Rutter u.a. 1979) – eine Lebensspanne, die in den letzten Jahren keineswegs kleiner geworden ist. Bedingt durch die allgemeine Schulpflicht ist die Schule ein öffentlicher Ort, an dem sich alle Kinder und Jugendlichen in ihren jeweiligen Altersgruppen, in Kollektiven, Klassen oder „Haufen“, wie sie zu Beginn der Schulpflicht manchmal bezeichnet wurden, zusammenfinden (vgl. Thimm 2000, S. 183).

Die Schule kann als die klassische Institution öffentlicher Bildung und Erziehung bezeichnet werden. Sie hat eine vorgegebene Struktur – z.B. durch ihren Aufbau, ihren Lehrplan, ihre Anforderungen und Abschlüsse - und einen rechtlichen Rahmen – z.B. das Schulrecht. Das Schulwesen in Deutschland unterliegt der staatlichen Aufsicht (Art 7 Abs. 1 GG). Die Schulgesetzgebung liegt gemäß dem Föderalismusprinzip in der Hoheit der Bundesländer (Art 30, 70 GG). Als Schule im Rechtssinne bezeichnet man heute im Allgemeinen „eine auf Dauer eingerichtete Bildungsstätte, in der unabhängig vom Wechsel der Lehrkräfte sowie der Schülerinnen und Schüler nach einem Bildungsplan allgemein bildender oder berufsbildender Unterricht in unterschiedlichen Fächern für einen größeren Personenkreis erteilt wird“ (vgl. §1 Abs. 2 NSchG; §6 Abs. 1 Schulgesetz NRW). Einrichtungen der Erwachsenenbildung und auch die Hochschulen sind davon ausgenommen.

Die Schule ist Ort des zielgerichteten und geplanten Lehrens und Lernens und erfüllt damit bestimmte gesellschaftliche Funktionen: sie qualifiziert, sie selektiert für schulische, berufliche und gesellschaftliche Positionen, und sie integriert in die Gesellschaft (vgl. Fend 1981, S. 16). Das tatsächliche Gelingen oder Misslingen der Zusammenarbeit von Elternhaus und Schule ist in hohem Maß in der Tradition und Struktur sowohl der Familie als auch der Schule begründet.

Charakteristisch für die „Schule“ ist – scheinbar vordergründig - die besondere Art des Hauses: Allein durch Größe, Räume und Einrichtung unterscheidet sich das Schulhaus vom Wohnhaus eines Kindes. Weitgehend unerforscht ist die erzieherische Wirkung der besonderen Tages- und Jahresrhythmisierung, die in der Schule gilt und die sich oft schwer mit der der Familie vereinbaren lässt – man denke an den täglichen Schulbeginn, die Ferieneinteilung oder die Unvereinbarkeit von Schulzeiten und elterlichen Arbeitszeiten. Auch der Unterschied im Tagesrhythmus, in der Möglichkeit der freien Bewegungen bis hin zur spezifischen Motorik, die Kindern im Elternhaus und der Schule abverlangt werden, ist erheblich: Wie schwer fällt manchem Kind z.B. das lange Sitzen oder eine starre Körperhaltung beim Schreiben. Wichtiger noch sind die besonderen Beziehungen und Ordnungen, die in der Schule herrschen, und die Rollen, die damit verbunden sind und erst gelernt werden müssen.

Erst recht das Lernen selbst, die Formen und Inhalte der geistigen Auseinandersetzung, die Arten der Wirklichkeitserfahrung unterscheiden sich in Elternhaus und Schule, auch wenn sie aufeinander bezogen sind und aufeinander aufbauen. Der Lehrplan, die Unterrichtsfächer, die Methoden, der professionell erteilte Unterricht u.v.m. haben nur wenig gemein mit dem Lehren und Lernen vor, nach und außerhalb der Schule. Man kann zugespitzt formulieren, dass die Schule einen Ort und einen Tages- und Lebensabschnitt bildet, der gezielt von den alltäglichen Lebensverhältnissen eines Kindes abgesondert ist. Man denke nur daran, dass nahezu alle Gegenstände, mit denen Kinder sich in der Schule auseinandersetzen, an denen sie Erfahrung und Erkenntnisse gewinnen, aus zweiter Hand sind. Hier ist vieles künstlich, didaktisch aufbereitet, in Büchern, Modellen, Medien, in der Sicht oder Sprache der Lehrer und Lehrerinnen präsent.

Ein Blick in die Geschichte zeigt zudem, dass bereits den Schulordnungen, die im Zusammenhang mit den Schulgründungen im 17. und 18. Jahrhundert verfasst wurden, wie auch den heutigen Schulgesetzen dieser Zweck anzumerken ist, die Kinder „des Landes" aus den alltäglichen Lebensvollzügen herauszuholen, aus der Beiläufigkeit der unmittelbaren Lebensverhältnisse, auch aus der Enge örtlicher und familiärer Verhältnisse. Das „Hier und Jetzt", das das Leben von Kindern und Jugendlichen in Familie und Alltag bestimmt, wird in der Schule ergänzt, wenn nicht gar ersetzt durch das „Dann und Dort", durch Urbanität und Weltläufigkeit, und zwar „mit System", dem Schulsystem. Vereinfacht lässt sich das familiäre Lernen und Erziehen als beiläufig und gegenwartsbestimmt, schulisches als vor-läufig und zukunftsbestimmt bezeichnen. Diese Kennzeichen sind Indikatoren dafür, dass mit der Schule Bildung und Erziehung institutionalisiert werden, einer Veranstaltung und einer Einrichtung, mit der die Verhältnisse zwischen Individuen, Gesellschaft und Staat, u.a. zwischen junger und alter Generation, geregelt werden. In der Schule werden im Bereich der Bildung und Erziehung die privaten Zwecke mit den öffentlichen Zwecken - von Staat und Gesellschaft - in Übereinstimmung gebracht.

Für Kinder und Jugendliche bedeutet die Schulzeit vor allem, im Zwiespalt der beiden Lebensbereiche zu leben, ihre verschiedenen Rollenerwartungen, Verhaltensmuster, Abläufe und Rituale zu bewältigen. Für Elternhaus und Schule bedeutet dies, sich über den Zwiespalt zu verständigen und ihn zu überbrücken.

III. Historische und rechtliche Hintergründe zum Verhältnis Familie und Schule

Die Trennung von Familie und Schule geht auf die Anfänge des Schulwesens unter staatlicher Aufsicht und auf staatliche Initiative hin zurück. So hatte die Schule in den nachreformatorischen Fürstenstaaten primär die Aufgabe, die Untertanen in den „rechten Glauben" einzuführen und „gute" Staatsbürger zu erziehen. Aus diesem Grund ist vielen Kirchenordnungen aus dieser Zeit eine Schulordnung beigegeben. Mit der Aufhebung der geistlichen Fürstentümer im Jahr 1803 ging das Verständnis von Schule als „res ecclesiastica" in ein Verständnis von Schule als „res publica" über. Damit einher ging sukzessive die Ausklammerung eines größer werdenden

Teils der Erziehung aus der Zuständigkeit der Familien. Gleichzeitig wurde die „Unterrichtsabsicht“ des Staates festgelegt (§1 Allgemeines Landrecht für die preußischen Staaten 1794). Die Einführung der Unterrichtspflicht ist als Wendepunkt im Verhältnis zwischen Familie und Staat zu charakterisieren. Damit kristallisierten sich allmählich zwei Instanzen heraus, die sich fortan in Sachen Erziehung und Bildung gegenüberstanden: Die Familie, der die Erziehung als ureigenste Aufgabe zukam, und die staatliche Einrichtung der Schule, die sich primär über das Prinzip des Unterrichts definierte. Die Rolle der Familie bzw. der Eltern beschränkte sich weitgehend auf die Verpflichtung, ihre Kinder in die Schule zu schicken und somit ihre Unterrichtungs- und implizit auch ihre Erziehungsfunktion teilweise an den Staat abzutreten. Die in §7 des Allgemeinen Landrechts den Eltern noch zugestandene Möglichkeit, „... den Unterricht und die Erziehung ihrer Kinder auch in ihren Häusern zu besorgen“ wurde bis zur tatsächlichen Durchsetzung der Schulpflicht immer weiter eingeschränkt und in der Weimarer Verfassung endgültig aufgehoben. Die Schulen entwickelten sich zu Institutionen, die weitgehend fernab des elterlichen Einflusses lagen. Jedoch erst zu Beginn der siebziger Jahre, und zunächst auch nur in einzelnen Bundesländern, wurde das „Erziehungsrecht“ der Schule explizit formuliert (vgl. §2 Schulverwaltungsgesetz Niedersachsen vom 15.9.1954).

Das Verhältnis von Schule und Elternhaus lässt sich für heute so beschreiben: Die staatliche Schule ist als ein System zu begreifen, in dem Unterricht und Erziehung eine Einheit bilden. Der Bildungsauftrag der Schule lässt sich nicht ohne Erziehung verwirklichen. Der staatliche Erziehungsauftrag, der in der Schule verwirklicht wird, ist dem elterlichen sowohl inhaltlich als auch formal rechtlich gleich gestellt (vgl. Keck/Kirk 2001, S. 5–7).

Grundlage für die Kooperation von Elternhaus und Schule sind die Artikel 6 (2) und 7 des Grundgesetzes in Verbindung mit dem jeweils geltenden Landesschulrecht. Bezüglich des Elternrechts besagt Art. 6 (2) GG: „Pflege und Erziehung der Kinder sind das natürliche Recht der Eltern und die zuvörderst ihnen obliegende Pflicht.“ Die Eltern können und müssen demnach ihr Kind nach ihren Vorstellungen und ihrem Willen erziehen. Das Besondere an diesem Grundrecht ist sein pflichtgebundener Charakter; das heißt, das Recht ist nicht um der Selbstverwirklichung der Eltern willen im Grundgesetz verbürgt, sondern zum Wohl des Kindes (vgl. Avenarius 2001, S. 73). Art. 7 (2) des Grundgesetzes besagt: „Das gesamte Schulwesen steht unter der Aufsicht des Staates.“ Insofern steht dem Staat in seiner Schulhoheit ein eigenständiger Bildungs- und Erziehungsauftrag zu.

Aus dem Erziehungsrecht der Eltern und der schulischen Aufsicht des Staates ergibt sich ein Dilemma: Auf der einen Seite haben Eltern die Pflicht und das Recht, ihre Kinder zu erziehen, auf der anderen Seite ist die Schule des Staates ebenfalls eine erziehende Instanz. Bis in die siebziger Jahre hinein hat die Formulierung der beiden oben genannten Artikel des Grundgesetzes zu einem ungelösten Spannungsverhältnis zwischen Eltern und Lehrern geführt. Ein Entscheid des Bundesverfassungsgerichts aus dem Jahr 1972 legte erstmals eindeutig fest, dass es sowohl der Schule als auch dem Elternhaus um die Bildung der einen Persönlichkeit des Kindes gehe. Es ist nicht zulässig, für das elterliche Erziehungsrecht und den staatlichen Erziehungsauftrag eine der Erziehungsaufgabe abträgliche Aufteilung der Kompetenzen vorzunehmen. „Diese gemeinsame Erziehungsaufgabe von Elternhaus und Schule, welche die Bildung der einen Persönlichkeit des Kindes zum Ziel hat, lässt sich nicht in einzelne Kompetenzen zerlegen. Sie ist in einem sinnvoll aufeinander bezogenen Zusammenwirken zu erfüllen“ (BVerfG, Bd. 34, S. 165). Somit werden Ausschließlichkeitsansprüche auf Erziehung und Bildung auf Seiten der Schule und der Eltern ausgeschlossen (vgl. Krumm 2001; Schippmann 2006).

Zur staatlichen Verantwortung, die der elterlichen (Mit-)Bestimmung grundsätzlich entzogen ist, gehören die Organisation des Schulwesens nach Schularten und -stufen, die Festlegung der Unterrichtsinhalte und -methoden sowie die Ausgestaltung des Berechtigungswesens. Auf der anderen Seite muss der Staat „in der Schule die Verantwortung der Eltern für den Gesamtplan der Erziehung ihrer Kinder achten und für die Vielfalt der Anschauungen in Erziehungsfragen insoweit offen sein, als es sich mit einem geordneten staatlichen Schulwesen verträgt“ (Avenarius 2001, S. 73 f.).

Die Kooperation zwischen Schule und den Eltern ist somit zwingend vorgeschrieben. Die Formulierung „sinnvoll aufeinander bezogenes Zusammenwirken“ macht einen ständigen Diskurs zwischen den beiden Instanzen erforderlich. Der verfügbare Gestaltungsraum dazu wird in den unterschiedlichen Schulgesetzgebungen der Bundesländer geregelt. In allen Gesetzgebungen erhalten die Eltern ein Informations-, Anhörungs- und Vorschlags- bzw. Beratungsrecht. Einige Bundesländer räumen den Eltern weitergehende Zustimmungsrechte ein. Die Eltern haben jedoch keine Möglichkeiten, direkt Einfluss auf Formen und Inhalte des Unterrichts oder auf Ausbildung und Einstellung der Lehrer zu nehmen. Während Huppertz 1988 noch von der relativen Gleichheit der Elternmitsprache in den Bundesländern ausgeht, konstatiert Krumm 2001 ein Nord-Süd-Gefälle bezüglich des Umfangs der Kooperation.

Aus dem Urteil des BVerfG aus dem Jahr 1972 lassen sich folgende praxisbezogene Anforderungen an die Schule ableiten: Die Schule muss sich als Erziehungsinstitution begreifen und auf der Grundlage unserer Verfassung der „Vielfalt der Anschauungen in Erziehungsfragen Raum geben“. Das bedeutet, dass sie auf die Mitwirkung der Erziehungsberechtigten ausgelegt sein muss (vgl. Keck/Kirk 2001, S. 9 f.). Der Kern der Kooperation ist der untrennbare gemeinsame Erziehungsauftrag von Elternhaus und Schule. Elternpartizipation, d.h. Mitwirkung und Mitbestimmung, ist demnach als wichtige Aufgabe der Schule zu verstehen. Die Mitwirkung beinhaltet vor allem das Recht auf Information und Berichterstattung, das Recht auf Stellungnahme und Erörterung und das Vorschlagsrecht. Unter Mitbestimmung versteht man die Mitgliedschaft in diversen Schulgremien und die Teilnahme an Wahlen (vgl. Avenarius/Heckel 2000, S. 115–118).

Die rechtlichen Rahmenbedingungen liefern die Schulgesetzgebungen der einzelnen Bundesländer. Die vorgesehene Mitwirkung von Eltern in Gremien und bei Wahlen lässt sich anhand von Grafik 1 darstellen.

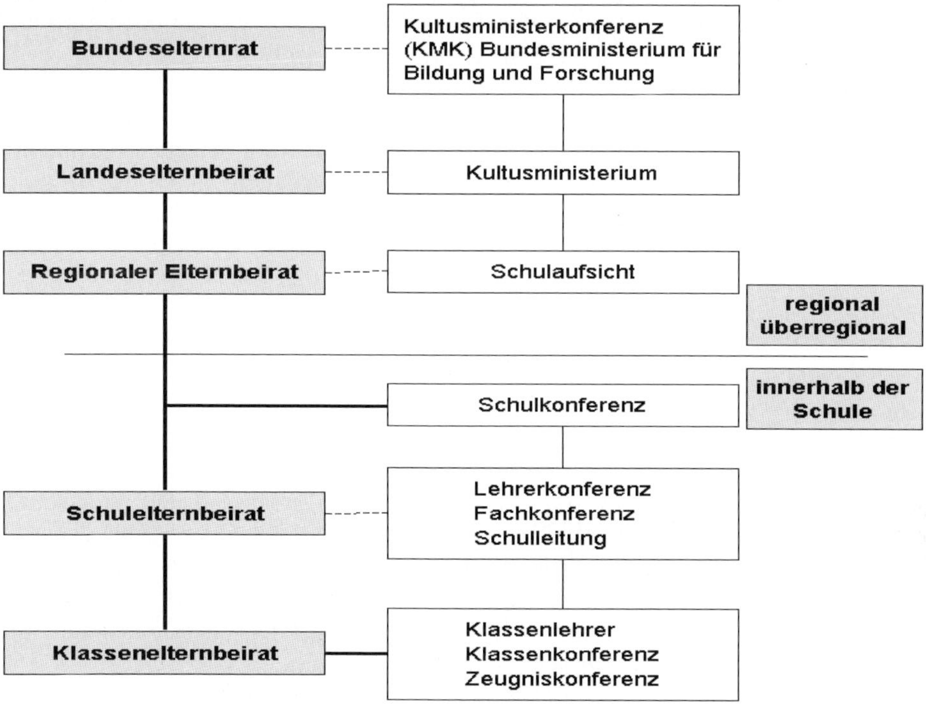

Abb. 1: Mitwirkung der Elternvertreter
Quelle: Dopke/Gisch 2005, S. 8

Die Mitwirkung umfasst die Beteiligung von gewählten Elternvertretern auf Klassen-, Schul-, Stadt- bzw. Kreis- und Landesebene (die regionalen Elternbeiräte sind mitunter nicht bei der Schulaufsicht, sondern beim Schulträger, also den Gemeinden und Landkreisen, angesiedelt). Diese Gremien und ihre Vertreter haben in den Bundesländern sehr unterschiedliche Bezeichnungen. Auf Bundesebene werden die Interessen der Eltern von Schulkindern durch den Bundeselternrat vertreten. Neben der formalen Perspektive kann Elternpartizipation aus drei weiteren Perspektiven betrachtet werden:

Historisch gesehen hat sich das besondere („Gewalt-")Verhältnis zwischen Schule und Elternhaus zunehmend differenziert, d.h. Bereiche der Mitbestimmung und Mitwirkung in Unterricht und Erziehung wurden von einander abgegrenzt und deutlich benannt. Im Zuge dessen wurden die Partizipationsrechte der Eltern – insbesondere in den 70er Jahren des letzten Jahrhunderts – gestärkt. So wurden die Eltern in beschlussfassende Schulgremien, wie z.B. der Schulkonferenz, als stimmberechtigte Mitglieder eingebunden, freilich ohne die Möglichkeit, professionelle Mitglieder zu majorisieren. Noch 1994 sah die Arbeitsgruppe Bildungsbericht des Max-Planck-Instituts für Bildungsforschung die durch Schulverfassungen geregelte Kooperation von Schule und Eltern eindeutig durch staatliche und bürokratische Einflüsse dominiert. Sie bezeichnet die deutschen Schulen als „Lehrerschulen", da in allen wichtigen Gremien aufgrund der Stimmenverteilungen letztlich die Lehrer entscheiden könnten, auch wenn Eltern und Schüler in diesen Gremien vertreten seien (vgl. AG Bildungsbericht 1994, S. 111; Pekrun 1997). 2003 verzeichnet die Arbeitsgruppe in diesem Bereich deutliche Anstrengungen von Seiten der Schulgesetzgebung dies zugunsten der Eltern zu ändern (vgl. Cortina u.a. 2003, S. 195). Dennoch sind die Mitbestimmungsmöglichkeiten von Eltern in Deutschland im Vergleich zu anderen Ländern eher als bescheiden einzustufen.

IV. Kooperation zwischen Eltern und Schule

In der Regel beschränkt sich die Kooperation von Eltern und Lehrern auf Elternabende und Elternsprechtage. Zudem erfolgen Kontakte häufig erst dann, wenn sich Konflikte anbahnen oder Schulprobleme entstehen. Es handelt es sich eher um „stille Partnerschaften", die gekennzeichnet sind durch das alte Rollenverständnis: Lehrer unterrichten mehr oder weniger zur Zufriedenheit der Eltern, und Eltern liefern mehr oder weniger die Unterstützung, die die Kinder emotional und intellektuell brauchen, um am Unterricht teilnehmen zu können (vgl. Eickenbusch 2006, S. 8).

Für Eltern und Elternvertreter ist die Kooperation mit der Schule zum Teil mit (Schwellen)Ängsten und Vorbehalten verbunden. Trotz der Verankerung der Zusammenarbeit in Schulgesetzen und Verordnungen empfinden sich Eltern nicht als Partner der Schule, sondern beschreiben das Verhältnis als eher distanziert. Die Schule wird vornehmlich als eine Institution mit Behördencharakter wahrgenommen. Die Ängste der Eltern beziehen sich insbesondere darauf, dass der eigene Einsatz von Seiten der Schule als unangenehme Einmischung aufgefasst werden könnte. Damit verbunden ist die Angst, dass eine Einmischung sich auf die Behandlung der Kinder durch die Lehrer auswirken könnte. Dem liegt das scheinbar unlösbare Dilemma zugrunde, dass bei jeder Form der Kooperation professionelle und vermeintlich nicht professionelle Erzieher zusammentreffen. Die Schule soll in vielen Bundesländern qua Verordnung den ersten Schritt zur Kontaktaufnahme mit den Eltern machen. In Niedersachsen z.B. sind die Schulen verpflichtet, Einladungen zu Elternabenden auszusprechen, auf denen die Klassenelternschaften bzw. der Schulelternrat gewählt werden (Niedersächsische Elternwahlordnung i.d.F. vom 4.3.2005); außerdem haben gemäß §96 Abs. 4 NSchG die Lehrkräfte Inhalt, Planung und Gestaltung des Unterrichts mit den Klassenelternschaften zu erörtern und insbesondere über Ziel, Inhalt und Gestaltung der Sexualerziehung rechtzeitig zu unterrichten (eine allgemeine Informationspflicht der Schule ist im Übrigen in §55 Abs. 2 NSchG normiert). Ein solcher Kontakt sollte nach Möglichkeit im außerunterrichtlichen Rahmen aufgenommen werden, damit ein möglichst unbelasteter Umgang gewährleistet ist (vgl. Hösl-Kulike 1994, S. 198). Wichtig ist ein frühzeitiger und ausreichender Informationsaustausch zwischen Schule und Elternhaus. Notwendig sind elternfreundliche Sprechzeiten, pädagogisch ausgerichtete Elternabende, die für die Eltern interessante erziehungsrelevante Themen ansprechen und der Wahl von Gremien dienen. Ein Problem ist allerdings, dass die Kooperation für die Lehrer und Lehrerinnen sehr zeitintensiv und aufgrund der zunehmenden beruflichen Belastungen schwer zu leisten ist. Aus diesem Grund wird immer wieder vorgeschlagen, Elternarbeit deutlicher in Arbeitszeitmodellen von Lehrkräften zu verankern.

IV.1. Übergänge von vorschulischen Einrichtungen in die Grundschule, von der Grundschule in weiterführende Schulen

Die praktischen und rechtlichen Schwierigkeiten der Zusammenarbeit von Eltern und Erziehungsberechtigten mit der Schule werden an einigen Brennpunkten des Schulalltags bzw. der Schullaufbahn besonders deutlich und sollen im Folgenden erörtert werden.

IV.1.a Schulanfang

Mit dem Eintritt in die Grundschule ändert sich der gesellschaftliche Status eines Kindes: Es wird zum Schüler oder zur Schülerin. Die Schule kommt als neuer Lebens- und Lernort zur Lebenswelt und zur Familie hinzu (vgl. 12. Kinder und Jugendbericht 2005, S. 131). Damit gehen veränderte Zuschreibungen und Erwartungen einher, die mit der neuen Rolle verbunden sind.

Kern der Debatte um den Schulanfang ist, wie die Lebenswelten des Kindes in Familie und (Grund-) Schule zueinander passen und wie der Übergang von der einen in die andere gestaltet werden kann. Die Antwort auf die beiden Fragen hängt maßgeblich davon ab, wie man die Lebenswelten und ihr Verhältnis zueinander betrachtet. Lange herrschte die Theorie vor, die Eignung für die Schule sei alleinige Sache des Kindes und seiner Familie: Ob das Kind schulreif war, wurde zwar von der Schule festgestellt, galt aber als außerhalb ihrer Zuständigkeit liegend. Dabei war der Begriff der „Schulreife" (Kern 1951) lange unumstritten, weil kindliche Entwicklung häufig mit dem Wachstum von Pflanzen verglichen wurde. Aus dieser Zeit und aus diesem Denken stammen manche bis heute gängigen Übergangspraktiken: Die „Kann-Kind"-Regelungen, die Früh- und Spät-Einschulung, die Verlagerung des Schulanfangs von Ostern auf den Herbst, die Fülle der Reife-Tests und hier besonders die nicht enden wollenden Bemühungen, bei der Definition der Schulreife mehr als nur die Intelligenz („Gliederungsfähigkeit") heranzuziehen, nämlich auch soziale, motorische und motivationale Fähigkeiten zu erfassen. Wenn auch dieses erweiterte Verständnis dazu führte, den Begriff Schulreife durch Schulfähigkeit zu ersetzen, blieb doch bis in die 1980er Jahre der erfolgreiche Schulbeginn weitgehend eine Sache des Kindes und seiner „Passung" für die Schule. Gravierende Änderungen für die Auffassung des Schuleintritts und die Praxis seiner Gestaltung brachte das ökopsychologische bzw. systemtheoretische Konzept von H. Nickel, der den Übergang eingebettet in drei interagierende Systeme sah (vgl. Nickel 1996, S. 88–100): Den Schüler in seinem familiären und außerfamiliären Umfeld, die Erzieherin mit weiteren vor-schulischen Teilsystemen (Kindergarten, Gruppe etc.) und die Lehrkräfte mit weiteren schulischen Teilsystemen (Grundschule). Danach wird der „Übergang" getragen von der Zusammenarbeit der drei Systeme. Der erfolgreiche Schulbeginn ist dann nicht mehr nur von der Passung des Kindes mit seinen Fähigkeiten an die Schule abhängig, sondern auch von der „Passung" der (Grund)-Schule mit ihren diagnostischen, fördernden und differenzierenden Funktionen an das Kind, kurz: Von der Schulfähigkeit des Kindes zur Kindfähigkeit der Schule.

In dieser Betrachtungsweise werden Familie, Kindertageseinrichtung und Schule für das Gelingen des Übergangs in die Pflicht genommen und sind aufeinander angewiesen. Die heutige Praxis der Schulvorbereitung, des Übergangs und des Anfangsunterrichts ist weitgehend diesem systemischen Denken verpflichtet, auch wenn das alte „Reife"-Vokabular immer noch benutzt wird.

Der Wandel der Auffassung zum Thema Schulanfang ist in gewisser Weise exemplarisch für den Wandel der Beziehung zwischen Elternhaus und Schule generell: Von der Schnittstelle hin zur Kooperation. Nicht mehr die Eltern haben ihre Kinder schulfertig abzuliefern und beenden damit ihren Erziehungsauftrag, sondern die Schule nimmt das Kind mit seinem familiären Hintergrund und allem, was es dort erworben hat, auf und führt es weiter. Dies gelingt aber nur auf der Basis gegenseitiger Information, Absprache, Beratung, Kooperation. Wie diese in der Praxis gestaltet werden, hängt davon ab, welche Möglichkeiten die Schule den Eltern einräumt und wie diese sie annehmen.

IV.1.b Schullaufbahnentscheidung und Schulwahl

Das deutsche Schulsystem gehört zu den am stärksten gegliederten. Horizontal weist es „scharfe" Schnitte auf, von denen Schüler und Schülerinnen in allen Bundesländern mindestens drei überwinden müssen: (a) den Schulanfang, (b) den Wechsel von der Grundschule zu einer weiterführenden Schule, (c) den Wechsel in die gymnasiale Oberstufe oder in die beruflichen Schulen. Das Gliederungsmuster, das sich aus den Schnitten ergibt, ist in jedem Bundesland anders, ändert sich ständig und gehört zu den „beliebtesten" Gegenständen von Wahlkämpfen und von Debatten in den Länderparlamenten. Schulische Wegscheiden sind mit Ent-scheidungen (griechisch „Krisen") verbunden, die deshalb so schwer sind, weil besonders die deutsche Schule bis heute die „Dirigierungsstelle für die künftige soziale Sicherheit, für den künftigen sozialen Rang und für das Ausmaß künftiger Konsummöglichkeiten" ist (Schelsky 1957, S. 17).

Nicht nur das Gliederungsmuster ist verschieden und ändert sich, sondern auch die Mitwirkungsmöglichkeiten der Eltern an den dort zu fällenden Entscheidungen. Nur einige können hier beispielhaft genannt werden, wobei typischerweise diese Beispiele immer nur für einige Bundesländer gelten: Frühe oder späte Einschulung, zwei- oder dreijähriger Besuch der Eingangsstufe der Grundschule, Fachleistungs- und Wahlkurse im unteren, mittleren und oberen Sekundarbereich, schulartenspezifische Zweige in Gesamt- und Mittelschulen, Ähnliches in der gymnasialen Oberstufe usw.. Aktuell ist z.B. die Debatte, welche von den beiden Instanzen (Elternhaus oder Schule) über die Teilnahme von Schülern und Schülerinnen an Kursen des so genannten Früh-Studiums (Schüler an die Universität) entscheiden bzw. entscheiden sollten (vgl. Solzbacher 2008b). Als Muster der Mitwirkung für Eltern gilt, trotz aller Varianz, quer durch die Bundesländer: Je jünger die Kinder, desto höher die Mitwirkung. Entscheidungen, die auf Unterricht und schulischer Leistung beruhen, sind eher Sache der Lehrer und Lehrerinnen, solche, die die Wahl von Schularten und - zweigen betreffen, sind - auch - Sache der Eltern. Hinter beiden

Mustern verbirgt sich die Unterscheidung von professioneller und nicht-professioneller Prognose: Was soll aus dem Kind werden? Weil aber die Grenzziehung zwischen den Zuständigkeiten von Lehrkräften und Eltern so schwer ist, bleibt nur, miteinander zu reden und zu beraten.

IV.2. Ausgewählte Spannungsfelder zwischen Elternhaus und Schule

Im Zusammenspiel zwischen Schule und Elternhaus sind Lehrer und Eltern gleichermaßen voneinander abhängig. Ein bestehendes Überlegenheits- und/oder Rivalitätsverhältnis zwischen Eltern und Lehrern kann zu Spannungen führen (vgl. Ulich 1993). Die wichtigsten Spannungsfelder sollen hier beispielhaft dargestellt werden.

IV.2.a Leistungsbewertung

Insbesondere im Bereich der Leistungsbewertungen bzw. der Leistungsanforderungen der Schule, des individuellen Lernerfolgs der einzelnen Schüler und der Leistungserwartungen der Eltern an ihre Kinder, können die unterschiedlichen Perspektiven von Eltern und Schule bzw. den agierenden Lehrern zu Konflikten führen (vgl. Aurin 1994, S. 49).

Kinder tragen ihre sozialen und leistungsbezogenen Erfahrungen aus der Schule in den familiären Alltag hinein. Schulische Leistungsanforderungen können jedoch auch zu innerfamiliären Konflikten führen. Darauf weist z.B. der hohe Grad der Inanspruchnahme von Familienberatungsstellen wegen Schul- und Leistungsproblemen der Kinder, insbesondere bei Jungen hin (vgl. 12. Kinder- und Jugendbericht 2005, S. 133).

Insofern spielen Leistungsanforderungen, Leistungserwartungen und Leistungserfolge ganz unmittelbar in den Alltag von Familien hinein. Häufig wird zudem konstatiert, dass die Bildungsaspirationen der Eltern, ganz unabhängig von der sozialen Schicht, kontinuierlich gestiegen seien (vgl. Holtappels u.a. 2004; AG Bildungsbericht 1994). Auch vor diesem Hintergrund ist ein hohes Interesse der Eltern an den Leistungen der Kinder und den Leistungsbewertungen durch die Lehrer anzunehmen.

Die Beurteilung der Schulleistungen ihrer Kinder ist für viele Eltern ein konkreter Anlass, Kontakt zur Schule aufzunehmen. Die Bedeutung der Leistungsbeurteilungen für das Verhältnis zwischen Schule und Elternhaus darf demnach nicht zu gering geschätzt werden (vgl. Kirk 2001, S. 79). Über 40% der Mütter schätzen die Leistungsanforderungen der Schule als zu hoch ein. 52% der Eltern bezweifeln die Objektivität der Notengebung (vgl. Ditton 1987, S. 224 f.). Eine besonders kritische Situation ist die Leistungsbeurteilung zum Ende der Grundschulzeit, die der Entscheidung über den Besuch der weiterführenden Schule zugrunde liegt. So sind sich Mütter und Lehrkräfte nur zu knapp 60% darüber einig, welches die für das Kind angemessene Schulform ist (vgl. Ditton 1987, S. 208 ff.). In diesem Zusammenhang wird z.B. immer wieder die prognostische Qualität von Übertrittsempfehlungen als unzureichend bezeichnet (vgl. Schuchart/Weishaupt 2004).

Aus den genannten Gründen wird zunehmend gefordert, die Leistungsbewertung zu reformieren. Aktuell diskutierte alternative Formen der Leistungsbewertung (z.B. Lernentwicklungsberichte anstatt Noten) können zu einer Abgleichung der Erwartungen führen und eine gute Grundlage für Eltern-Gespräche über die individuelle Entwicklung des Kindes sein (vgl. Fiegert/Solzbacher 2001 und Kunze/Solzbacher 2008a).

Besondere Aufmerksamkeit erfährt in den letzten Jahren das bislang vernachlässigte Thema der Förderung besonders begabter Kinder und Jugendlicher in der Schule. Auch hier kommt es immer wieder zu Problemen hinsichtlich schulischer Leistungen zwischen Lehrkräften und den Eltern hochbegabter oder besonders begabter Kinder: So gibt es nicht selten unterschiedlichen Auffassungen darüber, ob ein Kind tatsächlich hochbegabt ist oder ob das Überspringen von Klassen und die spezielle Förderung besonders Begabter sinnvoll ist. Dabei wird häufig die aller Leistungsbewertung zugrunde liegende Diagnosefähigkeit von Lehrkräften als mangelhaft kritisiert, ebenso wird das Fehlen von Konzepten individueller Förderung in der Schule beklagt (vgl. Tettenborn 1996; Heinbokel 2004; Solzbacher 2004a).

IV.2.b. Hausaufgaben

Die Schule hat einen hohen Einfluss auf den Alltag einer Familie mit Schulkindern. Nachdem schulische Bildung und das Erlangen eines höheren Schulabschlusses für Eltern eine immer höhere Bedeutung einnimmt, wachsen auch die Anforderungen an die Eltern, ihre Kinder in Bezug auf die schulische Bildung zu unterstützen und sie zu fördern. Dies kann zu weiteren Problemen führen: Zum einen kann es vorkommen, dass die Familie sich zu sehr den Anforderungen der Schule anpasst und somit zum verlängerten Arm der Schule wird. In diesem Falle können die Schulleistungen das emotionale Gleichgewicht innerhalb des Familiengefüges stören indem z.B. die hohen Erwartungen der Eltern an den Schulerfolg ihrer Kinder einen starken Druck auf die Kinder ausüben. Zum anderen kann die Situation eintreten, dass die Eltern ihre Kinder in Bezug auf den Bildungserfolg nicht unterstützen, der Schule gleichgültig gegenüberstehen oder die Bildungsambitionen ihrer Kinder behindern oder ignorieren (vgl. Busse/Helsper 2004, S. 450).

Die elterlichen Unterstützungsleistungen betreffen vor allem die Begleitung und Betreuung der Hausaufgaben, gewissermaßen als Fortsetzung des schulischen Lernens in der Familie. Die Hausaufgaben stellen daher ein wichtiges Bindeglied zwischen Schule und Elternhaus dar. Sie bieten Eltern die Möglichkeit, in die inhaltliche Ausgestaltung des Unterrichts Einblick zu nehmen. Eltern können verfolgen, mit welcher Thematik sich die Kinder in der Schule beschäftigen. Die Hausaufgaben bieten Eltern zudem eine Möglichkeit zur Unterstützung und Förderung ihrer Kinder, zur Beobachtung ihres Arbeitsverhaltens und ihrer Leistungsfortschritte (vgl. Rudolph 2001, S. 82).

Über die Hausaufgaben kommt dennoch häufig kein persönlicher Kontakt zwischen der Schule und den Eltern zustande. In der Regel nehmen die Beteiligten erst dann Kontakt auf, wenn Probleme auftreten. Häufig stützt sich die Wahrnehmung der Eltern auf Erzählungen der Kinder. Dies kann zu Spannungen zwischen Eltern und Lehrern führen, denn die Kommunikation findet nicht direkt statt. Eine objektive Beurteilung bestimmter Situationen kann dadurch für beide Seiten erschwert werden (vgl. Ulich 1993).

Dennoch haben die meisten innerhalb der Hausaufgabenforschung befragten Eltern und Schüler zu Hausaufgaben eine positive Einstellung, denn sie sprechen sich für deren Beibehaltung aus, da sie Hausaufgaben für nützlich halten (vgl. Nilshon 1998, S. 174; Rudolph 2001, S. 89; Wagner 2005, S. 19). Eltern sind davon überzeugt, dass sie ihrem Kind beim Lernen helfen müssen und dass sie mit ihrer Unterstützung einen Einfluss auf das Leistungsniveau ihrer Kinder haben (vgl. Ulich 1993). So erhalten nur 15% aller Siebtklässler keinerlei Unterstützung bei den Hausaufgaben (vgl. Exeler/Wild 2003). Eltern nehmen die enorme Mehrbelastung durch die Schule also gerne in Kauf, fordern aber immer wieder mehr Tipps und Anregungen für eine verbesserte Hilfe von Seiten der Lehrkräfte (vgl. Krumm 1996), nicht zuletzt, da die gemeinsamen Hausaufgaben häufig Grund für Konflikte in der Schule und in der Familie sind (*Döpfner u.a. 1994)*. Demgegenüber überrascht es, dass über zwei Drittel der Lehrer und Lehrerinnen eine Elternmitwirkung bei den Hausaufgaben als unwichtig bezeichnen, sie sogar z. T. als qualitativ schlecht bewerten und lediglich der elterlichen Kontrolle über die Anfertigung von Hausaufgaben eine Bedeutung zumessen. Hierin mag u.a. die von Eltern beklagte fehlende Unterstützung durch Lehrkräfte begründet sein sowie eine mangelnde Abstimmung, die wiederum für psychosoziale Störungen von Kindern verantwortlich gemacht wird (vgl. Wild 2003, S. 515 f.).

IV.2.c. Nachhilfe

Wenn Kinder Probleme haben, die geforderten Schulleistungen zu erbringen, suchen immer mehr Eltern einen Ausweg im Nachhilfeunterricht. Jeder vierte Jugendliche in Deutschland hat in den letzten Jahren bis zum Abitur bereits einmal privat bezahlten Zusatzunterricht erhalten (vgl. Schneider 2005, S. 377). Der Nachhilfeunterricht konzentriert sich zu über 80 Prozent auf die Kernfächer Mathematik, Englisch und Deutsch. Nachhilfe wird im Wesentlichen von zwei Schülergruppen in Anspruch genommen: Von solchen, die akut versetzungsgefährdet sind, und von solchen, die mit längerfristiger Nachhilfe einem möglichen Leistungsabfall vorbeugen wollen. Sowohl die Zahl der Nachhilfeschülerinnen und -schüler als auch das kommerzielle Nachhilfeangebote nehmen ständig zu (vgl. Schneider 2005; Institut für Jugendforschung 2003; Kramer/Werner 1998).

Was ursprünglich gedacht war als Unterstützung nach längerer Krankheit, bei familiären Problemen oder Schulwechsel etc. (vgl. Becker/Kohler 2002) fungiert in seiner kommerzialisierten Form der „Nachhilfeschule“ fast als Ergänzungsschule, die zur sozialen Schräglage in Deutschland erheblich beiträgt. Denn immer häufiger wird Nachhilfe in Anspruch genommen, um bessere Schullaufbahnempfehlungen zu gewährleisten und damit den ‚sozialen Abstieg’ - durch den Besuch einer als geringwertig angesehenen Schule - zu vermeiden oder um Leistungseinbrüchen vorzubeugen (vgl. Rudolph 2002). So wundert es nicht, dass die meisten Nachhilfestunden von Jugendlichen in Gymnasien oder Realschulen in Anspruch genommen werden. Weitaus seltener nehmen Hauptschüler und -schülerinnen diese Dienstleistung in Anspruch (vgl. Rudolph 2002; Schneider 2005). In den Grundschulen wird die Zahl der durch Nachhilfe geförderter Kinder (häufig aus bildungszugewandten Elternhäusern) mittlerweile schon auf 10% geschätzt (vgl. Hurrelmann 1996). Insgesamt sinkt die Nachhilfe durch Eltern zugunsten bezahlter Nachhilfe mit steigender Klassenstufe, nicht zuletzt aufgrund wachsender familiärer Konflikte, die durch die familiäre Nachhilfe ausgelöst werden (vgl. Kramer/Werner 1998).

In der Tat wird in Untersuchungen eine Misstrauenserklärung gegenüber der Leistungsfähigkeit des öffentlichen Schulsystems deutlich (vgl. Kramer/Werner 1998; Rudolph 2002). Dennoch kommt es auch hier zu relativ wenig Kontakt zwischen Elternhaus und Schule oder zwischen (von Eltern beauftragten) Nachhilfelehrern und Schule (vgl. Rudolph 2002). Als Ursache kann die Angst der Eltern vor negativer Etikettierung durch Lehrkräfte und Mitschüler vermutet werden sowie die Hoffnung, dass die Leistungssteigerung so eher den Schülern selbst zugesprochen wird (vgl. Rackwitz 2005).

Angesichts des enormen Ausmaßes und der großen Wirkungen von Nachhilfe wundert es, dass dieses Thema von Seiten der Bildungspolitik eher vernachlässigt wird. Nicht wenige Eltern und Wissenschaftler sehen aus den bisher genannten Gründen eine Reformierung des deutschen Schulsystems als dringend erforderlich an. So wird z.B. die Einrichtung von Ganztagsschulen in diesem Zusammenhang immer wieder angemahnt, denn es sei die Bringschuld von Staat und Schule und nicht der Eltern, für gleichwertige Bildungschancen Sorge zu tragen (vgl. Rackwitz 2005, S. 42).

Immer mehr, besonders bildungsambitionierte und religiös motivierte Eltern suchen nach Alternativen zur Schule als Bildungsform. Die Skepsis einiger Eltern gegenüber dem staatlich dominierten Schulsystem - das schon aufgrund seiner schlechten (ökonomischen) Rahmenbedingungen (zu große Klassen, zu viel Unterrichtsausfall, veraltete Schulbücher etc.) nicht in der Lage sein könne, Kinder wirklich individuell anzusprechen und zu fördern - führt zu der Forderung nach dem Recht auf „Homeschooling", des Unterrichtens der Kinder zu Hause durch die Eltern (vgl. Fischer/Ladenthin 2006). Der „Schulzwang" solle in eine Bildungspflicht umgewandelt werden, die dem elterlichen Wunsch nach mehr Bildungsverantwortung und -freiheit besser gerecht werde (vgl. Schirrmacher 2006).

V. Verbesserung der Interaktion durch Beteiligung der Eltern an Schulentwicklungsprozessen in selbstständigen Schulen

Seit den 1970er Jahren gibt es immer wieder - in Anlehnung an reformpädagogische Überlegungen - Vorstöße, Schulen mehr Autonomie zu geben und sie als eine selbständige Schulgemeinschaft zu begreifen, in der alle Beteiligte, also Schüler, Lehrer und Eltern, das Schulleben gemeinsam gestalten und verantworten (vgl. Keck 1979).

In den letzten Jahren hat sich im Zuge der Diskussion um Schul- und Unterrichtsentwicklung die Forderung nach mehr Eigenverantwortlichkeit für Schulen verstärkt (vgl. Solzbacher 2004b) und damit hat sich auch die Bedeutung der Kooperation von Schule und Elternhaus verändert. Nicht nur Elternverbände fordern Änderungen im Schulgesetz, die Eltern deutlich mehr Mitspracherechte und aktive Mitwirkung einräumen sollen. So wird darauf gedrängt, Eltern als Schulvorstände einzubeziehen, damit sie über das Schulprogramm, über Stundentafeln und Mittelverwendung u.a.m. mitentscheiden können. Eltern sollen darüber hinaus mehr Mitsprache bei der Entwicklung und Durchführung von Evaluationen in Schule und Unterricht bekommen.

Mittlerweile ist in vielen Schulgesetzen eine solche selbstständige oder eigenverantwortliche Schule mit größeren Elternmitwirkungsmöglichkeiten verankert. Ziel ist es dabei u.a., dass Eltern und Lehrkräfte vor Ort in einen Dialog über Erziehungs- und Bildungsziele und über dazu notwendige Maßnahmen kommen (vgl. Busemann u.a. 2007 und Kern 2007). Unklare Erwartungen und diffuse Ängste und Vorurteile könnten so vermieden und eine vertrauensvolle Partnerschaft angebahnt werden . Eine besondere Herausforderung stellen aktuell z.B. die mit der Schulentwicklung einhergehenden Reformen der Lehr- und Lernkulturen (Projekte, Freiarbeit etc.) mit dem für alle Beteiligten ungewohnten Ziel der Kompetenzförderung dar (vgl. Czerwanski/Solzbacher/Vollstädt 2002). Derart tiefgreifende Reformen müssen für Eltern einsichtig gemacht werden, damit sie die Arbeit ihrer Kinder angemessen unterstützen und begleiten können. Zudem wird diskutiert und erprobt, welche Möglichkeiten es gibt, Eltern sinnvoll als Partner in einen reformierten Unterricht einzubinden, indem z.B. ihre Ressourcen zur Erweiterung des Bildungsangebots genutzt werden. Gesucht wird nach Möglichkeiten, Eltern als gleichberechtigte Partner in die Schule einzubinden und das Verhältnis von Schule und Eltern als Erziehungs- und Bildungspartnerschaft neu zu beleben. Erziehungspartnerschaft realisiere sich nur in einem dynamischen Kommunikationsprozess, d.h. in der wechselseitigen Öffnung von Familie und Schule (vgl. Textor 2004).

Als weitere Maßnahmen werden in den einzelnen Bundesländern u.a. Arbeitsgemeinschaften erprobt, in denen Eltern Förderunterricht erteilen oder thematisches „Enrichment" beisteuern, indem sie fremde Sprachen vermitteln, in Themenbereiche ihrer Hobbys einführen und sich aktiv an Unterrichtsprojekten beteiligen. Ein besonderer Stellenwert kommt ihnen bei Maßnahmen zur Berufsorientierung zu (vgl. KMK 2003). Gedacht ist daran Eltern als Vertreter der Schule in sich immer häufiger entwickelnde kommunale oder regionale Bildungsnetzwerke einzubinden, die die Rolle der Eltern ausweiten und diese auch als engagierte Bürger und Bürgerinnen ansprechen (vgl. Lohrenz 2001; Solzbacher/Minderop 2007).

Aus diesen neuen Mitwirkungsrechten im Rahmen eigenverantwortlicher Schule ergeben sich aber auch Mitwirkungspflichten. Diese Pflichten können nicht von allen Eltern gleichermaßen wahrgenommen werden, entweder weil ihnen das Interesse an der Mitarbeit fehlt oder weil sie sich nicht hinreichend kompetent und mit derartigen Aufgaben überfordert fühlen. Besonders Eltern aus Migrantenfamilien oder sozial schwachen Familien sind mitunter schwer einzubinden. Internationale Evaluationsstudien zeigen jedoch, dass bereits über regelmäßige Informationsabende eine Steigerung des Engagements zu erreichen ist (vgl. Wild 2003, S. 515). Bildungspolitik und Schule in Deutschland bemühen sich zunehmend um eine Integration dieser Eltern in den Schulbetrieb. So werden in einzelnen Bundesländern von Schulverwaltungen Elternfortbildungen z.B. für die Gremienarbeit angeboten; Landesinstitute erstellen Sammlungen mit „Best-Practice"- Modellen für Schulen. An einigen Schulen werden so genannte „Elternschulen" eingerichtet, die sich Themen der Bildung und Erziehung widmen. Immer häufiger findet man auch Erziehungs-

oder Verhaltensvereinbarungen (Lernverträge), die Eltern und Schüler deutlicher in die Pflicht nehmen sollen. In solchen schriftlich fixierten Vereinbarungen werden Spielregeln des Umgangs miteinander und des Verhaltens in der Schule festgehalten. Vereinbarungen, die die Elternpflichten betreffen, beziehen sich auf die Verpflichtung zum regelmäßigen Schulbesuch, auf den Umgang mit Schulmaterialien und auf die regelmäßige Kooperation mit der Schule. Lehrkräfte verpflichten sich, den Bildungsauftrag ernst zu nehmen, Schüler und Schülerinnen ihren Leistungen entsprechend zu fördern, regelmäßige Feedbackgespräche mit den Eltern zu führen und mit diesen zum Wohle der Kinder zu kooperieren. Erziehungsverträge sollen Erwartungen klären helfen, zu offenen Aussprachen zwischen den Beteiligten führen und zur Übernahme von Verantwortung anregen. Die Sensibilität für die Sichtweisen und Interessen aller Beteiligten wächst, so die berechtigten Hoffnung, was gerade bei interkulturellen und religiösen Konflikten von großer Bedeutung ist. In einigen Bundesländern gibt es Initiativen, derartige Erziehungsvereinbarungen in verpflichtende Verträge umzuwandeln, denn bisher gibt es bei Abweichungen wenige Möglichkeiten der Sanktionierung (vgl. Krumm 2002; Fiegert 2008).

Die aktuellen Forderungen sind in Teilen brisant, nämlich dort, wo der bisher geltende rechtliche Rahmen überschritten wird und Eltern unmittelbar an Unterrichtsprozessen beteiligt werden sollen. Damit wird die pädagogische und didaktische Verantwortung der Lehrer und Lehrerinnen tangiert. Eltern sollten demnach über Unterrichtsinhalte, -ziele, -methoden und -formen nicht nur informiert werden, sie sollen auch zu Besuchen im Unterricht eingeladen und um aktive Unterstützung von Unterrichtsvorhaben gebeten werden. Darüber hinaus wird eine Mitentscheidung über den Lehrplan, die Leistungsbewertung und die Unterrichtsmethoden beansprucht. Damit könnte, so die mitunter zu hörende Kritik, in Frage gestellt werden, dass Unterricht und Erziehung in der Schule in der Hand professionell ausgebildeter Lehrkräfte liegen sollen (vgl. Giesecke 1996; ders. 1998). D.h. durch Mitwirkung von Eltern im Unterricht würde in gewisser Weise die Institution Schule selber in Frage gestellt.

VI. Ausblick

In der Zusammenarbeit von Schule und Elternhaus besteht trotz jahrelanger Auseinandersetzung nach wie vor dringender Handlungsbedarf. Dass die Zusammenarbeit verbessert werden muss, wird von Seiten politischer Entscheidungsträger durchaus gesehen und bestätigt. Nicht zuletzt die neuen Herausforderungen einer multikulturellen Gesellschaft stellen neue Anforderungen an die Erziehungspartnerschaft. Die Initiative zur Kooperation muss in jedem Fall von Seiten der Schule mit ihren professionellen Fachkräften erfolgen. Erforderlich ist hierfür eine weitergehende Qualifizierung von Lehrkräften, sowohl in der Lehrerausbildung als auch in der Lehrerfortbildung. Denn obgleich die Schule auf gute Zusammenarbeit zwischen Eltern und Schule angewiesen ist, werden Lehrer mit dem sensiblen Bereich der „Elternarbeit“ in ihrem täglichen Arbeitsablauf weitgehend allein gelassen (vgl. Wild 2003, S. 527 ff.). Zudem spielt die Thematik auch in der Lehrerausbildung eine eher untergeordnete Rolle (vgl. Jaumann-Graumann 2001, S. 66). Aus der Sicht des Kindes ist es von ganz elementarer Bedeutung, dass eine Abstimmung zwischen den beiden Lebensbereichen erfolgt. Nicht zuletzt deshalb gilt es, Forschungen auf diesem Gebiet zu forcieren: Empirische Befunde zum Bereich Zusammenarbeit zwischen Schule und Elternhaus stehen noch weitgehend noch aus (vgl. Wiezorek 2005).

Literatur

12. Kinder- und Jugendbericht 2005: Bundesministerium für Familie, Senioren, Frauen und Jugend (2005): Bericht über die Lebenssituation junger Menschen und die Leistungen der Kinder- und Jugendhilfe in Deutschland.

AG Bildungsbericht 1994 = Arbeitsgruppe Bildungsbericht am Max-Planck-Institut für Bildungsforschung (1994): Das Bildungswesen in der Bundesrepublik Deutschland: Strukturen und Entwicklungen im Überblick. Reinbek.

Aurin, K. (1994): Gemeinsam Schule machen. Schüler, Lehrer, Eltern – ist Konsens möglich? Stuttgart.

Avenarius, H. (2001): Einführung in das Schulrecht. Darmstadt.

Avenarius, H./Heckel, H. (2000): Schulrechtskunde. 7. Aufl. Neuwied.

Becker, G.E./Kohler, B. (2002): Hausaufgaben. Kritisch sehen und die Praxis sinnvoll gestalten. Weinheim.

Böhnisch, L. (2002): Familie und Bildung. In: Tippelt, R. (Hrsg.): Handbuch Bildungsforschung. Opladen, S. 283–291.

Busemann u.a. 2007 = Busemann , B./Oelkers, J./Rosenbusch, H.S. (Hrsg.) (2007): Eigenverantwortliche Schule - ein Leitfaden. Köln.

Busse, S./Helsper, W. (2004): Familie und Schule. In: Helsper, W./Böhme, J. (Hrsg.): Handbuch der Schulforschung. Opladen, S. 439–465.

Cortina u.a. 2003 = Cortina, K.S./Baumert, J./Leschinsky, A./Mayer, K.U./Trommer, L. (Hrsg.) (2003): Das Bildungswesen der Bundesrepublik Deutschland. Strukturen und Entwicklungen im Überblick. Reinbek.

Czerwanski, A./Solzbacher, C./Vollstädt, W. (Hrsg.) (2002): Förderung von Lernkompetenz in der Schule. Gütersloh.

Ditton, H. (1987): Familie und Schule als Bereiche des kindlichen Lebensraumes. Eine empirische Untersuchung. Frankfurt a. M.

Ditton, H. (1989): Determinanten für elterliche Bildungsaspirationen und für Bildungsempfehlungen des Lehrers. In: Empirische Pädagogik H.3, S. 215–231.

Döpfner u.a. 1994 = Döpfner, M./Schürmann, S./Lehmkuhl, G. (Hrsg.) (1994): Hausaufgaben-Probleme? Diagnostik und Therapie von Verhaltens- und Interaktionsstörungen bei der Durchführung der Hausaufgaben. In: Kindheit und Entwicklung 3, S. 227–237.

Dopke, M./Gisch, H. (2005): Elternarbeit. Fakten, Gründe, Praxistipps. Schulmanagement Handbuch 115. 24. Jahrgang. München.

Eickenbusch, G. (2006): Von der stillen Partnerschaft zum aktiven Dialog. Wege zur Elternarbeit in der Schule. In: Pädagogik H. 9, S. 6–10.

Exeler, J./Wild, E. (2003): Die Rolle des Elternhauses für die Förderung des selbstbestimmten Lernens. In: Unterrichtswissenschaft H. 31, S. 6–22.

Fend, H. (1981): Theorie der Schule. 2. Aufl. München.

Fiegert, M./Solzbacher, C. (2001): Alternative Schulen - alternative Leistungsbewertung. In: Solzbacher, C./Freitag, C. (Hrsg.): Anpassen verändern, abschaffen? Schulische Leistungsbewertung in der Diskussion. Bad Heilbrunn, S. 289–312.

Fiegert, M. (2008): Verträge mit Schülerinnen und Schüler in der Schule. In: Kunze, I./Solzbacher, C. (Hrsg.) (2008a): Individuelle Förderung in der Sekundarstufe I und II, S. 101–110.

Fischer, R./Ladenthin, V. (Hrsg.) (2006): Homeschooling - Tradition und Perspektive. Würzburg.

Giesecke, H. (1996): Wozu ist die Schule da? Stuttgart.

Giesecke, H. (1998): Pädagogische Illusionen. Lehren aus 30 Jahren Bildungspolitik. Stuttgart.

Heinbokel, A. (2004): Überspringen von Klassen. Münster.

Hösl-Kulike, C. (1994): Schule aus Elternsicht. Frankfurt a.M.

Holtappels u.a. 2004 = Holtappels, H.G./Klemm, K./Pfeiffer, H./Rolff, H.-G./Schulz-Zander, R. (Hrsg.) (2004): Jahrbuch der Schulentwicklung Band 10. Weinheim/München.

Hurrelmann, K. (1996): Das deutsche Schulwesen privatisiert sich. In: Pädagogik H. 9, S. 35–39.

Institut für Jugendforschung 2003 = Institut für Jugendforschung (2003): Mit Nachhilfe kommt man weiter. Ergebnisse zur Nachhilfesituation in Deutschland. München.

Jaumann-Graumann, O. (2001): Elternarbeit in der Lehrerausbildung – Zusammenarbeit von Studierenden und Schulen. In: Keck, Rudolf W./Kirk, S. (Hrsg.): Erziehungspartnerschaft zwischen Elternhaus und Schule. Analysen – Erfahrungen – Perspektiven. Baltsmannsweiler. S. 66–72.

Keck, R.W. (Hrsg.) (1979): Kooperation Elternhaus - Schule. Analysen und Alternativen auf dem Weg zur Schulgemeinde. Bad Heilbrunn.

Keck, R.W./Kirk, S. (Hrsg.) (2001): Erziehungspartnerschaft zwischen Elternhaus und Schule. Analysen – Erfahrungen – Perspektiven. Baltmannsweiler.

Kern, A. (1951): Sitzenbleiberelend und Schulreife. Freiburg.

Kern, M. (2007): Kooperation gelingt: Eltern und Schule. In: Busemann, B./Oelkers, J./Rosenbusch, H.S. (Hrsg.) (2207): Eigenverantwortliche Schule - ein Leitfaden. Köln, S. 250-253.

Kirk, S. (2001): Leistungsbeurteilung – ein Konfliktbereich zwischen Elternhaus und Schule? In: Keck, R. W./Kirk, S. (Hrsg.): Erziehungspartnerschaft zwischen Elternhaus und Schule. Analysen – Erfahrungen – Perspektiven. Baltmannsweiler. S. 79–81.

KMK (2003) = Sekretariat der ständigen Konferenz der Kultusminister der Länder in der Bundesrepublik Deutschland: Erziehung als Auftrag von Elternhaus und Schule. Informationen der Länder über die Zusammenarbeit von Eltern und Schule. Beschluss der Kultusministerkonferenz vom 04.12.2003 unter www.kmk.org/doc/beschl/Elternhaus_und_Schule_04_12.pdf (Stand 18.09.2006).

Kramer, W./Werner, D. (1998): Familiäre Nachhilfe und bezahlter Nachhilfeunterricht. Ergebnisse einer Elternbefragung in Nordrhein-Westfalen. Institut der deutschen Wirtschaft. Köln.

Krumm, V. (1996): Über die Vernachlässigung der Eltern durch Lehrer und Erziehungswissenschaft. Plädoyer für eine veränderte Rolle der Lehrer bei der Erziehung der Kinder. In Leschinsky, A. (Hrsg.): Die Institutionalisierung von Lehren und Lernen. 34. Beiheft der Zeitschrift für Pädagogik. Weinheim, S. 119–137.

Krumm, V. (2001): Das Verhältnis von Elternhaus und Schule. In: Roth, L. (Hrsg.): Pädagogik – Handbuch für Studium und Praxis. 2. Aufl. München, S. 1016–1029.

Krumm, V. (2002): Verhaltensvereinbarungen und Verhaltensverträge. Eine Übersicht über damit verbundenen Vorstellungen und Informationen über pädagogisch erfolgreiche Praktiken. In: www.bildung-brandenburg.de/bbs/eltern/301102/krumm/pdf (Stand 19.9.2006).

Kunze, I./Solzbacher, C. (Hrsg.) (2008a): Individuelle Förderung in der Sekundarstufe I und II.

Lenz, K. (2002): Familien. In: Schröer, W./Struck, N./Wolff, M. (Hrsg.): Handbuch Kinder- und Jugendhilfe. Weinheim, S. 147–171.

Lohrenz, H. (2001): Schulelternarbeit im sozialen Netzwerk. In: Keck, R. W./Kirk, S. (Hrsg.): Erziehungspartnerschaft zwischen Elternhaus und Schule. Analysen – Erfahrungen – Perspektiven. Baltmannsweiler, S. 133–146.

Nickel, H. (1996): Die Einschulung als pädagogisch-psychlogische Herausforderung. „Schulreife" aus ökologisch-systemischer Sicht - Kritisches Ereignis oder erfolgreicher Übergang. In: Haarmann, D. (Hrsg.): Handbuch Grundschule, Bd. 1. Weinheim, S. 88–100.

NSchG = Niedersächsisches Schulgesetz i. d. Fassung vom 17.07.2006.

Nilshon, I. (1998): Hausaufgaben. In: Rost, D. (Hrsg.): Handwörterbuch Pädagogische Psychologie. Weinheim, S. 173–176.

Pekrun, R. (1997): Kooperation zwischen Elternhaus und Schule. In: Vaskovics, L.A./Lipinski, H. (Hrsg.): Familiale Lebenswelten und Bildungsarbeit. Opladen.

Rackwitz, R.-P. (2005): Bildungsfaktor Nachhilfe. Erkaufte Bildungschancen. In: Pädagogik H. 12, S. 36–42.

Rudolph, M. (2001): Hausaufgaben als familiales und schulisches Problemfeld. In: Keck, R. W./Kirk, S. (Hrsg.): Erziehungspartnerschaft zwischen Elternhaus und Schule. Analysen – Erfahrungen – Perspektiven. Baltmannsweiler, S. 82–90.

Rudolph, M. (2002): Nachhilfe - gekaufte Bildung? Empirische Untersuchung zur Kritik der außerschulischen Lernbegleitung. Eine Erhebung bei Eltern. LehrerInnen und Nachhilfeinstitutionen. Bad Heilbrunn.

Rutter u.a. 1979 = Rutter, M./Maughan B./Mortimore, P./Ouston J. (Hrsg.) (1979): 15000 Hours. Secondary Schools and their effects on Children. London.

Schelsky, H. (1957): Schule und Erziehung in der industriellen Gesellschaft. Würzburg.

Schippmann, T. (2006): Kommentar zu §2 Erl. 1 NSchG. In: Brockmann, J./Littmann, K.-U./Schippmann, T.(Hrsg): Kommentar zum Niedersächsischen Schulgesetz Walluf.

Schirrmacher, T. (2006): Bildungspflicht statt Schulzwang. In: Fischer, R./Ladenthin, V. (Hrsg.) (2006): Homeschooling - Tradition und Perspektive. Würzburg, S. 199–284.

Schneider, T. (2005): Nachhilfe als Strategie zur Verwirklichung von Bildungszielen. Eine empirische Untersuchung mit Daten des sozio-ökonomischen Panels (SOEP). In: Zeitschrift für Pädagogik H.3, S. 363–379.

Schuchart, C./Weishaupt, H. (2004): Die prognostische Qualität der Übergangsempfehlungen der niedersächsischen Orientierungsstufe. In: Zeitschrift für Pädagogik H. 6, S. 882–902.

Schulgesetz Nordrhein-Westfalen i. d. Fassung vom 27.06.2006.

Schütze, Y. (2004): Familie. In: Krüger, H./Helsper, W. (Hrsg.): Einführung in Grundbegriffe und Grundfragen der Erziehungswissenschaft. 6. Aufl. Wiesbaden, S. 171–179.

Solzbacher, C. (2004a): Frühe und individuelle Förderung in der Schule – ein Recht für alle Kinder und Jugendlichen. In: SchulVerwaltung spezial H.2, S. 6–9.

Solzbacher, C. (2004b): Schulautonomie: Möglichkeiten und Problemfelder. In: Eichelberger, H./Kohlberg, D. (Hrsg.): Bildungsmanagement und Schulentwicklung. Osnabrück, S. 44–58.

Solzbacher, C./Minderop, D. (Hrsg.) (2007): Bildungsnetzwerke und Regionale Bildungslandschaften. Ziele und Konzepte, Aufgaben und Prozesse. München.

Solzbacher, C. (2008b): „Frühstudium - Schüler an die Universität" , unter www.telekomstiftung.de/fruehstudium oder als Druckfassung erhältlich bei der Deutschen Telekom Stiftung.

Tettenborn, A. (1996): Familien mit hochbegabten Kindern. Münster.

Textor, M.R. (2004): Eltern und Schule als Partner. In: Staatsinstitut für Frühpädagogik (Hrsg.): Online Familienhandbuch - www.familienhandbuch.de (Stand 18.9. 2006).

Thimm, K. (2000): Schulverweigerung. Münster.

Ulich, K. (1993): Schule als Familienproblem? Frankfurt a.M.

Wagner, P. (2005): Häusliche Arbeitszeit für die Schule. Münster.

Wiezorek, C. (2005): Schule, Biographie und Anerkennung: Eine fallbezogene Diskussion der Schule als Sozialisationsinstanz. Wiesbaden.

Wild, E. (2003): Einbeziehung des Elternhauses durch Lehrer: Art, Ausmaß und Bedingungen der Elternpartizipation aus Sicht von Gymnasiallehrern. In: Zeitschrift für Pädagogik H. 4, S. 513–533.

Kapitel 7: Familie und ihre Umwelt

Imbke Behnken/Sabine Maschke/Ludwig Stecher/Jürgen Zinnecker

B: „Pragmatische Ordnungssucher und effiziente Gelegenheitsjäger“ – Die erste Jugend-Generation des 21. Jahrhunderts

Wir haben uns angewöhnt, Jung und Alt mit öffentlichen Medienbildern zu belegen: Beiden Altersgruppen werden eindeutige Rollen zugeschrieben. Diese Rollen repräsentieren polar einander entgegen gesetzte soziale Charaktere. Der jungen Generation fällt dabei die Rolle zu, gegen die überlieferten Ordnungen der Väter und Mütter zu rebellieren. Die ältere Generation tritt, am anderen Pol, als Bewahrer dieser Ordnungen auf. Diese Rollenzuweisungen bestimmten unsere Vorstellung von Jugend in den Umbrüchen der Moderne im vergangenen Jahrhundert. Zu Beginn des 21. Jahrhunderts stimmen die alten Zuschreibungen und die alten Erfahrungen des vergangenen Jahrhunderts jedoch nicht mehr. Gegenwärtig formiert sich in Deutschland eine junge Generation, deren Orientierungen und deren Mentalität anders sind. Der radikale Wandel von Jugend wird, neben vielen anderen Hinweisen, durch verschiedene empirische Jugendstudien dokumentiert, welche die aktuellen Werte und Lebensweisen der jungen Generation zu Beginn des neuen Jahrhunderts rekonstruieren.

Im folgenden Beitrag wollen wir ein Panoramabild der Jugend entwerfen, das diesen Wandel belegt und ihn aus einer Vielzahl von Belegen heraus in seiner empirischen Gestalt nachvollziehbar macht. Dabei soll es vor allem darum gehen, möglichst viele einzelne Facetten der jungen Generation zu umfassen. Zur Jugend sind in den letzten Jahren zahlreiche Studien – wie etwa die aktuellen Shell-Jugendstudien – erschienen. Gemeinsam ist diesen Studien jedoch, dass sie sich in der Regel auf ein relativ eng eingegrenztes Thema (wie etwa politische Beteiligung und Wertorientierungen) konzentrieren. Generationenporträts, die sich nur auf einen solchen kleinen Ausschnitt der jugendlichen Lebenswelten, Wertorientierungen und Einstellungen beziehen, zeichnen häufig ein zu einseitiges Bild und verabsolutieren die einzelne Perspektive für das Ganze. Hilfreicher sind Studien, die einen möglichst breiten Zugriff auf die Welt der Heranwachsenden erlauben.

Zwei solcher Panoramastudien wurden in den letzten Jahren vom Siegener Zentrum für Kindheits-, Jugend- und Biografieforschung durchgeführt. Zum einen die Studie „NRW-Kids“, bei der 2001 mehr als 6.000 10- bis 18-jährige Kinder und Jugendliche in rund 350 Schulklassen an über 160 allgemein bildenden und beruflichen Schulen vom 4. bis zum 12. Jahrgang (mit Ausnahme der Sonderschulen) befragt wurden. Die Studie ist für das größte Bundesland – Nordrhein-Westfalen – repräsentativ[1]. Die Studie hatte zum Ziel, ein umfassendes Panorama der heutigen heranwachsenden Generation zu Beginn des 21. Jahrhunderts zu zeichnen: Kinder und Jugendliche wurden zu den unterschiedlichsten Themen befragt – beispielsweise dazu, wie sie sich in der Schule fühlen, wie es ihnen in der Familie geht, welche Musik sie gerne hören, was ihnen im Leben wichtig ist, was sie mit ihren Freunden unternehmen und vieles andere mehr. Zur Umsetzung der Themen-Vielfalt wurden verschiedene Fragebogen-Module[2] eingesetzt: Einige Fragen – wie zum Beispiel nach dem Alter, dem Geschlecht oder der besuchten Schulform u. a. – waren dabei für alle Befragten gleich. Sie bildeten den Basisteil des Fragebogens. An den Basisteil schlossen sich jeweils Fragen an, die sich auf spezifische Themenbereiche bezogen und die jeweils nur von einem Teil der Jugendlichen und Kinder ausgefüllt werden sollten. Auf dieser breiten empirischen Grundlage wurde ein Porträt der heranwachsenden Generation erstellt und in einen theoretischen Zusammenhang mit der Generationenabfolge im 20./21. Jahrhundert gebracht.

Bei der zweiten Studie, die dieser Beitrag einbezieht, handelt es sich um „LERNen und BILDung" (LernBild). Im Mittelpunkt dieser repräsentativen Studie, die 2003/2004 mit knapp 2.000 10- bis 18-jährigen Schülern und Schülerinnen in Nordrhein-Westfalen durchgeführt wurde, stand die Bedeutung von Lernen, Schule und allgemein von Bildung aus der Sicht der Heranwachsenden. Auch hier wurde mit modularisierten Fragebögen und thematisch weit greifenden Frageinstrumenten gearbeitet.

Beide Studien, LernBild wie NRW-Kids, gehen dabei methodisch *integrativ* vor, d. h., dass quantitative und qualitative Erhebungs- und Auswertungsmethoden kombiniert werden. Neben der standardisierten schriftlichen Befragung wurden beispielsweise Gruppendiskussionen durchgeführt und von den Schülern und Schülerinnen Aufsätze zu spezifischen Themen (z.B. „Wie ich mir meine persönliche Zukunft vorstelle") geschrieben. Unabhängig von den Schablonen standardisierter Fragen und Antwortvorgaben hatten die Schüler und Schülerinnen die Möglichkeit, über sich und ihre Zukunft zu reflektieren. Zusammengenommen erlaubt diese methodische Vielfalt tiefe Einblicke in die Gedanken und Einstellungen der jungen Menschen.

Die Kombination unterschiedlicher Datenerhebungsstrategien und das thematisch weite Panorama beider Studien erweitern das Bild auf die Jugend um zahlreiche Tiefendimensionen. Im Folgenden werden wir einige dieser Dimensionen anhand der empirischen Befunde aus beiden Studien beschreiben. Ziel ist es, wie bereits weiter oben hervorgehoben, nicht einen einzelnen punktuellen Befund hervorzuheben, sondern einen Rundumblick auf die Jugendphase, auf die Einstellungen und Ansichten, auf die Lebenswelten, Zukunftswünschen und Hoffnungen zu ermöglichen. In dem Maße, in dem beide Studien in einigen Bereichen auf die Frage-Tradition der Shell-Jugendstudien (vgl. Zinnecker 2001) zurückgreifen, sind sie an diese Forschungslinie anschlussfähig und erlauben in manchen Fällen einen historisch weit zurück reichenden Blick auf die Kindheits- und Jugendphase und ihre Gestaltentwicklung in den letzten etwa 50 Jahren.

I. Jungsein in einer alternden Gesellschaft. Demografischer Wandel und die Lebenswelt von Heranwachsenden

Kinder und Jugendliche stellen Ende des 20. Jahrhunderts zum ersten Mal in der europäischen Geschichte eine demografische Minderheit dar. Die Erwachsenen und die Angehörigen der älteren Generation bilden die Mehrheit. Fakten, die sich auch in den alltäglichen Erfahrungen der heutigen Kinder und Jugendlichen widerspiegeln. Auf die Frage „Was mich an meiner Wohnumgebung stört“, erreicht die Nennung „Zu wenig Kinder/Leute in meinem Alter“ Rang 1.

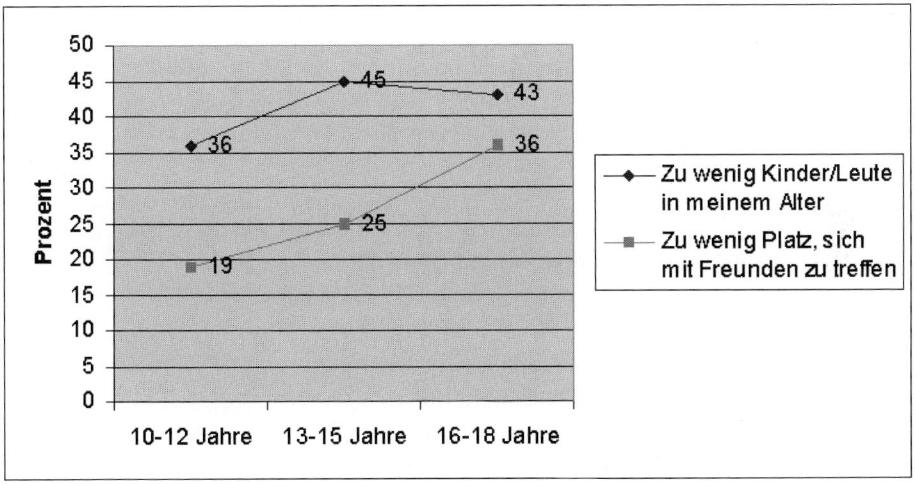

Abb. 1: „Was mich an meiner Wohnumgebung stört“
Quelle: NRW-Kids 2001

Welche politischen und sozialen Risiken erwachsen aus der Position einer demographischen Minderheit für die Jüngeren? Die „demographische Balance“ (Qvortrup 1993) zwischen der jüngeren und der älteren Generation droht in den alternden Gesellschaften Europas verloren zu gehen, und damit steht die Sicherung der „Verteilungsgerechtigkeit zwischen den Generationen“ auf dem Spiel. Ein Indiz dafür, dass mit der demographischen Balance auch die politische Balance verloren zu gehen droht, lässt sich im Zeitvergleich anhand der Frage beschreiben, ob die Heranwachsenden der Meinung sind, dass die Regierung genug für junge Leute tut (siehe Grafik 2). Dahinter steckt die Einschätzung, inwieweit die jüngere Generation davon ausgeht, in den politischen Prozessen, die mehrheitlich von der älteren Generation gesteuert und bestimmt werden, als Generation repräsentiert zu sein und – so lässt sich schlussfolgern – als gleichberechtigter Teil der Gesellschaft ernst genommen zu werden.

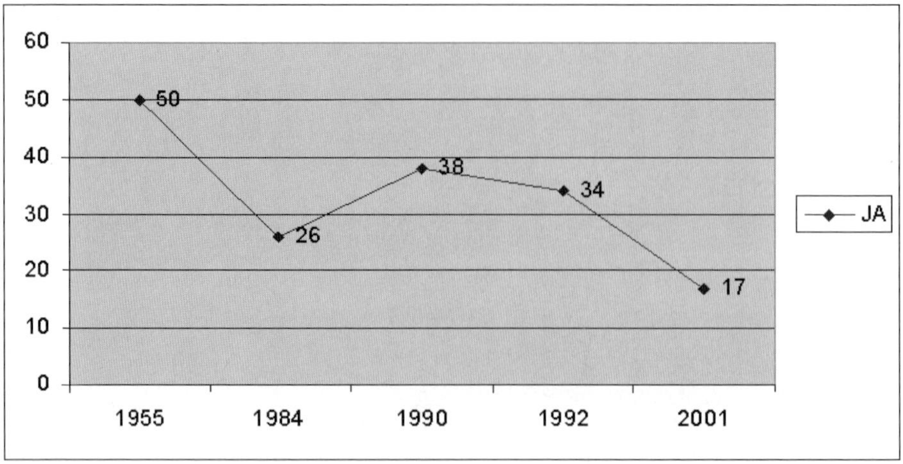

Abb. 2: Glaubst Du, dass die Regierung genug für junge Leute tut? (1955–2001)
Quellen: 1955: EMNID (1955), 1984 und 1992: Jugendwerk der Deutschen Shell (1985, 1992), 1990: Behnken et al. (1991), 2001: NRW-Kids.

Der Zeitvergleich macht den dramatischen Vertrauensverlust der Regierung in der Einschätzung von Jugendlichen deutlich. 1955 glaubte die Hälfte der befragten Jugendlichen, die „Regierung" würde „genug für Kinder und Jugendliche" tun; 1984 – die Jahre der hohen Arbeitslosigkeit – war es ein Viertel, und 2001 ist es nicht einmal mehr ein Fünftel der Befragten, die der Regierung ihr Vertrauen in dieser Hinsicht ausspricht.

Weitere Befunde zeigen, dass hinter der von den Jugendlichen wahrgenommenen Abkehr der (politischen) Erwachsenenwelt von den Belangen der Heranwachsenden nicht nur eine bloße Veränderung in der allgemeinen Wahrnehmung seitens der Jugendlichen gesehen werden darf, sondern eine reale Entwicklung steht. So fördert beispielsweise die demographische Entwicklung in der Tat eine solche Abkehr seitens der Erwachsenen, indem durch das demographische Ungleichgewicht die Möglichkeiten, Kontakte von Seiten der Erwachsenen zu Kindern und Jugendlichen herzustellen, deutlich abnehmen. Während zu Beginn des 20. Jahrhunderts rechnerisch 1 Kind auf etwa 1 Erwachsenen kam (und 1/8 Senior), kommt zu Beginn des 21. Jahrhunderts 1 Kind auf 4 Erwachsene (und 1 Senior). Damit verbunden ist eine Ausdünnung des Wissens der älteren Generation in Europa über die Verfasstheit der Kinder und Jugendlichen aus „erster Hand". Die junge Minderheit wird der alternden Mehrheit mehr und mehr fremd.

Gleichzeitig jedoch produzieren moderne Gesellschaften einen öffentlichen Diskurs über die Befindlichkeit der jüngeren Generation: mediale Diskurse, Konstrukte und Bilder werden für die ältere Mehrheit über die „unbekannte" junge Minderheit generiert. Und es floriert die Kindheits- und Jugendforschung. Sie dient dazu, den öffentlichen Diskurs über die jüngere Generation mit aktuellen Wissensbeständen zu unterfüttern und zu legitimieren.

Gerade in einer Zeit, in der das Erfahrungswissen über die jüngere Generation bei den Erwachsenen rar wird, sich das demographische Ungleichgewicht zwischen den Generationen in der Gesellschaft zuungunsten der nachwachsenden Generation verändert, bedarf es in besonderem Maße einer Kindheits- und Jugendforschung, die die Perspektive der Kinder und Jugendlichen advokatorisch vertritt und in den Mittelpunkt ihrer Forschungsbemühungen rückt.

II. Jugendliche und ihre Vorbilder

Ein umfassendes Bild der heutigen jungen Generation fördert auch Paradoxien zutage. Eine solche Paradoxie beispielsweise zeigt sich, wenn wir die Frage betrachten, ob Kinder und Jugendliche heutzutage Vorbilder haben oder nicht. Es stünde zu erwarten, dass junge Menschen – aus dem Fremdheitsverhältnis, das wir im vorangegangenen Abschnitt beschrieben haben – Erwachsene als ihre Vorbilder ablehnen (wenn sie sich überhaupt zu Vorbildern bekennen). Wie die Befunde zeigen, ist dies aber nicht der Fall.

In der Studie NRW-Kids wurde nach den Vorbildern gefragt und dabei zeigt sich zunächst: Vorbilder sind wieder in. Eine derart hohe Zustimmungsquote zu Vorbildern hat es seit Beginn der Jugend-Forschung in den 1950er-Jahren noch nicht gegeben: heute akzeptiert über die Hälfte der Befragten ein erwachsenes Vorbild. Zum Vergleich: 1984 gaben nur 24 Prozent der 15- bis 17- Jährigen an, ein Vorbild zu haben, 1996 lag die Quote sogar nur bei 20 Prozent.

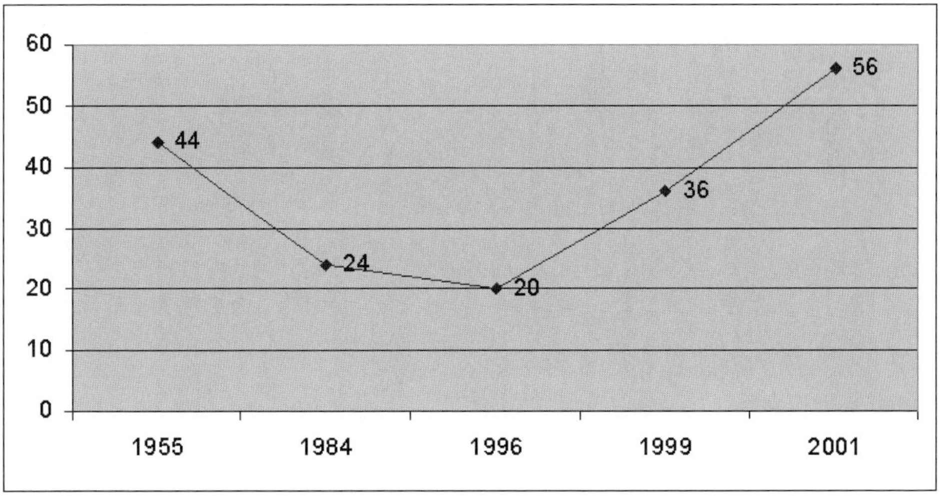

Abb. 3: Anteil von Heranwachsenden, die ein Vorbild haben (1955–2001)
Quellen: 1955: EMNID (1955), 1984, 1996 und 1999: Jugendwerk der Deutschen Shell (1985, 1997, 2000), 2001: NRW-Kids.

Dabei zeigt sich, dass die Mutter in der Vorbild-Frage eine prominente Stellung einnimmt. Etwa 40 Prozent der Mädchen, die ein Vorbild haben, geben an, dass ihre Mutter ihr Vorbild ist. Dies ändert sich im Übrigen kaum, wenn die Mädchen älter werden und ein Einbruch während der Pubertätsphase (zwischen etwa 13 bis 15 Jahren) lässt sich in der Vorbildfunktion der Mutter nicht beobachten. Bei den Jungen wird der Vater als Topvorbild in der Familie genannt – je nach Altersgruppe von etwa 23 bis 31 Prozent derjenigen, die überhaupt ein Vorbild haben.

Betrachten wir diese Befunde auf der Folie des vorangegangenen Abschnitts und seiner Kernaussage der zunehmenden Fremdheit zwischen den Generationen, so zeigt sich, dass das öffentliche Verhältnis zwischen den Generationen und das Verhältnis der Generationen innerhalb des emotional nahen Familienverbandes zwei unterschiedliche Dinge sind und von den Heranwachsenden offensichtlich auch unterschiedlich bewertet werden.

Dass das Verhältnis zwischen den Generationen *in* der Familie als gut bezeichnet werden kann, lässt sich aus einem zweiten Aspekt heraus belegen. In der Studie NRW-Kids wurden die 10- bis 18-Jährigen gefragt, ob sie so wie ihre Eltern erziehen wollten, wenn sie später selbst erwachsen sind und Kinder haben. Diese Einschätzung erlaubt eine globale Aussage darüber, wie zufrieden die Familienkinder mit ihren Eltern sind, welche emotionale Qualität in den Eltern-Kind-Beziehungen vorherrscht und welchen Freiraum Kinder in ihren Familien empfinden.

Der zentrale Befund für die Gegenwart: Die meisten Heranwachsenden finden die Erziehung im Elternhaus okay und möchten ihre Kinder später einmal so erziehen, wie die Eltern es ihnen vorgelebt haben.

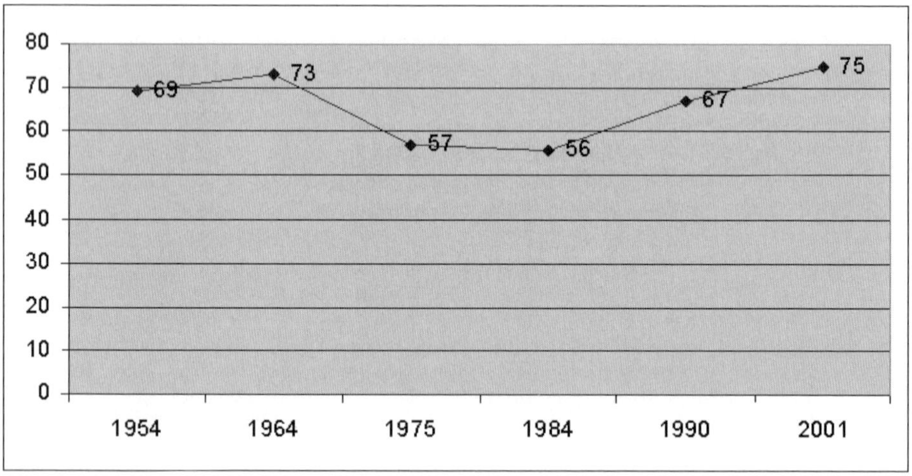

Abb. 4: Die Eltern als Erziehungs-Vorbilder: „Jugendliche wollen wie die Eltern erziehen"
Quellen: 1954: EMNID (1954), 1964 bis 1984: Jugendwerk der Deutschen Shell (1965, 1975, 1985), 1990: Behnken et al. (1991), 2001: NRW-Kids.

Der Anteil der Jugendlichen, die „wie ihre Eltern erziehen wollen", erreicht in der gegenwärtigen Jugend-Generation ihren Höhepunkt. Die Jahrzehnte des Aufbegehrens gegen die eigenen Eltern sind vorbei, die junge Altersgruppe honoriert mit ihrer Zustimmung die vergleichsweise liberale Erziehung (Verhandlungshaushalt, siehe Du Bois-Reymond 1995) der heutigen Eltern-Generation. Von einem Generationenkonflikt innerhalb der Familie zu sprechen, scheint angesichts dieser Befunde haltlos.

Das einvernehmliche Verhältnis zwischen Kindern und der Generation der Eltern geht Hand in Hand mit einer allgemeinen positiven Sicht auf die Institution der Familie (siehe auch den nächsten Abschnitt). Dabei sieht ein Großteil der Jugendlichen die Familie nicht als Kleinfamilien-Haushalt an, der auf Eltern und Kinder beschränkt ist, sondern als ein dichtes soziales Netzwerk, das über den eigenen Haushalt hinausweist. Dazu gehören in erster Linie die noch lebenden Großeltern und die eigenen Geschwister, ferner ältere und gleichaltrige Verwandte, die Freunde des Hauses – und nicht zuletzt die geliebten Haustiere, die besonders für die jüngeren Jugendlichen wichtig sind. Diese Befunde ergaben sich in der Studie NRW-Kids auf die offen gestellte Frage, wer alles zur Familie gehört.

III. Zukunftsblicke und -wünsche

Die Zukunft, aber auch die Gegenwart einer Gesellschaft hängen nicht zuletzt von den Zukunftsentwürfen ihrer Mitglieder ab, von den Ideen und Planungen, die die Einzelnen mit Blick auf ihr späteres Leben entwerfen. Aus dieser Perspektive waren und sind die Zukunftsperspektiven der Heranwachsenden immer ein wichtiges Thema der pädagogischen Kindheits- und Jugendforschung.

In der Studie NRW-Kids wurden die Zukunftsentwürfe der jungen Menschen auf der Basis folgender Anfrage erhoben: „Schreib mal zwei Dinge auf, auf die Du stolz bist, wenn Du sie in deinem Leben erreichst. Denke bitte dabei an die Zeit, wenn Du erwachsen bist." Haben wir es mit einer Generation zu tun, die, wie so oft in den Medien heraufbeschworen, nur aus Individualisten und Egoisten besteht, die vor allem den „Spaß" und einen einfachen schnellen Weg in Karriere und materiellen Reichtum suchen? Die Antworten der 10- bis 18-Jährigen stehen diesen Werten und Zielen, die gerne in Alltagsgesprächen zur Beschreibung der heutigen Jugend heraufbeschworen werden, sichtlich entgegen. Kinder und Jugendliche skizzieren das Bild einer Generation, die ihr Glück, ihre Zufriedenheit im privaten Bereich erhofft. Im „Berufsleben klar zu kommen, erfolgreich zu sein" (1. Rangplatz) und „eine glückliche Familie zu gründen und zu haben" (2. Rang) sind die Dinge, die Kinder und Jugendliche mehrheitlich erreichen möchten. Auch der 3. und 4. Rang der Hitliste erwünschter Lebenserfolge beziehen sich mittelbar auf berufliche Leistungen und die (Gründung einer) Familie: Gute Schulleistungen als Voraussetzung für beruflichen Erfolg und das eigene Haus als Heim für die Familie.

Die Entwürfe der Jugendlichen für ihre Zukunft lesen sich wenig exotisch. Die meisten Jugendlichen wünschen sich einen erfolgreichen und bruchlosen Lebensweg (Normallebenslauf), der neben einer guten Ausbildung Familie, Ehepartner, Kinder, eigenes Haus mit Garten, Auto, Urlaubsreisen und Geld einschließt. Diese

Entwürfe verdeutlichen, dass wir es mit einer Generation zu tun haben, die ihr Leben in den Linien der Erwachsenengeneration (vor allem der älteren Erwachsenen) verortet. Es ist eine Generation, die ihren Auftrag an der Gestaltung der zukünftigen Gesellschaft über ihren Beruf und die eigene Familie definiert. Eine vergleichbare Rangordnung der beiden ersten Plätze finden wir in der Jugendstudie von 1984, also in der Studie über die ‚grüne, No-Future-Jugend'. Das heißt, die Zukunft entlang einer beruflichen und familiären Normalbiografie zu gestalten, wurde und wird – damals wie heute – nicht in Frage gestellt. In dieses Bild passt, dass die Kinder und Jugendlichen die Zukunft wie es allgemein mit der Gesellschaft weitergehen wird, im Großen und Ganzen, sehr optimistisch einschätzen. Auf das Statement „Man kann ja die Zukunft, wie das Leben für uns alle weitergehen wird, eher düster oder eher zuversichtlich sehen. Wie ist das bei Dir?" geben 72 Prozent der 10- bis 18-Jährigen an, dass sie diese Zukunft eher zuversichtlich betrachten. Bei den 10- bis 12-jährigen Kindern beträgt dieser Anteil sogar 84 Prozent.

Aber so eindeutig positiv das bis hierhin gezeichnete Bild der Zukunftsentwürfe erscheint, so eindeutig stoßen wir auch in diesem Bereich auf einige ungeklärte Paradoxien in Mentalität und Lebensentwurf dieser Generation. So zeigen die Heranwachsenden zwar eine optimistische Grundstimmung, aber sie sehen tiefschwarz, wenn es um die globale Zukunft unserer Welt geht. Weder das Problem der Arbeitslosigkeit, noch das der Umweltzerstörung halten sie für lösbar, auch die Bemühungen um Friedenssicherung scheinen ihnen nicht ausreichend. Damit bescheinigen sie den Erwachsenen Versagen - und dass sie die großen Probleme unserer Zeit nicht zu lösen vermögen.

Tabelle 1: Zukunftserwartungen 13- bis 18-Jähriger

Das tritt ... ein	**Bestimmt/ Wahrscheinlich**
(1) Gewalttätige Konflikte nehmen zu	76 %
(2) Immer weniger Arbeitsplätze	71 %
(3) Technik/Chemie zerstören Umwelt	64 %
Das tritt ... ein	**Bestimmt nicht/Wahrscheinlich nicht**
(1) Arbeitslosigkeit wird verschwinden	82 %
(2) Menschen werden friedlicher leben	79 %
(3) Umweltprobleme werden gelöst	64 %

Quelle: NRW-Kids 2001.

IV. Bildung und Lernen im Leben junger Menschen

Wie wir in Bezug auf die Zukunftsentwürfe gesehen haben, spielt Bildung eine besondere Rolle für den späteren Lebenserfolg als Erwachsener. Dies war für das Siegener Zentrum u. a. Anlass, sich intensiv mit diesem zentralen Lebensbereich junger Menschen in der Studie LernBild auseinander zu setzen. LernBild ist dabei mit der Idee verknüpft, ein bildungspolitisches Versäumnis zu korrigieren: Die bildungspolitische Debatte der vorangegangenen Jahre, die durch nationale und internationale Schulleistungs-Vergleichsstudien in Deutschland ausgelöst wurde – die so genannte PISA-Debatte –, hatte weithin die subjektiven Lern- und Bildungserfahrungen der jüngeren Generation, der Kinder und Jugendlichen ausgeklammert. Über deren Köpfe hinweg debattierten Bildungspolitiker, Bildungsverwaltungen, Bildungslobbyisten und Bildungsjournalisten über die Schwächen des nationalen Bildungssystems; assistiert allenfalls noch durch Lehrer und Eltern als direkt betroffene Gruppen. Es braucht wohl nicht eigens betont zu werden, dass die „PISA-Debatte" ein eklatantes Beispiel dafür liefert, wie wenig der erstmals 1989 in der Kinderrechtskonvention international kodifizierte Anspruch der jüngeren Generation politisches Gehör zu finden, bislang auf nationaler Ebene eingelöst worden ist.

IV.1. Eine Generation mit hohen Bildungsambitionen

Die hohen Bildungsambitionen lassen sich durch weitere Indizien belegen.

Fragt man – beispielsweise 10- bis 13-Jährige wie im Fall des DFG-Kinderpanels 1993 (Zinnecker/Silbereisen 1998) –, wie wichtig ein guter Schulabschluss ihrer Meinung nach dafür ist, um im Leben später einmal Erfolg zu haben, antworten 59 Prozent „sehr wichtig". Nur 9 Prozent halten ihn für nicht wichtig. In dieser positiven Bewertung eines guten Schulabschlusses stehen sie ihren Eltern – die ebenfalls im Rahmen des DFG-Kindersurveys 1993 befragt wurden – kaum nach. So gaben ebenfalls 59 Prozent der Mütter und 58 Prozent der Väter an, dass sie einen guten Schulabschluss für sehr wichtig für den späteren Lebenserfolg halten. Die hohe Bedeutung eines guten Schulabschlusses ist in den letzten Jahren bei den Kindern und Jugendlichen sogar noch gestiegen. Die Studie LernBild (2003/04) zeigt, dass von den 10- bis 12-Jährigen heute 89 Prozent der Aussage zustimmen, dass ein möglichst guter Schulabschluss wichtig für den späteren Lebenserfolg ist (63 % sagen, dass dies völlig zutrifft, 25 %, dass dies ziemlich zutrifft). Bei den 13- bis 15-Jährigen beträgt der Anteil ebenfalls 89 Prozent (60 % bzw. 29 %). Er sinkt geringfügig bei den 16 bis 18 Jahre alten Jugendlichen auf 82 Prozent (jeweils 41 %). Die weit überwiegende Mehrheit der jungen Menschen ‚weiß' also, was im Leben von einem möglichst guten Schulabschluss abhängt.

Dies zeigen auch Aufsätze, die von 10- bis 18-jährigen Kindern und Jugendlichen im Rahmen der Studie NRW-Kids 2001 zum Thema „Wie stelle ich mir meine persönliche Zukunft und meinen weiteren Lebensweg vor? Meine Wünsche, Hoffnungen, meine Sorgen und Ängste" geschrieben wurden. Viele der Jugendlichen thematisieren darin ihre schulische bzw. berufliche Zukunft – wie dies in den folgenden Passagen exemplarisch zum Ausdruck kommt:

> Ich hoffe, dass ich den Realschulabschluss mit einem Durchschnitt von etwa 1,7 oder 1,8 schaffe. Danach würde ich sehr gerne das Abitur machen, auch dies soll einen guten Durchschnitt […] [haben]. Bevor ich dann Medizin studieren möchte, würde ich gerne für 4 oder 5 Wochen nach Amerika fahren, um meine Aussprache in Englisch zu steigern! Medizin möchte ich dafür studieren, um einmal als Gerichtsmediziner arbeiten zu dürfen! (Realschülerin, 16 Jahre)

> Ich hoffe, dass ich bald in die neue Klasse integriert werde, um noch bessere Noten zu bekommen, da ich mein Abitur oder Fachabitur machen möchte und dann eine Ausbildung im elektronischen Bereich oder als Verkehrsflugzeugführer antreten möchte. Damit hätte ich eine gesicherte Zukunft und könnte langsam an Kinder und Familie denken […] (Hauptschüler, 17 Jahre)

> [...] Ich möchte später studieren und vor allem so ein gutes Zeugnis wie mein Bruder bekommen. Ohne Abi wird es immer schwieriger einen gut bezahlten Beruf zu erlangen. Heutzutage regiert Geld nun mal die Welt. Das heißt nicht, dass ich nur auf das Geld aus bin!!! Ich möchte nur ein sorgenfreies, für mich normales Leben führen. Wenn ich abends die Nachrichten sehe, sieht und hört man nur noch die Arbeitslosenrate und den Mangel an Ausbildungsplätzen. Das macht mir Angst. (Gymnasiast, 17 Jahre)

Die Aufsätze belegen auf eindrucksvolle Weise, welch hohe Bedeutung ein guter Schul- und/oder Ausbildungsabschluss für die Jugendlichen hat. Zu Grunde liegen dem nicht nur spezifische berufliche Ambitionen und Ziele (wie Gerichtsmediziner), sondern auch der Wunsch nach einer abgesicherten Zukunft, um eine Familie gründen zu können (Aufsatz 2). Zuweilen aber auch die Angst vor Arbeitslosigkeit und sozialem Abstieg (Aufsatz 3). Der Text des 17-jährigen Hauptschülers (Aufsatz 2) illustriert, dass hohe Bildungsansprüche keine Sache der RealschülerInnen und GymnasiastInnen sind.

Die hohe Bedeutung, die der Schule und allgemein der Bildung zugestanden wird, lässt sich auch an den Bildungs*aspirationen* der Kinder und Jugendlichen in Bezug auf den konkret beabsichtigten Schulabschluss ablesen. Dabei bestätigen die Daten die Tendenz einer zunehmenden Bedeutsamkeit möglichst hoher Schulabschlüsse.

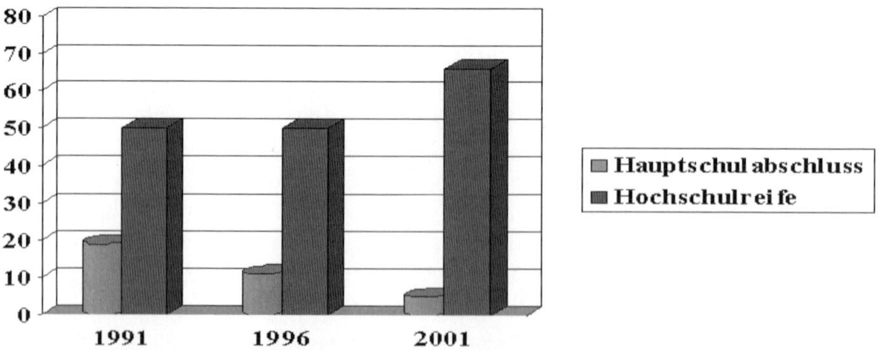

Abb. 5: Anteil von 13- bis 18-jährigen Jugendlichen, die die (Fach-) Hochschulreife[1)] bzw. den Hauptschulabschluss[2)] anstreben 1991, 1996 und 2001

Quelle für die Daten von 1991 und 1996: Shell-Jugendstudie 1991 und 1996 (Jugendwerk der Deutschen Shell 1992, 1997) (nur westdeutsche Befragte, n=739 bzw. n=562), eigene Berechnungen; für 2001: NRW-Kids, eigene Berechnungen. 1) Allgemeine und fachgebundene Hochschulreife und Fachhochschulreife. 2) Hauptschulabschluss nach dem 9. Schuljahr und Hauptschulabschluss nach dem 10. Schuljahr zusammen.

Während in den 1990er-Jahren bereits etwa die Hälfte der 13- bis 18-Jährigen die Hochschulreife (zur Definition siehe die Legende zur Grafik) anstrebt, steigt dieser Anteil bis 2001 um 16 Prozentpunkte auf 66 Prozent: Zwei von drei Jugendlichen streben heute – nach eigenen Angaben – die Hochschulreife an. Weitere Analysen zeigen, dass dieser Anstieg vor allem auf die 13- bis 15-Jährigen zurückzuführen ist. Bei ihnen stieg der Anteil derjenigen mit solch hohen Bildungswünschen von 41 (1991) auf 64 Prozent (2001). Der Anteil der älteren Jugendlichen (16- bis 18-Jährige), die die Hochschulreife anstreben, hat sich in den vergangenen zehn Jahren nur gering erhöht. Er stieg von 64 (1991) auf 70 Prozent (2001). Dies ist natürlich u. a. darauf zurückzuführen, dass ein gewisser Anteil der 16- bis 18-Jährigen die allgemein bildende Schule bereits verlassen hat und sich bereits in beruflicher Ausbildung befindet. Zumindest im dualen System, in das die Mehrzahl dieser Schulabgänger mündet, ist ein (gegebenenfalls) noch nachzuholender Schulabschluss im Allgemeinen von eher untergeordneter Bedeutung.

Der Hauptschulabschluss ist dagegen nur noch für eine Minderheit erstrebenswert. 2001 geben gerade einmal 5 Prozent der Jugendlichen an, dass sie keinen höheren als den Hauptschulabschluss (4% geben den qualifizierten Hauptschulabschluss nach der 10. Klasse an, 1% den Hauptschulabschluss nach der 9. Klasse) erwerben möchten. 1991 waren es im Vergleich dazu immerhin noch 19 Prozent. Selbst bei denjenigen Jugendlichen, die zum Befragungszeitpunkt 2001 die Hauptschule besuchten, liegt der Anteil derer, die den Hauptschulabschluss als das Ziel ihrer Schulkarriere angeben, bei nur 21 Prozent. 53 Prozent der Hauptschüler wollen einen Mittleren Schulabschluss erreichen, 32 Prozent (also etwa ein Drittel) immerhin noch die Hochschulreife. Der Hauptschulabschluss ist aus der Sicht der Jugendlichen – selbst der Hauptschüler – zweifelsohne eine Art Auslaufmodell geworden, mit dem sie offenbar keine Erfolg versprechenden Zukunftschancen verknüpfen.

IV.2. Lernen in der Schule

Wie wir sahen, räumen die Jugendlichen ihrer (beruflichen) Bildung und Ausbildung einen hohen Stellenwert in ihrer Lebensplanung ein. Die hohen Bildungsambitionen der heranwachsenden Generation sind ein eindeutiger Befund, der aber – wie wir das schon anderen Bereichen gesehen haben – von einer Paradoxie begleitet ist: Ziele zu *haben* ist das eine, Ziele zu *verfolgen* das andere. Bildung lässt sich nicht (unmittelbar) erben und nicht kaufen, sondern muss in einem jahrelangen mühevollen Prozess erworben werden. Kerngeschäft dieses Prozesses – zumindest für die 13- bis 18-Jährigen – ist es, in die Schule zu gehen und zu lernen. Aber wie stehen die jungen Menschen zum Lernen?

Ein erster Eindruck von der Bedeutung des Lernens für Kinder und Jugendliche erschließt sich über die beiden Fragen, ob die Befragten zu den SchülerInnen gehören, die (a) gerne lernen oder die (b) das Lernen als ein notwendiges Übel betrachten. Aus den Antworten zu beiden Fragen (1=stimmt nicht, 2=stimmt eher nicht, 3=stimmt eher, 4=stimmt genau) lässt sich (unter Umpolung von Frage b) ein Mittelwert für die Lernfreude der Kinder und Jugendlichen berechnen. Je höher der Mittelwert, desto höher die Lernfreude.

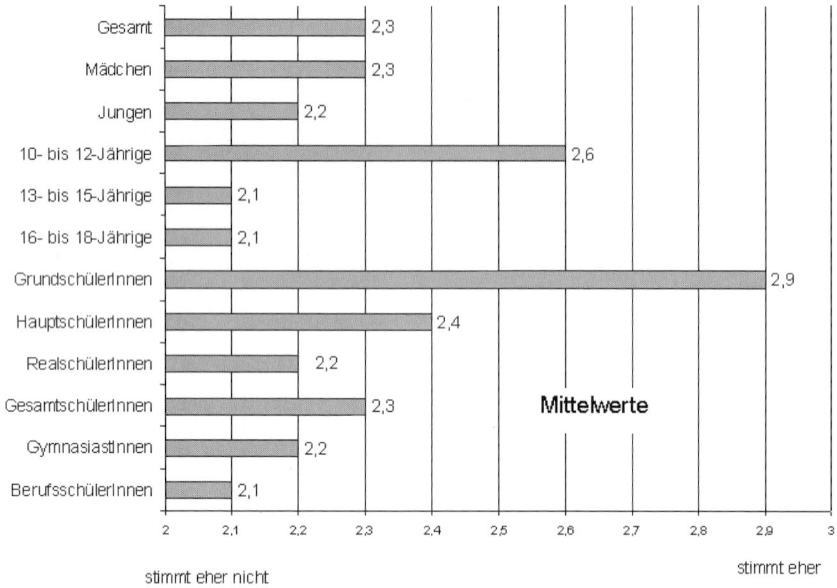

Abb. 6: Lernfreude in der Schule. Geschlecht, Alter, Schulform
Quelle: NRW-Kids 2001.

Es zeigt sich ein klarer Befund: Lernen ist *nicht* beliebt. Der Mittelwert für die Gesamtgruppe aller 10- bis 18-Jährigen liegt mit 2,3 nahe am negativen Pol der Skala (2=stimmt eher nicht). Nur 31 Prozent der Befragten bezeichnen sich selbst als SchülerInnen, die gerne lernen. 55 Prozent halten das Lernen für ein notwendiges Übel.

Mädchen zeigen am Lernen (signifikant) etwas mehr Freude als Jungen. Die Jüngsten der Befragten gewinnen dem Lernen am meisten ab. Der Mittelwert für die 10- bis 12-Jährigen beträgt 2,6, während die älteren Befragten (13–18 Jahre) nur jeweils einen Mittelwert von 2,1 erreichen.

In Punkto Lernfreude sind die GrundschülerInnen (4. Jahrgangsstufe) Spitzenreiter mit einem Mittelwert von 2,9, während die Schüler und Schülerinnen anderer Schulformen nur Mittelwerte zwischen 2,1 und 2,4 erreichen. Vor allem die BerufsschülerInnen haben vergleichsweise wenig Freude am Lernen.

Lernen in der Schule steht bei Kindern und Jugendlichen also *nicht* hoch im Kurs. Die Lernfreude lässt beim Übergang in die Jugendjahre und beim Übergang in die Sekundarstufe erheblich nach – ein Befund, der auch in Längsschnittstudien bestätigt wird (Stecher 2001, S. 191) Eine 16-jährige Hauptschülerin bringt es für viele Heranwachsende auf den Punkt: „Mein Klassenlehrer ist ehrlich gesagt einfach nur „Scheiße“. ... Er hat zu unseren Eltern gesagt, dass man nach der Schule 3 Stunden lernen soll. Das ist doch krank. Wir wollen auch Freizeit haben.“

IV.3. Lernen außerhalb der Schule

Fassen wir den Begriff der Lernkultur weit, so gehört dazu nicht nur das Lernen *in* der Schule. Kinder und Jugendliche können auch *außerhalb* der Schule, in ihrer ‚Freizeit' lernen. Nach ihrer liebsten Freizeitaktivität befragt (-> Das tue ich zur Zeit am liebsten) geben nur 9 Prozent der Kinder und Jugendlichen (auf der Basis einer Liste von vorgegebenen Antwortmöglichkeiten) Tätigkeiten an, die in Zusammenhang mit Lernen stehen wie zum Beispiel, ‚lesen, um etwas zu lernen', ‚Arbeitsgruppen/Kurse besuchen' oder ins ‚Theater/Oper gehen'. Spielen, sich mit Freunden treffen oder sportliche Aktivitäten sind als Freizeitbeschäftigungen bei weitem beliebter.

Dies ist ein Beleg dafür, dass das Lernen auch *außerhalb* der Schule nicht zum Favoritenkreis beliebter Beschäftigungen bei Kindern und Jugendlichen gehört.

Ist man etwas weniger ‚anspruchsvoll' und fragt nicht nach den *liebsten* Freizeitaktivitäten, sondern lediglich nach solchen, die die Kinder und Jugendlichen zur Zeit (sehr) *häufig* tun, ändert sich das Bild kaum: Nur 15 Prozent der Befragten geben hier Aktivitäten an, die mit Lernen außerhalb der Schule zu tun haben.

Es lassen sich weitere Indizien für die kaum entfaltete Lernkultur bei Kindern und Jugendlichen finden[3]. Uns hat interessiert, wie die Kinder und Jugendlichen mit ihrer Zeit umgehen – und hier im Besonderen ob und wie viel Zeit sie für ‚freiwilliges Lernen (ohne Pflichten für die Schule)' aufbringen. Dabei sollten die Befragten die ungefähre Stundenzahl angeben, die sie in der Woche für freiwilliges Lernen verwenden. Neben der Angabe einer konkreten Stundenzahl bestand die Möglichkeit, ‚trifft für mich nicht zu' zu antworten. Das folgende Ergebnis bezieht sich nur auf die 13- bis 18-jährigen Jugendlichen, da den 10- bis 12-jährigen Kindern diese Frage nicht vorgelegt wurde.

39 Prozent der Jugendlichen geben auf diese Frage an, dass freiwilliges Lernen für sie ‚nicht zutrifft'. 25 Prozent können darüber hinaus mit dieser Frage offensichtlich gar nichts anfangen und geben überhaupt keine Antwort darauf.

Nur ein Drittel der 13- bis 18-Jährigen nennt eine konkrete Stundenzahl. Die durchschnittliche Zeit, die diese Jugendlichen für freiwilliges Lernen außerhalb der Schule aufbringen, liegt zwischen drei und vier Stunden in der Woche (Median 3 Stunden, Mittelwert 4,2 Stunden).

Auch diese Befunde deuten an, dass das Lernen nicht zu den Dingen zählt, mit denen sich Heranwachsende gerne und ausgiebig beschäftigen.

V. Resümee

V.1. Eine Generation voller Bildungsambitionen ...

Was können wir am Ende der einzelnen Spots, die wir auf die gegenwärtige Kindheits- und Jugendphase geworfen haben, von den jungen Menschen sagen? Auf der Ebene von Lebenszielen haben wir es bei den Heranwachsenden mit Menschen zu tun, für die (berufliche) Bildung und Ausbildung einen hohen Stellenwert einnimmt. Zumindest auf dieser (abstrakten) Ebene können wir durchaus von einer existierenden *Kultur der Bildung* sprechen. Ihre Lernkultur und Lernfreude hingegen ist wenig entwickelt. Vielfach fehlen die Kenntnisse und Fähigkeiten, wie man zum gewünschten Bildungsziel gelangt. Das zeigt sich beispielsweise am Zeitbudget, das Kinder und Jugendliche innerhalb einer Woche für schulisches Lernen und außerschulische Bildung aufbringen (siehe oben). Lernen – als Voraussetzung zur Erlangung der gesetzten Berufs- und Bildungsziele – steht nur wenig im Kurs. Auf der konkreten Handlungsebene finden die gesetzten Lebensziele häufig keine Übersetzung.

Bildung ja, Lernen nein – soweit das erste Fazit. Was aber sind die Hintergründe? Ist es die Schuld der Schulen, dass die Kinder und Jugendlichen dem Lernen so wenig abgewinnen können? Müssen wir uns über neue Wege Gedanken machen, das Lernen (innerhalb wie außerhalb der Schule) attraktiver zu gestalten? Oder liegt das Problem tiefer? Etwa darin, dass Lernen im Allgemeinen als eine Aktivität organisiert ist, die man *allein* ausübt und diese Tatsache an sich schon dem Kommunikations- und Geselligkeitsbedürfnis der Heranwachsenden widerspricht? Dafür ein Indiz: Auf die Frage nach der Aktivität, die die 10- bis 18-Jährigen meistens ausführen, *wenn sie alleine sind*, geben 9 Prozent an, zu „lesen, um etwas zu lernen" und 5 Prozent „für sich zu lernen – außerhalb der Schule". Auf die Frage nach Aktivitäten, die sie *mit ihren besten Freunden* unternehmen, landet Lernen unter den ‚exotischen Tätigkeiten'. Hier deutet sich ein struktureller Widerspruch zwischen der Tätigkeit des Lernens und der sozialen Lebenswelt der Heranwachsenden an, der grundsätzlich weder von der Schule noch von den Eltern – am allerwenigsten vielleicht von den Kindern und Jugendlichen selbst – aufgelöst werden kann.

V.2. ... und eine Generation „pragmatischer Ordnungssucher und effizienter Gelegenheitssucher"

Einerseits blickt die heutige Generation optimistisch in die Zukunft und sucht private Lösungen für ihren Lebensweg. Sie setzen auf einen guten Abschluss, dieser wird als Eintrittskarte in den beruflichen Erfolg gesehen. Sie finden die Erziehung in ihrem Elternhaus liberal und wollen später genau so erziehen.

Andererseits sehen sie tief schwarz, wenn es um die globale Zukunft geht. Sie wollen zwar eine gute Ausbildung erreichen und höhere Bildungsabschlüsse, sie wissen aber nicht, wie sie dahin gelangen. Sie haben zwar erwachsene Vorbilder, insgesamt jedoch meinen sie, dass man erwachsenen Autoritäten – vor allem in der Politik – nicht trauen kann. Sie setzen ganz und gar auf die heile Welt des Familiennetzwerkes, wissen aber, wie zerbrechlich diese Ordnung ist.

Ordnungssucher – Die jüngste Generation dieses neuen Jahrhunderts ist daran interessiert, verlässliche soziale und kulturelle Ordnungen zu schaffen und zu finden – für diese Generation in der gegenwärtigen verunsichernden Welt eine Mangelware. Sie leiden nicht unter einer starren, einengenden Ordnung (wie etwa einer einschnürenden Familienerziehung), aus der sie sich befreien müssen, sondern geradezu unter der Auflösung dieser Ordnungen. Sie suchen daher die Nähe zu den Personen, die ihnen verlässlich und Ordnung sichernd erscheinen, wie z.B. zu ihren Eltern.

Unter dem Eindruck, dass immer weniger Erwachsene wissen, wie die Zukunft werden wird, dass immer mehr Erwachsene ratlos und unsicher gegenüber den Problemen sind, sieht sich die neue Generation nun ihrerseits dazu aufgerufen, nicht zu rebellieren, nicht Unordnung herzustellen, sondern für sich in ihrem Lebenslauf Ordnungen zu schaffen. Das gelingt natürlich am ehesten in der privaten Welt, in der die Kinder und Jugendlichen zu Hause sind, bei der Familie, den Freunden, in der persönlich erlebten Nahwelt. Diese Generation ist bemüht, die vorhandenen Angebote, die bestehende Ordnung optimal für sich zu nutzen.

Gelegenheitsjäger – Sich langfristig festzulegen, die Zukunft in jungen Jahren bereits einseitig zu planen und darauf zu trauen, dass alles nach Fahrplan verläuft, diese Idee ist brüchig geworden. Die Kinder und Jugendlichen haben gelernt, dass die Moderne ein großer Markt der Möglichkeiten ist, der immer und in rascher Abfolge neue Angebote präsentiert. Niemand weiß, wann genau und wo sich die Möglichkeitsräume eröffnen – aber, damit rechnen sie, *sie werden sich eröffnen*. Es kommt darauf an, zur rechten Zeit zur Stelle zu sein und zuzugreifen. Dies begründet ihren Optimismus für die Zukunft und ihren Platz darin. So finden wir sie immer dort, wo sich Neues ankündigt: sie sind Träger der aktuellen Trends und Moden in der Bekleidungs- und Musikindustrie, sie sind die ersten, die den explodierenden Markt der Kommunikations-, Spiel- und Sportgeräte nutzen, die sich neu entwickelten Fächerkombinationen und Studienrichtungen zuwenden.

Der sprichwörtliche Optimismus der jungen Gelegenheitsjäger basiert darauf, dass sie fest daran glauben, dass sich solche neuartigen Gelegenheitsmärkte auftun. Sie sind zudem sicher, dass sie für diese Jagd besser gerüstet sind, als die vorangehenden und mittlerweile unbeweglich gewordenen Generationen. Hier und da zu experimentieren, schnell zuzugreifen, wenn sich die Chance bietet, das erscheint ihnen die bessere Vorbereitung auf die Gelegenheitsjagd als eine langfristig angelegte einseitige Zukunftsplanung. Gemäß der Philosophie der Moderne: *Alles ist möglich, doch nichts ist gewiss.*

Anmerkungen

1 Die Stichprobenziehung beruhte auf einer mehrstufigen Zufallsauswahl von Schulklassen – Strata: Region, Schulform, Klassenstufe – auf der Basis des amtlichen Schulverzeichnisses für NRW. Auch die Stichprobe der zweiten Studie LernBild wurde auf diese Weise gezogen.

2 Die Verwendung von Fragebogen-Modulen ermöglichte eine – rechnerische – Befragungszeit von etwa sechs Stunden. Es wurden altersbezogene Fragebögen für Kinder und Jugendliche ausgegeben, die bei den Kindern vom Umfang her kürzer gehalten waren.

3 Die seit einigen Jahren zu beobachtende Stagnation der beruflichen und allgemeinen Weiterbildung im Erwachsenenbereich (siehe Autorengruppe Bildungsberichterstattung 2008, S. 138) sollte uns vorsichtig darin sein lassen, dies nur als ein kinder- und jugendtypisches Phänomen zu sehen.

Literatur

Autorengruppe Bildungsberichterstattung (2008): Bildung in Deutschland 2008. Ein indikatorengestützter Bericht mit einer Analyse zu Übergängen im Anschluss an den Sekundarbereich I. Bielefeld.

Baumert, J./Artelt, C./Klieme, E./Neubrand, M./Prenzel, M./Schiefele, U./Schneider, W./ Schümer, G./Stanat, P./Tillmann, K.-J./Weiß, M. (Hrsg.) (2002): PISA 2000 – Die Länder der Bundesrepublik im Vergleich. Zusammenfassung der zentralen Befunde. Berlin.

Baumert, J./Lehmann, R. (1997): TIMSS – Mathematisch-naturwissenschaftlicher Unterricht im internationalen Vergleich. Opladen.

Behnken, I./Günther, C./Kabat vel Job, O./Keiser, S./Karig, U./Krüger, H.-H./Lindner, B./von Wensierski, H.-J./Zinnecker, J. (1991): Schüler-Studie '90. Weinheim.

Bois-Reymond, M. du (1995): The Modern Family as a Negotiating Household. Parent-Child Relations in Western and Eastern Germany and in the Netherlands. In: Bois-Reymond, M. du/Diekstra, R./Hurrelmann, K./Peters, E. (Eds.): Childhood and Youth in Germany and The Netherlands. Berlin/New York: W. de Gruyter, pp.127–160.

Bos, W./Lankes, E.-M./Prenzel, M./Schwippert, K./Valtin, R./Walther, G. (Hrsg.) (2003): Erste Ergebnisse aus IGLU. Schülerleistungen am Ende der vierten Jahrgangsstufe im internationalen Vergleich. Münster.

Bourdieu, P. (1983): Ökonomisches Kapital, kulturelles Kapital, soziales Kapital. In: Kreckel, R. (Hrsg.): Soziale Ungleichheiten (Sonderb. II Soziale Welt). Göttingen, S. 183–198.

Coleman, J. S. (1988): Social Capital in the Creation of Human Capital. In: American Journal of Sociology 94, Supplement, pp.95-S120.

Deutsche Shell (Hrsg.) (2000): Jugend 2000. Opladen.

EMNID – Institut für Meinungsforschung (1954): Jugend zwischen 15 und 24. Eine Untersuchung zur Situation der deutschen Jugend im Bundesgebiet. (im Auftrag der Deutschen Shell) Bielefeld.

EMNID – Institut für Meinungsforschung (1955): Jugend zwischen 15 und 24. Zweite Untersuchung zur Situation der deutschen Jugend im Bundesgebiet. (im Auftrag der Deutschen Shell) Bielefeld.

Jugendwerk der Deutschen Shell (Hrsg.) (1965): Jugend: Bildung und Freizeit. Dritte Untersuchung zur Situation der Deutschen Jugend im Bundesgebiet. Hamburg.

Jugendwerk der Deutschen Shell (Hrsg.) (1975): Jugend zwischen 13 und 24 - Vergleich über 20 Jahre. Hamburg.

Jugendwerk der Deutschen Shell (Hrsg.) (1985): Jugendliche + Erwachsene 1985 - Generationen im Vergleich. Opladen.

Jugendwerk der Deutschen Shell (Hrsg.) (1992): Jugend '92. Opladen.

Jugendwerk der Deutschen Shell (Hrsg.) (1997): Jugend '97. Zukunftsperspektiven. Gesellschaftliches Engagement. Politische Orientierungen. Opladen.

Qvortrup, J. (Hrsg.) (1993): Childhood as a Social Phenomenon: Lessons from an International Project. In: Eurosocial, 47.

Stecher, L. (2001): Die Wirkung sozialer Beziehungen. Weinheim.
Wieler, P. (1997): Vorlesen in der Familie. Weinheim.
Zinnecker, J. (unter Mitarbeit der Projektgruppe) (1994): Projekt Bildungsmoratorium. Zielsetzung und Untersuchungsdesign. Projektbericht 5. Siegen.
Zinnecker, J. (2001): Fünf Jahrzehnte öffentliche Jugend-Befragung in Deutschland. Die Shell-Jugendstudien. In: Merkens, H./Zinnecker J. (Hrsg.): Jahrbuch Jugendforschung 1/2001. Opladen, S.243–274.
Zinnecker, J./Behnken, I./Maschke, S./Stecher, L. (2003^2): null zoff & voll busy. Die erste Jugendgeneration des neuen Jahrhunderts. Opladen.
Zinnecker, J./Hasenberg, R./Eickhoff, C. (1998): Die Familie als Vermittlerin kultureller Kompetenzen zwischen den Generationen. Das Beispiel der gemeinsamen musikalischen Praxis von Eltern und Kindern. In: Oswald, H. (Hrsg.): Sozialisation und Entwicklung in den neuen Bundesländern [ZSE 2. Beiheft]. Weinheim, S. 228–247.
Zinnecker, J./Silbereisen, R. K. (Hrsg.) (1998): Kindheit in Deutschland. Weinheim.

Kapitel 7: Familie und ihre Umwelt

Wolfgang Walter/Jan Künzler

C: Familie und Arbeitsmarkt, Familienpolitik, Work-Life-Balance

I. Einleitung

Die Themen dieses Unterkapitels behandeln – jedes für sich genommen – wichtige Wechselwirkungen der Familie mit ihrer gesellschaftlichen Umwelt – namentlich der Wirtschaft und der Politik. Dies bedeutet, dass hier ein Blickwinkel auf Familie eingenommen wird, der anders ist als in vielen anderen der Handbuch-Beiträge. *Familie* wird hier verstanden als ein Bereich der Gesellschaft, präziser als ein *System*, das eine bestimmte *Aufgabe in der Gesellschaft* erfüllt. Der Blick ist stärker auf *die* Familie gerichtet, d.h. auf den Bereich der Gesellschaft, in dem *Erwachsene für das Aufwachsen von Kindern die umfassende Verantwortung tragen.*

Es ist nicht ganz einfach die Aufgabe des Bereichs der Gesellschaft, der Familie genannt wird, zu bestimmen. Frühere Arbeiten zu diesem Thema haben mit ganzen Funktionslisten gearbeitet. Der Versuch, diese Funktionslisten auf eine griffige Formel zuzuspitzen, also das Charakteristische von Familie als gesellschaftlichem System herauszuarbeiten, führt zu umfassender elterlicher Verantwortung für die Sozialisation von Kindern als der Aufgabe von Familie. Keine andere Sozialisationsinstanz, weder Kindergarten noch Schule oder gar peer-groups, besitzt diese. Wird sie Eltern entzogen – wie in manchen Interventionen der Jugendhilfe – bedarf es der rechtlichen Abstützung.

Historisch gesehen ist die exklusive Zuweisung der Erziehungsaufgabe an die Familie, genauer: die Kernfamilie aus zusammenlebenden Eltern und Kindern, ein Novum (s. I. Kap. 1 dieses Handbuchs). Sie ist das Ergebnis einer einzigartigen Differenzierung der Familie aus ihrer gesellschaftlichen Umwelt, was sich an der Vorstellung von Privatheit ablesen lässt, die gemeinhin mit Familie verbunden wird. Diese Privatheit ist das Ergebnis der Industrialisierung und des Aufstiegs eines bestimmten Typus, der modernen bürgerlichen Familie. Auch wenn das Modell der bürgerlichen Kernfamilie heute im Rückzug befindlich ist (s. I. Kap. 2 dieses Handbuchs), haben alle Gegenwartsfamilien das Problem der modernen Familie geerbt: Sie ist nicht mehr direkt in die Wirtschaftskreisläufe eingebunden wie ihre Vorläufer in der agrarischen Gesellschaft.

Die moderne Familie muss ihre Beziehung zur ökonomischen Umwelt eigens einrichten, nachdem sie eine reine Konsumeinheit geworden ist, oder: die Beziehung zwischen Arbeitsmarkt und Familie muss politisch reguliert werden. Diese Problematik liegt hinter der Logik der Zusammenstellung von Themen dieses Unterkapitels:

- Zur Sicherung ihres Lebensunterhalts müssen die erwachsenen Familienmitglieder auf dem Arbeitsmarkt Geld verdienen. Obwohl es in modernen Gesellschaften unterschiedliche Lösungen dafür gibt, ist das Modell des männlichen Haupternährers in vielen Ländern dominant, wenn auch in Auflösung begriffen. Daher hat die Beziehung von Familie und Arbeitsmarkt auch eine direkte Wechselwirkung mit dem Geschlechterverhältnis in der Familie
- Daneben bedarf die Familie politischer Unterstützung, um gleichzeitig ihrer Erziehungsaufgabe nachkommen und ihren Lebensunterhalt sichern zu können. *Familienpolitische Maßnahmen* lassen sich grob in zwei große Bereiche unterteilen: *ökonomische Interventionen*, die den Lebensunterhalt durch öffentliche Zuwendungen (Transfers) sichern helfen, und *ökologische Interventionen*, die in öffentlich bereitgestellten Dienstleistungen bestehen, um Erziehung und Arbeitsmarktbeteiligung zu unterstützen. Kindergeld und Kinderfreibeträge im Einkommenssteuerrecht auf der einen Seite, Kinderbetreuung und Arbeitszeitregelungen für erwerbstätige Eltern auf der anderen Seite bilden die wichtigsten Beispiele für ökonomische bzw. ökologische Interventionen.
- Die Ungleichgewichte zwischen Arbeitsmarktanforderungen und familiären Pflichten führen zu Problemen der Vereinbarkeit, die heute unter dem Begriff *Work-Life-Balance* behandelt werden. Die konventionelle *Work-Life-Balance* der bürgerlichen Familie war die starre Arbeitsteilung der Geschlechter. Mit dem Niedergang des Ernährermodells fällt die Vereinbarkeitsproblematik zunächst bei den Frauen an, schließlich auch bei Männern, die ihre Familienaufgaben wichtiger zu nehmen beginnen.

Die wechselseitigen Bezüge der Themen dieses Abschnitt sind also: (1) die Herauslösung der Familie aus dem Produktionsbereich führt zu einem Vereinbarkeitsproblem, dies wiederum (2) zu einem Bedarf an Familienpolitik, die dann ihrerseits (3) die Work-Life-Balance reguliert.

In den folgenden Abschnitten werden die einzelnen Aspekte behandelt, im Schlussabschnitt werden die Wechselbeziehungen noch einmal aufgegriffen. Der zweite Abschnitt geht auf die grundlegenden institutionellen Regelungen zwischen Arbeitsmarkt und Familie ein, die unter dem Stichwort „Ernährermodelle" diskutiert werden. Während sich in vielen Ländern eine Präferenz entweder für das Modell des männlichen Haupternährers oder für das Modell zweier Ernährer zeigt, ist der deutsche Fall besonders interessant, da hier durch die Vereinigung beide Traditionen kombiniert sind. Der dritte Abschnitt behandelt die Familienpolitik. Hier werden Konzepte und Phasen der deutschen Familienpolitik sowie die wesentlichen familienpolitischen Maßnahmen vorgestellt. Der vierte Abschnitt widmet sich der Frage der Vereinbarkeit bzw. der Work-Life-Balance, die sich daraus ergibt. Im Schlussabschnitt werden die wichtigsten Ergebnisse der einzelnen Aspekte noch einmal zueinander in Beziehung gesetzt.

II. Familie und Arbeitsmarkt

II.1. Ernährermodelle

Familie und Arbeitsmarkt sind hochkomplexe Gebilde moderner Gesellschaften. Hier soll nur ein Aspekt ihres Zusammenhangs, wenn auch ein sehr wesentlicher, thematisiert werden: das sog. „Ernährermodell“ (Lewis/Ostner 1994, Lewis 1993). Das Ernährermodell stellt das Ergebnis einer Koordinierung der beiden Bereiche dar, wobei die Arbeitsteilung geschlechtsspezifisch geordnet wird. Mit der Industrialisierung wird die Vielfalt der Geschlechterbeziehungen durch eine klare Arbeitsteilung abgelöst, welche die Sphären von Männern und Frauen regelrecht segregiert, was man Geschlechtersphärentrennung nennt.

Entgegen populären Vorurteilen waren die Geschlechterverhältnisse der agrarischen Gesellschaften nicht durchgängig stark patriarchalisch angelegt. Gerade in Nordwesteuropa führten das dort vorherrschende Heiratsmuster und die Vorherrschaft der Kleinfamilie als Lebensform zu einer Mäßigung des patriarchalischen Anteils. Im überwiegenden Teil der Bevölkerung, im Agrarsektor und in Handwerkerfamilien, hatten Frauen zwar eingeschränkte, aber doch merkbare Arbeitsaufgaben. In der Landwirtschaft waren sie z.B. häufig für alle Arbeiten rund ums Haus zuständig. Zudem konnten sie nach dem Tod des Ehemanns den Hof weiterführen.

Die Industrialisierung und die Heraufkunft der bürgerlichen Familie brachen mit dieser Tradition. Frauen wurde der Platz der Hausfrau im neuzugeschnittenen Privathaushalt zugewiesen; Männer wurden – zumindest in der Ideologie – exklusiv zuständig für die neuen Sphären der industriellen Arbeitswelt und der bürgerlichen Öffentlichkeit. Dieses Arbeitsteilungsmodell wird so treffend in Schillers „Lied von der Glocke“ beschrieben: „Der Mann muß hinaus In's feindliche Leben, Muß wirken und streben ..., Muß wetten und wagen, Die Räume wachsen, es dehnt sich das Haus. Und drinnen waltet Die züchtige Hausfrau, Die Mutter der Kinder, Und herrschet weise Im häuslichen Kreise“. Diese Ideologie einer *natürlichen* „Polarisierung der Geschlechtscharaktere“ war jedoch nichts anderes als die Widerspiegelung der bürgerlichen Geschlechterordnung (Hausen 1978).

Gerade in Deutschland wurde die paternalistische Versorgung der bürgerlichen Familie Modell für die staatliche Sozialpolitik. Das Unterhaltsrecht des Bürgerlichen Gesetzbuchs legte die geschlechtsspezifische Arbeitsteilung fest. Die deutsche Privatrechtsordnung ist hierbei in den zentralen Aspekten ein Musterbeispiel des kontinentaleuropäischen Systems insgesamt, das von dem skandinavischen und dem englischen abzugrenzen ist. Zentrales Charakteristikum für das erstgenannte ist, dass — zurückgreifend auf das römische Recht — bereits im vorigen Jahrhundert eine sehr umfassende Unterhaltsverpflichtung ausgebildet war, welche die gesamte gerade Linie einer Familie umfasste, und dass sozialstaatliche Versorgung demgegenüber nachrangig und wesentlich auf diese bezogen war (Labrusse-Riou 1988). *Sozialleistungen erfahren ihre Legitimation aus der Unterhaltsverpflichtung*; sie unterstützen sie (s.u.: Familienlastenausgleich), sie ersetzen sie bei arbeitsbezogenen Risiken entsprechend der bisherigen Einkommenssituation, um die Unterhaltsleistung des Haupternährers zu sichern (Sozialversicherung), oder entsprechend dem sozio-kulturellen Existenzminimum (Sozialhilfe und andere Hilfearten), wo oder soweit familiärer Unterhalt nicht zur Verfügung steht.

Demgegenüber wurde in den skandinavischen Ländern die Unterhaltspflicht erst in diesem Jahrhundert entwickelt und aus der öffentlichen Versorgungspflicht abgeleitet, die dort endete, wo familiäre Versorgung möglich war. Sie war und ist überwiegend auf die Kernfamilie, also die Ehegatten und die minderjährigen Kinder beschränkt. Auch in England wurde die Unterhaltspflicht öffentlich-rechtlich, d.h. aus der Armenfürsorge entwickelt, aber nicht in der Form von präzise definierten Pflichten, sondern gemäß der „common-law"-Tradition als Kompetenzzuschreibung an Gerichte, Unterhaltszahlungen für den Fall festzulegen, dass Familienmitglieder begründete Klagen einreichen. Entsprechendes gilt für die USA (Walter 1997).

Die frühere DDR stellt insoweit einen Sonderfall dar, als dort nach dem Zweiten Weltkrieg mit der deutschen Tradition des bürgerlichen Familienleitbilds gebrochen wurde. Im Einklang mit dem Ideal der „voll entwickelten sozialistischen Persönlichkeit" und den Notwendigkeiten der geplanten Produktion wurde ein andersartiges Frauenbild propagiert. Frauen sollten sowohl vollzeit-berufstätig als auch Mutter sein. In Deutschland lassen sich zum Zeitpunkt der Vereinigung somit zwei Ernährermodelle finden: das „starke" in Westdeutschland, das die Position des männlichen Hauptemährers betont und politisch stärkt, als auch das „schwache", das die egalitäre Teilung der Erwerbsarbeit vorgibt.

II.2. Frauenerwerbstätigkeit

Es gibt zwei miteinander zusammenhängende Indikatorenbündel für Ernährermodelle. Das erste ist politischer Natur und soll hier, da Familienpolitik in Abschnitt 3 behandelt wird, nur kurz erwähnt werden. Sozialpolitische Maßnahmen, die das Verhältnis von Arbeitsmarkt und Familie betreffen, lassen sich in zwei Hauptkategorien zusammenfassen (vgl. Korpi 2000):

- Familienunterstützung, d.h. staatliche Zuwendungen für Kinder und Kinderfreibeträge im Einkommenssteuerrecht sowie staatlich geförderte Kindergartenbetreuung, entspricht eher dem starken Ernährermodell. Die Zulagen zum Erwerbseinkommen stärken den Hauptemährer und setzen Anreize gegen (Vollzeit-) Erwerbstätigkeit von Frauen. Liegt der Schwerpunkt auf der Betreuung von Kindern ab 3 Jahren, macht es für Frauen mit kleinen Kindern notwendig, die Erwerbstätigkeit zu unterbrechen.
- Doppelverdiener-Unterstützung ergibt sich aus der öffentlichen Förderung der Tagesbetreuung für Kleinkinder (0-2 Jahre), bezahlten Eltern- und insbesondere auch Väterzeiten sowie öffentlicher Unterstützung bei der Pflege alter Menschen im häuslichen Kontext. Diese Maßnahmen entlasten und ersetzen traditionelle Aufgaben von Müttern und machen daher weibliche Erwerbstätigkeit eher möglich.

Länder können sowohl das eine wie das andere tun. Bildet man ein Ranking von Ländern nach dem ersten Kriterium der Familienunterstützung (Basis: 1985–1990), so liegen Belgien, Westdeutschland, Frankreich, Norwegen und Italien an der Spitze, am wenigsten in diesem Bereich tun: Schweiz, Japan, Australien, Neuseeland und die USA. Die Rangordnung für die Doppelverdiener-Unterstützung sieht anders aus: Besonders ausgebaut ist sie in Schweden, Dänemark, Finnland, Norwegen und Frankreich, während Japan, Australien, Schweiz, die Vereinigten Staaten und Neuseeland am wenigsten tun.

In Umrissen kann man in den Spitzenländern der Doppelverdiener-Unterstützung auch diejenigen Staaten finden, die international eine hohe Frauenerwerbstätigkeit aufweisen. In Europa sind dies die nordischen Länder. In der Europäischen Union hatten im Jahr 2000 folgende Länder die höchsten Beschäftigungsquoten für Frauen (Engstler/Menning 2003, S. 124 f.) von über 65%: Dänemark, Schweden und Finnland. Italien, Spanien und Griechenland sind mit ca. 40% erwerbstätiger Frauen die Schlusslichter in der EU, das vereinigte Deutschland liegt mit ca. 58% leicht über dem EU-Durchschnitt. Zum Vergleich: die Beschäftigungsquoten der Männer liegen zwischen 70 und 80%.

Innerhalb Deutschlands liegt erwartungsgemäß die Erwerbsquote ostdeutscher Frauen im Jahr 1999 mit 73% deutlich über der westdeutscher Frauen mit ca. 62% (Künzler u.a. 2001, S. 50 f., Fig. 7). In Westdeutschland ist die Erwerbsbeteiligung von Frauen Ergebnis einer langen Entwicklung. Mitte der sechziger Jahre waren nur ca. 47% der Frauen erwerbstätig, eine Zahl, die langsam aber kontinuierlich auf das heutige Niveau von etwas mehr als 60% angestiegen ist. In Ostdeutschland dagegen ist die Quote seit der Wende leicht gesunken.

Zwei Anmerkungen sind noch nachzureichen. Erstens: Zwischen Männern und Frauen gibt es nicht nur Unterschiede im Anteil der Erwerbstätigen, sondern auch hinsichtlich des Umfangs der Erwerbstätigkeit. Frauen arbeiten häufiger als Männer Unter-Vollzeit. Die Teilzeitquote der Frauen lag in Deutschland im Jahr 2000 bei etwa 40% und damit leicht über dem EU-Durchschnitt, die der Männer mit 5% leicht unter dem EU-Durchschnitt. Insgesamt trägt die verstärkte Teilzeiterwerbstätigkeit zu dem Bild bei, dass das traditionelle Geschlechterarrangement in der Familie die Frauen auf dem Arbeitsmarkt benachteiligt. Zweitens hängen diese Verhältnisse von den besonderen Familienbedingungen ab. Wie bereits beschrieben, ist die Erwerbstätigkeit von Frauen das Ergebnis der Wechselwirkung von Arbeitsmarkt und Familie sowie ihrer politischen Regulierung. Entscheidend sind hierbei nicht die Möglichkeiten von Frauen allgemein, sondern der Frauen mit Kindern. Diese speziellen Verhältnisse der Work-Life-Balance werden in Abschnitt 4 behandelt.

II.3. Der Erosion des „Normalarbeitsverhältnisses“

Die Betrachtung des Verhältnisses von Familie und Arbeitswelt ist nicht vollständig, wenn nicht auch die Erwerbsbeteiligung von Männern betrachtet wird. Generell variiert diese zwischen Ländern in geringerem Ausmaß als die der Frauen (Engstler/Menning 2003, S. 124 f.). Dies ist ein Ausdruck des traditionellen Geschlechtsrollenarrangements, das dem Mann die Ernährerrolle vorgegeben hat. Dennoch haben sich auch für Männer Veränderungen ergeben.

Dabei kann man die Behauptungen von der stärkeren Beteiligung der Männer und den „neuen Vätern“ weitgehend ins Reich der Mythologie verweisen. Vielmehr zeigt sich eine erstaunliche Beständigkeit geschlechtsspezifischer Arbeitsteilung in Haushalt und Familie (vgl. Künzler u.a. 2001). Die Änderungen, die sich feststellen lassen, liegen zum einen bei den Frauen, die mit zunehmender Erwerbstätigkeit ihre

Haushaltsaufgaben in kürzerer Zeit erledigen, zum anderen in sozialstrukturellen Veränderungen, z.B. da jüngere oder höher gebildete Männer eher zur Übernahme von Familienpflichten bereit sind.

Wichtiger als diese in den Medien popularisierten Mythen ist der Niedergang des Normalarbeitsverhältnisses. Die männliche Ernährerrolle war verbunden mit einer Reihe von Sicherheiten, die seiner Familienaufgabe Rechnung tragen sollten: Vollzeiterwerbstätigkeit mit unbefristeter Beschäftigung als Standard, Absicherungen beim Ausfall des Erwerbseinkommens und Lohnzusatzleistungen für Kinder und nichterwerbstätige Hausfrauen. In allen genannten Bereichen des Normalarbeitsverhältnisses haben sich in den letzten Jahrzehnten gravierende Veränderungen ergeben. Die berufsbiographischen Unsicherheiten, die für Männer Arbeitsplatz und Karriere weniger absehbar machen, sind gewachsen (Erlinghagen 2002). Dazu gehören: ein schwierigerer und langwierigerer Berufseinstieg („Generation Praktikum"), vermehrte Teilzeitarbeit und sog. „prekäre" Beschäftigungsverhältnisse mit geringerer sozialer Absicherung, mehr Befristungen und geringere Einkommensstandards. Das untergräbt die traditionelle Rolle des Familienernährers – und verstärkt im Gegenzug die Arbeitsmarktbeteiligung von Frauen, die sich nicht mehr des Versorgers sicher sein können. Das starke Ernährermodell wandelt sich in das Eineinhalb-Verdiener oder das „adult-worker-model", bei denen alle erwachsenen Familienmitglieder zum Einkommen beitragen sollen (Woods 2004).

III. Familienpolitik

In diesem Abschnitt wird ein kurzer Überblick über familienpolitische Maßnahmen gegeben, die die Work-Life-Balance beeinflussen. In dreifacher Hinsicht muss die Darstellung differenziert werden. Erstens müssen die familienpolitischen Verhältnisse der Bundesrepublik Deutschland von denen der DDR sowie die nach der Vereinigung getrennt dargestellt werden. Zweitens sind Maßnahmen in die beiden oben besprochenen Bereiche der Familienunterstützung und der Doppelverdienerunterstützung zu unterscheiden (Korpi 2000). Drittens ist zu berücksichtigen, ob und wie sich die Familienpolitik-Entwicklung in Phasen einteilen lässt.

In der Bundesrepublik Deutschland lassen sich vor der Vereinigung zwei Phasen der Familienpolitik unterscheiden: eine erste (konservative) Phase zwischen ca. 1955 bis ca. 1970, in der die Familienunterstützung dominierte, und eine zweite Phase ab ca. 1970, in der zusätzlich auch Maßnahmen der Doppelverdienerunterstützung entwickelt wurden (vgl. Münch 1990). Familienunterstützung beinhaltet die materielle Unterstützung von Familien, die hier anhand von Ehegattensteuerrecht, Kindergeld und Kinderfreibeträgen sowie anderen materiellen Hilfen dargestellt wird, und die Ausstattung mit Kindergartenplätzen.

Im Bereich der Familienunterstützung sind vor allem die materiellen Hilfen für Familien hervorzuheben (vgl. zum Folgenden: Künzler u.a. 2001, S. 21 ff.). Ein besonderes Merkmal der bundesdeutschen Familienförderung ist das sog. Ehegattensplitting. Generell steigt der Einkommenssteuertarif mit dem Einkommen; Höherverdienende zahlen prozentual mehr Steuern als Bezieher niedriger Einkommen (progressiver Tarif). Ehegattensplitting bedeutet, dass für Verheiratete das Jahreseinkommen halbiert wird, um den Steuersatz zu ermitteln. Sie zahlen somit einen niedrigeren Steuersatz als zwei nicht-verheiratete Doppelverdiener. Im Effekt sind die Vorteile umso größer, erstens je mehr ein Paar verdient und zweitens je größer die Differenz der Einkommen ist. Im Grenzfall der Versorgerehe, in der nur der Mann zum Haushaltseinkommen beiträgt, führt die Nichterwerbstätigkeit der Ehefrau zu starken Gewinnen. Ökonomisch gesprochen: Es werden Anreize gesetzt, dass Ehefrauen nicht arbeiten.

Kindergeld und Kinderfreibeträge sind die Schwerpunkte des „Familienlastenausgleichs". Dieser Begriff drückt die Idee aus, dass finanzielle Hilfen für Familien gegeben werden, um die Kosten des Kinderhabens zu kompensieren. Die Vergleichsgruppe sind Menschen ohne Kinder in der gleichen Schicht. Familien mit hohem Einkommen nehmen automatisch die Kinderfreibeträge im Einkommenssteuerrecht in Anspruch, die aufgrund der mit dem Einkommen steigenden Steuersätze (progressiver Tarif) zu einer höheren Entlastung als für Bezieher niedriger Einkommen führen (Künzler u.a. 2001, Appendix-Table A3).

In der ersten Phase der bundesdeutschen Familienpolitik dominierte zudem die Förderung sog. „kinderreicher" Familien. 1955 wurde Kindergeld ab dem dritten Kind gezahlt. Erst ab 1975 erhielten auch Erstkinder diese Sozialleistung. Kinderfreibeträge und Kindergeldhöhe wurden häufig verändert und in der Regel erhöht (Künzler u.a. 2001, Appendix-Table A2). Das Kindergeld beträgt ab 2002 154 Euro, ab dem vierten Kind 179 Euro.

Weitere materielle Leistungen für Familien sind z.B. Ehe- und Kinderzuschläge, die durch Arbeitgeber vor allem im Öffentlichen Dienst gezahlt werden, die kostenlose Mitversicherung von nichterwerbstätigen Ehefrauen und Kindern in der sozialen Krankenversicherung oder Hilfen für Familien in besonderen Lagen (Behinderung des Kindes, Kosten der Berufsausbildung des Kindes o.ä.). Eine besondere Kategorie stellen Hilfen für alleinerziehende Mütter dar (Künzler u.a. 2001, S. 23 ff.). Sie passen insofern in das Bild der Familienunterstützung der konservativen Phase, als diese – zumindest den Unterhalt – der Ehemänner ersetzen sollen. Die Vorauszahlung des Vaterunterhalts, die Sozialhilfe (heute: Arbeitslosengeld II) und spezielle Schwangerschaftskonflikthilfen fallen in diese Kategorie.

Sowohl die Politik der CDU-geführten Bundesregierungen als auch eine Reihe von Entscheidungen des Bundesverfassungsgerichts haben dieses Muster der finanziellen Förderung der traditionellen Familie zu einem Schwerpunkt der bundesdeutschen Familienpolitik gemacht.

Kinderbetreuung wurde in der ersten Phase bundesdeutschen Familienpolitik erst langsam zum politischen Thema, da die Mutter als Hauptbetreuungsperson angesehen wurde. Als sie ausgebaut wurde, und das begann allmählich in den sechziger Jahren, bildete sich ein Muster heraus, das bis heute in Westdeutschland dominiert. Kinderbetreuung ist schwerpunktmäßig Halbtagsbetreuung von Vorschulkindern; Vollzeitbetreuung für Kinder jeden Alters als auch die Halbtagsbetreuung von Kleinkindern und Schulkindern ist selten. Im Jahr der Vereinigung wurden 82% aller westdeutschen Vorschulkinder überhaupt im Kindergarten betreut, ein Viertel davon Vollzeit, nur 6% der Kleinkinder und 2% der Schulkinder wurden zumindest Teilzeit betreut (Künzler u.a. 2001, Appendix-Table A8).

Dies ist umso bedeutsamer, als dies in die zweite Phase der bundesdeutschen Familienpolitik fällt, in der auch Mittel zur Doppelverdienerunterstützung entwickelt wurden. Eine Vielzahl kleiner Schritte trug dazu bei, dass die Familienunterstützung ergänzt (wenn auch nicht abgelöst) wurde durch Maßnahmen, die Frauen stärker die Möglichkeit zur Erwerbstätigkeit gaben. So wurden 1976 familienrechtliche Rahmenbedingungen geändert, so dass das Ideal der Hausfrauenehe abgeschafft wurde; Frauen *und* Männer sollten sowohl finanziell als auch tätig zur Familie beitragen. In der Bundespolitik wurden durch Modellprojekte (z.B. „Tagesmütter") Betreuungsmöglichkeiten für erwerbstätige Frauen propagiert und deren Ausbau angestoßen.

Zwei wesentliche Instrumente der Doppelverdienerunterstützung sind jedoch zum einen die Kinderbetreuung auch kleiner und älterer Kinder, zum anderen die Möglichkeit der Elternzeit, der Unterbrechung der Erwerbstätigkeit für die Betreuung von Kindern. Zum ersten Punkt: Wie bereits beschrieben, blieb das Muster der Kinderbetreuung für Westdeutschland bis in die Gegenwart hinein bestehen: der Schwerpunkt liegt auf der Halbtagsbetreuung von Vorschulkindern. Dennoch wurden Details verändert. Die Betreuungsquote der Vorschulkinder stieg ab 1990 auf über 90%, die Betreuungsquoten für Klein- und Schulkinder stiegen langsam. Sowohl die rot-grüne Bundesregierung (1998–2005) als auch die Große Koalition (ab 2005) förderten verstärkt die Kinderbetreuung, wobei das Argument vor allem bevölkerungspolitischer Natur ist und dem Geburtenrückgang entgegengewirkt werden soll. Dennoch haben diese Maßnahmen positive Effekte auf die Vereinbarkeit von Familie und Erwerbstätigkeit.

Zum zweiten Punkt: Mit der Einführung des Erziehungsurlaubs und des Erziehungsgelds im Jahr 1986 wurde ein Schritt in die Verbesserung der Arbeitszeitbedingungen für Eltern geschaffen. Ursprünglich war der „Urlaub" auf maximal drei Jahre angelegt; die finanzielle Förderung von maximal 600 DM pro Monat in den ersten zwei Jahren war ab dem sechsten Monat einkommensgeprüft und kam daher nur Geringverdienern zu Gute. Der Effekt war daher eher problematisch (Landenberger 1991). Vor allem geringqualifizierte Frauen wurden ermutigt, ihre Erwerbstätigkeit zu unterbrechen oder auf das Maximum unterhalb der Hälfte der regelmäßigen Arbeitszeit zu reduzieren; für höherqualifizierte Frauen und für Männer war das Angebot finanziell nicht interessant, die Reduktion der Arbeitszeit auf unter 20 Stunden pro Woche häufig nicht machbar. Die temporär gedachte Ausgliederung wandelte sich häufig in eine dauerhafte. Kamen weitere Kinder oder konnte keine ausreichende Kindergartenbetreuung für das Kind ab dem dritten Geburtstag organisiert werden, musste die Berufstätigkeit häufig aufgegeben werden. Das traditionelle Mutterbild wurde zementiert.

Das neue Gesetz zu Elternzeit und Elterngeld ab 2007 versucht diese Mängel zu korrigieren. Elterngeld wird an Eltern gezahlt, die nicht mehr als 30 Stunden in der Woche berufstätig sind und ihr Kind betreuen. Die Regelung geht also von einem Nebeneinander von Berufs- und Familientätigkeit aus. Es werden 67% des Arbeitsentgelts vor der Geburt bis zum Höchstsatz von 1800 Euro gezahlt. Dies gilt für die ersten 14 Lebensmonate, jedoch nur wenn der Vater mindestens zwei Monate davon übernimmt. Es werden somit Anreize für mittlere Verdiener, für Doppelverdienerpaare und Väter gesetzt, dies in Anspruch zu nehmen.

Diese Regelungen gelten für das vereinigte Deutschland. Ab 1990 wurde weitgehend das bundesdeutsche Familienpolitikarrangement für Gesamtdeutschland gültig. Dennoch überlebten auch Eigenheiten der ostdeutschen Familienpolitik. Diese hatte sich auch in zwei Phasen entwickelt, wobei die Schwerpunkte anders als in Westdeutschland lagen (Künzler u.a. 2001, S. 37 ff.). In der ersten Phase ab der Gründung der DDR wurde Familie als „bürgerliche" Institution weitgehend vernachlässigt. Obwohl finanzielle Hilfen und Kinderbetreuungsmöglichkeiten bestanden, lag hierauf kein Schwerpunkt der Sozialpolitik. Erst in den siebziger Jahren wurden aus bevölkerungs- und arbeitsmarktpolitischen Gründen weitergehende Maßnahmen getroffen. Die DDR-Bevölkerung war durch die Abwanderungen nach Westen geschrumpft und verminderte sich weiter; Frauen wurden verstärkt als Arbeitskräfte benötigt und Kinder als zukünftige Arbeitskräfte. Die Kinderbetreuung wurde stark ausgebaut, vor allem auch die Kleinkinderbetreuung. Es wurden gezielte finanzielle Zuwendungen gegeben, mit dem Ziel das Kinderkriegen anzuregen und die Mehrkindfamilie zu fördern. Diese Maßnahmen hatten auch entsprechende Effekte, was sich in – im Vergleich zu Westdeutschland – höheren Geburtenraten in den siebziger Jahren zeigte und auch an der hohen Beschäftigungsquote ostdeutscher Frauen, die mit einer verstärkten Unabhängigkeit vom Ehemann und einer hohen Scheidungsquote einherging.

Für das vereinigte Deutschland bedeutete dies, dass die Ostdeutschen mit hohen Erwerbsquoten der Frauen und einer ausgebauten Kinderbetreuung starteten, die jedoch langsam abgebaut wurden – mit der Betonung auf *langsam*. Bis in die heutige Zeit haben sich die Unterschiede in den Niveaus von Frauenerwerbstätigkeit und Kinderbetreuung erhalten.

Feministische Ansätze der Sozialpolitikanalyse haben gezeigt, dass Sozialpolitik ein wesentliches Element der Regulation weiblicher Lebensentwürfe darstellt. Vergröbernd lässt sich sagen, dass Frauen häufig in verschiedensten Lebensphasen auf Heirat, Häuslichkeit und eine allenfalls sekundäre Stellung im Berufsleben festgelegt werden. Dies hat zur Unterscheidung in „paternalistische" und „maternalistische" Wohlfahrtsstaaten geführt, also solche, die eher Sozialversicherungssysteme für den klassischen Industriearbeiter und Familienernährer und solche, die Unterstützungssysteme für Mütter und Kinder etabliert haben. Während der westdeutsche Wohlfahrtsstaat unter autoritär-bürokratischer Kontrolle paternalistische Politiken zugunsten des Familienernährers und Industriearbeiters einrichtete, entwickelte sich in der DDR ein maternalistischer Ansatz – unter nicht weniger bürokratischen und autoritären Vorzeichen.

IV. Work-Life-Balance

Was bedeutet dies nun für die Work-Life-Balance? Grundsätzlich hängen die höheren oder niedrigeren Frauenerwerbsquoten mit der Ausgestaltung der Familienpolitik zusammen (Lewis/Ostner 1994; Korpi 2000). Aber dies ist nur ein Aspekt eines Puzzles von Zusammenhängen.

Im überkommenen westdeutschen Familienpolitikarrangement wird der Schwerpunkt auf die Stärkung des Familienernährers gelegt – mit Ergänzungen zur Förderung der Doppelverdienerpaare. Der Lebensunterhalt von Frauen hängt somit stark von ihrer familiären Position ab. Sie werden eher „arm ohne Ehemann“. Das hohe Armutsrisiko alleinerziehender Frauen und ihrer Kinder ist ein Beleg für die Risiken dieser Sozialpolitik.

Die familienpolitische Ausrichtung hat nicht nur Auswirkungen auf das Niveau der Frauenerwerbstätigkeit, sondern auch auf ihre Möglichkeit der Gestaltung des Lebensverlaufs (Kirner/Schulz 1992; Krüger/Born 1991). Lange Zeit ging man davon aus, dass die konservative Politik der Familienförderung zu einem sog. „Drei-Phasen-Modell“ des weiblichen Lebenslaufs führt, wobei Frauen vor und nach der Familienphase erwerbstätig sind. Tatsächlich gleicht der Lebenslauf vieler Mütter mehr einem Flickenteppich mit vielfältigen Arrangements und häufigen Unterbrechungen. Zum einen hängt die Arbeitsmarktbeteiligung von Frauen von zu vielen Bedingungen ab, als dass sie nur auf die Familienpolitik zurückzuführen wäre (Lauterbach 1994; Kurz 1998). Zum anderen sind die Muster der Arbeitsteilung im häuslichen Bereich eine eigenständige Bedingung der Lebensverlaufsgestaltung.

Kennzeichnend hierfür ist die Dauerhaftigkeit der traditionellen Arbeitsteilung (vgl. Künzler u.a. 2001). Dies führt zu einer Doppelbelastung von Frauen und einer Privatisierung der Vereinbarkeitsproblematik. Allen Versuchen der Doppelverdienerunterstützung zum Trotz: Die Möglichkeit für Frauen, erwerbstätig zu sein, bricht sich an den Notwendigkeiten, die sich aus der Zuschreibung der Rollen der Hausfrau und Mutter ergeben. Die Modernisierung bleibt auf halbem Wege stehen, wenn Frauen zwar wie Männer ihre Berufe ausüben, aber traditionell für Einkaufen, Putzen und Kinderhüten zuständig sind. Daher lassen sich auch in Gesellschaften mit hoher Frauenerwerbsquote übermäßige Belastungen der Gesamtarbeitszeit der Frauen sehen (Arn/Walter 2004).

Literatur

Arn, C./Walter, W. (2004): Wer leistet die andere Hälfte der Arbeit? Die Beteilung von Männern an der Hausarbeit als Bedingung eines ‚integralen’ Modells der Zwei-Verdiener-Familie, In: Leitner, S./Ostner, I./Schratzenstaller, M. (Hrsg.): Wohlfahrtsstaat und Geschlechterverhältnis im Umbruch. Was kommt nach dem Ernährermodell? Jahrbuch für Europa- und Nordamerika-Studien 7/2003, Wiesbaden, S. 132–155.

Engstler, H./Menning, S. (2003): Die Familie im Spiegel der amtlichen Statistik. Lebensformen, Familienstrukturen, wirtschaftliche Situation der Familien und familiendemographische Entwicklung, Berlin.

Erlinghagen, M. (2002): Die Entwicklung von Arbeitsmarktmobilität und Beschäftigungsstabilität im Übergang von der Industrie- zur Dienstleistungsgesellschaft: eine deskriptive Analyse des westdeutschen Arbeitsmarktes zwischen 1976 und 1995 auf Basis der IAB-Beschäftigtenstichprobe. In: Mitteilungen aus der Arbeitsmarkt- und Berufsforschung, 35 (1), S. 74–89.

Hausen, K. (1978): Die Polarisierung der 'Geschlechtscharaktere'. Eine Spiegelung der Dissoziation von Erwerbs- und Familienleben, In: Rosenbaum, H. (Hrsg.): Seminar: Familie und Gesellschaftsstruktur. Materialien zu den sozioökonomischen Bedingungen von Familienformen, Frankfurt a.M., S. 161–191.

Kirner, E./Schulz, E. (1992): Das 'Drei-Phasen-Modell' der Erwerbsbeteiligung von Frauen - Begründung, Norm und empirische Relevanz, In: Ott, N./Wagner, G. (Hrsg.): Familie und Erwerbstätigkeit im Umbruch, Berlin, S. 17–55.

Korpi, W. (2000): Faces of Inequality: Gender, Class, and Patterns of Inequalities in Different Types of Welfare States, In: Social Politics, 7, S. 127–191.

Kurz, K. (1998): Das Erwerbsverhalten von Frauen in der intensiven Familienphase - Ein Vergleich zwischen Müttern in der Bundesrepublik Deutschland und den Vereinigten Staaten von Amerika. Opladen.

Krüger, H./Born, C. (1991): Unterbrochene Erwerbskarrieren und Berufsspezifik: Zum Arbeitsmarkt- und Familiepuzzle im weiblichen Lebenslauf, In: Mayer, K. U./Allmendinger, J./Huinink, J. (Hrsg.): Vom Regen in die Traufe: Frauen zwischen Beruf und Familie, Frankfurt a.M./New York, S. 142–161.

Künzler u.a. 2001 = Künzler, J./Walter, W./Pfister, G./Reichart, E. (2001): Gender division of labour in unified Germany, Tilburg.

Labrusse-Riou, C. (1988): Sécurité d'existence et solidarité familiale en droit privé: Étude comparative du droit des pays européens continentaux, In: Meulders-Klein, M.T./Eekelaar, J. (Hrsg.): Family, State and Individual Economic Security. Volume I - Family, Bruxelles, S. 99–135.

Landenberger, M. (1991): Erziehungsurlaub: Arbeitsmarktpolitisches Instrument zur selektiven Ausgliederung und Wiedereingliederung von Frauen, In: Mayer, K. U./Allmendinger, J./Huinink, J., Vom Regen in die Traufe: Frauen zwischen Beruf und Familie, Frankfurt a.M./New York, S. 262–287.

Lauterbach, W. (1994): Berufsverläufe von Frauen. Erwerbstätigkeit, Unterbrechung und Wiedereintritt, Frankfurt a.M.

Lewis, J. (Hrsg.) (1993): Women and Social Policies in Europe. Work, Family and the State, Hants/Brookfield.

Lewis, J./Ostner, I. (1994): Gender and the Evolution of European Social Policies, Zentrum für Sozialpolitik-Arbeitspapier, Nr. 4/94, Bremen.

Münch, U. (1990): Familienpolitik in der Bundesrepublik Deutschland. Maßnahmen, Defizite, Organisation familienpolitischer Staatstätigkeit. Freiburg.

Walter, W. (1997): Subsidiarität und Selbstverantwortung. Individualisierungsstrategien und Risikokonzeptionen in den Familienpolitiken der Bundesrepublik Deutschland und der USA, In: Hradil, S. (Hrsg.): Differenz und Integration. Die Zukunft moderner Gesellschaften, Frankfurt a.M./New York, S. 1021–1037.

Woods, D. A. (2004): Das ‚adult worker modell' in den USA und Großbritannien, In: Leitner, S./Ostner, I./Schratzenstaller, M. (Hrsg.): Wohlfahrtsstaat und Geschlechterverhältnis im Umbruch. Was kommt nach dem Ernährermodell, Wiesbaden, S. 208–233.

CORNELIA HELFFERICH

Kapitel 8: Kinderlosigkeit

Ein Kapitel zu Kinderlosigkeit in einem Handbuch zu Familie und zu den Bedingungen des Aufwachsens für Kinder und Jugendliche – das mag auf den ersten Blick überraschen, denn wo keine Kinder sind, ist (zumindest den meisten Definitionen von Familie zufolge) keine Familie und da ist niemand zu erziehen. Doch macht es auf den zweiten Blick durchaus Sinn, das Thema Kinderlosigkeit aufzugreifen, wenn man berücksichtigt, dass Kinderlosigkeit mit den Lebensbedingungen von Kindern zu tun hat und dass die Abgrenzung von Kinderlosigkeit und Elternschaft in Zeiten sozialer Elternschaft unscharf geworden ist. Die Lebensbedingungen für Kinder in einer Gesellschaft können insofern zur Kinderlosigkeit beitragen, als (potenzielle) Eltern die gesellschaftlichen Bedingungen wahrnehmen und sie mit ihren Vorstellungen abgleichen, wie ihre Kinder aufwachsen sollen – mit dem Ergebnis, dass sie lieber (noch) kinderlos bleiben. Umgekehrt beeinflusst die Verbreitung von Kinderlosigkeit die gesellschaftlichen Bedingungen, unter denen die Kinder aufwachsen. Und die Trennung zwischen Eltern und Kinderlosen ist insofern unscharf, als Kinderlose durchaus soziale Eltern werden können. Sie können ein Kind adoptieren oder Stiefvater oder Stiefmutter werden und sie können sogar Eltern von leiblichen Kindern und zugleich sozialer Vater oder soziale Mutter von anderen Kindern werden.

Nach einer Klärung von Definition, Ausmaß und Bewertung von Kinderlosigkeit wird im Folgenden den Gründen für und Folgen von Kinderlosigkeit nachgegangen und die Situation von „kinderlosen Eltern" beleuchtet.

I. Definition, Ausmaß und Bewertung von Kinderlosigkeit bei Frauen und Männern

Die Definition von „Kinderlosigkeit" ist in der Statistik nicht einheitlich (Überblick: Kreyenfeld/Konietzka 2007). Der Mikrozensus fragt nach Kindern unter 18 Jahren, die im Haushalt leben, und bezieht Stief-, Adoptiv- und Pflegekinder ein. Nach dem Sozioökonomischen Panel (SOEP), einer weiteren häufig zitierten, repräsentativen Bevölkerungsbefragung, gilt als „kinderlos", wer keine leiblichen Kinder hat, unabhängig von dem Zusammenleben mit dem Kind/den Kindern. Die amtliche Geburtenstatistik erhebt die Geburtenfolge bislang nur für in einer Ehe geborene Kinder.

Häufig fehlt bei der Darstellung von Ergebnissen auch die Differenzierung, ob es sich um aktuelle, möglicherweise vorübergehende oder um „endgültige Kinderlosigkeit" handelt. „Endgültige Kinderlosigkeit" ist definiert als der Anteil von Frauen über 45 Jahre ohne leibliche Kinder. Nur diese endgültige Kinderlosigkeit liefert eine verlässliche Angabe zur Verbreitung von Kinderlosigkeit. Entweder wird für jüngere Jahrgänge, die das Alter von 45 Jahren noch nicht erreicht haben, die aktuelle Kinderlosigkeit angegeben oder deren spätere endgültige Kinderlosigkeit wird – entsprechend ungenau – geschätzt. Solche Schätzungen besagen, dass zwischen einem Viertel und einem Drittel der 1965 geborenen Frauen endgültig kinderlos bleiben wird. Das bedeutet eine deutliche Zunahme im Zeitverlauf (siehe Abbildung 1). Zwar gab es Phasen von verbreiteter Kinderlosigkeit auch früher, aber diese Zunahme ist insofern historisch neu, als sie erstmals in der Geschichte nicht in der Folge einer sozialen Krisensituation auftritt (BIB 2004, S. 25).

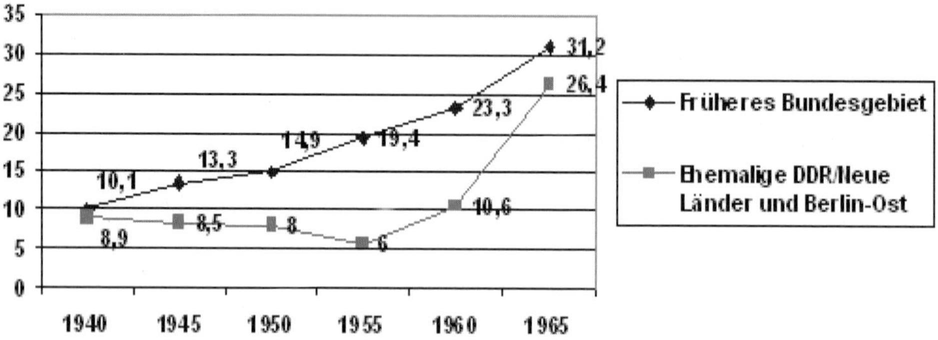

Abb. 1: Geschätzte endgültige Kinderlosigkeit der 1940 bis 1965 geborenen Frauen (in Prozent)
Quelle: Eigene grafische Darstellung nach Engstler/Menning 2003, S. 74; Engstler/Menning beziehen sich auf Daten des Bundesinstituts für Bevölkerungsforschung; berücksichtigt werden in der Statistik die lebend geborenen Kinder in einer Ehe.

Ein zweiter, gut belegter Trend hängt eng mit der Verbreitung der Kinderlosigkeit zusammen: Die erste Geburt wird immer weiter aufgeschoben. Das Alter bei der ersten Geburt in der Ehe einer verheirateten Frau stieg im früheren Bundesgebiet kontinuierlich im Zeitraum von 1970 bis 2000 von 24,3 Jahren auf 29 Jahre (die entsprechenden Angaben liegen, mit einem parallelen Anstieg, für die erste Geburt von Kindern nichtverheirateter Frauen ein Jahr niedriger). Die neuen Bundesländer haben sich mit einem raschen Anstieg ab 1991 den alten Bundesländern angepasst (Engstler/Menning 2003, S. 66). Ebenso stieg der Anteil der Frauen, die in einer Ehe bei der Geburt ihres ersten Kindes 35 Jahre oder älter waren, kontinuierlich.

Dieser Trend macht Angaben zur aktuellen Kinderlosigkeit gerade jüngerer Frauen und Männer immer ungeeigneter als Schätzung der endgültigen Kinderlosigkeit, denn immer später im Leben wechseln Frauen und Männer aus der statistischen Kategorie „kinderlos“ (doch noch) in die Kategorien „Mutter“ bzw. „Vater“. Bei Angaben zur Kinderlosigkeit muss also immer darauf geachtet werden, welche Altersgruppen befragt werden und in welchem Maß noch zu erwarten ist, dass die als „kinderlos“ Eingestuften noch Kinder bekommen werden. Je mehr jüngere, z.B. unter 35- oder unter 39jährige Frauen oder Männer in einer Stichprobe vertreten sind, desto mehr Personen gehen als kinderlos in die Statistik ein, die zu einem späteren Zeitpunkt ein Kind bekommen. „Kinderlos“ (ausgenommen: „endgültig kinderlos“) heißt häufig nur „noch kinderlos“ und wenn wir über Kinderlosigkeit sprechen, sprechen wir zu einem guten Anteil über den Aufschub der ersten Geburt und nicht über ein lebenslang anhaltendes Personenmerkmal.

Dieses statistische Problem stellt sich vor allem für Akademikerinnen, die im Durchschnitt besonders spät Kinder bekommen, und führt zu weit divergierenden Angaben zu deren Kinderlosigkeit, je nach befragter Altersgruppe und Definition von Kinderlosigkeit. Während auf der Basis von Mikrozensusdaten von 60% kinderlosen Akademikerinnen (35- bis 39jährige) gesprochen wird, zeigt eine Zusammenstellung von Daten aus anderen Befragungen (u.a. SOEP) Anteile Kinderloser von unter 25% bei den 40- bis 44jährigen Akademikerinnen im Westen (Helfferich/Klindworth/Kruse 2005, S. 116).

Kinderlosigkeit ist nicht gleich verteilt. In der Statistik sind Deutsche häufiger kinderlos verglichen mit Ausländern und Ausländerinnen, Ledige und Geschiedene häufiger als Verheiratete (Engstler/Menning 2003, S. 74). Männer sind häufiger kinderlos als Frauen und Hochqualifizierte häufiger ohne leibliche Kinder als niedrig Qualifizierte. Hier ist aber genauer zu prüfen, inwieweit dies tatsächlich eine höhere endgültige Kinderlosigkeit abbildet oder nur ein höheres Alter bei der Geburt des ersten Kindes (Männer ebenso wie auch Hochqualifizierte bekommen später ihr erstes Kind; vgl. Kreyenfeld/Konietzka 2007, S. 17). Bildung hat bei Frauen und Männern einen unterschiedlichen Einfluss: Bei Frauen führt sie zu einem Aufschub der ersten Geburt und zu erhöhter Kinderlosigkeit, bei Männern lässt sich ein solcher Zusammenhang nicht beobachten (Schmitt/Winkelmann 2005, siehe auch unten).

Die Bewertung von Kinderlosigkeit in einer Gesellschaft unterliegt einem Wandel. Insbesondere in Gesellschaften bzw. Gesellschaftsgruppen, in denen Kinder einen „Nutzen" haben oder hatten (z.B. weil sie als Arbeitskräfte eingesetzt werden konnten und/oder für die Alterssicherung der Eltern sorgten), unterlagen Kinderlose gravierenden Diskriminierungen. Gleichzeitig gab es immer Gruppen, die von einer Familiengründung ausgeschlossen waren, z.B. weil sie keine Familie ernähren konnten, und in Krisenzeiten war ein Verzicht auf Kinder durchaus „normal". Heute sprechen Dorbritz/Lengerer/Ruckdeschel (2005, S. 38) von einem „Massenphänomen Kinderlosigkeit" und Kinderlosigkeit ist weitgehend akzeptiert, auch wenn es weiterhin abwertende Vorurteile insbesondere gegenüber kinderlosen, berufstätigen Frauen gibt.

II. Gründe für Kinderlosigkeit

Die Annahmen über die Ursachen von Kinderlosigkeit sind vielfältig. Eine der ersten Fragen ist dabei, ob die Kinderlosigkeit gewollt oder nicht gewollt ist. „Ungewollte Kinderlosigkeit" steht als fester Begriff für Kinderlosigkeit, die körperliche oder seelische Ursachen hat und die bei Frauen, Männern oder Paaren der Erfüllung eines vorhandenen Kinderwunsches entgegensteht. Eine andere Ursache von Kinderlosigkeit kann die Ablehnung von Kindern und die bewusste und dauerhafte Entscheidung für ein Leben ohne Kinder sein. Beide Ursachen tragen nicht wesentlich zu der Verbreitung von Kinderlosigkeit bei.

Ungewollte Kinderlosigkeit, medizinisch als „Infertilität“ bezeichnet, wird von der Weltgesundheitsorganisation definiert als fehlende Empfängnis innerhalb von 12 Monaten, trotz regelmäßigem Geschlechtsverkehr ohne Verhütung. Infertilität bezeichnet also eine Phase und nicht ein überdauerndes Personenmerkmal. Sie kann demnach Frauen und Männer betreffen, die später noch Kinder bekommen oder schon Kinder bekommen haben. Entsprechend wird zwischen primärer und sekundärer Infertilität unterschieden, je nachdem ob noch keine Kinder oder bereits leibliche Kinder existieren. Es gibt nur wenige Bevölkerungsstudien, die die Verbreitung von Infertilität in der Bevölkerung untersuchen, und diese kommen, je nach Definition von Infertiltität und Befragtengruppe zu unterschiedlichen Ergebnissen, die sich grob so zusammenfassen lassen: Während zwischen einem Fünftel und einem knappen Drittel der Befragten schon einmal in ihrem Leben eine infertile Phase erlebt hat, sind zu einem gegebenen Zeitpunkt zwischen 5% und 10% aktuell infertil. Speziell unter den dauerhaft kinderlosen Frauen wird der Anteil der ungewollt Kinderlosen auf 15% geschätzt (Dorbritz/Schwarz 1996, S. 253).

Die ausdrückliche *Ablehnung von Kindern* ist ebenfalls gering verbreitet, insbesondere bei jüngeren Kinderlosen. In der Altersgruppe bis etwa Mitte 20 Jahre liegt der Anteil an Kinderlosen, die ausdrücklich sagen „Ich möchte keine Kinder“, bei etwa 10%, er steigt aber dann mit dem Alter deutlich an (z.B. Institut für Demoskopie Allensbach 2004, S. 15: 8% bei 18- bis 23Jährigen; 46% bei den 35- bis 44Jährigen) und liegt jeweils bei Männern höher als bei Frauen. Übereinstimmend ist aber das Ergebnis, dass junge Männer sich unsicherer sind als junge Frauen, ob sie Kinder wollen oder nicht. Beim Jugendsurvey des DJI wussten 53% der 16- bis 29jährigen Männer in den alten Bundesländern nicht, ob sie Kinder wollten, bei den jungen Frauen waren es 40% (Kleinert 1995, S. 43). Bei den Jüngeren – insbesondere bei jüngeren Frauen -, die in eine noch offene Zukunft blicken, strebt demnach nur eine Minderheit für sich definitiv ein Leben ohne Kinder an, allerdings sind sich viele bezogen auf die Zukunft mit Kindern auch unsicher. Bei den Älteren hat der fehlende Kinderwunsch eine andere Bedeutung, weil er mit einem anderen Planungshorizont verbunden ist: Die reproduktive Phase nähert sich ihrem Ende und es stellt sich die Frage, ob die möglicherweise endgültige Kinderlosigkeit akzeptiert werden kann.

Kinderlosigkeit ist demnach nur zu einem geringen Teil auf Fruchtbarkeitsstörungen oder auf die definitive Ablehnung von Kindern zurückzuführen. Vielmehr ist überwiegend ein Kinderwunsch, wenn vielleicht auch unkonkret, vorhanden, aber die Realisierung dieses Wunsches wird immer wieder aufgeschoben. Kinderlosigkeit wurzelt demnach auch in dem *Aufschub der ersten Geburt,* der nicht nur Kinderlosigkeit während einer zunehmend längeren Lebensspanne mit sich bringt, sondern, wenn aus dem „Aufgeschoben“ ein „Aufgehoben“ wird, auch endgültige Kinderlosigkeit. Kinderlosigkeit zu einem bestimmten biografischen Zeitpunkt kann somit „in den meisten Fällen am angemessensten als Produkt einer Abfolge von biographischen Entscheidungen verstanden werden“ und ist „die Folge von aufgeschobenen oder zurückgestellten Fertilitätsentscheidungen oder auch die Nebenfolge von Entscheidungen in anderen Lebensbereichen“ (Kreyenfeld/Konietzka 2007, S. 15 f.; vgl. BIB 2004, S. 26).

Ein Aufschub der ersten Geburt ist nicht unbegrenzt möglich. Es gibt vielmehr ein „subjektives Zeitfenster“ für Kinder im Leben von Frauen und Männern, womit die Phase gemeint ist, in der sie Kinder bekommen können und in der sie sich weder zu jung, noch zu alt dafür fühlen. Durch den Aufschub der ersten Geburt verengt sich das subjektive Zeitfenster. Es wird begrenzt dadurch, dass sich „ein Lebensstil etabliert hat, zu dem Kinder nicht mehr passen oder Kinder bekommen nicht mehr möglich ist“ (BIB 2004, S. 26). 60% der kinderlosen Männer zwischen 45 und 54 Jahren gaben das Alter (das eigene und/oder das der Partnerin) als Grund an, der in ihrer Situation gegen Kinder spricht (Helfferich/Klindworth/Wunderlich 2004, S. 27). Auf die Frage, wann ein Mann zu alt ist und nicht mehr Vater werden sollte, antworteten nur 10% mit „unbegrenzt“ und es wurde im Schnitt ein Alter von 50,5 Jahren angegeben, was zeigt, dass ein subjektives Zeitfenster auch für Männer existiert (a.a.O., S. 30).

Die biografische Entscheidung, einen Kinderwunsch (noch) nicht zu realisieren, ist überwiegend mit Vorstellungen verbunden, dass eine Familiengründung bestimmter Voraussetzungen bedarf. Vor allem sollte eine feste und stabile Partnerschaft bestehen und eine Ausbildung abgeschlossen und zumindest bei einem Partner eine gewisse berufliche Sicherheit erreicht sein. Solange diese Aspekte nicht erfüllt sind, ist der Kinderwunsch kein Thema oder ein expliziter Kinderwunsch wird nicht realisiert. Dies spiegelt sich auch in subjektiven Gründen, die von Kinderlosen gegen Kinder angeführt werden: An erster Stelle wurde das Fehlen eines geeigneten Partners und die Sorge über die Zukunft des Kindes genannt, erst danach die Beibehaltung des Lebensstandards (Dorbritz/Lengerer/Ruckdeschel 2005, S. 38).

Partnerlosigkeit spielt eine gewichtige Rolle. Bertram/Rösler/Ehlert (2005, S. 10) fassen zusammen: „Kinderlosigkeit ist in Deutschland auch das Ergebnis von Partnerlosigkeit oder der antizipierten Unsicherheit der Partnerschaft“. Ganz allgemein sind Kinderlose häufiger ledig oder partnerlos und Ledige bzw. Partnerlose häufiger auch kinderlos. In einer repräsentativen Befragung nannten 86% als allgemeine Voraussetzung, die erfüllt sein muss, bevor man Kinder bekommt: „Dass die Beziehung stabil ist“ (BMFSFJ 2005, S. 8). Gerade die Gruppen, die einen höheren Anteil an Kinderlosen haben, wie hochqualifizierte Frauen und Männer mit einem geringen Einkommen, haben auch einen vergleichsweise hohen Anteil an Partnerlosigkeit (Helfferich/Klindworth/Wunderlich 2004, S. 24). Der Zusammenhang zwischen der Existenz einer Paarbeziehung und dem Wunsch nach einem Kind ist bei Männern deutlich ausgeprägter als bei Frauen (Eckhard/Klein 2006, S. 179). Hier stellen sich entsprechende Fragen primär nach den Gründen der Partnerlosigkeit und sekundär nach den Gründen für Kinderlosigkeit. Partnerlosigkeit kann ihrerseits vielfältige Hintergründe haben, unter anderem einen nicht ausbalancierten „Heiratsmarkt“, z.B. bei einem Männerüberschuss in bestimmten Regionen Deutschland oder bei zu wenig geeigneten Partnern für hochqualifizierte Frauen (Helfferich/Klindworth/Kruse 2005, S. 143).

Die *Sorgen um die Zukunft des Kindes* als Grund, (noch) kinderlos zu bleiben, hängen auch damit zusammen, inwieweit potenzielle Eltern sich in der Lage sehen, ökonomische und finanzielle Sicherheit als materielle Basis für eine Familie zu bieten, d.h. inwieweit sie eine Ausbildung abgeschlossen und einen qualifizierten Beruf haben. Kinderlosigkeit ist in Deutschland auch ein *„Institutioneneffekt“*, d.h.

diejenigen, die noch in einer Ausbildungsinstitution wie z.B. einer Hochschule, beschäftigt sind, sind überwiegend kinderlos und unter den Studierenden gibt es nur einen geringen Anteil an Müttern und Vätern.

Allgemein herrscht die Überzeugung, dass eine Familiengründung eine ökonomische Absicherung voraussetzt, wie alle entsprechenden Studien übereinstimmend bestätigen. Dies gilt insbesondere für Männer, weil vor allem in den alten Bundesländern von ihnen erwartet wird, dass sie die Rolle des Haupternährers übernehmen, während ihre Partnerinnen in der Erwerbstätigkeit pausieren, solange kleine Kinder zu versorgen sind. Verdienen sie zu wenig oder ist ihre berufliche Zukunft ungewiss, können sie diesen Erwartungen nicht gerecht werden. Frauen, vor allem in den alten Bundesländern, fürchten dagegen bei der Familiengründung den „Traditionalisierungsschub" (gemeint ist damit der Übergang zu einer traditionellen Aufteilung von Familien- und Erwerbsarbeit zwischen Mutter und Vater auch in vormals egalitären Partnerschaften, sobald das erste Kind geboren ist) und damit einhergehend Nachteile in der beruflichen Entwicklung – dies gilt insbesondere für hochqualifizierte Frauen. Die traditionellen Rollenerwartungen können bei Frauen den Zusammenhang zwischen einer hohen Qualifikation und Kinderlosigkeit bzw. einem Aufschub der ersten Geburt erklären: sie *möchten* die traditionelle Aufgabenteilung nicht übernehmen. Bei Männern sind ein geringes Einkommen und prekäre berufliche Aussichten eine „Kinderbremse", weil sie fürchten, die traditionellen Ernährer-Erwartungen nicht erfüllen *zu können.* Männer mit einem hohen Einkommen sind zwar länger kinderlos, bleiben es aber nicht endgültig: Sie gründen sogar häufiger Familien, tun dies aber auch erst biografisch später, wenn sie ihre Position gesichert haben (Helfferich/Klindworth/Wunderlich 2004, S. 21 f.).

Diese Erwartungen an die Fähigkeit, eine gesicherte Zukunft für Familie zu schaffen, sind wirksam vor dem Hintergrund, dass das Anspruchsniveau bei der Kindererziehung insgesamt hoch ist und Mutterschaft und Vaterschaft als eine „anspruchsvolle und zugleich undankbare Aufgabe" gelten (Burkart 2007, S. 413). In diesem Zusammenhang ist auch auf den langfristigen historischer Trend der zunehmenden Kindzentrierung der Familien und der Erziehung hinzuweisen. Dies lässt Kinder „kostbar" werden und schraubt die Ansprüche an die Erziehung von Kindern in die Höhe. Zweifel an der eigenen Kompetenz zur Elternschaft führen wiederum zu einem Aufschub der ersten Geburt und damit zu einer erhöhten Kinderlosigkeit (a.a.O., S. 412 f.).

Immer wieder werden auch (familien-)politische Gründe oder Abhilfemöglichkeiten für Kinderlosigkeit diskutiert, die die gesellschaftlichen Bedingungen beeinflussen können, die den biografischen, zur Kinderlosigkeit führenden Entscheidungsprozessen zu Grunde liegen. Interessant sind hier Vergleiche von Deutschland als einem Land mit einer hohen Kinderlosigkeit (wenn auch nicht mit der geringsten Geburtenrate) mit anderen europäischen Ländern, in denen Kinderlosigkeit weniger verbreitet ist. Thema sind hier Probleme der Vereinbarkeit von Familie und Beruf und der geringe Ausbau der Betreuungsangebote für unter dreijährige Kinder. In den Blick gerät aber auch – z.B. im Vergleich mit Frankreich – die Familienpolitik, die auf Geldleistungen für Eltern ausgerichtet ist und nicht auf eine Subventionierung von elternunabhängigen Dienstleistungen für Kinder und die damit Kindererziehung und -betreuung „als eine individuell zu lösende Aufgabe vornehmlich der

Mütter“ sieht (Onnen-Isemann 2003, S. 37). Im Vergleich der europäischen Ländern haben diejenigen Länder eine niedrigere Geburtenrate und mehr Kinderlosigkeit, in denen das Unterhaltsrecht den Eltern die Verantwortung für die (lange) Ausbildungsphase ihrer Kinder aufbürdet, in denen also junge Erwachsene lange ökonomisch abhängig bleiben. Die ökonomische Abhängigkeit führt zum Aufschub der Familiengründung (Bertram/Rösler/Ehlert 2005, S. 13).

III. Folgen von verbreiteter Kinderlosigkeit für das Aufwachsen von Kindern

Die Vorstellungen von den Bedingungen, unter denen Kinder aufwachsen sollen, machen eine Familiengründung zu einer voraussetzungsvollen Angelegenheit und tragen so zur Verbreitung von Kinderlosigkeit bei. Umgekehrt beeinflusst der Anstieg der Kinderlosigkeit die Bedingungen, unter denen Kinder aufwachsen. In der Diskussion wird besonders hervorgehoben, dass die Gesellschaft in einen Kinder- bzw. Familiensektor und einen Nichtfamiliensektor polarisiert wird. Den etwa zwei Dritteln der Altersgruppe der 25- bis 45Jährigen, die Kinder haben und überwiegend verheiratet sind, steht ein Drittel gegenüber, das kinderlos (und überwiegend nicht verheiratet) ist (BIB 2004, S. 26 f). Da überwiegend Mütter mit der Erwerbstätigkeit pausieren, solange die Kinder klein sind, und da gerade höher qualifizierte Frauen mit einem höheren Einkommen wenn, dann erst später eine Familie gründen, entsteht eine Kluft zwischen dem Haushaltseinkommen von Familien und dem Haushaltseinkommen von Doppelverdienerpaaren ohne Kinder (allerdings gelten Eltern erwachsener Kinder hier wieder als Kinderlose).

Burkart sieht die Polarisierung zwischen einer „Kultur der Kinderlosigkeit“ auf der einen Seite; auf der anderen Seite stehen diejenigen, die sich für Kinder entschieden haben und die sich wachsenden Anforderungen und „ausgefeilten Erziehungsidealen ausgesetzt“ sehen (Burkart 2007, S. 412).

IV. Die Situation „kinderloser Eltern“ als „sozialer Eltern“

Kinderlosigkeit, wie sie oben diskutiert wurde, bezieht sich vor allem darauf, keine leiblichen Kinder zu haben. Doch Kinderlose können, solange sie ein bestimmtes Alter haben, durchaus noch leibliche Kinder bekommen, oder sie können auf eine andere Weise Vater oder Mutter werden: Elternschaft ist heute ausdifferenziert in biologische, genetische, soziale und rechtliche Elternschaft und Kinderlosigkeit in der einen Dimension muss nicht zwangsläufig mit Kinderlosigkeit in einer anderen Dimension einhergehen. Doch lässt sich zeigen, dass die Elternschaft Kinderloser – die soziale Elternschaft – unter komplexeren Bedingungen stattfindet und gesetzlich schlechter gestellt ist.

Kinderlose müssen nicht kinderlos bleiben: Die Geburt eines ersten Kindes im Leben von Frauen und Männern ist die üblichste Form, Kinderlosigkeit zu beenden. Bei Fruchtbarkeitsstörungen, bei denen das Ende der Kinderlosigkeit gewünscht wird, aber auf sich warten lässt oder nicht möglich ist, wird heute eine Vielzahl von – in unterschiedlichem Maß invasiven – Behandlungsmöglichkeiten angeboten. Das Jahrbuch 2005 des Deutschen IVF-Registers (In-Vitro-Fertilisations-Register; DIR 2006) weist für 2005 in 117 Zentren 36.733 behandelte Frauen und 4.428 Geburten aus. Die Statistik zeigt die Nachfrage, aber auch die moderaten Erfolgsquoten. Nur für Ehepaare übernehmen die Krankenkassen die Kosten für eine künstliche Befruchtung. Alle Untersuchungen zeigen, dass ungewollt Kinderlose weder besondere Persönlichkeitsmerkmale aufweisen, noch künstlich gezeugte Kinder weniger Zuneigung von ihren Eltern erfahren.

Die Entwicklung der Reproduktionsmedizin trägt dazu bei, Formen von Elternschaft auszudifferenzieren. So kann eine Frau, deren Ehemann steril ist, sich mit einem Spendersamen eines anderen Mannes befruchten lassen (heterologe Insemination). Damit hat das Kind einen genetischen Vater (den Spender), der möglicherweise selbst nicht sozialer oder rechtlicher Vater eines Kindes ist, und einen rechtlichen und zugleich sozialen Vater (den Ehemann). Die für das Zusammenleben von Menschen wichtigsten Differenzierungen von Elternschaft sind die rechtliche Definition und die Unterscheidung von leiblicher und sozialer Elternschaft.

Rechtlich werden Vaterschaft und Mutterschaft per definitionem gesetzt. Vater eines Kindes ist nach § 1592 BGB „der Mann, 1. der zum Zeitpunkt der Geburt mit der Mutter des Kindes verheiratet ist, 2. der die Vaterschaft anerkannt hat oder 3. dessen Vaterschaft (…) gerichtlich festgestellt ist.“ Und § 1591 BGB besagt: „Mutter eines Kindes ist die Frau, die es geboren hat.“ *Leibliche* Elternschaft bezieht sich auf Blutsverwandtschaft, die die meist zusammen fallenden Aspekte der *genetischen* Elternschaft (über Samen- und Eizelle) und der *biologische* Elternschaft (über Zeugung und Schwangerschaft bzw. Geburt) umfasst (die Eizellen-Spende ist ein Beispiel für das Auseinanderfallen der genetischen und biologischen Mutterschaft). *Soziale* Elternschaft beruht auf einer faktischen sozialen Bindung zwischen Erwachsenen und einem Kind, die nicht leiblich miteinander verwandt sind.

Frauen und Männern, die keine leiblichen Kinder haben, können auf mehreren Wegen soziale Eltern werden: Sie können Stiefeltern werden, wenn sie in einem Haushalt mit einen Partner oder einer Partnerin leben, der oder die ein Kind hat, sie können unter bestimmten Voraussetzungen Adoptiveltern werden oder die Pflegschaft für ein Kind übernehmen. Soziale Elternschaft ist nicht für Kinderlose reserviert; auch Väter und Mütter mit leiblichen Kindern können zugleich eine soziale Elternschaft für andere Kinder eingehen. Anzumerken ist, dass man die leibliche Elternschaft nicht verlieren kann, wohl aber die soziale oder auch die rechtliche, wie das Beispiel der Mütter zeigt, die ihr Kind zur Adoption freigeben.

Für die Verbreitung der Elternschaft Kinderloser liegen keine verlässlichen Zahlen vor. Die folgenden Angaben können nur grobe Größenordnungen abbilden, da die Stief-, Adoptiv- oder Pflegeeltern nicht notwendigerweise keine eigenen, leiblichen Kinder haben. Bei etwas weniger als der Hälfte der etwa 658.000 Stieffamilien (definiert als Familien, bei denen der Stiefelternteil mit dem leiblichen Elternteil und dem Kind unter 18 Jahren in einem Haushalt lebt; etwa 7% aller Familien mit Kindern unter 18 Jahren) brachte der Stiefelternteil keine eigenen Kinder mit (Engstler/Menning 2003, S. 43, Zahlen des Familiensurvey von 1999). Im Jahr 2000 wurden 53.321 Kinder in Pflegefamilien gegeben. Adoptionen sind die am geringsten verbreitete Form sozialer Elternschaft: 2004 wurden 4.762 Kinder und Jugendliche adoptiert, womit sich ein seit 1993 rückläufiger Trend fortsetzte. Dieser Anteil ist vor allem deswegen so gering, weil wenige Kinder zur Adoption frei gegeben werden. Nach Daten des Statistischen Bundesamtes entfielen auf ein zur Vermittlung freigegebenes Kind 12 Adoptionsbewerberinnen und -bewerber (Statistisches Bundesamt 2006). Da es mehr (ledige, geschiedene oder verwitwete) Mütter als Väter gibt, die allein erziehen, gibt es, wenn eine neue Partnerschaft begonnen wird, entsprechend mehr Stiefväter als Stiefmütter. Adoptionen und Pflegschaften werden dagegen in der Regel von Paaren übernommen.

Die soziale Elternschaft unterscheidet sich von der leiblichen Elternschaft: Sie findet in der Regel in einem komplizierteren Gefüge von Beziehungen statt, das auch das Verhältnis zu dem abwesenden leiblichen Elternteil einschließt. Die Stellung des sozialen Elternteils bedarf immer einer persönlichen Definition und einer Rollenfindung. Der soziale Elternteil tritt neu in ein schon bestehendes System ein, das durch Trennungserfahrungen entstanden ist. Auch die rechtliche Situation ist komplexer. Während bei einer Adoption die sozialen Eltern mit ähnlichen Rechten ausgestattet sind wie leibliche Eltern (geregelt in einem eigenen Adoptionsgesetz), sind soziale Eltern mit „ihrem“ Kind rechtlich nicht verwandt. Sie haben in der Regel keine Rechte, aber auch keine Pflichten gegenüber dem Stief- oder Pflegekind. Das Sorgerecht (§ 1626 BGB) bleibt den leiblichen Eltern vorbehalten. Allerdings haben „enge Bezugspersonen des Kindes, wenn diese für das Kind tatsächliche Verantwortung tragen oder getragen haben (sozial-familiäre Beziehung)“ nach § 1685 BGB ein Recht auf Umgang mit dem Kind. „Eine Übernahme tatsächlicher Verantwortung ist in der Regel anzunehmen, wenn die Person mit dem Kind längere Zeit in häuslicher Gemeinschaft zusammengelebt hat.“ Die Rechtsprechung ist komplex, aber auch z.B. Möglichkeiten, dass der leibliche Elternteil im Rahmen seiner alleinigen Entscheidungsbefugnis eine Vollmacht für den sozialen Elternteil ausstellt, ändert nichts daran, dass das Gesetz die leibliche Elternschaft privilegiert und daher soziale Elternschaft zweitrangig bleibt.

V. Zusammenfassung

Kinderlosigkeit als Leben ohne leibliche Kinder hat als Hintergrund nur zu einem geringen Teil Infertilität oder eine dezidierte Ablehnung von Kindern. Sie ist vielmehr das Ergebnis immer wieder aufgeschobener und zurückgestellter biografischer Entscheidungen, (noch) kein Kind zu bekommen, weil die Bedingungen zu ungünstig sind. Dabei spielen die Argumente einer fehlenden festen Partnerschaft und einer unzureichenden materiellen und ökonomischen Sicherheit für eine Familie die größte Rolle. In der Verbreitung der Kinderlosigkeit – bzw. der aufgeschobenen Familiengründung – in Deutschland drücken sich die hohen Anforderungen aus, die heute mit der Erziehung von Kindern verbunden sind und auf die Frauen und Männer unterschiedlich reagieren. Eine Zunahme von Kinderlosigkeit macht die Erziehungsaufgabe allerdings eher schwerer als leichter.

Wer keine leiblichen Kinder hat, kann sich auf andere Weise in sozialer Elternschaft engagieren. Die Scheidungszahlen und der hohe Anteil allein Erziehender legen nahe, dass soziale Elternschaft auch Kinderloser an Bedeutung gewinnen wird. Soziale Väter und Mütter müssen aber nicht nur ihre Rolle in einem komplexeren Beziehungsgefüge neu definieren, sondern sie sind auch rechtlich gegenüber der privilegierten Form der leiblichen Elternschaft zurückgestellt.

Literatur

Allensbach (=Institut für Demoskopie Allensbach) (2004): Einflussfaktoren auf die Geburtenrate. Ergebnisse einer Repräsentativbefragung der 18- bis 44jährigen Bevölkerung. Allensbach.

Bertram, H./Rösler, W./Ehlert, N. (2005): Nachhaltige Familienpolitik. In: Aus Politik und Zeitgeschichte, H. 23/24, S. 6–15.

BIB (=Bundesinstitut für Bevölkerungsforschung) (2004): Bevölkerung. Fakten – Trends – Ursachen – Erwartungen. Die wichtigsten Fragen. Sonderheft der Schriftenreihe des BIB, 2.überarbeitete Auflage. Wiesbaden.

BMFSFJ (Hrsg.) (2005): Das subjektive Zeitfenster für Elternschaft. Eine Repräsentativbefragung der Bevölkerung zwischen 16 und 44 Jahren. Erhoben durch das Institut für Demoskopie Allensbach. Berlin.

Burkart, G. (2007): Eine Kultur des Zweifels: Kinderlosigkeit und die Zukunft der Familie. In: Kreyenfeld, M./Konietzka, D. (Hrsg.): Ein Leben ohne Kinder. Kinderlosigkeit in Deutschland. Wiesbaden, S. 401–423.

DIR (Deutsches IVF-Register) (2006): Jahrbuch 2005, http://www.meb.uni-bonn.de/frauen/DIR_downloads/dirjahrbuch2005.pdf (Zugriff 20.07.07).

Dorbritz, J./Lengerer, A./Ruckdeschel, K. (2005): Einstellungen zu demographischen Trends und zu bevölkerungsrelevanten Politiken. Ergebnisse der Population Policy Acceptance Study in Deutschland. Herausgegeben vom Bundesinstitut für Bevölkerungsforschung. Wiesbaden.

Dorbritz, J./Schwarz, K. (1996): Kinderlosigkeit in Deutschland - ein Massenphänomen? Analysen zu Erscheinungsformen und Ursachen. In: Zeitschrift f. Bevölkerungswissenschaft 21. Jg., Heft 3, S. 231–261.

Eckhard, J./Klein, Th. (2006): Männer, Kinderwunsch und generatives Verhalten. Eine Auswertung des Familiensurvey zu Geschlechterunterschieden in der Motivation zur Elternschaft. Wiesbaden.

Engstler, H./Menning, S. (2003): Die Familie im Spiegel der amtlichen Statistik. Herausgegeben vom Bundesministerium für Familie, Senioren, Frauen und Jugend. Erweiterte Neuauflage 2003. Berlin.

Helfferich, C./Klindworth, H./Kruse, J. (2005): Männer leben. Studie zu Lebensläufen und Familienplanung. Vertiefungsbericht. Eine Studie im Auftrag der BZgA. Köln.

Helfferich, C./Klindworth, H./Wunderlich, H. (2004): Männer leben. Studie zu Lebensläufen und Familienplanung. Basisbericht. Eine Studie im Auftrag der BZgA. Köln.

Kleinert, C. (1995): Wohn- und Lebensformen in Ablösung vom Elternhaus. In: Hoffmann-Lange, U. (Hrsg.): Jugend und Demokratie in Deutschland. DJI-Jugendsurvey I. Opladen, S. 24–44.

Kreyenfeld, M./Konietzka, D. (2007): Kinderlosigkeit in Deutschland – theoretische Probleme und empirische Ergebnisse. In: Dieselben (Hrsg.): Ein Leben ohne Kinder. Kinderlosigkeit in Deutschland. Wiesbaden, S. 11–41.

Onnen-Isemann, C. (2003): Familienpolitik und Fertilitätsunterschiede in Europa. Frankreich und Deutschland. In: Aus Politik und Zeitgeschichte, H. B44, S. 31–38.

Schmitt, Ch./Winkelmann, U. (2005): Wer bleibt kinderlos? Sozialstrukturelle Daten zur Kinderlosigkeit von Frauen und Männern. DIW Discussion Papers Br. 473, Berlin.

Statistisches Bundesamt (2006): Pressemitteilung Nr. 433 vom 12.10.2006, http://www.destatis.de/jetspeed/portal/cms/Sites/destatis/Internet/DE/Presse/pm/2006/10/PD06__433__225.psml, Zugriff am 01.08.2007.

Teil III

Bedingungskontexte von Familie

Hildegard Macha/Monika Witzke

Einführung

Der dritte Teil des Teilbandes I, Bedingungskontexte von Familie, erschließt die leiblichen, geschlechtlichen, biologischen und soziokulturellen Voraussetzungen der Erziehung und Bildung bis hin zur Emotionalität in Familien. Dieser Schwerpunkt des Handbuches betritt einerseits Neuland in der Forschung, denn die Leiblichkeit ist traditionell in der erziehungswissenschaftlichen Forschung nicht sehr intensiv behandelt und in der Familienforschung wenig thematisiert worden. Andererseits knüpfen wir an bekannten Diskursen an, die in der Erziehungswissenschaft gut etabliert sind. Es gehen von körperlichen bzw. leiblichen und geschlechtlichen Zusammenhängen, die in der naturwissenschaftlichen Forschung wie der Biologie und Neurobiologie erbracht werden, wichtige Impulse für die Erziehung und Bildung aus. Der Körper, das Geschlecht und die Emotionalität stellen neben der Rationalität wichtige Bedingungen von Erziehung dar und sie gehören deshalb unabweisbar zur Familienforschung. Insofern sieht das zugrunde liegende Konzept des Handbuches Leiblichkeit, Geschlecht und (neuro-) biologische Grundlagen von Erziehung als wesentlich an. Der Körper als Träger der Emotionen ist in der Erziehung insofern von Bedeutung, als die motivationalen Grundlagen des Handelns und der Kommunikation körperlich-emotional begründet sind. Die Ausdrucksfähigkeit in der Kommunikation des Menschen liegt vor allem in den Emotionen, die wiederum aus körperlichen Zuständen erwachsen. Insofern können Familien nicht ohne körperlich-mimischen Ausdruck der Emotionen kommunizieren und die Erziehung des Körpers und der Emotionen ist ein wichtiger Teil der Familienerziehung. Geschlechtlichkeit der Kinder und Eltern ist zudem ein Thema, das jeden Erziehungskontext durchdringt. Die geschlechtstypische Identität der Familienmitglieder wird maßgeblich unter dem Einfluss der Familie konstruiert. In diesem Teil III wird deshalb ein Bogen geschlagen von Forschungsergebnissen zur Leib-Körperlichkeit und dem Geschlecht über die Evolutionsbiologie, die Neurobiologie und die soziokulturellen Voraussetzungen der Erziehung bis hin zur interpersonalen Emotionsverarbeitung.

In Kapitel 1 des Teils III sind Aufsätze zu den körperlichen und biologischen Grundlagen der Erziehung enthalten, in Kapitel 2 dann Formen der Erziehung in den Phasen des Lebenslaufs der Familien sowie ein Aufsatz zur Emotionsverarbeitung.

Der erste Aufsatz von *Birgit Schaufler* „Leib, Körper und Geschlecht – eine Annäherung“ befasst sich im Überblick mit den leib-körperlichen Grundlagen der Familienerziehung in einer geschlechtertheoretischen Perspektive. Grundlegende Theorien der leib-körperlichen Existenz und Dimensionen des geschlechtlichen Leib-Körpers als Organismus und als gesellschaftliches Konstrukt werden zunächst dargelegt. Durch Einfluss der körperbezogenen Geschlechterrollen werden die Konstruktionen der weiblichen und männlichen Geschlechtlichkeit in Familien beeinflusst.

Norbert Sachser vergleicht Erziehung unter biologischem Aspekt bei Mensch und Tier. Alle Säugetiere seien in Kindheit und Jugend „Neugierwesen“, die aktiv im Spiel ihre Umwelt erkunden, dies ist ein generelles Merkmal. Die Evolutionsbiologie sieht zwei Bedingungen dafür als ausschlaggebend an, 1. ein „entspanntes Feld“ und 2. ein angemessenes Maß an Anregung in der Umwelt.

Hartmut Kasten stellt Ergebnisse der Neurobiologie zur Erziehung des Säuglings dar. Das Wechselspiel zwischen Anlage und Umweltfaktoren wird demnach wesentlich vom Kind mitgestaltet. Eltern können gemäß den Ergebnissen der Neurobiologie und Entwicklungspsychologie ihre Kinder fördern, indem sie in den Zeitfenstern der sensiblen Entwicklungsphasen spielerisch und unter Beachtung der emotionalen Lernfreude und der emotionalen Bindungssicherheit Anregungen vermitteln.

Karin Flaake bezieht sich auf die biologischen Prozesse der Adoleszenz und interpretiert sie psychoanalytisch. In der lebensgeschichtlichen Phase Adoleszenz haben Körper, Leiblichkeit und Geschlecht besondere Relevanz. In der Familie werden Kinder in Weiblichkeits- und Männlichkeitsentwürfe eingeführt. Spezifische Probleme heutiger Adoleszenz werden thematisiert.

Lothar Böhnisch und Wolfgang Schröer beschäftigen sich mit „Erziehungsverhältnisse[n] im Lebenslauf“, die durch die biologische Reifung der Kinder und Jugendlichen vorgegeben sind, mit ihren je wechselnden Anforderungen und notwendigen Erziehungsmaßnahmen. Das Lebensalter als Konstrukt der Familienerziehung im gesellschaftlichen Kontext erfordert individuelle Bewältigungsstrategien. Die Generationenbeziehungen und die Geschlechterbeziehungen in Familien müssen sich beständig anpassen, um angemessene familiale Unterstützung geben zu können.

Michael Reicherts und Philippe A. Genoud eröffnen den Zugang zu einem neuen Forschungsfeld, der „Emotionalen Offenheit in der individuellen und interpersonalen Emotionsverarbeitung“ sowohl in Partnerschaften als auch in Familien. Partner und Familien sind in der Perzeption und der Kommunikation der Emotionen miteinander verbunden und kommunizieren wesentlich auf der Basis dieser Information miteinander. Die Regulation der Emotionen innerhalb der Familie erfolgt optimal unter der Bedingung der emotionalen Offenheit, weil ein direkter Austausch zur Kohärenz der Familienmitglieder führen kann.

Birgit Schaufler

Kapitel 1: Leib, Körper und Geschlecht – eine Annäherung

Die Vorstellung der „natürlichen" – weil körperlichen – Verschiedenheit von Frauen und Männern beherrscht als unhinterfragbare Selbstverständlichkeit die Wahrnehmung der Geschlechter und damit auch der traditionellen familiären Ordnung. Frauen sind potentielle Mütter aufgrund ihres weiblichen Körpers. Männer sind Väter, weil sie männliche Körper haben. Sind Menschen aber auch „mütterlich" bzw. „väterlich", weil sich entsprechende Geschlechtsmerkmale an ihren Körpern finden? Inwiefern ist die elterliche Rollenzuordnung an die geschlechtlichen Körper gebunden?

Die Differenzierung im Frauen/Mütter und Männer/Väter gründet sich auf die Biologie und hat weitreichende Konsequenzen für die soziale Positionierung der Individuen und deren Selbstwahrnehmung. Die körperliche Verschiedenheit sowie die unterschiedliche Beteiligung der Geschlechter an der Reproduktion scheinen vielfältige Unterschiede im Verhalten, in den Eigenschaften und Fähigkeiten von Frauen als Müttern und Männern als Väter zu implizieren. Auf diesem Prinzip der Geschlechtertrennung basiert die gesamte westliche Kultur der Moderne – damit auch das Bild der Familie und deren innere Verfasstheit.

I. Der Körper als Schauplatz der Geschlechterkonstruktion

Dreh- und Angelpunkt jeglicher Geschlechterkonstruktion ist der Körper. Er dient als Kriterium für die Geschlechtszuordnung, ist Signum der Geschlechterzugehörigkeit und damit Ort der Inszenierung von Weiblichkeit und Männlichkeit. Innerhalb der feministischen Diskussion hat der Körper seine eigene Geschichte. Galt dieser zunächst als determinierende Basis individuellen Frau- und Mann-Seins, so wurde im Rahmen feministischer Forschung diese Betrachtungsweise als biologistisch zurückgewiesen und als Ideologie entlarvt. Der Vorstellung, der Körper wirke kausal auf das soziale Geschlecht von Personen folgte die Loslösung des Sozialen von jeglicher Vorbestimmung durch körperliche Gegebenheiten.

Die feministische Annahme, man könne Leib-Sein und Frau- bzw. Mann-Sein trennen, führte dazu, dass die Eigenschaften und Fähigkeiten von Frauen als Effekte einer geschlechtsspezifischen Sozialisation betrachtet wurden und der geschlechtliche Leib zunächst in den Hintergrund trat. Als Reaktion darauf und auf die These der Gleichheit der Geschlechter fanden sich andere Wissenschaftlerinnen zusammen, die sich darum bemühten, ihr Anderssein aus dem Körperlichen zu begründen und die selbstbestimmte Deutung ihrer weiblichen Natur forderten.

Beide Sichtweisen, die der *Gleichheit* wie die der *Differenz* jedoch ließen die theoretische Unterscheidung von anatomischem und sozialem Geschlecht unangetastet. Die Grenzen dieser Vorannahme wurden erst erkennbar, als Forschungsergebnisse verschiedener Disziplinen darauf verwiesen, dass nicht alleine die Deutungsmuster von Weiblichkeit und Männlichkeit sozial konstruiert sind, sondern auch was als die universelle Grundlage der zwei Geschlechter galt – der Geschlechtskörper – dem historischen Wandel unterworfen ist. Die Annahme einer soziokulturellen Konstruiertheit von Geschlecht erweiterte sich in diesem Moment vom sozialen Geschlecht auch auf das körperliche Geschlecht und rückte den Körper erneut ins Zentrum geschlechtertheoretischer Forschung. Auf die Historisierung des Körpers folgte die radikale Dekonstruktion des Körpers, die ihm jegliche dem Diskurs vorgängige Materialität absprach.

Damit steht die natürliche Gegebenheit der zwei Geschlechter zur Diskussion. Dass Biologie Schicksal *sei*, wird ersetzt durch das Postulat, dass Biologie ein Schicksal *habe*. Die biologische Differenz ist nicht mehr Wirkprinzip, welches die soziale Differenz und die (familiäre) Aufgabenteilung zwischen Frauen und Männern bedingt, sondern sie selbst ist das Ergebnis des Zusammenspiels verschiedener kultureller Kräfte. Die zwei Geschlechter erscheinen somit als soziale Konstruktionen, die im Prozess des *doing gender* fortlaufend neu hervorgebracht werden.

Frauen und Männer werden nicht als jene geboren, als welche sie im Alltag erscheinen. Der Leib und der Körper sind die Schlüssel zum Verständnis des *doing gender*, denn sie sind sowohl Ausgang als auch Ziel geschlechtlicher (Selbst)-Konstruktion: Geschlechtlichkeit ist im leiblichen Erleben gegeben, sie wird über die Betrachtung des Körper männlich oder weiblich kategorisiert, dichotom codiert und im System der Zweigeschlechtlichkeit sozial vermittelt, und sie verwirklicht sich als Weiblichkeit oder Männlichkeit im individuellen Handeln – ebenfalls auf der Ebene des Körpers.

Die Tendenz, das Geschlecht – in Abkehr von biologistischen Konzeptionen – konsequent vom Körper zu entkoppeln, führte zunächst dazu, potentielle kausale Beziehungen zwischen dem Körper und dem sozialen Geschlecht zu verneinen. In einem weiteren Schritt wurde dann die Zuordnung eines Geschlechts zu einem weiblichen *oder* männlichen Körper ihrer Eindeutigkeit enthoben und schließlich lösten sich beide, Körper *und* Geschlecht, in der poststrukturalistischen Analyse auf. Man wird dem Phänomen geschlechtlicher Körperlichkeit bzw. körperlicher Geschlechtlichkeit jedoch nicht gerecht, solange die gelebte Einheit von Körper und Geschlecht ausgeklammert und wechselseitige Kausalbeziehungen angenommen werden. Man sollte aber auch nicht der Versuchung erliegen, bei der evidenten Faktizität des Materiellen stehen zu bleiben und diese als unveränderliche Größe am Rande der Analyse von Geschlechterverhältnissen zu belassen, noch darf – bei vorausgesetzter Orientierung an der Lebenswirklichkeit von Menschen – ebenjene Faktizität aus der Forschungen eliminiert werden. Leib, Körper und Geschlecht sind einerseits mit der Konnotation des „Natürlichen" belegt und werden andererseits in unterschiedlichen soziohistorischen Kontexten unterschiedlich gedeutet und verwendet. Sie zählen zu den Phänomenen, die mit der Frage „nach den unveränderlichen Voraussetzungen menschlicher Veränderlichbarkeit" (Honneth/Joas 1980, S. 13) erfasst werden können. Der erlebbare geschlechtliche Leib ist immer auch sichtbarer, objektivierbarer Körper und wird über Prozesse der biologischen Reifung, der sozialen Zuordnung und Normierung sowie der individuellen Verarbeitung von innerer Leibwahrnehmung und äußerer Körpererfahrung erst zum Frauen- oder zum Männerkörper.

Die Verbindungen zwischen dem geschlechtlichen Leib und dem am kulturellen System der Zweigeschlechtlichkeit orientierten sozialen Geschlecht sowie dessen Verwirklichung als Frauen- bzw. Männerkörper sind vielfältig. Menschen können nicht unabhängig vom symbolischen Feld der soziokulturellen Sinngebung gesehen werden, aufgrund ihrer situativen Inkarniertheit erscheinen sie dennoch als Empfindende, als Entscheidende und als Handelnde. Der Körper, den man hat, als der Leib, der man ist, vermag gleichsam als Inbegriff und Essenz menschlicher Lebendigkeit zwischen existentiellen Polaritäten wie Bewusstsein und Materie, Ich und Anderen, Kultur und Natur zu vermitteln.

II. Dimensionen des geschlechtlichen Leib-Körpers

Die Frage nach der Konstruktion des sozialen Geschlechts basiert auf der theoretischen Differenzierung von Natur und Kultur. Im Beharren auf der natürlichen Gegebenheit des körperlichen Geschlechtsunterschieds, bleibt die leiblich-körperliche Basis von der Analyse weitgehend ausgeschlossen und die kulturelle Überformung in Form des Gender ist primärer Gegenstand der sozialwissenschaftlichen Erforschung. Die Forschungsfrage lautet: Wie wird aus einem gegebenen biologischen Geschlecht das zugehörige soziale Geschlecht? Zwar können die Ergebnisse wichtige Hinweise über die Konstituierungsmodi geschlechtsspezifischer Erscheinungsformen vorlegen, solcherart Forschung muss sich aber angesichts der überzeugenden Arbeiten zur historischen Relativität des Geschlechtskörpers und der zweigeschlechtlichen Ordnung bewusst sein, dass sie das Ganze des Gender nicht erfassen kann, wenn sie das ‚biologische Geschlecht' ausklammert, indem sie es unhinterfragt voraussetzt. Obwohl heute das Verhältnis von Materie und Diskurs noch nicht geklärt werden kann und das völlige Ineinssetzen von *Sex* und *Gender* aus verschiedenen Gründen zweifelhaft erscheint, so haben sich die Grenzen zwischen *Sex* und *Gender* doch in der Weise verschoben, dass zumindest Teile des Geschlechtskörper ebenfalls als Gender betrachtet werden müssen.

Die Rekonstruktion der materiellen Geschlechterdifferenz fokussiert nicht auf die Konstruiertheit des sozialen oder/und des körperlichen Geschlechts, sondern rührt an den Grundfesten der überlieferten Aufteilung der Menschen in zwei (und nicht mehr oder weniger) Geschlechter. Die Frage wie sich Zweigeschlechtlichkeit leibkörperlich verwirklicht, lässt sich weder allein am biologischen Geschlecht, noch an der psychischen Geschlechtsidentität, noch an kulturellen Geschlechternormen festmachen, sondern verlangt nach einer Perspektive, die die gelebte und gewordene Einheit natürlicher, kultureller und personaler Dimensionen erfasst.

Wenn hier die Rede ist von einem geschlechtlichen Leib-Körper, so ist damit noch keine Aussage darüber getroffen, auf welche Weise uns dieser gegeben ist. Wir können zwar davon ausgehen, dass es einen natürlichen Geschlechtskörper gibt, mehr können wir indes nicht darüber sagen, da er unserem Denken nur in seiner binären Verfasstheit als gesellschaftlich konstruierter Frauen- oder Männerkörper zugänglich ist. Jedoch darf die Tatsache, dass wir den Leib-Körper durch eine Reihe von Mittelbarkeiten wahrnehmen, nicht dazu verleiten, zu behaupten, es gäbe nur den konstruierten Körper.

Das geschlechtliche Subjekt, die Art und Weise also, als Frau oder als Mann in einer konkreten sozio-historischen Situation zu existieren (vgl. Maihofer 1995), ist an den geschlechtlichen Leib-Körper gebunden. Wie der Leib-Körper so lässt sich auch der gelebte geschlechtliche Leib-Körper hinsichtlich verschiedener Dimensionen betrachten, von denen keine der anderen vorgängig ist, vielmehr alle gleichursprünglich sind. Geschlecht materialisiert sich in Gestalt eines Frauen- oder Männerkörpers als Organismus, als gesellschaftliches Konstrukt und als Aspekt einer Person.

II.1. Der geschlechtliche Leib-Körper als Organismus

Biologische Geschlechtlichkeit wird verstanden als ein funktionelles Potential des Organismus und bezieht sich auf die Reproduktion desselben. Menschliche Fortpflanzung wird bestimmt durch die Fähigkeit zu Zeugen und die zu Gebären, wobei sich sowohl die Zeugungs- wie auch die Gebärfähigkeit durch Inkonstanz und Potentialität auszeichnen. Weder die eine noch die andere Fähigkeit ist über die gesamte Lebensspanne eines Individuums gegeben, noch sind sie zwingend in dem Sinne, dass ein Subjekt sich notwendigerweise an der Reproduktion der Menschheit zeugend oder gebärend beteiligen müsste. Beide Geschlechtspotentiale stellen in unserer Kultur distinkte Pole dar, denen auf der Seite der angenommenen Gebärfähigkeit die soziale Kategorie „Frau" und auf der Seite der angenommenen Zeugungsfähigkeit, die soziale Kategorie „Mann" entspricht. Die biologische Erforschung der Geschlechtszugehörigkeit kann allerdings keine Ergebnisse erbringen, die in die Lage versetzten, annähernd so scharf zwischen dem männlichen und dem weiblichen Geschlecht zu trennen, wie das Alltagswissen von den Geschlechtern und die traditionellen Sozialwissenschaften es tun. Es sind im wesentlichen zwei Blickwinkel, aus denen die Geschlechterdifferenzierung in der Biologie betrachtet wird (vgl. Christiansen 1995; Lorber/Farell 1991, Fausto-Sterling 1988). Zum einen findet sich das Prinzip der bipolaren Zweigeschlechtlichkeit, welches ein typisches Merkmal der Säugetiere ist. Hier bilden sich im Laufe der Embryonalentwicklung aus einer doppeltgeschlechtlichen Anlage schließlich die weiblichen oder die männlichen Geschlechtsorgane. Das zweite Konzept, welches sich dem ersten anschließt, ist das Prinzip der relativen Stärke der Geschlechtsbestimmung. Ihm zufolge stellen die zwei Geschlechter Pole dar, denen die Individuen in unterschiedlicher Weise angenähert sind. „Männlich" und „weiblich" sind damit keine Kategorien, die Alternativen beschreiben, sondern sind Variationen mit fließenden Übergängen. So lässt sich die Erscheinung von Hermaphroditen erklären, die quasi in der Mitte des Kontinuums angeordnet sind.

Bezüglich des chromosomalen Geschlechts wird die Zuordnung zur Kategorie „weiblich" getroffen, wenn von den 23 Chromosomenpaaren, die sich in jeder menschlichen Zelle finden, das letzte Chromosomenpaar aus zwei X-Chromosomen besteht, während es in der Kategorie „männlich" aus einem X- und einem Y-Chromosom gebildet wird. Das heißt, dass Frauen und Männer in den allermeisten Aspekten ihrer Anlagen miteinander übereinstimmen und dass sie hinsichtlich ihrer biologischen Bestimmung als Lebewesen der Spezies Mensch weite Bereiche ihres genetischen Materials teilen. Der Genotyp unterscheidet sich lediglich im 23.

Chromosomenpaar, den „Gonosomen“. Es sind hier aber verschiedene Abweichungen bekannt, wie zum Beispiel XXY- oder XYY-Kombinationen (Christiansen 1995, S. 17 f.). Die Frage ist, ob der chromosomale Unterschied zwischen Frauen und Männern über die Ausbildung der Genitalien, der inneren Fortpflanzungsorgane und der Ausbildung sekundärer Geschlechtsmerkmale hinausweist. Das würde bedeuten, dass die genetische Geschlechtsausstattung dafür verantwortlich ist, dass geschlechtschromosomendifferente Individuen in irgendeiner Form unterschiedliche Dinge lernen und aus vergleichbaren Umweltbedingungen Verschiedenes auswählen und aufnehmen, um darauf zu reagieren. Dieser Zusammenhang kann – außer im Mensch-Tier-Vergleich – so nicht geklärt werden, denn sobald die chromosomale Zuordnung zu einer der beiden Geschlechtskategorien vollzogen ist, beginnt der vergeschlechtlichende Einfluss der Gesellschaft auf die „weiblichen“ und die „männlichen“ Menschen zu wirken und die Umweltbedingungen sind nicht mehr zu vergleichen.

Das gonadale Geschlecht bezieht sich auf die Entwicklung der Keimdrüsen. Deren Anlage ist bis zur siebten Schwangerschaftswoche gleich und erst danach wird aus der tendenziell weiblichen Anlage über den Testis-determiniereden Faktor (TDF), welcher auf dem Y-Chromosom liegt, die Festlegung des männlichen Geschlechts eingeleitet. Nach der Differenzierung des Hodengewebes werden dort verschiedene Stoffe gebildet, die die weitere Entwicklung männlicher Merkmale des Organismus steuern. Auch hier sind verschiedene Abweichungen bekannt (ebd., S. 18 f.).

Bezüglich des hormonalen Geschlechts lässt sich feststellen, dass alle drei Arten von Geschlechtshormonen (Östrogene, Gestagene und Androgene), zwar in unterschiedlicher Konzentration, sowohl bei Frauen als auch bei Männern vorkommen. Sie besitzen dieselben Grundstrukturen und können sich zum Teil von der einen in die andere Form umwandeln (ebd., S. 21 f.).

Das morphologische Geschlecht bezieht sich auf die sekundären Geschlechtsmerkmale. Sie spielen in der alltäglichen Wahrnehmung der Geschlechter die größte Rolle. Allerdings ist die Variabilität der für die Differenzierung bestimmten Merkmale sehr groß und nicht immer eindeutig. Zwar unterscheidet sich der durchschnittliche Ausprägungsgrad vieler körperlicher Merkmale im Mittelwert doch finden sich vielerlei Überschneidungen. Die biologische Definition von Weiblichkeit und Männlichkeit ist auf der Ebene des morphologischen Geschlechts besonders schwierig und doch ist sie das ausschlaggebende Element in der alltäglichen Zuordnung eines Menschen zu einem Geschlecht (ebd., S. 22 f.).

Als physisches Merkmal zeigt sich Geschlechtlichkeit in unterschiedlichen Ausprägungen und weist eine hohe biographische Variabilität auf. Dabei begrenzt der geschlechtliche Organismus die Formbarkeit des geschlechtlichen Leib-Körpers. Die Zuordnung zu einer der beiden gebräuchlichen Geschlechtskategorien geschieht über die pränatale (in Zweifelsfällen auch durch postnatale) Klassifikation des Genotyps oder über die Klassifikation des Phänotyps zum Zeitpunkt der Geburt, also unabhängig von der Aktualität und der Realisierung des geschlechtlichen Potentials zu Zeugen oder zu Gebären. Solcherart vorgenommene exklusive, absolute und dichotome Kategorisierung lässt mögliche Zwischenformen oder biographische Veränderungen unberücksichtigt und macht eine Selbstverortung auf dem Geschlechtskontinuum zwischen den Polen unmöglich.

II.2. Der geschlechtliche Leib-Körper als gesellschaftliches Konstrukt

Geschlechterkategorien sind gesellschaftlich produzierte Ordnungssysteme, welche die Bildung des Individuums mitbestimmen und soziale Chancen und Beschränkungen geschlechtsdifferenziert zuschreiben. Sie haben den Zweck, menschliche Erfahrung zu strukturieren und ihre Komplexität zu reduzieren. Diese Funktion macht auch vor der Wahrnehmung des eigenen Leib-Körpers nicht halt, dessen geschlechtliche Aspekte nur im Kontext der vorgegebenen zweigeschlechtlichen Kategorisierung erlebt werden können.

Auch wenn Biologie nicht Schicksal ist, so webt doch jede Gesellschaft die funktional unterschiedliche Beteiligung von Frauen und Männern an der biologischen Reproduktion in irgendeiner Form in ihre Geschlechterdefinitionen ein. Die innerhalb der biologischen Forschung gewonnenen Erkenntnisse über die unterschiedliche Morphologie und Funktion von Genitalien und deren Benennung als „weiblich" bzw. „männlich" gelten in der modernen Gesellschaft als Ausgangspunkt der herrschenden Praxis der Geschlechterunterscheidung. Allerdings machen die Genitalien nicht das Geschlecht, sie dienen vielmehr als zuvor festgelegtes Signum für die Kategorisierung von Personen und Körpern im Zuge einer Registrierungspraxis durch das medizinische bzw. das juristische Subsystem (Hirschauer 1996, S. 242 f.).

Der Bedeutungsgehalt der Genitalien ist eine kulturelle Setzungen innerhalb des modernen westlichen Wissenssystems Zweigeschlechtlichkeit. Hirschauer stellt eine begriffliche Systematik vor, welche geeignet erscheint, die verschiedenen Elemente des Systems zu ordnen. Er differenziert das sprachlich-kognitive Legitimationsgefüge aus Theorien, Wahrnehmungsleistungen, Erklärungen und Begründungen, welches die Zweigeschlechtlichkeit trägt und erhält (Hirschauer 1996, S. 243 ff.):

(1) *Die Zweigeschlechtlichkeit ist Bestandteil des Alltagswissen.* Die Mitglieder einer Gesellschaft geben ihrer Wirklichkeit über diverse axiomatische Annahmen einen sinnhaften Aufbau und erzeugen auf diese Weise ein Wissen, welches als selbstverständlicher Hintergund die Wahrnehmung und Begründung der Geschlechter stützt. Die modernen westlichen Basisannahmen der Zweigeschlechtlichkeit sind: alle Menschen haben entweder das eine oder das andere Geschlecht (Dichotomizität), welches auf der Beschaffenheit des Körpers gründet (Naturhaftigkeit) und sich nicht verändert (Konstanzannahme). Weder die genannten Geschlechtskategorien oder die Geschlechtskriterien, noch die biographische Persistenz sind kulturelle Universalien, sondern erweisen sich im Spiegel kulturanthropologischer Ergebnisse als kulturelle Relativität.

(2) *Die Alltagstheorie der Zweigeschlechtlichkeit wird vom wissenschaftlichen Wissen gestützt.* Die wissenschaftliche Erforschung der Geschlechterunterscheidung gründet sich auf den Axiomen des Alltagswissens. Es gibt zwar bis heute „keine zufriedenstellende humanbiologische Definition der Geschlechtszugehörigkeit, die die Postulate der Alltagstheorie einlösen würde" (Hagemann-White 1988, S. 228), doch

setzen auch Fächer wie die Differentialpsychologie, die Sozialisationsforschung, die Medizin genauso wie die Humanbiologie dessen ungeachtet die Existenz zweier Geschlechter voraus, indem sie sich in ihrer Untersuchung der Geschlechterdifferenzen auf die Kategorien „Frauen“ und „Männer“ konzentrieren (Kessler/McKenna 1978, S. IX). Sie stabilisieren deren dichotome Divergenz und ermöglichen mit ihren Theorien und Methoden, abweichende Erscheinungen in die bestehende Geschlechterordnung einzupassen.

Anne Fausto-Sterling konnte nachweisen, dass biologisch-medizinische Untersuchungsbefunde, die die erwarteten Unterschiede zwischen Frauenkörpern und Männerkörpern nicht nachvollziehen konnten, nicht an die Öffentlichkeit gelangen bzw. ignoriert werden (Fausto-Sterling 1988; vgl. auch Laqueur 1996, S. 30). Ähnliche methodologische Verzerrungen zeigt Hagemann-White bezüglich der Ergebnisse der Sozialisationsforschung auf, die durch ihre von der Vorstellung zweier Geschlechter vorstrukturierten Fragen, Zwischenbereiche und Ähnlichkeiten ausblendet (vgl. Hagemann-White 1984). In diesem Sinne bieten die Wissenschaften eine institutionalisierte kognitive Absicherung der alltäglichen Geschlechterklassifikation.

(3) *Das Alltagswissen und das wissenschaftliche Wissen von den zwei Geschlechtern wird abgesichert von zwei Hilfskonstruktionen*: Pathologisierung körperlicher Devianz einerseits und Psychiatrisierung kognitiver Devianz andererseits. Die Etablierung und Erhaltung der exklusiven Zweigeschlechtlichkeit vollzieht sich umso zuverlässiger, je sicherer eine Gesellschaft in der Lage ist, mittels eines verbindlichen Normenkataloges, jene Phänomene, die sich nicht ohne weiteres in das Schema der zwei polaren Geschlechter einfügen lassen, auszugrenzen. Zur Normierung der Zweigeschlechtlichkeit bedarf es theoretischer Modelle, die die Norm verbindlich formulieren und die Abweichungen von dieser Norm als solche benennen und anomalisieren. „Pathologisierungen – von Zwittern über Homosexuelle bis zur sogenannten Sterilität – flankieren die Geschlechterunterscheidung. Dazu entwickelt die Medizin eine entsprechende normalisierende Behandlungspraxis. Im Falle der Sterilität etwa wäre es für uns absurd, eine unfruchtbare Frau als Mann zu reklassifizieren, es ist dagegen mit Sinn ausgestattet, ungewollte Kinderlosigkeit als Krankheit zu betrachten, die mit großem technischem Aufwand zu behandeln ist. Zum Hintergrund dieser uns plausiblen Normalisierungspraxis gehört eine bestimmte gesellschaftliche Organisation der Fortpflanzung und Kinderbetreuung“ (Hirschauer 1996, S. 245).

Die beobachtbare Variabilität der Geschlechtsinsignien und die Abweichung von der festgeschriebenen Funktionalität des „weiblichen“ oder „männlichen“ Körpers werden in den Bereich des Pathologischen verschoben. Die individuelle Verweigerung der Normerfüllung, das fehlende persönliche Bekenntnis zu einem der beiden Geschlechter und die mangelnde Bereitschaft, die genitale Geschlechtszuordnung in adäquater Form in Verhalten umzusetzen, werden ausgegrenzt, indem diese Erscheinungen als Verleugnung (etwa durch das tiefenpsychologische Modell) und als psychische Störung (beispielsweise innerhalb psychiatrischer Theorien) apostrophiert oder kriminalisiert werden. Die Abweichungen werden damit zum Gegenstand professioneller Bemühungen.

Die bisherige Analyse der Elemente des Wissenssystems der Zweigeschlechtlichkeit ist eine sprachliche. Sie beschränkt sich auf die Diskurse, die sich um die Geschlechter weben, geben aber wenig Auskunft darüber, auf welche Weise und in welcher Form sich die Inhalte dieser Diskurse im alltäglichen Leben der Menschen verankern. Der Geschlechtsunterschied ist nicht ein Produkt abstrakt bleibender, sprachlich verfasster Diskurse, sondern vollzieht sich interaktiv in der alltäglichen Praxis von Individuen. „Die 'Diskurse' übersetzen sich hier in konkretes Handeln, in performative Akte, die Geschlechtszugehörigkeit gleichermaßen konstituieren und auf Dauer festschreiben" (Frevert 1995, S. 13, Hervorhebung von Frevert). Die Geschlechtertheorie muss von einer sozialen Geschlechterpraxis geschützt und unterstützt werden, um das irritable System der Zweigeschlechtlichkeit aufrechterhalten zu können.

Damit die diskursiven Kategorien „weiblich" und „männlich" soziale Realität werden können, ist notwendige Voraussetzung, dass die zwei Alternativen im Alltag sichtbar sind. Die Idee der zwei Geschlechter muss systematisch publiziert und durch Visualisierung figuriert werden. Die Darstellung der Geschlechter geschieht nahezu ausschließlich über die Körper. Sie vollzieht sich zum einen in der konkreten bildlichen bzw. szenischen Umsetzung der spezifischen Insignien der zwei Geschlechter, wie beispielsweise in der Werbung, in der bildenden Kunst, in der szenischen Darstellung oder im Ballett – und zum anderen durch die handelnde Umsetzung, über welche sich das Individuum als eindeutig einem der beiden Vorgaben zugehörig inszeniert und der Öffentlichkeit präsentiert. Damit ist Geschlecht eine Anpassungsleistung an die geburtlich vorgenommene Kategorisierung, die sich im Handeln ausdrückt.

Die Legalisierung und Stabilisierung der Zweigeschlechtlichkeit vollzieht sich durch die Naturalisierung der zweigeschlechtlichen Klassifikation. Historisch vorangegangen ist der Verlagerung gesellschaftlich erzeugter Strukturen in das „Natürliche" die Strategie der Ontologisierung, welche die Geschlechterdifferenzen dem Übernatürlichen zuschreibt. Die neuzeitliche Naturalisierung der zwei Geschlechter ist in modernen Gesellschaften institutionalisiert und lässt die Konvention der Geschlechterklassifikation als wesentlicher Bestandteil der „natürlichen Ordnung" erscheinen. Dichotome Klassifikationen scheinen aufgrund der klaren Unterscheidbarkeit von Alternativen elementar für die Struktur von sozialen Wissens- und Orientierungssystemen zu sein. Ihre Tradierung geschieht umso zuverlässiger, je stärker die Gewordenheit hinter der Selbstverständlichkeit verschwindet und der Konstruktionsprozess im Alltag nicht mehr nachvollziehbar ist (vgl. Schaufler 2002).

Die Entwicklung des Individuums von der Kindheit über die Jugendphase und das Erwachsenenalter bis zum Alter ist davon beeinflusst, ob dieses als „weiblich" oder als „männlich" klassifiziert wurde. Geschlechtlichkeit existiert somit nicht vor oder außerhalb von Gesellschaft, sondern konstituiert sich in dieser und durch diese. Die Differenzierung der zwei Geschlechter ist so tief in unserer Kultur verwurzelt, dass selbst dann, wenn die Geschlechter scheinbar Gleiches tun, sie dies doch verschieden erleben. „Diese Verschiedenheit ist in der Aneignung und Fortschreibung des symbolischen Systems der Zweigeschlechtlichkeit aus einem jeweils anderen kulturellen Ort heraus begründet" (Hagemann-White 1988, S. 231). Die Imagination der Existenz zweier exklusiver Geschlechter wird mit Hilfe einer nahezu alle sozialen Felder durchziehenden Institutionalisierung permanenter Geschlechterdifferenzierung bezeugt und fortgeschrieben. Die Vorstellung der kulturellen Konstruktion der Zweigeschlechtlichkeit, bedeutet in der Konsequenz, dass jegliche Erfahrung von Personen, durch dieses System präformiert ist.

Die durchgängige dichotome Symbolisierung und die permanente Veranschaulichung der Zweigeschlechtlichkeit auf der gesellschaftlichen und auf der individuellen Ebene bedingen die soziale Wahrnehmbarkeit eben dieser „Wirklichkeit“. Sie vervollständigen die kognitiven Deutungen und lassen den Geschlechterunterschied als „natürliche“ Evidenz erscheinen. Vorstellungen davon, wie Mädchen und Jungen, wie Frauen und Männer, wie Mütter und Väter sein sollen und was sie tun sollen, strukturieren die Erfahrungen des Individuums von Kindheit an. Zweigeschlechtliche Sozialisation ist eine Sozialisation zur Zweigeschlechtlichkeit, sie bereitet Kinder auf ihre Erwachsenenrolle als Frau oder Mann vor. Sie ist aber auch lebenslange Sozialisation in einer Kultur der Zweigeschlechtlichkeit und hört nicht mit dem Erwachsensein auf.

Es ist im Rahmen dieses Aufsatzes nicht möglich, detailliert auf die verschiedenen Sozialisationseinflüsse einzugehen. Die Beschränkung auf eine überblicksartige Darstellung der primären Sozialisation in der Familie erfolgt, da sie grundlegend erscheint für die Ausbildung des Selbstkonzeptes, welches Leib-Körperlichkeit und Geschlechtlichkeit miteinbezieht.

In den meisten Fällen wird das von der Gesellschaft zugeschriebene Geschlecht vom Individuum akzeptiert und die Regeln und Rituale, welche die Geschlechterteilung begleiten, werden übernommen. Von herausragender Bedeutung im Prozess der Weiblichkeits- bzw. Männlichkeitssozialisation sind die Eltern, denn geschlechtsspezifische Identität wird in der frühen Kindheit grundgelegt (Maccoby 1998, S. 118 ff.). Bereits im Jahr 1974 wird eine Studie veröffentlicht, die darstellen kann, dass die Eigenschaften, welche neugeborener Babies von ihren Eltern ohne deren Kenntnis des Geschlechts zugeschrieben werden, je nach Bezeichnung des Kindes als Mädchen oder Junge in hohem Maße differieren und sich an den kulturellen Geschlechterstereotypen orientieren. Daraus kann geschlossen werden, dass der Umgang der Eltern mit dem Kind weniger von seinen individuellen Eigenschaften beeinflusst wird, als von Erwartungen, die sich auf Vorstellungen von Weiblichkeit und Männlichkeit berufen (Maccoby 1998, S. 121). Psychologische Studien konnten zeigen, dass Eltern besonders bezüglich des Spielens Unterschiede zwischen Mädchen und Jungen machen. Das Spielzeug, welches den Jungen zur Verfügung gestellt wird, orientiert sich eher an ihrer zukünftigen Rolle als Mann, während den Mädchen eher solche Spielutensilien angeboten werden, die dem traditionell weiblichen Lebensraum zugeordnete werden. Eltern scheinen auf den adäquaten Gebrauch des geschlechtsspezifischen Spielzubehörs positiv zu reagieren und darüber hinaus, Spielsituationen anzuregen, die – entsprechend dem Geschlecht des Kindes – entweder dem männlichen oder dem weiblichen Tätigkeitsfeld zuzuordnen sind (ebd., S. 124). Geschlechterseparierendes Verhalten von Eltern drückt sich auch darin aus, dass sie mit weiblichen Babies im „Handling“ (Halten, Tragen, Bewegen etc.) vorsichtiger sind und sachter mit ihnen umgehen als mit Jungen (ebd., S. 124); männliche Kleinkinder hingegen werden eher in ihren motorischen Aktivitäten gefördert als weibliche. Hier sind es besonders die Väter, welche in der Interaktion mit ihren Söhnen dreimal so viel Aktivitäten zeigen, die als „Raufen“ oder „Toben“ bezeichnet werden können, wie Mütter und Töchter (ebd., S. 125). Für die Unterschiede hinsichtlich ihrer leib-körperlichen Identität ist auch die Tatsache bedeutsam, dass Jungen häufiger und strenger bestraft werden als Mädchen und dass sie häufiger Opfer körperlicher Züchtigung sind als Mädchen (ebd., S. 127), während Mädchen häufiger Opfer körperlich-sexueller Übergriffe werden. Mädchen werden aufgrund ihrer Körperlichkeit als potentielle Opfer betrachtet und dementsprechend von ihrer Mitwelt eher sorgend und ängstlich begleitet. Sie werden angehalten eher im Haus oder in der näheren Umgebung zu spielen, auf Wettbewerb ausgerichtete körperorientierte Aktivitäten finden sich somit eher bei Jungen als bei Mädchen. Diese führt dazu, dass viele Jungen bereits in der Kindheit mehr Kraft und Ausdauer entwickeln können, während Mädchen sich tendenziell mehr durch Geschicklichkeit und ausgeprägte feinmotorisch Fertigkeit auszeichnen (vgl. Pfister 1991).

Eine besondere Rolle in der geschlechtsspezifischen Sozialisation spielen die Väter. Nicht nur, dass sie Spiele mit körperlichem Einsatz bei ihren Söhnen unterstützen, sie achten auch mehr als die Mütter auf geschlechtsadäquates Verhalten ihrer Kinder, insbesondere ihrer Söhne. Es entspricht dem männlichen Muster der Homophobie, dass Väter die mögliche Burschikosität von Mädchen eher dulden als Sensibilität, Ängstlichkeit oder Zurückhaltung bei Jungen. Väter reagieren eher negativ darauf, wenn Jungen mit Mädchen spielen als auf den gegenteiligen Fall (Maccoby 1998, S. 142 f.). Laut Maccoby ergaben verschiedene Untersuchungen, dass generell der Kommunikationstil zwischen Eltern und Söhnen eher durchsetzungsorientiert ist, während Eltern mit ihren Töchtern häufiger über Gefühle – anderer Menschen, wie auch über die eigenen – reden (Maccoby 1998, S. 135). Für die Leib-Körperlichkeit von Frauen und Männern kann hieraus abgeleitet werden, dass bereits Mädchen die Bedeutsamkeit des eigenen Befindens erkennen und dafür sensibilisiert werden, auf leib-körperliche Wahrnehmungen zu achten und diese zu interpretieren. Jungen und Männer hingegen zeichnen sich häufig dadurch aus, dass sie den eigenen Körper undifferenziert wahrnehmen und dazu tendieren, mögliche körperliche Missempfindungen und Störungen zu übergehen, da sie solche mit Schwäche assoziieren (vgl. Brähler/Felder 1992, Hollstein 1992, Hurrelmann 1991, Maschewsky-Schneider/Klesse/Sonntag 1991).

Maccoby richtet ihr Augenmerk vor allem auf die Bedeutung der Gleichaltrigen im Prozess der Geschlechtertrennung und stellt fest: „Childhood culture is far more gender-segregated than is adult culture“ (ebd., S. 144). Sie konstatiert, dass männliche Gleichaltrigengruppen sich dadurch von den Mädchengruppen unterscheiden, dass sie ein höheres Maß an innerem Zusammenhalt aufweisen und sich durch starke Abgrenzung vom anderen Geschlecht auszeichnen. Jungengruppen stellen das einzelne Mitglied unter einen hohen Druck, sich männlich zu geben und keine weiblichen Züge zu zeigen (ebd., S. 147). Jugendkulturen weisen in hohem Maße Bezüge zum Körper auf. Der eigene Körper und seine äußere Erscheinung sind von großer Bedeutung in den jugendspezifischen Sportarten, die häufig auch die modische Stilisierung des Körpers mitbedingen. Sport und Mode werden von einem dritten Feld der jugendspezifischen Kulturen begleitet: der Musikkultur Jugendlicher.

Sie verweist über bestimmte Tanzstile ebenfalls auf den Körper (vgl. Müller 1996). Im Übergang von der Kindheit zum Erwachsensein spielt die Peergroup eine wichtige Rolle in der Vergeschlechtlichung und entsprechend bedeutsam ist es für Jugendliche, sich entsprechend der Normen der Gruppe weiblich oder männlich darzustellen (vgl. Tillmann 1992).

Die vergeschlechtlichende Körpersozialisation findet selbstverständlich nicht nur in Familie und in der Gleichaltrigengruppe statt, sondern sie ist in der modernen westlichen Gesellschaft auch institutionalisiert. So kann beispielsweise der Sportunterricht, der für Jungen und Mädchen getrennt konzipiert und durchgeführt wird, als vergeschlechtlichende Sozialisationsinstanz mit starkem Einfluss auf die Ausbildung individueller Leib-Körperlichkeit betrachtet werden. Auch im Berufsleben wird der weibliche und der männliche Körper - etwa durch Arbeitsschutzbestimmungen, die Frauen aufgrund ihrer körperlichen Konstitution bestimmte Tätigkeiten verbieten - immer neu „hervorgebracht". Die Etablierung medizinischer Fachbereiche, die sich auf Diagnose und Therapie des weiblichen oder des männlichen Körpers spezialisieren, ist ein weiteres Beispiel der Institutionalisierung leib-körperlicher Vergeschlechtlichung.

Festzuhalten ist, dass Menschen in unserer Gesellschaft durch eine somatische Kultur der Zweigeschlechtlichkeit zu Frauen mit einem Frauenkörper und zu Männern mit einem Männerkörper sozialisiert werden. Die körperliche Ver(zwei)geschlechtlichung beginnt noch vor der Geburt und wird mithilfe einer institutionalisierten Dichotomisierung, deren Zentrum der Geschlechtskörper ist, fortgeführt. Sie wird ermöglicht und gestützt durch ein Wissenssystem, das sich an die weiblichen und männlichen Körper heftet. Durch ihre allgegenwärtige Visualisierung wird die Imagination der selbstverständlichen und „natürlichen" Existenz weiblicher oder männlicher Körper hervorgebracht.

II.3. Der geschlechtliche Leib-Körper als Aspekt der Person

Der geschlechtliche Leib-Körper wird präformiert durch seine biologische Organisation, er konstituiert sich als weiblicher oder männlicher Leib-Körper innerhalb einer somatischen Kultur der Zweigeschlechtlichkeit und ist als solcher der Leib bzw. der Körper eines Individuums, welches sich (meist) als „Frau" oder als „Mann" bezeichnet. Was jedoch ist „weiblich", was ist „männlich"? Eleanor Maccoby weist darauf hin, dass das, was man in der Sozialisationsforschung unter „Weiblichkeit" und „Männlichkeit" versteht, variiert. Erstens ist eine weibliche oder männliche Person jemand, der die vorherrschenden Geschlechterrollen (etwa die Mutterrolle oder die des Ernährers) ausfüllt. Viele soziologische Ansätze der Sozialisationsforschung gehen von dieser Definition aus und messen die unterschiedlichen Grade der Ausgestaltung von Weiblichkeit und Männlichkeit an kulturell festgelegten Rollenbildern. Zweitens ist jene Person weiblich oder männlich, welche die Eigenschaften, die der Geschlechterdifferenzierung dienen, durch ihr Beispiel belegt (etwa gelten Kinder als feminin, wenn sie bevorzugt mit Puppen spielen, weil zuvor festgelegt wurde, dass Puppenspielen unter der Kategorie Weiblichkeit einzuordnen ist). Diese Form der Unterscheidung entspricht eher der Strategie der Psychologie, innerhalb derer verschiedene Kataloge von Eigenschaften, Fähigkeiten, Interessen und Persönlichkeitsmerkmalen ausgearbeitet wurden, mit denen Weiblichkeit und Männlichkeit gemessen werden kann. Drittens gilt als besonders weiblich bzw. männlich, wer für das andere Geschlecht attraktiv ist. Sehr feminine Frauen sind in der modernen Gesellschaft sexuell attraktiv und gut aussehend, sie sind möglicherweise aufmerksame Zuhörerinnen und können sich sensibel auf ihr Gegenüber einstellen. Männliche Attraktivität hingegen ist gegenwärtig schwerer zu definieren; ein Mann sollte eher groß sein und über einen muskulösen Körperbau verfügen; es wird erwartet, dass er sich durchsetzen kann und dass er selbstbewusst auftritt. Die meisten Menschen wissen, wie sie aussehen und sich verhalten müssen, um dem anderen Geschlecht attraktiv zu erscheinen bzw. der Maßgabe „Weiblichkeit" oder „Männlichkeit" im Alltag zu entsprechen (Maccoby 1998, S. 6 f.). Weshalb aber tut die eine Person mehr, um ein bestimmtes Geschlecht zu sein, und die andere weniger? Die dritte Definition von Maccoby gibt Raum für die Betrachtung des aktiven Parts, den Individuen bezüglich der Ausgestaltung ihrer geschlechtlichen Identität einnehmen; weg von den behavioristischen Theorien, die Frauen und Männer als Ergebnis eines von der Umwelt bestimmten Lernprozesses begreifen und hin zum Verständnis eines Subjektes, das an seiner Geschlechtwerdung aktiv beteiligt ist.

Während die frühen Arbeiten zur Geschlechterforschung auf die Mechanismen der sozialisatorischen Differenzierung zwischen den Geschlechtern fokussierten, befasst sich die neuere psychologische Forschung – insbesondere die Entwicklungspsychologie – in starkem Maße mit den Unterschieden innerhalb der Geschlechter (vgl. Bilden 1980, 1991). Von Interesse ist in diesem Zusammenhang wie diese Variabilität erklärt werden kann. Zunächst ist daran zu denken, dass der geschlechtertypisierende Anpassungsdruck, den Kinder durch ihre Eltern erfahren (Förderung geschlechtsadäquater Spielthemen und Angebot entsprechenden Spielzeugs sowie Ermutigung zu geschlechtsspezifischem Verhalten und negatives Reagieren auf Anzeichen von Verweichlichung bei Jungen bzw. Wildheit bei Mädchen), sich von Familie zu Familie unterscheidet. Darüber hinaus kann es von Bedeutung sein, ob Mütter als Hausfrauen erlebt werden und finanziell abhängig sind oder ob sie Geld verdienen und einen Beruf – möglicherweise in einem traditionell männlichen Berufsfeld – ausüben; ebenfalls könnte ein Vater, der sich in Haushalt und Kindererziehung engagiert ein anderes Modell für Mann-Sein anbieten, als ein Vater, der sich lediglich um die finanzielle Absicherung der Familie kümmert. Der unterschiedliche Anpassungsdruck und das Wirksamwerden verschiedener Modelle für geschlechtsspezifisches Verhalten sind Faktoren, die möglicherweise dazu führen, dass Kinder in unterschiedlich starkem Maße geschlechtsbezogenes Verhalten und spezifische Vorlieben entwickeln. Das Lernen am Modell wird außer von der Verfügbarkeit solcher Modelle auch von deren Attraktivität bestimmt (vgl. Bilden 1991, Tillmann 1997). Die individuelle Bewertung weiblicher bzw. männlicher Modelle wird unter anderem durch die öffentliche Bewertung bestimmter Formen des Frauseins bzw. des Mannsein beeinflusst.

Geschlechtlichkeit ist wie Religion, Ethnizität oder Klasse eine der Differenzen, die menschliche Identität konstituieren; wie sie ist Geschlechtsidentität das Ergebnis konkreter historischer Lebensprozesse. Im Prozess der Geschlechtwerdung spielt der eigene Leib-Körper eine grundlegende Rolle. Die Person wird durch die geschlechtliche Klassifikation ihres Körpers als „Frau" oder „Mann" wahrgenommen. Sie nimmt sich in der Folge selbst so wahr und nutzt ihren Körper zugleich zur Darstellung ihrer Geschlechtsidentität. Die Person interpretiert ihren Körper und vergleicht ihn mit den Normen, die sich darauf beziehen. An signifikanten Zeichen ist „Weiblichkeit" und „Männlichkeit" abzulesen; die Person kann sie am fremden Körper erkennen und am eigenen Körper betonen bzw. mit ihrem Körper darstellen.

Frauen und Männer haben bezüglich ihres Körpers keine Wahl. Ihr (vor)geburtlich am Körper festgestelltes Geschlecht ist ihre Bestimmung und Aufgabe. Sie müssen unter Berücksichtigung des gesellschaftlich vorgegebenen Rahmens einen Frauen- oder Männerkörper entwickeln oder ihn zumindest nach außen darstellen. Allerdings scheint es so, dass der geschlechtliche Körper, den die Person ihr eigen nennt, auch die Wahrnehmung des geschlechtlichen Leibes bestimmt. Die kognitiven Deutungen und die alltäglichen Formen des Körperumgangs strukturieren den Leib, der schließlich als „weiblich" oder „männlich" erlebt wird (vgl. Lindemann 1993).

III. Geschlechtlichkeit als leib-körperliche Existenz

Das Geschlecht ist wie der Leib-Körper keine naturgegebene Konstante, sondern ein Konstrukt, das letztlich vom Subjekt selbst erzeugt wird. Dabei vollzieht sich die Aneignung des symbolischen Systems der Zweigeschlechtlichkeit bereits im frühen Kindesalter über den Körper: „Hat doch zu Anfang alles damit zu tun, die Körperlichkeit ist die Mitte" (Hagemann-White 1988, S. 233). Der Körper steht auch am Schnittpunkt von wissenschaftlichem Wissen und Alltagswissen. Er dient sowohl im wissenschaftlichen Diskurs als auch in der alltäglichen sozialen Praxis als Folie zweigeschlechtlicher Imagination, auf der „Weiblichkeit" und „Männlichkeit" abgelesen werden können.

Laut Hirschauer impliziert die körperliche Lesbarkeit der jeweiligen Geschlechtszuordnung, dass die Geschlechtszugehörigkeit sich auf dem Körper, in dem Körper und durch den Körper verwirklicht (Hirschauer 1996, S. 249). Einerseits scheint es, als werde die Geschlechtskategorie auf den Körper aufgeschrieben. Die Praxis der Benennung signifikanter Körperteile visualisiert das Spezifische und zeichnet den Körper als Frauenkörper oder Männerkörper. Andererseits scheint das zugeordnete Geschlecht durch soziale Praxen und individuelles Handeln in den Körper eingeschrieben zu werden. Die Zuordnung zu einer Kategorie setzt eine institutionalisierte Polarisierungspraxis in Gang, die den Körper zum Frauen- oder Männerkörper macht. Die Formen des Umgangs mit dem Körper und die Erwartungen, die an ihn gestellt werden, sind geschlechtsspezifisch markiert. Kulturelle Bedeutungen und Strukturen gehen „unter die Haut", formieren den körperlichen Ausdruck in Gestus und Habitus und modellieren die spezifische äußere Gestalt. Zudem (be)schreibt sich das Geschlecht durch den Körper. „Weiblichkeit" oder „Männlichkeit" verwirklicht, vergewissert und vermittelt sich über die körperliche Inszenierung. Der Körper fungiert als Medium und Bühne der Repräsentation der Geschlechtszugehörigkeit und aktualisiert die Geschlechterordnung.

Leib-körperliche Geschlechtlichkeit ist eine bestimmte gesellschaftlich-kulturelle Art und Weise als ein historisch bestimmter „weiblicher" oder „männlicher" Leib-

Körper zu existieren, respektive dieser Leib zu sein und diesen Körper zu haben (vgl. Maihofers Verständnis von Geschlecht 1995, S. 39). Ein „weiblicher" oder „männlicher" Leib zu sein und einen Frauen- bzw. Männerkörper zu haben, beschreibt die Wahrnehmung individueller Leib-Körperlichkeit. Es sind dies allerdings Momentaufnahmen, denn das, was als Gegebenheit erscheint, ist letztendlich der vorläufige Effekt eines fortlaufenden Prozesses der Vergeschlechtlichung, denn Geschlecht ist nichts, das wir haben oder sind, sondern etwas, was wir tun (vgl. Hagemann-White 1993, S. 68). Geschlecht-Haben und Geschlecht-Sein lösen sich innerhalb eines Gefüges von Erleben, Erfahren und Handeln im Geschlecht-Werden auf. Biologische Organisation, kulturelle Bedeutung und sozio-ökonomische Beziehungen durchdringen einander in der bio-psycho-sozialen Konstruktion des Geschlechtskörpers.

Unter dem Stichwort „doing gender" oder „gendering" wird die Kategorie Geschlecht dynamisiert. Ausgehend von der Annahme, dass die zwei Geschlechter nicht gegeben, sondern in verschiedenen Kontexten auf immer neue Weise hervorgebracht werden, rückt der interaktive Konstruktionsprozess der Zweigeschlechtlichkeit innerhalb der sozialen Wirklichkeit in den Mittelpunkt des Interesses. Die Prozessualisierung und Kontextualisierung des Geschlechts eröffnet der Geschlechterforschung die alternative Strategie der Rekonstruktion der Ver(zwei)geschlechtlichung. Das anatomisch-physiologische Fundament des Geschlechts wird dabei nicht in soziokulturellen Inszenierungen aufgelöst (vgl. Butler 1991), sondern historisiert.

Vielfach wurden historische Prozesse der leib-körperlichen Geschlechterdifferenzierung nachgezeichnet. Die neuzeitliche Trennung der Geschlechter kann sich mithilfe naturphilosophischer und medizinischer Argumentation am Ende des 18. Jahrhunderts zunehmend etablieren. Mit Blick auf politisch-gesellschaftliche Wandlungsprozesse und Veränderungen des Welt- und Menschenbildes in der zweiten Hälfte des 18. Jahrhunderts werden die Entwürfe frühmoderner Bilder von „Weiblichkeit" und „Männlichkeit" als Folge einer komplexen historischen Prozesses verstehbar. Die soziale Positionierung von Frauen und Männern gründet auf der naturalisierenden Betrachtung körperlicher Geschlechtlichkeit, ihrer Normierung und Instruktion, welche zum Teil bis heute Bestand hat.

Der Verkörperung der Differenz seitens der sozio-kulturellen Sphäre steht die Einleibung der Differenz seitens des Individuums gegenüber. Die Vorstellungen von Weiblichkeit und Männlichkeit inscribieren sich über die vielfältigen Prozesse der Körpersozialisation in die Körper von Frauen und Männern. Sie fungieren zugleich als Schablonen, mit deren Hilfe das Individuum seine leiblich-körperlichen Wahrnehmung als zum Frauen- oder zum Männerkörper gehörend deuten kann. Darüberhinaus ist das Subjekt aktiv daran beteiligt, seinen Körper als Frauen- oder Männerkörper darzustellen: Stilisierungen, Modellierung, Normierung, Disziplinierung sind Handlungen und Verhaltensweisen, die die Einleibung der Differenz begleiten.

Die in der Analyse getrennt behandelten Prozesse der Verkörperung und der Einleibung komplementärer Geschlechtlichkeit verschmelzen in der Person. Im Modus der Inkarnation hebt sich die Differenz von geschlechtlichem Leib und weiblichem bzw. männlichem Körper, von Geschlecht-Sein und Geschlecht-Haben auf und wird zur inkarnierten Komplementarität. Der Konstruktcharakter des Inkarnierten, die Inkarnierung polarer Körperbilder, ist nicht mehr zu erkennen. Die daraus resultierenden körperlichen Unterschiede zwischen Frauen und Männer werden von ihnen selbst als essentiell erlebt und erscheinen im kulturellen Feld als nicht zu hinterfragende Evidenz. Frauen fühlen sich also als Frauen, weil sie einen Frauenkörper haben, Männer als Männer, weil sie einen Männerkörper haben. Schenkt eine Frau einem Kind das Leben, so wird das Erleben der eigenen leib-körperlichen Weiblichkeit durch die Dimension des „Mütterlichen" erweitert. Sie wird infolge eines biologischen Vorgangs über die soziale Zuschreibung und die individuelle Auseinandersetzung mit dem Geschehen eine Mutter werden und das Ergebnis dieses Verarbeitungsprozesses wird sich in ihrer Leib-Körperlichkeit ausdrücken. Ebensolches gilt für Männer, die als Vater das Bündel von Zuschreibungen und Erwartungen bezogen auf „Väterlichkeit" inkarnieren. Väterlichkeit wie Mütterlichkeit werden somit evident, indem sie sich auf dem Körper, im Körper und durch den Körper verwirklichen.

Literatur

Bilden, H. (1980): Geschlechtsspezifische Sozialisation. In: Hurrelmann, K./Ulich, D. (Hrsg.): Handbuch der Sozialisationsforschung. Weinheim/Basel, S. 777–812.
Bilden, H. (1991): Geschlechtsspezifische Sozialisation. In: Hurrelmann, K./Ulich, D. (Hrsg.): Neues Handbuch der Sozialisationsforschung. Weinheim/Basel, S. 281–301.
Butler, J. (1991): Das Unbehagen der Geschlechter. Frankfurt a.M.
Brähler, E./Felder, H. (1992): Weiblichkeit, Männlichkeit und Gesundheit. In: Dies. (Hrsg.): Weiblichkeit, Männlichkeit und Gesundheit. Opladen, S. 9–27.
Christiansen, K. (1995): Biologische Grundlagen der Geschlechterdifferenz. In: Pasero, U./Braun, F. (Hrsg.): Konstruktionen von Geschlecht. Pfaffenweiler, S. 13–28.
Fausto-Sterling, A. (1988): Gefangene des Geschlechts? München.
Frevert, U. (1995): „Mann und Weib, und Weib und Mann". Geschlechterdifferenzen in der Moderne. München.
Hagemann-White, C. (1984): Sozialisation: weiblich - männlich? Opladen.
Hagemann-White, C. (1988): Wir werden nicht zweigeschlechtlich geboren … . In: Hagemann-White, C./Rerrich, Maria S. (Hrsg.): FrauenMännerBilder. Männer und Männlichkeit in der feministischen Diskussion. Bielefeld, S. 224–235.
Hagemann-White, C. (1993): Die Konstrukteure des Geschlechts auf frischer Tat ertappen? Methodische Konsequenzen aus theoretischen Einsichten. In: Feministische Studien 1993, Heft 2. Weinheim, S. 68–78
Hirschauer, S. (1996): Wie sind Frauen, wie sind Männer? Zweigeschlechtlichkeit als Wissenssystem. In: Eifert, C./Epple, A./Kessel, M. (Hrsg.): Was sind Frauen? Was sind Männer? Geschlechterkonstruktionen im historischen Wandel. Frankfurt a.M., S. 240–256.
Hollstein, W. (1992): Männlichkeit und Gesundheit. In: Brähler, E./Felder, H. (Hrsg.): Weiblichkeit, Männlichkeit und Gesundheit. Opladen, S. 64–73.
Honneth, A./Joas, H. (1980): Soziales Handeln und menschliche Natur. Anthropologische Grundlagen der Sozialwissenschaft. Frankfurt a.M.
Hurrelmann, K. (1991): Junge Frauen: sensibler und selbstkritischer als junge Männer. In: Pädagogik, H.7–8, S. 59–62.
Kessler, S./McKenna, W. (1978): Gender: An Ethnomethodological Approach. New York.

Laqueur, T. (1996): Auf den Leib geschrieben. Die Inszenierung der Geschlechter von der Antike bis Freud. München.

Lindemann, G. (1993): Das paradoxe Geschlecht. Transsexualität im Spannungsfeld von Körper, Leib und Gefühl. Frankfurt a.M.

Lorber, J./Farell, S. A. (Hrsg.) (1991): The Social Construction of Gender. Newbury Park/London/New Dehli.

Maccoby, E. (1998): The Two Sexes. Growing up apart, coming together. Cambridge u.a.

Macha, H./Fahrenwald, C. (Hrsg.) (2003): Körperbilder zwischen Natur und Kultur. Interdisziplinäre Beiträge zur Genderforschung. Opladen.

Maihofer, A. (1995): Geschlecht als Existenzweise. Frankfurt a.M.

Maschewsky-Schneider, U./Kleese, R./Sonntag, U. (1991): Lebensbedingungen, Gesundheitskonzepte und Gesundheitshandeln von Frauen. In: Stahr, I./Jungk, S./Schulz, E. (Hrsg.): Frauengesundheitsbildung. Weinheim/München, S. 22–35.

Müller, R. (1996): Körper und Musik in Jugendkulturen. In: Pädagogik, H. 6, S. 15–18.

Pfister, G. (1991): Mädchenspiele – Zum Zusammenhang von Raumaneignung, Körperlichkeit und Bewegungskultur. In: Sportunterricht 40, S. 165–175.

Schaufler, B. (2002): „Schöne Frauen – Starke Männer“. Zur Konstruktion von Leib, Körper und Geschlecht. Opladen.

Tillmann, K.-J. (1992): „Spielbubis“ und „eingebildete Weiber“. 13- bis 16-jährige in Schule und peer-group. In: ders. (Hrsg.): Jugend weiblich - Jugend männlich. Opladen, S. 13–27.

Kapitel 1: Leib, Körper und Geschlecht

Norbert Sachser

A: Neugier, Spiel und Lernen: Verhaltensbiologische Anmerkungen zur Kindheit

I. Verhaltensbiologie und Menschenbild

Die moderne Verhaltensbiologie ist eine integrative Disziplin der Biowissenschaften. Zwar ist es weder das Ziel noch liegt es in den Möglichkeiten der Verhaltensbiologie, ein „umfassendes Menschenbild" zu formulieren; an Tier und Mensch gewonnene Einsichten können aber wichtige Beiträge zum interdisziplinären Diskurs über die „Natur des Menschen" liefern.

Zweifellos ist der Mensch auch ein Produkt der biologischen Evolution. Vieles, was wir beim heutigen Menschen in Aussehen und Physiologie, aber auch im Verhalten antreffen, läßt sich nur aus seiner biologischen Vergangenheit, seinem „Säugetiererbe", verstehen. Dies verwundert nicht: Alle Säugetiere weisen ein sehr ähnliches Muster der Organisation und Entwicklung des Gehirns auf, und die basalen molekularen, zellulären und neuroendokrinen Prozesse, die dem Verhalten zugrunde liegen, sind bei der Maus, dem Schimpansen und dem Menschen nahezu identisch. Deshalb stellen ethologische Gesetzmäßigkeiten, die für (nicht-menschliche) Säugetiere gelten, auch sinnvolle Hypothesen über die „Biologie des menschlichen Verhaltens" und wichtige Ausgangspunkte für deren Erforschung dar.

II. Lernen durch Neugier und Spiel

Die knapp 5000 Säugetierarten, die auf unserem Planet leben, haben völlig unterschiedliche ökologische Nischen besetzt und unterscheiden sich entsprechend charakteristisch in vielen Aspekten ihres Lebens. Dennoch haben vermutlich alle Säugetiere eines gemeinsam: In ihrer Kindheit und Jugend sind sie ausgesprochene „Neugierwesen", die ohne unmittelbare Notwendigkeit aktiv neue Situationen und Objekte aufsuchen und erkunden. Es scheint eine autonome Motivation, eine „Neugierappetenz" zu bestehen, die bei einigen Tiergruppen wie den Affen oder Delfinen sogar zeitlebens erhalten bleibt.

Interessanterweise ist dieses Neugierverhalten nicht ein generelles Merkmal aller Tiere. Vielmehr entwickelte es sich erst relativ spät im Laufe der Stammesgeschichte und tritt in der aufsteigenden Wirbeltierreihe von den Fischen bis hin zu den Säugetieren immer stärker in Erscheinung. Das Neugierverhalten bietet dem Tier die Möglichkeit zum Sammeln und Verfeinern von Objekt- und Raumkenntnissen. So lernt es seine Umwelt genauer kennen und vergrößert durch die erworbenen Lernerfahrungen seine Überlebenschancen. Es entdeckt neue Nahrungsquellen, lernt neue Gefahren kennen, merkt sich Versteckplätze oder einen günstigen Ort für den Bau des Nestes (vgl. hierzu die gängigen Lehrbücher der Verhaltensbiologie von Eibl-Eibesfeld 1987; Franck 1997; Immelmann 1982; Manning/Dawkins 1998).

Das Neugierverhalten zeigt viele Übereinstimmungen mit dem Spielverhalten, und beide Verhaltenssysteme lassen sich häufig nicht klar voneinander trennen. Auch das Spielverhalten kommt vor allem bei den höchstentwickelten Wirbeltieren, den Säugetieren und einigen Vogelarten, vor. Es ist in der Regel auf Jungtiere beschränkt, doch kann es in einzelnen Fällen bis zu einem gewissen Grad auch im Alter erhalten bleiben wie z.B. bei den Primaten, zu denen – biologisch gesehen – auch der Mensch zählt. Dem Spielverhalten fehlt per definitionem der spezifische Ernstbezug. Bei Tieren kann zwischen den *Bewegungsspielen* eines einzelnen Tieres, den *Objektspielen* mit unbelebten Gegenständen und dem *Sozialspiel* mit Artgenossen unterschieden werden.

Spielverhalten ist mit erhöhtem Energieaufwand und im natürlichen Lebensraum der Tiere oftmals mit verstärkter Gefährdung verbunden. Dennoch nimmt es in der Entwicklung aller Säugetierkinder einen breiten Raum ein. Deshalb muß es nach Darwinscher Logik mit einer wichtigen biologischen Funktion und deutlichem Nutzen für das Individuum verbunden sein: Das Jungtier bzw. das Kind lernt! Dabei kann es sich um so unterschiedliche Aspekte wie das Einüben von Muskelfunktionen, die Verbesserung der Wahrnehmungsfähigkeiten oder das Erproben sozialer Rollen handeln.

Säugetiere sind durch das Wirken der natürlichen Selektion im Laufe von Jahrmillionen demnach so konstruiert, dass sie nicht nur passiv an stattfindenden Ereignissen lernen, sondern aktiv – neugierig – Unbekanntes erkunden. Zusätzlich wird durch ihr Spiel ein Experimentierfeld geschaffen, in dem nicht nur wichtige Lernerfahrungen mit unbekannten Objekten und Situationen gemacht werden, sondern in dem es auch zu Innovationen kommen kann. Werden diese „Erfindungen“ dann von Artgenossen nachgeahmt, können bereits bei Tieren Änderungen des Gruppenverhaltens durch Tradition entstehen. Das „Kartoffelwaschen“ der japanischen Rotgesichtmakaken stellt hierfür eines der ältesten und bekanntesten Beispiele dar (Izawa 1988). Mittlerweile kennt die Verhaltensbiologie zahlreiche weitere Beispiele für Innovation und Traditionsbildung (vgl. Reader/Laland 2003), wie den Werkzeuggebrauch bei Schimpansen und Orang-Utans.

III. Neugier, Spiel und Lernen erfordern ein „entspanntes Feld“

Neugier und Spiel sind charakteristische Merkmale im Verhalten der Säugetierkinder. Allerdings werden diese Verhaltenssysteme nicht automatisch in jeder beliebigen Situation aktiviert. Hierfür bedarf es eines „entspannten Feldes“, das sowohl Anregung als auch Sicherheit bietet. Fehlt eine der beiden Komponenten, so kommt es zu einer deutlichen Reduktion von Neugierverhalten und Spiel. (Dieser Begriff wird hier in Anlehnung an Monika Meyer-Holzapfel verwendet. Sie spricht von einer bestimmten „Feldspannung“ (1958, S. 31), die nicht zu gering und nicht zu groß sein darf, damit es zum Auftreten von Spiel kommen kann.)

Ein *zu geringes Maß an Anregung* findet sich in reizarmen und deprivierenden Lebenswelten, wie sie häufig in der Labortier- und landwirtschaftlichen Intensivhaltung anzutreffen sind. Entsprechend spielen die Tiere unter solchen Bedingungen kaum; stattdessen kommt es häufig zur Ausbildung von Bewegungsstereotypien, die deutliches Anzeichen für ein beeinträchtigtes Wohlergehen sind. Ein weiteres Beispiel bei sozial lebenden Spezies ist die fehlende Anregung durch einen Sozialpartner: Wachsen die Jungtiere solcher Arten allein auf, ist das Neugier- und Spielverhalten deutlich reduziert (vgl. Sachser 2001).

Ein *zu geringes Maß an Sicherheit* resultiert häufig daraus, dass die zum Überleben notwendigen Grundbedürfnisse nicht oder nur mit großem Aufwand gedeckt werden können. So stellt bei einer ostafrikanischen Meerkatzenart das Spiel der Jungtiere normalerweise ein auffälliges Verhaltensmerkmal im natürlichen Lebensraum dar. In Zeiten starker Dürre tritt es aber kaum auf, da die Affen unter diesen ungünstigen Bedingungen fast ihre gesamte Zeit und Energie für die Nahrungssuche verwenden (Lee in: Manning/Dawkins 1998). Auch bei Gefährdung durch Raubfeinde wird kaum Spielverhalten zu beobachten sein, ebenso wenig in Zeiten, in denen die erwachsenen Tiere der Gruppe in eskalierte Auseinandersetzungen verwickelt sind. Leben die Tierkinder jedoch in einer Umwelt, die ihnen ein genügendes Maß an Anregung und Sicherheit gibt, so ist das Auftreten von Neugierverhalten und Spiel sehr wahrscheinlich – woraus sich Lernen dann automatisch ergibt.

IV. Die Rolle der Umwelt während der Verhaltensentwicklung

Bezüglich der Ausprägung des individuellen Verhaltens bestehen große Unterschiede zwischen den verschiedenen Individuen derselben Art. Dies trifft auch auf das Neugier-, Spiel- und Lernverhalten zu. Eine Analyse, welche Faktoren für diese Differenzen verantwortlich sind, weist der Umwelt während der Verhaltensentwicklung bereits bei den nicht-menschlichen Säugetieren eine Schlüsselrolle zu.

Untersuchungen an Rhesusaffen machten in den fünfziger Jahren des vorigen Jahrhunderts erstmals deutlich, welchen Einfluß frühe soziale Erfahrungen auf das spätere Verhalten der Tiere haben können: Im Gegensatz zu Affen, die im Sozialverband aufwachsen, verhalten sich einzeln groß gewordene Tiere in neuen Situationen furchtsam und depressiv, gegenüber fremden Artgenossen jedoch hyperaggressiv. Sie können keine „normalen" innerartlichen Sozialbeziehungen mehr aufbauen und sind zur sozialen Kommunikation unfähig (vgl. Harlow/Harlow 1962). Diese Befunde beschränken sich nicht nur auf Primaten. Wahrscheinlich bedürfen alle Säugetiere adäquater Sozialisationsbedingungen, um als Erwachsene den Anforderungen ihrer Lebenswelt gerecht zu werden (vgl. Sachser 2001).

Ein wesentliches Prinzip, das in solchen Untersuchungen erkannt wurde, ist das folgende: Um ihre Umwelt in einer angstfreien und nicht-belastenden Art und Weise erkunden zu können, bedürfen Säugetierkinder in der frühen postnatalen Phase „Sicherheit gebender Strukturen" (vgl. Gandelmann 1992; Sachser 2001). Diese Funktion kommt bei vielen Spezies der Mutter zu; als Sicherheitsbasis können bei anderen Arten aber auch Vater und Mutter, ein größerer Familienverband oder die gesamte soziale Gruppe dienen. Wird beispielsweise in das Gehege eines isoliert aufgewachsenen Affenkindes ein fremdes Objekt einge-bracht, so wird dieses Jungtier mit großer Angst auf die Veränderung der gewohnten Situation reagieren und sich für lange Zeit regungslos in eine Ecke zurückziehen. Ist in der gleichen Situation jedoch ein geeigneter Sozialpartner vorhanden, so wird sich das Jungtier dem Objekt vorsichtig nähern. Kurz vor Erreichen des Ziels wird die Angst jedoch größer sein als die Neugier, und es wird zum Sozialpartner zurücklaufen und sich an ihn klammern. Wenn das Jungtier so genügend Sicherheit „getankt" hat, wird es einen erneuten Versuch wagen, das fremde Objekt zu erreichen. Nach einigen Anläufen wird ihm dies auch gelingen. Das neue Objekt wird dann inspiziert, es wird mit ihm gespielt, und es werden so dessen charakteristischen Merkmale und Eigenschaften erlernt. In der frühen postnatalen Phase sind demnach „Sicherheit gebende Strukturen" von fundamentaler Bedeutung, damit es beim Kind zum Lernen durch Neugier und Spiel kommen kann.

Nicht nur der soziale Raum, sondern auch die Strukturierung des Raumes hat deutliche Auswirkungen auf das Verhalten der Säugetiere. So berichtete der kanadische Psychologe Hebb bereits 1947, dass Ratten, die er als Haustiere hielt und die die meiste Zeit außerhalb des Käfigs verbrachten, deutlich bessere Ergebnisse in Lernexperimenten erzielten als Artgenossen, die immer in einer Standardlaborhaltung gelebt hatten. Dieser Befund lenkte das Forschungsinteresse auf ein bis heute hoch aktuelles Thema, das in der internationalen Literatur als *environmental enrichment* bezeichnet wird. Tiere, die in einer reich strukturierten (enriched) Umwelt aufwachsen, unterscheiden sich deutlich in ihrem Lernverhalten von Artgenossen, die in einer kaum oder gar nicht strukturierten Umgebung (impoverished) groß wurden. So machen *enriched* Tiere weniger Fehler bei Problemlösungsaufgaben und sind in unbekannten Situationen und gegenüber neuen Objekten explorationsfreudiger. In ihrem Heimatgehege spielen sie deutlich mehr und entwickeln keine Bewegungsstereotypien. Diese Unterschiede im Verhalten korrespondieren mit morphometrischen, neuroanatomischen und neurochemischen Unterschieden im Zentralnervensystem. So weisen in einer reich strukturierten Umwelt aufgewachsene Tiere im Vergleich zu *impoverished* Artgenossen beispielsweise einen größeren Cortex, eine stärkere Verzweigung der Dendriten und eine höhere Anzahl an Synapsen im occipitalen und temporalen Cortex auf. Die positiven Auswirkungen einer reich strukturierten Umwelt auf Gehirn und Verhalten werden vor allem damit erklärt, dass *enriched* Tiere weitaus mehr Möglichkeiten haben, Informationen aus ihrer Umwelt zu verarbeiten und zu speichern. Diese Erfahrung soll in zentralnervösen Veränderungen resultieren – wie der Ausbildung neuer Synapsen –, die dann langfristig das Verhalten der Tiere beeinflussen (Gandelmann 1992; Marashi u.a. 2003; Nithianatharajah/Hannan 2006).

Bei der Analyse der Verhaltensontogenese konzentrierte sich die Forschung über viele Jahrzehnte fast ausschließlich auf die frühe postnatale Phase. Doch bereits pränatale Einflüsse können die Verhaltensentwicklung tiefgreifend modulieren. Leben Hausmeerschweinchen während der Trächtigkeit in einer instabilen sozialen Umwelt, in der die Sozialpartner häufig wechseln, so verhalten sich ihre Töchter im späteren Leben wie Männchen. Diese Maskulinisierung des Verhaltens geht mit männchentypischen Differenzierungen in Teilen des limbischen Systems einher, die für die Steuerung des geschlechtstypischen Verhaltens bei dieser Art verantwortlich sind. Interessanterweise kommt es auch zur Beeinflussung von Gehirnarealen (Hippocampus), die für Lernen und Gedächtnis von Bedeutung sind, sowie physiologischen Systemen (Sympathikus-Nebennierenmark-System), die das Neugierverhalten vermitteln. Zu erklären ist diese pränatale Beeinflussung des Verhaltens so: Die trächtigen Weibchen reagieren auf Veränderungen ihrer sozialen Umwelt mit der Ausschüttung bestimmter Hormone, die durch die Plazenta in den embryonalen Blutkreislauf gelangen und die Gehirndifferenzierung der Embryonen beeinflussen (vgl. Kaiser/Sachser 2005). Zweifellos wird die zukünftige Forschung noch vielfältige Zusammenhänge zwischen der pränatalen Umwelt und der Gehirnentwicklung sowie dem Verhalten der Nachkommen aufzeigen.

Das Zentralnervensystem ist in den frühen Phasen seiner Entwicklung durch externe Reize besonders leicht zu modifizieren. So erklärt sich auch, warum die prä- und frühe postnatale kindliche Umwelt besonders nachhaltige Auswirkungen auf die Verhaltensentwicklung hat (Champagne/Curley 2005). Neuere Forschung zeigt jedoch: Auch spätere Phasen können von entscheidender Bedeutung sein: So ist bei sozial lebenden Säugetieren die Pubertät ein entscheidender Lebensabschnitt, in dem in Interaktionen mit Artgenossen wesentliche soziale Fähigkeiten für das weitere Zusammenleben erworben werden (vgl. Sachser/Hierzel/Dürschlag 1998). Letztlich bleibt bei hochentwickelten Säugetieren – wie beispielsweise Menschenaffen, Delfinen oder Elefanten – das Verhalten bis ins hohe Alter plastisch: Lebenslanges Lernen ist möglich.

Vergleichen wir die Verhaltensentwicklung von Säugetieren und Vögeln, so ergibt sich ein bemerkenswerter Unterschied, der gerade mit Blick auf den Menschen von großer Bedeutung erscheint: Bei vielen Vogelarten erfolgen wichtige Aspekte der Verhaltensentwicklung so, dass bestimmte Ereignisse innerhalb einer sensiblen Phase stattfinden müssen, quasi nach dem Alles-oder-Nichts-Prinzip verlaufen und zu irreversiblen Resultaten führen. Wir sprechen in diesen Fällen von Prägung. Diese Beispiele sind in der Vergangenheit oft vorschnell auf den Menschen übertragen worden. Auch in der Säugetierentwicklung lassen sich Phasen erkennen, in der bestimmte Erfahrungen besonders wichtig sind, und wenn diese Erfahrungen nicht gemacht werden, kann dies schwerwiegende Folgen haben, wie beispielsweise die Harlowschen Untersuchungen an Rhesusaffen zeigen. In der Regel können solch sensible Phasen bei Säugetieren aber nicht so genau umrissen werden wie bei den daraufhin untersuchten Vogelarten; vielmehr hat es den Anschein, dass sich die sensible Phase über den größten Teil der Kindheits- und Jugendentwicklung erstreckt. Auch scheint das Ergebnis dieser prägungsähnlichen Vorgänge nicht zu ganz so dauerhaften Ergebnissen zu führen. Umlernen scheint bei vielen Säugetieren zwar schwierig, aber immerhin möglich zu sein.

Erfahrungen haben auf allen Entwicklungsstufen Einfluß, manche vorübergehend, aber kaum irreversibel, da viel Zeit für spätere Erfahrungen bleibt, die die Entwicklungsrichtung verändern können (Manning/Dawkins 1998). Säugetiere bleiben zeitlebens für Erfahrungen „offene Systeme“, und Verhaltensentwicklung ist bei ihnen eher ein kontinuierlicher Prozeß. Diese Erkenntnis auf der Ebene des Verhaltens korrespondiert sehr gut mit jüngeren Erkenntnissen der Neurowissenschaften: Das Säugetiergehirn ist offensichtlich wesentlich plastischer, als dies noch vor wenigen Jahren angenommen wurde!

V. Die Rolle der Gene

Die Verhaltenssteuerung der Säugetiere ist multifaktoriell. Ob ein bestimmtes Verhalten ausgelöst und wie es gesteuert wird, hängt in der Regel sowohl von Reizen aus der Umwelt ab als auch von inneren Faktoren wie Geschlecht, Alter, sozialer Status, Erfahrungen, kognitive Fähigkeiten, genetische Veranlagung oder hormoneller Zustand. Dementsprechend gelingt es nicht, komplexes Verhalten auf einzelne dieser Faktoren zu reduzieren (Sachser 2002) – auch nicht im Fall von Neugier, Spiel und Lernen.

Durch die Entwicklung neuer molekularbiologischer Techniken können seit einigen Jahren gentechnisch veränderte Nagetiere erzeugt werden, die überaus vielversprechende Modellsysteme darstellen, um den Weg vom Gen zum komplexen Verhalten zu analysieren. So wurden in den letzten Jahren einzelne Gene identifiziert, die beispielsweise an der Steuerung des Tagesrhythmus, des Sexualverhaltens, der sozialen Bindungsfähigkeit aber auch des Lernverhaltens beteiligt sind: Es besteht daher die berechtigte Hoffnung, die dem Verhalten zugrunde liegenden neuronalen und hormonellen Mechanismen bis auf ihre molekulare Basis hin zu entschlüsseln. Doch selbst diese Gene bestimmen das Verhalten keinesfalls. Dies ist auch nicht verwunderlich, denn Verhalten entsteht immer aus Gen-Umwelt-Interaktionen (vgl. van Dellen u.a. 2000; Gross/Hen 2004), deren Wechselwirkungsmechanismen allerdings erst in Ansätzen verstanden sind.

Illustrieren läßt sich dieses Prinzip folgendermaßen: Jede natürliche Population von Tieren zeigt bezüglich nahezu jeden Verhaltens eine große Variabilität. Werden Ratten beispielsweise auf ihre Lernleistung in einem Labyrinth getestet, so gibt es einige wenige „sehr intelligente" Tiere, die nur wenige Fehler machen und einige wenige „sehr dumme" Tiere, die sehr viele Fehler machen. Die meisten Tiere sind durch eine mittlere Anzahl an Fehlern charakterisiert. Nun wird auf ausgesuchte Merkmale hin selektiv gezüchtet: Die „intelligentesten" Männchen werden mit den „intelligentesten" Weibchen verpaart und die „dümmsten" Männchen mit den „dümmsten" Weibchen. Der resultierende Nachwuchs wird wieder auf seine Lernleistung getestet, und es wird nach dem gleichen Schema wie in der Elterngeneration weiterverpaart. Nach weniger als zehn Generationen entstehen so zwei Populationen von Ratten, die nicht mehr bezüglich des Merkmals „Lernleistung in einem Labyrinth" überlappen: Es wurden Populationen von „genetisch intelligenten" und „genetisch dummen" Ratten erzeugt. Dieses Beispiel zeigt: Es gibt eine genetische Disposition für bestimmte Lernleistungen. Es zeigt aber nicht, dass Gene die Intelligenz der Ratten determinieren. Denn wuchsen die „genetisch dummen" Ratten in einer reichhaltigen Umwelt auf, so waren sie den „genetisch intelligenten" Ratten in Lerntests überlegen, wenn diese in einer reizarmen Umwelt groß geworden waren (vgl. Cooper/Zubek 1958, Abb. 1).

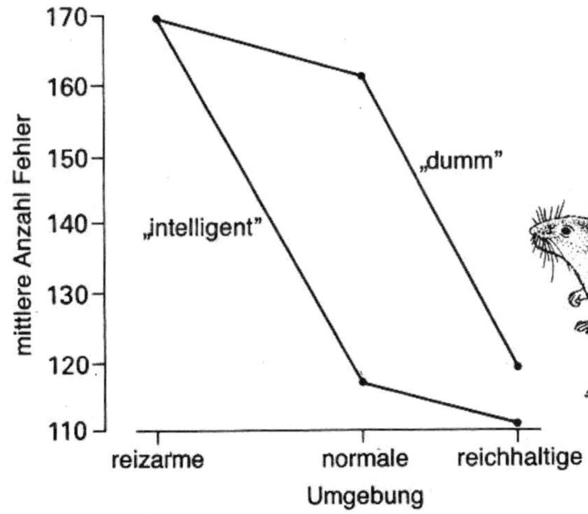

Abb.1: Mittlere Anzahl Fehlversuche von „genetisch intelligenten" und „genetisch dummen" Ratten bei Tests in einem Standardlabyrinth. Die Ratten waren in reizarmer, normaler oder angereicherter Umgebung aufgewachsen. In einer reizarmen Umgebung sind die „intelligenten" „dumm", in einer reichhaltigen Umgebung werden die „dummen" „intelligent".
Quelle: nach Cooper/Zubek 1958; aus McFarland 1999

VI. Mögliche Implikationen für die Praktische Pädagogik und für die Erziehungswissenschaft

Durch das Wirken der natürlichen Selektion wurden alle nicht-menschlichen Säugetiere im Laufe von Jahrmillionen so „programmiert", dass sie ihre Umgebung durch Neugier und Spiel erkunden. Hierbei machen sie automatisch Erfahrungen, die benötigt werden, um den Herausforderungen einer komplexen Lebenswelt gewachsen zu sein. Auch der Mensch gehört biologisch gesehen zu den Säugetieren und teilt mit seinen tierlichen Verwandten aufgrund gemeinsamer Abstammung viele Aspekte der „Hard- und Software", die für seine Verhaltenssteuerung verantwortlich sind. Deshalb würde es sehr überraschen, wäre der Mensch bezüglich Neugier, Spiel und Lernen einen evolutionären Sonderweg gegangen und wären seine Kinder keine ausgesprochenen Neugierwesen geworden, die ohne unmittelbare Notwendigkeit aktiv neue Situationen und Objekte aufsuchen und erkunden. Vielmehr stellen Neugier und Spiel sowie deren Verwobenheit mit dem Lernen ein altes Säugetiererbe dar und gehören aus neuro-, verhaltens- und evolutionsbiologischer Sicht zweifellos zur „Natur des menschlichen Kindes".

Dieser Verweis auf eine genetische Veranlagung bedeutet jedoch keinesfalls, dass Neugier, Spiel und Lernen automatisch auftreten müßten. Bereits bei den nicht-menschlichen Säugetieren lassen sich Voraussetzungen benennen, damit es zur Aktivierung dieser Verhaltenssysteme kommen kann. Diese Voraussetzungen dürften in gleicher Weise auf das menschliche Kind zutreffen und damit auch für die Praktische Pädagogik und für die Erziehungswissenschaft von Bedeutung sein.

Eine wesentliche situative Voraussetzung für das Auftreten von Neugierverhalten und Spiel ist das „entspannte Feld“, das sowohl durch Sicherheit als auch Anregung gekennzeichnet ist. Hier treten Neugierverhalten und Spiel nahezu unerschöpflich auf, weil zumindest das Spiel eine sich selbst belohnende Verhaltensaktivität darstellt und zwar durch die positiven Emotionen, die es *selbst* erzeugt (Knierim u.a. 2001). Damit bedürfen aber auch die Lernvorgänge, die im Kontext des Spielverhaltens ablaufen, keiner weiteren positiven oder negativen Verstärkung zum Beispiel durch erwachsene Sozialpartner. Solche Lernvorgänge sind intrinsisch motiviert und nahezu unermüdbar. Wenn es also gelingt, möglichst viele „entspannte Felder“ während der Verhaltensentwicklung für menschlichen Kinder zu erzeugen, so würden viele Lernprozesse aus eigenem Antrieb erfolgen und bedürften nicht der externen Motivierung durch Erziehende. „Entspannte Felder“ könnten in allen Phasen und Räumen der Entwicklung bereitgestellt werden. Es gibt keinen Grund, sie auf spezifische Lebensabschnitte und Situationen zu beschränken.

Im „entspannten Feld“ wird nicht nur erkundet, gespielt und das gelernt, was jeder eh schon weiß, sondern hier wird auch bereits bei den nicht-menschlichen Säugetieren experimentiert und Neues erfunden. Bei den mit weit größeren kognitiven Fähigkeiten und manuellen Fertigkeiten ausgestatteten menschlichen Kindern ist dieses Prinzip sicherlich in noch weit größerem Ausmaß verwirklicht. Deshalb dürfte das Agieren im „entspannten Feld“ wesentlich dazu beitragen, generelle Problemlösungsstrategien eigenständig zu entwickeln.

Aus biologischer Sicht lässt sich also argumentieren, dass während der Verhaltensentwicklung in „entspannten Feldern“ Neues erfunden wird und wesentliche Bewältigungsstrategien erlernt werden, die das Individuum benötigt, um sich in seiner sozialen und nicht-sozialen Lebenswelt zu verorten. Aber bereits bei den Tieren sieht das „entspannte Feld“ für den Schimpansen anders aus als für die Maus und für den Hund anders als für die Katze.

Die Gretchen-Frage für den Menschen lautet daher: Was genau beinhaltet das „entspannte Feld“ für das menschliche Kind? Wie sieht es für den dreijährigen Jungen und wie für das zehnjährige Mädchen aus? Wie kann es auf das individuelle Temperament zugeschnitten werden? Wie sind „entspannte Felder“ in der Schule, im Kindergarten, in der Familie beschaffen? Erschöpfende Antworten auf diese Fragen sollten die Praktische Pädagogik bzw. die Erziehungswissenschaft allerdings nicht von der Neuro-, Verhaltens- oder Evolutionsbiologie erwarten. Hierfür bedarf es vor allem ihres eigenen fachspezifischen Wissens. Die Aufgabe der Biowissenschaften liegt eher darin, darüber in den interdisziplinären Diskurs mit anderen Disziplinen zu treten, wie eine im Einklang mit der „Biologie des Menschen“ stehende Entwicklung von Kindern und Jugendlichen aussehen könnte.

So kann die moderne Stressforschung beispielsweise wichtige Anregungen zum Verständnis von „entspannten Feldern“ beim Menschen geben: Das Gefühl der Sicherheit, eine von zwei Grundvoraussetzungen für das „entspannte Feld“, geht mit niedrigen Serumkonzentrationen des Hormons Kortisol einher, Unsicherheit mit erhöhten Werten. Diese „Stresshormonkonzentrationen“ sind niedrig, wenn Ereignisse und Situationen vertraut, vorhersag- und kontrollierbar sind, wenn sich das Individuum in einem sozialen Netz befindet oder soziale Unterstützung durch einen Bindungspartner erhält (Sachser/Hierzel/Dürschlag 1998; Sachser 2001). Eines oder mehrere dieser Merkmale sollten deshalb auch Bestandteil des „entspannten Feldes" für den Menschen sein.

Das zweite wesentliche Merkmal „entspannter Felder" ist die Anregung des Individuums durch externe Stimuli. Physiologisch gesehen geht diese mit einer moderaten Aktivierung des Sympathikus-Nebennierenmark-Systems einher, was sich in einer nicht zu niedrigen, aber auch nicht zu hohen Ausschüttung des Hormons Adrenalin äußert. Interessanterweise kennt die Verhaltensendokrinologie bereits seit vielen Jahren den umgekehrt U-förmigen Zusammenhang zwischen Lern- und Gedächtnisleistung auf der einen und den Adrenalinkonzentrationen auf der anderen Seite: Bei zu niedrigen und zu hohen Konzentrationen dieses Hormons wird schlecht, bei mittleren Konzentrationen am besten gelernt (Nelson 2000). Dies erklärt, warum das „entspannte Feld" Lernprozesse fördert. Es sollte demnach auch für den Menschen so beschaffen sein, dass Anregung gegeben und Langeweile sowie Übererregung vermieden werden.

In dem vorliegenden Beitrag wurde vor allem auf den Zusammenhang von Neugier, Spiel und Lernen aus biologischer Sicht fokussiert und dabei die immense Bedeutung von intrinsisch motivierten Lernvorgängen im „entspannten Feld" hervorgehoben. Es soll aber eine andere Erkenntnis der Verhaltensbiologie nicht verschwiegen werden: Längst nicht alle wichtigen Lernerfahrungen werden im Kontext von Neugier- und Spielverhalten, d.h. im „entspannten Feld", gemacht. Beispielsweise sind Sozialisationsprozesse während der Pubertät, in denen wichtige soziale Regeln erlernt werden, oftmals mit deutlichen Belastungen verbunden, die aus der Interaktion von Adult- und Jungtieren resultieren. Für die nicht-menschlichen Säugetiere scheint jedoch generell zu gelten, dass die erfolgreiche Bewältigung von sozialen wie nicht-sozialen Herausforderungen einschließlich der dabei stattfindenden Lernprozesse positive Auswirkungen für die weitere Entwicklung hat, auch wenn sie mit deutlichem Stress verbunden sind (Sachser 2001). Die Frage, wieviel Herausforderung und wieviel „entspanntes Feld" es in der Entwicklung von Kindern und Jugendlichen bedarf, dürfte ein lohnendes Thema für den interdisziplinären Diskurs zwischen Erziehungswissenschaft und Biowissenschaften sein.

Bereits bei den nicht-menschlichen Säugetieren entwickelt sich das Verhalten nicht starr, vielmehr entscheiden Umwelteinflüsse sowie Lern- und Sozialisationsprozesse zunehmend den Verlauf der Verhaltensontogenese. Sind also bereits die nächsten Verwandten des Menschen während des gesamten Lebens für Umwelteinflüsse und Lernprozesse „offene Systeme", so trifft dies für den Menschen in noch weit größerem Maße zu. Hieraus folgt: Erziehende müssen nicht permanent Angst haben, dass ihre Kinder in bestimmten sensiblen Phasen der Verhaltensentwicklung „falsche" Lernerfahrungen machen, die dann zu irreversiblen Schäden für das weitere Leben führen. Dies trifft so nicht einmal für die nicht-menschlichen Säugetiere zu. Erziehende müssen sicher auch nicht befürchten, dass eine „ungünstige Genkombination" ihre Kinder zwangsläufig zu „Außenseitern" der Gesellschaft macht. Denn das, was den Menschen charakterisiert, ist nicht durch seine Gene vorherbestimmt, sondern es entsteht aus der Interaktion seiner biologischen Natur mit der Umwelt, in der er lebt.

Andererseits gibt es aber Bedingungen in der frühen Ontogenese aller Säugetiere, die ganz sicher positiv für die weitere Entwicklung der Kinder sind. Hierzu gehört an vorderster Stelle das Vorhandensein von Bindungspartnern, die Sicherheit vermitteln. Nach neueren Vorstellungen der evolutionären Anthropologie fungierte beim „frühen Menschen" jedoch nicht die Mutter allein als Bezugsperson für ihr Kind, sondern diese Aufgabe erfüllte sie gemeinsam mit einem Netz von Helferinnen und Helfern (Hrdy 2005).

Aus verhaltensbiologischer Sicht ist das charakteristische Merkmal der Entwicklung des menschlichen Kindes dieses: die Wechselwirkung zwischen seiner biologischen Natur und der Umwelt, die wesentlich durch die menschliche Kultur geprägt ist. Um ein Verständnis dieser Wechselwirkung zu erzielen, bedarf es neben weiterer Forschung auf der je fachspezifischen Ebene auch der verstärkten Kommunikation zwischen den Bio- und Kulturwissenschaften (Sachser 2002).

VII. Dank

Claudia Böger danke ich für zahllose Diskussionen über das Verhältnis von Bio- und Kulturwissenschaften, Ulrich Hermann für Ermutigungen und Anregungen zur Ausarbeitung des Textes, der in seiner ursprünglichen Form 2004 in der Zeitschrift für Pädagogik, Bd. 50, H. 4, S. 475–486 publiziert wurde.

Literatur

Champagne, F.A./Curley, J.P. (2005): How social experiences influence the brain. In: Current Opinion in Neurobiology, Bd. 15, S. 704–709.

Cooper, R.M./Zubek J.P. (1958): Effects of enriched and restricted early environments on the learning abilitiy of bright and dull rats. In: Candian Journal of Psychology, Bd. 12, S. 159–164.

Eibl-Eibesfeld, I. (1987): Grundriß der vergleichenden Verhaltensforschung. München/Zürich.

Franck, D. (1997): Verhaltensbiologie. Stuttgart.

Gandelmann, R. (1992): Psychobiology of Behavioral Development. New York.

Gross, C./Hen, R. (2004): The developmental origins of anxiety. In: Nature Reviews Neuroscience, Bd. 5, S. 545–552.

Harlow, H.F./Harlow, M.K. (1962): Social deprivation in monkeys. In: Scientific American, Band 207, S.136–146.

Hebb, D.O. (1947): The effects of early experience on problem solving at maturity. In: American Psychologist, Band 2, S. 306–307.

Hrdy, S.B. (2005): Evolutionary context of human development: the cooperative breeding model. In: Carter, C.S./Ahnert, L./Grossmann, K.E./Hrdy, S.B./Lamb, M./Porges, S.W./ Sachser, N. (Eds.): Attachment and Bonding: A New Synthesis. Cambridge, S. 9–32.

Immelmann, K. (1982): Wörterbuch der Verhaltensforschung. Berlin/Hamburg.

Izawa, K. (1988): Die Affenkultur der Rotgesichtsmakaken. In: Grzimek, B. (Hrsg.): Grzimeks Enzyklopädie Säugetiere. München, S. 286–295.

Kaiser, S./Sachser, N. (2005): The effects of prenatal social stress on behavior: mechanisms and function. In: Neuroscience and Biobehavioral Reviews, Band 29, S. 283–294.

Knierim u.a. 2001 = Knierim, U./Carter, C.S./Fraser, D./Gärtner, K./Lutgendorf, S. K./Mineka, S./Panksepp, J./Sachser, N. (2001): Good welfare: improving quality of life. In: Broom, D. M. (Ed.): Coping with Challenge: Welfare in Animals including Humans. (Dahlem Workshop Report, 87) Berlin, S. 79–100.
Manning, A./Dawkins, M. (1998): An Introduction to Animal Behaviour. Cambridge.
McFarland, D. (1999): Biologie des Verhaltens. Heidelberg/Berlin.
Marashi u.a. 2003 = Marashi, V./Barnekow, A./Ossendorf, E./Sachser, N. (2003): Effects of different forms of environmental enrichment on behavioral, stress physiological, and immunological parameters in male mice. In: Hormones and Behavior, Band 43, S. 281–292.
Meyer-Holzapfel, M. (1958): Das Spiel bei Säugetieren. In: Handbuch der Zoologie. Band VIII, 10.Teil, S. 8–36.
Nithianantharajah, J./Hannan, A.J. (2006): Enriched environments, experience-dependent plasticity and disorders of the nervous system. In: Nature Review Neuroscience, Band 7, S. 697–709.
Nelson, R. (2000): An Introduction to Behavioral Endocrinology. Sunderland.
Reader, S.M./Laland, K.N. (2003): Animal Innovation. Oxford.
Sachser, N. (2001): What is important to achieve good welfare in animals? In: Broom, D.M. (Ed.): Coping with Challenge: Welfare in Animals including Humans. (Dahlem Workshop Report, 87) Berlin, S. 31–48.
Sachser, N. (2002): Faszination Verhaltensbiologie. In: vdbiol (Hrsg.): Wohin die Reise geht. Weinheim, S. 84–93.
Sachser, N./Hierzel, D./Dürschlag, M. (1998): Social relationships and the management of stress. In: Psychoneuroendocrinology, Band 23, S. 891–904.
van Dellen u.a. 2000 = van Dellen, A./Blakemore, C./Deacon, R./York, D. (2000): Delaying the onset of Huntington's in mice. In: Nature, Band 404, S. 721–722.

Kapitel 1: Leib, Körper und Geschlecht

Hartmut Kasten

B: Frühkindliche Erziehung – entwicklungspsychologische, frühpädagogische und neurophysiologische Perspektiven

Lange Jahrzehnte ging man davon aus, dass Neugeborene hilflose, instinkt- und reflexgesteuerte Wesen sind. Auf der Grundlage der in den letzten 20 Jahren vor allem von der entwicklungspsychologischen Säuglingsforschung und der Neurophysiologie zu Tage geförderten Befunden kristallisiert sich zunehmend deutlicher ein neues Bild vom Säugling heraus (vgl. dazu Kasten 2005): Das neugeborene Kind ist demnach nicht nur ein überaus kompetenter Säugling, es gestaltet auch von Anfang an seine Entwicklung mit. Es ist von Natur aus aktiv, aufgeschlossen und neugierig und wird aus sich heraus tätig. Es signalisiert seinen Bezugspersonen, was es braucht und wofür es sich interessiert. Damit die in ihm schlummernden Anlagen und Begabungen sich angemessen entfalten können, ist es aber – besonders in den ersten drei Lebensjahren – auf Unterstützung und Förderung „von außen" angewiesen. Bleiben diese aus, so verkümmern seine Talente – im Extremfall entwickeln sie sich gar nicht: Um beispielsweise ihre Muttersprache zu erlernen, benötigen Kinder zwingend sprachliche Anregungen, Rückmeldungen und Vorbilder – stehen diese ihnen in ihrer Kindheit nicht zur Verfügung, lernen sie niemals (mehr) sprechen. Deutlich wird hier die große Verantwortung, die Eltern und ErzieherInnen bei der Entwicklung und richtigen Förderung ihrer Kinder zukommt. Schon der neugeborene Mensch muss als Individuum begriffen werden, einzigartig durch das Zusammenwirken seines einmaligen Erbgutes mit seiner besonderen Umwelt. Seine Individualität drückt sich bereits zum Zeitpunkt der Geburt aus und auch seine weitere Entwicklung wird (nicht nur was das Entwicklungstempo betrifft) mitbestimmt durch das ihm eigene Muster an Begabungen, Neigungen, Vorlieben und Interessen, das es angemessen anzuregen gilt.

I. Das Wechselspiel zwischen Anlage- und Umweltfaktoren wird vom Kind mitgestaltet

Um individuelle Entwicklung angemessen zu erklären, muss herausgearbeitet werden, wie Anlage- und Umweltfaktoren zusammenwirken (vgl. Asendorpf 2002). Heutzutage wird nicht mehr in Frage gestellt, dass bei der individuellen Entwicklung eines Kindes sowohl seine Anlagen als auch die Umwelt, in der es aufwächst, eine Rolle spielen. Über den Anteil, den Anlage- bzw. Umweltfaktoren bei der Ausbildung spezifischer Merkmale (z.B. Temperament, Intelligenz, räumliches Vorstellungsvermögen oder Sprachgewandtheit) haben, besteht jedoch immer noch weit weniger Übereinstimmung – auch die zeitgenössische Verhaltensgenetik, die auf der Grundlage sorgfältig zusammengestellter Stichproben und operationalisierter Verhaltensmerkmale mit Hilfe varianzanalytischer Designs die Anteile von Anlagen und Milieu abzuschätzen versucht, bringt hier keine grundlegenden theoretischen Klärungen.

Die empirische Entwicklungspsychologie bezieht die Ergebnisse verhaltensgenetischer Forschung systematisch in ihre Konzeptualisierungen und Analysen ein und richtet ihr Augenmerk daneben vor allem auf die Selbstgestaltungskompetenzen, auf deren Grundlage Kinder im Laufe ihres Heranwachsens zunehmend stärker Einfluss nehmen auf das Wechselspiel zwischen Anlage und Umwelt.

II. Die frühesten Mutter-Kind-Interaktionen

Kinder steuern von Anfang an ihre Entwicklung mit. Schon die Allerkleinsten, nämlich Neugeborene oder wenige Tage alte Kinder, drücken aus, was sie brauchen. Schon seit längerem wissen wir, dass Säuglinge schon wenige Stunden nach ihrer Geburt ausdruckshaltige mimische Gesten ihrer Mutter, z.B. das Öffnen des Mundes oder das Herausstrecken der Zunge, spontan nachahmen. Vermutet wurde, dass es sich hier um eine angeborene Kompetenz handelt, die dem Kind früheste Kontaktaufnahmen ermöglicht. Das Kind scheint also genetisch so vorprogrammiert zu sein, dass es nahezu reflexartig sozial reagiert, was natürlich seine Überlebenschancen in der Evolution beträchtlich erhöhte. Mitte der 90er Jahre des vergangenen Jahrhunderts ermittelten Hirnforscher die neurophysiologischen Korrelate dieses spontanen, sozusagen automatisch abrufbaren Imitationsverhaltens und nannten sie Spiegelneurone (z.B. Bauer 2002). Tatsächlich kommen Säuglinge auf die Welt mit einer Grundausstattung an Spiegelneuronen, vermittels derer sie sozusagen von Anfang an mit ihren Bezugspersonen kommunizieren können. Zu belegen ist aber auch, dass dieses Nervenzellsystem dem Gesetz „use it or lose it“ (was nicht benutzt wird, geht wieder verloren) unterworfen ist: Wenn keine soziale Resonanz erfolgt, d.h. dem Säugling nicht signalisiert wird, dass seine Nachahmung verstanden wurde und (möglicherweise in leicht abgewandelter Form) zurückgespiegelt wird, verkümmert dieses neuronale Spiegelsystem und verschwindet schließlich ganz. Ähnlich verhält es sich mit weiteren Spiegelneuronensystemen, die in nachfolgenden Entwicklungsabschnitten zur Verfügung gestellt werden.

III. Spiegelneuronen und soziale kognitive Entwicklung

Das Neugeborene bringt also die biologischen Voraussetzungen mit, die es ermöglichen, dass sich zwischen ihm und seiner Mutter (oder Hauptbezugsperson) auf der Grundlage gelungener wechselseitiger „Spiegel“kontakte allmählich so etwas wie eine Bindung aufbaut.

Säuglinge signalisieren ihren Müttern – diese sind ja nach wie vor hauptverantwortlich für die Versorgung und Betreuung der Kleinkinder – aber auch immer deutlicher, wonach ihnen der Sinn steht, was sie attraktiv finden und was weniger interessant.

Die meisten Mütter reagieren sensibel auf die Signale ihrer Kinder und besitzen die nötige Feinfühligkeit, ihnen die Dinge zur Verfügung zu stellen, die sie begehren. Aber auch die Mütter, die sich etwas schwerer dabei tun, weil sie vielleicht mit einem ständig quengeligen, häufig schreienden Kind gesegnet sind, das sie schon häufig vergeblich zu beruhigen versuchten, können ihre Feinfühligkeit trainieren und sich professionellen Rat einholen, der ihnen in ihrer Problematik weiterhilft (Papousek u.a. 2004). In Bezug auf Väter liegt hier ein Forschungsdesiderat vor.

Wenn Eltern bzw. ErzieherInnen erkennen oder intuitiv erspüren, was ihre Kinder interessiert, eröffnen sie diesen dadurch die Chance, eine in ihnen angelegte Begabung zu entfalten. Weil die heranwachsenden Kinder ihren Bezugspersonen allmählich immer deutlicher – nicht nur mimisch und mit Gesten, sondern auch sprachlich – vermitteln können, was ihnen Freude macht und woran sie Spass haben, werden diese allmählich immer sicherer beim Auswählen der passenden Gegenstände, Spielobjekte oder sonstigen Materialien.

Frühpädagogen betonen, wie wichtig eine anregende und abwechslungsreiche Umwelt für eine gesunde Entwicklung des Kindes ist. Eltern bieten ihren Kleinen häufig die Anreize bzw. stellen ihnen die Dinge zur Verfügung, die ihren eigenen Interessen (und möglicherweise auch ihren eigenen Anlagen und Begabungen) entsprechen. So ist z.B. nicht selten zu beobachten, dass Mütter, die sehr musikalisch sind oder selbst musizieren, ihren Kindern zahlreiche Anregungen und Förderungen geben, um deren Musikalität zu wecken. Die Kinder sind dabei zunächst eher passive Empfänger von Sozialisationseinflüssen, können ihren Eltern aber durchaus schon rückmelden, was sie mögen und was ihnen weniger liegt.

Es steht heute fest, dass schon Säuglinge – bedingt durch ihre individuelle genetische Ausstattung und teilweise auch durch jeweils spezifische Einflüsse, denen sie im Uterus ausgesetzt waren - sich für ganz unterschiedliche Dinge und Objekte ihrer Umwelt interessieren. Mit ihrem Orientierungs- und Neugierverhalten – also z.B. durch Blicke und Hinwendungen – geben sie ihren Eltern Hinweise auf ihre Vorlieben und Neigungen. Dies gilt natürlich in noch stärkerem Maße für etwas ältere Krippenkinder und besonders Kindergarten- und Vorschulkinder, die ihren Bezugspersonen noch viel klarer mitteilen können, woran sie tatsächlich Interesse und Freude haben. Wenn ältere Kinder (und natürlich erst recht Jugendliche und Erwachsene) dann in der Lage sind, sich selbst die zu ihnen passenden Umweltgegenstände auszuwählen bzw. verändernd so auf ihre Umwelt einzuwirken, dass sie optimal zu ihnen passt, ist sozusagen die höchste Stufe der selbstbestimmten, aktiven Vermittlung zwischen Anlage- und Umweltfaktoren erreicht.

IV. Die Förderung der kindlichen Entwicklung durch die Eltern

Eltern sollten bei allen Bemühungen um ihre Kinder immer im Auge behalten, dass es keine Patentrezepte für die richtige Erziehung gibt: Jede Familie ist anders und jedes Kind ist einzigartig in seiner Individualität. Und niemand kann aus seiner Haut heraus! Das heißt: Mutter wie Vater bringen ihre eigenen Erfahrungen mit, die sie in ihren Herkunftsfamilien als „Erzogene“ gemacht hat und ihre eigenen Wertorientierungen und Auffassungen darüber, wie man Kinder erziehen sollte. Gerade in problematischen Erziehungssituationen, z.B. also dann, wenn bestimmte Konflikte und Schwierigkeiten regelmäßig immer wieder auftreten, erweist sich eine Bereitschaft zur Selbstreflexion, ein Nachdenken über den eigenen Werdegang und eigene, in der Vergangenheit gemachte Erfahrungen, als sinnvoll und hilfreich.

V. Das Verhältnis von Hirnforschung, Entwicklungspsychologie und Frühpädagogik

In den letzten Jahren wurden im Gefolge der sehr schnell in breiten Kreisen populär gewordenen Ergebnisse der Hirnforschung (z.B. Roth 2001; Singer 2000) ein paar neue wissenschaftliche Disziplinen aus der Taufe gehoben, darunter z.B. die Neuropädagogik und die Evolutionspädadogik, die mit teilweise überraschenden, teilweise irritierenden Empfehlungen und Erziehungsratschlägen aufwarten. Nun sind interdisziplinäre Kooperationen generell sehr zu begrüßen, gerade im Hinblick auf den boomenden Forschungsbereich frühkindliche Entwicklung und Förderung, in dem gegenwärtig ständig neue Befunde ans Tageslicht gefördert werden. Eine Zusammenarbeit, zwischen wissenschaftlichen Disziplinen, zwischen denen in der Vergangenheit kaum Berührungspunkte, sondern eher Berührungsängste, bestanden, wie das der Fall ist zwischen Neurobiologie und Neurophysiologie auf der einen und Pädagogik und Psychoanalyse auf der anderen Seite, könnte sich sogar als besonders reizvoll erweisen. Gewarnt werden muss jedoch davor, mit zu heißen Nadeln zu stricken oder, um ein weiteres Bild zu verwenden, Brücken zu errichten auf unsicherem Terrain. Ein genauerer Blick auf die neu geschaffenen „Zwitterdisziplinen", wie z.B. Neuropädagogik (vgl. Prekop/Hüther 2006) oder Evolutionspädagogik (vgl. Koneberg/Gramer-Rottler 2006), und die in ihrem Gefolge entstandenen Veröffentlichungen, macht nämlich deutlich, dass Theorien, Methoden und Forschungsergebnisse der erfahrungswissenschaftlich orientierten Pädagogik und Pädagogischen Psychologie nicht angemessen berücksichtigt, geschweige denn im Detail auf ihre Brauchbarkeit als Brückenbaumaterial geprüft worden sind.

Gerade die Pädagogische Psychologie, selbst eine Zwitterdisziplin, aber auch die Entwicklungspsychologie, haben in den letzten Jahrzehnten solide Grundlagenforschung geleistet und zahlreiche fundierte Ergebnisse veröffentlicht. Ergebnisse, die uns immer besser verstehen lassen, wie Kinder lernen und Wissen erwerben und welche Voraussetzungen zu berücksichtigen sind, damit Lernen klappt und unsere von Natur aus neugierigen Kinder sich neues Wissen mit Freude und Begeisterung aneignen. Ergebnisse, die aber auch verständlich machen, wie Sand ins Getriebe kommt, d.h. wie es – leider in großer Regelmäßigkeit – heute noch geschieht, dass in sehr kurzer Zeit aus wissbegierigen, aufgeschlossenen, allseitig interessierbaren Kindergartenkindern abgestumpfte, unmotivierte Grundschüler werden.

Nichtsdestotrotz ist eine Intensivierung der Zusammenarbeit zwischen Neurophysiologie und empirischer Frühpädagogik in jedem Fall zu begrüßen. Die Entwicklungspsychologie und Pädagogische Psychologie können dabei wichtige Vermittlungsaufgaben übernehmen. Die interessanten, teilweise überraschenden Befunde der Neurophysiologie, von denen gleich noch die Rede sein wird, tragen schon heute dazu bei, das komplizierte Wechselspiel zwischen Anlage und Umwelt, zwischen von innen durch Reifung gesteuerten Wachstumsprozessen und von außen durch Anregung und Förderung in Gang gebrachten Einflüssen ein Stückchen besser zu verstehen. Ähnliches gilt für die zunehmend aktivere, selbstregulierende und steuernde Rolle des heranwachsenden Kindes, die lange Jahre nicht systematisch in Betracht gezogen wurde.

Auf der Grundlage des Einbezugs aktueller neurophysiologischer Ergebnisse wird sich in naher Zukunft eine ganze Reihe von entwicklungspsychologischen und frühpädagogischen Annahmen und Überlegungen abstützen und weiter präzisieren lassen. Dazu gehört beispielsweise die Fundierung der Einsicht, dass allzu frühes Trainieren und Üben spezifischer kognitiver oder sensumotorischer Funktionen ineffizient ist bzw. wirkungslos bleibt oder die genauere Bestimmung von „sensiblen Entwicklungsphasen", d.h. umrissenen Zeitfenstern in der Individualentwicklung, innerhalb derer spezifische Fähigkeiten und Fertigkeiten besonders leicht und mühelos erlernt werden – veranschaulicht im (leicht abgewandelten) Sprichwort „Was Hänschen nicht (rechtzeitig) lernt, lernt Hans nur viel schwerer" (vgl. Kasten 2005).

VI. Befunde der Hirnforschung

Zunächst ein kurzer Blick auf einige besonders faszinierende Befunde der Hirnforschung: Bei der Geburt verfügt unser Gehirn über 100 Milliarden Neuronen - das sind so viele Nervenzellen wie unsere Milchstraße Sterne hat – die durch mehr als 50 Billionen Verbindungen (Synapsen) miteinander verknüpft sind. Diese Verbindungen wurden zum großen Teil durch genetisch gesteuerte Programme angelegt (rund 40000 Gene sind zuständig für die Ausbildung und Funktion des Gehirns), zu einem Teil aber auch durch intrauterine Erfahrungen gebildet.

VII. Das Gehirn - nicht nur ein körperliches, sondern auch ein soziales Organ

Die Anzahl der Synapsen verzwanzigfacht sich in den ersten Lebensmonaten – erfahrungsabhängig (!) - durch die Anregungen, die der Säugling aus seiner Umwelt erhält, auf mehr als 1000 Billionen im achten Lebensmonat. Hier manifestiert sich, dass unser Gehirn ein zutiefst soziales Organ ist, das notwendig soziale Anreize braucht, um sich zu entwickeln! Nicht benötigte und verwendete Synapsen sterben wieder ab – Fortschritt ist nicht nur Aufbau, sondern gleichzeitig auch Abbau. Das Gehirn schöpft dabei aus dem Vollen: Ungefähr 30 bis 50 Prozent der ausgebildeten und bereit gestellten, aber nicht mehr benötigten Verbindungen werden – wörtlich genommen – „überflüssig" und verschwinden wieder. Das Gehirn leistet Schwerstarbeit während dieser Zeit und verbraucht dabei (und auch noch in den folgenden Lebensjahren) doppelt so viel Energie wie ein Erwachsenengehirn.

VIII. Unser Gehirn verändert sich ständig

Durch Lernvorgänge können unser Verhalten und die „hinter ihm" stehenden Kompetenzen dauerhaft verändert werden. Jedes Lernen korrespondiert mit Veränderungen im Gehirn, insbesondere Veränderungen in den neuronalen Vernetzungen und synaptischen Verknüpfungen verschiedener Großhirnareale. Intensive emotionale Erfahrungen, seien sie positiver oder negativer Art, gehen einher mit Veränderungen in tieferen Regionen, z.B. dem limbischen System und dem Mandelkern (Amygdala), die als Sitz unseres emotionalen Gedächtnisses bezeichnet werden können. Etliche weitere psychische Prozesse, z.B. im Bereich der Gedächtnis- und Wahrnehmungsleistungen, die von der Entwicklungspsychologie teilweise bereits operationalisiert, d. h. mit Hilfe von Methoden, wie Tests, Einschätzlisten, Beobachtungsskalen, messbar gemacht wurden, können jetzt auch durch ihre Korrelate im Gehirn näher bestimmt werden. Sehr wahrscheinlich würde eine intensivere Kooperation zwischen Neurophysiologen und Entwicklungspsychologen, die letzteren auch den unkomplizierten Zugang zu den neuen bildgebenden Messverfahren ermöglicht, in absehbarer Zeit zur detaillierten Rekonstruktion zahlreicher weiterer psychologisch interessanter Phänomene auch auf der Ebene der neuroanatomischen und –physiologischen Feinstruktur führen.

IX. Ausbildung weiterer Spiegelneuronen-Systeme

Im Laufe der 2. Hälfte des 2. Lebensjahres, sind gleichzeitig mit der Ausbildung der Fähigkeit, sich selbst im Spiegel zu erkennen (z.B. Bischof-Köhler 1989), auch Vorläuferformen von Einfühlungsvermögen und Perspektivenübernahme zu beobachten, die sehr wahrscheinlich parallel laufen zur Ausreifung eines weiteren Spiegelneuronensystem. Bei diesen Empathiephänomenen handelt es sich nicht um bloße Gefühlsansteckung, die schon bei wenige Wochen oder Monate alten Säuglingen beobachtet werden kann und von der schon Charlotte Bühler (1928) berichtete – sie beobachtete nämlich, dass in der Neugeborenenstation eines Wiener Krankenhauses vom Weinen eines Kindes in schöner Regelmäßigkeit alle anderen, auf der Station befindlichen Säuglinge angesteckt wurden und ebenfalls zu weinen begannen. Eineinhalb- bis zweijährige Kleinkinder schaffen es allmählich zu unterscheiden, dass es sich nicht um ihr eigenes Gefühl handelt, sondern um das Gefühl einer anderen Person, mit der sie mitfühlen oder sich sogar identifizieren (oft also die Mutter). Diese Empathie ist aber eine rein emotionale Angelegenheit, d.h. die Kinder können sich noch nicht verstandesmäßig in die Lage des anderen versetzen und auch noch nicht darüber nachdenken, was sie an dessen Stelle fühlen würden oder wie sie es – gegebenenfalls – anstellen könnten, dass es dem anderen wieder besser geht. Solche kognitiven Rollenübernahmevorgänge sind frühestens vom vierten Lebensjahr an zu beobachten und erst dann möglich, wenn die entsprechenden Spiegelsysteme und anderen neuronalen Netzwerke ausgereift sind. Auf diesen aufbauend bilden sich dann im Laufe der Kindergartenjahre weitere sozial-kognitive Kompetenzen aus, u. a. auch die „theory of mind", welche es den Kindern ermöglichen, zwischen sich und der eigenen Innenwelt auf der einen Seite und den anderen und deren Innenwelt auf der anderen Seite immer souveräner zu differenzieren. Damit diese aufeinander aufbauenden Entwicklungsschritte wirklich gelingen, muss sich das soziale Umfeld responsiv verhalten, dem Kind also angemessen widerspiegeln, dass es verstanden wird und mit seinen Einschätzungen richtig (oder auch nicht richtig) liegt. Jeweils bereits gestellte bzw. neu erworbene Spiegelsysteme entfalten sich zur vollen Blüte nur, wenn sie beständig aktiviert und tagtäglich in wechselseitig aufeinander Bezug nehmenden Interaktionen erweitert und verfeinert werden.

X. Genetik und Epigenetik

Durch den Einbezug von aktuellen Einsichten der Molekularbiologie und Molekulargenetik ergeben sich weitere überraschende Einblicke in das Wechselspiel zwischen körperlichen und seelischen Vorgängen in der frühen Kindheit (vgl. Bauer 2002, 2006).

Seit langem ist bekannt, dass die genetischen Basisinformationen eines jeden Individuums (die DNS-Ketten in seinen Chromosomen) sozusagen als umfassender Standardtext von Generation zu Generation weitergegeben werden (und nur durch Mutation bzw. manipulative Eingriffe in die Genbestände der Keimzellen verändert werden können). Welche konkreten Textstellen im Lebenslauf aktiviert werden und volle Wirksamkeit entfalten und welche inaktiv bleiben oder sogar unterdrückt werden, wird aber in beträchtlichem Umfang von außen bestimmt, also z.B. auch durch Erfahrungen, die das Kind im Umgang mit den Personen und Objekten seiner Umwelt macht. Die über die traditionelle Genetik hinaus gehende Epigenetik liefert für dieses Faktum in den letzten Jahren immer mehr überzeugende Belege (z.B. Bauer 2002; Lipton 2006). Auf dem Hintergrund eigener Untersuchungen und unter Einbezug der Ergebnisse weiterer einschlägiger Studien gelangt z.B. Bauer zu der Überzeugung, dass Beziehungserfahrungen ihren „Fingerabdruck" in den biologischen und genetischen Strukturen unseres Körpers hinterlassen. Traumatische, im Kleinkindalter gemachte Erfahrungen werden neurobiologisch abgespeichert und können noch nach Jahren als körperliche und seelische Krankheiten ihre Wirkung entfalten.

Lipton geht in seinem anregenden Buch „Intelligente Zellen – Wie Erfahrungen unsere Gene steuern" noch einen Schritt weiter und demonstriert an zahlreichen anschaulichen Beispielen, wie unser Denken und Fühlen, alle unsere seelischen Regungen, bis in jede einzelne unserer Körperzellen hineinwirkt. Die Austauschprozesse zwischen geistigen Vorgängen und materiellen Prozessen werden – so Lipton – bewerkstelligt durch kleinste Energiequanten – Partikel oder Teilchen aus der subatomaren Welt, deren Existenz sich mit Hilfe quantentheoretischer Messmethoden belegen lässt.

XI. Die Frage nach dem Sinn und Nutzen des Erkenntnisfortschritts

Was bringt es der Wissenschaft und was nützt es uns praktisch, wenn sich die neurophysiologischen, anatomischen und materiellen Substrate der Prozesse, die im Gehirn und in unserem Körper ablaufen, wenn wir denken, fühlen oder etwas wollen, immer genauer herausarbeiten lassen? Und wenn wir immer präziser angeben können, welche Erfahrungen auf welchem molekularbiologischen und energetischen Weg bestimmte Genkombinationen aktivieren oder unterdrücken? (Die in jüngster Zeit identifizierten neurophysiologischen Indikatoren von Willensentscheidungen führten z.B. zu kontroversen Debatten über den Ursprung des „freien Willens", an denen sich neben Neurophysiologen und Psychologen auch Philosophen und Juristen beteiligten!) Wird der sich abzeichnende Erkenntnisfortschritt unser Leben verbessern oder – um bescheidender und im Kontext dieses Artikels zu bleiben – ermöglicht er der Frühpädagogik eine Optimierung ihrer Empfehlungen und Ratschläge für die familiale und außerfamiliale Kleinkinderziehung, auf deren Grundlage unsere Kinder von Anfang an optimal und ihren Anlagen gemäß gefördert werden können?

Konfrontiert mit der nicht abreißenden Flut neuer Erkenntnisse tun sich auch Frühpädagogen schwer, die Übersicht zu bewahren und den richtigen Weg zu finden zwischen der vielerorts feststellbaren Begeisterung und euphorischen Aufbruchstimmung und der skeptischen und ablehnenden Haltung anderer Fachleute, die der verbreiteten Euphorie sehr reserviert begegnen (z.B. Bruer 2000). Das höchste Anliegen allen frühpädagogischen Handelns sollte immer das Wohl der Kinder und deren optimale Erziehung und Förderung sein. Doch welche Erziehung ist nun die optimale? Sicher nicht eine Erziehung, bei der die Eltern, insbesondere die Mütter und ihre Interessen, außen vor bleiben. Sicher nicht eine Erziehung, welche die Lebensumstände der Familien unberücksichtigt lässt. Und sicher auch nicht eine Erziehung, die Rahmenbedingungen, welche die Gesellschaft und Kultur vorgibt, ignoriert. Ganz gewiss aber würden uns in der gegenwärtigen unsicheren Situation Feld- oder Modellversuche ein Stückchen weiter bringen, d.h. Untersuchungen, auf deren Grundlage Entscheidungshilfen gegeben werden können, die es uns erleichtern auszuwählen, welche Anregungen und erzieherischen Einflussnahmen im konkreten Fall am besten geeignet sind, das eine oder das andere Kleinkind zu fördern. Die Entscheidung für oder gegen die eine oder die andere pädagogische Vorgehensweise ist letztlich aber eine wertorientierte Entscheidung, der im Idealfall eine kritische Auseinandersetzung mit den eigenen Erziehungsmaximen und ihren ethischen und moralischen Wurzeln vorausgehen sollte (Kasten 2007).

Literatur

Asendorpf, J. (2002): Biologische Grundlagen der Entwicklung. In: Oerter, R./Montada, L. (Hrsg.): Entwicklungspsychologie. Ein Lehrbuch. Weinheim, S. 54–71.
Bauer, J. (2002): Das Gedächtnis des Körpers. Frankfurt/M.
Bauer, J. (2006): Warum ich fühle, was du fühlst. 4. Aufl., Hamburg.
Bischof-Köhler, D. (1989). Spiegelbild und Empathie. Bern.

Bruer, J. T. (2000): Der Mythos der ersten drei Jahre. Weinheim.
Bühler, C. (1928): Kindheit und Jugend. Leipzig.
Kasten, H. (2005): 0–3 Jahre. Entwicklungspsychologische Grundlagen. Weinheim und Basel.
Kasten, H. (2007): 0–3 Jahre. Entwicklungspsychologische Grundlagen. 2. überarbeitete Aufl. Berlin und Mannheim.
Koneberg, L./Gramer-Rottler, S. (2006): Die sieben Sicherheiten, die Kinder brauchen. München.
Lipton, B.H., Ph. D. (2006): Intelligente Zellen. Burgrain.
Papousek u.a. 2004 = Papousek, M./Schieche, M./Wurmser, H. (2004): Regulationsstörungen der frühen Kindheit. Bern.
Prekop, J./Hüther, G. (2006): Auf Schatzsuche bei unseren Kindern. 2. Aufl. München.
Roth, G.(2001): Fühlen, Denken, Handeln. Wie das Gehirn unser Verhalten steuert. 2. überarb. Aufl. Frankfurt/M.
Singer, W. (2000): Was kann ein Mensch wann lernen? In: Universitas 663/664, S. 1011–1019.

Kapitel 1: Leib, Körper und Geschlecht

Karin Flaake

C: Adoleszenz: Körper, Leiblichkeit, Geschlecht

I. Bedeutung der Adoleszenz

Die Adoleszenz, die Zeit des Übergangs von der Kindheit zum Erwachsensein, ist eine lebensgeschichtliche Phase, in der Körper, Leiblichkeit und Geschlecht eine besondere Bedeutung haben (vgl. Flaake/King 2003; Kaplan 1988; King 2002). Die Veränderungen der Pubertät sind wesentlich körperbezogen: Bei Mädchen haben z.B. die erste Regelblutung und das Wachsen der Brüste eine große Bedeutung, bei Jungen z.B. der Stimmbruch und die ersten Samenergüsse, bei beiden die übrigen Veränderungen der Figur und des Aussehens, die Veränderungen der Genitalien und die neue Qualität und Intensität sexueller Wünsche und Erregungen. Die leibbezogenen Wandlungen sind keine rein anatomisch und biologisch sich vollziehenden Prozesse, sondern eingebunden in eine Vielzahl sozialer Bedeutungszuschreibungen, die den Prozess ihrer psychischen Verarbeitung und Aneignung und damit auch das Körpererleben und die Körperwahrnehmung junger Frauen und Männer prägen.

Die körperlichen Veränderungen der Pubertät sind in einer Gesellschaft wie der westlich-industrialisierten der BRD eindeutig und polarisierend geschlechtlich konnotiert: Sie signalisieren ein Zur-Frau- oder Zum-Mann-Werden, das als Alternative gesehen wird. Jugendliche werden erneut und nachhaltig mit ihrer Zugehörigkeit zu einem und nur einem Geschlecht konfrontiert: Mädchen mit dem Geschlecht der Mutter, Jungen mit dem des Vaters. Damit werden Geschlechterbilder für die Jugendlichen auf eine neue Weise bedeutsam: Zur-Frau- oder Zum-Mann-Werden bedeutet immer auch, sich mit vorherrschenden Bildern einer sozial akzeptierten Weiblichkeit oder Männlichkeit und den entsprechenden Botschaften der sozialen Umgebung auseinander setzen zu müssen.

In diesem Zusammenhang hat die Familie eine große Bedeutung. Auch wenn mit der Adoleszenz Beziehungen zu Gleichaltrigen zunehmend bedeutsam werden, so beeinflussen doch die Botschaften, die die bisher wichtigen Bezugspersonen – meist Mütter und Väter (oder Stiefväter) – den Jugendlichen über ihre Körperlichkeit und Sexualität vermitteln, die Ausgestaltung von Weiblichkeits- bzw. Männlichkeitsentwürfen. In familialen Interaktionen sind – oft unbewusste – Botschaften enthalten über die Bedeutung, Bedeutsamkeit und affektive Qualität von Körperlichkeit und einzelner Facetten von Körperlichkeit. Über die Reaktionen der Mütter und Väter auf die körperlichen Veränderungen der Pubertät vermitteln sich Bedeutungszuschreibungen an diese körperlichen Veränderungen. Diese werden mit „sozialem Sinn“ versehen. Dieser „soziale Sinn“ ist geprägt von gesellschaftlichen Geschlechterbildern, aber auch von speziellen Strukturen konkreter familialer Interaktionen –

denn gesellschaftliche Geschlechterbilder lassen immer auch Spielräume für individuelle Ausgestaltungen.

Im Folgenden werden in familialen Interaktionen angelegte Prozesse der Verknüpfung von Körperlichkeit mit geschlechtlichen Zuordnungen und sozialen Bedeutungen zunächst für die Adoleszenz junger Frauen dargestellt. Basis sind die Ergebnisse einer Studie, in der Interviews mit 13- bis 19-jährigen Mädchen und jungen Frauen sowie ihren Müttern und Vätern bzw. Stiefvätern psychoanalytisch-hermeneutisch interpretiert wurden (zur ausführlichen Darstellung der Ergebnisse vgl. Flaake 2001). Für junge Männer liegen entsprechende Forschungen bisher kaum vor, erste Ergebnisse werden abschließend präsentiert.

II. Familienbeziehungen und Adoleszenz junger Frauen

II.1. Bedeutung der Familie

Die Familie, die Beziehung zwischen Mutter und Tochter und Vater – oder Stiefvater – und Tochter ist eines der zentralen Felder adoleszenter Auseinandersetzungen. Die adoleszenten Wandlungsprozesse lösen nicht nur bei den jungen Frauen Verunsicherungen und Erschütterungen bisheriger psychischer Balancen aus, sie sind ebenso für Erwachsene mit Irritationen, Verwirrungen und Konflikten verbunden, die ihr Verhalten auch jenseits bewusster Vorstellungen und Intentionen prägen. Sich ankündigende Trennungsprozesse, die Konfrontation mit dem eigenen Älterwerden, sexuelle Wünsche und Fantasien und die Wiederbelebung eigener früherer Gefühle und Konflikte spielen dabei gleichermaßen eine Rolle und führen dazu, dass nicht nur die jungen Frauen in einen Strudel von Gefühlen geraten, sondern ebenso die erwachsenen Personen in ihrer Umgebung.

Von Müttern und von Vätern werden jeweils unterschiedliche durch die Adoleszenz der Tochter aktualisierte Problembereiche als besonders verwirrend und bedrohlich erlebt. Für Väter steht mit der Adoleszenz der Tochter die Verunsicherung durch auf die Tochter bezogene sexuelle Wünsche, Fantasien und Erregungen im Vordergrund. Ein für Mütter besonders verunsichernder Problembereich bezieht sich auf die mit der Adoleszenz der Tochter besonders deutlich werdende Generationendifferenz.

II.2. Sexuelle Wünsche und Fantasien in der Vater-Tochter-Beziehung

In allen Interviews mit Vätern wird deutlich, dass die mit der Pubertät verbundenen körperlichen Veränderungen der Tochter für sie mit starker Verwirrung und Verunsicherung verbunden sind. Die in der Kindheit der Tochter als Ausdruck wechselseitiger Zärtlichkeit erlebten körperlichen Kontakte, z.B. Umarmungen, erhalten eine neue Qualität. Der weibliche Körper der Tochter wird spürbar, Veränderungen werden sichtbar und können mit als bedrohlich erlebten erotischen Wünschen und Fantasien verbunden sein. In die Nähe zur Tochter kommt eine sexuelle Dimension, die – da genitale Kontakte auf einer Erwachsenenebene real möglich werden – zugleich erregender und bedrohlicher ist als in früheren Phasen der Vater-Tochter-Beziehung. Auch von Seiten der jungen Frauen kommen sexuelle Wünsche und Fantasien auf eine neue Weise in die Beziehung zum Vater.

Die konkreten Beziehungsgestaltungen zwischen Vätern und ihren adoleszenten Töchtern hängen in starkem Maße davon ab, inwieweit Väter sich ihre gesellschaftlich stark tabuisierten Gefühle gegenüber der Tochter zugestehen und sie innerpsychisch in deutlicher Abgrenzung von der Tochter bearbeiten können, insbesondere durch eine erneute Etablierung der Generationengrenzen zur Tochter und die Orientierung auf die Beziehung zu einer erwachsenen Partnerin, in der auch das Begehren Raum hat. Da auch die Beziehungen unter den Erwachsenen mit der Adoleszenz der Tochter oft in eine Phase der Turbulenz geraten, ist eine Stabilisierung durch eine befriedigende Paarbeziehung für viele nicht leicht. Gelingt es Vätern, der Tochter zu signalisieren, dass der Ort für Sexualität die Paarbeziehung der Erwachsenen ist, zur Tochter aber eine liebevoll vertraute Beziehung auf der Basis einer prinzipiellen Abgegrenztheit bestehen bleibt, so sind auch für die jungen Frauen Impulse gegeben für eine Lösung ihres Begehrens aus der Beziehung zum Vater und den Bezug auf außerfamiliale Liebesbeziehungen.

Wenn die bei Vätern durch die zur Frau werdende Tochter ausgelösten Gefühle nicht in entlastenden Erwachsenenbeziehungen und durch von der Tochter abgegrenzte Bewältigungsstrategien aufgefangen werden können, gibt es eine Verführung, in der Tochter das eigene als bedrohlich Erlebte zu bekämpfen und abzuwehren. Sexuelle Wünsche und Fantasien werden dann in den Körper der Tochter verlegt und dort in Schach zu halten versucht.

II.3. Bewältigungsstrategien hilfloser Väter

Eine in den Interviews nicht selten bei Vätern zu findende Form des Umgehens mit den zugleich als verführerisch und bedrohlich erlebten körperlichen Veränderungen der Tochter besteht darin, sie ironisch zu kommentieren – eine Haltung, die als „lustiger“, „spaßiger“ Umgang mit der Pubertät der Tochter beschrieben und als Bestandteil einer „lockeren“ Familienkommunikation gesehen wird. Die von Vätern selbst geschilderten Kommentierungen beziehen sich dabei direkt auf den Körper der Tochter und häufig auf die Brüste.

In der Beziehung zur Tochter werden damit die Beschämung, die Unsicherheit und Hilflosigkeit, die Väter angesichts ihrer sexuellen Fantasien und Empfindungen verspüren, in eine Position der Überlegenheit gegenüber der Tochter gewendet und die zugrunde liegenden Gefühle ihr zugewiesen. Die Tochter ist es jetzt, die sich schämt – für ihren Körper –, die unsicher ist und sich hilflos – den ironischen Kommentierungen gegenüber – fühlt, nicht mehr der angesichts der herangewachsenen Tochter verwirrte, hilflose und möglicherweise sexuell erregte Mann und Vater. In solchen Verhaltensmustern von Vätern kann eine mögliche gesellschaftlich nahe gelegte Strategie gesehen werden, um mit den durch die Pubertät der Tochter ausgelösten Verunsicherungen umzugehen: die Strategie, den weiblichen Körper zum Objekt zu machen, zum Objekt der eigenen sexualisierenden Blicke und der entwertenden Kommentare. Auf die Tochter bezogene erotische Fantasien finden sich darin ebenso wie das Bemühen, sie zu bannen durch Herabsetzung des weiblichen

Körpers. Solche Strategien entsprechen einer Facette gesellschaftlicher Weiblichkeitsbilder, in denen das Bedrohliche aktiver weiblicher Sexualität beherrschbar zu machen versucht wird durch eine entwertende Enttabuisierung des weiblichen Körpers.

Eine andere Facette kollektiver Fantasien über weibliche Sexualität bezieht sich auf das Bild der Frau als Verführerin und des Mannes als Opfer (Rohde-Dachser 1991, S. 108 ff.). Auch in den Schilderungen von Vätern finden sich Elemente dieser Fantasie. So wenn ein Vater, der sich mit der ersten Regelblutung der Tochter abrupt von ihr distanzierte, seine Distanzierung mit den Worten beschreibt, er habe die Tochter „zurückgewiesen“ und sich „ostentativ umgedreht“. In diesen Formulierungen ist ein latenter Schuldvorwurf enthalten: Unterstellt wird, dass die Tochter Angebote gemacht hat, die „zurückgewiesen“ werden mussten und sie etwas Anstößiges gezeigt hat, von dem er, der Vater, sich „ostentativ“ abwenden musste. Die Tochter wird in solchen Mustern zur Verführerin des Vaters, der Vater zum Opfer ohne ein eigenes aktives Begehren, das sich vor der Tochter in Sicherheit bringen muss. Unsichtbar gemacht werden damit die erotischen Wünsche und Fantasien des Vaters.

Nicht alle Väter von Töchtern in der Adoleszenz verhalten sich in der beschriebenen Weise, jenseits individueller Verhaltensmöglichkeiten gibt es jedoch für Väter die in den Strukturen des Geschlechterverhältnisses angelegte Verführung, ihre Hilflosigkeit und Unsicherheit angesichts der zur Frau werdenden Tochter in eine Situation von Überlegenheit zu wenden, die anknüpfen kann an gesellschaftliche Bilder weiblicher Körperlichkeit und Sexualität und auf Kosten der Wertschätzung der körperlichen Weiblichkeit der Tochter geschieht. Auf Seiten der jungen Frauen kann dadurch nicht nur der Stolz auf den Körper, sondern auch das Begehren, die Möglichkeit eines aktiven erotischen Wünschens und Wollens gebremst werden: Die Scham des Vaters für seine Gefühle ist dann zur Scham der Tochter für ihren Körper und die auch auf den Vater gerichteten Wünsche und Fantasien geworden.

II.4. Mutter-Tochter-Beziehung und Generationendifferenz

Die Verhaltensmöglichkeiten von Müttern sind eingebunden in die Komplexität des innerpsychischen Geschehens, das mit der Adoleszenz der Tochter verbunden ist. In der Tochter treten Frauen noch einmal die eigenen adoleszenten Wünsche und Ängste entgegen und damit auch die Gefühle, meist Enttäuschungen, die das Verhalten der eigenen Mutter hervorgerufen hat. Ob der Tochter ein Mehr an Bestätigung und Lust signalisiert werden kann, als es selbst früher erlebt wurde, hängt zudem jedoch entscheidend ab von der Verarbeitung der gegenwärtigen Lebenssituation: insbesondere davon, wie Frauen mit der Erkenntnis umgehen, dass die Tochter ihr Erwachsenenleben jetzt vor sich hat und sie selbst mit den durch das Älterwerden gesetzten Grenzen konfrontiert sind. Die Adoleszenz der Tochter kann in Müttern eine Bilanzierung des eigenen Lebens aktualisieren, in der – jenseits des Positiven und aller Erfolge – unerfüllte Wünsche und die Fantasie, dass der Tochter alle Wege, die selbst nicht gegangen werden konnten, offen stehen, eine große Rolle spielen. Diese Konfrontation mit der eigenen Lebenssituation, die auch die anstehende Trennung der Tochter umfasst, wird auf unterschiedliche Weise verarbeitet:

Sie kann genutzt werden zur Reflexion des bisherigen Lebens, des Erreichten, der unerfüllten Wünsche und des jetzt Möglichen und zu einer Neugestaltung führen, durch die die Tochter aus mütterlichen Bindungen entlassen wird. Der Neid auf die Tochter und die Rivalität – auch bezogen auf den Partner – können jedoch so dominierend sein, dass Lustmöglichkeiten beschränkende Botschaften überwiegen. Der Körper der Tochter trifft dann – trotz oft entgegengesetzter bewusster Intentionen – eher auf einen kritischen denn bestätigenden Blick der Mutter, ein aktives sexuelles Wünschen und Wollen der Tochter wird dann eher begrenzt denn ermutigt, und die körperliche Verbundenheit zwischen Mutter und Tochter findet ihren Ausdruck im gemeinsamen negativen Erleben und Leiden an der Regelblutung. Gesellschaftliche Schönheitsvorstellungen und Definitionen der Menstruation finden sich in solchen Mustern ebenso wie Bilder weiblicher Sexualität, sie erhalten ihre Bedeutung jedoch durch die spezifischen Dynamiken in der Mutter-Tochter-Beziehung. Ich möchte entsprechende Prozesse exemplarisch darstellen am Beispiel von durch die erste Regelblutung der Tochter ausgelösten Dynamiken.

II.5. Bedeutung der ersten Regelblutung

Deutlich wird in allen Mutter-Tochter-Konstellationen die starke Bindung aneinander über das Erleben der ersten Menstruation und der folgenden Regelblutungen. Es scheint von beiden Seiten – der der Mütter und der der Töchter – jenseits aller intentionalen und bewussten Abgrenzungen eine leibliche Verbundenheit miteinander zu geben, die auf einer Gemeinsamkeit des Leidens, des negativen Erlebens der Menstruation beruht.

Viele der befragten Mütter und Töchter beschreiben ein ähnliches Erleben ihrer ersten Menstruation und ähnliche Symptome bei den Regelblutungen. Aus der Tochterperspektive wird das Verschwimmen der Grenzen zwischen Mutter und Tochter deutlich in der Formulierung einer 14jährigen jungen Frau, die das Gemeinsame der Menstruationsbeschwerden mit den Worten beschreibt: „ihre Schmerzen, wie ich sie hab“. Die junge Frau scheint in ihrem Erleben keine eigenen Schmerzen zu haben, sondern die der Mutter zu übernehmen, vielleicht in der Fantasie als Unterstützung der Mutter, die sich in einer belastenden Lebenssituation befindet und als Wiedergutmachung für die eigenen heftigen Abgrenzungstendenzen. Eine Verbundenheit zwischen Mutter und Tochter über die Menstruation wird auch deutlich in der Überschneidung der Regelzeiten, wie sie von einigen der jungen Frauen beschrieben wird.

Für einige Mutter-Tochter-Beziehungen lässt sich vermuten, dass die Gemeinsamkeit im Leiden und Missgelauntsein der Vermeidung von offener Aggressivität und Rivalität dient. So ermöglichen die Menstruationsbeschwerden z.B. in einer Mutter-Tochter-Beziehung der Tochter die Aufrechterhaltung einer von beiden – Mutter und Tochter – als positiv empfundenen Nähe auf der Ebene der Mutter-Kind-Beziehung, die zugleich die Rivalität zwischen den beiden Frauen bezogen auf den Vater – die in den Interviews deutlich ist – unsichtbar macht. So kann eine unbewusste Bedeutung des gemeinsamen Leidens von Mutter und Tochter an der Regelblutung darin bestehen, offene Rivalität und Aggressivität zu vermeiden: Diese aktiv nach außen gewandten und trennenden Impulse werden quasi nach innen umgeleitet und verwandelt in Schmerzen und Missbehagen, die wieder eine Gemeinsamkeit, allerdings keine als positiv empfundene, herstellen.

Mit der ersten Menstruation spitzt sich in der Mutter-Tochter-Beziehung das emotionale Geschehen um die Themen Abgrenzung, Neid und Rivalität in besonderer Weise zu: Für die Tochter ist die erste Menstruation das Signal dafür, dass sie ihr erwachsenes Leben jetzt vor sich hat, die Mutter wird dagegen mit den durch das Älterwerden gesetzten Grenzen konfrontiert. Besonders deutlich wird diese Konstellation in einer Familie: Kurz nach der ersten Menstruation der Tochter bleibt die Regelblutung der Mutter aus, die Wechseljahre beginnen, die von ihr als ein beängstigendes Signal für den Verlust von Sexualität und das Ende der Möglichkeiten, das Leben befriedigend zu gestalten, empfunden werden.

Von Tochterseite wird die mit der ersten Menstruation veränderte Situation deutlich in der Schilderung einer 15jährigen jungen Frau, die berichtet, ihre erste Regelblutung zunächst im Schlafzimmer der Mutter mit den Worten: „Mutti, ich bin jetzt auch eine Frau", und dann im Schlafzimmer des Vaters mit: „Vati, ich bin jetzt auch eine Frau", bekannt gegeben zu haben. Diese Szene kann interpretiert werden als Ankündigung einer neuen Rivalität mit der Mutter um den Vater. „Ich bin jetzt auch eine Frau" signalisiert dem Vater eine neue mögliche Ebene der Beziehung: „auch" eine wie die zur Mutter. Bezogen auf die Mutter kann die Aussage „ich bin jetzt auch eine Frau" ergänzt werden mit ‚und kann jetzt auch meine erotische Ausstrahlung auf Männer, z.B. den Vater wirken lassen'.

Bei nicht wenigen Müttern ist deutlich, dass Unzufriedenheit mit dem bisherigen Leben und Neid auf die Jugend der Tochter verhindern, dass der Tochter die innere Erlaubnis zu einem lustvolleren Leben, als es bisher selbst erlebt wurde, gegeben werden kann. Zurückgegriffen wird dabei auf die kulturelle Definition der Regelblutung als Quelle von Leiden und Unwohlsein (vgl. Hering/Maierhof 1991; Hohage 1998; Waldeck 1988), in den Interaktionen bedeutsam gemacht wird sie jedoch durch die spezifischen Dynamiken zwischen adoleszenten Töchtern und ihren Müttern, in denen oft unbewusste Wünsche, Fantasien und Ängste eine Rolle spielen.

Nicht zufällig ist es eine Mutter-Tochter-Beziehung, in der die Mutter sich das Schmerzliche des eigenen Älterwerdens – auch das des Körpers – zugestehen und sich zugleich mit der Generationendifferenz innerlich arrangieren kann, in der sowohl die Tochter als auch die Mutter zu der Unterschiedlichkeit des Erlebens der Regelblutung stehen können. Unterschiede zwischen Mutter und Tochter haben in dieser Beziehung Raum: Es darf sein, dass es der Tochter besser geht als der Mutter, und beide bewerten diese Unterschiedlichkeit positiv. Solche Muster setzen auf beiden Seiten – der der Mütter und der der Töchter – innerpsychische Abgrenzungs- und Trennungsprozesse voraus, durch die für beide Schritte in ein voneinander unabhängiges Leben möglich werden (Zur Bedeutung der Generationendifferenz in der Adoleszenz vgl. King 2002).

III. Familienbeziehungen und Adoleszenz junger Männer – erste Ergebnisse

Für junge Männer sind die in familialen Interaktionen enthaltenen Prozesse der Verknüpfung von Körperlichkeit mit geschlechtlichen Zuordnungen und sozialen Bedeutungen bisher kaum untersucht worden. Erste Hinweise geben die Ergebnisse einer eigenen Studie (Flaake 2005), in der junge Männer und ihre Mütter und Väter (bzw. Stiefväter) zur Bedeutung der körperlichen Veränderungen in der Adoleszenz befragt wurden. Ähnlich wie für die weibliche Adoleszenz zeigen sich auch in diesen Interviews zentrale Themen und Problemkonstellationen, die – ausgelöst durch die Adoleszenz des Sohnes – bisherige Muster des Zusammenlebens infrage stellen und Neustrukturierungen erfordern. Dabei gibt es bei den durch die Adoleszenz der Tochter und der des Sohnes ausgelösten Dynamiken einen entscheidenden Unterschied: Mit der Adoleszenz der Tochter ist ihre erwachsene Sexualität in Familien sichtbarer präsent als bei der des Sohnes. Entsprechend scheinen die durch die Pubertät der Tochter ausgelösten Familiendynamiken – insbesondere bezogen auf die Vater-Tochter-Beziehung – heftiger zu sein als die durch die Adoleszenz des Sohnes ausgelösten. Bei jungen Frauen sind die für ihre Umgebung, auch die Familie, wahrnehmbaren körperlichen Veränderungen – gesellschaftlich nahe gelegt – sexualisiert: Das gilt insbesondere für das Wachsen der Brüste, aber auch die erste Regelblutung, die als wichtiges Signal eines Zur-Frau-Werdens häufig familienöffentlich gemacht und durch die jetzt gegebene Möglichkeit schwanger zu werden in den Fantasien mit Sexualität verknüpft wird.

Die für ihre Umgebung wahrnehmbaren körperlichen Veränderungen der Jungen – wie Stimmbruch, Körpergröße, Wachsen der Barthaare – sind eher mit Männlichkeit als unmittelbar mit Sexualität verknüpft. Das der ersten Regelblutung vergleichbare Ereignis – der erste Samenerguss – ist kein Einschnitt, der familienöffentlich gemacht wird. Mütter sehen zwar meist die Flecken auf der Bettwäsche des Sohnes, sie belassen diese sexuelle Seite seiner Pubertät aber eher im Verborgenen und setzen sich individuell damit auseinander.

Für Väter und Mütter werden Prozesse der Verarbeitung der mit der Adoleszenz des Sohnes verbundenen Themen und Problemkonstellationen – ähnlich wie auch bei der Adoleszenz von Töchtern – in starkem Maße beeinflusst vom Vorhandensein und der Qualität emotional befriedigender Beziehungen unter Erwachsenen sowie – mehrheitlich die Mütter betreffend, weil sie meist bisher die zentrale Bezugsperson waren – von der Bedeutung, die Lebensbereiche außerhalb der Beziehung zum Sohn für die eigene Selbstdefinition und das Selbstbild haben.

Wenn beides – emotional befriedigende Beziehungen unter Erwachsenen und eine positive Bestimmung der eigenen Identität auch über Lebensbereiche außerhalb der Beziehung zum Sohn – nicht vorhanden ist, kann es insbesondere für Mütter eine Verführung geben, zu versuchen, an der engen Beziehung der Kindheit des Sohnes festzuhalten und das verändernde Potenzial der Adoleszenz einzufrieren. Zugleich kann es verlockend erscheinen, den Sohn zum erwachsenen Partner zu machen und narzisstische Befriedigung aus einer damit verbundenen, den Sohn idealisierenden Paarfantasie zu beziehen. Die sichtbar werdende erwachsene Sexualität des Sohnes wird dabei nicht selten zugleich zu verleugnen – insbesondere wenn es um außerfamiliale Beziehungen geht – und für die eigenen Bedürfnisse zu vereinnahmen und damit zu ‚domestizieren' versucht.

In einigen Familien wird die entlastende Bedeutung einer emotional als befriedigend erlebten Paarbeziehung bzw. eines für die Mutter neuen und zentralen Lebensbereichs außerhalb der Familie deutlich. In einem Fall verbringen die Eltern seit der Distanzierung des Sohnes abends viel Zeit miteinander, planen neue gemeinsame Aktivitäten und können auf diese Weise der zum Teil vehementen Abgrenzung des Sohnes ein eigenes Leben entgegensetzen. In einer anderen Familie hat die Mutter eine sehr arbeits- und zeitaufwändige berufliche Weiterbildung begonnen. Indem sie sich durch Bezugnahme auf diesen für sie wichtigen neuen Bereich von den Ansprüchen ihres Sohnes an sie abgrenzen kann, gibt sie auch ihm Impulse zur Trennung von ihr. Sie schildert, dass ihr die bei den gemeinsamen Saunabesuchen unübersehbare erwachsene körperliche Männlichkeit des Sohnes die Notwendigkeit einer Abgrenzung von ihm deutlich gemacht habe. „Insofern war das gut für mich", beschreibt sie ihre Reaktion nach der anfänglichen Verwirrung über ihre Gefühle von Faszination und zugleich Peinlichkeit.

Die Adoleszenz des Sohnes konfrontiert Eltern – ebenso wie die der Tochter – auf nachdrückliche Weise mit dem Thema des Älterwerdens und der Generationendifferenz. In der gleichgeschlechtlichen Vater-Sohn-Beziehung können dadurch spezifische Probleme aktualisiert werden. Deutlich wird, dass der Sohn auf der Schwelle zu einer generativen Position steht, die die der Eltern ablösen wird (King 2004). Zugleich können durch die Adoleszenz des Sohnes eigene frühere adoleszente Wünsche und Fantasien wiederbelebt werden und – bei gleichzeitiger Konfrontation mit dem Älterwerden – eine Bilanzierung des eigenen bisherigen Lebens besonders schmerzlich machen.

Entscheidend für die Verarbeitung dieser mit der Adoleszenz des Sohnes verbundenen Problemkonstellation ist, ob Väter ihre Probleme in deutlicher Abgrenzung vom Sohn bearbeiten und eine seine Entwicklung fördernde Haltung einnehmen können, oder ob sie über den Sohn eigene Probleme zu lösen versuchen und damit seine Entfaltungsspielräume beschneiden, z.B. durch ein aggressiv-rivalisierendes Verhalten, das dem Sohn immer wieder die eigene Unterlegenheit vor Augen führt. Ein solches Muster findet sich in den Interviews nicht selten.

In allen Familien ist das für beide Seiten – Mutter und Sohn – Schmerzliche und Schwierige der Trennung deutlich, wenn ihre Beziehung bis zur Pubertät eng war und nicht durch eine ebenso nahe und vertraute Beziehung zum Vater oder zu anderen Männern ergänzt wurde. Da Erwachsenwerden unter bestehenden gesellschaftlichen Verhältnissen immer auch ein Zur-Frau- oder Zum-Mann-Werden und damit eine erneute Konfrontation mit Geschlechterbildern bedeutet, erhält der Vater als Repräsentant erwachsener Männlichkeit für Söhne in der Adoleszenz eine besondere Bedeutung. Die gemeinsamen Aktivitäten von Vater und Sohn, die mit der Pubertät an Bedeutung gewinnen, zentrieren sich primär um handwerkliche und sportliche Unternehmungen, meist mit einer deutlich rivalisierenden Komponente. Auch für Fragen der beruflichen Zukunft haben die Väter eine große Bedeutung. In keiner der Familien gab es jedoch eine zärtliche und liebevolle körperliche Nähe zwischen Vater und Sohn, ebenso wenig war der Vater Ansprechpartner bei emotional stark verunsichernden und erschütternden Problemen und Schwierigkeiten. In der Vater-Sohn-Beziehung scheinen eine liebevolle körperliche Nähe sowie Unsicherheiten, Selbstzweifel und als schmerzlich Erlebtes kaum einen Ort zu haben. Mit der Adoleszenz als lebensgeschichtlicher Phase, in der gesellschaftlich ein Zum-Mann-Werden gefordert ist, ist der Weg zurück zur emotionalen und körperlichen Vertrautheit mit der Mutter jedoch zunächst versperrt. Die mit der Beziehung zu ihr verbundenen Qualitäten müssen in Einklang gebracht werden mit dem Selbstbild und Selbstgefühl als Mann. Wenn eine entsprechende Integration nicht gelingt, müssen die mit der Beziehung zur Mutter verbundenen Seiten des Selbsterlebens abgespalten werden vom eigenen Männlichkeitsentwurf. Entsprechende Entwicklungen waren auch für die Väter kennzeichnend und sie wiederholen an ihren Söhnen selbst Erlebtes. Da sie selbst emotionale Einfühlung und körperliche Nähe wesentlich von ihren Müttern und kaum von ihren Vätern erfahren haben, ist ihnen die Einfühlung in das emotionale Erleben des Sohnes und eine liebevolle körperliche Nähe zu ihm erschwert: Unter Männern haben solche Qualitäten dann wenig Raum. Um diesen Kreisprozess zu durchbrechen, sind von beiden Seiten – Männern und Frauen – Veränderungen in den geschlechtsspezifischen Arbeitsteilungen - insbesondere wenn es um beziehungsorientierte Tätigkeiten geht – erforderlich.

IV. Resümee

Körpererfahrungen und Körpererleben sind in allen lebensgeschichtlichen Phasen eingebunden in ein komplexes Zusammenspiel von inneren und äußeren Verhältnissen, ein Zusammenspiel von Fantasien, Wünschen und Ängsten, die an Körperlichkeit gebunden sind, und Botschaften der sozialen Umgebung, die körperbezogene Wahrnehmungen und Erlebensweisen mit sozialen Bedeutungen versehen. Solche Bedeutungszuschreibungen vollziehen sich wesentlich in den Interaktionen zwischen Kindern bzw. Heranwachsenden und den wichtigen Bezugspersonen in ihrer Umgebung, insbesondere den Müttern und Vätern. Jede intensive Beziehung zu Kindern und Heranwachsenden konfrontiert Erwachsene mit eigenen im Laufe der Lebensgeschichte verdrängten Strebungen und kann eine Bedrohung psychischer Balancen durch Wiederkehr früherer Affekte, Wünsche und Ängste bedeuten (vgl. dazu Schon 1995). Insbesondere die Adoleszenz kann eine solche Labilisierung psychischer Balancen bei den Erwachsenen auslösen. Zentrale Themen in der Adoleszenz sind die erwachsene geschlechtliche Körperlichkeit und Sexualität, die Mütter und Väter noch einmal mit den eigenen entsprechenden Fantasien, Wünschen und Ängsten konfrontiert. In dieser Phase großer Verunsicherung, die nicht selten auch eingespielte Muster in der Paarbeziehung erschüttert, können – bezogen auf die Adoleszenz junger Frauen – gesellschaftliche Bilder weiblicher Körperlichkeit und Sexualität und die Weitergabe eigener früher erlebter Beschränkungen als Stabilisierungshilfen eine Rolle spielen, beides hat jedoch spezifische Funktionen im Prozess des Umgehens mit den durch die Adoleszenz der Tochter ausgelösten Gefühlen und gewinnt vor diesem Hintergrund Bedeutung. In der Tochter werden – wenn eigenes Verhalten unreflektiert bleibt – nicht selten dann noch einmal all jene Impulse und Strebungen abgewehrt, die selbst als unerträglich empfunden werden.

Auf diese Weise werden Facetten gesellschaftlicher, um weibliche Körperlichkeit und Sexualität kreisende Fantasien und Bilder in leibbezogenen Erlebensweisen der jungen Frauen verankert. Bezogen auf familiale Interaktionen besteht eine Chance für Veränderungen darin, die durch die Adoleszenz der Tochter ausgelösten Fantasien, Wünsche und Ängste nicht erneut in der Tochter abzuwehren, sondern auf eine Weise neu zu bearbeiten, die Spielräume für Umgestaltungen traditioneller Geschlechterbilder eröffnet.

Für die Adoleszenz junger Männer besteht bezogen auf entsprechende Prozesse noch großer Forschungsbedarf. Erste Ergebnisse deuten darauf hin, dass die körperlichen Veränderungen von Söhnen in Familien weniger als die der Tochter unmittelbar mit Sexualität assoziiert werden, sondern stärker mit „Männlichkeit" verknüpft sind. Das bedeutet nicht, dass Sexualität und Körperlichkeit in Familien mit adoleszenten Söhnen keine Rolle spielen. So ist bei Vätern nicht selten eine auch körperlich sich ausdrückende aggressiv-rivalisierende Komponente in der Beziehung zum Sohn feststellbar, die auf Probleme mit dem Älterwerden und entsprechendem Neid auf den Sohn hindeutet. Für Mütter kann es eine Verführung geben, sich über eine Paarfantasie mit dem Sohn narzisstisch aufzuwerten und seine Sexualität symbolisch zu binden an eigene Wünsche und Interessen. Beide Muster verweisen auf eine spezifische mit der Adoleszenz von Söhnen und Töchtern verbundene Konstellation: Nicht nur die Jugendlichen stehen vor der Anforderung, sich von den bisher wichtigen Bezugspersonen der Kindheit abzugrenzen und innerlich zu trennen, sondern ähnlich auch die Erwachsenen: Die Verführung für Eltern, ihre Söhne und Töchter für die Lösung eigener Probleme zu funktionalisieren, wird dann geringer sein, wenn die Adoleszenz der Jugendlichen zugleich zum Anlass für eine Neugestaltung des eigenen Lebens jenseits mütterlicher und väterlicher Funktionen wird.

Literatur

Flaake, K. (2001): Körper, Sexualität und Geschlecht. Studien zur Adoleszenz junger Frauen. Gießen.

Flaake, K. (2005): Junge Männer, Adoleszenz und Familienbeziehungen. In: King, V./ Flaake, K. (Hrsg.): Männliche Adoleszenz. Sozialisation und Bildungsprozesse zwischen Kindheit und Erwachsensein. Frankfurt a. M./New York, S. 99–120.

Flaake, K./King, V. (2003): Weibliche Adoleszenz. Zur Sozialisation junger Frauen. Frankfurt/M./New York.

Hering, S./Maierhof, G. (1991): Die unpässliche Frau: Sozialgeschichte der Menstruation und Hygiene von 1860 bis 1985. Pfaffenweiler.

Hohage, K. (1998): Menstruation: Eine explorative Studie zu Geschichte und Bedeutung eines Tabus. Hamburg.

Kaplan, L. J. (1988): Abschied von der Kindheit. Eine Studie über die Adoleszenz. Stuttgart.

King, V. (2002): Die Entstehung des Neuen in der Adoleszenz. Transformationen der Jugendphase in Generationen- und Geschlechterverhältnissen in modernisierten Gesellschaften. Opladen.

Rohde-Dachser, Ch. (1991): Expedition in den dunklen Kontinent. Weiblichkeit im Diskurs der Psychoanalyse. Berlin, Heidelberg, New York.

Schon, L. (1995): Entwicklung des Beziehungsdreiecks Vater-Mutter-Kind. Stuttgart, Berlin, Köln.

Waldeck, R. (1988): Der rote Fleck im dunklen Kontinent. In: Zeitschrift für Sexualforschung 1 und 2, S. 189–205; S. 337–350.

Lothar Böhnisch/Wolfgang Schröer

Kapitel 2: Erziehungsverhältnisse im Lebenslauf

Familiale Erziehungsverhältnisse konstituieren sich im Verlauf von Kindheit, Jugend und jungem Erwachsenenalter in einem Verlaufsbogen, der durch die Spannungsverhältnisse von Bindung und Ablösung, Erziehung und Eigenleben, dem generationalen Konflikt, der Sorge und der biographischen Begleitung phasenspezifisch wie geschlechtsdifferent gekennzeichnet ist. Kindheit, Jugend und junges Erwachsenenalter, also die Zeitspanne von 0-30 Jahren, bezeichnen jene Entwicklung- und Bewältigungszeiten im Lebenslauf, in denen die Kinder, Jugendlichen und immer noch ein Teil der jungen Erwachsenen von ihrer Herkunftsfamilie abhängig sind, wobei diese Abhängigkeit von den Eltern unterschiedlich strukturiert und dimensioniert ist.

Vor dem Hintergrund des Lebenslaufs können diese unterschiedlichen Dimensionen aufgeschlossen und aufeinander bezogen werden. Mit dem Begriff Lebenslauf ist ein sozialwissenschaftliches Konzept bezeichnet, das die gesellschaftliche Ordnung der Lebenszeit im Rahmen der Sozialstruktur und der Institutionen moderner Gesellschaft beschreibt und das Programm umfasst, das Gesellschaften für den Ablauf des einzelnen Lebens bereithalten. Es strukturiert und ermöglicht Spielräume und eröffnet so ‚Biografizität' als Chance, das eigene Leben zu gestalten. Das moderne Lebenslaufregime führt die Bereiche der Erwerbsarbeit und der Familie als Formen der ökonomischen und sozialen Reproduktion des Lebens zusammen. Die Institutionalisierung des Lebenslaufs zeigt sich in Gesetzen wie z.B. in der Regelung der Schulpflicht, des Arbeitslebens und des Ruhestands. Sie drückt sich aus in Regulativen von Institutionen und Organisationen, welche Karrieren, wie z.B. die Bildungskarriere, beeinflussen. Lebensverläufe sind geschlechtsdifferent, nach dem System der Arbeitsteilung der Geschlechter strukturiert, und die unterschiedlichen Altersgruppen sind durch das Generationenprinzip aufeinander bezogen (vgl. Liebau 1997). Lebensläufe sind nicht starr, sie verändern sich im gesellschaftlichen Wandel. So hat der anhaltende Strukturwandel der Arbeitsgesellschaft in der Folge von Rationalisierungs- und Globalisierungsprozessen, die damit verbundene Entgrenzung der Bildung („Lebenslanges Lernen") und nicht zuletzt der demografische Wandel mit seiner Verschiebung der Altersstruktur dazu geführt, dass die Selbstverständlichkeit und Erwartbarkeit eines durchschnittlichen Lebenslaufs (Normalbiografie in der Sicherheit eines Normalarbeitsverhältnis) erodiert ist. Da aber dabei die bisherigen Grundstrukturen des Lebenslaufregimes auch in dem postmodernen Industriegesellschaften weitgehend erhalten bleiben, bietet sich an, von einer Spannung von Strukturierung und Entgrenzung mit neuartigen Bewältigungsherausforderungen zu sprechen. Die gesellschaftliche Ordnung des Lebenslaufs und die gestiegenen Anforderungen an die individuelle Lebensbewältigung stehen in einem Spannungsverhältnis zueinander.

Diese Gesamtbetrachtung des Lebenslaufs ist auch dann notwendig, wenn nur die ersten Phasen der Erziehung und Bildung und des Übergangs in die Arbeitswelt betrachtet werden, denn der Strukturwandel der Arbeitsgesellschaft, der vor allem durch die Erosion des Normalarbeitsverhältnisses als tragende Säule industriegesellschaftlicher Lebensläufe und die Entgrenzung der Geschlechterverhältnisse gekennzeichnet ist, wirkt auf die Erziehungsverhältnisse in Familie und Kindheit genauso zurück wie auf Entwicklungs- und Lebensverhältnisse Jugendlicher und natürlich auf den Übergang in die Arbeit, den junge Erwachsene zu bewältigen haben.

Im Folgenden sollen nun die unterschiedlichen Dimensionen herausgearbeitet werden, welche die Erziehungsverhältnisse im ersten Drittel des Lebensverlaufs strukturieren, also gleichsam das Magnetfeld, in dem Erziehung sich bewegt und in dem sich erzieherisches Handeln zwischen Bewältigung und Gestaltung entfaltet. In diesem Zusammenhang sind es vor allem vier Grunddimensionen, die das Lebenslaufregime der frühen bis jungen Jahre des Lebens kennzeichnen und in denen sich die Rolle der Herkunftsfamilie darstellen lässt:

- Die Lebensalter Kindheit, Jugend und junge Erwachsene nicht nur als personale Entwicklungsphasen, sondern vor allem auch als gesellschaftliche Konstruktionen aufgefasst;
- Das Geschlechterverhältnis und die darin angelegten Bedingungen des Mann- und Frauwerdens;
- Die generationale Ordnung als Kontext altersgruppenverbindender Erziehungs- und Sorgeverhältnisse;
- Die institutionellen Abfolgen des Hineinwachsens in die Gesellschaft über Bildung, Ausbildung und den Übergang in die Erwerbsarbeit.

Es ist offensichtlich, dass in diesen Grunddimensionen jeweils auch Vermittlungskonstrukte zwischen Subjekt und Gesellschaft enthalten sind – Lebensalter, Generation, Geschlecht, Bildung –, die Erziehungsverhältnisse also in den Prozess der Vergesellschaftung des Individuums eingebunden sind, sowie es ja auch im Begriff des Lebenslaufs bezeichnet ist. Insofern wird die Thematisierung der Erziehung und Begleitung von Kindern, Jugendlichen und jungen Erwachsenen im Lebenslauf durch die Familie in den weiterreichenden Rahmen von *Sozialisation* gestellt. Mit diesem Begriff ist allgemein die Entwicklung der Persönlichkeit in ihrer Auseinandersetzung mit der gesellschaftlichen Umwelt und darin mit sich selbst bezeichnet (vgl. Hurrelmann 2000; Grundmann 2006).

I. Kinder, Jugendliche und junge Erwachsene – die Lebensalter als gesellschaftliche Konstrukte und individuelle Bewältigungskontexte

Familie, Kindheit und Jugend sind – betrachtet man die neuere „Sozialgeschichte des Aufwachsens“ (Fend 1988) – gesellschaftliche Konstrukte, die sich erst in der Moderne und ihrer Logik der ökonomischen und sozialen Arbeitsteilung ausdifferenziert haben. In dem Maße, in dem dieses moderne Entwicklungsmodell seine Selbstverständlichkeit und Zukunftsgewissheit eingebüßt hat, kann davon ausgegangen werden, dass auch Familie, Kindheit und Jugend einem Wandel unterworfen sind, der auch für die Erziehungsverhältnisse nicht ohne Folgen bleibt.

Die Kindheit, sowie wie wir sie heute kennen, ist erst im Übergang von der vorindustriellen zur industriellen Gesellschaft als eigene Lebensphase thematisiert worden (vgl. Ariés 1975). Die gesellschaftliche Anerkennung von Kindheit und ihr erzieherisches Verstehen sind in der Entwicklung der Moderne ineinander übergangen. Damit wurde auf der einen Seite den Kindern ein eigener Kinderraum ermöglicht, indem sie ihr Eigenleben entfalten konnten, gleichzeitig wurde dieses Eigenleben wieder zu einer speziellen und in der Moderne weiter intensivierten Kindererziehung relativiert und pädagogisch transformiert. Diese Spannung von Erziehung und Eigenleben bildet also die historisch-soziologische Grundstruktur des modernen Kindesalters. War dieses Spannungsverhältnis bis in das 20. Jahrhundert hinein vor allem familial bestimmt, so sind es inzwischen die Prozesse der Medialisierung und Rationalisierung durch Fernsehen, Konsum und Schule, welche die traditionelle familiäre familiengeprägte Kindheit und damit die Familie in ihrer Sozialisationsfunktion verändert haben (vgl. Böhnisch/Lenz 1999). Wahl (1989) spricht in diesem Zusammenhang nicht von einem Funktionsverlust, sondern einem Funktionswandel der Familie: Sie nehme mehr denn je emotionale Beziehungs- und Geborgenheitsfunktionen wahr, auch wenn die Kinder sich früh nach außen über Konsum, Schule und Medien orientieren. Medien strukturieren inzwischen nicht nur den Alltag von Kindern, die Medien- und Konsumindustrie sind auch „zu neuartigen Kontrolleuren von Kindern und Jugendlichen geworden“ (Charlton/Neumann-Braun 1992, S. 110). Kinder sind für Medien besonders aufgeschlossen, da sie – mehr als die Erwachsenen, die in Rollen eingebunden sind – über räumliches Aneignungsverhalten lernen. Virtuelle Räume ergänzen, aber ersetzen auch die territorial-körperlich erfahrenen Räume. Kinder lernen früh, solche Räume miteinander zu verknüpfen. Kinderkulturen entwickeln sich in diesem Sinne zwischen unterschiedlichen Welten, deren Grenzen für sie und ihre Familien oft nicht mehr überblickbar sind. „Die heutige Alltagswelt der Kinder ist geprägt durch das Nebeneinander und Gegeneinander, die Brüche und Widersprüche zwischen gemachter Kinderwelt und nicht für Kinder spezialisierten Teilen der kindlichen Umwelt, zwischen den Rollen der Kinder als Hauptperson und als Randfigur“ (Zeiher/Zeiher 1994, S. 77). Vor diesem Hintergrund kann auch die Erziehungs- bzw. im weiteren Sinne die Sozialisationsfunktion der Familie neu gewichtet werden: „In manchen Teilen der Gesellschaft scheint der direkte Sozialisationseinfluss durch die Familie langsam einem indirekten Sozialisationseinfluss Platz zu machen. Die Familie wird zur Relais-Station in der die unterschiedlichen Einflüsse, die von den Sozialisationsinstanzen ausgehen, geklärt und biografisch zugeordnet werden. Dabei werden die Kinder von den Familien – im Sinne der Entwicklung zur „Aushandlungsfamilie“ – als eigenständige Akteure gesehen, die nicht nur familial abgeleitete, sondern genauso eigene Interessen zeigen. Auch die sozialwissenschaftliche Kindheitsforschung hat in den 1980er und 1990er Jahren das Kind als Akteur entdeckt, die Hülle der pädagogischen Kindheit durchbrochen. In diesem Zusammenhang kann man von einer Entgrenzung der traditionellen Erziehungskindheit, des Kindheitsmoratoriums (vgl. dazu Zinnecker 2000) sprechen. Seit dem das Kind als „kompetenter Akteur“ (vgl. Alanen 1988) thematisiert wird, ist das herkömmliche pädagogische Kindheitskonzept dahingehend in die Kritik geraten, dass es Kindheit in eine generationale Ordnung einpasse und dabei von der Grundmatrix eine Differenz von Kindern und Erwachsenen ausgehe, in der die Kinder lediglich als Noch-nicht-Erwachsene von ihrem Erwachsenenwerden und nicht von ihrem aktuellen und empirischen Kindsein her gesehen würden. Kindheit werde so auf ein Entwicklungsalter verengt, die Erfahrung der Kinder bleibe gesellschaftlich unberücksichtigt. Kinder wüchsen nicht in die Gesellschaft hinein, wie dies vor allem die entwicklungspsychologische ausgerichtete Sozialisationsforschung suggeriere, sondern seien von Anfang an in der Gesellschaft. An ihnen bildeten sich gesellschaftliche Probleme wie z.B. Probleme der sozialen Ungleichheit, des Geschlechterverhältnisses und der Migrationskonflikte in einer besonderen Weise ab. Von Seiten der Pädagogik wiederum wurde der Begriff des „kompetenten Akteurs" kritisch geprüft und darauf verwiesen, dass gesellschaftliche Handlungsfähigkeit ja erst im Verlaufe der Entwicklung und Erziehung gewonnen werden müsse und dass die leibseelischen Entwicklungen und Reifungsprozesse bis zum Abschluss der Pubertät nicht durch Kompetenzsetzungen ohne Bezug außer Kraft gesetzt werden können (vgl. Göppel 1997). Es handle sich daher lediglich um einen „konzeptuellen" Kompetenzbegriff, der das Angewiesensein des Kindes auf existenzielle familiale und gesellschaftliche Unterstützungs- und Förderungssysteme verwische (vgl. Thorne 1987). Auch der „kindliche Akteur" sei ein Entwurf Erwachsener und dies mache doch deutlich, dass Kindheit kein autonomes, sondern ein relationales Konstrukt darstelle. Außerdem stütze der Verweis auf die Empirie der Kindheit das soziologische Argument vom Eigenleben der Kinder nur bedingt: Kinder erlebten sich gegenüber den „großen" Erwachsenen hierarchisch und dies reiche doch tief in ihre Lebenswelt hinein, auch wenn sie durchaus „eigene Ansichten zum Familienleben vertreten und aktive Akteure sind, die das Leben in der Familie versehen, darüber nachdenken und dazu beitragen" (Brannen 2004, S. 34). Die Einführung der Kompetenz- und Akteursperspektive in den pädagogischen Kindheitsdiskurs bleibt also einseitig, wenn sie die Spannung übergeht, in der diese Perspektive der Eigenständigkeit zu der Frage der Machtverhältnisse steht, denen Kinder besonders ausgesetzt sind. Schon in der Debatte um das Kind als kompetenten Akteur wurde auch darauf hingewiesen, dass Kinder soziale Ungleichheit in besonderer Weise reproduzieren. Dies wird besonders im Problem der Kinderarmut (vgl. Butterwegge/Klundt/Belke-Zeng 2005) deutlich: Kinder haben nicht nur „innerhalb der Familie eine schlechtere Wohlfahrtsposition als die übrigen Familienmitglieder" (Joos 2001, S. 221), arme Kinder erfahren auch spezifische Anerkennungsverluste und Selbstwerteinbußen über ihre Gleichaltrigenwelt. Magdalena Joos sieht deshalb im „Konstitutionsprozess von kindlicher Wohlfahrt eine wesentliche Differenz zwischen Kindern und Erwachsenen. Sie geht davon aus, dass Vergleiche mit anderen Personen den Bewertungsprozess der Kinder stärker beeinflussen als bei Erwachsenen, da eigene Bewertungsstandards bei Kindern noch nicht so stark ausgeprägt sind" (ebd., S. 220).

Auch das Lebensalter *Jugend* ist ein Produkt der modernen Industriegesellschaft, eine gesellschaftliche Konstruktion. Junge Menschen gab es zwar zu allen Zeiten, aber die massenhafte Erscheinung der Jugend als gesellschaftlich eingerichtete Lebensphase zum Zwecke des Lernens, der Qualifikation und damit der Reproduktion der arbeitsteiligen Gesellschaft ist ein modernes Phänomen. In der vorindustriellen Zeit kamen nur wenige aus der gesellschaftlichen Elite des Adels und des Klerus in den Genuss dieser Jugend, das heißt der Chance, nach der Kindheit nicht gleich arbeiten zu müssen, sondern eine Bildungsphase durchlaufen zu können. In der Geschichte der Pädagogik kursiert die bezeichnende Metapher, die beiden wichtigsten

Erfindungen der industriellen Moderne seien die Dampfmaschine und die Jugend gewesen (Musgrove 1964). Dabei ist unschwer zu erkennen: die Dampfmaschine steht für technologischen Fortschritt, die Jugend für Qualifikation und Humankapital. Beide Größen – Investivkapital und Humankapital – machen in ihrem Zusammenwirken bis heute den industriellen Prozess aus. Aus dem Blickwinkel der industriellen Arbeitsteilung stellt sich demnach Jugend als gesellschaftlicher Mechanismus von Separation und Integration dar: Die jungen Menschen werden – ausnahmslos – nach der mittleren Kindheit und Arbeitsprozess suspendiert, damit sie in einem Schon- und Experimentierraum (Moratorium) sich lernend auf die spätere Eingliederung (Integration) in die Gesellschaft vorbereiten können. Integration durch Separation heißt also bis heute – vor allem auch angesichts der Verlängerung der Bildungsprozesse – die jugendsoziologische Grundformel (vgl. Zinnecker 2003).

Diese gesellschaftliche Konstruktionsformel von Jugend hat in Folge von Entgrenzungstendenzen ihre Stimmigkeit eingebüßt. Es wird inzwischen von einer Entgrenzung der Jugend gesprochen (vgl. Schröer 2004). Der weithin verwendete Begriff der Entstrukturierung (vgl. Olk 1985) reicht an die Tragweite dieses Prozesses nicht heran, sondern besagt nur, dass sich das herkömmliche Jugendmodell pluralisiert und vielfach zeitlich verschoben hat. Indem Jugendliche aber heute aus ihrem beschützten Entwicklungsraum herausgelöst werden, geraten sie früh in eine Generationenkonkurrenz, auf die sie nicht vorbereitet sind. So werden sie mit sozialen Problemen konfrontiert, von denen sie eigentlich im traditionellen jugendpädagogischen Modell des Moratoriums ferngehalten werden sollten. In ihrer pubertären Unbefangenheit überblicken sie diese Belastungen oft nicht und gehen unbefangen damit um. Das Experimentier- und Risikoverhalten, das der Eigenart des Jugendalters als Lebensphase „potentielle Devianz“ gesellschaftlich bisher zugebilligt wurde, hat darum heute bei nicht wenigen Jugendlichen die jugendkulturelle Schwelle übersprungen und ist in soziale Risikozonen geraten. „Die entgrenzte Arbeitswelt, das entgrenzte Lernen und die sich entgrenzenden privaten Lebensführungen greifen als Entwicklungsaufgaben ineinander. Die Übergänge ins Erwachsenenalter werden für viele nicht nur länger, unstrukturierter und unsicherer, sondern werden auch individuell folgenreicher. Der bisher zeitlich eng begrenzte soziale Freiraum, in dem man sich austoben konnte, bevor man in den Arbeitsalltag eintrat, löst sich auf“ (Kirchhöfer 2004, S. 17). Das Jugendalter nimmt von da aus gesehen nicht mehr die eher traditionell zugeschobene Schlüsselstellung in der Identitätsbildung im Lebenslauf ein (vgl. Keupp u. a. 2002).

Mit der Entgrenzung der Jugend setzt auch die nachhaltige Entgrenzung des Lebenslaufs ein. Traditionelle Grundlage des Modells vom institutionalisierten Lebenslauf war, dass der Mensch in seinem Leben Entwicklungsstufen durchläuft und abschließt und auf diesen aufbauend sich in einer neuen Entwicklungsphase entfaltet (vgl. Havighurst 1951, Oerter 1992). Das Modell basiert somit auf der strukturellen Voraussetzung, dass in den modernen Gesellschaften den Lebensaltern unterschiedliche gesellschaftliche Erwartungen zugeordnet werden können, die die Funktionserfordernisse der Lebensphasen für den industriekapitalistischen Modernisierungsprozess widerspiegeln: Entwicklung in der Kindheit und frühen Jugend, Qualifikation in der mittleren und späteren Jugendphase bis hinein in die junge Erwachsenenzeit (Erwerbstätigkeit im Erwachsenenalter, Entberuflichung im Alter). Diese

Ablaufsstruktur des institutionalisierten Lebenslaufs wurde im 20. Jahrhundert zu der Grundstruktur, an der sich die Erziehungs- und Bildungsprozesse orientierten. Derzeit zeigt sich aber insbesondere an den Übergängen zwischen den einzelnen Phasen des institutionalisierten Lebenslaufs, dass dieses Modell nicht mehr die Sozialisationsverläufe der jungen Menschen umfasst. Biographische Herausforderungen werden verstärkt auf die Übergänge zwischen den einzelnen Statuspassagen verschoben. Gleichzeitig macht eine Analyse dieser Übergänge z.B. von der Schule in die Ausbildung oder von der Ausbildung in den Beruf deutlich, dass die hier auftretenden Problemlagen nur unter hohem Aufwand und mit zweifelhaftem Erfolg nach traditionellen Mustern institutionell eingeholt werden können. (vgl. Arnold 2002). In der Jugendphase bilden sich also schon die „Erosionsprozesse des modernen Lebenszeitregimes“ ab (Lenz 1998, S. 58). Damit sind auch Jugendliche in ein anderes Verhältnis zu ihrer Herkunftsfamilie getreten. Der hierarchisch geprägte Generationenkonflikt früherer Jahre ist längst verblasst, Eltern und Jugendliche teilen oft inzwischen ähnliche Bewältigungserfahrungen, wenn es um die berufliche und soziale Integration geht. Erziehungsverhältnisse sind zu Sorgeverhältnissen geworden, und Bindung und Ablösung, Autonomie und Abhängigkeit im Eltern-Jugendlichen-Verhältnis lösen sich wechselseitig ab oder gehen ineinander über (vgl. ausf. den Abschnitt Generationenverhältnisse).

II. Das junge Erwachsenenalter

Die Entgrenzung der Jugend äußert sich heute nicht nur darin, dass viele Jugendliche schon zu einer Zeit mit sozialen Bewältigungsproblemen konfrontiert werden, zu der sie noch unbefangen jugendkulturell experimentieren können sollten, sondern vor allem auch darin, dass die Übergänge in den Erwachsenenstatus für viele nicht mehr übersehbar und kalkulierbar sind. Aus der früher geordneten Statuspassage bei erwartbarer sozialer Integrations- und erreichbarer Berufsperspektive ist ein kontingenter Bewältigungsraum geworden, in dem Entwicklungs- und Identitätsprobleme erneut freigesetzt werden, so dass die Jugendzeit für manche 25jährigen immer noch nicht abgeschlossen scheint, obwohl sie doch vom statistischen Lebensalter her längst vorbei ist. Dabei handelt es sich aber weniger um eine Verlängerung der Jugendphase, welche diese Zeit des jungen Erwachsenenseins zwischen 18 und 28 konstituiert, sondern um die Entgrenzung des Statusübergangs, der für einen großen Teil der jungen Leute heute gleichermaßen risikohaft wie experimentell offen ist. Dabei wirkt ein Freisetzungsparadox, das hauptsächlich von den ambivalenten Anforderungen der neuen Ökonomie herrührt. Jungen Leuten wird zwar abverlangt, dass sie früh und zielgerichtet (auf den Punkt) ihre Ausbildung abschließen; ob sie damit auch mittel- und langfristig biografisch abgesichert sind, bleibt im Ungewissen, ist ihnen privat überlassen. Instrumentelle Berufsqualifikation und biografische Lebensperspektive sind deshalb für viele erst nach der Jugendzeit zusammenbringbar. Die Lebenszeit der jungen Erwachsenen wird so zur Schlüsselphase der biografischen Suche nach personaler Identität und sozialer Integration. Bis zur Hälfte der Altersgruppe der 18–25jährigen ist in der EU noch oder wieder in der Ausbildung. In dieser Gruppe ist auch die Zahl der Arbeitslosen und der Sozialhilfeempfänger in den letzten Jahren signifikant, weil überproportional angestiegen. Aber auch die jungen Erwachsenen, die den gesellschaftlich durchschnittlichen Einkommens- und eventuell Familienstatus schon erreicht haben, sind mehr als früher dem Strukturwandel der Arbeitsgesellschaft ausgesetzt, dem Druck der ökonomisch-technologisch induzierten Durchsetzungs- und Verdrängungskultur unterworfen. Junge Männer und Frauen suchen in dieser Phase oft wieder die emotionale und nicht nur ökonomische Stützung durch die Eltern (vgl. Menz 2007). Ging man bisher in der Sozialisationsforschung weitgehend davon aus, dass in diesem „Nachjugendalter" die Identitätsfindung weitgehend abgeschlossen sei und nun die „Rollenarbeit" beginne, wird heute deutlich, dass beides – Identitäts- und Rollenarbeit in dieser Lebensphase immer wieder zusammenfallen. Es hängt dabei vor allem vom biografischen Vermögen und der Verfügung über familiale und außerfamiliale Netzwerke ab, ob und wie es den jungen Leuten gelingen kann, in diese offenen Übergänge eine Struktur zu bringen. Tendenzen der sozialen Isolation, aber auch der soziale Drang zur Selbstinszenierung gehen nebeneinander her, zumal diese Lebensphase einen hohen Anteil an Singles aufweist. In den unterschiedlichen Inszenierungen von Körperlichkeit werden Muster der Lebensführung gesucht: „Neue Bilder von jungen Männern und Frauen haben hier zwar eine gewisse Variationsbreite geschaffen, dennoch können sie junge Frauen und Männer leichter unter Druck bringen: So bieten die neuen Frauenbilder genauso die Befreiung von alten Körperdiktaten – die einen beschränkten Bewegungsradius, eine Zurücknahme im Körperausdruck vorsahen, wie sie neue Körperdiktate aufstellen. [...] Die Vorgaben der neuen Bilder junger Männer, die einen eher androgynen gleichzeitig jedoch wohl trainierten sportlichen Körper zeigen, sind [...] nicht einfach zu erfüllen und führen nun auch verstärkt auf den männlichen Seiten zu extremer Körperdisziplinierung: Neue Freiheiten und neue Reglementierungen liegen hier dicht beieinander" (Stauber/Walther 2002, S. 120/121). Viele der 25jährigen können heute schon auf ein buntes, eigenständiges Leben zurückblicken und sehen sich trotzdem wieder auf eine Stufe zurückversetzt, in der sich Identitäts- und Integrationsfragen neu und anders als in der Jugendzeit stellen. Schon macht das Wort von der Quarter-Life-Crisis die Runde: „Vergleichen wir doch einmal unser Leben mit dem unserer Eltern [...]. Unsere Väter arbeiteten immer noch in demselben Job, den sie nach ihrer Ausbildung oder dem Studium begonnen hatten, [...] außerdem zahlten sie bereits ihren Kredit für ein Reihenhaus oder zumindest eine Eigentumswohnung ab. Sie führten ein geregeltes Leben, um dann 15 Jahre später in die Midlife-Crisis zu stürzen [...] und wir? Wir führen mit 30 nach Außen hin zwar noch kein geregeltes Leben, doch haben wir trotzdem schon eine Menge erlebt. [...] Wir haben in unserem kurzen Leben schon mehr Jobs als unsere Eltern je haben werden, dazu Erfahrungen in unterschiedlichsten Berufsfeldern. [...]. Wir leben längst nicht mehr in der Stadt, in der wir geboren wurden, sondern haben bereits mehrere Umzüge hinter uns, vielleicht sogar einige Zeit im Ausland verbracht. Wir haben also mit 30 schon wesentlich mehr Erfahrung gemacht als unsere Eltern. Warum sollten wir dann auch nicht unsere Midlife-Crisis früher bekommen?" (Adam 2003, S. 23 f.). Mit dem Slogan der Quarter-Life-Crisis ist die Integrationsproblematik der Twentys auf einen schillernden Punkt gebracht. Integritätskrisen – als Verunsicherung, ob ich auf dem, was ich bisher in meinem Leben erreicht habe, weiter für die Zukunft aufbauen kann –

spielen angesichts der Gegenwartsbezogenheit des Jugendalters noch keine Rolle. Dass sie aber schon bei jungen Erwachsenen auftreten ist ein Indiz dafür, dass Brüche im Lebenslauf in bisher nicht gekannten Formen und Zeiten auftreten. Der Abschied von den Eltern und die Rückkehr zu ihnen gehen heute bei vielen jungen Leuten ineinander über. Aus spaltenden Generationenkonflikten sind aneinander bindende Sorgeverhältnisse geworden.

III. Generationenbeziehungen und Generationenverhältnisse

„Generationenbeziehungen lassen sich [...] als erfahrungsweltliche Gestalt von Generationenverhältnissen bestimmen. In ihnen drückt sich aus, wie Alt und Jung, Eltern und Kinder in einer Gesellschaft aufeinander bezogen sind und in ihren Handlungsbezügen eine genealogisch fundierte kollektive Identität der Zugehörigkeit befördern. Diese kommt zunächst in kulturellen Abstammungs- und Zuweisungsregeln zum Ausdruck, sowie der damit zusammenhängenden Organisation des Verwandtschaftssystems“ (Grundmann 2006, S. 122). Mit dem Begriff der *Generationenverhältnisse* wird im Kontrast zum Begriff der *Generationenbeziehungen* die Stellung der Altersgruppen zueinander in einer Gesellschaft bezeichnet. „Gäbe es nicht das gesellschaftliche Miteinander der Menschen, gäbe es nicht eine bestimmt geartete Struktur der Gesellschaft, gäbe es nicht die auf spezifisch gearteten Kontinuitäten beruhende Geschichte, so entstünde nicht das auf dem Lagerungsphänomen beruhende Gebilde des Generationenzusammenhangs, sondern nur das Geborenwerden, das Altern und das Sterben. Das *soziologische* Problem der Generationen fängt also erst dort an, wo auf die soziologische Relevanz dieser Vorgegebenheit hin abgehoben wird. Hierbei ist es die erste Aufgabe [...], den Generationenzusammenhang als besonderen Typus der sozialen Lagerung zu verstehen“ (Mannheim 1965, S. 35). Mit dieser „Generationslagerung“ verbindet sich – so Karl Mannheim – ein gemeinsames Zeitbewusstsein, das sich auf die Altersgruppen unterschiedliche Erfahrung gesellschaftlicher Entwicklung bezieht, in sich aber durchaus different und kontrovers sein kann. Die Generationseinheit der Altersgruppengleichen führt allerdings nicht dazu, dass Schichten, weltanschauliche und regionale Unterschiede bzw. Gegensätzlichkeiten aufgehoben oder nivelliert sind. Das gleiche Generationenerleben vor dem Hintergrund einer verbindenden historischen Generationslagerung diffundiert soziale Schranken, ohne sie jedoch in ihrer allgemeinen sozialökonomischen Wirksamkeit aufzuheben. Dennoch kann die Generationsmächtigkeit des gemeinsamen Zeiterlebens eine soziale Kraft ausbilden, die soziale Unterschiede biografisch zurücktreten lässt.

Generationenverhältnisse sind also gleichermaßen als privat-verwandtschaftliche wie als gesellschaftliche zu betrachten, so von einander zu unterscheiden aber genauso in der Wechselbeziehung zueinander zu sehen (vgl. Kaufmann 1997). Insofern wird der sich in den letzten Jahrzehnten vollzogene Wandel der familialen Generationenbeziehungen – vor allem als Entdramatisieren früherer Generationenkonflikte – als Ergebnisse gesellschaftlicher Wandlungsprozesse gesehen und damit auch als Strukturwandel der Erziehungsverhältnisse insgesamt gedeutet (vgl. Honig 1996). Angesichts der zunehmenden Unsicherheit arbeitsgesellschaftlicher Integration rücken die familialen Generationen wieder enger zusammen, sind neu aufeinander angewiesen (vgl. Liebau 1997). Die Kommunikation zwischen Jugendlichen, Eltern und Großeltern entwickelt sich entsprechend gleichberechtigt, ist nicht mehr hierarchisch, sondern in gesuchter Gegenseitigkeit eines „pädagogischen Sorgeverhältnisses" strukturiert. Die Figur der Sorge tritt neben die Figur der Erziehung. Indem der überkommene pädagogische Erziehungsbegriff aus dem alten Generationenverhältnis der ersten Moderne hervorgegangen sei, könne – so Jürgen Zinnecker (1997) – in einem nun strukturell gewandelten Generationenverhältnis der Sorgebegriff als pädagogischer Begriff der zweiten Moderne erkannt und eingeführt werden: „Konstitutiv für pädagogische Sorgeverhältnisse zwischen Generationen ist, das dabei die eine Seite im Generationenverhältnis für die andere eine stellvertretende Einbeziehung (Inklusion) in das gesellschaftliche System in Form eines Moratoriums übernimmt [...]. Die Pluralität der pädagogischen Verhältnisse zwischen den Generationen wird des Weiteren durch den Hinweis auf den gesamten Lebenslauf unterstrichen. Stoßrichtung ist die Auflösung der binären Kodierung Kind-Erwachsener" (Zinnecker 1997, S. 200). Der Begriff des Sorgeverhältnisses erstreckt sich nun auf die Beziehungen zwischen allen Generationen im Lebenslauf. Gerade auch das Bindungs- und das Ablösungsverhältnis von Jugendlichen zu ihren Eltern ist heute in der Tendenz durch gegenseitige Sorge geprägt. Es besteht nicht nur ein Trend zum partnerschaftlichen Verhältnis, sondern – so die Shell-Jugendstudie 2006 – ein Bild vieler Jugendlicher von ihrer Familie als sicherem sozialen Heimathafen, von dem aus sie die anderen Lebenswelten erschließen. Familien sind in den vergangenen zwei Generationen deutlich von den veränderten ökonomischen Rahmenbedingungen gezeichnet. Der ‚sozialökonomische Status' des Vaters und der Mutter entscheidet über die Spielräume der persönlichen Entfaltung der Kinder und Jugendlichen" (Jugend 2006, S. 49). Gleichzeitig hat sich der Verbleib Jugendlicher und junger Erwachsener im Elternhaus in den letzten Jahren auch im europäischen Vergleich deutlich verlängert (vgl. Walther 1996). Über zwei Drittel der jungen Erwachsenen im Alter bis zu 25 Jahren leben in Deutschland noch bei ihren Eltern. „Der relativ späte Auszug deutscher Jugendlicher aus dem Elternhaus ist insofern problematisch, als dass eine lange ökonomische und lokale Abhängigkeit der Jugendlichen von ihrer Herkunftsfamilie die Neugründung einer eigenen Familie verhindert oder verzögert" (Jugend 2000, S. 65). Dies hat auch Rückwirkungen auf den Ablösungs- und Selbstbestimmungsprozess der Eltern in ihrer eigenen Partnerschaft.

IV. Geschlechterverhältnisse als Erziehungsverhältnisse

Der Prozess der Findung der Geschlechtsidentität ist mit seinem Beginn so tief in der Familie verwurzelt und wirkt so weit reichend in den Lebenslauf hinein, dass der Anteil von Müttern und Vätern daran, wie Jungen zu Männern und Mädchen zu Frauen werden, nicht nur in den öffentlichen Diskursen überproportional hoch eingeschätzt wird. Dabei ist nirgends so deutlich wie in der Geschlechterfrage, das sich die Gesellschaft der Familie „bedient", um ihr System der geschlechtsspezifischen Arbeitsteilung personal und sozial zu reproduzieren und in die Lebenswelten zu vermitteln. Die Verschiebung der Geschlechterfrage auf das Private, Familiale ist heute in dem Ausmaß verstärkt, indem Ökonomie und Politik Erreichbarkeits- und Gleichheitsoptionen für beide Geschlechter proklamiert haben. Im Alltag, vor allem in der Öffentlichkeit, erscheinen die Geschlechterrollen nivelliert, die Lebensstile von Männern und Frauen pluralisiert. Die Gleichstellung der Geschlechter wird offiziell in allen öffentlichen Bereichen angestrebt und die neue Ökonomie sowie die Informationstechnologien kennen keine Männer und Frauen mehr, nur noch abstrakte Zugänge und Erreichbarkeiten, die scheinbar für alle geöffnet sind. Gleichzeitig wird aus vielen Befunden der Sozialforschung und der sozialpädagogischen Praxis deutlich, dass es dessen ungeachtet weiterhin Zonen geschlechtstypischer Zuordnung und Bewertung gibt, die nicht in dieses Bild passen wollen. Die Konkurrenzen auf dem Arbeitsmarkt und die Belastungen am Arbeitsplatz tragen verdeckt geschlechtsspezifische Züge. Häusliche und sexuelle Gewalt gegen Frauen und Mädchen ist ein offenes Thema in den Sozialwissenschaften und in den Medien geworden. Neu stilisierte „naturalistische“ Schlussbilder von Männlichkeit und Weiblichkeit haben in den Selbstinszenierungen bei vielen Menschen an Attraktivität gewonnen. Die heutige Gesellschaft – so scheint es – entgrenzt und nivelliert die Geschlechter im gleichen Maße, wie sie sie – vor allem in privaten und den familialen Beziehungen – wieder freisetzt und verstärkt. Insofern kann man bilanzieren, dass Geschlecht und Geschlechterverhältnis den institutionalisierten Lebenslauf zwar nicht mehr so unbedingt prägen wie zu früheren Zeiten, dass sie aber als „hidden curriculum“ weiter wirken. In den familialen Konstellationen der frühen und mittleren Kindheit liegen dabei gleichsam wichtige „Schaltstellen“ für die Entwicklung der Geschlechteridentitäten im Lebenslauf. So müssen sich Jungen – anders als Mädchen – früh aus der symbiotischen Geborgenheit mit der Mutter lösen, um die Orientierungen einer männlichen Geschlechteridentität zu finden (vgl. Benjamin 1991). Die frühkindliche „Suche“ nach männlicher Geschlechteridentität ist also zuerst durch das Bindungs-/Ablösungsverhältnis zur Mutter und dann durch das – mit ihm konkurrierende und ihn zugleich suchende – Verlangen nach dem „männlichen“ Vater (oder einer vergleichbaren männlichen Bezugsperson) bestimmt. Für viele Jungen ist es aber schwer, über den Vater – oder eine ähnlich nahe männliche Bezugsperson – jene Alltagsidentifikation zu bekommen, die er braucht, um in ein ganzheitliches – Stärken und Schwächen gleichermaßen verkörperndes – Mannsein hineinwachsen zu können. Viele Väter sind nicht nur räumlich (z.B. über die Berufsrolle), sondern oft auch „mental“ abwesend wenn sie zu Hause sind, sich aber wenig um die häusliche Beziehungsarbeit kümmern. Diese obliegt meist der Mutter, die sich dem Jungen in ihren Stärken *und* Schwächen zeigt. Die Schwächen des Vaters und seine alltäglichen Nöte des Mannseins – z.B. das Ausgesetztsein und die Verletzung im Beruf – werden dagegen für den Jungen selten sichtbar. So erhalten Jungen oft ein einseitiges Vaterbild, das durch die „starken“ Männerbilder, die sie mit zunehmendem Alter über die Medien wahrnehmen, noch verfestigt wird. Dies muss zwangsläufig zur *Idolisierung* von Männlichkeit und männlicher Stärke und zu Abwertung des Gefühlsmäßigen, Schwachen, „Weiblichen“ Fühlens führen, zumal Jungen in unserer Kultur die eigenen weiblichen Gefühlsanteile, die sie ja seit der frühkindlichen Verschmelzung mit der Mutter in sich tragen, weniger ausleben können als Mädchen (vgl. Böhnisch 2004).

Dies erweist sich aber für Mädchen nur bedingt als Vorteil. Im Kontrast zu den Jungen erhalten sie zwar in ihrer Beziehung zur Mutter in der Kindheit eher Möglichkeiten der gleichgeschlechtlichen Identifikation, erfahren aber dafür mehr restriktive und abwertende Geschlechtszuschreibungen und werden im Verhalten anders als die Jungen kontrolliert und oft mehr angehalten, auf andere Rücksicht zu nehmen, als das bei den Jungen der Fall ist. Schwierigkeiten müssen sie aushalten, dürfen Klagen und Gefühle zeigen, müssen die Konflikte mit anderen aber nicht selten mit sich selbst ausmachen. Diese Widersprüchlichkeit wird nun auf einmal kompliziert durch die neuen Mädchenbilder, die auch für Mädchen und junge Frauen Durchsetzungswillen und Problemlosigkeit signalisieren, aber ihre inneren Konflikten verdecken (vgl. Böhnisch/Funk 2002). Mädchen sind von früher Kindheit an mehr an die Familie gebunden und es wird von ihnen erwartet, dass sie diese Bindung gestalten. Mädchen selbst nehmen die geschlechtstypischen Zuweisungen und die mehr nach innen gerichtete Erziehung zunehmend und in neuer Qualität spätestens in der Pubertät – im Alter von 12–17 Jahren – wahr. Während die Jungen in diesem Alter nach männlicher Geschlechteridentität in einer Kultur des Risikoverhaltens suchen, müssen sich die Mädchen mit der weiblichen Geschlechteridentität, die ihnen in der Kindheit eher offen und harmonisch erscheinen konnte, nun in dem Maße auseinandersetzen, als diese gesellschaftlich-kulturell als problematisch definiert wird (vgl. Hellferich 1994). Dies spiegelt sich meist in den Mütter-Töchter-Konflikten in der Zeit der Pubertät. Die Auseinandersetzung gelingt den Mädchen je nach den biographischen Möglichkeiten, die Familie und soziale Umwelt bieten, unterschiedlich. Dabei spielt nicht nur die materielle Lage der Familie eine Rolle, sondern auch die Frage, inwieweit Mädchen kulturelle Spielräume des Aufwachsens erhalten und ob sie weiter durch zweideutige Geschlechterzumutungen seitens der Eltern und der sozialen Umwelt blockiert werden. Bei den Jungen wiederum können auch die Eltern einiges dazu beitragen, dass die in der Struktur männlicher Sozialisation liegende Problematik der Idolisierung des Männlichen und Abwertung des Weiblichen entschärft und psychosozial produktiv gewendet werden kann. So ist es gerade in der Kindheit für den Jungen wichtig, eine Mutter zu erleben, die sowohl dem Vater als auch dem Jungen gegenüber anerkannte Selbstständigkeit über die Familie hinaus verkörpert und damit signalisiert, dass sie dem Jungen auch *soziale* Rollevorbilder anbieten kann. Neuere Väterstudien zeigen, dass sich eine höhere Beziehungs- und damit alltägliche Vorbildqualität entwickeln kann, wenn Väter zeitlich und emotional intensiver in der Sphäre der Familie auftauchen (vgl. Fthenakis 1999).

Freilich braucht es dazu auch gesellschaftliche Vorgaben der Anerkennung und Förderung männlicher Hausarbeit und einer frühkindlichen Vaterrolle. Spätestens in den Übergängen von Familie und Schule in die Arbeitswelt zeigt sich, ob und wie Jungen gelernt haben, welche biografischen Chancen sie hatten, mit ihrem Mannwerden und Frauwerden umzugehen. Denn in der Geschlechterkonkurrenz der Arbeitswelt besteht weiter die Tendenz, dass Idolisierung des starken Männlichen und Abwertung des schwachen Weiblichen genauso wieder freigesetzt werden wie die Zumutungen an Frauen, sich zurückzunehmen und das Problem der Vereinbarkeit zwischen Familie und Beruf allein zu bewältigen (vgl. dazu Wimbauer 2000; Kreher 2007).

V. Familiale Unterstützung im Lebenslauf

Vor allem im ersten Drittel des Lebenslaufs sind die Entwicklung zur Persönlichkeit und das Hineinwachsen in die Gesellschaft von Kindern und Jugendlichen mehr oder minder intensiv von der Begleitung durch die Herkunftsfamilie geprägt. Die Leistungen der Familien bestehen dabei weniger in der Vermittlung von Einzelkompetenzen, sondern in der emotionalen Kontextualisierung des Aufwachsens von Kindern und Jugendlichen. Die besondere Bedeutung liegt im Kindesalter im Stiften des Urvertrauens, dem Gefühl von Geborgenheit und in der Vermittlung von sozialen Basiskompetenzen. Aber nicht nur die bewussten Erziehungshandlungen wirken auf das Kind ein. Auch das alltägliche Miteinander in der Familie beeinflusst die Kinder nachhaltig. In der Familie wird eine spezifische Moralität eines Menschen geprägt: Die Einstellung zu den Mitmenschen, das Verhältnis von Solidaritätsbereitschaft und Gewissenhaftigkeit, als Fähigkeit, sich zu verpflichten und Selbstverpflichtungen einzuhalten. Wesentliche Teile dieser Erziehungsarbeit, welche die Familie beständig erbringt, sind eingebettet in eine Vielfalt anderer Tätigkeiten. Familie übt also nicht eine spezifische Tätigkeit aus; charakteristisch ist vielmehr das zeitliche Nebeneinander unterschiedlicher Leistungen. „Erziehungseinstellungen und […] tatsächliche Erziehungshandlungen der Eltern [sind] das Ergebnis von Komplexen miteinander verbundenen Aktivitäten aller Familienmitglieder" (Engel/Hurrelmann 1989, S. 481).

Bei der Analyse der Rolle der Familie im Lebenslauf muss immer berücksichtigt werden, dass die Familie eine (meist) blutsverwandte Intimgruppe ist, in der entsprechend emotionale Beziehungen vorherrschen, die im Kontrast oder gar Gegensatz stehen zum rationalen Rollen- und Institutionensystem der Gesellschaft, das auch unabhängig von den konkreten Personen weiter existiert. Gerade die Psychoanalyse hat hinreichend erläutert, dass der Übergang von der intimen Familie in die Vertragskultur der Gesellschaft keine Fortsetzung des Familialen ist, sondern einen qualitativen Sprung bedeutet. Familiale Konflikte werden immer in intimer Betroffenheit bewältigt. Es überwiegen die tiefenpsychischen strukturierten Bewältigungsmodi von Übertragung, Abspaltung und Schuldübernahme genauso wie Beziehungs- und Verlassensängste, Bindungsenttäuschungen und Versagenstraumata. Kinder und Jugendliche müssen Familie genauso bewältigen, wie sie an sie gebunden sind. So ist es auch der Kindergarten, der den Kindern die erste anhaltende Lockerung der bisher engen Familienbildung und einen frühen Zugang zur Gleichaltrigenkultur vermittelt: So wird in der psychoanalytisch orientierten Kinderpädagogik davon ausgegangen, „das durch Identifizierung mit den anderen Kindern, die die Kindergärtnerin in gleicher Weise lieben und von ihr geliebt sein wollen, die ersten Keime des Zusammengehörigkeitsgefühls gebildet werden" (Wolffheim 1973, S. 110). Das Kind erhält Raum, sich von der Familie auch einmal distanzieren, die Lockerung der Familienbindung erleben zu können. Die innerfamilialen triebbesetzten Bindungs- und Verlustkonstellationen, in denen das Kind steht, können entlastet werden, wenn sich das Kind im Kindergarten auch mit anderen Erwachsenen als mit Eltern identifizieren kann.

Im weiteren Lebensverlauf des Kindes wirkt die Familie vor allem auch in die Schule hinein. So lange der Übergang von der Familie zur Schule, also von primären, emotionalen zu sekundären funktional-rationalen Sozialmustern nicht abgeschlossen ist, ist diese Einwirkung massiv. Da sich der Übergang von Familie zur Schule erst im Verlauf der Grundschule (und nicht einfach beim formalen Schulübertritt) vollzieht, findet hier gleichsam eine Vermischung von Familien und Lehrerrollen statt. Die Lehrerrolle ist „durch eine Kombination von Ähnlichkeiten und Unterschieden gegenüber den Elternfiguren" charakterisiert (Parsons 1968, S. 176 f.). Da die frühe bis mittlere Kindheit in der Familie vor allem durch die Mutter geprägt ist, findet gleichsam eine Vermischung von Mutter- und Lehrerinnenrolle statt. Nicht umsonst sind Grundschullehrerpositionen überwiegend mit Frauen besetzt. Es handelt sich dabei aber nicht um eine bloße Übertragung der Mutterrolle auf die Schule, sondern um einen komplexen sekundären Identifikationsprozess, in dem sich das Kind von der familialen Mutterrolle weiter ablösen kann. Die Dominanz der Mutter im frühkindlichen Aufbau von Objektbeziehungen bleibt auch in der kindlichen Phase der Grundschule erhalten, für das Kind ist soweit die Kontinuität gewahrt. Gleichzeitig erfährt das Kind aber die Lehrerin als Statusperson und, merkt, dass sie weniger an seiner persönlichen Empfindlichkeit, sondern an seinem Schulverhalten, an seiner Rolle interessiert ist. Gleichzeitig zeigt sich aber hier ein prekäres Balancesystem im Verhältnis von Familie und Schule und es liegt an den Erzieherinnen, wie sie es schaffen, auch in Konfliktsituationen im institutionellen Rollenverhalten zu verbleiben und nicht – für das Erleben der Schüler willkürlich – in quasifamiliale Beziehungs- und Zumutungsmuster zurückzufallen. Aber auch umgekehrt entstehen für die Kinder Bewältigungsprobleme, wenn Schulprobleme in der Familie unter der Hand zu Familienproblemen werden (vgl. Ulich 1993; Melzer 1999). Im Jugendalter stehen die Ablösung von der Familie und die Suche nach sozialer Integration in gleichaltrigen Beziehungen im Mittelpunkt der psychosozialen Entwicklung. Dabei geht es längst nicht mehr um ein entweder-oder im Verhältnis der Beziehung zu Eltern und zur Gruppe der Gleichaltrigen, sondern um ein sowohl als auch. Familienbezogene und gleichaltrigenbezogene Identifikations- und Orientierungsmuster schließen sich – so der Tenor der Jugendstudien seit den 1990er Jahren – nicht mehr aus. Auch wenn die gleichaltrigenzentrierte Orientierung in der Jugend vorherrschend ist, bleibt gleichzeitig eine bemerkenswerte Nähe zu den Eltern. Schon in der Shell-Jugendstudie 1992 wurde von einer „Doppelorientierung an Eltern und Gleichaltrigen sowohl im Einstellungs- als auch im Verhaltensbereich" gesprochen, die „zeigt, dass viele Jugendliche ihr Verhältnis zu den Eltern und Gleichaltrigen gut vereinbaren können" (Oswald 1992, S. 327). In der Regel ist es dann auch so, dass die Orientierung an der Gleichaltrigenclique *und* am Elternhaus auch an der Wahrnehmung der Jugendlichen selbst durchaus miteinander vereinbar sind und nicht kollidieren. Die Beziehung zu den Eltern hat seit einiger Zeit sogar wieder an Bedeutung gewonnen (vgl. Silbereisen 1997). Es haben sich in diesem Sinne „eine Reihe von ‚lebbaren' Arrangements in den weitgehend entdramatisierten Beziehungen zwischen Eltern und Kindern" entwickelt (Ferchhof 1993, S. 126). Die Gleichaltrigengruppe ist deshalb auch nicht gegen die Eltern gerichtet. Jugendliche „können erst dann von Gleichaltrigen negativ beeinflusst werden, wenn ihr Verhältnis zu den Eltern beschädigt ist" (ebd. S. 330). Auch in den neueren Jugendstudien (vgl. zuletzt: Jugend 2006) wird dieses konfliktarme Nebeneinander von Familie und Gleichaltrigenkultur in der Tendenz bestätigt. Diese Bindung an die Familie hält auch bei jungen Erwachsenen heute im Übergang in die Arbeitsgesellschaft in dem Maße an, indem sich diese Übergänge verlängert und entgrenzt haben. „Die Wiederkehr von Familie steht im Zusammenhang mit Prozessen der Intensivierung und Flexibilisierung der Arbeitsverhältnisse. […] der sich längst nicht mehr reibungslos vollziehende Übergang in Arbeit stellt die Beziehung zwischen jungen Erwachsenen und Eltern quasi dauerhaft auf die Probe. […] Aus Sicht der Familie wird das familiale Zusammenleben grundsätzlich herausgefordert, aus Sicht der jungen Menschen geht es darum, sich auf die ‚eigenen Beine' zu stellen" (Menz 2007, S. 215). Eltern werden auf einmal wieder zu Bewältigungsvorbildern, lebbare Balancen werden gesucht, gleichzeitig bleiben Konflikte latent. Der generationale Zusammenhang verschiebt sich von einer Ablösungs- in eine Übergangslage, die fragil bleibt (vgl. Lenz 2003, Lange u. a. 2004). Die Familie als lebenslaufprägender Sorgezusammenhang erhält im Strukturwandel der Arbeitsgesellschaft eine neue, wenn gleich – wenn man die Vermischung von Bindung und Ablösung betrachtet – ambivalente Bedeutung.

Literatur

Adam, B. (2003): Quarterlife Crisis. Jung, erfolgreich, orientierungslos. Kreuzlingen-München.

Alanen, L. (1988): Rethinking Childhood. In Acta Sociologica 31, S. 53–67

Ariès, P. (1975): Geschichte der Kindheit. München und Wien.

Arnold, H. (2002): Ausbildung, Arbeit und Beschäftigung. In: Schröer, W./Struck, N./Wolff, M. (Hrsg.): Handbuch Kinder- und Jugendhilfe. Weinheim und München.

Benjamin, J. (1991): Die Fesseln der Liebe. Frankfurt a. M.

Böhnisch, L. (2004): Männliche Sozialisation. Weinheim und München.

Böhnisch, L./Funk, H. (2002): Soziale Arbeit und Geschlecht. Weinheim und München.

Böhnisch, L./Lenz, K. (Hrsg.) (1999): Familien. Weinheim und München.

Brannen, J. (2003): Familienleben aus kindlicher Sicht. In: Diskurs, H. 3.

Butterwegge, C./Klundt, M./Belke-Zeng, M. (2005): Kinderarmut in Ost- und Westdeutschland. Wiesbaden.

Charlton, M./Neumann-Braun, K. (1992): Medienkindheit, Medienjugend. München.

Engel, U./Hurrelmann, K. (1989): Psychosoziale Belastungen im Jugendalter. Berlin/New York.

Fend, H. (1988): Sozialgeschichte des Aufwachsens. Frankfurt a. M.

Ferchhof, W. (1993): Jugend an der Wende des 20. Jahrhunderts. Opladen.

Fthenakis, W. (1999): Engagierte Vaterschaft. Opladen.

Galuske, M. (1993): Das Orientierungsdilemma. Bielefeld.

Göppel, R. (1997): Kinder als kleine Erwachsene. In: Neue Sammlung, H. 2.

Grundmann, M. (2006): Sozialisation. Konstanz.

Havighurst, R. J. (1951): Developmental Tasks and Education. New York.

Helfferich, C. (1994): Jugend, Körper, Geschlecht.

Honig, M. S. (1996): Wem gehört das Kind? Kindheit als generationale Ordnung. In: Liebau, E./Wulf, C. (Hrsg.): Generation. Weinheim.

Hurrelmann, K. (2000): Einführung in die Sozialisationstheorie. Weinheim und Basel.

Joos, M. (2001): Die soziale Lage der Kinder. Weinheim und München.

Jugend 2000. Deutsche Shell AG (Hrsg.). Opladen.

Jugend 2006. Deutsche Shell AG (Hrsg.). Frankfurt. a. M.

Kaufmann, F. X. (1997): Generationenbeziehungen und Generationenverhältnisse im Wohlfahrtsstaat. In: Mansel, J. u. a. (Hrsg.): Generationenbeziehungen. Austausch und Tradierung. Opladen.
Keupp, H./Ahbe, T./Gmür, T. (2002): Identitätskonstruktionen. Hamburg.
Kirchhöfer, D. (2004): Lernkultur Kompetenzentwicklung. Berlin.
Kreher, T. (2007): „Heutzutage muss man kämpfen". Bewältigungsformen junger Männer angesichts entgrenzter Übergänge in Arbeit. Weinheim und München.
Lange, A. u. a. (2004): Sozialisation und Generation. In: Deutsches Jugendinstitut (Hrsg.): Der Literaturrundbrief 7/8.
Lenz, K. (1998): Zur Biografisierung der Jugend. In: Böhnisch, L./Rudolph, M./Wolf, B. (Hrsg.): Jugendarbeit als Lebensort. Weinheim und München.
Lenz, K. (2003): Soziologie der Zweierbeziehung. Opladen.
Liebau, E. (Hrsg.) (1997). Das Generationenverhältnis. Weinheim und München.
Mannheim, K. (1965): Das Problem der Generation (1928) In: v. Friedeburg, L. (Hrsg.): Jugend in der modernen Gesellschaft. Köln/Berlin.
Melzer, W. (1999): Elternhaus und Schule. In: Böhnisch, L./Lenz, K. (Hrsg.): Familien. Weinheim und München.
Menz, S. (2007): Leben im generationalen Konsens? In: Stauber, B./Pohl, A./Walther, A. (Hrsg.): Subjektorientierte Übergangsforschung. Weinheim und München.
Musgrove, F. (1964): Youth and Social Order. London.
Oerter, R. (1992): Lebensbewältigung im Jugendalter. Weinheim.
Olk, T. (1985): Jugend und gesellschaftliche Differenzierung. In: ZfPäd, 19. Beiheft. Weinheim und Basel.
Oswald, H. (1992): Beziehungen zu Gleichaltrigen. In: Jugend 1992. Hrsg. v. Jugendwerk der Deutschen Shell-AG. Opladen.
Parsons, T. (1968): Sozialstruktur und Persönlichkeit. Frankfurt a. M.
Schröer, W. (2004): Befreiung aus dem Moratorium. Zur Entgrenzung der Jugend. In: Lenz, K./Schefold, W./Schröer, W.: Entgrenzte Lebensbewältigung. Weinheim und München.
Silbereisen, R. (Hrsg.) (1997): Jungsein in Deutschland. Opladen.
Stauber, B./Walther, A. (2002): Junge Erwachsene. In: Schröer, W./Struck, N./Wolf, M. (Hrsg.): Handbuch Kinder- und Jugendhilfe. Weinheim und München.
Thorne, B. (1987): Re-Visiioning. Women and Social Change. Where are the children? In. Gender and Society. H. 1.
Uhlich, K. (1993): Schule als Familienproblem. Frankfurt a. M.
Wahl, K. (1989): Die Modernisierungsfalle. Frankfurt a. M.
Walther, A. (1996): Junge Erwachsene in Europa - Jenseits der Normalbiografie. Opladen.
Wimbauer, C. (2000): Organisation. Geschlecht. Karriere. Opladen 2000.
Wolffheim, G. (1973): Psychoanalyse und Kindergarten. Hrsg. von G. Biermann. München/Basel.
Zeiher, H. J./Zeiher, H. (1994): Orte und Zeiten der Kinder. Weinheim und München.
Zinnecker, J. (1997): Sorgende Beziehungen zwischen Generationen im Lebenslauf. In: Lenzen, D./Luhmann, N. (Hrsg.): Bildung und Weiterbildung im Erziehungssystem. Frankfurt a. M.
Zinnecker, J. (2000): Kindheit und Jugend als pädagogisches Moratorium. In: ZfPäd. 42. Beiheft.
Zinnecker, J. (2003): Forschung im sozialen Feld „Jugend". In: Diskurs H. 1.

Michael Reicherts/Philippe A. Genoud

Kapitel 3: „Emotionale Offenheit" in der individuellen und interpersonalen Emotionsverarbeitung

I. Einleitung

In den vergangenen Jahren haben Phänomene der Affektivität, des Erlebens und Verarbeitens von Emotionen und anderen emotionalen Zuständen stark wachsendes Interesse erfahren. Eine Reihe von theoretischen Konzepten wurde neu formuliert oder weiterentwickelt und hat zusammen mit einer Fülle neuer Untersuchungsergebnisse unseren Kenntnisstand im Bereich der Affektivität bereichert. Die große Bedeutung von Emotionen für unser psychisches und soziales Leben wurde dabei weiter untermauert (vgl. Davidson/Scherer/Goldsmith 2003).

Ein wichtiger Forschungsbereich beschäftigt sich mit Prozessen der *Verarbeitung von Emotionen,* von der Entstehung und Auslösung emotionaler Zustände, über ihre Ausformung in körperlichen Prozessen und den damit verbundenen Gefühlszuständen bis zu ihrem Ausdruck im Verhalten. Im Rahmen dieser Modellvorstellungen wurde immer wieder der adaptive und funktionale Charakter von Emotionen hervorgehoben (vgl. Davidson/Scherer/Goldsmith 2003). Seit der intensiven Forschung in den 80er Jahren zu Stress und Bewältigungsprozessen („Coping"; Lazarus/Folkman 1984; Reicherts 1988; Perrez/Reicherts 1992), einem zentralen Bereich negativer emotionaler Zustände und den Effekten ihrer Verarbeitung, spielt die Untersuchung der Verarbeitung und Regulation von Emotionen eine zunehmende Rolle (vgl. Gross 2007).

Emotionen sind zentrale Elemente zwischenmenschlicher Interaktion und bestimmen auch das Leben in Partnerschaft und Familie entscheidend mit. Zunächst einmal sind einige Emotionen und Affektzustände charakteristisch für Partnerschaft und Familie (z.B. Liebe, Intimität, von Nähe, Geborgenheit). Sie werden dort bevorzugt oder leichter ausgedrückt (z.B. negative Emotionen wie Ärger, Besorgnis oder Konflikte) und auch verarbeitet (z.B. durch Aufmerksamkeit, Trösten, Unterstützen oder Auseinandersetzen). Außerdem spielen die Affektivität und Affektverarbeitung in Partnerschaft und Familie eine wichtige Rolle für die sog. Work-Life-Balance, das Gleichgewicht zwischen Arbeits- und Familienleben, der Außen- und der Binnenwelt, dem persönlichen Wohlbefinden der Partner und der Kinder, sowie der Partnerschafts- oder Familienzufriedenheit. Nicht zuletzt ist die Familie die primäre Sozialisationsinstanz bei der Entwicklung der individuellen und interpersonalen Affektivität und Emotionsverarbeitung, wie z.B. der kindlichen Emotionsregulation, dem Ausdruck und Austausch von Emotionen, oder der Empathie. Von der frühkindlichen Entwicklung an ist die affektive Resonanz der Eltern (z.B. Feinfühligkeit, Responsivität, Support, Validierung von Gefühlen) ein wichtiger Faktor der Eltern-Kind-Relation und des Entwicklungskontextes. Das eigene emotionale Erleben und der Umgang mit Gefühlen seitens der Eltern bestimmen nicht nur das familiäre Klima mit, sondern haben zugleich eine Modellfunktion für die Entwicklung der kindlichen Emotionsverarbeitung.

Im Folgenden stellen wir einen Ansatz der Emotionsverarbeitung vor, der für das Verständnis der genannten Phänomene und Prozesse entwickelt wurde. Zunächst wird nach einer kurzen Beschreibung des theoretischen Bezugsrahmens, einschließlich verwandter Konzepte aus der Emotionspsychologie, das Modell „Emotionaler Offenheit" ausführlicher vorgestellt. Zum besseren Verständnis beginnen wir mit dem Bereich der individuellen, *intra*personalen Emotionsverarbeitung, einschließlich einiger Ergebnisse und Zusammenhänge zur Persönlichkeitspsychologie und zur Klinischen Psychologie. Auf dieser Grundlage wird die Emotionale Offenheit im *inter*personalen Kontext vorgestellt, wobei der Schwerpunkt auf die Emotionsverarbeitung in der Partnerschaft gelegt wird. Schließlich werden Perspektiven beschrieben, die auch die Familie und Interventionsmöglichkeiten mit umfassen.

II. Das Modell „Emotionaler Offenheit" und seine Komponenten

Emotionen gehören zu den *affektiven Phänomenen*, wie auch Gefühle, Stimmungen, emotionale Episoden, emotionale Traits und das Temperament. *„Emotionen"* beziehen sich auf bestimmte Ereignisse oder Situationen und umfassen komplexe, synchronisierte Reaktionsmuster im kognitiven, neurophysiologischen, psychovegetativen und motorischen Bereich (Reaktionstendenzen). Mit *„Gefühlen"* bezeichnet man die subjektive Erlebenskomponente von Emotionen und affektiven Zuständen. *„Stimmungen"* sind weniger markant und intensiv als Emotionen, sie sind von längerer Dauer und haben keinen so deutlichen Ereignisbezug. *„Emotionale Traits"* sind Persönlichkeitszüge und beschreiben überdauernde Tendenzen, bestimmte emotionale oder affektive Reaktionen zu zeigen bzw. Emotionen zu erleben (z.B. Ängstlichkeit). Faktoren des *„Temperaments"* schließlich prädisponieren zu bestimmten emotionalen oder affektiven Reaktionen; sie werden als stärker hereditär verankert angesehen.

Einer der frühesten theoretischen Ansätze im Bereich der Emotionsverarbeitung ist die „Alexithymie", mit der man Schwierigkeiten der Wahrnehmung, Beschreibung und Mitteilung von Emotionen bezeichnet (z.B. Taylor/Bargy/Parker 2003). Während Alexithymie bestimmte Defizite im emotionalen Bereich beschreibt, betont das Modell der „Emotionalen Intelligenz" die Kompetenzen, die mit einer angemessener Verarbeitung von Emotionen einhergehenden, und rückt sie in die Nähe von Grundfunktionen menschlicher Intelligenz (Salovey/Mayer 1990). Dieser Annahme ist aus verschiedenen Gründen widersprochen worden, doch ist bei vielen Forschern unumstritten, dass gewisse Verarbeitungsformen als Kompetenzen im emotionalen Bereich betrachtet werden können und in verschiedenen intrapsychischen und interpersonalen bzw. sozialen Funktionsbereichen von adaptiver Bedeutung sind.

„Emotionale Offenheit" („Emotional Openness", Reicherts 2007) als Modell der Emotionsverarbeitung hat mit den beiden oben genannten Konzeptionen einige Gemeinsamkeiten, unterscheidet sich aber vor allem durch den dimensionalen Raum, in dem die Emotionsverarbeitungsprozesse dargestellt werden. Außerdem stellt sie die Selbstwahrnehmung, bzw. Monitoring-Prozesse des affektiven Geschehens in den Mittelpunkt und unterscheidet explizit Prozesse bzw. Zustände einerseits von längerfristigen stabilen Tendenzen der Emotionsverarbeitung andererseits (Komponenten der Emotionsverarbeitung als „State“ bzw. „Trait“). Das Modell basiert auf einer mehrdimensionalen Sicht des Erlebens und Verarbeitens von affektiven Zuständen, so wie sie von der Person repräsentiert werden. Das Modell bezieht sich auf aktuelle Emotionstheorien (vgl. Davidson/Scherer/Goldsmith 2003) und auf neuere emotionsorientierte Therapiemethoden (vgl. Greenberg 2002), wie sie u.a. aus dem Klientenzentrierten Therapieansatz nach Rogers hervorgegangen sind. Emotionale Offenheit umfasst in ihrem Grundkonzept drei Ebenen emotionaler Prozesse: eine kognitiv-erlebensorientierte, eine körperliche und eine sozial-kommunikative Ebene.

Schon in früheren Arbeiten zur kognitiven Repräsentation des emotionalen Erlebens (z.B. Reicherts/Pauls 1983) konnten wir zeigen, dass Personen bestimmte Aspekte bzw. Dimensionen bevorzugen, um ihr emotionales Erleben zu beschreiben und zu strukturieren. Dazu gehören die Dimensionen der Valenz (Angenehmheit versus Aversivität), der Intensität, der „Körperlichkeit“ (u.a. der körperlichen Aktivierung), der sozialen Bezogenheit oder der Kontrollierbarkeit von Emotionen. In späteren Arbeiten zu Stress und seiner Bewältigung haben wir die Untersuchungen, insbesondere zur Stressverarbeitung und Gefühlsberuhigung, fortgeführt (vgl. Perrez/Reicherts 1992; Reicherts/Perrez 1993). Vor diesem Hintergrund wurde das Modell Emotionaler Offenheit entwickelt, das die folgenden Dimensionen umfasst; siehe hierzu auch Abbildung 1.

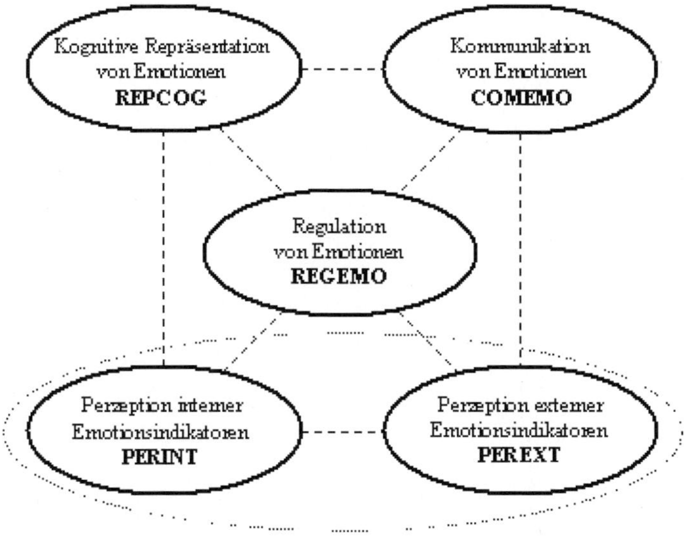

Abb. 1: Dimensionen emotionaler Offenheit

II.1. Die kognitiv-konzeptuelle Repräsentation

Die Dimension der *kognitiv-konzeptuellen Repräsentation* (abgekürzt REPCOG) bezieht sich auf Prozesse der Wahrnehmung, Unterscheidung, (verbalen) Benennung verschiedener affektiver Zuständen und den damit verbundenen Situationseinschätzungen (sog. „Appraisals“; Lazarus 1991). Es geht z.B. darum, Emotionen von Stimmungen und von affektunabhängigen Körpersensationen zu unterscheiden, verschiedene emotionale Zustände, wie z.B. Ärger, Furcht/Angst, Trauer, Ekel oder Freude (die sog. Basisemotionen) bei sich identifizieren und zu benennen. Die mit dieser Dimension abgebildeten Vorgänge gehen einher mit der sog. „Monitoring“-Funktion, der Selbstwahrnehmung, in der die anderen Emotionskomponenten (Appraisals, Physiologie und muskuläre Reaktionen) in bewussten Gefühlszuständen resultieren. Die wichtigsten Teilprozesse, die mit der Dimension erfasst werden sind das Unterscheiden, Differenzieren, und Benennen sowie das Verständnis der situativen Einbettung von affektiven Zuständen (einschließlich der Situationseinschätzungen oder Ursachenzuschreibungen, die bestimmte Emotionen mitbestimmen).

II.2. Die Kommunikation von Emotionen

Die Dimension der *Kommunikation von Emotionen* (COMEMO) bezieht sich auf die soziale Ebene von affektiven Prozessen und betrifft einerseits den *willentlichen Ausdruck* von Emotionen, z.B. in Mimik und Gestik, in Stimme oder Körperhaltung. Andererseits gehört dazu die gezielte *verbale Mitteilung* von emotionalen Zuständen, mit dem Zweck andere darüber zu informieren und sich darüber auszutauschen. Diese explizite emotionale Kommunikation ist in verschiedener Hinsicht bedeutsam: in ihrer Signalfunktion, um andere zu warnen (z.B. bei einer unmittelbar drohenden Gefahr), um bei anderen Hilfe zu suchen und Emotionen mit Hilfe der anderen Person zu regulieren; aber auch um positive, soziale Gefühle zu vermitteln und zu teilen, wie Sympathie oder Zuneigung oder Liebe. Die wichtigsten Teilprozesse dabei sind: mit anderen in Kontakt zu treten, sie zu informieren, sich anderen emotional zu öffnen oder sich ihnen mitzuteilen.

II.3. Die Perzeption von körperlichen Emotionsindikatoren

Die beiden hier dargestellten Dimensionen beruhen auf der Erkenntnis, dass zahlreiche affektive Zustände mit körperlichen Prozessen verbunden sind, die die Person wahrnehmen kann, sowohl auf psycho-vegetativer als auch auf motorischer Ebene. Die Wahrnehmung betrifft verschiedene körper*interne* (PERINT) und *-externe*, nach außen sichtbare Emotionsindikatoren (PEREXT). Diese Indikatoren hängen unter anderem mit der mit Emotionen verbundenen körperlichen Handlungsvorbereitung zusammen (sog. „action readiness“ nach Frijda 1986). Zwar ist der bewussten Wahrnehmung nur ein Teil derjenigen physiologischen und motorischen Indikatoren zugänglich, die von der Forschung als wichtige Begleitprozesse von Emotionen aufgezeigt wurden (z.B. neurophysiologische Veränderungen; vgl. Davidson/Scherer/Goldsmith 2003). Doch ist ihre Wahrnehmung ein wichtiger Bestandteil emotionaler Prozesse und für viele Menschen ein relativ zuverlässiges Element zur Charakterisierung bestimmter Emotionen (z.B. Wärmeempfinden, Aktivierung von Atmung und Herzschlag bei Ärger). Während sich die körperinternen Emotionsindikatoren in erster Linie auf die Prozesse des autonomen Nervensystems beziehen, sind die körperexternen Indikatoren vorrangig mit dem motorischen Subsystem verknüpft. Die Wahrnehmung interner Emotionsindikatoren ist nicht nur bei aktuellen emotional intensiven Episoden deutlich erhöht, sondern auch längerfristig bei bestimmten psychischen Störungen (z.B. bei bestimmten Angststörungen oder Depressionen).

II.4. Die Regulation von Emotionen

Die Dimension der Regulation von Emotionen ist ursprünglich aus der Stress- und Bewältigungsforschung hervorgegangen und umfasst Prozesse, die der Reduzierung, Stabilisierung oder Verstärkung von affektiven Zuständen dienen (vgl. Krohne 2003). Die Regulation kann unterschiedliche Komponenten von Emotionen (physiologische, motorische, kognitive oder Erlebenskomponente) betreffen und sowohl auf negative als auch positive affektive Zustände abzielen, d.h. versuchen, sie abzuschwächen oder zu verzögern bzw. sie aufrechtzuerhalten oder zu verstärken. Nach Gross und Thompson (2007) umfasst der Regulationsprozess *indirekte* Formen der Emotionsregulation (aktive Auswahl und Modifikation der Situation selbst und die Modulierung auftretender Verhaltensreaktionen) sowie *direkte* Einflussnahme auf Emotionen, insbesondere mittels Lenkung der Aufmerksamkeit und der kognitiven Modifikation.

Es gibt eine Reihe von Interventionen und Techniken, die man zur Modifizierung seiner affektiven Zustände und Emotionen einsetzen kann. Sie lassen sich in vier Gruppen zusammenfassen (vgl. Reicherts/Perrez 1993): *Kognitive Interventionen* (z.B. Umlenken der Aufmerksamkeit, an etwas Anderes denken, Umbewerten, Relativieren, positive Selbstverbalisierungen), *körperliche Interventionen* wie direkte Entspannungstechniken (z.B. Durchatmen bzw. Atemtechniken) oder körperliche Aktivität (z.B. körperliche Betätigung), *soziale Aktivitäten* (Mitteilen und Unterstützungssuche bei anderen), sowie die Einnahme von *psychotropen Substanzen* (z.B. Alkohol, Nikotin oder Medikamente). Die genannten Regulationstechniken sind nicht in allen Situationen gleichermaßen angemessen: zum Beispiel erwies sich das Ausblenden oder Unterdrücken in verschiedenen Untersuchungen als weniger wirkungsvoll als das kognitive Umbewerten (Reicherts 1999; Gross/Thompson 2007), und psychotrope Substanzen haben generell negative Nebeneffekte und sind längerfristig schädlich. In den Instrumenten zur Diagnostik Emotionaler Offenheit wird mit der Emotionsregulation vor allem das Aufschieben, Verzögern und Abschwächen negativer Affekte und Reaktionen erfasst.

II.5. Die normativen Restriktionen der Affektivität

Mit der Zusatzdimension *normativer Restriktionen der Affektivität* (RESNOR) erfasst das Modell einen ergänzenden Aspekt Emotionaler Offenheit. Es handelt sich dabei um soziale und sozial-normative Einschränkungen des Ausdrucks und gegenseitigen Austauschs von Emotionen, so wie die Person sie wahrnimmt. Zahlreiche Lebenskontexte (z.B. im professionellen Bereich, im öffentlichen Leben) und auch Situationen (z.B. zwischen Verkäufern und Kunden) verlangen, dass man bestimmte Emotionen modifiziert, darstellt oder unterdrückt. Dies kann, wenn die Person nicht über entsprechend flexible Regulationstechniken verfügt, längerfristig negative Folgen haben, wie die Forschung zu dem sog. „Emotion work" (vgl. Hochschild 1979) oder dem „Burnout" (vgl. Maslach/Jackson 1981) zeigt. Das Modell Emotionaler Offenheit stellt dabei vor allem Aspekte der subjektiven Unzufriedenheit mit derartigen Einschränkungen bzw. das Beklagen fehlender affektiver Resonanz in den Mittelpunkt.

III. Ergebnisse zur individuellen Emotionalen Offenheit

Die Art und Weise, wie Personen ihre Emotionen verarbeiten, lässt sich mithilfe der genannten Dimensionen Emotionaler Offenheit zu einem wichtigen Teil abbilden. Die kognitive Repräsentation, die Wahrnehmung körperlicher Indikatoren (interner und extern sichtbarer), die Kommunikation oder die Regulation von Emotionen können von einer Person zur anderen jeweils unterschiedlich stark ausgeprägt sein. Der Zusammenhang der Dimensionen untereinander lässt sich in einem *Profil der Emotionsverarbeitung* erfassen, das aufzeigt, welche Komponenten in stärkerem oder schwächerem Maße an der Emotionsverarbeitung der Person beteiligt sind, so wie sie selbst diese Prozesse wahrnimmt.

Die Dimensionen Emotionaler Offenheit bildeten die Grundlage der Entwicklung von Fragebogentests und Selbstbeobachtungsinstrumenten („Dimensionen der Offenheit Emotionalen Erlebens", DOE; Reicherts 2007). Entwickelt nach den Prinzipen theoriebasierter rationaler Testkonstruktion und aufbauend auf einer Reihe von Validierungsstudien weist der Fragebogentest DOE sehr befriedigende psychometrische Eigenschaften auf. Die faktorielle Validität (konfirmatorische Faktorenanalysen zeigen eine gute Modellanpassung) und die Reliabilitäten der Skalen sind sehr zufrieden stellend (.72 bis .82). Die *Trait-Version* des DOE liegt in einer Standardfassung (36 Items auf sechs Dimensionen) und einer Kurzfassung vor (20 Items auf fünf Dimensionen; ohne RESNOR). Während die Trait-Version eher längerfristige und globale Tendenzen der Emotionsverarbeitung auf den Dimensionen abbildet, erfasst die parallel dazu entwickelte *State-Version* (15 Items auf fünf Dimensionen, ohne RESNOR) spezifische Zustände und Prozesse im Zusammenhang mit einer aktuellen Situation oder einem umschriebenen Ereignis.

III.1. Zusammenhänge von Gender und Alter mit der Emotionalen Offenheit

In den bisher vorliegenden Untersuchungen ließen sich folgende Gender-Effekte in der Emotionsverarbeitung feststellen und erhärten: Frauen beschrieben eine verstärkte Tendenz zur Kommunikation von Emotionen, Männer eine vermehrte Emotionsregulation. Diese Unterschiede sind statistisch bedeutsam, aber nicht sehr ausgeprägt (die sog. Effektstärken sind niedrig bis mittel). Ähnliche Ergebnisse sind auch aus anderen Studien zur Emotionsverarbeitung bekannt.

Hinsichtlich der Alters- bzw. Entwicklungsabhängigkeit ließ sich in Untersuchungen mit Erwachsenen (jungen bis mittleren Alters) mit zunehmendem Alter eine leichte Zunahme der Repräsentation und der Regulation von affektiven Zuständen beobachten. Beim Vergleich von Erwachsenen mit älteren Menschen erwiesen sich derartige Unterschiede als etwas ausgeprägter: Die sog. „jungen Alten" von 60 bis 75 Jahren beschrieben eine vermehrte Emotionsregulation und eine geringere Kommunikation von affektiven Zuständen. Diese Ergebnisse stehen im Einklang mit anderen Untersuchungen zur Veränderungen der Affektivität in einer lebenslangen Entwicklungsperspektive.

III.2. Emotionale Offenheit und andere psychologische Merkmale

Emotionale Offenheit wurde in verschiedenen Studien auf Zusammenhänge mit anderen psychologischen Merkmalen untersucht. Erwartungsgemäß sind einzelne Dimensionen des DOE mit generellen Persönlichkeitsmerkmalen wie „Neurotizismus" oder „Extraversion" korreliert oder auch mit spezifischen Aspekten wie „Empathie" oder „Sozialen Fertigkeiten", wie sie mit Fragebögen erfasst werden konnten. Auch zu den verwandten Modellen der „Alexithymie" (erfasst mit der Toronto-Alexithymia-Scale; Taylor/Bargy/Parker 2003) und der „Emotionalen Intelligenz" (erfasst mit der Trait-Meta-Mood-Scale; Salovey u. a. 1995) lassen sich plausible, im allgemeinen mittelstarke Zusammenhänge feststellen. Diese Ergebnisse zeigen, dass die Dimensionen Emotionaler Offenheit in erwarteter Weise mit anderen Aspekten der Affektivität und Persönlichkeit in Zusammenhang stehen, aber nicht darauf reduziert werden können. Im Gegenteil: Der psychologische „Raum", in den die Dimensionen der Emotionalen Offenheit eingebettet sind, ist spezifisch und deckt zugleich einen zentralen Teil der Emotionsverarbeitung ab, wie die Zusammenhänge zu Kriteriumsvariablen, nicht zuletzt im klinisch-psychologischen Bereich zeigen (siehe weiter unten).

III.3. Emotionale Offenheit bei psychischen Störungen und Problemen

Da die Affektivität und das emotionale Erleben bei zahlreichen psychischen Störungen beeinträchtigt oder verändert ist, sollten auch spezifische Einschränkungen bzw. Veränderungen der Emotionsverarbeitung mit psychischen Störungen einhergehen. In einer Reihe von Studien konnte gezeigt werden, dass bestimmte Ausprägungen bzw. Profile Emotionaler Offenheit tatsächlich mit psychischen Schwierigkeiten und Störungen verbunden sind. Zum Beispiel ließ sich bei Patienten mit Substanzabhängigkeit (insbesondere Alkoholabhängigkeit) zu Beginn ihrer stationären psychologischen Behandlung folgendes Muster feststellen: verminderte kognitive Repräsentation, kombiniert mit einer geringeren Kommunikation von Emotionen, bei zugleich erhöhter Wahrnehmung interner körperlichen Emotionsindikatoren, und vor allem eine verringerte Emotionsregulation. Ähnliche Ergebnisse fanden sich bei Personen mit sog. Persönlichkeitsstörungen, wie der Borderline- oder der antisozialen Persönlichkeitsstörung. Bei Patienten, wo Substanzabhängigkeit und Persönlichkeitsstörung miteinander kombiniert waren, schienen die Schwierigkeiten bei der kognitiven Repräsentation und der Emotionsregulation erheblich erhöht (vgl. Reicherts/Casellini/Duc/Genoud 2007). Auch bei Patienten mit Essstörungen und Problemen des Ernährungsverhaltens (Anorexie, Bulimie und Übergewicht) fanden sich Einschränkungen der emotionalen Offenheit. Auch hier waren die kognitive Repräsentation und die Kommunikation von Emotionen vermindert und die Wahrnehmung interner Indikatoren erhöht; die Emotionsregulation war hier ebenfalls, aber in geringerem Maße betroffen. Ähnliche Muster der Emotionsverarbeitung fanden sich bei Personen mit Burnout-Symptomen, d.h. einer mit der Arbeitstätigkeit verbundenen, anhaltenden emotionalen Erschöpfung, bei reduzierter Zielerreichung und Gefühlen der „Depersonalisation" bzw. des „Zynismus" im Umgang mit den obliegenden Aufgaben und Kontakten (vgl. Maslach/Jackson 1981). Andererseits scheinen vermehrte Regulation (REGEMO) und intensivere Kommunikation (COMEMEO) der eigenen affektiven Zustände „protektive" Faktoren gegen Burnout-Symptome darzustellen, während eine verstärkte Aufmerksamkeit auf die internen Marker von negativen Emotionen (PERINT) mit einer Verstärkung der emotionalen Erschöpfung einhergingen (vgl. Genoud/Reicherts 2008).

In den vorgenannten Fällen waren die psychischen Störungen mit einer eher allgemeinen und längerfristigen Beeinträchtigung der emotionalen Offenheit i.S. der Traitmerkmale des DOE verbunden. Andererseits ist bekannt, dass bei bestimmten Störungen, die in höherem Maße situationsspezifisch sind, wie z.B. bei Phobien, die Affektivität vorrangig in solchen typischen, symptomatischen Problemepisoden beeintrÄchtigt ist. In einer experimentellen Untersuchung konnte gezeigt werden, dass Personen, die an einer spezifischen Phobie (Spinnenphobie) litten, typische Veränderungen ihrer Emotionsverarbeitung angesichts der phobieauslösenden Stimuli zeigten: eine vermehrte kognitive Repräsentation und eine verstärkte Wahrnehmung von emotionalen Körperindikatoren (sie wussten genau, dass es um phobische Bedrohung und Angst ging, und richteten ihre Aufmerksamkeit auf die entsprechenden Hinweisreize in der Situation und im eigenen Organismus); zugleich erhöhte sich die die Bereitschaft zur emotionalen Kommunikation, während die Emotionsregulation nicht in vergleichbarem Maße Weise zunahm (vgl. Reicherts/Rossier/Rossier im Druck). Dieses Verarbeitungsmuster, erfasst mit der State-Version des DOE, ist typisch für diverse phobische Episoden, in denen oft ein Teufelskreis gestörter Emotionsverarbeitung ausgelöst wird, der auch die phobietypischen, starken Vermeidungsreaktionen umfasst. Das mit dem Modell emotionaler Offenheit erfasste Verarbeitungsmuster ist psychologisch aussagekräftig und kann auch therapeutisch nutzbar gemacht werden. Darüber hinaus aber zeigten diese phobischen Personen keine generelle Beeinträchtigung ihrer Emotionsverarbeitung so wie sie mit der DOE Trait-Version bei anderen Störungen festgestellt wurde.

Ein ähnliches situationsspezifisches Muster hingegen konnte experimentell auch bei Personen mit einer Tendenz zum pathologischen Spielen experimentell gezeigt werden, bei denen ebenfalls symptomatische (Spiel-) Episoden auftreten, die mit ähnlichen Veränderungen der Emotionsverarbeitung einhergehen.

III.4. Emotionale Offenheit und psychologische Interventionen

In Therapiestudien, in denen auch emotionsbezogene Interventionen eingesetzt wurden, zeigte sich, dass die problematischen Verarbeitungsmuster z.B. bei alkoholabhängigen und essgestörten Patienten und Patientinnen positiv verändert werden konnten; sie wurden deutlich abgeschwächt bzw. hatten sich – im Vergleich mit klinisch unauffälligen Normalpersonen – zum Therapieende normalisiert. In einer Studie konnte zudem belegt werden, dass die in der Therapie erzielten Verbesserungen der kognitiven Repräsentation und der Kommunikation von Emotionen mit dem zentralen Erfolgskriterium der Therapie (hier Gewichtszunahme bei Anorexie) spezifisch korreliert waren bzw. es substanziell voraussagen konnten.

IV. Emotionale Offenheit im interpersonalen Bereich: Emotionsverarbeitung in der Partnerschaft

Zahlreiche Forschungsarbeiten der vergangenen Jahre haben sich mit der Qualität der Partnerschaft und den Faktoren beschäftigt, die sie beeinflussen. Unter den psychologischen Einflussfaktoren erwies sich Stress in der Partnerschaft als ein zentraler Risikofaktor für eine Verringerung der partnerschaftlichen Intimität und Beziehungsqualität, sowie für eine problematische Partnerschaft und Ehe insgesamt, bis hin zur Scheidung (z.B. Bodenmann 1995). Den Ergebnissen zufolge spielten nicht nur die Belastungen eine Rolle, denen die Partner ausgesetzt waren (stressreiche Ereignisse und Bedingungen), sondern auch ihre Fähigkeiten zur Bewältigung dieser Belastungen, dem sog. „Coping“, das jeder Partner für sich und die beiden gemeinsam bzw. wechselseitig zu realisieren imstande waren.

Mit dem Untersuchungsansatz des „ambulanten Assessments“ (Fahrenberg/Myrtek/Pawlik/Perrez 2007) konnte gezeigt werden, welche emotionalen Erlebnisse im Alltagsleben von Paaren und Familien auftraten und welchen Einfluss die Partner auf das alltägliche emotionale Erleben des anderen hatten (Perrez/Schöbi/Wilhelm 2000). Perrez und Mitarbeiter haben dabei das Konzept der „empathischen Akkuratheit“ (ausgehend von Ickes 1993) weiter entwickelt und mit einer differenzierten Aufzeichnungs- und Analysemethode zeigen können, dass die Partner tatsächlich – mit einer gewissen, überzufälligen Genauigkeit – verstanden, in welchem emotionalen Zustand sich der andere jeweils befand (Wilhelm/Perrez 2004). Dabei ließ sich nicht nur die Bedeutung des „Lesens“ und „Verstehens“ des Erlebniszustandes des anderen im täglichen Leben belegen, sondern auch die Wirkung der bloßen Anwesenheit des Partners und seiner Einflussnahme auf die Stimmung des anderen. Frauen wie Männer hatten Einfluss auf das emotionale Befinden ihres Partners, wobei die Art der Verarbeitung von Belastungen und von Emotionen eine Rolle spielte.

Der gegenseitige, emotionsbezogene Umgang der Partner ist mit der Paarzufriedenheit verbunden, wobei als vermittelnder Prozess die *erlebte Intimität* und Nähe eine wichtige Rolle spielt (Cordova/Gee/Warren 2005). Im Alltagsleben hing die Intimität einerseits von der *„Selbstöffnung“* (das sich anvertrauende Öffnen und Mitteilen von persönlich relevanten Inhalten) beider Partner ab, andererseits von ihrer Fähigkeit, darauf gegenseitig auch einzugehen, der „Responsivität“ (Laurenceau/Feldman Barrett/Rovine 2005). Dabei ließen sich gewisse Unterschiede zwischen Frauen und Männern feststellen: Bei den Frauen war die direkte Verbindung zwischen der eigenen Selbstöffnung und der erlebten Intimität der Partnerschaft weniger stark; stärker war bei ihnen war der *vermittelnde Effekt* über die Fähigkeit des Mannes, auf die Selbstöffnung der Frau auch eingehen zu können. Allerdings hatte sowohl bei den Männern wie den Frauen die erlebte Intimität im Alltag generell großen Einfluss auf die Zufriedenheit mit der Partnerschaft.

Unter den Prozessen, die im Alltagsleben die Selbstöffnung, die Responsivität, die Intimität und auch die Paarzufriedenheit im affektiven Bereich mitbestimmen, spielt daher die Emotionsverarbeitung, sowohl individuell (*intra*personal) als auch *inter*personell, eine Schlüsselrolle. Wie es die Ergebnisse zur Empathie nahe legen, ist das angemessene „Lesen“ des affektiven Zustandes, in dem sich der Andere befindet, eine Vorbedingung für die interpersonale Emotionsverarbeitung und eine „responsive“ Antwort auf die emotionale Selbstöffnung des anderen. Eine adaptive Emotionsregulation beinhaltet einerseits die Fähigkeit, Emotionen wahrnehmen und erleben zu können, andererseits starke negative Emotionen abschwächen zu können bzw. auf eine Art und Weise auszudrücken, die mit den unterschiedlichen Zielen der betroffenen Personen vereinbar ist (Bridges/Denham/Ganiban 2004). Letzteres bedeutet konkret, einen konstruktiven Interaktionsprozess fortführen zu können und das individuelle, partnerschaftliche bzw. familiäre Wohlbefinden aufrecht zu erhalten.

IV.1. Komponenten interpersonaler Emotionsverarbeitung im Modell „Emotionaler Offenheit“

Wenn man die an der *gegenseitigen Emotionsverarbeitung* beteiligten Vorgänge weiter aufschlüsselt, scheinen dazu folgende Prozesse erforderlich: man sollte affektive Zustände beim Gegenüber, einschließlich der körperlichen Hinweisreize, unterscheiden und in den Kontext der jeweiligen Situation stellen können; dem Anderen gegenüber sollte man ausdrücken und mitteilen können, welche Gefühlszustände man bei ihm wahrnimmt, und schließlich sollte man ihn dabei unterstützen können, negative Emotionen, die er erlebt, zu mildern und positive herbeizuführen, (wieder) herzustellen oder aufrecht zu erhalten.

Die genannten Prozesse lassen sich mit den Dimensionen Emotionaler Offenheit darstellen. In Anlehnung an das Modell können im Bereich der *inter*personalen Affektverarbeitung, wie sie zwischen Partnern auftritt, folgende Prozesse aufgezeigt werden: Die *Kognitive Repräsentation von Emotionen und affektiven Zuständen* (REPCOG) des Partners, die Wahrnehmung von extern sichtbaren, körperlichen Indikatoren (PEREXT), die *Kommunikation* (COMEMO) sowie die *Regulation* (REGEMO) seiner Emotionen. In der Partnerschaft ist somit nicht nur die individuelle bzw. *intra*personale Emotionsverarbeitung von Bedeutung, wie sie weiter oben vorgestellt wurde, sondern ähnliche, auf den Partner bezogene interpersonale Prozesse. Abbildung 2 zeigt die verschiedenen Formen der Emotionalen Offenheit im *inter*personalen Kontext auf der Ebene des Paares.

Die genannten Prozesse lassen sich mit den Dimensionen Emotionaler Offenheit darstellen. In Anlehnung an das Modell können im Bereich der *inter*personalen Affektverarbeitung, wie sie zwischen Partnern auftritt, folgende Prozesse aufgezeigt werden: Die *Kognitive Repräsentation von Emotionen und affektiven Zuständen* (REPCOG) des Partners, die Wahrnehmung von extern sichtbaren, körperlichen Indikatoren (PEREXT), die *Kommunikation* (COMEMO) sowie die *Regulation* (REGEMO) seiner Emotionen. In der Partnerschaft ist somit nicht nur die individuelle bzw. *intra*personale Emotionsverarbeitung von Bedeutung, wie sie weiter oben vorgestellt wurde, sondern ähnliche, auf den Partner bezogene interpersonale Prozesse. Abbildung 2 zeigt die verschiedenen Formen der Emotionalen Offenheit im *inter*personalen Kontext auf der Ebene des Paares.

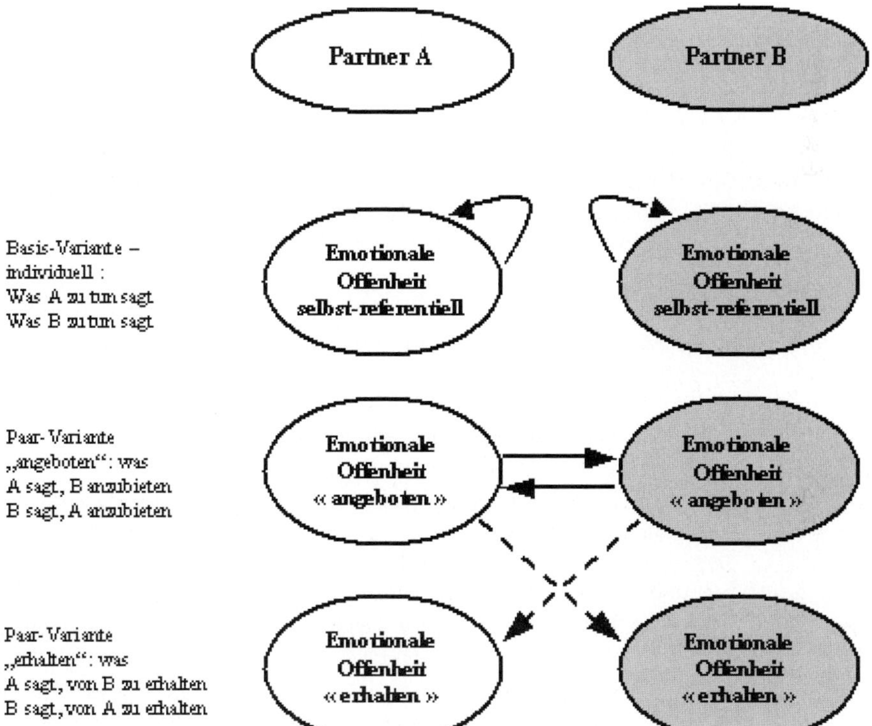

Abb. 2: Formen der Emotionalen Offenheit im interpersonalen Kontext auf der Ebene des Paares

Das Modell *inter*personaler Emotionaler Offenheit geht davon aus, dass auch bei den Alltagsinteraktionen des Paares, die sich häufiger wiederholen und eine gewisse stabile Tendenz haben, diese Komponenten im Sinne von beziehungsrelevanten „Traits“ dargestellt werden können. Diese bilden einerseits umschriebene, relativ stabile Verhaltenstendenzen ab, mit denen wir dem Partner im Hinblick auf seine Affektivität begegnen bzw. die wir ihm entgegenbringen: die *„angebotene“ Emoti-*

onale Offenheit. Andererseits erlauben sie, Reaktionstendenzen im Alltag zu beschreiben, wie sie üblicherweise unser Partner unserem eigenen emotionalen Erleben entgegenbringt: die *„erhaltene" Emotionale Offenheit.* Die Emotionale Offenheit bietet sich daher für eine *interpersonale, reziproke Darstellung* der Emotionsverarbeitung in der Partnerschaft an. Die Art, in der die Partner ihre Emotionen und Stimmungen wechselseitig erfassen und ausdrücken, sie kommunizieren und regulieren, sollte demnach in wichtiger Weise das Leben und Erleben der Partnerschaft bestimmen; ihre affektive Qualität und die Paarzufriedenheit ebenso wie das Wohlbefinden der Partner.

IV.2. Ergebnisse zur Emotionalen Offenheit in der Partnerschaft

Die bisher vorliegenden empirische Untersuchungen mit dem Ansatz haben bisher im Wesentlichen drei Fragestellungen behandelt (vgl. Reicherts u.a. im Druck): (1) Können die beiden Perspektiven, die der „angebotenen" und der „erhaltenen" Emotionalen Offenheit, bei den Partnern einer Paarbeziehung plausibel und kohärent erfasst werden? Gibt es zum Beispiel eine Wechselseitigkeit („Reziprozität") im Sinne eines ähnlichen Niveaus dessen, was ein Partner in den verschiedenen emotionalen Verarbeitungskomponenten anbietet und erhält; gibt es eine annähernd „korrekte" (d.h. zwischen Selbst- und Fremdbeschreibung übereinstimmende) Wahrnehmung dessen, was die beiden Partner zu offerieren und zu erhalten angeben? Diese Fragestellung lehnt sich an die oben genannte „empathische Akkuratheit" an. (2) Wie sind Aspekte der interpersonalen emotionalen Offenheit mit Außenkriterien verknüpft? In welchem Ausmaß sind die verschiedenen Komponenten und die beiden Perspektiven – angebotener *versus* erhaltener – Emotionaler Offenheit mit dem individuellen Wohlbefinden der beiden Partner und mit der Qualität der Beziehung, vor allem im Sinne der Partnerschaftszufriedenheit, verbunden?

IV.2.a. Konstruktion und Merkmale des Partnerschafts-Instrumentes DOE-couple

Basierend auf der theoretischen Konzeption und den Items des weiter oben dargestellten DOE-Standardverfahrens haben wir ein neues Verfahren für Paare konstruiert (Reicherts/Genoud 2006; Reicherts 2007). Die Vorversion (28 Items je Perspektive) wurde in einer größeren Stichprobe getestet und führte zu einer Testfassung mit sehr befriedigenden psychometrischen Eigenschaften: faktorielle Validität und Modelltest sind sehr zufriedenstellend, die Reliabilitäten der vier Skalen „erhaltener" und „angebotenen" Emotionaler Offenheit sind akzeptabel bis sehr gut (Tabelle 1). Zur Vereinfachung haben wir für bestimmte Analysen zusätzlich auch je einen *Gesamtwert* „angebotener" bzw. „erhaltener" Emotionaler Offenheit errechnet (Zusammenfassung der Werte der je vier Dimensionen in einem Mittelwert).

Tabelle 1: Dimensionen, Reliabilitäten und Itembeispiele des Partnerschaftsfragebogens DOE-couple

Skala	**DOE-couple, Version „angeboten"**	Alpha
REPCOG	Ich kann die verschiedenen Gefühle und Stimmungen, in denen sich mein Partner befindet, gut unterscheiden	**.76**
COMEMO	Ich finde es wichtig, meinem Partner mitzuteilen, welche Gefühle ich bei ihm wahrnehme	**.68**
PEREXT	Ich kann die inneren Zustände meines Partners auf seinem Gesicht ablesen.	**.71**
REGEMO	Auch in schwierigen Situationen kann ich meinem Partner helfen, seine Gefühle zu mildern.	**.78**

Skala	**DOE-couple, Version „erhalten"**	Alpha
REPCOG	Mein Partner kann die verschiedenen Gefühle und Stimmungen, in denen ich mich befinde, gut unterscheiden	**.81**
COMEMO	Mein Partner findet es wichtig, mir mitzuteilen, welche Gefühle er bei mir wahrnimmt.	**.76**
PEREXT	Mein Partner kann meine inneren Zustände auf meinem Gesicht ablesen.	**.80**
REGEMO	Auch in schwierigen Situationen kann mein Partner mir dabei helfen, meine Gefühle zu mildern.	**.87**

IV.3. Ergebnisse auf der Paarebene

Die Ergebnisse der ersten Studien zeigen, dass das generelle Einschätzungsniveau der Skalen interpersonaler Emotionsverarbeitung etwas höher ausfällt als bei der individuellen, *intra*personalen Emotionalen Offenheit. Außerdem schätzen die Partner die Emotionsverarbeitung, die sie anbieten, insgesamt etwas höher ein als die, die sie erhalten. Dabei bildete die Regulation von Emotionen interessanterweise eine Ausnahme: die erhaltene Regulation wurde etwas höher eingeschätzt als die angebotene. Frauen und Männer unterschieden sich nur wenig, Unter den acht Vergleichen (die vier Skalen Emotionaler Offenheit jeweils in den beiden Perspektiven) sind nur zwei statistisch signifikant: die Kognitive Repräsentation der Emotionen und die Wahrnehmung körperlicher Emotionsindikatoren bei ihrer Partnerin werden von den Männern etwas ausgeprägter „angeboten". Die anderen Komponenten sind bei Frauen und Männern praktisch gleich. Auch hinsichtlich des Alters finden sich mit einer Ausnahme wenige Unterschiede: die Kommunikation von Emotionen – sowohl angeboten als auch erhalten – schien bei den jüngeren Paaren etwas ausgeprägter. Oder anders formuliert: Die Tendenz, dem anderen mitzuteilen, was er emotional auszudrücken scheint, war bei älteren Partnern, sowohl Frauen als Männern, etwas schwächer. Ansonsten gaben ältere Frauen im Vergleich zu jüngeren an, etwas weniger Unterstützung bei der der Emotionsregulation zu erhalten, eine Tendenz, die sich – wechselseitig plausibel – auch in der von den älteren Männern angebotenen Emotionsregulation wieder fand.

IV.3.a. Zusammenhänge zwischen angebotener und erhaltener Emotionaler Offenheit, sowie der Selbst- und Partnerbeurteilung

Wie erwartet, ließ sich eine gewisse Kohärenz der wechselseitigen Einschätzungen beobachten. Verglich man auf der Paarebene, was die eine Person auf einer Dimension „anbot" mit dem was die andere Person auf der gleichen Dimension „erhielt", fanden sich durchgehend positive und substantielle Korrelationen. Sie belegen eine „reziproke Validität" oder interindividuelle Kohärenz: was A gegenüber B anzubieten behauptete, entsprach in gewissem, signifikantem Maße dem, was B in eben dieser Dimension von A zu erhalten angab, und umgekehrt. Dieser Befund ist vergleichbar mit der beobachteten empathischen Akkuratheit, bei der ebenfalls ein substantieller, überzufälliger Anteil korrekter gegenseitiger Emotionseinschätzung aufgezeigt werden konnte (vgl. Wilhelm/Perrez 2004). Ebenso ließ sich eine *intra*individuelle Kohärenz beobachten, die ähnlich stark ausgeprägt war: Was A gegenüber B anzubieten behauptete, korrespondierte in gewissem, überzufälligen Maße mit dem was A von B zu erhalten angab. Diese Ergebnisse unterstreichen die Validität des DOE Partnerschaftsfragebogens in unausgelesenen, nicht-klinischen Stichproben von Paaren, d.h. ohne akute und ausgeprägte (psychologische) Probleme auf individueller oder Partnerschaftsebene.

IV.3.b. Emotionale Offenheit, Wohlbefinden und Paarzufriedenheit

Die vorliegenden Ergebnisse zeigen, dass Emotionale Offenheit in der Partnerschaft mit dem Wohlbefinden korreliert (WHOQoL-Gesamtwert der Weltgesundheitsorganisation; vgl. OMS 1997). Der Zusammenhang in Form einer multiplen Korrelation zwischen dem Gesamtindex des Wohlbefindens und der *erhaltenen Emotionalen Offenheit* (den kombinierten vier Skalen) war relativ markant. Die Komponente mit der stärksten Assoziation war interessanterweise die kognitive Repräsentation der Emotionen des Anderen (REPCOG). Ein ähnlicher Zusammenhang zeigte sich bei der angebotenen Emotionalen Offenheit.

Die interpersonale Emotionsverarbeitung in der Partnerschaft, wie sie das Modell emotionaler Offenheit erfasst, scheint demnach recht deutlich mit dem globalen, individuellen Wohlbefinden verbunden zu sein. Je mehr die Person sich vom Partner verstanden fühlte, im Sinne der korrekten Wahrnehmung ihrer affektiven Zustände, je mehr sie vom Partner aufmerksame Rückmeldung erhielt über das was in ihr (ausgesprochen oder unausgesprochen) vorgeht, und je mehr sie sich direkt unterstützt fühlte bei der Regulierung ihrer Emotionen, auch in schwierigen Situationen, umso größer war ihr Wohlbefinden, insbesondere in psychologischer Hinsicht und im Hinblick auf die Lebensumgebung.

Die *Zufriedenheit mit der Partnerschaft* ist ein weiteres wichtiges Kriterium, bei dem ein Zusammen mit Emotionaler Offenheit zu erwarten ist; dieses Kriterium ist mit dem guten Funktionieren der Partnerschaft und ihrem Bestand deutlich verbunden sein. Tatsächlich war in unseren Studien die Zufriedenheit mit der Partnerschaft (erfasst mit dem Partnerschaftsfragbogen von Hahlweg 1998) umso größer, je mehr die Person vom Partner in ihrer Emotionsverarbeitung unterstützt wurde, d.h. je mehr Emotionale Offenheit sie erhielt. Es waren insbesondere die Komponenten der Zärtlichkeit und Intimität sowie der Qualität der Kommunikation, die mit der *erhaltenen Emotionalen Offenheit* assoziiert war. Die Konflikthaftigkeit, eine weitere Komponente der Partnerschaftszufriedenheit, war davon in geringerem Maße betroffen. Dieses Muster von Zusammenhängen zeigt auf, dass emotionale Offenheit nicht mit allen Aspekten der Paarzufriedenheit gleichermaßen verbunden ist, aber offenbar eine Voraussetzung für gelingende Kommunikation ist und zärtliche und erotische Intimität begünstigt. In den oben erwähnten Studien wurde die Bedeutung des Erlebens von Intimität in der Partnerschaft bereits deutlich. Unsere Untersuchungen zeigen nun, dass die Partnerschaftszufriedenheit hinsichtlich Intimität und Zärtlichkeit tatsächlich deutlich mit Merkmalen der interpersonalen Emotionsverarbeitung verknüpft ist, insbesondere mit der erhaltenen Emotionalen Offenheit.

Um die Zufriedenheit das Paares als Ganzes zu analysieren, kann man zwei einfache Indikatoren heranziehen: das gemeinsame Niveau der Paarzufriedenheit, kombiniert aus der Sicht beider Partner (der Mittelwert beider Einschätzungen) sowie die Kohärenz ihrer Zufriedenheitswerte (die Differenz beider Einschätzungen). Die kombinierte, gemeinsame *Niveau der Paarzufriedenheit* war ebenfalls deutlich mit Emotionaler Offenheit korreliert (als multiple Korrelation aller Komponenten); je größer die Emotionale Offenheit, desto größer die gemeinsame Partnerschaftszufriedenheit. Die Emotionale Offenheit, die die Frau von ihrem Partner erhielt, zeigte dabei den stärksten Zusammenhang mit der gemeinsames Zufriedenheitseinschätzung. Auch die *Kohärenz der Paarzufriedenheit* war mit Emotionaler Offenheit assoziiert; hier war es die Emotionsverarbeitung, die der Mann von seiner Partnerin erhielt, die am deutlichsten mit der Paarzufriedenheit verknüpft war. Mit anderen Worten: Je mehr der Mann von seiner Frau treffende Aufmerksamkeit/Wahrnehmung, Bereitschaft zum emotionalen Feedback und Unterstützung bei der Regulierung seiner Gefühle und Stimmung erhielt, umso ähnlicher waren sich die Partner in ihrer Zufriedenheitseinschätzung mit der Partnerschaft.

Paarbeziehungen, die charakterisiert sind durch Teilhabe und Austausch, durch Intimität und Zärtlichkeit sind wesentlicher Teil der Lebensqualität. Die Zufriedenheit mit der Beziehung und die Qualität der Partnerschaft hängen offensichtlich von der Bereitschaft und der Fähigkeit der Partner ab, sich mit ihren persönlichen Themen, Wünschen und Problemen, vor allem im affektiven Bereich gegenseitig zu öffnen und zu unterstützen. Das Modell Emotionaler Offenheit erlaubt es, dabei einige wichtige Facetten zu erfassen, die in emotionalen Prozessen in der Partnerschaft und in den Interaktionen zwischen den Partnern impliziert sind. Die Komponenten der Perzeption externer körperlicher Indikatoren (PEREXT), der Kognitiven

Repräsentation (REPCOG), der Kommunikation (COMEMO) und der Regulation von Emotionen und Stimmungen (REGEMO) wurden in einer neuen Instrumentenversion, dem Partnerschaftsfragbogen DOE-couple, neu konzipiert. Er gestattet mit seinen beiden Perspektiven eine individuelle Analyse der Übereinstimmung und Gegenseitigkeit (Reziprozität) der Affektverarbeitung innerhalb eines bestimmten Paares. Er erlaubt zum Beispiel Antworten auf folgende Fragen: Bietet ein Partner mehr Emotionale Offenheit an als er erhält? Gibt es Divergenzen oder Mängel bei einzelnen Komponenten der Emotionsverarbeitung? Welche Aspekte verdienen in einem Paar besondere Aufmerksamkeit und wären zu verbessern, um zu einer ausgeglicheneren Emotionsverarbeitung zu gelangen und Intimität und Paarzufriedenheit zu verbessern? Hieran können dann spezifische Interventionen auf Paarebene, sowohl mit vorliegenden Methoden (z.B. Bodenmann 2000) als auch speziell auf die Emotionsverarbeitung zugeschnittenen Interventionen ansetzen.

Die gezielte Analyse der Emotionsverarbeitung in der Partnerschaft mit den beiden Perspektiven hilft auch im Bereich der Genderforschung den jeweiligen Beitrag von Frauen und Männern an der gemeinsamen Affektivität weiter zu spezifizieren und das komplexe Wirkungsgefüge weiter zu klären. Die Erfassung emotionaler Offenheit mit dem DOE-Partnerschaftsfragebogen sollte insbesondere mit der Selbstbeobachtungsversion mit „ambulantem Assessment“ im Alltagsleben weiter vertieft werden.

V. Zusammenfassung und Perspektiven

Zahlreiche Ergebnisse belegen die Bedeutung „Emotionaler Offenheit“ sowohl auf individueller Ebene als auch auf der Ebene interpersonaler Emotionsverarbeitung, insbesondere in nahen Beziehungen und der Partnerschaft. Das Modell Emotionaler Offenheit erweist sich – neben anderen Ansätzen der Emotionsverarbeitung wie der Alexithymie oder der Emotionalen Intelligenz – als ein viel versprechender Zugang zum Erleben und Verarbeiten von Emotionen und affektiven Zuständen. Zur Erfassung der Emotionalen Offenheit liegen mit den DOE-Fragebögen (Trait-, State- und Selbstbeobachtungsversion), sowohl in ihrer *intra*individuellen, wie auch der *inter*personalen Variante adäquate Instrumente vor. Auf der Paarebene erlauben die Dimensionen des Instruments eine Erfassung des Zusammenspiels beim Anbieten und Erhalten der verschiedenen Komponenten der Emotionsverarbeitung.

Daraus ergeben sich verschiedene Konsequenzen und nachfolgende Fragestellungen: Welches sind vorrangige Fragestellungen für die weitere Forschung? Kann emotionale Offenheit gefördert werden und welches sind angemessene Interventionen und Strategien?

V.1. Emotionale Offenheit in der Familie

Nicht nur die Partnerschaft sondern auch die Familie bietet einen Rahmen, in dem die Verarbeitung affektiver Erfahrungen von außerhalb (in Beruf, Schule, Alltagsleben) unterstützt werden kann, wie das Beispiel der von Arbeit nach Hause zurück kehrenden Partner zeigt, die dort affektive Erfahrungen ansprechen, ausdrücken und bearbeiten können. Partnerschaft und Familie sind außerdem ein wichtiger Lebenskontext, in dem bestimmte Formen affektiven Erlebens überhaupt möglich sind, in dem Intimität und Nähe, sowohl positive wie negative Gefühle gelebt werden können. In jüngster Zeit hat sich die Forschung auch Formen und Bedingungen der Emotionsregulation *in der Familie* zugewandt (z.B. Sheffield Morris u.a. 2007; Thompson/Meyer 2007). Dabei werden auch die Sozialisationsbedingungen stärker akzentuiert, unter denen sich die Emotionsregulation (im engeren Sinne) entwickelt. Die Einbeziehung des Erlebens und der Wahrnehmungen der Partner bzw. der Eltern hinsichtlich der Affektivität dürfte dabei eine Schlüsselrolle beim Verständnis des emotional „guten Funktionierens" der elterlichen Paarbeziehung darstellen. Die Art und Weise elterlicher Emotionsverarbeitung ist als wesentlich für die Ausrichtung von präventiven und therapeutischen Maßnahmen zur Verbesserung von Beziehungen anzusehen. Da die elterliche emotionale Offenheit, sowohl in der „angebotenen" als auch der „erhaltenen" Form, das affektive Klima der Familie mit bestimmt, beeinflusst sie die tatsächlich verfügbaren emotionalen Verarbeitungsressourcen und auch ihre Modellfunktion für die Kinder wesentlich mit, die beim Erlernen solcher Strategien unterstützt werden.

V.2. Interventionen zur Emotionalen Offenheit

Im Rahmen der klinisch-psychologischen und therapeutischen Intervention ist unumstritten, dass ein Fokus auf problematische Formen der Emotionsverarbeitung nicht nur ein wichtiger, sondern oft unumgänglicher Ansatzpunkt für Veränderungen ist (z.B. bei Posttraumatischen Belastungsstörungen, Abhängigkeitsstörungen oder Persönlichkeitsstörungen, Beziehungsstörungen). Man kann zeigen, dass sich Ansatzpunkt und Funktionsweise einiger der vorliegenden psychologischen Behandlungsverfahren tatsächlich nach den Dimensionen des Modells Emotionaler Offenheit strukturieren lassen (z.B. evokative, emotionsvertiefende und -elaborierende Techniken in der emotionszentrierten Psychotherapie (Greenberg 2002); Expositionstechniken in der Verhaltenstherapie; sowie Techniken zur kognitiven Restrukturierung in der kognitiven Therapie). Wichtige Schwerpunkte der weiteren Forschung und Entwicklung liegen daher im Bereich der Interventionen, sowohl im klinischen als auch im pädagogischen bzw. psychoedukativen Kontext. Ziel ist die Entwicklung von spezifischen Interventionsmodulen, mit denen Komponenten der Emotionsverarbeitungsdimensionen gezielt gefördert werden können und ihr Zusammenspiel verbessert werden kann. Im klinischen Bereich sind spezifische Beeinträchtigungen der Emotionsverarbeitung bei verschiedenen psychischen Störungsbildern weiter zu klären (z.B. Generalisierte Angststörung, Depression, Disthymische Störung, oder Posttraumatische Belastungsstörung) und in Verbindung mit vorliegenden therapeutischen Methoden auf neue, ergänzende Behandlungsmöglichkeiten hin zu untersuchen.

Darüber hinaus erscheint es viel versprechend, *spezielle Techniken* gezielt zu entwickeln und zu evaluieren, die in der Psychotherapie und Beratung, sowie in der psychoedukativen und pädagogischen Arbeit, der Prävention und Erwachsenenbildung eingesetzt werden können. Dabei geht es darum, die im Modell beschriebenen Grundfunktionen bewusst zu machen, einzelne Funktionen durch spezifische kognitive, emotionszentrierte und Verhaltensübungen zu stärken oder in ein neues Gleichgewicht zu bringen; nicht zuletzt im interpersonalen Zusammenspiel von Erleben und Affekt. Die DOE-Instrumente sind dabei nützliche Werkzeuge der Diagnostik und Vorbereitung entsprechender Interventionen und der Evaluation.

Im Rahmen des Trainings von Fertigkeiten der Emotionsverarbeitung geht es ebenfalls darum, Module zu entwickeln, die sich in andere Programme integrieren lassen bzw. Teilmodule ergänzen können. Zu denken ist dabei an präventive Interventionsprogramme bei Paaren (Bodenmann 2000) oder die Vorbereitung und Unterstützung der Eltern bei ihren Erziehungsaufgaben, wie dem sog. „Elterntraining“ (vgl. den Ansatz von Perrez/Minsel/Wimmer 1985) oder dem Ansatz des „Positive Parenting Program“ (Triple-P; nach Sanders 2003).

Danksagung

Die Autoren danken den Doktoranden Christian Maggiori, Louella Molina und Virginie Salamin für ihre produktive Mitarbeit in den verschiedenen Projekten zur Emotionalen Offenheit.

Sie danken ebenfalls folgenden Studierenden, die mit ihren Bachelor-, Lizentiats- und Masterarbeiten in verschiedenen Forschungsgruppen wesentlich zur Datensammlung and Datenanalyse im Bereich Emotionaler Offenheit beigetragen haben:

Andreia Anciaes, Lara Albertoni, Coraline Bénon, Annick Beuret, Géraldine Bourquin, Nadine Constantin, Annik Debrot, Valentina De Min, Cécile Dubey, Marie Ducotterd, Cléa Gurtner, Fabio Iafigliola, Daniela Koch, Maryam Lawassanipour, Mireille Maillard, Ana Carolina Marmy, Caroline Maternini, Angela Nagler, Sonja Peran, Delphine Poux, Christophe Repond, Alessandra Rosciano, Zoé San José, Eleonora Santandrea, Emilie Snakkers, Sonja Suter, Linda Vanetti, Eleonora Vallinim, Tatiana Walther und Laetitia Willy.

Ein Teil der Studien wurde in Verbindung mit dem Forschungsprojekt „Individual and Social Regulation of Emotions in the Family“ realisiert. Das Projekt ist Teil des Nationalen Schwerpunktprogramms NCCR „Affective Sciences“, unterstützt durch den Schweizerischen Nationsfonds (Projekt Nr. 51A240-104897; Leitung: Prof. Meinrad Perrez & Prof. Michaël Reicherts).

Ein anderer Teil wurde im Rahmen des Forschungsprojektes „Studying and Enhancing Coping of Young Adults Entering the Work Force“ realisiert, ebenfalls unterstützt durch den Schweizerischen Nationalfonds (Projekt Nr. 5004–479000; Leitung Prof. Michaël Reicherts).

Literatur

Bodenmann, G. (1995): Bewältigung von Stress in Partnerschaften. Der Einfluss von Belastungen auf die Qualität und Stabilität von Paarbeziehungen. Bern.

Bodenmann, G. (2000): Stress und Coping bei Paaren. Göttingen.

Bridges, L.J./Denham, S.A./Ganiban, J.M. (2004): Definitional issues in emotion regulation research. In: Child Development, Bd. 75, S. 340–345.

Cordova, J.V./Gee, C.B./Warren, L.Z. (2005): Emotional skillfulness in marriage: Intimacy as a mediator of the relationship between emotional skillfulness and marital satisfaction. In: Journal of Social and Clinical Psychology, Bd. 24, S. 218–235.
Davidson, R.J./Scherer K.R./Goldsmith, H.H. (Hrsg.) (2003): Handbook of affective sciences. Oxford.
Fahrenberg. J./Myrtek, M./Pawlik, K./Perrez, M. (2007): Ambulantes Assessment – Verhalten im Alltagskontext erfassen. Eine verhaltenswissenschaftliche Herausforderung and die Psychologie. In: Psychologische Rundschau, Bd. 58, S. 12–23.
Frijda, N.H. (1986): The emotions. Cambridge.
Genoud, P.A./Reicherts, M. (2008): Burnout et „ouverture émotionnelle" chez des étudiants universitaires. In: Revue de Psychoéducation, Bd. 37, S. 225–242.
Greenberg, L. (2002): Emotion-focused therapy: Coaching clients to work through feelings. Washington, D.C.
Gross, J.J. (Hrsg.) (2007): Handbook of emotion regulation. New York.
Gross, J.J./Thompson, R.A. (2007): Emotion regulation: Conceptual foundations. In: Gross, J.J. (Hrsg.): Handbook of emotion regulation. New York, S. 3–24.
Hahlweg, J. (1998): Partnerschaftsfragebogen (PFB). Göttingen. (Französische Testversion, Institut für Forschung und Beratung im Bereich der Familie, Universität Fribourg).
Hochschild, A.R. (1979): Emotion work, feeling rules, and social structure. In: American Journal of Sociology, Bd. 85, S. 531–575.
Ickes, W. (1993): Empathic accuracy. In: Journal of Personality, Bd. 61, S. 587–610.
Krohne, H.W. (2003): Individual differences in emotional reactions and coping. In Davidson, R.J./Scherer K.R./Goldsmith, H.H. (Hrsg.): Handbook of affective sciences. Oxford, S. 698–725.
Laurenceau, J.-P./Feldmann Barrett, L./Rovine, M. (2005): The interpersonal process model of intimacy in marriage: A daily-diary and multilevel modeling approach. In: Journal of Family Psychology, Bd. 19, S. 314–323.
Lazarus, R.S. (1991): Emotion and adaptation. New York.
Lazarus, R.S./Folkman, S. (1984): Stress, Appraisal, and Coping. New York.
Maslach, C./Jackson, S.E. (1981): The measurement of experienced burnout. In: Journal of Occupational Behavior, Bd. 2, S. 99–113.
OMS (1997): WHOQoL – Bref. Version test (Programme sur la santé mentale). [Weltgesundheitsorganisation]. Genf.
Perrez, M./Minsel, B./Wimmer, H. (1985): Was Eltern wissen sollten. Eine psychologische Schule für Eltern, Lehrer und Erzieher. Salzburg.
Perrez, M./Reicherts, M. (1992): Stress, coping, and Health. A situation-behavior approach (Foreword by Richard Lazarus). Seattle.
Perrez, M./Schöbi, D./Wilhelm, P. (2000): How to asses social regulation of stress and emotions in daily family life? A computer-assisted FAmiliy SElf-Monitoring System (FASEM-C). In: Clinical Psychology and Psychotherapy, Bd. 7, S. 326–339.
Reicherts, M. (1988): Diagnostik der Belastungsverarbeitung. Neue Zugänge zu Stress-Bewältigungs-Prozessen. Bern.
Reicherts, M. (1999): Comment gérer le stress. Le concept des règles cognitivo-comportementales. Fribourg.
Reicherts, M. (2007): Dimensions of Openness to Emotions (DOE) – A model of affect processing. Manual. (Research Report No. 168). Fribourg.
Reicherts, M./Casellini, D./Duc, F./Genoud, P.A. (2007): L'"Ouverture émotionnelle" dans les Troubles de la dépendance et les Troubles de la Personnalité. In: Annales Médico Psychologiques, Bd. 165, S. 485–491.
Reicherts, M./Genoud, P.A. (2006): Dimensionen der Offenheit Emotionalen Erlebens (DOE-couple) – Partnerschaftsragebogen. In: Reicherts, M.: Dimensions of Opennes to

Emotions (DOE) – A model of affect processing. Manual. (Research Report No. 168). Fribourg.

Reicherts, M./Pauls H. (1983): Kognitive Aspekte des Erlebens. Theoretische und empirische Untersuchungen zur Weiterfühurng des Wexler-Ansatzes in der klientzentrierten Gesprächspsychotherapie. In: Zeitschrift für personenzentrierte Psychologie und Psychotherapie, Bd. 2, S. 101–118.

Reicherts, M./Perrez, M. (1993): Fragebogen zum Umgang mit Belastungen im Verlauf (UBV). Manual. Bern.

Reicherts u.a. im Druck = Reicherts, M./Rossier, Y./Rossier, L. (im Druck): Les patterns du traitement émotionnel dans la phobie - Une étude expérimentale sur l' „Ouverture Emotionnelle" dans la peur des araignées.

Salovey, P./Mayer, J.D. (1990): Emotional intelligence. In: Imagination, Cognition, and Personality, Bd. 9, S. 185–211.

Salovey, P./Mayer, J.D./Goldman, J.D./Turvey, C./Palfai, T.P. (1995): Emotional attention, clarity, and repair: Exploring emotional intelligence using the Trait Meta Mood Scale. In Pennebaker, J.W. (Hrsg.): Emotion, disclosure, and health. Washington DC, S. 125–154.

Sanders, M.R. (2003): Triple P - Positive Parenting Program: A population approach to promoting competent parenting. In: Australian e-Journal for the Advancement of Mental Health, Bd. 2, S. 1–12.

Morris u.a. 2007 = Morris, A. S./Silk, J.S./Myers, S.S./Robinson, L.R. (2007): The role of the family context in the development of emotion regulation. In: Social Development, Bd. 16, S. 1–28.

Taylor, G.J./Bagby, R.M./Parker, J.D. (2003): The 20-Item Toronto Alexithymia Scale IV. Reliability and factorial validity in different languages and cultures. In: Journal of Psychosomatic Research, Bd. 55, S. 277–283.

Thompson, R.A./Meyer, S. (2007): Socialization of emotion regulation in the family. In Gross, J.J. (Hrsg.): Handbook of emotion regulation. New York, S. 249–268.

Wilhelm, P./Perrez, M. (2004): How is my partner feeling in different daily life settings? Accuracy of spouses' judgements about their partners' feelings at work and at home. In: Social Indicators Research, Bd. 67, S. 183–246.

Teil IV

Ziele und Regeln der Familienerziehung und Familienbildung

HILDEGARD MACHE/MONIKA WITZKE

Einführung

In einer pluralisierten Gesellschaft ist das Zusammenleben in Familien immer weniger normativ geregelt. Im Teil IV dieses Teilbandes wird daher ein besonderer Fokus auf Ziele und Regeln in Familien gerichtet. In Familien werden Ziele und Regeln definiert, wobei auch Ziele in Regeln überführt werden können. Dies ist notwendig, um einen gemeinsamen Sinnhorizont der Familienmitglieder zu sowie ein Kohäherenzgefühl zwischen den Familienmitgliedern zu schaffen und so das Bilden einer Einheit als Familie nach innen und außen zu ermöglichen. Weiterhin dienen Ziele und Regeln beispielsweise der Komplexitätsreduktion, geben also Orientierung und befähigen dadurch zum Handeln. Das Generieren von und Interagieren im Rahmen von Zielen und Regeln ist einer der bedeutendsten Aspekte der Familienerziehung. Familienbildung hat u.a. die Aufgabe, Familien im Hinblick auf diesen Aspekt zu unterstützen. Ziele und Regeln einer Familie müssen über ihre Familienbiographie hinweg verändert werden. Dies ist eine wichtige Gestaltungsaufgabe v.a. in Transitionsphasen. Vor diesem Hintergrund beschäftigen sich die Artikel im Teil IV mit folgenden Themen:

Jan-Uwe Rogge stellt in seinem Beitrag die Vielzahl an Ansätzen zur „Familienerziehung" und deren alltagspraktische Umsetzung vor. Der Beitrag vergleicht die pädagogischen Grundlagen, methodischen Erziehungstechniken und die Wirksamkeit der verschiedenen Ansätze im Hinblick auf eine gelingende Eltern-Kind-Beziehung. Unter dem Titel „Familienbildung: Entwicklungen und Herausforderungen" geben dann *Martina Heitkötter und Barbara Thiessen* einen Einblick in die begrifflichen, geschichtlichen, gesetzlichen und institutionellen Grundlagen von Familienbildung und erläutern aktuelle Ziele und Herausforderungen. Familienbildung im Hinblick auf eine Vorbereitung und Begleitung familialer Aufgabenerfüllung weiterzuentwickeln fordert *Andreas Lange* in seinem Aufsatz „Gestaltungsaufgaben in der Familienbiographie". Der Autor erweitert eine Konzeption von Familienzyklus zur Familienbiographie im Kontext des Stichwortes „doing family" sowie gesellschaftlicher Entwicklungslinien und gibt in diesem Rahmen einen Überblick über familiale Gestaltungsaufgaben.

Jan-Uwe Rogge

Kapitel 1: Elternbildung

1. Vorbemerkungen

Die populäre Erziehungsliteratur, die Erziehungsratgeber, die Elternzeitschriften, aber auch die Vielzahl an Angeboten zur Elternbildung haben zweifellos das Erziehungswissen der Eltern enorm vertieft und differenziert. Eltern von heute wissen sehr viel über ihre Kinder, vor allem darüber, wie man sich in bestimmten Konflikt- und Problemsituationen verhält, besser: verhalten sollte. Dabei werden ihnen manchmal (Ideal-)Lösungen vorgeschlagen, die sich im realen Familienalltag nur begrenzt umsetzen lassen. Verhält mein Kind sich nicht so, wie man es gelesen oder in Elternbildungskursen erfahren hat, sind Minderwertigkeits-, Schuld- oder gar Versagensgefühle die Folge.

So viel Eltern über Erziehung wissen, so lückenhaft sind manchmal ihre Informationen über die Entwicklung von Kindern. Erziehung ist nicht einfach nur die Anwendung von bestimmten Techniken, wie es die Tipps in Ratgebern und Kursen manchmal suggerieren. Anders formuliert: Im kindlichen Handeln drückt sich eben nicht allein nur ein elterlicher Erziehungsstil aus, kindliche Handlungsmuster sind zugleich Spiegel von Entwicklungsstufen, die ein Kind durchläuft, sind Ausdruck seines Temperaments, seines Charakters oder seiner Individualität.

Und noch eines macht Eltern im Erziehungsalltag müde. Und gerade dieser Gedanke wird in vielen Konzepten der Elternbildung ausgeblendet oder nicht so klar benannt: Es gibt keine Reifung, keine Entwicklung ohne Reibung, keinen Entwicklungsprozess, der nur gradlinig, ohne Widersprüche verläuft. In jedem Entwicklungs- und Reifeschritt, den ein Kind durchläuft, ist immer auch das Gegenteil von dem enthalten, was sich Eltern wünschen. Sie wollen autonome, selbstbewusste Kinder, die eigenständig handeln – nur richten sich solche Persönlichkeitsmerkmale nicht selten auch gegen elterliche Bedürfnisse. Kinder lösen sich aus der Eltern-Kind-Einheit, sie wollen losgelassen werden. Und je mehr die Eltern halten, ja festhalten, desto mehr Energie benötigen Kinder, um sich abzugrenzen.

Elternbildung hat somit die Aufgabe, nicht nur Erziehungstechniken zu vermitteln oder zu zeigen, wie man in alltäglichen Konfliktsituationen am „besten" handelt. Im Vordergrund sollten vielmehr Haltungen stehen, die man dem Kind gegenüber einnimmt, wie sie in den Konzepten von z.B. „Starke Kinder – starke Eltern – Encouraging Step, kess erziehen" oder im „Gordon-Familientraining" enthalten sind:

- Nicht jedes Verhalten, nicht jedes Handeln eines Kindes darf sofort und kausal auf einen Fehler in der Erziehung zurückgeführt werden. Vielleicht hat ja die Aktion, die das Kind macht, mehr mit einer Entwicklungsbesonderheit zu tun. Zwischen Erziehung und Entwicklung zu trennen ist mehr, als nur eine akademische Unterscheidung. Erziehungsfehler gilt es abzustellen, Entwicklungsbesonderheiten gilt es anzunehmen und zu begleiten.

- Kinder entwickeln sich höchst unterschiedlich. Entwicklung stellt sich nicht als kontinuierliche Aufwärtsentwicklung dar. Wer Kinder begleitet, hat es mit einem Gemenge aus Vorwärtsbewegung, Stillstand und Rückschritt zu tun. Und jedes Kind hat dabei ein ganz eigenes Tempo.
- Die Unterschiede von Kind zu Kind sind enorm. Die intrapersonellen Unterschiede, also jene von Kind zu Kind, können bis zu drei Jahren betragen. Solche Vielfalt ist normal.
- Noch etwas anderes treibt Eltern häufig um: Die intrapersonellen Unterschiede, also die Entwicklungsunterschiede am einzelnen Kind. Die körperlichen, emotionalen, kognitiven, sprachlichen und sozialen Reifung- und Entwicklungsschübe vollziehen sich nur selten harmonisch. Vielmehr ist Ungleichzeitigkeit zu erwarten. Kinder müssen innere Spannungszustände aushalten. Eltern kommt dann die Aufgabe zu, Kinder darin zu begleiten und bei Verzögerungen in der Entwicklung nicht sofort von Störungen zu reden, die es schnellstmöglich zu beheben gilt. Entwicklungsverzögerungen geben Eltern vielmehr Hinweise, sich auf das individuelle Tempo der Kinder einzulassen, es ernst zu nehmen und pädagogische Eingriffe, die die Entwicklung beschleunigen wollen, auf ein Minimum zu reduzieren.
- Damit ist eine weitere Grundhaltung angesprochen. Kinder wollen im Hier und Jetzt angenommen und nicht ständig unter einer prognostischen Perspektive betrachtet werden. Solch Perspektive ist allerdings der Ansatz mancher Trainingsprogramme. Kinder wollen in einzelnen Entwicklungsstufen gleiten und nicht gehetzt, aber eben auch nicht festgehalten werden.
- Und noch ein weiterer Gedanke ist wichtig: Die Erziehungspartnerschaft von Eltern und Kindern, wie sie z.B. in „Starke Kinder – starke Eltern – Step Encouraging“ oder im „Gordon-Familientraining“ propagiert wird. Partnerschaft hat nichts mit Freundschaft zu tun. Eltern und Kinder sind nicht gleichrangig: Eltern sind meist eine Generation älter. Sie haben Lebenserfahrungen gemacht, haben Erfahrungsvorsprünge, auf die sich Kinder verlassen wollen in Zeiten der Übergänge und der Krisen. Erfahrungsvorsprünge sind nur dann kontraproduktiv, wenn sie von Eltern als Grundlage von Bevormundung, Bewahrung oder Behütung missverstanden werden und dazu führen, Kindern Erfahrungen vorzuhalten. Doch sind Eltern und Kinder, darauf verweisen die eben genannten Konzepte, auch gleichwertig. Eltern sind nicht nur Lehrer, sie sind auch Schüler, und Kinder sind nicht nur Schüler, sie sind auch Lehrer – manchmal langmütiger, spontaner, manchmal einfühlsamer und geduldiger als Eltern. Kinder ernst zu nehmen meint eben auch, sie als Lehrer zu begreifen, von denen man viel erfahren kann. Mit Kindern zu leben, heißt nicht, für sie zu leben, sondern gemeinsam mit ihnen zu lernen und zu leben. Gleiches gilt für die Konzepte der Elternbildung: Die Konzepte nicht für die, sondern gemeinsam mit Eltern zu gestalten und umzusetzen.

II. Ein kurzer Blick in die Historie - Konzeptionen für die Elternbildung

Elternbildung ist nun wahrlich kein neuer Gedanke. Schon auf ägyptischen Steintafeln steht es geschrieben, bei Sokrates, Plato oder Seneca, später bei Erasmus von Rotterdam oder John Locke – um nur einige wenige zu nennen – finden sich viele ernst gemeinte und reflektierte Abhandlungen darüber, warum Eltern Unsicherheiten im erzieherischen Handeln zeigen, oder wie Eltern ihre Kinder zu erziehen haben.

Mit der bürgerlichen Aufklärung Ende des 18. Jahrhunderts entstehen die ersten Zeitschriften, die sich speziell an die – wie man sie damals nannte – „Hausmütter" richtete und die neben einer Vielzahl an Tipps für das „hausmütterliche Geschäft" – eben den Haushalt – auch Rat für die Erziehung der Kinder bereithielten. Nicht zu vergessen, Pestalozzis Bestseller „Wie Gertrud ihre Kinder lehrt", der eine Vielzahl an pädagogischen Ratgebern nach sich zog, die sich mehr oder minder an das gutsituierte Bürgertum wendeten.

Einhergehend mit den massiven sozialen und wirtschaftlichen Umbrüchen am Ende des 19. Jahrhunderts, die eine Verelendung breiter Bevölkerungsschichten nach sich zogen, bildete sich um 1900 vor allem in den Großstädten erste Beratungsstellen für Familien und Institutionen der Elternbildung heraus, wobei sich das Wort „Bildung" eher wie ein Hohn anhört. Oberste Prämisse aller pädagogischen Bemühungen war, dass alle Erziehungsinstitutionen – Elternhaus, Schule, Kindergarten und Kirche – an einem „Strang" zu ziehen hatten. Das Kind war Objekt in den Erziehungsbeziehungen. Es sollte an- und eingepasst werden, hatte sich unterzuordnen und zu funktionieren. Geschah dies nicht, waren körperliche Züchtigungen und verbale Sanktionen illegitimiert.

Mit Beginn des letzten Jahrhunderts – beeinflusst durch Erkenntnisse in der Entwicklung- und Tiefenpsychologie (z.B. Freud, Adler) – kristallisierte sich mehr und mehr die Überzeugung heraus, dass man auf die Erziehung und die Entwicklung der Heranwachsenden positiv Einfluss nehmen könne. So entstand beispielsweise in den 20er Jahren in Wien ein Netzwerk von individualpsychologischen Beratungsstellen, die von humanistischen Überzeugungen geprägt waren, getragen von dem Gedanken einer partnerschaftlichen Erziehung.

Der Nationalsozialismus setzte dieser wichtigen Etappe, Kinder als Subjekte in der Erziehung zu begreifen, ein jähes Ende. Freilich existierte auch im Faschismus ein funktionierendes Netz von Bildungseinrichtungen, die allerdings eine völlig entgegengesetzte Bedeutung hatten als noch Jahrzehnte zuvor: Sie dienten einerseits der Überwachung, ob im Sinne der nationalsozialistischen Familienideologie erzogen wurde, sie hatten die Aufgabe, Eltern wie Kinder zu indoktrinieren. Andererseits hatte die Familienbildung die Aufgabe, begabte Heranwachsende auszulesen und sie für besondere Aufgaben im NS-Staat frühzeitig vorzubereiten.

Schon bald nach dem Kriegsende – etwa Anfang der 50-er Jahre – boomte die Elternbildung; Erziehungsberatungsstellen entstanden genauso wie Familienbildungsstätten. Dieser Boom, der sich bis Ende der 70-er Jahre des letzten Jahrhunderts hinzog, war anfangs eine Reaktion auf die schwierigen familiären und materiellen Verhältnisse in Folge des Krieges, der zahlreiche Brüche im Familienleben mit sich gebracht hatte (Stichwort: „Vaterlose“ Gesellschaft, zusammengesetzte Familien etc.). Später waren es dann rapide Modernisierungsprozesse, die Unsicherheiten in der Erziehung und der Orientierung der Eltern mit sich brachten.

Den Eltern in der Kindererziehung Versagen vorzuwerfen, ist nicht nur ein genauso geflügeltes wie strapaziertes Wort seit Mitte der 80er Jahre – meist festgemacht an den negativen Auswirkungen der „68er-Bewegung“, solche Schlagworte finden sich schon in den 50er Jahren, indem man von den Eltern mehr Mut zur Kindererziehung, mehr Unterordnung und Anpassung der Kinder einforderte. Kadavergehorsam hatte man das Jahrzehnte zuvor genannt.

Und „Mut zur Erziehung“ lautete ein Schlagwort in den 70er Jahren, ohne dass es wirklich gehört wurde. Es blieb auf akademische und bildungsbürgerliche Kreise begrenzt. Seit Mitte der 90er Jahre des letzten Jahrhunderts wird allerdings der Ruf nach Disziplin und Disziplinierung lauter. Mit dem Buch „Lob der Disziplin“ wurde Mitte dieses Jahrzehnts ein Eckpfeiler gesetzt, der in der öffentlichen und veröffentlichten Meinung viel Widerhall fand. Die in diesem Buch – das hier pars par toto für andere genannt wird (z.B. „Wie aus Kindern Tyrannen werden“) – vorgestellten Überlegungen und Thesen widersprechen jenen therapeutischen Modellen in der Familienberatung oder den Angeboten und Konzepten der Elternbildung, wie sie seit Anfang der 80er Jahre allgemein verbindlich geworden sind: Von der medizinisch-pädagogischen Fürsorge und Beratung in der Nachkriegszeit hin zu einer systemischen Betrachtung von Familien, die auf eine Vielzahl unterschiedlichster psychologischer Konzepte gründete und Elternbildung theoretisch fundierte. Oder etwas anders betrachtet: Von Einzelmaßnahmen, die sich anfangs auf die Metropolen konzentrierten hin zu einem Netzwerk von Beratungsstellen und – auch niederschwelligen – Bildungsangeboten mit Seminaren und Vorträgen, von der Familie als Objekt pädagogischer Intervention hin zu einer Sichtweise, die an den Ressourcen und Potentialen von Vätern und Müttern anknüpfte und damit arbeitete. Dies gilt insbesondere auch für die Bedeutung der Kinder im Verlauf eines Bildungsprozesses.

Überblickt man die Konzepte zur Elternbildung, dann existiert dort – implizit – das Bild von drei Lehrer- oder auch Expertentypen: Das ist zunächst der Wissensvermittler, der Kinder als leere Krüge begreift und sie mit seinen Fähigkeiten und Fertigkeiten füllen will. Kindern sind in diesem Bild unfertige, unmündige, unwissende Wesen, die es zu (be-)lehren gilt (z.B. „Super Nanny“). Dann gibt es den Töpfer, der Kinder als einen ungestalteten, durch den Erwachsenen zu formenden Klumpen Lehm begreift. Dabei hat der Erwachsene klare Vorstellungen darüber, wie die Form aussehen wird. Der Lehrer verlangt in diesem Bild Fügsamkeit, die mit Unterordnung, mit Verzicht und Einschränkung gleichzusetzen ist (Triple P).

Der dritte Lehrer ist der Gärtner, der das zur Ausbildung bringt, was ein Kind an Anlagen, an Charakter und Temperament mitbringt. Ein Gärtner weiß oder spürt: Die eine Pflanze braucht mehr Wasser, eine andere würde daran ertrinken, eine Blume benötigt viel Sonne, die andere liebt den Schatten, ein Busch wächst ganz langsam, der andere treibt schnell aus; alle müssen in ihrem Wachsen – mal behutsam und sanft, mal fester und einschneidend – begleitet werden (z.B. „Starke Kinder – starke Eltern – Step Encouraging", „Gordon-Familientraining", „kess").

Zwar brauchen Kinder den Wissensvermittler, aber als Begleiter auf ihrem Weg ins Leben benötigen sie vor allem den Gärtner, der erkennt:

- Jedes Kind ist auf seine Art und Weise einzigartig und unvergleichbar.
- Bildung erwirbt man nicht allein durch vorgegebenen Lernstoff. Bildung hat mit Selbstbildung zu tun. Sie dient der Ausbildung von Autonomie und Eigenständigkeit, von Neugierde und Kreativität – und erzeugt damit Freude an selbsterbrachter Leistung.
- Lernen, den eigenen Lebensweg zu erkunden, hat mit einem steten Suchen zu tun. Selbständiges Lernen ist nicht allein von Erfolgserlebnissen begleitet. Mit Lernen verbindet sich auch Frustration, Enttäuschung, Aufschub von Bedürfnissen.

Kinder müssen lernen, Konflikte auszuhalten, sie alters- und entwicklungsangemessen zu lösen, aus Eigeninitiative selbstverantwortlich zu handeln, den Willen zu haben, aus eigener Kraft „gut" zu werden, die allgemeinverbindlichen Normen und Werte zu verinnerlichen – und nicht, weil sie durch Gehorsam und Disziplin darauf eingeschworen sind. „Kadavergehorsam" hat man das einst genannt. Freiheit und damit die Freiheit zur Verantwortung erwirbt man – so der Pädagoge Rolf Arnold – nicht durch Disziplin, sondern „Selbstdisziplin erwirbt man durch Freiheit." Und Selbstdisziplin heißt: Kinder nicht „gut" zu machen, sondern dass sie sich wünschen, „gut" zu sein. Dazu bedarf es festgelegter/vereinbarter Regeln, Rituale und Grenzen, die sich am Alter und an den Entwicklungsbesonderheiten des Kindes orientieren, die Erziehung als Begleitung ins Leben zu verstehen, die Heranwachsenden von einer egozentrischen Sichtweise, wie sie für das Säuglings- und Kleinkindalter so kennzeichnend ist, an ein altruistischeres Handeln heranzuführen, das sich durch Helfen, Mitgefühl, Trösten und Teilen auszeichnet.

Doch in der Freiheit liegen auch Gefahren. Freiheit ohne Grenzen bringt für Kinder Angst und Unsicherheit mit sich: Je größer die Freiheit ist, desto eher entsteht das Gefühl, jederzeit und augenblicklich alles haben zu wollen und zu können. Entgrenzte Lebenswelten ziehen eine Offenheit nach sich, die von Kindern manchmal als Gleichgültigkeit, Beliebigkeit, Vernachlässigung, als Alleingelassensein erlebt wird. Gerade heute, da so Vieles möglich und unmöglich ist, sind Verlässlichkeit und Verbindlichkeit in der Erziehung besonders wichtig. Dabei spielt das Annehmen des Kindes, so wie es ist, eine zentrale Rolle.

Wer sich allerdings ständig überlegen und klüger fühlt, der setzt Autorität mit körperlicher, geistiger, moralischer und intellektueller Höherwertigkeit gleich, der erhebt sich über das Kind. Und dann bekommt die erzieherische Beziehung eine negative Dimension von Macht, dann wird aus dem Einfordern und Vorleben von Disziplin eine Disziplinierung, die auf Gefolgschaften setzt, die Gehorsam als Selbstzweck missversteht. Solch eine Disziplinierung will Konformität, sie setzt Normen und Werte mit Zuckerbrot und Peitsche durch, an deren Ende nicht autonome, selbstbewusste Heranwachsende stehen, sondern graue Mäuse, die durch das Befolgen von Regeln Strafen vermeiden wollen.

Disziplin erwächst aus der Freiheit. Die Verinnerlichung von Normen und Werten gründet auf deren Akzeptanz, setzt Teilhabe am pädagogischen Prozess voraus.

Zur Disziplin, genauer: Selbstdisziplin, gehört, die Anforderungen des sozialen Miteinanders zu erfüllen, den anderen in seinem Recht auf Unversehrtheit zu achten und zu respektieren, moralische Standards umzusetzen, eigene Bedürfnisse zu befriedigen und „gut" für sich zu sorgen, aber auch Versagen, Niederlagen und Schuld bei Verfehlungen einzugestehen, Versuchungen zu widerstehen, aber sich klar zu werden, dass sie zum Leben gehören.

III. Konzepte der Elternbildung – eine Übersicht

Es gibt in der Zwischenzeit eine Vielzahl an Angeboten für Eltern (vgl. dazu Tschöpe-Scheffler, 2006): Angefangen von standardisierten Konzeptionen mit einem strukturierten Programm (vgl. die Übersicht weiter unten) über institutionalisierte Angebote für Eltern (z.B. Familienbildungsstätten) bis zur Zusammenarbeit von Beratungsstellen mit Kindergärten oder Schulen. Diese Vielzahl an Angeboten ist wichtig, weil es unterschiedliche Elterntypen gibt. Nicht jedes Bildungsangebot, nicht jeder Ansatz passt für jede Familie. Jeder Elterntyp braucht mithin eine hier spezifische pädagogische und psychologische Begleitung. Man kann drei Elterntypen unterscheiden:

- Übermotivierte Väter und Mütter, die alles richtig und perfekt gestalten wollen;
- an der Erziehung interessierte und für Erziehung motivierte Eltern;
- entmutigte, hilflose und orientierungslose Väter und Mütter.

Der erste Typ fokussiert seinen „Erziehungs"-Blick stark auf das Kind, fördert es nach allen Belangen und überfordert es nicht selten. Das Kind steht im Mittelpunkt aller Erziehungsbemühungen. Man will das Beste für das Kind, übersieht dabei aber nicht selten seine individuellen Besonderheiten. Erziehung wird begriffen als Vorbereitung auf das Leben („du sollst es einmal besser haben!") und nicht als Begleitung des Kindes im Hier und Jetzt. Funktioniert ein Kind nicht nach Plan, kommt es schnell zu Konflikten oder zu Störungen in den Eltern-Kind-Beziehungen. Die Eltern projizieren dann ihr vermeintliches Scheitern in das Kind, es wird zum Spiegelbild vergeblicher pädagogischer Bemühungen. Oder es bilden sich Schuld- und Versagensgefühle bei Vater und Mutter heraus – nach dem Motto: „Ich kann nicht erziehen!" oder: „Bei mir klappt es nie!" Für diesen Typ sind entwicklungspsychologische Grundkenntnisse ebenso wichtig wie Techniken der Selbsterfahrung. Während das Entwicklungswissen zu mehr Verständnis für das Kind, zu einer Kind zentrierten Sichtweise führen kann, können Übungen zur Selbsterfahrungen zu einem behutsameren Umgang mit sich – und damit auch mit dem Kind – anleiten.

Der zweite Elterntyp braucht eine andere Begleitung: Er ist an Erziehungsfragen interessiert, hat Spaß am Erziehen, ist motiviert, „Neues" auszuprobieren, verfügt über ein profundes Wissen hinsichtlich Erziehungstechniken und reagiert gleichwohl verunsichert, wenn das Kind nicht so handelt, wie man es gerne hätte. Väter und Mütter verfügen über ein großes Maß an Erziehungskompetenzen, an die es im Beratungsprozess anzuknüpfen gilt. Wer gegen die Ressourcen dieses Elterntyps anarbeitet, erzeugt Widerstände, versperrt sich Zugänge. Dieser Elterntyp will Bestätigung, aber auch die Erweiterung seines Wissens über Erziehungstechniken, darüber, wie man in verschiedenen Problem- und Konfliktsituationen souveräner und gelassener handeln kann. Dieser Elterntyp ist reflektionsoffen, er lernt auch gern von und aus den Erfahrungen anderer Väter und Mütter. Für diesen Elterntyp sind institutionalisierte Angebote oder Elterngesprächskreise wichtig, in denen unter Anleitung eines Moderators, eines Vortragenden oder Seminarleiters Fragen aus dem Erziehungsalltag praxisnah und Ressourcen orientiert angesprochen werden.

Der dritte Typ ist in der Elternbildung am schwierigsten zu erreichen. Es sind häufig ebenso entmutigte wie hilflose Eltern, die aufgrund von problematischen Lebens- und Alltagserfahrungen für Erziehungsfragen demotiviert sind. Nicht selten drücken materielle Sorgen, die ein Interesse an Kindererziehung nicht aufkommen lassen. Das Kind hat zu funktionieren. Wenn dieser Typ Elternbildungskurse besucht, gibt es eine Sehnsucht nach schnellen, nach praktikablen Lösungen. Da dieser Elterntyp nur schwer für Vorträge oder Seminare zu gewinnen ist, zu denen man sich anmelden, zu denen man gar fahren muss, haben Bildungsangebote zwei Gesichtspunkte zu berücksichtigen: Es müssen Kurse angeboten werden, aus denen klar hervorgeht, was die Eltern erwartet. Die Zielperspektive muss für Vater wie Mutter deutlich sein. Zudem sollten die Angebote niedrigschwellig sein, soll heißen: Eingebunden in eine Stadtteil- oder Netzwerkarbeit (z.B. Zusammenarbeit mit Kindergärten, Horten oder Schulen).

Damit sind einige Gesichtspunkte angesprochen, die elterliche Erziehungskompetenzen ausmachen und die in den verschiedenen Konzepten der Elternbildung zu berücksichtigen sind:

- Das Wissen über kindliche Entwicklung. Es ist schon angesprochen worden: Dieses Wissen hält mit dem über Erziehungstechniken nicht Schritt. Während sehr viel darüber gewusst wird, wie man sich in konkreten Alltagssituationen verhält (z.B. Aufräumen) oder wie bedeutsam Rituale (z.B. das Gute-Nacht-Ritual) sind und wie man diese Techniken auch im Alltag umzusetzen vermag, so wenig weiß man über die Entwicklungsbesonderheiten von Kindern.
- Das Wissen über Erziehungstechniken. Die Eltern haben einen Anspruch darauf zu erfahren, wie sie in konkreten Situationen angemessen zu handeln haben. Oberstes Gebot ist dabei, dass Achtung und Respekt aller am Prozess Beteiligten gewahrt bleibt. Eltern haben dabei eine Erziehungsverantwortung für das Kind, müssen dabei zugleich das Alter, das Temperament, den Entwicklungsstand des Kindes und seine ganz individuelle Persönlichkeit berücksichtigen. Was bei dem einen Kind funktioniert, kann bei einem anderen Kind kontraproduktiv sein. Der zweite Grundsatz lautet: Tue mehr davon, was funktioniert! Unterlasse das, was nicht passt! Wenn Erziehungstechniken nicht umzusetzen sind, müssen Eltern darüber nachdenken, warum ein Schlüssel nicht passt, müssen sie nach dem „Wozu“ des kindlichen Widerstandes fragen. Und hier können dann entwicklungspsychologische Informationen hilfreich sein.
- „Elternbildung greift zu kurz“, so hat Tschöpe-Scheffler (2006, S. 287) treffend formuliert, „wenn nur die erzieherische Qualifizierung angesprochen wird und nicht zugleich auch ihre eigene Persönlichkeits- und Weiterbildung.“ Wer Kinder erzieht, hat es mit zwei Kindern zu tun: Dem Kind in sich und dem Kind vor sich. Je bedürftiger das Kind in sich, je weniger es sich ausgesöhnt hat mit den eigenen Eltern, umso mehr versucht man am eigenen Kind etwas gutzumachen, wird das eigene Kind zur Projektionsfläche von Wünschen und Sehn-

süchten, die man selber nicht ausleben durfte. Wenn man das Kind in sich nicht akzeptiert, sich nicht ausgesöhnt hat mit den Eltern, will man in der eigenen Kindererziehung alles anders machen. Die Konsequenz ist Verkrampfung, der Wunsch alles richtig zu machen. Persönlichkeitsbildung ist aus zwei Gründen zentraler Bestandteil der Elternbildung: Man kann Kinder nur als Persönlichkeiten annehmen, wenn Eltern sich selber als Persönlichkeiten annehmen und angenommen werden: „Nur wenn es den Eltern gut geht, geht es den Kindern gut," könnte man den ersten Grundsatz zusammenfassen. Elternbildung muss aber mehr sein als die Stärkung von Vater und Mutter, sondern zugleich die Stärkung der partnerschaftlichen Komponente. Vater und Mutter sind immer auch Mann und Frau, und es ist selbstverständlich, den Eltern Mut zu machen, auch ein Leben jenseits der Kindererziehung zu leben.

- Gelungene Kindererziehung speist sich nicht allein aus individuellen Ressourcen, wichtig sind soziale Ressourcen, die sich aus der Einbindung in Netzwerke ergeben. Eltern brauchen Unterstützung, brauchen Begleitung bei ihrer komplexen Erziehungsaufgabe. Sie brauchen regelmäßige Bildungsangebote vor Ort, die einen leichten Zugang bieten, sei es die Eltern-Kind-Gruppe in der Nähe, die Elterngesprächskreise in einer Familienbildungsstätte oder Volkshochschule. Dabei muss nicht zu sehr die Wissensvermittlung im Vordergrund stehen, viel wichtiger ist vor allem für den zweiten und dritten Elterntyp der Erfahrungsaustausch – verbunden mit dem Gefühl, dass es anderen ähnlich geht. Dies kann entlasten, Verkrampfungen lösen, Schuld- und Versagensgefühle abbauen.

Wenn nun wichtige Konzepte der Elternbildung vorgestellt werden, wird vor allem darauf eingegangen, in wieweit diese das entwicklungspsychologische Wissens, das Handlungswissen, die elterliche Persönlichkeitsbildung sowie den Stadtteil- und Netzwerkgedanken in ihren Kursen berücksichtigen. Noch eine Vorbemerkung: Es ist nicht möglich, auf alle Konzepte der Elternbildung einzugehen. Wenn Konzepte (z.B. Familienteam, Eltern stärken, vgl. dazu Tschöpe-Scheffler 2006), die Marte-Meo-Methode (Bünder/Serringhaus-Bünder 2008) oder die Eltern-AG (vlg. dazu Sodtke/Armbruster 2007), um nur einige zu nennen, ausgeblendet bleiben, so ist dies den Platzgründen geschuldet.

III.1 Gordon-Familientraining

Neben Rudolf Dreikurs („Kinder fordern uns heraus", „Familienrat", vgl. dazu 3.2 und 3.3) stellt das Gordon-Familientraining jenes Konzept in der Elternbildung dar, dass seit den 70-er Jahren weltweit mit großem Erfolg praktiziert wird und unter dem Label „Familienkonferenz" für Qualität und Anspruch steht. Auf der Basis einer humanistischen Psychologie, z.B. der nicht-direktiven Psychotherapie, wie sie Carl Rogers oder Thomas Gordon formuliert haben, geht es im Familientraining um vier Grundhaltungen:

- Es nimmt die Ressourcen sowohl der Eltern als auch der Kinder ernst;
- es wertschätzt die Eltern in ihren Kompetenzen und Potentialen;
- es achtet die Kinder, in dem sie an Problemlösungen mitwirken;

- es herrscht ein optimistisches Beziehungsklima, soll heißen: Konflikte und Probleme können angegangen und für alle Beteiligten zufriedenstellend geklärt werden. Allerdings stillt das Familientraining nicht die Sehnsucht nach schnellen Lösungen, sondern geht auch auf Frustrationen ein, die mit Lösungsversuchen verbunden sind. Der Weg ist das Ziel. Kernstück des Familientrainings ist die Familienkonferenz. Hier lernen die Eltern folgende Kompetenzen:
- das aktive Zuhören, um allen Beteiligten Raum zu geben, sich zu artikulieren;
- das Formulieren von Ich-Botschaft, um Gefühle zu benennen und Anweisungen zu geben;
- einen offenen und ehrlichen Umgang miteinander zu pflegen;
- Kinder als Experten ernst zu nehmen;
- sich als Vorbild für Kinder zu empfinden und ihnen Partnerschaftlichkeit vorzuleben;
- dass Konfliktlösungen möglich sind, ohne dass es Sieger und Besiegte gibt;
- dass Kinder eher motiviert werden, Grenzen, Regeln und Rituale zu respektieren, wenn sie an der Entscheidungsfindung beteiligt werden.

Das Familientraining enthält einen hohen Selbsterfahrungsanteil. Man kann das Familientraining sowohl im Gruppenkurs, der von einem ausgebildeten Leiter betreut wird (sechs Sitzungen à drei Stunden) als auch im Selbststudium (für Familien und Elterninitiativen) erleben.

III.2 Encouraging

Dieses Konzept basiert auf der Individualpsychologie, wie sie Alfred Adler Anfang des letzten Jahrhunderts in Wien erarbeitet hat und das Rudolf Dreikurs („Kinder fordern uns heraus") bis Anfang der 70-er Jahre weltweit populär gemacht hat. Der Grundgedanke von Adler wie Dreikurs war: Nur ein Kind, das sich sicher gebunden, zugehörig und wertgeschätzt fühlt, baut Selbstvertrauen auf und wird ermutigt, Herausforderungen anzunehmen und zu bewältigen. Dazu braucht es Begleitung und Annahme durch die Eltern. Doch setzt dies voraus, dass sich auch die Eltern angenommen und in ihren Erziehungsbemühungen sicher fühlen.

Dies erfahren die Eltern in Gruppen, die von einem Trainer angeleitet und begleitet werden. Auch Encouraging weist einen hohen Selbsterfahrungsanteil auf. Durch praktische Kommunikationsübungen erfahren Vater wie Mutter, wie man z.B. authentisch mit Kindern redet, wie man sie in Konfliktlösungen einbezieht. Zudem gibt der Trainer Hausaufgaben, um das im Kurs Erfahrene auszuprobieren, den Transfer in den Alltag zu praktizieren. Kurzvorträge vermitteln den Eltern entwicklungspsychologische Grundkenntnisse, um eine gelungene Eltern-Kind-Beziehung herzustellen.

Encouraging zeichnet sich durch eine sehr praxisnahe Vermittlung theoretischer Erkenntnisse aus, ohne zu versprechen, dass es für jedes Erziehungsproblem eine sofortige Lösung geben muss. Die Frustrationen, die damit einhergehen, halten Eltern nur aus, wenn sie über ein starkes Selbstwertgefühl und über Selbstsicherheit verfügen. Deshalb legt Encouraging großen Wert darauf, Väter wie Mütter zu ermutigen, Erziehungsarbeit zu leisten, um so der Verantwortung für das Kind nachzukommen.

III.3 Step (Systematic Training for Effective Parenting)

Step gründet gleichfalls auf dem individualpsychologischen Grundanlagen Alfred Adlers und Rudolf Dreikurs':

- Das Gefühl der Zugehörigkeit wird in der frühen Kindheit gelegt;
- das Kind wird als vollwertiger Partner anerkannt;
- es geht darum, eine kooperative Familienatmosphäre aufzubauen;
- im „Familienrat" sind alle Familienmitglieder gleichwertig an der Lösung von Problemen und Konflikten beteiligt;
- Kinder müssen die Konsequenzen ihres grenzüberschreitenden Handelns erfahren. Freiheit und Verantwortung sind demnach je eine Seite der Medaille;
- Strafen und Belohnungen werden als Mittel der Erziehung abgelehnt. Rechte und Pflichten müssen im Familienalltag eine Balance eingehen.

Die Ziele von Step, einem Kurskonzept, das sich vor allem an motivierte und interessierte Eltern wendet, mithin an den zweiten Elterntyp, kann man so zusammenfassen:

- Es gibt Informationen über eine altersangemessene Begleitung der kindlichen Entwicklung, um Kinder weder zu unter- noch zu überfordern;
- Step trägt zur Stärkung des kindlichen Selbstbewusstseins bei. Der Grundgedanke lautet: Nur selbstbewusste Menschen sind ermutigte Menschen, die sich Herausforderungen stellen;
- es geht um eine tragfähige Eltern-Kind-Beziehung, die auch Zumutungen aushält. Wenn Kinder Halt und Geborgenheit empfinden, sie sich zugehörig fühlen, können sie auch mit Krisen und Frustrationen umgehen. Wichtig ist, dass die Zuwendung der Eltern an keine Bedingungen geknüpft ist, dass sie bedingungslos gegeben wird;
- die Eltern werden zur Unvollkommenheit und Gelassenheit (nicht: laissez-faire!) ermutigt. Nur so können sie den Perfektionismus, ihre überhöhten Ansprüche an sich und das Kind loslassen. Und damit, so die Überzeugung des Ansatzes, steigt die Freude an der Erziehung.

Step bietet Kurse an, die sich durch einen klaren Ablauf und eine vorhersehbare Struktur, die den Eltern Sicherheit gibt, auszeichnen. Neben Erziehungstipps erwerben Vater wie Mutter entwicklungspsychologische Grundlagen. Darüber hinaus wird den Eltern vermittelt, Kinder genauer zu beobachten, sich in die Perspektive eines Kindes zu versetzen, um Probleme aus einer anderen Sichtweise zu betrachten. Kind zentrierte Sichtweise und elterliche Erziehungsverantwortung stehen nicht in einem Widerspruch, sondern müssen in eine Balance gebracht werden.

III.4 „Starke Eltern – starke Kinder"

Neben dem Gordon-Familientraining ist dieses Konzept, das 1985 vom Kinderschutzbund in Aachen ausging und seit 2000 bundesweit angeboten wird (Honkanen-Schobert, 2002), wohl das populärste, nicht zuletzt dadurch begünstigt, dass ausgebildete Multiplikatoren diesen Ansatz, der als niederschwellig bezeichnet werden kann, professionell betreuen. Es ist eingebunden in Netzwerke, die der Kinderschutzbund, die Familienbildungsstätten, die Volkshochschulen oder Eltern-Kind-Zentren überall anbieten.

„Starke Eltern – starke Kinder" richtet sich vor allem an jenen zweiten Elterntyp, der an Erziehung interessiert ist, der Erziehung als Beziehung zum Kind begreift und weiß, wie wichtig Eltern-Kind-Beziehungen für eine gelungene Familienatmosphäre sind.

Die theoretischen Grundlagen dieses Konzeptes stellen ein Gemenge aus familientherapeutischen, individualpsychologischen, gesprächstherapeutischen sowie kurzzeittherapeutischen Ansätzen dar. Überblickt man dieses sehr ambitionierte Konzept, so lassen sich einige Ziele erkennen: Der Kurs

- verdeutlicht, dass das Kind ein Recht auf eine gewaltfreie Erziehung hat und weist auf die Entwicklungsbesonderheiten und –bedürfnisse eines Kindes hin;
- vermittelt den Eltern, den Fähigkeiten eines Kindes zu vertrauen, ohne die Erziehungsverantwortung aufzugeben. Es geht um einen positiven Blick auf das Kind;
- sucht nach gemeinsamen Konfliktlösungen zwischen Eltern und Kindern ebenso wie nach gemeinsamen Absprachen, Grenzen und Konsequenzen;
- zeigt den Eltern, eigene Gefühle anzunehmen, aber auch zu reflektieren und will den Eltern vermitteln, dass sie Vorbilder sind, an denen sich die Kinder orientieren.

Auch wenn „Starke Eltern – starke Kinder" durch eine sehr kindzentrierte Herangehensweise gekennzeichnet ist, so legt das Konzept zugleich Wert darauf, Grenzen zu setzen, verlässliche Botschaften zu formulieren und Rituale mit den Kindern zu leben. Neben der Erarbeitung von Tipps für den Erziehungsalltag tragen „Starke Eltern – starke Kinder" zugleich zur Persönlichkeitsbildung von Vater und Mutter bei.

III.5 kess

Kess-Erziehen steht für „Kooperativ, ermutigend, sozial, situationsorientiert" und basiert – wie schon Encouraging und Step – auf dem individualpsychologischen Ansatz Alfred Adlers, wie er durch Rudolf Dreikurs weiterentwickelt worden ist. Ziel dieses Ansatzes ist eine Familienatmosphäre, die von Achtung und Respekt gekennzeichnet ist. Dazu werden neben Selbsterfahrungsübungen, die den Eltern Selbstwertgefühl und Selbstvertrauen geben sollen, Erziehungstipps (Setzen von Regeln, konsequentes Handeln, Erziehungsverantwortung) als auch entwicklungspsychologische Grundkenntnisse vermittelt.

Die Inhalte des Konzeptes werden in Kursen (fünf Nachmittage à zwei Stunden) vermittelt. Eltern, die teilnehmen, können sich austauschen und so ein eigenes Netzwerk bilden. Die Ziele von kess lassen sich so zusammenfassen:

- aktives Zuhören, dem Kind Gelegenheit geben, seine Bedürfnisse und seine Sichtweise zu artikulieren;
- authentisch sein, dem Kind klare Botschaften zu geben und sich nicht in Doppelbotschaften zu verlieren;
- die Wahrnehmung positiver Eigenschaften – sowohl die des Kindes als auch der eigenen, also von Mutter und Vater;
- die Stärkung des Selbstwertgefühls und des Selbstvertrauens, damit das Kind Verantwortung übernehmen bzw. sich seiner Verantwortung stellen kann;
- Aufbau einer partnerschaftlichen Eltern-Kind-Beziehung, die von Achtung, Respekt und Konsequenz geprägt ist.

Kess stellt das einzige Konzept dar, in dem explizit auf die Bedeutung des Humors in der Erziehung abgehoben wird.

III.6 FuN (Familie und Nachbarschaft)

FuN stellt ein niedrigschwelliges Angebot dar, das vor allem auf die Zusammenarbeit mit Kindertagesstätten und Grundschulen abhebt. Es werden Eltern gezielt angesprochen, die besonderer Unterstützung bedürfen. FuN ist mithin auch für den Elterntyp 3 geeignet, der Erziehungsangeboten eher skeptisch gegenüber steht. Ausgehend von familien- und systemtherapeutischen Überlegungen legt FuN auf zwei Aspekte besonderen Wert:

- Es soll Selbstwertvertrauen und Selbstwertgefühl der Eltern aufgebaut werden, weil dies Voraussetzungen für eine wertschätzende Eltern-Kind-Beziehung ist;
- zwar werden Eltern wie Kinder als gleichwertig, aber nicht als gleichrangig betrachtet. Eltern werden ermutigt, ihrer Erziehungsverantwortung nachzukommen, d.h., Kinder in ihrer Entwicklung zu begleiten und zu unterstützen.

Diese Ziele werden durch ein erfahrungs- und situationsorientiertes Lernprogramm umgesetzt, dass sich durch Ressourcenorientierung, Persönlichkeitsbildung und durch Erfahrungsaustausch unter den Eltern auszeichnet.

FuN hat eine Mischung aus Programm- und Selbstorganisationselementen: Zunächst trifft man sich einmal wöchentlich an acht Nachmittagen, danach können sich die Eltern einmal monatlich, begleitet durch eine ausgebildete Moderatorin oder einen Moderator, jeweils einmal im Monat ein halbes Jahr lang treffen.

III.7 Triple P (Positive Parenting Programm)

Dieses Konzept richtet sich an Eltern, die Probleme im erzieherischen Handeln haben und eine ebenso schnelle wie praktikable Lösung erwarten. Vor dem Hintergrund lerntheoretischer und verhaltenstherapeutischer Modelle wird den Eltern vermittelt: „Gebt Kindern klare Botschaften vor, dann vermittelt ihr ihnen Halt und

Orientierung“. Intensive Elterntrainings stehen deshalb im Mittelpunkt dieser Kurse, die durch intensive Informationen über Erziehung ergänzt werden.

Voraussetzung für das Setzen von Grenzen ist eine stabile, liebevolle Eltern-Kind-Beziehung, die sich durch eine sichere und anregende Lernatmosphäre und -umgebung auszeichnet. Sind Eltern-Kind-Beziehungen instabil oder brüchig, so ist das Setzen von Grenzen schwierig, manchmal gar nicht möglich. Triple P ist somit nicht für den Elterntyp 3 geeignet – eher für den übermotivierten Elterntyp.

Soviel Wert auch auf eine intakte Eltern-Kind-Beziehung in diesem Ansatz gelegt wird, darauf hingewiesen wird, zwischen der Persönlichkeit des Kindes und seiner grenzüberschreitenden Entscheidung zu unterscheiden, so sind hier doch drei kritische Anmerkungen vonnöten:

- Erziehungstechniken wie die „Auszeit“ oder der „Stille Stuhl“ werden dann als Demütigung und Missachtung durch das Kind empfunden, wenn eine instabile Eltern-Kind-Beziehung vorherrscht. „Auszeit“ und „Stiller Stuhl“ sind als Erziehungstechniken sorgfältig einzusetzen, sie sind kein Allheilmittel;
- die elterlichen Ressourcen werden bei Triple P nicht berücksichtigt. Den Eltern werden stark strukturierte Verhaltensanweisungen gegeben, die die Alltagserfahrungen von Vater und Mutter unberücksichtigt lassen;
- eine Persönlichkeitsbildung ist in Triple P nicht vorgesehen. Dabei ist sie unabdingbar, um Erziehungstechniken im Alltag umzusetzen. Denn der Transfer von einem im Kurs vermittelten Wissen funktioniert nicht reibungslos, ist in der konkreten Erziehungssituation häufig von Unsicherheit gekennzeichnet. Diese Momente aufzugreifen, damit nicht Versagensgefühle aufkommen, ist notwendig. Ansonsten fühlen die Eltern sich allein gelassen.

III.8 „Super Nanny“

Bei pädagogischen und therapeutischen Experten überwiegt die Kritik an Erziehungssendungen wie der „Super Nanny“ oder den „SuperMamas“. Sicher könnten solche Sendungen zu einer öffentlichen Diskussion über Erziehung beitragen, aber dass sich Eltern deshalb professionelle Hilfe suchen, wird von meinen Gesprächspartnern in Beratungsstellen, Jugendämtern, Praxen für Kinder- und Jugendpsychologie eher skeptisch gesehen. Vielmehr herrscht der Eindruck vor, dass gerade Familien, die psychologische Beratung benötigen, sich während und nach der Sendung beruhigt zurücklehnen, weil sie der Meinung sind, bei anderen gehe es ja noch viel schlimmer zu.

Noch stärker werden die handwerklichen Fehler dieser Sendungen hervorgehoben: Wichtigstes Prinzip der Erziehungsberatung ist heute die Ressourcenorientierung, d.h., Wissen und Kompetenzen der Eltern wie der Kinder sind Ausgangspunkt jeder Beratung. Beratung funktioniert auf Dauer nur mit, niemals jedoch gegen die Eltern. Der pädagogische und psychologische Experte hört zu, beobachtet, strukturiert und begleitet Veränderungsprozesse. Er tritt nicht – wie bei der „Super Nanny“ – an die Stelle der Eltern. Kinder werden in den Prozess der Beratung kaum eingebunden. Auf Entwicklungs- und Altersbesonderheiten nimmt insbesondere die „Super Nanny“ kaum Rücksicht. Sie hört nicht zu, Regeln werden oktroyiert. In einer

Sendung hatte die „Super Nanny" Verhaltensregeln für das Kind aufgeschrieben – allerdings konnte die Fünfjährige noch gar nicht lesen.

Erziehung als die Anwendung von pädagogischen Techniken hat etwas mit Zurichtung und Unterwerfung, mit Brechen des kindlichen Willens zu tun. Dies lässt sich – bezogen auf die „Super Nanny" – anschaulich an der Anwendung des „stillen Stuhls" bzw. des „stillen Zimmers" zeigen, wie es in der Erziehungssendung ständig angeraten wird. Funktioniert ein Kind nicht so, wie man es erwartet, überschreitet es Regeln, kommt diese Methode sofort zum Einsatz, ohne dass sie dem Kind im Vorhinein erklärt wurde. Folgt es nicht den elterlichen Anweisungen, dann wird es – wie in einigen Sendungen zu sehen war – sogar mit körperlicher Gewalt entfernt.

Man hat der Sendung vorgeworfen, sie begünstige einen Trend zur autoritären Erziehung. Ich sehe das etwas anders: „Super Nanny" fördert eine Tendenz zum Machbarkeitswahn in der Pädagogik: Wir können alles, haben alles im Griff – und das überträgt man auch auf zwischenmenschliche Beziehungen. Uns fehlt der Humanismus von Pädagogen wie Pestalozzi oder Montessori. Ein indischer Philosoph hat einmal gesagt: Erziehung ist nicht Vorbereitung auf das Leben, Erziehung ist das Leben selbst. Gemeinsam mit dem Kind durch dick und dünn zu gehen, halten viele nicht aus. Das ist auch nicht einfach, wenn man Kinder im Trotzalter oder in der Pubertät hat. Wer Kinder begleitet, ist im wunderschönen Sinne angestrengt. Doch von dieser Haltung ist in den Erziehungssendungen nichts zu sehen.

IV. Was Eltern heute brauchen: Erziehungskompetenzen und Stärkung eigener Ressourcen – die Konzepte im Vergleich

Nimmt man die vier Kriterien

- Vermittlung von entwicklungspsychologischem Wissen
- praktisches Erziehungswissen
- Persönlichkeitsbildung
- Stadtteil- bzw. Netzwerkarbeit

dann erfüllen alle Konzepte – bis auf die „Super Nanny" – die genannten Grundsätze. Allein Triple P fällt etwas aus dem Rahmen, suggeriert es doch, jedes problematische Verhalten des Kindes sei durch eine Erziehungsstrategie zu beheben. Zudem werden Kinder, auch wenn es nicht expliziert wird, nicht als Partner behandelt: Die Eltern haben das Kommando. Allerdings ist das Triple P vor dem Vorwurf in Schutz zu nehmen, die „Super Nanny" praktiziere Triple P. Vor allem „Starke Eltern – starke Kinder", „Step", „Encouraging", „FuN", „kess" oder das Gordon-Training berücksichtigen einige zentrale Überlegungen, die für eine zeitgemäße Elternbildung wichtig sind.

IV.1 Ressourcenorientierung

Auch wenn dieses Wort mittlerweile ein Schlagwort geworden ist, so ist sie für eine Elternbildung, die nicht für, sondern mit den Eltern arbeitet, unverzichtbar. Die ressourcenorientierte Beratung und Bildung geht von wissenden Eltern und Kindern aus, sie baut auf die Partizipation aller Beteiligten. Ressourcenorientierte Beratung will Informationen über Erziehung und über kindliche Entwicklung vermitteln, will Aufklärung über das fördern, was funktioniert oder eben auch nicht. Ressourcenorientierte Beratung begreift Eltern und Kinder als Experten, die das Resultat dessen, was am Ende der Beratung oder des Bildungsprozesses stehen soll, mit einbeziehen. Elternberatung und –bildung bedeutet eben auch Aushandeln dessen, was möglich ist.

Eltern wollen keine Belehrung, sie wollen, dass ihre Potentiale, die sie haben, ihre Erziehungserfahrungen, ihre Strategien, den Alltag zu managen, ernst genommen werden. Damit relativiert sich zugleich die Funktion des pädagogischen Experten und Profis. Er ist nicht der omnipotente Wissende, der unwissenden Eltern gegenüber steht. Auch wenn Ressourcenorientierung in vielen Konzepten zwar theoretisch postuliert, aber nicht immer mit aller Konsequenz praktisch umgesetzt ist, hat sie bezogen auf die Elternbildung zwei Ziele:

- Die individuellen Ressourcen dienen dem Wachstum von Selbstbewusstsein, dem Selbstwertgefühl und dem Aufbau von Problem- und Konfliktlösungsfähigkeiten. Individuelle Ressourcen können durch Methoden der narrativen Psychologie besonders gefördert werden. „Menschen werden ermutigt, ihre Geschichten von der eigenen Kraft und Stärke, von unterstützenden Netzwerken, von persönlicher Handlungs- und Durchsetzungsfähigkeit, von sozialer Unterstützung zu erzählen“ (Lenz, 2003, S. 247);
- Einbeziehung der sozialen Ressourcen, wie sie Netzwerke und die Stadtteilarbeit als niedrigschwelliges Angebot anbieten. Für Eltern ist es wichtig, miteinander ins Gespräch zu kommen, um so der Isolation und dem „Schmoren im eigenen Saft“ zu entkommen. Nur so können Versagensängste und Schuldgefühle der Eltern abgebaut werden.

IV.2 Grenzen achten und respektieren

Erziehung heißt, respektvoll miteinander umzugehen, bedeutet aber für Eltern auch, sich ihrer Erziehungsverantwortung zu stellen und nicht so zu tun, als seien sie die gleichrangigen Freunde ihrer Kinder. Keinesfalls darf das aber als Freibrief für Machtausübung und ständige Kontrolle missverstanden werden. So wie die Erwachsenen haben auch Kinder ein Recht auf Eigensinn und auf eine Privatsphäre. Daraus erwachsen Konflikte, deren Bewältigung zum Erziehungsalltag gehört. Grenzen zu setzen – das hat mit gegenseitiger Zumutung zu tun. Und diese Zumutung ist nur auszuhalten, wenn man sich achtet und respektiert:

- Ich (Vater und Mutter) nehme dich so an, wie du bist. Ich vergleiche dich nicht. Du bis einzigartig, du bist eine Persönlichkeit.
- Ich nehme mich als Vater oder Mutter so an, wie ich bin! Ich habe den Mut zum Fehler, zur Unvollkommenheit.
- Ich bin als Vater und Mutter nicht für das Tun des Kindes allein verantwortlich! Du bist es für dich! Ich gebe dir Freiheiten im Rahmen meiner Erziehungsver-

antwortung und meiner Möglichkeiten, aber du musst lernen, auch Verantwortung für dich zu übernehmen.

- Ich bin als Mutter oder Vater für mich und mein Tun verantwortlich, du nicht für mich. Ich bin gerne Vater oder Mutter, aber auch Mann oder Frau. Ich mag mich nicht ständig um dich kümmern! Ich brauche Raum und Zeit, um Kraft für mich und damit auch für dich zu sammeln.

Viele Ansätze haben die Verknüpfung von Persönlichkeitsbildung – mal mehr (z.B. Gordon-Familientraining, Encouraging, „Starke Eltern – starke Kinder", Step) mal weniger (Triple P) aufgegriffen und umgesetzt.

IV.3 Grenzen erfahren und setzen

Wer Kinder ins Leben begleitet, wird tagtäglich mit einer Polarität konfrontiert: einerseits Grenzen zu setzen und andererseits sie immer wieder auch zu erfahren. Es sind die fünf großen „G", die einen dabei begleiten: Geduld, Gelassenheit, Geschicklichkeit, große Gefühle erleben und Grenzen erfahren.

Geduld: Dazu zählt vor allem, den Charakter, das Temperament und die Eigen-Art eines Kindes zu berücksichtigen, und zugleich, sich als Vater und Mutter so anzunehmen, wie man ist: mal nachdenklich, mal fordernd, mal aufbrausend, dann sich wieder zurücknehmend.

Gelassenheit: Erziehung heißt Verzicht auf Überlegenheit. Gelassenheit bedeutet, Vertrauen zu sich und zum Kind zu haben. Zur Gelassenheit gehört, aufrichtig zu seinem Verhalten zu stehen und sich nicht ständig dafür zu rechtfertigen, nur weil man seiner Erziehungsverantwortung als Eltern nachgekommen ist.

Geschicklichkeit: Erziehung ist eine Kunst, und oft entsteht das „Kunstwerk" spontan, aus dem Bauch heraus. Wer unter Zeitdruck steht, kann nicht überlegen, sondern muss reagieren. Aber es gibt eben auch Situationen, auf die man sich vorbereiten kann, um dann im „Ernstfall" gekonnter zu handeln. Geschickte Eltern entwickeln auch ein Gespür für die eigene Grenze, diese Polarität zwischen „Ich werde gebraucht!" und „Ich habe eigene Bedürfnisse!".

Große Gefühle erleben: Wer Kinder ins Leben begleitet, der erfährt Höhepunkte und durchlebt Niederlagen – besonders während des Trotzalters und der Pubertät. Jedes Kind durchlebt diesen Entwicklungsabschnitt auf seine Weise: mal still und leise, mal lautstark und provozierend. Erziehung als Beziehung ist dann besonders wichtig, weil die Erziehungstechniken an ihre Grenzen stoßen.

Grenzen erfahren: Dazu zählt: die eigenen Grenzen zu akzeptieren, einzusehen, dass das eigene geistige und seelische Potenzial begrenzt ist. Und diesen Zustand zugleich als Herausforderung zu begreifen, mit Grenzen kreativ umzugehen. Sich den eigenen Grenzen zu stellen, tut häufig weh, vor allem, wenn man meint, bei anderen funktioniere es wohl immer.

IV.4 Die Bedeutung des Humors

Überblickt man die Konzepte, dann fehlt – bis auf kess – ein wichtiger Aspekt – zumindestens in der theoretischen Darstellung: der Humor.

Pestalozzi hat vor mehr als 220 Jahren sinngemäß formuliert: Lache dreimal am Tag mit deinem Kind, dann geht es dir gut! Ernst genommen haben diesen Satz nur wenige pädagogisch Handelnde. „Humorlose Eltern", so hat einst der bekannte Psychologe Josef Rattner formuliert, „können keine guten Erzieher sein. Denn das Fehlen von Humor lässt schließen auf Mangel an Selbsterkenntnis, Heiterkeit der Seele, mutiger Lebens- und Weltanschauung und Solidarität mit den Mitmenschen!" Humor und Lachen stiften Gemeinsamkeit. Und das solidarische Lachen lindert Versagensgefühle, überwindet manch Leid und Schmerz.

„Der Humor", so hat Sigmund Freud einmal geschrieben, „hat nicht nur etwas Befreiendes wie der Witz und die Komik, sondern auch etwas Großartiges und Erhebendes." Zum Humor gehörten neben dem Lachen und der Heiterkeit immer auch der Trost und das Mitgefühl. Lachen hat nichts zu tun mit Lächerlich-Machen, genauso wenig wie der Humor mit Sarkasmus oder Zynismus.

„Humor und Lachen", darauf hat Jürg Frick hingewiesen, „führen zu einer physiologischen wie psychischen Reduktion von Angst, aber auch von Ärger, Sorge, Ungewissheit und Belehrung." Der Humor ist gesund, er lockert Körper, Geist und Seele. Lachen erschüttert, macht Räume frei für Neues, lässt Kreativität zu, weckt ungeahnte Kräfte. Wenn der Humor begleitet wird von Menschenfreundlichkeit und Mitgefühl, dann kann er Wirkungen entfalten, die für die Erziehung von und die Beziehung zu Kindern wichtig sind:

- Das Lachen schafft Gemeinschaftsgefühle, frei nach dem Motto: Dem anderen ergeht es ja genauso, und so stehe ich nicht allein mit Schwierigkeiten da!
- Humor kompensiert das Selbstmitleid, bringt es zum Verschwinden, allerdings nur bei jenen, die es auch wollen.
- Im Lachen akzeptiert man seine Fehler, seine kleinen und großen Schwächen, im Lachen bekennt man sich zu seiner Unvollkommenheit, im Lachen wird man geerdet.

Lache dreimal am Tag mit deinem Kind, so hatte es Pestalozzi gefordert. Dieser so einfach anmutende Satz hat von seiner Aktualität nichts eingebüßt. Lachen und Schmunzeln über sich, mit dem Kind – lachen selbst dann, wenn es mal schwerfällt – ist die beste Medizin, eine Medizin mit Nebenwirkungen, keinen schädlichen freilich, sondern jenen, die den Erziehungsalltag auf wunderbare Weise entspannen helfen.

V. Nachbemerkungen

Ich möchte abschließend ein paar Gedanken formulieren, wie sie in dem Konzept nicht angesprochen werden. Manchmal gehört viel Glück dazu, wenn es gelingen soll, Kinder durch die Fährnisse der Entwicklung zu begleiten, mit ihnen einzelne Etappen – auch schwierige, sei es das Trotzalter, die Pubertät, seien es Krisen oder Krankheiten – zu bewältigen. „Glück", so hat es der Pädagoge Haim Ginott bemerkt, „ist kein Ziel, es ist eine Art des Reisens. Glück ist kein Selbstzweck. Es ist ein Nebenprodukt des Arbeitens, Spielens, Liebens und Lebens. Das Leben fordert notwendigerweise eine Verzögerung zwischen Wunsch und Erfüllung, zwischen einem Plan und dessen Realisierung. Mit anderen Worten: Das Leben bringt Frustration mit sich und verlangt das Aushalten von Frustration."

Deshalb ist Dankbarkeit ein wichtiger Reisebegleiter: dankbar auf seine Kinder zu schauen, dankbar dafür zu sein, dass sie da sind, dafür Sorge zu tragen, dass sie sich bedingungslos geliebt fühlen. Dies gilt besonders für jene Situationen, die nicht so gelingen, wie man es sich wünscht. Es ist einfach, Kinder dann anzunehmen, wenn man mit ihnen von Wellenkamm zu Wellenkamm surft, wenn alles so läuft, wie man es geplant hat. Aber Kinder wollen sich vor allem dann begleitet fühlen, wenn man sich im Wellental befindet, wenn man ganz unten liegt. Kinder wollen dann keine Vorwürfe hören, aber genauso gilt, dass Eltern sich nicht in Selbstvorwürfen ergehen.

Wer Kinder hat, der sollte demütig sein: Demütige Menschen sind keine unterwürfigen Menschen. Demut,, so hat es Anselm Grün wunderbar formuliert, ist der Mut zur eigenen Wahrheit, sich als Mensch mit Fehlern und Schwächen, aber auch Kompetenzen und Stärken zu begreifen. „Das Gegenteil der Demut", so betont er „ist die Hybris." Der hochmütige Mensch kann alles, will alles im Griff haben, nimmt sich und seine Grenzen überhaupt nicht mehr wahr.

Bezogen auf die Erziehung heißt das: Man meint, alles müsse einem gelingen, weil man von dem Gedanken pädagogischer Machbarkeit durchdrungen ist. Man will nicht nur erziehen, man will richtig (!) erziehen, sich jeden Tag den pädagogischen Oscar am Bande verdienen, um dann hochdekoriert durch die Straßen und Plätze der Stadt zu stolzieren.

Demut meint dagegen: auf dem Boden zu stehen, sich seiner Grenzen bewusst zu sein! Der demütige Mensch kennt die Grenzen seiner Fähigkeiten, weiß um seine Begrenztheiten, darum, dass Handeln mit Scheitern verbunden sein kann.

Dies gilt gleichermaßen für die Erziehung: Wenn es nicht funktioniert, wenn es nicht so läuft, wie man es sich vorgestellt hat, wenn man ein Kind begleitet und es ganz anders geht, als man will, wenn es ein völlig anderes Tempo anschlägt, als man möchte, dann gilt: Suche die Schuld nicht bei anderen oder bei dir selbst! Fluche nicht: „Ich werde es nie können!" oder lamentiere: „Wie konnte mir das passieren!" Wer sich andauernd über sich selbst, seine Unvollkommenheiten und Unzulänglichkeiten ärgert, der hat seine Grenzen immer noch nicht akzeptiert und respektiert.

Literatur

Arnold, R. (2007): Aberglaube Disziplin. Heidelberg.

Bünder, P./Sirringhaus-Bünder, A. (2008a): Der lernende Vater: Die Kompetenzen von Vätern im Alltag stärken. Ressourcenorientierte Videoberatung nach der Marte Meo-Methode. In: Heinz W. (Hg.) (2008): Vater wer bist du? Auf der Suche nach dem hinreichend guten Vater. Stuttgart: Klett-Cotta, S. 237 – 267.

Bünder, P./Sirringhaus-Bünder, A. (2008b): Die Arbeitsweise der Marte Meo-Methode. In: Zs. Praxis der Kinderpsychologie und Kinderpsychiatrie, Jg. 57, Heft 5, S. 330-345.
Dreikurs, R. (1996): Kinder fordern uns heraus. Stuttgart.
Freud, S. (1905): Der Witz und seine Beziehung zum Unbewussten. Frankfurt am Main.
Frick, J. (2007): Die Kraft der Ermutigung. Grundlagen und Beispiele zur Hilfe und Selbsthilfe. Bern.
Ginott, H. G. (1973): Gruppenpsychotherapie mit Kindern. Weinheim u.a..
Grün, A. (2000): 50 Engel für das Jahr. Freiburg [u.a.].
Honkanen-Schoberth, P. (2002): Starke Kinder brauchen starke Eltern. Der Elternkurs des Deutschen Kinderschutzbundes. 1. Aufl. Berlin.
Lenz, A. (2003): Ressourcenorientierte Beratung - Konzeptionelle und methodische Überlegungen. In: Praxis der Kinderpsychologie und Kinderpsychiatrie, N. 52, 4, S. 234-249.
Pestalozzi, H. (1801): Wie Gertrud Ihre Kinder lehrt, ein Versuch den Müttern Anleitung zu geben, ihre Kinder selbst zu unterrichten. In Briefen. Bern u. Zürich. In: Geßner, Heinrich, In: PSW 13, S. 181-359.
Rattner, J. (2008): Meister des großen Humors. Würzburg.
Sodtke, D./Armbruster, M. (2007): ELTERN-AG – Die niedrigschwellige Elternschule für die frühe Kindheit. In: Praxis der Kinderpsychologie und Kinderpsychiatrie, N. 56, S.707-720.
Tschöpe-Scheffler, S. (2006): Perfekte Eltern und funktionierende Kinder? Opladen.

Martina Heitkötter/Barbara Thiessen

Kapitel 2: Familienbildung: Entwicklungen und Herausforderungen

Familien nehmen nach wie vor eine zentrale Rolle bei der Erziehung, der Vermittlung von Alltags- und Basiskompetenzen sowie der Bildung der Kinder ein und müssen hier in zweifacher Hinsicht immer neue Anpassungsleistungen erbringen. Was als adäquate Erziehung und Bildung betrachtet wird, ist einem stetigen gesellschaftlichen Wandel unterworfen (BMFSFJ 2006). Vor dem Hintergrund der Dienstleistungs- und Wissensgesellschaft steigen die gesellschaftlichen Erwartungen an Familien, was sie als Erziehungs- und Bildungsinstanzen leisten sollen. Die veränderten Anforderungen der Arbeitswelt an das „Humankapital" unterstreicht das gestiegene Außeninteresse an der Erziehungsleistung von Familien. Demgegenüber haben Individualisierungsprozesse im gesellschaftlichen und privaten Bereich zu einem veränderten Bild von Familie, Ehe und Partnerschaft geführt. Gleichzeitig verschlechtert steigende Arbeitslosigkeit für viele Familien ihre Lebenssituation, die häufig auch von Armut geprägt ist. Angesichts dessen verlieren bisher scheinbar gültige Familienmodelle ihre Bedeutung und tradierte Rollenzuschreibungen und -wahrnehmungen werden vermehrt infrage gestellt (Lange/Lettke 2007).

In der Gesamtperspektive erweist sich Familie als alltägliche Herstellungsleistung (Jurczyk/Lange 2004), die ebenso haushaltsübergreifend als auch generationenumspannend sowie auch jenseits traditioneller Verwandtschaftssysteme realisiert wird. Familien in dieser umfassenden Herstellungsleistung zu unterstützen ist die wesentlichste Aufgabe von Familienbildung. Entwickelt wurde ein breites Angebotsspektrum, um Familien bei der Bewältigung ihrer Aufgaben mit der Vermittlung von Kenntnissen, Fertigkeiten und Informationen sowie der Stärkung von Ressourcen zu unterstützen. Neben den Bildungsangeboten im engeren Sinne bieten Familienbildungseinrichtungen auch Kontakt- und Austauschmöglichkeiten für Eltern, die wesentlich zur Selbstvergewisserung und Reflexion beitragen ebenso wie zu nachbarschaftlicher und sozialräumlicher Vernetzung. Mit den Angeboten wird ein präventiver Ansatz verfolgt. Familienbildung grenzt sich mit den Unterstützungsangeboten familialer Erziehungs- und Bildungsarbeit sowie zur Alltagsbewältigung in Familie und Partnerschaft von klassischer Ehe-, Lebens- und Familienberatung und therapeutischen Angeboten ab.

I. Historische Entwicklung der Familienbildung in Deutschland

Familienbildung verweist in ihrer historischen Entwicklung auf die je unterschiedlichen sozioökonomischen Anforderungen an familiale Erziehungsleistungen. Sie setzt hierfür einen Begriff von Kindheit und Erziehung voraus, der sich erst mit der Moderne im 18. Jahrhundert herausgebildet hat: Mit Rousseaus Thematisierung der Kindererziehung in „Émile und Sophie" wird im Diskurs der Aufklärung erstmals die „Kindheit“ als eigenständige Lebensphase entdeckt. Diese Fokussierung auf das Kind initiierte gleichzeitig die Konstruktion von „Mütterlichkeit“ als „natürliche“ Bestimmung der Frau (Badinter 1981; Toppe 1996). Historisch lassen sich dabei jeweils spezifische Diskurse über die „richtige“ Kindererziehung und Haushaltsführung rekonstruieren. Eingelassen ist darin ein Verständnis von Familie als zentrale Einheit moderner Gesellschaften als Ort notwendiger Entwicklung von Selbstführung im Kontext gouvernementalisierter Praktiken (Foucault 2000). Die institutionalisierte Familienbildung war und ist ein wesentliches Element in der (Weiter-)entwicklung dieser Diskurse, die ebenso unterstützenden wie normierenden Charakter aufweisen. Wesentliche Stationen der Praxisentwicklung waren: Haushalts- und Erziehungsunterweisung bürgerlicher Töchter und proletarischer Mütter im 19. Jahrhundert und frühen 20. Jahrhundert unter maßgeblichem Einfluss der bürgerlichen Frauenbewegung mit dem Konzept der „Geistigen Mütterlichkeit“ (Allen 1996). Im nationalsozialistischen Deutschland wurden die seit 1917 im Reichsgebiet vereinzelten Mütterschulen ausgebaut („Erste Mütterschulbewegung“ 1917–1934, vgl. Hoffmann 1964; Pettinger 1995) und einheitliche Richtlinien bereits 1934 verabschiedet, die sich am nationalsozialistischen Mütterkult und rassisch begründeten Familienleitbild ausrichteten und insbesondere auf hauswirtschaftliche Bildung fokussierten. Die „Zweite Mütterschulbewegung“ nach 1945 setzte Schwerpunkte bei Erziehungsfragen, Haushaltsmanagement in Notsituationen und initiierte Gesprächskreise für Alleinerziehende (Pettinger 1995). Grundlegend waren dabei präventive Ansätze der Familienbildung mit der Idee der „vorbeugenden Fürsorge“ (Rollik 2007). Hinzu kommt ab 1952 eine Ausweitung der Zielgruppe auf Väter, die zumindest punktuell angesprochen wurden. Eine konzeptionelle Weiterentwicklung der Mütterschulen zu Familienbildungsstätten fand vor dem Hintergrund eines sich wandelnden Familienleitbildes in den 1970er Jahre statt (Pettinger 1995). Mit der Verbreitung der Mütterzentren Ende der 1980er Jahre wurde der Selbsthilfegedanke auch in den etablierten Einrichtungen der Familienbildung aufgenommen. In der DDR stand Familienbildung unter der Idee der sozialistischen Persönlichkeitserziehung, die auch als Aufgabe der Eltern im § 3 des Familiengesetzbuches festgeschrieben war. Von Volkshochschulen über Arbeitskollektive bis zu den Angeboten der „Familienerholung“ waren Erziehungs- und Hygienethemen breit integriert. Seit 1990 ist im wiedervereinigten Deutschland aufgrund sich verschärfender sozioökonomischer Disparitäten eine Neuorientierung hinsichtlich der Zielgruppen, Kooperationsmodelle und Themen feststellbar (Pettinger 1995; Schiersmann u.a. 1998).

Die historischen Linien verweisen auf die Spannung der Familienbildung zwischen staatlichen Kontrollaspekten einerseits und Angeboten von Unterstützung sowie selbstbestimmter Reflexion familialen Handelns andererseits. Gleichzeitig zeigt sich im historischen Rückblick, dass Familienbildung immer schon sowohl arme und proletarische als auch bürgerliche Mütter und Mittelschichtsangehörige ansprechen wollte. Familienbildung war und ist der Versuch einer Antwort auf die je unterschiedlichen gesellschaftspolitischen und ökonomischen Herausforderungen an sowie sozialen und wirtschaftlichen Bedingungen von Familien. Dabei lassen sich sowohl emanzipatorische als auch repressive Traditionen nachweisen. Mehrfach erhebliche Revisionen erfahren haben zugrundeliegende Menschenbilder und

Geschlechterkonzepte sowie die Möglichkeiten der Mitgestaltung durch Nutzer/innen. Durch alle Wandlungsprozesse hindurch zieht sich die inhaltliche Orientierung auf Erziehungsthemen und Haushaltsfragen mit dem Ziel der Verbesserung der Eigentätigkeit. Mit Blick auf die umfassende alltagsorientierte und biografische Herstellungsleistung, die Familien unter sich stets wandelnden Rahmenbedingungen erbringen, zeigt sich darin eine thematische Verengung.

II. Gesetzliche Grundlagen der Familienbildung

Mit dem reformierten Kinder- und Jugendhilfegesetz (heute SGB VIII) wurde grundlegend der Gedanke der Prävention und Partizipation in die Jugendhilfe eingeführt. Damit hat auch die Familienbildung eine Aufwertung und prominente Verankerung erfahren. Im § 16 SGB VIII werden unter dem Stichwort der „Allgemeinen Förderung der Erziehung in der Familie" folgende Zielsetzungen festgelegt: Eltern haben einen Anspruch auf Förderung der Erziehungskompetenz (Abs. 1), dabei sind die unterschiedlichen Lebenslagen von Familien zu berücksichtigen und Selbsthilfe anzuregen (Abs. 2). Mit dem Inkrafttreten des Gesetzes zum Recht der Kinder auf eine gewaltfreie Erziehung (§ 1631, Abs. 2 BGB) im Jahr 2000 kann eine Intensivierung der Familienbildungsprogramme hinsichtlich von Erziehungskursen zur Gewaltfreiheit beobachtet werden (z.B. „Starke Eltern, starke Kinder").

Auf Länderebene ist die Zuständigkeit für Familienbildung nach wie vor unterschiedlich geregelt. In vier der (alten) Bundesländer sind die Kultusministerien für Familienbildung zuständig, in sieben Bundesländern die Sozial-, Jugend- und Familienministerien. Hier kommt der „Förderungszwitter" Familienbildung ebenfalls zum Tragen, weil in der Mehrzahl der Länder für die Weiterbildung die Kultusministerien, für die Jugendhilfe aber überwiegend die Sozialministerien zuständig sind. Damit wird ein grundlegendes Dilemma offensichtlich: Ist Familienbildung eher Soziale Arbeit oder Erwachsenenbildung? Die Förderung von Familienbildung nach Weiterbildungsgesetzen, deren Berechnungsgrundlagen weitgehend auf Unterrichtsstunden basieren, führt dazu, dass etwa Kooperationsangebote offener Arbeit im Stadtteil (s.u.) nicht gefördert werden können, weil sie dem Kurs-Stunden-System nicht entsprechen. Dazu stellte bereits der 8. Jugendbericht (1990) fest, dass die Förderrichtlinien der Länder und Kommunen „oft kontraproduktiv zu den Zielsetzungen der Arbeit" von Familienbildung sind. Lösel u.a. (2007, S. 8 f.) weisen darauf hin, dass in den letzten Jahren ein Rückgang öffentlicher Fördermittel zu verzeichnen ist, der Perspektiven niedrigschwelligen Zugangs (s.u.) weiter erschwert.

III. Institutionelle Settings und Formen der Familienbildung

Die subsidiäre Umsetzung der Familienbildung durch Angebote freier und kirchlicher Träger umfasst gegenwärtig bundesweit ca. 600 Einrichtungen mit ca. 2500 hauptamtlichen und 40.000 nebenamtlichen Mitarbeiter/innen. Pro Jahr werden mit 3,8 Millionen Kursstunden mehr als 3,5 Millionen Besucher/innen erreicht (www.bag-familienbildung.de). Bei ca. 40 Mill. Haushalten, davon 12,5 Mill. mit Kindern (Datenreport 2006, S. 37) kann noch nicht von einem flächendeckenden Angebot gesprochen werden. Zu berücksichtigen ist auch, dass Angebote im ländlichen Raum in geringerem Maße zur Verfügung stehen.

Eine aktuelle DJI-Auswertung der Kinder- und Jugendhilfestatistik zeigt, dass in der Hälfte der Jugendamtsbezirke eine Familienbildungsstätte zu verzeichnen ist, diese sind zu 90% in freier Trägerschaft (Pluto u.a. 2007, S. 190). Insgesamt existieren 1,5 Familienbildungsstätten pro 100.000 der 0- bis 27-Jährigen (ebd.). Hinzu kommen Mütterzentren, die es in jedem dritten Jugendamtsbezirk gibt, nahezu ausschließlich in freier Trägerschaft, insgesamt ca. 400 Einrichtungen (ebd., S. 194 f.).

Diese Daten zeigen, dass Familienbildung in Deutschland in sehr unterschiedlichen institutionellen Kontexten stattfindet und sich als vielgestaltige Landschaft verschiedener Akteure, Trägerstrukturen und Organisationsformen darstellt. In der Literatur wird derzeit zwischen drei Formen der Familienbildung unterschieden (Papastefanou 2006, S. 337 ff.); hier wird Familienbildung um eine vierte Form ergänzt.

1. Institutionelle Familienbildung: Dieser Bereich gliedert sich einerseits in explizite Bildungseinrichtungen entweder der Familienbildung (Familienbildungsstätten), der Erwachsenenbildung (z.B. Volkshochschulen oder Erwachsenenbildungstätten in kirchlicher Trägerschaft) oder Kindertageseinrichtungen und Schulen. Andererseits zählen auch Organisationen, Institutionen und Vereine zu dieser Kategorie, in denen Familienbildung nur einen Schwerpunkt neben anderen Aktivitäten darstellt wie beispielsweise Jugendämter, Pfarrgemeinden, Wohlfahrts-, Eltern- und Jugendverbände etc.
2. Informelle Familienbildung bzw. Familienselbsthilfe: Im Mittelpunkt stehen hier Erfahrungsaustausch, Information, Orientierung sowie Vernetzung und Entlastung von Familien in ihrem Alltagshandeln. Familienselbsthilfe geht dabei von den Erfahrungen und Kompetenzen der Familien aus, und macht die Selbstorganisation, die Sozialraumorientierung sowie den Aufbau und die Pflege langfristiger Netzwerke zur wechselseitigen Unterstützung beispielsweise bei der Kinderbetreuung stark (Gerzer-Sass/Erler 1999). Die offenen Konzepte der Familienselbsthilfe wie Müttertreffs, Stammtische etc. gelten als niedrigschwellige Angebote, von denen in dieser Hinsicht Anstöße für die Familienbildung insgesamt ausgehen.
3. Mediale Familienbildung: Dieser Bereich der Familienbildung umfasst ergänzend zu den beiden anderen Formen Wissensvermittlung durch Bücher, Elternzeitschriften, Broschüren sowie Elternbriefe aber auch Fernsehen und Rundfunk. Neben den klassischen Printmedien kommen in wachsendem Maße elektronische und digitale Medien dazu (Elternratgeber sowie Chats und Foren im Internet oder Erziehungskurse auf CD-Rom). Aus fachlicher Sicht problematisch sind Fernsehsendungen wie die umstrittene RTL-Serie „Super-Nanny" (Tschöpe-Scheffler 2005b; Wahl/Hees 2006), da dadurch der Mythos einer „richtigen" Erziehung eher genährt wird und Eltern zu Rezipienten von Erziehungsstrategien gemacht werden, anstelle sie dabei zu unterstützen, neue Erfahrungen im Kommunikations- und Interaktionsverhalten mit ihren Kindern zu machen und ihr Handlungsrepertoire somit zu erweitern.

4. Mobile, aufsuchende Familienbildung: Gerade Familien, die durch Arbeitslosigkeit, Einkommensarmut, Migrationshintergrund, geringes Bildungsniveau oder andere sozio-ökonomischen Faktoren benachteiligt sind, werden durch herkömmliche, unter den ersten drei genannten Angeboten der Familienbildung kaum erreicht, da sie sich durch die Art der Angebote sowie der damit erreichten Klientel in ihrer Lebenswirklichkeit nicht angesprochen fühlen. Gleichzeitig ist der Unterstützungsbedarf dieser Familien besonders hoch. Hier sind aufsuchende Formen der Familienbildung viel versprechend, die auf so genannte Geh-Strukturen aufbauen und Familien beispielsweise an Spielplätzen, im Supermarkt (Armbruster 2006) aufsuchen oder durch Hausbesuchsprogramme in ihrem häuslichen Umfeld erreichen. Beispielsweise etabliert das frühe familienorientierte Förderprogramm „Opstapje –Schritt für Schritt" (Sann/Thrum 2005; Sann 2007) Geh-Strukturen sowie Vernetzungsangebote unter den Familien. Hier arbeiten sozialpädagogische Fachkräfte mit geschulten semiprofessionellen Kräften, die aus dem gleichen sozio-kulturellen Umfeld stammen wie die Zielgruppen, und als Hausbesucherinnen in die Familien gehen. Damit werden gleichzeitig Hürden für die Inanspruchnahme weiterer, institutioneller oder medialer Angebote reduziert.

Darüber hinaus steht sozial benachteiligten Familien mit großen Schwierigkeiten in der Erziehung ihrer Kinder (verbunden mit materiellen und psychosozialen Belastungen), im Rahmen der Hilfen zur Erziehung Sozialpädagogische Familienhilfe zur Verfügung (Helming/Schattner/Blüml 1998). Diese im Wesentlichen aufsuchende Hilfe integriert viele Elemente von Familienbildung (Förderung von Erziehungs-, Beziehungs- und Alltagskompetenzen). Damit lassen sich produktive Verknüpfungen zwischen familienunterstützenden und familienergänzenden Angeboten herstellen.

IV. Ziele, Angebotspalette, Zielgruppen

Familienbildung zielt darauf ab, dass Familien ihre Kompetenzen realisieren und nutzen, die sie zu einer selbstbestimmten Lebensplanung und Alltagsgestaltung innerhalb ihrer sozialen Netze sowie für die Erfüllung ihrer Erziehungs- und Bildungsaufgaben benötigen. Konkret können folgende familiale Kompetenzbereiche unterschieden werden, an denen Familienbildungsangebote stärkend und entwickelnd ansetzen: elterliche Erziehungskompetenz, Beziehungs- und Kommunikationskompetenz, Alltagskompetenz, Partizipationskompetenz in Kindertagesstätten und Schule aber auch in Formen der Selbst- und Nachbarschaftshilfe (Vernetzungskompetenz), Medienkompetenz, Gesundheitskompetenz sowie die Fähigkeit einer angemessenen Freizeit- und Erholungsgestaltung (Tschöpe-Scheffler 2005a; Deutscher Verein 2007). Familie ist darüber hinaus die soziale Instanz, die Kinder auf die formalen Bildungsprozesse der Schule und deren Lernanforderungen vorbereitet und ihre Bildungsbiographien begleitet. Sie vermittelt durch informelle Bildungsprozesse eine Reihe grundlegender Kompetenzen, Fertigkeiten und Werthaltungen (Büchner 2006).

Um diese Zielsetzung zu erreichen, verfügt die Familienbildung über eine sehr vielfältige Angebotspalette (Tschöpe-Scheffler 2005a). In der Fachdiskussion finden sich nebeneinander verschiedene nachfolgend dargestellte Ansätze, die jeweils einen unterschiedlichen Blinkwinkel einnehmen, um die Aufgaben und Angebote der Familienbildung zu systematisieren (Lösel u.a. 2007, S. 19 unter Bezug auf Pettinger 2006; Pettinger/Rollik 2005; Strätling 1990; Textor 2001).

- Familiale Lebensphasen: Diese Perspektive stellt die Begleitung der Familien entlang ihrer Biographie über verschiedene, häufig noch normativ gesetzte Phasen in den Mittelpunkt. Hier thematisiert die Familienbildung die Bewältigung von Übergängen (Eltern werden, Eintritt der Kinder in den Kindergarten oder die Schule, „empty nest"-Phase etc.) bzw. bietet Unterstützung bei familienbiographisch sich verändernden Anforderungen.
- Aufgabenorientierung: Dieser Ansatz differenziert nach den verschiedenen Aufgabenbereichen der Familie wie der Erziehung, hauswirtschaftlichen Tätigkeiten, Kommunikation, Gesundheit oder anderen Herausforderungen bei der Bewältigung des Alltags.
- Besondere Familienformen: Dieser Ansatz geht von den verschiedenen familialen Lebensformen aus (Ein-Elternfamilien, Patchwork- oder Pflegefamilien) und gestaltet die Unterstützungsangebote entsprechend den jeweiligen Herausforderungen, beispielsweise die Bewältigung von Trennung/Scheidung oder die Zusammenführung von Familien.
- Besondere Belastungen: Aus diesem Blickwinkel treten familiale Belastungssituationen wie Gewalterfahrung, Arbeitslosigkeit, Krankheit und Behinderung, Tod, soziale Benachteiligung oder Migrationserfahrung in den Mittelpunkt.
- Zielgruppenorientierung: Hier richten sich die Angebote speziell an einzelne Zielgruppen (z.B. Mütter, Väter, Großeltern). In dieses Spektrum fallen auch Angebote für bestimmte familiennahe Berufsgruppen wie beispielsweise Tagespflegepersonen oder Erzieher/innen.

Die Programmgestaltung vor Ort beruht auf einer Bedarfsanalyse eines Stadtteils oder eines ländlichen Einzugsgebietes. Mitwirkende sind neben den Fachkräften der Familienbildung i.d.R. Mitarbeiter/innen der Sozialzentren, Einrichtungen und Träger im Stadtteil sowie die Familien selbst. Angebotsformen der Familienbildung sind gruppenpädagogische Angebote, Einzelberatung, Frühberatung, themenorientierte Veranstaltungen, Kurse und Seminare, Stadtteilaktivitäten und Feste, Familienfreizeiten, Wegweiserberatung und aufsuchende Arbeit. Die Angebote sind für die Betroffenen kostengünstig bis kostenfrei; partizipativ und – im Unterschied zu familienergänzenden Hilfen des Jugendamtes wie beispielsweise der Sozialpädagogischen Familienhilfe – familienunterstützend und freiwillig.

Die Studie von Lösel u.a. (2007) unternimmt in Ergänzung zu den vorliegenden, stark auf die Institutionen ausgerichteten Untersuchungen (Schiersmann u.a. 1998 für das gesamte Bundesgebiet; John 2003 für Baden-Württemberg und Walter u. a. (2000 für Bayern) eine breit angelegte Bestandsaufnahme der Familienbildung sowie eine Wirkungsanalyse der Angebote[1]. Ein wesentliches Ergebnis ist, dass Hauptträger der Angebote[2] Familienbildungsstätten sind und hier Eltern-Kind-Gruppen vorherrschen (insgesamt etwa die Hälfte des Gesamtangebots; Lösel u.a.

2007, S. 7 ff.). Dahinter verbirgt sich ein vielgestaltiges Spektrum hinsichtlich konzeptioneller Ausrichtungen, die von gering strukturierten Frühstücksangeboten bis hin zu angeleiteten Gesprächskreisen mit integrierten Bildungs- und Reflexionsmöglichkeiten reichen. Lohnend wären hier genauere Bestandsaufnahmen und Wirkungsanalysen.

Für die schwächer versorgten kleinstädtischen bzw. ländlichen Räume übernehmen andere Einrichtungen, für die Familienbildung nicht im Zentrum steht, eine wichtige Rolle. So bieten Beratungseinrichtungen oder andere institutionelle Settings zwar nur wenige einschlägige Veranstaltungen, tragen aber aufgrund ihrer großen Zahl dennoch substantiell zum Angebot der Familienbildung bei. Ein Mehrbedarf an Angeboten wird laut der Untersuchungsergebnisse bei der Förderung der Erziehungskompetenz, bei niedrigschwelligen Angeboten sowie der besseren Unterstützung von jungen Familien belasteter Gruppen gesehen.

Während Angebote der Familienbildung neben den Erziehungsverantwortlichen auch Kinder einbeziehen, spricht Elternbildung ausschließlich die erwachsenen Erziehungsverantwortlichen an (Papastefanou 2006, S. 334). Hinsichtlich des Erreichens von Zielgruppen insgesamt zeigen sich deutliche Segregationen entlang geschlechtlicher, sozialer und ethnischer Dimensionen. Die traditionelle Orientierung an Müttern ist tief in die sozialen und kulturellen Praxen der Angebotsformen eingelassen. Die Integration von Vätern wird meist nicht systematisch betrieben und weist seit über 50 Jahren nur exemplarischen Charakter auf. Zwar stieg der Anteil von Männern allmählich, liegt derzeit jedoch nur bei 17 Prozent (Lösel u.a. 2006, S. 9). Dem Begriff „Eltern"-bildung unterliegt daher nach wie vor eine programmatisch-euphemistische Tendenz. Das Problem der Mittelschichtorientierung ist ebenfalls seit langem bekannt und bleibt bislang dennoch weitgehend unverändert. Der Anteil von Teilnehmenden aus bildungsfernen Schichten liegt bei ca. 15 Prozent (ebd.). Ebenso liegt die Beteiligung von Familien mit Migrationshintergrund unter ihrem Bevölkerungsanteil.

V. Aktuelle Herausforderungen

Die Familienbildung steht vor mindestens vier großen Herausforderungen, will sie angemessen auf den gesellschaftlichen Wandel und die veränderten Lebenssituationen von Familien reagieren. Dabei hat sie gleichzeitig mit einem Grunddilemma zu kämpfen: Den wachsenden Anforderungen, Aufgaben und Erwartungen stehen stagnierende bzw. rückläufige institutionelle, finanzielle und personelle Ressourcen gegenüber. Die wesentlichen Herausforderungen werden hier in den Punkten Vernetzung, Niedrigschwelligkeit, Professionsentwicklung sowie Qualitätssicherung skizziert.

V.1. Vernetzung und Kooperation

Um alle Ressourcen zur Stärkung von Familien zu optimieren, geht es in einer weiten Perspektive darum, insgesamt familienbezogene Dienstleistungen von Bildung, Betreuung und Beratung einrichtungsübergreifend zu vernetzen und an Orten zu bündeln, die Familien vertraut sind (Diller/ Keitkötter/ Ranschenbach 2008). Vor dem Hintergrund einer gewachsenen Differenzierung und Spezialisierung von familienbezogenen Diensten, sind auch für die Familienbildung Vernetzung und Kooperation – neben den inhalts- und funktionsbezogenen Herausforderungen – derzeit als hervorgehobene strukturelle Entwicklungsaufgaben zu begreifen (Pettinger/Rollik 2005, S. 137 ff.). Erreicht werden soll mittels Vernetzung und Kooperation, dass die Bildungs- und Unterstützungsangebote der Familienbildung inhaltlich näher am Alltag ausgerichtet sind (Bedarfsgerechtigkeit) und räumlich näher an den Wohnorten der Familien platziert – und damit über ergänzende Standorte in den Stadtteilen dezentralisiert – (Sozialraumorientierung). Das SGB VIII bietet durch die §§ 1, 3 und 4 die gesetzliche Grundlage dafür und verweist darin auf die Gesamtverantwortung der Träger der öffentlichen Jugendhilfe für ein geeignetes vernetztes Hilfesystem als Teil der Jugendhilfeplanung.

Aktuelle Praxisentwicklungen vor Ort, unterstützt durch verschiedene Programme auf Landes- und Bundesebene beispielsweise Familienzentren in NRW oder Mehrgenerationenhäuser (vgl. MGFFI 2007a, Diller 2006) verknüpfen systematisch professionsübergreifende bisher eher getrennte Angebotssegmente. Auf unterschiedliche Weise (unter einem Dach oder als Verbundsysteme mit Lotsenfunktion etc.) werden Angebote der Kindertageseinrichtungen zur Betreuung, Bildung und Erziehung mit Angeboten der Eltern- und Familienbildung, der Kindertagespflege, der Familienhilfe, der Beratung sowie ergänzenden haushaltsnahen Dienstleistungen oder gesundheitsorientierten Angeboten miteinander verknüpft. Weitere, auch für die Familienbildung relevante kommunale oder regionale Vernetzungsdimensionen sind familienpolitische Netzwerke vor Ort (wie beispielsweise Lokale Bündnisse für Familie, BMFSFJ 2005). Hierin liegt aktuell die Chance für Familienbildung, sich als aktiver, möglicherweise auch initiativer Partner einzubringen, der mit seinen breiten Angeboten sowie seinen besonderen kommunikativen, moderierenden Erfahrungen und Kompetenzen einen unverzichtbaren Beitrag für diese integrierten, multifunktionalen Einrichtungen in den örtlichen Entwicklungsprozessen leistet (Pettinger/Rollik 2005; Rößler/Heitkötter 2007).

Voraussetzung dafür ist allerdings, die erforderlichen personellen und finanziellen Ressourcen sicher zu stellen, um die anfallenden Netzwerkaufgaben zu honorieren, denn der Aufbau und die Pflege von Netzwerken und Kooperationsbeziehungen sowie deren Koordination und Steuerung erfordern zusätzliche personelle Kapazitäten und spezifische Kompetenzen (Deutscher Verein 2007, S. 11 ff.). Unterschiedliche Handlungslogiken der beteiligten Einrichtungen bezogen auf Hierarchien, Finanzierung, Entscheidungswege etc. sowie der unterschiedliche Status der Mitarbeiter/innen in berufsgruppenübergreifenden Konstellationen kennzeichnen die besonderen Herausforderungen, die konkret von Einrichtungen der Familienbildung im Rahmen von Kooperationen und Netzwerken zu meistern sind (Beckstette/Bierschock/Rupp 2002).

Perspektivisch sollten aus Sicht der Familienbildung weitere thematische und strukturelle Kooperationen wie etwa die Verknüpfung mit dem Gesundheitsbereich eine zunehmende Rolle spielen. Während in der Bevölkerung Geburtsvorbereitungskurse mittlerweile eine selbstverständliche Akzeptanz und flächendeckende Verbreitung genießen, die auch die breite Beteilung von werdenden Vätern einschließt, bricht die Nachfrage nach Information und Unterstützung nach der Geburt ab, obwohl unterstellt werden kann, dass der Bedarf eher zunimmt.

V.2. Niedrigschwellige Angebote

Als Kernproblem von Familienbildung in Deutschland wird seit vielen Jahren die Frage des Zugangs zu bildungsfernen Familien diskutiert und mit Nutzerstudien belegt (Schiersmann u.a. 1998; Smolka 2002; Lösel u.a. 2006). Dennoch zeigen sich bislang keine nachhaltigen Veränderungen, obwohl die zunehmende Prekarisierung von familiären Lebenslagen die Frage des Zugangs zu sozial benachteiligten Familien dringlicher macht. Gleichwohl gibt es bemerkenswerte Beispiele und wegweisende Erfahrungen, die hier nur kurz skizziert werden können (Rupp 2003). Niedrigschwelligkeit in einer weiten Perspektive zeichnet sich demnach aus durch systematische Öffnungen entlang der Differenzachsen von Schicht, Geschlecht und Ethnizität, die methodisch begründete Umsetzungen nach sich ziehen, die das „vor Ort"-Sein in mehrfacher Hinsicht berücksichtigen. Die räumliche Dimension bezieht sich auf Erreichbarkeit in örtlicher, finanzieller und institutioneller Hinsicht. Ermutigende Erfahrungen wurden mit Geh-Strukturen, basierend auf Vernetzung im Stadtteil, gemacht: Familienbildung ist dort, wo belastete Familien zu finden sind (z.B. in Kindertageseinrichtungen, Kinderarztpraxen, Kirchengemeinden, Arbeitslosentreffs) (Schoppe 2007). Als erfolgreiches Beispiel einer besonderen Form aufsuchender Familienbildung kann das Programm „Opstapje" gelten (s.o.). In geschlechtlicher Perspektive wird deutlich, dass mit einer Angebotsstrukturierung von Frauen für Frauen keine Väter erreicht werden. Demgegenüber wurden mit Vater-Sohn-Freizeiten bewusst neue Formen gefunden, die zunächst an bekannten Geschlechtsmustern anknüpfen. Schließlich war bislang die Dimension der sozialen und ethnischen Habitusformierung entlang der kulturellen Muster der Mittelschicht wesentlich für (ungewollte) Ausgrenzungsprozesse verantwortlich. Kulturelle, soziale oder ethnische Kohärenz forciert Exklusionen. Wesentlich scheint zukünftig, Zugänge zu bekommen, die ohne Stigmatisierung einhergehen (Helming 2006). Hier haben sich in der Praxis Angebote bewährt, die etwa durch die Wahl des Standortes sowohl Unterschichtfamilien als auch Mittel- oder Oberschichtfamilien ansprechen, etwa mit den Themen zu „Schrei-Babys" oder Erziehungskompetenzen. Hilfreich scheint ebenso zu sein, Zentren mit weiteren Trägern zu gründen, in denen neben (niedrigschwelliger) Familienbildung auch Angebote von Familienberatung und -therapie angeboten werden, mit der Möglichkeit, die Berater/innen bereits in Kursen kennen lernen zu können und dabei zu erfahren, dass auch Mittelschichteltern Erziehungsprobleme haben[3].

Aus Sicht der Fachkräfte besteht jedoch ein erheblicher Nachteil stadtteilorientierter, dezentralisierter Familienbildungsstrukturen, in den sich erschwerenden Arbeitsbedingungen: Atomisierung, der Frage der institutionellen Zugehörigkeit, mangelnder Austausch mit Kolleg/innen der Familienbildung u.ä. Darin ist möglicherweise auch ein Grund für die mangelnde Umsetzung von Dezentralisierung zu sehen.

V.3. Professionspolitische Herausforderungen

Die Situierung der Familienbildung zwischen Jugendhilfe und Erwachsenenbildung lässt die Frage aufkommen, welche Grundprofession eher geeignet scheint: Soziale Arbeit oder Pädagogik/Weiterbildung. Damit zeigt sich, dass sich die Mitarbeiter/innen, die meist aus dem Bereich der Sozialen Arbeit kommen, häufig ungenügend auf den Bereich der Vermittlung und didaktischen Grundlegung von Kompetenzen vorbereitet fühlen. Ebenso ist ungeklärt, welche Schwerpunktsetzung in den Kursangeboten vorgenommen werden soll: Austausch und Reflexion eigener Erfahrungen, Beziehungsknüpfung oder Wissensvermittlung.

Ein weiteres wesentliches Problem stellt sich in der ungünstigen Relation von Haupt- und Nebenamtlichen im Bereich der Familienbildung, das mit Abstand zu den problematischsten in der gesamten Jugendhilfe zählt: Weniger als 7 Prozent der Mitarbeiter/innen sind hauptamtlich tätig. Ihnen obliegt vor allem die organisatorische und finanzielle Sicherung der Einrichtungen. Die pädagogische Arbeit wird weitgehend von nebenberuflichen, freiberuflichen und ehrenamtlichen Mitarbeiter/innen durchgeführt (Pettinger 2006, S. 230 f.). Neben der Frage der Qualitätssicherung stellt sich das Problem der Rollenvorbilder. Eine Honorarkraft, die seit vielen Jahren in Elternzeit ist und „neben der Familie“ einen oder mehrere Kurse anbietet, wird Ausbildungs- und Erwerbsorientierung für Mütter weniger in den Vordergrund rücken. Demgegenüber haben Praxisevaluationen gezeigt, dass gerade die Ausbildungs- und Erwerbsorientierung der Mütter nicht nur für die finanzielle Selbständigkeit von (Eineltern-)Familien wichtig ist, sondern erheblich zur Verbesserung von Alltagsbewältigung und Erziehungsfähigkeit beiträgt (Thiessen 2007).

Schließlich besteht für die aktuelle Familienbildung eine wesentliche professionelle Anforderung in der Fähigkeit der interdisziplinären Kooperation (s.o.). In Stadtteilzentren und in der Vernetzung muss mit pädagogischen, administrativen, medizinischen und therapeutischen Fachkräften zusammengearbeitet werden, ohne die eigene spezifische Fachlichkeit aus den Augen zu verlieren. Dies ist bei der eher gering wertgeschätzten Sozialen Arbeit nicht immer einfach (Rabe-Kleberg 1997). Die Nähe zum häuslichen Alltag, die es gilt in der pädagogischen Arbeit herzustellen, bietet Projektionsflächen für das eigene Familiäre und verleitet zu „Semi-Professionalität“. Daher sind in diesem Feld ausreichend Ressourcen für Supervision und fachlichen Austausch bereit zu stellen.

V.4. Qualitätssicherung und Evaluation

Die Qualität der Arbeit ist abhängig von solchen Faktoren wie den Zielen und Strategien, kompetenter Leitung, motivierten Mitarbeiter/innen, dem Budget, der Durchsichtigkeit von Prozessen auf allen Ebenen und der Annahme der Angebote durch die Bürgerinnen und Bürger. Für die Qualitätsentwicklung sind Standards zu nennen, die ebenfalls als Grundlage dienen, Instrumente für eine Qualitätssicherung aufzubauen. (Selbst-)Evaluation, deren Messinstrumente von allen Familienbildungseinrichtungen angewendet werden, dient der Qualitätssicherung. Die Erstellung von Jahresberichten, Dokumentationen und Stärken-Schwächen-Analysen sind Bestandteile einer Evaluation.

Allgemeine Ansätze der Qualitätssicherung wie Fortbildung und Supervision der Kursleiter/innen sind relativ verbreitet und umfassen drei Viertel der von Lösel u.a. (2007, S. 163) erfassten Maßnahmen. Gezieltere Qualitätssicherungsmaßnahmen wie Teilnehmer/innenzufriedenheit, Teilnahmehäufigkeit oder Kontrolle der Implementierung kommen bei jeweils deutlich weniger als 40 Prozent der Maßnahmen vor. Diese Maßnahmen der Qualitätsförderung sind in Zukunft weiter zu verstärken. Eine noch größere Herausforderung besteht bei der Etablierung sowohl von Implementierungs- und Prozessevaluationen bei Maßnahmen der Familienbildung als auch im Bereich externer Wirkungsanalysen. An systematischen Wirkungsevaluationen mangelt es bei fast allen der von Lösel et al. (2007) erfassten Maßnahmen der Familienbildung. Forschungsbedarf besteht insbesondere bei dem Hauptangebotssegment der Eltern-Kind-Gruppen (s.o.).

VI. Perspektiven und Bedarfe

In der Gesamtperspektive zeigt sich, dass Familienbildung in ihrer rund 90-jährigen Geschichte mittlerweile zwar eine etablierte und prominente Position einnimmt, gegenwärtig jedoch vor vielen Herausforderungen steht. Einige davon sind bereits seit längerem bekannt. Wenn sich Familienbildung nicht darauf einstellt, besteht die Gefahr, dass sie im gegenwärtigen strukturellen Wandel familienbezogener Angebote deutlich an Bedeutung verlieren wird. Gleichzeitig zeichnet sich in einigen Beispielen guter Praxis bereits ab, dass – wenn diese Herausforderungen angenommen werden – Familienbildung die Chance hat, in der Vernetzung und Integration familienbezogener Dienstleistungen entlang der lokalen bzw. regionalen Bedarfsstruktur einen zentralen Platz oder sogar eine Mittlerfunktion einnehmen zu können. Die schwierigen Herausforderungen sind allerdings mit dem Schlüssel von nur 7 Prozent festangestelltem, ausgebildetem Personal und von 93 Prozent (angelernten) Honorarkräften kaum zu leisten. Hier sind Umsteuerungen in Richtung einer Professionalisierung dringend geboten.

Zu denken geben trotz der langjährigen intensiven Arbeit die – in Studien immer wieder festgestellte – erstaunlich geringe Bekanntheit und Akzeptanz von Familienbildung in breiten Bevölkerungsschichten. Hier bietet die Entwicklung integrierter Familienangebote mit einfachem Zugang für Familien eine Perspektive, die Bekanntheit und die Inanspruchnahme durch weitere Nutzer/innen zu erhöhen und die breite thematische Vielfalt ausspielen und ausbauen zu können.

Anmerkungen

1 Neben Einrichtungen werden vor allem auch einzelne Maßnahmen und Angebote systematisch erfasst sowie vorliegende Studien zur Wirksamkeit der Maßnahmen im Rahmen einer Meta-Evaluation systematisch ausgewertet und mit statistischen Untersuchungen ergänzt. Die Studie konzentriert sich dabei auf einen enger gefassten Begriff familienbezogener präventiver Bildungsmaßnahmen und erfasst alle Maßnahmen im Sinne § 16 SGB VIII. Das abgebildete Ange-

botsspektrum ist dennoch sehr heterogen und umfasst Erziehungskurse, Gesprächsgruppen, Eltern-Kind-Gruppen bis zu Bildungsangeboten. In die bundesweite, schriftliche Befragung (Bezugsjahr 2004) wurden Familienbildungsstätten, Beratungseinrichtungen, selbsthilfeorientierte Vereine sowie Einrichtungen der allgemeinen Erwachsenenbildung, Seelsorge und Wohlfahrtspflege einbezogen, die Veranstaltungen zur Eltern- und Familienbildung anbieten.

2 Das Gesamtangebot beläuft sich bundesweit auf 197.000 Veranstaltungen, die durch rund 2.300 darauf bezogenen Fortbildungs- und Supervisionsveranstaltungen ergänzt werden.

3 Zum Bereich der Prävention siehe den Beitrag von Jurczyk/Kindler/Rauschenbach in diesem Band.

Literatur

Allen, A. T. (1996): „Geistige Mütterlichkeit“ als Bildungsprinzip. In: Kleinau, Elke/Opitz, Claudia (Hrsg.): Geschichte der Mädchen- und Frauenbildung, Band 2, Frankfurt am Main, S. 19–34.

Armbruster, M. M. (2006): Eltern – AG. Das Empowermentprogramm für mehr Elternkompetenz in Problemfamilien. Heidelberg.

Badinter, E. (1981): Die Mutterliebe: Geschichte eines Gefühls vom 17. Jahrhundert bis heute. München.

Beckstette, W./Bierschock, K./Rupp, M. (2002): Leitfaden Vernetzung und Kooperation für Initiativen zur Förderung der Familienbildung. Bamberg.

Büchner, P. (Hrsg.) (2006): Bildungsort Familie. Transmission von Bildung und Kultur im Alltag von Mehrgenerationenfamilien. Wiesbaden.

Bundesministerium für Familie, Senioren, Frauen und Jugend (BMFSFJ) (2005): Lokale Bündnisse für Familien. Stationen, Erfolge, Impulse, Berlin.

Bundesministerium für Familie, Senioren, Frauen und Jugend (BMFSFJ) (2006): Siebter Familienbericht. Familie zwischen Flexibilität und Verlässlichkeit. Perspektiven für eine lebenslaufbezogene Familienpolitik. Berlin.

Bundesministerium für Jugend, Familie, Frauen und Gesundheit (1990): Achter Jugendbericht. Bericht über Bestrebungen und Leistungen der Jugendhilfe. Bonn.

Datenreport 2006: Zahlen und Fakten über die Bundesrepublik Deutschland, Statistisches Bundesamt, Wiesbaden.

Deutscher Verein für öffentliche und private Fürsorge e.V. (2007): Bestandaufnahme und Empfehlungen des Deutschen Vereins zur Weiterentwicklung der Familienbildung. Unter: http://www.familienbildung.de/Empfehlungen_Familienbildung%20DV_19_06%20endg.pdf (24.07.2007).

Diller, A. (unter Mitarbeit von D. Schröder und D. Liebich) (2006): Mehrgenerationenhäuser – intergenerative Aktivitäten in unterschiedlichen Institutionstypen, Rechercheberich im Auftrag des BMFSFJ, München.

Diller, A./ Heitkötter, M./ Rauschenbach, T. (Hrsg.) (2008): Familie im Zentrum. Kinder fordernde und Eltern unterstützende Einrichtungen – aktuelle Entwirklungslinien und Herausforderungen. DJI, München.

Foucault, M. (2000): Die Ordnung des Diskurses. Frankfurt am Main.

Gerzer-Sass, A./Erler, W. (1999) (Hrsg.): Familienselbsthilfe und ihr Potential für eine Reformpolitik von „unten“. Individuelle, familiale und gemeinwesenbezogene Wirkungen und Leistungen von Familienselbsthilfe. München.

Helming, E. (2006): „Die haben nichts – die bringen nichts“?! Sozialpädagogische Familienhilfe: Familienbildung für sozial benachteiligte Familien. In: Recht der Jugend und des Bildungswesens, Jg. 54, H. 2, S. 207–219.

Helming, E./Schattner, H./Blüml, H. (1998): Handbuch Sozialpädagogische Familienhilfe, Stuttgart.

Hoffmann, E. (1964): Friedrich Fröbel. Ausgewählte Schriften, Bd. 1, Düsseldorf.

John, B. (2003): Familienbildung in Baden-Württemberg, Studie im Auftrag des Sozialministeriums Stuttgart.

Jurczyk, K./Lange, A. (2004): Familie und die Vereinbarkeit von Arbeit und Leben – neue Entwicklungen, alte Konzepte. In: Jansen, Mechtild M./Veil, Mechtild (Hrsg.): Familienpolitiken und Alltagspraxis. Polis 41. Wiesbaden, S. 21–34.

Lange, A./Lettke, F. (2007): Schrumpfung, Erweiterung, Diversität. Konzepte zur Analyse von Familie und Generationen. In: Lettke, F./Lange, A. (Hrsg.): Generationen und Familien. Analysen – Konzepte – gesellschaftliche Spannungsfelder. Frankfurt am Main, S. 14–46.

Lösel, F. u.a. (2006): Bestandsaufnahme und Evaluation der Angebote im Elternbildungsbereich – Abschlussbericht. Im Auftrag des Bundesministeriums für Familie, Senioren, Frauen, Jugend, Erlangen-Nürnberg. Unter: http://www.bmfsfj.de/doku/elternbildungsbereich/pdf/abschlussbericht2006.pdf (24.07.2007).

Lösel, F./Jaursch, S./Mohr, Aq./Eckert, R. (2007): Auswege aus der Gewalt an Schulen. Weimar.

Ministerium für Generationen, Familie, Frauen und Integration NRW (MGFFI) (2007a): Newsletter Familienzentrum NRW, Düsseldorf.

Papastefanou, C. (2006): Familienbildung. In: Fried, L./Roux, S. (Hrsg.): Pädagogik der frühen Kindheit. Weinheim, S. 334–345.

Pettinger, R. (1995): Von der Mütterschule zur Familienbildung als Instrument kommunaler Familienpolitik und Jugendhilfeplanung. In: AGEF-Informationsdienst, Heft April, S. 50-54.

Pettinger, R. (2006): Hohe und wachsende gesellschaftliche Erwartungen bei weiter geringen Ressourcen. Das Dilemma der Familienbildung in Deutschland – Analyse und Perspektiven. In: Recht der Jugend und des Bildungswesens, 54. Jg., H. 2, S. 220-232.

Pettinger, R./Rollik, H. (2005): Familienbildung als Angebot der Jugendhilfe. Rechtliche Grundlagen – familiale Problemlagen – Innovationen, hrsg. von BMFSFJ. Unter: http://www.bmfsfj.de/Publikationen/familienbildung/root.html (02.05.2007).

Pluto u.a. 2007 = Pluto, L./Gragert, N./van Santen, E./Seckinger, M. (2007): Kinder- und Jugendhilfe im Wandel. Eine empirische Strukturanalyse. München: Deutsches Jugendinstitut.

Rabe-Kleberg, U. (1997): Frauen in sozialen Berufen – (k)eine Chance auf Professionalisierung. In: Friebertshäuser, B./Jakob, G./Klees-Möller, R. (Hrsg.): Sozialpädagogik im Blick der Frauenforschung. Weinheim, S. 59–69.

Rößler, B./Heitkötter, M. (2007): Begleitstudie zur Rolle der Familienbildung in Familienzentren. In: Paritätisches Bildungswerk e.V. (Hrsg.) nah dran: Familienbildung, Wuppertal.

Rupp, M. (2003): Niederschwellige Familienbildung. Ergebnisse einer Fachtagung. Bamberg.

Sann, A. (2007): Opstapje – Schritt für Schritt. Ein Programm zur Stärkung von sozial benachteiligten Familien mit Kleinkindern. In: Kita Aktuell NRW 04/07, S. 76–80.

Sann, A./Thrum, K. (2005): Opstapje – Schritt für Schritt. Ein präventives Spiel- und Lernprogramm für Kleinkinder aus sozial benachteiligten Familien und ihre Eltern. Praxisleitfaden. München.

Schiersmann u.a. 1998 = Schiersmann, C./Thiel, H.-U./Fuchs, K./Pfizenmaier, E. (1998): Innovationen in Einrichtungen der Familienbildung. Eine bundesweite empirische Institutionsanalyse. Opladen.

Schoppe, G. (2007): Familienbildung in Bremen. Jahresbericht 2006. Bremen.

Smolka, A. (2002): Geratungsbedarf und Informationsstrategien im Erziehungsalltag. Ergebnisse einer Elternbefragung zum Thema Familienbildung. ifb-Materialien, Nr. 5–2002, Bamberg.

Strätling, B. (1990). Eltern- und Familienbildung. In M. R. Textor (Hrsg.), Hilfen für Familien. Eine Einführung für psychosoziale Berufe (S. 215–237). Weinheim.

Textor, M. R. (2001). Familienbildung als Aufgabe der Jugendhilfe. In W.E. Fthenakis & M.R. Textor (Hrsg.), Online-Familienhandbuch. http://www.familienhandbuch.de/cms/Familienbildung-Jugendhilfe.pdf (25.6.2006).

Thiessen, B. (i.V.f. 2008): Eigenständige Lebensperspektiven junger Mütter. Interventionen auf der Basis von Fallrekonstruktion. In: Miethe, I./Fischer, W./Giebeler, C./Goblirsch, M./Riemann, G. (Hrsg.): Rekonstruktion und Intervention. Inter-disziplinäre Beiträge zur rekonstruktiven Forschung in der Sozialen Arbeit. Opladen.

Toppe, S. (1996): Mutterschaft und Erziehung zur Mütterlichkeit in der zweiten Hälfte des 18. Jahrhunderts. In: Kleinau, E./Opitz, C. (Hrsg.): Geschichte der Mädchen- und Frauenbildung, Band 1, Frankfurt am Main, S. 346–359.

Tschöpe-Scheffler, S. (2005a): Konzepte der Elternbildung – eine kritische Übersicht. Opladen.

Tschöpe-Scheffler, S. (2005b): Perfekte Eltern und funktionierende Kinder? Vom Mythos der „richtigen“ Erziehung. Opladen.

Wahl, K./Hees, K. (Hrsg.) (2006): Helfen „Super Nanny“ und Co?. Ratlose Eltern – Herausforderungen für die Elternbildung. Weinheim/Basel.

Walter, W./Bierschock, K./Oberndorfer, R./Schmitt, C./Smolka, A. (2000): Familienbildung als präventives Angebot. Einrichtungen, Ansätze, Weiterentwicklung. Bamberg: Staatsinstitut für Familienforschung an der Univ. Bamberg. Unter: http://www.ifb.bayern.de/imperia/md/content/stmas/ifb/materialien/mat_2000_5.pdf (18.07.2007).

ANDREAS LANGE

Kapitel 3: Gestaltungsaufgaben in der Familienbiographie[1]

I. Sozialer Wandel und familiale Gestaltungsaufgaben

Der Wandel einzelner Familien auf der Mikroebene wurde traditionellerweise mit dem Konzept des Familienzyklus abgebildet: Demnach stellen sich im Zeitverlauf je spezifische Aufgaben für die individuellen Familienmitglieder, aber auch die Familie als System. Konkret geht es um die nur analytisch unterscheidbaren, sich im Alltag oftmals mannigfach verschränkenden Aufgaben bei der Geburt des ersten und weiterer Kinder, des Übertritts in die Institutionen des Betreuungs- und Bildungssystems, der Ablösung der Jugendlichen und jungen Erwachsenen aus der Familie, die Phase nach der aktiven Elternschaft und beim Austritt aus der Erwerbstätigkeit. Die Komplexität dieses Geschehens ergibt sich aus der engen Verschränkung ontogenetischer Entwicklungsprozesse, familialer Interaktion und gesellschaftlichen Rahmenbedingungen (vgl. Wicki 1997). So ist beispielsweise bei der Bewältigung der jugendlichen Ablösung jeweils in Rechnung zu stellen, welche kulturellen Skripte zum angemessenen Verhältnis von Individuation und Autonomie existieren und in der Beziehungsgestaltung in der Familie zum Tragen kommen.

Dieses Konzept ist um drei Dimensionen zu erweitern, wenn es auf die gegenwärtigen Bedingungen angewandt werden soll. Erstens ist dem raschen sozialen Wandel der Familienverhältnisse selbst Rechnung zu tragen – zugespitzt gesagt nimmt der Anteil so genannter „nicht-normativer“ Lebensereignisse rapide zu: Die Scheidungsraten steigen, es kommt zu Wiederverheiratungen und die jungen Erwachsenen kehren teilweise wieder in den „Schoß der Familie“ zurück. Daher ist heute auch kaum mehr die Rede vom „Familienzyklus“, sondern es wird der offenere Begriff der Familienbiographie verwandt.

Zweitens muss auf einer inhaltlichen Ebene das konkrete Tätigkeitsspektrum näher in den Blick genommen werden, das von Familien im Alltag und mit Blick auf die Biographien und Lebensverläufe bewältigt wird (vgl. Wilk 1997). Zur konzeptuellen wie inhaltlichen Grundierung wird auf die Taxonomie des Österreichischen Familienberichtes von 1999 zurückgegriffen (Beham/Gössweiner 1999) und mit neueren handlungstheoretischen Modellierungen unter dem Stichwort „doing family“, angereichert. Drittens ist auf übergreifende gesellschaftliche Entwicklungslinien hinzuweisen, welche das Aufgabenspektrum für Familien erweitern.

II. Vom Familienzyklus zur Familienbiographie

Ursprünglich stammt das Konzept des Familienzyklus aus der amerikanischen Familienwissenschaft und konnotiert eine Analogie zwischen Individual- und Familienentwicklung. Es bildet die strukturelle Gliederung des „Lebenslaufs“ einer Familie ab, die sich durch die „natürlichen“ inneren Veränderungen von Familien ergeben. Dabei handelt es sich einerseits um Prozesse des Hinzukommens, andererseits des Ausscheidens von Familienmitgliedern. Grundidee des Ansatzes ist, dass die einzelnen Phasen qualitative Unterschiede in Bezug auf unterschiedlichste Bereiche wie ökonomische Ressourcen und familiale Interaktionen aufweisen. Schwägler hat das wie folgt prägnant auf den Punkt gebracht: „Die Familie wird in der Analyse der Familienentwicklung als ein halbgeschlossenes System und als eine Einheit von interagierenden Personen betrachtet, die von anderen sozialen Systemen weder völlig abhängig noch unabhängig ist. Werden die Eltern und Kinder älter, ändern sich ihre Bedürfnisse, Wünsche, Hoffnungen, Erwartungen und damit auch ihre Positionen und Rollen“ (Schwägler 1970, S. 50).

Schon Mitte der achtziger Jahre wurde das Familienzyklus-Konzept heftig kritisiert. Höhn (1988, S. 64) fasst die Monita zusammen: „Das klassische Konzept des Familienzyklus deckt … nicht alle Familientypen ab. Es konzentriert sich auf stabile Erstehen und vernachlässigt die Scheidungen, die unvollständigen Familien und die Wiederverheiratungen sowie Formen des nichtehelichen Lebens und die Ledigen. Das Familienzyklus-Konzept ist folglich partiell.“ Dazu kommt die normative Konnotation des Konzeptes, die auch eine Einheitlichkeit suggeriert, die mit der aktuellen Realität von Familie nichts mehr gemeinsam hat.

Eine auf die Praxis zielende Konzeption der Familienverläufe unter der Berücksichtigung der neueren Entwicklungen hat Fthenakis (2004) vorgelegt. Er spricht in diesem Zusammenhang von Transitionsaufgaben, die von Familien zu bearbeiten sind. Der Erfolg des Umgangs damit wiederum ist abhängig davon, welche persönlichen, sozialen und materiellen Ressourcen einzelne Familienmitglieder und die Familie als Ganzes mobilisieren können. Spezifisch am Transitionsansatz ist nun: „Diesem Konzept zufolge stellen Transitionen sowohl auf der individuellen als auch auf der familialen Ebene Veränderungsphasen nach spezifischen Ereignissen, wie die Geburt eines Kindes oder Trennung, Scheidung bzw. Wiederheirat, dar, die durch verdichtete und akzelerierte Lernprozesse charakterisiert sind, bei denen psychologische Veränderungen sowie Veränderungen auf der interaktionalen Ebene des familialen Systems stattfinden, deren Richtung vorerst offen bleibt“ (Fthenakis 2004, S. 154).

Damit lassen sich zusammenfassend familiale Gestaltungsaufgaben in zwei große Typen unterscheiden, nämlich in solche, die permanent zu erbringen sind und in solche, die durch aktuelle innerfamiliale oder gesellschaftliche Umbrüche generiert werden. Ferner kann konstatiert werden, dass aufgrund des sozialen Wandels der zweite Typ an Bedeutung gewonnen hat.

III. Aufgaben und Leistungen von Familien

In den Phasen-, Zyklus- und Biographiemodellen findet sich eine hoch aggregierte und sehr abstrakte Umschreibung der Aufgaben und Leistungen von Familien. Diese müssen für eine Feinanalyse näher spezifiziert werden. Im nächsten Abschnitt wird dazu ein allgemeiner theoretischer Rahmen entfaltet, der eine Taxonomie familialer Aufgaben und Leistungen unterscheidet, die dann detailliert inhaltlichen ausgefüllt wird. Zuvor wird die These entfaltet, dass Familien als Herstellungsleistungen eigener Art zu begreifen sind, dass diese Herstellungsleistungen derzeit aufgrund von gesellschaftlichen Prozessen prekär und störungsanfällig sind und dass es zur Bewältigung dieser Aufgaben einer Reihe von höchst unterschiedlichen Ressourcen bedarf.

III.1. Familie als Herstellungsleistung – „doing" und „displaying" family im Fokus von Sozialwissenschaft und -politik

Mit dem Begriff der alltäglichen Herstellungsleistungen sind zum einen jene Prozesse gemeint, über die sich Familie selbst jeweils neu als Familie, als gemeinschaftlich Ganzes konstituiert. Zum anderen geht es um die konkreten Praktiken im Alltag, die sich durch die Interpretation und Auseinandersetzung mit den gesellschaftlichen Vorgaben und Aufgaben ergeben Diese Prozesse finden täglich und im Lebenslauf statt und sie umfassen symbolische wie praktische Tätigkeiten – man spricht von einem „doing family" (vgl. Jurczyk/Lange 2002). Das Konzept des „doing family" geht davon aus, dass ein sinnstiftendes Familienleben in Abhängigkeit von den spezifischen Bedingungen der „forcierten" Moderne hergestellt wird – damit aber Veränderungen verbunden sind, die gegenüber der klassischen Moderne vor allem mit den Begriffen Verlust der Selbstverständlichkeit, Pluralisierung, Optionssteigerung und Ambivalenz umschrieben werden können. Für die familiale Leistungserstellung am wichtigsten sind dabei die tief greifenden Umbrüche in der Erwerbsarbeit - flexible Arbeitszeiten, Atypik und Prekarität der Beschäftigungsverhältnisse (vgl. Keller/Seifert 2007), Entgrenzungen des Arbeitens in räumlicher und zeitlicher Hinsicht sowie die zunehmende Erwerbsintegration von Müttern (vgl. Lange/Szymenderski 2007). Sie sprengen das klassische Familienarrangement der 60er Jahre und führen dazu, dass insbesondere gemeinsame Familienzeit(-en) zu einem prekären und immer wieder aktiv herzustellenden Gut werden (vgl. Jurczyk/Lange 2006). Dabei spielen die konkreten sozialen Ökologien, in denen Familien leben und durch Erwerbsarbeit ihr Auskommen sichern, eine große Rolle. Menzl (2007) weist dies anhand einer Untersuchung der frühen Phasen der Familienbiographien in Umlandgemeinden nach. Aufgrund der langen Anfahrtswege in die Stadt und weitere sozialräumliche Eigenheiten kommt es in dieser sozialräumlichen Konfiguration zu noch stärker akzentuierten geschlechterspezifischen Segregationen des Alltags – die Mütter müssen ihre Erwerbsorientierung reduzieren und die Väter werden definitiv zu „Zaungästen" des Familienlebens.

In dieser auf Herstellung und Konstruktion fokussierenden Sichtweise auf das Geschehen in Familie fließen zwei Strömungen zusammen, eine handlungstheoretisch-grundlagenwissenschaftliche und eine sozialpolitisch und sozialphilosophische Argumentationsrichtung.

III.1.a. Handlungstheoretisch-(grundlagen)wissenschaftliche Basis

Die hier vorgenommene handlungstheoretische Konzeptualisierung von Familie wurzelt in den Traditionen des Pragmatismus, insbesondere des symbolischen Interaktionismus und der Ethnomethodologie. Sie wendet sich gegen eine rein auf zweckrationale Tätigkeiten orientierte Sichtweise dessen, was in und durch Familie geschieht. Das in diesem Kontext geprägte Konzept „doing family“ ist eine Anleihe bei der Konzeption des „doing gender“, welches den Konstruktionscharakter der Geschlechterrollen in institutionell gerahmten Interaktionen hervorhebt. In der Übertragung auf Familie wird akzentuiert, dass es kein „natürliches“ Familienhandeln gibt, sondern immer kulturelle Vorstellungen darüber mitbestimmen, wie Familie gelebt wird. Familie stellt eine gemeinsame „Hervorbringung“ der Akteure dar - in der Sprache der modernen anthropologischen Ansätze formuliert: Familie ist als Aufführungs-, als performative Gemeinschaft zu verstehen (vgl. Audehm/ Zirfas 2000).

„Doing family“ stellt einen Konzeptimport aus der Feminismusdebatte in die Familienforschung dar. Das „doing gender“ in der Konzeption von West/Zimmerman (2002) hebt hervor, dass Gender in zwei Dimensionen sozial strukturiert ist. Geschlecht entsteht in Interaktionen in bestimmten Settings und Individuen werden nach den Standards und Normen bewertet, die in diesen sozialen Ökologien dominieren. Es geht nicht nur neutral um einen Aufführungscharakter von Geschlecht, sondern es werden Zwangs- und Machtcharakter des Konstrukts, also die strukturellen Konsequenzen des „doing gender“, betont.

Der Begriff des „doing family“ wird innerhalb der Familienwissenschaften noch selten gebraucht (vgl. Nelson 2006). Zumeist werden damit primär die Beziehungs- und Interaktionsarbeiten und die anderen Aktivitäten bezeichnet, in denen Verbindungen im privaten Bereich hergestellt werden, so beispielsweise bei Carrington (1999, S. 782): „A family, any family, is a social construction, or a set of relationships recognized, edified, and sustained through human initiative. People ‚do' family.“. Diese Aspekte waren besonders virulent im Falle von Nichtkernfamilien, also alternativen Familienkonstellationen.

Im Kontrast zur Vorstellung, „doing family“ beinhalte ausschließlich das Knüpfen und Erhalten von Beziehungen, macht Naples (2001) überdies darauf aufmerksam, dass das „doing“ auch darin bestehen kann, bestimmte Individuen ausdrücklich aus der Familie auszuschließen. Andere Autoren, die sich mit gleichgeschlechtlichen Partnerschaften und anderen „abweichenden“ Familienformen auseinandergesetzt haben, unterstreichen, dass das „doing family“ auch beinhaltet, dass Privilegien und Verantwortlichkeiten verteilt werden und dass diese Prozesse normalerweise „unsichtbar“ verlaufen, es sei denn, man widmet ihnen ausdrücklich Aufmerksamkeit. Finch (2007) geht gar einen Schritt weiter, wenn sie postuliert: Insgesamt gesehen müsse in diesen alternativen Familienformen nicht mehr alleine ein „doing family“ Tag für Tag betrieben werden, sondern es geht um ein „displaying family”, also ein ostentatives Bekräftigen des Status der Familienhaftigkeit der Beziehungen und Tätigkeiten (vgl. Finch 2007, S. 66).

Die Beschäftigung mit „doing family“ darf dabei nicht auf der Beziehungsebene verharren, sondern sie muss ebenso die praktischen Tätigkeiten, insbesondere die Hausarbeit, in den Fokus nehmen. Familie herzustellen bedeutet auch, körper- und emotionsbasierte Handlungen vorzunehmen und ein ständiges Verschränken von sehr unterschiedlichen Handlungsformen und - ein „vermischtes Tun“ (vgl. Ostner/ Pieper 1980).

Dies manifestiert sich an einer geradezu idealtypisch familialen Konfiguration: der Familienmahlzeit. Kaufman (2007) hält dazu fest, dass beim Essen in Familien die ganze Persönlichkeit konstruiert wird. Zudem institutionalisiere die Mahlzeit, ein „liebevoller Augenblick der nährenden Versammlung", die Gruppe, indem sie die Anordnung der Personen und Gegenstände strukturiert. Sie sei so gesehen ein Architekt des Familienlebens, der jeden Tag etwas über den Einzelnen und seinen Platz in der Familie aussagt. Aber auch hier macht sich sozialer Wandel bemerkbar: Lange Zeit waren die Tischmanieren strikte Vorgaben, bis heute gibt es zahlreiche Reste hiervon. Zwar sind die Regeln heute lockerer geworden, aber ohne ein Minimum an Zwang sei keine Sozialisation möglich. Dies wiederum impliziere, dass viele im 19. Jahrhundert erlernten Konventionen beibehalten werden. Die große Frage laute: Welche Regeln sollen aufrechterhalten werden, welche abgeschafft? Nur wenige traditionelle Familien, zweifeln nicht an der Rechtmäßigkeit ihrer überlieferten Regelungen, alle anderen sehen sich vor die beständige Aufgabe gestellt, über die Art und Weise der Gestaltung der Familienmahlzeiten ihre Familie herzustellen. Ähnliches – das Changieren zwischen Traditionen und Habitus auf der einen Seite, Individualisierung und sozialem Wandel auf der anderen Seite – gilt für die Herstellung von Familie durch Rituale und Feste, wie Weihnachten (vgl. Audehm/Wulf/Zirfas 2007). Rituale lassen sich so gesehen in der gegenwärtigen Zeit als gleichermaßen stabile wie variable Kernmodule des „doing family" verstehen, (vgl. Audehm/Wulf/Zirfas 2007, S. 432),

- weil sie die Zusammengehörigkeit und Gemeinsamkeit der Familienmitglieder bestätigen, (funktionaler Aspekt);
- weil in ihnen die Fähigkeiten der Familien zu Integration und Solidarität sichtbar werden (koordinierender Aspekt);
- weil sie auf die Werte und Traditionen verweisen, auf die besondere Geschichte und das soziale Milieu der Familie (symbolischer Aspekt);
- weil sie darüber hinaus die familientypische Darstellung und Einübung der genannten Aspekte rahmen (performativer Aspekt);
- weil sie in pädagogischer und sozialisierender Hinsicht das Medium der Herausbildung von Identitäten darstellen.

Besonders herausfordernd ist letztlich das Austarieren der Individualinteressen auf der einen Seite und der Konstruktion einer gemeinsamen familialen Lebensführung und Identität auf der anderen Seite. „Leben und Arbeiten im Kontext von Familie besteht in einer immer währenden Notwendigkeit, zwischen auseinander strebenden und einander sogar ausschließenden Interessen zu vermitteln. Das beginnt mit dem Wunsch der Mutter, dem quengelnden Baby den Rücken zu kehren, reicht über die Vermittlung unterschiedlicher Interessen und Vorlieben bei den Mahlzeiten, der Koordination von Essenszeiten mit Schul- und Arbeitszeiten, Fußballtraining und Musikstunde, bis hin zur Einigung über Fernsehprogramm, Ausflugsziele und die Planung der Sommerferien" (Rendtorff 2007, S. 102).

Angesprochen ist damit, dass ein wesentliches Kriterium der Güte der familialen Tätigkeiten und Leistungen in den Augen der Familienmitglieder selbst der gelingende Umgang mit Zeit ist. Man strebt heute danach, möglichst „Qualitätszeit" miteinander zu verbringen, auch wenn das Verständnis davon wiederum unterschiedliche Ausprägungen hat (vgl. Snyder 2007). Das „doing family" muss schließlich nicht in räumlicher Hinsicht auf den Haushalt beschränkt sein, was die langsam in Gang kommende Forschung zu multilokalen Familien ins Bewusstsein bringt (vgl.

Wilding 2006). Die spannende Frage, die sich hier aufwirft, lautet, wie viel Kopräsenz, also körperliche Gemeinsamkeit und unmittelbare face-to-face Interaktion für familiale Leistungen und Kohärenz notwendig ist und wie viel davon durch technologische Hilfsmittel substituiert werden kann (vgl. Jurczyk/Schier 2007). In eine zeitdiagnostische These gebracht: Unter den aktuellen Bedingungen der Flexibilisierung von Arbeit und Mobilität wird die Herstellung von Familie als Familie schwierig, weil die Gelegenheiten hierfür nicht mehr beiläufig in den etablierten Routinen des Alltags eingelagert sind, sondern ein Verlust der Selbstverständlichkeit der Gelegenheiten zu konstatieren ist (vgl. Jurczyk/Schier 2007).

Familie konstituiert sich auch bei im Haushalt miteinander lebenden Familien außerhalb der Wohnung, beispielsweise bei Ausflügen, bei denen deutliche Grenzen zu anderen Gruppen und Menschen gezogen werden (vgl. DeVault 2000, S. 496). Gerade dem Familienurlaub kommt für die Konstitution von Familie eine herausgehobene Bedeutung zu (vgl. Nentwig-Gesemann 2007).

III.1.b. Sozialphilosophische und –politische Aspekte familialer Leistungen

Parallel zur handlungstheoretischen Formulierung der Aufgaben und Tätigkeiten in Familie hat sich ein zweiter Strang der Debatten um familiale Leistungen entwickelt. Er geht von den gesellschaftlich notwendigen Reproduktionsaufgaben aus und fragt nach deren historisch-kultureller Variabilität in der Interpretation, Ausführung und der Anerkennung im Werte- und Normensystem einer Gesellschaft, vor allem in der Sozialpolitik. Die Ausgangsthese ist dabei, dass sowohl im Produktionsbereich wie im Reproduktionsbereich gesellschaftlich notwendige und nützliche Tätigkeiten durchgeführt werden (vgl. Notz 2004), dass aber die im Privatbereich erfolgenden Leistungen systematisch unterschätzt, ja geradezu bagatellisiert werden. Das änderte sich erst langsam im großen Umfang in Folge der feministisch orientierten Sozial- und Haushaltswissenschaften, die nicht nur die Entwicklungslinien der reproduktiven Tätigkeiten sowie ihre wechselnde Anerkennungsgeschichte rekonstruierte, sondern mit dazu beitrug, die Bedeutung der Tätigkeiten im privaten Raum für die Gesellschaft und den Einzelnen vor Augen zu führen. Eine große symbolische Strahlkraft für die öffentlich-gesellschaftliche Anerkennung von familialen Reproduktionstätigkeiten im weitesten Sinne konnte dann aber vor allem die Quantifizierung der Leistungen (vgl. Heintz 2007) der privaten Haushalte im Rahmen der Zeitbudgetstudien in Geldwerte gewinnen. Während die unbezahlte Hausarbeit wie alle anderen reproduktiven Tätigkeiten nämlich aus der konventionellen Volkswirtschaftlichen Gesamtrechnung herausfallen, ermöglicht demgegenüber die Umrechnung der für Haushaltsarbeiten eingesetzten Zeitquanten in einen Lohnsatz eine mit der sonstigen ökonomischen Denkweise kompatible Veranschaulichung (vgl. Krüsselberg 2002). Berechnungen, die auf diesem Kalkül fußen, stellen fest, dass die Wertschöpfung der privaten Haushalte im Jahre 2001 der Bruttowertschöpfung der deutschen Industrie (produzierendes Gewerbe ohne Baugewerbe) und der Bereiche Handel, Gastgewerbe und Verkehr entspricht (vgl. Schäfer 2004, S. 267).

Ein frappierender Beleg für die Unterschätzung und gesellschaftlich kaum gewährte Anerkennung der vielfältigen Tätigkeiten in Familien als Arbeit ist, dass auch die Frauen und Mütter, die selbst umfangreiche Reproduktionsarbeiten leisten, diese bagatellisieren und kaum erwähnenswert finden. Dierks (2005) resümiert ihre Interviews dahingehend, dass auf der einen Seite die Anforderungen im Erziehungs- und Bildungsbereich markant angestiegen seien, dass aber die erwerbstätigen Akteurinnen selbst diese Arbeit nicht erwähnen bzw. hochgradig trivialisieren. „Dieses Verschweigen wiederum ist eine Wurzel für das Verschwinden reproduktiver Arbeit aus der Betrachtung der Öffentlichkeit, weil ihr damit die Möglichkeit entzogen ist, die Wahrnehmungshorizonte anderer zu erreichen. So werden deren Marginalisierung und Tabuisierung aktiv durch diejenigen mit begünstigt, die ausführen" (Dierks 2005, S. 397).

Zusammengenommen bieten die handlungstheoretische Modellierung des „doing" family und die sozialphilosophisch-sozialpolitische Begründungslinie ein gutes Fundament, um den inhaltlichen Ausprägungen familialer Leistungen nachzuspüren.

III.2. Familiale Aufgaben und Leistungen: Empirische Befunde

Während mit familialen Aufgaben die Anforderungsstrukturen an Familie bezeichnet werden, handelt es sich bei den Leistungen um die Bewertungen der Aufgaben. In der Literatur existieren einige Versuche, die Vielfalt familialer Aufgaben und Leistungen zu systematisieren. In heuristischer Hinsicht sehr aufschlussreich ist derjenige des österreichischen Familienberichtes (vgl. Beham/Gössweiner 1999), welcher Bündel von Aufgaben unterscheidet. Vorab ist zu untersteichen, dass aufgrund der der immer noch dominierenden geschlechtlichen Arbeitsteilung hierzulande im gesamten Bereich familialer Leistungserfüllung die größten Anteile von den Frauen und Müttern erbracht werden. Es besteht ein markantes Auseinanderklaffen zwischen der Rhetorik und der Praxis der Gleichverteilung der familialen Leistungserstellung. Dies gilt insbesondere für die „Metaaufgabe" der Koordination und Synchronisation der individuellen Lebensführungen zu einer familialen Lebensführung (vgl. Jürgens 2001), die selbst bei der „Avantgarde" fortschrittlicher Familienformen, nämlich den Doppelkarrierefamilien, primär bei den Partnerinnen bzw. Müttern verbleibt (vgl. Meuser 2007).

III.2.a. Haushaltsführung, Gesundheits- und Erholungsleistungen

Hierunter fallen die Zubereitung und Aufbereitung von Nahrung, Körperpflege, Umgang mit Krankheit, Reinigung der Wohnung, Wartung der Technologien. All dies dient der physischen Erhaltung und darüber vermittelt dem Wohlbefinden der Familienmitglieder. Damit ist gesagt, dass es nicht alleine um die technisch-organisatorische Lösung von reproduktiven Aufgabenstellungen geht, sondern um eine anspruchsvolle Balance zwischen pragmatischer Aufgabenerfüllung und identitätsstiftender Sorge um das Wohl der einzelnen Familienmitglieder, was mit Konzepten wie Sorge- und Emotionsarbeit umschrieben wird, die ausführlich in III.2.c. zur Sprache kommen werden.

Die konkreten und im Zeitverlauf steigenden Anforderungen beziehen sich auf das Feld der Hygiene, auf die gesundheitsbewusste Ernährung, das gesamte Körpermanagement und auf das ökologisch nachhaltige Haushalten (vgl. Schleicher 1997), inklusive des Umgangs mit Wäsche und Kleidung. Zusätzlich trägt die immer intensiver werdende „Konsumarbeit" des „arbeitenden Kunden" (vgl. Voß/Rieder 2003) – das Vergleichen von Angeboten, die Ermittlung günstiger Versicherungstarife, die Anschaffung der elektronischen Ausstattung, das Auswählen, Buchen und Evaluieren von Kursen für die Kinder– maßgeblich dazu bei, dass Haushaltsführung in Familien mit Kindern eine zeit- und energieintensive Angelegenheit bleibt. Insgesamt nimmt die Hausarbeit immer mehr den Charakter eines Schnittstellenmanagements an, das zur Regulierung der Austausche mit Märkten, Banken. Versicherungen, Verkehrs-, Gesundheits- und Bildungseinrichtungen notwendig wird (vgl. BMFSFJ 2006, S. 90 ff.).

Im historischen Zeitraum seit 1960 ist die Zubereitung und Aufbereitung von Nahrung, die Körperpflege, Waschen und Pflegen der Kleidung, die Reinigung der größer und komfortabler werden Familienwohnung (vgl. Tränkle 1999), Wartung der Gerätschaften bzw. der Technologien aufwändiger und komfortabler zugleich geworden (vgl. Meyer/Schulze 1993). Die technische Aufrüstung des Haushalts hat zwar einige anstrengende Tätigkeiten vereinfacht und den dafür erforderlichen Zeitbedarf gesenkt. Gleichzeitig dazu hat es einen Schub an neuen Ansprüchen – von innen wie außen – an die Familie gegeben. Das summiert sich folgerichtig in einer relativ großen zeitlichen Belastung durch die unterschiedlichsten Haushaltstätigkeiten bei den Frauen (vgl. Langfeld 2002), die zum Teil mit erheblichen gesundheitlichen Einbußen verbunden ist (vgl. Wolf 2006). Angeschnitten und aufgeworfen ist damit der in vielen Studien replizierte Befund einer massiven Ungleichverteilung der Haushaltstätigkeiten zwischen den Generationen, vor allem aber zwischen den Geschlechtern (vgl. Künzler 1999; Schulz/Blossfeld 2006). In ihrer Zusammenschau der Befunde arbeitet Rendtorff (2007) u.a. die subtilen, gleichsam in den Alltag unsichtbar eingewobenen sozialisatorischen Wirkungen heraus, die mit diesen Aufgabenverteilungen verbunden sind, macht aber gleichzeitig darauf aufmerksam, dass die Daten Hinweise auf eine komplexe Gemengelage von Tendenzen der Beharrung und gleichzeitigen Versuchen der Überwindung dieser geschlechterimprägnierten Aufteilung enthalten.

Ausdrücklich ist an dieser Stelle die überragende Bedeutung der Familie für das Gesundheitsverhalten im Lebensverlauf herauszuheben. Es sind vor allem die Mütter, die einen entscheidenden Beitrag für die Gesundheit der anderen Familienmitglieder, des Partners und der Kinder und später der Eltern leisten (vgl. Grunow 1994). Familien sind allgemeiner gesprochen bevorzugte Orte der Vermittlung „somatischer Kulturen" – die aufgrund der längeren Lebenserwartung noch bedeutsamer werden. Gleichzeitig deutet sich derzeit ein schwieriges Spannungsfeld unterschiedlicher Anforderungen an familiale somatische Kulturen ab. Die somatische Kultur der Gesamtgesellschaft ändert sich. Alte Zwänge lockern sich, neue Zwänge hin zum gestählten und jederzeit leistungsfähigen Körper entstehen (vgl. Preuss-Lausitz 2007). Dadurch wird die körperbezogene Sozialisation in Familien herausfordernder. Körper und Gesundheit werden im Familiensystem verstärkt Gegenstand der Aktivität der Familienmitglieder wie auch von Aushandlungen zwischen ihnen. Hier lässt sich ein Verlust der Selbstverständlichkeit auf breiter Front feststellen (vgl. Sting 2007). Die beständige „Überwachung" der Nahrungsmittel und ihrer potenziellen Förderlichkeit bzw. Schädlichkeit ist in diesem Zusammenhang heute eine nicht mehr wegzudenkendes Element in der familialen Gesundheitsfürsorge für Kinder und Jugendliche. Dazu kommen viele weitere Aufgaben, beispielsweise hinsichtlich der Förderung einer angemessenen körperlichen Bewegung, die in den zusehends verbauten und durch den Straßenverkehr objektiv gefährlicher gewordenen Umwelten von Familien schwieriger zu bewerkstelligen ist. Die Bewältigung aller dieser Aufgaben wird durch eine auf die Familien niedergehende Informationsflut in Gesundheitsmagazinen in Apothekerzeitschriften, Fernsehen und Radio begleitet. Aktuelle Studien legen nahe, die Bewältigung dieser komplexen Aufgabe nicht als punktuelles Abarbeiten aufzufassen, sondern als systemischen Zusammenhang, als ein gesundheitsbezogenes ‚doing family' (vgl. Ravens-Sieberer u.a. 2007).

III.2.b. Betreuung, Erziehung, Bildung und Weiterbildung

Trotz Tendenzen zur Institutionalisierung von Kindheit in Kindertageseinrichtungen und Schule, tragen Familien die Hauptverantwortlichkeit für die Betreuung und Sozialisation der Kinder und später der Jugendlichen, was sich auch empirisch nüchtern im Volumen der Betreuungsleistungen niederschlägt (vgl. Bien/Riedl/Rauschenbach 2006). Überragende Bedeutung als Basis der Erfüllung der familialen Betreuungs- und Sozialisationsaufgabe kommt hierbei bei kleinen Kindern einer verlässlichen Bindung zu (vgl. Großmann/Großmann 2005). Das Bindungsverhalten ist das Fundament für die Ausbildung von Identität, das Explorieren der Umwelt und die Entwicklung soziokognitiver Kompetenzen. Diese Kompetenzen sind heute das Fundament für den Klassen – bzw. Statuserhalt der Familien. Die Eltern sind über alle Schichten hinweg in der Spätmoderne zu Sachwaltern des Kultur- und Bildungserwerbs ihrer Kinder geworden. Ihre Ressourcen in Form von sozialen Netzwerken, ihrer eigenen Bildungserfolge und vor allem auch ihre Anstrengungen, diese Ressourcen im Alltag für Bildungs- und Sozialisationsprozesse- stetig über gewisse Zeiträume hinweg (vgl. Bronfenbrenner/Morris 1998) - den Kindern in Interaktionen zur Verfügung stellen zu können, verkörpern die entscheidenden Transmissionsriemen von familialer Lebensführung in die kindlicher Kompetenzentwicklung. Böhnisch (2002, S. 284 f.) veranschaulicht den Kern dieser Erziehungsleistungen: „Die besondere Bedeutung liegt im Stiften eines Urvertrauens, dem Gefühl von Wärme und Geborgenheit und in der Vermittlung von sozialen Basiskompetenzen. Aber nicht nur die bewussten Erziehungshandlungen wirken auf das Kind ein. In der Familie wird eine spezifische Moralität eines Menschen geprägt: die Einstellung zu den Mitmenschen, Solidaritätsbereitschaft sowie Gewissenhaftigkeit als Fähigkeit sich zu verpflichten und Selbstverpflichtung einzuhalten. Allerdings sind wesentliche Teile dieser Erziehungsarbeit, welche die Familie beständig erbringt, eingebettet in eine Vielfalt anderer Tätigkeiten."

Das Thema Bildung ist hat über die einschlägigen fachlichen Zirkel längst einen enormen Aufmerksamkeitsschub auch in der Alltagswelt erfahren Motor dieser gegenüber früheren Zeiten noch intensiveren Anforderungen und Anstrengung von Familien, ihren Nachwuchs erfolgreich zu platzieren, ist das breite Echo auf international vergleichende Schulleistungsuntersuchungen, deren Kürzel – PISA,

TIMSS, IGLU – schon zu klingenden Münzen im besorgten Miteinander von Eltern und Lehrern geworden sind. In diesem Umfeld wird die im Verlauf der gesellschaftlichen Differenzierung auf die Institution Schule übertragene Leistung der Bildung – im doppelten Sinne von Allgemeinbildung und berufsqualifizierender Bildung – vermehrt als familiale Leistung re-definiert. Man erwartet von Familien mehr als „nur" die Bereitstellung von Motivation und allgemeiner Fertigkeiten, an die Schule dann anknüpfen kann. Familie wird aktuell als strategischer Lernort, als wichtige Basis für die Förderung von Humankapital wieder entdeckt und in die gesellschaftliche Pflicht genommen (vgl. Xyländer/Lange/Demszky von der Hagen 2006).

Eltern kommt für ihre Kinder eine kaum zu unterschätzende Bedeutung zu, wenn es um die Nachhaltigkeit von Bildungsprozessen geht. In prägnanter Diktion umreißt der Wissenschaftliche Beirat für Familienfragen (2002, S. 22 f.) die vielen, miteinander eng verbundenen Komponenten der Leistungen, die hier zu erbringen sind. „Die Eltern verdeutlichen durch ihre eigene Lebensgeschichte, inwieweit es sich lohnt, die Anstrengungen des Lernens in der Schule auf sich zu nehmen. Sie tragen an die Kinder auch heran, welche Erwartungen und Einschätzungen im Hinblick auf die Bildung der nachwachsenden Generationen bestehen. Wird Bildung für ein wertvolles Gut gehalten? Welche Bildungsgüter werden als wichtig angesehen? Wie werden Lernen und Schule unterstützt?" Der Beirat verweist dann auf eine weitere wichtige Aufgabe, die von ihrem Umfang und ihrer Komplexität wohl kaum einfach delegierbar sein wird: So sind die Eltern besonders auch heute gefragt, wenn Kinder und Jugendliche die Mehrdeutigkeiten registrieren, die mit der Bildungspolitik und der halbherzigen Förderung von Bildungsmöglichkeiten verbunden sind. Es sind die Eltern, die angesichts der Ambivalenzen der modernen Gesellschaft authentisch und glaubhaft einen positiven Sinn von Bildungsanstrengungen vermitteln können. In unserer Gesellschaft herrschen aber sehr ungleiche Bedingungen, was die Ressourcen zur Erfüllung der bildungsbezogenen Leistungen angeht (vgl. Betz 2007).

Die Aufgaben und Leistungen der Eltern im Bereich von Erziehung und Sozialisation erschöpfen sich nicht darin, Kinder auf das institutionalisierte Bildungswesen und für den späteren Erfolg im Berufssystem vorzubereiten. In der forcierten Moderne hat sich eine Reihe von parallel dazu existierenden Handlungssystemen ausdifferenziert, in denen Anerkennung und Erfolg gesucht und gefunden werden kann (vgl. Stecher/Zinnecker 2007). Zu diesen „statusbedeutsamen" Handlungssystemen zählen Musik, Kirche/Religion sowie der Sport. Auch in diesen Bereichen nehmen Eltern, und zum Teil Großeltern, wichtige Transferrollen ein. Studien, die sich in diesem Paradigma bewegen, sind vor allem von Stecher/Zinnecker und dann später von Büchner/Brake (2006) durchgeführt worden. Es zeigte sich, dass für den Erwerb von musikkulturellen Einstellungen und Fähigkeiten vor allem die musikalischen Kompetenzen der Väter eine wichtige Rolle spielen. Je höher die väterlichen musikalischen Kompetenzen und je öfter die Väter mit ihren Kindern musizieren, umso höher sind die musikalischen Kompetenzen bei den Kindern ausgeprägt. Interessanterweise ist das bei den Müttern nicht der Fall. Die haben umgekehrt aber mehr Sozialisationskraft im Bereich der Religion. „Es bleibt festzuhalten, dass sich empirisch ein hoher ‚Vererbungsgrad' kultureller Orientierungen im Bereich der Musik und der Religion belegen lässt. Jedoch zeigt sich auch, dass in beiden Bereichen Väter und Mütter eine jeweils unterschiedlich bedeutsame Rolle spielen und der Prozess der Übertragung kulturellen Kapitals geschlechtsspezifische Facetten aufweist“ (vgl. Stecher/Zinnecker 2007, S. 394). Auch für das Feld des Sports fand sich, dass Orientierung und Teilnahme am Handlungssystem Sport vor allem durch das jeweilige gleichgeschlechtliche Elternteil vermittelt werden.

Speziell zu betrachten ist ein weiteres kulturelles, ausdifferenziertes System, dass Familien über die gesamte Familienbiographie hinweg vor neue Aufgaben stellt. Gemeint sind die Medien, die selbst einem rasanten Wandel unterworfen gewesen sind, der durch die Stichworte Angebotsexplosion, Digitalisierung, Hinzukommen des privaten Rundfunks kennzeichnen lässt und sich für die Familien als Angebotsvervielfachung sowie gänzlich neuer technologischer Anforderungen – MP3, Internet - umschreiben lässt. Der Umgang mit Medien ist heute damit ein wichtiger Bestandteil des individuellen wie des familialen Alltags, wie Zeitbudgetstudien nachweisen (vgl. Jäckel/Wollscheid 2006).

Längst hat man sich in diesem Zusammenhang von einem einfachen Modell der isolierten „Wirkungen“ der Medien verabschiedet (vgl. Schäffer 2007). Vielmehr betont man, dass sie Anlässe der Strukturierung und der Entspannung bieten und so die Akteure entlasten können. Ebenso liefern sie Stoff für Diskussionen, Streit und Polarisierungen (vgl. Keppler 1994). Medienthemen und der Medienumgang sind Material für die sozialen Beziehungen und die Kommunikation der Familienmitglieder untereinander (vgl. Theunert 2007) – entweder für die Herstellung von gemeinsam geteilten Erfahrungen oder für das Austragen von Spannungen und Streitpunkten (vgl. Barthelmes/Sander 2001). Im Falle der digitalen neuen Medien dreht sich die Richtung der Vermittlung ausdrücklich von der jüngeren zur älteren Generation. In den von Schäffer (2007) untersuchten Familien konnte eine hohe intergenerationelle Unterstützung in Sachen Umgang mit Computertechnologie festgestellt werden. Treffend wird auch die historische Neuheit dieser familialen Aufgabe wird wie folgt umschrieben: „Die Jugendlichen wie auch ihre Eltern durchlaufen hier einen intergenerationellen Bildungsprozess, der sich vor allem dadurch auszeichnet, dass neue Modi des innerfamiliären Wissensgefälles in den kollektiven Rahmen des Erfahrungsraumes Verwandtschaft/Familie integriert werden müssen. Die aufgezeigten Bearbeitungsmodi, insbesondere in ihren paradoxalen Ausprägungen, sind als Bildungsaufgabe, d.h. als Aufgabe, eine innerfamiliäre Neurelationierung zu finden, zu interpretieren“ (Schäffer 2007, S. 477).

III.2.c. „Emotionsarbeit“ in Familien

Familie leistet in einer arbeitsteilig spezialisierten Gesellschaft Unverzichtbares für die emotionale Stabilisierung der Familienmitglieder und ihre soziale Anerkennung (vgl. Hondrich 2007). Die emotionale Stabilisierung wird als eine der Hauptleistungen von Familien angesehen und dies drückt sich regelmäßig in standardisierten Umfragen aus. Dies geht so weit, dass Familien- und Paarbeziehungen als die wichtigsten Fundamente eines glücklichen Lebens verstanden werden. In der Tat weisen die Befunde der Lebensqualitätsforschung darauf hin, dass Menschen in Partnerschaften und Familien ein höheres Wohlbefinden aufweisen als Allein Lebende (vgl. Layard 2005). Der Umgang mit Emotionen in Partnerschaft und Familie kristallisiert sich als ein Kernthema der Frage danach heraus, durch welche Konstitutiva sich heutige Familien, auch im historischen Vergleich, auszeichnen (vgl. Illouz 2006).

Allerdings ist auch für diese spezielle familiale Leistung eine starke geschlechterspezifische Aufgabenaufteilung festzuhalten. Die Emotionsarbeit ist primär Sache der Mütter, insbesondere, wenn sie sich schwerpunktmäßig über ihre feminin-expressiven Selbstanteile definieren (vgl. Erickson 2005). Emotionsarbeit zerfällt dabei wiederum in eine Reihe von einzelnen Teiltätigkeiten. Serry/Crowley (2000) fanden folgende spezifische Typen von „Gefühlsarbeit“: Im Beziehungsmanagement geht es darum, die emotionalen Bindungen zwischen den anderen Familienmitgliedern zu steuern. Empirisch haben sich dazu die zwei Strategien der Erhöhung der väterlichen Einbindung in den Familienalltag – über das Generieren von Gesprächen, das Freischaufeln von Zeit für Familieninteraktionen, das ausdrückliche Loben des Vaters - und die Herstellung eines positiven Bildes vom Vater nachweisen lassen. Bei Konflikten wird dann eine dritte Strategie aktiviert. das „Peace-Keeping“, das vor, während und nach den Interaktionen abläuft. Weitere Typen der Gefühlsarbeit bestehen darin, eine angenehme Familienatmosphäre herzustellen, anderen Familienmitgliedern bei Problemen beizustehen und deren Selbstwert zu stärken. Die Forschungsliteratur enthält Hinweise auf folgenden Zusammenhang: Je stärker die gesamte Emotionsarbeit auf den Schultern der Mütter ruht, um so stärker entstehen daraus für sie physische und psychische gesundheitliche Kosten (vgl. Stradzins/Broom 2004).

IV. Familienbiographisch bedeutsame Leistungen über die frühen Phasen hinaus

IV.1. Veränderungen des jungen Erwachsenenalters – neue Familienaufgaben

In den letzten Jahrzehnten haben sich große Veränderungen im Leben Jugendlicher auf ihrem Weg ins Erwachsenwerden vollzogen (vgl. Mills/Blossfeld 2003). Das gilt insbesondere für den Übergang von der Schule auf den Arbeitsmarkt (vgl. Mansel/Kahlert 2007). Da sich die Ausbildungs- und weiterführenden Bildungslaufbahnen verlängern, was oftmals mit einem längeren Verbleib im Elternhaus gekoppelt ist, verzögert sich die ökonomische Verselbständigung junger Frauen und vor allem junger Männer. Diese Entwicklung wird von einer Zurücknahme wohlfahrtsstaatlicher Leistungen in der überwiegenden Mehrzahl der europäischen Länder begleitet. Dadurch erhöht sich der Druck auf Familien mit Jugendlichen in der Ausbildung und jungen Erwachsenen auf dem Weg ins Erwachsenenleben (vgl. Schroer/Böhnisch 2005). Eine länger währende Jugendphase aufgrund ständig steigender Bildungsniveaus ist die Folge eines tief greifenden Wandels der Produktionsverhältnisse von einer fordistischen hin zu einer post-fordistischen Ökonomie. Diese erfordert neue Qualifikationsstrukturen und führt zu Verwerfungen auf nationalen und internationalen Arbeitsmärkten. Hierdurch werden die Übergangsprozesse nicht nur länger, sondern auch komplizierter: Ausbildungen und Berufswahlen können oder müssen revidiert werden. Direkte Anschlüsse von einer Erwerbsepisode zur nächsten werden schwierig, der Berufseinstieg gerät durch Zeiten der Arbeitslosigkeit ins Stocken. Ehemals schrittweise aufeinander folgende Statuspassagen treten nebeneinander, wie etwa eine erwachsene Partnerschaftsbeziehung bei gleichzeitiger Weiterentwicklung eines jugendkulturellen Lebensstils und fortgesetzter ökonomischer Abhängigkeit von elterlichen und staatlichen Zuwendungen (vgl. Mills/Blossfeld 2003).

Als ein neues Charakteristikum der Lebenslage junger Erwachsener entsteht eine Semi-Abhängigkeit, eine Gleichzeitigkeit von Verselbstständigungsbewegungen und verlängerter (nicht nur ökonomischer) Abhängigkeit. Immer mehr junge Frauen und Männer, die fortgesetzt im elterlichen Haushalt leben oder wieder in diesen zurückkehren, müssen, gemeinsam mit ihren Eltern, diese Semi-Abhängigkeit längerfristig bewältigen (vgl. Stauber/du Bois-Reymond 2006). Hierfür gibt es kaum kulturell erprobte Formen des Umgangs junger Erwachsener und ihrer erwachsenen Eltern. Zudem existieren hierzulande kaum familien- und jugendpolitische Maßnahmen, die Familien bei der Erfüllung dieses neuen Aufgabenbündels helfen.

IV.2. Aufgaben in den späten Phasen der Familienbiographie

Die mit am intensivsten diskutierten Herausforderungen für Familie und Gesellschaft stellen sich schließlich in den Phasen und Abschnitten der Familienbiographie, in der sich die erwachsenen Familienmitglieder der mittleren und älteren Generation gegenüberstehen, auch über die Haushaltsgrenzen hinweg (vgl. Lüscher/Liegle 2003). Kontakte erfolgen dann nicht mehr automatisch, weil man sich nicht mehr ohnehin täglich sieht und einen gemeinsamen Haushalt führt und Aushandlungen zur gemeinsamen Lebensführung zu treffen hat. Insofern ist gerade die generell gut ausgeprägte Generationensolidarität unter Erwachsenen (vgl. Haumann 2006) als beeindruckende Herstellungsleistung von Familienbeziehungen zu bewerten. Die konkrete Ausgestaltung lässt sich an den Auswertungen des Alterssurveys ablesen (vgl. Hoff 2006) und wird auch zentral im aktuellen Altenbericht abgehandelt (vgl. BMFSFJ 2006): Grundlegend ist die Feststellung, dass lange Lebensdauern dazu führen, dass die 3- und 4-Familiengenerationenfamilien zur Normalität werden und dass Familienmitglieder mehr potenzielle Lebenszeit miteinander verbringen als je zuvor (vgl. Lauterbach 2004).

Deutlich wird auch, dass neben Solidarität auch Konflikt und Ambivalenz als Grundlage innerfamiliärer Interaktionen zu berücksichtigen sind (vgl. Lüscher 2005). Die Forschung steht hier noch ganz am Anfang, was die Konsequenzen unterschiedlicher Ausprägungen von Widersprüchlichkeit in den Beziehungen Erwachsener in den multilokalen Mehrgenerationenbeziehungen für das jeweilige Wohlbefinden der Beteiligten als wichtigem Parameter der Herstellung von Familie bedeutet (vgl. Pillemer/Müller-Johnson 2007, S. 150). Die tatsächlich gelebten Beziehungen zwischen den alten und jungen Generationen sind eng und intensiv, das betrifft potenzielle Hilfsleistungen wie die tatsächlichen Transfers von Geld-, Sach- und Dienstleistungen gleichermaßen (vgl. Szydlik 2000).

Im Fokus der Aufmerksamkeit indes stehen die Pflegeleistungen für ältere Menschen, die durch die Familie bzw. einzelne Familienmitglieder erbracht werden (vgl. Müller/Bird/Bohns 2006). Wiederum spielen hier empirische und normative Aspekte eine tragende Rolle und werden oftmals nicht streng genug voneinander getrennt: Die Pflegeversicherung betont mit ihrem Vorrang der häuslichen vor der stationären Pflege die Familie und Verwandtschaft als primären Dienstleister von Pflege, unterstellt damit aber im Prinzip ein bestimmtes Familienmodell. Differenzierte Auswertungen der Pflegekarriere zeigen, dass die Pflegephasen nicht ab einem bestimmten Alter einsetzen und sich stark kumulieren und die Pflegephasen stark variieren. Die daraus resultierende fehlende Planbarkeit und Voraussagbarkeit führt zu massiven Unwägbarkeiten.

Dass die Aufgabe der Pflege der alternden Eltern eine gewichtige Herausforderung darstellt, wird in der erlebten inneren Widersprüchlichkeit deutlich. So diagnostiziert Lorenz-Meyer (2004) diese starken Ambivalenzen schon im Vorfeld der eigentlichen Pflegephase. Es kollidiere die stationäre Pflege mit der Solidaritätsnorm, die von einer moralischen Verpflichtung der Angehörigenpflege ausgeht. Hingegen werden dann bei der persönlichen Pflege persönliche Konflikte antizipiert, z.B. aufgrund möglicher Überlastungen. Allerdings sind diese Ambivalenzen nicht gleichzusetzen mit Barrieren für gute Sorgearbeit. Überdies resultieren die Ambivalenzen nicht alleine aus den endogenen familialen Beziehungsdynamiken, sondern sind Ausdruck der widersprüchlichen gesellschaftlichen Modernisierung im Hinblick auf die Gestaltung der Familienbeziehungen Erwachsener (vgl. Schweppe 2007, S. 277), die noch der weiteren Institutionalisierung bedürfen. Am Beispiel der Pflege lässt sich die Notwendigkeit aufzeigen, dass nicht alle Aufgaben alleine von Familien gelöst werden können und es eines intensiven und reflexiven Mischungsverhältnisses familialer und außerfamilialer, in diesem Falle professioneller Leistungen braucht, um Anforderungen gut erfüllen zu können. Die Autoren des 7. Familienberichtes (vgl. BMFSFJ 2006, S. 99) weisen in diesem Sinne darauf hin, dass einerseits professionelle Pflege eigenständige, durch Familie nicht substituierbare Qualitäten aufweist; andererseits nicht geeignet erscheint, private Zuwendungen und persönliche Beziehungen zu ersetzen.

V. Abschluss: Ansatzpunkte für eine lebenslauforientierte Familienbildung und -politik

Der Beitrag hat einen selektiven Überblick zur Breite und Tiefe familialer Gestaltungsleistungen gegeben. Die Betrachtung des „doing family“ in der forcierten Moderne legt nahe, die Vorbereitung auf und Begleitung von familialer Aufgabenerfüllung über die herkömmlichen Angebote sowie Formate von Familienbildung systematisch weiterzuentwickeln: Durch die längere Lebenszeit, die Diversifizierung von Familienlebensläufen sowie die Ausdifferenzierung und Komplexitätssteigerung der sozialen Umwelten von Familien ist die Bewältigung familialer Aufgaben anforderungsreicher geworden und ist, trotz des insgesamt gestiegenen Bildungsniveaus der Bevölkerung, von einer Reihe von Ressourcen abhängig. Die Bereitstellung dieser Ressourcen – prägnant zusammengefasst im Dreieck von Geld, Infrastruktur und Zeit – ist indes Aufgabe einer modernen Familienpolitik. Die größte Herausforderung für Familienbildung und Familienpolitik besteht zusammenfassend gesehen darin, Unterstützungsangebote dafür zu liefern, dass die jeweiligen aus der gesellschaftlichen, sich immer wieder ändernden Situation erwachsenden Aufgaben gut gelöst werden können und dies in Korrespondenz mit den unterschiedlichen sozialisatorischen und lebensgeschichtlichen Entwicklungsständen der einzelnen Familienmitglieder geleistet werden kann. Gleichwohl geht es mindestens gleichrangig darum, das Bewusstsein dafür zu wecken, die Grenzen der Leistungsfähigkeit von Familien nicht zu überdehnen und Formen der Ko-Produktion familialer und öffentlicher Koproduktion von Pflege, Bildung und Fürsorge systematisch weiterzuentwickeln.

Anmerkungen

1 Für wertvolle Hinweise zur Präzisierung einiger Argumente sei Dr. Karin Jurczyk, Leiterin der Abteilung Familie und Familienpolitik am DJI in München gedankt.

Literatur

Audehm, K./Zirfas, J. (2000): Performative Gemeinschaften. Zur Bildung der Familie durch Rituale. In: Sozialer Sinn, Bd.1, H. 1, S. 29–50.

Audehm, K./Wulf, C./Zirfas, J. (2007): Rituale. In: Ecarius, J. (Hrsg.): Handbuch Familie. Wiesbaden, S. 424–440.

Barthelmes, J./Sander, E. (2001): Erst die Freunde, dann die Medien. Medien als Begleiter in der Pubertät und Adoleszenz. München.

Beham, M./Gössweiner, V. (1999): Zur gesellschaftlichen Bedeutung der Leistungen von Familie. In: Bundesministerium für Umwelt, Jugend und Familie (Hrsg.): Zur Situation von Familie und Familienpolitik in Österreich. Wien, S. 40-61.

Betz, T. (2007): Formale Bildung als ‚Weiterbildung' oder ‚Dekulturation' familialer Bildung? In: Alt, C. (Hrsg.): Kinderleben – Start in die Grundschule. Band 3: Ergebnisse der zweiten Welle. Wiesbaden, S. 163–187.

Bien, W./Rauschenbach, T./Riedel, B. (Hrsg.) (2006): Wer betreut Deutschlands Kinder? DJI-Kinderbetreuungsstudie. Weinheim.

BMFSFJ (2006): Familie zwischen Flexibilität und Verlässlichkeit. Perspektiven für eine lebenslaufbezogene Familienpolitik. 7. Familienbericht. Berlin.

Böhnisch, L. (2002): Familie und Bildung. In: Tippelt, R. (Hrsg.): Handbuch Bildungsforschung. Opladen, S. 283–292.

Bronfenbrenner, U./Morris, P. (1998): The Ecology of Developmental Processes. In: Lerner, R.M. (Hrsg.): Handbook of Child Psychology. Volume 1: Theoretical Models of Human Development New York, pp. 933–1028.

Büchner, P./Brake, A. (Hrsg.) (2006): Bildungsort Familie. Wiesbaden.

Bundesministerium für Familie, Senioren, Frauen und Jugend (2006): 5. Altenbericht. Berlin: Potenziale des Alters in Wirtschaft und Gesellschaft. Berlin.

Burkart, G. (2005): Die Familie in der Systemtheorie. In: Runkel, G./Burkart, G. (Hrsg.): Funktionssysteme der Gesellschaft. Wiesbaden, S. 101–128.

Carrington, C. (1999): No Place Like Home: Relationships and Family Life Among Lesbians and Gay Men. Chicago.

DeVault, M. L. (2000): Producing Family Time: Practices of Leisure Activity Beyond the Home. In: Qualitative Sociology, Vol.23, 4, pp. 485–503.

Dierks, M. (2005): Karriere! – Kinder, Küche? Zur Reproduktionsarbeit in Familien mit qualifizierten berufsorientierten Müttern. Wiesbaden.

Erickson, R. (2005): Why Emotion Work Matters: Sex, Gender, and the Division of Household Labour. In: Journal of Marriage and Family, Vol. 67, 2, pp. 337–351.

Finch, J. (2007): Displaying Families. In: Sociology, Vol. 41, H. 1, pp. 65–81.

Fthenakis, W. E. (2004): Familie im Wandel: Interventionen im Familienentwicklungsprozess. Anregungen für die Familienpolitik. In: Schavan, A. (Hrsg.): Bildung und Erziehung. Frankfurt a.M., S. 137–185.

Grossmann, K./Grossmann, K. E. (2004): Bindungen. Das Gefüge psychischer Sicherheit. Stuttgart.

Grunow, D. (1994): Die Bedeutung der Familie für das Gesundheitsverhalten ihrer Mitglieder In: Grunow, D./Hurrelmann, K./Engelbert, A. (Hrsg.): Gesundheit und Behinderung im familialen Kontext. München, S. 9–66.

Haumann, W. (2006): Generationen-Barometer 2006. Eine Studie des Instituts für Demoskopie Allensbach. Freiburg/München.

Heintz, B. (2007): Zahlen, Wissen, Objektivität: Wissenschaftssoziologische Perspektiven. In: Mennicken, A./Vollmer, H. (Hrsg.): Zahlenwerk. Kalkulation, Organisation und Gesellschaft. Wiesbaden, S. 65–85.

Hoff, A. (2006): Intergenerationale Familienbeziehungen im Wandel In: Tesch-Römer, C./ Engstler, H./Wurm, S. (Hrsg.): Altwerden in Deutschland. Sozialer Wandel und individuelle Entwicklung in der zweiten Lebenshälfte. Wiesbaden, S. 231–287.

Höhn, C. (1988): Familienpolitische Implikationen des Familienzykluskonzepts. In: Lüscher, K./Schultheis, F./Wehrspaun, M. (Hrsg.): Die „postmoderne Familie". Familiale Strategien und Familienpolitik im Übergang. Konstanz, S. 55–72.

Hondrich, K. O. (2007): Weniger sind Mehr. Warum der Geburtenrückgang ein Glücksfall für unsere Gesellschaft ist. Frankfurt a.M..

Illouz, E. (2006): Gefühle in Zeiten des Kapitalismus. Frankfurt.

Jäckel, M./Wollscheid, S. (2006): Mediennutzung von Kindern und Jugendlichen im familialen Kontext. In: Media Perspektiven, Heft 11, S. 585–594.

Jürgens, K. (2001): Familiale Lebensführung. Familienleben als alltägliche Verschränkung individueller Lebensführungen. In: Voß, G.G./Weihrich, M. (Hrsg.): tagaus - tagein. Neue Beiträge zur Soziologie Alltäglicher Lebensführung. München, S. 33–60.

Jurczyk, K./Lange, A. (2002): Familie und die Vereinbarkeit von Arbeit und Leben. Neue Entwicklungen, alte Konzepte. In: Diskurs, Bd. 12, 3., S. 9–16.

Jurczyk, K./Lange, A. (2006): Familienzeit - ein wertvolles und prekäres Gut. In: DJI Bulletin 74, Heft 1, S. 18–21.

Jurczyk, K./Schier, M. (2007): Familie als Herstellungsleistung in Zeiten der Entgrenzung. In: Aus Politik und Zeitgeschichte, 34, S. 10-17.

Kaufmann, J-C. (2007): Kochende Leidenschaft. Soziologie vom Kochen und Essen. Konstanz.

Keller, B./Seifert, H. (2007): Atypische Beschäftigung – Flexibilisierung und soziale Risiken. In: Keller, B./Seifert, H. (Hrsg.): Atypische Beschäftigung – Flexibilisierung und soziale Risiken. Berlin, S. 11–25.

Keppler, A. (1994): Tischgespräche: Über Formen kommunikativer Vergemeinschaftung am Beispiel der Kommunikation in Familien. Frankfurt a.M..

Krüsselberg, H-G. (2002): Ökonomische Analyse der werteschaffenden Leistungen von Familie im Kontext von Wirtschaft und Gesellschaft – mit Schlussfolgerung und Überleitung. In: Krüsselberg, H-G./Reichmann, H. (Hrsg.): Zukunftsperspektive Familie und

Wirtschaft. Vom Wert von Familie für Wirtschaft, Staat und Gesellschaft. Grafschaft, S. 87–130.

Künzler, J. (1999): Arbeitsteilung in Ehen und Nichtehelichen Lebensgemeinschaften. In: Klein, T./Lauterbach, W. (Hrsg.): Nichteheliche Lebensgemeinschaften. Analysen zum Wandel partnerschaftlicher Lebensformen. Opladen, S. 235–268.

Lange, A./Szymenderski, P. (2007): Arbeiten ohne Ende? Neue Entwicklungen im Spannungsfeld von Erwerbs- und Familientätigkeit. In: Lettke, F./Lange, A. (Hrsg.). Generationen und Familien. Frankfurt a.M., S. 223–248.

Langfeld, B. (2002): Innerfamiliale Arbeitsteilung – keine Gleichstellung männlicher und weiblicher Zeit in Sicht. In: Kramer, C. (Hrsg.): FREI-Räume und FREI-Zeiten: Raum-Nutzung und Zeit-Verwendung im Geschlechterverhältnis. Baden-Baden, S. 201–215.

Lauterbach, W. (2004): Die multilokale Mehrgenerationenfamilie. Zum Wandel der Familienstruktur in der zweiten Lebenshälfte. Würzburg.

Layard, J. (2005): Die glückliche Gesellschaft. Kurswechsel für Politik und Wirtschaft. Frankfurt a.M..

Lüscher, K. (2004): Conceptualizing and Uncovering Intergenerational Ambivalence. In: Pillemer, K./Lüscher, K. (Eds.): Intergenerational Ambivalences: New Perspectives on Parent-Child Relations in Later Life. Amsterdam, S. 23–62.

Lüscher, K./Liegle, L. (2003): Generationenbeziehungen in Familie und Gesellschaft. Konstanz.

Lorenz-Mayer, D. (2004): The Ambivalences of Parental Care Among Young German Adults. In: Pillemer, K./Lüscher, K. (Eds.): Intergenerational Ambivalences: New Perspectives on Parent-Child Relations in Later Life. Amsterdam, S. 225–252.

Mansel, J./Kahlert, H. (Hrsg.) (2007): Arbeit und Identität im Jugendalter. Weinheim.

Menzl, Marcus (2007): Leben in Suburbia. Frankfurt a.M..

Meuser, M. (2007): Vereinbarkeit von Beruf und Familie - ein Problem für Männer? Familie und Lebensverlaufsplanung bei Männern. In: Barlösius, E./Schiek, D. (Hrsg.): Demographisierung des Gesellschaftlichen. Wiesbaden, S. 135–150.

Meyer, S./Schulze, E. (1993): Technisiertes Familienleben. Ergebnisse einer Längsschnittuntersuchung 1950-1990. In: Meyer, S./Schulze, E. (Hrsg.): Technisiertes Familienleben. Berlin, S. 19–39.

Mills, M./Blossfeld, H-P. (2003): Globalization, Uncertainty and Changes in Early Life Courses. In: Zeitschrift für Erziehungswissenschaft, Bd. 6, H. 2, S. 188–218.

Müller, T./Bird, K/Bohns, S. (2006): Pflegende Angehörige – eine Selbstverständlichkeit? Pflege im Kontext von Lebensverlauf und Familie. In: Bertram, H./Krüger, H./Spieß, K. (Hrsg.): Wem gehört die Familie der Zukunft? Expertisen zum 7. Familienbericht der Bundesregierung. Opladen, S. 301–326.

Naples, A. (2001): A Member of the Funeral: An Introspective Ethnography. In: Berstein, M./Reimann, R. (Eds.): Queer Families, Queer Politics: Challenging Culture and the State. New York, pp. 21–43.

Nelson, Margaret K. (2006): Single Mothers „Do“ Family. In: Journal of Marriage and the Family, Vol. 68, H. 4, pp. 781–795.

Nentwig-Gesemann, I. (2007): Der Familienurlaub. Rituelle Praxis, Differenzbearbeitung und Lernprozesse. In: Wulf, C. (Hrsg.): Lernkulturen im Umbruch. Wiesbaden, S. 220-252.

Notz, G. (2004): Arbeit: Hausarbeit, Ehrenamt, Erwerbsarbeit. In: Becker, R./Kortendieck, B. (Hrsg.): Handbuch Frauen- und Geschlechterforschung. Theorie, Methoden, Empirie. Wiesbaden, S. 420- 428.

Ostner, I./Pieper, B. (1980): Problemstruktur Familie – oder: Über die Schwierigkeiten in und mit Familie zu leben. In: Ostner, I./Pieper, B. (Hrsg.): Arbeitsbereich Familie. Frankfurt am Main, S. 96–170.

Pillemer, K./Müller-Johnson, K. (2007): Generationenambivalenzen. Ein neuer Zugang zur Erforschung familialer Generationenbeziehungen. In: Lettke, F./Lange, A. (Hrsg.): Generationen und Familien. Frankfurt a.M., S. 130-157.

Preuss-Lausitz, U. (2007): Körpersozialisation im 20. Jahrhundert als Teil gesellschaftlicher Demokratisierung? In: Gebhardt, M./Wischermann, C. (Hrsg.): Familiensozialisation seit 1933 – Verhandlungen über Kontinuität. Stuttgart, S. 135–145.

Ravens-Sieberer u.a. 2007 = Ravens-Sieberer, U./Wille, N./Setterbotulte, W. (2007): Was fördert das gesunde Aufwachsen von Kindern in Familien? Eine qualitative Studie im Auftrag der AOK und des Stern durchgeführt von der Gesellschaft für angewandte Sozialforschung (G-F-A-S), Gütersloh unter wissenschaftlicher Leitung des WHO Collaboration Center for Child and Adolescent Health Promotion der Universität. Bielefeld. Kurzbericht zur Studie.

Rendtorff, B. (2007): Geschlechteraspekte im Kontext von Familie. In: Ecarius, J. (Hrsg.): Handbuch Familie. Wiesbaden, S. 94–111.

Schäfer, D. (2004): Unbezahlte Arbeit und Haushaltsproduktion im Zeitvergleich. In: Statistisches Bundesamt (Hrsg.): Alltag in Deutschland. Analysen zur Zeitverwendung. Wiesbaden, S. 247–273.

Schäffer, B. (2007): Medien. In: Ecarius, J. (Hrsg.): Handbuch Familie. Wiesbaden, S. 456–479.

Schleicher, K. (1997): Ökologische Erziehung in der Familie. Familiäre Umwelten, Sozialisation und Erziehung. Umweltbildung im Lebenslauf. Altersspezifisches und generationenübergreifendes Lernen. In: Schleicher, K./Möller, K. (Hrsg.): Umweltbildung im Lebenslauf. Altersspezifisches und generationenübergreifendes Lernen. Münster, S. 29–74.

Schröer, W./Böhnisch, L. (2005): Die Entgrenzung der Jugend und die sozialbiografische Bedeutung des Junge-Erwachsenen-Alters. In Tully, C.J. (Hrsg.): Lernen in flexibilisierten Welten. Wie sich das Lernen der Jugend verändert. Weinheim, S. 41–57.

Schulz, F./Blossfeld, H.P. (2006): Wie verändert sich die häusliche Arbeitsteilung im Eheverlauf? In: Kölner Zeitschrift für Soziologie und Sozialpsychologie, Bd. 58, H. 1, S. 23–49.

Schwägler, G. (1970): Soziologie der Familie. Tübingen.

Schweppe, Cornelia (2007): Alter und Familie. In: Ecarius, J. (Hrsg.): Handbuch Familie. Wiesbaden: S. 270–282.

Serry, B./Crowley, M. S. (2000): Womens' Emotion Wok in the Family. In: Journal of Family Issues, Vol. 21, 1, pp. 100–127.

Snyder, K. A. (2007): A Vocabulary of Motives: Understanding How Parents Define Quality Time. In: Journal of Marriage and Family, Vol. 69, H. 2, pp. 320–340.

Stauber, B./du Bois-Reymond, M. (2006): Familienbeziehungen im Kontext verlängerter Übergänge. Eine intergenerative Studie aus neun europäischen Ländern. In: Zeitschrift für Soziologie der Erziehung und Sozialisation, Bd. 26, H. 2, S. 206–221.

Stecher, L./Zinnecker, J. (2007): Kulturelle Transferbeziehungen In. Ecarius, J. (Hrsg.): Handbuch Familie. Wiesbaden, S. 389–404.

Sting, S. (2007): Gesundheit. In: Ecarius, J. (Hrsg.): Handbuch Familie. Wiesbaden, S. 480-499.

Stradzins, L./Broom, D. (2004): Acts of Love (and Work). Gender Imbalance in Emotional Work and Women's Psychological Distress. In: Journal of Family Issues, Vol. 25, 3, pp. 356–378.

Szydlik, M. (2000): Lebenslange Solidarität? Generationenbeziehungen zwischen erwachsenen Kindern und Eltern. Opladen.

Theunert, H./Demmler, K. (2007): Medien entdecken und erproben. Null- bis Sechsjährige in der Medienpädagogik. In: Theunert, H. (Hrsg.): Medienkinder von Geburt an. München, S. 91–118.

Tränkle, M. (1999): Neue Wohnhorizonte. Wohnalltag und Haushalt seit 1945 in der Bundesrepublik. In: Flagge, I. (Hrsg.): Geschichte des Wohnens. Band 5. 1945 bis heute: Aufbau, Neuaufbau, Umbau. Stuttgart, S. 689–806.
Voß, G. G./Rieder, K. (2003): Der arbeitende Kunde. Frankfurt am Main.
West, C./Zimmerman, D.H. (2002): Doing Gender. In: Fenstermaker, S./West, C. (Eds.): Doing Gender, Doing Difference: Inequality, Power, and Institutional Change. New York, S. 3–25.
Wicki, W. (1997): Übergänge im Leben der Familie. Veränderungen bewältigen. Bern.
Wilding, R. (2006): Virtual intimacies? Families Communicating across National Contexts. In: Global Networks, Vol. 6, H. 2, pp. 125–142.
Wilk, L. (1997): Koordination von Zeit, Organisation von Alltag und Verknüpfung individueller Biographien als familiale Gestaltungsaufgaben. In: Vaskovics, L. (Hrsg.): Familienleitbilder und Familienrealitäten. Opladen, S. 229–247.
Wissenschaftlicher Beirat für Familienfragen (2002): Die bildungspolitische Bedeutung der Familie – Folgerungen aus der PISA-Studie. Stuttgart.
Wolf, C. (2006): Soziale und kulturelle Einflüsse auf Krankheit und Gesundheit In: Wendet, C./Wolf, C. (Hrsg.): Soziologie der Gesundheit. Wiesbaden, S. 86–108.
Xyländer, M./Lange, A./Demszky von der Hagen, A. (2006): Bildungsprozesse in der frühen Kindheit. Neue Einsichten zur Bedeutung der Familie und ihre Relevanz für den KITA-Alltag. In: Bundesarbeitsgemeinschaft Kinder- und Jugendschutz (Hrsg.): Bildung schützt! Kinder- und Jugendschutz als integraler Bestandteil von Bildungsprozessen in Tageseinrichtungen für Kinder. Berlin, S. 7–49.

Teil V

Sozialpädagogische Dimension der Familie

Hildegard Macha/Monika Witzke

Einführung

Einen der wichtigsten Diskurse zur Familienforschung heute stellt die sozialpädagogische Dimension dar. Die geschilderten Veränderungen in den Lebenslagen der Familien können zu Risiken und Konflikten führen, die unter Umständen nicht mehr allein aus den Ressourcen der Familien bewältigbar sind. Einige Beispiele für Konfliktlagen werden in diesem Teil V des Handbuches vorgestellt, aber auch zeitgenössische niedrig schwellige Präventions- und Interventionsstrategien. Familie braucht heute die Unterstützung staatlicher und privater Institutionen, um die Erziehungsaufgabe zu bewältigen, insbesondere in Problemlagen, die durch Transitionen im Lebenslauf, durch interne und externe Konflikte und Krisen, wie zum Beispiel auch durch Armut, induziert sein können.

Wilfried Griebel, Renate Niesel und Corinna Wustmann thematisieren die „Bewältigung von Transitionen und Förderung von Resilienz: Mit Risiken und Veränderungen als Familie umgehen lernen". Die Resilienzforschung zeigt, dass Diskontinuitäten und Umbrüche in Transitionsphasen von Familien durch bestimmte Parameter und familiale Ressourcen gut bewältigt werden. Schützende Bedingungen für Risikosituationen können so formuliert werden, die zu einer besseren Transitionskompetenz führen.

Im Beitrag von *Heidrun Bründel* geht es um „Interne Konflikte und Krisen". Anhand mehrerer Themenfelder und Risikobereiche wird gezeigt, wie Familien in eine negative Dynamik geraten können und welche Folgen für die Familienmitglieder damit verbunden sind.

„Externe Konflikte und Krisen in Familien" thematisiert *Ulrich Klemm*. Familie wird sowohl als ein primärer wie auch gleichzeitig ein gefährdeter Sozialisationsraum bestimmt. Die Rahmenbedingungen von Familien werden durch Beschleunigung, Entwertung, Befreiung sowie durch Entgrenzung definiert. In diesem Rahmen entstehen Krisen und Konflikte, die am Beispiel ökonomischer und gesundheitlicher Risiken näher beleuchtet werden.

Roland Merten geht in seinem Beitrag „Armut in Familien und die Folgen für die Kinder" zunächst auf Armutskonzepte der Forschung und Daten zur sozialen Lage der Familien ein, die das Ausmaß der Kinderarmut belegen. Die psychosozialen Folgen der Armut und die Risikofaktoren in Bezug auf das Selbstbild und die Entwicklung der Kinder und Jugendlichen, die aus materieller oder psychischer Entbehrung entstehen, werden anschließend thematisiert, aber auch protektive Faktoren genannt.

Die veränderten Anforderungen an Familien führen unter Umständen zu Überforderungen. Im Aufsatz von *Karin Jurczyk, Heinz Kindler und Thomas Rauschenbach* „Prävention und Intervention in Familien" wird die aktuelle Situation von Risikogruppen dargestellt und der Bedarf an Prävention und Intervention daraus abgeleitet. Es werden Ergebnisse der Präventions- Interventionsforschung vorgestellt, die neue Wege bei der Hilfe für Familien gehen.

Klaus Menne befasst sich mit „Erziehungs- und Familienberatung“ aus einem historischen Kontext heraus. Es werden Essentials von Beratung genannt und Handlungskonzepte der Erziehungsberatung zu verschiedenen Anlässen vorgestellt. Auch die Rechtsgrundlagen kommen in den Blick und die Notwendigkeit der Evaluation von Familienberatung wird betont, um die Konzepte zu optimieren.

Wilfried Griebel/Renate Niesel/Corina Wustmann

Kapitel 1: Bewältigung von Transitionen und Förderung von Resilienz: Mit Risiken und Veränderungen als Familie umgehen lernen

I. Zwei neuere Forschungsstränge als Zugang: Resilienz und Transitionen

Familien und ihre Kinder müssen in zunehmendem Maße Diskontinuitäten durch gesellschaftliche Umbrüche und Transitionen in ihren Lebensläufen bewältigen. Besonders betont wird, dass „Kinder in hohem Maße damit konfrontiert (werden), Übergänge zwischen verschiedenen Institutionen der Bildung, Betreuung und Erziehung zu bewältigen“ (Bundesministerium für Familie, Senioren, Frauen und Jugend 2005, S. 337).

Forschungen zu Resilienz und Transitionen haben einen programmatischen Wechsel in der Pädagogik der frühen Kindheit und der ersten Schuljahre eingeleitet. Beide Konzepte fokussieren auf Phasen besonderer Belastungen (Stress) und Risiken, gehen gleichzeitig aber darüber hinaus, indem sie sich mit Bewältigung und Anpassung befassen.

Beide Ansätze integrieren eine Reihe von einschlägigen Forschungssträngen zur Entwicklung und damit zu Risiken von familialer Entwicklung bzw. zur Entwicklung des Kindes in der Familie. Die Begründung für die Auswahl der genannten beiden Forschungsrichtungen liegt zum einen darin, dass jeweils das Kind im Mittelpunkt steht, das seinerseits durch den Übergang von der Partnerschaft zur Elternschaft das definitorische Merkmal von Familie ausmacht.

Zum zweiten sind wegen der ressourcenorientierten Grundlage Ansatzpunkte für sozialpädagogische Interventionen gegeben. Die schützenden Faktoren, die die Resilienzforschung identifiziert hat, machen deutlich, dass die Unterstützung der sozialen Systeme von entscheidender Bedeutung für die individuelle Entwicklung ist, insbesondere unter der Perspektive der langfristigen Entwicklung und des lebenslangen Lernens. Einige der kritischen Lebensereignisse, die Gegenstand der Resilienzforschung sind, wie Scheidung oder Wiederheirat, und die hier als vulnerable Phasen charakterisiert werden, sind in der Familienforschung als Transitionen beschrieben worden. In diesem Beitrag soll erörtert werden, ob und wie Resilienz und Transitionskompetenz im Zusammenhang gesehen werden können und welche Anknüpfungspunkte an die (sozial-) pädagogische Arbeit bestehen.

II. Was heißt „Resilienz“?

Der Begriff „Resilienz“ leitet sich von dem englischen Wort „resilience“ („Spannkraft, Elastizität, Strapazierfähigkeit“; lat. resilere = abprallen) ab und bezeichnet allgemein die Fähigkeit, erfolgreich mit belastenden Lebensumständen (Unglücken, traumatischen Erfahrungen, Misserfolgen, Risikobedingungen etc.) umzugehen (z.B. Rutter 2001). Resilienz kann als psychische Widerstandsfähigkeit gegenüber biologischen, psychologischen und psychosozialen Entwicklungsrisiken verstanden werden (vgl. Wustmann 2004). Resilienz zielt auf eine psychische Gesundheit trotz erhöhter Entwicklungsrisiken, d.h. auf Bewältigungskompetenz ab.

Das Konzept der Resilienz weist damit einen starken Bezug zum Konzept der *Salutogenese* auf, das der Medizinsoziologe Aaron Antonovsky (1987) geprägt hat. Er vertritt eine ganzheitliche, nicht ausschließlich symptomorientierte Betrachtungsweise und stellt die Frage, was den Menschen gesund bzw. aktiv erhält und wie es manchen Menschen gelingt, trotz vielfältiger gefährdender Einflüsse nicht krank zu werden.

Folgende Erscheinungsformen werden in der Resilienzforschung genauer betrachtet:

- die positive, gesunde Entwicklung trotz hohem Risiko-Status, z.B. chronische Armut, elterliche Psychopathologie, sehr junge Elternschaft, das Aufwachsen in sog. Multiproblemmilieus;
- die beständige Kompetenz unter akuten Stressbedingungen, z.B. elterlicher Trennung und Scheidung, Wiederheirat eines Elternteils, Verlust eines Geschwisters, d.h. Ereignisse im Lebenslauf, die als „kritische Lebensereignisse" (vgl. Filipp 1995) bezeichnet werden;
- die positive bzw. schnelle Erholung von traumatischen Erlebnissen wie z.B. der Tod eines Elternteils, Gewalterfahrungen, Naturkatastrophen oder Kriegs- und Terrorerlebnisse (vgl. Bender/Lösel 1998; Werner 2000).

Resilienz bezieht sich nicht nur auf die Abwesenheit von psychischen Störungen, sondern auf den Erwerb bzw. Erhalt altersangemessener Fähigkeiten und Kompetenzen der kindlichen Entwicklung (vgl. Rutter 2000). Gemeint ist die erfolgreiche Bewältigung von altersspezifischen Entwicklungsaufgaben, wie z.B. die Entwicklung von Autonomie oder die Bindung an nahe Bezugspersonen trotz risikoreicher Lebensumstände. Die positive Bewältigung einer Entwicklungsaufgabe stellt eine entscheidende Basis dafür dar, wie nachfolgende, spätere Aufgaben gemeistert werden. Im Verlauf dieses Bewältigungsprozesses erwirbt das Kind Fähigkeiten und Kompetenzen, die für eine positive Entwicklung benötigt werden. Eine erfolgreiche Bewältigung impliziert eine Weiterentwicklung bzw. persönliches Wachstum und beeinflusst die Kontinuität von Anpassung bzw. Fehlanpassung im Entwicklungsverlauf.

II.1. Risikosituationen und schützende Bedingungen für die Bewältigung

Die Resilienzforschung fragt danach, welche Eigenschaften und Fähigkeiten jene Kinder auszeichnen, die sich trotz vorliegender Risikokonstellationen positiv und psychisch gesund entwickeln.

Die Kenntnis der schützenden Faktoren, wie sie von der Resilienzforschung identifiziert und in die Diskussion eingebracht werden, sind für die Konzipierung von Präventionsmaßnahmen, für die Entwicklung curricularer Konzepte sowie für alle Erziehungspersonen von großer Bedeutung. Denn darauf baut sich die Zielprojektion auf, wie Kinder in der alltäglichen familialen und außerfamilialen Erziehungs- und Bildungspraxis gestärkt und unterstützt werden können, um belastende Lebenssituationen und Alltagsanforderungen zu bewältigen. Resilienzförderung heißt in diesem Zusammenhang vor allem, jene wichtigen Person- und Umweltressourcen zu schaffen, zu festigen und zu optimieren, die Kinder motivieren, selbst weiterzukommen, also über die Aktivierung von Selbsthilfekräften.

Die Resilienzforschung lenkt die Aufmerksamkeit auf eine stärkere Betonung primärer Prävention: Kinder so früh wie möglich für Stress- und Problemsituationen zu „stärken". Frühzeitige Präventionsansätze können verhindern, dass unangemessene Bewältigungswege beschritten und stabilisiert werden, die den Umgang mit Belastungen in späteren Entwicklungsabschnitten erschweren. Der Resilienzansatz eröffnet hier eine optimistische und zukunftsorientierte Herangehensweise: Der Blick richtet sich nicht mehr auf die Defizite und Schwächen, sondern vielmehr auf die Kompetenzen und Bewältigungsressourcen jedes einzelnen Kindes (vgl. Opp/Fingerle/Freytag 1999).

Protektive Faktoren, die wichtige Hinweise auf pädagogische Interventionsmöglichkeiten und Ansätze bieten, wurden auf drei Ebenen identifiziert:

II.1.a. Personale Ressourcen

Bei den personalen Ressourcen handelt es sich um

- Problemlösefähigkeiten,
- hohe Selbstwirksamkeitsüberzeugungen,
- ein positives Selbstkonzept/ein hohes Selbstwertgefühl,
- realistische Kontrollüberzeugung,
- hohe Sozialkompetenz: Empathie/Kooperations- und Kontaktfähigkeit/ Verantwortungsübernahme,
- ein aktives und flexibles Bewältigungsverhalten (z.B. die Fähigkeit, soziale Unterstützung zu mobilisieren, Entspannungsfähigkeiten),
- eine optimistische, zuversichtliche Lebenseinstellung.

Für die pädagogische Arbeit wird erkennbar, in welchen Bereichen angesetzt werden kann, um individuelle Stärken zu entwickeln: z.B. Kompetenzentwicklung zur Stressregulierung, Problemlösung und zur konstruktiven Konfliktlösung; Verantwortungsübernahme durch kooperatives Lernen und Partizipation; Förderung positiver Erfahrungen durch Beziehungen zu Kindern und Erwachsenen, aber auch aktive Gesundheitsvorsorge und Erschließung spiritueller Quellen (vgl. Lösel/Bliesener 1994).

Die Untersuchungsergebnisse zu Resilienz verweisen darauf, dass resiliente Kinder mit dem Erfolg eigener Handlungen rechnen, Problemsituationen aktiv angehen, ihre eigenen Ressourcen effektiv ausnutzen, an eigene Kontrollmöglichkeiten glauben, aber auch realistisch erkennen können, wenn etwas für sie unbeeinflussbar, d.h. außerhalb ihrer Kontrolle ist. Diese Fähigkeiten tragen dazu bei, dass Stressereignisse und Problemsituationen weniger als belastend, sondern vielmehr als *herausfordernd* wahrgenommen werden. Das Einsetzen aktiv-problemorientierter und nicht passiv-vermeidender Bewältigungsstrategien wird dadurch angeregt.

II.1.b. Ressourcen innerhalb der Familie und im familialen Umfeld

Ressourcen innerhalb der Familie und im familialen Umfeld sind

- mindestens eine stabile, verlässliche Bezugsperson, die Vertrauen und Autonomie fördert,
- ein offenes, wertschätzendes, strukturierendes Erziehungsverhalten,
- Zusammenhalt, Stabilität und konstruktive Kommunikation in der Familie,
- ein unterstützendes familiäres Netzwerk (Verwandtschaft, Freunde, Nachbarn).
- Empirische Ergebnisse der Resilienzforschung (vgl. z.B. Werner/Smith 2001) betonen die Bedeutung von sicherer Bindung und Vertrauen. Kinder brauchen mindestens eine stabile positive Beziehung zu einer Bezugsperson, die die Bedürfnisse des Kindes wahrnimmt und angemessen darauf reagiert. Das muss kein biologischer Elternteil sein.

Unterstützung können Kinder auch indirekt erfahren, z.B. indem durch Familienbildung elterliche Kompetenzen gestärkt werden, die dann zur Verbesserung der familialen Interaktion durch einen autoritativen, demokratischen Erziehungsstil innerhalb der Familie führen (vgl. Baumrind 1989). Indem Eltern resiliente Verhaltensweisen und Einstellungen entwickeln, wirken sie modellhaft für ihre Kinder – das müssen nicht in jedem Fall die biologischen Eltern der Kinder sein. Kompetente Großeltern, aber auch Freunde und Nachbarn der Familie können die Vorbildfunktion übernehmen. Positive Beziehungen mit Peers sind wichtig, um Empathie zu zeigen und zu erleben. Freundschaften können zudem wichtige Entlastungen in Stress- und Krisensituationen bieten.

II.1.c. Ressourcen durch Bildungsinstitutionen und Ressourcen auf kommunaler Ebene

Positive Erfahrungen in Bildungsinstitutionen sind für das Erlernen resilienter Verhaltensweisen und Einstellungen von großer Bedeutung. Die Bedeutung der Bildungsinstitutionen (Kindertageseinrichtungen für jede Altersgruppe, Grund- und weiterführende Schulen, außerinstitutionelle Bildungsangebote) ist besonders hervorzuheben, da jedes Kind im institutionellen Bildungssystem seine Position finden muss. Die Angebote auf kommunaler Ebene wie Beratungseinrichtungen (z.B. Ehe- oder Erziehungsberatung), medizinische Vorsorge und Versorgung etc. wirken als weitere protektive Faktoren.

Ressourcen durch Bildungsinstitutionen und auf kommunaler Ebene lassen sich also wie folgt auflisten:

- Wertschätzendes Klima in Bildungseinrichtungen wie Kindertageseinrichtungen, Grund- und weiterführenden Schulen,
- klare, transparente, konsistente Regeln und Strukturen,
- hoher, aber angemessener Leistungsstandard/Positive Verstärkung der Anstrengungsbereitschaft des Kindes,
- positive Peerkontakte/Positive Freundschaftsbeziehungen,
- Erzieher/innen und Lehrer/innen als positive Rollenmodelle und unterstützende Bezugspersonen,

- gezielte Förderung von Basiskompetenzen (Resilienzfaktoren),
- Ressourcen auf kommunaler Ebene, z.B. sozialpädagogische Angebote der Familienbildung, Gemeindearbeit.

Betrachtet man die schützenden Faktoren auf drei verschiedenen Ebenen, wird deutlich, dass Kinder sich nicht aus sich selbst heraus zu resilienten Persönlichkeiten entwickeln können (vgl. Luthar/Cicchetti 2000). Die Unterstützung der sie umgebenden sozialen Systeme ist von entscheidender Bedeutung für die individuelle Entwicklung, insbesondere unter der Perspektive der langfristigen Entwicklung und des lebenslangen Lernens.

III. Was sind Transitionen?

Als Transitionen werden komplexe, ineinander übergehende und sich überblendende Wandlungsprozesse bezeichnet, wenn Lebenszusammenhänge eine massive Umstrukturierung erfahren. Der Sozialpsychologe H. Welzer verortet sie an der Schnittstelle von individuellem Handlungs- und Bewältigungsvermögen einerseits und gesellschaftlichen Handlungsvorgaben und -anforderungen andererseits. Charakteristisch für Transitionen ist, dass der Einzelne dabei Phasen beschleunigter Veränderungen und eine besonders lernintensive Zeit durchmacht (vgl. Welzer 1993, S.37). Dabei kommt es zu einer Anhäufung unterschiedlicher Belastungsfaktoren, weil Anpassung und Veränderungen in vielen Bereichen geleistet werden müssen und psychische Prozesse und Beziehungen zu anderen Personen neu gestaltet werden (vgl. Cowan 1991).

Mehrere theoretische Stränge haben zur Formulierung des Transitionsmodells beigetragen. Allgemeine Anwendung in der einschlägigen Forschung findet das Modell der Systemebenen von Bronfenbrenner (1989; vgl. Nickel 1990). Die Stressforschung lieferte einen Rahmen für die Erklärung von Belastungsreaktionen. Danach sind Überlastungsreaktionen vermeidbar, wenn Veränderungen im Lebensumfeld des Kindes gering gehalten, wenn sie vorhersehbar und kontrollierbar gestaltet werden. Zudem ist die motivationale Ebene – Vorfreude oder Ängste in Bezug auf bevorstehende Veränderungen – mit zu berücksichtigen (vgl. Lazarus 1995). Weiterreichende Veränderungen im Lebensumfeld des Kindes lassen sich im Zusammenhang mit der Entwicklung über die Lebensspanne als kritische Lebensereignisse untersuchen (vgl. Filipp 1995; Beelmann 2000). Außer Belastung kann ein kritisches Lebensereignis auch eine entwicklungsfördernde Herausforderung sein (vgl. Olbrich 1995).

Es ist nicht das Lebensereignis als solches, das es zu einer Transition werden lässt, sondern im entwicklungspsychologischen Sinne dessen Verarbeitung und Bewältigung (vgl. Fthenakis 1999). Im günstigen Verlauf stimulieren sie Entwicklung, unter ungünstigen Bedingungen kann es zu anhaltenden Problemen kommen, die mit nachteiligen Entwicklungen verbunden sind.

III.1. Übergänge in der familialen Entwicklung

Der Übergangs- oder Transitionsansatz beschreibt markante Veränderungen, die den einzelnen oder seine Familie betreffen (vgl. Cowan 1991; Fthenakis 1999; Griebel/Niesel 2004; Niesel/Griebel 2007a). In der internationalen Familienforschung hat der Transitionsansatz an Bedeutung gewonnen (vgl. Fthenakis 1998; Hetherington/Clingempeel 1992). Übergänge stehen in Verbindung mit Lebensereignissen, die auf der individuellen Ebene, der familialen Ebene und der Umgebungs-Ebene eine Phase von Veränderungen mit sich bringen, die mit konzentrierten Lernprozessen bewältigt werden müssen. Beispiele für Übergänge in der Familienentwicklung sind

- der Übergang von der Partnerschaft zur Elternschaft bei der Geburt des ersten Kindes,
- das Eintreten des Kindes in das Jugendlichenalter,
- Trennung und Scheidung der Eltern oder
- neue Partnerschaft und Bildung einer Stieffamilie.

Jeder Übergang hat seine eigenen Inhalte, die mit spezifischen Anforderungen zusammenhängen. Der wesentliche Unterschied zwischen Übergängen im Kindes- und im Erwachsenenalter besteht nicht in den biologischen und sozialen Markierungspunkten der Ereignisse, sondern in der Beteiligung einer Person selbst bei der Bestimmung über die Richtung seines Lebenslaufes (vgl. Cowan 1991).

III.2. Transitionen zwischen Familie und Bildungseinrichtungen: Vom Kindergarten in die Grundschule

Eine möglichst gute Nutzung der Bildungsangebote kann als eine der wichtigsten Ressourcen für die individuelle Entwicklung gelten. Das deutsche, segmentierte Bildungssystem ist von Übergängen zwischen Familie und Bildungseinrichtungen bzw. zwischen den Bildungseinrichtungen gekennzeichnet. Dazu zählen die Übergänge von der Familie in die Krippe, von der Krippe in den Kindergarten, von der Familie in den Kindergarten, vom Kindergarten in die Grundschule, vom Kindergarten in den Hort, von der Grundschule in die Typen der weiterführenden Schule (vgl. Schumacher 2004). Der Übergang vom Kindergarten in die Grundschule ist derjenige, dem sowohl national wie international (vgl. Griebel/Niesel 2004; Fabian/Dunlop 2002; Dunlop/Fabian 2006) besondere Aufmerksamkeit zuteil wird.

Der Übergang vom Kindergarten in die Schule bringt auf drei Ebenen Veränderungen mit sich: auf der Ebene des Individuums, der Ebene der Beziehungen und der Ebene der Lebensumwelten. Dabei handelt es sich jeweils um Diskontinuitäten in den Erfahrungen des Kindes, die es bewältigen muss. Da die Anpassungsleistungen in relativ kurzer Zeit erfolgen und verdichtete Lernprozesse als Entwicklungsstimulus gesehen werden, bezeichnet man diese Anforderungen als Entwicklungsaufgaben. Dieser Begriff betont im Gegensatz zu Anforderung oder gar Belastung stärker den positiven motivationalen Charakter der Herausforderung. In der Transitionsforschung wurden Faktoren identifiziert, die einen erfolgreichen Übergang positiv beeinflussen (vgl. Griebel/Niesel 2004). Im Folgenden werden auf unterschiedlichen Ebenen Entwicklungsaufgaben und Bewältigungsfaktoren genannt (vgl. auch Niesel/Griebel 2007b).

III.2.a. Individuelle Ebene

Der Übergang vom Kindergartenkind zum Schulkind bedeutet eine Veränderung der Identität. Starke Emotionen wie Vorfreude, Neugier, Stolz sowie Unsicherheit und Angst müssen bewältigt werden. Neue Kompetenzen werden erworben, wie z.B. Selbstständigkeit und Kulturtechniken; neue Verhaltensweisen zeigen Entwicklungsschritte an.

Bewältigungsfaktoren, die im Kind selbst liegen, sind:

- Allgemeine optimistische kindliche Grundeinstellung und Selbstwertgefühl,
- eine positive Einstellung zur Schule und zum Lernen
- soziale Kompetenzen hinsichtlich Kooperation, Kontaktinitiative und Selbstkontrolle,
- Höflichkeit und Hilfsbereitschaft,
- Ich-Flexibilität und Ich-Kontrolle in der Vorschulzeit,
- Probleme lösende statt Emotionen regulierende Bewältigungsstrategien,
- Konzentrationsfähigkeit,
- Soziale und emotionale Resilienz und Gesundheit.

III.2.b. Beziehungsebene

Die Aufnahme neuer Beziehungen muss geleistet werden, in erster Linie zur Lehrkraft, aber auch zu den Mitschüler/innen. Bisher bestehende Beziehungen werden neu strukturiert, unter Umständen auch abgebrochen, z.B. zum/r Erzieher/in, zu Kindergartenfreunden. Auch die Beziehungen in der Familie verändern sich. Verarbeitet werden muss ferner ein Rollenzuwachs: Zur Rolle des Kindes in der Familie kommt die Rolle des Schulkindes hinzu mit Rollenerwartungen und Rollensanktionen, wenn das gezeigte Rollenverhalten die Erwartungen nicht erfüllt.

Bewältigungsfaktoren in Familie und Bildungseinrichtung sind

- Bindungserfahrungen mit primären Bezugspersonen,
- die Passung kindlichen Verhaltens und schulischer Anforderungen,
- positive Einstellung zur Schule und zum Lernen auch bei den Eltern,
- Information des Kindes über Situationen, Personen, Zeitpläne, Erwartungen,
- die Anwesenheit vertrauter, anderer Kinder in der neuen Gruppe,
- positive Beziehung zwischen Kind und Lehrkraft bzw. positives soziales Klima in der Schulklasse.

III.2.c. Ebene der Lebensumwelten

Hauptaufgabe ist hier die Integration mehrerer Lebensbereiche, nämlich Familie, Schule und Erwerbstätigkeit. Der Lehrplan der Schule tritt an die Stelle von Methoden und Inhalten der Pädagogik im Kindergarten. Wenn zeitnah mit dem Wechsel in die Schule weitere familiale Übergänge, wie z.B. die Geburt von Geschwistern, die Aufnahme von Erwerbstätigkeit eines Elternteils oder eine Trennung der Eltern, bewältigt werden müssen, werden die Anforderungen, die mit der Transition zum Schulkind verbunden sind, komplexer.

Bewältigungsfaktoren auf der Ebene der sozialen Netzwerke sind

- Angebote zur Bewältigung des Übergangs auch seitens der Schule,
- Einbezug der Eltern in die Übergangsaktivitäten,
- Kommunikation zwischen Lehrkräften und Eltern bzw. Schule und Familie bereits vor dem Schuleintritt,
- Einbezug der Eltern in Information und Entscheidung, z.B. Schulwahl und Nutzung des elterlichen Potenzials mit Unterstützung auch für die Eltern,
- Kommunikation zwischen Fachkräften der vorschulischen Einrichtungen und der Schule,
- Zusammenwirken von vorschulischer Einrichtung, Schule, Eltern und Gemeinde,
- Passung zwischen kulturellem Hintergrund des Kindes und der Fähigkeit der Schule, Diversität zuzulassen, vor allem bei den Kindern, deren Muttersprache nicht mit der Schulsprache identisch ist,
- Generell die Verfügbarkeit qualitativ hochwertiger und entwicklungsangemessener vorschulischer Programme speziell für sozial benachteiligte Kinder.

Bei jeder dieser Entwicklungsaufgaben spielen die spezifischen Vorerfahrungen und Entwicklungsbedingungen des einzelnen Kindes mit seinen besonderen Bedürfnissen eine wesentliche Rolle. Die Entwicklung der Identität, der Kompetenzen, der Beziehungen und der Rollen muss vor dem Hintergrund des bisherigen sozialen Kontextes gesehen werden, weil dies die Bewältigung der Veränderungen beeinflusst.

Nicht nur das Kind wird ein Schulkind, seine Eltern werden Eltern eines Schulkindes und bewältigen damit ebenfalls einen Übergang. Eltern sehen sich selbst vorrangig als Unterstützer ihres Kindes, oft erst im Nachhinein wird ihnen bewusst, welche Unsicherheiten sie selber überwinden mussten und wie sie sich allmählich in ihre neue Identität als Eltern eines Schulkindes hineingefunden haben (vgl. Griebel/Niesel 2004). Erzieher/innen und Lehrer/innen begleiten den Übergang des Kindes vom Kindergarten zur Grundschule pädagogisch und nehmen durch die Gestaltung des Übergangsprozesses Einfluss darauf, wie Kinder den Übergang bewältigen (vgl. Grotz 2005). Eine Unterstützung von Eltern bei diesem Übergang erscheint sinnvoll.

III.3. Transitionskompetenz als Kompetenz von Kind, Familie und sozialem System

Die Übergangskompetenz, d.h. die Fähigkeit und Bereitschaft, den Übergang erfolgreich zu bewältigen, ist statt einer Kompetenz des einzelnen Kindes alleine vielmehr als die Fähigkeit und Bereitschaft aller beteiligten Akteure aus Familie, Kindertagesstätte und Grundschule zu Kommunikation und Partizipation zu sehen. Wirksam werden dabei die persönlichen Kompetenzen dieser Akteure sowie Merkmale der sozialen Systeme, in denen das Kind involviert ist. Sie sind die Grundlage für pädagogisch optimal gestaltete und abgestimmte Übergänge. Das lässt sich am Beispiel der so genannten Schulfähigkeit zeigen (vgl. Griebel/Niesel 2004; Nickel 1990). Beim Übergang vom Kindergarten in die Schule ist „Schulfähigkeit" ein häufig diskutierter Begriff und ein Problem. Bei Schulfähigkeit geht es aber um die Kommunikation und Partizipation aller beteiligten Akteure aus Familie, Kindertagesstätte und Grundschule. Wirksam werden dabei die persönlichen Kompetenzen dieser Akteure sowie Merkmale der sozialen Systeme, in denen das Kind involviert ist. Schulfähigkeit wird im Transitionsansatz, wie national und international gefordert, zu einer Aufgabe für *alle* Beteiligten. Somit ist es die Kompetenz des sozialen Systems, die Erfolg oder Misserfolg der Übergangsbewältigung maßgeblich bestimmt.

IV. Resilienz und Transitionskompetenz: Zusammenführung und Nutzung der beiden Ansätze

Von Resilienz wird dann gesprochen, wenn sich Kinder bei Lebensereignissen und unter Bedingungen mit kumulativen Risikofaktoren als widerstandsfähig erweisen und sich zu psychisch gesunden Persönlichkeiten entwickeln. Transitionen beziehen sich auf normative und nicht-normative (z.B. Trennung der Eltern) Lebensereignisse im Lebenslauf und in der Familienentwicklung. Sie werden jeweils genauer charakterisiert, z.B. Übergang vom Kindergarten in die Grundschule oder der Übergang von der zusammen lebenden Familie zur Familie mit geschiedenen Eltern, so dass erkennbar wird, um welche spezifischen Anforderungen es sich handelt, denen mit entsprechenden Kompetenzen begegnet werden kann.

Trotz dieser qualitativen Unterscheidung gibt es zwischen beiden Konzepten – sowohl in theoretischer wie auch in praxisbezogener Hinsicht – thematische Überschneidungen.

Einige der Lebensereignisse, die Gegenstand der Resilienzforschung sind, wie Scheidung oder Wiederheirat, sind in der Familienforschung als Transitionen beschrieben worden. Solche Transitionen werden im Rahmenwerk der Resilienzforschung als Phasen erhöhter Vulnerabilität eingestuft (vgl. Wustmann 2004). Die Suche nach Erforschung von solchen Faktoren und Strategien, die persönliches Wachstum und Entwicklung fördern – Ressourcenorientierung – , ist beiden Konzepten zu Eigen. Die Gefahr der Überforderung durch kumulative Belastungen kann insbesondere dann eintreten, wenn die mit Transitionen verbundenen Anforderungen (wie z.B. der Übergang vom Kindergarten in die Grundschule) bewältigt werden müssen und Kinder zeitnah mit weiteren Transitionen bzw. Risikobelastungen (Geburt eines Geschwisterkindes, Tod eines Großelternteils, Trennung der Eltern) konfrontiert sind. Möglich ist auch, dass die mit dem Übergang verbundenen Anforderungen die Überlastung von Kindern aus so genannten Multiproblemmilieus gerade dann zu Tage treten lassen, wenn es darum geht, die Weichen für die Bildungsbiographie zu stellen.

Die Stärkung resilienter Verhaltensweisen und Einstellungen von Kindern erleichtert den Umgang mit Transitionen. Emotionale und soziale Resilienz eines Kindes ist innerhalb der Transitionsforschung als ein Faktor identifiziert worden, der die Bewältigung eines Überganges positiv beeinflusst (vgl. Fabian 2002). International gesehen, setzen neue Curricula in Bildungseinrichtungen der frühen Kindheit Schwerpunkte auf die Stärkung von Kompetenzen der Kinder. Dazu gehört: ein stabiles Selbstkonzept, Selbstwertgefühl, Selbstregulation, sichere Bindungen an Eltern und positive Beziehungen zu pädagogischen Bezugspersonen, Problemlösungsfähigkeiten, Optimismus, Selbstvertrauen und Selbstwirksamkeit, ebenso wie lernmethodische Kompetenz, Problemlösefertigkeiten und andere Kompetenzen wie sprachliche und interkulturelle Fähigkeiten (vgl. Fthenakis 2003). Sowohl die Bewältigung von Transitionen als auch die Förderung von Resilienz haben Eingang in den Bayerischen Bildungs- und Erziehungsplan (Bayerisches Staatsministerium für Arbeit und Sozialordnung, Familie und Frauen/Staatsinstitut für Frühpädagogik 2006) und in den Bildungsplan des Landes Hessen (Hessisches Sozialministerium/Hessisches Kultusministerium 2005) gefunden.

Dennoch darf nicht übersehen werden, dass Kinder nicht von sich aus resilient sind bzw. werden, sondern dass dazu die Aktivierung der Ressourcen in ihrem sozialen System gehört. Übergangsbewältigung erfordert, insbesondere dann, wenn Kinder und Familien besonderen Belastungen ausgesetzt sind, immer auch die Kompetenzen des sozialen Systems. Das Kind und seine Familie, die pädagogischen Fachkräfte in Kindergarten und Schule kooperieren optimalerweise so, dass die Übergangsbewältigung für jedes Kind nicht unter- oder überfordernden Charakter hat, sondern die Herausforderungen beinhaltet, die dem Kind ermöglichen zu wachsen und seine resilienten Verhaltensweisen und Einstellungen zu stärken. Für die (sozial-)pädagogische Begleitung bedeutet das, dass auch die individuelle Situation von Kindern und Familie in den Blick genommen werden muss, um mögliche Belastungen und Fördernotwendigkeiten rechtzeitig zu erkennen und Ressourcen rechtzeitig zu aktivieren.

Transitionen im Bildungssystem lassen sich als Türhüter vorstellen, die im günstigen Falle als Türöffner für die Ressource Bildung – und damit zu einem wichtigen Element der Resilienzentwicklung – wirken.

Literatur

Antonovsky, A. (1987): Unraveling the mystery of health: How people manage stress and stay well. San Francisco.

Baumrind, D. (1989): Rearing competent children. In W. Damon (Hrsg.): Child development today and tomorrow. San Francisco, S. 349–378.

Bayerisches Staatsministerium für Arbeit und Sozialordung, Familie und Frauen/Staatsinstitut für Frühpädagogik (2006): Der Bayerische Bildungs- und Erziehungsplan für Kinder in Tageseinrichtungen bis zur Einschulung (2., offiziell überarb. Aufl.). Weinheim.

Beelmann, W. (2000): Entwicklungsrisiken und -chancen bei der Bewältigung normativer sozialer Übergänge im Kindesalter. In Leyendecker, C./Horstmann, T. (Hrsg.): Große Pläne für kleine Leute. München, S. 71–77.

Bender, D./Lösel, F. (1998): Protektive Faktoren der psychisch gesunden Entwicklung junger Menschen: Ein Beitrag zur Kontroverse um saluto- und pathogenetische Ansätze. In Margraf, J./Siegrist, J./Neumer, S. (Hrsg.): Gesundheits- oder Krankheitstheorie? Saluto- vs. pathogenetische Ansätze im Gesundheitswesen. Berlin, S. 117–145.

Bronfenbrenner, U. (1989): Die Ökologie der menschlichen Entwicklung. Frankfurt.

Bundesministerium für Familie, Senioren, Frauen und Jugend (2005): 12. Kinder- und Jugendbericht. Bericht über die Lebenssituation junger Menschen und die Leistungen der Kinder- und Jugendhilfe in Deutschland. [WWW document] URL www.bmfsfj.de/RedaktionBMFSFJ/Abteilung5/Pdf-Anlagen/zwoelfter-kjb,property=pdf.pdf (Stand: 23.1.2006).

Cowan, P. (1991): Individual and family life transitions: A proposal for a new definition. In Cowan, P./Hetherington, E. M. (Hrsg.): Family transitions: Advances in family research. Hillsdale New Jersey, S. 3–30.

Dunlop, A.-W./Fabian, H. (Hrsg.) (2006): Informing transitions in the early years. Research, Policy and Practice. Maidenhead.

Fabian, H. (2002): Empowering children for transitions. In Fabian, H./Dunlop, A.-W. (Hrsg.): Transitions in the early years: Debating continuity and progression for children in early education. London, S. 123–134.

Fabian, H./Dunlop, W.-A. (Eds.) (2002): Transitions in the Early Years: Debating continuity and progression for children in early education. London.

Filipp, H.-S. (1995): Ein allgemeines Modell für die Analyse kritischer Lebensereignisse. In Filipp, H.-S. (Hrsg.): Kritische Lebensereignisse (3. Aufl.). Weinheim, S. 3–52.

Fthenakis, W.E. (1998): Family transitions and quality in early childhood education. European Early Childhood Education Research Journal, 6, 1, pp. 5–17.

Fthenakis, W.E. (1999): Transitionspsychologische Grundlagen des Übergangs zur Elternschaft. In Fthenakis, W. E./Eckert, M./Block/M. v. für den Deutschen Familienverband (Hrsg.): Handbuch Elternbildung (Bd. 1). Opladen, S. 31–68.

Fthenakis, W.E. (2003): Zur Neukonzeptualisierung von Bildung in der frühen Kindheit. In Fthenakis, W. E. (Hrsg.): Elementarpädagogik nach PISA. Wie aus Kindertagesstätten Bildungseinrichtungen werden können. Freiburg, S. 18–37.

Griebel, W./Niesel, R. (2004): Transitionen: Fähigkeit von Kindern in Tageseinrichtungen fördern, Veränderungen erfolgreich zu bewältigen. Beiträge zur Bildungsqualität, hrsg. von W.E. Fthenakis. Weinheim.

Grotz, T. (2005): Die Bewältigung des Übergangs vom Kindergarten zur Grundschule. Hamburg.

Hessisches Sozialministerium/Hessisches Kultusministerium (Hrsg.) (2005): Bildung von Anfang an: Bildungs- und Erziehungsplan für Kinder von 0 bis 10 Jahren in Hessen. Entwurf für die Erprobungsphase. Wiesbaden.

Hetherington, E. M./Clingempeel, W. G. (1992): Coping with marital transitions: A family system perspective. Monographs of the Society for Child Development, 227 (57).

Lazarus, R. S. (1995): Stress und Stressbewältigung – ein Paradigma. In Filipp, H.-S. (Hrsg.): Kritische Lebensereignisse (3. Aufl.). Weinheim, S. 198–232.

Lösel, F./Bliesener, T. (1994): Some high-risk adolescents do not develop conduct problems: A study of protective factors. International Journal of Behavioral Development, 4, S. 753–777.

Luthar, S. S./Cicchetti, D. (2000): The construct of resilience: Implications for interventions and social policies. Development and Psychopathology, 12, S. 857–885.

Nickel, H. (1990): Das Problem der Einschulung aus ökologisch-systemischer Perspektive. Psychologie in Erziehung und Unterricht, 37, S. 217–227.

Niesel, R./Griebel, W. (2007a): Transitionen. In Pousset, R. (Hrsg.): Beltz Handwörterbuch für Erzieherinnen und Erzieher. Berlin, S. 447 – 450.

Niesel, R./Griebel, W. (2007b): Von der Kita in die Schule. Handlungsempfehlungen an Politik, Träger und Einrichtungen. Hrsg. von der Bertelsmann Stiftung. Gütersloh.

Olbrich, E. (1995): Normative Übergänge im menschlichen Lebenslauf: Entwicklungskrisen oder Herausforderungen. In Filipp, H.-S. (Hrsg.): Kritische Lebensereignisse (3. Aufl.). Weinheim, S. 123–138.

Opp, G./Fingerle, M./Freytag, A. (1999): Erziehung zwischen Risiko und Resilienz: Neue Perspektiven für die heilpädagogische Forschung und Praxis. In Opp, G./Fingerle, M./Freytag, A. (Hrsg.): Was Kinder stärkt: Erziehung zwischen Risiko und Resilienz. München, S. 9–21.

Rutter, M. (2000): Resilience reconsidered: Conceptual considerations, empirical findings, and policy implications. In Shonkoff, J. P./Meisels, S. J. (Hrsg.): Handbook of early childhood intervention. Cambridge, S. 651–682.

Rutter, M. (2001): Psychosocial adversity: Risk, resilience and recovery. In Richman, J./Fraser, M. W. (Hrsg.): The context of youth violence: resilience, risk, and protection. Westport, S. 13–41.

Schumacher, E. (Hrsg.) (2004): 'Übergänge' in Bildung und Ausbildung - pädagogische, subjektive und gesellschaftliche Relevanzen. Bad Heilbrunn.

Welzer, H. (1993): Transitionen: Zur Sozialpsychologie biographischer Wandlungsprozesse. Tübingen.

Werner, E.E. (2000): Protective factors and individual resilience. In Shonkoff, J. P./Meisels, S. J. (Hrsg.): Handbook of early childhood intervention. Cambridge, S. 115–132.

Werner, E.E./Smith, R. S. (2001): Journeys from childhood to midlife: Risk, resilience, and recovery. Ithaca.

Wustmann, C. (2004): Resilienz: Widerstandsfähigkeit von Kindern in Tageseinrichtungen fördern. Beiträge zur Bildungsqualität, hrsg. von W.E. Fthenakis. Weinheim.

Heidrun Bründel

Kapitel 2: Interne Konflikte und Krisen

Die Familie ist für Kinder in den ersten 10 bis ca. 12 Jahren von allen Lebensbereichen wie Schule, Freundeskreis und Freizeit der wichtigste. In der Familie erfahren sie im Idealfall Fürsorge, Geborgenheit und Liebe, so dass sie sich frei entfalten und ihre Persönlichkeit entwickeln können. In der Familie werden die Wurzeln für Selbstvertrauen, emotionale und kognitive Kompetenz gelegt sowie die Weichen für Leistungsmotivation und Sozialverhalten gestellt. In manchen Familien gelingt dies jedoch ganz und gar nicht. Sie sind gezeichnet von Krisen und Konflikten, die, wenn sie sich zuspitzen, im extremen Fall auch zum Suizid von Jugendlichen führen können (Bründel 2004). Familie ist unabhängig von ihren Familienformen durch ein intensives emotionales und soziales Beziehungsgeflecht gekennzeichnet. Die Mutter-Kind-Bindung gilt als die stärkste der Bindungen überhaupt und legt den Grundstein für alle anderen sozialen Beziehungen. „Eine sichere Bindung wirkt als Puffer für schädigende Einflüsse" (Schmidt-Denter 2005, S. 23). Die Bedeutung des Vaters für das Kind und das Beziehungsgeflecht zwischen beiden werden heute anders als früher, nämlich als weit größer und intensiver angesehen. Die Qualität der Vater-Kind- Beziehung unterscheidet sich von der Mutter-Kind-Beziehung. Es sind nicht so sehr die pflegerischen Tätigkeiten, die im Vordergrund stehen, sondern mehr die spielerischen und kognitiv anregenden (ebd., S. 34). Eltern und Kinder bleiben einander ein Leben lang verbunden und fühlen sich füreinander verantwortlich. Hinzu kommen die Geschwisterbeziehungen, die ebenfalls sehr eng, aber auch sehr ambivalent sein können. Wie immer Kinder aufwachsen, ob als Einzelkinder, mit beiden Eltern oder einem Elternteil allein, ob in einer Groß- oder Kleinfamilie, mit leiblichen Elternteilen oder nicht leiblichen, sie definieren diejenigen Personen als ihre Familie, mit denen sie zusammen leben. Familie ist der „Ort", der ihnen vertraut und der ihr Zuhause ist.

I. Familie als „Ort" von Alltagsauseinandersetzungen

In jeder Familie gibt es Auseinandersetzungen, die in den meisten Fällen konstruktiv beendet werden. Im Alltag des Familienlebens gibt es jedoch für Eltern viele Konfliktthemen, wie z.B. Zimmer aufräumen, abendliches Zubettgehen, Schulleistungen, Anfertigen der Haussaufgaben, Übernahme familiärer Pflichten, Mithilfe im Haushalt, Kleidung, Frisur, Körperpflege, abendliches Nachhausekommen und Freundeskreis, an denen sich Eltern und Kinder reiben.

I.1. Thema Schule

Die weitaus größten Auseinandersetzungen in der Familie kreisen um das Thema Schule, um Leistungen, Versetzungen, Zeugnisse, Hausaufgaben etc. Fast alle Eltern streben die für das Kind bestmögliche Schulbildung an und projizieren dabei ihre eigenen Vorstellungen, ihre erfüllten und ganz besonders ihre unerfüllten Lebensentwürfe in ihre Kinder (Hurrelmann/Bründel 2003). Spätestens mit Eintritt in die Grundschule beginnt für viele Eltern und Kinder der Schulstress. Eltern erleben sich als Nachhilfelehrer wider Willen und spüren sehr stark den Druck, zu Hause mit den Kindern das leisten zu müssen, was die Schule in ihren Augen versäumt. Fragen nach Klassenarbeiten, nach Noten und Hausaufgaben bestimmen die Gespräche und trüben die Familienatmosphäre. Häufig erleben Eltern die Schullaufbahn ihrer Kinder selbst angespannt und in einem Gefühl der Überforderung mit und fühlen sich nicht genügend von der Schule unterstützt. Sie regen sich zu Hause auf, schimpfen und strafen oft überzogen, mit der Folge, dass sich die Kinder vollständig verweigern und abblocken. Schulstress geht in vielen Fällen nicht von der Schule aus, sondern wird von Eltern auf das Kind übertragen. Hohes Leistungsstreben, unrealistische Leistungserwartungen an die Kinder und eine häufig falsche Wahl der weiterführenden Schule erhöhen den Druck. Teure Nachhilfeinstitute werden unter oft großen finanziellen Opfern engagiert. Sie belasten nicht nur den elterlichen Geldbeutel, sondern führen auch oft nicht zum erhofften Erfolg. Migranten- und Ausländereltern, die nicht selten selbst nach jahrelangem Aufenthalt in Deutschland die deutsche Sprache nicht beherrschen, haben es besonders schwer, ihre Kinder auf die Anforderungen der Schule einzustellen, sie zu unterstützen, ihnen zu helfen und sich im Dickicht der Nachhilfeangebote zurechtzufinden, geschweige denn, sie sich leisten zu können.

II.2. Thema Freizeitgestaltung und Freundeskreis

Auch bei den Themen Freizeitgestaltung und Freundeskreis gehen die Meinungen von Eltern und Kindern häufig weit auseinander, und es kommt zu Konflikten. Während jüngere Kinder sich noch von ihren Eltern beeinflussen lassen, was Vereinsaktivitäten und Freizeitgestaltung anbetrifft, wollen Jugendliche selbst entscheiden, was sie tun und mit wem sie zusammen sind. Das häufigste Ärgernis sind Computer, Computerspiele und das Chatten im Internet. Jugendliche verbringen oft Stunden im Internet, vernachlässigen dabei Freundeskontakte und sportliche Aktivitäten. Ihre Hauptbeschäftigung ist die sitzende Tätigkeit in ihren Zimmern, wobei Hausaufgaben häufig vernachlässigt werden. Das Mahnen der Eltern wird überhört und stattdessen das Argument der Jugendlichen vorgebracht, selbst bestimmen zu wollen.

Auch die Wahl des Freundeskreises kann zu erheblichen Unstimmigkeiten zwischen Eltern und Jugendlichen führen. Viele Eltern kennen die Freunde ihrer Kinder nicht persönlich. Freunde werden ihnen nicht vorgestellt, weil die Jugendlichen zu Recht oder zu Unrecht fürchten oder auch ahnen, dass ihre Eltern sie nicht mögen würden. Viele Eltern schätzen den Umgang ihrer Kinder mit bestimmten Gleichaltrigen nicht und befürchten einen schlechten Einfluss. Häufig kulminieren die Konflikte, wenn vor allem weibliche Jugendliche spät abends nach Hause kommen oder gar bei ihren Freunden übernachten wollen. Auch wenn Eltern dem sexuellen Verhalten ihrer jugendlichen Kinder sehr viel toleranter und großzügiger als noch vor 20 Jahren gegenüber stehen, so fühlen sie sich doch immer noch verantwortlich für sie und möchten sie vor übereilten Entscheidungen bewahren, vor allem aber auch vor den sog. Teenager-Schwangerschaften. Trotz aller sexuellen Aufklärung durch Eltern und Schule, trotz vorhandenen Wissens über Verhütung kommt es in Deutschland immer noch zu einem erheblichen Anteil an Schwangerschaften von Minderjährigen. (Bundeszentrale für gesundheitliche Aufklärung 2005).

Ein weiteres Konfliktthema für viele Eltern ist die Geschlechtspartner-Orientierung ihrer Kinder, die im Jugendalter deutlich wird. Das Coming-out vor Eltern und Gleichaltrigen ist im jugendlichen Alter eher selten. Nur wenige Jugendliche offenbaren sich, weil sie zunächst noch unsicher sind und an sich selbst zweifeln und Ablehnung und Zurückweisung sowohl von Eltern als auch von Gleichaltrigen fürchten. In Deutschland geben bei Befragungen ca. 4% der über 15jährigen Jungen und Männer und ca. 2% der Mädchen und Frauen an, homosexuell zu sein. Es muss jedoch mit einer hohen Dunkelziffer gerechnet werden, so dass die tatsächliche Anzahl weit höher geschätzt wird. Auch unter Jugendlichen ist Homosexualität immer noch mit einem Tabu belegt (Oerter/Montada 2002[5]). Viele durchlaufen eine Phase starker innerer Konflikte, ehe sie sich selbst akzeptieren und anderen mitteilen können. Oft genug machen sie die leidvolle Erfahrung, dass ihre Eltern nicht nur mit Unverständnis, sondern auch mit Androhung körperlicher Strafen, mit Erpressung und Verstoßung aus dem Elternhaus reagieren (Hofsäss 1995, 1999).

II.3. Thema Gesundheitsverhalten

Essverhalten: in vielen Familien stellt das Essverhalten der Kinder ein Problem dar. Viele Kinder halten von einer gesunden Ernährung wenig und neigen zu Fastfood, kalorienreichen Nahrungsmitteln und Süßigkeiten. Eltern gehen dabei selbst oft mit schlechtem Beispiel voran. Es gibt in vielen Familien kaum noch warme und/oder gemeinsam eingenommene Mahlzeiten. Die Anzahl der adipösen Kinder steigt ständig. Dies wird u.a. auch durch ihren Bewegungsmangel, ihre Inaktivität, ihren hohen TV-Konsum oder ihre PC-Aktivitäten verstärkt. Viele andere essen zu wenig, nehmen nicht einmal ein Schulbrot mit in die Schule, was wiederum zu Sorgen, Appellen und Ermahnungen auf Seiten der Eltern führt.

Legale Drogen: Auch wenn viele Eltern ihren Kindern ein schlechtes Beispiel bieten und selbst täglich Zigaretten und Alkohol konsumieren, so entzünden sich doch viele Auseinandersetzungen zwischen Eltern und Kindern an deren Konsumverhalten. Es ist für Eltern nicht leicht, sich durchzusetzen und ihren Kindern das Rauchen zu verbieten, und noch viel schwerer fällt es ihnen, wenn sie selbst rauchen. Eltern spüren ihre Unglaubwürdigkeit, möchten aber dennoch das Eintrittsalter in den Zigaretten- und auch in den Alkoholkonsum ihrer Kinder hinauszögern. Sie drohen mit Taschengeldkürzung und/oder locken mit Belohnungen, wenn ihre Kinder bis zu einem bestimmten Alter auf den Konsum verzichten. Oftmals gibt es tägliche Auseinandersetzungen über dieses Thema, vor allem dann, wenn Jugendliche auf andere verweisen, die angeblich alles tun dürfen, was sie wollen.

Illegale Drogen: In Familien, in denen Jugendliche illegale Drogen konsumieren, lassen sich häufig tiefsitzende Konflikte zwischen Eltern und Kindern feststellen. Der Einstieg in den illegalen Drogenkonsum erfolgt oft zwischen dem 15. und 20. Lebensjahr, beginnt mit dem Haschisch-Konsum als Probier- und Experimentierverhalten. Allerdings setzt nur ein relativ kleiner Teil der Jugendlichen seine Drogenkarriere mit der Einnahme weiterer härterer illegaler Drogen fort, vor allem dann, wenn problematische Erziehungsmuster in ihren Familien persistieren oder sich verstärken (Hurrelmann 2004[7]).

II. Familie als „Ort" von Belastungen

II.1. Scheidung und Trennung

Wenn Eltern sich trennen und/oder sich scheiden lassen, entstehen für Kinder in allen Altersbereichen erhebliche psychische und soziale Belastungen. Diese sind für Kinder und Jugendliche um so stärker, je weniger sie die Gründe für die Trennung nachvollziehen und auch je weniger sie von den Eltern vorher über die bevorstehende Trennung informiert worden sind, so dass sie keine vorbereitenden Verarbeitungsmechanismen aufbauen konnten. Oftmals werden sie in den Beziehungskampf der Eltern mit einbezogen und geraten in starke Solidaritätskonflikte. Kommt es zur Trennung der Eltern, beginnt für die Kinder und Jugendlichen eine Neuordnung der Beziehungen. Meistens erlischt langfristig die Beziehung zum getrennt lebenden Elternteil bzw. schwächt sich ab, und es intensiviert sich die Beziehung zum weiterhin erziehenden Elternteil. Dieser ist in 80% der Fälle die Mutter, die oft genug sozial und finanziell in große Bedrängnis kommt, worunter auch die Kinder leiden. Mit der veränderten Lebenssituation ist häufig ein Umzug aus der vertrauten Umgebung verbunden, eine Veränderung in den Nachbarschaftskontakten, und für die Kinder und Jugendlichen ergibt sich die Notwendigkeit, neue Freundschaftskontakte aufzubauen. Ganz schwierig kann es für sie werden, wenn ihre Mütter oder auch ihre Väter neue Partnerbindungen eingehen und sie mit Stiefgeschwistern auskommen müssen (Hurrelmann/Bründel 2003[2]). Der einzelne Faktor „broken-home" oder auch „Patchwork-Familie" sagt noch nichts über eine zukünftige psychische Gefährdung von Kindern und Jugendlichen aus. Eine Trennung kann u.U. hilfreich sein und das Ende von immerwährenden quälenden Auseinandersetzungen darstellen. Das Eingehen neuer Partnerschaften kann für die Kinder ein Glücksfall sein und eine Chance darstellen, neue Beziehungen aufzubauen, aber auch eine Quelle erneuter und weiterer Enttäuschungen. Aus welchen Personen sich Familien zusammensetzen, die Familienformen sagen nichts über das Beziehungsklima aus, das in der Familie herrscht oder über die Belastungen, die von Kindern und Erwachsenen empfunden werden können. Auch wenn es wünschenswert ist, gefährdete Familien frühzeitig zu erkennen, so gibt es doch kaum gezielte Hinweise auf eine Unterscheidung von Normal- und Risikofamilien (Schnabel 2001). Es hängt immer auch von den Kompensationsmöglichkeiten des einzelnen ab, wie er ein bestimmtes bestehendes Familiengefüge empfindet und auf ein Auseinanderbrechen desselben reagiert. Mehr noch als die Familienform kann eine negative Familienbeziehung und -dynamik als ein Faktor unter mehreren angesehen werden, die für die Entstehung von Verzweiflungs- und Hilflosigkeitsgefühlen sowie für die Ausprägung inadäquater Bewältigungsstrategien verantwortlich sind.

II.2. Negative Familiendynamik

In manchen Familien herrscht ein destruktives Klima, das von einem schleichenden Prozess des Verlusts von Vertrauen und Liebe gekennzeichnet ist und dem einzelnen Kind das Gefühl gibt, nicht erwünscht zu sein. Ein feindliches Klima durchdringt alle dyadischen Beziehungen, Disharmonie herrscht nicht nur zwischen den Erwachsenen, sondern auch zwischen leiblichen und nicht leiblichen Elternteilen und Kindern. Die Familiendynamik ist geprägt von versteckter Ablehnung und emotionaler Indifferenz gegenüber dem Kind oder Jugendlichen. Ihr Selbstbewusstsein wird durch kleinste Andeutungen, Anspielungen und Handlungen der Eltern sukzessiv zerstört. Sie entwickeln weder Vertrauen zu ihrer Familie noch zu sich selbst, sie lernen Konflikte nicht zu lösen, sondern sie zu vermeiden, zu verleugnen und zu verdrängen. Sie entwickeln nicht die notwendigen Gesprächskompetenzen, sondern ziehen sich in sich zurück und schweigen. Ihre Lebensfreude erstickt, und sie sind nicht mehr fähig, in ihrem Leben einen Sinn zu sehen. Auf einem solchen Nährboden können Depressivität und suizidale Tendenzen bei Kindern entstehen.

Viele Familien sind nach außen hin völlig unauffällig und gelten als harmonisch und intakt. Sie erweisen sich jedoch bei genauerem Hinsehen als pathologisch und selbstzerstörerisch. Sie sagen von sich, dass sie keinerlei Probleme hätten. Sie sind gekennzeichnet durch starke symbiotische Beziehungen zueinander, durch Anklammerungs- und Eingrenzungsversuche. Manche Eltern lassen ihren Kindern keine Freiheit, um selbstständig zu werden. In einer symbiotischen Familie besitzen die einzelnen Familienmitglieder keine eigene Identität, sondern werden als Teil eines übergeordneten Ganzen betrachtet, dem sie sich unterzuordnen haben. Den Kindern wird kein eigenes Leben zugestanden, alles muss geteilt, mitgeteilt, erzählt werden, es darf keine Geheimnisse geben. In solchen Familien fühlen sich Kinder und Jugendliche ohnmächtig und eingeengt und brechen häufig frühzeitig aus dem Familienverband aus. Da Konflikte nicht angesprochen und ausgetragen werden, haben sie nicht gelernt, mit Konflikten konstruktiv umzugehen und können sich im Erwachsenenleben nicht durchsetzen. (Bründel 2004).

II.3. Psychische Erkrankungen von Familienangehörigen

In Familien können Kinder und Jugendliche durch die psychische Struktur ihrer Eltern sehr belastet sein, vor allem dann, wenn ihre Eltern selbst an psychischen Erkrankungen und depressiven Neigungen leiden. Dies kann ihrerseits zur Ausbildung suizidaler Tendenzen führen. Eltern, die unter Depressionen leiden, vermitteln dem Kind weder Lebensfreude noch Vertrauen zu sich selbst und in die Zukunft. Sie sind oft handlungsinaktiv, leistungsunfähig und beziehungsgehemmt. Die Kommunikation eines depressiven Elternteils mit dem Ehepartner und/oder mit den Kindern ist eingeschränkt. Kinder leiden sehr unter psychischen Erkrankungen ihrer Mütter oder Väter, weil sie sie nicht verstehen. Sie fühlen sich abgewiesen, allein gelassen und nicht geliebt. Sie entwickeln möglicherweise Schuldgefühle und glauben, dass sie an der Krankheit ihrer Eltern und daran, dass sie so traurig sind, schuld seien. Sie leben in einer großen Gefühlsverwirrung, haben Angst um die Mutter oder den Vater und fühlen sich gleichzeitig von ihr oder ihm vernachlässigt, verletzt und gekränkt. Schuldgefühle und Hoffnungslosigkeit ergeben zusammen eine gefährliche Verbindung, die, wenn auch nicht sofort, jedoch langfristig zum Suizid führen kann.

Ist einer der beiden Eltern selbst suizidal und spricht davon, nicht mehr leben zu wollen, selbst wenn er diese Tat nie ausführt, führt das bei Kindern oder auch Jugendlichen nicht nur zu starken Ängsten vor dem Verlassenwerden, sondern auch zu einer pessimistischen Grundstimmung und einer resignativen Grundhaltung. Ihre Lebenseinstellung wird von dem Bewusstsein geprägt, dem Leben selbst ein Ende setzen zu können und später vielleicht einmal das zu tun, wovon einer der beiden Eltern so oft gesprochen hat. Diese Kinder und Jugendlichen haben kein Vertrauen in eigene Bewältigungsmechanismen und halten sich „ein Türchen offen", nämlich die suizidale Tat.

Hat ein Elternteil oder auch ein naher oder gar entfernter Verwandter Suizid begangen, ist die Gefahr für Kinder und Jugendliche besonders groß, denn nun erfahren sie, dass dies ein möglicher Weg ist, Konflikten aus dem Wege zu gehen. Sie erleben, dass andere, ihnen nahestehende Menschen belastende Situationen auch nicht aktiv bewältigt haben, und es eröffnen sich ihnen damit Bewältigungsstile, an die sie vielleicht sonst nicht gedacht hätten. Durch Identifikation mit dem geliebten Menschen übernehmen sie dessen Verhaltensweisen, und sie sind umso geneigter dazu, je unglücklicher, je abhängiger und je unselbstständiger sie sind (Bründel 2004).

II.4. Missbrauch und Misshandlung

Neben einem schleichenden Prozess des Auseinanderlebens gibt es Vorfälle in der Familie, die wie der sexuelle Missbrauch und die Misshandlung schlagartig und oftmals auf Jahrzehnte hinaus das Leben von Kindern und Jugendlichen verändern. Beide Formen gehören zu den stärksten Belastungen und Traumata, die ein Kind oder Jugendlicher erleiden kann. Sexueller Missbrauch oder Sexualisierte Gewalt liegt immer dann vor, wenn Personen ihre Machtposition gegenüber einem Jüngeren einsetzen, um ihn sich gefügig zu machen und dabei ihre eigenen sexuellen Bedürfnisse zu befriedigen (Heiliger 2000; Enders 2001; Falardeau 2001; Risau/Kruck/Bender 2001). Es handelt sich um physische und psychische Gewalt, die den Kindern und Jugendlichen damit angetan wird. Bei Mädchen wird der sexuelle Missbrauch fast immer von Angehörigen der Familie verübt, von Vätern, Großvätern, Onkeln oder Brüdern. Bei Jungen kommen die Täter sehr häufig aus dem professionellen Umfeld: Lehrer, Pfarrer, Chorleiter, Trainer etc. Die emotionale Verstrickung zwischen Opfer und Täter führt beim Opfer sehr häufig nicht nur zu starken Gefühls- und Wahrnehmungsverwirrungen, sondern auch zu heftigen Scham- und Schuldgefühlen. Kinder und Jugendliche fühlen sich beschmutzt, beschämt, erniedrigt und beginnen, an sich selbst zu zweifeln und ihrer eigenen Wahrnehmung zu misstrauen. Unter den psychischen Langzeitfolgen finden sich vor allem depressive Syndrome, Angst- und Essstörungen sowie häufig auch Drogenprobleme. Sie führen ebenfalls sehr häufig im Laufe der weiteren Entwicklung zu Selbstverletzungen, zu Suizidversuchen und auch zum Suizid der Jugendlichen oder auch der späteren Erwachsenen (Bründel 2004).

Die andere Art extremer körperlicher oder auch psychischer Gewaltanwendung ist die Misshandlung, die Kindern und Jugendlichen von Erwachsenen, oft sogar von den leiblichen Eltern selbst oder ihren Lebenspartnern, zugefügt wird. Gewaltanwendung gegen Kinder erfolgt häufig aus der Normalität des Erziehungsalltags heraus. Sie wird von den Eltern meistens nicht als „Gewalt" angesehen, sondern eher als wirksames Erziehungsmittel. Kinder und Jugendliche erfahren auf diese Weise eine ständige Demütigung und Erniedrigung und spüren, dass sie wehr- und hilflos sind. Obwohl Formen von Gewaltausübung wie körperliche Züchtigung von Kindern und entwürdigende Erziehungsmethoden seit ca. Mitte 2000 verboten sind, werden sie immer noch von manchen Eltern praktiziert. Die polizeiliche Kriminalstatistik (PKS) registriert einen Anstieg der registrierten Körperverletzungen, die Aufklärungsquote der angezeigten Delikte ist hoch, auch wenn das wahrscheinlich große Dunkelfeld nicht erfasst wird (Rauch 2006). Die Formen der Gewalteinwirkungen an Kindern sind vielfältig: sie erfolgt durch scharfe, spitze, stumpfe und schürfende Gegenstände, durch brennende Zigaretten, durch Säure und Laugen, durch heiße Herdplatten und Bügeleisen. Die Folgen sind erschreckend: Schütteltraumata bei Säuglingen, Hämatome, Beulen und Schwellungen, Verbrennungen, Verätzungen und Verbrühungen mit bleibenden Hautdefekten und oftmals entstellenden Narbenbildungen am ganzen Körper. Geschlagene und schwer misshandelte Kinder entwickeln nicht nur Gefühle der Wehr- und Hilflosigkeit, sondern auch Gefühle der Wut und des Hasses auf die Täter oder auch auf Erwachsene generell, die sich in Gefühle der eigenen Minderwertigkeit und des Selbsthasses wandeln können. Sie verlieren das Vertrauen in Bezugspersonen und sind möglicherweise nicht mehr fähig, Vertrauensbeziehungen zu anderen Personen aufzubauen. Misshandelte Kinder und Jugendliche internalisieren die erlebten Wutausbrüche und die Aggressionen ihrer Eltern und richten diese – im Sinne einer Aggressionsumkehr – häufig gegen sich selbst. In misshandelten und/oder missbrauchten Kindern entsteht das Gefühl, vollkommen überflüssig, wert- und bedeutungslos und hassenswert zu sein.

III. Zusammenfassung und Ausblick

Die häufigsten und oftmals zermürbenden alltäglichen Auseinandersetzungen und Diskussionen ranken sich um Themen wie Schule, Freundeskreis, Freizeit, Sexualität, Gesundheitsverhalten. Die meisten Alltagsauseinandersetzungen entzünden sich an Kleinigkeiten, schaukeln sich jedoch auch auf, eskalieren und nehmen nicht selten feindselige Formen der Konfliktbewältigung an. In manchen Familien nehmen die alltäglichen Konflikte ein solches Ausmaß an Destruktivität an, dass alle Beteiligten darunter leiden. Die täglichen Auseinandersetzungen um Kleinigkeiten werden oft lautstark ausgetragen und zermürben sowohl Eltern als auch Kinder. Sie führen langfristig zu einer Atmosphäre von Resignation bei den Eltern und Trotzverhalten auf Seiten der Jugendlichen. Oft haben sich Eltern und Kinder im jugendlichen Alter im wahrsten Sinne nichts mehr zu sagen, sie sprechen kaum noch miteinander, ihre Kommunikation ist abgebrochen. Gemeinsame Erlebnisse gibt es nicht mehr, ihre Wege führen in verschiedene Richtungen. Viele Jugendliche betrachten ihre Familie nur noch als mehr oder weniger bequeme Versorgungseinrichtung. So werden aus den kleinen alltäglichen Auseinandersetzungen Konflikte, die letzten Endes zum Auseinanderbrechen des inneren familiären Zusammenhalts führen können.

Es hängt vom Erziehungsstil der Eltern sowie vom Kommunikationsstil innerhalb der Familie ab, wie Konflikte gelöst werden. Ein Erziehungsstil, der die Persönlichkeit von Kindern und Jugendlichen respektiert, dabei Grenzen setzt, trägt zur Förderung ihrer Selbstständigkeit und Verantwortlichkeit bei. Entscheidend für gute Konfliktausgänge ist der Kommunikationsstil, wobei letzterer sich an der Gewaltfreien Kommunikation orientieren sollte (Rosenbaum 2001). Es geht darum, Wertschätzung für andere zum Ausdruck zu bringen und gleichzeitig die eigenen Bedürfnisse im Blick zu haben und die der anderen zu berücksichtigen. Ein „induktiver Erziehungsstil", der, je nach Verständnis des Kindes und Jugendlichen, klare Forderungen stellt, sie jedoch mit argumentativen Erläuterungen versieht und dem Heranwachsenden Spielraum für eigene Entscheidungen überlässt, hat sich als ideal erwiesen und als bestens geeignet, um ein Klima des Vertrauens herzustellen (Oerter/Montada 2002, S. 626). Ein Charakteristikum dieses Erziehungsstils ist seine Flexibilität, der sowohl das Alter der Kinder als auch die Situation berücksichtigt, der mit Zuwendung, Wärme und Anerkennung gekoppelt ist und dennoch eine gewisse Kontrolle und Sanktionierung bei Überschreitung von Regeln ausübt. Ziel ist, Kinder und Jugendliche zur Selbstständigkeit und Selbstverantwortung zu führen, sie konflikt-, genuss- und erlebnisfähig zu machen, damit sie ihr eigenes Leben meistern können (Bundeszentrale für gesundheitliche Aufklärung 2001, S. 154).

Mit alltäglichen Auseinandersetzungen muss jede Familie fertig werden und wird es auch im Allgemeinen. Daneben gibt es jedoch Krisen und Konflikte, an denen Familienmitglieder zerbrechen können und die höchstes Leid und Schmerzen, psychischer und physischer Art, mit sich bringen. Trennung und Scheidung der Eltern sind schon schlimm genug für Kinder, und da Vater und Mutter im kindlichen Denken einfach zusammen gehören, verkraften sie das Auseinanderbrechen der Familie nur schwer. Auch die Zeit davor, die häufig mit Zank und Streit zwischen den Eltern oder auch mit Indifferenz, Sprachlosigkeit und Lieblosigkeit einhergeht, erleben sie mit größter Beunruhigung und Verunsicherung. Aber wie viel beunruhigender, ängstigender und schockierender sind psychiatrische Krankheiten der Eltern selbst oder sogar Suizidversuche und Suizide. Kinder und Jugendliche fühlen sich dabei allein gelassen und völlig überfordert. Das Schlimmste jedoch, was ihnen geschehen kann, ist sexueller Missbrauch und Misshandlung. Wenn die Familie zum Tatort wird , in dem es zu höchsten Formen der psychischen und physischen Gewaltanwendung kommt, dann ist das ein Zeichen dafür, dass elementare elterliche Instinkte und Gefühle wie Fürsorge, Pflege und Liebe nicht mehr vorhanden und außer Kraft gesetzt worden sind.

Viel zu oft sieht die Gesellschaft, sehen Verwandte, Bekannte, Nachbarn über das Geschehen hinweg, aber sexueller Missbrauch und Kindesmisshandlungen gelten in letzter Zeit nicht mehr als Tabu. Strafverfolgungsbehörden zögern nicht, die Täter dingfest zu machen und bei Überführung zu bestrafen. Die staatliche Jugendhilfe und Kinderschutz-Zentren sind aktiv und bemühen sich, tiefgreifende Probleme in Familien rechtzeitig zu erkennen, hilflose und zerrüttete Familien zu unterstützen, mit dem Ziel, vor allem die Kinder zu schützen (Kinderschutz-Zentrum

2000). Das oberste Ziel heißt „helfend eingreifen“, nicht abschrecken und drohen, sondern Hilfen geben und Wege zur psychischen Stabilisierung der Familien aufzeigen. Dabei ist häufig ein Spagat zwischen Schweigepflicht, Risikoeinschätzung und Zwangsmaßnahmen zum Wohl und Schutze der Kinder zu leisten. Familie kann als Risikofaktor, aber auch als Schutzfaktor angesehen werden, das hängt von den Rahmen- und Situationsbedingungen sowie von den Personen ab, die die Familie konstituieren. Eine Kumulation ungünstiger Faktoren kann zwar nie ganz ausgeschlossen werden, aber es müssen immer auch zugleich die positiven Faktoren gesehen werden, die als Widerstandsressourcen bezeichnet werden können. Je mehr davon vorhanden sind, desto größer ist die Schutzfunktion.

Der salutogenetische Gedanke fokussiert nicht so sehr auf die krank machenden, sondern vielmehr auf die gesund erhaltenden Wirkfaktoren. Antonovskys Modell der Salutogenese hat einen Paradigmenwechsel in den Gesundheitswissenschaften herbei geführt, so dass seitdem mehr die Frage im Vordergrund steht, was Menschen trotz eventuell vorhandener belastender Einflüsse gesund hält (Schiffer 2001; Schwarz 2003). Diese Fragestellung wird seitdem auch auf die Familie bezogen (Schneider 2003), die als Bollwerk gegen widrige Einwirkungen von außen angesehen wird. In ihrem Inneren wirken sog. Schutzfaktoren (vgl. dazu auch Griebel/Niesel/Wustmann in diesem Band), wobei vor allem das familiäre Netzwerk und die Unterstützungsmerkmale der Familienangehörigen als solche gesehen werden. Die Mehrzahl der Jugendlichen ist mit ihren Eltern sowie deren Erziehungs- und Umgangsstil zufrieden (Hurrelmann 2004[7]). Sie erfahren Anerkennung, emotionale und materielle Unterstützung und Förderung und können sich auf ihre Familie als Kern eines sozialen Immunsystems verlassen. Selbst wenn es traumatische Erfahrungen im Leben eines Jugendlichen geben sollte, so ist damit nicht gesagt, dass sie sich auf seine weitere Lebensbewältigung zwangsläufig negativ auswirken müssen, denn es kommt immer auch auf seine persönlichen Bewältigungsfähigkeiten und auf seine personalen protektiven Faktoren wie Selbstvertrauen, Kommunikationsfähigkeit und Problemlösekompetenzen an, wie er Krisen und Konflikte bewältigt. Die sozialpädagogische Dimension der Familie ist vielschichtig und komplex. Es gibt Gefahren, aber auch Chancen, wobei die Mehrzahl der Familien, trotz des Wandels der Familienformen und der Vielfalt familiärer Beziehungen, dem Anspruch gerecht wird, Kindern ein Aufwachsen in Schutz und Fürsorge sowie in Selbstverantwortung zu ermöglichen.

Literatur

Bründel, H. (2004): Jugendsuizidalität und Salutogenese. Hilfe und Unterstützung für suizidgefährdete Jugendliche. Stuttgart.

Bundeszentrale für gesundheitliche Aufklärung (BZgA) (Hrsg.) (2001): Was hält Menschen gesund? Antonovskys Modell der Salutogenese – Diskussionsstand und Stellenwert. Band 6. Köln.

Bundeszentrale für gesundheitliche Aufklärung (BZgA) (Hrsg.) (2005): Stellungnahme der BZgA zu Teenager-Schwangerschaften in Deutschland. Köln.

Enders, U. (2001) (Hrsg): Zart war ich, bitter war’s. Handbuch gegen sexuellen Missbrauch. Köln.

Falardeau, W. (2001): Kontexte und Hintergründe sexueller Gewalt an Kindern. Ein Beitrag zur Analyse eines individuellen und gesamtgesellschaftlichen Problems. Marburg.
Heiliger, A. (2000): Täterstrategien und Prävention. Sexueller Missbrauch an Mädchen innerhalb familialer und familienähnlicher Strukturen. München.
Hofsäss, Th.R. (1995): Homosexualität und Erziehung. Pädagogische Betrachtung eines Spannungsfeldes in Familie, Schule und Gesellschaft. Berlin.
Hofsäss, Th.R. (1999): Jugendhilfe und gleichgeschlechtliche Orientierung. Bd. 4 Berlin.
Hurrelmann, K./Bründel, H. (2003): Einführung in die Kindheitsforschung. Weinheim, Basel, Berlin.
Hurrelmann, K. (2004[7]): Lebensphase Jugend. Eine Einführung in die sozialwissenschaftliche Jugendforschung. Weinheim, München.
Kinderschutz-Zentrum Berlin (Hrsg.) (2000): Kindesmisshandlung. Erkennen und Helfen. Berlin.
Oerter, R./Montada, L. (2002[5]): Entwicklungspsychologie. Weinheim, Basel.
Rauch. E. (2006): Indizien der Kindesmisshandlung. In: Münchener Medizinische Wochenzeitschrift, MMW, 148. Jg., S. 27–32.
Risau, P./Kruck, M./Bender, K. (2001) (Hrsg.): Sexualisierte Gewalt in der Alltags- und Medienwelt von Kindern – wahrnehmen - benennen – präventiv handeln. Bad Heilbrunn.
Rosenbaum M.B. (2001): Gewaltfreie Kommunikation. Aufrichtig und einfühlsam miteinander sprechen. Neue Wege in der Mediation und im Umgang mit Konflikten. Paderborn.
Schiffer, E. (2001): Wie Gesundheit entsteht. Salutogenese: Schatzsuche versus Fehlersuche. Weinheim.
Schmidt-Denter, U. (2005): Soziale Beziehungen im Lebenslauf. Weinheim, Basel.
Schwarz, F.W. (2003): Public Health. Gesundheit und Gesundheitswissenschaften. München.
Schnabel, P.E.(2001): Familie und Gesundheit. Weinheim.
Schneider, B. (2003): Risikofaktoren für Suizide. Regensburg.

Ulrich Klemm

Kapitel 3: Externe Konflikte und Krisen in Familien

I. Einleitung

Eines der zentralen sozialpolitischen Themen der Neuzeit ist die Familie. Sie ist nicht nur die wichtigste Keimzelle jeder Gesellschaft – wobei hier Familie als eine Lebensform definiert wird, die in ausdifferenzierten Varianten auftritt (vgl. Notz 2003) – sondern auch eine sehr sensible gesellschaftliche Institution, die der ständigen politischen und praktischen Fürsorge bedarf. In diesem Sinne soll Familie im Horizont externer Einflüsse beleuchtet werden

In einem ersten Schritt wird ein sozialwissenschaftlicher Referenzrahmen skizziert, der Eckpunkte für eine Metaperspektive bietet. Im zweiten Schritt werden Risikofelder benannt, die als Variable die Institution Familie beeinflussen und verändern können. Die Perspektive ist dabei die Gegenwart. Historische oder evolutionäre Aspekte des sozialen Wandels bleiben im Hintergrund und bedürfen einer separaten Betrachtung.

II. Familie als primärer und gefährdeter Sozialisationsraum

Familien sind in der Neuzeit nach wie vor eine gesellschaftliche Institution, die nicht nur dem Individuum Schutz und Sicherheit bieten, sondern in besonderem Maße auch selbst „Schutz" benötigen. Politische, soziale, kulturelle und ökonomische Rahmenbedingungen und Entwicklungen wirken sich zunehmend belastender auf die Familie aus. Familienpolitik hat sich im Laufe der neueren Geschichte in heutigen modernen, demokratischen und hoch technisierten Gesellschaften zu einem dynamischen Politikbereich entwickelt, der an der Schnittstelle von Sozial- und Wirtschaftspolitik liegt. Demographische Entwicklungen, Globalisierung und Migration, Mobilität und Staatsverschuldung, Bildung, Gesundheit, Wohnungsbau und Stadtentwicklung sind nur einige Facetten, die Familien beeinflussen und Auswirkungen auf das System haben. Vor diesem Hintergrund kristallisieren und fokussieren sich gesellschaftliche Entwicklungen in besonderer Weise in der Familie und führen zu Veränderungen. Wegweisende Leitstudien in diesem gesellschaftlichen Spannungsfeld sind die Untersuchungen des Frankfurter Instituts für Sozialforschung um Max Horkheimer, Erich Fromm und Herbert Marcuse, die erstmals 1936 in Paris unter dem Titel „Studien über Autorität und Familie" veröffentlicht wurden (Horkheimer u.a. erstmals 1936, hier 1987).

Als Sozialisationsinstanz erhält die Familie neben den anderen Feldern der Sozialisation wie Schule, Peergroup, Beruf, Freizeit, Medien und Politik eine dominante und herausragende Funktion. Die Familie gilt traditionell in der Soziologie und Sozialisationsforschung als „primärer Sozialisationsraum" (Gukenbiehl 1979, S. 101 ff.), der ständig in einer engen Wechselbeziehung zu historischen, gesellschaftlichen und evolutionären Entwicklungen steht und immer wieder neu definiert werden muss. Die Familie als Institution und System befand sich zu keiner Zeit in einem sicheren gesellschaftlichen Raum. Im Gegenteil: Sie zeichnet sich durch eine ständige Überlebenstätigkeit und einer permanenten Auseinandersetzung mit der sozialen, ökonomischen und politischen Umwelt aus. Das Beklagen des Ver- und Zerfalls der Familie ist so alt wie die Familie selbst. Eine besondere Dynamik und Intensität erhält diese Diskussion jedoch erst mit der Neuzeit und insbesondere seit dem 19. Jahrhundert. Die „Überlebenskrise in der Gegenwart" (Altner 1987) wird auch zu einer Überlebenskrise für die Familie. Wird sie weiterhin in der Lage sein, die Keimzelle der Gesellschaft zu bleiben? Wird sie die externen Anforderungen an sie als primärer Sozialisationsraum auch weiterhin erfüllen können? Und wenn ja, wie sehen Unterstützungsinstrumente aus bzw. welche externen Krisen und Konflikte wirken heute auf die Familie ein? Vor welchen Herausforderungen stehen Familien heute?

III. Gesellschaftliche Rahmendingungen gegenwärtiger Familien

Der Theologe und Naturwissenschaftler Günter Altner spricht von einer „Überlebenskrise" (1987) als Folge einer wissenschaftlich-technischen Rationalität der Neuzeit; der Soziologe Ulrich Beck beschreibt die Gegenwart als „Risikogesellschaft" (1986) mit einer Individualisierungsthese und der Psychologe Heiner Keupp sieht die postmoderne Welt als eine Welt des „fröhlichen Durcheinanders" (Keupp 1993). Man könnte noch weitere Analysen und Betrachtungen hinzufügen, die einander ergänzen oder auch widersprechen. Aus der Vielzahl der unterschiedlichen Erklärungsversuche postmoderner Gesellschaften, die die verschiedenen Wissenschaftsdisziplinen immer schneller produzieren, erscheint der Ansatz des Erziehungswissenschaftlers Alfred K. Treml besonders interessant, die aktuellen gesellschaftlichen Rahmenbedingungen für Familien zu beschreiben. Als Sozialisationsraum stellen sich die Familie und ihre Mitglieder als ein autopoietisches und selbstreferentielles System auf ihre Umwelt ein und werden zu einem Ort mit pädagogischer Prägung für alle Beteiligte. Auf der Grundlage eines evolutionstheoretischen Ansatzes definiert er vier pädagogische Herausforderungen der Post-Moderne die konstitutiv für eine aktuelle „Weltgesellschaft" (vgl. Treml 2000) sind: *Beschleunigung, Entgrenzung, Entwertung und Befreiung.*

Unter Beschleunigung wird dabei der soziale Wandel verstanden, der aus Veränderungen sozialer Differenzierung resultiert und die *zeitliche Dimension* der aktuellen Weltgesellschaft beschreibt. In der kulturellen Evolution fand in den letzten Jahrtausenden eine zunehmende Ausdifferenzierung funktionaler Systeme wie Medizin, Recht, Militär, Erziehung, Wirtschaft, Wissenschaft statt, die zu einer gesellschaftlichen Leistungssteigerung führt. Die Kehrseite dieser Ausdifferenzierung liegt in dem größeren Partizipationszwang des Menschen, der einerseits als Freiheit und andererseits als Entfremdung definiert werden kann. Die gesellschaftliche Ausdifferenzierung erfordert eine zunehmend strengere individuelle Konzentration und Koordinierung von Zeit und Raum, die subjektiv als Beschleunigung erlebt und verarbeitet wird. Diese erlebte „Knappheit an Zeit" (Treml 2000, S. 253) macht die

Welt „schneller", risikoreicher, vermehrt das Gefühl der Unsicherheit und verringert die Halbwertzeit von Traditionen.

Die neue *räumliche Dimension* der Weltgesellschaft wird von Treml als Entgrenzung im Sinne einer Globalisierung definiert. An erster Stelle ist hier die Mobilität zu verstehen, die uns die Weltgesellschaft abverlangt. Entgrenzung betrifft jedoch nicht nur den geographischen Raum, den wir immer öfters wechseln müssen und/ oder können. Globalisierung im Sinne von Entgrenzung bedeutet auch, dass das Fremde häufiger und schneller zu uns kommt. Sozialpsychologisch sind dies Fremdheitserfahrungen, die häufiger und intensiver auf uns wirken: Kiwis aus Neuseeland, radioaktive verseuchte Luft aus Russland, Asylsuchende aus Äthiopien, Diebes- und Hehlerbanden aus Rumänien, Ingenieure aus Indien, Medikamente aus Israel. Entgrenzungs- und Fremdheitserfahrungen machen neue Anpassungsleistungen notwendig, die, wenn Familie als primärer Sozialisationsraum gilt, vor allem dort zu leisten sind.

Die *sachliche Dimension* der Weltgesellschaft drückt sich nach Treml im Phänomen der Entwertung bzw. der Kontingenz aus. Beliebigkeit und Zufälligkeit statt Konstanz und Klarheit sind Merkmale einer neuen Zeit, die seit der Renaissance fortschreitet. Realität ist zu einer individuellen Konstruktion geworden. Am deutlichsten wird dies am Beispiel des Konsums elektronischer Medien sichtbar. Die Trennung von Realität und Fiktion verschwimmt bzw. wird künstlich (virtuell) aufgehoben. „Neue Welten" entstehen und werden zu individuellen Realitäten.

Die *soziale Dimension*, die im Kontext der neuen Weltgesellschaft die Familie belastet, ist die Individualisierung, die die Folge eines gesellschaftlichen Differenzierungsprozesses ist. Individualisierung bedeutet hier Freiheit im Sinne von Verlust von Bindung. Für Treml ist Individualisierung einerseits als Befreiung zu verstehen und andererseits mit dem Problem verbunden, dass damit Selbstbestimmung kein (pädagogisches) Ziel sein kann, sondern vielmehr „eine notwendige Funktionsbestimmung für die moderne Gesellschaft" (Treml 2000, S. 272) werden muss. Emotional wird Individualisierung als Differenzerfahrung sowie als ein Prozess der Unzufriedenheit erlebt. Diese lebenslange Differenzerfahrung begründet lebenslanges Lernen. Der flexible und lebenslang lernende Single wird zum erfolgreichen Überlebenskünstler für eine funktional ausdifferenzierte Weltgesellschaft. Die Gesellschaft belohnt in diesem System den sozial vereinsamten, physisch und psychisch ausgebrannten und unter Zeitdruck lebenden flexiblen und mobilen Alleinstehenden mit Anerkennung, beruflicher Karriere und Wohlstand. Familie, Ehe und Partnerschaft werden zu einer Art Potemkinscher Fassade, die als soziale Makulatur flexibel gestaltbar bleiben muss.

Individualisierung ist damit gleichbedeutend mit Bindungslosigkeit, die aber, positiv betrachtet, auch neue Prozesse der Selbstbestimmung ermöglicht, wie z.B. die der Frauenemanzipation. Soziologisch kann dieser Prozess der Individualisierung im Anschluss an Ferdinand Tönnies auch als ein Weg von der „Gemeinschaft" zur „Gesellschaft" bezeichnet werden (vgl. Tönnies erstm. 1887, hier 1988), d.h. als Bewegung zwischen zwei idealtypischen Vergesellschaftungsformen. Einen Schritt weiter geht der Familiensoziologe Hans Bertram, der einen Zusammenhang von gesellschaftlicher Entwicklung, familialen Leistungen und kulturellem Kapital einer

Gesellschaft sieht und der davon spricht, dass man einen Verfall des kulturellen Kapitals durch Individualisierung beobachten kann (Bertram 1997, S. 123).

Mit einem sozioökonomischen Blick betrachtet, können diese vier Dimensionen der aktuellen Weltgesellschaft im Sinne der Theorie der langen Wellen (Kondratieffzyklen) nach dem russischen Ökonom Nikolai D. Kondratieff (1892–1938) auch als der Wechsel von der Industriegesellschaft zur Informationsgesellschaft durch die Veränderung von hierarchischen Strukturen in vernetzte Strukturen definiert werden (vgl. Nefiodow 1997).

Dieser gesellschaftliche Wandel, der hier nur mit wenigen sozialwissenschaftlichen Erklärungsmustern dargestellt werden konnte, erfasst die Familie als Institution und System in ihrer Gesamtheit und verändert ihre Funktionalität. Die Familie als physischer, psychischer und sozialer Mittelpunkt des Menschen gerät in Bewegung. Der Rhythmus und die Balance von Lebenszeit, Arbeitszeit und Freizeit werden in der Familie neu abgesteckt bzw. verschieben sich. Erwartungen, Selbst- und Fremdbilder verändern sich. Familie – in welcher Form und Struktur auch immer – erhält eine neue Funktion im Kontext der soziokulturellen Evolution von der Industriegesellschaft zur Informationsgesellschaft.

IV. Krisen und Konflikte

Der Prozess des gesellschaftlichen Wandels - bzw. in einer längeren historischen Dimension als kulturelle Evolution verstanden – impliziert auch einen Wandel der Familienstruktur. Dieses systemische Verhältnis zwischen Gesellschaft und Familie wird immer wieder von beiden Seiten als krisenhaft und belastend erlebt und entsprechend mit gegenseitigen Schuldzuweisungen belegt. Beispielsweise beklagen Lehrer immer wieder die Disziplinlosigkeit, Rücksichtslosigkeit und Gewaltbereitschaft ihrer Schüler und schreiben dies familiären Bedingungen zu und umgekehrt beklagen Eltern wiederum die pädagogische und psychologische Unfähigkeit von Lehrern, die ihre Kinder falsch einschätzen und nicht richtig fördern bzw. mit „der Klasse“ überfordert sind. Entsprechende krisenhafte Schnittmengen treten ebenso zwischen Familie und Freizeit, Familie und Beruf oder Familie und Medien auf.

Externe Krisen und Konflikte, die auf Familien einwirken, sind so alt wie die Familie selbst und stellen kein neues Phänomen dar. Neu ist vielmehr die Dynamik und Geschwindigkeit, mit der Familien mit externen Problemen konfrontiert werden. Neu ist dabei auch die Zusammensetzung der Familie und neu sind ebenso mögliche Bewältigungsstrategien bzw. Hilfsangebote, die ein Sozialstaat bereit hält.

In diesem Sinne finden wir derzeit vielfältige Analyse- und Erklärungsinstrumente in den Sozialwissenschaften zur Durchdringung des Problems und auch die Politik hat den „Patient Familie“ zu einem wichtigen Punkt ihrer Agenda gemacht. Weit über die bekannten Sonntagsreden zum „Schutz der Familie“ hinaus erhält sie einen immer höheren Stellenwert sowohl in der Kommunal- als auch der Landes- und Bundespolitik.

Zur Beschreibung und Erklärung dieses Interaktionsverhältnisses bietet die Sozialisationsforschung mit ihrer interdisziplinären Orientierung der letzten 20 Jahre einen immer differenzierteren Blick auf Krisenphänomene (Hurrelmann 2001;

Rolff/ Zimmermann 1997). Andere Disziplinen, wie etwa die Familientherapie, beschäftigen sich ebenfalls zunehmend mit krisenhaften Schnittstellen, sprechen vom „Patient Familie“ und verkünden „Familie sein heißt Probleme lösen“ (Preuschoff 1992). Und auch die (Sozial-)Pädagogik entwickelt in immer kürzeren Abständen Erziehungskurse und Trainingsprogramm für Familien in Not (z.B. Penthin 2001; Lühning/Ringeisen-Tannhof 2003).

Die Krisen entstehen einerseits aus den Lebenswelten der Familien wie Beruf, Freizeit, Schule, Wohnort, Medien und andererseits aus den spezifischen Situationen moderner Familien. Hurrelmann nennt sechs Sozialisationsbereiche, die gleichsam zu Risikofaktoren für die Familie werden (Hurrelmann 2001, S. 234–239): Trennung und Scheidung, Ein-Eltern-Familien, Aufwachsen als Einzelkind, Erwerbstätigkeit der Eltern, wirtschaftliche Situation, soziale und psychische Krisenlagen. Folgende Risikofelder können im Anschluss daran als Ursache für Krisen definiert werden:

- Wohnsituation von Familien
- Ökonomische Lebenssituation
- Schule und Familie
- Erwerbstätigkeit der Eltern
- Familie und Freizeit
- Familie und Gesundheit.

Wenn im Folgenden in diesem Verständnis immer wieder von Risikofamilie gesprochen wird – zur Unterscheidung von einer „Normalfamilie“ (Schnabel 2001) –, dann sind damit Familien gemeint, die ihre Aufgaben aus unterschiedlichen Gründen nur noch bedingt erfüllen können und deren systemische Dynamik dysfunktional zur Aufrecherhaltung ihrer Strukturen geworden ist. „Risikofamilien können ihre Aufgaben entweder überhaupt nicht, oder nur unter einem derartig hohen Einsatz fremder Mittel erfüllen, dass sie nicht nur in ihrem Bestand als gesellschaftliche Betreuungsinstanzen besonderer, wahrscheinlich durch nichts ersetzbarer Art, permanent gefährdet sind“ (Schnabel 2001, S. 19).

IV.1. Ökonomische Risiken

Am 1. Januar 2006 brachte die *Frankfurter Allgemeine Sonntagszeitung* im Wirtschaftsteil eine ganzseitige Reportage über „Kinder – Armutsrisiko in Deutschland“ und schrieb dazu in der Einleitung: „Kinder machen arm. Kann eine Mutter mit zwei Kindern von 1450 Euro im Monat leben? Ja. Aber der Kühlschrank darf nicht kaputtgehen. Und Taschengeld ist nicht drin. Immer mehr Familien fehlt das Geld für das Nötigste“ (Kloepfer 2006, S. 42). Dies ist kein besonders reißerischer oder provokativer Aufmacher zum Jahresbeginn 2006, sondern die nüchterne Beobachtung deutscher Realität. Armut wird, so die Prognosen, zu einem zentralen sozial- und gesellschaftspolitischen Risikofaktor in den kommenden Jahren.

Seit den späten 1980er Jahren beschreiben für Deutschland zahlreiche bundesweite Studien unterschiedlicher Auftraggeber zur Einkommens- und Lebenslagensituation (z.B. Sellin/Besselmann 1987; Hauser/Hübinger 1993; Bundesregierung (Hrsg.) 2001 u. 2005) bzw. regionale Sozial- und Armutsberichte (z.B. Kamensky/

Zenz 1999) eine so genannte „neue Armut", von der vor allem Familien betroffen sind. Insbesondere handelt es sich dabei um Risikofamilien, in denen

- Arbeitslosigkeit vorherrscht,
- die einen Migrationshintergrund haben
- in denen ein allein erziehender Elternteil für den Alltag verantwortlich ist
- drei oder mehr Kindern die Familie prägen.

Vor allem diese vier Familientypen, die sowohl isoliert als auch in Kombination anzutreffen sind, leiden unter der neuen Einkommensschere. Die Folge ist, dass der Wohlstand immer ungleicher verteilt wird, die Chancenungleichheit zunimmt und der soziale Friede in Gefahr ist. Die Spaltung in Arme und Reiche nimmt zu und verstärkt soziale Konflikte. In Zahlen ausgedrückt heißt dies: In Deutschland zählen über 10 Millionen Menschen als „einkommensarm" und leben damit am Rande der Gesellschaft. Als „arm" wird eingestuft, wem der Zugriff auf materielle Ressourcen weitgehend versperrt ist. Wer mit weniger als 60% des durchschnittlichen Nettoeinkommens auskommen muss, gilt als arm. Das sind ca. 940,- Euro monatlich pro Person. Bei weiteren Personen im Haushalt werden jeweils etwa 480,- Euro angesetzt. Ein durchschnittlicher Haushalt in Deutschland – oftmals mit mehreren Einkommensquellen – hat ca. 3.000,- Euro Netto monatlich zur Verfügung, wobei es deutliche regionale und berufsbedingte Unterschiede gibt. Etwa 25% der Bevölkerung in Deutschland sind armutsgefährdet. Die durchschnittliche Bevölkerungsarmut liegt bei 13,5 Prozent. Dazu zählen auch ca. 2,2 Millionen Kinder. Im Rahmen der sozialwissenschaftlichen Armutsforschungen rücken vor allem Kinder stark in den Vordergrund (vgl. z.B. Butterwegge u.a. 2003). Von Kinderarmut wird dann gesprochen, wenn außergewöhnliche Benachteiligungen und Unterversorgungen in zentralen Lebensbereichen vorliegen. Hierzu zählen vor allem die Wohnsituation, Bildungschancen, Freizeitmöglichkeiten sowie Gesundheit und Ernährung.
Die Folgen dieser Unterversorgung und Armut für Kinder sind z.B.:

- Spielzeug und Kleidung kann nur ungenügend angeschafft werden
- Die Teilnahme an Klassen- und Ferienfahrten ist selten möglich
- Geregelte tägliche Malzeiten sind die Ausnahme
- Erhöhte Anfälligkeit für Infektionskrankheiten sowie erhöhtes Auftreten von Schlaflosigkeit, Nervosität und Konzentrationsschwäche
- Körperliche und psychische Misshandlungen durch Erwachsene und Angehörige treten häufiger auf
- Eine gesellschaftliche Ausgrenzung und Stigmatisierung wird bereits in jungen Jahren erlebt und wirkt als Sozialisationseffekt.

Gerade am Beispiel der Armut kann die Dynamik und Wechselwirkung von äußerer Krise und Familienkonflikt nachvollziehbar aufgezeigt werden. Äußere Umstände wie Krankheit, Arbeitslosigkeit, Scheidung, Überschuldung (Privatinsolvenz) führen in einen Zustand der Einkommensarmut und Unterversorgung, der als belastender Extremzustand die Stabilität der Familie stört.

Bei den Gegenstrategien geht es einmal um politische Reaktionen, z.B. um verbesserte Präventionsinstrumente zur Verhinderung von Armut (z.B. Schuldenberatung). Es geht auch um soziale Sicherungssysteme, die dem Sozialhilfegesetz vorgelagert werden, d.h. um niederschwellige und zeit- sowie ortsnahe Maßnahmen. Es geht um eine stärkere familienpolitische Unterstützung kinderreicher Familien und allein erziehender Mütter. Ebenso wichtig sind Bildungsreformen, die in Richtung Ganztagesschulen gehen. Schließlich kann auch eine sensiblere Wohnungsbaupolitik dazu beitragen, Armutsprävention zu betreiben.

Ein weiterer zentraler Risikofaktor für Familien ist der Bereich der Gesundheit, der dergestalt mit den ökonomischen Risiken in einer Wechselwirkung steht, dass soziale Benachteiligung überdurchschnittlich mit gesundheitlichen Beeinträchtigungen korreliert.

IV.2. Gesundheitliche Risiken

Neben den ökonomischen Risiken sind es vor allem gesundheitliche Risiken und Krisen, die Familien belasten. Eine solche Risikofamilie zeichnet sich

- „durch ungenügende primär sozialisatorische und betreuerische Leistungen,
- durch die Sozialisation defizitären Gesundheits- und Krankheitsverhaltens,
- durch eine unzureichende Vermittlung von Bewältigungsfähigkeiten und
- durch die Unfähigkeit zu einer bedarfsgerechten sozialen Unterstützung" (Schnabel 2001, S. 21)

aus.

Am Beispiel der Gesundheit lassen sich die sensiblen Phasen in einer (Risiko-)Familie verdeutlichen, die im Lebenslauf zu einer negativen Weichenstellung führen können. Gesundheitsthematisch bedeutsame Phasen im Lebenszyklus der Familie sind nach Peter-Ernst Schnabel (2001, S. 47 ff.):

- Der Übergang vom Singel-Dasein zur festen Ehe-Beziehung,
- die Familiengründung mit der Geburt des ersten Kindes in dem Sinne, dass nun die persönlichen Gesundheitsmotive der Eltern in den Hintergrund treten und die Sorge um das Kind in den Mittelpunkt rückt,
- die Einschulung und Ausbildung der Kinder in dem Sinne, dass die Belastungen für die Familie insgesamt anwachsen, Freizeit und Erholung noch stärker in den Hintergrund rücken, Karrierepflichten die Familie mit neuen Stresssituationen belasten und Doppelbelastungen von Haushalt und Beruf, vor allem bei Frauen, dominant werden,
- der Auszug der Kinder aus dem Elternhaus in dem Sinne, dass die Verarbeitung der Trennung die Familie vor neue Probleme stellt (Leeres- Nest-Syndrom),
- das Ende des Berufslebens in dem Sinne, dass nun eine völlig neue Rolle „gelernt" werden muss, die mit dem Verlust körperlicher Aktivitätspotentiale verbunden ist,
- der Tod des Ehepartners in dem Sinne, dass neben der Trauer in vielen Fällen auch finanzielle Einbußen die Folge sind und man stärker auf Dritte angewiesen ist,
- und schließlich die Pflegebedürftigkeit als letztes kritisches Lebensereignis in dem Sinne, dass der psychische und physische Verfall schneller verläuft und es lediglich zu einer Verlangsamung chronischer Krankheiten kommen kann, jedoch nicht mehr zu einer Heilung.

Besonders deutlich wird der Zusammenhang von Familienkonstellation und Gesundheit am Beispiel von Kindern, der seit einigen Jahren im Fokus gesundheitspädagogischer, -soziologischer und psychologischer Untersuchungen steht (vgl. Kamensky 2000). Neben den gleichsam klassischen umweltbedingten Gesundheitsrisiken für Kinder wie Passivrauchen (Raumluftbelastungen) sowie Verkehrs- und Industrieemissionen (Außenluftbelastungen), die verantwortlich für Atemwegserkrankungen, Asthma, Krebsrisiko und zahlreiche Allergien gemacht werden (vgl. Deutsches Kinderhilfswerkes (Hrsg.) 1997) sowie schulisch bedingte psycho-somatische Erscheinungen wie Nervosität, Schlafstörungen, Angstzustände, Kopf und Bauchschmerzen (vgl. Singer 2000), spielt das Ernährungsverhalten als Risikofaktor eine entscheidende Rolle. Knapp zwei Millionen Kinder und Jugendliche haben Übergewicht. Ca. 800.000 sind krankhaft fettleibig, d.h., medizinisch gesehen, adipös. Ungesunde Lebensbedingungen und ungesundes Ernährungsverhalten spielen dabei die entscheidende Rolle. Sie führen nicht nur zu Übergewicht, sondern ebenso zu erhöhter Infektanfälligkeit. Konkret heißt dies, dass Kinder aus unteren Schichten weniger Obst, Gemüse oder Vollkornprodukte konsumieren und einen deutlich höheren Anteil an Fastfood-Produkten zu sich nehmen. Chips und Pommes Frites ersetzen Mittagessen oder Abendbrot. Regelmäßige Essenszeiten sind die Ausnahme.

Eine weitere Problemgruppe, in der gesundheitliche Risiken überdurchschnittlich häufig auftreten, ist die allein erziehende Elternschaft. Seit 1975 hat sich der Anteil von Ein-Eltern-Familien nahezu verdoppelt. 2000 gab es 1,77 Millionen Alleinerziehende Haushalte. Ein Drittel davon ist von Armut betroffen.

Gesundheitlich belastend wirkt sich dabei der Aufwand in haushalts- und familienorganisatorischen Bereichen aus, der von *einer* erwachsenen Person getragen werden muss. Hinzu kommt der enge finanzielle Spielraum, der sich oftmals am Rande der Armutsgrenze bewegt und zu den oben beschriebenen Symptomen führt. Gesundheitswissenschaftliche Studien zeigen , dass allein erziehende Mütter stärker belastet und zahlreiche Krankheitsbilder häufiger anzutreffen sind (vgl. Kolip/Lademann 2006).

Das Thema Gewalt in der Familie gilt aus der Sicht von Kinderschutzverbänden, wie z.B. dem Deutschen Kinderschutzbund, einerseits als ein nach wie vor gesellschaftlich marginalisiertes Thema, das in der öffentlichen Wahrnehmung wenig vorkommt. Andererseits kristallisieren sich hier in vielen Fällen zahlreiche externe und interne familiäre Konflikte heraus. Gewalt ist ein individuelles und ein gesellschaftliches Phänomen, das dominant den Alltag unserer Kultur bestimmt. Wir leben, so die These, in einer gewaltbereiten Gesellschaft – einem nicht unbedeutenden Merkmal der derzeitigen Risiko- und Weltgesellschaft -, die sich vor allem auch in der Familie zeigt. Untersuchungen zu familialer Gewalt machen dabei den Zusammenhang von negativem Selbstwertgefühl und Neigung zur Gewalt gegen Frauen und Kinder deutlich (vgl. Wahl 1996). Dies hängt wiederum ursächlich mit Lebensbedingungen in der oben beschriebenen Risiko- und Weltgesellschaft zusammen. Die Auswertung unterschiedlicher Studien zum Thema Gewalt in der Familie von Klaus Wahl ergab: „Die Ausprägung des Selbstbewusstseins erwies sich als ein Faktor zur Erklärung innerfamilialer Gewalt, der sich neben etlichen anderen in der Gewaltforschung prominenten Faktoren (wie sozioökonomische Lebensbedingungen, Stress oder gewaltlegitimierende Normen) durchaus behaupten kann“ (Wahl 1996, S. 164).

Für Kinder ist Gewalt in der Familie erfahrbar als physische, psychische, verbale und sexuelle Gewalt. Außerhalb der Familie erleben Kinder Gewalt - neben direkter und personaler Gewalt durch Dritte - vor allem als strukturelle Gewalt, die im Straßenverkehr, in der Schule, in der Umweltzerstörung und in Armutsverhältnissen begründet ist.

Die Ursachen für physische und psychische Gewalt in Risikofamilien liegt oftmals in

- lang anhaltenden Konflikten zwischen Eltern
- wirtschaftlichen Krisensituationen
- der sozialen Isolierung der Familie
- desolaten Wohnbedingungen
- Misshandlungserfahrungen der Eltern
- einem aggressiven und gewaltbereiten Lebensmilieu
- auffälligen bzw. behinderten Kindern.

Präventive Maßnahmen bei Risikofamilien, die als „Gewaltfamilien“ in Erscheinung treten, können sein:

- physische, psychische und finanzielle Entlastung in der ersten Zeit nach der Geburt von Kindern
- rechtzeitige Hilfen bei Paarkonflikten
- Kinderbetreuung in schwierigen Lebensphasen (Scheidung, Arbeitsunfähigkeit, Tod eines Partners)
- Aufsuchende und Netzwerk-Konzepte unterschiedlicher Hilfseinrichtungen
- Sensibilisierung für „alltägliche Gewalt“.

V. Fazit

Die unterschiedlichen Begründungen für externe Krisen und Konflikte in Familien sowie ihre Operationalisierungen zeigen, dass wir es hierbei mit einem sehr komplexen und multidimensionalen Thema zu tun haben. Die beschriebenen ökonomischen und gesundheitlichen Risiken wirken wechselseitig, bedingen einander und sind als ein kybernetisches System zu verstehen. Ursache und Wirkung sind oftmals schwer zu unterscheiden. Als übergeordneter Erklärungsansatz kristallisiert sich das Phänomen der Risiko- und Weltgesellschaft und die damit verbundenen Erwartungen heraus, die die Familien als Überforderung erleben und als Krise bewältigen müssen. Hilfs- und Präventionskonzepte orientieren sich entsprechend an einer systemischen Sichtweise und finden Eingang in sozialpädagogische Strategien und Methoden.

Literatur

Altner, G. (1987): Die Überlebenskrise in der Gegenwart. Darmstadt.
Beck, U. (1986): Risikogesellschaft. Frankfurt a. M.
Bertram, H. (1997): Familien leben. Darmstadt.

Bundesregierung (Hrsg.) (2001): Lebenslagen in Deutschland. Der erste Armuts- und Reichtumsbericht der Bundesregierung. Bonn.

Bundesregierung (Hrsg.) (2005): Lebenslagen in Deutschland. Zweiter Armuts- und Reichtumsbericht der Bundesregierung. Berlin.

Butterwegge u.a. 2003 = Butterwegge, Ch./Holm, K./Zander, M./Klundt, M./Michels, C. (2003): Armut und Kindheit. Ein regionaler, nationaler und internationaler Vergleich. Opladen.

Deutsches Kinderhilfswerk (Hrsg.) (1997): Kindergesundheit in der Risikogesellschaft. Berlin.

Gukenbiehl, H.L. (Hrsg.) (1979): Felder der Sozialisation. Braunschweig.

Hauser, R./Hübinger, W. (Hrsg.) (1993): Arme unter uns. Teil 1: Ergebnisse und Konsequenzen der Caritas-Armutsuntersuchung. Freiburg.

Horkheimer u.a. 1936 = Horkheimer, M./Fromm, E./Markuse, H. u.a. (1936): Studien über Autorität und Familie. Paris, hier: Lüneburg 1987.

Hurrelmann, K. (2001): Einführung in die Sozialisationstheorie. 7. Aufl. Weinheim u. Basel.

Kamensky, J. (2000): Kinderarmut: Folgen für die Ernährung. In: Kamensky, J./Heusohn, L./Klemm, U. (Hrsg.): Kindheit und Armut in Deutschland. Ulm, S. 86–106.

Kamensky, J./Zenz, H. (1999): Armut. Lebenslagen und Konsequenzen. 2. Aufl. Ulm.

Keupp, H. (1993): Postmoderne Welt des fröhlichen Durcheinanders? In: Psychologie heute, Juni, S. 50-56.

Kloepfer, I. (2006): Kinder – Armutsrisiko in Deutschland. In: Frankfurter Allgemeine Sonntagszeitung, Nr. 52, 1. Januar, S. 42.

Kolip, P./Lademann, J. (2006): Familie und Gesundheit. In: Hurrelmann, K./Laaser, U./Razum, O. (Hrsg.): Handbuch Gesundheitswissenschaften. 4. Aufl. Weinheim u. München , S. 625–652.

Lühning, E./Ringeisen Tannhof, P. (2003): Erziehungskurse für Eltern. Weinheim, Basel, Berlin.

Nefiodow, L.A. (1997): Der sechste Kondratieff. Wege zur Produktivität und Vollbeschäftigung im Zeitalter der Information. 2. Aufl. Sankt Augustin.

Notz, G. (2003): Familien. Lebensformen zwischen Tradition und Utopie. Neu-Ulm.

Penthin, R. (2001): …Eltern sein dagegen sehr. Konzepte und Arbeitsmaterialien zur pädagogischen Elternschule. Weinheim u. München.

Preuschoff, G. (1992): Familie sein heißt Probleme lösen. Genf.

Rolff, H.-G./Zimmermann, P. (1997): Kindheit im Wandel. Eine Einführung in die Sozialisationstheorie im Kindesalter. 5. Aufl. Weinheim u. Basel.

Schnabel, P.-E. (2001): Familie und Gesundheit. Weinheim u. München.

Selling, C./Besselmann, K. (1987): Erscheinungsformen und Auswirkungen sozialer Not und Verarmung. Köln.

Singer, K. (2000): Wenn Schule krank macht. Weinheim u. Basel.

Tönnies, F. (1988): Gemeinschaft und Gesellschaft. 2. unveränd. Aufl. des Neudrucks der 8. Aufl. (1935) Darmstadt, erstm. Leipzig 1887.

Treml, A.K. (2000): Allgemeine Pädagogik. Grundlagen, Handlungsfelder und Perspektiven der Erziehung. Stuttgart.

Wahl, K. (1996): Studien über Gewalt in Familien. 2. Aufl. Weinheim u. München.

Roland Merten

Kapitel 4: Armut in Familien und die Folgen für die Kinder

I. Armutskonzepte

Familie ist der Ort der primären Sozialisation. Hier werden grundlegende Erfahrungen vermittelt, die für die weitere Entwicklung der Persönlichkeit von nachhaltiger Bedeutung sind. Deshalb wird der Familie in der Rechtsordnung der Bundesrepublik Deutschland eine herausragende Stellung beigemessen; sie steht „unter dem besonderen Schutze der staatlichen Ordnung" (Art. 6 Abs. 1 GG). Die gesellschaftliche Anerkennung der hohen Bedeutsamkeit von Familie steht in einem merkwürdigen Kontrast zu folgender Tatsache: „Eine stetig steigende Zahl von Familienhaushalten in Deutschland muss ihren Alltag in prekären Einkommenslagen gestalten. Besonders niedrig sind die Einkommen von jungen Familien mit Kindern unter drei Jahren oder von Müttern unter 35 Jahren. Oftmals sind die Pro-Kopf-Einkommen auch in späteren Lebensphasen mit Kindern kaum höher" (BT-Drs. 16/1360, S. 165f.). Im Folgenden wird nunmehr der Blick auf die von diesen prekären Lebensverhältnissen mit-betroffenen Kinder fokussiert, d.h. auf das Thema „Kinderarmut". Kinderarmut in Deutschland ist in den letzten Jahren verstärkt in die öffentliche Aufmerksamkeit geraten (vgl. u.a. Klocke/Hurrelmann 2001; Zander 2005; Feustel 2007; Bertram 2008). Dieses Thema scheint sich in besonderer Weise zur Dramatisierung und zur Relativierung zugleich zu eignen. Dies liegt nicht zuletzt daran, dass es keinen Armuts-Begriff gibt, der allgemein akzeptiert ist, und auf den in solchen Diskussionen unstrittig Bezug genommen werden könnte. „Armut ist … eine soziale Kategorie, deren konkrete Ausgestaltung in ganz besonderem Maße von sozialen Definitionsprozessen abhängig ist" (Andreß 1999, S. 71). In der Armutsforschung gibt es jedoch weitestgehend unstrittige Konzepte, auf die in den unterschiedlichsten Untersuchungen Bezug genommen wird (vgl. detailliert Merten 2002, S. 360f.). So lassen sich Konzepte der absoluten Armut (hier ist das physische Existenzminimum Bezugspunkt) von solchen der relativen Armut (Bezugspunkt ist hier der Wohlstand innerhalb eines Landes, z.B. Deutschlands) unterscheiden.

Um einen Einblick in die Größenordnung der Kinderarmutsproblematik in Deutschland zu gewinnen, wird hier auf die Sozialhilfe (SGB XII) Bezug genommen, weil sie (als letztes soziales Sicherungsnetz) das *soziokulturelle Existenzminimum* definiert. Das Bundesverfassungsgericht hat dies als Kriterium bestimmt, bei dem – sollte es unterschritten werden und keine anderweitige Hilfe greifen – staatliche Unterstützung einsetzen muss. Die Leistungshöhe der Sozialhilfe (SGB XII) entspricht der Höhe des Arbeitslosengeldes II (SGB II), das sind seit dem 01.07.2008 für einen Haushaltvorstand 351 Euro plus (angemessene) Miete und Heizkosten. Der monatliche Unterstützungsbetrag für Kinder bis zum vollendeten 14. Lebensjahr entspricht 60% (= 211 €), vom 14. bis zum vollendeten 18. Lebensjahr 80% (= 281 €) eines Haushaltsvorstands. In diesem Betrag sind unterschiedliche Positionen enthalten, so dass ein differenzierter Blick auf den Regelsatz[1] deutlich macht, was damit alles zu bestreiten ist.

Tab. 1: Regelleistungen für Kinder in Sozialhilfe bzw. Sozialgeldbezug (ab 01.07.2008)

	Anteil am Regelsatz	bis 14. Lj.		14. – 18. Lj.	
		Anteil am Eckregelsatz			
		60 %		80 %	
		monatlich	täglich	monatlich	täglich
Nahrung, Getränke, Tabakwaren	**37 %**	78,07 €	**2,60 €**	103,97 €	**3,47 €**
Bekleidung, Schuhe	**10 %**	21,10 €	**0,70 €**	28,10 €	**0,94 €**
Wohnung (ohne Mietkosten), Strom, ...	**8 %**	16,88 €	**0,56 €**	22,48 €	**0,75 €**
Möbel, Apparate, Haushaltsgeräte	**7 %**	14,77 €	**0,49 €**	19,60 €	**0,65 €**
Gesundheitspflege (z.B. Kosten für Medikamente, Hilfsmittel)	**4 %**	8,44 €	**0,28 €**	11,24 €	**0,37 €**
Verkehr	**4 %**	8,44 €	**0,28 €**	11,24 €	**0,37 €**
Telefon, Fax	**9 %**	18,99 €	**0,63 €**	25,29 €	**0,84 €**
Freizeit, Kultur	**11 %**	23,21 €	**0,77 €**	30,91 €	**1,03 €**
Beherbergungs- und Gaststättenleistungen	**2 %**	4,22 €	**0,14 €**	5,62 €	**0,19 €**
sonstige Waren und Dienstleistungen (insb. für Körperpflege und Hygiene)	**8 %**	16,88 €	**0,56 €**	22,48 €	**0,75 €**
		208,00 €	**7,03 €**	**281,00 €**	**9,37 €**

Unabhängig von der Leistungshöhe der Regelsätze, die inzwischen in die Kritik geraten sind (vgl. Martens 2006), stellt sich die Frage nach der sachlichen Angemessenheit eines Regelsatzes für Kinder und Jugendliche, der sich ausschließlich in einem Prozentanteil des Regelsatzes für Erwachsene erschöpft. So zeigt sich, dass der im Regelsatz vorgesehene Anteil für Ernährung nicht ausreichend ist, um ein Kind gesund zu ernähren (vgl. Kersting/Clausen 2007; Trabert 2008; KiGGS 2007; MRI/BfEL 2008, S. 58ff.). Es kommt also darauf an, einen an den realen Bedarfen von Kindern und Jugendlichen ausgerichteten Regelsatz bereit zu stellen. Hier fehlt es bis dato jedoch an einschlägigen Erkenntnissen. Denn: „Es gibt keine Untersuchung, in der das Urteil von Experten über die zum ‚notwendigen Lebensstandard' von Kindern gehörenden Güter eingeholt wurde (...) oder in der in geeigneter Weise Kinder und Jugendliche über die Elemente eines befriedigenden Kinderlebens befragt worden wären" (Krappmann 2000, S. 16). Obgleich Konzepte relativer Armut also mit Blick auf die jeweilige Gesellschaft ihre Berechtigung haben, bleiben sie aus einer erziehungswissenschaftlichen Perspektive defizitär, weil sie den Besonderheiten kindlichen und jugendlichen Aufwachsens nicht angemessen Rechnung tragen. Die Berücksichtigung der Bedarfe von Kindern und Jugendlichen in Form von prozentualen Anteilen eines Erwachsenenbedarfs hat rechnerisch eine gewisse Plausibilität, pädagogisch ist sie deshalb unzureichend, weil sie nicht kindgerecht ist und somit einer Erwachsenenanthropologie verhaftet bleibt (vgl. Merten 1998, S. 278ff.). Mit der Festlegung des Regelbedarfs für Kinder von 60% des Erwachsenenanteils wird der kindlichen Lebenssituation nicht Rechnung getragen. Inzwischen gibt es den politischen Versuch eines eigenständigen Regelsatzes für Kinder (vgl. BT-Drs. 16/8761), über den bis dato noch nicht beschlossen ist; indes deutet die Bundesregierung mit Verweis auf das Statistische Bundesamt an, dass eine solche Regelung angemessen sei (vgl. BT-Drs. 16/9810, S. 13).

II. Ausmaß der Kinderarmut

Bezieht man sich auf das soziokulturelle Existenzminimum, um das Ausmaß der Kinderarmut zu beschreiben, dann lässt sich die Größenordnung sehr gut anhand der Bezieher von Sozialhilfe (bis 31.12.2004) bzw. Sozialgeld (ab 01.01.2005) bestimmen. Die Vorzüge dieses Vorgehens liegen darin, dass einerseits auf eine offizielle, vom Bundesverfassungsgericht festgelegte Armutsgrenze rekurriert werden kann, während zugleich verlässliches statistisches Datenmaterial vorliegt, das zudem einen direkten Einblick in die Veränderungen der Armutspopulation durch die sog. Hartz-IV-Reform eröffnet, denn das Sicherungsniveau des Arbeitslosengeldes II entspricht exakt der vormaligen Sozialhilfe. Wie also hat sich, gemessen am soziokulturellen Existenzminimum die Armutsbelastung der Kinder- und Jugendlichenpopulation in den zurückliegenden Jahren verändert? Seit 1980 liegen altersdifferenzierte Daten zur Beantwortung dieser Frage vor, die in der folgenden Abbildung dargestellt werden:

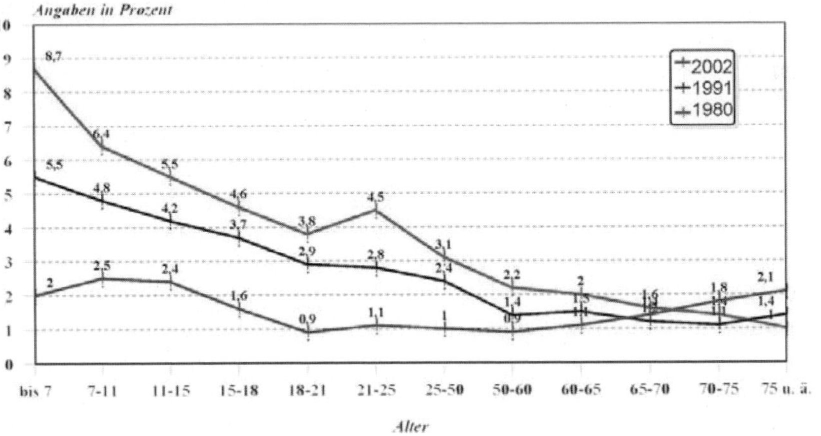

Abb. 1: Kinder und Jugendliche in Armut (Sozialhilfebezug jeweils zum 31.12.) (Angaben in Prozent der jeweiligen Altergruppe; erfasst zum 31.12. jeden Jahres)

Wie deutlich zu erkennen ist, hat sich die Zahl der von Armut betroffenen Kinder und Jugendlichen in Deutschland innerhalb von 22 Jahren vervielfacht, während sie in den älteren Populationen weitestgehend konstant geblieben ist. In allen Altersgruppen der jungen Generation ist die Zahl der Bezieher von Sozialhilfe nachhaltig angestiegen, so dass bspw. Ende 2004 jedes 10. Kind unter 7 Jahren zur Sicherung seines Lebensunterhaltes auf Sozialhilfe angewiesen war.

Mit der Einführung der sog. Hartz-IV-Gesetze zum 01.01.2005 hat sich die Situation weiter zugespitzt. In der folgenden Tabelle werden die Daten in Fortschreibung jeweils für den 31.12. des Folgejahres ausgewiesen:

Tab. 2: Kinder bis zum vollendeten 15. Lebensjahr in Sozialhilfe- (bis 31.12.2004) bzw. Sozialgeldbezug (ab 1.1.2005)

	Anzahl absolut	**Veränderung zum Vorjahr (gerundet)**	**Anteil an der Altersgruppe in Prozent**
31.12.2004	965.020	---	8,09 %
31.12.2005	1.876.153	+ 94,4 %	16,10 %
31.12.2006	1.900.888	+ 1,3 %	16,61 %
31.12.2007	1.854.022	- 2,5 %	16,43 %
31.03.2008	1.870.696	+ 0,9 %	16,58 %

Durch die Einführung der sog. Hartz-IV-Gesetze hat sich die Zahl derjenigen Kinder, deren Existenzsicherungsniveau sich auf Sozialhilfe bewegt, um 94,4 % bzw. absolut um 911.133 erhöht. Es ist seither ziemlich genau eine Verdoppelung der Armutspopulation gegenüber der Situation von 2004 festzustellen. Die Zunahme der von Armut betroffenen Kinder und Jugendlichen ist jedoch noch deutlich größer, weil in dieser Betrachtung diejenigen Kinder fehlen, die nach § 6a Bundeskindergeldgesetz einen Zuschlag erhalten, weil ihre Eltern zwar ihren eigenen Unterhalt finanzieren können, jedoch nicht den ihrer Kinder (124.000 für 2006 [BT-Drs. 16/4670, S. 10]). Ferner fehlen die Kinder, die über das Asylbewerberleistungsgesetz abgesichert werden (59.330 zum 31.12.2006 [Statistisches Bundesamt 2007, S. 7]) und diejenigen Kinder, die von der originären Sozialhilfe leben (14.487 zum 31.12.2006 [Statistisches Bundesamt 2008, Tab. B 1.1]). Fasst man diese Gruppen zusammen, dann lebten zum Jahresende 2006 rund 2.098.705 bzw. 18,3 % aller Kinder im Alter bis 15 Jahren unter den materiellen Bedingungen der Sozialhilfe bzw. des Sozialgeldes[2].

III. Psychosoziale Folgen der Armut

Armut im Kindes- und Jugendalter, dies scheint eine unstrittige Tatsache zu sein, gehört zu jenen sozialen Phänomenen, die auf die Entwicklung eben dieser Kinder bzw. Jugendlichen negativ einwirken. In der Konsequenz liegt die Frage nach psychosozialen Folgen der Armut eine Defizitorientierung nahe: Was können, was haben und was wissen Kinder und Jugendliche *nicht*, die unter armutsbelasteten Bedingungen aufwachsen? Diese Fragen haben zweifelsohne ihre Berechtigung, sie stellen jedoch eine Vereinseitigung bzw. Verkürzung dar, denn sie berücksichtigen nicht die differenziellen Entwicklungsverläufe von Kindern und Jugendliche, die unter denselben Bedingungen aufwachsen. Mit der Betonung und systematischen Berücksichtigung dieser Unterschiede wird die Perspektive auch auf diejenigen Faktoren eröffnet, die zu einem günstigen Entwicklungsverlauf führen – trotz teilweise widrigster äußerer Umstände. Psychosoziale Folgen lassen sich also angemessen – dies machen diese ersten Andeutungen deutlich – nur in einem Spannungsfeld von Belastungs- bzw. Risikofaktoren einerseits sowie Schutzfaktoren andererseits bestimmen. „Während das Konzept der Risikofaktoren vor allem zu einer Strategie des Vermeidens und Kompensierens von nachteiligen Bedingungen geführt hat, wird mit der Vorstellung der Schutzfaktoren das Aufsuchen und Bewahren von entwicklungsfördernden und stabilisierenden Elementen hervorgehoben" (Largo 1995, S. 15). Dieses Spannungsgefüge soll im Folgenden entfaltet werden, ohne die mit prekären Lebensbedingungen verbundenen Belastungen und Benachteiligungen verharmlosen zu wollen. Vielmehr geht es darum, die einseitige Defizit- und Opferperspektive zu verlassen, die die Kompetenzen von Kindern und Jugendlichen zur Bewältigung ihrer Lebenssituation unterbelichtet oder gar ausblendet. „Insofern ist der Perspektivenwechsel in der kindbezogenen Armutsforschung hin zu einer Sichtweise, die betroffene Kinder als Akteure in ihren prekären Lebensverhältnissen wahrnimmt und (be-)achtet, dennoch aber ihre Entwicklungsrisiken nicht klein schreibt, überfällig" (Weiß 2000, S. 69).

IV. Risikofaktoren

Deprivationen unterschiedlichster Art (seien es materielle Armut, soziale Isolation oder psychisch beeinträchtigte Erziehungspersonen) haben negativen Einfluss auf die Entwicklung, die Lernmöglichkeiten und die Bildungschancen von Kindern und Jugendlichen. „Aber als aufgeklärt kann dieser Prozess nicht betrachtet werden." (Krappmann 2000, S. 30f.) Insofern ist die Suche nach sog. Risikofaktoren und ihrer Wirkweise im Hinblick auf die kindliche bzw. jugendliche Entwicklung nach wie vor unerlässlich. Aber allein aus der Tatsache des Vorhandenseins von Risiko*faktoren* kann nicht linear auf Risiko*folgen* geschlossen werden.

Die epidemiologische Untersuchung von Risikofaktoren geht dabei der Frage nach, ob, wie und in welchem Ausmaß belastende Lebensumstände eine normale Entwicklung von Kindern und Jugendlichen beeinträchtigen können. Dabei geht es einerseits darum, diejenigen Lebensbedingungen zu ermitteln, die die normale Entwicklung von Kindern und Jugendlichen gefährden (*Risikofaktoren*), andererseits die (Teil-)Populationen der nachwachsenden Generationen zu identifizieren, die mit diesen Risikofaktoren belastet und insofern (potenziell) in ihrer Entwicklung gefährdet sind (*Risikopopulation*). „Als Risikofaktor wird dabei ein Merkmal bezeichnet, das bei einer Gruppe von Individuen, die Träger des Merkmals sind, die

Wahrscheinlichkeit des Auftretens von Störungen im Vergleich zu einer Gruppe von Nicht-Merkmalsträgern erhöht“ (Laucht u.a. 2000, S. 98).

Mit dieser Bestimmung von Risikofaktoren wird ein doppelter Horizont entfaltet: Zunächst muss eine genaue Kenntnis über eine normale Entwicklung – einschließlich ihrer Variationsbreite – von Kindern und Jugendlichen vorliegen, damit nicht für eine Störung bzw. eine Fehlentwicklung gehalten wird, was sich als Varianz innerhalb eines breiteren Spektrums auflösen lässt (vgl. Baumann 2007). Hierauf hat Largo aufmerksam gemacht: „Die Variation der normalen Entwicklung ist bedingt durch interindividuelle Unterschiede in Anlagen und Entwicklungsgeschwindigkeiten sowie durch Umweltfaktoren, die die Entwicklung in den verschiedenen Bereichen unterschiedliche stark beeinflussen können. Für eine zuverlässige Erfassung von Verhaltens- und Entwicklungsauffälligkeiten muss die Variation des normalen Verhaltens in der Bevölkerung bekannt sein“ (Largo 1995, S. 9f.). Fernerhin wird mit der Wahrscheinlichkeit des Auftretens von Störungen das *relative Risiko* bestimmt, das angibt, wie viel mal häufiger eine Störung bei der Risikogruppe im Verhältnis zu einer unbelasteten Kontrollgruppe auftritt. Bevor die weiteren Konsequenzen aus diesen Überlegungen gezogen werden können, soll zuvor eine Systematisierung von Risikofaktoren erfolgen.

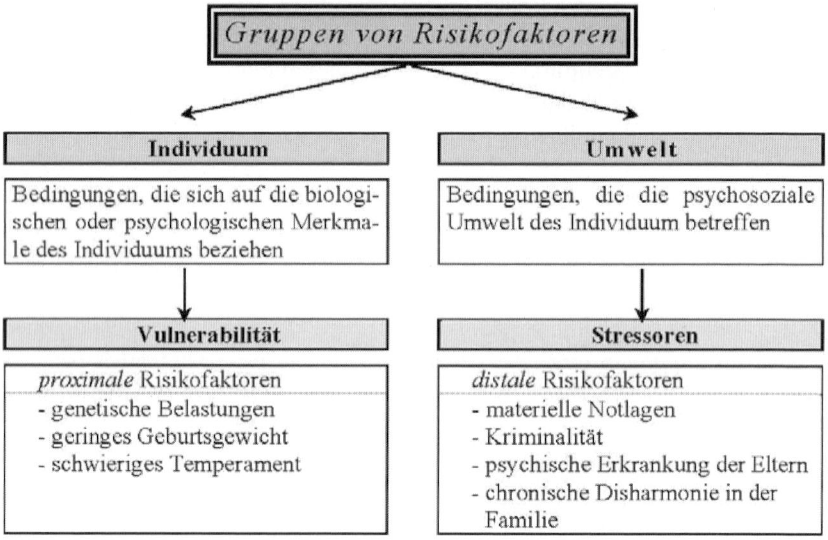

Abb. 2: Risikofaktoren
(Quelle: nach Wustmann 2004, S. 38f.)

Nachdem nunmehr die unterschiedlichen Risikodimensionen dargestellt sind, bedarf es einiger wichtiger Einschränkungen, um nicht aus der Analyse einzelner Risikofaktoren falsche, weil übereilte Schlüsse zu ziehen. „Da Risikofaktoren lediglich die Wahrscheinlichkeitsbeziehungen in Gruppen von Personen abbilden, ist ihre Wirkung in der Regel nicht kausal zu interpretieren und muss für den Einzelfall nicht zutreffen“ (Laucht u.a. 2000, S. 98). Aus dem Vorhandensein eines Risikos kann also nicht direkt auf Risikofolgen geschlossen werden. Die Herauslösung einzelner Risikofaktoren aus einem Set unterschiedlicher Bedingungsfaktoren verfälscht also Ursachenerklärungen, weil isolierte Zusammenhänge vorgetäuscht oder vorhandene Zusammenhänge unberücksichtigt bleiben (vgl. Meyer-Probst u.a. 1997, S. 196). Stattdessen kommunizieren Risiko(und Schutz)faktoren miteinander (vgl. Neuhäuser 2000, S. 43). Die Ergebnisse der Rostocker Längsschnittuntersuchung zeigen zudem, in welcher Weise die eben als Kommunikation bezeichneten Zusammenhänge genau zusammenwirken. Demnach wirken Risikofaktoren *differenziell*, d.h. nicht jedes Risiko zeitigt immer auch die gleiche Wirkung. Ferner ist es so, dass Risikofaktoren *Ketten bilden*; sie stehen also untereinander in Verbindung und beeinflussen sich so gegenseitig. Zudem wirken Risikofaktoren *zirkulär*, d.h. sie erzielen Wirkungen, die selbst wieder ursächlich auf den jeweiligen Risikofaktor zurückwirken. Und nicht zuletzt können Risikofolgen *gepuffert* werden, d.h. die Wirkungen können durch andere (Schutz-)Faktoren gemildert oder vollständig kompensiert werden (vgl. Meyer-Probst u.a. 1997, S. 265ff.).

Betrachtet man nunmehr vor dem Hintergrund der oben dargestellten Risikodimensionen (vgl. Abb. 2) den Zusammenhang zwischen biologischen und sozialen Risiken, dann zeigen sich interessante Zusammenhänge. Zunächst ist festzuhalten, dass diese Risiken nicht unabhängig voneinander wirken. Ferner lässt sich zeigen, „dass die biologischen Risiken zu Beginn der Entwicklung eine große Rolle spielen, dann aber in ihrer Bedeutung zurücktreten, während der Einfluss psychosozialer Faktoren zunimmt“ (Neuhäuser 2000, S. 42). Zugespitzt lässt sich formulieren, dass die biologischen Risiken für die langfristige Persönlichkeitsentwicklung prognostisch irrelevant sind (vgl. Meyer-Probst u.a. 1997, S. 201), während die sozialen Risiken in gleicher Weise an Bedeutung gewinnen (vgl. Wustmann 2004, S. 37).

Das deutet aber auch darauf hin, dass mit zunehmendem Alter die Zusammenhänge zwischen personalen und kontextuellen Risikofaktoren offensichtlich komplexer werden, sodass eineindeutige Risikozusammenhänge und -folgen erst recht nicht mehr bestimmbar sind. Damit wird nunmehr die Frage virulent, wie denn der Zusammenhang zwischen Risiken einerseits und der Folgen andererseits zu bestimmen ist. Auf diese Weise tritt die Relation zwischen den einzelnen Risiken und ihrer Wirkung auf die Risikopopulation bzw. das Individuum in den Vordergrund. „Ob Risikofaktoren auch Risikofolgen hervorrufen, hängt nicht allein von den Eigenschaften des Risikos ab (deshalb kann eine allgemein gültige Risikogewichtung nicht gelingen), sondern von der Risikobewältigung, d.h. von den Ressourcen einer Person und ihrer Vulnerabiltät“ (Meyer-Probst/Reis 2000, S. 117).

Fasst man an dieser Stelle die unterschiedlichen Überlegungen zusammen, dass Risiken eben nicht notwendig auch Risikofolgen zeitigen, dass Menschen unter gleichermaßen widrigen Bedingungen offensichtlich unterschiedliche Ressourcen zur Abwendung schädigender Einflüsse mobilisieren und einzusetzen vermögen, dann verändert sich der Fokus der Fragerichtung vollständig. Es wird nicht mehr länger und allein nach den *pathogenetischen Bedingungen* gefragt, die schädigend auf das Individuum einwirken, sondern es eröffnet sich eine *salutogenetische Perspektive*, die nach den Bedingungen und Ressourcen fragt, die ein Individuum unter Risikobedingungen schützen. Das Konzept der Salutogenese wurde von Aaron Antonovsky im Bereich der somatischen Medizin entwickelt und kann hier direkt auf den Bereich psychosozialer Risiken übertragen werden. „Das pathogenetische Modell fragt danach, was Menschen krank macht, und begreift Krankheit als Abwesenheit von Gesundheit. Im salutogenetischen Modell werden Krankheit und Tod als notwendige Bestandteile des Lebens gesehen. Krankheit stellt die eine Verarbeitungsmöglichkeit im Umgang mit den Herausforderungen des Lebens dar, während Gesundheit als Ergebnis einer aktiven Auseinandersetzung des Individuums mit den inneren Bedürfnissen und den äußeren Anforderungen aufgefasst werden kann" (Lorenz 2004, S. 29f.). Übertragen auf den Bereich psychosozialer Risiken lautet demzufolge die Frage, welche Bedingungen dazu beitragen, dass eine Person gegenüber den sie belastenden Risikofaktoren widerständig(er) wird. Damit ist der Weg in die Resilienzforschung eröffnet, die solche protektiven Faktoren untersucht: „Der Begriff ‚protektiv' oder ‚schützend' beschreibt in diesem Zusammenhang Faktoren oder Prozesse, die dem Kind oder Jugendlichen helfen, sich trotz hohem Risiko normal zu entwickeln. ‚Resilienz' oder ‚Widerstandskraft' ist das Produkt dieser schützenden Einflüsse" (Werner 2007, S. 20; vgl. Werner 1997, S. 192ff.).

V. Protektive Faktoren

Protektive Faktoren führen dazu, dass die schädliche Wirkung eines Risikofaktors gemildert oder völlig beseitigt wird; fehlen solche schützenden Bedingungen, dann wirken sich Risikofaktoren unmittelbar schädigend aus. „Protektive Faktoren *moderieren* die schädliche Wirkung eines Risikofaktors (...). Dahinter steht die Vorstellung einer Pufferwirkung: ein protektiver Faktor ist besonders oder ausschließlich dann wirksam, wenn eine Gefährdung vorliegt. Ohne Gefährdung dagegen kommt ihm keine bedeutsame Rolle zu" (Laucht u.a. 1997, S. 265). Hier kann darauf verzichtet werden, die weiterführende und kritische Diskussion um protektive Faktoren nachzuzeichnen, vielmehr sollen – in geraffter Form – diejenigen Faktoren benannt werden, die sich vor dem Hintergrund bisher vorliegender Untersuchungsergebnisse als die Widerstandskraft von Individuen erhöhend herausgestellt haben und insofern eine schützende Wirkung entfalten.

Protektive Faktoren

Individuelle Ebene

Kindbezogene Faktoren

- erstgeborenes Kind
- positives Temperament (flexibel, offen, aktiv)
- überdurchschnittliche Intelligenz
- niedrige Emotionalität, hohe Impulskontrolle
- spezielle Talente und Interessen

Erworbene Kompetenzen

- positives Sozialverhalten
- hohe Sprachfertigkeit
- positives Selbstwertgefühl und positive Selbstwirksamkeitsüberzeugung
- aktives Bewältigungsverhalten
- Fähigkeit, sich zu distanzieren
- Internale Kontrollattribuierung
- vorausschauendes, planendes Verhalten
- Selbsthilfefertigkeiten

Mikro- und Makroebene

Faktoren der Mikroebene

- stabile emotionale Beziehung zu *einer* Bezugsperson
- offenes, unterstützendes Erziehungsklima
- familiärer Zusammenhalt, unterstützende Geschwister
- Gute Ausbildung und Kompetenzen der Mutter (Bezugsperson)
- Modelle positiven Bewältigungsverhaltens
- Mädchen: Unterstützung der Autonomie
- Jungen: Struktur und Regeln in häuslicher Umgebung
- Übernahme von Aufgaben im Haus und Förderung eigenverantwortlichen Handelns
- positive Peerbeziehungen
- positive Schulerfahrungen

Faktoren der Makroebene

- Nachbarschaftsprogramme
- politische Unterstützungsmaßnahmen

Abb. 3: Protektive Faktoren
(Quelle: nach Wustmann 2004, S. 46f.; Ittel/Scheithauer 2007, S. 104; alternativ: Hildenbrand 2006, S. 22)

Bevor nunmehr auf unterschiedliche Dimensionen kindlicher Entwicklung geschaut werden soll, innerhalb derer schädigende Einflüsse von Armut feststellbar sind, bedarf es zuvor einer genaueren Untersuchung des zentralen Nadelöhrs, durch das sich Armut, insbesondere bei Kindern, in seinen Auswirkungen vermittelt: die Familie.

VI. Familie als Mediator

Armutsbedingte Belastungen der Kinder werden weniger als direkte Reaktionen auf die sozioökonomische Deprivationslage gesehen, sondern primär als durch die Familie vermittelt. Insofern wirkt die Familie als Scharnierstelle zwischen makrostrukturellen Phänomenen (Armut) einerseits sowie individuellen Verhaltensweisen und Entwicklungsverläufen (von Kindern) andererseits. Wie sich Armut auf Kinder und Jugendliche auswirkt, hängt also folglich und wesentlich von den Reaktionen der Eltern ab, wie sie die familiären Interaktionen und Beziehungen ausgestalten und welches Erziehungsverhalten sie gegenüber den Kindern zeigen. Daraus folgt für die schädigende Wirkungsvermutung von Armut, „dass die elterlichen und familialen Anpassungs- und Bewältigungsformen über das Familienklima und die Sozialisations- und Erziehungsbedingungen Auftreten und Ausmaß kindlicher Entwicklungsgefährdungen in hohem Maße beeinflussen" (Weiß 2000, S. 57). Angesichts des Entwicklungsverlaufs von Individuen ist davon auszugehen, dass in jüngerem Alter die oben dargestellten proximalen Faktoren des elterlichen Erziehungsverhaltens und des Familienklimas stärker wirken, während mit zunehmendem Alter die distalen Faktoren der sozioökonomischen Position an Bedeutung gewinnen.

Betrachtet man nunmehr die Wirkweise genauer, wie finanzielle Knappheit sich als Risiko kindlicher Entwicklung darstellt, dann zeigt sich, dass es zunächst und wesentlich psychische Belastungen sind, die die Eltern erfahren, die in der Folge – insbesondere bei langanhaltenden Armutsperioden – nicht ohne Einfluss auf die Beziehung der Ehepartner bleiben (vgl. als Überblick Walper 1999, S. 291ff.)[3]. Die folgende Abbildung zeigt die Wirkrichtung von Armut als Risikofaktor:

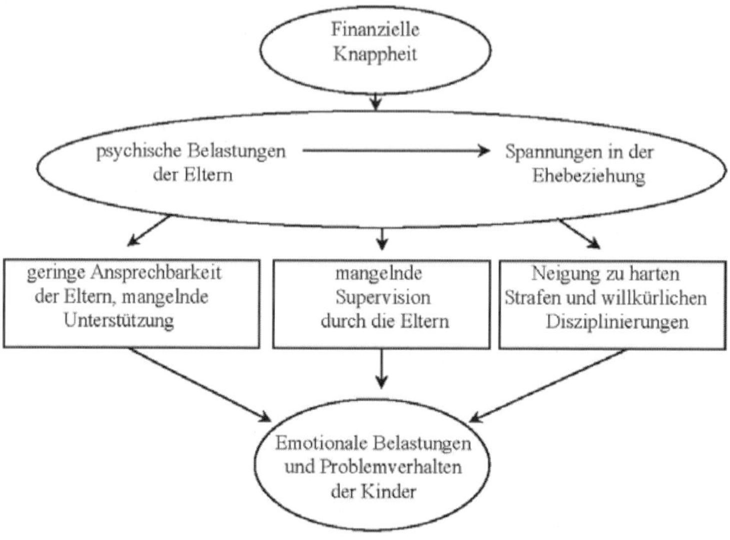

Abb. 4: Elterliche Reaktionen auf finanzielle Knappheit als Mediator für Reaktionen der Kinder
(Quelle: Walper 1997, S. 276)

Wie die Abbildung deutlich macht, sind die stärksten Veränderungen, die durch armutsbedingte Belastungen zu verzeichnen sind, in den folgenden Bereichen festzustellen: (1) Ansprechbarkeit der und Unterstützung durch die Eltern, (2) Supervision durch die Eltern sowie (3) Erziehungs- und Sanktionspraktiken. Es dominieren (mit zunehmender Dauer der finanziellen Unterversorgung) eher sanktionsorientierte als unterstützende Formen der Erziehung, die sich aus erziehungswissenschaftlicher Sicht als Wandel vom *Verhandlungs*haushalt zum Befehlshaushalt interpretieren lassen (vgl. Büchner 1995, S. 201).

Obgleich die familialen Konstellationen als zentraler Mediator ausgewiesen worden sind, wäre es vollkommen verfehlt, die aus Armutslagen resultierenden Schwierigkeiten und die mit ihnen verbundenen Entwicklungsgefährdungen dem Verantwortungskreis der Familien allein und unmittelbar aufzubürden. Denn wie die eben geschilderten negativen Konsequenzen unzweideutig zeigen, sind sie auf Grund ihrer besonderen Belastungen zu deren Bewältigung *allein* nicht in der Lage. Insofern „wäre es verfehlt, im Sinne eines ‚Blamierens der Opfer' (‚blaming the victims') die Verantwortung für ökonomische und gesellschaftlich-kulturelle Bedingungen von Armut auf die Menschen zu verlagern, die sie zu ertragen haben (...), und Eltern einseitig die Schuld für mögliche Entwicklungsbeeinträchtigungen ihrer Kinder zuzuordnen" (Weiß 2000, S. 60f.). Mit diesem zutreffenden Hinweis von Weiß ist die Perspektive auf staatliche Sozialpolitik eröffnet, die sich unmittelbar aus den psychosozialen Folgen der Armut für die Entwicklung von Kindern und Jugendlichen als Staatsbürger ergeben (können). Hierbei handelt es sich auch um gerechtigkeitstheoretische Aspekte der Armut von Kindern und Jugendlichen. Denn: „Die natürliche Verteilung ist weder gerecht noch ungerecht; es ist auch nicht ungerecht, dass die Menschen in eine bestimmte Position der Gesellschaft hineingeboren werden. Das sind einfach natürliche Tatsachen. Gerecht oder ungerecht ist die Art, wie sich die Institutionen angesichts dieser Tatsachen verhalten" (Rawls 1988, S. 123).

Im Folgenden werden nunmehr konkrete psychosoziale Folgewirkungen von Armut und materieller Unterversorgung dargestellt, wobei nochmals in Erinnerung gerufen werden muss, dass diese Folgen nicht im Sinne eines kausalen Zusammenhangs interpretiert werden dürfen.

VII. Psychosoziale Folgewirkungen

Wenn von psychosozialen Folgewirkungen von Armut gesprochen wird, dann muss zunächst eine Einschränkung gemacht werden: Die allermeisten Untersuchungen, die Auskunft über den Zusammenhang von Armut und kindlicher bzw. jugendlicher Entwicklung geben, entstammen dem US-amerikanischen Kontext. Damit stellt sich sogleich die Frage der Übertragbarkeit solcher Ergebnisse auf den bundesrepublikanischen Kontext, denn sowohl im Hinblick auf spezifische Problemlagen (z.B. Rassentrennung in den USA) als auch mit Blick auf das Ausmaß von Verarmungsprozessen und nicht zuletzt auf Grund der gänzlich unterschiedlichen wohlfahrtsstaatlichen Traditionen sind Bedenken angezeigt. Andererseits lassen sich trotz der unterschiedlichen Kontextbedingungen im Vergleich mit den vorliegenden bundesrepublikanischen Studien deutliche Parallelen einerseits in den relevanten Prozessen und andererseits in den Reaktionen der Betroffenen erkennen. Insofern erscheint eine vorsichtige Verwendung der amerikanischen Ergebnisse durchaus möglich (vgl. Walper 1997, S. 267).

Hier soll nur insoweit auf medizinisch-biologische Folgewirkungen von Armut bei Kindern und Jugendlichen eingegangen werden, sofern sie im Zusammenhang mit unmittelbaren psychosozialen Belastungen stehen. Grundsätzlich ist jedoch ein interner Zusammenhang festzustellen. Auf diese Relation machen auch die Ergebnisse der Rostocker Längsschnittstudie aufmerksam. „Während die entwicklungshemmende Wirkung biologischer Risikobelastung bei 2-Jährigen am stärksten ist, mit zunehmendem Alter abnimmt und bei 20-Jährigen keine Signifikanz mehr erreicht, gestaltet sich die Relevanz der psychosozialen Risiken mit zunehmendem Alter gegenläufig“ (Meyer-Probst u.a. 1997, S. 197). Diesen Zusammenhang gilt es sich in Erinnerung zu rufen, wenn Armut als psychosoziales Risiko in ihren Wirkungen betrachtet werden soll.

VII.1. Selbstbild und Wohlbefinden

Es besteht eine positive Korrelation zwischen deprivierter Lebenslage und dem Selbstbild bzw. dem Wohlbefinden von Kindern und Jugendlichen, insbesondere mit zunehmendem Alter. Auf diesen Zusammenhang machen Butz und Boehnke aufmerksam: „Je höher der Kaufkraftverlust, desto geringer der Selbstwert. Der Zusammenhang schwindet jedoch, ebenso wie der zum Geschlecht, sobald das Familienklima in die Analyse aufgenommen wird. Dieses zeigt hochsignifikante Zusammenhänge zur Selbstwirksamkeitserwartung: Je besser die Jugendlichen ihr Familienklima einschätzen, desto mehr Zutrauen haben sie in sich selbst.“ (Butz/Boehnke 1997, S. 85f.). Auch hier wird wieder deutlich, dass eineindeutige Folgewirkungen nicht unmittelbar auf Risikofaktoren zu gewärtigen sind, dass es also moderierende Variablen gibt. Aber, und dies ist ebenso klar zu betonen, ist das relative Risiko einer Beeinträchtigung des Selbstwertgefühls armer Kinder und Jugendlicher deutlich erhöht (vgl. UNICEF 2007).

Es zeigen sich in armen Familien ausgeprägte Minderwertigkeitsgefühle bereits in der frühen Kindheit sowie starke Selbstzweifel und hohe emotionale Belastungen, insbesondere seitens der betroffenen Mädchen (vgl. Walper 1999, S. 308). Früh im Leben erfahrene Armut beeinflusst langfristig negativ das Selbstwertgefühl der hiervon betroffenen Kinder. Es sind vermutlich diese Selbstabwertungen, die die sich entwickelnde Identität armutsbetroffener Kinder und Jugendlicher nachhaltig und überdauernd formen (vgl. Krappmann 2000, S. 33). Auf den gleichen Zusammenhang macht Sabine Walper vor dem Hintergrund ihrer Untersuchungen aufmerksam. Es „ist nicht zwangsläufig mit einem Erholungseffekt auf die Kinder zu rechnen, wenn sich die finanziellen Verhältnisse der Familie verbessern“ (Walper 1999, S. 310).

Die langfristigen Auswirkungen deprivierender Lebensbedingungen auf die Entwicklung und das spätere Verhalten von Kindern und Jugendlichen betreffen in besonderer Weise deren Bindungsfähigkeit. So verweist bspw. Largo (1995, S. 18) darauf, dass der aus deprivationsbedingten Belastungen resultierende Mangel an Geborgenheit und Zuwendung, den arme Kinder erleben, deren Bindungsfähigkeit nachhaltig beeinträchtigt. Insofern kommt es aus einer präventiven Perspektive weniger darauf an, intensive Fördermaßnahmen durchzuführen, als vielmehr emotionale und soziale Sicherheit und Stabilität zu ermöglichen.

Auch der sozialpolitisch zutreffende Hinweis, Kinder seien inzwischen zu einem Verarmungsrisiko für Familien geworden, kann durchaus in realen Interaktionsprozessen negative Wirkungen entfalten. „Betroffene Kinder sollten die Möglichkeit erhalten, zu lernen, dass sie für die ökonomischen Probleme und Konflikte in ihren Familien nicht verantwortlich sind" (Weiß 2000, S. 64). Auch hier zeichnen sich Perspektiven eines sozialpolitischen Handlungsbedarfes ab, der in seiner Realisierung unmittelbar positive sozialisatorische Konsequenzen erwarten lässt.

VII.2. Kognitiv-intellektuelle Entwicklung

Die einschlägigen Studien zu dieser Fragestellung kommen aus den Vereinigten Staaten. Dabei stellt sich heraus, dass auch bei der Intelligenzentwicklung ein linearer Zusammenhang zwischen Einkommen und den kognitiven Kompetenzen von Kindern und Jugendlichen besteht. Dieses Ergebnis lässt sich durchgängig durch alle bisher vorliegenden Studien bestätigen. „Der sozioökonomische Status bestimmt die intellektuelle Entwicklung weit mehr als sämtliche derzeit erfassbaren pränatalen und perinatalen Risikofaktoren" (Largo 1995, S. 17). Gerade in diesem Bereich gilt der eingangs erwähnte Kumulationseffekt von Risikofaktoren. Biologische und psychosoziale Belastungsmomente sind im Vorschulalter als vergleichbare Störgrößen der kognitiven Entwicklung zu bewerten. Im weiteren Verlauf verlieren auch hier wieder die biologischen Aspekte an Bedeutung, während die sozialen Bedingungen deutlich an Einfluss zunehmen (vgl. Meyer-Probst u.a. 1997, S. 198).

Unter materiell deprivierenden Lebensbedingungen erfahren Kinder Nachteile in der Sprachentwicklung und der Intelligenzentwicklung (vgl. Mayr 2000, S. 142), und zwar umso stärker, je länger die benachteiligenden Bedingungen fortwirken können. „Kinder in dauerhaft armen Familien haben einen um 9 Punkte niedrigeren IQ als Kinder aus nie verarmten Familien, während Kinder, die zeitweise in Armut leben, mit einem 4 Punkte niedrigeren IQ eine Mittelstellung einnehmen" (Walper 1999, S. 315).

Anders als im Bereich der Selbstbildkonstitution ist hier mit einer kompensatorischen Wirkung bzw. der Möglichkeit einer Spontanremission zu rechnen, wenn die Risikofaktoren entweder professionell ausgeglichen werden oder (unter günstigen Bedingungen) gänzlich entfallen. Aber auch hier gilt, dass je länger die deprivierenden Bedingungen anhalten, unter denen Kinder und Jugendliche aufwachsen, desto schwieriger werden Ausgleichsmöglichkeiten. Wie die Untersuchungsergebnisse Toni Mayrs (2000, S. 150ff.) deutlich werden lassen, bedarf es zum kompensatorischen Ausgleichs einer doppelten Interventionsstrategie: Einerseits sollen *direkte* Interventionen mit den armutsbetroffenen Kindern vorgenommen werden, weil diese unmittelbar sehr positive Ergebnisse zeitigen. Andererseits, und dies trägt zur längerfristigen Stabilisierung der Fördererfolge bei, sollen *indirekte* Interventionen über die Eltern erfolgen. Betrachtet man ferner institutionelle (sog. „*center-based*") Unterstützungsmaßnahmen für Kinder und Jugendliche aus armutsbelasteten Familien, dann lassen sich hier ebenfalls die gleichen Bedingungen wiederfinden, die im

Zusammenhang mit der Selbstbildentwicklung als protektiv ausgewiesen werden konnten. „Wesentlich sind u.a. eine sichere, die Entwicklung von Kindern angemessene Umgebung mit einem breiten Aktivitätsangebot und vielfältigen Lernmöglichkeiten, ein positives emotionales Klima, eine gute Organisation des Tagesablaufs und die Bereitschaft des Personals, individuell und sensibel auf die Bedürfnisse von Kindern einzugehen" (Mayr 2000, S. 152). Um es auf einen kurzen Nenner zu bringen: eine kindzentrierte Pädagogik (vgl. TKM 2008).

Auch in dieser Hinsicht zeichnet sich ein sozialpolitisches Programm ab, das nicht lediglich die Bereitstellung eines Kindergartenplatzes für Kinder ab dem vollendeten dritten Lebensjahr vorsieht (§ 24 Abs. 1 SGB VIII), sondern das die finanzielle Absicherung auch und gerade für diejenigen Kinder garantiert, die ihn am dringendsten benötigen – Kinder aus Armutshaushalten.

Bisher gilt jedoch, dass vorzugsweise diejenigen Kinder, die unter hohen materiellen und psychosozialen Risikobedingungen aufwachsen, die schlechteste Förderung erfahren, weil die vorhandenen Angebotsstrukturen sie am wenigsten erreichen. So zeigt sich beispielsweise, dass Kinder umso schlechter von den neun Vorsorgeuntersuchungen innerhalb der ersten Lebensjahre erreicht werden, je geringer die Bildungsabschlüsse der Eltern sind und je schlechter die materielle Situation ist, in der diese Kinder aufwachsen. Die folgende Abbildung zeigt die Quote derjenigen Kinder, die durch das Vorsorgeuntersuchungssystem erreicht werden, in Abhängigkeit zum formalen Bildungsgrad des Vaters:

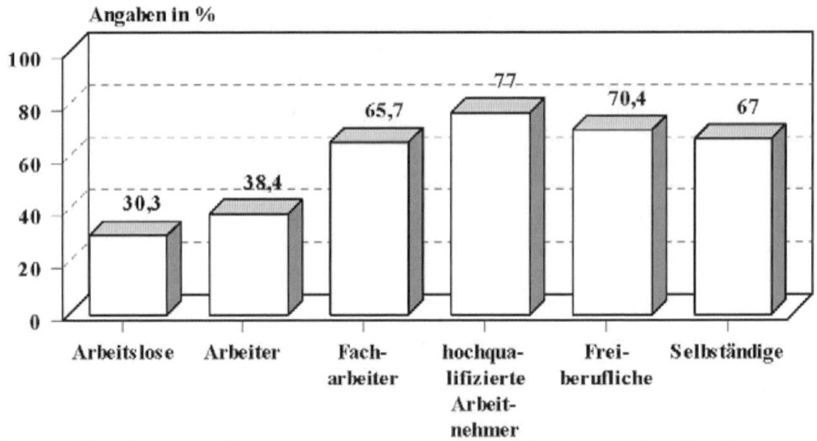

Abb. 5: Teilnahme an Vorsorgeuntersuchungen U1 bis U8 in Hamburg nach Berufstätigkeit des Vaters (1991–1996)
(Quelle: vgl. Zimmermann u.a. 2000, S. 116; eigene Grafik)

Dass es inzwischen – jenseits verpflichtender Vorsorgeuntersuchungen – Alternativen gibt, die einen höheren Grad des Erreichens risikobehafteter Kinder und Jugendlicher durch psychosoziale Dienste sicherstellen, zeigen Projekte, die an der Lebenswirklichkeit dieser Kinder und Jugendlichen ansetzen und nicht auf die Initiative und Aktivität der jeweiligen Eltern warten (vgl. Kögler 2001, S. 268ff.).

VIII. Resümee

Die Rede von psychosozialen Folgen der Armut ist irreführend, weil hier ein eineindeutiger Zusammenhang suggeriert wird, der in dieser Schlichtheit nicht existiert. Damit ist nicht gesagt, dass Armut keine (negativen) Konsequenzen im Prozess des Aufwachsens zeitigt. Allerdings sind die Zusammenhänge komplexer, als dies gemeinhin angenommen wird. Hier wurden nun einige wenige Bereiche angedeutet, in denen es zu solchen Beeinträchtigungen kommen kann. Aber immer wieder muss hier auf den *Möglichkeitscharakter* negativer Auswirkungen bezüglich der Entwicklung von Kindern und Jugendlichen hingewiesen werden. Gerade weil die Folgewirkungen von Armut nicht festgelegt sind, wird hier eine Perspektive der professionellen *pädagogischen Intervention* eröffnet. Pädagogik kann die materiellen Bedingungen des Aufwachsens nicht ändern, sie kann aber potenziell Kinder befähigen, mit diesen Lebensbedingungen zurecht zu kommen, ohne sie deshalb als gerecht zu akzeptieren. Auch ein Mehr an finanziellen Leistungen *allein* hilft nicht. „Mehr Geld jedenfalls führt nicht automatisch zu mehr Bildungskonsum, zu besserer Ernährung ..., sondern wird tendenziell innerhalb der Grenzen der eigenen Klassenkultur investiert, wodurch die Mauern der Marginalisierung eher weiter befestigt werden. Ein solches Verhalten ist keineswegs einfach als persönliche Schuld, als individuelles Versagen zu klassifizieren“ (Nolte 2005, S. 65). Da Bildung in der Wissensgesellschaft der Schlüssel ist, für die eigene Lebensplanung weitere Optionen zu erschließen, kann in dieser Situation ihre Bedeutung nicht überschätzt werden. PISA hat (erneut) gezeigt, dass gerade die Kinder, die am stärksten benachteiligt sind, auch durch das Bildungssystem weiter in ihren Chancen beschnitten werden (vgl. Merten 2004; Baumert u.a. 2006). Dieser Zusammenhang ist kein Naturgesetz, sondern der kritischen Reflexion und der sich anschließenden praktischen Änderung zugänglich. Die Bewältigung dieser Aufgabe steht bisher noch aus.

Anmerkungen

1 Hier darf nicht übersehen werden, dass die Höhe der laufenden Hilfe zum notwendigen Lebensunterhalt, die in Form von Regelsätzen bestimmt und ausgezahlt wird, kritisch zu bewerten ist: „Regel*bedarf* und Regel*satz* werden in der Praxis der Hilfegewährung gleichgesetzt. (...) Es ist jedoch zu beachten, dass der Regelsatz eine feste, *normative Größe* ist, während der Regelbedarf nach der Gesetzessystematik das ist, *was der Mensch zu einem menschenwürdigen Leben laufend benötigt*. Anders ausgedrückt: Die Gleichsetzung von Regelbedarf und Regelsatz kann verschleiern, dass der Regelsatz den Regelbedarf möglicherweise nicht deckt, sondern vielmehr tatsächlich darunter liegt.“ (Roscher 1998, S. 351, Rz. 2)

2 Legt man – dem Art. 1 der UN-Kinderrechtkonvention folgend – als Berechnungsgröße für Kinder alle jungen Menschen bis zum vollendeten 18. Lebensjahr zugrunde, dann erhöht sich die Zahl armer Kinder noch einmal nachhaltig. Hier wurde aus Gründen der Datenlage auf diese Basis verzichtet.

3 Auch Weiß (2000, S. 54) hebt die fortschreitende Beeinträchtigung des familiären Beziehungs- und Erziehungsklima mit zunehmender Dauer hervor.

Literatur

Andreß, H.-J. (1999): Leben in Armut. Analysen der Verhaltensweisen armer Haushalte mit Umfragedaten. Opladen.

Baumann, T (2007²): Atlas der Entwicklungsdiagnostik. Vorsorgeuntersuchungen U1 bis U9/J1. Stuttgart/New York.

Baumert, J./Stanat, P./Watermann, R. (Hrsg.) (2006): Herkunftsbedingte Disparitäten im Bildungswesen. Vertiefende Analysen im Rahmen von PISA 2000. Wiesbaden.

Bertram, H. (Hrsg.) (2008): Mittelmaß für Kinder. Der UNICEF-Bericht zur Lage der Kinder in Deutschland. München.

BT-Drs. 16/1360 [Deutscher Bundestag: Drucksache vom 26.04.2006]: Siebter Familienbericht: „Familie zwischen Flexibilität und Verlässlichkeit – Perspektiven für eine lebenslaufbezogene Familienpolitik". Berlin.

BT-Drs. 16/4670 [Deutscher Bundestag: Drucksache vom 08.03.2007]: Bericht über die Auswirkungen des § 6a des Bundeskindergeldgesetzes (Kinderzuschlag) sowie über die gegebenenfalls notwendige Weiterentwicklung dieser Vorschrift. Berlin.

BT-Drs. 16/8761 [Deutscher Bundestag: Drucksache vom 09.04.2008]: Existenzsicherung und Teilhabechancen für Kinder und Jugendliche durch bedarfsgerechte Kinderregelsätze gewährleisten. Berlin.

BT-Drs. 16/9810 [Deutscher Bundestag: Drucksache vom 26.06.2008]: Ursachen und Folgen von Armut bei Kindern und Jugendlichen. Berlin.

Büchner, P. (1995⁴): Vom Befehlen zum Gehorchen zum Verhandeln. Entwicklungstendenzen von Verhaltensstandards und Umgangsnormen seit 1945. In: Preuss-Lausitz, U. u.a.: Kriegskinder, Konsumkinder, Krisenkinder. Zur Sozialgeschichte seit dem Zweiten Weltkrieg. Weinheim/Basel, S. 196–212.

Butz, P./Boehnke, K. (1997): Auswirkungen von ökonomischem Druck auf die psychosoziale Befindlichkeit von Jugendlichen. Zur Bedeutung von Familienerziehung und Schulniveau. In: Zeitschrift für Pädagogik, 43. Jg., S. 79–92.

Feustel, E. (2007): „Neue Kinderarmut" in Deutschland. Ursachen – Folgen – Lösungsansätze. Hannover.

Hildenbrand, B. (2006): Resilienz in sozialwissenschaftlicher Perspektive. In: Welter-Enderlin, R./Hildenbrand, B. (Hrsg.): Resilienz – Gedeihen trotz widriger Umstände. Heidelberg, S. 20–27.

Ittel, A./Scheithauer, H. (2007²): Geschlecht als „Stärke" oder „Risiko"? Überlegungen zur geschlechterspezifischen Resilienz. In: Opp, G./Fingerle, M. (Hrsg.): Was Kinder stärkt. Erziehung zwischen Risiko und Resilienz. München/Basel, S. 98–115.

Kersting, M./Clausen, K. (2007): Wie teuer ist eine gesunde Ernährung für Kinder und Jugendliche? Die Lebensmittelkosten der Optimierten Mischkost als Referenz für sozialpolitische Regelleistungen. In: Ernährungs-Umschau, 54. Jg., S. 508–513.

KiGGS (2007): Der Kinder- und Jugendgesundheitssurvey (KiGGS) 2003–2006. In: Bundesgesundheitsblatt, 50. Jg., H. 5–6, S. 529–908.

Klocke, A./Hurrelmann, K. (Hrsg.) (²2001): Kinder und Jugendliche in Armut. Umfang, Auswirkungen und Konsequenzen. Vollständig überarbeitete Ausgabe. Opladen.

Kögler, M. (2001): Die Benachteiligungsspirale für Kinder aus sozial benachteiligten Familien. Hingeh- statt Kommstruktur. In: Unsere Jugend, 53. Jg., S. 268–277.

Krappmann, L. (2000): Kinderarmut. Expertise im Auftrag des Bundesministeriums für Familie, Senioren, Frauen und Jugend. Berlin.

Largo, R.H. (1995): Kindliche Entwicklung und psychosoziale Umwelt. In: Schlack, H.G. (Hrsg.): Sozialpädiatrie. Gesundheit, Krankheit, Lebenswelten. Stuttgart u.a., S. 7–22.

Laucht, M./Esser, G./Schmidt, M.H. (1997): Wovor schützen Schutzfaktoren? Anmerkungen zu einem populären Konzept der modernen Gesundheitsforschung. In: Zeitschrift für Entwicklungspsychologie und Pädagogische Psychologie, 29. Jg., S. 260-270.

Laucht, M./Schmidt, M.H./Esser, G. (2000): Risiko- und Schutzfaktoren in der Entwicklung von Kindern und Jugendlichen. In: Frühförderung interdisziplinär, 19. Jg., S. 97–108.

Lorenz, R. (2004): Salutogenese. Grundwissen für Psychologen, Mediziner, Gesundheits- und Pflegewissenschaftler. München/Basel.

Martens, R. (2006): Der Vorschlag des Paritätischen Wohlfahrtsverbandes für einen sozial gerechten Regelsatz als sozialpolitische Grundgröße. Neue Regelsatzberechnung 2006. Berlin.

Mayr, T. (2000): Entwicklungsrisiken bei armen und sozial benachteiligten Kinder und die Wirksamkeit früher Hilfen. In: Weiß, H. (Hrsg.): Frühförderung mit Kindern und Familien in Armutslagen. München/Basel, S. 142–163.

Merten, R. (1998): Armut als Herausforderung an die Kinder- und Jugendhilfe. In: Klocke, A./Hurrelmann, K. (Hrsg.): Kinder und Jugendliche in Armut. Umfang, Auswirkungen und Konsequenzen. Opladen/Wiesbaden, S. 266–287.

Merten, R. (2002): Armut. In: Schröer, W./Struck, N./Wolff, M. (Hrsg.): Handbuch Kinder- und Jugendhilfe. Weinheim/München, S. 359–376.

Merten, R. (2004): PISA-E – Perspektiven für die Kooperation von Jugendhilfe und Schule. In: Hartnuß, B./Maykus, S. (Hrsg.): Handbuch Kooperation von Jugendhilfe und Schule. Ein Leitfaden für Praxisreflexionen, theoretische Verortungen und Forschungsfragen. Frankfurt am Main, S. 277–298.

Meyer-Probst, B./Teichmann, H./Reis, O. (1997): Von der Geburt bis 25: Was wird aus Risikokindern? In: Leyendecker, C./Horstmann, T. (Hrsg.): Frühförderung und Frühbehandlung. Wissenschaftliche Grundlagen, praxisorientierte Ansätze und Perspektiven interdisziplinärer Zusammenarbeit. Heidelberg, S. 191–203.

Meyer-Probst, B./Reis, O. (2000): Risikofaktoren und Risikobewältigung im Kontext – Schlussfolgerungen aus der Rostocker Längsschnittstudie nach 25 Jahren. In: Frühförderung interdisziplinär, 19. Jg., S. 109–118.

MRI/BfEL [Max Rubner-Insitut/Bundesforschungsinstitut für Ernährung und Lebensmittel] (Hrsg.) (2008): Nationale Verzehrsstudie II. Die bundesweite Befragung zur Ernährung von Jugendlichen und Erwachsenen. Ergebnisbericht, Teil 2. Karlsruhe.

Neuhäuser, G. (2000): Kindliche Entwicklungsgefährdungen im Kontext von Armut, sozialer Benachteiligung und familiärer Vernachlässigung. Erkenntnisse aus medizinischer Sicht, Probleme und Handlungsmöglichkeiten. In: Weiß, H. (Hrsg.): Frühförderung mit Kindern und Familien in Armutslagen. München/Basel, S. 34–49.

Nolte, P. (2005^6): Generation Reform. Jenseits der blockierten Republik. München.

Roscher, F. (1998^5): § 22 Regelbedarf. In: Ulrich-Arthur Birk u.a., Bundessozialhilfegesetz. Lehr- und Praxiskommentar (LPK-BSHG) mit einer Kommentierung zum Asylbewerberleistungsgesetz. Baden-Baden, S. 347–377.

Statistisches Bundesamt (2007): Sozialleistungen. Leistungen an Asylbewerber 2006. Fachserie 13/Reihe 7. Wiesbaden (21.11.2007).

Statistisches Bundesamt (2008): Sozialleistungen. Sozialhilfe. Fachserie 13/Reihe 2. Wiesbaden (29.02.2008).

TKM [Kultusministerium Thüringen] (Hrsg.) (2008): Thüringer Bildungsplan für Kinder bis 10 Jahre. Weimar/Berlin.

Trabert, G. (2007): Kinderarmut und Gesundheit. In: Deutsches Kinderhilfswerk (Hrsg.): Kinderreport Deutschland 2007. Daten, Fakten, Hintergründe. Freiburg, S. 115–131.

UNICEF (2007): Child poverty in perspective: An overview of child well-being in rich countries. A comprehensive assessment of the lives and well-being of children and adolescents in the economically advanced nations. Florence (Italy).

Walper, S. (1997): Wenn Kinder arm sind – Familienarmut und ihre Betroffenen. In: Böhnisch, L./Lenz, K. (Hrsg.): Familien. Eine interdisziplinäre Einführung. Weinheim/München, S. 265–281.

Walper, S. (1999): Auswirkungen von Armut auf die Entwicklung von Kindern. In: Lepenies, A./Nunner-Winkler, G./Schäfer, G.E./Walper, S.: Kindliche Entwicklungspotenziale. Normalität, Abweichung und ihre Ursachen. München, S. 291–360.

Weiß, H. (2000): Kindliche Entwicklungsgefährdungen im Kontext von Armut und Benachteiligung. Erkenntnisse aus psychologischer und pädagogischer Sicht. In: Weiß, H. (Hrsg.): Frühförderung mit Kindern und Familien in Armutslagen. München, S. 50–70.

Werner, E. (1997): Gefährdete Kindheit in der Moderne. Protektive Faktoren. In: Vierteljahresschrift für Heilpädagogik und ihre Nachbargebiete, 66. Jg., S. 192–203.

Werner, E. ([2]2007). Entwicklung zwischen Risiko und Resilienz. In: Opp, G./Fingerle, M. (Hrsg.): Was Kinder stärkt. Erziehung zwischen Risiko und Resilienz. München/Basel, S. 20–31.

Wustmann, C. (2004): Resilienz. Widerstandsfähigkeit von Kindern in Tageseinrichtungen fördern. Weinheim/Basel.

Zander, M. (Hrsg.) (2005): Kinderarmut. Einführendes Handbuch für Forschung und soziale Praxis. Wiesbaden.

Zimmermann, I./Korte, W./Freigang, M. (2000): Kinder, Gesundheit und Armut aus Sicht der Gesundheitsberichterstattung in Hamburg. In: Altgeld, T./Hofrichter, P. (Hrsg.): Reiches Land – kranke Kinder? Gesundheitliche Folge von Armut bei Kindern und Jugendlichen. Frankfurt am Main, S. 109–125.

Karin Jurczyk/Heinz Kindler/Thomas Rauschenbach

Kapitel 5: Prävention und Intervention in Familien

Der Beitrag stellt eingangs den Bezug zwischen der aktuellen Situation von Familien und besonderen Risikogruppen sowie deren Bedarf an Prävention und Intervention her. Prävention und Intervention werden dann als strukturierte, betont ziel- und wirkungsorientierte sowie mit dem Anspruch empirischer Legitimation auftretende Formen von Hilfe eingeführt. Sozialpädagogische Handlungskonzepte und ihr Erfolg können in diesem Rahmen auf Qualitätsmerkmale bezogen werden, die in den empirisch ausgerichteten Humanwissenschaften fächerübergreifend entwickelt wurden. Vertiefend wird der Forschungsstand zur Wirkung von Interventions- bzw. Präventionsmaßnahmen im Hinblick auf Vernachlässigung bzw. Misshandlung dargestellt.

Wo Probleme und risikohafte Entwicklungen von Kindern und Jugendlichen auffällig werden und der Inanspruchnahme von Hilfe bedürfen, ist dies in der Regel eng verknüpft mit der Situation der Familie, in der sie leben. Dies bedeutet jedoch keine Schuldzuweisung an Familien, ist doch deren (Nicht-)Funktionieren abhängig vom Zusammenspiel vieler unterschiedlicher – gesellschaftlicher, ökonomischer, kultureller und psychologischer – Faktoren. Umgekehrt stellen Familien häufig auch einen Schutzfaktor gegenüber Risiken dar oder bieten Ressourcen zur Bewältigung von Belastungen.

Entsprechend doppeldeutig ist die gegenwärtige gesellschaftliche Rhetorik über Familie (vgl. Lange/Lüscher 2001), bei der sich zwei gegensätzliche Positionen ausmachen lassen. Die eine Position beschreibt Familie als „Erfolgsfaktor" (vgl. Mohn/von der Leyen 2007) für Wirtschaft und die unterschiedlichen Teilsysteme von Gesellschaft und sieht sich bestätigt durch die ungebrochen hohen Zustimmungswerte für Familie auf der Ebene individueller Einstellungen (vgl. Statistisches Bundesamt 2006). Die andere Position betont dagegen die Probleme von Familie, vor allem im Hinblick auf ihre vorgeblich schwindende Fähigkeit, Kinder noch angemessen aufzuziehen. Die Diagnose geht von den „ratlosen Eltern" (vgl. Wahl/Hees 2006) über die „Erziehungskatastrophe" (vgl. Gaschke 2005) bis hin zu angeblich steigenden Zahlen vernachlässigender und misshandelnder Eltern. In einer Art medialer „Steigerungsrhetorik" (vgl. Göppel 2007) wird suggeriert, dass Verhaltensauffälligkeiten von Kindern bis hin zur Gewalttätigkeit von Jugendlichen spiralartig ansteigen und dass dies wesentlich auf das Versagen von Eltern zurückzuführen sei. Eine Schlüsselrolle wird dabei deren mangelnder Erziehungskompetenz zugewiesen.

Bei derartigen Diagnosen wird aber in der Regel kaum ein historischer Bezugspunkt ausgewiesen. Auch werden Erziehungsstandards, wie beispielsweise die Akzeptanz bzw. das Verbot elterlicher Gewalt gegen Kinder, selten soziohistorisch kontextualisiert. Damit gerät aus dem Blick, dass noch die letzte und vorletzte Elterngeneration autoritäre, z.T. gewalttätige Erziehungsmethoden selbstverständlich akzeptierten. Anerkennung und Förderung der individuellen Persönlichkeit sowie körperliche Unversehrtheit des Kindes waren keine Werte an sich. Zudem lässt sich ein deutlicher Anstieg der Raten an Problemverhaltensweisen bei Kindern und Jugendlichen in Deutschland anhand der bislang vorliegenden Studien nicht bestätigen, sofern verschiedene Jahrgänge im gleichen Alter mittels ähnlicher Methoden miteinander verglichen werden. Dies gilt etwa für behandlungsbedürftige Verhaltensauffälligkeiten aus der Sicht von Eltern seit den 90er Jahren (vgl. Barkmann/Schulte-Markwort 2004), den von Jugendlichen selbst berichteten Konsum von Alkohol und Suchtstoffen seit den 70er Jahren (vgl. Weichold/Bühler/Silbereisen 2006) oder Dunkelfelderhebungen zum selbst berichteten gewalttätigen Verhalten von Jugendlichen seit den 1990er- Jahren (vgl. Baier/Windzio, im Druck). Allerdings ist eine leichte Zunahme von Problemverhaltensweisen in den letzten drei Dekaden nicht ausgeschlossen, entsprechende Trends lassen sich zumindest für verschiedene westeuropäische Länder aufzeigen (vgl. Rutter/Smith 1995).

Insgesamt scheinen beide Positionen das, was Familien heute leisten bzw. nicht leisten, die beschönigende wie die skandalisierende Variante in unzulässiger Weise zu pauschalisieren. In der Folge geht es darum, einen Zusammenhang zwischen familialen Risiken und sozialer Prävention sowie Intervention für Kinder und Jugendliche herzustellen. Dafür werden eingangs soziologische Wandlungsprozesse von Familie skizziert, die verdeutlichen sollen, dass die veränderten strukturellen Rahmenbedingungen des Familienlebens tendenziell zur Überforderung von Familien beitragen. Über die Identifizierung von Risiken, Risikogruppen und Entwicklungsauffälligkeiten wird zweitens eine Brücke zum Bedarf an Prävention und Intervention hergestellt. Drittens werden Formen und quantitative Entwicklung der Angebote und Inanspruchnahme von Prävention und Intervention beschrieben. Dabei wird vertiefend die internationale Forschung zu Prävention und Intervention dargestellt. Abschließend wird die Notwendigkeit flankierender Maßnahmen hervorgehoben.

I. Familialer Wandel und An- bzw. Überforderungen von Familien

I.1. Wandel von Familie im Postfordismus

Im Verlauf der Industrialisierung, der sog. „Ersten Moderne“, – mit einem besonderen Schub nach 1945 – festigte sich in Deutschland ein Gesellschaftsmodell mit einem stabilen, arbeitsteiligen Verhältnis zwischen Familie und Erwerbsarbeit. Diese bildeten zwei voneinander relativ streng getrennte Sphären, die ideologisch fest verankert und mit klaren geschlechtsspezifischen Zuweisungen verbunden waren. Traditionelle Geschlechterverhältnisse waren zentraler Bestandteil der Arbeitsteilung zwischen Beruf und Familie, ungeachtet eines stets vorhandenen Anteils erwerbstätiger Mütter v.a. in der Arbeiterschaft. Die Ernährerrolle des Mannes war unhinterfragt, Eltern waren meist verheiratet und lebten mit ihren Kindern in einem gemeinsamen Haushalt zusammen. So genannte Normalarbeitsverhältnisse, sozialrechtlich abgesicherte Vollzeiterwerbsarbeit mit geregelten Arbeitszeiten dominierten das männliche Erwerbsleben.

Dieses Bild sieht heute grundlegend anders aus. Seit den späten 1960er Jahren ist eine Verflüssigung der Grenzen zwischen Arbeit und Leben, Privatem und Öffentlichem, Arbeitszeit und Freizeit festzustellen, wobei sich Familie, Erwerbswelt sowie

– mit beidem verschränkt – Geschlechterverhältnisse verändern. Diese Entwicklung wird auch als „Postfordismus“ bezeichnet. Die Haushalts- und Familienformen sind heute von einer großen Vielfalt und Dynamik geprägt. Immer weniger Menschen leben dauerhaft in einer klassischen „Normalfamilie“, als Ehepaar mit leiblichen Kindern. Von 1996 bis 2004 nahmen die „alternativen“ Familienformen – dazu zählen Alleinerziehende, nichteheliche und gleichgeschlechtliche Lebensgemeinschaften mit Kindern – deutlich zu: Nur noch 74% der Familien in Deutschland waren 2004 Ehepaare mit Kindern, 20% der Familien waren hingegen Alleinerziehende und 6% nichteheliche Lebensgemeinschaften mit Kindern. Hinter diesen Zahlen verbirgt sich zum einen eine Entkoppelung von Eheschließung und Elternschaft, zum andern ein hohes Niveau an Trennungen und Scheidungen, von denen eine große Zahl an Kindern betroffen ist: im Jahr 2004 etwa 170.000 Kinder (vgl. Grünheid 2006).

Die Fragilität von Familie hat jedoch noch eine andere Seite: Nach Trennungen und Scheidungen kommt es häufig zu neuen Familienkonstellationen, indem durch neue Partnerschaften zu den leiblichen Elternteilen mindestens ein sozialer Elternteil hinzutritt. Patchworkfamilien können durch neue Partnerschaften auch eine Vergrößerung der Familiennetze bedeuten (vgl. Bien/Marbach 2003). Zur Pluralisierung von Familien tritt ihre Dynamisierung: Immer mehr Erwachsene und Kinder machen im Verlauf ihres Lebens Erfahrungen in verschiedenen Formen familialer Organisation und erleben dabei mehrfach Wechsel zwischen verschiedenen Settings.

Festzuhalten ist jedoch, dass die mittleren statistischen Effekte des Aufwachsens von Kindern in einer von der Normalfamilie abweichenden Form bezüglich Persönlichkeit und Verhaltensanpassung schwach sind, d.h. in welcher Form familialer Organisation ein Kind aufwächst, erklärt statistisch nur einen sehr geringen Anteil der Unterschiede zwischen Kindern. In einer international groß angelegten „Meta-Analyse“ (einer Integration statistischer Befunde aus vielen Studien) mit 67 einbezogenen Studien sind dies beispielsweise weniger als 3% beim Schulerfolg, der Verhaltensanpassung, dem Selbstbild und der Qualität sozialer Beziehungen eines Kindes (vgl. Amato 2001). Ähnlich schwache Effekte werden auch aus deutschen Untersuchungen berichtet (vgl. Wendt/Walper 2007). Stärkere mittlere Effekte finden sich allerdings unmittelbar nach Familienumbrüchen und bei Kindern, die wiederholte Übergänge zwischen verschiedenen Familienformen erleben (vgl. Milan/Pinderhughes/Conduct Problems Prevention Research Group 2006). Zudem scheinen die belegbaren schwach negativen Effekte langfristig fortzubestehen, d.h. mindestens bis ins junge Erwachsenenalter hinein (vgl. Amato/Sobolewski 2001).

Innerfamiliale Faktoren werden ergänzt, teilweise potenziert durch den Wandel der Erwerbswelt. Die Entwicklungen zur globalisierten Dienstleistungs- und Wissensgesellschaft bringen eine zeitliche und räumliche Flexibilisierung der Erwerbswelt und wachsende berufsbiografische Diskontinuität und Unsicherheit mit sich, die sich in den beruflichen Statusgruppen sehr verschieden auswirken. Dies führt zu ambivalenten Entgrenzungsprozessen zwischen den Sphären Familie und Erwerbswelt (vgl. Jurczyk/Lange/Szymenderski 2005). Insbesondere der Bedeutungsverlust des männlichen Normalarbeitsverhältnisses gegenüber atypischen Beschäftigungsformen (2005: 1/3 aller abhängig Beschäftigten) wie beispielsweise Teilzeit- und

Minijobs, die zunehmende Unregelmäßigkeit der Arbeitszeiten, die Ausweitung von Schicht-, Nacht- und Wochenendarbeit (vgl. Seifert 2007) sowie die Verdichtung und Intensivierung von Arbeit führen zu vermehrtem Stress und wirken durch sog. „Spillover"-Effekte in die Familien hinein. In der Gruppe der „working poor", d.h. derjenigen die für wenig Geld viel, hochflexibel und fremdbestimmt arbeiten, kumulieren die Negativfolgen von Entgrenzung, auch für Kinder in der Familie (vgl. Joshi/Bogen 2007).

II.2. Entgrenzungsprozesse, familiale Anforderungen und Überforderungen

Doppelte Entgrenzungsprozesse führen zu neuen Anforderungen an das Familienleben:

Aufgrund sinkender Geburtenraten werden Familien als Haushaltsgemeinschaften mit Kindern zu einer gesellschaftlichen Minderheit: Nur noch in 33% aller Haushalte leben ledige Kinder (vgl. Engstler/Menning 2003, S. 37). Dies hat Folgen für das Verständnis, das Familien mit Kindern entgegen gebracht wird und die Bereitschaft, Störungen durch Kinder zu akzeptieren.

Geschlechterrollen erodieren durch die Zunahme berufstätiger Mütter, einem gestiegenen Bildungsniveau von Frauen, dem Verlust der Ernährerrolle der Männer sowie – zumindest auf der Einstellungsebene – aktivere Väter. Dies erhöht vor allem bei Frauen die Bereitschaft, sich zu trennen, wenn die Beziehung als nicht mehr zufriedenstellend angesehen wird. Das Zweiverdienermodell wird Wunsch und Zwang zugleich, ohne dass hierfür hinreichende Rahmenbedingungen gegeben sind, das stressigere Erwerbsleben wirkt doppelt in Familien hinein. Die Fragilität von Familie nimmt zu, nicht jedoch in gleichem Maße die strukturelle Unterstützung von außen sowie die soziale Kompetenz zu ihrer Bearbeitung.

Die abnehmende Kinderzahl führt paradoxerweise zu einem steigendem Druck auf die verbleibenden Kinder und deren Eltern, und zwar vor allem hinsichtlich ihrer Bildungserfolge (vgl. Büchner 2003). Kinder werden zum Humanvermögen, dessen Förderung als relevante gesellschaftliche Zukunftsinvestition gilt.

Aufgrund der Abschwächung autoritärer Leitkulturen und fester allgemeinverbindlicher Normen setzt sich der Trend zur Verhandlungsfamilie mit dem Leitbild der Partizipation von Kindern und der Partnerschaftlichkeit zwischen den Geschlechtern fort. Hierdurch können einerseits neue Solidaritäten zwischen Eltern und Kindern sowie den erwachsenen Partnern entstehen, andererseits steigen aber auch die Ansprüche an ein gutes Familienleben, die nur bedingt alltagstauglich sind, und die Beteiligten tendenziell überfordern.

Diese Tendenzen im Familien- und Erwerbsleben erfordern von Familien neue Gestaltungsleistungen im Rahmen ihrer alltäglichen Lebensführung. Auch wenn Familie noch nie ein sich selbst allein regulierendes Subsystem, sondern immer eingebunden in unterschiedliche gesellschaftliche Teilsysteme war, so rücken die beschriebenen Veränderungen doch einerseits die verstärkt notwendigen Eigenleistungen sowie die neue Abhängigkeit von Unterstützungen und Ressourcen in den Mittelpunkt. Partnerschaft, Erziehung, flexiblere und unsichere Erwerbsarbeit werden zu neuen, generalisierten Gestaltungsleistungen und Lernaufgaben für Partner und Kinder und bedürfen vermehrt spezifischer Ressourcen und Kompetenzen (vgl. Rauschenbach/Züchner 2006). Hierzu gehören Kompetenzen zu Selbststeuerung, Entscheidungen unter Unsicherheitsbedingungen, Verhandlung und Aushandlung, Kommunikation, Begründung, Networking, Umgang mit Medien sowie interkulturelle Kompetenz, Kompetenzen zur alltäglichen Lebensführung sowie Ambiguitätstoleranz (vgl. Fuhrer 2007). Diese können jedoch nicht selbstverständlich vorausgesetzt werden, sie bedürfen materieller, kultureller und sozialer Kapitalien. Ein Teil der Familien ist deshalb mit diesen voraussetzungsvollen Anforderungen überfordert; einer Untersuchung aus Bayern zufolge betrachten sich sich 46% der Eltern als manchmal sowie ca. 12% als häufig bzw. immer verunsichert in ihrer Erziehung (vgl. Mühling/Smolka 2006).In welchem Umfang solche Überforderungen von Eltern und Kindern empfunden werden, Auswirkungen auf kindliche Entwicklungsverläufe haben und zu einem verstärkten Bedürfnis nach Unterstützungsleistungen bei der Erziehung beitragen, kann für die Bundesrepublik derzeit nicht sicher beantwortet werden. Bislang fehlen aussagekräftige empirische Studien, die Zusammenhänge zwischen sich verändernden Lebens- und Familiensituationen, gewandelten Normen, Erziehungskompetenzen und -schwierigkeiten, kindlichen Entwicklungsverläufen und dem elterlichen Bedürfnis nach Unterstützung, der Kenntnis von Unterstützungsangeboten und der tatsächlichen Inanspruchnahme von Unterstützungsleistungen aufzeigen.

Einzelne Bausteine des Gesamtbildes liegen jedoch vor. So ist bekannt, dass sich Erziehungsvorstellungen von Eltern im Mittel in Richtung auf eine stärkere Partizipation von Kindern entwickeln (vgl. Fuhrer 2005), der „wahrgenommene Wert (value of children)“ von Kindern insgesamt zunimmt (vgl. Tromsdorff, im Druck), Entgrenzungsprozesse mit erhöhten Kommunikationsanforderungen zwischen Eltern, aber auch zwischen Eltern und Kindern einhergehen (vgl. Schier/Jurczyk 2007), die Häufigkeit spezifischer Risikolagen bei Familien mit Kindern (z.B. Kinderarmut) ebenso zunimmt wie die Nachfrage nach außerfamiliären Betreuungsleistungen und niedrigschwelligen Hilfen bei der Erziehung (vgl. Rauschenbach/Schilling 2005). Für andere Aspekte des Gesamtbildes liegen nur Momentaufnahmen vor (zur Häufigkeit von Verhaltensauffälligkeiten bei Kindern vgl. Hölling u. a. 2007), ohne dass die gesellschaftliche Dynamik und empirische Verbindungslinien zu anderen Bausteinen des Gesamtbildes bereits untersucht worden wären.

Einige empirische Informationen fehlen in Deutschland schließlich ganz. So ist etwa nicht bekannt, wie sich die wahrgenommene Selbstwirksamkeit von Eltern bezüglich der Erziehung bzw. wahrgenommene Erziehungsschwierigkeiten in verschiedenen Teilen der Gesellschaft entwickeln. Ebenso fehlt eine repräsentativ angelegte Studie zum Bedürfnis von Eltern nach erzieherischen Hilfen, der Kenntnis entsprechender Angebote, der Bereitschaft zur Inanspruchnahme sowie Prozessen der tatsächlichen Inanspruchnahme. Umgekehrt gibt es kaum Forschung zu den Resilienzfaktoren für erfolgreiche Elternschaft unter belasteten und Hochrisikobedingungen. Vor allem aber wurde in der Bundesrepublik bislang keine tragfähige Informationsgrundlage im Hinblick auf die Häufigkeit von Kindesvernachlässigung und -misshandlung geschaffen, die als gravierendste Formen elterlichen Scheiterns an der Betreuungs- und Erziehungsaufgabe angesehen werden können. Daher kann für die Bundesrepublik im Hinblick auf die Zu- oder Abnahme von Vernachlässigung bzw. Misshandlung nur anhand recht unzuverlässiger Indikatoren (z.B. Anzahl von Anzeigen) spekuliert werden (vgl. Pothmann 2006). Die Bundesrepublik unterscheidet sich an dieser Stelle von der Mehrzahl großer westlicher Demokratien (vgl. Kindler, im Druck), die die Empfehlung der Weltgesundheitsorganisation zum Aufbau von Systemen zum Monitoring der Anzahl vernachlässigter und misshandelter Kinder bereits umgesetzt haben. Aus dem Ausland vorliegende Studien deuten darauf hin, dass von Entgrenzungsprozessen stark betroffene, ökonomisch randständige Eltern einen hohen Bedarf nach erzieherischen Hilfen empfinden, zugleich aber wenig Information über und Zugang zu institutionalisierten Hilfeangeboten finden (vgl. Ghate/Hazel 2002). Die Befunde zeigen jedoch auch, dass zumindest bezüglich der Häufigkeit von Kindesmisshandlung eine Abnahme erreicht werden kann, die nicht nur auf sozioökonomische Entwicklungen rückgeführt werden kann, sondern vermutlich auch die Qualität fachlicher Maßnahmen gegen Kindesmisshandlung widerspiegelt (vgl. Finkelhor/Jones 2006).

III. Familiale Risiken, Erziehungsschwierigkeiten und Entwicklungsauffälligkeiten bei Kindern

Jenseits der Frage zeitlicher Veränderungen in der Auftretenshäufigkeit verschiedener familialer Belastungen und der gesellschaftlichen Hintergründe solcher Trends bedarf es weiterer Arbeitsschritte, um die mögliche Rolle eines Faktors als Risikofaktor für Erziehungsschwierigkeiten auf Seiten der Eltern oder Entwicklungsauffälligkeiten auf Seiten der Kinder belegen und näher beschreiben zu können. Von einem Risikofaktor kann sinnvoll gesprochen werden, wenn ein zeitlich geordneter, statistisch überzufälliger und inhaltlich interpretierbarer positiver Zusammenhang zu Erziehungsschwierigkeiten bzw. kindlichen Entwicklungsauffälligkeiten in einer bestimmten Gruppe oder in der Bevölkerung allgemein als belegt gelten kann (vgl. Kraemer/Kraemer-Lowe/Kupfer 2005).

Um einen zeitlich geordneten Zusammenhang nachweisen zu können, bedarf es, zumindest bei veränderlichen möglichen Risikofaktoren, des Nachweises stimmiger Veränderungen in der Häufigkeit von Erziehungsschwierigkeiten bzw. kindlichen Entwicklungsauffälligkeiten nach dem Auftreten bzw. Verschwinden des möglichen Risikofaktors. Wann weiterhin von einem belegt überzufälligen und inhaltlich interpretierbaren Zusammenhang gesprochen werden kann, ist nicht völlig einheitlich festzulegen. In der Regel werden gegen festgelegte Irrtumswahrscheinlichkeiten getestete, statistisch robuste, d.h. in mehreren unabhängigen großen Studien oder in einer Meta-Analyse abgesicherte empirische Befunde erwartet werden. Weiterhin kann die Belegkraft vorhandener Studien zu einem Zusammenhang danach eingeschätzt werden, inwieweit mögliche „threats to validity" (mögliche Fehlerquellen, die die Aussagekraft von Studien verzerren können) (vgl. Shadish/Cook/Campbell 2002) methodisch kontrolliert oder ausgeschlossen wurden.

Können über einen positiven statistischen Zusammenhang hinaus zusätzlich klare Hinweise für den kausalen Einfluss eines Risikofaktors vorgelegt werden, so wird dies häufig sprachlich hervorgehoben, indem von „kausalen Risikofaktoren" gesprochen wird. Dabei werden die kausalen Prozesse, die Risikofaktor und Ergebnis, in unserem Fall Erziehungsschwierigkeiten oder Entwicklungsauffälligkeiten beim Kind, verbinden, als „Risikomechanismen" (vgl. Rutter 2002) bezeichnet. Solche Risikomechanismen sind als Ansatzpunkte für Präventions- und (mit Einschränkungen, da sich Prozesse der Entstehung und Aufrechterhaltung von Problemen unterscheiden können) Interventionsmaßnahmen von besonderem Interesse. Als starker Hinweis auf einen kausal zu interpretierenden Zusammenhang gelten replizierte, d.h. wiederholt bestätigte, experimentelle Befunde (vgl. National Research Council 2002). Sind solche nicht zu erheben, können eine Reihe von Anhaltspunkten mit schwächerer Belegkraft, wie etwa Dosis-Wirkungszusammenhänge, der Ausschluss möglicher alternativer Erklärungen oder der Nachweis vermittelnder Prozesse zwischen Risikofaktor und Ergebnis, untersucht werden (vgl. Rutter/ Pickles/Murray/Eaves 2001; Valentine/Cooper 2005). Bei der Einordnung von Risikofaktoren wird häufig noch zwischen eher distalen und eher proximalen Risikofaktoren gesprochen, die sich von der Anzahl der vermittelnden Prozesse zwischen Risikofaktor und Ergebnis her unterscheiden. Soziale Randständigkeit muss etwa verglichen mit mangelnden häuslichen Anregungsbedingungen als eher distaler Risikofaktor für den Schulerfolg von Kindern verstanden werden.

Bei der Beschreibung von Risikofaktoren kommt es in der Regel noch auf die Angabe von Effektstärken an. Effektstärken bezeichnen die Enge des statistischen Zusammenhanges zwischen Risikofaktor und Ergebnis, die mittels verschiedener Maße ausgedrückt werden kann (vgl. Grissom/Kim 2005). Beispielsweise geht in der verfügbaren empirischen Literatur das Ausüben von Partnerschaftsgewalt mit einem 6–12 f.ach erhöhten Risiko von Kindesmisshandlung gegenüber in der Familie lebenden Kindern einher, während die Erfahrung von Misshandlung in der Kindheit von Eltern im Mittel der Studien mit einem 3–6 f.ach erhöhten Misshandlungsrisiko gegenüber betreuten Kindern einhergeht (vgl. Kindler 2006a). Effektstärke und Bedeutsamkeit eines Risikofaktors für Prävention und Intervention hängen häufig, aber nicht zwangsläufig eng zusammen, da für die Bedeutsamkeit auch Verbreitung und Beeinflussbarkeit eines Risikofaktors wichtig sind.

Einkommensarmut ist beispielsweise von der Effektstärke her gesehen nur ein relativ schwacher Risikofaktor für eine Kindeswohlgefährdung durch Vernachlässigung (RiskRatio 1,5–2,5), zugleich betrifft Einkommensarmut aktuell aber viele Kinder und ist prinzipiell beeinflussbar, so dass die Bedeutsamkeit im Hinblick auf die Prävention von Kindeswohlgefährdung eher hoch einzuschätzen ist (vgl. Rauschenbach/Züchner 2007). Relative Einkommensarmut stellt nicht nur im Hinblick auf Kindesvernachlässigung, sondern auch im Hinblick auf Erziehungsschwierigkeiten (vgl. Katz u. a. 2007) und kindliche Entwicklungsprobleme (vgl. Brooks-Gunn/Linver/Fauth 2005) einen belegten Risikofaktor dar, der zudem relativ häufig auftritt: „In Deutschland wachsen je nach zu Grunde liegendem Schwellenwert rund 10% bzw. 19% oder 1,4 bzw. 2,7 Millionen minderjährige Kinder unter ökonomisch schwierigen Bedingungen auf" (Eggen 2006, S. 475).

Die beobachteten Effektstärken liegen für den Zusammenhang zu externalisierenden (nach Außen gerichteten) bzw. internalisierenden (nach Innen gerichtenen) Verhaltensauffälligkeiten im Bereich schwacher Effekte (vgl. Grant u. a. 2001), ebenso für den negativen Zusammenhang zum Schulerfolg (vgl. Sirin 2005), wobei allerdings aus deutschen Studien (vgl. Baumert/Schümer 2001) für Beeinträchtigungen des Schulerfolgs etwas stärkere Effekte berichtet werden, als in der internationalen Literatur. Die deutlichsten Effekte finden sich für Kinder, die anhaltend in relativer Einkommensarmut leben müssen. Eine kausale Komponente innerhalb der beobachteten Zusammenhänge zwischen Armut und beeinträchtigtem Bildungserfolg bzw. Verhaltensauffälligkeiten kann aufgrund mehrerer experimenteller Studien mit Einkommenszusätzen (vgl. Morris/Gennetian 2003), einer Adoptionsstudie (vgl. Duyme/Dumaret/Tomkiewicz 1999) und einer quasi-experimentellen Studie (vgl. Costello u. a. 2003) als gut belegt angesehen werden. Die Ergebnisse befinden sich in Übereinstimmung mit verhaltensgenetischen Studien, die unter Armutsbedingungen einen geringeren Anteil genetisch erklärbarer Unterschiede in der geistigen Entwicklung zwischen Kindern finden (vgl. Turkheimer u. a. 2003). Eine umfangreiche Literatur hat sich mit den beteiligten Vermittlungswegen beschäftigt, wobei drei Pfade bislang besonders hervorgetreten sind, deren Bedeutung allerdings je nach betrachtetem Ergebnisaspekt etwas schwanken kann: Materielle Einschränkungen bzw. Not, Stress und eine „Kultur der Armut" in der Familie und im familiären Umfeld, sowie Einschränkungen in der Qualität des elterlichen Fürsorge- und Interaktionsverhaltens (vgl. NICHD Early Child Care Research Network 2005).

Relative Einkommensarmut stellt allerdings nur einen von mehreren Risikofaktoren für Erziehungsschwierigkeiten und kindliche Entwicklungsauffälligkeiten dar. Wird bei der Gliederung bekannter Risikofaktoren ein ökologisches Modell (vgl. Bronfenbrenner/Morris 1998) zugrunde gelegt, so lassen sich Risikofaktoren in der Nachbarschaft (z.B. Ausmaß an Kriminalität, Qualität der Infrastruktur), familiäre Risikofaktoren (z.B. niedriges Einkommen, ungünstige Wohnsituation, Migrationshintergrund) sowie Risikofaktoren auf der Ebene familiärer Subsysteme (z.B. Partnerschaftsgewalt, kaum fördernde Eltern-Kind Interaktionen) oder einzelner Familienmitglieder (z.B. psychische Erkrankung bei einem Elternteil) unterscheiden. Weiterhin sind relevante Lebensereignisse oder Belastungsphasen in der familiären bzw. individuellen Vorgeschichte einzubeziehen (vgl. Perrez 2005). Forschungsübersichten zu bekannten Risikofaktoren finden sich beispielsweise für Erziehungsschwierigkeiten bei Belsky/Jaffee (2006), sowie speziell für Kindesvernachlässigung bzw. -misshandlung bei Schumacher/Smith Slep/Heyman (2001) und Black/Heyman/Smith Slep (2001).

Während für das Vorliegen einzelner Risikofaktoren überwiegend nur schwach negative Effekte beobachtet werden können, ist bei einer Kumulation von Risiken nahezu durchgängig ein deutliches Anwachsen der Effektstärken festzustellen (vgl. Appleyard u. a. 2005), so dass es in Familien mit mehrfachen Risiken um ein Vielfaches häufiger zu Erziehungsschwierigkeiten kommt und Kinder erheblich häufiger bedeutsame Einschränkungen in ihrer emotionalen, gesundheitlichen, sozialen und schulischen Entwicklung aufweisen, verglichen mit Kindern aus Familien mit keinen oder nur wenigen vorliegenden Risikofaktoren. Die Bedeutung multipler Risikofaktoren wurde in verschiedenen Altersgruppen von der frühen Kindheit über das Grundschulalter bis hin zum Jugendalter bestätigt und wiederholt als bedeutsam für präventive Anstrengungen in der Kinder- und Jugendhilfe bzw. in der Sozial- und Bildungspolitik angesehen (vgl. Brooks-Gunn 2003).

IV. Prävention und Intervention

Um Risiken oder Erziehungsschwierigkeiten bzw. kindlichen Fehlentwicklungen vorzubeugen oder entgegen zu wirken, können Eltern eigene Handlungsmöglichkeiten nutzen bzw. informelle oder institutionalisierte Hilfe in Anspruch nehmen. Institutionalisierte Hilfe wird in diesem Bereich von sozialpädagogischen, pädagogischen, psychologischen und in besonderen Bereichen auch medizinischen Fachkräften im Rahmen gesellschaftlich organisierter Hilfesysteme, wie etwa der Kinder- und Jugendhilfe, der Frühförderung oder der Schulberatung angeboten, wobei auch Übergangsbereiche existieren (z.B. Einsatz professionell angeleiteter Laienhelfer als Graubereich zwischen informeller und institutionalisierter Hilfe).

Während der Begriff der Hilfe einen engen Handlungsbezug aufweist und dabei auch, aber nicht nur auf das Handeln von Fachkräften angewandt werden kann und im Sinne der Prosozialität stark auf Intentionen und Werte der helfenden Person verwiesen ist (zur Begriffserörterung vgl. Gängler 2001), sind die Begriffe von Intervention und Prävention stärker auf einer konzeptbezogenen, ganze Handlungsabfolgen betreffenden Ebene angesiedelt. Sie sind nahezu ausschließlich auf das Handeln von Fachkräften bezogen und lassen sich als absichtsvoll geordnete, betont ziel- und wirkungsorientierte und daher mit dem Anspruch empirischer Legitimation auftretende Formen von Hilfe verstehen. Intervention und Prävention können daher nur einen Teilbereich von Hilfeprozessen darstellen. Nicht jedes hilfreiche Gespräch oder jede unterstützende Handlung einer Fachkraft sind in diesem Sinn als (Teil einer) Intervention oder Präventionsmaßnahme anzusehen.

Von Interventions- und Präventionsmaßnahmen wird eher im Kontext einer empirisch-pragmatischen Rahmentheorie der angewandten Sozial- und Humanwissenschaften gesprochen, denn im Kontext des deutschsprachigen Theoriediskurses der Sozialpädagogik (vgl. Rauschenbach/Züchner 2002). Tatsächlich interessiert sich die sozialpädagogische Forschung in Deutschland bislang kaum empirisch für Wirkungen und Wirkmechanismen von Hilfen (vgl. Otto 2007). Beispielsweise erbrachte eine methodologische Analyse aller Veröffentlichungen in fünf Jahrgängen von fünf deutschen sozialpädagogischen Fachzeitschriften unter mehr als 500 Artikeln gerade zwei Studien, die sich empirisch mit Wirkungen auseinandersetzten (vgl. Liel/Kindler 2006). Die deutschsprachige Theoriediskussion spiegelt hier allerdings nicht den internationalen Mainstream der Wissenschaft Sozialer Arbeit wider, der eine wachsende Anzahl an Veröffentlichungen zur Interventions- und Präventionsforschung aufweist (vgl. Fortune/Reid 1999; Fraser 2004). Entsprechend finden sich in zentralen Registern laufender und abgeschlossener Interventionsstudien zwar zahlreiche Einträge zu internationalen empirischen Studien, aber keine deutschen Einträge aus dem Bereich der Sozialpädagogik. Dies bedeutet allerdings nicht, dass in der Praxis der Sozialen Arbeit in Deutschland keine Interventions- oder Präventionskonzepte formuliert und angewandt werden würden, nur erfährt dieser Teil der Praxis wenig Unterstützung durch nationale empirische Forschung.

Institutionalisierte Hilfe im Hinblick auf Erziehungsschwierigkeiten oder Verhaltensauffälligkeiten bei Kindern wird meist aus dem Bereich der Jugendhilfe heraus erbracht, deren gesetzliche Grundlagen im Sozialgesetzbuch VIII (SGB VIII) geregelt sind. Bezüglich Erziehungsschwierigkeiten oder Auffälligkeiten bei Kindern wird das Handeln der Jugendhilfe dabei grob durch zwei Schwellen bestimmt, deren Kenntnis zum Verständnis erforderlich ist. Eine Schwelle wird durch § 27 Abs. 1 SGB VIII geregelt, der bestimmt, dass Sorgeberechtigte Anspruch auf Hilfen zur Erziehung haben, wenn eine dem Wohl eines Kindes oder Jugendlichen entsprechende Erziehung nicht gewährleistet ist und die Hilfe geeignet und notwendig ist. Der Anspruch von Sorgeberechtigten richtet sich in erster Linie an das Jugendamt, das vom Gesetz verpflichtet wird eine Reihe verschiedener, allerdings nur unscharf umrissener Hilfeformen (z.B. Erziehungsberatung) vorzuhalten, auch wenn das Erbringen der Hilfen zur Erziehung an freie Träger delegiert werden kann. Die Inanspruchnahme der Hilfen ist freiwillig. Sieht das Jugendamt die Schwelle des § 27 Abs. 1 SGB VIII als überschritten an, so dass Hilfen zur Erziehung gewährt werden, ist vom Gesetz ein geordnetes Verfahren der Hilfeplanung und -überprüfung zusammen mit den Sorgeberechtigten vorgesehen. Sieht das Jugendamt das Kindeswohl (für eine Einführung vgl. Suess/Fegert 1999) dagegen als noch gewährleistet an und lehnt daher Hilfen zur Erziehung ab, kann diese Entscheidung verwaltungsgerichtlich überprüft werden. Unterhalb der Schwelle zu einer das Wohl eines Kindes nicht gewährleistenden Erziehung bestehen nur in besonderen Situationen (z.B. bei Trennung und Scheidung) Beratungsansprüche. Alle anderen Leistungen der Jugendhilfe in diesem Bereich sind freiwillig.

Eine zweite, gegenüber § 27 Abs. 1 SGB VIII noch höhere Schwelle in der Jugendhilfe wird durch den Begriff der Kindeswohlgefährdung markiert. Der Begriff der Kindeswohlgefährdung (für eine Einführung vgl. Schmid/Meysen 2006) ist nicht gesetzlich, aber höchstrichterlich definiert und zwar als „eine gegenwärtige, in einem solchem Maße vorhandene Gefahr, dass sich bei der weiteren Entwicklung eine erhebliche Schädigung mit ziemlicher Sicherheit voraussehen lässt“ (Bundesgerichtshof Beschluss vom 14. Juli 1956). Die belegte Vernachlässigung, körperliche Misshandlung oder der sexuelle Missbrauch eines Kindes werden regelhaft als Kindeswohlgefährdung interpretiert, da hier neben unmittelbar drohenden Schädigungen auch langfristig schwere Beeinträchtigungen der psychischen Entwicklung bei der überwiegenden Mehrzahl betroffener Kinder beobachtet wurden (vgl. Egeland 1997). Bei anderen Fallkonstellationen (z.B. psychische Misshandlung eines Kindes oder wiederholtes Miterleben schwerer Partnerschaftsgewalt) sind die Entscheidungen der Jugendhilfe und Familiengerichte weniger einheitlich. Wird das Vorliegen einer Kindeswohlgefährdung bejaht, so ist damit in der Rechtsordnung der Bundesrepublik festgelegt, dass Maßnahmen zur Verbesserung der Situation des Kindes bzw. Jugendlichen getroffen werden, die in der Regel Hilfen zur Erziehung beinhalten werden, auch wenn diese Hilfen in manchen Fällen familienersetzenden Charakter (z.B. Heimunterbringung, Pflegefamilie) haben werden. Den Sorgeberechtigten bleibt nur noch die Entscheidung, ob solche Maßnahmen mit oder ohne ihre Zustimmung und Mitwirkung ergriffen werden. Allerdings können Maßnahmen ohne Zustimmung der Eltern (von Notmaßnahmen wie der Inobhutnahme abgesehen) nur vom Familiengericht und nicht vom Jugendamt selbst angeordnet werden.

Werden Maßnamen der Prävention bzw. Intervention danach unterschieden, ob vorbeugend oder nachgehend eingegriffen werden soll, so ergibt sich im Hinblick auf die beiden erläuterten Schwellen der Jugendhilfe, dass Maßnahmen unterhalb der Schwelle des § 27 Abs. 1 SGB VIII, also bei noch gewährleistetem Kindeswohl, aber eventuell bereits erkennbaren Risiken oder leichten Auffälligkeiten, in der Regel als Präventionsmaßnahmen angesehen werden können. Maßnahmen bei Kindeswohlgefährdung werden dagegen meist als Intervention angesehen werden müssen, da die Feststellung einer Kindeswohlgefährdung eine konkrete Gefahr voraussetzt, so dass in den meisten Fällen eine erhebliche, die Eltern überfordernde Auffälligkeit eines Kindes oder eine bereits erfolgte Vernachlässigung, Misshandlung oder ein Missbrauch vorliegt. Der Begriff der Kindeswohlgefährdung ist allerdings grundsätzlich zukunftsgerichtet, so dass in Einzelfällen (z.B. bei einem schwer psychisch kranken, alleinerziehenden Elternteil mit neugeborenem Kind) auch ein präventiver unfreiwilliger Eingriff möglich ist. Im Bereich oberhalb der Schwelle des § 27 Abs. 1 SGB VIII, aber unterhalb der Schwelle zur Kindeswohlgefährdung mischen sich in Maßnahmen der Jugendhilfe Aspekte der Prävention und Intervention, je nachdem, worauf die Hilfe bezogen wird. So kann eine aufsuchende sozialpädagogische Familienhilfe etwa insofern nachgehend sein, als bereits aufgetretene Erziehungsschwierigkeiten als Anlass der Maßnahme fungieren; und sie kann insoweit vorbeugend sein, als eine Fremdunterbringung des betroffenen Kindes vermieden werden soll.

Bundesweit erfasst wird die Inanspruchnahme der Hilfen zur Erziehung auf der Basis der amtlichen Kinder- und Jugendhilfestatistik (vgl. Schilling 2007). Für das Jahr 2005 wird dabei ein Volumen von insgesamt knapp 580.000 Fällen mit Minderjährigen und deren Familien ausgewiesen (vgl. Pothmann 2007). Relativiert auf die altersentsprechende Bevölkerung entspricht dies einer Inanspruchnahmequote von 397 Hilfen pro 10.000 der unter 18-Jährigen (vgl. Tabelle 1). Fünf Jahre zuvor, im Jahre 2000, lag dieser Wert bei 329 Hilfen Mitte der 1990er-Jahre bei 262 Hilfen. Zwischen 1995 und 2005 ist damit die Inanspruchnahme – umgerechnet auf 10.000 unter 18-Jährige – um 135 Hilfen gestiegen.

Diese Zunahme ist auf die Erziehungsberatung auf der einen sowie die familienunterstützenden und -ergänzenden Leistungen – beispielsweise die sozialpädagogische Familienhilfe (SPFH) – auf der anderen Seite zurückzuführen. Die Inanspruchnahme familienersetzender Hilfen ist hingegen seit Mitte der 1990er-Jahre bei rückläufigen Fallzahlen sowie einem deutlichen Rückgang der Minderjährigenzahlen nur geringfügig gestiegen (vgl. Tabelle 1).

Der Rückgang und die nachfolgende Stagnation der Anzahl familienersetzender Maßnahmen lässt sich unter Rückgriff auf die Statistik der zum Ende eines Jahres andauernden Hilfen für das frühere Bundesgebiet besonders deutlich aufzeigen. Zum 31.12.2005 weist die amtliche Statistik dabei für Westdeutschland einschließlich Berlin ein Fallzahlenvolumen von knapp 83.000 Hilfen im Rahmen von Vollzeitpflege und Heimerziehung einschließlich betreuter Wohnformen aus. Relativiert auf die altersentsprechende Bevölkerung entspricht dies einer Quote von etwa 65 Hilfen pro 10.000 der unter 18-Jährigen. Diese Quote ist nicht nur unwesentlich höher als Mitte, sondern auch als zu Beginn der 1990er-Jahre. Allerdings haben Mitte der 2000er-Jahre deutlich weniger Minderjährige in Pflegefamilien oder auch Hei-

Tabelle 1: Entwicklung der Hilfen zur Erziehung bei unter 18-Jährigen (Deutschland; 1995, 2000, 2005; Aufsummierung der zum 31.12. eines Jahres andauernden und der innerhalb eines Jahres beendeten Leistungen)[1]

	Hilfen zur Erziehung insgesamt	davon: Erziehungsberatung	familienunterstützende und -ergänzende Hilfen (z.B. SPFH)	familienersetzende Hilfen … insgesamt	im Rahmen der Vollzeitpflege	im Rahmen von Heimerziehung und betreuten Wohnformen
Fallzahlen absolut						
1995	416.916	206.193	84.333	126.390	52.998	73.392
2000	510.450	251.299	132.557	126.594	53.321	73.273
2005	578.369	282.224	173.213	122.932	54.631	68.301
Fallzahlen bezogen auf 10.000 der unter 21-Jährigen						
1995	262	130	53	79	33	46
2000	329	162	86	82	34	47
2005	397	194	119	84	38	47

[1] Die hier ausgewiesenen Daten zum Fallzahlenvolumen zur Inanspruchnahme von Leistungen der Hilfen zur Erziehung beinhalten für die sozialpädagogische Familienhilfe (§ 31 SGB VIII) bei den familienunterstützenden und -ergänzenden Hilfen nicht die Anzahl der Fälle, sondern die in den jeweiligen Familien lebenden Minderjährigen. Für die Erziehungsberatung können hier nur die innerhalb eines Jahres beendeten Hilfen berücksichtigt werden.

Quelle: Statistisches Bundesamt: Statistiken der Kinder- und Jugendhilfe – Institutionelle Beratung, Betreuung einzelner junger Menschen, Sozialpädagogische Familienhilfe, Erzieherische Hilfen außerhalb des Elternhauses, versch. Jahrgänge; zusammengestellt und berechnet Arbeitsstelle Kinder- und Jugendhilfestatistik.

men als noch in den 1980er- und vor allem den 1970er-Jahren gelebt. Und auch Ende der 1960er-Jahre lag die Inanspruchnahme mit 86 Maßnahmen pro 10.000 Minderjährigen deutlich über der des Jahres 2005 (vgl. Abbildung 1).

Dieser Trend wird für die stationären erzieherischen Hilfen sehr viel deutlicher als für die Vollzeitpflege sichtbar. Wurden Ende 1969 noch 58 Maßnahmen der Heimerziehung pro 10.000 der unter 18-Jährigen gezählt, so hat sich diese Quote nach 36 Jahren fast halbiert (33 pro 10.000 der unter 18-Jährigen). Diese rückläufige Entwicklung war vor allem bis Mitte der 1980er-Jahre zu beobachten, seither sinkt die Inanspruchnahmequote nur noch geringfügig. Für die Vollzeitpflege ist hingegen für die 1970er-Jahre zunächst noch eine Fallzahlenzunahme, für die 1980er-Jahre ein deutlicher Rückgang sowie in den 1990er-Jahre wiederum ein mo-

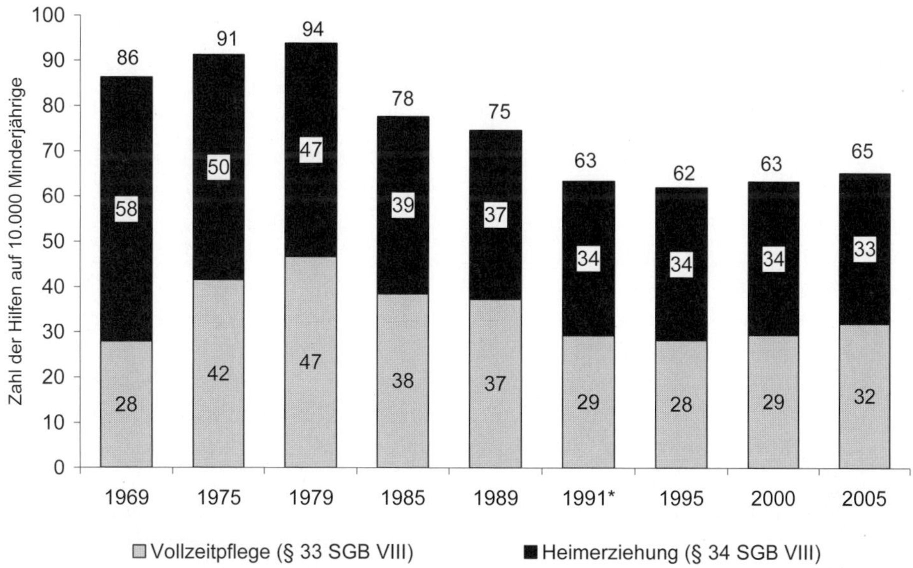

Abb. 1: Fallzahlenentwicklung für Vollzeitpflege und Heimerziehung (Westdeutschland einschl. Berlin; 1969-2005; Angaben pro 10.000 der unter 18-Jährigen am 31.12. des jeweiligen Jahres)

* *Die Angaben zu den Fallzahlen basieren auf der Bestandserhebung zum 01.01.1991, die Bevölkerungsdaten auf dem 31.12.1999.*

Quelle: Statistisches Bundesamt: Statistiken der Kinder- und Jugendhilfe – Institutionelle Beratung, Betreuung einzelner junger Menschen, Sozialpädagogische Familienhilfe, Erzieherische Hilfen außerhalb des Elternhauses, versch. Jahrgänge; zusammengestellt und berechnet Arbeitsstelle Kinder- und Jugendhilfestatistik.

derater Anstieg zu festzustellen (vgl. Abbildung 1). Schlagworte zur Kommentierung und zeitgeschichtlichen Einordnung dieser Entwicklung sind insbesondere die „Heimkritik" und „Heimkampagne" in den 1970er-Jahren sowie der darauf folgende Professionalisierungsschub für die Heimerziehung, aber auch die deutlich zu beobachtende Aufwertung von Hilfen im Rahmen von Pflegefamilien (vgl. Rauschenbach 2007). Insgesamt zeigt sich aber deutlich, dass gegenüber den 60-er- und 70-er-Jahren die stationären Hilfen zurückgegangen sind, während die ambulanten Hilfen seit Einführung des SGB VIII deutlich zugenommen haben, allerdings ohne zuletzt zu einem weiteren Rückgang bei der Heimerziehung und Vollzeitpflege zu führen.

IV.1. Intervention und Interventionsforschung

Im internationalen Mainstream der Human- und Sozialwissenschaften hat sich ein methodologisches Rahmenmodell für die Entwicklung und empirische Prüfung von Interventionen herausgebildet (vgl. Shadish/Cook/Campbell 2002). Dieses Rahmenmodell findet sich mit geringen Abweichungen in verschiedenen Disziplinen (z.B. der empirischen Pädagogik: Phye/Robinson/Levin 2005, der Psychologie: Chambless/Hollon 1998 und der Wissenschaft Sozialer Arbeit: Fraser 2004). Die Schritte dieses Rahmenmodells sind nicht in einem strengen Sinne aufeinander aufbauend, auch wenn eine partielle Abhängigkeit späterer von früheren Arbeitsschritten besteht. Als wichtigste im Modell enthaltene Entwicklungs- bzw. Prüfschritte lassen sich anführen:

- Eine möglichst kausal informative Grundlagenforschung zur Entstehung, Aufrechterhaltung, verändernden Einflüssen und Folgen einer Problemlage, wobei weitere Untersuchungsperspektiven (z.B. zur Verbreitung, zu relevanten Untergruppen, zum Erleben Betroffener und ihrer Angehörigen und zu tangierten gesellschaftlichen Werten) wesentlich zu einem Gesamtverständnis beitragen können.
- Eine nach Möglichkeit auf Grundlagenforschung aufbauende Entwicklung von Interventionskonzepten, die dann mittels möglichst aussagekräftiger (valider) wissenschaftlicher Methoden auf ihre Wirksamkeit und den Grad der Generalisierbarkeit hin untersucht werden, wobei in der Regel sowohl für die Wirksamkeit als auch für die Generalisierbarkeit mehrere Kriterien und Forschungsmethoden herangezogen und Schwellen bestimmt werden müssen, die nicht nur aus wissenschaftlichen Quellen abgeleitet werden können. Insgesamt wird dieser Schritt auch als Effektivitätsprüfung bezeichnet.
- Eine Prüfung von Interventionen mit prinzipiell belegter Wirksamkeit unter Praxisbedingungen im Hinblick auf Umsetzbarkeit, situations- und kontextbezogene Variierbarkeit, den verbleibenden erkennbaren Nutzen aus der Perspektive verschiedener Beteiligter, anfallende Kosten und Wechselwirkungen mit anderen Praxiselementen. Dieser Schritt wird häufig insgesamt auch als Effizienzprüfung bezeichnet.
- Entwicklung, Erprobung und Bewertung einer Disseminationsstrategie für die großflächige Verbreitung von Interventionen mit belegter Effektivität und Effizienz.

Als Bestandteil des Rahmenmodells kann auch ein weitgehend geteiltes Verständnis möglicher Fehlerquellen bei der Überprüfung der Wirksamkeit und des Grades der Generalisierbarkeit von Interventionen angesehen werden (zur Einführung vgl. Wortman 1994), während methodologische Qualitätskriterien für die Effizienzprüfung und die Dissemination wesentlich uneinheitlicher ausfallen oder überhaupt nicht formuliert werden. Grundlegend werden vier Gruppen von Fehlerquellen bezüglich der Überprüfung der Wirksamkeit und des Grades der Generalisierbarkeit von Interventionen unterschieden:

- Fehlerquellen, die die interne Validität einer Interventionsstudie bedrohen, d.h. Faktoren in der Anlage und Durchführung einer Untersuchung, die es erschweren zu erkennen, inwieweit eine Intervention eine tatsächliche Wirkung auf die untersuchten Ergebnisaspekte ausgeübt hat (z.B. Fehlen einer Kontrollgruppe).

- Fehlerquellen, die die so genannte „Konstruktvalidität" bedrohen, d.h. Faktoren auf der Ebene der ausgewählten Maße und Einschätzungen, die eine fundierte Antwort auf die Frage nach der Wirkung einer Intervention erschweren. Wird etwa als Maß für den Erfolg einer Hilfe zur Erziehung etwa eine globale Erfolgseinschätzung seitens der die Maßnahme durchführenden Fachkraft verwandt, so ist ein im Mittel positiv verzerrtes Ergebnis zu erwarten.
- Fehlerquellen, die die Schlussfolgerungsvalidität bedrohen, d.h. Faktoren bei der Verarbeitung von Daten und Untersuchungsergebnissen, die Richtigkeit der Schlussfolgerungen verfälschen können (z.B. die Verwendung nicht gut an die Untersuchung angepasster statistischer Verfahren).
- Fehlerquellen, die die externe Validität bedrohen. Gemeint sind hier Faktoren, die zu Fehlschlüssen im Hinblick auf den vermutlichen Grad der Generalisierung von Untersuchungsbefunden führen können. Beispielsweise ist die Generalisierbarkeit von Befunden auf die Allgemeinbevölkerung (z.B. im Hinblick auf Wahlabsichten) in der Regel größer, wenn eine ausreichend große Zufallsstichprobe gezogen wird.

An diesen Fehlerquellen setzen methodologische Gegenstrategien ein, deren Beachtung sich anschließend in Bewertungen der methodischen Qualität von Interventionsstudien spiegelt. Ein Beispiel für einen methodischen Versuch zur Kontrolle bestimmter Fehlermöglichkeiten sind randomisierte Experimente mit Kontrollgruppen, d.h. Studien, in denen innerhalb der Gruppe der zur Teilnahme an der Untersuchung prinzipiell bereiten Personen, Einrichtungen oder Orten durch Zufallswahl entschieden wird, wer der Interventionsgruppe und wer einer der Kontrollbedingung(en) zugewiesen wird. Durch dieses Vorgehen erhöht sich die Wahrscheinlichkeit, dass Interventions- und Kontrollgruppe tatsächlich vergleichbar sind. Damit ist es eher plausibel, dass Unterschiede zwischen Interventions- und Kontrollgruppe am Ende der Studie auf die Intervention zurückzuführen sind, d.h. die interne Validität wird erhöht. Natürlich sind innerhalb der Jugendhilfe bei bestehender Hilfe- oder Beratungsberechtigung randomisierte Interventionsstudien, in denen der Kontrollgruppe Hilfe verweigert oder nur eine Scheinbehandlung angeboten wird, nicht möglich. Möglich sind Vergleiche verschiedener Interventionskonzepte, sofern nicht von vorneherein ein Konzept als vergleichsweise wirksamer eingeschätzt werden muss, oder, bei in der Praxis vorhandenen Wartezeiten, Studien, in denen die Kontrollgruppe aus Klienten auf der Warteliste gebildet wird.

Jeder der Arbeitsschritte im Rahmenmodell besitzt seine Berechtigung und Bedeutung. Insbesondere kann unter Praxisbedingungen die Effektivität von Interventionen in der Regel nicht gut geprüft werden, während umgekehrt die prinzipielle Wirksamkeit eines Interventionskonzeptes seine Anwendbarkeit und Akzeptanz unter Praxisbedingungen nicht garantiert. Die Prüfung von Wirksamkeit und Grad der Generalisierbarkeit erweckt in Deutschland leicht den Verdacht, dass wissenschaftliche Perfektionsphantasien ausgelebt werden sollen. Dem ist entgegen zu halten, dass betroffene Kinder und Familien durch unwirksame oder vergleichsweise weniger wirksame Interventionen tatsächlich etwas zu verlieren haben. Zudem ist die

Legitimation für die Verwendung öffentlicher Mittel ohne kritisch geprüfte Wirksamkeit schwach.

Auf dem Weg zur Entwicklung kritisch geprüfter Interventionskonzepte in der Jugendhilfe wurden in der Bundesrepublik erste Schritte realisiert. Beispielsweise wurden im Hinblick auf einzelne Formen der Hilfen zur Erziehung Veränderungsmessungen mit standardisierten Instrumenten durchgeführt, die über den Verlauf der Hilfe hinweg und kurze Zeit nach deren Abschluss positive Entwicklungen im Hinblick auf Indikatoren der Verhaltensanpassung und des Wohlbefindens bei der Mehrzahl einbezogener Kinder berichtet haben (vgl. Schmidt u. a. 2002). Da durchgängig keine Kontrollgruppen gebildet wurden, können bei den Ergebnissen Wirkungen von Jugendhilfe nicht von statistischen Effekten aufgrund von Stichprobenselektion und Regression zum Mittelwert getrennt werden. Schwerer zu erreichende Langzeiteffekte wurden bislang nicht kritisch geprüft. Zudem stellen die aus Deutschland vorliegenden Studien keine Interventionsforschung im engeren Sinne dar, da die verschiedenen Formen der Hilfe nur einen sehr breiten Rahmen abstecken und nicht über ein Interventionskonzept im engeren Sinne verfügen.

Da in anderen Ländern, vor allem im angloamerikanischen Bereich, in Skandinavien und in den Benelux-Staaten, deutlich mehr und, gemessen an methodologischen Anstrengungen zur Kontrolle von „threats to validity“, auch qualitativ bessere Interventionsforschung aus dem Bereich der Jugendhilfe vorliegt, besteht die Möglichkeit, die dort erzielten Befunde auszuwerten. Ein methodisches Mittel hierzu stellen systematische Forschungsübersichten dar, die auf einer kriteriengestützten Suche nach verfügbarem empirischen Wissen beruhen, wobei die genutzten Such- und Auswahlstrategien, Gewichtungen und Ergebnisse explizit beschrieben werden müssen, so dass ein zugleich möglichst umfassendes und überprüfbares Bild des Forschungsstandes entsteht (für eine methodologische Einführung vgl. Petticrew/Roberts 2005). Systematische Forschungsübersichten werden zunehmend zur Information von Fachkräften, Politik und Öffentlichkeit über eher wirksame und weniger wirksame Formen von Interventionen genutzt (vgl. Munro 2002; Moran/Ghate/van der Merwe 2004).

Auch in der deutschsprachigen Literatur liegen bereits mehrere systematische Forschungsübersichten vor. Beispielsweise wurde von Kindler und Spangler (2005) eine systematische Analyse des Forschungsstandes zur Wirksamkeit von ambulanten Hilfen nach (wahrscheinlicher) Vernachlässigung bzw. Misshandlung vorgelegt. Dabei wurden 60 bis 2003 veröffentlichte Interventionsstudien identifiziert, wobei Studien mit Kontrollgruppe, Studien, in denen Wirkungen über einen längeren Zeitraum hinweg weiter verfolgt wurden, und Studien, in die nur oder vor allem solche Familien einbezogen wurden, in denen es belegbar zu Misshandlung und/oder Vernachlässigung gekommen war, als besonders aussagekräftig gewertet wurden. Die Wirksamkeit wurde im Hinblick auf vier Zielkriterien bewertet:

- Betroffene Kinder, sowie weitere von den beteiligten Eltern versorgte Kinder sollten keinen weiteren Kindeswohlgefährdungen ausgesetzt werden.
- Eine positive Erziehung und Versorgung, vorrangig durch die Eltern, sollte gefördert werden.
- Eventuell bereits eingetretene Entwicklungsbeeinträchtigungen bei Kindern sollten soweit als möglich ausgeglichen werden.

- Beteiligte Eltern und, ihren Fähigkeiten entsprechend, auch Kinder sollten bei der Auswahl und Durchführung der Hilfen einbezogen und mit dem Ergebnis subjektiv möglichst zufrieden sein.

Auf der Grundlage der vorliegenden Befunde wurden mehrere Merkmale identifiziert, die die „erfolgreichsten“ Interventionen, im Sinne der Erfüllung aller oder mehrerer Zielkriterien und im Sinne einer methodisch möglichst glaubwürdigen Prüfung der Interventionseffekte auszeichneten:

- Belegbar wirksame Interventionen beinhalteten häufig eine intensive Unterstützung und Anleitung der Eltern bei der angemessenen Bewältigung von Konfliktsituationen in der Erziehung *und* bei der positiven Beziehungsgestaltung mit den Kindern.
- Die Familie allgemein entlastende oder die Familienbeziehungen bzw. das familiäre Netzwerk allgemein fördernde Maßnahmen lassen sich zwar als wichtige Ergänzungen ansehen, zeigten für sich genommen jedoch eher geringe bzw. wechselnde Wirkungen.
- Wenngleich nur selten explizit untersucht, wurde bei belegbar wirksamen Interventionsansätzen doch häufig darauf hingewiesen, dass bei besonderen familiären Umständen (z.B. Suchterkrankung, Partnerschaftsgewalt), eine Hinzunahme weiterer spezialisierter Hilfen erfolgte. Die kommunale Vernetzung wurde daher als ein weiteres Merkmal eher erfolgreicher ambulanter Hilfen bei Kindesmisshandlung angesehen.

Da die Analyse nur auf internationale Befunde zurückgreifen konnte, deren Übertragbarkeit auf die Situation in Deutschland nur vermutet werden kann, und die Analyse nicht von einem größeren wissenschaftlichen Komitee getragen wurde, sind die aufgelisteten Punkte nur als vorläufig anzusehen.

IV.2. Prävention und Präventionsforschung

Prävention bezeichnet in den Sozial- und Humanwissenschaften fachlich begründete, wirkungsorientierte Bemühungen, mit dem Ziel, belastende Lebensereignisse, krankheitswertige Entwicklungen oder dysfunktionale Formen menschlichen Erlebens und Verhaltens zu verhindern bzw. in ihren Auswirkungen abzumildern (für eine Übersicht über verschiedene Definitionen von Prävention vgl. Bloom 1996). Eine etablierte, auf Caplan (1961) zurückgehende Unterscheidung zwischen primärer (d.h. Maßnahmen zur Senkung der Anzahl neu auftretender Erkrankungen bzw. Störungen), sekundärer (d.h. Maßnahmen zur raschen Entdeckung und wirksamen Behandlung neu auftretender Erkrankungen) und tertiärer (d.h. Maßnahmen zur Rehabilitation und Abmilderungen der Folgen bestehender Erkrankungen) Prävention umfasst ab dem Bereich der sekundären Prävention auch das Feld der Intervention. Noch bedeutsamer ist die auf einem Bericht des amerikanischen Institute of Medicine (1994) fußende Unterscheidung zwischen *universalen* (d.h. Maßnahmen, die sich direkt oder indirekt an die gesamte potenziell von einem Krankheits- oder Störungsprozess bedrohte Bevölkerung wenden), *selektiven* (d.h. Maßnahmen, die sich nur an besonders gefährdete Bevölkerungsgruppen wenden) und *indizierten* (d.h. Maßnahmen, die sich an bereits von einem Krankheits- oder Störungsprozess betroffene Bevölkerungsgruppen wenden) Präventionsanstrengungen. Im Bereich der

Jugendhilfe sind in Deutschland Formen der primären Prävention bislang rechtlich wenig abgesichert. Derzeit wird ihnen jedoch, insbesondere bezogen auf die frühe Kindheit, ein hohes fachpolitisches Interesse entgegen gebracht, das beispielsweise in der Anfang 2007 erfolgten Gründung eines „Nationalen Zentrums frühe Hilfen" zum Ausdruck gekommen ist. Im Hintergrund dieser Entwicklung steht eine aufmerksamere gesellschaftliche Wahrnehmung der Befunde zur Bedeutung der frühen Kindheit (vgl. Shonkoff/Phillips 2001) und zu den Möglichkeiten früher Prävention (vgl. Young 1997).

Bei der Entwicklung von Präventionskonzepten kann ebenfalls auf ein Rahmenmodell zurückgegriffen werden, das in den 90er-Jahren innerhalb der Präventionswissenschaft entworfen wurde. Bei der Präventionswissenschaft handelt es sich um eine hybride, im Schnittfeld von Kriminologie, Psychologie, Medizin, Epidemiologie und Pädagogik angesiedelte Wissenschaft (für eine Einführung vgl. Coie u. a. 1993). Für das methodische Vorgehen bei der Entwicklung tragfähiger Präventionskonzepte wurden verschiedene Modelle vorgeschlagen, deren bekanntestes vier Schritte umfasst. Im ersten methodischen Schritt dieses Modells, der sogenannten „generativen Phase", wird versucht, anhand der zu einem Problembereich vorliegenden Grundlagenforschung ein Modell der Entstehung und Verteilung der interessierenden Problemverhaltensweisen oder -ereignisse zu gewinnen und aus diesem Modell Ansatzpunkte für präventive Maßnahmen in Form einer Beschreibung von relevanten Risiko- und Schutzmechanismen zu gewinnen. In einem zweiten, als „Innovationsphase" bezeichneten Schritt wird unter Heranziehung des Veränderungswissens von Betroffenen, Fachkräften und Wissenschaftlern ein umfassendes Präventionsmodell zur Beeinflussung wesentlicher Risiko- und Schutzmechanismen entwickelt. In der „Versuchsphase" werden entwickelte Präventionsmodelle dann im experimentellen Design erprobt und hinsichtlich ihrer feststellbaren Wirkungen im Hinblick auf relevante, vorab festgelegte Zielvariablen bewertet. Im Erfolgsfall, also bei nachweisbar positiven, im Ausmaß praktisch relevanten Veränderungen, wird schließlich in der „Diffusionsphase" die Übertragbarkeit des Präventionsmodells in die Praxis untersucht. Wie unschwer zu erkennen, stellt dieses Konzept eine an die besonderen Bedingungen im Feld der Prävention angepasste Variante des in Abschnitt 3.1 beschriebenen Modells der Entwicklung von Interventionen dar. Beide Modelle beharren mit einer für den sozialpädagogischen Diskurs in Deutschland ungewohnten Deutlichkeit darauf, dass die Wirksamkeit von Maßnahmen in einem eigenständigen Arbeitsschritt kritisch geprüft werden muss, da nur so Gesellschaft, Geldgebern, Klienten und Fachkräften eine Gewähr dafür geboten werden kann, dass tatsächlich Veränderungswissen entsteht. Unterstützt wird diese Behauptung nicht nur durch Analysen der Erkenntnismöglichkeiten und –grenzen in Praxissituationen (vgl. Bickman 1999), sondern auch durch systematische Befunde zu verzerrten Wirksamkeitseinschätzungen unter methodisch wenig kontrollierten Bedingungen und zur evolutionären Weiterentwicklung der Wirksamkeit fachlicher Handlungskonzepte in mehrfach durchlaufenen Entwicklungs- und Prüfungszyklen (vgl. Glazerman/Myers/Levy 2002).

Vor dem Hintergrund zunehmend kausal informativerer Befunde aus der Grundlagenforschung zu Umwelteinflüssen auf die Ätiologie von Störungen in der Verhaltensanpassung (vgl. Lahey/Moffitt/Caspi 2003) und auf die frühe kognitive Entwicklung (vgl. Smith/Landry/Swank 2006), zu Schutzprozessen (zum Aufbau sicherer Bindungen vgl. Ahnert 2004) und zu relevanten Hintergrundfaktoren (zu Ethnizität vgl. Tienda/Rutter 2005) konnten in den vergangenen Jahrzehnten zunehmend klarer konzeptualisierte Präventionsprogramme entwickelt und auf ihre Wirksamkeit hin überprüft werden. Erwartungen einer überzogenen Präventionsrhetorik haben sich dabei nicht erfüllt, jedoch wurden insgesamt moderat starke und damit praktisch bedeutsame Effekte belegt. Dies gilt etwa, wie vorliegende Meta-Analysen bzw. systematische Forschungsübersichten zeigen, für Programme zur Förderung sicherer Bindungsbeziehungen unter Risikobedingungen (vgl. Bakermans-Kraneburg/van Ijzendorrn/Juffer 2002), zur Verhinderung von Störungen in der Verhaltensanpassung und zur Förderung der frühen kognitiven Entwicklung (vgl. Blok u. a. 2005).

Für den gesellschaftlich als besonders relevant wahrgenommenen Bereich der frühen primären Prävention von Vernachlässigung bzw. Misshandlung wurden international mehrheitlich selektive Programme entwickelt, die sich mit freiwilligen Unterstützungsangeboten gezielt an Familien mit mehreren Belastungsfaktoren wenden. Dies wird damit begründet, dass ein weit überproportionaler Anteil bekannt werdender Fälle von früher Vernachlässigung bzw. Misshandlung aus dieser eher kleinen Bevölkerungsgruppe kommt, viele Risikofaktoren bereits um den Zeitpunkt der Geburt herum erkannt werden können und nach bisherigem Kenntnisstand relativ intensive Maßnahmen erforderlich sind um in diesen Familien Risikobedingungen positiv zu verändern (vgl. Kindler 2006b).

In Deutschland wurde selektiven Präventionsprogrammen bis vor kurzem mit großer Zurückhaltung begegnet, da befürchtet wurde, sie könnten als diskriminierend empfunden werden. Diese Gefahr besteht, scheint sich aber – zumindest im Ausland – durch eine qualifizierte, wertschätzende Ansprache der Familien auffangen zu lassen. Zudem wirken universelle Präventionsprogramme (z.B. Hausbesuche in allen Familien mit einem Neugeborenen), die Hochrisikofamilien eher schlecht erreichen, weniger zu halten vermögen und nicht ausreichend unterstützen können, de facto negativ diskriminierend. Bezüglich der Anforderungen bei der Überprüfung der Effektivität und Effizienz von selektiven Präventionsprogrammen gegen frühe Vernachlässigung und Misshandlung können die Standards der internationalen „Society for Prevention Research" (vgl. Flay u. a. 2005) zugrunde gelegt werden. Danach kann von einem effektiven Präventionsprogramm gesprochen werden, wenn mindestens zwei Evaluationen mit Kontrollgruppen vorliegen, die in klar definierten Stichproben mittels psychometrisch fundierter Maße konsistent positive Effekte nachweisen, wobei mindestens eine Studie einen Langzeit-follow-up beinhalten muss. Die Anforderungen an ein effizientes Programm beinhalten eine genaue Beschreibung des Vorgehens im Programm (z.B. in einem Manual) sowie den Nachweis praktisch bedeutsamer, positiver Effektstärken in Evaluationen unter Praxisbedingungen, die hinreichend genau beschrieben sein müssen, um Einschätzungen über die Generalisierbarkeit vornehmen zu können.

Werden diese Standards zugrunde gelegt, so existieren bereits mehrere Programme, die sich unter den Bedingungen von Jugendhilfe- und Gesundheitshilfesystemen in einem oder mehreren anderen Ländern als effektiv erwiesen haben, wobei überwiegend moderate Effektstärken erreicht wurden (für meta-analytische

Aufbereitungen der Befundlage vgl. Geeraert u. a. 2004; Bilhuka u. a. 2005). Dies entspricht einer immerhin gut 40% Verringerung der Rate an Vernachlässigungs- bzw. Misshandlungsfällen. Verschiedene Konzeptionen (z.B. bindungsorientierte Konzepte oder an der Selbstwirksamkeit der Hauptbezugsperson orientierte Konzepte) haben dabei Wirkungen gezeigt. Die Bundesrepublik hat an der Entwicklung belegbar wirksamer Präventionsprogramme gegen Vernachlässigung bzw. Misshandlung bislang noch keinen Anteil. Bei einer Analyse von 19 f.rühen Präventionsprojekten in Deutschland (vgl. Helming u. a. 2007) zeigte sich, dass bislang kein einziges der Projekte tragfähige Befunde zur Effektivität oder Effizienz vorlegen konnte. Das Beunruhigende dieser Situation liegt darin, dass im Feld der frühen Prävention von Vernachlässigung und Misshandlung positive Effekte nicht einfach zu erreichen zu sein scheinen, so dass geduldige empirische Lern- und Anpassungsprozesse erforderlich sind und eine überzeugend wirkende Programmatik allein keinesfalls ausreicht (für ein inhaltlich sehr plausibles, empirisch aber zunächst gescheitertes Programm vgl. Rutter 2006). Allerdings ist in Deutschland mit Hilfe von Mitteln aus dem Bundesprogramm „Frühe Hilfen für Eltern und Kinder und soziale Frühwarnsysteme“ mittlerweile eine wissenschaftlich tragfähige Effektivitätsüberprüfung auf den Weg gebracht. Weitere wissenschaftliche Studien befinden sich in Planung.

V. Schluss

International befindet sich die empirische Forschung zu Interventionen und Präventionsmaßnahmen im Bereich der Sozialen Arbeit in einem raschen Aufschwung. Es ist aber noch unklar, ob sich die sozialpädagogische Forschung in der Bundesrepublik dieser Entwicklung anzuschließen vermag. Einerseits sind wenige Forschungserfahrungen vorhanden, andererseits besteht oft das Bild, dass Praxis und Klienten gemeinsam die Wirksamkeit von Interventions- bzw. Präventionsmaßnahmen ausreichend beurteilen können oder eine Wirksamkeitsbeurteilung ohnehin verzichtbar bzw. nicht möglich ist. Selbst wenn in den nächsten Jahren jedoch in Deutschland ein Aufschwung dieser Art von Forschung zu verzeichnen wäre, ist es wichtig, die sozialpolitische Dimension Sozialer Arbeit nicht aus den Augen zu verlieren. Dies bedeutet, dass es auch bei besseren Interventions- und Präventionsangeboten für eine Minimierung von Risikolagen flankierender Maßnahmen in anderen Politikfeldern bedarf, die Teilaspekte einer integrativ verstandenen Familienpolitik (vgl. BMFSFJ 2006) ausmachen:

- Finanz- und Sozialpolitik: Absicherung von Familien und Kindern gegen Armut
- Stadtentwicklung: Schaffung familiengerechter Lebensräume
- Bildungspolitik: Abbau von Zugangshürden und sozialer Selektion
- Innenpolitik: Maßnahmen zur Integration
- Gesundheitspolitik: Anleitung zu Ernährung, Bewegung, Vorsorge, Mütter-Kind-Kuren, Haushaltshilfe für gesundheitlich belastete Mütter
- Wirtschaftspolitik: familiengerechte Arbeitswelt.

Institutionelle Arbeitsteilungen und Verantwortlichkeiten zwischen Familie, Betreuungs-, Bildungs-, Gesundheits- und Jugendhilfesystemen sowie Zivilgesellschaft werden derzeit neu austariert. Die entscheidende Frage ist, ob Prävention und Intervention die Zielgruppen erreichen kann und passende Hilfen wirksam eingesetzt werden können.

Literatur

Ahnert, L. (Hrsg.) (2004): Frühe Bindung. Entstehung und Entwicklung. München.

Amato, P.R. (2001): Children of Divorce in the 1990s: An Update of the Amato & Keith (1991) Meta-Analysis. In: Journal of Family Psychology, Vol. 15, pp. 355–370.

Amato, P.R./Sobolewski, J.M. (2001): The effects of divorce and marital discord on adult children's psychological well-being. In: American Sociological Review, Vol. 66, pp. 900–921.

Appleyard, K./Egeland, B./van Dulmen, M./Sroufe, L.A. (2005): When more is not better: The role of cumulative risk in child behaviour outcomes. In: Journal of Child Psychology and Psychiatry, Vol. 46, pp. 235–245.

Baier, D./Winzio, M. (im Druck): Zur Entwicklung der Jugendgewalt seit 1998 in den Städten München, Stuttgart, Hannover und Schwäbisch Gmünd. In: Rehberg, K.-S. (Hrsg.), Die Natur der Gesellschaft. Verhandlungsbandes des 33. Kongresses der Deutschen Gesellschaft für Soziologie in Kassel. Frankfurt.

Bakermans-Kraneburg, M./van Ijzendorrn, M.H./Juffer, F. (2002): Less is more: Meta-Analyses of Sensitivity and Attachment Interventions in early Childhood. In: Psychological Bulletin, Vol. 129, pp. 195–215.

Barkmann, C./Schulte-Markwort, M. (2004): Prävalenz psychischer Auffälligkeiten bei Kindern und Jugendlichen in Deutschland: ein systematischer Literaturüberblick. In: Psychiatrische Praxis, Bd. 31, S. 278–287.

Baumert, J./Schümer, G. (2001): Familiäre Lebensverhältnisse, Bildungsbeteiligung und Kompetenzerwerb. In: Baumert, J./Klieme, E./Neubrand, M./Prenzel, M./Schiefele, U./ Schneider, W./Stanat, P./Tillmann, K.J./Weiß, M. (Hrsg.), PISA 2000. Basiskompetenzen von Schülerinnen und Schülern im internationalen Vergleich., S. 323–407.

Belsky, J./Jaffee, S.R. (2006): The Multiple Determinants of Parenting. In: Cicchetti, D./ Cohen, D.J. (Eds.), Developmental Psychopathology. Vol.2: Risk, Disorder, and Adaptation. New York, 38–84.

Bickman, L. (1999): Practice Makes Perfect and Other Myths About Mental Health Services. In: American Psychologist, Vol. 54, pp. 965–978.

Bien, W./Marbach, J. (Hrsg.) (2003): Partnerschaft und Familiengründung. Opladen.

Bilukha, O./Hahn, R.A./Crosby, A./Fullilove, M.T./Liberman, A./Moscicki, E./Snyder, S./Tuma, F./Corso, P./Schofield, A./Briss, P.A./Task Force on Community Preventive Services (2005): The Effectiveness of Early Childhood Home Visitation in Preventing Violence. In: American Journal of Preventive Medicine, Vol. 28, pp. 11–39.

Black, D.A./Heyman, R.E./Smith Slep, A.M. (2001): Risk factors for child physical abuse. In: Aggression and Violent Behavior, Vol. 6, pp. 121–188.

Blok, H./Fukkink, R.G./Gebhardt, E.C./Leseman, P. (2005): The relevance of delivery mode and other programme characteristics for the effectiveness of early childhood intervention. In: International Journal of Behavioral Development, Vol. 29, pp. 35–47.

Bloom, M. (1996): Primary Prevention Practices. Thousand Oaks.

Bronfenbrenner, U./Morris, P.A. (1998): The Ecology of Developmental Processes. In: Damon W. (Series Ed.)/Lerner R.A. (Vol.Ed.), Handbook of child psychology: Vol.1. Theoretical Models of Human Development (5th ed.). New York, pp. 993–1027.

Brooks-Gunn, J. (2003): Do you believe in magic? What we can expect from early childhood intervention programs. In: Social Policy Report, Vol. 17 No. 1, Society for Research in Child Development.
Brooks-Gunn, J./Linver, M./Fauth, R. (2005): Children's Competence and Socioeconomic Status in the Family and Neighborhood. In: Elliot, A.J./Dweck, C.S (Eds.), Handbook of competence and motivation. New York: Guilford, pp. 414–435.
Büchner, P. (2003): Stichwort: Bildung soziale Ungleichheit. In: Zeitschrift für Erziehungswissenschaft, Bd. 6, 5–24.
Bundesministerium für Familie, Senioren, Frauen und Jugend (2006): Familie zwischen Flexibilität und Verlässlichkeit. Perspektiven für eine lebenslaufbezogene Familienpolitik. Siebter Familienbericht, Berlin.
Caplan, G. (1961): Prevention of mental disorders in children. New York.
Chambless, D.L./Hollon, S.D. (1998): Defining Empirically Supported Therapies. In: Journal of Consulting and Clinical Psychology, Vol 66, pp. 7–18.
Coie, J./Watt, N./West, S./Hawkins, D./Asarnow, J./Markman, H./Ramey, S./Shure, M./Long, B. (1993): The Science of Prevention. A Conceptual Framework and Some Directions for a National Program. In: American Psychologist, Vol. 48, pp. 1013–1022.
Costello, E. J./Compton, S. N./Keeler, G./Angold, A. (2003): Relationships between poverty and psychopathology: A natural experiment. In: Journal of the American Medical Association, Vol. 290, pp. 2023 – 2029.
Duyme, M./Dumaret, A.C./Tomkiewicz, S. (1999): How can we boost IQs of „dull" children? A late adoption study. Proceedings of the National Academy of Sciences, Vol. 96, pp. 8790–8794.
Egeland, B. (1997): Mediators of the Effects of Child Maltreatment on Developmental Adaptation in Adolescence. In: Cicchetti, D./Toth, S.L. (Eds.), The Effects of Trauma on the Developmental Process. Rochester Symposium on Developmental Psychopathology, Vol. 8. Rochester, pp. 403–434.
Eggen, B. (2006): Zur ökonomischen Situation von Familien. In Bertram, H./Krüger, H./Spieß, K. C. (Hrsg.): Wem gehört die Familie der Zukunft? Expertisen zum 7. Familienbericht der Bundesregierung, Opladen, S. 457–484.
Engstler, H./Menning, S. (2003): Die Familie im Spiegel der amtlichen Statistik. Lebensformen, Familienstrukturen, wirtschaftliche Situation der Familien und familiendemographische Entwicklung in Deutschland (erweiterte Neuauflage). Berlin.
Finkelhor, D./Jones, L. (2006): Why have child maltreatment and child victimization declined? In: Journal of Social Issues, Vol. 62, pp. 685–716.
Flay, B.R./Biglan, A./Boruch, R.F./Castro, F.G./Gottfredson, D./Kellam, S./Moscicki, E.K./Schinke, S./Valentine, J.C./Ji, P. (2005): Standards of Evidence: Criteria for Efficacy, Effectiveness and Dissemination. In: Prevention Science, Vol. 6, pp. 151–174.
Fortune, A.E./Reid, W.J. (1999): Research in Social Work. New York.
Fraser, M.W. (2004): Intervention Research in Social Work: Recent Advances and Continuing Challenges. In: Research in Social Work Practice, Vol. 14, pp. 210–222.
Fuhrer, U. (2005): Lehrbuch Erziehungspsychologie. Bern.
Fuhrer, U. (2007): Erziehungskompetenz. Was Eltern und Familien stark macht. Bern.
Gängler, H. (2001): Hilfe. In: Otto, H. U./Thiersch, H. (Hrsg), Handbuch Sozialarbeit Sozialpädagogik (2. völlig neu überarb. und aktualisierte Aufl.). Neuwied, S. 772–786.
Gaschke, S. (2005): Die Erziehungskatastrophe. München.
Geeraert, L./van den Noortgate, W./Grietens, H./Onghena, P. (2004): The Effects of Early Prevention Programs for Families with Young Children at Risk for Physical Child Abuse and Neglect: A Meta-Analysis. In: Child Maltreatment, Vol. 9, pp. 277–291.
Ghate, D./Hazel, N. (2002): Parenting in poor environments: stress support and coping. London.

Glazerman, S./Myers, D./Levy, D. (2002): Nonexperimental Replications of Social Experiments: A Systematic Review. Washington.

Göppel, R. (2007): Aufwachsen heute. Veränderungen der Kindheit – Probleme des Jugendalters. Stuttgart.

Grant, K.E./Compas, B.E./Stuhlmacher, A./Thrum, A./McMahon, S./Halpert, J. (2001): Stressors and Child and Adolescent Psychopathology: Moving from Markers to Mechanisms of Risk. In: Psychological Bulletin, Vol. 129, pp. 447–466.

Grissom, R.J./Kim, J.J. (2005): Effect sizes for research: A broad practical approach. London.

Grünheid, E. (2006): Die demographische Lage in Deutschland. In: Zeitschrift für Bevölkerungswissenschaft, Bd. 31, S. 3–104.

Helming, E./Sandmeir, G./Sann, A./Walter, M. (2007): Kurzevaluation von Programmen zu Frühen Hilfen für Eltern und Kinder und sozialen Frühwarnsystemen in den Bundesländern. Abschlussbericht. München.

Hölling H./Erhart, M./Ravens-Sieberer, U./Schlack, R. (2007): Verhaltensauffälligkeiten bei Kindern und Jugendlichen. Erste Ergebnisse aus dem Kinder- und Jugendgesundheitssurvey (KiGGS). In: Bundesgesundheitsblatt – Gesundheitsforschung – Gesundheitsschutz, Bd. 50, S. 784–793.

Institute of Medicine (1994): Reducing risks for mental disorders: Frontiers for preventive intervention research. Washington.

Joshi, P./Bogen, K. (2007): Nonstandard Schedules and Young Children's Behavioral Outcomes Among Working Low-Income Families. In: Journal of Marriage and Family, Vol. 69, pp. 139–156.

Jurczyk, K./Lange, A./Szymenderski, P. (2005): Zwiespältige Entgrenzungen: Chancen und Risiken neuer Konstellationen zwischen Familien- und Erwerbstätigkeit. In: Mischau, A./Oechsle, M. (Hrsg.). Arbeitszeit – Familienzeit – Lebenszeit: Verlieren wir die Balance? Wiesbaden, S. 13–33.

Katz, I./Corlyon, J./La Placa, V./Hunter, S. (2007): The relationship between parenting and poverty. York.

Kindler, H. (2006a): Wie können Misshandlungs- und Vernachlässigungsrisiken eingeschätzt werden? In: Kindler, H./Lillig, S./Blüml, H./Meysen, T./Werner A. (Hrsg.), Handbuch Kindeswohlgefährdung nach § 1666 BGB und Allgemeiner Sozialer Dienst (ASD). München, S.440–452.

Kindler, H. (2006b): Frühe Prävention von Kindesmisshandlung und -vernachlässigung: Ein internationaler Forschungsüberblick. In: Kindesmisshandlung und -vernachlässigung, Bd. 9, S. 23–47.

Kindler, H. (im Druck): Developing Evidence Based Child Protection Practice: A View from Germany. In: Research in Social Work Practice.

Kindler, H./Spangler, G. (2005): Wirksamkeit ambulanter Jugendhilfemaßnahmen bei Misshandlung bzw. Vernachlässigung. In: Kindesmisshandlung und -vernachlässigung, Bd. 8, S. 101–116.

Kraemer, H. C./Kraemer-Lowe, K./Kupfer, D. J. (2005): To Your Health. How to Understand what Research Tells Us About Risk. New York.

Lahey, B. B./Moffitt, T. E./Caspi, A. (2003): Causes of Conduct Disorder and Juvenile Delinquency. New York.

Lange, A./Lüscher, K. (2001): Vom Leitbild zu den Leistungen. Eine soziologische Zwischenbilanz des aktuellen Wandels von Familie. In: Büttner C./Krebs, H./Winterhager-Schmid, L. (Hrsg.), Jahrbuch für Psychoanalyse, Bd. 11, Themenschwerpunkt: Gestalten der Familie - Beziehungen im Wandel. Gießen, S. 22–52.

Liel, C./Kindler, H. (2006): Analyse empirischer Arbeiten in fünf Jahrgängen deutschsprachiger sozialpädagogischer Fachzeitschriften. München: DJI-Arbeitspapier.

Milan, S./Pinderhughes, E./Conduct Problems Prevention Research Group (2006): Family Instability and Child Maladjustment Trajectories During Elementary School. In: Journal of Abnormal Child Psychology, Vol. 34, pp. 43–56.
Mohn, L./von der Leyen, U. (2007): Familie gewinnt. Die Allianz und ihre Wirkungen. Gütersloh.
Moran, P./Ghate, D./van der Merwe, A. (2004): What works in Parenting Support? A Review of the International Evidence. London: Department for Education and Skills.
Morris, P. A./Gennetian, L. A. (2003): Identifying the effects of income on children's development using experimental data. In: Journal of Marriage and Family, Vol. 65, pp. 716 – 729.
Mühling, T./Smolka, A.. (2006): Die neue Elternbefragung zur Familienbildung in Bayern. Bamberg. Unveröff. Manuskript.
Munro, E. (2002): Effective child protection. Thousand Oaks.
National Research Council, Committee on Scientific Principles for Education Research (2002): Scientific Research in Education. Washington.
NICHD Early Child Care Research Network (2005): Duration and developmental timing of poverty and children's cognitive and social development from birth through third grade. In: Child Development, Vol. 76, pp. 795–810.
Otto, H.-U. (2007): Zum aktuellen Diskurs um Ergebnisse und Wirkungen im Feld der Sozialpädagogik und Sozialarbeit – Literaturvergleich nationaler und internationaler Diskussion. Expertise im Auftrag der Arbeitsgemeinschaft für Kinder- und Jugendhilfe – AGJ. Herausgegeben von der Arbeitsgemeinschaft für Jugendhilfe (AGJ). Berlin.
Perrez, M. (2005): Stressoren in der Familie und Familie als Stressor im Vorfeld der Entwicklung von Störungen bei Kindern und Jugendlichen. In: Schlottke, P.F./Silbereisen, R.K./Schneider, S./Lauth G.W. (Hrsg.), Enzyklopädie der Psychologie, Band 6, Störungen im Kindes- und Jugendalter – Verhaltensauffälligkeiten. Göttingen, S. 193 – 247.
Petticrew, M./Roberts, H. (2005): Systematic reviews in the social sciences: A practical guide. Oxford.
Phye, G.D./Robinson, D.H./Levin, J. (Eds.). (2005): Empirical Methods for Evaluating Educational Interventions. San Diego.
Pothmann, J. (2006): Wie viele Kinder müssen vor ihren Eltern geschützt werden? Über das Stochern im Zahlennebel. In: KomDat Jugendhilfe, Bd. 9 Sonderausgabe, S. 3.
Pothmann, J. (2007): Mehr Familienunterstützung, weniger familienersetzende Leistungen. Überblick zur Inanspruchnahme der Hilfen zur Erziehung im Spiegel der Statistik. In: Zeitschrift für Kindschaftsrecht und Jugendhilfe, Heft 11/2007, S. 426–436.
Rauschenbach, T. (2007): Fremdunterbringung und gesellschaftlicher Wandel. In: Sozialpädagogisches Institut im SOS Kinderdorf e.V. (Hrsg.): Wohin steuert die stationäre Erziehungshilfe?, München, S. 8–39.
Rauschenbach, T./Schilling, M. (2005) (Hrsg.): Kinder- und Jugendhilfereport 2. Analysen, Befunde und Perspektiven.Weinheim.
Rauschenbach, T./Züchner, I. (2002): Theorie der Sozialen Arbeit. In: Thole, W. (Hrsg.), Grundriss Soziale Arbeit. Ein einführendes Handbuch. Opladen, S. 139–160.
Rauschenbach, T./Züchner, I. (2006): Nach der Entzauberung der Familie: Plädoyer für eine Neuformatierung der Familienpolitik. In: Wahl, K./Hees, K. (Hrsg.), Helfen „Super Nanny" und Co.? Ratlose Eltern - Herausforderung für die Elternbildung. Weinheim, S. 125–138.
Rauschenbach, T./Züchner, I. (2007): Die Bedeutung der Kinder- und Jugendhilfe in Deutschland. In: Münder, J./Wiesner, R. (Hrsg.), Kinder- und Jugendhilferecht. Handbuch, Baden-Baden, S. 42–69.
Rutter, M. (2002): Family influences on behaviour and development: Challenges for the future. In: McHale J./Grolnick, W. (Eds), Retrospect and Prospect in the Psychological Study of Families. London, pp. 321–351.

Rutter, M. (2006): Is Sure Start an effective intervention? In: Child and Adolescent Mental Health, Vol. 11, pp. 135–141.

Rutter, M./Smith D.J. (1995): Psychosocial Disorders in Young People. Time Trends and Their Causes. New York.

Rutter, M./Pickles, A./Murray, R./Eaves, L. (2001): Testing Hypotheses on Specific Environmental Causal Effects on Behavior. In: Psychological Bulletin, Vol. 127, pp. 291–324.

Schier, M./Jurczyk, K. (2007): Familie als Herstellungsleistung in Zeiten der Entgrenzung. In: Aus Politik und Zeitgeschichte, H. 34, S. 10–16.

Schilling, M. (2007): Kinder- und Jugendhilfestatistik. In: Münder,J/Wiesner, R (Hrsg.), Kinder- und Jugendhilferecht. Handbuch, Baden-Baden, S. 393–399.

Schmid, H./Meysen, T. (2006): Was ist unter Kindeswohlgefährdung zu verstehen? In: Kindler, H./Lillig, S./Blüml, H./Meysen, T./Werner A. (Hrsg.), Handbuch Kindeswohlgefährdung nach § 1666 BGB und Allgemeiner Sozialer Dienst (ASD). München, S. 30–38.

Schmidt, M./Schneider, K./Hohm, E./Pickartz, A./Macsenaere, M./Petermann, F./Flosdorf, P./Hölzl, H./Knab. E. (2002): Effekte erzieherischer Hilfen und ihre Hintergründe. Schriftenreihe des Bundesministeriums für Familie, Senioren, Frauen und Jugend, Band 219. Stuttgart.

Schumacher, J. A./Smith Slep, A. M./Heyman, R.E. (2001): Risk factor for child neglect. In: Aggression and Violent Behavior, Vol. 6, pp. 231–254.

Seifert, H. (2007): Arbeitszeit – Entwicklungen und Konflikte. In: Aus Politik und Zeitgeschichte, H. 4–5, S. 17–24.

Shadish, W./Cook, T./Campbell, D. (2002): Experimental and Quasi-Experimental Designs for Generalized Causal Inference. Boston.

Shonkoff, J. P./Phillips, D. (2001): From Neurons to Neighborhoods. Washington.

Sirin, S. R. (2005): Socioeconomic Status and Academic Achievement: A Meta-Analytic Review of Research, Vol. 75, pp. 417–453.

Smith, K. E./Landry, S. H./Swank, P. R. (2006): The Role of Early Maternal Responsiveness in Supporting School-Aged Cognitive Development for Children Who Vary in Birth Status. In: Pediatrics, Vol. 117, pp. 1608–1617.

Statistisches Bundesamt (Hrsg.) (2006): Datenreport 2006. Bonn.

Suess, G. J./Fegert, J. M. (1999): Das Wohl des Kindes in der Beratung – aus entwicklungpsychologischer Sicht. In: Familie Partnerschaft Recht, H. 3, Jg. 5, S. 157–164.

Tienda, M./Rutter, M. (2005): Ethnicity and Causal Mechanisms. Cambridge.

Trommsdorff, G. (im Druck): A social change and a human development perspective on the value of children. In: Aksu-Koc A./Bekman S. (Eds.), Perspectives on human development, family and culture. Essays in honor of Cigdem Kagitcibasi. Cambridge.

Turkheimer, E./Haley, A./Waldron, M./D'Onofrio, B./Gottesman, I. I. (2003): Socioeconomic status modifies heritability of IQ in young children. In: Psychological Science, Vol. 14, pp. 623–628.

Valentine, J. C./Cooper, H. M. (2005): Can we measure the quality of causal research in education? In: Phye, G. D./Robinson, D. H./Levin, J. (Eds.), Empirical Methods for Evaluating Educational Interventions. San Diego, pp. 85–112.

Wahl, K./Hees, K. (Hrsg.) (2006): Helfen „Super Nanny“ und Co.? Ratlose Eltern - Herausforderung für die Elternbildung. Weinheim.

Weichold, K./Bühler, A./Silbereisen, R. K. (2006): Konsum von Alkohol und illegalen Drogen im Jugendalter. In: Silbereisen, R.K./Hasselhorn H. (Hrsg.), Enzyklopädie der Psychologie: Themenbereich C Theorie und Forschung, Serie V Entwicklungspsychologie, Band 5 Entwicklungspsychologie des Jugendalters. Göttingen.

Wendt, E. V./Walper, S. (2007): Entwicklungsverläufe von Kindern in Ein-Eltern- und Stieffamilien. In: Alt, C. (Hrsg.), Kinderleben - Start in die Grundschule. Band 3: Ergebnisse aus der zweiten Welle. Wiesbaden, S. 211–242.

Wortman, P. M. (1994): Judging Research Quality. In: Cooper, H./Hedges, L. V. (Eds.), The handbook of research synthesis. New York, pp. 97–109.

Young, M. E. (Ed.) (1997): Early Child development. Investing in Our Children's Future. Proceedings of a World Bank conference on early child development. Amsterdam.

Klaus Menne

Kapitel 6: Erziehungs- und Familienberatung

Erziehungsberatung ist schon begrifflich auf Erziehung bezogen. Eine Beratung zur Erziehung wird erforderlich, wenn Erziehung lebensweltlich nicht oder nicht mehr selbstverständlich gelingt. Dennoch hat Erziehungsberatung ihr fachliches Selbstverständnis nicht pädagogisch gewonnen, sondern psychotherapeutisch: als Intervention in fehlgehende Entwicklungsprozesse und in familiale Interaktionssysteme. Erst die Integration in das System der Hilfen zur Erziehung hat die Leistung konsequent in den Kontext von Erziehung gestellt: Wenn eine „dem Wohl des Kindes entsprechende Erziehung nicht gewährleistet" ist (§ 27ff. SGB VIII), dann ist Beratung die erste Unterstützung, die Familien sozialrechtlich zur Verfügung gestellt wird. Erziehungsberatung hat daher ihren Anknüpfungspunkt nicht allein in misslingenden Erziehungsprozessen, sondern setzt einen Begriff *gelingender Erziehung* voraus (Bundeskonferenz für Erziehungsberatung [bke] 2008).

I. Anfänge

Zu Beginn des 20. Jahrhunderts lassen sich die Anfänge der Erziehungs- und Familienberatung verfolgen: 1906 wurde in Berlin die erste „Medico-pädagogische Poliklinik für Kinderforschung, Erziehungsberatung und ärztlich erziehliche Behandlung" gegründet. Ihr folgten bald weitere Gründungen. Anfang der 20er Jahre kam in Wien die Bezeichnung „Erziehungsberatungsstelle" auf (Alfred Adler). Die erste Eheberatungsstelle wurde 1911 in Dresden vom Monistenbund errichtet. Weitere kirchliche Eheberatungsstellen folgten. Während die Erziehungsberatung in Deutschland ihren rechtlichen Kontext schon früh im Reichsjugendwohlfahrtsgesetz von 1922 fand, vollzog sich die Entwicklung der Eheberatung als seelsorgerische Leistung von Kirchen und kirchlichen Wohlfahrtsverbänden. Gemeinsam ist beiden Arbeitsfeldern ihre Entstehung in Folge des Zerfalls der eingelebten Sozialordnung, der durch die Industrialisierung ausgelöst worden war. Erst in der modernen Gesellschaft sind jene Freiräume entstanden, die gestatten, Konflikte zwischen den Geschlechtern und zwischen den Generationen nicht normativ zu regeln, sondern auszutragen und zu bewältigen. Während Erziehungsberatung die Lösung von Problemen zwischen den Generationen unterstützt, zentriert Eheberatung auf die Ebene der Erwachsenen. Gemeinsam ist ihnen dabei der Blick auf das seelische Erleben von Kindern und ihren Familien bzw. Paaren oder Alleinstehenden. Die im 1959 gegründeten Deutschen Arbeitskreis für Jugend-, Ehe- und Familienberatung (DAKJEF) zusammengeschlossenen Fachverbände haben ein Arbeitsfeld übergreifendes, gemeinsames Verständnis von Beratung formuliert (DAKJEF 1993). Es stellt die Beziehung zwischen Klient und Beraterin, in der diese eigene, für sie geeignete Problemlösungen entwickeln können, als konstitutiv heraus. Zwar hat in der Erziehungsberatung eine systemische Sicht die methodische Orientierung am vorgestellten Kind weitgehend ersetzt, doch ist die Eheberatung noch stark auf Erwachsene hin ausgerichtet. Eine über eine additive Zusammenfügung der Arbeitsfelder hinausgehende Integration ist kaum vollzogen.

II. Essentials von Beratung

Die zentralen Essentials von Beratung werden von der Erziehungs- ebenso wie von der Eheberatung geteilt (*bke* 1999; DAKJEF 2001). Zu ihnen zählen:

Niederschwelligkeit: Es sollen nicht nur Ratsuchende mit einer hohen Eigenmotivation Beratung in Anspruch nehmen können. Deshalb muss der Zugang so einfach wie möglich gestaltet werden. Dazu tragen kurze Wartezeiten nach der Anmeldung, offene Sprechstunden, Präsenz an anderen Orten wie z.B. Familienzentren und Mehrgenerationenhäusern bei. Präventive Aktivitäten machen die Einrichtung in der Region bzw. im Stadtteil bekannt.

Freiwilligkeit: Beratung ist auf die Mitwirkung der Beratenen angewiesen. Freiwilligkeit der Inanspruchnahme gewährleistet die Motivation, sich auf einen Beratungsprozess einzulassen. Insbesondere in der Erziehungsberatung gewinnt aber die Arbeit mit „geschickten" Klienten, bei denen eine Motivation zur Beratung erst aufgebaut werden muss, an Bedeutung. Dies betrifft sowohl sozial belastete Familie, die über den Allgemeinen Sozialen Dienst vermittelt werden, als auch hoch strittige Eltern nach einer Scheidung, bei denen das Familiengericht eine Beratung veranlasst.

Gebührenfreiheit: Erziehungsberatung fördert die persönliche und soziale Entwicklung und Erziehung von Kindern und Jugendlichen. Sie nimmt damit die gesellschaftliche Aufgabe, für die nachwachsende Generation die notwendigen Unterstützungen und Hilfen vorzuhalten, wahr. Deshalb werden Eltern – wie bei allen Hilfen zur Erziehung nach § 27 SGB VIII – nicht an den Kosten für die pädagogische Leistung beteiligt. Auch in der Eheberatung gilt der Grundsatz der Gebührenfreiheit.

Vertrauensschutz: Jede Inanspruchnahme von Beratung ist damit verbunden, gegenüber der Beraterin sehr persönliche – belastende und schambesetzte – Sachverhalte zu offenbaren. Beratung kann nur gelingen, wenn die Beratenen sich in ihren Problemen anvertrauen. Dieses Vertrauen muss von den Beratungsfachkräften geschützt werden. Ohne Einwilligung der Ratsuchenden bzw. ohne eine gesetzliche Offenbarungsbefugnis dürfen sie Mitteilungen aus der Beratung nicht an Dritte weitergeben (vgl. unten Rechtsgrundlagen).

Multidisziplinäres Fachteam: Die seelische Entwicklung von Kindern und Jugendlichen erfolgt in ihren Familien ebenso wie im sozialen Umfeld. Die dabei entstehenden Probleme können zugleich durch gesellschaftliche Faktoren oder organische Ursachen mit beeinflusst werden. Deshalb müssen unterschiedliche Fachrichtungen in den Einrichtungen tätig sein (§ 28 Satz 2 SGB VIII). Zum Regelteam gehören: Diplompsychologe, Diplomsozialarbeiter/-pädagoge und eine pädagogisch-therapeutische Fachkraft für die Arbeit mit Kindern. Ärztliche oder rechtliche Kompetenz kann durch Honorarkräfte eingebracht werden. Auch Eheberatungsstellen sind multidisziplinär besetzt.

III. Handlungskonzepte in der Erziehungsberatung

Die Erziehungs- und Familienberatung hatte nach dem Zweiten Weltkrieg einen Schwerpunkt ihrer Tätigkeit zunächst in der Diagnostik der Problem- und Konfliktlagen der vorgestellten Kinder und Jugendlichen. Dabei wurden psychologische Testdiagnostik und soziale Anamnese zusammengeführt. Eine Behandlung der Kinder war nur in wenigen Fällen in den Beratungsstellen selbst möglich. Dies veränderte sich in dem Maße, in dem neben der Psychoanalyse andere psychotherapeutische Verfahren entstanden und die Fachkräfte entsprechende Zusatzqualifikationen erwarben. Dies betraf zunächst: Verhaltenstherapie, Gesprächspsychotherapie, Gestalttherapie und Psychodrama; später auch Familientherapie und Systemische Therapie. Die Professionalisierung der Erziehungsberatung erfolgte daher über ihre psychotherapeutische Kompetenz. In der Folge wurde mit den jungen Menschen und ihren Eltern bzw. Familien beratend und therapeutisch gearbeitet. Die bis dahin eher extensive Diagnostik wurde zunehmend durch eine in den Beratungsprozess eingebettete Prozessdiagnostik ersetzt.

Die Erfahrungen in der praktischen Arbeit mit Kindern und Jugendlichen und ebenso das Aufkommen der Familientherapie haben zur Verschiebung des Aufmerksamkeitsfokus geführt: Nicht mehr das Kind, als der vorgestellte „Indexklient", steht fortan in Mittelpunkt, sondern seine Familie, in der die auffälligen Verhaltensweise entstanden waren (Richter 1963). Erziehungsberatung versteht sich seit dem zugleich als Familienberatung, denn mit der fortschreitenden Entwicklung des Kindes sind zugleich auch Aufgaben der Familienentwicklung verbunden (Kreppner 2000).

Die Anlässe und vorgestellten Problemlagen, deretwegen Erziehungs- und Familienberatung aufgesucht wird, reichen von emotionalen Problemen und Entwicklungsverzögerungen des Kindes über Auffälligkeiten im Sozialverhalten und Problemen mit Leistungsanforderungen bis zur Trennung und Scheidung der Eltern und insgesamt schwierigen Familiensituationen. Manche Verhaltensweisen, die innerhalb der Familie nicht aufgefallen sind, treten zutage, wenn das Kind in einen sekundären Sozialisationskontext (Kindergarten, Schule) eintritt. Im Erstgespräch werden vom Berater die dargestellten Problemsituationen in ihren inneren und äußeren Bedingungen beleuchtet. Es ist nun zu klären, ob das gezeigte Verhalten des Kindes auf seine inneren Bedingungen zurückgeht, durch die familialen Interaktionen oder Problemlagen bedingt ist oder als eine (u.U. gesunde) Reaktion auf äußere Zumutungen von Institutionen verstanden werden kann. Jeweils unterschiedlich wird die Ebene der Intervention zu wählen sein (*bke* 2000, S. 20).

Angesichts der Vielschichtigkeit von Verursachungen, die hinter einer Problemsituation stehen können, gehört die Fallbesprechung innerhalb des multidisziplinären Fachteams zu den zentralen Standards der Erziehungs- und Familienberatung. Die durch die verschiedenen Fachrichtungen eingebrachten unterschiedlichen Kompetenzen werden dabei aktiviert und am jeweils vorgestellten Fall miteinander abgeglichen. Die für die Beratung zuständige Fachkraft nimmt die Anregungen des Teams dabei in eigener Verantwortung auf und setzt sie in ihrem Handeln um. Es ist nicht erforderlich, dass alle Leistungen vom multidisziplinären Fachteam gemeinsam erbracht werden. Es muss jedoch gewährleistet sein, dass „das Team tätig wird, wenn es darauf ankommt" (Jans/Happe/Saurbier 2007; § 28 Rn 34). Die *Grundsätze fachlichen Handelns in der Institutionellen Beratung* gelten auch für die Ehe- und Lebensberatung (DAKJEF 2003).

In den weiteren Beratungsgesprächen können – in der Regel die Mütter oder die Eltern – ihre eigenen Gefühle, die sie mit den belastenden Situationen verbinden, und ihre Reaktionsweisen gegenüber dem Kind verstehen lernen und sie im Zusammenhang mit den familialen und sozialen Beziehungen des Kindes sehen. Erziehungs- und Familienberatung erfolgt *im Medium der Beziehung* zwischen Beraterin und Beratenem. Diese Beziehung wird von der Beraterin durch methodisch geleitete Interventionen strukturiert und ermöglicht so Veränderung. Erziehungs- und Familienberatung ist eine personenbezogene Beratung, die auf der psychotherapeutischen Kompetenz der Fachkräfte basiert (*bke* 2000, S. 269).

Standen aufgrund der erworbenen psychotherapeutischen Qualifikationen zunächst entsprechende verhaltenstherpeutische, familientherapeutische oder anders orientierte Angebote im Vordergrund, hat sich die Praxis von einer solchen Orientierung an therapeutischen Schulen gelöst. Nicht zuletzt auch aufgrund von mehreren absolvierten Weiterbildungen sind die Fachkräfte dazu übergegangen, methodische Elemente unterschiedlicher Verfahren miteinander zu verbinden. Der „postmoderne Berater" (Kurz-Adam 1997, S. 163 f., 212) wählt diejenige Intervention, die ihm bezogen auf die individuelle Situation eines Kindes oder einer Familie am erfolgversprechendsten erscheint (*bke* 2005b, S. 8).

Erziehungs- und Familienberatung ist ausgehend von der Arbeit mit „verwahrlosten" Jugendlichen (Aichhorn) Anfang des 20. Jahrhunderts durch einen Prozess psychotherapeutischer Qualifizierung hindurch gegangen, um schließlich zu ihrem pädagogischen Ausgangspunkt zurückzukehren (Menne 2006b): Nicht mehr ein therapeutisch definiertes Setting bildet die Grundlage der Arbeit, sondern die Ausrichtung der Praxis am Wohl des jeweiligen Kindes. Dies wird etwa an der Arbeit mit hoch strittigen Eltern deutlich, die nach der Scheidung um das Sorgerecht ihres Kindes vor dem Familiengericht kämpfen. Sie können die mit ihnen befassten Institutionen, Familiengericht und Rechtsanwälte, ebenso wie Jugendamt und Beratungsstellen, an die Grenze ihres fachlichen Könnens bringen. Beratung kann sich dann nicht auf ein vordefiniertes Setting zurückziehen. Vielmehr müssen gemeinsam mit den anderen Institutionen die Bedingungen von Beratung definiert werden, die wirksam Interventionen ermöglichen (*bke* 2005a, S. 285 ff.). Aber auch die Diskussion zum Kindesschutz nach § 8a SGB VIII zeigt, dass die Verantwortung der Beratungsfachkraft über das Beratungssetting hinaus reicht: Sie muss bei einer Kindeswohlgefährdung ggf. das Setting verlassen und das Jugendamt hinzuziehen (*bke* 2006a). Erziehungsberatung interventiert dann vom Standpunkt einzuhaltender Bedingungen für das gelingende Aufwachsen von Kindern (Menne 2006a, S. 241).

IV. Ehe- und Lebensberatung

In der Bundesrepublik bestehen derzeit 530 Eheberatungsstellen in katholischer und evangelischer Trägerschaft. Zudem bieten etwa 250 Erziehungsberatungsstellen zugleich Ehe- und Lebensberatung an. Die Mehrzahl dieser „integrierten" Beratungsstellen befindet sich in evangelischer Trägerschaft. Eheberatungsstellen verfügen durchschnittlich über 1,2 volle Planstellen. Ein multidisziplinäres Fachteam wird daher durch Hinzuziehung von stundenweise tätigen Honorarkräften erreicht.

Ehe- und Lebensberatung richtet ihr Angebot zunächst an verheiratete Paare, schließt aber durch die Formulierung „Lebensberatung“ alle Partnerschaften und auch alleinstehende Erwachsene ein. Anders als Erziehungsberatung hat die Eheberatung keine eigene leistungsrechtliche Grundlage. Häufig wird jedoch auf das SGB VIII Bezug genommen, das eine „Beratung in Fragen der Partnerschaft“ (§ 17) vorsieht. Allerdings ist diese Leistung nur „Müttern“ und „Vätern“ gewährt und setzt ein Kind voraus, für das sie sorgen (müssen). Diese Leistung zu Gunsten der Kinder muss sich daher auch methodisch am Kind orientieren (Wiesner 2006 § 17 Rn 10; vgl. auch Klann 2006, S. 268 f.).

Die Anlässe für die Inanspruchnahme der Ehe- und Lebensberatung sind jedoch noch stärker an den Erwachsenen selbst orientiert: emotionale Probleme, vegetative Probleme, Ängste und Zwänge, Probleme im Sozialkontakt und mit Personen der unmittelbaren Umgebung. Für die Partnerschaft werden als Anmeldegründe benannt: Beziehungsklärung, Partnerdifferenzen und das Streitverhalten in der Partnerschaft (Klann/Hahlweg 1994b, S. 42). Heute wird aufgrund der Veränderung der Familienformen auch das Spektrum von Beziehungskonstellationen (Zweitehe, Lebensgemeinschaft, interkulturelle Partnerschaft) breiter. Methodisch reagiert Ehe- und Lebensberatung vor allem mit psychoanalytischen und systemisch-/kommunikationstheoretischen Konzepten sowie verhaltens- und gesprächstherapeutischen Angeboten (Klann/Hahlweg 1994a, S. 20). Die Einzelberatung ist noch immer mit Abstand das häufigste Setting (62%). Bei einem Viertel der Fälle erfolgt eine gemeinsame Beratung des Paares (27,5%). Familienberatung wird nur in geringem Umfang durchgeführt (7,9%) (Klann/Hahlweg 1994b, S. 21). Heute sind verstärkt fachpolitische Bestrebungen zu verzeichnen, Ehe- und Lebensberatung gemeinsam mit Erziehungs- und Familienberatung in einer Einrichtung anzubieten.

V. Onlineberatung

Durch die Entwicklung des Internet ist auch die Beratung in diesem Medium möglich geworden. Grundsätzlich stehen dafür zur Verfügung:

Mailberatung: Der Ratsuchende wendet sich an ein Beratungsangebot mit der Darstellung seiner Problemsituation und erhält zeitversetzt die Antwort einer Fachkraft.

Chatberatung: Zwischen Ratsuchendem und Beratungsfachkraft wird – wie in der örtlichen Beratung – ein Termin vereinbart. Die Beratung erfolgt zeitgleich in einem Chatraum. Sie ist als Einzelberatung aber auch als Beratung in der Gruppe möglich.

Beratung im Forum: Auch Diskussionsforen können erfolgreich für Beratung genutzt werden. Eine Fragestellung wird dann von einem Nutzer aufgeworfen und von anderen Nutzerinnen und Nutzern beantwortet. Bei einem Beratungsangebot ist jedoch eine kontinuierliche Moderation des Forums durch Beratungsfachkräfte geboten.

Beratungsangebote im Internet müssen dieselben Bedingungen des Datenschutzes einhalten wie örtliche Beratungsstellen. Deshalb ist es erforderlich, das Angebot auf einem SSL-verschlüsselten Server zu betreiben (*bke* 2004; DAKJEF 2006).

Onlineberatung ist insbesondere geeignet, Personenkreise (z.B. Jugendliche) zu erreichen, die örtliche Beratungsstellen bisher nicht aufsuchen. Die strukturell mögliche Anonymität des Beratungsangebots setzt die Hemmschwelle gegenüber Beratung herab (*bke* 2003). Katholische und evangelische Eheberatungsstellen bieten Onlineberatung über die Plattformen www.katholische-beratung.de bzw. http://www.evangelische-beratung.info an. Für den Bereich der Erziehungsberatung werden auf Beschluss der Jugendministerkonferenz zwei Beratungsangebote für Jugendliche (www.*bke*-jugendberatung.de) und für Eltern (www.*bke*-elternberatung.de) vorgehalten. Besonderheit dieses Beratungsangebotes ist es, dass die Beratung von bis zu achtzig Einrichtungen gemeinsam erbracht wird. Dies gewährleistet Kontinuität in der fachlichen Entwicklung der Onlineberatung.

VI. Versorgungssituation

Der Wiederaufbau der Erziehungsberatung in der Bundesrepublik Deutschland nach der Unterbrechung im Dritten Reich (Kadauke-List 1996) hat sich an der Richtzahl der Weltgesundheitsorganisation (WHO) orientiert. Die WHO hat im Jahr 1956 vorgeschlagen, für jeweils 45.000 Einwohner eine Erziehungsberatungsstelle zu errichten. In ihr sollen vier bis fünf Fachkräfte tätig sein, so dass auf eine Fachkraft 10.000 Einwohner entfallen (Buckle/Lebovici 1958, S. 105, 125). Die elf Länder der alten Bundesrepublik haben diese Empfehlung 1973 für die Grundsätze für die Förderung von Erziehungsberatungsstellen übernommen und eine Beratungsstelle mit mindestens drei Fachkräften auf 50.000 Einwohner vorgesehen (*bke* 2000, S. 309). Allerdings bedürfen diese Richtzahlen heute einer zusätzlichen Konkretisierung, denn Erziehungsberatung wird als eine Unterstützung für Kinder und Jugendliche vorgehalten. Angesichts des demografischen Wandels muss deshalb die Zahl der Minderjährigen in der Bevölkerung selbst als Grundlage einer Bedarfsplanung herangezogen werden. Die Bundeskonferenz für Erziehungsberatung (*bke*) hat daher die WHO-Richtzahl bezogen auf den Anteil der Kinder in der Bevölkerung aktualisiert. Danach sollen für jeweils 10.000 Minderjährige vier Fachkräfte zur Verfügung stehen (*bke* 2000, S. 226 ff.). Darüber hinaus müssen im Rahmen der örtlichen Jugendhilfeplanung auch weitere Bedarfsindikatoren beachtet werden wie: Scheidung der Eltern, Migrationshintergrund und Bezug sozialer Transferleistungen (vgl. *bke* 2001, S. 34 ff.).

Derzeit bestehen in Deutschland ca. 1.080 Erziehungs- und Familienberatungsstellen mit ca. 3.700 Planstellen. Damit entfallen auf eine Beratungsfachkraft im Durchschnitt etwa 22.000 Einwohner. Die Versorgungsdichte ist in den verschiedenen Bundesländern unterschiedlich. Die Spanne reicht von 13.000 Einwohnern auf eine Beraterin in Berlin bis zu 49.000 Einwohner im Saarland. Dabei ist eine Fachkraft durchschnittlich für 4.000 Minderjährige zuständig. Die Spanne reicht hier von 2.000 Minderjährigen pro Fachkraft in Berlin bis zu 8.500 Minderjährigen im Saarland (vgl. Menne/Schilling/Golias 2006, S. 265).

Auf den 3.700 Planstellen sind insgesamt 5.200 Fachkräfte tätig. Von ihnen sind knapp die Hälfte (46%) Diplompsychologen, ein Drittel (35,5%) Diplomsozialpädagogen sowie 7 Prozent Diplompädagogen und 5 Prozent Heilpädagogen. Die große Mehrzahl der Beraterinnen und Berater verfügt über mindestens eine (therapeutische) Zusatzqualifikation. Von den Fachkräften haben 34% Familientherapie, 22% Systemische Therapie, 18% Gesprächspsychotherapie, 13% Verhaltenstherapie, 10% Supervision, 10% Eheberatung, 8% Gestalttherapie, 8% Psychoanalyse und 5% Familien-Mediation als Qualifikation gewählt (a.a.O., S. 267).

VII. Inanspruchnahme von Erziehungsberatung

Erziehungs- und Familienberatung wird von den Familien und den jungen Menschen selbst in steigendem Maße in Anspruch genommen. Wurden im Jahr 1993 vom Statistischen Bundesamt noch 197.955 beendete Beratungen erfasst, waren es 2005 bereits 309.357. Damit hat die Zahl der Beratungen in zwölf Jahren um 56 Prozent zugenommen.

Traditionell werden männliche Kinder und Jugendliche in der Erziehungsberatung häufiger vorgestellt. Von früher zwei Drittel ist ihr Anteil jedoch inzwischen auf 56,1 Prozent zurückgegangen. Entsprechend hat sich der Anteil weiblicher Beratener auf nun 43,9 Prozent erhöht. Auch die Altersverteilung zeigt deutliche Schwerpunkte: Kleinkinder bis zu drei Jahren werden nur in geringer Zahl, aber doch mit steigender Tendenz vorgestellt. Die Inanspruchnahme erhöht sich deutlich, wenn Kinder in Kindertagesstätten eintreten. Eine weitere Zunahme ergibt sich durch den Wechsel in die Grundsschule. Etwa 58 Prozent der Kinder in der Erziehungsberatung sind zwischen sechs und 15 Jahren alt. Dabei stellen die Jungen in der Gruppe von sechs bis zwölf Jahren mit 61 Prozent die Mehrheit. Jungen entwickeln häufiger nach außen gewandte Auffälligkeiten und werden von ihren Eltern früher vorgestellt als Mädchen, die Konflikte eher nach innen verarbeiten. Zwischen 15 und 21 Jahren sind dagegen Mädchen bzw. junge Frauen stärker vertreten. Sie nehmen die Beratung öfter aus eigener Entscheidung wahr (vgl. Menne/Schilling/Golias 2006, S. 260).

Zu den häufigsten Beratungsanlässen zählten im Jahr 2005 Schul- und Ausbildungsprobleme, die zu zwei Dritteln für männliche Beratene benannt wurden, und die Trennung bzw. Scheidung der Eltern. Während Leistungsprobleme (25,2%) über die Jahre konstant auftreten, hat Scheidung als Beratungsanlass in den letzten Jahren deutlich zugenommen (23,7%). 2005 wurden 73.000 Beratung aus diesen Anlass aufgenommen. Das entspricht gegenüber 1993 mehr als einer Verdopplung. Die steigende Inanspruchnahme von Erziehungs- und Familienberatung muss deshalb im Kontext der zunehmend schwierigeren Situation von Familien und ihren Kindern gesehen werden.

VIII. Inanspruchnahme und Bevölkerung

Familie hat sich in den letzten Jahrzehnten gewandelt. Kinder und Jugendliche wachsen heute in unterschiedlichen Familienformen auf. Zwar erlebten 1995 noch 85 Prozent aller Minderjährigen ihre Volljährigkeit bei den beiden leiblichen Eltern (Engstler 1997, S. 25). Doch der Anteil der Kinder allein Erziehender und der Stiefkinder hat sich bis 2003 um ein Drittel auf nun 20 Prozent erhöht (Engstler/ Menning 2003, S. 84; Menne 2005, S. 356). Von den in der Erziehungsberatung unterstützten Kindern lebten 2005 nur knapp die Hälfte (47,5%) bei ihren leiblichen Eltern. Beinahe gleich viele Kinder (44,7%) lebten bei einem allein erziehenden Elternteil bzw. mit einem Stiefelternteil zusammen. Erziehungsberatung wird damit überproportional häufig erst nach der Auflösung der Herkunftsfamilie aufgesucht.

Erziehungs- und Familienberatung wurde im Jahr 2005 für 194 je 10.000 Minderjährige in Anspruch genommen. Die niedrigste Inanspruchnahmequote gab es mit 71 je 10.000 der Altersgruppe bei den unter 3-Jährigen. Die höchste mit 271 je 10.000 bei den 6 bis unter 9-Jährigen. Legt man die empirische Inanspruchnahmequote seit 1993 zugrunde, dann erreicht Erziehungsberatung heute fast 30 Prozent der Kinder und Jugendlichen (Menne/Schilling/Golias 2006, S. 272).

IX. Rechtsgrundlagen

Erziehungs- und Familienberatung ist eine Leistung der Kinder- und Jugendhilfe. Ihre Aufgabe ist in § 28 SGB VIII geregelt. Danach sollen Erziehungsberatungsstellen und andere Beratungsdienste Kinder, Jugendliche, Eltern und andere Personensorgeberechtigte bei der Klärung und Bewältigung individueller und familienbezogener Probleme und der zugrunde liegenden Faktoren, bei der Lösung von Erziehungsfragen sowie bei Trennung und Scheidung unterstützen. Dabei sollen Fachkräfte verschiedener Fachrichtungen zusammenwirken, die mit unterschiedlichen methodischen Ansätzen vertraut sind. Inhaltlich kann damit Erziehungsberatung bei der ganzen Breite von Entwicklungsproblemen und familialen Konflikten in Anspruch genommen werden.

Erziehungsberatung ist rechtlich in das System der Hilfen zur Erziehung (HzE) einbezogen, zu dem auch Erziehungsbeistand, Sozialpädagogische Familienhilfe, Tagesgruppe, Vollzeitpflege, Heimerziehung und Intensive Sozialpädagogische Einzelbetreuung gehören. Personensorgeberechtigte haben einen Anspruch auf HzE, wenn eine dem Wohl des Kindes entsprechende Erziehung nicht gewährleistet ist (§ 27 Abs. 1 SGB VIII). Das Jugendamt stellt diesen „erzieherischen Bedarf“ fest und gewährt die im Einzelfall „notwendige und geeignete Hilfe“. Von einer förmlichen Gewährung der Hilfe durch Verwaltungsakt ist Erziehungsberatung durch § 36a Abs. 2 SGB VIII freigestellt: Die Leistung soll von den Rat suchenden Eltern und jungen Menschen unmittelbar, aufgrund ihrer eigenen Entscheidung in Anspruch genommen werden können.

Aufgrund der Komplexität der vorgestellten Probleme wird Erziehungsberatung als Einzelfallberatung aber auch auf der Grundlage von § 17 und 18 SGB VIII geleistet. Dies betrifft insbesondere die Beratung bei Trennung und Scheidung, wenn ein Konzept für die Wahrnehmung der elterlichen Sorge erarbeitet wird (§ 17 Abs. 2 Nr. 2 SGB VIII), und die Beratung im Zusammenhang mit dem Umgang zwischen Kind und umgangsberechtigtem Elternteil (§ 18 Abs. 3 Satz 1 u. 3 SGB VIII) (Zur Systematik der Rechtsgrundlagen von Leistungen der Erziehungsberatung vgl. *bke* 2007). „Betreuter Umgang" nach § 18 Abs. 3 Satz 4 SGB VIII, bei dem ein umgangsberechtigter Elternteil sein Kind nur in Anwesenheit eines Dritten sehen kann, kann zwar in einer Erziehungsberatungsstelle durchgeführt werden, stellt aber eine gesondert zu finanzierende Leistung dar. Die präventiven Aufgaben von Erziehungsberatung haben ihre Grundlage in § 16 Abs. 2 Nr. SGB VIII (Wiesner 2006, § 16 Rn 20).

Aufgrund ihrer Einordnung in die Hilfen zur Erziehung gilt für Erziehungsberatung auch die Vorschrift zur Hilfeplanung nach § 36 SGB VIII. Danach ist ein Hilfeplan (vom Jugendamt) immer dann aufzustellen, „wenn Hilfe voraussichtlich für längere Zeit zu leisten ist". Dies trifft für Erziehungsberatung nur in wenigen Fällen zu. Die große Mehrzahl aller Beratungen und therapeutischen Interventionen ist in einem vorhersehbaren Zeitraum bereits beendet. Ein Hilfeplan sollte jedoch aufgestellt werden, wenn die Beratung länger als ein Jahr dauert oder mehr als zwanzig Beratungskontakte in Anspruch nimmt (*bke* 2006b). Er wird in der Beratungsstelle erstellt (DV 2006, S. 353).

Im Rahmen der Kinder- und Jugendhilfe gelten spezifische Vorschriften für den Datenschutz, denen auch die Leistungserbringung bei der Erziehungsberatung unterliegt (§ 61ff. SGB VIII). Für kommunal getragene Erziehungsberatungsstellen gelten sie direkt; für Beratungsstellen in freier Trägerschaft werden die Inhalte durch Vereinbarungen oder Verwaltungsakt verpflichtend. Für Einrichtungen in kirchlicher Trägerschaft gelten als äquivalent das *Kirchengesetz über den Datenschutz der EKD* und die *Anordnung über den kirchlichen Datenschutz* der katholischen Kirche. Hervorzuheben ist die persönliche Verpflichtung einer Beratungsfachkraft zum Schutz anvertrauter Daten (§ 65 SGB VIII). In einer Beratung anvertraute Inhalte dürfen nur mit Einwilligung des Betroffenen oder im Kontext von Kindeswohlgefährdungen weitergegeben werden. Die Fachkräfte der Erziehungsberatung sind – ebenso wie die der Ehe- und Lebensberatung – zudem durch § 203 Abs. 1 Nr. StGB zum Schutz des Privatgeheimnisses verpflichtet. Aufgrund von § 8a SGB VIII haben auch Fachkräfte der Erziehungs- und Familienberatung im Rahmen ihrer Tätigkeit die Aufgabe des Kindesschutzes wahrzunehmen. Die Finanzierung der Leistung erfolgt auf der Grundlage von §§ 74 und 77 SGB VIII (vgl. zur Finanzierung von Beratungsleistungen auch Menne 2004).

X. Qualitätssicherung und Evaluation

Die hohe fachliche Qualität der Erziehungs- und Familienberatung ist durch die Gründsätze für Förderung von Erziehungsberatungsstellen (1973) entwickelt worden. Insbesondere die Erfüllung der Merkmale der Strukturqualität (Zahl der Fachkräfte, Grundberufe, Zusatzqualifikationen) war Voraussetzung für eine Förderung. Aber auch Essentials der Prozessqualität gehen auf die „Grundsätze" zurück. Angestoßen durch die in den 90er Jahren in der Kinder- und Jugendhilfe eingeführte

„Neue Steuerung" ist die Leistung Erziehungsberatung systematisch in ihren Qualitätsmerkmalen beschrieben worden (*bke* 1999). Dabei wurden die Merkmale zugleich für eine empirische Überprüfung operationalisiert. Auf der Basis der Qualitätsmerkmale hat die Bundeskonferenz für Erziehungsberatung (www.bke.de) als trägerübergreifender Fachverband ein Gütesiegel für Erziehungsberatungsstellen entwickelt.

Erziehungs- und Familienberatungsstellen bereiten ihre Arbeit regelmäßig auch statistisch auf. Dabei geben bereits die im Rahmen der Jugendhilfestatistik erfassten Daten Hinweise auf die Wirksamkeit von Beratung: im Jahr 2006 wurden drei Viertel der Beratungen einvernehmlich beendet. Erziehungsberatung ist aber auch Gegenstand externer Evaluationsuntersuchungen gewesen: So belegen etwa Naumann und Beck, dass 80 Prozent der Beratungen von den Klienten als erfolgreich eingeschätzt wurden (1994, S. 260). Häufiger sind von den Beratungsstellen selbst durchgeführte Untersuchungen. Vossler (2006) gibt dazu einen Überblick. Sie belegen eine hohe Zufriedenheit mit der Beratung. Ihr liegt die Wahrnehmung zugrunde, dass die Probleme, die den Anlass der Beratung gebildet haben, gelöst wurden bzw. sich gebessert haben (*bke* 2001, S. 16). Insbesondere qualitative Studien zeigen auch Schwachpunkte der Beratungspraxis auf: Kinder beurteilen die Ergebnisse der Beratung skeptischer als ihre Eltern (Lenz 2001). Abbrecher sind entgegen der nahe liegenden Erwartung mit der Beratung nicht unzufrieden: Ihre Beurteilung der Beratungsergebnisse unterscheidet sich nur leicht vom durchschnittlich gemessenen Erfolg.

Literatur

Buckle, D./Lebovici, S. (1958): Leitfaden der Erziehungsberatung. Göttingen 1960.

Bundeskonferenz für Erziehungsberatung (*bke*) (1999): Qualitätsprodukt Erziehungsberatung. Heft 22 der Reihe „Materialien zur Qualitätssicherung in der Kinder- und Jugendhilfe" hrsg. vom BMFSFJ, Bonn.

Bundeskonferenz für Erziehungsberatung (*bke*) (2000): Grundlagen der Beratung. Fürth.

Bundeskonferenz für Erziehungsberatung (*bke*) (2001): Jugendhilfeplanung für Erziehungs- und Familienberatung. Fürth.

Bundeskonferenz für Erziehungsberatung (*bke*) (2003): Online-Beratung. Fürth.

Bundeskonferenz für Erziehungsberatung (*bke*) (2004): Datenschutz und Datensicherheit in Erziehungsberatungsstellen beim Einsatz von Personalcomputern. In: Informationen für Erziehungsberatungsstellen, Heft 2/2004, S. 3–10.

Bundeskonferenz für Erziehungsberatung (*bke*) (2005a): Stellungnahme zur Beratung hoch strittiger Eltern. In: Weber, M/Schilling, H. (Hrsg.) (2006): Eskalierte Elternkonflikte. Weinheim und München, S. 277–290.

Bundeskonferenz für Erziehungsberatung (*bke*) (2005b): Erziehungsberatung und Psychotherapie. In: Informationen für Erziehungsberatungsstellen, Heft 2/2005, S. 3–8.

Bundeskonferenz für Erziehungsberatung (*bke*) (2006a): Beratung und Kindesschutz. Fürth.

Bundeskonferenz für Erziehungsberatung (*bke*) (2006b): Erziehungsberatung und Hilfeplanung. In: Informationen für Erziehungsberatungsstellen, Heft 2/006, S. 3–13.

Bundeskonferenz für Erziehungsberatung (*bke*) (2007): Rechtsgrundlagen der Leistungen von Erziehungsberatungsstellen. In: Informationen für Erziehungsberatungsstellen, Heft 1/2007, S. 19–21.

Bundeskonferenz für Erziehungsberatung (*bke*) (2008): Gelingende Erziehung. In: Informationen für Erziehungsberatungsstellen, Heft 1/2008 (in Vorbereitung).

Deutscher Arbeitskreis für Jugend-, Ehe- und Familienberatung (DAKJEF) (1993): Institutionelle Beratung im Bereich der Erziehungsberatung, Ehe- und Familien- und Lebensberatung, Partnerschafts- und Sexualberatung. In: DAKJEF: Grundsatztexte des Deutschen Arbeitskreises für Jugend-, Ehe- und Familienberatung. Frankfurt am Main, S. 6–12.

Deutscher Arbeitskreis für Jugend-, Ehe- und Familienberatung (DAKJEF) (2001): Fachliche Standards von Ehe-, Familien- und Lebensberatungsstellen. In: DAKJEF: Grundsatztexte des Deutschen Arbeitskreises für Jugend-, Ehe- und Familienberatung. Frankfurt am Main, S. 13–21.

Deutscher Arbeitskreis für Jugend-, Ehe- und Familienberatung (DAKJEF) (2003): Grundsätze fachlichen Handelns in der Institutionellen Beratung. In: Informationen für Erziehungsberatungsstellen, Heft 1/2004, S. 6–11.

Deutscher Arbeitskreis für Jugend-, Ehe- und Familienberatung (DAKJEF) (2006): Datenschutz bei der Nutzung des Internet durch Beratungsstellen. In: Informationen für Erziehungsberatungsstellen, Heft 3/2006, S. 9–11.

Deutscher Verein für öffentliche und private Fürsorge (DV) (2006): Empfehlungen zur Weiterentwicklung der Hilfeplanung nach § 36 SGB VIII. In: Nachrichtendienst des DV, Heft 7/2006, S. 343–354.

Engstler, H. (1997): Die Familie im Spiegel der amtlichen Statistik. Bonn.

Engstler, H/Menning, S. (2003): Die Familie im Spiegel der amtlichen Statistik. Erweiterte Neuauflage. Berlin.

Jans, K.-W/Happe, G/Saurbier, H. (2007): Kinder- und Jugendhilferecht. Stuttgart, Berlin, Köln.

Kadauke-List, A.-M. (1996): Erziehungsberatungsstellen im Nationalsozialismus. In: Menne, K./Cremer, H./Hundsalz, A. (Hrsg.): Jahrbuch für Erziehungsberatung. Band 2. Weinheim und München, S. 275–286.

Klann, N. (2006): Paarberatung. In: Steinebach, Chr. (Hrsg.): Handbuch Psychologische Beratung. Stuttgart, S. 256–273.

Klann, N/Hahlweg, K. (1994a): Beratungsbegleitende Forschung. Schriftenreihe des Bundesministeriums für Familie, Senioren, Frauen und Jugend. Band 48.1. Stuttgart; Berlin; Köln.

Klann, N/Hahlweg, K. (1994b): Bestandsaufnahme in der institutionellen Ehe-, Familien- und Lebensberatung. Schriftenreihe des Bundesministeriums für Familie, Senioren, Frauen und Jugend. Band 48.1. Stuttgart; Berlin; Köln.

Kreppner, K. (2000): Entwicklung von Eltern-Kind-Beziehungen. In: Schneewind, K.A. (Hrsg.): Familienpsychologie im Aufwind. Göttingen, S. 174–195.

Kurz-Adam, M. (1997): Professionalität und Alltag in der Erziehungsberatung. Opladen.

Lenz, A. (2001): Partizipation von Kindern in Beratung und Therapie. Weinheim und München.

Menne, K. (2004): Finanzierung von Beratung. In: Nestmann, F./Engel, F./Sickendiek, U. (Hrsg.): Das Handbuch der Beratung. Band 2. Tübingen, S. 1213–1227.

Menne, K. (2005): Die Familienverhältnisse in der Fremdunterbringung. In: Zentralblatt für Jugendrecht. Heft 7–8/2005, S. 290–308 und Heft 9/2005, S. 350–357.

Menne, K. (2006a): Beratung als Wächteramt. In: Weber, M./Schilling, H. (Hrsg.) (2006): Eskalierte Elternkonflikte. Weinheim und München, S. 227–241.

Menne, K. (2006b): Erziehungsberatung und Psychotherapie. In: Zeitschrift für Kindschaftsrecht und Jugendhilfe, Heft 4/2006, S. 206–211.

Menne, K./Schilling, H./Golias, E. (2006): Steigender Bedarf und höhere Effizienz in der Erziehungsberatung. In: Menne, K./Hundsalz, A. (Hrsg.): Jahrbuch für Erziehungsberatung. Band 6. Weinheim und München, S. 257–277.

Naumann, K./Beck. M. (1994): Effekte von Erziehungsberatung. In: Cremer, H./Hundsalz, A./Menne, K. (Hrsg.): Jahrbuch für Erziehungsberatung. Band 1. Weinheim und München, S. 253–270.
Richter, H.-E. (1963): Eltern, Kind und Neurose. Reinbek bei Hamburg. 2. Aufl. 1967.
Vossler, A. (2006): Evaluation von Erziehungs- und Familienberatung in Deutschland. In: Menne, K./Hundsalz, A. (Hrsg.): Jahrbuch für Erziehungsberatung. Band 6. Weinheim und München, S. 207–224.
Wiesner, R. (2006): SGB VIII – Kinder- und Jugendhilfe – Kommentar. München.

Personenregister